Völkerrecht I/1

Völkerrecht

Begründet von Georg Dahm

2., völlig neu bearbeitete Auflage von

Jost Delbrück und Rüdiger Wolfrum

Band I/1

Die Grundlagen. Die Völkerrechtssubjekte

1989

Walter de Gruyter · Berlin · New York

Jost Delbrück, Professor für Staats- und Völkerrecht und Allgemeine Staatslehre
an der Universität Kiel

Rüdiger Wolfrum, Professor für Öffentliches Recht einschließlich des Völkerrechts
an der Universität Kiel

Direktoren des Instituts für Internationales Recht an der Universität Kiel

CIP-Kurztitelaufnahme der Deutschen Bibliothek

Dahm, Georg:
Völkerrecht / Georg Dahm ; Jost Delbrück ; Rüdiger Wolfrum.
– Berlin ; New York ; de Gruyter.
1. Aufl. im Verl. Kohlhammer, Stuttgart
NE: Delbrück, Jost:; Wolfrum, Rüdiger

Bd. 1.
1. – 2. Aufl. – 1988
ISBN 3-11-005809-X

Printed in Germany.
Satz und Druck: H. Heenemann GmbH & Co, 1000 Berlin 42
Bindearbeiten: Dieter Mikolai, 1000 Berlin 10

Vorwort

Der vorliegende Band enthält den ersten Teil einer Neubearbeitung der 1958–1961 erschienenen systematischen Darstellung des Völkerrechts von *Georg Dahm*. Gegenstand des ersten Teilbandes sind zum einen die allgemeinen Grundlagen des Völkerrechts und zum anderen die völkerrechtliche Konstituierung des Staates und seines Handelns. Die übrigen Völkerrechtssubjekte, die Ordnung nichtstaatlich organisierter Räume, die Formen völkerrechtlichen Handelns sowie die inhaltliche Ordnung der internationalen Gemeinschaft sind in Teilband 2 zu behandeln. Band II wird die völkerrechtlichen Ordnungen im einzelnen – Friedenssicherung, Menschenrechtsschutz, Wirtschafts- und Sozialordnung, die Ordnungen der Kommunikation und des Verkehrs, Kulturordnung – sowie das Recht der internationalen Organisationen enthalten.

Obgleich seit Erscheinen des ersten Bandes von *Dahms* Völkerrechtslehrbuch dreißig Jahre vergangen sind, konnten doch Aufbau und Methode der Erstauflage in ihren Grundzügen beibehalten werden. Gliederung und Konzeption folgen weiterhin der Überzeugung, daß trotz der zunehmenden Bedeutung der internationalen Organisationen eine Darstellung des Völkerrechts die Staaten und ihre Beziehungen als Ausgangspunkt wählen und die neuen zwischen- und überstaatlichen Ordnungen dann folgen lassen kann.

Bei der Neubearbeitung wurde, soweit dies möglich war, die Fortentwicklung des Völkerrechts in die vorliegende Bearbeitung integriert. Insbesondere wurde die Entwicklung der Staatenpraxis unter Anknüpfung an die Darstellungen von *Dahm* fortgeschrieben; die reichhaltigen Belege der Staatenpraxis auch aus der Zeit vor dem Zweiten Weltkrieg sind, soweit nicht durch neuere Kodifikationen völlig überholt, in die Neubearbeitung übernommen worden. In mehreren Bereichen war allerdings – bedingt durch Kodifikationen – eine völlige Neufassung des Textes erforderlich. Diese Unterschiede zur Erstauflage sind zugleich ein Beleg für die Verfestigung des Völkerrechts durch Kodifikationen, wie sie sich vor allem in den Vereinten Nationen vollzieht. Die Neubearbeitung der §§ 1 bis 7 sowie 9 bis 27 wurde von *Jost Delbrück*, die der §§ 8 sowie 28 bis 81 von *Rüdiger Wolfrum* vorgenommen. Wir haben insbesondere *Klaus Dicke* und *Doris König* für die kritische Durchsicht des Manuskripts, bereichernde Diskussionen und die Bearbeitung der Register zu danken. Für ihre Hilfe bei der Überprüfung der Zitate, der Korrektur der Fahnen und der Niederschrift des Manuskripts danken wir *Dietmar Bachmann* und *Barbara Nolte* sowie *Peter Bracker*, *Dietlind Hausberg*, *Ute Jebautzke*, *Dørte Pardo*, *Astrid Rassl*, *Bert Schaffarzik*, *Ralf Schulz*, *Carmen Becker* und *Marianne Nilsson*.

Kiel, im Juli 1988 *Jost Delbrück/Rüdiger Wolfrum*

Inhaltsverzeichnis

Band I, Teilband 1

Gliederung für Band I, Teilband 2

Gliederung für Band II

Abkürzungsverzeichnis

Zur Systematik der Abkürzungen der Vereinten Nationen wird verwiesen auf: United Nations Document Series Symbols 1946–1977, Cummulative List with Indexes, UN Doc. ST/LIB/SER.B/5/Rev. 4, Rev. 3 ist abgedruckt in: *Louis B. Sohn* (Hrsg.), International Organization and Integration. Annotated Basic Documents of International Organizations and Arrangements. Student Edition, 1986, XXV ff.

A. A.	anderer Ansicht
aaO	am angegebenen Ort
Abs.	Absatz
Add.	Addendum
AFDI	Annuaire Française de droit international
AJCL	American Journal of Comparative Law
AJIL	American Journal of International Law
Anh.	Anhang
Anm.	Anmerkung
Annuaire de l'A.A.A.	Annuaire de l'Association des auditeurs et anciens auditeurs de l'Academie de Droit International de la Haye
AöR	Archiv des öffentlichen Rechts
ARSPh	Archiv für Rechts- und Sozialphilosophie
Art.	Artikel
ASEAN	Association of South-East Asian Nations
Aufl.	Auflage
AusYBIL	Australian Yearbook of International Law
AVR	Archiv des Völkerrechts
AWD	Außenwirtschaftsdienst
Az.	Aktenzeichen
BayVBl	Bayerische Verwaltungsblätter
Bd(e).	Band/Bände
Berichte DGVR	Berichte der Deutschen Gesellschaft für Völkerrecht
BFH(E)	Bundesfinanzhof (Entscheidungen)
BGBl.	Bundesgesetzblatt
BGE	Entscheidungen des schweizerischen Bundesgerichtshofs
BGH (Z, St)	Bundesgerichtshof
BSozG(E)	Bundessozialgericht(sentscheidungen)
BT Drs.	Bundestagsdrucksache
BT Sten.Ber.	Stenographische Berichte des Bundestages
BVerfG(E)	Bundesverfassungsgericht(sentscheidungen)
BVerWG(E)	Bundesverwaltungsgericht(sentscheidungen)
BYIL	British Yearbook of International Law
bzw.	beziehungsweise
C.	Case
CanYBIL	The Canadian Yearbook of International Law
C.E.E.	Communauté économique européenne
Cir.	Circuit (Gerichtsbezirk)
CLP	Current Legal Problems

Clunet	Journal de droit international, begründet von *E. Clunet*
COMECON	Council of Mutual Economic Assistance
Corr.	Corrigendum
Dall.	Dallas' Pennsylvania and United States Reports
DDR	Deutsche Demokratische Republik
ders.	derselbe
dgl.	dergleichen
DGVR	Deutsche Gesellschaft für Völkerrecht
d. h.	das heißt
dies.	dieselbe
Div.	Division
DJZ	Deutsche Juristen-Zeitung
DVBl.	Deutsches Verwaltungsblatt
EA	Europa-Archiv
ebd.	ebenda
ECOSOC	Economic and Social Council
ed(s).	editor(s)/edition
EEC	European Economic Community
EEZ	Exclusive Economic Zone
EG	Europäische Gemeinschaft(en)
EGBGB	Einführungsgesetz zum Bürgerlichen Gesetzbuch
EGKS	Europäische Gemeinschaft für Kohle und Stahl
EMRK	Europäische Menschenrechtskonvention
EPIL	Encyclopedia of Public International Law
etc.	et cetera
ETS	European Treaty Series
EuGH Slg.	Sammlung der Entscheidungen des Europäischen Gerichtshofes
EuGRZ	Europäische Grundrechte-Zeitschrift
EuR	Europa-Recht
EWG	Europäische Wirtschaftsgemeinschaft
EWGV	Vertrag zur Gründung der Europäischen Wirtschaftsgemeinschaft vom 25. März 1957
f (ff)	folgende
F 2d	Federal Reporter
F Supp	Federal Supplement
frz.	französisch
GA (OR)	General Assembly (Official Records)
GATT	General Agreement on Tariffs and Trade
GBl. DDR	Gesetzblatt der DDR
gem.	gemäß
GG	Grundgesetz für die Bundesrepublik Deutschland
ggf.	gegebenenfalls
G.m.b.H.	Gesellschaft mit beschränkter Haftung
GMBl.	Gemeinsames Ministerialblatt (Herausgeber Bundesministerium des Inneren)
GSZ	Großer Senat für Zivilsachen
GWB	Gesetz gegen Wettbewerbsbeschränkungen
GVBl.	Gesetz- und Verordnungsblatt
GVG	Gerichtsverfassungsgesetz
GYIL	German Yearbook of International Law (ab 1977; zuvor „Jahrbuch für Internationales Recht")

Harvard ILJ	Harvard International Law Journal
h. L.	herrschende Lehre
HLKO	Haager Landkriegsordnung
HLR	Harvard Law Review
HRLJ	Human Rights Law Journal
Hrsg.	Herausgeber
IAEA	International Atomic Energy Agency
ICAO	International Civil Aviation Organisation
ICJ	International Court of Justice
ICLQ	International and Comparative Law Quarterly
IGH	Internationaler Gerichtshof
IJIL	Indian Journal of International Law
ILA	International Law Association
ILC	International Law Commission
ILM	International Legal Materials
ILO	International Labour Organization
ILQ	The International Law Quarterly
ILR	International Law Reports
IMO	International Maritime Organization
IMT	International Military Tribunal
IO	International Organization
IPR	Internationales Privatrecht
i. (e.) S.	im (engeren) Sinne
ItalYBIL	Italian Yearbook of International Law
i. V. m.	in Verbindung mit
IWF	Internationaler Währungsfonds
JAIL	Japanese Annual of International Law
JBl.	Justizblatt
JIR	Jahrbuch für Internationales Recht (von 1948–1976; ab 1977 „German Yearbook of International Law")
JMLC	Journal of Maritime Law and Commerce
JöR (N. F.)	Jahrbuch des öffentlichen Rechts der Gegenwart (Neue Folge)
JuS	Juristische Schulung
JW	Juristische Wochenschrift (bis 1939)
JWTL	Journal of World Trade Law
JZ	Juristenzeitung
KG	Kammergericht (Berlin)
L.	Limited
LG	Landgericht
lit.	litera (Buchstabe)
LNTS	League of Nations Treaty Series
LoN Doc.	League of Nations, Document
MDR	Monatsschrift des Deutschen Rechts
Mill.	Millionen
mwN	mit weiteren Nachweisen
NATO	North Atlantic Treaty Organisation
N. F.	Neue Folge
NILR	Netherlands International Law Review

NIOC	National Iranian Oil Company
NJW	Neue Juristische Wochenschrift (ab 1947/48)
No.	number, numéro
NRdT	Nouveau Recueil de Traités (Hrsg. *de Martens*, fortgesetzt von *Saalfeld*)
NRG	Nouveau recueil général de traités (Hrsg. *de Martens*, fortgesetzt von *Triepel*)
NRJ	Natural Resources Journal
NRL	Natural Resources Lawyer
NYIL	Netherlands Yearbook of International Law
NTIR	Nederlands Tijdschrift voor Internationaal Recht
NZIR	Niemeyers Zeitschrift für Internationales Recht
o. ä.	oder ähnliche(s)
OAS	Organisation of American States
OAU	Organisation of African Unity
ODILA	Ocean Development and International Law
OECD	Organisation for Economic Cooperation and Development
OGHZ	Oberster Gerichtshof für die britische Zone, Entscheidungen in Zivilsachen
ÖJZ	Österreichische Juristenzeitung
OLG	Oberlandesgericht
ONUC	Opérations des Nations Unies au Congo
OR.	Official Records
OVG(E)	Oberverwaltungsgericht (Entscheidungen)
OWiG	Gesetz über Ordnungswidrigkeiten
ÖZöR	Österreichische Zeitschrift für öffentliches Recht und Völkerrecht
para(s)	paragraph(s)
PCIJ	Permanent Court of International Justice
PLO	Palestinian Liberation Organisation
PolYBIL	Polish Yearbook of International Law
PrGS	Preußische Gesetzessammlung
PVS	Politische Vierteljahresschrift
RabelsZ	Rabels Zeitschrift für ausländisches und internationales Privatrecht
RBDI	Revue belge de droit international
RCDIP	Revue critique de droit international privé
RdC	Recueil des Cours
RDI	Revue de droit international, des sciences diplomatiques, politiques et sociales
RDILC	Revue de droit international et de législation comparée
Rép.	*Lapradelle/Niboyet* (Hrsg.), Répertoire de droit international, 1929 ff.
Rdn.	Randnummer
RevEgypt	Revue Egyptienne de droit international
RFH	Reichsfinanzhof
RGDIP	Revue générale du droit international public
RGSt(E)	Reichsgericht in Strafsachen
RGW	Rat für gegenseitige Wirtschaftshilfe
RGZ	Reichsgericht in Zivilsachen
RHellDI	Revue Hellénique de droit International
RIAA	Reports of International Arbitral Awards (UN-Publication)
Riv.	Rivista di diritto internazionale
RIW/AWD	Recht der Internationalen Wirtschaft, Außenwirtschaftsdienst des Betriebsberaters
RMC	Revue du marché commun
Rs.	Rechtssache

s.	siehe
S.	Seite
SchwJIR	Schweizer Jahrbuch für Internationales Recht
sec.	section (Paragraph)
Ser.	Serie, Series, Série
Slg.	Sammlung der Entscheidungen des EuGH
sm.	Seemeile(n) (1 sm = 1,852 km)
spec.	special
sog.	sogenannt(e)
SRÜ	Seerechtsübereinkommen vom 10. Dezember 1982 (noch nicht in Kraft)
StGB	Strafgesetzbuch
StIGH	Ständiger Internationaler Gerichtshof
StISchH	Ständiger Internationaler Schiedshof
supp.	supplement (Ergänzungsband)
TIAS	United States Treaties and other international Acts Series
u. a.	unter anderem; und andere(s)
U.K.	United Kingdom
UN	United Nations
UNCLOS	United Nations Conference on the Law of the Sea
UN Doc.	United Nations Document
UNEF	United Nations Emergency Force
UNEP	United Nations Environmental Programme
UNESCO	United Nations Educational, Scientific and Cultural Organization
UNFICYP	United Nations Peace-Keeping Force in Cyprus
UNO	United Nations Organisation
UN ST/LEG/SER.B	United Nations Legislative Series
UNTS	United Nations Treaty Series
UNYB	United Nations Yearbook
US.	United States Report (Sammlung der U.S. Supreme Court-Entscheidungen)
US Digest	Digest of United States Practice of International Law
UST	United States Treaty Series
usw.	und so weiter
u. U.	unter Umständen
VG	Verwaltungsgericht
vgl.	vergleiche
VJIL	Virginia Journal of International Law
VN	Vereinte Nationen (Zeitschrift)
vol(s).	volume(s)
VRÜ	Verfassung und Recht in Übersee
VVDStRL	Veröffentlichungen der Vereinigung der Deutschen Staatsrechtslehrer
WEU	Westeuropäische Union
WHG	Wasserhaushaltsgesetz
WPM	Wertpapiermitteilungen
WRV	Weimarer Reichsverfassung
WVK	Wiener Vertragsrechtskonvention
YB	Yearbook
YBWA	Yearbook of World Affairs

ZaöRV	Zeitschrift für ausländisches öffentliches Recht und Völkerrecht
z. B.	zum Beispiel
ZfP	Zeitschrift für Politik
ZfR	Zeitschrift für Rechtspolitik
Ziff.	Ziffer
ZIR	Zeitschrift für Internationales Recht
ZöffR	Zeitschrift für öffentliches Recht
ZPO	Zivilprozeßordnung
ZRP	Zeitschrift für Rechtspolitik

Verzeichnis der Gesamtdarstellungen und Werke allgemeinen Charakters

In den einzelnen Kapiteln und Paragraphen dieses Buches ist nur eine Auswahl aus der Sonderliteratur angegeben. Auf eine Angabe der einschlägigen Abschnitte in den Gesamtdarstellungen wird in aller Regel aus Gründen der Raumersparnis verzichtet.

Academie de droit international (Hrsg.), Recueil des Cours. Collected courses of the Hague Academy of International Law, 1925 ff.

Accioly, Tratado de direito internacional público, 2 Bde., 2. Aufl. 1956

Aguilar Navarro, Derecho internacional público, 2 Bde., 1952

Akehurst, A Modern Introduction to International Law, 6. Aufl. 1987

Alvarez, El nuevo derecho internacional, 1962

D'Amato, International Law: Process and Prospect, 1987

Anzilotti, Corso di diritto internazionale, Bd. I, 4. Aufl. 1955; Bd. III 1, 1. Aufl. 1915 (zit.: Anzilotti, Corso) – Lehrbuch des Völkerrechts, Bd. I, 1929

Arbeitsgemeinschaft für Völkerrecht beim Institut für Internationale Beziehungen an der Akademie für Staats- und Rechtswissenschaft der DDR (Hrsg.), Völkerrecht, 2 Bde., 1981–1982

Balladore Pallieri, Diritto internazionale pubblico, 8. Aufl. 1962

Baty, The Canons of International Law, 1930

Berber, Lehrbuch des Völkerrechts, Bd. I, 2. Aufl. 1975; Bd. II, 2. Aufl. 1969; Bd. III, 2. Aufl. 1977

Bernhardt (Hrsg.), Encyclopedia of Public International Law, bisher 10 Bde., 1981–1987

Besta, Lineamenti di diritto internazionale, 1934

Biscottini, Diritto internazionale pubblico, 1943

Bishop, International Law. Cases and Materials, 3. Aufl. 1962

Bluntschli, Das moderne Völkerrecht der civilisierten Staaten als Rechtsbuch dargestellt, 3. Aufl. 1878

Buergenthal/Maier, Public International Law in a Nutshell, 1985

Brierly, The Law of Nations, 6. Aufl. 1963

Briggs, The Law of Nations, 2. Aufl. 1952

Brownlie, Principles of Public International Law, 3. Aufl. 1979

Bustamante y Sirven, Derecho internacional público (Franz. Übersetzung), 5 Bde., 1934–39

Calvo, Le droit international théorique et pratique, 6 Bde., 5. Aufl. 1896

Cassese, Il diritto internazionale nal mondo contemporaneo, 1984

Castberg, Folkerett, 2. Aufl., 1948

Castel, International Law, 3. Aufl. 1976

Cavaglieri, Corso di diritto internazionale, 3. Aufl. 1934

Cavaré, Le droit international public positif, 2 Bde., 3. Aufl. 1967, 1969

Chin, Conference on Contemporary Issues of International Law, 1985

Colombos, Internationales Seerecht (Deutsche Ausgabe), 1963

Cot/Pellet (Hrsg.), La Charte des Nations Unies, 1985

Dahm, Völkerrecht, 3 Bde., 1. Aufl. 1958–1961

Delbez, Manuel de droit international public, 2. Aufl. 1951

Despagnet, Cours de droit international public (Hrsg. Boeck), 4. Aufl. 1910

Diena, Principi di diritto internazionale, 3. Aufl. 1930

Diez de Velasco, Instituciones de derecho internacional público, I, 7. Aufl. 1985, II, 5. Aufl. 1986

Drost, Grundlagen des Völkerrechts, 1936

Evangelisches Staatslexikon, hrsg. von Herzog/Kunst/Schlaich/Schneemelcher, 2 Bde., 3. Aufl. 1987

Falk u. a. (Hrsg.), The Future of the International Legal Order, 5 Bde., 1969 ff.
Fauchille, Traité de droit international public, 4 Bde., 8. Aufl. 1921–1926
Fedozzi, Corso di diritto internazionale, 4. Aufl. 1940
Fenwick, International Law, 4. Aufl. 1965
Fiore, Trattato di diritto internazionale pubblico, 4. Aufl. 1904
– Il diritto internazionale codificato, 5. Aufl. 1915
François, Handboek van het volkenrecht, 2 Bde., 2. Aufl. 1949–50
– Grondlijnen van het volkenrecht, 1954

García, Manual de derecho internacional público, 1975
Gelberg, Grundriß des Völkerrechts (aus dem Polnischen), 1985
von Glahn, Law Among Nations, 4. Aufl. 1976
van Goethem/Suy, Beknopt Handboek van het volkenrecht, 1966
Gonçalves Pereira, Curso de direito internacional público, 2. Aufl. 1975
Goodrich/Hambro/Simons, Charter of the United Nations, 3. Aufl. 1969
Gould, An Introduction to International Law, 1957
Green, International Law Through the Cases, 4. Aufl. 1978
Guggenheim, Lehrbuch des Völkerrechts, 2 Bde., 1948–1951
– Traité de droit international public, Bd. I, 2. Aufl. 1967; Bd. II, 1. Aufl. 1954 (zit.: Guggenheim, Traité)

Hall, A Treatise on International Law (Hrsg. Higgins), 8. Aufl. 1924
Hatschek, Das Völkerrecht als System rechtlich bedeutsamer Staatsakte, 1923
Heilborn, Das System des Völkerrechts, 1896
– Grundbegriffe des Völkerrechts, 1912
Henkin/Pugh/Schachter/Smit, International Law. Cases and Materials, 2. Aufl. 1987
Hershey, The Essentials of International Public Law and Organization, 2. Aufl. 1927
Hochleitner, Derecho internacional público, 1952
Hold v. Ferneck, Lehrbuch des Völkerrechts, 2 Bde., 1930–32
Holzendorff, Handbuch des Völkerrechts, 4 Bde., 1885–89
Hyde, International Law, Chiefly as Interpreted and Applied by the United States, 3 Bde., 2. Aufl. 1947

Jessup, A Modern Law of Nations, 1949 (Nachdruck 1968)
Jimenez de Arechaga u. a., Curso de derecho internacional público, Bd. 1–5, 1978

Kelsen, Théorie générale du droit international public, RdC 42 (1932 IV), 117
– General Theory of Law and State, 1949
– Théorie du droit international public, RdC 84 (1953 III), 1
– Principles of International Law, 2. Aufl. 1966 (zit.: Principles)
Kimminich, Einführung in das Völkerrecht, 2. Aufl. 1983
Korowicz, Introduction to International Law, 1964
Korowin, Das Völkerrecht der Übergangszeit (dt. Übertragung), 1929
Krylow, Les notions principales du droit des gens (la doctrine soviétique du droit international), RdC 70 (1947 I), 407

de Lapradelle/Niboyet (Hrsg.), Répertoire de droit international, 1929 ff.
Lauterpacht, The Function of Law in the International Community, 1933
– Private Law Sources and Analogies of International Law, 2. Aufl. 1970 (zit.: Analogies)
Lawrence, The Principles of International Law (Hrsg. Winfield), 7. Aufl. 1925
Le Fur, Précis de droit international public, 4. Aufl. 1939
L'Huillier, Eléments de droit international public, 1950

v. Liszt/Fleischmann, Das Völkerrecht, 12. Aufl. 1925
de Louter, Le droit international positif, 2 Bde., 1920

Manin, Droit international public, 1979
Maris, International Law, An introduction, 1984
v. Martens, Völkerrecht (Hrsg. Bergbohm), 2 Bde., 1883–86
Macdonald/Johnston (Hrsg.), The Structure and Process of International Law, 1983
Maunz/Dürig/Herzog/Scholz, Grundgesetz-Kommentar, 4 Bde., 6. Aufl. 1985 ff.
McDougal and Associates, Studies in World Public Order, Neudruck (New Haven Studies in World Public Order 1), 1987
Menzel/Ipsen, Völkerrecht, 2. Aufl. 1979
Mérignhac, Traité de droit public international, 3 Bde., 1905–12
Miaja de la Muela, Introducción al derecho internacional público, 6. Aufl. 1974
Miele, Diritto internazionale, 3. Aufl. 1972
Möller, Folkeretten i Fredstid og Krigstid, 2 Bde., 1925–34
Mössner, Einführung in das Völkerrecht, 1977
Monaco, Manuale di diritto internazionale pubblico e privato, 1949
– Manuale di diritto internazionale pubblico, 2. Aufl. 1971
Morelli, Nozioni di diritto internazionale, 6. Aufl. 1963
Moreno, Lecciones de derecho internacional público, 1934
Müller/Wildhaber, Praxis des Völkerrechts, 2. Aufl. 1982
von Münch, Völkerrecht in programmierter Form, 2. Aufl. 1982

Niemeyer, Völkerrecht, 1923
Neuhold/Hummer/Schreuer (Hrsg.), Österreichisches Handbuch des Völkerrechts, 2 Bde., 1983
Nys, Le droit international, 3 Bde., 1912

O'Connell, International Law, 2 Bde., 2. Aufl. 1970
O'Connell/Shearer, The International Law of the Sea, 2 Bde., 1982–1984
Olivi, Diritto internazionale pubblico, 3. Aufl. 1933
Oppenheim/Lauterpacht, International Law – A Treatise, Bd. I, 8. Aufl. 1955; Bd. II, 7. Aufl. 1952
Ottolenghi, Corso di diritto internazionale pubblico, 1956

Paredes, Manual de derecho internacional público, 1951
Pastor Ridruejo, Curso de derecho internacional público, 1986
Perassi, Lezioni di diritto internazionale, 7. Aufl. 1961
Pinto, Le droit des relations internationales, 1972
Pradier-Fodéré, Traité de droit international public, 8 Bde., 1885–1906

Quadri, Diritto internazionale pubblico, 5. Aufl. 1968

Redslob, Traité de droit des gens, 1950
Reibstein, Völkerrecht. Eine Geschichte seiner Ideen in Lehre und Praxis, 2 Bde., 1957/1963
Rivier, Principes du droit des gens, 2 Bde., 1896
Romano, Corso di diritto internazionale, 4. Aufl. 1939
Ross, Lehrbuch des Völkerrechts, 1951
Rousseau, Principes généraux du droit international public I, 1944
– Droit international public, Bd. I, 1970; Bd. II, 1974; Bd. III, 1977; Bd. IV, 1980; Bd. V, 1983

Sastry, International Law, 1937
Sauer, E., Grundlehre des Völkerrechts, 3. Aufl. 1955
Sauer, W., System des Völkerrechts, 1952
Scelle, Précis de droit des gens, 2 Bde., 1932–1934
– Manuel élémentaire de droit international public, 1943
Schücking/Wehberg, Die Satzung des Völkerbundes, 3. Aufl. I 1931

Schwarzenberger, International Law, Bd. I, 3. Aufl. 1957
– Power Politics, 2. Aufl. 1951
– A Manual of International Law, 6. Aufl. 1976
– The Fundamental Principles of International Law, RdC 87 (1955 I), 190
Seidl-Hohenveldern, Völkerrecht, 6. Aufl. 1987
Sepulveda, Derecho internacional, 1979
Sereni, Diritto internazionale, Bd. I, 1956 – IV, 1965
Shaw, International Law, 2. Aufl. 1986
Sibert, Traité de droit international public, 2 Bde., 1951
Sørensen (Hrsg.), Manual of Public International Law, 1968, Neudruck 1978
The *Spirit of Uppsala.* Proceedings of the Joint UNITAR – Uppsala University Seminar of International Law and Organization for a New World Order, hrsg. von Grahl-Madsen/Toman, 1984
Spiropoulos, Theorie générale du droit international, 1930
– Traité théorique et pratique du droit international public, 1933
Starke, Introduction to International Law, 8. Aufl. 1977
Stowell, International Law, 1931
Strupp, Grundzüge des positiven Völkerrechts, 5. Aufl. 1932
– Wörterbuch des Völkerrechts und der Diplomatie, 3 Bde., 1. Aufl. 1924–1929
Strupp/Schlochauer, Wörterbuch des Völkerrechts, 3 Bde., 1960–1962
Sundberg, Folkrätt, 2. Aufl. 1950
Svarlien, An Introduction to the Law of Nations, 1955

Takano, Einführung in das Völkerrecht, 2 Bde., 1979/1984
Thierry/Combacau/Sur/Vallée, Droit International Public, 1981
Tunkin, Recht und Gewalt im internationalen System, 1986
– International Law. A Textbook, 1986

Verdross, Die Verfassung der Völkerrechtsgemeinschaft, 1926
– Völkerrecht, 5. Aufl. 1964
Verdross/Simma, Universelles Völkerrecht, 3. Aufl. 1984
Verzijl, International Law in Historical Perspective, 9 Bde., 1968 ff.
de Visscher, Théories et réalités en droit international public, 1953

Wengler, Völkerrecht, 2 Bde., 1964
Westlake, International Law, 2 Bde., 2. Aufl. 1910–13
Weston/Falk/D'Amato, International Law and World Order. A Problem-Oriented Source-Book, 1980
Wheaton, Elements of International Law, Nachdruck der 8. Aufl. 1866 (Hrsg. Dana)
– Elements of International Law (Hrsg. Keith), I, 6. Aufl. 1929; Bd. II, 7. Aufl. 1944
Whiteman, Digest of International Law, 15 Bde., 1963–1973
Wilson/Tucker, International Law, 9. Aufl. 1935
Wolgast, Völkerrecht, 1934
Wolfrum/Brückner/Prill (Hrsg.), Handbuch Vereinte Nationen, 1977

Zorn, Grundzüge des Völkerrechts, 2. Aufl. 1903

Verzeichnis der abgekürzt zitierten Dokumenten- und Fallsammlungen

Annual Digest	*Lauterpacht* (Hrsg.) Annual Digest and Reports of Public International Law Cases, 1929ff.
British International Law Cases, 9 Bde. 1964–1973	
Clunet	Journal de droit international, begr. von *E. Clunet*
Delbrück, Friedensdokumente	*Delbrück* (Hrsg.), Friedensdokumente aus fünf Jahrhunderten. Kriegsverhütung – Rüstungskontrolle – Abrüstung, 2 Bde. 1984
Hackworth, Digest	*Hackworth* (Hrsg.), Digest of International Law, 7 Bde. 1940–1943
Harris	*Harris* (Hrsg.), Cases and Materials on International Law, 3. Aufl. 1983
Hudson	*Hudson* (Hrsg.), International Legislation, 9 Bde. 1931–1950
ILR	*Lauterpacht* (Hrsg.), International Law Reports, 1950ff.
Lapradelle/Politis	*Lapradelle/Politis* (Hrsg.), Recueil des arbitrages internationaux, 3 Bde. 1905–1954
Moore, Arbitrations	*Moore* (Hrsg.), History and Digest of the International Arbitrations to which the United States has been a Party, 6 Bde. 1898
Moore, Digest	*Moore* (Hrsg.), A Digest of International Law, 8 Bde. 1906
Ralston	*Ralston*, Venezuelan Arbitrations of 1903, 1904
Scott I/II	*Scott* (Hrsg.), The Hague Court Reports I, 1916; II, 1932
Sirey	(s. Tribunaux)
Strupp, Documents	*Strupp* (Hrsg.), Documents pour servir à l'histoire du droit des gens, 5 Bde., 2. Aufl. 1923
Tableau générale	Institut de droit international, Tableau générale des résolutions, 1873ff.
Tribunaux Arbitraux mixtes	*Sirey* (Hrsg.), Recueil du décisions des Tribunaux mixtes, 1922–1930
Whiteman, Digest	*Whiteman* (Hrsg.), Digest of International Law, 13 Bde. 1963–1969

Verzeichnis wichtiger völkerrechtlicher Festschriften

Festschrift Abendroth, *Girardot/Ridder* (Hrsg.), New Directions in International Law, 1982
Festschrift Andrassy, *Ibler* (Hrsg.), 1968
Festschrift van Asbeck, Volkenrechtelijke Opstellen, 1957
Festschrift Aubin, *Baer-Kaupert/Leistner/Schwaiger* (Hrsg.), 1979

Festschrift Barcia Trelles, *Legaz Lacambra/García Arias* (Hrsg.), Estudios de derecho internacional, 1958
Festschrift Berber, *Blumenwitz/Randelzhofer* (Hrsg.),1973
Festschrift Berlia, Droit public interne et international. Etudes et réflexions, 1980
Festschrift Bilfinger, Max-Planck-Institut (Hrsg.), Völkerrechtliche und staatsrechtliche Abhandlungen, 1954
Festschrift Bindschedler, *Diez/Monnier/Müller/Reimann/Wildhaber* (Hrsg.), 1980
Festschrift Bridel, La Faculté de Droit de l'université de Lausanne (Hrsg.), 1968

Festschrift Carstens, *Börner/Jahrreiß/Stern* (Hrsg.), Einigkeit und Recht und Freiheit, 2 Bde., 1984
Festschrift Cassin, Amicorum discipulorumque liber, 4 Bde., 1969–1972
Festschrift Castberg, Legal Essays, 1963
Festschrift Castrén, *Hakapää* (Hrsg.),1979
Festschrift Chaumont, *Charpenter/Chemillier-Gendreau/Colin/Lang/Salmon* (Hrsg.), Le Droit des peuples à disposer d'eux-mèmes, 1984
Festschrift Constantopoulos, Modern Problems of International Law and Philosophy of Law, 1981
Festschrift Czaja, *Zieger/Meissner/Blumenwitz* (Hrsg.), Deutschland als Ganzes, 1985

Festschrift Diederiks-Verschoor, *Storm van's Gravensande/van der Veen Vonk* (Hrsg.), Air Worthy, 1985
Festschrift Doehring, *Stein* (Hrsg.), Die Autorität des Rechts, 1984
Festschrift Domke, *Sanders* (Hrsg.), International Arbitration, 1967

Festschrift Friedmann, *Wilner* (Hrsg.), Jus et Societas, 1979

Festschrift Ganshof van der Meersch, Centre universitaire de Droit public/Université libre de Bruxelles (Hrsg.), 3 Bde., 1972
Festschrift Giacometti, Demokratie und Staat, 1953
Festschrift Gidel, *Vellas* (Hrsg.), 1961
Festschrift Goldman, Le Droit des relations économiques internationales, 1982
Festschrift Grewe, *Kroneck/Oppermann* (Hrsg.), Im Dienste Deutschlands und des Rechtes, 1981
Festschrift Gross, *Deutsch/Hoffmann* (Hrsg.), The Relevance of International Law, 1968
Festschrift Guggenheim, Institut Universitaire de Hautes Etudes Internationales Genève (Hrsg.), Recueil d'études de droit international, 1968
Festschrift Gutzwiller, Ius et Lex, 1959

Festschrift Haug, *Hangartner/Trechsel* (Hrsg.), Völkerrecht im Dienste des Menschen, 1986
Festschrift von der Heydte, *Kipp/Mayer/Steinkamm* (Hrsg.), Um Recht und Freiheit, 2 Bde., 1977
Festschrift Huber, Recht als Prozeß und Gefüge, 1981

Festschrift Institut für Internationale Angelegenheiten, *Gantzel* (Hrsg.), Kolonialrechtswissenschaft, Kriegsursachenforschung, Internationale Angelegenheiten, 1983
Festschrift Institut für Internationales Recht, Fünfzig Jahre Institut für Internationales Recht an der Universität Kiel, 1965

Verzeichnis wichtiger völkerrechtlicher Festschriften

Festschrift International Law Association, *Bos* (Hrsg.), The Present State of International Law, 1973

Festschrift Jaenicke, *Böckstiegel/Götz/Selmer* (Hrsg.), Finanzverfassung der Europäischen Gemeinschaften, 1984

Festschrift Jessup, *Friedmann/Henkin/Lissitzyn* (Hrsg.), Transnational Law in a Changing Society, 1972

Festschrift Kraus, Göttinger Arbeitskreis (Hrsg.), Mensch und Staat in Recht und Geschichte, 1954

Festschrift Kraus, Göttinger Arbeitskreis (Hrsg.), Recht im Dienste der Menschenwürde, 1964

Festschrift Lachs, *Makarczyk* (Hrsg.), 1984

Festschrift Landheer, *Reigersman-van der Eerden/Zoon* (Hrsg.), A Desirable World, 1974

Festschrift Laun, *Constantopoulos/Wehberg* (Hrsg.), Gegenwartsprobleme des internationalen Rechtes und der Rechtsphilosophie, 1953

Festschrift Laun, Jahrbuch für Internationales Recht, Bd. 11, 1962

Festschrift Laun, *Meissner/Tomson* (Hrsg.), Internationales Recht und Diplomatie, 1972

Festschrift MacDougal, *Reisman/Weston* (Hrsg.), Toward World Order and Human Dignity, 1976

Festschrift MacDougal, New York Law School Law Review 24 (1978), S. 1–335, International Law and Human Rights, 1978

Festschrift MacNair, Cambridge Essays in International Law, 1965

Festschrift Mann, *Flume/Hahn/Kegel/Simmonds* (Hrsg.), Internationales Recht und Wirtschaftsordnung, 1977

Festschrift Manning, The Bases of International Order, 1973

Festschrift Marcic, *Mayer-Maly/Simons* (Hrsg.), Das Naturrechtsdenken heute und morgen, 1983

Gedächtnisschrift Martens, *Selmer/von Münch* (Hrsg.), 1987

Festschrift Menzel, *Delbrück/Ipsen/Rauschning* (Hrsg.), Recht im Dienst des Friedens, 1975

Festschrift Miaja de la Muela, Estudios de derecho internacional, 2 Bde., 1979

Festschrift Modinos, Problèmes des droits de l'homme et de l'unification européenne, 1968

Festschrift Mosler, *Bernhardt/Geck* (Hrsg.), Völkerrecht als Rechtsordnung. Internationale Gerichtsbarkeit. Menschenrechte, 1983

Festschrift Nawiasky, *Maunz* (Hrsg.), Vom Bonner Grundgesetz zur gesamtdeutschen Verfassung, 1956

Festschrift von Panhuys, *Kalshoven/Kuyper/Lammers* (Hrsg.), Essays on the Development of the International Legal Order, 1980

Festschrift Pictet, *Swinarski* (Hrsg.), Etudes et essais sur le droit humanitaire et sur les principes de la Croix-Rouge, 1984

Festschrift Raschhofer, *Abelein/Kimminich* (Hrsg.), Studien zum Staats- und Völkerrecht, 1977

Festschrift Reuter, Le Droit International: Unité et Diversité, 1981

Festschrift Riesenfeld, *Jayme/Kegel/Lutter* (Hrsg.), Ius inter nationes, 1983

Festschrift Riphagen, *Bos/Siblesz* (Hrsg.), T.M.C. Asser Instituut. Realism in Law-Making, 1986

Festschrift Roeling, *Akkerman/van Krieken/Pannenborg* (Hrsg.), Declarations on Principles, 1977

Festschrift Rolin, Problèmes de droit des gens, 1964

Festschrift Rostow, *McDougal/Reisman* (Hrsg.), Power and policy in quest of law, 1985

Festschrift Rousseau, La Communauté Interrnationale, 1974

Festschrift Sanders, *Schultsz/van den Berg* (Hrsg.), The Art of arbitration, 1982

Gedächtnisschrift Sasse, *Bieber/Bleckmann/Capotorti* u. a. (Hrsg.), Das Europa der zweiten Generation, 2 Bde., 1981

Festschrift Schätzel, *Brüel/Constantopoulos* (Hrsg.), Internationalrechtliche und staatsrechtliche Abhandlungen, 1960

Festschrift Scheuner, *Ehmke/Kaiser/Kewenig/Meessen* (Hrsg.), 1979

Festschrift Schlochauer, *v. Münch* (Hrsg.), Staatsrecht – Völkerrecht – Europarecht, 1981

Festschrift Sohn, *Buergenthal* (Hrsg.), Contemporary issues in international law, 1984

Verzeichnis wichtiger völkerrechtlicher Festschriften

Festschrift Spiropoulos, *Constantopoulos/Eustathiades/Fragistas* (Hrsg.), Grundprobleme des Internationalen Rechts, 1957

Festschrift Stoedter, *Ipsen/Necker* (Hrsg.), Recht über See, 1979

Gedächtnisschrift Tenhumberg, *Thimme/Wöste* (Hrsg.), Im Dienst für Entwicklung und Frieden, 1982

Festschrift Udina, 2 Bde., 1975

Festschrift Veiter, *Riedl* (Hrsg.), Humanitas ethnica, 1967

Festschrift Verdross, *von der Heydte/Seidl-Hohenveldern/Verosta/Zemanek* (Hrsg.), Völkerrecht und rechtliches Weltbild, 1960

Festschrift Verdross, *Marcic/Mosler/Suy/Zemanek* (Hrsg.), 1971

Festschrift Verdross, *Miehsler/Mock/Simma/Tammelo* (Hrsg.), Ius humanitatis, 1980

Festschrift Verosta, *Fischer/Köck/Verdross* (Hrsg.), Völkerrecht und Rechtsphilosophie, 1980

Festschrift Verzijl, Volkenrechtelijke Opstellen, 1957

Festschrift de Visscher, Evolution constitutionnelle en Belgique et relations internationales, 1984

Festschrift Weber, *Schneider/Götz* (Hrsg.), Im Dienst an Recht und Staat, 1974

Festschrift Wehberg, *Schätzel/Schlochauer* (Hrsg.), Rechtsfragen der Internationalen Organisationen

Festschrift Wengler, *Tittel* (Hrsg.) Bd. 1, Allgemeine Rechtslehre und Völkerrecht, 1973

Festschrift Wilson, *Deener* (Hrsg.), De lege pactorum, 1970

Festschrift Zweigert, *Bernstein/Drobnig/Kötz* (Hrsg.), 1981

Judikaturverzeichnis

I. Internationale Gerichte

1. Ständiger Internationaler Gerichtshof

2. Internationaler Gerichtshof

3. Ständiger Internationaler Schiedshof

4. Internationales Militär-Tribunal Nürnberg

5. Gerichtshof der Europäischen Gemeinschaften

6. Zentralamerikanischer Gerichtshof

7. Schiedsgerichte

II. Nationale Gerichte

1. Aden

2. Ägypten

3. Argentinien

4. Australien

5. Belgien

6. Brasilien

7. Ceylon

8. Deutschland

I. Deutsches Reich

a. Staatsgerichtshof für das Deutsche Reich

b. Reichsgericht

c. Reichsfinanzhof

d. andere Gerichte

II. Bundesrepublik Deutschland

a. Bundesverfassungsgericht

BVerfGE 46, 394 **472**
BVerfGE 51, 1 **328 f.**
BVerfGE 63, 343 (deutsch-österreichischer Rechtshilfevertrag) **321, 484**
BVerfGE 64, 1 (Erlöse aus staatlichen Ölverkäufen durch die staatliche iranische Erdölgesellschaft NIOC) **459, 466, 468 f., 471 f.**
BVerfGE 68, 1 (Verfassungsmäßigkeit der Zustimmung zur Aufstellung neuer Mittelstreckenraketen) **248**
EuGRZ 14 (1987), 565 (Lagerung, Beförderung und möglicher Einsatz chemischer Waffen) **248**

b. Bundesgerichtshof

BGHSt 1, 391 **65**
BGHSt 5, 317 **146**
BGHSt 5, 396 **119**
BGHSt 8, 59 (Skantzos) **402**
BGHSt 9, 53 **205**
BGHSt 28, 96 **480**
BGHZ 3, 1 **146**
BGHZ 3, 94 **65**
BGHZ 3, 178 **144**
BGHZ 3, 308 **146**
BGHZ 5, 205 **146**
BGHZ 7, 218 **146**
BGHZ 9, 339 **181**
BGHZ 11, 135 **118**
BGHZ (GSZ) 13, 265 **131, 145 ff., 225, 364**
BGHZ 16, 207 **118**
BGHZ 17, 309 **146**
BGHZ 18, 1 **466**
BGHZ 18, 267 **388**
BGHZ 19, 258 **146**
BGHZ 34, 169 **486**
BGHZ 59, 82 **486**
BGHZ 69, 295 **486**
BGHZ 74, 322 **325**
EuGRZ 11 (1984), 273 (Tabatabai) **284, 297**
NJW 6 (1953), 861 **170**
NJW 32 (1979), 1101 (Church of Scientology) **468**
WPM 1969, 940 **468**
WPM 1969, 1348 (Ungarischer Botschaftsfall) **459, 468**

c. Bundesverwaltungsgericht

BVerwGE 1, 206 **144**
BVerwGE 3, 58 **118**
BVerwGE 35, 262 **118**
EuGRZ 14 (1987), 116 **329, 450 f.**
MDR 1971, 516 **272**

d. Bundessozialgericht

BSozGE 33, 280 **329**
BSozGE 36, 209 **329**

e. Bundesfinanzhof

BFHE 54, 244 **474**

h. andere Gerichte

9. Frankreich

a. Conseil d'Etat

Société Lucien Jonas et Cie (1955; Gaz. Palais 23. 9. 1955, Rousseau IV, 343) **407**

b. Cour de cassation

Abetz (1950; RCDIP 40 (1951), 477) **267**
Bigelow v. Princesse Zizianoff (RCDIP 24 (1929), 77) **311**
Blagojevic v. Bank of Japan (1976; ILR 65 (1984), 63) **459**
Caisse d'Assurance Vieillesse des Non-Salariés v. Caisse Nationale des Barreaux Français (1977; ILR 65 (1984), 70) **459**
Epoux Martin c. Banque d'Espagne (1952; Clunet 80 (1953), 654) **455, 459**
Etat de Céara (Brasilien) c. Dorr (1932; Clunet 60 (1933), 644) **455**
EURODIF Corporation v. Islamic Republic of Iran (1984; ILM 23 (1984), 1062) **468**
De Fallois c. Piatokoff et autres c. Représentation commerciale de l'U.R.S.S. en France (1937; RCDIP 32 (1937), 700) **459**
Gerbaud c. dame de Meden (1951; Clunet 78 (1951), 168) **190**
Le Gouvernement espagnol c. Casaux (1849; Sirey, Recueil Général, 1849 I, 81) **113, 459**
Neger c. Gouvernement du Land de Hesse (1969; RCDIP 59 (1970), 98) **455**
Le Pearl (1868; Sirey, Recueil Général 1868 I, 351) **476**
Procureur général c. Nazare Aga (1921; Clunet 48 (1921), 922) **279**
Société Nationale des Tabacs et Allumettes v. Chaussois and Others (1969; ILR 65 (1984), 44) **459**
Société Nationale des Transports Routier v. Compagnie Algérienne de Transit et d'Affrètement Serres et Pilaire and Another (1979; ILR 65 (1984), 83) **459**
Sonatrach c. Lunz (1984; Semaine juridique 58 (1984), No. 20217) **490**
Sonatrach c. Migeon (1985; ILM 26 (1987), 998) **471**
U.R.S.S. c. Association France-Export (1929; Clunet 56 (1929), 1042 und Sirey, Recueil Général 1930 I, 49) **459**
U.R.S.S. c. Chaliapine (1936; RCDIP 32 (1937), 710) **459**
U.R.S.S. c. Intendant général Bourgeois ès qual. et Soc. la Ropit (Sirey, Recueil Général 1929 I, 217) **490**

c. andere Gerichte

Cour d'appel Aix
– (Sirey, Recueil Général 1930 II, 153) **459**
Cour d'appel Bordeaux
– Robine c. Consul de Grande Bretagne (RCDIP 40 (1951), 307) **459**
Cour d'appel Montpellier
– Red Nacional de Ferrocariles Españoles v. Mrs. Cavaillé and Another (1968; ILR 65 (1984), 41) **459**
Cour d'appel de Paris
– Général Kolingba c. Delpey (RGDIP 91 (1987), 157) **252**
– Pappenheim (1841; Sirey, Recueil Général II, 592) **112**
– Chaussois c. Tabacoop de Bône (1966; UN ST/LEG./SER. B/20, 262) **459**
– Sociétè immobilière des Citès Fleuries Lafayette c. Etats Unis d'Amerique (1960; UN ST/LEG./SER. B/20, 255) **459**
– Ex-Roi d'Egypte Farouk c. S.A.R.L Christian Dior (1957; Clunet 84 (1957), 716) **254**
– Société centrale de construction à Paris c. Dame de Guiroyé, épouse De Ayala (1955; Clunet 82 (1955), 390) **279, 284**
– Cockerill c. L'Union et Phénise Espagnol (1930; Clunet 58 (1931), 400) **202**
– Affaire du conflit et des navires chiliens en Europe (Clunet 18 (1891), 868) **193**
Cour d'appel Poitiers
– (RCDIP 40 (1951), 660) **459**

10. Griechenland

11. Großbritannien

12. Hong Kong

13. Indien

14. Israel und Palästina

15. Irland

16. Italien

a. corte di cassazione

b. andere Gerichte

17. Japan

18. Kanada

19. Luxemburg

Union of Soviet Socialist Republic v. Luxembourg and Saar Company (1935; Annual Digest 1935–37, C. 33, 144) **207**

20. Neuseeland

Marine Steel Ltd. v. Government of the Marshall Islands (1982; ILR 64 (1983), 562) **455**

21. Niederlande

N. V. Cabolent v. National Iranian Oil Company (1968; ILM 9 (1970), 152) **472**
Czechoslovakian Co-operative Society v. Otten (1924; Annual Digest 1923–24, C. 42, 84) **164**
Drei niederländische Großgärtnereien und die Stiftung Reinwater gegen Mines de Potasse d'Alsace S. A. (1983; 33 Ars Aequi, Juridisch Studentenblad 1984, 153) **447**
NV Exploitatie – Maatschappij Bengkalis v. Bank Indonesia (1963; ILR 65 (1984), 348) **465**
„Exportchleb" Ltd. v. Goudeket (1935; Annual Digest 1935–1937, C. 36, 117) **193**
Gevato v. Deutsche Bank (1952; ILR 19 (1952), 29) **147**
J. A. Helinski v. B. B. 't Hart (1976; NYIL 8 (1977), 279) **281**
Herani Ltd. v. Wladikawkaz Railway Company (1940/1942; Annual Digest 1919–42, Supp., C. 10, 21) **193**
Kingdom of Morocco v. Stichting Revalidatie Centrum „de Trappenberg" (1978; NYIL 10 (1979), 444) **472**
Société Européenne d'Etudes et d'Entreprises v. Yugoslavia (1973; ILM 14 (1975), 71) **468**
Weber v. Union of Soviet Socialist Republics (1942; Annual Digest 1919–42, Supp, C. 74, 140) **193**

22. Norwegen

Campuzano v. Spanish Government (1938; Annual Digest 1919–42, Supp., C. 43, 68) **191**
Jacobsen v. Norwegian Government, Jan Mayen (1933; Annual Digest 1933–34, C. 42, 111) **349 f.**

23. Österreich

Oberster Gerichtshof
- Keine Exemtion ausländischer Staaten für acta iure gestionis (1961; Juristische Blätter 84 (1962), 43) **459**
- OGH 1 Ob 49/81 vom 17. Februar 1982, Fahrlässige Tötung des französischen Botschafters durch den österreichischen Botschafter bei Staatsjagd in Jugoslawien; Haftung Österreichs für Schaden gegenüber Angehörigen des französischen Botschafters (ÖZÖR 33 (1982), 314) **270**
- OGH 7 Ob 519, 520/77 vom 3. März 1977, ausländische IAEA-Beamte und Immunität gem. Wiener Diplomatenkonvention 1961 (ÖZÖR 28 (1977), 304) **281**
- Hoffmann g. Dralle (1950), Sammlung Zivilsachen 23, 143 **459**
- Immunities (Foreign State in Private Contracts) Case (1920; Annual Digest 1919–22, C. 79, 118) **412**

Oberste Rückstellungskommission, Republik Österreich und Rechtsnachfolger des Landes Österreich (ÖJZ 1951, 143, Evidenzblatt Nr. 83) **145, 178**

24. Pakistan

Qureshi v. Union of Soviet Socialist Republics (1981; ILR 64 (1983), 585) **466, 468**

25. Panama

In re Cia. de Transportes de Gelabert (1939; Annual Digest 1938–40, C. 45, 118) **439**
The Republic of Panama v. Wilbert L. Schwartzfiger (1925; Annual Digest 1927–28, C. 114, 180) **474**

26. Philippinen

Supreme Court, The People of the Philippines v. Seguno M. Acierto (1953; ILR 20 (1953), 148) **474**

27. Polen

Gil v. Polish Ministry of Industry and Commerce (1923; Annual Digest 1923–24, C. 41, 83) **164**
Polish State Treasury v. Von Bismarck (1923; Annual Digest 1923–24, C. 39, 80) **184**

28. Rumänien

Kassationshof Bukarest (Zeitschrift für Ostrecht 4 (1930), 673) **190**

29. Schweden

The Soviet Government v. Ericsson (1921; Annual Digest 1919–22, C. 30, 54) **191**

30. Schweiz

a. Bundesgericht

BGE 4, 34 **397**
BGE 31 II, 828 **192**
BGE 44 I, 49 (Dreyfus, 1918) **458**
BGE 49 I, 188 (Lepeschkin v. Gossweiler) **142**
BGE 54 II, 225 (Tscherniak g. Tscherniak) **192**
BGE 56 I, 237 **459**
BGE 59 II, 331 (Steenvorden c. Société des Auteurs, Compositeurs et Editeurs de musique, 1933) **115**
BGE 65 I, 39 **328**
BGE 78 I, 124 **146**
BGE 86 I, 23 (United Arab Republik v. Mrs. X, 1960) **459**
BGE 94 I, 669 (Frigerio) **115**
BGE 101 Ia, 269 (Bachmann gegen Kanton St. Gallen) **404**
BGE 104 Ia, 367 **466**
BGE 106 Ib, 154 (Nufenen, 1980) **347, 382**
BGE 106 Ib, 400 (Lorenzo Bozano) **115**
Italian Republic, Italian Ministry of Transport and Italian State Railways v. Beta Holding SA (1966; ILR 65 (1984), 394) **465**
Petersburger Int. Handelsbank g. Hausner (Zeitschrift für Ostrecht 1 (1925), 197) **193**
Vitianu (1949; SchwJIR 7 (1950), 146) **268**

b. andere Gerichte

Cour correctionnelle de Genève, Iran v. Swiss (1971; RGDIP 76 (1972), 564) **252**
Tribunal administratif du canton de Genève, 15 juin 1977, X c. Département de justice et police du canton de Genève (SchwJIR 34 (1978), 145) **279**
Tribunal civil de Berne, De cujus russe (1924; Clunet 52 (1925), 491) **191**
Oberstes Gericht Zürich (Blatt für Zürchersche Rechtsprechung XX, 354) **164**
Zürcher Bezirksgericht, 2 Französische Zollbeamte wegen unerlaubter Kompetenzausübung auf Schweizer Gebiet (RGDIP 84 (1980), 1129) **328**

31. Singapur

Re Westerlin (1950; ILR 17 (1950), 82) **165**

32. Südafrika

Rimpelt v. Clarkson (1947; Annual Digest 1947, C. 12, 32) **371**
Ex parte Sulman (1942; Annual Digest 1941–42, C. 64, 247) **475**
Verein für Schutzgebietsanleihen e. V. v. Conradie, N. O. (1936; Annual Digest 1935-37, C. 40, 128) **160**
Westphal et Useor v. Conducting Officer of Southern Rhodesia (1948; Annual Digest 1948, C. 54, 211) **371**

33. Tschechoslowakei

Czechoslovak Military Court of Appeal in London, Allied Forces (Czechoslovakia-)Case (1942; Annual Digest 1941–42, C. 31, 123) **474**
Supreme Administrative Court, Rights of Citizenship (Establishment of Czechoslovak Nationality-)Case (1921; Annual Digest 1919/1922, C. 6, 17) **135**
Supreme Court of Justice of Czechoslovakia
– Soviet Representation in Czechoslovakia-Case (1924/25; Annual Digest 1925–26, C. 44, 60) **191**
– Juristische Wochenschrift 1919, 332 **164**

34. Ungarn

Soviet Marriages in Hungary-Case (Annual Digest 1925–26, C. 22, 31) **191**

35. USA

a. U.S. Supreme Court

Alfred Dunhill of London Inc. v. Republic of Cuba (1976; 425 U.S. 682, ILM 15 (1976), 735) **460, 489**
American Banana Co. v. United Fruit Co. (1909; 213 U.S. 347) **488**
Arkansas v. Tennessee (1918; 246 U.S. 158) **381**
Arkansas v. Tennessee (1940; 310 U.S. 563) **369, 381**
Bacardi v. Domenech (1940; 311 U.S. 150) **110**
Banco Nacional de Cuba v. Sabbatino (1964; 376 U.S. 398) **488**
Cherokee Nations v. Georgia (1831; 5 Peter's U.S. Supreme Court Reports 1) **132**
Connecticut v. Massachusetts (1931; 282 U.S. 660) **397**
Cook v. U.S. (1933; 288 U.S. 102) **111**
Cunard S. S. Comp. Ltd. v. Mellon (1923; 262 U.S. 100) **412**
Davis v. Police Jury of Concordia (1850; 9 Howard 280) **373**
De Lima v. Bidwell (1901; 182 U.S. 1) **111**
First National City Bank of New York v. Banco Nacional de Cuba (1972; 406 U.S. 759) **489**
Geofroy v. Riggs (1890; 133 U.S. 258) **111**
Guaranty Trust Co. of New York v. U.S. (1938; 304 U.S. 126) **139, 190 f., 203**
Haver v. Yaker (1969; 9 Wallace 32) **110**
Head Money Cases (1884; 112 U.S. 580) **111**
Hilton v. Guyot (1895; 159 U.S. 113) **75**
Johnson and Graham's Lessee v. William McIntosh (1832; 8 Wheaton, U.S. Supreme Court Reports 543) **132**
Kansas v. Colorado (1902; 185 U.S. 125) **397**
Kansas v. Colorado (1907; 206 U.S. 46) **397**
Kansas v. Missouri (1944; 322 U.S. 213) **369**
Keith v. Clark (1878; 97 U.S. 454) **192**
Kennett v. Chambers (1852; 14 Howard 38) **110, 129, 190**
Lauritzen v. Larsen (1953; 345 U.S. 571) **412**
Louisiana Boundary Case (1969; United States v. Louisiana, AJIL 63 (1969), 832) **415**
Louisiana v. Mississippi (1906; 202 U.S. 1) **381**

b. andere Gerichte

The People v. Stralla and Adams (Supreme Court of California, 1939; Annual Digest 1938–40, C. 52, 133) **415**
Gregory Allen Persinger v. Islamic Republic of Iran (Court of Appeals, 1982; ILM 22 (1983), 419) **469**
Petrogradsky Mejdunarodny Kommerchesky Bank v. The National City Bank of New York (Court of Appeals New York, 1928/30; Annual Digest 1929–30, C. 20, 38) **192**
Practical Concepts Inc. v. Republic of Bolivia (District Court, D.C., 1985; 613 F. Supp. 863 u. 615 F. Supp. 92) **463**
Practical Concepts Inc. v. Republic of Bolivia (Court of Appeals, 1987; 811 F. 2nd 1543) **463**
The Reidun (District Court for New York, 1936; Annual Digest 1935–37, C. 81, 212) **498**
Republic of China v. Merchant's Fire Assurance Corporation of New York (U.S. Circuit Court of Appeals, 1929; 30 F. 2nd, 278) **205 f.**
Republic of the Philippines v. Marcos (Court of Appeals, 1986; 808 F. 2nd 344) **489**
Res publica v. De Longchamp (Court of Owner and Terminer, 1784; 1 Dallas' Pennsylvania and United States Reports 111) **110**
Marc Rich (Court of Appeals, 1983; 707 F. 2nd 663) **492**
R. S. F. S. R. v. Cibrario (Court of Appeals New York, 1923; 235 N. Y. 255) **75, 190**
Russian Reinsurance Co. v. Stoddard (Court of Appeals, 1925; 240 N. Y. 149) **191, 193**
Salimoff & Co. v. Standard Oil Company of New York (Court of Appeals, 1933; 262 N. Y. 220) **193, 202, 488**
De Sanchez v. Banco Central of Nicaragua (Court of Appeals, 1985; 770 F. 2nd 1385) **463**
Schneider v. Hawkins et al. (Court of Appeals Maryland, 1940; Annual Digest 1938–40, C. 193, 485) **112**
Sei Fuji v. State (1950; 217 Pacific Reporter 2nd 481) **110**
Sokoloff v. National City Bank (Court of Appeals, New York, 1924; 239 N. Y. 158) **193**
Soult v. L'Africaine (Federal Cases 22 (1789–1800), Case No. 13179) **421**
Spelar v. United States (U.S. Circuit Court of Appeals, 1948; AJIL 43 (1949), 374) **385**
Sullivan v. State of Sao Paulo (District Court, Eastern District, New York u. Circuit Court of Appeals, 2nd Cir., 1941; Annual Digest 1941–42, C. 50, 178) **455**
Sumitomo v. Parakopi Compania Maritima, S. A. (District Court New York, 1979; F. Supp. 737) **325**
Timberlane Lumber Co. v. Bank of America NT & S. A. (Court of Appeals, 1976; 549 F. 2nd 597) **325**
Upton v. The Empire of Iran (U.S. District Court, D.C., 1978; ILR 63 (1982), 211) **465**
Union of Socialist Soviet Republics v. National City Bank of New York (District Court, Southern District, New York, 1941; Annual Digest 1941–42, C. 14, 68) **139**
U.S. v. Escamilla, no. 71–1575 (U.S. Court of Appeals, 1972; 467 F. 2nd 341) **329**
U.S. v. Toyota Motor Corporation (Court of Appeals, 1983; 561 F. Supp. 354) **492**
U.S. v. Vetco Inc. (Court of Appeals, 1981; 644 F. 2nd 1324) **492**
Ulen & Co. v. Bank Gospodarstwa Krajowego (Supreme Court of N. Y., Appellate Division, 2nd Dpt., 1940; Annual Digest 1938–40, C. 74, 213) **454**
Verlinden B. V. v. Central Bank of Nigeria (U.S. District Court for the Southern District, New York, 1980; ILR 63 (1982), 390) **465**
Varvvovsos et al. v. Pezas (District Court for New York, 1941; Annual Digest 1941–42, C. 41, 163) **412**
Voevodine v. Government of the Commander-in-Chief of the Armed Forces in the South of Russia (Supreme Court N. Y., 1931; Annual Digest 1931–32, C. 25, 53) **193**
Westinghouse (Court of Appeals, 1980; 617 F. 2nd 1248) **492**
Williams v. Shipping Corporation of India (Court of Appeals, 1981; ILR 63 (1982), 639) **465**
Wulfsohn v. R.S.F.S.R. (Court of Appeals New York, 1923; 324 N.Y. 372) **193**
Wyers v. Arnold (Supreme Court of Missouri, 1941; Annual Digest 1941–42, C. 126, 398) **112**
Yessenin-Volpin v. Novosti Press Agency, Tan et al. (District Court for the Southern District, New York, 1978; ILR 63 (1982), 127) **465**
Zalewski's Estate (Supreme Court of N. Y., 1942; Annual Digest 1941–42, C. 118, 380) **315**
Zenith Radio Corporation v. Matsushita (Court of Appeals, 1980; 494 F. Supp. 1161) **325**

1. TEIL
Die Grundlagen

1. KAPITEL
Das Völkerrecht als Rechtsordnung des internationalen Systems

Völkerrecht als Rechtsordnung der internationalen Gemeinschaft – bzw. in einem umfassenden Sinne des internationalen Systems[1] – weist einer weitverbreiteten, zutreffenden Auffassung nach eine besondere Nähe zum Politischen auf.[2] Mit dieser Feststellung soll nicht – wie *Berber* hervorgehoben hat – ein „außerhalb des Rechts stehendes" oder „dem Recht feindlich (gegenüberstehendes)" Attribut des Völkerrechts bezeichnet werden, sondern ein dem Völkerrecht innewohnendes Wesensmerkmal.[3] Völkerrecht ist ein politisches Recht, weil sein Regelungsgegenstand überwiegend (oder gar ausschließlich) ein politischer ist.[4] Anders ausgedrückt kann auch gesagt werden, Völkerrecht reflektiert die Struktur des internationalen Systems, das es regelt, ebenso wie die politischen und ideologischen Kräfte sowie die Machtverteilung in diesem System und die Art und Weise, in der die Glieder des Systems ihre Interessen verfolgen und das entsprechende Verfahren regeln.[5] Die Erscheinungsformen, die Geltung und Funktionsweise des Völkerrechts, aber auch seine Wandlungen können deshalb nicht erfaßt und angemessen beschrieben werden, wenn nicht der jeweilige geschichtliche Zusammenhang und der Charakter des seinen Regelungsgegenstand bildenden internationalen Systems im Auge behalten werden. Dies gilt im besonderen Maße in heutiger Zeit angesichts sich rasch wandelnder politisch-sozialer Strukturen in den internationalen Beziehungen. Nicht mehr das ursprünglich von europäischen Staaten geprägte Geflecht internationaler Beziehungen bildet den Gegenstand völkerrechtlicher Regelungen. Vielmehr ist eine universelle Staatengesellschaft (oder -gemeinschaft)[6] entstanden, die darüber hinaus von dem Aufkommen zusätzlicher Teilnehmer am internationalen Verkehr – wie die internationalen Organisationen, das Individuum und andere, körperschaftlich organisierte, öffentliche und private Einheiten[7] – gekennzeichnet ist. Der Darstellung des Völkerrechts als Rechtsordnung des modernen internationalen Systems ist im Hinblick auf die vorstehenden Überlegungen eine kurze Beschreibung dieses Systems voranzuschicken.

---

1 Hierzu näher unten § 1.

2 Statt anderer vgl. *Berber* I, 24; *Kimminich*, 40 ff.

3 *Berber* I, 24.

4 *Berber* I, 25; der politische Charakter des Völkerrechts im Sinne des hier vertretenen Verständnisses wird auch deutlich in der kurzen Beschreibung der Entwicklung des Völkerrechts als Rechtsordnung der internationalen Staatengemeinschaft bei *Mosler*, The International Society as a Legal Community, 1980, 1 ff.

5 Vgl. schon *Max Huber*, Die soziologischen Grundlagen des Völkerrechts, 1928, 9; von Seiten der politischen Wissenschaften sehr deutlich *Stanley Hoffmann*, International Systems and International Law, in: *Knorr/Verba*, The International System – Theoretical Essays, 1961, 211.

6 Dazu näher unter § 1 I 3.

7 Dazu näher unter § 1 II und § 2.

§ 1 Das internationale System der Gegenwart: Staatengesellschaft – Staatengemeinschaft – Rechtsgemeinschaft

Schrifttum: *Verdross,* Die Verfassung der Völkergemeinschaft, 1926; *Huber,* Die soziologischen Grundlagen des Völkerrechts, in: JöR 4 (1910), 56-134, Neudruck 1928; *Keeton/Schwarzenberger,* Making International Law Work, 1946 (Nachdruck 1972, Hg. *Laswell*); *Hoffmann,* International Systems and International Law, in: *Knorr/Verba,* The International System – Theoretical Essays, 1961, 205; *Kaplan/Katzenbach,* The Political Foundation of International Law, 1961; *Knorr/Verba* (Hrsg.), The International System – Theoretical Essays, 1961; *Waldock,* General Course on Public International Law, in: RdC 106 (1962 II), 4; *Friedmann,* The Changing Structure of International Law, 1964; *Schwarzenberger,* Power Politics. A Study of World Society, 3rd ed. 1964; *Falk/Mendlovitz* (Hrsg.), The Strategy of World Order, 4 Bde, 1966 ff; *Verzijl,* International Law in Historical Perspective, 9 Bde, 1968 ff; *de Visscher,* Théories et Réalités en Droit International Public, 4. Aufl. 1970; *Dougherty/Pfaltzgraff,* Contending Theories of International Relations, 1971; *Luhmann,* Die Weltgesellschaft, in: ARSPh LVII (1971), 1; *Schwarzenberger,* International Law and Order, 1971; *Schwarzenberger,* Civitas Maxima? (Recht u. Staat 413/414), 1973; *Berber I,* §§ 1-3; *Levi,* Law and Politics in the International Society, 1976; *Mosler,* Völkerrecht als Rechtsordnung, in: ZaöRV 36 (1976), 6 ff; *Morse,* Modernization and the Transformation of International Relations, 1976; *Braillard,* Théories des relations internationales, 1977; *Bull,* The Anarchical Society. A Study of Order in World Politics, 1977; *Hellmann,* Transnational Control of Multinational Corporations, 1977; *Deutsch,* The Analysis of International Relations, 2nd ed. 1978; *Solomon,* Multinational Corporations and the Emerging World Order, 1978; *Menzel/Ipsen,* Völkerrecht, 2. Aufl. 1979, 1. Kapitel; *Ago,* Die pluralistischen Anfänge der internationalen Gemeinschaft, in: Festschrift Verosta, 1980, 25.; *Mosler,* The International Society as a Legal Community, Revised edition, 1980; *Czempiel,* Internationale Politik. Ein Konfliktmodell, 1981; *Hollist/Rosenau* (Hrsg.), World System Structure, 1981; *Tetzlaff,* „Weltgesellschaft" – Trugbild oder Wirklichkeit? Eine Kategorie der Analyse internationaler Beziehungen, in: *Siebold/Tetzlaff* (Hrsg.), Strukturelemente der Weltgesellschaft, 1981, 5-52; *Ferencz,* Enforcing International Law – A Way to World Peace. A Documentary History and Analysis, 2 vols. 1983; *Bull/Watson* (Hrsg.), The Expansion of International Society, 1984; *Fisch,* Die europäische Expansion und das Völkerrecht, 1984; *Grahl-Madsen/Toman* (Hrsg.), The Spirit of Uppsala, 1984; *Grewe,* Epochen der Völkerrechtsgeschichte, 1984; *Scheuner,* 50 Jahre Völkerrecht, in: JIR 12 (1965), 11-41; auch in: Fünfzig Jahre Institut für Internationales Recht an der Universität Kiel, 1965, 35-69; Nachdruck in: *Scheuner,* Schriften zum Völkerrecht (1984), 213-246; *Verdross/Simma,* Universelles Völkerrecht. Theorie und Praxis, 3. Aufl. 1984, 1-58, 59-65; *Boyle,* World Politics and International Law, 1985; *Bull,* Die anarchische Gesellschaft, in: *Kaiser/Schwarz* (Hrsg.), Weltpolitik. Strukturen – Akteure – Perspektiven, 1985, 31 ff; *Schroeder,* The 19th-century International System: Changes in Structure, in: World Politics 37 (1986), 1-26; *Baumgart,* Vom Europäischen Konzert zum Völkerbund, 2. Aufl. 1987; *McDougal and Associates* (Hrsg.), Studies in World Public Order, 1960 (Neuausgabe 1987); *Delbrück,* Peace Through Emerging International Law, in: *Väyrynen* (Hrsg.), The Quest for Peace, 1987, 127-143; *Steiger,* Probleme der Völkerrechtsgeschichte, in: Der Staat 26 (1987), 103-126.

I. 1. Die Erfassung der Gesamtheit der internationalen Beziehungen als des politisch-sozialen Sachverhalts, dessen Regelung das Völkerrecht zum Ziel hat, bereitet begriffliche Schwierigkeiten. Soweit Darstellungen des Völkerrechts sich überhaupt mit den soziologischen Grundlagen[1] dieser Rechtsordnung befassen, wird deren Umschreibung im wesentlichen mit den Begriffen der Staatengesellschaft oder der Staatengemeinschaft versucht. Auch der noch engere Begriff der Rechtsgemeinschaft findet im Sinne einer soziologischen Kategorie Verwendung.[2] Diese Begriffswahl war im Hinblick auf

[1] So die Terminologie *Max Hubers.*

[2] So sprechen etwa *Verdross/Simma,* 25, von der „nichtorganisierten" – älteren – und der „organisierten" – gegenwärtigen – Staatengemeinschaft; vgl. auch *Mosler,* 1980; ferner in kritischer Auseinandersetzung mit diesen Begriffen *Schwarzenberger,* Civitas Maxima?, passim.

die Begriffe *Staatengesellschaft* und *Staatengemeinschaft* so lange angemessen, als in der Tat der Staat als die höchste effektive, territorial begrenzte und körperschaftlich verfaßte Entscheidungs- und Handlungseinheit die (nahezu) einzige Grundeinheit im internationalen Beziehungsgefüge darstellte.[3] Wie aber bereits angedeutet – und im einzelnen noch näher darzustellen –, sind heute neue Teilnehmer an den internationalen Beziehungen zu den Staaten hinzugetreten, so daß die Begriffe Staatengesellschaft oder Staatengemeinschaft allein nicht mehr ausreichen, um den soziologischen Sachverhalt, der den Gegenstand völkerrechtlicher Regelung bildet, zu erfassen.[4] Der Begriff der *Rechtsgemeinschaft* seinerseits konnte den hier in Rede stehenden politisch-sozialen Sachverhalt – wenn auch auf den rechtlichen Aspekt begrenzt – jedenfalls so lange zutreffend bezeichnen, als die Voraussetzungen der Existenz einer Rechtsgemeinschaft, nämlich das Vorhandensein grundlegender gemeinsamer Rechtsüberzeugungen zwischen den Gemeinschaftsgliedern, als weitgehend gesichert angesehen werden konnten. Aber auch insoweit ist angesichts eines heute in der Welt vorherrschenden Wertpluralismus ein Wandel eingetreten, der zunächst zu der kritischen Frage Anlaß gibt, ob im soziologischen Sinne noch (oder wieder?) von der Existenz einer internationalen Rechtsgemeinschaft gesprochen werden und somit dieser Begriff eine zutreffende Beschreibung der politisch-sozialen Grundlagen der Völkerrechtsordnung ermöglichen kann.

Mit dieser soziologischen Vorklärung soll nicht nur auf den engen sachlichen Zusammenhang zwischen Völkerrecht und internationaler Politik und damit auf die Notwendigkeit interdisziplinärer Zusammenarbeit zwischen Völkerrecht und Sozialwissenschaften hingewiesen werden. Vielmehr ist ein Blick auf die soziologischen Voraussetzungen des Völkerrechts auch erforderlich, um die Lücke zu schließen, welche für die Völkerrechtswissenschaft mit dem Wegfall der z. T. bis weit ins 19. Jahrhundert hinein bestimmenden materiell-naturrechtlichen Vorgaben einer universalen Rechtsgemeinschaft entstanden ist. Hier ist indessen zu betonen, daß soziologische Vorklärungen zur Schließung dieser Lücke nicht zureichend, wohl aber insofern notwendig sind, als sie die empirischen Grundlagen für die Völkerrechtsgeltung und -entwicklung in den Blick bringen.[5]

Angesichts der vorstehend angedeuteten begrifflichen Problematik wird hier zunächst zur Beschreibung der Erscheinungsformen und Strukturen des internationalen Lebens auf den von den Sozialwissenschaften geprägten, umfassenden, deswegen aber gewiß auch etwas unscharfen Begriff des *internationalen Systems* zurückgegriffen. In Anlehnung an *Stanley Hoffmann* wird hierunter ein Beziehungsgefüge zwischen Grundeinheiten (Akteuren) des internationalen politischen, wirtschaftlichen und kulturellen Lebens verstanden, das in seiner jeweiligen Erscheinung durch die Reichweite der von diesen Akteuren verfolgten Ziele und Interessen sowie daraus resultierender Konflikte, ferner durch die von ihnen wahrgenommenen Aufgaben und die hierfür eingesetzten Mittel charakterisiert und u. a. von den Machtstrukturen, der Leistungsfähigkeit und der politischen Kultur der Akteure bestimmt ist.[6]

---

[3] Zum Staatsbegriff und zur Rolle des Staates im internationalen System siehe näher unten § 1 II.

[4] Davon bleibt jedoch der sich an *Toennies*, Gemeinschaft und Gesellschaft, 8. Aufl. 1935, anlehnende Gebrauch der Begriffe „Staatengesellschaft" und „Staatengemeinschaft" durch *Friedmann*, 1964, und ihm folgend *Wolfrum*, Die Internationalisierung staatsfreier Räume, 1984, u. a. zur Kennzeichnung einer Völkerrechtsentwicklung von einem bloßen Koordinations- bzw. Koexistenzrecht hin zu einem Kooperationsrecht unberührt.

[5] Dazu näher unten, § 3. Vgl. auch *Blenk-Knocke*, Sociology of International Law, in: EPIL 9 (1986), 351-354.

[6] Vgl. *Hoffmann*, 207. Zur Aufnahme und Diskussion des Systembegriffs in der sowjetischen Völkerrechtslehre *Tunkin*, Recht und Gewalt im internationalen System, 1986, 27 ff (hier: 28 f).

2. Die Entwicklung eines internationalen Systems im Sinne dieser Begriffsbestimmung reicht bis in die Zeit der Wende vom Spätmittelalter zur Neuzeit zurück. Sie ist zunächst auf den europäischen, christlich-abendländischen Bereich beschränkt. Da Voraussetzung für die Existenz eines internationalen Systems die Existenz einer Mehrzahl von Akteuren ist, die außerdem in ein Beziehungsgefüge eingebettet sind, also nicht nur gelegentliche, eher zufällige Kontakte miteinander haben, kann weder das System der mittelalterlichen Herrschaftsordnung als ein internationales angesehen[7] noch die Tatsache, daß es außerhalb Europas zur Zeit der Entstehung unabhängiger Territorialstaaten in anderen Teilen der Welt – etwa in Asien (China, Japan) – entsprechende politische Einheiten gab[8], als hinreichend dafür gewertet werden, das internationale System als über Europa hinausgreifend zu betrachten. Im Fall der mittelalterlichen Herrschaftsordnung fehlt es insoweit an unabhängigen Akteuren, im Falle etwa der fernöstlichen Reiche an einem über gelegentliche Kontakte mit den europäischen Staaten[9] hinausgehenden Beziehungsgefüge.

Die Entstehung eines internationalen Systems im europäischen Abendland war die Folge des langsamen Zerfalls der mittelalterlichen Feudalordnung oder – genauer gesagt – eines sich über mehrere Jahrhunderte (vom späten 13. bis zur Mitte des 17. Jahrhunderts) vollziehenden Prozesses der Auflösung der das mittelalterliche System tragenden Herrschaftsstruktur. Im Zuge der Dezentralisation der Reichsgewalt[10] verlagerte sich diese auf neue Träger, zu denen neben den Königen von England und Frankreich und deutschen Territorialfürsten auch korporative Einheiten wie die deutschen Reichsstädte und die Städte Oberitaliens einerseits und Handelsorganisationen wie der Hansebund andererseits zählten. Mit ihnen bildeten sich die Grundeinheiten des neu entstehenden internationalen Systems, die sich in der Folge nicht nur gegenüber der verblassenden Reichsgewalt verselbständigten, sondern sich auch untereinander als selbständige, unabhängige Handlungseinheiten gegenübertraten. Darüber hinaus hatten auch große private Wirtschaftsunternehmen wie die *Fugger*[11] Anteil an den sich erweiternden internationalen Beziehungen. Allerdings verloren die nicht-territorialen Handlungseinheiten infolge der zunehmenden Konsolidierung der territorialen Herrschaften alsbald an Bedeutung. Die Vervollkommnung der Methoden der Herrschaftsausübung, insbesondere die Fähigkeit der Landesherren, ihr Territorium mit dem neu aufkommenden Instrument der stehenden Heere wirksam nach außen zu verteidigen und die öffentliche Gewalt nach innen in ihrer Hand zu zentralisieren, mit anderen Worten die Entstehung und Durchsetzung des modernen Staates als gesellschaftliche Organisationsform machten ihn zunehmend zur entscheidenden, gegenüber anderen Teilnehmern am internatio-

[7] Vgl. *Verdross/Simma*, 19 f und 25 ff; bei diesen historischen Abgrenzungen zwischen unterschiedlichen sozialen Systemen oder Systemphasen – wie hier zwischen dem mittelalterlichen und dem neuzeitlichen – hängt vieles von der Bestimmung der Begriffe ab, so hier des Begriffes „international". Während im Vorstehenden „international" als nähere Charakterisierung einer Beziehung zwischen unabhängigen bzw. Grundeinheiten verstanden wird, wird dieser Begriff bei *Huber*, 3 ff, aber auch bei *Hoffmann*, umfassender verstanden.

[8] Vgl. dazu *Berber* I, 8 mwN.

[9] Diese Kontakte wiesen allerdings ihrerseits durchaus Züge völkerrechtlicher Verkehrsformen auf, vgl. dazu *Alexandrowicz*, Treaty and Diplomatic Relations between European and South Asian Powers in the Seventeenth and Eighteenth Centuries, in: RdC 100 (1960 II), 201-231; *ders.*, The Afro-Asian World and the Law of Nations (Historical Aspects), in: RdC 123 (1968 I), 117-214; *ders.*, An Introduction to the History of the Law of Nations in the East Indies, 16th, 17th and 18th Centuries, 1967.

[10] Zum folgenden *Willoweit*, Rechtsgrundlagen der Territorialgewalt, 1975; *Kimminich*, Deutsche Verfassungsgeschichte, 1970, 88 ff.

[11] *Von Pölnitz*, Jakob Fugger. Kaiser, Kirche und Kapital in der oberdeutschen Renaissance, 1949; *ders.*, Fugger und Hanse, 1953; *P. Fischer*, Das transnationale Unternehmen als Phänomen in der Völkerrechtsgeschichte, in: Festschrift Verosta, 1980, 345 (356 ff).

nalen Verkehr überlegenen und sie unterordnenden[12] Grundeinheit im internationalen System.

In Übereinstimmung mit der ganz überwiegenden völkerrechtlichen, historischen und politikwissenschaftlichen Literatur kann der Prozeß der Entstehung des europäischen internationalen Systems als mit den Friedensschlüssen von Münster und Osnabrück 1648 abgeschlossen angesehen werden.[13] Der Westfälische Frieden bedeutete die Anerkennung der Eigenständigkeit und Unabhängigkeit der neuen Territorialstaaten sowohl vonseiten des Kaisers des Heiligen Römischen Reiches als auch untereinander. Das europäische internationale System hatte sich damit als ein reines Staatensystem ohne eine zentrale Ordnungsgewalt konstituiert. Diese Charakterisierung blieb auch – trotz aller gesellschaftlichen und politischen Veränderungen – bis in das ausgehende 19. Jahrhundert bestimmend. Erst dann traten wieder andere Teilnehmer an den internationalen Beziehungen neben die Staaten.

War das internationale System in dem Zeitraum zwischen dem Westfälischen Frieden und dem beginnenden 20. Jahrhundert im wesentlichen einheitlich im Hinblick auf die Erscheinungsform seiner Glieder, nämlich der Staaten, so zeigte es in verschiedenen Phasen ein unterschiedliches Bild hinsichtlich der von der Staatengesellschaft verfolgten Ziele, der zu ihrer Verfolgung eingesetzten Mittel und vor allem hinsichtlich der Macht- und Ordnungsstrukturen. Im ausgehenden 17. und zumindest in der ersten Hälfte des 18. Jahrhunderts war die Staatengesellschaft weitgehend anarchisch, d. h. es fehlten sowohl übergreifende, gemeinschaftliche Zielvorstellungen für das neu entstandene System als auch Machtstrukturen, die die Verwirklichung solcher übergreifenden Ziele – etwa die Friedenssicherung – hätten tragen können. Vorherrschend war das einzelstaatliche Interesse, sich territorial zu arrondieren, sowie das innen- und außenpolitische Herrschaftsinstrumentarium, darunter Militär und nationale Wirtschaft, weiter zu entfalten. Der Merkantilismus und die koloniale Expansion einer Reihe europäischer Staaten dienten der wirtschaftlichen Stärkung der Staaten, die Steigerung des militärischen Potentials einschließlich einer starken Seemacht der Sicherung der äußeren Souveränität und des kolonialen Besitzes.

Es liegt auf der Hand, daß angesichts solcher partikulär-einzelstaatlicher Interessen das Bedürfnis nach verläßlichen Regeln zwischenstaatlichen Verhaltens, also nach einem verbindlichen Völkerrecht, einerseits groß war, daß aber andererseits angesichts des Fehlens allgemein anerkannter übergreifender Ordnungsvorstellungen und deren Wirksamkeit garantierender politischer Ordnungsstrukturen die Bedingungen für ein durchgreifendes Regelwerk nur in beschränktem Maße vorhanden waren. Dennoch gab es völkerrechtliche Regelungen für das zwischenstaatliche Verhalten in dem jungen internationalen System, die sich nicht nur auf formale Regelungen des diplomatischen Verkehrs[14] o. ä. richteten, sondern sich auch auf materielle Fragen wie die Verbindlichkeit von Verträgen (Grundsatz pacta sunt servanda[15]) oder die Freiheit der Meere[16] und vor allem den Anspruch auf die gegenseitige Respektierung der Souveränität[17] bezogen.

---

[12] *Von der Heydte,* Die Geburtsstunde des souveränen Staates, 1952, 59 ff; *Quaritsch,* Staat und Souveränität I, 1970; *ders.,* Souveränität. Entstehung und Entwicklung des Begriffs in Frankreich und Deutschland vom 13. Jahrhundert bis 1806, 1986.

[13] *Scheuner,* Die großen Friedensschlüsse als Grundlage der europäischen Staatenordnung zwischen 1648 und 1815, in: *ders.,* Schriften zum Völkerrecht, 1984, 351 ff mwN.

[14] *Preiser,* History of the Law of Nations. Ancient Times to 1648, in: EPIL 7 (1984), 146 f; *Janssen,* Die Anfänge des modernen Völkerrechts und die neuzeitliche Diplomatie, 1965, 70 ff.

[15] *Lachs,* Pacta sunt servanda, in: EPIL 7 (1984), 364 ff.

[16] *Grewe,* 300 ff; *Krieger,* Entwicklung des Seerechts im Mittelmeerraum von der Antike bis zum Consolat de Mar, in: GYIL 16 (1973), 207 f.

[17] *Scheuner* (Anm. 13), 369.

Dagegen war für die Vorstellung etwa eines Kriegs- und Gewaltverbotes in dieser Entwicklungsphase des internationalen Systems kein Raum. Zwar hat es in dieser Zeit nicht an geistreichen Entwürfen für die Errichtung einer umfassenden europäischen Friedensordnung gefehlt[18] – zu verstehen als Antwort auf den sich gerade im freien Kriegsführungsrecht der Staaten dokumentierenden anarchischen Charakter des Systems –, jedoch waren diese Entwürfe zu weit von den tatsächlichen Interessenlagen der Staaten entfernt, um für die Staatenpraxis relevant werden zu können. Indessen lassen sich jedenfalls um die Mitte des 18. Jahrhunderts auch bereits Tendenzen zur Ausbildung von Machtstrukturen ausmachen, die übergreifende Ordnungsvorstellungen, d. h. den Frieden im internationalen System tragen helfen konnten. Hierzu ist die schrittweise Entwicklung mehrerer Großmächte im europäischen Raum zu zählen (England, Frankreich, Österreich, Preußen und Rußland), die (vor allem der englischen Diplomatie) Anlaß zu dem Versuch einer Ordnung des internationalen Systems unter dem Gesichtspunkt der Machtbalance und der Abgrenzung von Interessensphären – so im kolonialen Bereich – gaben. So wurde der Gedanke des Machtgleichgewichts als Ordnungsvorstellung bereits im Frieden von Utrecht (1713)[19] ausdrücklich erwähnt. Der Prozeß der Ausbildung einer auf dem Machtgleichgewicht beruhenden multipolaren Ordnung des europäischen internationalen Systems wurde indessen durch die von der Französischen Revolution ausgelösten Umwälzungen auf dem europäischen Kontinent für einige Zeit unterbrochen. Der Aufstieg des napoleonischen Frankreich zu einer hegemonialen Führungsmacht und der damit einhergehende machtpolitische Zusammenbruch der übrigen kontinentaleuropäischen Großmächte ließ für eine derartige multipolare Ordnung keinen Platz mehr. Für einen historisch gesehen kurzen Zeitraum, nach dem Niedergang des Heiligen Römischen Reiches jedoch zum ersten Mal, wurde von Napoleon I. der Versuch unternommen, das europäische Staatensystem einer nationalen hegemonialen Ordnung zu unterwerfen. Dieser Versuch konnte nur – wenn auch zeitlich begrenzten – Erfolg haben, weil einerseits das internationale System bis zum Ausbruch der napoleonischen Kriege kein wirklich stabiles Ordnungsgefüge im Sinne des Machtgleichgewichts entwickelt hatte und andererseits die Französische Revolution zu politischen, sozialen und insbesondere auch militärischen Veränderungen geführt hatte, die Frankreich den anderen Großmächten, die noch der alten Ordnung verhaftet blieben, überlegen machten.

Unter den hier angesprochenen Veränderungen in Frankreich[20] sind vor allem drei Vorgänge hervorzuheben, da sie in besonderem Maße zur französischen Überlegenheit führten: die Übernahme der Macht durch eine breite Gesellschaftsschicht – das Bürgertum –, die damit einhergehende nationale Mobilisierung und als militärisches Korrelat hierzu die Aufstellung eines Volksheeres. Die durch diese Vorgänge freigesetzten nationalen politischen und militärischen Kräfte erlaubten Napoleon I. die zeitweilige hegemoniale Umstrukturierung des europäischen Staatensystems – ein Beispiel dafür, wie stark die Abhängigkeit der Gestalt des jeweiligen internationalen Systems von der Leistungsfähigkeit seiner Glieder bzw. eines seiner Glieder ist.

---

[18] Dokumentiert bei *v. Raumer*, Ewiger Friede. Friedensrufe und Friedenspläne seit der Renaissance, 1953. Vgl. weiterhin *Schlochauer*, Die Idee des ewigen Friedens, 1953, sowie *Delbrück* (Hrsg.), Friedensdokumente aus fünf Jahrhunderten, 2 Bde. 1984.

[19] Friedens- und Freundschaftsvertrag zwischen Ludwig XIV., König von Frankreich, und Anna, Königin von Großbritannien, vom 11. April 1713, in: *Dumont*, Corps Universel Diplomatique du Droit de Gens VIII, 1 (1731), 339-342. Vgl. auch *Scheuner* (Anm. 10), 366 ff.

[20] *Mirkine-Guetzévitch*, L'influence de la Revolution française sur le développement du droit international dans l'Europe orientale, in: RdC 22 (1928 II), 299-457.

Der Wiener Kongreß brachte nach der Niederlage Napoleons I. nicht nur eine zumindest teilweise Restauration der im Zuge des Krieges von Frankreich unterworfenen Einzelstaaten und damit die Wiederherstellung einer multipolaren Struktur des internationalen Systems. Die Erfahrung der französischen Hegemonie über weite Teile Europas und darüber hinaus führte auch zu der Überlegung, daß das europäische Staatensystem einer dauerhaften Ordnungsstruktur bedürfe. Der Wiener Kongreß bedeutete den Versuch, das internationale System mit übergreifenden Zielvorstellungen und einer entsprechenden Machtstruktur zu versehen und damit zu stabilisieren. Das vom Wiener Kongreß akzeptierte Ordnungskonzept war das des Machtgleichgewichts in Gestalt der Europäischen Pentarchie bzw. des Europäischen Konzerts der Großmächte, vertraglich begründet mit dem Pariser Vertrag von 1815 über die Heilige Allianz (Österreich, Preußen, Rußland)[21] und weiterentwickelt mit den Verträgen über den Beitritt Englands und Frankreichs zu dieser Allianz in den Jahren 1815 und 1818.[22] Die führende Rolle dieser Großmächte gab der neuen Ordnung des europäischen Staatensystems nicht nur den notwendigen machtpolitischen Rückhalt, sondern sicherte auch den mittleren und kleineren Mächten ihren Bestand. Übergriffe auf diese durch eine Großmacht hätten das Machtgleichgewicht gestört und deswegen entsprechende Abwehrreaktionen der anderen Großmächte ausgelöst, während Übergriffe der mittleren und kleinen Mächte untereinander durch den Abschluß von Schutzbündnissen einerseits und die die Handlungsfreiheit dieser Mächte begrenzende hegemoniale Dominanz der Großmächte andererseits unterbunden oder zumindest in Grenzen gehalten werden konnten. Die europäische Staatengesellschaft erscheint somit in der Zeit nach dem Wiener Kongreß als ein stabiles, in den Ordnungsvorstellungen und Interessenlagen seiner Glieder sowie den bestehenden Machtstrukturen so weitgehend in sich geschlossenes System, daß auftretende Konflikte ohne Gefährdung seiner Existenzgrundlage bewältigt werden konnten. Das Europäische Konzert bildete das einem aus souveränen, von Rechts wegen gleichgeordneten, faktisch aber ungleichen Staaten bestehenden internationalen System angemessene, für seine Stabilität aber auch notwendige organisatorische Gerüst.

So geschlossen das internationale System der Zeit nach dem Wiener Kongreß aufgrund der vorstehenden Überlegungen erscheinen mag, so offen war es andererseits im Hinblick auf den wirtschaftlichen und kulturellen Austausch, der entsprechend den vorherrschenden liberalen Vorstellungen über die Trennung von Staat und Gesellschaft als deren Funktionsfeld angesehen wurde und nur insofern für den Staat selbst von Belang war, als ihm der Schutz vor allem der wirtschaftlichen Transaktionen und der sich ausdehnenden Märkte außerhalb Europas oblag.

Die im Vorstehenden skizzierten Züge des internationalen Systems nach dem Wiener Kongreß finden sich in mehrfacher Weise auf der Ebene des Völkerrechts wieder. Die starke Stellung des Territorialstaates, insbesondere der Großmächte, zeigte sich in der vorrangigen Bedeutung des Prinzips der Souveränität, das nicht nur als rechtliche Garantie der territorialen Integrität verstanden wurde, sondern auch als Verbürgung der Handlungsfreiheit der Staaten.[23] Diese umschloß insbesondere für die Großmächte das freie Kriegführungsrecht, dessen sie sich zur Aufrechterhaltung der das System tragenden Machtstruktur auch frei bedienten. Angesichts dessen kann es nicht verwundern, daß zu dieser Zeit Auffassungen formuliert wurden, die auf eine Leugnung des Völker-

[21] Text in *de Martens*, NRdT, 1ère Série II, 1887, 656; deutsche Übersetzung bei *Wegner*, Geschichte des Völkerrechts, 1936, 234 f. Dazu *Verosta*, Holy Alliance, in: EPIL 7 (1984), 273-275.

[22] *De Martens*, NRdT, 1ère Série II, 1887, 734; IV, 1880, 549. Zum Gleichgewichtsprinzip insgesamt *Rie*, Der Wiener Kongreß und das Völkerrecht, 1957, 97 ff; *Vagts/Vagts*, The Balance of Power in International Law: A History of an Idea, in: AJIL 73 (1979), 555 ff.

[23] Vgl. *Quaritsch*, Souveränität (Anm. 12), 64.

rechts bzw. der Möglichkeit der Existenz von Völkerrecht in einer Gesellschaft von *souveränen Staaten* hinausliefen. U. a. ist hier *Friedrich Wilhelm Hegels* Charakterisierung des Völkerrechts als eines bloßen „äußeren Staatsrechts" zu nennen.[24]
Indessen zeigt eine nähere Betrachtung des europäischen Systems im 19. Jahrhundert – wenn nicht auf der Ebene der stark machtpolitisch bestimmten Erhaltung des Systems selbst, so doch auf der Ebene des zwischenstaatlichen Verhaltens – eine ausgesprochene Hinwendung zum Völkerrecht als Instrument der zwischenstaatlichen Ordnung. Hier ist insbesondere auf die Wahrnehmung der Schutzaufgaben für den freien Welthandel, des kulturellen Austausches und im Zusammenhang damit auf die Erfüllung der Aufgaben einer Regelung der Einflußsphären in und der Beziehung zu den außereuropäischen Räumen hinzuweisen. Die Pariser Friedenskonferenz von 1856, die Kongresse von Berlin 1875 und 1888 sowie von Brüssel 1890 sind bedeutende Zeugnisse der Idee zwischenstaatlicher Rechtsetzung als Mittel der Ordnung des Staatensystems.[25] Das europäische Staatensystem des 19. Jahrhunderts ist zu Recht als eine Rechtsgemeinschaft bezeichnet worden, die allerdings trotz großer Anstrengungen, wie sie in den Haager Friedenskonferenzen 1899 und 1907 zum Ausdruck kamen, die um die Jahrhundertwende heraufziehende Krise des Systems nicht bewältigen konnte.
Die Gründe für diese Krise des Systems sind vielfacher Art. Auf der einen Seite gab es bedeutende innergesellschaftliche Veränderungen, zu denen nicht nur die zunehmende Artikulation der sozialen Frage durch den „vierten Stand", die Arbeiterklasse gehörte, sondern auch der sich verschärfende Nationalismus von noch nicht staatlich verfaßten, in den territorialen Herrschaftsraum einiger Großmächte eingeordneten Völker und Volksgruppen zu zählen ist.[26] Diese Wandlung der internen Situation einzelner Großmächte schwächte ihre Fähigkeit, die Rolle einer insgesamt moderaten Führung des internationalen Systems weiterhin effektiv auszufüllen. Zum anderen eröffnete die weitere Vervollkommnung der Militärtechnologie die Möglichkeit zu radikalerer Kriegführung, die zu ebenfalls radikaleren Kriegszielen ermutigte und damit die gegenseitige Bedrohung der Führungsmächte des Systems bewirkte. Das Ergebnis war eine Schwächung des bis dahin vorherrschenden Grundkonsenses im internationalen System. Schließlich trug auch eine – z. T. aus innerstaatlichen wirtschaftlichen Interessen gespeiste – Verschärfung der imperialistischen Tendenzen der Großmächte zur Lähmung der Fähigkeit des europäischen Staatensystems bei, die auftretenden Konflikte zu bewältigen.[27] In dieser Situation kam es zunächst zu dem großangelegten Versuch, in den Haager Friedenskonferenzen von 1899 und 1907 mit den Mitteln völkerrechtlicher Rechtsetzung die Krise zu bewältigen.[28] Damit tritt eine Haltung der Staaten zutage, die mit einer grundsätzlichen Leugnung der Möglichkeit von Völkerrecht nicht vereinbar ist, sondern vielmehr die Existenz einer auf gemeinsamen Rechtsüberzeugungen ruhenden Rechtsgemeinschaft unterstreicht. Das Scheitern dieser Bemühungen und der folgende Sturz des europäischen Staatensystems in den Abgrund des ersten globalen Krieges bedeutete jedoch zugleich das Ende der eurozentrierten Phase des internationalen Systems. Seine Universalisierung setzte ein.

---

[24] *Hegel*, Grundlinien der Philosophie des Rechts, Theorie Werkausgabe 7 (1970), §§ 330 ff.

[25] *Ter Meulen*, Der Gedanke der Internationalen Organisation in seiner Entwicklung II, 1, 1929, 309 ff; II 2, 41 ff; 149 ff.

[26] Dazu im Überblick *Böckenförde*, Verfassungsprobleme und Verfassungsbewegung des 19. Jahrhunderts, in: *ders.*, Staat – Gesellschaft – Freiheit, 1976, 93-111.

[27] Vgl. insgesamt *Schroeder*.

[28] *Scupin*, History of the Law of Nations 1815 to World War I, in: EPIL 7 (1984), 179-205 (199 ff); *Schücking* (Hrsg.), Das Werk vom Haag, 1912-1914.

3. Das Ende der europäischen Dominanz des internationalen Systems bzw. das Ende seiner Beschränkung auf den europäischen Raum war selbstverständlich kein durch den Ersten Weltkrieg ausgelöster abrupter Vorgang, wenngleich die Niederlage der zentraleuropäischen Mächte und die kriegsbedingte Schwächung der westeuropäischen Großmächte England und Frankreich sowie das Auftreten der Vereinigten Staaten als Großmacht das Ende der europäisch orientierten Phase des internationalen Systems besonders unterstrichen. Die Universalisierung des internationalen Systems war vielmehr ein Prozeß, der um die Mitte des 19. Jahrhunderts einsetzte. Die Gründe hierfür sind vielschichtig. Zum einen erstarkten im Laufe der Zeit eine Reihe von überseeischen Kolonien zu eigenständigen Gemeinwesen, die – sei es in rechtlicher, sei es in faktischer Selbständigkeit – mit den früheren Mutterländern und anderen europäischen Staaten in Verkehr traten. Die Loslösung der lateinamerikanischen Staaten von den europäischen Mutterländern ist hier besonders hervorzuheben.[29] Jedoch bot beispielsweise auch Australien ein Beispiel dafür, wie eine Kolonie in zunehmendem Maße die Stellung einer faktisch eigenständigen, wiewohl zur englischen Krone gehörigen politischen Einheit im internationalen System einnahm.[30] Dieser Entkolonialisierungsprozeß bzw. diese Lockerung der kolonialen Bindungen zwischen europäischen Kolonialmächten und den überseeischen Gebieten führte zu einer *Erweiterung der geographischen Ausdehnung* des internationalen Systems. Zum zweiten nötigte die technologische Entwicklung, vor allem im Verkehrswesen, zu einer *umfassenderen internationalen Zusammenarbeit,* die sich nicht nur auf Staaten im eigentlichen Sinne beschränken konnte, sondern auch koloniale Gebiete, selbst wenn sie im übrigen in voller Abhängigkeit vom Mutterland blieben, einschließen mußte. Beispielhaft für diese funktionale Erweiterung des Wirkungsbereiches des internationalen Systems ist etwa die Gründung des Weltpostvereins (1874), dem als Mitglieder nicht nur Staaten, sondern auch abhängige Gebiete beitreten konnten.[31]

Weiter hat maßgeblich zur Universalisierung des internationalen Systems beigetragen die beginnende *weltweite Übernahme der europäischen Staatsvorstellungen* und die damit verbundene Nivellierung von bis dahin für eine Teilhabe an den internationalen Beziehungen wesentlich erachteten Unterschieden politischer Ordnungsweisen in Europa einerseits und in Afrika und Asien andererseits. Der Eintritt der Hohen Pforte, des Osmanischen Reiches, in den Kreis der europäischen Mächte, förmlich anerkannt im Pariser Frieden von 1856[32], markiert den Beginn dieser Entwicklung der Universalisierung des internationalen Systems. Die Zahl von 44 unabhängigen Staaten im Jahre 1871 wuchs bis zum Ausbruch des Zweiten Weltkrieges auf etwa 60 – eine wenn auch noch relativ langsame, so doch deutliche Erweiterung des Kreises der Teilnehmer an den internationalen Beziehungen. Indessen ist hier anzumerken, daß trotz der räumlichen Erweiterung des ursprünglich europäisch dominierten internationalen Systems und der damit verbundenen prinzipiellen Aufhebung seiner Beschränkung auf den europäischen Raum das internationale System politisch noch immer seinen Schwerpunkt im westlicheuropäischen Bereich, d.h. in Europa und den amerikanischen Staaten, behielt. Diese Nachwirkung der europäischen Vorherrschaft im internationalen System wurde erst mit

---

[29] Dazu *Watson,* New States in the Americas, in: *Bull/Watson,* 127-141.

[30] Vgl. *Baker,* The Present Juridical Status of the British Dominions in International Law, 1929; *Keith,* The Dominions as Sovereign States, 1938; *Mansergh,* The Commonwealth and the Nations, 1948.

[31] *Weber,* Universal Postal Union, in: EPIL 5 (1983), 383-386 (383).

[32] Pariser Frieden vom 30. März 1856, in: PrGS 1856, 557 ff; dazu *Baumgart,* 19 ff; *Naff,* The Ottoman Empire and the European States System, in: *Bull/Watson,* 143-169.

dem Einsetzen der umfassenden Entkolonisierung nach dem Zweiten Weltkrieg beseitigt. Zwischen 1945 und der Mitte der achtziger Jahre hat sich die Zahl der staatlich organisierten Glieder des internationalen Systems mehr als verdoppelt. Die Universalität der Teilhabe an den internationalen Beziehungen als Ausdruck der weltweiten Anerkennung des Prinzips der Selbstbestimmung der Völker – und seien diese noch so klein oder auch nach objektiven Merkmalen schwer bestimmbar – hat zu einer staatlichen Ordnung auch kleinster geographischer und demographischer Einheiten geführt, so daß nicht nur die ursprünglich im internationalen System vorherrschenden Staaten zu einer numerischen Minderheit wurden, sondern auch ihre einstigen Vorstellungen über die Anforderungen an die Erfüllung der Kriterien der Staatlichkeit wenn nicht überholt, so doch weitgehend gelockert worden sind, wie die Beispiele der sog. Mini- oder Mikrostaaten[33] zeigen.

Jedoch nicht nur im Bereich der staatlich organisierten Einheiten des internationalen Systems ist eine universal ausgreifende Erweiterung eingetreten. Auch unter funktionalen Aspekten ist das internationale System im Sinne der sich bereits im ausgehenden 19. Jahrhundert abzeichnenden Ausweitung der internationalen Zusammenarbeit universalisiert worden, was einerseits zur Ausbildung neuer Akteure im internationalen System – vor allem der internationalen Organisationen – geführt und andererseits eine Verlagerung der Wahrnehmung von bis dahin den Staaten vorbehaltenen Aufgaben auf die internationale Ebene bewirkt hat[34]. Nicht zuletzt damit hängt es zusammen, daß in dem sich universalisierenden internationalen System auch nichtstaatliche Akteure wieder stärker beachtet wurden. Da die internationalen Organisationen zunehmend Aufgaben wahrnehmen, die unmittelbar das Schicksal von Bevölkerungsgruppen und Einzelmenschen betreffen, war es nur eine Frage der Zeit, bis auch das Individuum neben Staaten und internationalen Organisationen als Akteur im internationalen System ins Blickfeld rückte.[35] Gleiches gilt auch für die körperschaftlich verfaßten nichtstaatlichen Organisationen, die als Träger grenzüberschreitender Aktivitäten im wirtschaftlichen, sozialen und kulturellen Bereich tätig wurden und damit ebenfalls in den Kreis der Akteure im internationalen System eintraten. Es liegt auf der Hand, daß eine derartige räumliche, personale und funktionale Ausweitung des internationalen Systems zu wesentlichen Wandlungen seiner Machtstrukturen, vor allem aber auch zu einer Vielfalt von Wert- und Zielvorstellungen seiner Glieder, insbesondere der Staaten als noch immer dominierende Grundeinheiten des Systems führen mußte. Die insoweit geschlossene europäische Staatengemeinschaft hat einem heterogenen oder pluralistisch[36] zu nennenden System Platz gemacht, das im Hinblick auf die zahlreichen nichtstaatlichen Teilnehmer an den internationalen Beziehungen verschiedentlich schon nicht mehr als Staatengesellschaft, sondern bereits als Weltgesellschaft[37] bezeichnet wird und, im Gegensatz

[33] *Darsow*, Zum Wandel des Staatsbegriffs, unter besonderer Berücksichtigung der Lehre und Praxis internationaler Organisationen, der Mikrostaaten und der PLO, 1984, 17 ff, 168 ff; ferner unten § 27.

[34] *Delbrück*, Internationale und nationale Verwaltung. Inhaltliche und Institutionelle Aspekte, in: *Jeserich/Pohl/v. Unruh* (Hrsg.), Deutsche Verwaltungsgeschichte V, 1986, 386-403; *Wolfrum*, International Administrative Unions, in: EPIL 5 (1983), 42 ff; *ders.*, Plurinational Administrative Institutions, aaO 235 ff.

[35] Ansätze finden sich in der Charta des Zentralamerikanischen Gerichtshofes (1907, dazu *Hudson*, The Central American Court of Justice, in: AJIL 16 (1932), 765), sowie in der Rechtsprechung des StIGH (*Danziger Eisenbahn*-Fall). Typisch ist insoweit heute wieder die Entstehungsgeschichte des Grundrechtsproblems in den Europäischen Gemeinschaften, siehe *Hrbek*, Menschenrechte in einem 'souveränen' Europa, in: *Schwartländer* (Hrsg.), Menschenrechte und Demokratie, 1981, 50; zum Ganzen näher § 2.

[36] *Ago*, 1980.

[37] *Landheer*, Die Weltgesellschaft als dynamisches Sozial-System und ihre Kommunikationsmittel, in: JIR 14 (1969), 188-208; *Luhmann*, 1971; *Tetzlaff*, 1981.

zur europäischen Staatengemeinschaft, den Charakter einer Rechtsgemeinschaft verloren bzw. noch nicht wiedergewonnen hat.

II. 1. Unter den Gliedern des internationalen Systems der Gegenwart nimmt der Staat – entgegen andersgerichteten Erwartungen am Ende des Zweiten Weltkrieges – noch immer eine dominierende Stellung ein und bildet damit ein Element der Kontinuität in der Struktur des internationalen Systems. Seinerzeit wurde der Staat als Organisationsform zumindest als mitverantwortlich für den Ausbruch von Kriegen angesehen[38], da der National- bzw. Territorialstaat seinem Wesen nach auf Abgrenzung nach außen und militärische und wirtschaftliche Selbstbehauptung angelegt ist. Die daraus folgende Konfliktträchtigkeit der staatlichen Organisation sozialer Verbände glaubte man durch die Schaffung übergreifender Einheiten auf regionaler und sogar internationaler Ebene überwinden zu können. Aber auch die immer deutlicher werdende Unfähigkeit des Staates, die wirtschaftlichen und technologischen Aufgaben der Zeit alleine bewältigen zu können, unterstützte die Vorstellung, der Staat als Organisationsform sei unangemessen geworden. Die zunächst rasche Entwicklung der westeuropäischen Zusammenschlüsse, allen voran der Europäischen Gemeinschaften, schien den Staat als Grundeinheit des internationalen Systems in den Hintergrund treten zu lassen. In diesem Zusammenhang wurde vom „Staat als einer im Abstieg begriffenen Kategorie" gesprochen.[39]

a) Die tatsächliche Entwicklung nach dem Zweiten Weltkrieg hat dieser Vorstellung jedoch keineswegs entsprochen. Nicht nur hat sich der Staat als Grundeinheit des internationalen Systems trotz seiner starken Einbindung in regionale und internationale Organisationen in denjenigen Regionen der Welt behauptet, in denen er sich entwickelt hat, d. h. in Europa bzw. der sog. Alten Welt, sondern der Staat ist im Zuge der Entkolonisierung zur ausschließlichen Organisationsform der aus kolonialer Abhängigkeit befreiten Gesellschaften und Völker geworden. Der Staat als Organisationsform sozialer Verbände hat damit eine neue Blüte erreicht, wobei allerdings anzumerken ist, daß die Anforderungen an die Effizienz und Organisationsdichte eines neu entstehenden Staates gegenüber traditionellen Vorstellungen gelockert worden sind.[40] Als ein erstes Charakteristikum des modernen internationalen Systems kann somit festgehalten werden, daß der *Staat* nicht nur *Kristallisationspunkt politischer und nationaler Identifikation* der einzelnen Gesellschaften, Völker oder Völkergruppen geblieben ist, sondern daß er auch weiterhin als die am *wirksamsten organisierte Entscheidungs- und Handlungseinheit* die internationalen Beziehungen bestimmt.

Indessen ist mit dieser Feststellung die Position des Staates im modernen internationalen System nur unvollständig wiedergegeben, denn wiewohl sich der Staat als Organisationsform sozialer Verbände behauptet hat und die noch immer wirksamste Entscheidungs- und Handlungseinheit darstellt, unterliegt er mehr denn je zuvor bedeutenden Einschränkungen seiner Macht. Die Einführung von Massenvernichtungsmitteln einschließlich interkontinentaler Trägersysteme hat die Fähigkeit des Staates zur nationalen Selbstverteidigung wenn nicht aufgehoben, so doch so entscheidend eingeschränkt, daß für die Masse der Staaten die militärische Selbstbehauptung als ein Kernstück staatlicher Funktion ohne die Hilfe anderer, vor allem der Großmächte, weitgehend unmöglich geworden ist. Formen kollektiver Selbstverteidigung und kollektiver Si-

---

[38] Vgl. *Dicke*, Menschenrechte und europäische Integration, 1986, 113 f mwN sowie *Cassirer*, Der Mythus des Staates, 1978.

[39] *J. H. Kaiser*, Diskussionsbeitrag in: 50 Jahre Institut für Internationales Recht, 1965, 151.

[40] *Darsow* (Anm. 33), 262 ff.

cherheit haben sich ersichtlich zur unentbehrlichen Ergänzung nationaler Verteidigungsvorkehrungen entwickelt, die diese zugleich in ihrer Eigenständigkeit stark begrenzen.

Entsprechende Grenzen sind dem Staat auch auf wirtschaftlichem und technologischem Gebiet erwachsen. Die durch technische Neuerung ermöglichte Massenproduktion von Waren einschließlich einer industrialisierten Landwirtschaft in den entwickelten Staaten der Welt und ein gleichzeitig gesteigerter Bedarf an Rohstoffen in diesen Ländern haben den nationalen Markt und Wirtschaftsraum zu klein werden lassen, um den wirtschaftlichen Anforderungen gerecht werden zu können. Staatsübergreifende wirtschaftliche Zusammenschlüsse in Gestalt von regionalen, integrierten Marktsystemen, Zollunionen und weltweiten Organisationen wirtschaftlicher Zusammenarbeit bestimmen in weitem Umfang den Spielraum nationaler Wirtschaftspolitik und mit ihr den Umfang der Fähigkeit des Staates, die nationalen wirtschaftlichen und sozialen Bedürfnisse zu befriedigen. Schließlich unterliegt der moderne Staat aufgrund der angedeuteten Abhängigkeit nicht nur nach außen hin deutlichen Grenzen seiner Macht, sondern es zeigen sich auch im inneren Herrschaftsbereich Schranken staatlicher Machtausübung. Diese sind deutlicher in Staaten mit offener als in solchen mit geschlossener Gesellschaftsordnung. Sichtbar sind sie jedoch auch hier. Die Gründe hierfür hängen in erster Linie eng mit der vorgehend geschilderten Internationalisierung des wirtschaftlichen Handels im weiten Sinne zusammen. Träger des internationalen wirtschaftlichen Austausches sind – zumindest in den marktwirtschaftlich orientierten Staaten – überwiegend nichtstaatliche Unternehmen, die durch ihre zunehmend transnationale Organisation als sog. multinationale Unternehmen zu eigenständigen Handlungseinheiten werden und als solche in den internationalen Beziehungen auftreten. Aber auch andere gesellschaftliche Organisationen – wie etwa Gewerkschaften und sonstige berufsständische Vereinigungen – nehmen in wachsendem Maße am internationalen Verkehr teil.[41] Damit aber entziehen sie sich auch immer stärker der Einwirkung nationaler Staatsgewalt, die damit einen Effektivitätsverlust in einem bedeutenden Funktionsbereich erleidet. Zum anderen hat die rasche Einwirkung der Kommunikationstechnologie – man denke insoweit z. B. an die Rundfunkentwicklung allgemein und an die Möglichkeit des kontinentübergreifenden und grenzüberschreitenden Satellitenfernsehens im besonderen – dazu geführt, daß selbst totalitäre Staatsordnungen heute außerstande sind, ihre nationalen Gesellschaften vor den Einflüssen anderer Gesellschaftsordnungen und politischer Ideologien abzuschirmen. Nicht zuletzt mit diesen kommunikationstechnischen Veränderungen hängt schließlich ein Drittes zusammen: die Internationalisierung der Maßstäbe staatlichen Verhaltens gegenüber dem Staatsbürger. Der intensive transnationale Informationsaustausch ermöglicht es nichtstaatlichen Gruppen und Individuen in wachsendem Maße, Verletzungen menschenrechtlicher Standards durch die Staatsgewalt eines Landes der internationalen Öffentlichkeit kundzutun und auf diese Weise Druck auf die Staaten mit dem Ziel auszuüben, eine Einhaltung der Menschenrechte zu gewährleisten. Damit ist eine traditionell innerstaatliche Angelegenheit, das Verhältnis Bürger – Staat, aus der ausschließlichen Zuständigkeit des staatlichen Herrschaftsbereiches herausgehoben worden.[42] Auch insoweit hat der staatliche Funktionsbereich eine Einbuße erlitten bzw. sind durch technologische und daraus resultierende wirtschaftliche Wandlungen staatlicher Macht – wenn auch noch nicht immer sehr weitgehende – Grenzen gezogen worden.

---

[41] *Scheuner,* Fünfzig Jahre, 217 ff; *Tomuschat,* Der Verfassungsstaat im Geflecht der internationalen Beziehungen, in: VVDStRL 36 (1978), 18 ff.

[42] *Delbrück,* International Protection of Human Rights and State Sovereignty, in: Indiana Law Journal 57 (1981/82), 567 ff.

Charakteristisch für das moderne internationale System ist somit nicht nur, daß der Staat nach wie vor eine dominante Rolle als Handlungseinheit in den internationalen Beziehungen spielt, sondern auch, daß der Staat sein in früherer Zeit nahezu ausnahmslos innegehabtes Monopol als souveräner Träger der internationalen Beziehungen eingebüßt hat.[43]

b) Als bedeutsamste neue Handlungseinheiten sind die internationalen zwischenstaatlichen Organisationen in eine Reihe von traditionell vom Staat ausgefüllte Funktionsbereiche eingerückt. Das Erscheinen internationaler Organisationen als aktive Teilnehmer an der Gestaltung des internationalen Systems ist als dessen vielleicht wichtigste strukturelle Neuerung anzusehen. Wie bereits zuvor angedeutet, geht die Entwicklung dieser internationalen Organisationen auf das 19. Jahrhundert zurück – politisch auf die ersten Versuche einer, wenn auch nicht institutionalisierten, dauerhaften Stabilisierung der friedenserhaltenden Ordnungsstrukturen, z. B. in Gestalt des Europäischen Konzerts[44], und im wirtschaftlich-technischen Bereich auf die vertragliche Vereinbarung von internationaler Zusammenarbeit, die auch erste institutionelle Formen annahm.

Zu erinnern ist hier etwa an die Rheinschiffahrtsakte von 1815/31 und die Gründung der internationalen Telegrafenunion (1865) sowie des Weltpostvereins im Jahre 1874.

Der entscheidende Schritt in der strukturellen Wandlung des internationalen Systems wurde allerdings erst nach dem Ersten Weltkrieg mit der Gründung des Völkerbundes und nach dem Zweiten Weltkrieg mit der Errichtung der Vereinten Nationen getan, indem der Funktionsbereich einer internationalen Organisation auf die politische Ebene im engeren Sinne, z. B. die Friedenssicherung, ausgedehnt wurde. Obwohl der Völkerbund – wie andere internationale Organisationen der Zwischenkriegszeit – noch deutlich auf dem Gedanken der freiwilligen Kooperation souveräner Staaten basierte, was u. a. in der Einstimmigkeitsregelung für die Beschlußfassung zum Ausdruck kam, wurde mit der Einbeziehung der Sicherheitspolitik in den Aufgabenbereich internationaler Organisationen der Tatsache Rechnung getragen, daß dieser traditionell den Staaten vorbehaltene Bereich nicht mehr allein von diesen verwaltet werden konnte und durfte. Die Friedenssicherung war zu einer internationalen Verantwortung geworden.[45] Mit der Gründung der Vereinten Nationen ist dieser Gedanke wieder verstärkt aufgenommen und durch den Versuch ergänzt worden, die grundsätzlich beibehaltene Anerkennung des Prinzips der souveränen Gleichheit aller Staaten (Art. 2 Abs. 1 der Charta der UN) und der damit verbundenen freiwilligen Kooperation der Mitgliedsstaaten der Organisation mit einer Institutionalisierung der Wahrnehmung von Führungsaufgaben seitens der Großmächte zu verbinden. Ihnen wurde hierfür sowohl im Völkerbund als auch in den Vereinten Nationen, und hier durch Einräumen einer Vetoposition bei der Beschlußfassung besonders deutlich, eine hervorgehobene Stellung in den Ratsgremien übertragen. Für das internationale System bedeutet dies strukturell, daß das Postulat einer internationalen Verantwortung für die Friedenssicherung durch Schaffung eines Machtsubstrats unterstützt wurde, womit ein dem Staatensystem des Europäischen Konzerts zugrundeliegender Ordnungsgedanke wieder aufgegriffen wurde.

---

[43] *Tomuschat* (Anm. 41).

[44] *Claude*, Swords into Plowshares, 1. Aufl. 1956; in der 4. Aufl. 1971 ist der Gedanke abgeschwächt. Vgl. auch *Northedge*, The League of Nations, 1986, 1 ff.

[45] Zum folgenden *Delbrück*, Peace-keeping by the United Nations and the Rule of Law, in: Festschrift Röling, 1977, 73; *ders.*, Friedensdokumente (Anm. 18), Einleitung, 7 ff.

Die Bedeutung internationaler Organisationen als eigenständige Glieder des internationalen Systems zeigt sich einerseits in ihrer großen Zahl – gegenwärtig gibt es rund 300 zwischenstaatliche internationale Organisationen[46], an denen jeweils die überwiegende Zahl der Staaten beteiligt ist – und andererseits an der Vielfalt der von ihnen wahrgenommenen Aufgaben und Funktionen. Sie umgreifen nahezu alle Bereiche des politischen, wirtschaftlichen, sozialen und kulturellen Lebens und reichen von der internationalen Diskussion auftretender Probleme bis zur Rechtsentwicklung und sogar Rechtsetzung und unmittelbaren Durchführung von Einzelmaßnahmen.

So haben internationale Organisationen als Diskussionsforum für die Vertreter der Staaten der Welt zu einer bisher ungekannten Dichte der zwischenstaatlichen Kommunikation geführt und neue Formen der Interessenabstimmung ermöglicht. Internationale Organisationen haben ein weites Netz von zwischenstaatlichen Verhaltensregeln – teils in Rechtsform, teils in vorrechtlicher Form – entwickelt, die weithin internationale Politiken bestimmen, z. B. in der Gesundheitsfürsorge oder im zivilen Luftverkehr und im Umweltschutz, um nur einige Gebiete zu nennen. Schließlich sind internationale Organisationen unmittelbar in die Durchführung von Hilfsprogrammen, z. B. für vom Hunger bedrohte Bevölkerungen, in die Katastrophenhilfe und in Entwicklungsprojekte für unterentwickelte Länder eingeschaltet. Regionale Organisationen wie die Europäischen Gemeinschaften nehmen unmittelbar Regierungs- und Legislativfunktionen gegenüber den Bürgern der Gemeinschaften wahr.

Für die Wahrnehmung derartiger Aufgaben verfügen internationale Organisationen heute über eine ausgeprägte Bürokratie, die durch Eigeninitiativen die Selbständigkeit und das Eigengewicht der Organisation einerseits reflektiert und andererseits unterstützt. Das gelegentlich von Mitgliedstaaten geäußerte Unbehagen an der „Herrschaft internationaler Technokraten" ist ein deutliches Echo auf die den staatlichen Handlungsspielraum einengende Wirkung der Tätigkeit internationaler Organisationen. Internationale Organisationen sind somit als ein bedeutendes Gestaltungselement nicht mehr aus dem internationalen System der Gegenwart hinwegzudenken. Indessen bedarf das im Vorhergehenden gezeichnete Bild der Wirksamkeit internationaler Organisationen als Glieder des internationalen Systems einer einschränkenden Korrektur. Wie der Staat als primäre Entscheidungs- und Handlungseinheit durch die Existenz internationaler Organisationen Grenzen seiner Macht unterworfen ist, so sind diesen Organisationen ihrerseits wiederum aufgrund der nach wie vor dominanten Rolle des Staates im internationalen System Schranken ihrer Funktionsausübung gesetzt. Ihre Existenz und in den meisten Fällen auch ihre Willensbildung beruhen auf dem Willen der Mitgliedstaaten. Sie sind vor allem im politischen Bereich im engeren Sinne, also z. B. der Friedenswahrung, von der Bereitschaft der Mitgliedstaaten abhängig, Beschlüssen der Organisation zu folgen bzw. solche Beschlüsse überhaupt herbeizuführen. Dies sind bedeutsame *Restriktionen* für die Tätigkeit internationaler Organisationen. Dennoch darf nicht übersehen werden, daß sie in dem vorhandenen Spielraum wirksame Arbeit im zuvor aufgezeigten Umfang leisten und einen deutlichen und auch zunehmenden[47] Grad eigenständiger Handlungsfähigkeit erlangt haben.

c) Die räumliche Universalisierung des internationalen Systems und die gleichzeitige Ausdehnung der wirtschaflichen, technischen sowie kulturellen und sozialen Tätigkeiten

---

[46] Vgl. die Statistischen Übersichten im Yearbook of International Organizations 1984/85 I, 1626 ff sowie den Überblick 1631-1647 mwN.

[47] So weist *Wolfrum*, Konsens im Völkerrecht, in: *Hattenhauer/Kaltefleiter*, Mehrheitsprinzip, Konsens und Verfassung, 1986, 86 f, auf die zunehmende Praxis hin, in den Satzungen internationaler Organisationen nur noch Rahmenziele zu formulieren, deren Konkretisierung der Willensbildung und Entscheidungsfindung in den Organisationen überantwortet wird.

über die staatlichen Grenzen hinweg hat im 20. Jahrhundert — wie bereits angedeutet — auch zu einer Renaissance der Teilhabe nichtstaatlicher Akteure an den internationalen Beziehungen geführt. Sowohl der Einzelmensch als auch Gruppen von Menschen — in unterschiedlichster Weise und Intensität organisiert — sowie nichtstaatliche, öffentliche und private Organisationen und Unternehmen treten in wachsendem Maße im internationalen Verkehr und Austausch hervor. So gibt es heute zahlreiche vertragliche Beziehungen zwischen kommunalen Vertretungen und Verbänden verschiedener Staaten zur Regelung von Verwaltungsaufgaben, die grenzüberschreitenden Charakter haben und nur in gemeinsamer Verantwortung wahrgenommen werden können.[48] Zahlreich sind aber auch Abkommen über Städtepartnerschaften, die in bestimmten Situationen den Charakter von Handlungen im Rahmen einer kommunalen Außenpolitik angenommen haben. Am deutlichsten wird die internationale Tätigkeit nichtstaatlicher Einheiten im wirtschaftlichen Bereich, wo private Unternehmen nicht nur aufgrund der verkehrstechnischen Wandlungen der letzten Jahrzehnte zur Ausbildung von immer weiter reichenden internationalen Handelsbeziehungen in der Lage sind, sondern auch durch die Gründung von Tochtergesellschaften in dritten Ländern selbst eine internationale Struktur angenommen haben. Diese neuartigen Unternehmen können aufgrund ihrer internationalen Organisationsstruktur sowohl die Wirtschafts- und Finanzpolitik einzelner Staaten, in denen sie geschäftlich tätig sind, wesentlich beeinflussen, als auch zumindest mittelbar mit ihrer eigenen Finanzkraft Einfluß auf die Innen- und Außenpolitik von Staaten nehmen, vor allem, wenn diese wirtschaftlich und finanziell unterentwikkelt sind. Multinationale Unternehmen sind angesichts dieser mächtigen Stellung zu Verhandlungs- und Vertragspartnern von Regierungen geworden und nehmen damit im internationalen System eine den großen Handelsunternehmen in der Frühphase des europäischen internationalen Systems vergleichbare Stellung ein.[49]

Von großer Bedeutung in den internationalen Beziehungen sind aber auch gesellschaftliche Organisationen wie Arbeitgeber- und Arbeitnehmerverbände sowie andere Interessenverbände, die wesentlichen Einfluß auf die Formulierung der Politik nehmen, die von universalen und regionalen internationalen Organisationen verfolgt wird. Zugleich ist die internationale Verflechtung derartiger Organisationen auch ein bedeutsamer Einflußfaktor für die innerstaatliche politische Auseinandersetzung, wie etwa das Beispiel von internationalen Solidaritätsstreiks zeigt.[50] In der Regel ist die internationale Zusammenarbeit gesellschaftlicher Organisationen — wie die der obengenannten — institutionalisiert. Sie bilden sog. nichtstaatliche (non-governmental) Organisationen (NGOs).[51] Ihre Zahl ist kaum noch übersehbar, ihre Aktivitäten erstrecken sich auf alle erdenklichen Gebiete wirtschaftlichen, sozialen und kulturellen Interesses. Zu den politisch bedeutsamsten NGOs zählt heute z. B. der Weltkirchenrat, ein ökumenischer Zusammenschluß von nicht-katholischen christlichen Kirchen in aller Welt, der mit Nachdruck zu Fragen der Zeit — seien sie außenpolitischer, militärischer oder menschenrechtlicher Art — Stellung nimmt. Durch die enge Verbindung des Weltkirchenrates mit den nationalen Kirchen und oft zu den einzelnen Gemeinden und Gemeindeglie-

---

[48] *Schlögel*, Grenzüberschreitende interkommunale Zusammenarbeit, 1982; *Hoppe/Beckmann*, Juristische Aspekte einer interkommunalen Zusammenarbeit beiderseits der deutsch-niederländischen Grenze, in: DVBl. 101 (1986), 1 ff; *v. Unruh*, Euregio. Programm und Realität einer grenzüberschreitenden Kooperation, in: Festschrift Menzel, 1975, 607 ff; *Delbrück*, Internationale und nationale Verwaltung (Anm. 34). Vgl. auch unten, § 48.

[49] So bereits im Jahre 1910 *Huber*, 1928, 7.

[50] Vgl. etwa *Zellentin*, Der Wirtschafts- und Sozialausschuß der EWG und EURATOM, 1962; *Fischer*, Die institutionalisierte Vertretung der Verbände in der Europäischen Wirtschaftsgemeinschaft, 1965.

[51] *Rechenberg*, Non-Governmental Organizations, in: EPIL 9 (1986), 276 mwN.

dern vermag die Ökumenische Bewegung weltweit die Menschen unmittelbar zu mobilisieren und damit die öffentliche Weltmeinung zu beeinflussen.[52]
Dieses Beispiel der Teilhabe nichtstaatlicher Akteure an den internationalen Beziehungen lenkt den Blick schließlich auf eine zweite Erscheinung im modernen internationalen System: die aktive Partizipation des Einzelmenschen und von Gruppen – seien sie völkische, politische oder religiöse – am internationalen System. Ist der Einzelmensch auch vielfach noch eher „Objekt" internationaler Bemühungen um seinen Schutz, so sind doch Beispiele dafür vorhanden, daß der Einzelmensch als eigenständige Handlungseinheit und sogar als Rechtsträger im internationalen Verkehr auftritt. So ist das Individuum heute – etwa im internationalen Massentourismus – ein bedeutsamer Informationsträger über die staatlichen Grenzen hinaus. Der vom einzelnen Menschen geförderte internationale Informationsfluß wird nicht zu Unrecht als ein Politikum ersten Ranges empfunden und veranlaßt immer wieder eine Reihe von Staaten mit geschlossener Gesellschaftsform, mit repressiven Maßnahmen gegen eine allzu starke Ausdehnung des grenzüberschreitenden, Menschen verschiedener Völker und Nationen zusammenführenden Tourismus vorzugehen.[53] Darüber hinaus greifen Individuen aber auch unmittelbar gestaltend in die internationalen – und d. h. hier in die zwischenstaatlichen – Beziehungen dadurch ein, daß sie in Verfolgung eigener Menschenrechte (oder auch der Rechte Dritter) politische Forderungen gegenüber Regierungen und internationalen Organisationen geltend machen, die dann auch Gegenstand zwischenstaatlicher Auseinandersetzungen, d. h. Teil der ideologischen und machtpolitischen Rivalitäten im internationalen System werden.[54]
Noch deutlicher wird die unmittelbar gestaltende Teilhabe von nichtstaatlichen und auch nicht-körperschaftlich verfaßten Verbänden im internationalen System am Beispiel nationaler oder ethnischer Gruppen, die mit dem Ziel ihrer Befreiung von fremder Herrschaft, also ihre Selbstbestimmung zu erreichen, auch militärische Gewalt anwenden. Im Zuge der Entkolonisierung hat diese Form der Beteiligung nichtstaatlicher Gruppen an den internationalen Beziehungen eine – langfristig allerdings wohl nur als vorübergehend zu bezeichnende – herausragende Bedeutung erlangt. Die Erscheinung selbst – die Anwendung von Gewalt durch nichtstaatliche Gruppen – hat es allerdings in Ausnahmefällen auch in der späten Phase des europäischen internationalen Systems in Gestalt von Aufständischen gegeben, wobei in der Regel die Motivation ebenfalls bereits auf dem Selbstbestimmungsgedanken beruhte.[55]
Zusammenfassend ist festzustellen, daß das internationale System der Gegenwart eine große Vielfalt von Mitgliedern bzw. Akteuren aufweist, die in unterschiedlicher Weise und Intensität am internationalen Verkehr teilnehmen. Dies stellt hohe Anforderungen an die Fähigkeit des Systems, eine tragfähige Ordnung zu gewährleisten, die einerseits den Gliedern des Systems Frieden und Sicherheit, andererseits den jeweiligen Wert- und Zielvorstellungen Gerechtigkeit widerfahren läßt. Ein Blick auf die Machtstrukturen des Systems zeigt, daß die Voraussetzungen für eine solche Ordnung in der Gegenwart weniger gesichert sind als im internationalen System des 19. Jahrhunderts, jedenfalls wenn

---

[52] *Graßmann*, Ökumenische Bewegung, in: Evangelisches Staatslexikon, 3. Aufl. 1987, 2284 ff; *World Council of Churches*, The Churches in International Affairs, Reports 1979-1982, 1983; *von der Bent*, Christian Response in a World of Crisis, 1986.

[53] Vgl. *Birnbaum*, The Politics of East-West Communications in Europe, 1979; *Delbrück/Ropers/Zellentin* (Hrsg.), Grünbuch zu den Folgewirkungen der KSZE, 1977, 383 ff; *Delbrück*, Die kulturelle und individuelle Identität als Grenzen des Informationspluralismus, in: *Wolfrum* (Hrsg.), Recht auf Information – Schutz vor Information, 1986, 181 ff.

[54] Zu erinnern ist etwa an den Einsatz von Schriftstellern für verfolgte Kollegen.

[55] Ein Beispiel etwa ist die Matabele-Mashona Rebellion 1896-97; vgl. *Ginther*, Liberation Movements, in: EPIL 3 (1982), 245-249 (246).

eine solche Bewertung auf die jeweils vorherrschenden Wert- und Zielvorstellungen der Glieder des Systems bezogen vorgenommen wird.

2. Ordnungsfähigkeit und Stabilität des internationalen Systems hängen – wie schon für seine frühen Phasen aufgezeigt – wesentlich von der Wirksamkeit übergreifender, gemeinsamer Zielvorstellungen einerseits und sie gegebenfalls durchsetzender Machtstrukturen andererseits ab. Das gegenwärtige internationale System weist gemeinsame Zielvorstellungen nur bedingt auf. Entsprechend sind die zu ihrer Durchsetzung notwendigen Machtstrukturen als solche zwar teilweise vorhanden, jedoch im Hinblick auf die Zielvorstellungen nicht hinreichend koordiniert.

a) Angesichts der heute im Besitz einer Reihe von Groß- und Supermächten vorhandenen Zerstörungspotentiale, die in jeder militärischen Auseinandersetzung unvorstellbaren Schaden verursachen können, ist die Erhaltung des Friedens eine übergreifende Zielvorstellung, die prinzipiell von allen Gliedern des Systems geteilt wird.[56] Die Heterogenität der Wertvorstellungen zwischen einzelnen geographischen Regionen der Welt und zwischen den ideologischen Lagern verbietet es jedoch, von einer Friedensbereitschaft um jeden Preis zu sprechen. Im Gegenteil – es werden trotz der apokalyptischen Gefahr, die insbesondere ein Krieg zwischen den Supermächten heraufbeschwört, Zielvorstellungen über die gesellschaftliche Ordnung innerhalb von Staaten und Staatengruppen im Kern als unaufgebbar und deshalb vorrangig vor der Vermeidung eines Krieges angesehen. Mit anderen Worten: Anders als im europäischen Staatensystem des 19. Jahrhunderts sind die zur Durchsetzung der Friedenssicherung und Stabilisierung des Systems vorhandenen Mächte und Machtstrukturen noch nicht gleichgerichtet für die Friedenssicherung einsetzbar. Sie sichern nur eine prekäre Stabilität durch eine im Prinzip antagonistische Machtbalance. Jenseits des Friedens als der zentralen übergreifenden Zielvorstellung verfügt das moderne internationale System über einen Katalog von Wert- und Ordnungsvorstellungen, die zumindest begrifflich universal akzeptiert, aber von verschiedenen Gesellschaften und Mächten unterschiedlich interpretiert werden, teils überhaupt nur regional unterstützt werden. Vorherrschend sind deshalb im internationalen System der Gegenwart auf dieser Ebene eher Zielkonflikte als gemeinsame Zielvorstellungen, womit ein wesentlicher Faktor der Instabilität und potentieller wie aktueller Veränderungen das System prägt. Hinzukommt, daß nicht nur zum Teil widerstreitende Zielvorstellungen zwischen Staaten und Staatengruppen, ideologischen Lagern und geographischen Regionen bestehen, sondern daß die unterschiedlichsten Zielvorstellungen auch von verschiedenen Gliedern des Systems vertreten werden. So werden Forderungen nach dem Schutz von Menschenrechten und ähnliche Wertvorstellungen von seiten nichtstaatlicher Akteure mit weitaus größerem Nachdruck erhoben als von den staatlichen, die eher geneigt sind, derartige Forderungen in konkreten historischen Situationen anderen Zielvorstellungen, z. B. der generellen Friedenssicherung und dem Schutz der eigenen territorialen und politischen Integrität unterzuordnen. Die daraus häufig resultierende Konfrontation zwischen einzelnen Gruppen von Akteuren des internationalen Systems ist ein weiterer Faktor der Instabilität und der Gewährleistung einer übergreifenden Ordnung des Systems abträglich.

b) Angesichts der vorstehend angedeuteten Zielkonflikte und weit auseinandergehenden Interessenlagen der Akteure des internationalen Systems ist es nicht verwunderlich, daß

[56] Dies hat in der politischen Sprache insofern Niederschlag gefunden, als der Begriff der „Krise" in den Jahren seit dem Zweiten Weltkrieg zunehmend Bedeutung erlangte: der Begriff „Krise" bezeichnet eine Gefährdung der Stabilität des Systems insgesamt.

in der Machtstruktur des Systems ähnliche Verwerfungen und nur wenige Elemente der Stabilität zu verzeichnen sind. Das internationale System entbehrt nach wie vor einer zentralen Durchsetzungsgewalt.[57] Machtstrukturen, die zur Stabilisierung und Ordnung des Systems geeignet sind, können deshalb nur dezentralisiert auf der Ebene der Staaten und Staatengruppierungen gefunden werden. Die Groß- und Supermächte, denen schon in der Zeit zwischen den Weltkriegen eine Führungsrolle zur Stabilisierung des Systems zugedacht war und die nach dem Zweiten Weltkrieg verstärkt in diese Verantwortung genommen wurden, sind jedoch durch ideologische Konflikte entzweit und nur in wenigen Ausnahmefällen nach dem Zweiten Weltkrieg in der Lage gewesen, Ordnungsvorstellungen der Glieder des internationalen Systems mit ihrer vereinigten politischen (und militärischen) Macht durchzusetzen. Vorwiegend ist die Machtstruktur des modernen internationalen Systems seit dem Zweiten Weltkrieg durch die Bipolarität der zwei großen Nuklearmächte – USA-UdSSR – gekennzeichnet gewesen. Auf der Basis eines militärischen, genauer gesagt Nuklearwaffen-Gleichgewichts – dem „Gleichgewicht des Schreckens“ – ist es nur zu einer regional begrenzten Stabilisierung des internationalen Systems und damit zu einer längeren Nichtkriegsperiode gekommen, nämlich in der nördlichen Hemisphäre, vor allem in Europa, jedoch auf Kosten der Verwirklichung von anderen Wertvorstellungen der betroffenen Völker wie freie Selbstbestimmung des nationalen Schicksals, sei es im Hinblick auf die äußere Freiheit der Wahl der Bündnispartner, sei es im Hinblick auf die innere Freiheit der Gestaltung der Gesellschaftsordnung. In der südlichen Hemisphäre, vor allem im Bereich der ehemaligen Kolonialgebiete, ist es demgegenüber nicht einmal gelungen, eine entsprechende Nichtkriegssituation durchzusetzen. Zunächst erfolgte die Befreiung der Kolonialgebiete aus der Herrschaft der Kolonialmächte in vielen Fällen mit militärischer Gewalt, darüber hinaus – und dies ist für die Beurteilung der Funktionsfähigkeit der Ordnungsstruktur des internationalen Systems entscheidend – sind in dem Bereich des ehemaligen Kolonialgebiets die weitaus überwiegende Zahl von Kriegen geführt worden, die nicht nur von den Führungsmächten der Welt nicht verhindert werden konnten, sondern z. T. von diesen sogar zumindest mittelbar geführt wurden (sog. Stellvertreterkriege).[58]

Die für die Masse der mittleren und kleinen Staaten aus dem Versagen der Führungsmächte resultierende Unsicherheit hat zu deren Zusammenschluß in regionalen und/ oder ideologischen Bündnissen geführt, die teils die Gestalt internationaler Organisationen, teils aber auch nur die Form enger diplomatischer Zusammenarbeit mit einem Minimum institutioneller Verfestigung angenommen haben und in den meisten Fällen der hegemonialen Führung einer der nuklearen Supermächte unterstehen. Diese Staatenverbindungen und -gruppierungen sind das für das moderne internationale System hervorstechendste Strukturelement. Ihre Macht ist ohne das sie stützende Potential der Supermächte zwar begrenzt, aber doch groß genug, um sie zumindest als geeignet anzusehen, die vorherrschende bipolare Struktur des internationalen Systems zusammen mit den heranwachsenden neuen Großmächten wie der Volksrepublik China, Indonesien, Indien und Brasilien (um nur einige der wichtigsten zu nennen) aufzulockern.

So hat die Europäische Gemeinschaft über die ursprünglich rein wirtschaftlichen Aufgaben hinaus zu einer praktischen politischen Zusammenarbeit geführt, die sie als einen oft selbständig agierenden Machtfaktor in den internationalen Beziehungen erscheinen läßt. Dies gilt zunächst

---

[57] *Delbrück*, 1985, 148 ff. Vgl. dazu auch unten, § 8.

[58] Vgl. dazu *Gantzel/Meyer-Stamer* (Hrsg.), Die Kriege nach dem Zweiten Weltkrieg bis 1984. Daten und erste Analysen, 1986, mit jeweils weiterführenden Nachweisen.

ansatzweise auch für die auf regionale wirtschaftliche Integration ausgerichteten Organisationen des Rates für gegenseitige Wirtschaftshilfe (RGW), des Andenpaktes und der Caribbean Community (CARICOM). Die nicht primär wirtschaftlichen regionalen Zusammenschlüsse wie der Europarat, die Organisation der amerikanischen Staaten (OAS), die Organisation für afrikanische Einheit (OAU), die Arabische Liga und die ASEAN-Staaten sind in diesem Zusammenhang insofern zu nennen, als in ihrem Rahmen eine wenn auch graduell verschiedene Abstimmung und Bündelung der gegenseitigen und auch der internationalen Beziehungen der Mitgliedstaaten vorgenommen wird. Von überragender Bedeutung für die Machtstruktur des internationalen Systems sind indessen die beiden großen Verteidigungsbündnisse NATO und Warschauer Pakt, während das Commonwealth an machtpolitischer Bedeutung verloren hat. Hingegen ist die auf die erste Welthandelskonferenz 1964 zurückgehende Gruppe der 77 – eine heute über 100 Staaten der sog. Dritten Welt umfassende, lockere Verbindung – in internationalen Auseinandersetzungen zu einem ernst zu nehmenden Machtfaktor geworden; dies trifft auch auf die aus der Bandung-Konferenz 1955 hervorgegangene Bewegung der Blockfreien zu. Den beiden letzten Gruppierungen kommt insbesondere eine nicht zu unterschätzende Funktion „für die Sozialisation der Entwicklungsländer in Fragen der internationalen politischen Ökonomie" zu.[59]

Mit aller Vorsicht kann somit gesagt werden, daß die bipolare Machtstruktur, die eine prekäre Stabilität in einem Teilbereich des internationalen Systems gewährleistet, durch eine multipolare Struktur ergänzt wird, die jedoch eher sektoral, z. B. in wirtschaftlichen und politischen (nichtmilitärischen) Angelegenheiten wirksam ist, jedoch bisher zu wenig entwickelt erscheint, um an die Stelle der ursprünglich konzipierten Führungsstruktur der traditionellen Großmächte zu treten. Die neue Multipolarität beruht auf dem Gedanken einer faktischen Hinnahme der Koexistenz der Machtgruppen und dem Gedanken kooperativer Wahrnehmung einer internationalen Verantwortung für die Ordnung des internationalen Systems.

Das bisher kurz skizzierte Bild einer horizontal und sektoral fragmentierten Machtstruktur des internationalen Systems wird noch stärker akzentuiert durch die ideologischen Gruppenbildungen im internationalen System. Die bedeutendsten ideologischen Konfrontationen werden heute mit den Begriffen des Ost-West-Gegensatzes, d. h. der Konfrontation zwischen westlich-demokratischen Staaten und östlich-sozialistischen Staaten einerseits und des Nord-Süd-Gegensatzes zwischen entwickelten Industriestaaten und weniger bzw. unterentwickelten Staaten andererseits gekennzeichnet.

Genau gesehen, ist die Differenzierung in diese vier „Lager" unzureichend, da nicht nur ideologische Untergruppierungen der jeweiligen Hauptgruppierungen bestehen – so etwa zwischen dem Kommunismus sowjetischer und chinesischer Richtung –, sondern auch Überschneidungen in der Weise vorhanden sind, daß ein kommunistisches Land wie die Volksrepublik China sich in vielen Situationen eher den Staaten der Dritten Welt als dem sozialistischen Lager zugehörig fühlt, also in das Nord-Süd-Muster fällt, in anderen Situationen sich aber durchaus in der Front der westlichen Staaten gegen die Führungsmacht des östlichen Lagers, die UdSSR, wiederfindet.[60]

Die in den wechselnden Loyalitäten der Staaten gegenüber ihren „natürlichen" ideologischen Partnern aufscheinende Variabilität der Bindungen zeigt, daß im gegenwärtigen internationalen System nach wie vor die machtpolitischen Überlegungen der Staaten gegenüber ideologischen den Vorrang haben, machtpolitisch aber eine die Stabilität

---

[59] *Meyers*, Gruppe der 77, in: Pipers Wörterbuch zur Politik V, 1984, 185. Zu den einzelnen Organisationen siehe die einschlägigen Artikel in diesem Wörterbuch sowie in EPIL, jeweils mit weiterführenden Hinweisen.

[60] *Mischke*, Der Gegensatz Moskau – Peking, in: Beiträge zur Konfliktforschung 3/1986, 65-78; *Yee*, The Three World Theory and post-Mao China's Global Strategy, in: International Affairs 59 (1983), 239; *Chai*, Chinese Policy towards the Third World in the UN General Assembly, in: International Interactions 8 (1981), 319-333.

des Systems gewährleistende Struktur noch nicht gefunden worden ist. Die ideologischen Ausrichtungen der großen Staaten spielen jedoch insofern eine bedeutende Rolle in der Neustrukturierung des universalisierten internationalen Systems, als sie die Ausbildung einer tragfähigen Ordnungsstruktur, gestützt von den führenden Staaten, immer wieder verhindern und damit den Prozeß der Neuordnung des internationalen Systems hemmen.
Schließlich ist zu berücksichtigen, daß nichtstaatliche Akteure wie die multinationalen Unternehmen einerseits durch ihre ökonomische Macht eine strukturierende und ordnende Funktion ausüben können, andererseits aber als private Unternehmen noch so weit außerhalb des Kreises der traditionellen internationalen Akteure stehen, daß sie zu einem positiven Beitrag zur Strukturierung des internationalen Systems im Sinne einer an übergreifenden Wertvorstellungen orientierten Ordnung bisher nicht in der Lage sind. Auch sie üben durch ihre die staatliche Handlungsfähigkeit einschränkende Tätigkeit einen eher negativen, ordnungshemmenden Einfluß auf den Prozeß der Neustrukturierung des internationalen Systems aus.

c) Insgesamt bietet das internationale System heute ein diffuses Bild sowohl im Hinblick auf die Heterogenität der Wert- und Ordnungsvorstellungen als auch im Hinblick auf die für eine dauerhafte Ordnung des Systems erforderliche Machtstruktur. Konsens herrscht zwischen den Gliedern des internationalen Systems unter dem Eindruck der vorhandenen Massenvernichtungspotentiale darüber, daß die Friedenssicherung Vorrang genießen muß. Ferner hat die Gewährleistung einiger grundlegender Menschenrechte als internationale Aufgabe bei den Gliedern des Systems Anerkennung gefunden, ohne daß allerdings bereits gesagt werden kann, Auslegung und Anwendung solcher Menschenrechte als Wertmaßstäbe nationalen und internationalen Handelns seien im Einzelfall konsensfähig. Auch insoweit wird das internationale System noch auf absehbare Zeit die notwendige Stabilität vermissen lassen.

3. Die im Vorstehenden aufgezeigten Charakteristika des internationalen Systems – Vielfalt der Akteure und Ordnungsvorstellungen sowie die Verwerfungen und Antagonismen in der Machtstruktur – lassen es nicht zu, dieses System noch immer als ausschließlich von Staaten getragen zu bezeichnen. Der Begriff der Staatengesellschaft hebt den Staat angesichts der Vielzahl anderer am internationalen Verkehr teilnehmender Einheiten in nicht mehr gerechtfertigter Weise einseitig als Träger des Systems hervor, ohne daß mit dieser Bewertung allerdings die führende Rolle des Staates in den internationalen Beziehungen bestritten werden soll. Auch von einer Rechtsgemeinschaft, verstanden als eine Gemeinschaft von politischen und sozialen Akteuren, die durch gemeinsame Rechtsüberzeugung und Wertvorstellungen verbunden sind, kann angesichts der Heterogenität der Ordnungs- und Wertvorstellungen noch nicht wieder die Rede sein. Es darf allerdings keinesfalls übersehen werden, daß – wie gezeigt – gewisse grundlegende Ordnungsvorstellungen jedenfalls im Prinzip universale Anerkennung gefunden haben bzw. dabei sind, eine solche Anerkennung zu finden. Zu erinnern ist hier an den Frieden als einen obersten Wert in einem System, das über Zerstörungspotentiale von bisher ungekannter Größe verfügt. Zu erwähnen sind aber auch emanzipatorische Wertvorstellungen für die Ordnung der Gesellschaften wie das Prinzip der Selbstbestimmung und das Verbot der Diskriminierung aus rassischen, religiösen Gründen und aus Gründen des Geschlechts oder nationaler und ethnischer Abstammung – beides Vorstellungen, die letztlich auf dem Gedanken der Befreiung des Menschen von Fremdbestimmung und ungehinderter Teilhabe am sozialen Leben beruhen. Über die konkrete Ausformung dieser Prinzipien bestehen im einzelnen zwischen den Akteuren des internationalen Systems noch weit auseinandergehende Auffassungen, über die je-

doch die Glieder des internationalen Systems in vielfältigen Zusammenhängen in einem wachsenden Dialog stehen. Man wird deshalb zwar in realistischer Einschätzung der Divergenzen in den Wert- und Ordnungsvorstellungen zwischen den Akteuren des internationalen Systems in der Tat die Existenz einer Rechtsgemeinschaft – sei es in Gestalt des Fortbestandes der ursprünglich europäisch orientierten, sei es in Gestalt einer erneuerten universalen Gemeinschaft – noch verneinen müssen. Andererseits weisen die genannten Entwicklungen im Bereich der Ordnungsvorstellungen doch darauf hin, daß das internationale System sich wieder auf eine Rechtsgemeinschaft hin entwickelt, daß es – mit anderen Worten – eine universale Rechtsgemeinschaft im Werden darstellt. In einem solchermaßen eingeschränkten Sinn kann das internationale System auch heute als eine *Völkerrechtsgemeinschaft* bezeichnet werden.

Unter dieser Perspektive betrachtet, lassen sich Unsicherheiten in der Geltung und im Bedeutungsinhalt vieler internationaler Rechtsregeln nicht nur erklären, sondern auch als notwendig verstehen. Das ursprünglich unter europäischer Führung entwickelte Völkerrecht befindet sich in einem Wandlungs- und Anpassungsprozeß an die neuen Gegebenheiten des universalisierten internationalen Systems. Neue Akteure im System suchen die Gestaltung seiner Rechtsordnung – teilweise unter Auflösung der tradierten Form internationaler Rechtsetzung – zu beeinflussen.

§ 2 Die Teilhaber am internationalen System nach geltendem Völkerrecht: Völkerrechtssubjektivität und andere Formen rechtlich geregelter Teilnahme an den internationalen Beziehungen

Schrifttum: *Cavaglieri*, I soggetti del diritto internazionale, Rivista di diritto internazionale 17 (1925), 18 ff, 169 ff; *Knubben*, Die Subjekte des Völkerrechts, 1928; *Lauterpacht*, The Subjects of the Law of Nations, in: The Law Quarterly Review 63 (1947), 438 ff, 64 (1948), 97 ff; *Jessup*, A Modern Law of Nations, 1949, Kap. II; *Arangio-Ruiz*, Gli enti soggetti dell'ordinamento internazionale, 1951; *Wengler*, Der Begriff des Völkerrechtssubjektes im Lichte der politischen Gegenwart, Friedenswarte 51 (1951-53), 113 ff; *Eustathiades*, Les sujets du droit international et la responsabilité internationale, in: RdC 84 (1953 III), 397 ff; *von der Heydte*, Rechtssubjekt und Rechtsperson im Völkerrecht, in: Festschrift Spiropoulos, 1957, 237 ff; *Mosler*, Die Erweiterung des Kreises der Völkerrechtssubjekte, ZaöRV 22 (1962), 1 ff; *Modzorjan*, Subjekte des Völkerrechts, 1963; *Mosler*, Réflexions sur la personalité juridique en droit international public, in: Mélanges Rolin, 1964, 228 ff; *Frowein*, Das de facto-Regime im Völkerrecht, 1968; *Lissitzyn*, Territorial Entities other than Independent States in the Law of Treaties, in: RdC 125 (1968 III), 1 ff; *Mugerwa*, Subjects of International Law, in: *Sørensen* (Hrsg.), Manual of Public International Law, 1968, 247 ff; O'*Connell* I, 80 ff, 283 ff; *Okeke*, Controversial Subjects of International Law. An Examination of New Entities of International Law and their Treaty-Making Capacity, 1974; *Magiera*, Völkerrechtssubjekte, in: *Menzel/Ipsen*, Völkerrecht, 2. Aufl., 1979, 97 ff; *Barberis*, Nouvelles questions concernant la personalité juridique internationale, in: RdC 179 (1983 I), 145 ff; *Broms*, Subjects: Entitlement in the International Legal System, in: *Macdonald/Johnston* (Hrsg.), The Structure and Process of International Law, 1983, 383 ff; *Mosler*, Subjects of International Law, in: EPIL 7 (1984), 442-459; *Seidl-Hohenveldern*, Corporations in and under International Law, 1987.

I. 1. Tatsächliche Teilhabe am internationalen System ist nicht gleichbedeutend mit der Fähigkeit seiner Glieder, in rechtlich relevanter Weise am internationalen System teilhaben zu können. Diese Fähigkeit, d. h. z. B. die völkerrechtliche Fähigkeit, Verträge zu schließen, diplomatische Beziehungen zu unterhalten, Ansprüche – unter Umständen vor internationalen Gerichten – geltend zu machen und selbst Gegner von Ansprüchen sein zu können, ist vielmehr erst das Ergebnis einer normativen Setzung der Völkerrechtsordnung, so wie die Zuerkennung der Rechtsfähigkeit allgemein durch die nationalen Rechtsordnungen erfolgt.[1] Völkerrechtsfähigkeit ist somit kein festumrissener Status, den bestimmte internationale Wirkungseinheiten durch ihre Teilhabe am internationalen System erlangen und damit Völkerrechtssubjekte werden. Die Völkerrechtsfähigkeit – wie die Rechtsfähigkeit allgemein – ist vielmehr ein „unentbehrliches Konstruktionselement für jede Art von Rechtsbeziehungen"[2], also auch von völkerrechtlichen Beziehungen. Sie kann von der jeweils einschlägigen Rechtsordnung – hier also durch das Völkerrecht – nach dem Zweck und den Aufgaben, die einer am internationalen Verkehr beteiligten Wirkungseinheit gestellt sind, zuerkannt und in ihrem Umfang bestimmt werden.[3] Rechtlich relevante Teilhabe an den internationalen Beziehungen bedeutet demnach die den internationalen Wirkungseinheiten zuerkannte Fähigkeit, Rechtsbeziehungen zu unterhalten, wobei der Umfang dieser Fähigkeit je nach den Umständen unterschiedlich sein kann. Völkerrechtsfähigkeit oder -subjektivität ist somit keine feststehende Größe. Völkerrechtssubjekte können unbeschränkte Rechts- und Pflichtfähigkeit zuerkannt erhalten, wie dies bei den Staaten der Fall ist, sie können aber auch eine auf eine bestimmte faktische Situation oder Aufgabe beschränkte Rechts- und Pflichtfähigkeit aufweisen, wie dies etwa für internationale Organisationen oder für das Individuum vorgesehen ist.[4] Von der Völkerrechtsfähigkeit ist – wie im nationalen Recht – die rechtliche Handlungsfähigkeit zu unterscheiden.[5]

Einmal gibt es Völkerrechtssubjekte mit nur beschränkter Rechtsfähigkeit, die aber doch durch eigene Organe zu handeln vermögen, so die Aufständischen (Insurgenten), die als kriegsführende Parteien anerkannt worden sind, oder die Gliedstaaten von Bundesstaaten, die nur gewisse Rechte zu erwerben vermögen. Andere Völkerrechtssubjekte können zwar die mannigfaltigsten Rechte erwerben, vermögen aber nicht durch eigene Organe zu handeln oder sind in der Fähigkeit des Handelns eingeschränkt. Rechtsfähig, aber nicht handlungsfähig sind z. B. die Treuhandgebiete, handlungsfähig oder beschränkt handlungsfähig waren z. B. auch die völkerrechtlichen Protektorate. Wenn es richtig ist, daß Deutschland als Völkerrechtssubjekt weiterbesteht, so fehlt ihm seit 1945 doch die Fähigkeit, als einheitliches Rechtssubjekt durch eigene Organe zu handeln.

Von der Rechts- und Handlungsfähigkeit i. S. des Völkerrechts sind die entsprechenden Fähigkeiten i. S. des *nationalen* Rechts zu unterscheiden, eine Unterscheidung, der namentlich im Hinblick auf die internationalen Organisationen erhebliche Bedeutung zukommt. So sind z. B. die

---

[1] Vgl. *O'Connell* I, 80 ff; *Magiera*, 97; eine ausführliche Auseinandersetzung mit dieser Problematik findet sich bei *Mosler*, Die Erweiterung, 18 mwN; siehe auch *Verdross/Simma*, 221 ff.

[2] *Mosler*, Die Erweiterung, 20.

[3] *O'Connell*, 81 f; *Magiera*, 97; *Verdross/Simma*, 221; zutreffend der IGH im Fall *Reparation for Injuries Suffered in the Service of the United Nations* (ICJ Reports 1949, 178): „The Subjects of law in any legal system are not necessarily identical in their nature or in the extent of their rights, and their nature depends on the needs of the community. Throughout its history, the development of international law has been influenced by the requirements of international life, and the progressive increase in the collective activities of States has already given rise to instances of actions upon the international plane by certain entities which are not States."

[4] Siehe dazu unten, Teilband I 2.

[5] Beides – Rechtsfähigkeit und Handlungsfähigkeit – erscheinen im Fall *Reparation of Injuries Suffered in the Service of the United Nations* (ICJ Reports 1949, 179) in dem Begriff der Rechtspersönlichkeit zusammengefaßt. Dort wird die Organisation der Vereinten Nationen nämlich als „international person" oder auch als „an entity possessing ... international personality" gekennzeichnet und dies dahin erläutert „that it is a subject of international law and capable of possessing international rights and duties, and that it has capacity to maintain its rights by bringing about international claims"; vgl. dazu auch *Magiera*, 99, wo zu Recht darauf hingewiesen wird, daß beides – Rechtsfähigkeit und Handlungsfähigkeit – zwar in der Regel zusammenfallend die Völkerrechtssubjektivität ausmachen, die Handlungsfähigkeit (Geschäfts-, Delikts- und Prozeßfähigkeit) aber nicht wesensnotwendiger Bestandteil der Völkerrechtssubjektivität ist.

UNO, der IWF, die Weltbank oder die EG einerseits Völkerrechtssubjekte, andererseits juristische Personen i. S. des nationalen Rechts der Mitgliedstaaten.[6]

2. Da das Völkerrecht auch heute noch vorwiegend mit sozialen Verbänden und nur in einem geringeren Grade mit einzelnen Menschen zu tun hat, ist die Zahl der Völkerrechtssubjekte gering, wenn auch nach dem zuvor Gesagten prinzipiell offen. Der Erweiterung des Kreises der Völkerrechtssubjekte stehen keine zwingenden rechtsdogmatischen Hindernisse entgegen.[7] Das Völkerrecht erweist sich insofern als eine der dynamischen Entwicklung des internationalen Systems durchaus anpassungfähige Rechtsordnung. Indessen liegt die Zeit nicht weit zurück, in der die herrschende Lehre *nur* die Staaten als Völkerrechtssubjekte ansah und das Völkerrecht als das Recht der zwischenstaatlichen Beziehungen definierte.[8] Auch die sowjetische Völkerrechtslehre geht nach wie vor – von einem lange Zeit nur halbherzigen Zugeständnis im Hinblick auf die völkerrechtliche Realität der internationalen Organisationen abgesehen – prinzipiell von der Auffassung aus, nur die Staaten seien Völkerrechtssubjekte.[9] Die unterschiedliche Bewertung der Rolle internationaler Organisationen einerseits und der souveränen Staaten andererseits seitens der sozialistischen Staaten und der westlichen Völkerrechtsauffassung zeigt sich auch in den Beratungen der International Law Commission über die Draft Articles on Treaties Concluded between States and International Organizations.[10] Konsequent haben die Vertreter der Sozialistischen Staaten auf der Wiener Vertragsrechtskonferenz 1986 auf der rechtlichen Unterscheidung zwischen Staaten und internationalen Organisationen bestanden.[11] Eine gewisse Öffnung der sowjetischen Völkerrechtslehre deutet die folgende Formulierung bei *Tunkin* an: „Der Begriff der Subjekte (Handelnden) des internationalen Systems ist umfassender als der Begriff der Völkerrechtssubjekte. Völkerrechtssubjekte sind die Staaten, zwischenstaatliche Organisationen und die für ihre Unabhängigkeit kämpfenden Nationen. Subjekte des internationalen Systems sind außer den genannten Völkerrechtssubjekten auch, wie oben bereits erwähnt wurde, verschiedene zwischenstaatliche Vereinigungen, die keine Völkerrechtssubjekte sind. Ungeachtet dieser Tatsache regelt das Völkerrecht direkt oder indirekt die Beziehungen zwischen allen Subjekten des internationalen Systems. Die Normen des Völkerrechts sind an seine Subjekte gerichtet. Was die Subjekte des internationalen

---

[6] Vgl. dazu für die UN etwa Art. 104 Charta der Vereinten Nationen: „Die Organisation genießt im Hoheitsgebiet jedes Mitgliedes die Rechts- und Geschäftsfähigkeit, die zur Wahrnehmung ihrer Aufgaben und zur Verwirklichung ihrer Ziele erforderlich ist."

[7] Siehe dazu im einzelnen *Mosler,* Die Erweiterung, 1 ff; *ders.,* Subjects; *Broms,* 383 ff.

[8] So z. B. *v. Lißt/Fleischmann,* Das Völkerrecht, 12. Aufl. 1925, 1: „Durch das Völkerrecht werden die Rechte und Pflichten der ... Staaten untereinander ... bestimmt". Oder StIGH in *Lotus*-Fall, PCIJ, Series A 10 (1927), 18: „International law governs relations between independent states." Vgl. auch GG Art. 32 (1): „Die Pflege der Beziehungen zu auswärtigen Staaten ist Sache des Bundes."

[9] Vgl. *Tunkin,* International Law in the International System, in: RdC 147 (1975 IV) 1 ff (165): „In spite of the fact that international organisations are autonomous entities within the international system, subsystems of the international system, States, which are the *principal components* of international organisations are also the *principal* components of their environment – the international system. *International organisations represent in essence another form of interaction between States* in comparison to the international system" (Hervorhebungen der Verf.). Nachweise zur älteren, noch zurückhaltenderen sowjetischen Lehre bei *Mosler,* Die Erweiterung, 13 ff.

[10] Vgl. die Kommentierungen seitens einiger sozialistischer Staaten (Bulgarien, Byelorußland, Tschechoslowakei, Deutsche Demokratische Republik, Ungarn), in: Report of the International Law Comission on the work of its thirty-third session, UN Doc. A/36/10, in: GAOR, Thirty-Sixth Session, Supplement No. 10, 416-417, 420-421, 423-424, 430-432.

[11] *Do Nascimento e Silva,* The 1986 Vienna Convention and the Treaty Making Power of International Organizations, GYIL 29 (1986), 68-85 (72 ff).

Systems angeht, die keine Völkerrechtssubjekte sind, so werden ihre Beziehungen untereinander und ihre Beziehungen mit den Staaten vom Völkerrecht über die Staaten geregelt, die Mitglieder von Vereinigungen dieser Art sind."[12]

Aber schon die ältere Lehre sah sich zu Einschränkungen der These, allein den Staaten komme Völkerrechtssubjektivität zu, genötigt. So ließ sich nicht übersehen, daß neben den Staaten selbst auch gewisse *Staatenverbindungen* eine vom Völkerrecht anerkannte internationale Rechtsstellung hatten. Kein Staat ist auch der *Heilige Stuhl*. Trotzdem war er schon vor dem Lateranvertrag von 1929 als ein Subjekt des Völkerrechts anerkannt.[13] Auch den *Kriegführenden* im Bürgerkrieg und den *Aufständischen* schreibt die herrschende Lehre seit langem eine gewisse Rechtsstellung zu. Rechtssubjekte eigener Art sind auch die *Treuhandgebiete* und andere Gebiete ohne Selbstregierung.[14] Vor allem aber treten in der Völkerrechtsgemeinschaft in immer wachsendem Maße auch internationale Körperschaften verschiedener Art[15] – Flußkommissionen, Grenzkommissionen, Reparationsausschüsse, Büros, Unionen usw. – und neuerdings die großen *zwischenstaatlichen und überstaatlichen Organisationen* als Träger eigener Rechte und Pflichten hervor.[16]

3. Das moderne Völkerrecht durchstößt aber auch den Mantel der staatlichen Souveräntität. So wie die völkerrechtliche Willensbildung nicht mehr ausschließlich auf dem Willen der Staaten beruht, sondern der außerstaatlichen öffentlichen Meinung einen gewissen Einfluß gewährt, so gibt es auch völkerrechtliche Regeln, die nicht die Staaten, sondern die in ihnen organisierte Gemeinschaft und damit die zu ihnen gehörenden Menschen *unmittelbar* als Träger von Rechten und Pflichten behandeln. Im allgemeinen zwar treten im „Völkerrecht" die *Völker* hinter den Staaten zurück. Aber sie nehmen doch auch unabhängig vom Staat eine gewisse Rechtsstellung ein, und sie vermögen hier und dort ohne die Vermittlung des Staates zu handeln.[17] Auch einzelnen *Bevölkerungsgruppen* kann das Völkerrecht einen eigenen Status verleihen.[18] So sprechen heute

---

[12] *Tunkin*, Recht und Gewalt im internationalen System, 1986, 80. Das Individuum bleibt allerdings auch hier unerwähnt; dazu *Schweisfurth*, Socialist Conceptions of International Law, in: EPIL 7 (1984), 423.

[13] Dazu ausführlicher *Verdross/Simma*, 247 ff mwN; *Mosler*, Subjects, 451 f.

[14] Vgl. hierzu die Declaration on the Granting of Independence of Colonial Countries and Peoples vom 14. Dezember 1960, UN Doc. GA/Res. 1514 (XV), in: GAOR XV, Suppl. No. 16, 66 f (auch abgedruckt in: GYIL 12 (1965), 505 f), näher dazu unten, § 49.

[15] Vgl. z. B. BVerfGE 1, 351 (362 f) über die Rechtsstellung der Alliierten Hohen Kommission in Deutschland oder Tribunal civil Seine, Revue critique de droit international privé 41 (1952), 463 über die internationale Rechtspersönlichkeit des durch die Vorortverträge von 1919 eingesetzten Comité des obligataires Danube-Save-Adriatique. In diesem Zusammenhang verdient auch die Zugehörigkeit von nicht staatlichen Einheiten wie Kolonien, Zollgebieten, Gebietsgruppen u. a. zu internationalen Organisationen mit im wesentlichen technischen Zwecken Beachtung.

[16] Dazu im einzelnen Bd. II, der dem Recht der internationalen Organisationen gewidmet ist.

[17] Das insbesondere seit dem Ende des Zweiten Weltkrieges gewachsene internationale Menschenrechtsbewußtsein hat zu dieser Entwicklung wesentlich beigetragen, die in einer Fülle völkerrechtlicher Menschenrechtsverträge und -konventionen ihren Niederschlag gefunden hat. Einen materialreichen Überblick über den Stand der menschenrechtlichen Kodifikationen und die Rechtsstellung des einzelnen geben *Sohn/Buergenthal*, International Protection of Human Rights, 1972, *Miyazaki*, Internationaler Schutz der Menschenrechte und Völkerrechtsunmittelbarkeit, in: Festschrift Mosler, 1983, 581-597; im einzelnen dazu unten, Teilband I 2.

[18] So etwa jeweils Art. 1 der Menschenrechtskonventionen der UN, der das Selbstbestimmungsrecht der Völker verbürgt, Text in: BGBl. 1973 II, 1534 und 1570; eine nicht nur politisch bedeutende Rolle spielen auch die nationalen Befreiungsbewegungen – etwa die Palästinensische Befreiungsorganisation (PLO) –, die nicht nur im Rahmen internationaler Organisationen wie den UN Anerkennung gefunden und eine begrenzte Rechtsstellung gewonnen haben (vgl. GA/Res. 3237 (XXIX) vom 22. November 1974), sondern auch von Regierungen einzelner Staaten eine dem diplomatischen Status angenäherte Stellung einge-

eine Reihe von völkerrechtlichen Dokumenten von den „Rechten der Völker“[19] („rights of peoples“). Die *Minderheiten* dagegen nehmen in der Gegenwart gegenüber der Völkerbundszeit nur eine reduzierte Rechtsstellung ein.[20] Auf dem Wege über die zwischen- und überstaatlichen Organisationen sind dagegen *soziale Gruppen*, z. B. berufsständisch organisierte Interessenverbände, an der internationalen Willensbildung beteiligt und Träger von internationalen Rechten und Pflichten.

Die Vertretung der Arbeitgeber und Arbeitnehmer in der ILO und die berufsständischen Vertretungen in der Weltbank (Zusammensetzung des Beirats) oder der EG (Wirtschafts- und Sozialausschuß) sind Beispiele für diese Erscheinung. Gerade das moderne internationale Organisationsrecht erkennt also Verbände auch nichtstaatlicher Art – Gewerkschaften, Arbeitgeberverbände, private Wohlfahrtsorganisationen usw. – jedenfalls in gewissen Grenzen als selbständige Rechtsträger an und sucht ihre Zusammenarbeit mit den zwischenstaatlichen Organisationen zu fördern und zu organisieren. Auch im Minderheitenrecht oder im internationalen Wirtschaftsrecht haben nichtstaatliche Organisationen eine völkerrechtliche Stellung erlangt.[21] Dasselbe trifft auch auf privatrechtlich organisierte Wirkungseinheiten zu, die – wie die multinationalen Konzerne – in zunehmendem Maße am internationalen Verkehr teilnehmen. Die von einem Teil der Lehre bisher vertretene Auffassung, z. B. Rechtsbeziehungen zwischen diesen Wirkungseinheiten und einzelnen Staaten im Zweifel der nationalen Rechtsordnung der Staaten zu unterstellen[22], ist angesichts der zumindest faktischen Gleichordnung, mit der sich diese Wirkungseinheiten gegenübertreten, nicht mehr gerechtfertigt. Auch die Qualifikation solcher Rechtsbeziehungen als „quasivölkerrechtliche“ oder „privatvölkerrechtliche“[23] oder als „sonstige Rechtsordnung“ erscheint wenig hilfreich, da dies die Anerkennung einer zwischen der völkerrechtlichen und staatlichen Rechtsordnung angesiedelten dritten Rechtsordnung bedeutet, für die im Hinblick auf die prinzipielle Offenheit der normativen Bestimmung von Völkerrechtssubjekten keine Notwendigkeit besteht.[24] Richtig erscheint es vielmehr – abgesehen von den Fällen, in denen derartige Rechtsbeziehungen kraft des Willens der beteiligten Wirkungs-

---

räumt erhalten haben, vgl. dazu *Prill*, Die Anerkennung der PLO durch die Vereinten Nationen, in: Die Friedenswarte 59 (1976), 208-225.

[19] *Partsch*, Menschenrechte und Rechte der Völker, in: Vereinte Nationen 34 (1986), 153-160; *ders.*, Recent Developments in the Field of Peoples' Rights, in: HRLJ 7 (1986), 1 ff.

[20] Die heute geübte Zurückhaltung gegenüber einem völkerrechtlich verankerten speziellen Minderheitenschutz, wie er im Völkerbund vorgesehen war, beruht auf den mit dem früheren System verbundenen politischen Schwierigkeiten, die der Minderheitenschutz für den jeweils betroffenen Staat mit sich brachte, vgl. dazu *Delbrück*, Selbstbestimmung und Völkerrecht, in: GYIL 13 (1967), 192 ff; *Capotorti*, Minorities, in: EPIL 8 (1985), 385-395; *Wolfrum*, The Legal Status of Sinti and Roma in Europe: A Case Study Concerning the Shortcomings of the Protection of Minorities, in: European Yearbook 33 (1985), ART 75-90.

[21] Vgl. auch *Guggenheim* I, 261 f, über das Internationale Komitee des Roten Kreuzes, eine juristische Person des schweizerischen Rechts mit internationalen Zuständigkeiten; hierzu auch *Verdross/Simma*, 253 ff.

[22] Vgl. dazu *Wildhaber*, Internationalrechtliche Probleme multinationaler Korporationen, in: Berichte DGVR 18 (1978), 7; ferner *Mosler*, Die Erweiterung, 40 ff.

[23] *Verdross*, Die Sicherung von ausländischen Privatrechten aus Abkommen zur wirtschaftlichen Entwicklung mit Schiedsklauseln, in: ZaöRV 18 (1957/58), 639 ff; dazu *Mann*, Die Verträge der Völkerrechtssubjekte und die Parteiautonomie, in: Festgabe Gutzweiler, 1959, 487; *Rengeling*, Privatvölkerrechtliche Verträge, 1971.

[24] Die noch gegenteilige Auffassung von *Mosler*, 40 ff, war bereits 1962 unter Hinweis auf eine mögliche Änderung der faktischen Situation der privatrechtlichen Verbände – wie multinationale Unternehmen – im internationalen System mit einem starken Vorbehalt versehen worden. So auch *Mosler*, Réflexions, 250: „La capacité juridique nécessaire revient, à côté des Etats souverains, aussi à des entités qui, d'après l'état du développement de la société à un moment donné, participent directement à la fonction d'ordre et de justice du droit internationale publique.“ Für die moderne Auffassung *Mosler*, Subjects; *Broms*.

einheiten einer staatlichen Rechtsordnung ausdrücklich unterworfen werden[25] – auch insoweit von völkerrechtlichen Beziehungen zu sprechen. Wirkungseinheiten wie multinationale Konzerne o. ä. erscheinen heute insoweit als weitere, in ihrer Rechtsfähigkeit auf bestimmte Situationen beschränkte Völkerrechtssubjekte.

4. Aber auch die *einzelnen* werden nicht mehr völlig durch den Staat mediatisiert. Das Völkerrecht gewährt ihnen heute Rechte und manchmal auch die Befugnis, ihre Rechte unmittelbar vor internationalen Instanzen geltend zu machen. Auch sind sie internationalen Pflichten unterworfen und können sich gegenüber der internationalen Gemeinschaft verantwortlich machen.

II. Diese Entwicklungen sind von großer Bedeutung. Freilich darf man ihr Ausmaß nicht überschätzen. Auch in der Gegenwart ist das Völkerrecht *noch* ein Recht, das in *erster Linie* die *zwischenstaatlichen* Beziehungen regelt.[26] Aber die Monopolstellung ist den Staaten im Völkerrecht verloren gegangen[27] und das Völkerrecht hat sich durch den Eintritt neuer Rechtsträger in das internationale Leben in seinem Wesen verändert. In dieser Entwicklung spricht sich nicht allein eine gewisse Abwertung der früher überschätzten Souveränität aus. Sie hängt auch mit der fortschreitenden und zwangsläufigen *Internationalisierung* des *modernen Lebens* zusammen.
So bietet das moderne Völkerrecht im Vergleich mit dem älteren Staatenrecht – das auch im Hinblick auf die Einfachheit und Klarheit seiner Struktur das Attribut „klassisch" verdient – ein unruhigeres und bunteres Bild. In ihm ist die Zahl der Völkerrechtssubjekte gegenüber früher vermehrt. Auch gibt es im Völkerrecht – anders als im nationalen Privatrecht – keinen einheitlichen Typ der Rechtsstellung oder Rechtsfähigkeit, sondern die Rechtsstellung oder Rechtsfähigkeit der verschiedenen Völkerrechtssubjekte ist jeweils *verschieden.* Die Rechtsstellung der souveränen Staaten ist anders als die der Staaten mit beschränkter Hoheitsgewalt, die sich ihrerseits voneinander wieder stark unterscheiden, und die Rechtsstellung der internationalen Organisationen ist von der der Staaten verschieden. Ist die Zuständigkeit der Staaten innerhalb ihres Hoheitsbereichs im Grundsatz umfassend, so ist die der Organisationen funktionell beschränkt, nämlich durch die besonderen Zwecke bestimmt, die die Organisationen jeweils verfolgen, und dementsprechend sind die Organisationen unter sich wieder von ganz verschiedener Art. Und weiter läßt sich die völkerrechtliche Stellung der einzelnen

[25] Dies entspricht – wie *Mann* verschiedentlich nachgewiesen hat – einer weitverbreiteten Praxis der Staaten beim Abschluß von Verträgen mit nichtstaatlichen Partnern, so daß die generelle praktische Bedeutung der hier vertretenen Ansicht weniger einschneidend ist, als es den Anschein haben mag; vgl. dazu *Mann,* Die Verträge (Anm. 23), 470 ff; *ders.,* Studies in International Law, 1973, 184, 190 ff, 203, 216 ff.

[26] *Richtig Oppenheim/Lauterpacht* I, 19: „The Law of Nations is primarily a law for the international conduct of States, and not of their citizens". Ebenso *Cavaglieri,* 1: „la personalità internazionale di enti diversi dagli Stati ha carattere eccezionale, estensione limitata ... il diritto internazionale à ... essenzialmente un sistema giuridico tra Stati"; so auch 12 f; *Verdross/Simma,* 6: „Jedoch bleibt die Gemeinschaft der *Staaten* und das zwischen ihnen geltende Recht das Kerngebilde, ohne welches es gar kein Völkerrecht gäbe, da alle anderen Völkerrechtssubjekte entweder durch Verträge zwischen Staaten begründet oder durch Aufnahme in deren Gemeinschaft oder aber durch Anerkennung seitens der Staaten zu Völkerrechtssubjekten werden." Im gleichen Sinne *K. Ipsen,* in: *Menzel/Ipsen,* 3.

[27] Vgl. oben, 11 ff; unrichtig ist die Meinung, die Staaten seien, wenn auch nicht mehr die einzigen Rechtssubjekte, so doch noch die einzigen „Rechtsetzungssubjekte", nämlich allein zur völkerrechtlichen Willensbildung berufen. Neues Völkerrecht kann auch aus der Praxis der zwischenstaatlichen oder überstaatlichen Organisationen, neue Grundsätze des Rechts können aus der Rechtsüberzeugung der sozialen Verbände auch außerhalb der staatlich organisierten Willensbildung entstehen.

weder mit der der Staaten noch mit der der internationalen Organisationen vergleichen. Es ist also mit der Feststellung der Völkerrechtssubjektivität an sich noch gar nichts über Art und Umfang der dem Rechtssubjekt zustehenden Rechte oder der ihm obliegenden Pflichten gesagt. Sie ist im einzelnen aufgrund der jeweiligen einschlägigen völkerrechtlichen Normen zu bestimmen.

§ 3 Begriff, Geltung und Erscheinungsformen des Völkerrechts

Schrifttum: *Bergbohm*, Staatsverträge und Gesetze als Quellen des Völkerrechts, 1877; *Jellinek*, Die rechtliche Natur der Staatenverträge, 1880; *Kelsen*, Reine Rechtslehre, 1934; *Jellinek*, Allgemeine Staatslehre, 3. Aufl. 1914 (Nachdruck 1960); *Triepel*, Völkerrecht und Landesrecht, 1899; *Kelsen*, Das Problem der Souveränität und die Theorie des Völkerrechts, 2. Aufl. 1928; *Kaufmann*, Das Wesen des Völkerrechts und die clausula rebus sic stantibus, 1911; *Verdross*, Zum Problem der völkerrechtlichen Grundnorm, in: Festschrift Wehberg, 1956, 385 ff; *Walz*, Wesen des Völkerrechts und Kritik der Völkerrechtsleugner, 1930; *Spiropoulos*, Théorie générale du droit international, 1930; *Constantopoulos*, Verbindlichkeit und Konstruktion des positiven Völkerrechts, 1948; *Kelsen*, Principles of International Law, 1952; *Verdross*, Die Einheit des rechtlichen Weltbildes auf Grundlage der Völkerrechtsverfassung, 1923; *Ago*, Der Begriff des positiven Rechts in der Völkerrechtstheorie, AvR 6 (1957), 257; *Lauterpacht*, The Function of Law in the International Community, 1966; *Rudolf*, Völkerrecht und deutsches Recht, 1967; *Bernhardt/Miehsler*, Qualifikation und Anwendungsbereich des internen Rechts internationaler Organisationen, Berichte DGVR 12, 1971; *Böckstiegel*, Der Staat als Vertragspartner ausländischer Privatunternehmen, 1971; *Uibopuu*, Die sowjetische Doktrin der friedlichen Koexistenz als Völkerrechtsproblem, 1971; *Rengeling*, Privatvölkerrechtliche Verträge, 1971; *Tunkin*, Völkerrechtstheorie (hrsg. von Schweisfurth), 1972; *Schachter*, Towards a Theory of International Obligation, in: *Schwebel* (Hrsg.), The Effectiveness of International Decisions, 1971, 9-31; *Schweisfurth*, Sozialistisches Völkerrecht, 1979; *Tunkin*, Soviet Theory of Sources of International Law, Festschrift Verosta 1980, 67-77; *Lammers*, General Principles of Law Recognized by Civilized Nations, in: Gedächtnisschrift van Panhuys 1980, 53-75; *Klein*, Statusverträge im Völkerrecht, 1980; *Decaux*, La réciprocité en droit international, 1980; *Bothe*, Legal and Non-Legal Norms – a Meaningful Distinction in International Relations? in: NYIL 11 (1980), 65-95; *Elias*, New Perspectives and Conceptions in Contemporary Public International Law, in: Denver Journal of International Law and Policy 10 (1981), 409-423; *Cancado Trinidade*, The Voluntarist Conception of International Law: a Re-assessment, in: Revue de droit international de sciences diplomatiques et politiques 59 (1981), 201-240; *Schindler*, Universelles und regionales Völkerrecht, in: Festschrift Huber, 1981, 609-622; *Merrills*, Autonomy of International Law, 2. Aufl. 1981; *Schneebaum*, The Enforceability of Customary Norms of Public International Law, in: Brooklyn Journal of International Law 8 (1982), 289; *Hoffmann*, Von der Brauchbarkeit des Völkerrechts in unserer Zeit, in: Festschrift Schlochauer, 1981, 363-383; *Bos*, Will and Order in the Nation-State System, in: NILR 29 (1982), 3-31; *Nardin*, Law, Morality, and the Relations of States, 1983; *Monaco*, Observations sur la hiérarchie des sources du droit international, in: Festschrift Mosler, 1983, 599-615; *Luederssen*, Genesis und Geltung im Völkerrecht am Beispiel der Theorie des Hegelianers Adolf Lasson, in: Festschrift Preiser, 1983, 133-151; *Frowein*, Die Verpflichtungen erga omnes im Völkerrecht und ihre Durchsetzung, in: Festschrift Mosler, 1983, 241-262; *Bos*, The Identification of Custom in International Law, in: GYIL 25 (1983), 9-53; *Schwarzenberger*, The Conceptual Apparatus of International Law, in: *Macdonald/Johnston* (Hrsg.), The Structure and Process of International Law, 1983, 685 ff; *Schachter*, The Nature and Process of Legal Development in International Society, aaO, 745 ff; *Buehrig*, Patterns of Authority in International Law, in: GYIL 27 (1984), 11-17; *Tunkin*, Contemporary International Law – a new Historical Type of International Law, in: Festschrift Lachs, 1984, 279-287; The Spirit of Uppsala, 1984; *Ghozali*, Les fondements du droit international public, Approche critique du formalisme classique, in: Mélanges Chaumont, 1984, 297-314; *Rosenne*, Practice and Methods of International Law, 1984; *Gruchalla-Wesierski*, A Framework for Understanding „Soft Law", in: McGill Law Journal 30 (1984/85), 37-88; *Charney*, The Persistent Objector Rule and the Development of

Customary International Law, in: BYIL 56 (1985), 1-24; *Hailbronner*, Die Autorität der Völkerrechtsordnung, in: *Stein* (Hrsg.), Die Autorität des Rechts, 1985, 35-51; *Kegel*, Internationales Privatrecht, 5. Aufl. 1985; *Murphy*, The Search for World Order, 1985; *Cassese*, International Law in a divided world, 1986; *Menon*, An Enquiry into the Sources of Modern International Law, in: Revue de droit international de sciences diplomatiques et politiques 64 (1986), 181-214; *McWhinney*, The International Court of Justice and the Western Tradition of International Law, 1987.

I. Während heute als klassisch zu bezeichnende Darstellungen des Völkerrechts dieses als die Ordnung der zwischenstaatlichen Beziehungen charakterisieren konnten[1], muß eine Beschreibung des Völkerrechts in der Gegenwart weiter ausgreifen. So wie sich das Bild der Völkerrechtssubjekte differenziert hat, so sind auch die Erscheinungsformen des Völkerrechts vielfältiger und komplexer geworden. In einer enger zusammenrükkenden Welt, die auf dem Wege ist, sich zu einer universalen Rechtsgemeinschaft auszuformen, gewinnt das Völkerrecht an Umfang, Gehalt und Vielfalt, ist zugleich jedoch auch einem tiefgreifenden geschichtlichen Wandel unterworfen. Aus diesen Gründen erscheint es angebracht, das Völkerrecht nicht theoretisch-deduktiv, sondern phänomenologisch in seinen Erscheinungsformen, in seinem Wirkungsbereich und in seinem Geltungsanspruch zu definieren.

1. Völkerrecht ist dem Stand der Entwicklungen des internationalen Systems entsprechend[2] noch immer in weitem Umfang zwischenstaatliches Recht. Es ist darüber hinaus aber auch das Recht, das die Beziehungen zwischen Staaten und anderen Völkerrechtssubjekten regelt, also z. B. zwischen Staaten und internationalen Organisationen und nichtstaatlichen Wirkungseinheiten einschließlich des Individuums. Das Völkerrecht ist damit zwar noch immer nicht – wie sein deutscher Name besagt – ein Recht zwischen den Völkern, aber doch in einem umfassenderen Sinne als früher ein internationales Recht.[3] Das heißt jedoch nicht, daß das Völkerrecht alle rechtserheblichen internationalen Handlungen und Erscheinungen regelt oder daß die bestehenden völkerrechtlichen Regelungen immer alle Wirkungseinheiten im internationalen System binden.

a) Das Völkerrecht als ein politisches Recht hat es mit den Staaten als Trägern hoheitlicher Funktionen zu tun bzw. mit Völkerrechtssubjekten, die aufgrund von Normen handeln, die letztlich dem Bereich hoheitlicher Funktionen zugerechnet werden müssen. Es umfaßt also nicht rein privatrechtliche Beziehungen zwischen den einzelnen, aber auch nicht solche zwischen den Staaten. Wenn ein Staat z. B. von einem anderen Weizen kauft oder ein Grundstück erwirbt, auf dem er ein Botschaftsgebäude errichten will, so gehören in der Regel die sich daraus ergebenden Beziehungen zwischen den beteiligten Staaten dem bürgerlichen Recht, nicht dem Völkerrecht an. Aber auch die Regeln, die die Staaten als Träger hoheitlicher Funktionen im internationalen System betreffen, sind nicht immer völkerrechtlicher Art. Regelungen für die Unterhaltung zwischenstaatlicher Beziehungen können auch Gegenstand nationalen Rechts sein.

Beispiele: Die Beziehungen zwischen einem Bundesstaat und seinen Gliedstaaten oder der Gliedstaaten untereinander werden nicht vom Völkerrecht, sondern von dem Staatsrecht des betreffenden Staates geregelt. Auch ist es nicht das Völkerrecht, sondern nationales Verfassungsrecht, das die für die Vertretung des Staates in seinen internationalen Beziehungen zuständigen Organe bestimmt, womit nicht gesagt ist, daß es nicht auch völkerrechtliche Regelungen über die internationale Vertretung von Staaten gibt.

[1] Vgl. dazu oben § 2 und dort Anm. 8.

[2] Vgl. oben § 1.

[3] Zur Problematik der Begriffe Völkerrecht, internationales Recht usw. vgl. *Verdross/Simma*, 23 ff, *Berber* I, 1 ff; *Ipsen*, in *Menzel/Ipsen*, 1 f; *Kimminich*, 30, 38, 71 f.

Andererseits können Rechtsbeziehungen zwischen hoheitliche Funktionen ausübenden Völkerrechtssubjekten und nichtstaatlichen Rechtsträgern, wie z. B. multinationalen Konzernen[4], dem Völkerrecht unterfallen, wenn die Parteien eines entsprechenden Vertrages keine ausdrückliche anderweitige Regelung treffen.[5]

b) Strittig ist in diesem Zusammenhang, ob auch das von *internationalen Organisationen* gesetzte sog. interne Recht dem Völkerrecht zuzurechnen ist oder ob dieses Recht eine Rechtsordnung eigener Art bildet.[6] Völkerrecht würde dann – wie vom staatlichen Recht – auch von diesem, etwa als „Sonderverbandsrecht" qualifizierten[7] Recht zu unterscheiden sein. Zugunsten einer solchen Differenzierung zwischen Völkerrecht und dem internen Organisationsrecht läßt sich anführen, daß internationale Organisationen in aller Regel einer gegenüber Dritten verbindlichen Legislativgewalt entbehren und zudem zumindest ein Teil ihres internen Rechts einschließlich darauf beruhender Einzelakte den Charakter eines dem nationalen Verwaltungsrecht vergleichbaren Rechts trägt.

So verfügen die internationalen Organisationen heute über ein ausgedehntes Dienstrecht für die in ihnen arbeitenden internationalen Beamten, das ausschließlich die Beziehungen zwischen diesen und der Organisation regelt. Ebenso haben die in allen Organisationen entwickelten Verfahrensregeln im Grundsatz nur organisationsinterne Bedeutung.

Die Annahme einer eigenen organisationsinternen, vom Völkerrecht verschiedenen Rechtsordnung setzt allerdings voraus, daß eine klare Trennung zwischen beiden Rechtsmaterien möglich ist. Einer solchen Trennung stehen nun allerdings nicht nur praktische Schwierigkeiten, sondern auch gewichtige theoretische Bedenken entgegen. Zunächst ist festzustellen, daß schon die eindeutig dem Völkerrecht zugehörigen Gründungsverträge internationaler Organisationen Regelungen enthalten, die die internen Funktionsabläufe, Kompetenzzuweisungen für die Organe usw. zum Gegenstand haben. Eine konsequente Trennung zwischen internem Organisationsrecht und Völkerrecht[8] würde somit zur Folge haben, den Vertrag in seine genuinen völkerrechtlichen und seine internen Regelungen aufspalten zu müssen. Der Vertrag würde dann ferner teils nach völkerrechtlichen, teils nach internen, organisationsorientierten Auslegungsmaßstäben ausgelegt werden müssen – eine dem Prinzip der Einheit des Vertrages[9] zuwiderlaufende Konsequenz, selbst wenn man zutreffend davon auszugehen hat, daß Gründungsverträge internationaler Organisationen als deren Satzung oder Verfassung anderen Auslegungskriterien unterliegen müssen als die übrigen völkerrechtlichen Verträge. Darüber hinaus ist jedoch zu bedenken, daß interne Rechtsetzungsakte (Beschlüsse, Richtlinien, Empfehlungen etc.) in der Praxis der internationalen Organisationen allgemeine völkerrechtliche Wirkung auslösen bzw. allgemeines Völkerrecht zum Gegenstand haben, so daß eine theoretisch überzeugende und praktikable Trennung zwischen allgemeinem Völkerrecht und dem internen Organisationsrecht nicht möglich ist.[10]

---

[4] Zum Problem der Verträge zwischen Staaten und nichtstaatlichen Wirkungseinheiten vgl. *Böckstiegel*, Der Staat als Vertragspartner ausländischer Privatunternehmen, 1971; *Rudolf*, 51 ff; *Verdross/Simma*, 26; *Lagoni*, in: *Menzel/Ipsen*, 338 ff; *Rengeling*.

[5] In diesem Sinne etwa *Böckstiegel*, 303 ff; zurückhaltend, in der Grundtendenz aber wohl zustimmend *Lagoni*, in *Menzel/Ipsen*, 341. Vgl. insgesamt jetzt *Velten*, Die Anwendung des Völkerrechts auf State Contracts in der internationalen Schiedsgerichtsbarkeit, 1987.

[6] Vgl. dazu *Bernhardt/Miehsler*.

[7] *Dahm* I, 3.

[8] So etwa *Miehsler*, 68 ff.

[9] Dazu Näheres in Teilband I 2.

[10] So zutreffend *Bernhardt*, Qualifikation, 24.

So ist die auf organisationsinternen Beschlüssen beruhende Durchführung von Untersuchungen von Menschenrechtsverletzungen seitens der UN oder der Einsatz von Friedenstruppen der UN in der Wirkung nicht auf den organisationsinternen Bereich beschränkt, sondern von allgemeiner völkerrechtlicher Bedeutung.

Es ist deshalb der Auffassung zuzustimmen, wonach auch das interne Recht internationaler Organisationen im Grundsatz dem Völkerrecht zugerechnet wird.[11] Eine solche Zuordnung entspricht dem offenen Charakter des modernen Völkerrechts, das sich aus der engen Rechtsbeziehung eines zwischenstaatlichen Rechts, das andere Rechtsbeziehungen und die sie betreffenden Normen nur als Ausnahmeerscheinungen registrieren kann, zu einer internationalen Rechtsordnung entwickelt.[12] Um der dennoch in Einzelfällen nicht zu leugnenden Besonderheit zumindest eines Teiles des internen Organisationsrechts Rechnung zu tragen, mag dieses als mittelbares oder sekundäres Völkerrecht bezeichnet werden.

c) Demgegenüber ist hinsichtlich des internen Rechts der supranationalen[13] Organisationen (Europäische Gemeinschaften) eine andere Qualifikation geboten. Zwar werden auch die supranationalen – wie die internationalen – Organisationen in den Formen völkerrechtlichen Vertragsschlusses errichtet.[14] In diesem Sinn sind auch die supranationalen Organisationen internationale Organisationen und Völkerrechtssubjekte. Jenseits dieser Gemeinsamkeiten aber erscheinen supranationale Gemeinschaften und ihr Gemeinschaftsrecht einschließlich ihres Sekundärrechts ihren Aufgaben und ihrer Zielbestimmung nach als von den internationalen Organisationen und ihrem Recht qualitativ verschieden. „In den Gemeinschaften existiert und wirkt eine von der öffentlichen Gewalt der Mitgliedstaaten unterschiedene, dieser durch Rechtsregeln zugeordnete und *potentiell* überlegene öffentliche Gemeinschaftsgewalt“[15] – es liegt m. a. W. ein

[11] Wie hier *Bernhardt*, Qualifikation; anders *Dahm* I, 3, der das interne Organisationsrecht als „Sonderverbandsrecht“ einordnete. Die – vor allem auch das allgemeine materielle Völkerrecht einbeziehende – Rechtsetzungspraxis der internationalen Organisationen, namentlich der Vereinten Nationen, hat aber doch eine andere Wendung genommen, so daß auch das interne Organisationsrecht deutlich in den Bereich des Völkerrechts verweist, ja sogar in der jüngsten Auseinandersetzung über die Willensbildungsstrukturen in den Vereinten Nationen nach allgemeinem Völkerrecht beurteilt wird; vgl. etwa die Debatte der Generalversammlung über Res. 41/213, mit der das Konsensverfahren in Haushaltsentscheidungen eingeführt werden soll, General Assembly, Provisional Verbatim Record of the onehundred and second meeting, UN Doc. A/41/PV.102 vom 22. Dezember 1986, 8 ff. Auf den besonderen Charakter des internen Staatengemeinschaftsrechts hat *Verdross* schon frühzeitig aufmerksam gemacht, vgl. Die Verfassung der Völkerrechtsgemeinschaft, 1926, 76 ff, 162 f; ferner Règles Générales du Droit International de la Paix, in: RdC 30 (1929 V), 275 ff, 311 sowie Les Principes Généraux du Droit dans la Jurisprudence Internationale, in: RdC 52 (1935 II), 237 f.

[12] In diesem Sinne *Bernhardt*, Qualifikation, 42; die prinzipielle Offenheit der Völkerrechtsordnung betont nachdrücklich auch *Mosler*, Die Erweiterung des Kreises der Völkerrechtssubjekte, in: ZaöRV 22 (1962), 1 ff.

[13] Mit dem Begriff „Supranationale Organisationen“ werden in der Regel solche regionalen Integrationsgemeinschaften bezeichnet und von anderen zwischenstaatlichen bzw. internationalen Organisationen unterschieden, deren Rechtsetzungsakte unmittelbare Bindungswirkung in den Mitgliedstaaten entfalten. Zu dem keineswegs eindeutig verwendeten Begriff *Capotorti*, Supranational Organizations, in: EPIL 5 (1983), 262-268. Näheres in Band II.

[14] Vgl. statt anderer *Seidl-Hohenveldern*, Das Recht der Internationalen Organisationen, einschließlich der supranationalen Gemeinschaften, 4. Aufl. 1984, 7 ff; aus der Sicht des Europarechtlers *H. P. Ipsen*, Europäisches Gemeinschaftsrecht, 1972, 6 f, 79 ff.

[15] *Ipsen* (Anm. 14), 7 (Hervorhebung vom Verfasser). Dazu neuerdings die Einheitliche Europäische Akte, die diese Tendenz verstärkt hat. Dazu *Glaesner*, Die Einheitliche Europäische Akte, in: EuR 21 (1986), 119-152; skeptisch hingegen *Pescatore*, Die „Einheitliche Europäische Akte“, eine ernste Gefahr für den gemeinsamen Markt, in: EuR 21 (1986) 153-169. Zu den Schranken der Gemeinschaftsgewalt *Delbrück*, Die Rundfunkhoheit der deutschen Bundesländer im Spannungsfeld zwischen Regelungsanspruch der Europäischen Gemeinschaft und nationalem Verfassungsrecht, 1986.

hierarchisches Rechtsverhältnis vor, das in den internationalen Organisationen weder in diesem Umfang noch in dieser Effektivität vorhanden ist. Im Unterschied zum Recht der supranationalen Organisationen ist das Recht internationaler Organisationen in der Regel als dem Bereich des *koordinationsrechtlichen* Völkerrechts zugehörig charakterisiert.

2. Regelt das Völkerrecht also nicht alle rechtserheblichen internationalen Handlungen oder Erscheinungen, so gilt es selbst in jenen Sachbereichen, die es prinzipiell erfaßt, nicht immer für alle. Umfassende Geltung kommt nur dem *gemeinen*, dem sog. *universalen* Völkerrecht zu. Daneben gibt es zahllose völkerrechtliche Normen, die als *partikuläres* Völkerrecht nicht für alle Staaten oder sonstigen Völkerrechtssubjekte, sondern nur für einige von ihnen Geltung beanspruchen können. Ja, der größere Teil der völkerrechtlichen Regeln, namentlich die des *Vertragsrechts*, stellen partikuläres Völkerrecht dar. Denn das Vertragsrecht bindet nur die Parteien. Aber auch das partikuläre Völkerrecht kann letztlich als ein Sonderrecht auf gemeines, für alle geltendes Recht zurückgeführt werden. Denn zumindest die Rechtswirksamkeit der Verträge führt auf eine Rechtsnorm universalen Charakters, den Grundsatz *pacta sunt servanda*, zurück.
Nicht nur Vertragsrecht, sondern auch *Gewohnheitsrecht* kann partikuläres Völkerrecht sein. Das ist dann der Fall, wenn sich eine bestimmte Praxis und Rechtsüberzeugung innerhalb eines begrenzten Kreises von Staaten, z. B. nur unter den seefahrenden Nationen, unter den Staaten einer bestimmten geographischen Region oder eines bestimmten Kulturkreises entwickelt. In der Gegenwart hat partikuläres Völkerrecht zum einen aufgrund unterschiedlicher Rechtskonzeptionen in der sozialistischen und westlich-liberalen Rechtstheorie, zum anderen aber auch aufgrund zahlreicher regionaler Kooperations- und Integrationsgemeinschaften wachsende Bedeutung erlangt.[16]
Das hängt damit zusammen, daß das moderne Völkerrecht nicht auf einem vorgegebenen Bestand allgemein anerkannter Wertvorstellungen aufbauen kann.[17] Das Völkerrecht ist zunächst als „Ius Publicum Europaeum“, als das Völkerrecht des christlich-abendländischen Kulturkreises entstanden. Die außerhalb dieses Kreises stehenden Länder und Völker bildeten, so glaubte man, eine völkerrechtsfreie, ungeordnete Welt, in der und für die kein Völkerrecht galt.[18] Aber dann hat sich das Völkerrecht mit der europäischen Zivilisation zuerst auf Amerika, seit dem 19. Jahrhundert auch über den Kreis der christlichen Nationen hinaus auf Asien und Afrika ausgedehnt. Mit der russischen Oktoberrevolution und ihrer Ausstrahlung auf andere Teile der Welt, dann aber auch mit dem Eintreten der asiatischen und afrikanischen Völker in die internationale Gemeinschaft war eine Ablösung der das Völkerrecht tragenden Grundsätze von der dem Ius Publicum Europaeum noch gemeinsamen völkerrechtlichen Geltungsgrundlage

---

16 *Schindler,* Regional International Law, in: EPIL 7 (1984), 404-409 sowie die einzelnen Abschnitte zu History of the Law of Nations, Regional Developments, in: EPIL 7 (1984), 205-252.

17 Dazu etwa *Verdross,* Völkerrecht, 11 f, 44, *ders.,* Die Wertungsgrundlagen des Völkerrechts, in: AVR 4 (1953-54), 129 f und *H. A. Smith,* The Crisis in the Law of Nations, 1947. Über die Auflösung des europäischen Völkerrechts – unter, so scheint uns, zu einseitiger Betonung der negativen Akzente (Auflösung des „raumhaften Nomos“) – *C. Schmitt,* Der Nomos der Erde und das ius publicum Europaeum, 1950; siehe auch oben § 1.

18 So bemerkte noch 1867 der ‚Leitende Angestellte‘ der British East Indian Company, *John Stuart Mill:* „Barbarians have no rights as a nation, except a right to such treatment as may, at the earliest possible period, fit them for becoming one. The only moral laws for the relation between a civilized and a barbarious government, are the universal rules of morality between man and man“, Dissertations and Discussions III, 1867, 168. Zum Diskussionsstand innerhalb der völkerrechtsgeschichtlichen Forschung vgl. *Grewe,* Vom europäischen zum universellen Völkerrecht. Zur Frage der Revision des „europazentristischen“ Bildes der Völkerrechtsgeschichte, in: ZaöRV 42 (1982), 449-479 (hier 470 f).

unabweislich geworden. Das Schwinden der ein universales Völkerrecht tragenden Substanz (Konsens) wurde zunächst durch die Beschränkung der Völkerrechtsgeltung auf zivilisierte Nationen und dann mit anfänglich positivistisch gestalteten Geltungstheorien des Völkerrechts aufzufangen versucht. Dieser Prozeß einer Neubegründung eines universal geltenden Völkerrechts fand dann im 20. Jahrhundert in dem Wachsen der Abhängigkeiten, der materiellen und technischen Interdependenz und dem Bewußtsein des Aufeinanderangewiesenseins Ansatzpunkte und starke Hilfestellung. Darüber hinaus hat die Zusammenführung nahezu aller Staaten der Welt in den internationalen Organisationen, namentlich in den UN, dazu geführt, daß die schon das ältere Völkerrecht tragenden *Grundsätze* jedenfalls zu einem Teil auch von den neu entstandenen Staaten der sog. Dritten Welt, aber auch von den Staaten des sozialistischen Lagers übernommen worden sind.[19] Damit sind zwar die zweifellos vorhandenen tiefgreifenden Unterschiede in den Wert- und Rechtsvorstellungen der verschiedenen Kulturkreise und ideologischen Lager der Welt nicht überwunden; auch hat diese Einbindung der Masse der Staaten in den normativen Rahmen vor allem der Charta der UN bis zu einem gewissen Grade die Bildung „besonderer Rechtskreise" nicht zu verhindern vermocht.[20] Dennoch sind mit der Annahme der UN-Charta seitens der Staaten Grundlagen für die Ausformung einer pluralistischen internationalen Rechtsgemeinschaft gegeben, die einerseits Möglichkeiten für die Einbringung unterschiedlicher Wert- und Rechtsvorstellungen für alle Staaten, insbesondere über die umfassenden Kodifikationsvorhaben der UN eröffnet, andererseits aber auch einen Bestand an gemeinsamem Recht sichert.

Gegenüber dieser Entwicklung auf der internationalen Ebene sind gewisse Unterschiede innerhalb des europäisch-amerikanischen Rechtskreises von sekundärer Bedeutung. Innerhalb der westlichen Welt bestand zunächst ein bis zu einem gewissen Grade individuelles *amerikanisches Völkerrecht* regionalen Charakters. Seit der zweiten Hälfte des 19. Jahrhunderts hatte sich besonders unter den amerikanischen Staaten das Gefühl für die engere Solidarität der amerikanischen Völker verbreitet und allmählich verstärkt. Dieses Solidaritätsgefühl kam auch im Rechtsleben in dem gemeinsamen Bekenntnis zu bestimmten Rechtsprinzipien zum Ausdruck. Aber diese Grundsätze stimmen doch im wesentlichen mit dem sonst in der Welt anerkannten Völkerrecht überein.[21] Die *Monroe*-Doktrin, ein außerrechtliches, dennoch politisch normatives

---

[19] So überschreiben etwa *Verdross/Simma*, 221, den dritten Teil ihres universellen Völkerrechts mit dem Titel „Die Rezeption der klassischen Völkerrechtsnormen durch die UN-Charta und ihre Weiterbildung", worin der Gedanke der Zusammenführung der Staatengemeinschaft unter dem universalisierten Völkerrecht anschaulich zum Ausdruck kommt.

[20] Zu den Rechtskreisen skeptisch *K. Ipsen*, in: *Menzel/Ipsen*, 13, deutlicher noch die Rechtskreise hervorhebend *Menzel*, Völkerrecht, 1. Aufl. 1962, 78 ff. Abgesehen von den lateinamerikanischen, also regionalen Besonderheiten des Völkerrechts ist die Frage der Existenz von Rechtskreisen in der Tat nur im Hinblick auf die Haltung der kommunistischen Staaten von wesentlicher Bedeutung. Die Einstellung der sowjetischen Rechtslehre zum Völkerrecht hat seit der Oktoberrevolution mehrfach gewechselt. Soweit ein allgemeines Völkerrecht anerkannt wird, betrachtet man es als „Völkerrecht der Übergangszeit" (so der Titel des in 1. Aufl. 1924 veröffentlichten Buches von *Korowin)* mit den Vorbehalten, die sich gegenüber einem solchen Kompromißrecht ergeben. In der Gegenwart wird die Allgemeinverbindlichkeit des Völkerrechts im Prinzip nicht mehr bestritten. Vgl. *Krylow*, Les notions principales du droit de Guerre, in: RdC 70 (1947 I), 407 ff, ferner etwa die Beiträge von *Korowin*, *Krylow*, *Lukaschek* u. a. im Rechtswissenschaftlichen Informationsdienst 1955. Zum sowjetischen Recht auch *Taracouzio*, The Soviet Union and International Law, 1935; *Tunkin*, Völkerrechtstheorie, 1972; *Meissner*, Die Sowjetunion, die baltischen Staaten und das Völkerrecht, 1956; zur neueren Entwicklung und Sicht *Uibopuu*, Die sowjetische Doktrin der friedlichen Koexistenz als Völkerrechtsproblem, 1971; *Schweisfurth*, Sozialistisches Völkerrecht?

[21] Ebenso z. B. *Oppenheim/Lauterpacht* I, § 29 b mit weiterer Literatur, aus der namentlich die Schriften von *Alvarez* hervorzuheben sind, und *Quadri*, 92 ff. Jedenfalls die Möglichkeit eines besonderen amerikanischen Völkerrechts wird in dem Urteil des IGH im *Asyl*-Fall aus dem Jahre 1950, ICJ Reports 1950, 276 f, zugrunde gelegt. Nicht überzeugend die abweichende Meinung des Richters *Alvarez*, 293 f, der zufolge dieses Recht auch für andere Staaten verbindlich sein soll, soweit es Ame-

Strukturelement amerikanischer Außenpolitik, kann der Annahme eines spezifisch amerikanischen Völkerrechts keine Grundlage bieten.[22] Auch innerhalb des amerikanischen Rechtskreises gibt es wieder Nuancen der Rechtsüberzeugung, so etwa im Verhältnis der USA zu den lateinamerikanischen Staaten. Erst recht gibt es kein vom kontinentaleuropäischen Völkerrecht verschiedenes *angelsächsisches* Völkerrecht eigener Prägung.[23] Zwar wirken sich gewisse methodische Eigentümlichkeiten des angelsächsischen Rechtsdenkens, z. B. die ihm eigene Bewertung der „precedents", auch im Völkerrecht aus, und gewisse Einzelfragen werden von angelsächsischen Juristen anders beurteilt als von denen anderer Länder. Aber solche Besonderheiten, wie sie auch innerhalb des kontinentaleuropäischen Denkens bestehen, reichen für die Annahme grundsätzlich verschiedener Völkerrechte nicht aus.

Partikuläres Völkerrecht – das ergibt sich schon aus seinem Begriff – geht gemeinem Völkerrecht vor. Dieses stellt sich als das *subsidiär geltende Recht* gegenüber dem besonderen Völkerrecht dar, dessen Lücken durch das universale Völkerrecht ausgefüllt werden.

3. Kein Völkerrecht ist das Kollisionsrecht oder Rechtsanwendungsrecht der einzelnen Staaten, das Recht, das man je nach seinem Gegenstand auch „*internationales*" *Privat-, Straf-, Prozeß- oder Verwaltungsrecht* nennt. Dieses Recht hat es mit Tatbeständen zu tun, die ein fremdes, über die nationale Ordnung hinausweisendes Element in sich enthalten. Sein Gegenstand sind „Lebensverhältnisse mit Auslandsberührung".[24]

Beispiele: Ein Rechtsgeschäft wird zwischen Inländern und Ausländern, zwischen Ausländern oder zwischen Personen mit ausländischem Wohnsitz geschlossen, eine Straftat oder unerlaubte Handlung im Ausland begangen. Ausländer schließen die Ehe im Inland, Inländer im Ausland. Ein Ausländer möchte einen Reisegewerbeschein im Inland haben, eine Steuerbehörde den im Ausland gelegenen Gewerbebetrieb eines Deutschen besteuern. Es fragt sich, ob die Fürsorgeerziehung für ein Kind fremder Staatsangehörigkeit zulässig ist.

In Fällen dieser Art kann zweifelhaft sein, welches Recht angewandt werden soll. Die Normen nun, die darüber entscheiden, gehören im allgemeinen nicht dem Völkerrecht an. Zwar könnte man sich eine internationale Rechtsordnung denken, die den Staaten in dieser Hinsicht Vorschriften machte, ihnen z. B. geböte, die Geschäftsfähigkeit des Menschen nach seinem Heimatrecht zu beurteilen oder der Entscheidung über das rechtswirksame Zustandekommen eines Vertrages das Recht des Abschlußortes zugrunde zu legen. Aber so vieles auch für eine völkerrechtliche Kompetenzverteilung dieser Art gesagt werden mag, bisher gibt es sie nicht. Vielmehr bleibt die Entscheidung über die Anwendung fremden und den Geltungsbereich des eigenen Rechts im wesentlichen dem *nationalen* Recht überlassen.[25] Die davon handelnden Regeln – z. B. Art. 3 ff

---

rika berührende Angelegenheiten zum Gegenstand habe. Wenn es ein solches Sonderrecht gäbe, wäre nicht einzusehen, wie es für außerhalb des Sonderkreises stehende Völker verbindlich sein könnte. In Wahrheit gibt es so wenig ein amerikanisches Völkerrecht, wie der engere Zusammenschluß der europäischen Staaten seit dem Zweiten Weltkrieg ein besonderes „europäisches Völkerrecht" hervorgebracht hat. Das vermeintliche „droit international continental" (so etwa *Fauchille* I 1, 33 f) ist im wesentlichen nur das allgemeine Völkerrecht, das auf besondere Lebensverhältnisse jeweils verschieden angewandt wird. Über den in der Gegenwart wachsenden Regionalismus im Völkerrecht etwa *Sibert* I, §§ 28 f.

[22] *Rousseau* IV, 53-108.

[23] Im wesentlichen übereinstimmend *Oppenheim/Lauterpacht* I, § 29 c, *Lauterpacht,* Function, 135, Anm. 1 und BYIL 12 (1931), 31 f. Dazu auch *Dikkinson,* L'interprétation et l'application du droit international dans les pays anglo-américains, in: RdC 40 (1932 II), 305.

[24] *M. Wolff,* Das Internationale Privatrecht Deutschlands, 3. Aufl. 1954, 1. Zu den Kollisionsregeln im Vertragsrecht siehe unten § 4.

[25] Immerhin sind dem Belieben der Staaten durch das Völkerrecht gewisse Grenzen gezogen. Dazu unten §§ 9 und 10.

EGBGB oder §§ 3 ff StGB – sind solche inländischen Rechts. Das internationale Privatrecht, Strafrecht usw. stellt sich bei näherem Hinsehen als deutsches, französisches, englisches Rechtsanwendungs- und Kollisionsrecht heraus.[26]

Man kann sich freilich ein überstaatliches, auf internationaler Rechtsüberzeugung beruhendes Gewohnheitsrecht denken, das die Rechtsverhältnisse des einzelnen regelt, also Internationales Privatrecht im eigentlichen Sinne des Wortes wäre.[27]

II. In einer internationalen Ordnung, die prinzipiell auf der Gleichstellung ihrer Glieder beruht, stellt die *Geltung des Rechts* ein schwieriges Problem dar.[28] Als eine koordinationsrechtliche Ordnung unterscheidet sich das Völkerrecht von nationalen Rechtsordnungen durch das Fehlen oder doch die Schwäche der Zentralgewalt. In diesem System ist für eine internationale Legislative im technischen Sinne kein Raum, gibt es keine starke Exekutive, in der Regel auch keine verbindliche Feststellung des Rechts und namentlich keine Gewalt, die den Willen der internationalen Gemeinschaft, wenn notwendig, zwangsweise durchsetzen und die Staaten von der Ausübung des Faustrechts abhalten könnte.

Die Schwäche des Völkerrechts hat von *Hobbes* und *Spinoza* bis an die Schwelle der Gegenwart immer wieder Zweifel an der Rechtsnatur des Völkerrechts laut werden lassen.[29] Wenn man z. B. mit *Austin* und seiner „analytischen" Schule[30] das Recht als einen Inbegriff von Befehlen bestimmt, die von einer souveränen Herrschaftsgewalt aufgestellt und zwangsweise durchgesetzt werden, so scheint die Frage entschieden: Da es eine den Staaten überlegene souveräne Herrschaftsgewalt nicht gibt, ist das Völkerrecht gar kein Recht. Was man als solches bezeichnet, ist nur das übereinstimmende Recht der einzelnen Staaten, soweit es sich auf Gegenstände des internationalen Lebens bezieht, oder aber „positive international morality", ein Kanon moralischer Normen, die – um eine schon von *Grotius* getroffene Unterscheidung anzuführen – ethische Verbindlichkeit beanspruchen, deren Verletzung aber „unter Menschen nicht bestraft wird".[31]

1. Das Problem ist damit in aller Schärfe gestellt: Wie kann es in einer nicht auf Über- und Unterordnung, sondern auf der Gleichberechtigung souveräner Staaten beruhen-

---

[26] Vgl. etwa *Nußbaum*, Grundzüge des IPR, 1952, 41: „Es gibt eben so viele internationale Privatrechte wie es Rechtsordnungen gibt." *Cavaglieri*, Corso 22, spricht von „norme interne in materia internazionale". Vgl. auch das Urteil des StIGH über die serbischen Anleihen in Frankreich – PCIJ Series A 20 (1929), 41 – über das IPR: „It has to be considered that these rules form part of municipal law." Neuerdings mit Nachdruck ebenso *Kegel*, 4 ff mit umfangreichen weiteren Nachweisen zur Frage des Verhältnisses von IPR und Völkerrecht. Das hier Gesagte ist freilich nicht unbestritten. Für den Gegenstandspunkt etwa *Scelle*, Précis I, 45 f.

[27] Dazu *Wolff* (Anm. 24), 6. Kritisch *Drost*, Grundlagen des Völkerrechts, 1936, 11 f; *Kegel*, 4, spricht insoweit zutreffend von „Weltprivatrecht".

[28] An der Verbindlichkeit des Völkerrechts wird heute nicht mehr gezweifelt. Insofern wirken die Erörterungen über den Grund seiner Geltung ein wenig akademisch und ihre Ergebnisse – z. B. das, was im Schrifttum als Inhalt der sog. „Grundnorm" festgestellt wird – bis zu einem gewissen Grade trivial. Doch ist nicht zu vergessen, daß die Verbindlichkeit des Völkerrechts und sein Charakter als Recht vor noch nicht langer Zeit nicht so unbestritten waren, wie es heute der Fall ist, und daß die Völkerrechtswissenschaft mit dazu beigetragen hat, diese Überzeugung allgemein werden zu lassen.

[29] Eine zusammenfassende – allerdings schon ältere – kritische Darstellung dieser Lehre bietet *Walz* in seinem Buch „Wesen des Völkerrechts und Kritik der Völkerrechtsleugner" 1930, kritisch jedoch dazu *Luederssen;* einen kurzen informativen Überblick mit umfassenden Literaturhinweisen bietet *Magiera*, in: *Menzel/Ipsen*, 38 ff.

[30] *Austin*, Lectures on Jurisprudence, 5th ed. 1911, bes. Lecture VI.

[31] De iure belli ac pacis III 4, § 2. Dazu *Wehberg*, Die Unterscheidung zwischen Natur- und Völkerrecht in der Lehre von Hugo Grotius, in: Festschrift Kraus, 1954, 227-232.

den Gemeinschaft Völkerrecht geben? Diese Frage, deren Beantwortung mit dem Universalisierungsprozeß des Völkerrechts im 19. Jahrundert zur praktischen Notwendigeit wurde, ist seither in verschiedener Weise beantwortet worden:

a) Eine früher namentlich in Deutschland verbreitete und letztlich auf *Hegel*[32] zurückführende Lehre (*Bergbohm, G. Jellinek, Zorn, E. Kaufmann,* die Neuhegelianer wie *Lasson, Binder* u. a.) glaubt, die Lösung in der Annahme einer *Selbstbindung des Staates* gefunden zu haben. Nach ihr ist der souveräne Wille des Staates die Quelle allen Rechts. Auch an das Völkerrecht ist der Staat nur insoweit gebunden, als er sich durch einseitigen Willensakt freiwillig dem Recht unterwirft (Selbstverpflichtungstheorie). Das Völkerrecht ist somit im Grunde kein den Staaten übergeordnetes, sondern „äußeres Staatsrecht", nicht gemeines, internationales, sondern allgemeines, inhaltsgleiches nationales Recht der einzelnen Staaten.
Aber diese Lehre, die weite Verbreitung und nicht zuletzt auch Eingang in die Rechtsprechung des StIGH gefunden hat[33], kann nicht überzeugend erklären, wie die Staaten durch das Völkerrecht gebunden sein können. Wie erklärt es sich etwa, daß ein neu entstehender Staat alsbald unter dem Völkerrecht steht, ob er will oder nicht? Und wenn nur der sich selbst bestimmende Wille der Staaten das Völkerrecht setzt, so ist es schwer, der Folgerung zu entgehen, daß der Staat sich seinen völkerrechtlichen Bindungen auch durch einseitigen Willensakt zu entziehen vermöchte. Wenn das aber der Fall ist, dann ist das Völkerrecht für ihn nicht verbindlich. Ohne Verbindlichkeit aber gibt es kein Recht. Das Völkerrecht wird hier also im Grunde geleugnet.

b) Diesen Bedenken glaubt eine weit verbreitete – wohl die herrschende – Lehre entgehen zu können, indem sie die Geltung des Völkerrechts nicht auf den einseitigen Willensakt des einzelnen Staates, sondern auf die *Übereinstimmung* der Staaten, ihren Gemeinwillen stützt. So hat schon *Triepel* die Verbindlichkeit des Völkerrechts aus der *Vereinbarung* zu erklären versucht, wobei die Vereinbarung – im Gegensatz zum Vertrage – die Verschmelzung verschiedener inhaltlich gleichartiger, auf das gleiche Ziel gerichteter Willen zu einem von ihnen verschiedenen Gemeinwillen hervorrufen soll.[34] In diesem Gemeinwillen soll der Einzelwille aufgehen, dieser also nicht mehr durch den einseitigen Willensakt des einzelnen Staates aus der Welt geschafft werden können. Das Völkerrecht wird also durch den freien Willensentschluß der Staaten begründet, aber seine Geltung und Fortdauer ist der Willkür entzogen.
Unabhängig von *Triepel* haben andere die Verbindlichkeit des Völkerrechts auf den *Konsens* der Staaten – ihren übereinstimmenden Willen oder ihre gemeinsame Rechtsüberzeugung – zu stützen versucht. „Law is a body of rules for human conduct within a community which by common consent of this community shall be enforced by exter-

---

[32] *Hegel,* Grundlinien der Philosophie des Rechts §§ 330 f. Vgl. auch die Würdigung dieser Philosophie bei *Verdross,* 59 f. *Verdross* selbst hat sich in einer älteren Studie bemüht, die verpflichtende Kraft des Völkerrechts aus dem nationalen Verfassungsrecht zu begründen, das bestimmten Organen die Ermächtigung zum Abschluß völkerrechtlicher Verträge erteile und damit erst dem Völkerrecht die Grundlage biete. Vgl. *Verdross,* ZVR 8 (1914), 329 f. Doch so kann man vielleicht die Verbindlichkeit der Verträge für die staatliche Exekutive, aber nicht für den Verfassungsgesetzgeber selbst einleuchtend machen. Und wie, wenn die Verfassung z. B. durch einen politischen Umsturz entfällt? *Verdross* selbst hat diese Konstruktion denn auch später fallen gelassen.

[33] So im *Lotus*-Fall, PCIJ Series A 10 (1927), 33. Vgl. *Cancado Trinidade,* The Voluntarist Conception of International Law. A Re-Assessment, in: Revue de droit internationale de sciences diplomatiques et politiques 59 (1981), 201 f, der im übrigen in zahlreichen Regelungsbereichen des modernen Völkerrechts die Unangemessenheit der Willenstheorie nachweist.

[34] *Triepel,* insbesondere §§ 3, 4.

nal power", so heißt es etwa bei *Oppenheim*[35], dessen Lehrbuch viel zur Verbreitung dieser Lehre beigetragen hat.
Die Diskussion um den Konsensbegriff im Völkerrecht hat in jüngster Zeit im Zusammenhang der Willensbildung in internationalen Organisationen und auf internationalen Konferenzen neue Anstöße erhalten.[36] Hierbei wird in der Regel zwischen einem privat- bzw. vertragsrechtlichen (Willensübereinstimmung) und einem staatsrechtlichen (Fundamental- bzw. Grundkonsens im Unterschied zum empirischen Konsens) Konsensbegriff einerseits und dem Konsensverfahren, wie es etwa in Art. 161 Abs. 8e der UN-Seerechtskonvention von 1982 definiert ist, unterschieden. Eine nähere Beziehung dieser Diskussion zu der Frage nach den allgemeinen Geltungsgründen des Völkerrechts wird zwar gelegentlich angedeutet[37], wurde aber bislang nicht näher untersucht.[38]
Diese Lehre entspricht dem *Positivismus* und dem Souveränitätsdogma des ausgehenden 19. Jahrhunderts, indem sie das Völkerrecht als bloßes Erzeugnis des im Konsens sich aussprechenden Willens der Staaten betrachtet. Aber sie stellt zugleich auch eine Fortbildung der naturrechtlichen Vertragslehre dar. Wie nach der Vertragslehre der einzelne, so ist nach der Konsenslehre das große Individuum, der Staat, im Naturzustand frei von Bindungen; auch Staaten können nur soweit gebunden sein, als sie sich durch ihren vertraglich festgelegten Konsens ihrer natürlichen Freiheit begeben.[39] Alles Völkerrecht wird letztlich als Vertragsrecht verstanden. Dies gilt auch für die der Willens-, und genauer, der Vereinbarungslehre verhaftete sowjetische Völkerrechtslehre. Diese weist je-

---

[35] *Oppenheim-Lauterpacht* I, §§ 5 und 11. Die späteren Herausgeber haben allerdings den positivistischen Ausgangspunkt der älteren Auflagen weitgehend aufgegeben. Vgl. 8th ed. I, 15, Anm. 1. Über die angelsächsische Konsenslehre *Menzel*, Die englische Lehre vom Wesen der Völkerrechtsnorm, 1942, 37 f, 109 f.

[36] Statt anderer *Simma*, Methodik und Bedeutung der Arbeit der Vereinten Nationen für die Fortentwicklung des Völkerrechts, in: *Kewenig* (Hrsg.), Die Vereinten Nationen im Wandel, 1975, 79 ff; *Ballreich*, Wesen und Wirkung des „Konsens" im Völkerrecht, in: Festschrift Mosler, 1983, 1-24; *Wolfrum*, Konsens im Völkerrecht, in: *Hattenhauer/Kaltefleiter*, Mehrheitsprinzip, Konsens und Verfassung, 1986, 79-91.

[37] *Ballreich*, 1-6; *Wolfrum*, 80 ff.

[38] *Verdross/Simma*, 326, unterscheiden zwischen dem Konsens als Grund der Rechtsverbindlichkeit einer Norm und dem Consensus, worunter sie einerseits mit den Klägern in den *South West Africa*-Cases eine Mehrheit „considerably more than a simple majority but something less than unanimity" und andererseits das Beschlußverfahren internationaler Organisationen verstehen.

[39] Diese der Konsenslehre zugrundeliegende Interpretation der Vertragslehre versteht den vertraglichen Konsens freilich ausschließlich als empirischen Konsens. Sie übersieht dabei, daß im Rahmen der Vertragslehre *Kant* und vor ihm auch *Rousseau* sehr genau differenziert haben zwischen dem faktischen, d. h. prinzipiell zweckgebundenen Konsens, der stets nur zu Arrangements auf Zeit führen kann, einerseits und dem normativen Konsens andererseits, der den ethischen Imperativ mit unbedingtem Geltungsanspruch enthält, vom Naturzustand in einen Zustand gesetzlich gebundener Freiheit überzugehen. Vgl. *Kant*, Über den Gemeinspruch: Das mag in der Theorie richtig sein, taugt aber nicht für die Praxis, Werke, Akademie-Ausgabe VIII, 1968, 289. Zur Stellung *Kants* in der Vertragslehre und zu *Rousseau* vgl. *Dicke*, Menschenrechte und europäische Integration, 1986, 80 ff, 149. Daß die *Kantische* Rechtsbegründung – auch heute noch – in der Lehre von den Geltungsgründen des Völkerrechts zu wenig Berücksichtigung findet, liegt wohl zum einen daran, daß zu der Zeit, da Überlegungen zu den Geltungsgründen des Völkerrechts zur praktischen Notwendigkeit wurden, die Rechtsphilosophie teils von *Hegel* beeinflußt, zum überwiegenden Teil aber positivistisch orientiert war. Zum anderen ist dies wohl aber auch darauf zurückzuführen, daß im Rahmen der Souveränitätslehre der Staat wohl als Individuum, d. h. als empirisches Subjekt, zu wenig jedoch als Person, d. h. als Subjekt gesetzlicher Freiheit, verstanden wurde. Insoweit die Souveränitätseinschränkungen des modernen Völkerrechts hier faktisch eine neue Situation geschaffen haben (dazu unter § 23) und insoweit auch ein deutlich steigendes Interesse an Fragen der Völkerrechtsethik zu verzeichnen ist, scheinen heute günstigere Voraussetzungen für eine Einbeziehung der *Kantischen* Freiheitslehre auch in Überlegungen zur Geltung des Völkerrechts vorzuliegen. Vgl. zum ganzen u. a. *Hoffmann*, Duties beyond Borders. On the Limits and Possibilities of Ethical International Politics, 1981; *Nardin*; *Murphey*.

doch die bürgerliche Vereinbarungslehre als solche zurück, da sie den Klassencharakter des Staates verdecke und damit die Natur des Staates nach der sozialistischen Revolution verkenne, der in der gegenwärtigen Entwicklungsphase ein demokratischer Volksstaat sei und sich daher qualitativ vom kapitalistischen Staat unterscheide. Dennoch sind bindende Vereinbarungen zwischen sozialistischen und kapitalistischen Staaten im Rahmen der „friedlichen Koexistenz" möglich. In ihnen kommt der nach sowjetischer Auffassung zutreffende Kern der Vereinbarungslehre zum Tragen, wonach Völkerrecht allein auf einer ausdrücklichen oder stillschweigenden Vereinbarung zwischen Staaten bestehen kann.[40]

Daß die sowjetische Völkerrechtslehre nach wie vor jede Völkerrechtsnorm strikt auf den Willen der Staaten zurückgeführt sehen will, zeigt sich an folgender Definition des Völkerrechts in einem sowjetischen Memorandum „The Development of International Law" vom 29. November 1986: „... the co-ordinated will of States that regulates inter-State relations".[41] Beim grundsätzlichen Festhalten an der Vereinbarungslehre zeigen sich jedoch in jüngster Zeit einige Differenzierungen und eine gewisse Öffnung auch auf andere Geltungstheorien hin. So bezeichnet *Danilenko,* der sich insbesondere mit Normbildungsprozessen beschäftigt hat, die Entstehung von Völkergewohnheitsrecht als einen ‚zwischenstaatlichen Kommunikationsprozeß', als „interaction of legal claims". Auch wird die Vereinbarungslehre im Blick auf die Geltung von Gewohnheitsrecht, besonders für neue und nicht im Normbildungsprozeß beteiligte Staaten, ergänzt.[42] Bei *Vereshchetin/Danilenko* schließlich, die sich mit den Auswirkungen des kulturellen und ideologischen Pluralismus auf Normbildungsprozesse befassen, scheint das Völkerrecht auf ein Gebot der praktischen Vernunft angesichts „an objective need for co-operation of states in resolving problems concerning all nations" zurückgeführt; sie betonen, das Völkerrecht beruhe „on a distinctive value foundation that embraces universal human values held in common by all nations without exception", und nennen in diesem Zusammenhang Friede, Unabhängigkeit und souveräne Gleichheit, Selbstbestimmung, Achtung der Menschenrechte und Kooperation.[43]

Allen Varianten der Vereinbarungslehre liegt letztlich wiederum die Idee der Selbstbindung der Staaten zugrunde. Damit aber ergeben sich die gleichen Bedenken wie die, die sich auch sonst gegen den Gedanken der Selbstbindung vorbringen lassen. Der menschliche Wille i. S. der Willkürfreiheit kann nicht als letzter Grund der Rechtsgeltung angesehen werden. Seine Verbindlichkeit setzt immer schon das Bestehen einer Regel voraus, aus der sich die Verbindlichkeit des Willens ergibt. Wer den Konsens als Quelle verbindlichen Völkerrechts gelten läßt, setzt damit schon stillschweigend das Bestehen einer Rechtsordnung voraus, aus der sich die Verbindlichkeit des Konsenses ergibt, die also zum mindesten den Grundsatz *pacta sunt servanda* enthält.

c) Nicht der inhaltlich variable, da letztlich an beliebige Zwecke gebundene Wille der Staaten – weder der Wille des einzelnen Staates noch der in der Vereinbarung oder im Konsens verbundene Wille mehrerer Staaten –, so scheint die Kritik zu ergeben, vermag das Völkerrecht für sich allein zu begründen. Der Wille der Staaten, wenn er Recht erzeugen soll, bedarf dazu der Ermächtigung durch eine *Rechtsnorm.* Diese also,

---

[40] Dazu etwa *Tunkin,* Völkerrechtstheorie, 56 ff und 243 f; ferner ausführlich *Schweisfurth,* Sozialistisches Völkerrecht?, 221 ff; kurz auch *Magiera* in: *Menzel/Ipsen,* 43 f.

[41] Memorandum der Sowjetunion „The Development of International Law", UN Doc. A/C.6/41/5 vom 26. November 1986, 2.

[42] Dazu *Theodor Schweisfurth,* Das Völkergewohnheitsrecht – verstärkt im Blickfeld der sowjetischen Völkerrechtslehre, in: GYIL 30 (1987), 36 ff.

[43] *Vereshchetin/Danilenko,* Cultural and Ideological Pluralism and International Law, in: GYIL 29 (1986), 58 ff.

nicht der Wille des Staates, ist der letzte Grund für die Geltung des Rechts. Das ist der Ausgangspunkt der von der sog. Wiener Schule, in erster Linie von *Kelsen* vertretenen Lehre.[44] Die Normen des Rechts, so wird hier gelehrt, sind solche nicht des Seins, sondern des Sollens. Ihre Verbindlichkeit läßt sich daher nicht durch Bezugnahme auf ein Sein, sondern nur damit begründen, daß eine Norm höheren Ranges ihnen Verbindlichkeit zuspricht. Da aber die höhere Norm ihrerseits der Legitimierung bedarf, führt der Weg von den niederen zu immer höheren Normen, bis er schließlich die Spitze der „Normenpyramide", nämlich eine nicht weiter ableitbare *Grundnorm* erreicht, über die nicht mehr hinausgedacht werden kann, die als eine Ursprungshypothese[45], ein Axiom[46], als ein Prinzip der Moral, der Gerechtigkeit, des Naturrechts[47], akzeptiert werden muß, aber ihrerseits nicht mehr juristisch erklärt werden kann. Als eine solche Grundnorm, auf die alle anderen Regeln des Völkerrechts zurückgeführt werden können, haben manche Rechtsdenker[48] die Maxime *pacta sunt servanda* postuliert, so wie schon bei *Grotius* der naturrechtliche Satz *pacta sunt servanda* die Grundlage des positiven Völkerrechts bildet.[49] Doch hat namentlich *Kelsen* seinen Standpunkt in späteren Arbeiten berichtigt und die Grundnorm so formuliert, daß sie auch anderes als nur das Vertragsrecht umfaßt. Er findet sie jetzt in der Regel, daß die Staaten sich so verhalten sollen, wie es ihrer Gewohnheit entspricht. „The States ought to behave as they have customarily behaved"[50], eine Regel, die auch die Norm *pacta sunt servanda* miteinschließt. Mit der Aufstellung dieser Grundnorm sind nach dieser Lehre die Grenzen dessen erreicht, was wissenschaftlich ausgesagt werden kann.[51]

d) Die Lehre von der völkerrechtlichen Grundnorm – etwa in der von *Kelsen* und *Anzilotti* gebotenen Form – zeigt einen Weg, wie das Völkerrecht in sich widerspruchslos *logisch* gedacht werden kann. Aber sie beantwortet nicht die Frage nach der Geltung des Rechts. Was sie als Inhalt der Grundnorm bezeichnet – etwa die Maxime *pacta sunt servanda* oder der Satz, daß Recht sei, was man gewohnheitsmäßig als solches befolge, erscheint bei diesen Rechtsdenkern nicht als Rechtsnorm – die doch wohl stets ein Moment der Anerkennung eines Geltungsanspruchs beinhaltet, das darzulegen die Aufgabe der Lehre von den Geltungsgründen des Völkerrechts ist[52] –, sondern als bloße *Hy-*

[44] Dieser Lehre haben sich namentlich *Anzilotti*, Corso di Diritto Internationale, 4. Aufl. 1955, und *Guggenheim*, Traité du Droit International Public, 2. Aufl. 1967, angeschlossen. Aber auch *Lauterpacht*, Function of Law in the International Community, 420 ff, gewinnt dieser Auffassung positive Seiten ab.

[45] So bei *Kelsen*.

[46] So *Verdross*.

[47] U. a. *Cavaglieri; de Visscher*.

[48] *Kelsen, Verdross, Anzilotti* u. a. Über den früheren Standpunkt von *Verdross*, oben Anm. 32. In jüngster Zeit hat sich *Verdross* merklich nicht nur über die *Kelsensche*, sondern auch seine eigene Position zurückhaltend geäußert, vgl. dazu etwa *Lador-Lederer*, Some Observations on the „Vienna School" in International Law, in: NILR 17 (1970), 126 ff.

[49] Dazu *Wehberg* (Anm. 31), 227 ff.

[50] So *Kelsen*, General Theory of Law and State, 1961, und Principles, 418. Ebenso z. B. *Hostie*, Examen de quelques règles du droit international dans le domaine des communications et du transit, in: RdC 40 (1932 II), 480: „Au point de vue du droit matériel, la norme la plus générale est ... celle en vertue de laquelle les sujets du droit internationale sont obligés de conformer leur conduite à la pratique générale." Auch *Verdross*, Die allgemeinen Rechtsgrundsätze als Völkerrechtsquelle, in: Festschrift Kelsen, 1931, 362, hat später die Grundnorm neu formuliert.

[51] Als Beispiel sei *Anzilotti*, Corso, 43, angeführt: „La loro forza obbligatoria (gemeint sind die Normen des Völkerrechts) deriva dal principio che gli Stati devono rispettare i patti conclusi fra loro: *pacta sunt servanda*. Questo principio, appunto perchè è alla base delle norme di cui parliamo, non è suscettivo di ulteriore dimostrazione dal punto di vista delle norme stesse: dev' essere assunto como un valore oggettivo assoluto o altrimenti come l'ipotesi prima e indimostrabile, alla quale necessariamente fa capo questo come ogni altro ordine di umane conoscenze."

[52] Doch glaubte *Verdross*, Völkerrecht, 18 f zeigen zu können, daß auch der Rechtspositivismus *Kelsens* die Anerkennung bestimmter überpositiver Werte zur Voraussetzung habe.

pothesen oder *Fiktionen*, die aus sich heraus keine Geltung beanspruchen können; sie schweben im Leeren.[53] Auf Arbeitshypothesen aber läßt sich das Recht nicht stützen. Angesichts der sich gerade bei *Kelsen* offenbarenden Schwierigkeiten, das Recht aus sich selbst zu begründen, scheint allein noch der Rückgriff auf Wertordnungen jenseits des Rechtes offenzustehen. Den letzten Grund für die Verbindlichkeit des Völkerrechts sucht man in diesem oft gegen positivistische Rechtsbegründungen gerichteten Rechtsdenken in objektiv verbindlichen Normen der Gerechtigkeit und Moral. Mit der Hinwendung zu metajuristischen Wertordnungen kehrt die Rechtslehre zu den großen Überlieferungen des *Naturrechts* zurück, das unter dem Einfluß des Positivismus auf dem Gebiet des Völkerrechts – allerdings weniger als auf anderen Rechtsgebieten – weitgehend verschüttet war. Die naturrechtliche Tradition erlebte nach dem Zweiten Weltkrieg eine Renaissance.[54]

Dabei ist auf folgende *Beispiele* hinzuweisen: Auf der Suche nach den Grundlagen einer völkerrechtlichen Anerkennung von indigenous peoples[55] wird ebenso wie etwa im Zusammenhang der ethischen, politischen und völkerrechtlichen Beurteilung nuklearer Abschreckung[56] auf die Naturrechtslehrer der spanischen Spät-Scholastik, die sog. „Väter des Völkerrechts" (*Vitoria, Suarez, Sepulveda* u. a.) zurückgegriffen. Nicht zuletzt das an eine breite Öffentlichkeit gerichtete Hirtenwort der amerikanischen Bischöfe zur nuklearen Abschreckung von 1983[57] hat naturrechtliche Traditionselemente, besonders die Lehre vom gerechten Krieg, aber auch die Lehre einer in der Nächstenliebe wurzelnden globalen Solidargemeinschaft, wieder zur Diskussion gestellt.[58] Schließlich finden im Zusammenhang des modernen Kooperationsvölkerrechts mit dem Solidaritätsgedanken, aber auch mit dem Prinzip des common heritage of mankind ursprünglich naturrechtliche Vorstellungen Eingang in die Völkerrechtslehre.[59]

Freilich bewegt die Wissenschaft sich beim Rückgriff auf Wertordnungen auf unsicherem Boden. Die Wiedergeburt des Naturrechts in unserer Zeit kommt dem Bedürfnis des bedrohten und vielfach entwurzelten Menschen nach einer festen Grundlage seines Lebens und Handelns sicher entgegen. Aber eben deshalb besteht auch eine gewisse Gefahr, daß mehr oder weniger subjektive Meinungen über das, was gut oder schlecht, falsch oder wünschenswert ist, als objektiv geltende Normen der Moral, der Gerechtigkeit, des Naturrechts hingestellt werden. Diese Bedenken wiegen besonders schwer im Hinblick auf die locker gefügte internationale Gemeinschaft, in der sehr verschiedenartige Kulturen, Lebensformen, Überlieferungen und Wertvorstellungen nebeneinander bestehen. Insofern das Naturrecht eine universal geltende Metaphysik voraussetzt,

[53] Treffend darüber *Paradisi*, Communicazioni e Studi III, 1950, 55 f, namentlich 73 und *Quadri*, 41: „Restando indimostrata la giuridicità della norme base, da essa non può dedursi che in modo del tutto *arbitrario* la giuridicità di tutte le altre norme"; kritisch zu *Kelsens* Position auch *Lador-Lederer* (Anm. 48).

[54] Über naturrechtliche Strömungen im moderen Völkerrecht z. B. schon *Le Fur*, La Théorie du droit naturel depuis le XVIIe siècle et la doctrine moderne, in: RdC 18 (1927 III), 259 f; für die Zeit nach dem Zweiten Weltkrieg aus der umfangreichen Literatur u. a. *Verdross*, Statisches und dynamisches Naturrecht, 1971; *Kunz*, Natural Law Thinking in the Modern Science of International Law, in: AJIL 55 (1961), 915 ff; *Scheuner*, Naturrechtliche Strömungen im heutigen Völkerrecht, in: ZaöRV 1950/51, 556 ff; *Mayer-Maly/Simons* (Hrsg.), Das Naturrechtsdenken heute und morgen, Gedächtnisschrift Marcic, 1983.

[55] *Morris*, In Support of the Right of Self-Determination for Indigenous Peoples under International Law, in: GYIL 29 (1986), 277-316 mwN.

[56] *Delbrück/Dicke*, The Christian Peace Ethic and the Doctrine of Just War from the Point of View of International Law, in: GYIL 28 (1985), 194-208 mwN; *Kennedy*, Primitive Legal Scholarship, in: Harvard International Law Journal 27 (1986), 1-98.

[57] In: Hirtenworte zu Krieg und Frieden, 1983, 125 ff.

[58] AaO, 227. Vgl. auch *Weiler*, Internationale Ethik, 1987. Kritisch *Delikostantis*, Der moderne Humanitarismus, 1982.

[59] *Scheuner*, Solidarität unter den Nationen als Grundsatz in der gegenwärtigen internationalen Gemeinschaft, in: *ders.*, Schriften zum Völkerrecht, 1984, 379 ff.

deren Fehlen in der Staatengemeinschaft aber gerade völkerrechtliche Regelungen wie auch Überlegungen zu deren Geltungsgrundlagen zur praktischen Notwendigkeit werden läßt, scheinen diese Begründungsversuche nur sehr begrenzt tragfähig. Freilich ist darauf hinzuweisen, daß in der naturrechtlichen Tradition ein reichhaltiges Angebot konsensfähiger Regelungs- und Interpretationsmodelle vorliegt, auf das bei dem Bemühen um eine universale Begründung des Völkerrechts nicht verzichtet werden kann.[60]

e) Die Natur des Menschen wird indessen nicht nur von einer metaphysisch begründeten Naturrechtslehre, sondern auch von verschiedenen Richtungen soziologischer Begründungsansätze als Geltungsgrund des Völkerrechts angeführt. Dabei wird die spekulative Wertordnung des Naturrechts durch Aussagen über den Menschen ersetzt, welche von den empirischen Sozialwissenschaften erarbeitet werden. Es ist eine namentlich in Frankreich vertretene Lehre, die in diesem Sinne das Völkerrecht auf die biologische, soziale und geschichtliche Eigenart des *Menschen* zu gründen versucht.

Ihre Anhänger – vor allen *Fauchille, Scelle und Duguit* – fragen nach dem Sachverhalt, dem „fait social", in dem das Recht seine Grundlage habe, und sie finden ihn – darin nicht unähnlich den Naturrechtslehren des 17. und 18. Jahrhunderts – in der sozialen Natur des Menschen, seinem Triebe zur Verbindung mit anderen Menschen und seinem Bedürfnis nach Solidarität. Das Bewußtsein dieser Solidarität zwischen den Völkern und das Bedürfnis nach ihrer Verwirklichung soll nach dieser Lehre auch das Völkerrecht als verbindliche Rechtsordnung aus sich hervorgehen lassen.[61]

Ein ähnlicher Begründungsansatz liegt in der Herleitung grundlegender sozialer Menschenrechte aus sog. Grund- oder Basisbedürfnissen des Menschen vor. Dieser Ansatz erwuchs im wesentlichen aus empirischen und theoretischen Studien, die im Rahmen der Entwicklungspolitik internationaler Organisationen – der ILO, der UNCTAD, des UNDP, der Weltbevölkerungskonferenz 1976 u.a. – erstellt wurden.[62] Diese Lehre scheint auf den ersten Blick im Sinne des soziologischen Positivismus Sein und Sollen auf eine wissenschaftlich bedenkliche Weise durcheinanderzuwerfen, „letztlich nicht Jurisprudenz, sondern Massenpsychologie" zu vermitteln.[63] Das Recht ist in der Tat *normativer* Natur. Es bietet Wertmaßstäbe für das menschliche Handeln. Diese aber lassen sich nur durch eine Beziehung auf ein verbindliches *Sollen*, nicht aus den bloßen Tatsachen des sozialen Lebens als solchen entnehmen. Aber bei näherem Zusehen scheint doch die hier besprochene Lehre nicht bei der Feststellung von Tatsachen des gesellschaftlichen Lebens stehen zu bleiben, sondern von bestimmten normativen Vorstellungen, nämlich von der Idee auszugehen, daß sich die Verbindlichkeit des Rechts aus

---

[60] Vgl. *Paradisi*, 72; *Weiler* (Anm. 58); *Ilting*, Naturrecht in: *Brunner/Conze/Koselleck*, Geschichtliche Grundbegriffe IV, 1978, 245-313; die moderne Auseinandersetzung mit dem Naturrecht ist reichhaltig dokumentiert bei *Mayer-Maly/Simons* (Anm. 54).

[61] Vgl. *Scelle*, Précis I, 31: „La source du droit intersocial est la même que celle de toute autre discipline juridique: elle est unique et se trouve dans le „fait social". Toute norme sociale ou intersociale dérive d'une *contrainte* qui s'impose d'elle-même aux individus. Si elle n'est pas respectée, s'il n'y a pas réalisation de la solidarité dans le groupe, celui-ci s'évanouit et disparaît. La source du droit international découle des rapports internationaux ... Son caractère obligatoire dérive de la nécessité de ces rapports." – In dem dieser Lehre zuneigenden Schrifttum wird der Geltungsgrund des Völkerrechts bald in dem Bedürfnis nach rechtlicher Regelung, bald in dem Bewußtsein dieses Bedürfnisses oder der Solidarität oder überhaupt im Rechtsbewußtsein gesucht, vgl. etwa in diesem Sinne *de Visscher*, Théories et Réalités en Droit International Public, 122 f; *Hoffmann*, International Law and International Systems, in: *Knorr/Verba* (Hrsg.), The International System, 1961, 223.

[62] Zum Konzept der Grundbedürfnisse mit ausführlichen Nachweisen *Riedel*, Theorie der Menschenrechtsstandards, 1986, 189-209.

[63] *Verdross*, Die Einheit des rechtlichen Weltbildes, 1923, 74. – Nur beiseite geschoben unter Hinweis auf den sozialpsychologischen Sachverhalt wird die Frage der Geltung des Rechts etwa bei *Ross*, 47 f.

seiner Unentbehrlichkeit für die Befriedigung der Bedürfnisse und die Befriedung des sozialen Lebens ergebe. Dieser weiterführende Gedanke ist nun in der Tat geeignet, die Bereiche des Seins und des Sollens – die *Kelsen* künstlich zerreißt – in eine sinnvolle Verbindung zu bringen.

2. a) Das Völkerrecht gilt, weil es notwendig ist. In der Tat läßt seine Geltung sich nicht eigentlich juristisch erklären. Sie setzt Vorgegebenheiten, einen soziologischen Tatbestand, eine bestimmte *Wirklichkeit* des politischen und sozialen Lebens, das Bestehen ausgedehnter und vielfach verflochtener internationaler Beziehungen und Interessen auf der Grundlage des Nebeneinanderbestehens relativ unabhängiger Staaten voraus. Aus dieser Lebenswirklichkeit des internationalen Systems (§ 1) ergibt sich ein rechtliches *Sollen*, wenn man sie zum Gegenstand eines *Werturteils* macht, d. h. sie als einen Zustand betrachtet, der der Erhaltung, Entwicklung und Ordnung bedarf.[64] Eine Ordnung des internationalen Lebens muß indessen Regeln enthalten, die für die Teilnehmer am internationalen System (§ 2) maßgebend sind. Diese Regeln müssen – auch ihrem Inhalt nach – gewissen Mindestanforderungen genügen, d. h. sie müssen die Befriedigung der Bedürfnisse und die Befriedung der Lebenswirklichkeit im internationalen System als praktische Notwendigkeit zum Ausdruck bringen.

Sein und Sollen werden dabei insofern in eine sinnvolle Verbindung miteinander gebracht, als diese Begründung einerseits auf eine soziologische Beschreibung der geschichtlichen Situation und Lebenswirklichkeit des internationalen Systems insofern nicht verzichten kann, als sich hieraus erst der Bedarf an wie auch die Durchsetzungsmodalitäten von völkerrechtlichen Regelungen ergeben.[65] Andererseits stellt die Beurteilung des internationalen Systems aus der Perspektive der Befriedigung der Bedürfnisse und der Befriedung des sozialen Lebens ein Fenster zu den Ideen der Gerechtigkeit und des Friedens dar, ohne freilich durch eine vorgeblich objektive, in Wirklichkeit jedoch stets partikuläre inhaltliche Definition von Gerechtigkeit und Frieden all diejenigen Teilnehmer des internationalen Systems aus der Rechtsgeltung auszuschließen, welche von ihrem kulturellen, religiösen oder weltanschaulichen Vorverständnis her solche Definitionen oder Wertsetzungen nicht teilen können.

b) Der Mindestbestand der völkerrechtlichen Ordnung muß zumindest die Regel *pacta sunt servanda* umfassen. Diese Maxime ist eine *Grundnorm* des Völkerrechts[66]; sie ist notwendiges Recht in dem Sinne, daß ohne dessen Geltung das internationale Leben

---

[64] Dieses Werturteil ist insofern bereits im Begriff des internationalen Systems enthalten, als „System" den Zusammenhang einzelner Momente zu einem Ganzen bezeichnet. Deutlich tritt dieses Werturteil – und seine Notwendigkeit – in den zahlreichen Diskussionen und Entwürfen von „Weltordnungen" und Ordnungsmodellen zutage.

[65] Daß dies mehr als nur ein theoretisches Erfordernis ist, verrät die insbesondere in den UN geübte Praxis, bei Staatenkonferenzen, die der Weiterentwicklung des Völkerrechts gewidmet sind, umfangreiche Studien vorzulegen, die zumeist von den entsprechenden Sekretariaten vorbereitet oder in Auftrag gegeben werden. Für den Bereich der Weltraumpolitik vgl. *Dicke*, "To assess the adequacy and effectiveness." Überlegungen zur Verbesserung der politischen Wirksamkeit der Vereinten Nationen am Beispiel der Weltraumpolitik, in: *Dicke/Hüfner* (Hrsg.), Die Leistungsfähigkeit des VN-Systems: Politische Kritik und wissenschaftliche Analyse, 1987, 44 ff.

[66] Der Begriff der Grundnorm wird hier anders als von der Wiener Schule verstanden. Wir verstehen unter Grundnormen die für den Bestand der internationalen Gemeinschaft unentbehrlichen Normen. Wenn man das Bedürfnis empfindet, alles Recht aus einer einzigen Norm zu erklären, so mag man die hier vertretene Ansicht dahin formulieren, es sei Recht, was für die Ordnung der internationalen Beziehungen notwendig ist. – Berührungspunkte ergeben sich wohl mit der Lehre von *Sibert* vom ordre international public als dem „ensemble de règles indispensables au maintien de l'ordre et de la paix pour tous". Vgl. *Sibert* I, 16 f. Freilich scheint uns der dort gebotene Katalog der dem ordre public entsprechenden Normen im einzelnen problematisch; ähnlich wie hier aber auch *Mosler*, der insoweit im Anschluß an *Verdross* von „Verfassungselementen der Völkerrechtsgemeinschaft" spricht, vgl. Völkerrecht als Rechtsordnung, in: ZaöRV 36 (1976), 6 ff (31 ff) sowie *ders.*, International Community.

dem Chaos und der Anarchie anheimfallen müßte. Die Not, die durch diese Norm gewendet wird, ist der Zustand der Rechtlosigkeit. In der Grundnorm *pacta sunt servanda* ist zugleich die gegenseitige Anerkennung der zur völkerrechtlichen Vertragsschließung befähigten Subjekte, die Zurechenbarkeit der Vertragsinhalte zu den Subjekten der Verträge und somit deren gleiche Rechtspersönlichkeit als Gebot der praktischen Vernunft ausgesprochen.

Aber auf Verträge allein läßt sich die internationale Ordnung nicht gründen, vielmehr bedarf es einer *weiteren* Grundnorm, mit deren Hilfe das Vertragsrecht ergänzt, aber auch kontrolliert werden kann. Sie ist in dem Grundsatz enthalten, daß in den internationalen Beziehungen als Recht befolgt werden muß, was von den Kulturvölkern als Recht angesehen und durchweg als Recht angewandt wird. *Recht ist demnach, was dem Willen, den Wertvorstellungen, der Rechtsüberzeugung der internationalen Gemeinschaft entspricht und in ihr im allgemeinen als Norm des praktischen Handelns befolgt wird,* mag es sich auch in unterschiedlichen Formen konkretisieren. Diese Regel entspricht der pluralistischen Struktur der heutigen internationalen Gemeinschaft, einer einstweilen noch lockeren Verbindung sozialer Verbände, in der es eine mit wirklicher Autorität ausgestattete Rechtsetzungsmacht nicht gibt. Ihre Unentbehrlichkeit ergibt sich, wenn man die Alternative erwägt. Versuchte man, das Völkerrecht ohne Rücksicht auf die allgemeine Rechtsüberzeugung auf politische, religiöse, moralische, soziale Forderungen zu stützen, so liefe dies angesichts der rationalen Unbeweisbarkeit solcher Werte und Normen auf Willkür hinaus, auf die das Völkerrecht nicht gestützt werden kann.

Die Unterscheidung zwischen geltendem Völkerrecht auf der einen und nicht rechtlichen, gleichwohl aber für das internationale Zusammenleben bedeutsamen Normen ethischen und politischen Charakters auf der anderen Seite wird in jüngster Vergangenheit von zwei Richtungen her immer wieder verdeckt: zum einen werden wiederholt vorgetragene politische Forderungen, Programme oder Resolutionen internationaler Organisationen zumeist unter Hinweis auf demokratische Gesetzgebungsverfahren als geltendes Recht charakterisiert. Hierbei wird übersehen, daß Grundsätze demokratischer Entscheidungsfindung aufgrund des Fehlens eines zentralen internationalen Gesetzgebungsorgans nicht unmittelbar in den internationalen Bereich übertragbar sind. Zum anderen werden zwar konsentierte, nicht aber verrechtlichte Normen des internationalen Zusammenlebens, wie z. B. die politischen Prinzipien der KSZE-Schlußakte oder aber die seit den siebziger Jahren in großer Zahl zustandegekommenen Verhaltenskodices in einer Art legalistischem Goldfingereffekt[67] als Rechtsnormen bezeichnet. Hierbei wird übersehen, daß die Durchsetzbarkeit solcher zunächst appellativer, erst im Einzelfall schrittweise zu verrechtlichender Normen davon abhängt, daß ihre Nichtbefolgung ohne Rechtsfolgen möglich ist, wenn auch politische Konsequenzen bzw. der Druck der öffentlichen Meinung als Durchsetzungsgarantien durchaus gewollt sind.

Beide Normen – die Regel *pacta sunt servanda* wie der Grundsatz, daß Völkerrecht sei, was im internationalen Rechtsleben als Recht angesehen und durchweg befolgt wird – stellen *Blankettnormen* dar, die erst durch den Abschluß von Verträgen oder die Konkretisierung und Betätigung der internationalen Rechtsüberzeugung im Einzelfall ausgefüllt werden müssen. Diese Blankettnormen sind jedoch keine Leerformeln, da sie die wesentlichen Bedingungen der Völkerrechtsgeltung zum *Inhalt* haben. Damit ergibt sich ein zweiteiliger *Aufbau* der völkerrechtlichen Normen. Das internationale Rechtsleben wird durch die beiden Grundnormen bestimmt, die aber erst einer zweiten Schicht

[67] So *Delbrück,* Die völkerrechtliche Bedeutung der Schlußakte der Konferenz über Sicherheit und Zusammenarbeit in Europa, in: *Bernhardt* u. a. (Hrsg.), Drittes Deutsch-Polnisches Juristenkolloquium I, 1977, 43.

völkerrechtlicher Regeln – im wesentlichen dem Vertrags- und Gewohnheitsrecht – die Grundlage bieten.

Zu den genannten Grundnormen des Völkerrechts, dem *ius necessarium*, das für das Bestehen der internationalen Gemeinschaft als einer rechtlich geordneten Gemeinschaft nicht entbehrt werden kann und eben darin seinen Geltungsgrund hat, gehört außer den beiden Grund-und Blankettnormen noch eine dritte Gruppe von Regeln: Es gibt gewisse Richtlinien des internationalen Verhaltens, die man zusammenfassend *Regeln des internationalen Verfassungsrechts* nennt[68], um ihren allgemeinen Charakter und ihre grundsätzliche Bedeutung sichtbar zu machen. Es sind das jene allgemeinen Völkerrechtsnormen, nach denen die Staaten und andere Subjekte des Völkerrechts verpflichtet sind, einander achtungsvoll zu behandeln, auf einander Rücksicht zu nehmen, gemeinschaftsmäßig zu handeln. Je enger die internationale Gemeinschaft und je dringender die gemeinsamen Interessen und Bedürfnisse werden, desto mehr muß der Kreis dieser unentbehrlichen, objektiv geltenden Normen sich weiten und müssen sie an Inhalt gewinnen. Im Hinblick auf den heutigen Stand der Technik muß man auch so konkrete Regeln wie z. B. das Verbot der Verwendung von Massenvernichtungsmitteln oder der Vornahme menschheitsgefährdender Experimente oder auch die etwa aus dem Nachbarschaftsrecht fließenden Regeln zu den Grundnormen des Völkerrechts rechnen.[69] Sie gelten auch dann, wenn sich noch keine einheitliche Staatenpraxis oder sonst keine feste Rechtsüberzeugung durchgesetzt haben sollte.[70]

3. Die Rechtsnatur des Völkerrechts läßt sich nicht mit der Begründung bestreiten, daß ihm die *Zwangsgewalt fehle.* Seine Zwangsgewalt ist allerdings schwach. Der internationalen Gemeinschaft fehlen die zentralen Organe, die das Völkerrecht im Wege des Zwanges durchsetzen könnten, ebenso wie eine auf die Rechtsdurchsetzung hin koordinierte Machtstruktur. Der Zwang ist im internationalen Rechtsleben einerseits *unorganisiert,* nämlich der öffentlichen Meinung überlassen, deren Bedeutung indessen nicht unterschätzt werden darf. Andererseits ist die Zwangsgewalt *dezentralisiert,* nämlich den einzelnen Staaten überlassen, deren Zwangsbefugnis aber durch das in Art. 2 (4) der UN-Charta ausgesprochene Verbot der Gewaltanwendung wesentlich eingeschränkt worden ist. In dieser Schwäche gleicht das Völkerrecht unserer Zeit dem Zivil- und Strafrecht auf älteren Stufen ihrer Entwicklung, die durch das Fehlen oder die Schwäche der staatlichen Zentralgewalt und das Überwiegen der privaten Initiative – in Gestalt etwa der Blutrache und der Zwangsvollstreckung durch Selbsthilfe – gekennzeichnet war, ohne daß sich daraus der rückschauenden Betrachtung ein Zweifel an der Rechtsnatur dieser unzureichenden Ordnung ergäbe. Es ist eine ganz lebensfremde Vorstellung, daß nur Recht sei, was notfalls im Wege des physisch wirkenden Zwanges durchgesetzt werden könnte.[71] Nicht nur ein großer Teil des Völkerrechts, auch das inländische Recht, namentlich das Verfassungsrecht, ist keineswegs immer erzwingbar, sondern oft nur eine *lex imperfecta.* So kann auch die Geltung des Völkerrechts nicht von der Erzwingbarkeit seiner Normen, erst recht nicht von ihrer Erzwingbarkeit

---

68 Vgl. die Angaben in § 4, I 3 c. Näheres dazu auch unten in Teilband I 2.

69 Vgl. etwa unten § 70.

70 Vgl. etwa *Verdross/Simma,* 331 ff.

71 So aber *Kelsen,* Principles, 4 f („law is a coersive order"), sowie die in der Nachfolge *Austins* (vgl. oben S. 34 und Anm. 30) stehenden anglo-amerikanischen Autoren wie *Westlake, Wheaton, Lauterpacht* u. a. (vgl. z. B. *Westlake,* International Law, 9: „Law is enforcement through the action, regular or irregular, of a society", der sich aber von der ganz engen Auffassung *Austins* ausdrücklich distanziert); aber auch kontinentaleuropäische Autoren wie *Somló, Sander* und *Baumgarten* haben sich in diese Richtung geäußert.

mit Hilfe internationaler Organe abhängig sein.[72] Es gibt nicht nur herrschaftliches, auf der Überlegenheit einer Zentralgewalt beruhendes, sondern auch genossenschaftliches Recht, das auf dem Zusammenwirken gleichberechtigter Genossen beruht. Es ist Recht, wenn es in der Gemeinschaft als verbindliche Norm durchweg betrachtet wird und das Handeln der Gemeinschaftsglieder an den Normen orientiert ist, was allerdings nicht mit ihrer Befolgung gleichbedeutend ist.

III. 1.a) Es ist üblich, das Recht auf bestimmte Quellen zurückzuführen, und so läßt sich auch nach den Quellen des Völkerrechts fragen. „Rechtsquelle" ist ein bildlicher Ausdruck, der in unterschiedlichem Sinne gebraucht werden kann. Als Quellen lassen sich einmal die Bedingungsfaktoren, die politischen, gesellschaftlichen, wirtschaftlichen, technischen, psychologischen *Tatsachen* bezeichnen, die zur *sozialen Wirklichkeit* des Rechtes beitragen. In einem anderen Sinne versteht man unter der Quelle den letzten Grund für die *Geltung des Rechts*. So verstanden könnte man im Sinne des zuvor Ausgeführten die Bedürfnisse des internationalen Lebens, die Notwendigkeit seiner Befriedung oder auch den Willen und die Rechtsüberzeugung der internationalen Gemeinschaft eine Quelle des Völkerrechts nennen. In einer dritten Bedeutung endlich sind Quellen des Rechts die *Äußerungen* des maßgebenden Willens, die Erscheinungsformen des Rechts, die „modes de constatation du droit".[73] In diesem letzten Sinne wollen wir im folgenden von den Quellen des Völkerrechts sprechen.[74]

b) Ein Verzeichnis der Völkerrechtsquellen ist in Art. 38 des *Statuts des IGH* enthalten. Diese Bestimmung gilt zwar unmittelbar nur für die Rechtsfindung des IGH. Sie wird aber als allgemein gültige Beschreibung des geltenden Rechts angesehen[75] und ist trotz ihrer Mängel und Lücken ein geeigneter Ausgangspunkt der Betrachtung.
Art. 38 (1) zählt die Quellen des Völkerrechts unter vier Buchstaben auf, die sich in zwei Hauptgruppen teilen. Die erste Gruppe – Art. 38 (1) a-c – umfaßt die Verträge, das Gewohnheitsrecht und die von den Kulturvölkern anerkannten Grundsätze des Rechts. Diese Normen sind schlechthin verbindlich. Zu der zweiten Gruppe – Art. 38 (1) d – gehören die Entscheidungen der Gerichte und die Völkerrechtslehre. Diese sind den der ersten Gruppe angehörenden Rechtsquellen untergeordnet; sie werden als bloße Hilfs-

[72] Die gegenteilige Auffassung, die dem Völkerrecht im Hinblick auf seine angebliche Unerzwingbarkeit den Rechtscharakter absprechen will, wurde vom Supreme Court Hong Kong im *Prometheus* Fall (1906) – 2 Hong Kong Law Rep. 207 – zurückgewiesen: „In my opinion", so äußerte sich der die Entscheidung begründende Richter, „a law may be established and become international, that is to say binding upon all nations, by the agreement of such nations to be bound thereby, although it may be impossible to enforce obedience thereto by any given nation party to the agreement." – Zur Durchsetzung von Völkerrecht allgemein unten § 8.

[73] So *Duguit*. Zu den verschiedenen Bedeutungen des Begriffs „Quelle" des Völkerrechts *Fitzmaurice*, Some Problems Regarding the Formal Sources of International Law, in: Symbolae Verzijl, 1958, 153 ff; *Strebel*, Quellen des Völkerrechts als Rechtsordnung, in: ZaöRV 36 (1976), 301 ff.

[74] Zu den Völkerrechtsquellen im einzelnen unten § 4 und das dort angegebene Schrifttum.

[75] Der Quellenkatalog des Art. 38 wird in den internationalen Schiedsverträgen oft wiederholt und auch ohne ausdrückliche Anweisung in der Praxis der Schiedsgerichte vielfach zugrunde gelegt. Vgl. z. B. die Schiedssprüche des deutsch-portugiesischen Schiedsgerichts im *Naulilaa* – (1928) RIAA 2, 1011 – und *Cysne*-Fall (1930) – RIAA 2, 1035 – und den Schiedsspruch betr. die *Auslegung des Art. II des Londoner Protokolls* (1926), RIAA 2, 755. Ausdrücklich vorgeschrieben ist die Anwendung des Art. 38 auch in der revidierten Generalakte für die friedliche Regelung internationaler Streitigkeiten vom 28. April 1949 – UNTS 71, 101 –, Art. 18 (2) und 28; zur Quellenlehre im einzelnen siehe aus der umfangreichen Literatur u. a. *Sørensen; Parry; Virally; Tunkin*, Völkerrechtstheorie, 1972; *Elias*, Modern Sources of International Law, in: Festschrift Friedmann, 1972, 34 ff; *Verdross*, Die Quellen des universellen Völkerrechts, 1973; zusammenfassend *Verdross/Simma*, 321 ff; *Thode*, in: *Menzel/Ipsen*, 74 ff jeweils mwN.

mittel zu deren Feststellung bezeichnet. Die der ersten Gruppe angehörenden Quellen ihrerseits stellt Art. 38 gleichberechtigt nebeneinander. Doch zeigt sich bei näherem Zusehen, daß auch innerhalb dieser Gruppe ein gewisses Rangverhältnis besteht.[76]

2. Das Verhältnis der in Art. 38 aufgeführten Rechtsquellen zueinander ist nicht leicht zu bestimmen.

a) Schon ihre *theoretischen Beziehungen* – unter dem Gesichtspunkt des Geltungsgrundes betrachtet – sind recht umstritten. Eine schon auf *Grotius*, *Bynkershoek* und *Vattel* zurückgehende Lehre neigt dazu, die Maxime *pacta sunt servanda* als den Angelpunkt des ganzen Völkerrechts anzusehen und so auch das Gewohnheitsrecht als stillschweigend vereinbartes Vertragsrecht zu deuten.[77] Umgekehrt wird vielfach gelehrt, daß die Verbindlichkeit der Verträge ihrerseits nur aus einer entsprechenden Regel des Gewohnheitsrechts erklärt werden könne.[78] Weder das eine noch das andere scheint richtig zu sein. Das Gewohnheitsrecht ist gerade kein Vertragsrecht. Es gilt auch für Staaten, die ihm nicht zugestimmt haben, und ist als eine vorgegebene Ordnung auch für neu entstehende Staaten verbindlich, während Verträge im allgemeinen nur die Parteien zu binden vermögen. Und andererseits gelten Verträge nicht nur, weil die Staaten sie üblicherweise als verbindlich betrachten[79], sondern weil das internationale Rechtsleben sich sonst in ein Chaos auflösen würde. Beides gilt *nebeneinander* als für die internationale Gemeinschaft unentbehrliches Recht.

b) Verträge und Gewohnheitsrecht können *inhaltlich verschiedene Regeln* enthalten. Dann bestimmt sich ihr Verhältnis in aller Regel nach der Maxime *lex posterior derogat legi priori*. Verträge können im allgemeinen eine vom Gewohnheitsrecht abweichende Regelung treffen. Denn das Gewohnheitsrecht ist ein *in der Regel nachgiebiges Recht*.[80] Andererseits kann auch gleichlautendes und über längere Zeiträume geltendes Vertragsrecht zur Quelle neuen Gewohnheitsrechts werden. Umgekehrt aber können wieder Verträge durch derogierendes Gewohnheitsrecht abgeändert oder außer Kraft gesetzt werden.[81] So wurden die nicht mehr zeitgemäßen Bestimmungen der Petersburger

[76] Nach dem ursprünglichen Entwurf des Juristenkomitees des Völkerbundes sollten die in Art. 38 aufgeführten Quellen in der Reihenfolge der Aufzählung angewandt werden. Dazu *Hudson*, The Permanent Court, 194 f. Vgl. auch *Rousseau*, Principes généraux du droit international I, 1944, § 57, der dem Art. 38 glaubt, seine „terminologie vague et malheureuse" vorwerfen zu müssen. Im Sinne einer hierarchischen Stufung der Quellen auch Art. 7 des (nicht ratifizierten) XII. Haager Abkommens über den internationalen Prisenhof von 1907. Richtig z. B. *Quadri*, 114 ff, *Verdross*, 127. Wir halten die Preisgabe der Rangordnung im Text des Statuts für einen Fortschritt, weil eben kein strenges Rangverhältnis besteht und die jetzige Fassung dem Gericht größere Freiheit gewährt.

[77] So z. B. *Anzilotti*, Corso, 68 f: „dal punto di vista normativo, la forza obbligatoria della consuetudine deriva, al pari di quella dei trattati dalla norma fondamentale dell'ordinanmento giuridico internazionale pacta sunt servanda." Oder *Cavaglieri*, Corso, 63: „La consuetudine giuridica internazionale va configurata come tacitum pactum tra gli Stati, che si sono reciprocamente promessi ed impegnati ... di tenere quel dato comportamento."

[78] So z. B. *Oppenheim/Lauterpacht* I, 28: „it must be emphasized that, whereas custom is the original source of International Law, treaties are a source the power of which derives from custom." Siehe auch 880 f.

[79] Die Verbindlichkeit der Verträge ist freilich zugleich auch Inhalt einer gewohnheitsrechtlichen Norm. Sie wird durch das Gewohnheitsrecht also nochmals bestätigt.

[80] Durch die Bestimmungen z. B. des Versailler Vertrages über die Durchfahrt durch den Kieler Kanal (Art. 380 f) wurden die aus dem allgemeinen Recht folgenden Rechte und Pflichten Deutschlands als eines neutralen Staates im Falle eines Konflikts zwischen anderen Staaten modifiziert. Dazu das Urteil des StIGH im *Wimbledon*-Fall, PCIJ Series A 1 (1923).

[81] Auch das Konkordatsurteil BVerfGE 6, 309 (335) gibt diese Möglichkeit zu. Doch wurde das Bestehen eines derogierenden Gewohnheitsrechts in diesem Falle verneint.

Deklaration vom 11. Dezember 1868 über das Verbot der Verwendung von Explosivbomben[82] spätestens seit dem Ersten Weltkrieg von allen Kriegführenden beiseite geschoben und ihrer Geltung beraubt.[83] Wo aber das Gewohnheitsrecht ausnahmsweise einmal *zwingende* Normen (ius cogens) enthält – man denke an Regeln wie das Gewaltverbot, das Verbot von Kriegsverbrechen oder der Sklaverei –, dort ist es das *stärkere Recht.* Verträge dürfen den zwingenden Regeln des Gewohnheitsrechts, wie auch zwingenden Grundsätzen des Rechts, die von den Kulturvölkern anerkannt sind, nicht widersprechen. Dieses Prinzip hat heute in Art. 53 der Wiener Vertragsrechtskonvention auch seinen vertragsrechtlichen Niederschlag gefunden.[84]

c) *Das Gewohnheitsrecht und die allgemeinen Grundsätze des Rechts* stellen gleichrangige Rechtsquellen dar. Beide sind Konkretisierungen der allgemeinen Rechtsüberzeugung, die sich dort in der Gewohnheit, hier auch in anderen Formen bekundet. Ihrem Umfange nach verhalten beide Quellen sich wie zwei sich schneidende Kreise: Es gibt allgemeine Grundsätze des Rechts, die auch in der internationalen Gewohnheit ihren Niederschlag finden, und andere, bei denen dies nicht der Fall ist. Ebenso können gewohnheitsrechtliche Regeln zugleich Ausdruck eines allgemeinen Rechtsprinzips sein, aber das muß nicht so sein. Ein wirklicher Konflikt zwischen beiden läßt sich nicht denken. Denn das Gewohnheitsrecht setzt eine die Gewohnheit begleitende Rechtsüberzeugung voraus. Diese kann nicht zu allgemein anerkannten Grundsätzen des Rechts im Widerspruch stehen. Entweder es besteht eine die Gewohnheit legitimierende Rechtsüberzeugung; dann sind davon abweichende Normen nicht *allgemein* anerkannte Normen des Rechts. Oder der Grundsatz gilt allgemein; dann fehlt die zur abweichenden Gewohnheit hinzutretende Rechtsüberzeugung.

3. a) Ein grundlegender Unterschied zwischen dem Völkerrecht und dem nationalen Recht ist darin zu sehen, daß im Völkerrecht das für alle geltende *Gesetz* als Rechtsquelle fehlt. In der internationalen Ordnung fehlt ein besonderes Gesetzgebungsorgan, das mit verbindlicher Wirkung für alle Recht setzten könnte, und keine der in Art. 38 des Statuts des IGH aufgezählten Rechtsquellen stellt einen gleichwertigen Ersatz für die fehlende Gesetzgebung dar. Dieses Defizit hat zur Konsequenz, daß die Anpassung des Völkerrechts an den sozialen Wandel des internationalen Systems Schwierigkeiten bereitet. Das Mißverhältnis zwischen der Dynamik des politischen Lebens und der Statik des Rechts stellt eines der Grundprobleme des Völkerrechts dar. Einerseits ist das politische

---

[82] *De Martens*, NRG, 1ère Série, XVIII (1873), 474.

[83] Andererseits haben die Flächenbombardements des Zweiten Weltkrieges oder des Vietnamkrieges die geltenden Regeln des Kriegsrechts (ius in bello), die die direkte Beschießung bzw. Bombardierung von Nichtkombattanten und nichtmilitärischen Zielen verbieten, nicht außer Kraft setzen können, zutreffend *Verdross/Simma*, 364.

[84] Nach der in Art. 53 WVK niedergelegten Legaldefinition ist zwingendes Recht zu verstehen als „a norm accepted and recognized by the international community of States as a whole as a norm from which no derogation is permitted and which can be modified only by a subsequent norm of general international law having the same character", vgl. den Text in: ILM 8 (1969), 679 ff; deutsch in: Jahrbuch für Internationales Recht 15 (1969), 724 ff; BGBl. 1985 II, 926; zur Problematik des ius cogens im einzelnen vgl. *Fakumi*, Peremptory Norms of General Rules of International Law, in: ÖZöR 1971, 382 ff; *Mosler*, Jus cogens im Völkerrecht, in: Schweizerisches Jahrbuch für Internationales Recht 1968, 9 ff; *ders.*, The International Society as a Legal Community, 1981, 1 ff (35 f); *Scheuner*, Conflict of Treaty Provisions with a Peremptory Norm of General International Law and its Consequences, in: ZaöRV 27 (1967), 520 ff, *Schwelb*, Some Aspects of International Jus Cogens as Formulated by the International Law Commission, in: AJIL 61 (1967), 946 ff; *Tunkin*, Jus Cogens in Contemporary International Law, in: University of Toledo Law Review 1971, 107 ff; *Uibopuu*, Neue Wendungen im sowjetischen Jus Cogens-Konzept, in: Recht in Ost und West 1971, 135 ff; *Verdross*, Jus dispositivum und Jus cogens in International Law, in: AJIL 49 (1955), 55 ff; *de Visscher*, Positivisme et „jus cogens", in: Recueil Général du Droit International Publique 1971, 5 ff.

Leben in einem ständigen und raschen Wandel begriffen. Andererseits ist das Völkerrecht weniger wandlungs- und anpassungsfähig als das innerstaatliche Recht. Das Gewohnheitsrecht ist seiner Natur nach ein nachhinkendes Recht, und das Vertragsrecht kann nur mit Zustimmung der an den Verträgen beteiligten Parteien, also auch ihrer Nutznießer, den veränderten Verhältnissen angepaßt werden.[85]
Neben der Gefahr der Erstarrung ist es die der *Zersplitterung*, die dem Völkerrecht gerade in der Gegenwart droht. Es hat seine Ausbreitung über die Welt mit einer weitgehenden Desintegration und einer Schwächung seiner inneren Einheit erkauft. Im nationalen Rechtskreis verbürgt das Gesetz im allgemeinen die Einheit des Rechts. Dagegen ist das im internationalen Rechtsverkehr überwiegende Vertragsrecht schon seiner Natur nach nur ein partikuläres Völkerrecht, das in der Regel nur die jeweils an den Verträgen beteiligten Staaten erfaßt. Demgegenüber neigt das Gewohnheitsrecht zwar zur Einheit, aber es ist zu schwach, um ein Gegengewicht gegen das Vertragsrecht bieten zu können.

b) Solange es eine bewegliche, einheitliche Legislative nicht gibt, muß die Lücke durch *Surrogate* ausgefüllt werden. Gegenüber der Gefahr der Erstarrung bedeutet die oft beklagte Unbestimmtheit und Weichheit der völkerrechtlichen Begriffsbildung, das Überwiegen „normativer", wertausfüllungsbedürftiger Begriffe[86] ein notwendiges Übel, zugleich aber auch einen Vorteil. Sie macht eine bewegliche, *dynamische Auslegung* möglich, mit deren Hilfe das Völkerrecht dem Wandel der Verhältnisse angepaßt werden kann.

Das war der berechtigte Kern der von dem chilenischen Juristen *Alvarez* empfohlenen Methode des völkerrechtlichen Denkens.[87] Das „neue Völkerrecht", das er vertrat, soll durch die enge Verbindung des Rechts mit der politischen und sozialen Lebenswirksamkeit gekennzeichnet sein. Die Auslegung völkerrechtlicher Normen soll die politischen, wirtschaftlichen, sozialen Aspekte der jeweils zu entscheidenden Fragen in den Vordergrund rücken. Doch geht *Alvarez* in dieser Richtung zu weit. So zutreffend er den Zusammenhang des Völkerrechts mit dem politischen Leben betonte, so unterschätzte er doch die Gefahr der Politisierung des Rechts. Indem er die Völkerrechtsnorm von dem Willen löst, der sie erzeugt, stellte er alles dem politischen Ermessen der jeweils entscheidenden Instanzen anheim. Alles in allem werden hier die Möglichkeiten der Auslegung doch wohl überschätzt und wird die politische Zweckfunktion des Völkerrechts gegenüber seiner Ordnungs- und Gerechtigkeitsfunktion übersteigert.

---

[85] In eindrucksvoller Weise ist dieser Gedanke in der Stellungnahme des interamerikanischen Judicial Committee zu den Dumbarton Oaks-Vorschlägen für die Verfassung der UN zum Ausdruck gekommen. Vgl. AJIL 39 (1945), Supp. 57 f; d. h. andererseits nicht, daß das Völkergewohnheitsrecht nicht aufgrund seiner oft „weichen" Normumschreibung besonders flexibel in der Anwendung in konkreten Konfliktfällen ist. Dennoch ist namentlich der eher status quo-orientierte Charakter des Völkergewohnheitsrechts Anlaß für die internationale Gemeinschaft, sich des multilateralen Vertragsschlusses als Instrument des friedlichen (und notwendigen) Wandels zu bedienen. Siehe dazu die Ausführung zur Kodifikation unten § 7.

[86] Ein drastisches Beispiel liefert Art. 38 (1) c des Statuts des IGH, der die allgemeinen, von den Kulturvölkern anerkannten Grundsätze des Rechts als eine der Quellen des Völkerrechts nennt. Eine Verbindung von vier unbestimmten normativen Begriffen!

[87] Vgl. u. a. *Alvarez*, Le nouveau droit international, 1924. *Alvarez* hat als Richter des IGH mehrfach versucht, seine Mehode dort zur Geltung zu bringen. Vgl. etwa ICJ Reports 1948, 67 ff, 1949, 39 ff; 1950, 175 ff; 1951, 145 ff; 1954, 67 ff mit nicht immer glücklicher Gegenüberstellung des älteren Völkerrechts als eines droit „juridique et individualiste" und des neuen Völkerrechts als eines Rechts, das „revet ... un caractère politique et un caractère social". Kritisch zu *Alvarez* auch *Scheuner*, Naturrechtliche Strömungen im heutigen Völkerrecht, in: ZaöRV 13 (1950/51), 566 ff. Den methodischen Gegenstandpunkt zu *Alvarez* vertritt *Kelsen*, der die juristische Auslegung von ihren politischen und sozialen Zwecken ablösen will. Beides führt in die Irre.

Von großer Bedeutung ist aber in diesem Zusammenhang auch die Entwicklung des modernen internationalen *Vertragsrechts* und in engem Zusammenhang damit das Aufkommen der *zwischenstaatlichen und überstaatlichen Organisationen*. Die neuzeitliche Entwicklung hat zu einem ständigen Anwachsen der großen *multilateralen Verträge* geführt, durch die sich eine Vielzahl von Staaten einem einheitlichen Recht unterwerfen. Zugleich hat sich in den zwischenstaatlichen Organisationen eine neue Technik der Willensbildung entwickelt, durch die der Rahmen des herkömmlichen Vertragsrechts gesprengt wird. Internationale Abkommen werden z. B. von internationalen Organen wie der Generalversammlung der UN oder der Generalkonferenz der ILO beschlossen und den Mitgliedern zur Entscheidung unterbreitet, ein Verfahren, das jedenfalls in seinem ersten Abschnitt in der Vertragsentwicklung den Ansatz einer internationalen Legislative enthält. Indessen bleiben auch diese neuen Verfahren der Rechtserzeugung letztlich im Rahmen dessen, was der Rechtsquellenkatalog des Art. 38 IGH-Statut im Auge hatte.

So müssen auch im Wege einer internationalen „Quasi-Legislative" verabschiedete Abkommen und Verträge den weiteren für den Abschluß völkerrechtlicher Verträge einzuschlagenden Weg der Unterzeichnung und gegebenenfalls Ratifikation durchlaufen.[88] Das neue Verfahren ist eher eine Rationalisierung des Vertragsschlußverfahrens als ein qualitativ neues Rechtsetzungsinstrument.

Deutlich über den in Art. 38 IGH-Statut normierten Kreis der Rechtsquellen hinaus gehen jedoch die Entschließungen der internationalen Organisationen. Ihnen kommt in der Entwicklung des modernen Völkerrechts eine bedeutsame Rolle zu, die dazu geführt hat, sie als Völkerrechtsquelle „eigener Art" anzusehen.[89]

§ 4 Die Quellen des Völkerrechts im einzelnen

Schrifttum: *Bergbohm*, Staatsverträge und Gesetze als Quellen des Völkerrechts, 1877; *Jellinek*, Die rechtliche Natur der Staatenverträge, 1880; *Triepel*, Völkerrecht und Landesrecht, 1899; *Heilborn*, Les Sources du droit international, in: RdC 11 (1926 I), 5-62; *Lauterpacht*, Private Law Sources and Analogies of International Law, 1927 (Nachdruck 1970); *Spiropoulos*, Die allgemeinen Rechtsgrundsätze im Völkerrecht, 1928; *Balladore Pallieri*, I „Principi Generali del diritto riconosciuti dalle nazioni civili", 1931; *Castberg*, La méthodologie du droit international public, in: RdC 43 (1933 I), 313-383; *Charles de Visscher*, Contribution à l'étude des sources du droit international, in: Revue de droit international et de legislation comparée 60 (1933), 395-420; *Whitton*, La règle „pacta sunt servanda", in: RdC 49 (1934 III), 151-275; *Hudson*, The Permanent Court of International Justice, 1934 (Neudruck 1972); *Finch*, Les Sources modernes du droit international, in: RdC 53 (1935 III), 535-628; *Verdross*, Les principes généraux du droit dans la jurisprudence internationale, in: RdC 52 (1935 II), 195-251; *Kopelmanas*, Custom as a Means of the Creation of International Law, in: BYIL 18 (1937), 127 ff; *Rousseau*, Principes généraux du droit international public, 1944; *Kunz*, The Meaning and Range of the Norm pacta sunt servanda, in: AJIL 39 (1945), 180-197; *Sørensen*, Les sources du droit international, 1946; *Schwarzenberger*, The Inductive Approach to International Law, in: Harvard Law Review 60 (1946/47), 539-570; *Jessup*, Modernization of the Law of International Contractual Agreements, in: AJIL 41 (1947), 378-405; *Cheng*, General Principles of Law as a Subject for International Codifications, in: CLP 4 (1951), 35 ff; *Kelsen*,

---

[88] Vgl. etwa als ein Beispiel unter vielen das Zustandekommen der Menschenrechtskonventionen der Vereinten Nationen, die von der Generalversammlung verabschiedet, dann aber zur Unterzeichnung und Ratifikation durch die Mitgliedstaaten aufgelegt wurden: „1. Adopts and opens for signature, ratification and accession the following instruments ..." GA Res. 2200 A (XXI), in: UNYB 1966, 418 ff (419).

[89] Siehe dazu unten § 4 IV.

Principles of International Law, 1952; *Fitzmaurice*, The Law and Procedure of the International Court of Justice, 1951-1954: General Principles and Sources of Law, In: BYIL 30 (1953), 1-70; *Kunz*, The Nature of Customary International Law, in: AJIL 47 (1953), 662 ff; *Cheng*, General Principles of Law as Applied by International Courts and Tribunals, 1953; *Kelsen*, Théorie du droit international public, in: RdC 84 (1953 II), 5-203; *Schwarzenberger*, The Fundamental Principles of International Law, in: RdC 87 (1955 I), 195-383; *Ago*, Der Begriff des positiven Rechts in der Völkerrechtstheorie, in: AVR 6 (1957), 257-307; *Guggenheim*, Contribution à l'histoire des sources du droit des gens, in: RdC 94 (1958 II), 5 ff; *Ziccardi*, La consuetudine internazionale, in: Comunicazioni e Studi 10 (1958/59), 187-257; *Tammes*, Decisions of International Organs as a Source of International Law, in: RdC 94 (1958 II), 265-364; *Parry*, The Sources and Evidences of International Law, 1965; *Skubiszewski*, A new Source of the Law of Nations: Resolutions of International Organizations, in: Festschrift Guggenheim, 1968, 508-520; *Taylor*, Nuremberg und Vietnam: an American Tragedy, 1970; *Günther*, Zur Entstehung von Völkergewohnheitsrecht, 1970; *Baxter*, Treaties and Customs, in: RdC 129 (1970 I), 25-105; *Taylor*, Nuremberg and Vietnam: Who is Responsible for War Crimes? In: *Falk* (Hrsg.), The Vietnam War and International Law III, 1972, 379-398; *Verdross*, Die Quellen des universellen Völkerrechts, 1973; *Barberis*, Fuentes del derecho internacional, 1973; *Akehurst*, The Hierarchie of Sources of International Law, in: BYIL 47 (1974/75), 273-286; *Herzog*, Nurnberg – Un échec fructueux? 1975; *Green*, Aftermath of Vietnam: War Law and the Soldier, in: *Falk* (Hrsg.), The Vietnam War and International Law IV, 1975, 147-176; *Frowein*, Der Beitrag internationaler Organisationen zur Entwicklung des Völkerrechts, in: ZaöRV 36 (1976), 147 ff; *Strebel*, Quellen des Völkerrechts als Rechtsordnung, in: ZaöRV 36 (1976), 301 ff; *Schreuer*, Recommendations and the Traditional Sources of International Law, in: GYIL 20 (1977) 103-118; *Bos*, The Recognized Manifestations of International Law, in: GYIL 20 (1977), 9 ff; *Delbrück/Ropers/Zellentin* (Hrsg.), Grünbuch zu den Folgewirkungen der KSZE, 1977; *Unger*, Völkergewohnheitsrecht – objektives Recht oder Geflecht bilateraler Beziehungen. Seine Bedeutung für einen „persistent objector", 1978; *Scheuner*, Internationale Verträge als Elemente der Bildung von völkerrechtlichem Gewohnheitsrecht, in: Festschrift Mann, 1977, 409-438; *Tunkin*, General Theory of Sources of International Law, in: IJIL 19 (1979), 474-482; *McWhinney*, The World Court and the Contemporary International Law-Making Process, 1979; *Leutert*, Einseitige Erklärungen im Völkerrecht. Ein Beitrag zur Lehre vom Vertrauensschutz, 1979; *Eisemann*, Le Gentlemen's Agreement comme source du droit international, in: Journal du droit international (1979), 326-348; *Jennings*, Treaties as „Legislation", in: Festschrift Friedmann, 1979, 159-168; *Klein*, Statusverträge im Völkerrecht, 1980; *Jennings*, What is international law and how do we tell it when we see it?, in: Schweizer JIR 37 (1981), 59 ff; *Onuf*, Law Making in the Global Community, 1981; *Sanders*, Codes of Conduct and Sources of Law, in: Festschrift Goldmann, 1982, 281-298; *Bos*, The Identification of Custom in International Law, in: GYIL 25 (1983), 9-53; *Frowein*, Die Verpflichtungen erga omnes im Völkerrecht und ihre Durchsetzung, in: Festschrift Mosler, 1983, 241-262; *van Hoof*, Rethinking the Sources of International Law, 1983; *Bos*, A Methodology of International Law, 1984; *Monaco*, Sources of International Law, in: EPIL 7 (1984), 424-434; *Rosenne*, Practice and Methods of International Law, 1984; *Theutenberg*, Changes in the Norms Guiding the International Legal System. History and Contemporary Trends, in: The Spirit of Uppsala, 1984, 101-121; *Schwebel*, The Legal Effect of Resolutions and Codes of Conduct of the United Nations, 1985; *Villiger*, Customary International Law and Treaties, 1985; *Weston*, The „Sources" of International Law revisited: the case of nuclear weapons, in: Conference on contemporary issues of international law, 1985, 7-37; *Sur*, Quelques observations sur les normes juridiques internationales, in: RGDIP 89 (1985), 901-928; *Menon*, An Enquiry into the Sources of Modern International Law, in: Revue de droit international de sciences politiques et diplomatiques 64 (1986), 181-214; *Sohn*, Unratified Treaties as a Source of Customary International Law, in: Festschrift Riphagen, 1986, 231-246; *Tomuschat/Neuhold/Kropholler*, Völkerrechtlicher Vertrag und Drittstaaten, Berichte DGVR 28, 1988.

I. 1. In der weitgehend rationalisierten und technisierten Welt, in der wir leben, stellen die *Verträge*, d. h. mit dem Willen zur Rechtsetzung vereinbarte Regeln des internationalen Verkehrs, die wichtigste Quelle des Völkerrechts dar. Namentlich auf den Gebieten, auf die sich das Völkerrecht in der jüngsten Vergangenheit ausgedehnt hat – z. B.

im internationalen Wirtschafts- und Organisationsrecht – beruht alles auf der Grundlage internationaler Verträge. Aber auch im traditionell durch das Gewohnheitsrecht geregelten Bereichen wie dem Seerecht gewinnt das Vertragsrecht zunehmende, ja eine vorherrschende Bedeutung. In dem Maße, in dem die jungen Staaten der Dritten Welt in der universalisierten Völkerrechtsordnung sich immer mehr am Rechtsentwicklungsprozeß beteiligen, tritt der Vertrag als Substitut für eine internationale Legislative in den Vordergrund. Sein Charakter als ein Instrument konsensualer Rechtsetzung eignet sich in besonderem Maße, die Wert- und Ordnungsvorstellungen auch der neuen Staaten zum Ausdruck zu bringen.[1]

Was die Parteien in ihren Verträgen vereinbaren, ist Recht zwischen ihnen. Sie müssen halten, was sie einander versprechen. Das ist mit dem Satz *pacta sunta servanda* gemeint, der in Art. 26 der Wiener Vertragsrechtskonvention[2] seinen kodifikatorischen Niederschlag gefunden hat.

Man hat dieser Regel gelegentlich die Bedeutung absprechen wollen. Der Satz pacta sunt servanda, so wurde dabei geltend gemacht, gebe keine Auskunft darüber, *wann* ein Vertrag rechtswirksam sei. Wenn er aber besage, daß die Parteien an *rechtswirksame* Verträge gebunden sein sollen, so enthalte er eine nichtssagende Tautologie.[3] Aber dem kann nicht zugestimmt werden. Die Norm pacta sunt servanda ist eine Regel für die *Bildung des Rechts.* Sie besagt, daß die Vereinbarung binde, und dies besagt auch, daß der übereinstimmende Wille von heute den möglicherweise veränderten Willen von morgen zu binden vermöge. Diese Regel stellt vom Standpunkt der *Logik* keine Selbstverständlichkeit dar. Es bedarf erst einer verbindlichen Norm, die den Konsens der Parteien mit der Rechtsfolge der Pflicht zur Erfüllung verknüpft, und diese Rechtsfolge ist in der Regel pacta sunt servanda – einer Grundnorm der praktischen Vernunft im früher geschilderten Sinne – enthalten.

2. Durch Verträge[4] werden Regeln vereinbart, die für das Verhalten der Parteien in Zukunft maßgebend sind. Damit sind sie Quellen des Rechts. Verträge sind nun allerdings nach Bedeutung und Inhalt und nach der Zahl der an ihnen beteiligten Staaten und Organisationen verschieden. Man vergleiche einen Vertrag, durch den ein Staat einem anderen eine einmalige Anleihe gewährt, mit einem Handelsvertrag, durch den zwei Staaten ihren Handels- und Zahlungsverkehr unter Gewährung gegenseitiger Zugeständnisse regeln, oder gar mit einem mehrseitigen Wirtschaftsabkommen nach Art des Abkommens über die OECD oder des Allgemeinen Zoll- und Handelsabkommens (GATT), durch die bestimmte Grundsätze der Handels- und Wirtschaftspolitik festgelegt werden. Bei Verträgen der zuletzt genannten Art ist das Wesentliche nicht darin enthalten, daß Leistung und Gegenleistung ausgetauscht werden, sondern es werden in ihnen allgemeine Regeln vereinbart, die in Zukunft für das Verhalten aller Parteien in gleicher Weise verbindlich sein sollen. Im modernen Völkerrecht hat dieser Vertragstyp im Zusammenhang mit der Ausdehnung und Intensivierung der wirtschaftlichen und kulturellen Beziehungen zwischen den Völkern und dem Aufkommen der zwischen- und überstaatlichen Organisationen ständig wachsende Bedeutung erlangt und alle anderen Rechtsquellen, namentlich auch die zweiseitigen Verträge, weit überflügelt. In

---

[1] Siehe dazu auch oben S. 36 f und unten § 7.

[2] Wiener Übereinkommen über das Recht der Verträge vom 23. Mai 1969, UN Doc. A/Conf. 39/11/Add. 2, 287; BGBl., 1985 II, 926. Das Übereinkommen ist am 27. Januar 1980 in Kraft getreten.

[3] So z. B. *Heller,* Die Souveränität, 1927, 132 („eine Tautologie der Rechtsobjektivität"), *C. Schmitt,* Verfassungslehre, 1928, 69 f, 363 f („eine fiktive Normendopplung, die logisch falsch und praktisch wertlos ist"), *Mohr,* Die Transformation des Völkerrechts in deutsches Reichsrecht, 1934, 87 f (der Satz pacta sunt servanda sei „völlig inhaltslos"). Dem gegenüber zutreffend *Kunz,* The Meaning and the Range of the Norm pacta sunt servanda, in: AJIL 39 (1945), 180 f; zum ganzen auch *Lachs,* Pacta sunt servanda, in: EPIL 7 (1984), 364-371.

[4] Dazu im einzelnen Teilband I 2.

ihrer praktischen Wirkung stellen diese Verträge – etwa die Satzungen der großen Organisationen oder die in einem quasi-legislativen Verfahren beschlossenen Übereinkommen der Organisationen wie die sozialpolitischen Abkommen der ILO – einen *Ersatz für die fehlende internationale Gesetzgebung* dar.

Sie werden daher im internationalen Schrifttum vielfach als law making oder legislative treaties, als traités-loi oder trattati oder accordi costitutivi den contractual treaties, traités-contrats, trattati contratti gegenübergestellt. Im deutschen Schrifftum wurden Abkommen dieser Art seit *Bergbohm, Binding, Jellinek* und *Triepel* vielfach als rechtsetzende „Vereinbarungen" den „Verträgen" gegenübergestellt. In den ersteren soll sich der parallel gerichtete Wille der Parteien zu einem gemeinsamen Verhalten in der Zukunft bekunden, in den letzteren der rechtsgeschäftliche, auf entgegengesetzte Interessen gerichtete Wille der Parteien zum Ausgleich gelangen. Nur die Vereinbarungen sollen objektives Recht setzen können, die Verträge aber nur subjektive Rechte und Pflichten unter den Parteien erzeugen.

Man darf indessen diese Unterscheidung nicht überbewerten. Einerseits nämlich sind mehr oder weniger *alle* Verträge, normalerweise auch die zweiseitigen Austauschverträge „law making treaties". Auch sie stellen Regeln auf, die für das zukünftige Verhalten der Parteien maßgebend sind. Andererseits sind auch die multilateralen Abkommen zunächst einmal Verträge, und Verträge lassen *in der Regel* nur Rechte und Pflichten unter den Parteien entstehen.[5]

3. Vertragsrecht kann zugleich *allgemeines Völkerrecht* sein oder sich doch zu einem solchen entwickeln:

a) Zunächst kann es sein, daß ein Vertrag ohnehin geltendes *allgemeines Völkerrecht* – Gewohnheitsrecht oder in der Kulturwelt anerkannte Grundsätze des Rechts – *wiederholt.* Dann kommt der im Vertrage ausgesprochenen Regel allgemeine Verbindlichkeit, aber nicht als Vertragsrecht, sondern als ohnehin geltendem allgemeinem Völkerrecht zu. Insoweit wirkt der Vertrag dann nur deklaratorisch und ist nicht Ursprung neuen, nicht eigentlich eine „Quelle" des Rechts.

Beispiele: Das in Art. 51 der UN-Charta anerkannte Selbstverteidigungsrecht gegenüber dem bewaffneten Angriff ist – obwohl durch die Charta modifiziert – ohnehin geltendes Recht. Die in den Haager Konventionen von 1899 und 1907 enthaltene Kodifikation des Kriegsrechts war im wesentlichen eine Wiedergabe des – jedenfalls damals – geltenden Gewohnheitsrechts auf diesem Gebiet.[6] Nach dem *Nicaragua*-Urteil das IGH gibt auch das Gewaltverbot in Art. 2 Ziff. 4 der UN-Charta geltendes Gewohnheitsrecht wieder.[7]

---

[5] So z. B. die Pariser Seekriegserklärung vom 16. April 1856. *De Martens,* NRG, 1. Ser., XV (1857), 792: „La présente Déclaration n'est et ne sera obligatoire qu'entre les Puissances qui y ont ou qui y auront accédé". Ähnlich Art. 1 der Berliner Kongoakte vom 26. Februar 1885 – NRG, 2 Ser. X, 417. – Vgl. auch Art. 20 der ILO-Satzung (UNTS 15 (1946), 35 ff), wonach Abkommen der ILO nur die Mitglieder binden, die sie ratifizieren; vgl. aber andererseits Art. 2 Ziff. 6 UN-Charta, der dem Wortlaut nach zumindest auch so gelesen werden kann, daß die Charta im Hinblick auf die wesentlichen Prinzipien Wirkung gegenüber Dritten beansprucht, dazu positiv *Kelsen,* The Law of the United Nations 1951, 85 f, 106 f; dagegen *Kunz,* Editorial comment, in: AJIL 41 (1947), 123; *Jessup,* Modernization of the Law of International Contractual Agreement, in: AJIL 41 (1947), 378 ff (388); *Scheuner,* Die Vereinten Nationen und die Stellung der Nichtmitglieder, in: Festschrift Bilfinger 1954, 58 ff, 379 f, 383; zweifelnd *Goodrich/Hambro/Simons,* Commentary on the UN Charter, 3. Aufl. 1966; weitere Nachweise bei *Mahion,* in: *Cot/Pellet,* La Charte des Nations Unies, 1985, 133-139.

[6] Diese Frage hat auch im Nürnberger Prozeß eine Rolle gespielt. In ihm wurde der u. a. auf die Verletzung der Haager Konventionen gestützten Anklage von der Verteidigung entgegengehalten, daß das Abkommen im Hinblick auf die Allbeteiligungsklausel des Art. 2 der IV. Konvention von 1907 nicht anwendbar sei. Indessen ging das Internationale Militärtribunal über diesen Einwand mit der Begründung hinweg, daß die Haager Abkommen nur der Ausdruck ohnehin allgemein geltenden Völkerrechts seien und somit trotz mangeln-

Wenn sich freilich das Gewohnheitsrecht späterhin ändert, läßt das den Vertrag unberührt. Dann wird er nachträglich zu einer Quelle des Rechts, aber nur zwischen den an ihm beteiligten Parteien.

b) Verträge können aber auch über sich hinauswachsen und *neuem,* allgemeinem *Völkerrecht erst den Boden bereiten.* Das in ihnen zunächst enthaltene partikuläre Völkerrecht kann sich nämlich zum Gewohnheitsrecht weiten oder ein in ihnen ausgesprochenes Rechtsprinzip so allgemein anerkannt werden, daß es über den Kreis der zunächst beteiligten Parteien hinaus allgemeine Geltung erlangt, aber eben wiederum nicht als Vertragsrecht, sondern als Völkerrecht allgemeiner Natur.

Hier ist freilich Vorsicht geboten.[8] Das Bestehen vieler Verträge gleichen Inhalts *kann* ein Anzeichen sein, daß eine einhellige Rechtsüberzeugung besteht. Es kann aber auch darauf deuten, daß eben *keine* allgemeine Rechtsüberzeugung besteht und die Parteien daher eine Sonderregelung für notwendig halten. So gibt es z. B. viele Auslieferungsverträge, aber doch keine auf Gewohnheitsrecht beruhende Auslieferungspflicht.[9]

Verhältnismäßig leichter als andere Verträge schlagen *multilaterale* Abkommen in Gewohnheitsrecht um.

Beispiele: Das im Kriegsächtungspakt von 1928 ausgesprochene Verbot des Angriffskrieges hat zunächst wohl nur die Parteien des Vertrages gebunden. Doch hat dieser Grundsatz in der Folgezeit als ein in der Kulturwelt anerkanntes Rechtsprinzip allgemeine Geltung erlangt. – Die in der Pariser Deklaration von 1856 niedergelegten Grundsätze der Seekriegsführung haben sich jedenfalls bis zum Ersten Weltkrieg im wesentlichen als Gewohnheitsrecht durchsetzen können. Sie wurden z. B. im spanisch-amerikanischen Kriege von 1898 befolgt, obwohl die beiden Kriegführenden der Pariser Erklärung niemals zugestimmt hatten. – In der Entscheidung des IGH im *North Sea Continental Shelf* Case wurde die Möglichkeit, daß eine Vorschrift eines multilateralen Vertrages – hier der Konvention über den Festlandsockel von 1958 – normbildend sei, ausdrücklich anerkannt, im konkreten Fall aber verneint, da nicht jede Bestimmung eines Vertrages potentiell normschaffend ist: „... it clearly involves treating that Article (6 der Verf.) as a norm-creating provision which, while only conventional or contractual in its origin, has since passed into the general corpus of international law, and now is accepted as such by the opinio iuris, so as to have become binding even for countries which have never, and do not become parties of the Convention. There is no doubt that this process is a perfectly possible one and does from time to time occur ..." (IJC Reports 1969, 41 f). Anzeichen schon bestehenden oder Schrittmacher werdenden allgemeinen Völkerrechts sind manchmal auch *nicht ratifizierte Verträge.* Wenn ein Vertrag allerdings auf die Dauer keine oder nur wenige Ratifikationen zu erzielen vermag, so wird das in der Regel den Schluß nahelegen, daß er eben nicht allgemeiner Rechtsüberzeugung entspricht.[10]

c) Aber auch ohne daß es zur Bildung von Gewohnheitsrecht kommt, kann ein Vertrag eine *objektive, allgemein geltende Ordnung* errichten. Das kann wiederum in verschiedener Weise geschehen:

Nach dem allgemeinen Völkerrecht ist jeder Staat dazu befugt, über sein Gebiet und seine rechtliche Existenz zu verfügen. Wenn er das tut, so ist der Rechtszustand, der aus

der Allbeteiligung auch von Deutschland hätten respektiert werden müssen. Vgl. Der Prozeß gegen die Hauptkriegsverbrecher vor dem Internationalen Militärgerichtshof I, 1947, 284 f.

[7] ICJ Reports 1986, 88 ff.

[8] Zum Problem *Baxter,* Multilateral Treaties as Evidence of Customary International Law, in: BYIL 41 (1965/66), 275-300; *ders.,* Treaties and Custom; *Villiger,* Customary International Law and Treaties, 1985.

[9] Vgl. *Verdross/Simma,* 813 f.

[10] So mit Recht der IGH im *Asyl*-Fall aus dem Jahre 1950, ICJ Reports 1950, 276, gegenüber dem Bemühen, das von einer der Parteien nicht ratifizierte Asyl-Abkommen von Montevideo von 1933 zum Nachweise eines angeblich bestehenden Gewohnheitsrechts zu verwenden.

solchen Verträgen entsteht, nicht nur unter den Parteien, sondern *allgemein* wirksam.[11] Solche Verträge können als *Verfügungsverträge* bezeichnet werden.[12]

Beispiele: Hat Staat A ein bestimmtes Gebiet an B abgetreten, so haben auch dritte Staaten dieses Gebiet als Gebiet des Staates B zu behandeln und ist andererseits B nicht nur gegenüber A, sondern auch dritten Staaten gegenüber für das verantwortlich, was auf dem abgetretenen Territorium geschieht. So sind die sog. Staatsservituten, ist etwa die zwischen zwei Staaten A und B vereinbarte Ordnung, die A die Ausübung gewisser Hoheitsrechte auf dem Territorium von B gewährt, auch für dritte Staaten, etwa die Rechtsnachfolger von A und B verbindlich, obwohl sie keine Vertragsstaaten waren.[13]

Allgemeine Wirkungen über die unmittelbar am Vertrage beteiligten Staaten hinaus bringen auch die Verträge hervor, die internationale Organisationen oder andere Institutionen begründen. Diese haben nicht nur unter den Parteien, sondern auch gegenüber nicht am Vertrage beteiligten Staaten als Völkerrechtssubjekte zu gelten.[14] Solche Verträge lassen sich vielleicht als *institutionelle Verträge* bezeichnen.

Aber auch sonst können Ordnungen durch Verträge entstehen, deren Regelung die internationale Gemeinschaft hinfort als *objektive Völkerrechtsordnung* behandelt.[15] Das ist namentlich bei multilateralen Verträgen der Fall, die nach der Auffassung der großen Mehrheit unter Einschluß der im internationalen Leben führenden Staaten dem Weltinteresse entsprechen. Wenn die „Quasi-Einstimmigkeit" die Ausbildung von Gewohnheitsrecht mit Wirkung für alle bewirken kann, so ist nicht einzusehen, warum der bewußte und planvolle Wille der Staaten und Organisationen in ihrer überwältigenden Mehrheit nicht ebenfalls allgemein verbindliches Recht soll hervorbringen können, wenn das wirklich gewollt ist. Das kann entweder so geschehen, daß alle oder die große Mehrheit der Staaten Vertragsstaaten sind, oder daß man die von einzelnen Staaten errichtete Ordnung allgemein „anerkennt", d. h. sie als für alle geltende Ordnung behandelt. Vielleicht läßt sich die Bestimmung des Art. 2 Ziff. 6 der UN-Charta in diesem Sinne verstehen. Durch sie wird, so kann man zumindest lesen, die Verbindlichkeit der in der UN-Charta ausgesprochenen Grundsätze des Völkerrechts auch auf die Staaten ausgedehnt, die keine Mitglieder sind. Man wird das in Anbetracht der Zahl und Bedeutung der der UN angehörenden Staaten jedenfalls heute nicht mehr als bloße Normanmaßung zurückweisen können. So wird man auch annehmen dürfen, daß multilaterale Abkommen u. U. die Rechtsstellung eines Staates, eines Gebietes, einer internationalen Verkehrsstraße als eine für alle verbindliche Ordnung zu definieren vermögen. Es wäre hier von *Statusverträgen* zu sprechen.[16] Bei ihnen ergibt sich das Problem, ob die ursprünglich am Vertrage beteiligten Staaten den Vertrag und damit den auf ihm beruhen-

[11] Dazu namentlich *Kelsen*, Principles 345 f. Vgl. aber *Schwarzenberger*, RdC 87 (1955 I), 258 f, nach dem auch solche Verträge Dritten gegenüber nur mit deren Einwilligung wirken, die freilich auch stillschweigend erteilt werden könne. Siehe auch *Schwarzenberger* I, 129 f, 176 f, 458 f. Neuestens *Tomuschat/Neuhold/Kropholler*.

[12] Dazu neuerdings ausführlich *Klein*, Statusverträge im Völkerrecht, 1980, 184 ff, 302 f; ferner *O'Connell*, State Succession in Municipal Law and International Law, 1967, 14: „... real rights in international law are those which are attached to a territory, and which are in essence valid erga omnes".

[13] Vgl. unten § 49.

[14] So der IGH im *Reparation for Injuries*-Gutachten, ICJ Reports 1949, 185: „fifty States, representing the vast majority of the members of the international community, had the power, in conformity with international law, to bring into being an entity possessing objective international personality, and not merely personality recognized by them".

[15] Siehe dazu etwa unter dem Gesichtspunkt der Repräsentation der Staatengemeinschaft *Klein*, 45 ff, 102 ff; die Konstruktion einer solchen Wirkung über den Vertrag zugunsten Dritter (oder zu Lasten Dritter) wird der Rechtslage indessen nicht gerecht.

[16] Dazu im einzelnen *Klein*, passim, mit weiterführenden Hinweisen.

den Status nachträglich wieder abändern oder aufheben können, und wie die Rechtslage ist, wenn eine der Parteien oder wenn alle später erlöschen. Dem Wesen des Vertrages allgemein entspricht es, daß die Parteien ihn später wieder abändern oder aufheben können, und von diesem Grundsatz her wird die Rechtslage im Zweifel zu beurteilen sein. Aber es *kann* doch so sein, daß die durch den Vertrag begründete Ordnung etwa für den Frieden der Welt oder einer bestimmten Region oder das internationale Wirtschaftsleben eine dauernde und wesentliche Bedeutung erlangt. Wenn das der Fall ist und die Staaten und Organisationen in ihrer großen Mehrheit bekunden, daß sie die neue Ordnung als ein dauerndes Regime, als objektive, allgemeine Ordnung anerkennen, dann löst sich die so entstandene Ordnung von ihrer vertraglichen Grundlage ab.[17] Sie gilt dann für alle, auch wenn sich das Bestehen einer gewohnheitsrechtlichen Regel nicht nachweisen läßt. Sie ist damit der einseitigen Verfügung der ursprünglichen Vertragsstaaten entzogen und gilt weiter, auch wenn die Parteien später erlöschen.

Beispiele: Im Jahre 1920 hat der mit der Erstattung eines Berichtes über die Rechtsstellung der *Ålandinseln* betraute Dreierausschuß des Völkerbundes (*Larnaude, Struycken, Max Huber*)[18] den Standpunkt vertreten, daß der zwischen Rußland, Großbritannien und Frankreich geschlossene Vertrag vom 30.3.1856 über die Demilitarisierung der Ålandinseln allgemeines, „europäisches" Völkerrecht geschaffen habe, auf das sich auch andere Staaten als die Parteien, z. B. Schweden, zu berufen vermöchten, und das die an dem Vertrage beteiligten drei Staaten nun nicht mehr einseitig aufheben könnten. Das allgemeine Prinzip wird dahin beschrieben, es hätten die Mächte „dans de nombreux cas, depuis 1815, et notamment lors de la conclusion de Traités de Paix, cherché a établir un véritable droit objectif, de *vrais statuts politiques,* dont les effets se font sentir en dehors même du cercle des parties contractantes".[19] — Ein anderes Beispiel ist die Rechtsstellung der *Mandate* und *Treuhandgebiete.* Der IGH hat sich in seinem Rechtsgutachten über die *Rechtsstellung von Süd-West-Afrika,* in den *South West Africa*-Cases und im *Namibia*-Case[20] auf den Standpunkt gestellt, daß die Südafrikanische Union auch nach dem Erlöschen des Völkerbundes den ihr durch den mit dem Völkerbund abgeschlossenen Mandatsvertrag auferlegten Verpflichtungen weiterhin nachkommen müsse. Die durch das Mandat errichtete Ordnung wird also als eine objektive Ordnung („Sacred Trust") betrachtet, die auch nach dem Erlöschen des Vertrages weiterbesteht.[21]

Allen Verträgen dieser Art ist eines gemeinsam: Sie lassen nicht nach Art obligatorischer Verträge nur Rechte und Pflichten unter den Parteien entstehen, sondern die Ordnungen, die sie begründen, gehören dem allgemeinen Völkerrecht an, und die aus ihnen entstehenden Normen begründen Rechte und Pflichten für alle. Sie lassen sich daher zusammenfassend als *Ordnungsverträge* oder *normative Verträge* bezeichnen.[22]

---

[17] Das Hinauswachsen solcher Ordnungen über den Vertrag hat *McNair* in seinem Sondervotum zu dem Rechtsgutachten des IGH über die *Rechtsstellung von Süd-West-Afrika,* ICJ Reports 1950, 153 f, eindrucksvoll dargelegt: „from time to time it happens that a group of great Powers, or a large number of States ... assume a power to create by a multipartite treaty some new international régime or status, which soon acquires a degree of acceptance and durability extending beyond the limits of the actual contracting parties, and giving it an objective existence" (153). Dazu ausführlich *Klein,* passim.

[18] Société du Nations, Journal officiel 1920, Supplément spéciale, N. 3.

[19] AaO, 17.

[20] *International Status of South West Africa*-Advisory Opinion, ICJ Reports 1950, 128; *South West African*-Cases (Preliminary Objections), ICJ Reports 1962, 319; *South West Africa*-Cases (Second Phase), ICJ Reports 1966, 5; *Namibia*-Case, ICJ Reports 1971, 16.

[21] Dazu auch die Sondervoten der Richter *McNair* (Anm. 17) und *Read,* ICJ Reports 1950, 165 f zu dem Rechtsgutachten über die *Rechtsstellung von Süd-West-Afrika* und von *Lauterpacht* zu dem Rechtsgutachten über die *Zulässigkeit der Anhörung von Petenten durch den Ausschuß für Süd-West-Afrika,* ICJ Reports 1956, 48.

[22] Ihre quasilegislative Funktion wird nicht ohne eine gewisse Übertreibung von *Scelle* dargestellt. Vgl. dazu z. B. *Scelle,* Précis II 346: „dans un traité-loi il ne peut y avoir ni parties ni tiers, mais seulement des législateurs". Vgl. auch aaO, 372 f.

Diese Bezeichnungsweise[23] scheint geeigneter als die Begriffe legislative Verträge, law making treaties u. a. Die vertragschließenden Staaten haben an sich nicht das Recht, für andere Staaten Gesetze zu geben. Erst wenn diese sie durch ihren ausdrücklichen oder stillschweigenden Konsens übernehmen, wandelt das Vertragsrecht sich in allgemeines Völkerrecht um. Dazu reicht es allerdings wie im Falle des Gewohnheitsrechts aus, wenn die große Mehrzahl derjenigen Staaten, welchen aufgrund ihres politischen, ökonomischen oder militärischen Gewichts besondere Verantwortung für Entwicklung und Festigung der internationalen Ordnung zukommt, die neue Ordnung als eine für alle geltende Ordnung betrachtet.

II. 1. Trotz einer wachsenden Tendenz, das Völkerrecht zu kodifizieren, d. h. seiner Geltung eine vertragliche Grundlage zu verleihen, bleibt im Völkerrecht – anders als in den modernen nationalen Rechtsordnungen – nach wie vor breiter Raum für gewohnheitsrechtliche Regelungen. Da es keine echte internationale Legislative gibt und das Vertragsrecht einerseits oft lückenhaft ist, andererseits sich aber in der Regel auch nur auf einen Teil der Völkerrechtsubjekte beschränkt, bleibt die Regelung der übrigen Fragen – soweit sie überhaupt normiert werden – dem Gewohnheitsrecht überlassen. Angesichts dessen lassen sich allgemeine Regeln für das Handeln der Staaten und internationaler Organisationen nur aus deren Verhalten entnehmen. Alles andere wäre Willkür. In Gemeinschaften ohne starke Zentralgewalt ist Ordnung nur möglich, wenn jeder sich so verhält, wie sich die Rechtsgenossen in ihrer überwiegenden Mehrheit durchweg verhalten. Nach der hier vertretenen Auffassung ist somit für eine Konstruktion der Entstehung (und Geltung) des Gewohnheitsrechtes auf der Basis wie immer gearteter Konsenstheorien kein Raum.[24] Insbesondere beruht die Bildung von Gewohnheitsrecht nicht auf einer stillschweigenden vertraglichen Grundlage (pactum tacitum), wie dies die sowjetische Völkerrechtslehre, aber auch neuerdings wieder einige Autoren des westlichen Völkerrechtskreises annehmen wollen.[25] Die gewohnheitsrechtliche Übereinstimmung ist kein Vertragskonsens.[26] Kein Staat ist ohne seine Zustimmung an Verträge gebunden, aber das Gewohnheitsrecht gilt auch gegen den Willen der Staaten für alle unter Einschluß namentlich auch der neu entstandenen und entstehenden Staaten. Wäre es anders, so vermöchte sich jeder Staat eine Freiheit des Handelns zu sichern, die sich mit der internationalen Ordnung, mit dem Völkerrecht als Rechtsordnung, die gilt, weil sie notwendig ist, nicht vereinbaren ließe. Dies kann andererseits nicht bedeuten, daß jede mehrheitliche, weit verbreitete Staatenpraxis zur Bildung von Gewohnheitsrecht mit Bindungswirkung gegenüber allen Staaten führen kann. Gewohnheitsrecht kann vielmehr auch entsprechend seinem persönlichen oder sachlichen Geltungsbereich als Teilvölkerrecht entstehen, also z. B. einzelne Staaten von seiner Geltung ganz oder teilweise ausnehmen.[27] Insoweit haftet der Feststellung geltenden Ge-

[23] Vgl. auch *Kimminich*, 235 f.

[24] Vgl. oben § 3 II.

[25] Vgl. zu den verschiedensten Theorien den ausgezeichneten Überblick bei *Verdross/Simma*, 345 ff mit umfangreichen Nachweisen; ferner *Magiera*, in: *Menzel/Ipsen*, 78 f; eine kritische Würdigung der Theorien bei *Verdross*, Entstehungsweisen und Geltungsgrund des universellen völkerrechtlichen Gewohnheitsrechts, in: ZaöRV 29 (1969), 635 ff; zur sowjetischen Lehre *Tunkin*, International Law, 1986, 61 ff (bes. 62).

[26] Eine solche Konstruktion könnte weder erklären, warum etwa neuentstandene Staaten sozusagen automatisch den Regeln des Völkergewohnheitsrechts unterworfen sind, noch könnte sie dartun, warum ein solcher – stillschweigender – Vertrag verbindlich sein soll, da diese Verbindlichkeit ihrerseits wieder einer normativen Grundlage in Gestalt einer Vereinbarung bedürfte. Vgl. dazu auch oben § 3 II 2.

[27] Herrschende Lehre; problematisch erscheint allerdings insofern die von *Verdross/Simma*, 352 f, besonders deutlich herausgearbeitete, etwa auf die Judikate des IGH im *Norwegian Fisheries*-Case (1950) gestützte Figur des „persistent objector", eines Staates also, der sich der Entstehung einer Völkergewohnheitsrechtsnorm beharrlich widersetzt und damit zwar nicht die Entstehung der Norm, wohl aber seine Bindung an diese verhindern können soll. Dies mag in der alltäglichen Pra-

wohnheitsrechts in der Praxis vielfach eine gewisse Unsicherheit an. Im Hinblick auf die potentiell umfassende Bindungswirkung von Gewohnheitsrechtssätzen ist insgesamt bei der Feststellung von Gewohnheitsrechtssätzen, insbesondere ihres persönlichen Geltungsbereiches, Zurückhaltung geboten.[28] Sie ist ein Akt wertender Erkenntnis, bei dem die tatsächlichen Umstände wie die Anzahl der eine Übung befolgenden Staaten und derer, die sie ablehnen, der Grad der Betroffenheit der Staaten in der Sache sowie deren politische, wirtschaftliche, kulturelle Bedeutung und geographische Lage zu berücksichtigen sind.

2. Die Bildung von Gewohnheitsrecht kann sich in vielfältiger Weise vollziehen. Auszugehen ist zunächst vom Begriff des Gewohnheitsrechts, der in unterschiedlicher Weise, der Sache nach aber übereinstimmend wie folgt umschrieben wird: Gewohnheitsrecht ist der Brauch als Ausdruck der Rechtsüberzeugung, „usage generally accepted as expressing principles of law".[29] Der Begriff enthält danach zwei Merkmale:

a) Es muß einmal eine *Gewohnheit* bestehen, d. h. die Staaten oder andere zur Rechtsetzung befugte Völkerrechtssubjekte müssen sich im internationalen Rechtsverkehr über eine längere Zeit und im wesentlichen übereinstimmend in bestimmter Weise verhalten.[30] Das erfordert im einzelnen: Das Bestehen einer Übung über eine längere *Zeit:* Einmalige Vorgänge im Völkerleben reichen nicht aus, um Gewohnheitsrecht zu begründen.

Beispiele: So läßt sich die in den Statuten des Internationalen Militärtribunals für die Hauptkriegsverbrecher der europäischen Achse und für den Fernen Osten nach dem Zweiten Weltkrieg dekretierte *Strafbarkeit des Angriffskrieges* jedenfalls nicht als gewohnheitsrechtliche Regel

xis hinnehmbar sein; wie aber, wenn sich ein Staat auf diese Weise fundamentalen, für das Völkerleben schlechthin konstitutiven Regeln – etwa menschenrechtlichen Mindeststandards – entzieht? Aus dieser Perspektive wird man dazu neigen müssen, die Figur des „persistent objector" jedenfalls dann abzulehnen, wenn sich der Widerstand gegen eine Norm des Völkergewohnheitsrechts als Verstoß gegen die werthaften Grundlagen der Völkerrechtsordnung schlechthin darstellt. In der Praxis erscheint die Frage allerdings insofern ohnehin wenig bedeutsam, da die Fälle eines beharrlichen Widerstandes gegen Völkergewohnheitsrechtsnormen mit der Konsequenz der Befreiung von ihrer Bindung relativ selten auftreten werden. Ein interessantes Beispiel etwa bietet Südafrika mit seiner Haltung zur Rassendiskriminierung: Wiewohl es spätestens seit 1948 deutlich seinen Widerstand gegen das Verbot der Rassendiskriminierung geäußert hat, ist ihm entgegenzuhalten, daß es zunächst mit der Annahme der UN-Charta und deren die Rassendiskriminierung verbietenden Regelungen eine gegenteilige Stellung gegenüber der Staatengemeinschaft signalisiert hat. Würde man somit heute eine Völkergewohnheitsrechtsregel, die die Rassendiskriminierung verbietet, annehmen, so erschiene es kaum vertretbar, Südafrika als „persistent objector" von ihrer Geltung auszunehmen, vgl. etwa dazu das dissenting vote von Richter *Tanaka* in *South West Africa*-Cases (Second Phase), ICJ Reports 1966, 291.

[28] Eine vorzeitige oder zu umfassende Annahme einer gewohnheitsrechtlichen Regel, der dann ein Teil der Staatengemeinschaft die Befolgung verweigert, ist unter rechtspolitischen Gesichtspunkten für die Stärkung des Rechtsbewußtseins und der Rechtsbefolgung in der Staatengemeinschaft schädlicher, als ein Problem als (vorläufig noch) ungeregelt anzusehen.

[29] So der StIGH im *Lotus*-Fall, PCIJ, Series A (1927), 10. Fehlgreifend im Ausdruck Art. 38 (1) b des Statuts des IGH. Er beschreibt die hier gemeinte Rechtsquelle als „internationale Gewohnheit, als Zeugnis für eine allgemein als Recht angenommene Praxis". In Wahrheit ist nicht die Gewohnheit Zeugnis für das Bestehen der Praxis, sondern umgekehrt die Praxis für das Bestehen einer gewohnheitsrechtlichen Regel. Auch wird durch die Gewohnheit nicht das Bestehen völkerrechtlicher Normen „bezeugt", sondern diese werden durch die von der Rechtsüberzeugung begleitete Gewohnheit geschaffen. Die Gewohnheit erzeugt neues Recht. Sie wirkt konstitutiv.

[30] Auf das Erfordernis der Wiederholung, also der Gewohnheit als eines Elements des Gewohnheitsrechts glaubt *Strupp*, Les Règles Générales du droit de la paix, in: RdC 47 (1934 I), 304 f, sonderbarerweise verzichten zu können. Gewisse Parallelen findet diese Auffassung allerdings heute in der – unakzeptablen – Lehre vom sog. „instant customary law", vgl. dazu übereinstimmend *Verdross/Simma*, 361 f.

begründen. Sie war ein singuläres Ereignis, durch die totale Niederlage der Achsenmächte ermöglicht, zu dem es in der Praxis weder vor noch nach dem Zweiten Weltkrieg ein Gegenstück gibt.[31] Dies gilt trotz einiger Versuche, amerikanische Soldaten wegen Kriegsverbrechen im Vietnamkrieg auch auf der Grundlage der Nürnberger Prinzipien strafrechtlich zur Verantwortung zu ziehen, da diese Verbrechen nicht den Tatbestand des Angriffskrieges betrafen.[32]

Aber auch eine mehrfach geübte Praxis vermag der Annahme des Gewohnheitsrechts keine Stütze zu bieten, wenn sie nicht ein gleichförmiges und allgemein geübtes Herkommen darstellt.[33]

Beispiel: In beiden Weltkriegen erhob sich die Frage, ob die bei Kriegsausbruch in den inländischen Häfen der Kriegführenden vorgefundenen Schiffe des Feindes als Prisen behandelt werden dürften, oder ob ihnen Gelegenheit geboten werden müsse, den feindlichen Hafen innerhalb einer gewissen Gnadenfrist zu verlassen. Soweit die VI. Haager Konvention nicht anwendbar war, war zu prüfen, ob ein Gewohnheitsrecht dieses Inhalts bestehe. Die Frage wurde z. B. von dem Judicial Committee des Privy Council im Falle *The Blonde*[34] und von der Admirality Division des High Court im Falle *The Pomona* erörtert.[35] In diesen Entscheidungen wurde zugegeben, daß eine gewisse dahingehende Praxis bestehe und namentlich im 19. Jahrhundert, z. B. im Krimkrieg, mehrfach Zugeständnisse dieser Art gemacht worden seien. Doch schienen diese Einzelfälle den Gerichten nicht ausreichend, um die Annahme eines Gewohnheitsrechts zu begründen. Denn, so meinte Lord *Sumner* im Falle *The Blonde*, „the practice was certainly modern, but it was neither uniform nor universal, and on each occasion it rested with the belligerent to elect whether the rule recognized by the law of nations should be mitigated or not."

Wo andererseits eine seit langem bestehende Übung besteht, stehen *gelegentliche* spätere *Abweichungen* der Fortdauer des Gewohnheitsrechts nicht entgegen.

Beispiel: Im Falle *The Paquete Habana: The Lola*[36] hatte der Supreme Court der USA u. a. die Frage zu prüfen, ob es der Annahme einer Fischerboote von der Wegnahme im Kriege ausschließenden gewohnheitsrechtlichen Regel entgegenstehe, daß England und Frankreich während der Revolutionskriege von der bisherigen humaneren Praxis abgewichen waren. Diese Frage wurde mit der Begründung verneint, daß die alte Übung nach kurzer Unterbrechung wiederhergestellt worden sei.

Soweit die eine Gewohnheit anzeigende Übung von Staaten ausgeht, kann es fraglich sein, welche staatlichen Handlungen als Übung des Staates im völkerrechtlichen Sinne anzusehen sind: ob nur die von zur völkerrechtlichen Vertretung eines Staates befugten Organen vorgenommenen internationalen Handlungen oder auch interne staatliche Akte wie Gesetze und Gerichtsentscheidungen. Grundsätzlich wird man auch diese zu den für die Begründung einer Gewohnheit relevanten staatlichen Akten zählen dürfen. Allerdings ist im Einzelfall zu prüfen, ob der innerstaatliche Akt wirklich die vom betreffenden Staat nach außen eingenommene Haltung wiedergibt, da innerstaatlich tätige Organe nicht immer unter Berücksichtigung der internationalen Relevanz ihres Vorge-

---

[31] Übereinstimmend *Kunz,* The Nature of Customary International Law, 662 ff (669), *Berber* I, 55.

[32] Vgl. dazu *Falk* (Hrsg.), The Vietnam War and International Law, insbesondere Bd. 4: The Concluding Phase, 147 ff, 363 ff (Beiträge von *Fare, Gard* Jr., *Taylor).*

[33] In entsprechender Anwendung völkerrechtlicher Regeln ließ der Staatsgerichtshof für das Deutsche Reich es 1928 in dem Rechtsstreit zwischen Lübeck und Mecklenburg über die Hoheits- und Fischereirechte in der Lübecker Bucht darauf ankommen, welche der streitenden Parteien die Fischerei- und Schiffahrtsrechte nicht nur vereinzelt, sondern dauernd und über längere Zeiträume ausgeübt habe. Die Entscheidung ist abgedruckt in: Zeitschrift des Vereins für lübeckische Geschichte und Altertumskunde XXV, Heft 1.

[34] British House of Lords and Judicial Committee of the Privy Council, Appeal Cases 1 (1922), 313.

[35] Probate, Divorce and Admirality Division of the English High Court of Justice 1943, 24.

[36] 175 U.S. (1900), 677.

hens handeln.[37] Andererseits sind nationale Gerichtsentscheidungen – namentlich im anglo-amerikanischen Rechtskreis – vielfach Ausdruck einer völkerrechts-relevanten Haltung, und sie werden deshalb auch häufig für die Feststellung des Bestehens oder Nichtbestehens einer internationalen Übung herangezogen.[38]

Nach ganz herrschender Auffassung kann eine internationale Gewohnheit auch in einem Unterlassen bestehen, jedenfalls dann, wenn in einer bestimmten Situation aktives Handeln seitens eines Staates von anderen erwartet werden konnte, also z. B. bei einem Eingriff in Recht und Interessen des betroffenen Staates. Ein schlichtes Untätigbleiben – sei es aus Indifferenz oder Nichtkenntnis – reicht dagegen nicht aus.[39]

Die Gewohnheit muß nicht nur zeitlich, sondern auch räumlich, *ihrem Umfange nach* die nötige Verbreitung aufweisen, um von universellem Völkergewohnheitsrecht sprechen zu können. Sie muß also nicht bei allen Nationen bestehen. Daraus ergibt sich zunächst, daß die – sei es auch dauernde – Praxis nur *einzelner* Staaten, auch der Großmächte, noch kein Gewohnheitsrecht zu begründen[40] und nicht einmal diese Staaten selbst zu binden vermag, vor allem dann nicht, wenn diese Praxis bei anderen Staaten auf Proteste und Widerspruch stößt.

Beispiele: Zu Beginn des 19. Jahrhunderts bildete sich unter Führung Englands und in zweiter Linie der USA eine neue Rechtsüberzeugung, die den *Sklavenhandel* nicht nur als unmoralisch, sondern auch als rechtswidrig verwarf. Aber es dauerte längere Zeit, bis dieser Grundsatz sich allgemein durchsetzen konnte. Während dieser Übergangszeit haben gerade die bedeutendsten angelsächsichen Juristen Bedenken getragen, das von den beiden Staaten vertretene neue Prinzip als ein solches des Völkergewohnheitsrechts gelten zu lassen, solange andere Staaten, z. B. Spanien und Portugal, auf ihrem abweichenden Standpunkt beharrten.[41] – Diese Regel ist namentlich auch für das *Kriegsrecht* bedeutsam. Die grobe Verletzung des in den Haager Konventionen niedergelegten Besatzungsrechts und anderer Regeln durch Deutschland oder des überlieferten Neutralitätsrechts durch die USA im Zweiten Weltkriege vermochte kein neues Gewohnheitsrecht ins Leben zu rufen.[42]

---

[37] Vgl. dazu auch *Thode,* in: *Menzel/Ipsen,* 80; sehr restriktiv, teilweise ablehnend *Berber* I, 44 ff, der aber wohl die Bedeutung der Entscheidungen von Gerichten unter Außerachtlassung gerade auch der extensiven außeramerikanischen Praxis zu eng sieht.

[38] Die große Bedeutung der nationalen Rechtsprechung für die völkerrechtliche Praxis der Staaten zeigt sich beispielsweise in der umfassenden Sammlung von nationalen Gerichtsentscheidungen zu völkerrechtlichen Fragen, vgl. z. B. International Law Reports, begründet von *Lauterpacht,* zusammen mit *Williams/McNair,* seit 1958 allein fortgeführt von *Lauterpacht;* für Deutschland Fontes Juris Gentium, begründet von *Viktor Bruns,* hrsg. von *Mosler,* Serie A, Sectio II, T. 1 ff (1931, 1960 ff), *Harris,* Cases und Materials on International Law, 2nd ed., 1979, sowie den regelmäßigen Berichten über die nationale Rechtsprechung zu völkerrechtlichen Fragen in: AJIL, Can. YBIL; Italian YBIL; BYIL; ZaöRV; AFDI u. a.; kritisch zur Bedeutung von nationalen Gerichtsurteilen für die Völkerrechtsbildung *Berber* I, 44 ff (48).

[39] Vgl. dazu ausführlicher *Günther,* Zur Entstehung von Völkergewohnheitsrecht, 123 ff; wie hier *Thode,* in: *Menzel/Ipsen,* 80.

[40] Vgl. die Entscheidung der italienischen Corte Suprema di Cassazione, Foro italiano 72 (1949), I, 460: „una consuetudine non può sussistere se non sia la risultante di una pluralità di atti costanti ed uniformi, provenienti da tutti, o da gran parte degli Stati che compongono la società internazionale." Das Gericht begründet damit, daß keine gewohnheitsrechtliche Verpflichtung bestehe, fremden Staaten die uneingeschränkte Immunität zu gewähren. Dazu § 71.

[41] Vgl. *Wilson,* Some Principal Aspects of British Efforts to Crush the African Slave Trade, 1807–1929, in: AJIL 44 (1950), 505-526; vgl. zu Einschränkungen aber oben S. 55 f, Anm. 27.

[42] So im Hinblick auf die Verletzungen des überlieferten Seekriegsrechts durch England im Ersten Weltkrieg der amerikanische Schiedsrichter *Nielsen* in seiner abweichenden Stellungnahme zu dem Schiedsspruch des amerikanisch-mexikanischen Schiedsgerichts im Falle der *Oriental Navigation Company (USA) v. United Mexican States* (1928), in: RIAA 4, 352: „International law is a law for the conduct of nations grounded on the general assent of nations. It can be modified only by the same processes by which it is formulated. A belligerent cannot make law to suit his convenience."

So wenig die zwar wiederholte, aber doch nicht dauernde Anwendung einer Regel, so wenig reicht ihre Annahme durch eine Anzahl, aber nicht die große Mehrheit der Staaten dazu aus, um die zur Entstehung des Gewohnheitsrechts erforderliche „Quasi-Einstimmigkeit" zu begründen.

Beispiel: Im Rahmen des Streites zwischen Großbritannien und Norwegen über Fischereirechte im Nordatlantik hatte der IGH zu entscheiden, ob eine gewohnheitsrechtliche Regel dahingehend bestand, daß Einbuchtungen der Küste der Hoheitsgewalt des Küstenstaates unterliegen, wenn ihre Öffnung eine Breite von 10 Seemeilen nicht überschreitet. Aber ungeachtet zahlreicher Verträge, in denen diese Regel erscheint und der Tatsache, daß eine Reihe von Staaten der 10-Meilen-Regel geneigt waren, hat der Ständige Internationale Schiedshof im Falle der Fischereirechte im Nordatlantik (1910) und dann wiederum der IGH im Fischereistreit zwischen Großbritannien und Norwegen (1951) Bedenken getragen, diese Regel schon als eine solche des allgemeinen Gewohnheitsrechts gelten zu lassen.[43] Dabei mag es eine Rolle gespielt haben, daß Großbritannien die norwegische Praxis nach Ansicht des IGH gekannt, aber nichts dagegen unternommen hatte, obwohl es als Anrainerstaat des Nordatlantik dazu allen Anlaß gehabt hätte. Die Entscheidung des IGH mag daher im letzten auch vom Vertrauensgedanken ausgegangen sein, als sie die britische Rechtsbehauptung jedenfalls nicht gegen Norwegen gelten ließ.

Wenn andererseits eine durchgängige Übereinstimmung herrscht, so steht das abweichende Verhalten *einzelner* Staaten der Annahme des Gewohnheitsrechts nicht entgegen.[44]

Wo freilich der Gegenstand der gewohnheitsrechtlichen Regel nur eine beschränkte Zahl von Staaten betrifft, ist *deren* Durchschnittspraxis zugrunde zu legen. Für die Geltung von Regeln des *internationalen Seerechts* z. B. ist im wesentlichen nur die Rechtsanschauung und der Brauch der seefahrenden und am Seehandel beteiligten Nationen bedeutsam, während etwa abweichende Auffassungen auch großer Staaten außerhalb dieses Kreises kaum in Betracht kommen dürften.[45]

Wenn sich Gewohnheitsrecht aber einmal durchgesetzt hat, hört es nicht schon dadurch auf zu bestehen, daß einzelne, und seien es auch große und mächtige Staaten sich zu ihm in Widerspruch setzen. Erst wenn sich in der Sache betroffene Staaten in größerer Zahl auf die Dauer von dem bisherigen Gewohnheitsrecht lösen – sei es, daß sich neue Gewohnheiten bilden, daß die alte Gewohnheit einfach erlischt oder das Bewußtsein ihrer rechtlichen Verbindlichkeit sich verliert – erst dann hört das Gewohnheitsrecht durch Entwöhnung (desuetudo) auf zu bestehen.

b) Stellt das Vertragsrecht eine bewußte und gewollte Rechtsetzung dar, so ist das Gewohnheitsrecht eine spontane Rechtsbildung, die von dem Bewußtsein der *rechtlichen Verpflichtung,* der sog. opinio iuris sive necessitatis, begleitet sein muß.[46] Auf sie deutet

---

[43] *Scott,* I, 141; ICJ Reports 1951, 131. Vgl. auch unten § 79.

[44] Herrschende Lehre und Praxis. Anders z. B. die abweichende Meinung des Richters *Weiss* im *Lotus*-Fall – PCIJ Series A 10 (1927), 43 f –, die als einzige Quelle des Völkerrechts den consensus omnium betrachtet, Völkerrecht nur annehmen will, „lorsqu'il apparait que toutes les nations dont se compose la communauté international sont d'accord pour accepter et pour appliquer dans leurs rapports mutuels une règle de conduite déterminée". Das läuft auf die oben § 3 III 1 zurückgewiesene Auffassung des Gewohnheitsrechts als eines auf einem stillschweigend abgeschlossenen Vertrag beruhenden Rechts hinaus.

[45] Aber auch für das Seerecht wollte etwa der Supreme Court der USA sich nicht mit dem Nachweis einer nur von England und den Vereinigten Staaten anerkannten Rechtsanschauung begnügen. Vielmehr wird die Zustimmung auch der anderen seefahrenden Nationen gefordert. So das Urteil im Falle *The Scotia* (1871), Wallace's United States Supreme Court Reports 14 (1879), 170.

[46] Dieses Merkmal wurde anfänglich von *Guggenheim,* Contribution à l'histoire des sources du droit des gens, in: RdC 94 (1958 II), 5 ff, und *ders.,* Les deux éléments de la coutume en droit international, in: Etudes en l'honneur de G. Scelle (1950), Bd. I 275 ff; *Kelsen,* Théorie du droit international cou-

auch Art. 38 (1) b des Statuts des IGH, wenn er nur eine solche Gewohnheit als Rechtsquelle ansehen will, „die eine *als Recht anerkannte* Praxis bekundet". Dafür muß jedoch die stillschweigende Unterwerfung, die protestlose Hinnahme der Regel genügen. Wo immer freilich im internationalen Leben eine gleichmäßige und langdauernde Übung besteht, darf man in der Regel *vermuten*, daß die Staaten so handeln, weil sie glauben, so handeln zu müssen. Aber denkbar ist doch, daß die Staaten sich nur aus Courtoisie oder aus Gründen der Zweckmäßigkeit in bestimmter Weise verhalten, ohne sich gebunden zu fühlen. Aus einem solchen Verhalten kann jedenfalls nicht ohne weiteres auf eine gewohnheitsrechtliche Norm geschlossen werden.[47]

Das ist z. B. für die völkerrechtliche Beurteilung des *Unterlassens* bedeutsam. Ein lehrreiches Beispiel stellt auch hier der *Lotus*-Fall (1927) dar.[48] Hier ging es darum, ob der Wachoffizier eines französischen Dampfers, der auf hoher See einen Zusammenstoß mit einem türkischen Dampfer verschuldet hatte, der türkischen Strafgerichtsbarkeit unterliege. Hiergegen hatte der Vertreter Frankreichs vor dem StIGH geltend gemacht, daß eine so weitgehende Ausdehnung der Strafbarkeit nicht der internationalen Praxis entspreche, und daraus deren Unzulässigkeit herleiten wollen. Aber das Gericht war anderer Meinung. Die gewohnheitsmäßige Abstandnahme von der Strafverfolgung in Fällen dieser Art, so wurde das Urteil der Mehrheit begründet, entspringe nicht der Überzeugung, zu dieser Zurückhaltung völkerrechtlich verpflichtet zu sein und könne daher nicht als Beweis für das Bestehen eines Gewohnheitsrechts gelten.

So schwierig nach wie vor im einzelnen die Feststellung der Rechtsüberzeugung der Staaten bleibt, so wenig darf übersehen werden, daß die immer enger zusammenrükkende internationale Gemeinschaft heute über Verfahrensweisen verfügt, die die Artikulation der Rechtsüberzeugung erleichtern. So *kann* in mit großen Mehrheiten bzw. einstimmig verabschiedeten Resolutionen internationaler Organisationen – ungeachtet ihres möglichen Charakters als Rechtsquelle eigener Art[49] –, aber auch in der Verabschiedung von Vertragsentwürfen durch internationale Konferenzen entweder eine schon bestehende Rechtsüberzeugung bekräftigt werden oder eine neue Rechtsüberzeugung zum Ausdruck kommen.[50] Dabei darf der Gehalt solcher Bekundungen allerdings auch nicht überbewertet werden. So sehr es denkbar ist, daß in der Tat in derartigen – gerade auch wiederholten – Erklärungen die Rechtsüberzeugung der Staaten und anderer zur Rechtsetzung befugter Völkerrechtssubjekte artikuliert wird, so ist es auch nicht auszuschließen, daß derartige Äußerungen nur einer augenblicklichen politischen Opportunität entspringende Lippenbekenntnisse darstellen. Das heute in internationalen Organisationen, aber auch auf diplomatischen Konferenzen häufig angewandte Konsensusverfahren[51], d. h. Beschlüsse ohne förmliche Abstimmung zu fassen, sowie die Tat-

---

tumier, in: Revue internationale de la théorie du droit, Nouvelle Série 1 (1939), 253 ff, aber auch von *Kopelmanas*, Custom as a means of creation of international law, in: BYIL 18 (1937), 127 ff, zu Unrecht für überflüssig gehalten. Sowohl *Guggenheim* als auch *Kelsen* haben ihre Auffassung soweit auch später revidiert, siehe *Kelsen*, Principles of Internatinal Law (2. Aufl., hrsg. von *Tucker*, 1966), 450 f; *Guggenheim* (2. Aufl. 1967), 103 ff.

[47] So mit Nachdruck der IGH im *Asyl*-Fall aus dem Jahre 1950 – ICJ Reports 1950, 276 f –, in dem das Gericht von Kolumbien den Nachweis verlangt, daß die von Kolumbien behauptete Praxis einseitiger Qualifizierung des Flüchtlings durch den Asyl gewährenden Staat wirklicher Rechtsüberzeugung und nicht nur Zweckmäßigkeitserwägungen seinen Ursprung verdanke.

[48] PCIJ Series A 10 (1927), 28: „It (gemeint ist die von Frankreich behauptete Praxis) would merely show that States had often, in practice, abstained from instituting criminal proceedings, and not that they recognized themselves as being obliged to do so; for only if such abstention were based on their being conscious of having a duty to abstain, would it be possible to speak of an international custom."

[49] Dazu unten § 4 IV.

[50] Für Beispiele aus dem Umweltrecht etwa siehe *Wolfrum*, Die grenzüberschreitende Luftverschmutzung im Schnittpunkt von nationalem Recht und Völkerrecht, in: DVBl. 99 (1984), 497.

[51] Das Konsensusverfahren wurde erstmals in Art. 161 Abs. 7 der Seerechtskonvention von 1982 (UN Doc. A/Conf. 62/122 vom 7. Oktober 1982) als für den Rat der Meeresbodenbehörde verbind-

sache, daß dem geltenden Organisationsrecht nach in der Regel Resolutionen u. ä. Beschlüssen als solchen keine Rechtsverbindlichkeit zukommt, mag Staaten dazu verleiten, derartigen Äußerungen ihre Zustimmung zu geben eben in dem Bewußtsein ihrer Unverbindlichkeit. Eine sorgfältige Prüfung der Umstände einer Äußerung der Staaten bei der Feststellung des Rechtsüberzeugungsgehalts ist auch heute jeweils geboten. Dennoch bleibt festzustellen, daß die Zusammenführung der Staaten in den zahlreichen internationalen Organisationen und im Rahmen der intensiven internationalen Konferenzdiplomatie nicht nur die Feststellung von bestehender Rechtsüberzeugung erleichtert, sondern auch die Bildung von Gewohnheitsrecht beschleunigen kann.[52]

Beispiel: Auf der Dritten Seerechtskonferenz der UN (1973-1982) ist von einer großen Zahl von Staaten aus unterschiedlichsten Motiven die Anerkennung einer bis zu 200 sm in die Hohe See hineinreichenden nationalen Wirtschaftszone (exclusive economic zone) gefordert worden. Unabhängig von der Aufnahme entsprechender Regelungen in die von der Konferenz beschlossene Seerechtskonvention hat die ganz überwiegende Zahl von Staaten bereits während der Konferenz in Rechtsüberzeugung im Hinblick auf die nationale Wirtschaftszone entsprechende praktische Schritte folgen lassen. Es wird schon jetzt von einer gewohnheitsrechtlichen Anerkennung der nationalen Wirtschaftszone auszugehen sein.[53] Unsicherheiten über den Inhalt des Instituts im einzelnen ändern daran nichts.

3. Internationales Gewohnheitsrecht kann auch *partikuläres Völkerrecht* sein, also in seiner geographischen Dimension (ratione personae) oder in seiner inhaltlichen Gestaltung (ratione materiae) nur für einen Teil der Völkerrechtssubjekte verbindlich sein:

a) Einmal kann es sein, daß der Brauch oder die ihn begleitende Rechtsüberzeugung nur in einem enger begrenzten Kreise von Staaten besteht.[54] Man spricht dann von partikulärem oder – im Falle von auf größere geographische Räume beschränktem Völkergewohnheitsrecht – auch von regionalem Völkergewohnheitsrecht. Ein Beispiel stellt der lateinamerikanische Bereich dar. Die Voraussetzungen für die Entstehung solcher Normen weichen im Prinzip nicht von denen ab, unter denen allgemeines Völkergewohnheitsrecht entsteht.[55]

b) Zum anderen kommt es vor, daß zwar über eine bestimmte Norm, aber nicht über ihre Ausdehnung und Tragweite Einigkeit herrscht.

---

liches Entscheidungsverfahren kodifiziert. Zum Konsensusverfahren vgl. *Wolfrum,* Konsens im Völkerrecht, in: *Hattenhauer/Kaltefleiter* (Hrsg.), Mehrheitsprinzip, Konsens und Verfassung, 1986, 79-91. Für die Einschätzung des Konsensverfahrens durch die Staaten vgl. auch Res. 41/213 der Generalversammlung der Vereinten Nationen und Debatte nach Verabschiedung dieser Resolution, und die Nachweise oben, § 3 mit Anm. 65.

[52] Ebenso *Verdross/Simma,* 359.

[53] Siehe dazu *Vitzthum,* Friedlicher Wandel durch völkerrechtliche Rechtssetzung. Zur Problematik des Verfahrens und der inhaltlichen Konsensbildung internationaler Kodifikationskonferenzen, dargestellt am Beispiel der 3. UN-Seerechtskonferenz, in: *Delbrück* (Hrsg.), Völkerrecht und Kriegsverhütung, 1979, 123 f sowie die nachfolgende Diskussion (dort besonders 186 f, 192). Vgl. auch unten § 81.

[54] Das Statut des IGH spricht in Art. 38 (1) b allerdings nur von internationaler Gewohnheit als Beweis einer *allgemeinen* Praxis. Insoweit ist seine Fassung zu eng.

[55] Der IGH im *Asylum*-Case, ICJ Reports 1950, 276 f, schränkt dies allerdings dahingehend ein, daß im Fall regionalen Völkergewohnheitsrechts die Übung hinsichtlich der betroffenen Staaten allgemein sein muß; er legt also ein engeres Verständnis von „allgemein" zugrunde als bei der Entstehung universellen Völkergewohnheitsrechts. In diesem Sinne auch *Shaw,* 76 f. Ob dies in dieser Schärfe wirklich zutreffend ist, erscheint zweifelhaft. So mag man fragen, ob nicht gerade in einer engeren regionalen Staatengemeinschaft von Staaten zu Tage gelegtes Unterlassen z. B. aus Indifferenz zu deren Bindung an einen regionalen Völkergewohnheitsrechtssatz führen müßte, da von ihnen aus besonderer Betroffenheit eine den Satz ablehnende Praxis erwartet werden darf.

Beispiele sind hier insbesondere die gewohnheitsrechtlich anerkannten Prinzipien der Ressourcenverteilung, der Nutzung staatsfreier Räume oder des Umweltvölkerrechts wie insbesondere das Common-Heritage-Prinzip oder Prinzip 21 der Stockholmer Umwelterklärung der UN und das Nachbarschaftsrecht.[56] Einig sind sich die Staaten darüber, daß bei der Erschließung und Nutzung der Ressourcen staatsfreier Räume die Belange der Staatengemeinschaft einschließlich eines entwicklungspolitischen Sozialausgleichs i. S. des „gemeinsamen Erbes der Menschheit" zu berücksichtigen sind; erhebliche Meinungsverschiedenheiten bestehen aber hinsichtlich der Frage, welche konkreten Verteilungsrichtlinien und -verfahren sich daraus im einzelnen ergeben. Einigkeit herrscht über nachbarschaftliche Souveränitätseinschränkungen bei umweltbeeinträchtigenden Aktivitäten; umstritten ist jedoch die Reichweite der nachbarschaftsrechtlichen Einschränkungen in bezug auf konkrete nachbarschaftsrechtliche Verpflichtungen.

Wo in dieser Weise Einigkeit über einen Grundsatz, aber nicht über die Ausdehnung der Regel besteht, gilt die Norm der ***unteren Grenze,*** d. h. die allgemein geltende völkerrechtliche Norm bestimmt sich nach der Rechtsüberzeugung der Staaten, die der Regel die geringste Ausdehnung geben. Denn nur insoweit besteht ein allgemeiner Konsens.

So konnte bis vor einiger Zeit von einer allgemeinen gewohnheitsrechtlichen Regel, die die Küstengewässer auf 3 sm beschränkt, nicht gesprochen werden. Die Ansprüche reichten von der traditionellen 3-sm-Ausdehnung über 4, 6, 9, 10 bis 12, ja sogar in wenigen Fällen bis 200 sm. Indessen konnte sehr wohl davon ausgegangen werden, daß kein Staat aus Rechtsgründen ***weniger*** als 3 sm Küstengewässer in Anspruch nimmt, die Küstengewässer also gewohnheitsrechtlich mindestens diese Ausdehnung aufwiesen.[57]

III. 1. Für die praktische Anwendung des Völkerrechts sind Verträge und Gewohnheitsrecht die wichtigsten Quellen. Früher war man überwiegend der Ansicht, daß das Völkerrecht sich in ihnen erschöpfe. Wo weder Verträge noch gewohnheitsrechtliche Regeln bestanden, dort glaubte man sich mit der Feststellung eines non liquet begnügen und die Frage als nicht justiziabel betrachten zu können oder schließen zu dürfen, daß in Ermangelung einer dagegen sprechenden Norm jeder Staat nach Belieben zu verfahren vermöge.[58]

Beispiel: In der zweiten Hälfte des vergangenen Jahrhunderts entstand ein Streit zwischen England und den USA daraus, daß die letzteren zum Schutze der *Pelztierfischerei in der Beringsee* gegen gewisse, von kanadischen Fischern angewandte Vernichtungsmethoden auch jenseits der Dreimeilenzone einzuschreiten versuchten. Das mit der Sache befaßte Schiedsgericht entschied gegen die USA, weil diese ihr Vorgehen weder auf Verträge noch auf Regeln des internationalen Gewohnheitsrechts zu stützen vermöchten. Den Gedanken, daß ein solcher „Vernichtungsfeldzug" doch vielleicht einen Mißbrauch des aus der Freiheit der Meere folgenden Fischereirechts enthalte, legte es im Sinne eines entscheidungserheblichen Rechtsprinzips nicht zugrunde.[59]

Wie dieses Beispiel zeigt, widerspricht es jedenfalls heutigem Rechtsempfinden, sich mit einem solchen „non liquet" zu begnügen, also nur auf Verträge und Gewohnheitsrecht abzustellen. Es gibt nämlich tatsächlich noch andere Normen, die zur Beurteilung des Staatsverhaltens herangezogen werden können und müssen. Von ihnen spricht Art. 38

---

[56] Dazu *Wolfrum,* Die Internationalisierung staatsfreier Räume, 1984, 331 ff; *Dicke,* Grenzüberschreitende Umweltverschmutzung als völkerrechtliches Problem, in: *Haendcke-Hoppe/Merkel* (Hrsg.), Umweltschutz in beiden Teilen Deutschlands, 1986, 111 ff, jeweils mit weiteren Nachweisen.

[57] Vgl. dazu *Rojahn,* in: *Menzel/Ipsen,* 391 f. Vgl. auch unten § 67.

[58] Diese Ansicht wird heute überwiegend verworfen; vgl. dazu etwa *Verdross/Simma,* 387 ff mwN; zur älteren Lehre siehe z. B. noch *Kelsen,* Principles, 305 f.

[59] Der 1893 erlassene Schiedsspruch ist abgedruckt bei *Moore,* History and Digest I, 755.

(1) c des Statuts des IGH.[60] Danach gehören zu den Quellen auch die allgemeinen, von den zur Rechtssetzung befugten Völkerrechtssubjekten, namentlich den Staaten, anerkannten Grundsätze des Rechts. Völkerrechtliche Verträge, insbesondere Schiedsverträge, nehmen häufig auf diese Quelle Bezug.[61] Sie ist auch im Vorspruch zum IV. Haager Abkommen über die Gesetze und Gebräuche des Landkrieges von 1907 gemeint, der bestimmt, daß das Völkerrecht, wo andere Bestimmungen fehlen, entsprechend den unter den Kulturvölkern üblichen Bräuchen, den Gesetzen der Menschlichkeit und den Forderungen des Gewissens angewandt werden solle (*Martenssche* Klausel).[62] Die Bedeutung dieser u. ä. Bestimmungen ist allerdings nicht leicht zu verstehen.

Im *Schrifttum* gehen die Ansichten auseinander.[63] Manche Autoren glauben, der hier gemeinten Rechtsquelle jede selbständige Bedeutung neben dem Vertrags- und Gewohnheitsrecht absprechen zu dürfen.[64] Andere betrachten die Grundsätze des Rechts als Rechtsnormen eigener Art. Worin aber ihr Wesen bestehe, ist streitig. Die einen wollen dem Art. 38 (1) c ein Bekenntnis zum Naturrecht entnehmen, andere darin eine Bezugnahme auf die den nationalen Rechtsordnungen gemeinsamen Grundsätze finden. Wieder andere halten die in Art. 38 (1) c bezeichneten Grundsätze des Rechts zwar nicht für Normen eigener Art, glauben ihnen aber doch Bedeutung als einem Mittel der Lückenergänzung oder der Auslegung und Erläuterung des Vertrags- und Gewohnheitsrechts zusprechen zu können. In der Rechtsprechung der internationalen Gerichte, namentlich auch des StIGH und IGH, hat diese Rechtsquelle allerdings nur eine bescheidene Bedeutung erlangt.[65] Im Hinblick auf die Heterogenität der Wertvorstellungen in der universalen Völkerrechtsordnung dürfte dies auch auf absehbare Zeit der Fall sein.[66]

---

[60] Zur Entstehungsgeschichte *Verdross/Simma*, 382 ff.

[61] Beispiele bei *Verdross*, RdC 52 (1935 II), 220 f und *Hudson*, 607. – Eine auffallende Anwendung dieses Prinzips enthält die Europäische Menschenrechtskonvention vom 4. November 1950. Sie proklamiert in Art. 7 (1) den Grundsatz *nulla poena sine lege*, bestimmt dann aber in Abs. 2, daß dieser Artikel kein Hindernis für die Verfolgung von Taten sein solle, die zur Zeit ihrer Begehung nach den allgemeinen, von den Kulturvölkern anerkannten Grundsätzen des Rechts verbrecherisch waren. Eine weitgehende Auflockerung des Prinzips unter Bezugnahme auf die Rechtsquelle, die hier interessiert!

[62] Vgl. auch die Bezugnahme auf die allgemeinen Grundsätze in Art. 73 des I. und im Vorspruch vom XIII. Haager Abkommen von 1907.

[63] Die gleichen Meinungsverschiedenheiten wie im Schrifftum haben schon in der mit der Vorbereitung des Statuts betrauten Juristenkommission des Völkerbundes im Jahre 1920 bestanden. Dazu etwa *Spiropoulos*, Die allgemeinen Rechtsgrundsätze, 14 f, 20 f, *Verdross*, RdC 52 (1935 II), 220 f, *Hudson*, 610.

[64] In der älteren Lehre z. B. sehr deutlich *Cavaglieri*, in: Rivista di diritto internazionale 14 (1921/22), 504 Anm. 3: „Se à esatta, come a noi sembra, la identificazione delle consuetudini internazionali coi principii generali (comuni) di diritto, le due fonti suddette, separate dallo statuto della corte andrebbero invece confuse in una sola. Quale differenza sostanziale può esservi infatti tra i principes généraux de droit et la coutume comme preuve d'une pratique générale?" Oder *Strupp*, RdC 47 (1934 I), 336: „Nous repoussons donc catégoriquement les principes généraux du droit en tant que ‚troisième source' du droit international." In der Gegenwart wird die Eigenständigkeit der allgemeinen Rechtsgrundsätze als Völkerrechtsquelle namentlich von der sowjetischen Völkerrechtslehre bestritten, vgl. etwa *Tunkin*, Völkerrechtstheorie, 223 ff; *ders.*, „General Principles of Law" in International Law, in: Festschrift Verdross, 1971, 523 ff; auch in diesem Sinne das DDR-Völkerrechtslehrbuch (1973), Teil 1, 207 ff; zur sowjetischen Lehre vgl. auch *Schweisfurth*, Der internationale Vertrag in der modernen sowjetischen Völkerrechtstheorie, 1968, 42 ff. In der westlichen Literatur wird namentlich von *Guggenheim*, Traité I, 291 ff die Auffassung vertreten, daß die allgemeinen Rechtsgrundsätze solche des nationalen Rechts seien, die Teil des Völkerrechts in Gestalt von Verträgen oder Gewohnheitsrecht geworden seien. Dem ist im Grundsatz nicht zuzustimmen; wohl aber ist praktisch zuzugeben, daß ein großer Teil der zunächst als allgemeine Rechtsgrundsätze angesehenen Prinzipien zwischenzeitlich in eine große Zahl von Verträgen aufgenommen wurde, so zutreffend *Verdross/Simma*, 387.

[65] Vgl. auch *Schwarzenberger* I, 46 f. Der IGH hat in seinem Rechtsgutachten über die *Vorbehalte zum Völkermordabkommen* – ICJ Reports 1951, 23 – die dem Abkommen zugrundeliegenden Prinzipien, namentlich die Auffassung des Völkermordes als eines internationalen Verbrechens, als überpositiven Rechtsgrundsatz gekennzeichnet, dessen Verbindlichkeit unabhängig von vertraglicher Regelung sei.

[66] Ein interessanter Rückgriff auf die allgemeinen

2. a) Natur und Funktion der allgemeinen Rechtsgrundsätze können wohl folgendermaßen zusammenfassend beschrieben werden: Es gibt Grundsätze des Rechts, die in den Rechten mehr oder weniger aller Nationen übereinstimmend anerkannt sind.

Beispiele: Der Grundsatz, daß Verpflichtungen nach Treu und Glauben erfüllt werden müssen, das Verbot des Rechtsmißbrauchs[67], des Verstoßes gegen die guten Sitten gilt mehr oder weniger überall in der Welt. Überall ist anerkannt, daß derjenige, der für einen Schaden verantwortlich ist, diesen wiedergutmachen muß.[68] Auch die Regeln darüber, wie dies zu geschehen habe, so die Vorschriften für die Berechnung des Schadens, sind in den großen Zügen die gleichen.[69] Auch existiert wohl kein Recht der Welt, das nicht der Geltendmachung von Rechten gewisse Zeitgrenzen setzt oder einen Erwerb und Verlust von Rechten durch Zeitablauf kennt. Erscheinungen wie Verjährung, Verwirkung, Ersitzung sprechen ein allgemeines Rechtsprinzip aus.[70] Auch das Fremdenrecht oder das Prisenrecht – auch dieses ein *nationales* Recht – wird durch allgemeine Regeln beherrscht, die einen gesicherten Bestand der modernen Rechtskultur bilden. Wieder andere Gemeinsamkeiten haben auf das *Verfahren* Bezug: Der Grundsatz, daß niemand Richter in eigener Sache sein darf, die Maxime audiatur et altera pars, das Erfordernis ausreichender Verteidigung im Strafverfahren oder die Rechtskraft des Urteils, diese und andere Grundsätze gehören zum gemeinsamen Bestande der gesitteten Welt.[71]

Regeln dieser Art lassen sich als überstaatliches Gemeinrecht (ius gentium, common law) der Kulturwelt bezeichnen. Sie können zugleich Regeln des Gewohnheitsrechts sein, sind aber auch dann verbindlich, wenn sie es nicht sind. Allerdings reicht die bloße Übereinstimmung der nationalen Rechte für sich allein noch nicht aus, um die Annahme einer völkerrechtlichen Regel zu stützen. Nicht schon die allgemein geltenden Regeln als solche, sondern nur die allgemein anerkannten *Grundsätze des Rechts* läßt Art. 38 (1) c des Statuts des IGH als Quellen des Völkerrechts gelten. Nur dann also, wenn die Übereinstimmung nicht zufällig ist, wenn sie ein allgemeines, die ganze Rechtsordnung

---

Rechtsgrundsätze erfolgte allerdings im Jahre 1965 im Rahmen der Diskussion über die Nichtverjährbarkeit von NS-Verbrechen, vgl. dazu unten S. 66 und Anm. 77 und 78.

[67] *Verdross/Simma*, 281; *Kiss*, Abuse of Rights, in: EPIL 7 (1984), 1-5, jeweils mit weiteren Nachweisen.

[68] So das Urteil des StIGH im *Chorzow*-Fall, PCIJ Series A 17 (1929), 29: „It is a principle of international law, and even a general conception of law, that a breach of an engagement involves an obligation to make reparation."

[69] Allgemeine Rechtsgrundsätze dieser Art wurden namentlich in dem Schiedsspruch des StISchH über die türkische Kriegsentschädigung (1912) – bei *Scott* I, 297 – zugrunde gelegt. Darin ging das Schiedsgericht davon aus, daß die Verbindlichkeiten und namentlich die Geldschulden der Staaten im Prinzip nach den gleichen Regeln wie die Schulden von Privatpersonen zu beurteilen seien. So wurde aus den nationalen Rechten der Grundsatz entnommen, daß der Schuldner sich auch im Völkerrecht auf eine seine Existenz gefährdende höhere Gewalt zu berufen vermöge, daß der säumige Schuldner von dem Zeitpunkt der Mahnung an Verzugszinsen schulde, andererseits aber der Gläubiger seinen Anspruch verwirke, wenn er Teilzahlungen annehme und Aufschub gewähre, ohne seinen Anspruch vorzubehalten.

[70] Ein Beispiel aus der internationalen Rechtsprechung ist der Schiedsspruch des Schiedsrichters *Ralston* in dem zwischen Italien und Venezuela streitigen Fall *Gentini*, bei *Ralston*, Venezuelan Arbitrations of 1903, 1904, 725 f. Darin wird aus der Verbreitung der Verjährung in den Rechten der verschiedenen Staaten das Bestehen einer allgemeinen Billigkeitsnorm abgeleitet und daraus geschlossen, daß auch internationalrechtliche Ansprüche der Verjährung unterworfen sein müssen.

[71] Vgl. z. B. die Äußerung des amerikanischen Schiedsrichters *Nielsen* in der amerikanisch-mexikanischen General Claims' Commission im Falle *Kling (USA) v. United Mexican States*, in: RIAA 4, 582, über die internationalen Schiedsgerichte: „with respect to matters of evidence they must give effect to common sense principles underlying rules of evidence in domestic law". Vgl. auch den Schiedsspruch in dem Rechtsstreit zwischen Deutschland und Litauen über die *Staatsangehörigkeit gewisser Personen* (1937), in: RIAA 3, 1719. Dort werden die in den nationalen Rechten anerkannten Bedingungen für die Wiederaufnahme rechtskräftig abgeschlossener Verfahren als auch in internationalen Verfahren maßgebend bezeichnet (1756).

beherrschendes Rechtsprinzip ausspricht, läßt sich auf eine Regel auch des Völkerrechts schließen. Nicht anders als im Fall des Gewohnheitsrechts muß auch hier eine opinio iuris sive necessitatis bestehen.

b) Die Einhelligkeit und Spontaneität, mit der manche Grundsätze des Rechts in der gesamten Kulturwelt angewandt werden, ist zugleich ein Anzeichen dafür, daß sie einem allgemein menschlichen Bedürfnis entsprechen. Insofern wäre von einem *Naturrecht* zu sprechen, eine Idee, die in der Gegenwart eine gewisse Auferstehung erlebt.[72] Aber will die Rechtsanwendung den mit der Annahme eines naturrechtlichen Normenbestandes verbundenen Gefahren der Willkür und des Subjektivismus entgehen, so wird sie nicht unmittelbar aus der Idee eines vorgegebenen, objektiven Naturrechts deduzieren, sondern gleichsam nur Naturrecht aus zweiter Hand heranziehen dürfen. Damit sind solche Normen gemeint, die in der praktisch betätigten Rechtsüberzeugung der internationalen Gemeinschaft ihren Niederschlag finden und sich aus Tatsachen ablesen lassen. Das bedeutet nicht notwendig, daß sie sich ausschließlich in Akten der Staatsgewalt aussprechen müßten. Neben den Staaten – und Organisationen – nehmen in gewissem Umfang auch die übrigen Völkerrechtssubjekte, nehmen auch die Völker und die einzelnen an der internationalen Rechtsbildung teil.[73] Als ein Anzeichen für das Bestehen einer allgemeinen Rechtsüberzeugung kommt auch die nicht oder nicht voll organisierte *öffentliche Meinung* der Welt[74] in Betracht. Doch steht ihre Bedeutung hinter der der organisierten und formalisierten internationalen Rechtsüberzeugung, von der auch Art. 38 (1) c des Statuts des IGH ausgeht, selbstverständlich weit zurück. Somit gibt es letztlich kaum ein zuverlässigeres Anzeichen für das Bestehen einer allgemeinen Rechtsüberzeugung als die übereinstimmende Geltung eines Rechtssatzes in mehr oder weniger allen nationalen Rechten der Welt. Was überall gilt, dem kann eine vernüftige, allgemein anerkannte Regelungsabsicht nicht abgesprochen werden. In diesem Sinne mag man hier von „Naturrecht" sprechen, und damit scheint der Streit über den Inhalt des Art. 38 (1) c bis zu einem gewissen Grade gegenstandslos oder doch insoweit entschieden, als Art. 38 (1) c als Norm begriffen werden muß, die inhaltlich für weitere Entwicklung offen ist.

---

[72] Vgl. § 3 II 1 d. Naturrechtlichen Gedankengängen neigt seit dem Zweiten Weltkrieg auch die deutsche Rechtsprechung zu. Vgl. z. B. BGHZ 3, 94. Danach war der 1945 erlassene Befehl zur Erschießung von Deserteuren ohne Verfahren „unrichtiges Recht". Denn „das Gesetz findet dort seine Grenze, wo es in Widerspruch zu den allgemein anerkannten Regeln des Völkerrechts und zu dem Naturrecht tritt" (107). Ebenso BGHSt 1, 391 (397 f) zur Völkerrechtswidrigkeit unmenschlicher Internierungen ohne geordnetes Verfahren in den Ländern des Ostblocks. Dadurch werde der „unantastbare Kernbereich des Rechts" angetastet (399). Aber die internationale Rechtsprechung steht – anders als ein Teil der Lehre – der Idee des Naturrechts doch mit größerer Zurückhaltung gegenüber. Die Urteile des Internationalen Militärtribunals nach dem Zweiten Weltkrieg, die allerdings zu einem wesentlichen Teil auf dem Naturrecht beruhen, stellen doch eine Ausnahme dar. Ein weiteres interessantes Beispiel ist allerdings das Urteil des IGH im *Korfukanal*-Fall – ICJ Reports 1949, 4 –, das die Rechtspflicht Albaniens zur Benachrichtigung von der Auslegung der Minen vor der albanischen Küste aus allgemeinen Grundsätzen des Rechts – „certain general and well recognized principles" – ableiten will, als deren erste die Pflichten der Menschlichkeit – „elementary considerations of humanity" – angeführt werden (22).

[73] Ebenso wie nicht nur die Staaten als Völkerrechtssubjekte am internationalen Rechtsleben teilnehmen, sondern auch internationale Organisationen und nichtstaatliche Wirkungseinheiten einschließlich des Individuums, so müssen diese auch als für die Rechtsbildung relevante Träger des Rechtsbewußtseins angesehen werden. Vgl. oben § 2.

[74] *Fraenkel*, Öffentliche Meinung und internationale Politik, 1962; *Merle*, Le droit internationale et l'opinion publique, in: RdC 138 (1973 I), 373 ff; *Dicke*, Zur Bedeutung der Publizität in den internationalen Beziehungen, in: Festschrift Schwartländer, 1988, 121 ff.

c) Denn man wird die Möglichkeit nicht *ausschließen* können, daß sich eine allgemeine Rechtsüberzeugung entwickelt, die bisher weder im Gewohnheitsrecht noch in den nationalen Rechten ihren Niederschlag findet. So wird zugegeben werden müssen, daß in einer Reihe von Resolutionen der Generalversammlung der UN, die häufig als Deklarationen bezeichnet werden, um ihren besonderen Charakter zu unterstreichen, Bekenntnisse zu neuen Rechtsgrundsätzen enthalten sind.[75] Aber hier ist doch Vorsicht geboten. Es gibt Grundsätze der Politik und Moral, zu denen man sich gern häufig bekennt, die aber in der Praxis der Staaten nicht angewandt werden. Ein Prinzip aber, das im internationalen Rechtsleben nicht durchweg angewandt wird, ist kein *Recht.* Zwar ist der Nachweis einer eingewurzelten Gewohnheit nicht zu verlangen. Andererseits ist ein Grundsatz des Rechts i. S. des Art. 38 (1) c dann nicht „anerkannt", wenn die Staatenpraxis sich durchweg anders verhält. Anerkenntnis bedeutet mehr als ein bloßes Lippenbekenntnis. Sonst liefe es bei der Anwendung des Art. 38 auf ein mehr oder weniger subjektives Fühlen und Meinen hinaus und verlöre das Völkerrecht den Boden unter den Füßen.

Beispiel: Die um das Jahr 1965 geführte internationale Diskussion über die Frage, ob auch Kriegsverbrechen und Verbrechen gegen die Menschlichkeit strafrechtlich der Verfolgungs- und Vollstreckungsverjährung unterliegen, hat deutlich gemacht, daß angesichts der unterschiedlichen Staatenpraxis[76] bis dahin kein allgemeines Rechtsprinzip (oder gar eine gewohnheitsrechtliche Regel) bestand, das eine solche Verjährung – anders als manche nationale Rechtsordnung[77] – festlegt. Andererseits ist im Nachgang zu dieser Diskussion auch von jenen Staaten, die die Verjährung für derartige Verbrechen in ihrer nationalen Rechtsordnung vorsahen, in großem Umfange der weitverbreiteten internationalen Auffassung über die Nichtverjährbarkeit solcher Verbrechen durch Gesetzesänderung Rechnung getragen worden. Die Tatsache, daß die UN eine Konvention über die Nichtverjährbarkeit von Kriegsverbrechen und Verbrechen gegen die Menschlichkeit zur Unterzeichnung und Ratifikation aufgelegt haben[78], mag darauf hindeuten, daß detaillierte völkergewohnheitsrechtliche Regelungen auch jetzt noch nicht bestehen. Die Existenz eines allgemeinen Rechtsprinzips dieses Inhalts dürfte dagegen heute kaum mehr geleugnet werden können.

Auch bei der Anwendung der allgemeinen Grundsätze des Rechts ist also die Berücksichtigung der Staatenpraxis und damit der Rückgriff auf die politisch-soziale Faktizität nicht zu entbehren. Gerade in einer weitgehend zerklüfteten und zersplitterten Welt wie der unsrigen hat das Völkerrecht sich vor dem Spekulieren mit allgemeinen Prinzipien zu hüten. Andererseits aber liegt auch in dem Warten auf die „Staatenpraxis" und der allgemeinen Orientierung an Präzedenzfällen eine Gefahr.[79] Ihr gegenüber bildet die Anerkennung der allgemeinen *Grundsätze* des Rechts als eigene Rechtsquelle ein Gegengewicht. Ihre Anwendung auf den einzelnen Fall setzt in der Regel ein höheres Maß an Konkretisierung voraus, als es etwa bei der Anwendung gewohnheitsrechtlicher

[75] In diesem Sinne z. B. auch *Verdross/Simma,* 386 f, 405 ff.

[76] Vgl. dazu die ausführliche Studie des Generalsekretärs der UN über „Question of the non-applicability of statutory limitations to war crimes and crimes against humanity", UN Doc. E/CN. 4/906 (1966).

[77] Siehe dazu Nachweise in UN Doc. E/CN.4/906; namentlich das angloamerikanische Recht kennt solche Verjährungen – von Ausnahmen für leichtere Vergehen abgesehen – nicht; anders eine Reihe kontinentaleuropäischer Staaten, die Verjährungsfristen auch für Kapitalverbrechen kennen.

[78] Zu dieser Problematik vgl. *Ermacora,* Die Verjährung von Kriegsverbrechen und Verbrechen gegen die Menschlichkeit vor Organen der Vereinten Nationen, in: ÖZöR XVII (N.F. 1967), 27 ff; im Sinne der hier vertretenen Auffassung auch die UN-Studie (Anm. 76).

[79] Ein vielleicht doch etwas einseitiger Vorkämpfer des „inductive approach" ist namentlich *Schwarzenberger,* Einleitung; ferner HLR 60 (1946-47), 539 f, auch RdC 87 (1955 I), 190 f (209: Warnung vor der Neigung zur „overgeneralization").

Normen der Fall ist. Zugleich mit diesen erhöhten Anforderungen wird der Auslegung eine gewisse Freiheit gewährt. Will das Völkerrecht jedoch notwendigerweise in einer sich rasch verändernden Welt seinen normativen und gestaltenden Anspruch nicht aufgeben, so ist der Rückgriff auf die Grundsätze des Rechts – gerade im Angesicht neuentstandener Konfliktlagen und Situationen – nicht zu entbehren.

3. Zu den von den Kulturvölkern anerkannten Grundsätzen des Rechts gehören auch *Billigkeitsnormen*. Die Billigkeit spielt auch im Völkerrecht eine gewichtige Rolle.[80] Freilich ist im Statut des IGH von ihr nur im Abs. 2 des Art. 38 die Rede[81], der den IGH dazu ermächtigt, mit Zustimmung der Parteien ohne Rücksicht auf das geltende Recht *ex aequo et bono* zu judizieren.[82]

Das könnte den Anschein erwecken, als habe das Statut die Berücksichtigung der Billigkeit bei der Anwendung des *geltenden* Rechts ausschließen wollen. Eine Absage an die Billigkeit könnte man auch daraus entnehmen, daß der Vorschlag, es solle der StIGH dazu angewiesen werden, „in accordance with law, justice and equity" zu entscheiden, im Jahre 1920 von der mit der Vorbereitung des Statuts betrauten Juristenkommission des Völkerbundes abgelehnt wurde.[83] Indessen war es nicht die Absicht der Kommission, das Gericht bei der Anwendung des geltenden Rechts zu beschränken. Das aber wäre der Fall, wenn das Gericht daran gehindert wäre, der Billigkeit Rechnung zu tragen.

Denn das *geltende Recht schließt die Billigkeit* ein.[84] Im Völkerrecht stellt die Billigkeit nicht wie die römische aequitas oder die englische Equity eine *selbständige*, neben den anderen bestehende Rechtsquelle dar. Denn das Völkerrecht ist nicht wie das ius civile oder das common law ein fest gefügtes und in vielem erstarrtes Recht, das der Billigkeit als einer Ergänzung bedürfte, sondern ein erst werdendes, der scharfen Umrisse entbehrendes Recht, das die Billigkeit gleichsam von vornherein in sich aufnimmt. Insoweit, also als Teil des geltenden Rechts, hat Art. 38 sie nicht ausschließen wollen. Doch bleibt auch im Völkerrecht die Eigenart der Billigkeit erhalten, daß sie als ein Gerechtigkeitsideal zugleich die Grenzen des positiven Rechts *überschreitet*. Billigkeit aber als

---

[80] Die Rolle der Billigkeit wird von *Hudson*, 616, zutreffend dahin beschrieben, daß es ihre Aufgabe sei, „to liberalize and to temper the application of law, to prevent extreme injustice in particular cases, to lead into new directions to which received materials point the way." Siehe weiterhin *Schwarzenberger*, Equity in International Law, in: YBWA 26 (1972), 346-369; *Newman* (Hrsg.), Equity in the World's Legal Systems, 1973; *Rosenne*, Equitable Principles and the Compulsory Jurisdiction of International Tribunals, in: Festschrift Bindschedler, 1980,407-425; *Janis*, Equity in International Law, in: EPIL 7 (1984), 74-78; *Villiger*, Die Billigkeit im Völkerrecht. Neuere Entwicklungen in der Rechtsprechung und der Staatenpraxis, in: AVR 25 (1987), 174-201.

[81] Anders Art. 7 des XII. Haager Abkommens über den Prisenhof von 1907, der sie unter den vom Gerichtshof anzuwendenden Rechtsnormen aufführt.

[82] Nach *Scheuner*, der die Entscheidung *ex aequo et bono* als Streitschlichtungsverfahren in politischen Auseinandersetzungen ansieht, ist der aufgrund von Art. 38 (2) entscheidende Richter „free to alter the existing law but only within the limits of real individual justice or by the *adhibition* of generally accepted political standards". *Scheuner*, Decisions ex aequo et bono by International Courts and Arbitral Tribunals, in: Festschrift Domke, 1967, 283. Vgl. weiterhin *Habicht*, Le pouvoir de Juge international de statuer „ex aequo et bono", 1934; *Janis*, (Anm. 70), 75 f.

[83] *Hudson*, 615.

[84] Zutreffend z. B. *Lauterpacht*, Analogies, § 28; *de Visscher*, Contribution à l'étude des sources du droit international, in: RDILC 60 (1933), 395-420 (414 f), der die Doppelrolle der Billigkeit als eines Elements sowohl des geltenden Rechts wie der überpositiven Gerechtigkeit klar unterscheidet. So neuerdings wohl auch der IGH im *North Sea Continental Shelf*-Case, ICJ Reports 1969, 46 ff (48); dazu *Verdross/Simma*, 422 f und *Friedmann*, The North Sea Continental Shelf Case – a Critique, in: AJIL 64 (1970), 233 ff; a. A. u. a. *Guggenheim* I, 312 f, der Recht und Billigkeit prinzipiell unterscheidet, oder *Ripert*, RdC 44 (1933 II), 575: „L'équité est principe, mais principe de morale et non de droit". Auch *Rousseau*, Principes généraux, 930 f, glaubt, die Grundsätze des Rechts und der Billigkeit scharf unterscheiden zu müssen.

Norm eines der Idee der Gerechtigkeit entsprechenden *besseren* Rechts, das praeter legem und ggf. sogar contra legem steht, soll der IGH nur in den durch Art. 38 (2) gezogenen Grenzen berücksichtigen dürfen.

Beispiele: Es entspricht der Billigkeit, daß, wer den Vorteil aus einem Gegenstand zieht, auch die Lasten tragen muß, die auf dem Gegenstand ruhen. Ein Staat z. B., in dem ein anderer Staat aufgeht, und der dessen Vermögen erwirbt, muß billigerweise auch die Schulden übernehmen, die der erloschene Staat hinterläßt. Und wiederum sind es Billigkeitserwägungen, aus denen sich Einschränkungen dieser Regel ergeben. So kann es dem Nachfolgestaat billigerweise nicht zugemutet werden, Kriegsschulden seines Vorgängers zu übernehmen, die dieser eingegangen war, um etwa einen Angriffskrieg gegen den späteren Nachfolger führen zu können. Solche „dettes odieuses" nimmt man daher von der Nachfolge aus.[85] In diesem Sinne, also nicht nur als Richtlinie der Legislative, sondern als Prinzip des *geltenden Rechts,* wird die Billigkeit auch in der Schiedsgerichtsbarkeit verstanden[86], und gibt auch das *Haager Gericht* Billigkeitserwägungen Raum. So stellt das Verbot des *venire contra factum proprium* zum Schaden anderer, das *principle of estoppel* einen Grundsatz der Billigkeit dar: Eine Partei darf sich nicht über ein Verhalten anderer beklagen und Rechte daraus herleiten wollen, wenn sie sich bei gleicher Gelegenheit selbst ebenso betätigt oder gar die Gegenpartei zu ihrem Verhalten bestimmt hat (Gedanke des *tu quoque*). „He who seeks equity must do equity". Diesen Grundsatz hat der StIGH in dem Rechtsstreit zwischen Belgien und den Niederlanden über die *Wasserableitung aus der Maas* (1937) zur Geltung gebracht und den Niederlanden die Befugnis abgesprochen, Rechte aus dem Bau einer Schleusenanlage durch Belgien abzuleiten, wie sie vorher von den Niederlanden selbst gebaut worden war.[87] – Ein anderer Billigkeitsgrundsatz ist in der Regel enthalten, daß niemand aus der Nichterfüllung von Pflichten oder dem Unterlassen des Gebrauchs von Rechtsmitteln durch die Gegenpartei Rechte herleiten kann, wenn er selbst die andere Partei daran gehindert hat, ihre Verpflichtungen zu erfüllen oder sich des Rechtsmittels zu bedienen: ein Grundsatz, zu dem sich der StIGH in seinem Urteil im *Chorzow*-Fall (1927) bekannt hat.[88] In neuerer Zeit hat sich der IGH zur Anwendung von Billigkeitsgrundsätzen im *North Sea Continental Shelf*-Case geäußert. Die vom Gericht für die Abgrenzung der Schelfanteile Dänemarks, der Niederlande und der Bundesrepublik Deutschland aufgestellten Grundsätze rührten nicht aus der Anwendung von „equity pure and simple", sondern seien Rechtsprinzipien, die der Aufteilung der Schelfanteile zugrunde lägen.[89]

4. Die allgemeinen Grundsätze des Rechts kommen vor allem als ein Mittel zur *Ausfüllung der Lücken* des Vertrags- und Gewohnheitsrechts in Betracht. Man stellt sie daher vielfach als eine subsidiäre Quelle des Völkerrechts dar. Indessen wäre es nicht richtig, wenn man ihnen nur die Rolle von Lückenbüßern zuschreiben wollte.[90] Sie stellen darüber hinaus auch ein Mittel der *Auslegung* des Vertrags- und Gewohnheitsrechts dar, die nach Möglichkeit im Einklang mit den allgemeinen Grundsätzen des Rechts in-

[85] Vgl. unten § 16.

[86] So z. B. die britisch-amerikanische Claims Commission im Schiedsspruch über die Ansprüche der *Cayuaga-Indianer* (1926), in: RIAA 6, 173. Darin behandelt das Schiedsgericht die „generally and universally admitted principles of justice and right dealing" als Grundsätze des geltenden Rechts, die jedenfalls in anormalen Situationen herangezogen werden dürfen, um Härten zu mildern (183).

[87] PCIJ, Series A/B 70 (1937), 25. Vgl. auch das Sondervotum des Richters *Hudson,* 77: „It must be concluded ... that under Art. 38 of the Statute, if not independently of that Article, the Court has some freedom to consider principles of equity as part of international law which it must apply".

[88] PCIJ, Series A 9 (1927), 31. – Über die Anwendbarkeit der Estoppel-Doktrin im Völkerrecht *Lauterpacht,* Analogies, §§ 87, 88; *Müller,* Vertrauensschutz im Völkerrecht, 1971; *Martin,* L'estoppel en droit international public, 1979.

[89] ICJ Reports 1969, 48.

[90] Dazu auch *Verdross/Simma,* 387 ff, mit dem Ergebnis: „Die allgemeinen Rechtsgrundsätze durchleuchten ... die ganze Völkerrechtsordnung" (389). Gegen die Annahme bloßer Subsidiarität auch *Quadri,* 75; *Schaumann,* Die Gleichheit der Staaten, 1957, 65 f. Zu eng die abweichende Meinung des Richters *Anzilotti* zu dem Urteil des StIGH, PCIJ, Serie A 13 (1927), 27, wonach der Rückgriff auf die allgemeinen Grundsätze nur „faute de conventions et coutumes" zulässig sein soll.

terpretiert werden müssen. Drittens aber haben die Grundsätze des Rechts eine *Begrenzungs- und Berichtigungsfunktion* zu erfüllen. Wo sich nämlich Vertrags- und Gewohnheitsrecht zu zwingenden Grundsätzen des Rechts und zu elementaren Forderungen der Gerechtigkeit in Widerspruch setzen, dort können sie nicht zur Anwendung kommen.

So lassen sich dem ius gentium der gesitteten Welt gewisse Normen entnehmen, aus denen sich bestimmte *Mindestanforderungen* – „minimum standards"[91] – z. B. an die Behandlung von Ausländern, das Recht zur Verleihung der Staatsangehörigkeit, die Ausübung der Strafrechtspflege oder ihre Ausdehnung z. B. auf Auslandsstaaten – ergeben. Wo das der Fall ist, müssen die Regeln des Vertrags- und Gewohnheitsrechts im Einklang mit diesen Grundsätzen ausgelegt und wenn nötig eingeschränkt werden. Wenn ein Staat z. B. nach einem Auslieferungsvertrag verpflichtet wäre, eine bestimmte Person an einen anderen Staat auszuliefern, so muß diese Pflicht entfallen, wenn der Ausgelieferte einer unmenschlichen Behandlung ausgesetzt wäre und der ausliefernde Staat genötigt wäre, einer den Grundanschauungen der gesitteten Welt widersprechenden Unmenschlichkeit Vorschub zu leisten.

5. Regeln des Völkerrechts lassen sich in gewissen Grenzen unmittelbar aus der *Wirklichkeit des internationalen Systems* entnehmen. Diese „wirkt" nicht nur indirekt, als kausal wirkender Faktor auf die Gestaltung etwa des Vertrags- oder Gewohnheitsrechts ein. Bis zu einem gewissen Grade stellt sie eine vorgeformte Normativität dar, an die sich das Völkerrecht anschließt:

a) Es kommt manchmal vor, daß eine bestimmte Lebenssituation, z. B. eine örtliche Lage, ein Sachzusammenhang, die Beschaffenheit einer Materie oder sonst die „*Natur der Sache*" eine bestimmte Regelung als die ihr gemäße und in diesem Sinne offensichtlich gerechte und vernünftige Regelung fordert, eine internationale Rechtsüberzeugung aber – vielleicht, weil das Problem neu ist – noch nicht besteht. Wo das der Fall ist, ist die der Natur der Sache entsprechende Ordnung geltendes Recht.

Beispiel: So konnten nach dem früheren technischen Entwicklungsstand die Regeln des internationalen Luftrechts, namentlich der Grundsatz der nationalen Lufthoheit auf den Ätherraum nicht angewandt werden, weil die elektromagnetischen Wellen sich der Beherrschung durch den Menschen entzogen. Im Funkrecht wurde daher ein mehr oder weniger modifiziertes Prinzip der „Ätherfreiheit" als der Natur der Sache gemäß befolgt.[92]

b) In diesem Zusammenhang ist besondere auch der Grundsatz der *Effektivität*[93] zu erwähnen. Solange das Völkerrecht unfertig, seine Zwangsgewalt schwach ist, muß es zuweilen noch die Wirklichkeit nehmen, so wie sie ist; es knüpft die Norm für das, was sein soll, bis zu einem gewissen Grade an das an, was ist.

IV. 1. Rechtsquellen eigener Art könnten auch in den *Entschließungen der zwischenstaatlichen und überstaatlichen Organisationen* enthalten sein. Mit dieser Charakterisierung der Beschlüsse internationaler Organisationen soll ihrer ständig wachsenden Bedeutung für den internationalen Rechtsbildungsprozeß Rechnung getragen werden.[94]

[91] Hierzu *Riedel*, Theorie der Menschenrechtsstandards, 1986.

[92] Überzeugend *Gorenflos*, Die internationale Funkwellenverteilung als Rechtsproblem, in: JIR 7 (1957), 364 f. Zur modernen Entwicklung siehe *Thieme*, Rundfunksatelliten und internationales Recht, Hamburg 1973, und *Delbrück*, Direkter Satellitenrundfunk und nationaler Regelungsvorbehalt, 1982, 11 ff.

[93] Vgl. *Verdross/Simma*, 51 ff. Siehe auch oben § 3 sowie unten §§ 8 und 55.

[94] Im allgemeinen werden die Beschlüsse internationaler Organisationen nicht als selbständige Völkerrechtsquelle angesehen, anders aber schon z. B. *Fauchille* I, 1, 41; *Kelsen*, RdC 84 (1953 III), 169; vgl. dazu *Verdross/Simma*, 400 ff mit weiteren Nachweisen; *Frowein*, Der Beitrag der internationalen Organisationen zur Entwicklung des Völkerrechts, in: ZaöRV 36 (1976), 147 ff.

Die Organisationen sind nicht nur politische Träger einer eigenen, von der ihrer Mitglieder bis zu einem gewissen Grade verschiedenen Existenz, sie sind auch Völkerrechtssubjekte eigener Art, deren Willensbildung sich nach eigenen Gesetzen vollzieht. Zwar sind die Organisationen durchweg – aber auch nicht immer und allgemein – aus Staaten zusammengesetzt, und ihre Satzungen sind multilaterale *Verträge.* Das trifft aber nicht auf ihre Entschließungen zu. So wenig die Gesetze eines Bundesstaates Verträge sind, weil etwa der Bundesstaat auf einem Vertrag der in ihm zusammengeschlossenen Staaten beruht, so wenig sind auch die Beschlüsse internationaler Organisationen Verträge, weil die Organisationen in einem Vertrag ihre Grundlage haben. Durch Entschließungen der Organisationen werden nicht Erklärungen verschiedener Parteien ausgetauscht, nicht Angebote zum Abschluß von Verträgen ausgesprochen und angenommen und nicht wechselseitige Leistungspflichten begründet, sondern es geben in ihnen Mitglieder eines Verbandes parallel gerichtete Erklärungen ab, und es werden gemeinsame Angelegenheiten nach besonderen Regeln geordnet. Sie stellen daher *internationale Gesamtakte* dar. Diese entstehen in einem Verfahren, das sich schon seinem äußeren Hergang nach von der Entstehung internationaler Verträge wesentlich unterscheidet. Es läßt sich eher mit den Verfahren der parlamentarischen Legislative vergleichen. Das gilt jedenfalls dort, wo die Entscheidungen mit Stimmenmehrheit ergehen und auch die überstimmten Mitglieder binden. Und noch stärker neigt sich die Waage in der Richtung auf die Willensbildung parlamentarischen Stils, wo die internationalen Organe nicht mit Regierungsvertretern, sondern sogar mit unmittelbar gewählten Volksvertretern wie im Europäischen Parlament besetzt sind, oder die Willensbildung wie in der ILO unter Mitwirkung berufsständischer Vertreter erfolgt. In den Entschließungen der zwischen- und überstaatlichen Organisationen bildet sich in der Gegenwart eine Art von internationaler, nicht nur zwischenstaatlicher, sondern ihrer Tendenz nach *überstaatlicher Gesetzgebung* aus, wobei die retardierenden Kräfte auf universaler Ebene ebenso wenig übersehen wie die möglicherweise damit auch verbundenen Gefahren unterschätzt werden dürfen.

2. a) Um die Wirkung von Beschlüssen internationaler Organisationen richtig einzuschätzen, ist es allerdings notwendig, hinsichtlich ihrer verschiedenen Erscheinungsformen und Funktionen, die ihnen vom jeweiligen Satzungsrecht der Organisationen zugewiesen oder in der Organisationspraxis in Weiterentwicklung des Satzungsrechts beigemessen werden, zu differenzieren. So sind zunächst die Entschließungen auf dem Gebiet des *inneren Organisationsrechts* (Erlaß von Verfahrensregeln, Einsetzung von Ausschüssen, Verteilung der Beiträge, Wahl der Organe usw.) und Normen *anderer Art* zu unterscheiden, mit denen die Organisationen das Verhalten ihrer Mitglieder und manchmal auch unmittelbar die Lebensverhältnisse der einzelnen regeln.[95] Auch diese Entschließungen sind wieder nach ihrer Art und rechtlichen Bedeutung verschieden. In gewissen Grenzen können die internationalen Organisationen *verbindliche Normen* erlassen.

So kann der Sicherheitsrat der UN nach Art. 40 f der UN-Charta Sanktionen erlassen, und seine „Entscheidungen" haben insoweit verbindliche Kraft (Art. 2 Abs. 5, 25). Oder es kann der Mi-

[95] Beispiel: Die Zuständigkeiten der Europäischen Gemeinschaften umfassen auch die Kompetenz, für Einzelpersonen und Unternehmungen unmittelbar verbindliche Entscheidungen zu treffen. Einzelakte dieser Art ergehen aber auch im internen Organisationsbereich, etwa gegenüber internationalen Beamten, vgl. zum ganzen *Bernhardt/Miehsler,* Qualifikation und Anwendungsbereich des internen Rechts internationaler Organisationen, Berichte DGVR 12 (1973); *Ipsen,* Europäisches Gemeinschaftsrecht, 1972; *Seidl-Hohenveldern,* Das Recht der internationalen Organisationen einschließlich der supranationalen Gemeinschaften, 4. Aufl. 1984, 229 ff.

nisterausschuß des Europarates nach Art. 32 der EMRK Maßnahmen treffen, die zur Beseitigung eines rechtswidrigen Zustandes erforderlich sind, und die Mitglieder sind dann verpflichtet, diese Entscheidung als verbindlich gelten zu lassen.

b) Doch in der heutigen Welt, in der die staatliche Hoheitsgewalt zwar relativiert ist, aber doch als individuelle Hoheitsgewalt weiterbesteht, üben die internationalen Organisationen jedenfalls der Form nach überwiegend noch eine beratende, konsultierende, anregende Tätigkeit aus.[96] Die Rechtsform, in der sie normalerweise auf das Verhalten der Staaten zu wirken versuchen, ist nicht die autoritative Entscheidung, sondern ist die *Empfehlung*, sei es die allgemeine Empfehlung (z. B. einer Konvention), sei es die individuelle Empfehlung (z. B. der Zurückziehung von Truppen aus einem bestimmten Gebiet). Im Wesen der Empfehlung aber liegt es, daß sie nicht förmlich verbindlich sein will und ihre Nichtbefolgung keine Verletzung des Völkerrechts ist.[97] Aber bei Licht besehen ist die Empfehlung oft mehr als ein unverbindlicher Vorschlag. Im modernen Organisationsrecht tritt eine immer stärker werdende Neigung hervor, auch den Empfehlungen von Organisationen eine jedenfalls quasi-verbindliche Kraft zu verleihen. Schon die normalen Empfehlungen haben die Mitgliedstaaten ernsthaft und bona fide zu prüfen. Eine grundsätzliche und hartnäckige, nicht auf diskutable Gründe gestützte Weigerung, sie zu befolgen, kann eine Verletzung der Mitgliedschaftspflichten enthalten.[98] Aber das neuere Organisationsrecht hat auch Rechtsformen besonderer Art, hat die *qualifizierte Empfehlung* entwickelt. Ihre Eigenart besteht darin, daß sie ein bestimmtes Verhalten der Empfehlungsempfänger fordert.

Die Mitglieder sind etwa verpflichtet, die Empfehlungen der Organisation innerhalb einer bestimmten Zeit ihren gesetzgebenden Körperschaften zu unterbreiten.[99] Oder sie müssen der Organisation darüber berichten, welche Maßnahmen sie getroffen haben, um die Empfehlungen durchzuführen, gegebenenfalls auch über die Gründe, aus denen die Empfehlungen nicht befolgt worden sind. Die Bedeutung der Empfehlung steigert sich dort, wo Beschlüsse der internationalen Organe für die Mitglieder verbindliche Geltung erlangen, wenn sie der vorgeschlagenen Regelung nicht innerhalb bestimmter Frist widersprechen. Ja, es gibt auch „Empfehlungen", die förmlich verpflichten[100] oder deren Nichtbefolgung Sanktionen auslösen kann.[101]

c) Schließlich ist jedoch namentlich die Praxis der Generalversammlung der UN über den Rahmen der vorgenannten Beschlußpraktiken hinausgegangen. Seit etwa zwei Jahrzehnten ist die GA der UN dazu übergegangen, Resolutionen in Gestalt feierlicher

---

[96] Zu den Funktionen Internationaler Organisationen *Schreuer*, Die Bedeutung internationaler Organisationen im heutigen Völkerrecht, in: AVR 22 (1984), 363-404.

[97] So heißt es z. B. in Art. 69 der ICAO-Satzung im Hinblick auf gewisse Empfehlungen des Rates: „Kein Staat ist einer Verletzung dieses Abkommens schuldig, wenn er diese Empfehlungen nicht zur Ausführung bringt."

[98] In dieser Richtung etwa das Sondervotum von *Lauterpacht* zu dem Rechtsgutachten des IGH über das Abstimmungsverfahren für Süd-West-Afrika, ICJ Reports 1955, 118 f.

[99] So etwa die Praxis des RGW. Siehe dazu *Usenko*, The Law-Creating Activity of the CMEA and Soviet Law, in: *Tunkin/Wolfrum* (Hrsg.), International Law and Municipal Law, 1988, 143 ff.

[100] Nach Art. 14 des EGKS-Vertrages sind „Entscheidungen" der Hohen Behörden schlechthin, Empfehlungen aber jedenfalls „hinsichtlich der von ihnen bestimmten Ziele verbindlich". Nur „Stellungnahmen" entbehren der verbindlichen Kraft. Vgl. damit EWG-Vertrag Art. 189 und Euratomvertrag Art. 161. Zur Rechtsetzung der Europäischen Gemeinschaft insgesamt *Grabitz*, Quellen des Gemeinschaftsrechts: Rechtshandlungen der Gemeinschaftsorgane, in: Kommission der EG (Hrsg.), Dreißig Jahre Gemeinschaftsrecht, 1983, 91-117.

[101] Ein Beispiel bietet das Klageverfahren nach Art. 26 f der ILO-Satzung. Wenn der aufgrund einer Klage wegen Verletzung eines Abkommens eingesetzte Ausschuß bestimmte Maßnahmen empfiehlt und der vertragsbrüchige Mitgliedstaat diese „Empfehlungen" nicht befolgt, so kann der Verwaltungsrat der Konferenz die Verhängung von Sanktionen empfehlen.

Deklarationen[102] zu verabschieden, die mit überwältigenden Mehrheiten oder einstimmig angenommen werden und dazu dienen sollen, einerseits universal angelegte Vertragsschlüsse gleichen Inhalts vorzubereiten[103], andererseits die bestehenden – alten oder neuen – Rechtsüberzeugungen zu bekräftigen und neue Rechtsgrundsätze zu artikulieren.

Die Bedeutung dieser Deklarationen als Rechtsquelle – wenn auch besonderer Art – bzw. ihr Beitrag für die Rechtsbildung sind umstritten. Einhelligkeit herrscht hinsichtlich ihrer fördernden und beschleunigenden Wirkung bei der Völkergewohnheitsrechtsbildung. Die Artikulation und die Feststellung der Rechtsüberzeugung der relevanten Völkerrechtssubjekte wird in der Tat erleichtert.[104] Die Rechtsbildung als solche erfordert dann aber – wie auch sonst – eine der Rechtsüberzeugung entsprechenden Praxis.[105] Dogmatisch weist dieses Verfahren der Völkergewohnheitsrechtsbildung also keine neuen Züge auf. Keine neue Einsicht in die Problematik vermittelt ferner der Hinweis, Deklarationen dieser Art seien insoweit verbindlich, als sie Grundsätze des Völkerrechts wiedergeben. Die Verbindlichkeit so artikulierter Grundsätze entspringt eben nicht der Deklaration als solcher, sondern beruht darauf, daß die Grundsätze bereits Bestandteil des geltenden Völkerrechts waren.

Darüber hinaus wird aber – neuerdings offenbar auch vom IGH[106] – die Auffassung vertreten, derartige Deklarationen könnten aus sich heraus verbindlich sein, also Akte quasi-legislativer Art darstellen.

So ist die inzwischen gefestigte Staatenpraxis, bei der Verabschiedung von Deklarationen internationaler Organisationen, insbesondere der Generalversammlung der UN, förmliche Vorbehaltserklärungen abzugeben, nicht nur ein Beleg für die „Unsicherheit über den rechtlichen Sta-

---

[102] Vgl. z. B. die Declaration on the Granting of Independence to Colonial Countries and Peoples vom 14. Dezember 1960 – UN Doc. GA/Res/1514 (XV) – sowie die Declaration on Principles of International Law Concerning Friendly Relations and Co-operation among States in Accordance with the Charter of the United Nations vom 24. October 1970, UN Doc. GA/Res 2625 (XXV).

[103] Siehe z. B. die Declaration on the Elimination of All Forms of Racial Discrimination von 1963 UN Doc. GA/Res/1904 (XVIII) – der eine gleichnamige Konvention 1965/66 – UN Doc. GA/Res/ 2106 A (XX) – folgte; ebenso vorhanden, aber wenig deutlich aufgrund des großen Zeitabstandes, ist diese Verbindung vorbereitender Deklarationen und nachfolgender universeller Konventionen bei der Universal Declaration of Human Rights – UN Doc. GA/Res. 217 A (III) – und den UN Covenants on Human Rights von 1966 – UN Doc. GA/Res. 2200 A (XX), Annex. Zu diesem Verfahren siehe näher *Delbrück*, Die Konvention der Vereinten Nationen zur Beseitigung jeder Form der Diskriminierung der Frau von 1979 im Kontext der Bemühungen um einen völkerrechtlichen Schutz der Menschenrechte, in: Festschrift Schlochauer, 1981, 247 ff; vgl. insgesamt auch *v. Grüningen*, Die Resolutionen der Generalversammlung der Vereinten Nationen und ihr Einfluß auf die Fortbildung des Völkerrechts, in: Festschrift Bindschedler, 1980, 187 ff.

[104] So etwa statt anderer *Verdross/Simma*, 359.

[105] So genügt es nicht – wie gelegentlich namentlich von Staaten der Dritten Welt angenommen wird –, daß ein einmaliger Beschluß der Generalversammlung der Vereinten Nationen vorliegt. Vielmehr muß eine Praxis folgen, die auch als solche deswegen gelten kann, weil sie prinzipiell möglich wäre: deshalb ist z. B. kein bindendes Völkergewohnheitsrecht entstanden aufgrund der Resolution der Generalversammlung über ein Moratorium bei der Ausbeutung von Bodenschätzen aus der Tiefsee, GA/Res. 2574D (XXIV) vom 15. Dezember 1969. Die Enthaltung der – wenigen! – Staaten, die zu einer solchen Ausbeute in der Lage wären, beruht auf finanziellen und technologischen Entwicklungen, stellt also kein für die Rechtsbildung relevantes Unterlassen dar; andere Staaten wären technologisch nicht zum Handeln in der Lage; vgl. dazu *Vitzthum*, Der Rechtsstatus des Meeresbodens, 1972, und *Wolfrum*, Die Internationalisierung staatsfreier Räume, 1984, 343 ff; zur Notwendigkeit, die in Resolutionen erkennbare Rechtsüberzeugung durch Praxis zu ergänzen, um eine Völkergewohnheitsrechtsbildung herbeizuführen, auch *Verdross/Simma*, 367 f.

[106] Der Gerichtshof hat im *Nicaragua*-Fall – ICJ Reports 1986, 14 ff – aus der Zustimmung zur Aggressionsdefinition und zur Friendly-Relations-Deklaration ein gewohnheitsrechtliches Gewaltverbot hergeleitet. Vgl. zur Entscheidung die Beiträge in: AJIL 81 (1987), 1-183; bes. 146 ff (*Kirgis*).

tus der GA-Resolutionen"[107], sondern darüber hinaus ein Indiz für die wachsende Bedeutung solcher Deklarationen für die völkerrechtliche Rechtsbildung. Der nicht zu übersehende Nachteil dieser Entwicklung liegt freilich darin, daß bei zunehmender „Verrechtlichung" von Resolutionen und Deklarationen der Generalversammlung sich die politischen Fronten in den UN verhärten und die Staaten sich größere Zurückhaltung bei der Zustimmung zu Resolutionen der Generalversammlung auferlegen dürften.[108]

Die Begründungen für die quasi-legislative Bedeutung von Deklarationen der Generalversammlung sind unterschiedlich[109]: einerseits wird die Verbindlichkeit darauf zurückgeführt, daß es sich um sogenannte „authentische" Interpretationen, etwa der UN-Charta, handele, die damit an der Rechtsverbindlichkeit der Satzung teilhätten, jedenfalls dann, wenn sie von allen Mitgliedstaaten getragen, mithin einstimmig angenommen worden seien.[110] Andererseits wird angeführt, die Verbindlichkeit beruhe auf dem formlosen Konsens als Vertrag und Gewohnheitsrecht vorgelagerter Rechtsquelle.[111] Dieser Konsens finde in den einhellig angenommenen Deklarationen seinen sichtbaren Ausdruck. Die Problematik beider Begründungen liegt darin, daß die Deklarationen selbst zahlreiche Hinweise enthalten, nach denen sie nicht die Einigung über neue Regelungen des Völkerrechts beinhalten sollen, sondern die Klarstellung des ihrer Auffassung nach geltenden allgemeinen Völkerrechts, nach denen sie aber auch nicht eine Änderung des Rechts der UN-Charta beabsichtigen.[112] Dem derzeitigen Stand der Lehre von den Rechtsquellen einerseits und der nicht zu leugnenden Bedeutung der von der Generalversammlung verabschiedeten grundlegenden Deklarationen andererseits dürfte wohl folgende Auffassung am ehesten gerecht werden. Die bloße einmalige Artikulation auch grundsätzlicher Aussagen von hohem moralischen und rechtpolitischen Rang durch die Generalversammlung der UN – und auf sie allein kommt es hier an – dürfte unter keinem erdenklichen Gesichtspunkt unmittelbare Rechtsverbindlichkeit erlangen. Dies wäre mit dem unverbindlichen Charakter von Empfehlungen, die Deklarationen ihrer rechtstechnischen Natur nach sind, nicht zu vereinbaren. Auch würden in aller Regel die Willensäußerungen der Staaten, die in einem solchen Gesamtakt zusammenfließen, überinterpretiert. Indessen erscheint es eine zutreffende Überlegung zu sein, solchen grundlegenden, einstimmig verabschiedeten Deklarationen dann im Sinne der Festlegung von allgemeinen Grundsätzen des Völkerrechts oder allgemeiner Rechtsgrundsätze Rechtsverbindlichkeit beizumessen, wenn sie in der Folgezeit zum Beispiel zur Begründung von Einzelentscheidungen etwa internationaler Organisationen, aber auch der Staaten herangezogen werden. Insoweit wäre eine Verletzung der Grundsätze unter dem Gesichtspunkt des Vertrauensschutzes (estoppel-Prinzip) rechtswidrig.[113]

So wird man bereits heute das Prinzip des Schutzes des Menschheitserbes (des common heritage of mankind) als ein – allerdings im einzelnen stark konkretisierungsbedürftiges (aber auch -fähiges) – Völkerrechtsprinzip ansehen können.[114] Auf die Geltung der Nichtverjährbarkeit von

[107] *Tomuschat,* Die Charta der wirtschaftlichen Rechte und Pflichten der Staaten, in: ZaöRV 36 (1976), 444-491 (444 f, 484 f).

[108] Vgl. Die „persönliche Meinung" von *Wolfrum* zum Nicaragua-Urteil, in: Vereinte Nationen 34 (1986), 93.

[109] Vgl. dazu näher *Frowein,* Der Beitrag internationaler Organisationen, 147 f (149 f).

[110] Vgl. dazu *Simma,* Methodik und Bedeutung der Arbeit der Vereinten Nationen für die Fortentwicklung des Völkerrechts, in: *Kewenig* (Hrsg.), Die Vereinten Nationen im Wandel, 1975, 80 ff.

[111] So zutreffend *Frowein,* Der Beitrag, 152; vgl. auch *Tomuschat* (Anm. 107), 476 ff.

[112] *Frowein,* Der Beitrag, 152 f.

[113] Ähnlich, wenn auch wohl weniger weitgehend *Frowein,* Der Beitrag, 155.

[114] Zur Bedeutung des common-heritage-Konzeptes *Kewenig,* Menschheitserbe, Konsens und Völkerrechtsordnung, in: EA 36 (1986), 1 ff, der aber das Konzept noch nicht als Teil des geltenden Völkerrechts betrachtet, ihm gleichwohl eine wesentliche, prägende Bedeutung für die weitere Völkerrechtsentwicklung beimißt. Siehe ferner *Wolfrum,* The Principle of Common Heritage of Mankind, in: ZaöRV 43 (1983), 312-337.

Kriegsverbrechen und Verbrechen gegen die Menschlichkeit als allgemeiner Rechtsgrundsatz wurde bereits hingewiesen.[115]

In der Annahme einer solchen über das estoppel-Prinzip vermittelten Rechtsverbindlichkeit derartiger Deklarationen der UN ist weder eine die Souveräntität der Staaten überrollende Anerkennung einer internationalen Legislative noch eine Außerachtlassung der anerkannten Rechtsquellenlehre zu sehen. Schließlich können die Staaten einer etwaigen Gefahr, die in der Eröffnung der Möglichkeit zu derartigen quasi-legislativen Akten liegen könnte, durch ihr entschiedenes Auftreten gegen die Verabschiedung entgegenwirken. Eine Leugnung jeglicher Verbindlichkeit der grundlegenden Deklarationen, wie sie hier in Rede stehen, erscheint heute nicht mehr angemessen und würde dem Bedürfnis der sich verfassenden universalisierten Rechtsgemeinschaft nach Möglichkeiten der verbindlichen Artikulation gemeinsamer Rechtsvorstellungen nicht gerecht werden.

3. Entschließungen internationaler Organe, die über Recht und Unrecht entscheiden, stellen auch die *Erlaubnisse* dar. Hier ist etwa an die Beschlüsse internationaler Organisationen mit technischer und wirtschaftlicher Zielsetzung (GATT, IMF, Weltbank u. a.) zu denken, von deren Zustimmung, Genehmigung, Billigung die Zulässigkeit bestimmter Wirtschaftspolitiken der Mitglieder abhängig ist. Die internationale Praxis neigt aber auch dazu, die Empfehlungen internationaler Organe als *Rechtsgrund* für Aktionen gelten zu lassen, die ohne solche Empfehlungen möglicherweise zum Völkerrecht im Widerspruch stünden. So wurde die militärische Aktion der UN zur Abwehr des nordkoreanischen Angriffs auf Südkorea im Jahre 1950 durch zwei Empfehlungen des Sicherheitsrats legitimiert und die Sezession Katangas von der Republik Kongo im Jahre 1960/61 mit militärischen Mitteln aufgrund eines Sicherheitsratsbeschlusses verhindert.[116] Darüber hinaus stellen diejenigen Entschließungen der internationalen Organe und Organisationen, die nur dem Einzelfall gelten oder nicht unmittelbar befolgt werden müssen, doch jedenfalls mittelbar ein wichtiges Element der internationalen Rechtsbildung dar. Sie können Schrittmacher für allgemeines Völkerrecht sein oder als Keime für die Bildung allgemeiner Grundsätze des Rechts Bedeutung erlangen.

V. 1. Kein Völkerrecht, ja überhaupt kein Recht im strengen Sinne des Wortes enthalten die Regeln der *Comitas gentium, Comity, Convenance, Courtoisie.*[117] Darunter werden Konventionalregeln, Normen der Verkehrssitte verstanden, die die Staaten im Verkehr miteinander aus dem Gefühl der gegenseitigen Achtung und mit dem Willen zur Rücksichtnahme aufeinander befolgen.

Zur Anerkennung von Konventionalregeln in einer Mittelschicht zwischen dem Recht im eigentlichen Sinne des Wortes und der unverbindlichen Sitte neigt besonders das auf Überliefe-

---

[115] Vgl. oben S. 66.

[116] Vgl. zu diesen Operationen *Brunner,* Die Friedenssicherungsaktionen der Vereinten Nationen in Korea, Suez, im Kongo, in Zypern und im Gaza-Streifen, in: *Krippendorff* (Hrsg.), Friedensforschung, 2. Aufl. 1970, 440 ff; *Delbrück,* Rechtsprobleme der Friedenssicherung durch Sicherheitsrat und Generalversammlung der Vereinten Nationen, in: *Kewenig* (Hrsg.), Die Vereinten Nationen im Wandel, Berlin 1975, 131 ff (148 ff) mwN; zur Rechtfertigung etwa auch einer Vertragssuspendierung aufgrund eines Sicherheitsratsbeschlusses siehe *Verdross/Simma,* 415.

[117] Es fehlt der deutsche Ausdruck dafür. Das Wort „Höflichkeitsregel" würde die Sache nicht treffen. *Stoerk,* Völkerrecht und Völkercourtoisie, 1908, schlägt das Wort „Völkerverkehrssitte" vor. Wir möchten von Konventionalregeln sprechen.

rung und Lebenserfahrung beruhende *angelsächsiche Recht.*[118] Aber auch auf dem Kontinent wird den Regeln der Courtoisie ein nicht unerheblicher Spielraum gewährt.[119]

Konventionalregeln dieser Art sind im allgemeinen Normen, die sich noch nicht zu voll entwickelten Regeln des Völkerrechts ausgewachsen oder umgekehrt aufgehört haben, solche zu sein, werdendes oder abgesunkenes Recht[120]: Mit dem Gewohnheitsrecht ist ihnen das objektive, aber nicht das subjektive Merkmal gemeinsam. Auch sie setzen das Bestehen einer Gewohnheit voraus, aber es fehlt die sie begleitende opinio necessitatis. Die Courtoisie wird nicht aus der Überzeugung vom Bestehen einer rechtlichen Verpflichtung, sondern aus freiem Willen geübt. Es besteht daher auch keine Rechtspflicht zu ihrer Befolgung. Wird sie mißachtet, so liegt darin u. U. eine Härte, ein unfreundlicher Akt, aber keine Verletzung des Rechts, die die völkerrechtliche Deliktshaftung, etwa Schadensersatzpflichten begründen oder Repressalien auslösen könnte. Andererseits muß sich der Höflichkeitsakt im Rahmen des Völkerrechts halten.

Doch läßt sich nicht übersehen, daß begrifflichen Entgegensetzungen dieser Art im Völkerrecht nur ein bedingter Wert zukommen kann. Auch das Völkerrecht wird nicht selten verletzt, und es kann im allgemeinen nicht zwangsweise durchgesetzt werden. Andererseits werden die Regeln der Courtoisie im allgemeinen befolgt. So wird beides auch im Sprachgebrauch nicht immer sauber getrennt.
Die Courtoisie setzt freundliche Beziehungen zwischen den beteiligten Staaten voraus. Im Kriege werden ihre Regeln daher nicht befolgt, und auch nicht anerkannten Staaten oder Regierungen glaubt man die sonst geübte Courtoisie nicht schuldig zu sein. „In the absence of recognition no comity exists“[121]. Oft wird den Regeln der Courtoisie die Anwendung mit der Begründung versagt, daß die *Gegenseitigkeit* nicht gewährleistet sei[122], während die strengen Regeln des Völkerrechts in der Regel auch ohne das Vorliegen dieser Voraussetzung anwendbar sind. Auch neigt man dazu, ihre Anwendung von ihrer Vereinbarkeit mit dem nationalen ordre public des Forums abhängig zu machen. „Public policy must always prevail over Comity“. Wo also die Regeln der Courtoisie zu den politischen Interessen des Staates oder den von ihm anerkannten Vorstellungen von Gerechtigkeit und Moral im Widerspruch stehen, dort können sie nicht angewandt werden.

---

[118] Zur Begriffsverwendung *Macalister-Smith,* Comity, in: EPIL 7 (1984), 41 f. Zu weitgehend allerdings der britische High Court in *El Neptuno,* Annual Digest 1938-40, C.91, es sei „the whole of this doctrine of immunity ... a matter that rests upon the comity of nations.“

[119] Beispiele aus der französischen Praxis in: AFDI 22 (1976), 963; 27 (1981), 881; 28 (1982), 1055.

[120] So sind manche Höflichkeitsformen und symbolische Akte, z. B. gewisse Regeln über das diplomatische Zeremoniell oder die Regeln über den Flaggengruß auf hoher See, die vormals dem Völkerrecht angehörten, im Laufe der Zeit zu bloßen Höflichkeitsnormen abgeschwächt worden. Das empfindliche Form- und Ehrgefühl des 17. und 18. Jahrhunderts betrachtete diese Fragen als solche des Rechts, während der moderne demokratische Staat sie als rechtlich unerheblich ansieht und nur noch im Bereiche der Courtoisie gelten läßt.

[121] So Court of Appeals New York in: *R.S.F.S.R. v. Cibrario* (1923) 235 N.Y. 255.

[122] Vgl. *Fauchille* I 1, 25: „Si la réciprocité n'est pas de l'essence de la courtoisie, elle est en effet tout au moins de sa nature“. – Vgl. auch das viel erörterte (und kritisierte) Urteil des Supreme Court der USA in *Hilton v. Guyot* (1895) 159 U.S. 113: Die amerikanischen Gerichte vollstrecken ausländische Urteile, wenn sie gewissen Mindestanforderungen genügen, die aber nur das Verfahren betreffen. Andererseits werden die Urteile ausländischer Gerichte in Frankreich nicht nur auf die Ordnungsmäßigkeit des Verfahrens, sondern auch auf ihre sachliche Richtigkeit nachgeprüft. Dies war für den Supreme Court ein Grund, dem Urteil eines französischen Gerichts die Vollstreckbarkeit in den Vereinigten Staaten zu versagen, weil die Vollstreckung ausländischer Urteile eine Angelegenheit der bloßen comity und die Gegenseitigkeit nicht gewährleistet sei.

2. Kein Völkerrecht und damit nicht rechtlich verbindlich sind Absichtserklärungen der Regierungen und andere Übereinkünfte (gentlemen's agreements) über ein zukünftig zu verfolgendes politisches Verhalten, die ausdrücklich oder den Umständen nach nicht als vertragliche Vereinbarungen gewertet werden wollen und können.[123] Hier handelt es sich bestenfalls um außerrechtliche Verhaltensnormen, die als im engeren Sinne rechtlich nicht verbindlich einzustufen sind. Ihre Bedeutung ist in der gegenwärtigen Übergangsphase des internationalen Systems allerdings nicht zu unterschätzen. Oft kündigen sich in ihnen neue Rechtsentwicklungen an[124] oder werden Konfliktlösungen, die in den herkömmlichen völkerrechtlichen Formen nicht konsensfähig wären, vorläufig angenommen in der Hoffnung, daß sie bei Bewährung in rechtsverbindliche Gestalt übergeführt werden können.

Beispiele: In die Kategorie der rechtlich unverbindlichen politischen Absichtserklärung fallen die von US-Präsident *Roosevelt* und Premierminister *Churchill* verkündete Atlantik-Charta (1941), ebenso aber auch die Erklärungen der Alliierten Mächte von Teheran und Jalta.[125] Ein Fall einer außerrechtlichen, Verhaltensnormen aufstellenden und Konfliktlösungen anbietenden Deklaration ist die im Jahre 1975 verabschiedete sog. Helsinki-Schlußakte.[126] Hier werden Verhaltensweisen der beteiligten Staaten aufgewiesen, deren Ausführung von ihnen dem jeweils anderen Staat nicht als friedensgefährdend vorgehalten werden können. In dem Bewußtsein, derartige Übereinkünfte in der gegebenen politischen Lage nicht einer rechtlich verbindlichen Vereinbarung zuführen zu können, ist die Schlußakte als nicht rechtsverbindlicher Text doch in der Absicht angenommen worden, bewährte Ost-West-Beziehungen zu einem späteren Zeitpunkt in rechtliche, vertragliche Formen zu gießen.

§ 5 Die Hilfsmittel für die Erschließung des Völkerrechts

Schrifttum: Zu § 4, ferner: *Lauterpacht,* The Development of International Law by the Permanent Court of International Justice, 1934; *ders.,* The Development of International Law by the International Court, 1958; *Mosler,* Repertorien der nationalen Praxis in Völkerrechtsfragen – eine Quelle

[123] So enthält die Schlußakte der Konferenz über Sicherheit und Zusammmenarbeit in Europa (KSZE) von Helsinki (1975) den ausdrücklichen Hinweis, sie sei nicht als völkerrechtlicher Vertrag nach Art. 102 der UN-Charta registrierbar, mithin kein verbindlicher völkerrechtlicher Vertrag, vgl. dazu *Delbrück,* Die völkerrechtliche Bedeutung der Schlußakte der Konferenz über Sicherheit und Zusammenarbeit in Europa, in: *Bernhardt/v. Münch/Rudolf* (Hrsg.), Drittes Deutsch-Polnisches Juristenkolloquium, 1977, 31 ff; *Schweisfurth,* Zur Frage der Rechtsnatur, Verbindlichkeit und völkerrechtlichen Relevanz der KSZE-Schlußakte, in: ZaöRV 36 (1975), 688; *Skubiszewski,* Der Rechtscharakter der KSZE-Schlußakte, in: *Bernhardt/v. Münch/Rudolf* (Hrsg.), aaO., 13 ff; *Schütz,* Probleme der Anwendung der KSZE-Schlußakte aus völkerrechtlicher Sicht, in: Grünbuch zu den Folgewirkungen der KSZE, hrsg. von *Delbrück/Ropers/Zellentin,* 155 ff; zu außerrechtlichen Vereinbarungen allgemein siehe *Rotter,* Die Abgrenzung zwischen völkerrechtlichem Vertrag und außerrechtlicher zwischenstaatlicher Abmachung, in: Festschrift Verdross, 1971, 413 ff. sowie *Delbrück,* The Development of Extra-Legal Norms of International Behaviour under the Conditions of Nuclear Deterrence (erscheint 1988).

[124] So wurden in derartigen außerrechtlichen Erklärungen gelegentlich grundlegende *Standards* zwischenstaatlichen Handelns niedergelegt, die dann später in Verträgen ihren konkreten verbindlichen Niederschlag fanden, so z. B. der Menschenrechtsschutz in der Atlantic-Charta von 1941 und folgend in der Charta der Vereinten Nationen von 1945 und weiteren Verträgen, vgl. dazu hinsichtlich der Entwicklung eines internationalen Standards bezüglich der Gleichstellung der Rassen *Delbrück,* Die Rassenfrage als Problem des Völkerrechts und nationaler Rechtsordnungen, 1971, 39 ff; siehe auch *Riedel* (Anm. 91).

[125] Die Texte finden sich in Documents on American Foreign Relations IV (1941-1942), 10 f; ebd. VI (1943-44), 235 und VII, 350 ff.

[126] Siehe die in Anm. 123 genannten Autoren und *Scheuner,* Die Schlußakte von Helsinki vom 1. August 1975 und der Schutz der Menschenrechte, in: Festschrift Verosta, 1980, 163-185.

zur Erschließung des allgemeinen Völkerrechts? In: Festschrift Guggenheim, 1968, 460-489; *Münch*, Zur Aufgabe der Lehre im Völkerrecht, in: Festschrift Guggenheim, 1968, 490-507; *Friedmann*, The International Court of Justice and the Evolution of International Law, in: AVR 14 (1969/70), 305 ff; *Blishchenko*, Judicial Decisions as a Source of International Humanitarian Law, in: *Cassese* (ed.), The New Humanitarian Law of Armed Conflict, 1979, 41 ff; *Starzkina*, Auxiliary Sources of International Law, in: IJIL 19 (1979), 522 ff; *Bleckmann*, Die Funktionen der Lehre im Völkerrecht, 1981; *Lachs*, The Teacher in International Law, 1982; *Bos*, A Methodology of International Law, 1984.

I. Das geltende Völkerrecht findet seinen Niederschlag nicht nur in weithin zugänglichen Verträgen, sondern auch in Rechtsprechung und Lehre sowie – neuerdings – in Gesamtakten internationaler Organisationen wie Deklarationen und Resolutionen allgemein.

1. Durch Art. 38 (1) d seines Statuts wird der IGH dazu aufgefordert, die Entscheidungen der Gerichte und die Lehren der hervorragendsten Autoren des Völkerrechts als Hilfsmittel für die Erschließung des Völkerrechts zu verwenden.[1]

Die Entscheidungen der Gerichte sind also keine selbständigen Quellen des Rechts.[2] Art. 38 (1) d nimmt auf Art. 59 Bezug. Danach sind die Entscheidungen der Gerichte nur zwischen den Parteien und nur für die zur Entscheidung stehenden Fälle verbindlich.[3] Darin ist eine Absage an die angelsächsiche Lehre des *stare decisis* enthalten. Vorentscheidungen bestimmen die Entscheidung zukünftiger Fälle nur dann und insoweit, als sie bestehendes Vertrags- und Gewohnheitsrecht oder die Geltung allgemein anerkannter Grundsätze des Rechts überzeugend bekunden. Sie sind also nur deklaratorisch und fügen dem geltenden Recht nichts Neues hinzu.

Tatsächlich üben die Entscheidungen der angesehenen Gerichte aber gerade auf dem Gebiet des der Legislative entbehrenden Völkerrechts eine weit über den Einzelfall hinausreichende Wirkung aus. Sie bilden ein unentbehrliches Werkzeug auch der schöpferischen Weiterentwicklung des Rechts. Es läßt sich heute als Gemeingut des wissenschaftlichen Methodenbewußtseins bezeichnen, daß auch die Auslegung des geltenden Rechts, seine Klarstellung und Anpassung an die Bedürfnisse des Lebens eine mehr oder weniger schöpferische Leistung enthält und den Gerichten weitgespannte Möglichkeiten vermittelt, um das Recht in neue Bahnen zu lenken.[4] In gewissen Grenzen sind darüber hinaus die internationalen Gerichte auch zu *freier Rechtsetzung* berufen.[5] Nach Art. 38 (2) seines Statuts darf der IGH mit dem Einverständnis der Parteien *ex aequo et bono* entscheiden und dabei die Grenzen des geltenden Rechts überschreiten. Klauseln dieser Art sind auch in vielen Schiedsverträgen enthalten.[6] Die insoweit erteilte Ermächtigung zur Ausübung einer richterlichen Rechtsetzung gewährt der Rechtsprechung eine weitere Chance, über den Einzelfall hinaus neues Recht durchzusetzen.

---

[1] Das Gericht „wendet" diese Hilfsmittel genau genommen nicht „an", wie Art. 38 (1) behauptet, sondern es benutzt sie dazu, um die unter a-c bezeichneten Rechtsnormen anwenden zu können.

[2] Wenig überzeugend *Ross*, Lehrbuch des Völkerrechts, 1951, 84 f, der die in Art. 38 (1) d ausgesprochene Beschränkung der richterlichen Funktion für illusorisch hält. Es macht nicht nur theoretisch, sondern auch praktisch einen wesentlichen Unterschied aus, ob das Gericht sich im Rahmen anerkannter Rechtsnormen hält, oder ob es frei entscheidend darüber hinausgehen darf.

[3] Ebenso Art. 84 des I. Haager Abkommens von 1907.

[4] Vgl. dazu heute die vorzügliche Arbeit von *Jörn Ipsen*, Richterrecht und Verfassung, 1975.

[5] Ein hervorragendes Beispiel ist die Rechtsfortbildung durch den Europäischen Menschenrechtsgerichtshof und den Europäischen Gerichtshof im Bereich von Grund- und Menschenrechten. Dazu statt anderer *Scheuner*, Die Fortbildung der Grundrechte in internationalen Konventionen durch die Rechtsprechung, in: Festschrift Schlochauer, 1981, 899-926.

[6] Vgl. oben § 4.

2. Die Entscheidungen der Gerichte, in ihrer Gesamtheit eine Erkenntnisquelle von hervorragender Bedeutung, sind von verschiedener Art und von verschiedenem Wert.

a) Einmal kommen die Entscheidungen der *internationalen Gerichte* in Betracht. Hier sind es namentlich die Urteile und Gutachten des StIGH und des IGH, die Beachtung verdienen. Obwohl nicht förmlich verbindlich, sind sie doch in der Praxis des Völkerrechts zu maßgebenden Präjudizien geworden. Daneben sind die Entscheidungen anderer Gerichte, namentlich der Schiedsgerichte verwendbar. Ihr Wert ist unterschiedlich, ohne daß sich ein allgemeiner Maßstab aufstellen ließe.

b) Aber auch die Entscheidung *nationaler* Gerichte sind als Hilfsmittel wertvoll.[7] Eine Reihe nationaler Gerichte wie der Supreme Court der USA, die hohen englischen Gerichte oder die Kassationshöfe von Frankreich und Italien haben auf die Entwicklung des modernen Völkerrechts einen starken Einfluß geübt. Es ist aber in der Natur der Sache begründet, daß die Entscheidungen nationaler Gerichte auf dem Gebiet des Völkerrechts nur mit einer gewissen Zurückhaltung benutzt werden können. Es besteht zwar kein Anlaß, den moralischen und geistigen Rang oder die Unparteilichkeit der hohen Gerichte etwa in den führenden europäischen und amerikanischen Staaten für geringer als die der internationalen Gerichte einschließlich des IGH zu halten. Aber vor den nationalen Gerichten wird das internationale Recht doch nur sporadisch und nur im Zusammenhang mit dem nationalen Recht angewandt und vielfach durch das letztere modifiziert. Im ganzen fehlt ihnen auch die Erfahrung, wie sie die laufende Behandlung völkerrechtlicher Fragen jedenfalls den ständigen internationalen Gerichten vermittelt.

In engerer Beziehung zum Völkerrecht als andere nationale Gerichte stehen die *Prisengerichte.* Sie haben zwar nach zutreffender Ansicht in erster Linie das nationale Recht ihres eigenen Landes, nicht Völkerrecht anzuwenden. Aber das Prisenrecht ist naturgemäß besonders eng mit dem Völkerrecht verbunden, und solange es internationale Prisengerichte nicht gibt, sind in erster Linie die nationalen Prisengerichte dazu berufen, das Seekriegsrecht zu entwickeln.

II. Als ein zweites Hilfsmittel sind in Art. 38 (1) d des Statuts die Lehren der *hervorragendsten Publizisten* der verschiedenen Nationen bezeichnet. Gerade ein so stark in der Entwicklung begriffenes Recht wie das Völkerrecht bedarf der wissenschaftlichen und systematischen Bearbeitung und Deutung. Auch ist die Rechtsprechung ihrem Wesen nach konservativer als die wissenschaftliche Lehre, die – unbelastet von der Verantwortung für den einzelnen Fall – eher geneigt ist, neue Wege zu gehen, und so in besonderem Maße dazu berufen ist, das Völkerrecht vor der immer drohenden Gefahr der Erstarrung im status quo zu bewahren.

Das Verhältnis von Theorie und Praxis ist keiner allgemeinen Norm unterworfen.[8] In Zeiten des politischen und geistigen Umbruchs werden sich der Wissenschaft stärkere Chancen der Einflußnahme auf die Entwicklung des Völkerrechts bieten als in ruhigen Zeiten, in denen sich das Recht im gewohnten Geleise bewegt. Im allgemeinen bleibt der Einfluß der wissenschaftlichen Lehre hinter dem der Rechtsprechung zurück. Das Statut des IGH überläßt es in Art. 38 (1) d dem Gericht, in welchem Umfange es auf die wissenschaftliche Lehre zurückgreifen will. Der StIGH und der IGH haben sich dieses Erkenntnismittels nur in bescheidenem Maße bedient. Doch ist der Einfluß der Wissenschaft in ihnen auf indirektem Wege, nämlich durch die Berufung hervorragender Rechtslehrer in das Gericht, zur Geltung gelangt.

---

[7] Das Haager Gericht hat von der Rechtsprechung der nationalen Gerichte nur in auffallend bescheidenem Umfang Gebrauch gemacht. Vgl. auch *Hudson,* 1934, 614 f und *Schwarzenberger* I, 30 f.

[8] Im ganzen läßt sich wohl sagen, daß der Einfluß der Wissenschaft auf das völkerrechtliche Denken in den kontinental-europäischen Ländern stärker sei als im angelsächsischen Rechtskreis. Feinsinnige Bemerkungen darüber bei *Dana* (Hrsg.), Elements of International Law, by *Henry Wheaton,* 8th ed., 1866, 23 ff, Anm. 11. Zur Völkerrechtslehre insgesamt auch *Verdross/Simma,* 8 ff und *Kimminich,* Teaching International Law in an Interdisciplinary Context, in: AVR 24 (1986), 143-162.

III. Der Wortlaut des Art. 38 könnte den Eindruck erwecken, als ob die in ihm enthaltene Liste der Hilfsmittel für die Erschließung des Rechts eine *erschöpfende Aufzählung* böte. Aber das kann nicht zutreffend sein. Gerade das Völkerrecht ist so arm an typisierten Formen des Rechts, daß es nicht nur zulässig, sondern u. U. sogar geboten sein muß, sich auch nichttypisierter Hilfsmittel[9], erst recht neuer, im Art. 38 (1) d IGH-Statut nicht genannter typisierter Hilfsmittel zu bedienen.

So verdienen Gesamtakte wie Deklarationen und andere Beschlüsse internationaler Organisationen – soweit sie nicht selbst als eigenständige Rechtsquelle besonderer Art dienen – als Hilfsmittel zur Erschließung des Völkerrechts ebenso Beachtung[10] wie etwa diplomatische Noten und Korrespondenzen, die Anweisungen der Regierungen an ihre Vertreter im Ausland und deren Berichte, die von den Rechtsberatern und Regierungen erstatteten Gutachten, Berichte und Meinungsäußerungen[11], um nur einiges zu nennen. Namentlich auch die Niederschriften über internationale Verhandlungen, Kongresse und Konferenzen sind nicht nur für die Entstehungsgeschichte einzelner Abkommen, sondern auch als Zeugnisse der allgemeinen Rechtsüberzeugung von Interesse.

Ein anderes Hilfsmittel für die Erschließung des Völkerrechts ist ferner in den *nationalen Rechten* – nicht nur der Rechtsprechung der nationalen Gerichte – enthalten. Zwar wird die Auslegung die Verschiedenheit der Ausgangspunkte niemals außer Acht lassen dürfen, aber man kann nicht auf diese Quelle verzichten. Wenn etwa die nationalen Rechte im wesentlichen übereinstimmende Normen über die Rechtsstellung der Ausländer, die Immunität fremder Diplomaten und Staatsoberhäupter enthalten oder die Staaten ihren Streitkräften übereinstimmende Instruktionen für die Führung des Krieges erteilen, so läßt sich daraus u. U. auf das Bestehen einer gewohnheitsrechtlichen Regel oder eines allgemeinen Rechtsprinzips schließen. Daneben sind aber auch die Bemühungen namentlich der internationalen Fachvereinigungen, wie z. B. des Institut du droit international, um die Kodifizierung des Völkerrechts wichtige Hilfsquellen.[12] Gerade auch diese Arbeit vermittelt ein reichhaltiges Material, das der Erkenntnis schon des geltenden Rechts ein wertvolles Hilfsmittel bietet.

§ 6 Das Lückenproblem im Völkerrecht

Schrifttum: zu § 4; ferner *Lauterpacht*, The Function of Law in the International Community, 1933, Part II; *ders.*, Some Observations on the Prohibition of „Non liquet" and the Completeness of Law, in: Symbolae Verzijl, 1958, 196 ff; *Gross*, Limitations upon the Judicial Function, in: AJIL 58 (1964), 415 ff; *Hoffmann/Seidl-Hohenveldern*, Die Grenzen rechtlicher Streiterledigung im Völkerrecht und in internationalen Organisationen, Berichte DGVR 9 (1969), 1 ff; *Fitzmaurice*, The Problem of Non-liquet, in: Festschrift Rousseau, 1974, 89 ff.

---

[9] Dazu *Schwarzenberger* I, 34 f und *ders./Brown*, Manual of Public International Law, 6. Aufl. 1976, 28 ff.

[10] Zur Bedeutung der Deklarationen der Generalversammlung der Vereinten Nationen für die Rechtsfindung auch *Frowein*, Der Beitrag internationaler Organisationen, 147 ff (153).

[11] Nachweise der einschlägigen Instrumente und Dokumente sind in den verschiedenen Sammlungen von Dokumenten zur Außenpolitik sowie zur völkerrechtlichen Praxis der Staaten enthalten, vgl. z. B. Foreign Relations of the United States, 1868 ff (erfaßt die amerikanische Außenpolitik bis 1950), Documents on American Foreign Relations, 1935 ff (erfaßt die amerikanische Außenpolitik bis 1978), *Schwertfeger*, Die diplomatischen Akten des Auswärtigen Amtes 1871-1914 (8 Bde., 1923 ff); Documents Diplomatiques Français 1932-1939 (22 Bde., 1964 ff). Weiterhin berichten die Zeitschriften AFDI, AJIL, BYIL, CanYBIL, EA, ItalYBIL, ZaöRV u. a. regelmäßig über die Staatenpraxis und drucken Dokumente ab.

[12] Vgl. dazu näher unten § 7.

I. 1. Auch im Völkerrecht ergibt sich das Lückenproblem.[1] Eine Lücke besteht, wenn sich keine passende Rechtsnorm für die Entscheidung eines Falles ergibt. Lücken können zunächst innerhalb eines bestimmten Normenkreises entstehen, z. B. wenn ein Vertrag eine Frage ungeklärt läßt, deren Regelung man erwartet. In solchen Fällen kann zunächst die Lücke des einen Normenkreises durch Normen eines anderen Kreises ausgefüllt werden. Lücken des Vertragsrechts können durch das Gewohnheitsrecht ausgefüllt werden und umgekehrt. Solche Lücken innerhalb des Völkerrechtssystems können als *interne* oder *unechte Lücken* bezeichnet werden. Unechte Lücken deshalb, weil sie durch die Heranziehung anderer Normen des geltenden Rechts ausgefüllt werden können.[2] Eine wirkliche Lücke, wenn es solche überhaupt gibt, läge erst vor, wenn sich für einen Fall keine Norm des Völkerrechts nachweisen ließe.

2. Das äußere Nichtvorhandensein einer Norm bedeutet indessen noch nicht, daß eine Lücke besteht. Wenn z. B. ein Vertrag eine Frage nicht ausdrücklich regelt, so kann das bedeuten, daß die Parteien die vertragliche Regel auf den ungeregelten Fall nicht haben ausdehnen *wollen*. Die Beurteilung des ungeregelten Falles läßt sich dann aber im Wege des Umkehrschlusses aus den ausdrücklich geregelten Fällen entnehmen. Im Gewohnheitsrecht kann das Fehlen des positiven Konsenses bedeuten, daß die Staaten einander Freiheit gewähren. So bietet das Völkerrecht z. B. im allgemeinen keine Regeln über den Erwerb der Staatsangehörigkeit oder für die Entscheidung der Frage, ob und wie weit ein Staat seine Strafgerichtsbarkeit auf Auslandsstaaten ausdehnen darf. Und doch ist keine Lücke vorhanden, es besteht kein „rechtsleerer Raum".[3] Denn es besteht ein negativer Konsens dahingehend, daß Fragen dieser Art im allgemeinen dem Ermessen der Staaten, also dem nationalen Recht, unterstehen (negatives Gewohnheitsrecht).
Andererseits kann das Völkerrecht lückenhaft sein, auch wenn äußerlich Normen bestehen. Das ist z. B. der Fall, wenn mehrere Klauseln eines Vertrages einander geradezu widersprechen, oder wenn die Parteien eines Vertrages unter einer bestimmten Klausel Verschiedenes verstehen, also kein gemeinsamer Wille besteht, Völkerrecht oder eine Regel des Völkerrechts durch eine radikale Veränderung der Verhältnisse so sehr ihren Sinn verloren hat, daß sie vernünftigerweise nicht mehr anwendbar ist.

II. 1. Wo eine ausdrückliche Regelung fehlt, z. B. die Bestimmung eines Vertrages, nach Sinn und Zweck ausgelegt, nicht unmittelbar anwendbar ist, hilft u. U. die *Analogie*[4]. Auch im Völkerrecht darf man aus der Gleichartigkeit der Voraussetzungen auf die Gleichheit der Rechtsfolgen schließen.

Manchmal schreiben internationale Verträge die entsprechende Anwendung völkerrechtlicher Regeln ausdrücklich vor. So sollen z. B. nach Art. 12 der Satzung der UNESCO die Bestimmungen der UN-Charta Art. 104 und 105 entsprechend auf die UNESCO anwendbar sein. – Nach Art. 68 des Statuts des IGH hat das Gericht auf das Verfahren bei der Erstattung

---

[1] Dazu allgemein *Dahm*, Deutsches Recht, 1963; *Guggenheim* I, 292, 296 ff; *Verdross/Simma*, 387 f mwN.

[2] Vgl. oben § 4 III 4.

[3] So schon *Verdross*, Die Verfassung der Völkerrechtsgemeinschaft, 73; dem Sinne nach genauso *Verdross/Simma*, 387 f.

[4] Dazu u. a. *Bos*, A Methodology, 106 ff, *Verdross*, (Anm. 3), 70 f, *Lauterpacht*, Function 63 f und *ders.*, Restrictive Interpretation and the Principle of Effectiveness in the Interpretation of Treaties, in: BYIL 26 (1949), 48-85 (77 f); *Schwarzenberger* I, 111 f; *Cavaglieri*, 108 f der – wenig einleuchtend – nur die analogia legis, nicht aber die analogia iuris zulassen will, sowie *Anzilotti*, 104 f, der die Zulässigkeit der Analogie erst aus Art. 38 (c) des Statuts des IGH herleiten will und die Gesetzgebungsfunktion des internationalen Richters, so scheint uns, überbetont. Bestritten wird die Zulässigkeit der Analogie z. B. von *Strupp*, Les règles générales du droit de la paix, in: RdC 47 (1934 I), 258 ff (337); *Fedozzi*, 54 f.

von Rechtsgutachten die für das Streitverfahren geltenden Bestimmungen des Statuts insoweit anzuwenden, als es sie für anwendbar hält.

2. Aber auch wenn nichts besonderes darüber gesagt ist, können *Vertragsbestimmungen* entsprechend angewandt werden, wenn dies dem vernünftig ausgelegten Willen der Parteien entspricht. Nur soweit sie den Willen der Parteien zu Ende denkt, ist freilich die analoge Anwendung des Vertragsrechts gestattet.

Beispiele: Der IGH hat sich in seinem Rechtsgutachten über die *Rechtsstellung von Süd-West-Afrika*[5] dahin geäußert, daß gewisse Vorschriften der UN-Charta über das Treuhandverhältnis, z. B. die Art. 79 und 85, auf das noch dem Mandatsystem des Völkerbundes unterworfenen Süd-West-Afrika entsprechend anwendbar seien. In seinem Bericht über die *britischen Vermögenswerte in Spanisch Marokko* (1925)[6] trug der Schiedsrichter *Huber* keine Bedenken, Art. 3 der IV. Haager Konvention von 1907, der die Kriegführenden für die Aktionen ihrer Streitkräfte verantwortlich macht, entsprechend auch für militärische Aktionen gegen Aufständische gelten zu lassen. – Wesentlich problematischer ist der Schiedsspruch des deutsch-griechischen Schiedsgerichts im Falle *Coenca Brothers gegen das Deutsche Reich* (1927), der die Seekriegsnormen des IX. Haager Abkommens von 1907 entsprechend auf den Luftkrieg anwenden wollte und Deutschland wegen eines ohne vorherige Warnung ausgeführten Zeppelin-Angriffs auf Saloniki für schadensersatzpflichtig erklärt.[7]

3. Ferner kann das *Gewohnheitsrecht* manchmal analog angewandt werden. Die Normen z. B., die sich auf die Rechtsstellung der diplomatischen Vertreter fremder Staaten beziehen, können in gewissen Grenzen – soweit spezialrechtlich nichts anderes geregelt ist – auf die Amtsträger internationaler Organisationen und die Vertreter der Staaten bei ihnen entsprechend angewandt werden.[8]

III. 1. In der Rechtslehre wird zwischen *Gesetzes-* und *Rechtsanalogie* unterschieden. Während jene die entsprechende Anwendung einzelner Rechtsnormen zum Gegenstand hat, wird unter Rechtsanalogie[9] ein Denkverfahren verstanden, mit dessen Hilfe sich allgemeine Normen aus einer Mehrzahl einzelner Normen ableiten lassen.

Beispiel: Im *Wimbledon-Fall* (1923) hatte der StIGH die Frage zu klären, ob Deutschland ungeachtet seiner Neutralität im russisch-polnischen Kriege verpflichtet war, einem mit Kriegsmaterial für Polen beladenen englischen Schiff die Durchfahrt durch den Kieler Kanal zu gestatten. Der StIGH berief sich dabei u. a. auf die Regeln, die im Völkerrecht für den Suez- und Panama-Kanal anerkannt seien, und entnahm den verschiedenen, für die drei Kanäle geltenden Verträgen die allgemeine Regel, daß die Durchfahrt durch Wasserstraßen dieser Art auch Konterbande führenden Schiffen und sogar den Kriegsschiffen der kriegführenden Staaten unbeschadet der Neutralität des Uferstaates freistehen müsse.[10]

2. Eine besondere Art der Rechtsanalogie, nämlich der Schluß aus der übereinstimmenden Geltung bestimmter Rechtsnormen in den *nationalen Rechten* auf das Bestehen allgemeiner Prinzipien des Rechts, wird auch durch Art. 38 (c) des Statuts des IGH nahegelegt.[11] Gegen die entsprechende Anwendung von Regeln der nationalen Rechte[12], na-

[5] ICJ Reports 1950, 128, 141 f.

[6] RIAA 2, 615 (645).

[7] Tribunaux Arbitraux mixtes 7, 683. – In der Schlußakte der Haager Konferenz von 1907 wurde der „Wunsch" ausgesprochen, es möchten die Grundsätze des Abkommens über die Gesetze und Gebräuche des Landkrieges soweit möglich auch auf den Seekrieg angewandt werden. Vgl. auch *Lauterpacht*, Function, 113 f, über die entsprechende Anwendung des Art. 75 des Versailler Vertrages in dem Rechtsgutachten des StIGH, PCIJ Series B 6 (1923).

[8] Zurückhaltend *Bos*, A Methodology, 255 ff zu den Sitzstaatsabkommen unten, § 41.

[9] Dazu *Dahm* (Anm. 1), 67.

[10] PCIJ, Series A 1 (1923).

[11] Vgl. § 7 II 1.

[12] Kein Gegenstand dieser Erörterung ist das umge-

mentlich auch des bürgerlichen Rechts[13], auf das Völkerrecht bestehen keine prinzipiellen Bedenken. Doch muß man bei der entsprechenden Anwendung des nationalen und insbesondere auch des bürgerlichen Rechts und des Verwaltungsrechts[14] die sachliche und funktionelle Verschiedenheit der hier in Frage stehenden Rechte, des staatlichen Rechts als des Rechts einer straff organisierten und des Völkerrechts als des Rechts einer noch dezentralisierten Gemeinschaft, bedenken.[15]

Beispiele: So können z. B. die für das nationale Verfahrensrecht, z. B. den Beweis, geltenden Normen nicht ohne weiteres auf den internationalen Prozeß übertragen werden.

IV. Verträge[16] und Gewohnheitsrecht, zusammen genommen, bilden kein in sich geschlossenes System. Sie beruhen auf allgemeinen Grundsätzen des Rechts, und ihre Lücken können mit Hilfe von allgemeinen Grundsätzen des Rechts bis zu einem gewissen Grade ausgefüllt werden. Eben darin liegt die – wenn auch nicht alleinige – Bedeutung der Norm, die Art. 38 (1) c des Statuts des IGH enthält. Erst wenn sich kein allgemeines Rechtsprinzip findet, das sich anwenden ließe, und sich auch aus der Natur der Sache oder der zu regelnden oder zu beurteilenden sozialen Wirklichkeit keine Entscheidung ablesen läßt, erst dann hat das Völkerrecht seine Grenze erreicht, und dann allerdings ist die Angelegenheit eine solche der ausschließlich nationalen Jurisdiktion, besteht *Freiheit des Handelns*.[17]

Es kann somit bei der Anwendung des Völkerrechts ein wirkliches *non liquet* nicht geben. Ein internationales Gericht ist immer zu einer sei es positiven, sei es negativen (etwa den Anspruch verneinenden) Entscheidung imstande. Doch können die Verträge die mit der Entscheidung berufene Instanz zu rechtsschöpferischer Entscheidung beru-

---

kehrte Problem, ob und wieweit völkerrechtliche Regeln auf dem Gebiet des nationalen Rechts entsprechend anwendbar sind. So können z. B. u. U. völkerrechtliche Regeln auf das verfassungsrechtliche Verhältnis der Gliedstaaten eines Bundesstaates zueinander entsprechend angewandt werden.

[13] Dazu *Ripert*, Les règles du droit civil applicables aux rapports internationaux, in: RdC 44 (1933 II), 565 f, *Triepel*, Völkerrecht und Landesrecht, 1899, § 8; *Guggenheim*, Festschrift Wehberg, 1956, 133 f, *Lauterpacht*, Analogies and Function, 115 f, der, so scheint uns, in der Übertragung zivilrechtlicher Vorstellungen auf das Völkerrecht zu weit geht. Eingehend – mit entgegengesetzter Tendenz – *Rousseau* I, 49 ff. Diese Analogie liegt namentlich dort auf der Hand, wo internationale Verträge schon äußerlich gewisse Vertragstypen des Privatrechts kopieren, ein Staat z. B. ein Gebiet einem anderen Staat verkauft oder verpachtet. Vgl. auch Haager Landkriegsordnung Art. 55, wonach die Besatzungsmacht das öffentliche Vermögen des feindlichen Staates nur „nach den Regeln des Nießbrauchs" zu nutzen befugt ist.

[14] Angesichts einer immer weitere Bereiche der Daseinsvorsorge erfassenden Ausdehnung des Völkerrechts dürfte der Rückgriff auf Vorstellungen des nationalen Verwaltungsrechts auf lange Sicht von größerer Bedeutung sein als derjenigen auf das bürgerliche oder das Strafrecht; zum Einfluß internationaler Verwaltung auf den nationalen Bereich vgl. etwa *Menzel*, Nationale und Internationale Verwaltung, in: DöV 22 (1969), 1 ff; *Delbrück*, Internationale und Nationale Verwaltung. Inhaltliche und institutionelle Aspekte, in: Deutsche Verwaltungsgeschichte, hrsg. von *Jeserich/Pohl/von Unruh*, Bd. V, Die Bundesrepublik Deutschland, 1986, 386 ff.

[15] So namentlich *McNair* in seinem Sondervotum zu dem Rechtsgutachten des IGH über die *Rechtsstellung von Süd-West-Afrika*, ICJ Reports 1950, 148. Darin warnt er vor der Übertragung der bürgerlich-rechtlichen Regeln über den Auftrag auf das völkerrechtliche Treuhandverhältnis und knüpft daran die allgemeine Bemerkung: „the duty of national tribunals in this matter is to regard any features or terminology which are reminiscent of the rules and institutions of private law as an indication of policy and principles rather than as directly importing these rules and institutions". – Auch das deutsche Reichsgericht hielt sich in der Übertragung bürgerlich-rechtlicher Normen auf völkerrechtliche Verhältnisse deutlich zurück. Vgl. z. B. RGZ 105, 260 und 121, 10.

[16] Von den Beschlüssen der internationalen Organisationen kann trotz des zuvor zu ihrer Stellung als Rechtsquelle eigener Art Gesagten in diesem Zusammenhang abgesehen werden.

[17] Vgl. *Verdross*, Völkerrecht, 127 und *Kelsen*, Peace through Law, 1944, 27 f, *ders.*, Principles 192 f. *Kelsen* glaubt, aus der Lückenlosigkeit des Rechts die Justiziabilität aller internationalen Streitigkeiten entnehmen zu können.

fen, ihr z. B. gestatten, daß sie *ex aequo et bono* entscheide. Aber diese Frage ist nicht mehr eine solche der Rechtsquellenlehre, sondern der internationalen *Justiz*, von der an anderer Stelle die Rede sein muß.

§ 7 Die Kodifizierung des Völkerrechts

Schrifttum: Zu § 4; ferner *Alvarez*, La codification du droit international, 1912; *Charles de Visscher*, La Codification du droit international, in: RdC 6 (1925 I), 329-453; *Hudson*, The Progressive Codification of International Law, in: AJIL 20 (1926), 655-669; *Guerrero*, La codification du droit international, 1930; *Alvarez*, Le continent Américain et la codification du droit internationale, 1938; *ders.*, The Reconstruction and Codification of International Law, in: ILQ 1 (1947), 469-481; *Jennings*, The Progressive Development of International Law and its Codification, in: BYIL 24 (1947), 301-329; *Liang*, Le développement et la codification du droit international, in: RdC 73 (1948 II), 407-532; *Cheng*, General Principles of Law as a Subject for International Codification, in: Current Legal Problems 4 (1951), 35-53; *Lauterpacht*, Codification and Development of International Law, in: AJIL 49 (1955), 16-43; *Doudet*, Les Conférences des Nations Unies pour la codification du droit international, 1968; *Briggs*, Reflections on the Codification of International Law by the International Law Commission and by other Agencies, in: RdC 126 (1969 I), 233 ff; *Thode*, International Law Commission – Entstehungsgeschichte, Organisation, Arbeitsweise und Tätigkeit, 1972; *Movchan*, Kodifizierung und Weiterentwicklung des Völkerrechts, 1974 (Orig. russ. 1972); *Cho*, Codification of International Law with Emphasis on the ILC, 1975; *Geck*, Völkerrechtliche Verträge und Kodifikation, in: ZaöRV 36 (1976), 96-145; *ders.*, The Codification of International Law in the United Nations, in: Law and State, 1978, 21 ff; *Rosenne*, Codification of International Law, in: EPIL 7 (1984), 34-41; *McWhinney*, United Nations Law Making, 1984; *Limpert*, Verfahren und Völkerrecht. Völkerrechtliche Probleme des Verfahrens von Kodifikationskonferenzen der Vereinten Nationen, 1985; *Vallat*, International Law Commission, in: EPIL 9 (1986), 183-191; *Sinclair*, The International Law Commission, 1987.

I. Das Völkerrecht, unter dem Gesichtspunkt der Rechtstechnik betrachtet, leidet unter einem dreifachen Mangel: Es fehlt ihm vielfach die notwendige Regelungsdichte. Es ist weithin, nämlich soweit es Gewohnheitsrecht ist, ein ungeformtes und entsprechend unsicheres Recht. Soweit es aber in Gestalt von Verträgen fixiert ist, fehlt ihm die systematische Ordnung. Diesen Mängeln will die Kodifizierung des Völkerrechts abhelfen.

Das Wort Kodifizierung ist allerdings mißverständlich. Unter einer Kodifizierung versteht man im allgemeinen ein mehr oder weniger umfassendes Gesetz.[1] Dem geltenden Völkerrecht aber fehlt weitgehend die echte Legislative. Die einzige Form, die sich der „Kodifizierung" im Völkerrecht bietet, ist der internationale *Vertrag*. Kodifizierung ist also die schriftliche Festlegung des Völkerrechts in Gestalt von möglichst umfassenden Verträgen.

Solche Verträge können verschiedene Zwecke verfolgen. Sie können sich zur Aufgabe setzen, das *schon geltende* Gewohnheitsrecht schriftlich niederzulegen. Dann sind sie wenigstens ihrer Absicht nach deklaratorisch, sie fügen dem ohnehin geltenden Recht auf den ersten Blick nichts Neues hinzu. Doch selbst wenn sie nichts anderes bezweckt, hat doch schon die bloße Umgießung des Rechts in eine andere Form eine Änderung auch von Geist und Inhalt zur Folge. Ein Vertrag ist anderen Auslegungsregeln als das Gewohnheitsrecht, und seine Abänderung ist anderen Normen als die des Gewohn-

[1] Über die Eigenart der internationalen – im Unterschiede zur nationalen – Kodifikation *Elihu Root*, RDILC 43 (1911); zur Kodifikationsproblematik heute *Thode*, International Law Commission, 192 ff; *Verdross/Simma*, 372 ff; *Rosenne*, Codification.

heitsrechts unterworfen. Die Kodifizierung des Völkerrechts kann aber auch die Absicht verfolgen, *neues Recht* ins Leben zu rufen, Meinungsverschiedenheiten aus der Welt zu schaffen, veraltetes Recht durch besseres Recht zu ersetzen. Kodifikationen dieser Art sind konstitutiver Natur.[2] In der neuzeitlichen Praxis der multilateralen Verträge erscheinen beide Arten von Kodifizierung nebeneinander. Namentlich in der Praxis der mit der Kodifikationsaufgabe betrauten Organe – wie der International Law Commission (ILC) – ist eine klare Unterscheidung zwischen deklaratorischer und konstitutiver Art der Kodifizierung kaum möglich und wohl von den Autoren der großen Kodifikationsvorhaben auch nicht mehr gewollt, weil auch die nur deklaratorische Kodifizierung eine zeitgebundene – und damit ältere Auffassungen von Recht umgestaltende – Niederlegung des Rechts bedeuten muß, soll die Kodifikation die Annahme durch die Staatenwelt finden.[3]

II. 1. Aber auch die multilateralen Verträge sind doch mehr oder weniger Gelegenheitsarbeit, durch das jeweils vorliegende Bedürfnis bestimmt. Über sie hinaus weist die Idee einer systematischen Kodifizierung des Völkerrechts *in seiner Gesamtheit.* Sie ist schon gegen Ende des 18. Jahrhunderts erwacht (*Jeremias Bentham;* Déclaration du droit des gens 1793 und 1795, von *Abbé Gregoire* dem französischen Konvent vorgelegt) und während des ganzen 19. Jahrhunderts lebendig gewesen. Sie hat sich in zahlreichen Entwürfen und Vorschlägen von Gelehrten, Privatpersonen und Vereinigungen niedergeschlagen.[4]

So haben die Kodifizierungsvorschläge des 1873 gegründeten Institut de droit international, der International Law Association (seit 1895, vorher – seit 1873 – International Association for the Reform and Codification of the Law of Nations), der Interparlamentarischen Union (seit 1884), des American Institute of International Law (seit 1912) oder der Harvard Law School sehr Wesentliches zur Entwicklung des Völkerrechts beigetragen.

Diese Bestrebungen erhielten einen neuen Antrieb durch die Errichtung des Ständigen Internationalen Schiedshofs im Jahre 1907, des Völkerbundes 1919[5] und des StIGH 1920. Jetzt traten sie in das Blickfeld der Regierungen und der Staaten.

Schon das mit der Ausarbeitung des Statuts des StIGH betraute Juristenkomitee des Völkerbundes hatte 1920 die Einberufung einer internationalen Kodifikationskonferenz vorgeschlagen. Im Jahre 1924 beschloß dann die 5. Völkerbund-Versammlung, den Völkerbundsrat zu bitten, einen Ausschuß von Sachverständigen einzuberufen. Dieser sollte eine vorläufige Liste von Gegenständen entwerfen, die für eine Regelung durch internationale Abkommen geeignet schienen. Der vom Völkerbundsrat eingesetzte Ausschuß stellte in Fühlungnahme mit den Regierungen eine Liste von 7 Gegenständen auf, die seiner Meinung nach einer Kodifizierung zugänglich waren. Auf der Grundlage dieses Berichtes beschloß die 8. Völkerbund-Versammlung 1927, eine Konferenz zum Zwecke der Kodifizierung von dreien der vorgeschlagenen Gegenstände – Staatsangehörigkeit, nationale Gewässer, Verantwortlichkeit der Staaten für die Schä-

---

[2] Den Ausdruck „Kodifikation" nur für die zuerst genannte (deklaratorische) Art der Rechtsaufzeichnung gelten zu lassen – so auch UN-Charta Art. 13 (1) und Statut der ILC Art. 1 –, ist unangemessen.

[3] In diesem Sinne auch *Verdross/Simma,* 375.

[4] Einzelheiten bei *Oppenheim/Lauterpacht* I, 58, Anm. 1 und *de Visscher,* RdC 6 (1925 I), 408 f. Vgl. auch *Hudson,* The Codification of International Law through the League of Nations. An Address before the American Branch of the International Law Association, 1923.

[5] Die Völkerbundsatzung enthielt allerdings keine einschlägigen Bestimmungen, anders als die Charta der Vereinten Nationen. Zum Völkerbund *Hudson,* Progressive Codification; *ders.,* The First Conference for the Codification of International Law, in: AJIL 24 (1930), 447 ff sowie *Rosenne* (Hrsg.), League of Nations Committee of Experts for the Progressive Codification of International Law, 1925-1928, 2 Bde, 1972; *ders.* (Hrsg.), League of Nations Conference for the Codification of International Law 1930, 4 Bde., 1975.

digung von Ausländern auf ihrem Gebiet – einzuberufen. Aber die im März und April 1930 unter Beteiligung von 48 Staaten in Haag abgehaltene *Konferenz zum Zwecke der fortschreitenden Kodifizierung des Völkerrechts* erwies sich als Fehlschlag. Er war nicht so sehr den technischen Mängeln des eingeschlagenen Verfahrens zuzuschreiben als vielmehr der unglücklichen Auswahl gerade solcher Gegenstände, über die unüberbrückbare Meinungsverschiedenheiten unter den führenden Staaten bestanden. Zwar kamen einige Konventionen und Protokolle über eine Reihe von Einzelfragen zustande, aber eine umfassende Kodifikation war nicht zu erreichen. Pläne für eine zweite Konferenz konnten nicht mehr durchgeführt werden.[6]

2. Nach dem Zweiten Weltkrieg hat die Kodifizierungsbewegung einen neuen Anlauf genommen. Nach UN-Charta Art. 13 (1) soll die Generalversammlung der UN u. a. Empfehlungen aussprechen, um die fortschreitende Entwicklung und die Kodifizierung des Völkerrechts zu fördern. Aufgrund dieser Bestimmungen setzte die Generalversammlung einen Ausschuß zum Zwecke der Feststellung der Methoden ein, mit deren Hilfe die Vorschrift des Art. 13 (1) am besten ausgeführt werden könnte. Aufgrund des von dieser Kommission erstatteten Berichts wurde durch Beschluß der Generalversammlung vom 21. 11. 1947 die ILC eingesetzt und als Anlage zu der Resolution deren *Statut* angenommen.

Die ILC ist ein aus 34 Sachverständigen bestehender Ausschuß.[7] Diese sollen anerkannte Autoritäten auf dem Gebiet des Völkerrechts sein (Statut Art. 2) und die wichtigsten Kulturkreise und Rechtssysteme der Welt repräsentieren (Art. 8; vgl. auch GA Res. 36/39). Sie sind nicht an Weisungen ihrer Regierungen gebunden. Doch kommt der politische Einfluß bei ihrer Ernennung zur Geltung: Sie werden von den Regierungen der Mitgliedstaaten benannt und von der Generalversammlung gewählt (Art. 3).

Wie in UN-Charta Art. 13 (1), so wird auch in dem Statut der ILC zwischen der *Weiterentwicklung* (progressive development) und der *Kodifizierung* des Völkerrechts unterschieden (Art. 1)[8]. Der Unterschied zwischen beiden wird in Art. 15 des Statuts dahin beschrieben, es solle die Weiterentwicklung des Völkerrechts die Vorbereitung von Konventionen für Gegenstände umfassen, die bisher noch nicht geregelt und in der Staatenpraxis noch nicht hinreichend entwickelt seien. Dagegen solle die Kodifizierung die genauere Formulierung und die systematische Ordnung von Normen bezeichnen, die in Praxis und Lehre schon hinreichend geklärt worden seien. Es wird also zwischen deklaratorischer und konstitutiver Kodifizierung im früher bezeichneten Sinne unterschieden, aber der Ausdruck „Kodifizierung" auf die erstere beschränkt.

Das Statut sieht an sich für beide Aufgaben verschiedenartige *Verfahren* vor. Beide sind bis in die Einzelheiten geregelt und formalisiert in der Absicht, die Unterrichtung und Mitwirkung der Regierungen schon bei der Vorbereitung der Entwürfe zu sichern. Der Unterschied zwischen beiden Verfahren bezieht sich namentlich auf die erste Initiative. In dem Verfahren zur *Weiterentwicklung des Rechts* (Art. 16-17) darf die ILC keine eigene Initiative entfalten, sondern nur Pläne in Angriff nehmen, die ihr von der Generalversammlung, von den Mitgliedern der UN, anderen Organen der UN, den Sonderorganisationen oder anderen durch zwischenstaatliche Vereinbarungen geschaffenen Körperschaften vorgelegt werden. Kommt die Anregung aber nicht von der Generalversammlung, so muß diese ihre Zustimmung geben, wenn die Kommission ihre Arbeit fortsetzen soll. Diese hat größere Freiheit bei der *Kodifizierung des geltenden Rechts* (Art. 18-24). In diesem Verfahren braucht sie nicht erst auf die Initiative der Generalversammlung zu warten, sondern kann von sich aus entscheiden, welche Gegenstände sich ihrer Ansicht

---

[6] Zum Vorstehenden siehe näher *Thode,* 15 ff.

[7] Die Zahl der Mitglieder betrug zunächst 15, wurde 1956 auf 21, 1961 auf 25 und 1981 durch GA Res. 36/39 auf 34 erhöht, um eine angemessene Beteiligung auch der neuentstandenen Staaten bzw. der sie zusammenfassenden Regionen zu sichern, vgl. dazu *Vallat,* International Law Commission, 185. – Über die Arbeit der ILC wird regelmäßig berichtet im JIR/GYIL; vgl. auch die Übersicht bei *Vallat,* 189 f.

[8] Dazu *Yuen-Li Liang,* 43rd Report der International Law Association (1948), 159 f; *Thode,* 192 ff; *Verdross/Simma,* 375 ff.

nach für die Kodifizierung eignen und dann in einem Verfahren, das dem für die Weiterentwicklung des Völkerrechts vorgesehenen Verfahren ähnlich ist, ihren Entwurf vorbereiten.[9] In beiden Verfahren muß die ILC ihre Ergebnisse in Gestalt formulierter Entwürfe mit ihren Empfehlungen der Generalversammlung zugehen lassen. Im Verfahren für die Kodifizierung – nicht dem für die Weiterentwicklung des Rechts – soll die ILC Empfehlungen für die weitere Behandlung der Sache aussprechen (Näheres in Art. 23 des ILC-Statuts).[10]

Die Praxis der ILC hat die Unterscheidung des Statuts weitgehend obsolet werden lassen. Nicht nur haben sich fortschreitende Entwicklung, d. h. die konstitutive Kodifizierung von Völkerrecht, und die Kodifikation im engeren Sinne, d. h. die deklaratorische Niederlegung des bereits geltenden Völkerrechts aus guten Gründen als nicht unterscheidbar erwiesen. So hat die ILC notwendigerweise in ihre deklaratorisch gemeinte Arbeit durch Klarstellungen und Anpassungen des Rechts an die gegenwärtige Situation ein gestaltendes und damit entwickelndes Element einfließen lassen. Sie hat es deshalb auch möglichst vermieden, ihre Entwürfe unter die Rubriken des Status einzuordnen.[11]

3. Die Kodifikation des Völkerrechts ist allerdings auch im Rahmen der Kompetenz der Generalversammlung der UN unter Art. 13 (1) UN-Charta anderen Organen oder Konferenzen übertragen worden, die anders als die ILC aus weisungsgebundenen Regierungsvertretern bestehen. Der Grund hierfür ist, daß die ILC nicht als geeignet angesehen wird, solche Kodifikationsvorhaben voranzutreiben, die ihrem Wesen nach von besonderer politischer Brisanz sind, weil im Sinne der internationalen Gemeinschaft wahrhaft „progressiv“.

So ist die Vorbereitung und Durchführung der Neugestaltung des Seerechts ebensowenig der ILC übertragen worden wie die der Gestaltung des Weltraumrechts.[12] Auch die Erarbeitung der wohl bedeutendsten Deklaration, die die Generalversammlung der UN bisher verabschiedet hat – die „Declaration on Friendly Relations Among States“ (1970) – erfolgte nicht durch die ILC[13]; gleiches gilt für die Definition der Aggression.[14] Die Generalversammlung hat hier – offenbar unter dem Einfluß vor allem der jungen Staaten der Dritten Welt – in größerer Nähe zum politischen Prozeß in den UN die Aufgabe der fortschreitenden Entwicklung des Völkerrechts wahrnehmen lassen wollen.[15]

---

[9] Der hier einschlägige Art. 18 (2) des Statuts gibt freilich Anlaß zu Zweifeln. Es wird gelegentlich die Meinung vertreten, diese Bestimmung gebe der ILC nur das Recht, die Gegenstände zu bestimmen, deren Kodifizierung ihrer Meinung nach wünschenswert sei, aber nicht die Befugnis, die Arbeit ohne vorherige Zustimmung der Generalversammlung in Angriff zu nehmen. Doch wird die im Text vertretene Ansicht den Zwecken des Art. 13 (1) UN-Charta und des Art. 18 (2) des Statuts der ILC besser gerecht. Sie wurde auch von der Mehrheit der ILC auf ihrer ersten Sitzung und des mit dem Bericht der ILC befaßten sechsten Ausschusses der Generalversammlung im Jahre 1949 vertreten. Vgl. UNYB 1948-49, 950 f; so auch *Thode*, 198.

[10] Zum Vorstehenden insgesamt eingehend *Thode*, 197 ff; *Sinclair*, 7, 46 f.

[11] Zutreffend *Verdross/Simma*, 375; vgl. auch die Einleitung zu den Draft Articles on the Law of Treaties, in: ILC-Yearbook 1966 II, 177; weitere Beispiele bei *Thode*, 205 f.

[12] Die Neugestaltung des Seerechts oblag nach Vorbereitung durch eine Vorkonferenz seit 1973 der 3. UN-Seerechtskonferenz (UNCLOS III); der Text des Weltraumvertrages setzt sich im wesentlichen aus Resolutionen der Generalversammlung zusammen, die sie seit den späten 50er Jahren auf Initiative der USA und der UdSSR bei der Entwicklung des Weltraumrechts angenommen hat. Vgl. *Wolfrum*, Die Internationalisierung staatsfreier Räume, 1984, 371 ff, 274 ff.

[13] Die Deklaration wurde am 24. Oktober 1970 von der Generalversammlung der Vereinten Nationen verabschiedet, vgl. GA/Res/2625 (XXV), Text in: UNYB 1970, 788 ff.

[14] Sie wurde ebenfalls durch Beschluß der Generalversammlung der UN verabschiedet, vgl. GA/Res/3314 (XXIX) vom 14. Dezember 1974, Text in: UNYB 1974, 846 ff.

[15] In diesem Sinne auch *Verdross/Simma*, 375.

4. Wesentliche Bedeutung hat seit dem Beginn des Jahrhunderts auch die regionale Kodifikationsbewegung der *amerikanischen Staaten* erlangt. Sie hat, unbeschwert durch ein Übermaß geschichtlicher Traditionen und dank der weitgehenden inneren Homogenität, die in diesem Rechtskreis bestand, zu bedeutenden Erfolgen geführt.

Nach ersten Versuchen im 19. Jahrhundert wurde im Jahre 1906 auf der 3. panamerikanischen Konferenz in Rio ein internationaler Juristenausschuß eingesetzt, dem die Kodifizierung des unter den amerikanischen Staaten anerkannten öffentlichen und privaten internationalen Rechts anvertraut wurde.[16] Aufgrund von Vorarbeiten des American Institute of International Law, das dem Juristenkommittee 1924 nicht weniger als 30 Vertragsentwürfe vorlegen konnte, wurden von der 6. (1928) und 7. (1933) panamerikanischen Konferenz eine Reihe von Abkommen über zahlreiche Gegenstände des internationalen Rechts angenommen. Einen weiteren Ausbau hat diese Art der internationalen Legislative durch die Satzung der OAS (Bogotá-Charta) vom 30. 4. 1948 erfahren, die als Unterorgan des Rates der Organisation einen Juristenrat (Inter-American Council of Jurists) und den interamerikanischen Rechtsausschuß (Inter-American Juridical Committee) in Rio als ständigen Ausschuß des Juristenrats vorsieht.[17] Zu den Aufgaben des Juristenrats gehört auch die Weiterentwicklung und Kodifizierung des Völkerrechts und des IPR. Im Unterschied zu den Kodifikationsbemühungen der amerikanischen Staaten hat die regionale Völkerrechtskodifikation durch den Europarat nur eine rudimentäre Institutionalisierung erfahren, ohne daher jedoch weniger effizient zu sein. Auf Initiative des Ministerkomitees, der Fachministerkonferenzen und auch der parlamentarischen Versammlung hat der Europarat bisher ca. 120 Konventionen erarbeitet.[18]

III. Über Nutzen und Schaden, Erwünschtheit und Unerwünschtheit der Kodifizierung des Völkerrechts gibt es eine umfangreiche Literatur. Allgemeingültiges läßt sich darüber nicht aussagen. In der gegenwärtigen Phase der geschichtlichen Entwicklung, die durch die Tendenz zu engerem internationalem Zusammenschluß und zu verstärkter internationaler Kooperation gekennzeichnet ist, kann die Kodifizierung des Völkerrechts auf der Grundlage umfassender Konventionen eine nicht zu unterschätzende Integrationswirkung haben. Andererseits mahnt die geschichtliche Erfahrung zur Skepsis. In der geschichtlichen Entwicklung des Rechts haben die großen Kodifikationen (Corpus iuris, Preußisches Allgemeines Landrecht, Code Civil und Pénal, BGB in Deutschland am Ende des 19. Jahrhunderts) jeweils den Endpunkt einer ausgereiften geschichtlichen Entwicklung bezeichnet. Aber das Völkerrecht befindet sich noch auf einer durchaus archaischen Stufe seiner Entwicklung, wenn es auch gerade in der Gegenwart in erheblichem Umfang Ausweitung und Fortbildung erfährt. Man muß wohl unterscheiden: Es gibt Gebiete und Gegenstände des Völkerrechts, die sich für eine Kodifizierung eignen und reif dafür sind[19], und andere, für die das nicht zutrifft. Die Fixierung des Völkerrechts kann Unklarheiten beseitigen und zukunftsträchtigen Entwicklungen den Boden bereiten. Sie kann aber auch zu einer Quelle neuer Meinungsverschiedenheiten und Unklarheiten werden und zur Erstarrung des Völkerrechts führen.[20] Noch nicht ab-

---

[16] Auf der 5. panamerikanischen Konferenz in Santiago de Chile 1923 wurde die durch den Ersten Weltkrieg unterbrochene Kodifizierungsarbeit wieder aufgenommen und das Juristenkomitee reorganisiert.

[17] Vgl. Charta der OAS Art. 51 und 105 ff.

[18] Veröffentlicht in den European Treaty Series (ETS), No. 1 (1952) – No. 124 (1986); über die kodifikatorische Tätigkeit des Europarates berichtet das GYIL regelmäßig.

[19] Wobei ein Gegenstand nach dem Stande der Erkenntnis der Völkerrechtswissenschaft durchaus kodifikationsreif sein kann, ohne dies doch politisch zu sein und umgekehrt.

[20] Wohl begründete Bedenken gegen die Annahme, daß eine Auflockerung des Völkerrechts gerade auf dem Wege über eine internationale Gesetzgebung zu erwarten sei, bei *Lauterpacht*, Function, 245 f; auf die Gefahren einer Kodifikation weisen auch *Verdross/Simma*, 376, ebenfalls unter dem Gesichtspunkt der Erstarrung (Hemmung der „Dynamik der weiteren Rechtsentwicklung"), nachdrücklich hin.

geschlossene Entwicklungen können aufgehalten, noch anerkannten, aber fragwürdig gewordenen Rechtsanschauungen mag ein posthumes Leben eingehaucht werden. Wo man sich zur Kodifizierung entschließt, ist wesentlich, daß man den Kodifikationsmechanismus beweglich gestaltet und die Anpassung der Verträge an die sich wandelnden Verhältnisse ohne Rücksicht auf die abweichende Auffassung der Parteien ermöglicht.

Beispiele: So sind etwa die operativen Verwaltungsvorschriften der ITU in für alle Mitglieder verbindlichen Annexen zur ITU-Satzung enthalten, die leichter als die Satzung selbst neuen technischen Entwicklungen und Erfordernissen angepaßt werden können. Auch im Umweltrecht werden Grenzwerte in Annexen festgelegt, die – wie etwa im Fall der Genfer Konvention über weiträumige grenzüberschreitende Luftverunreinigung – von einer Internationalen Organisation – hier der ECE – gewandelten Umweltverhältnissen angepaßt werden können.[21]

Aber so schädlich ein übereifriger Kodifikationsbetrieb wäre, so läßt sich doch wohl nicht bestreiten, daß es manche Gegenstände des Völkerrechts gibt, die bisher nicht „kodifiziert", aber doch einer Fixierung zugänglich sind, und daß im ganzen gesehen das Völkerrecht der Kodifikationsbewegung wesentliche Impulse verdankt.

§ 8 Die Durchsetzung von Völkerrecht

Schrifttum: *Fitzmaurice,* The Foundations of the Authority of International Law and the Problem of Enforcement, in: Modern Law Review 19 (1956), 1 ff; *Melman* (Hrsg.), Inspection for Disarmament, 1958; *Kunz,* Sanctions in International Law, in: AJIL 54 (1960), 324-347; *Simma,* Reflections on Art. 60 of the Vienna Convention on the Law of Treaties and its Background in General International Law, in: ÖZöR 20 (1970), 5 ff; *Schwebel* (Hrsg.), The Effectiveness of International Decisions, 1971; *Bluhm,* Die Überwachung der Abrüstungsmaßnahmen, in: Abschreckung und Entspannung (Veröffentlichungen des Instituts für Internationales Recht 76), 1977, 509 ff; *Tomuschat,* Repressalie und Retorsion, zu einigen Aspekten ihrer innerstaatlichen Durchführung, in: ZaöRV 33 (1973), 179-222; *Fisher,* Improving Compliance with International Law, 1981; *Bowett,* Economic Coercion and Reprisals by States, in: VJIL 13 (1972/73), 1 ff; *Macdonald,* The Report of Economic Coercion by International Political Organizations, in: Toronto Law Journal 27 (1977), 84 ff; *Fischer/Vignes* (Hrsg.), L'Inspection internationale, 1976; *Fisler-Damrosch,* Retaliation or Arbitration – Or Both? The 1978 United States – France Aviation Dispute, in: AJIL 74 (1980), 785-807; *Reisman,* Sanctions and Enforcement, in: *McDougal/Reisman,* International Law Essays, 1981, 381-437; *Cline,* „Reciprocity": a new Approach to World Trade Policy?, 1982; *Leben,* Les contre-mesures inter-étatiques et les réactions à l'illicite dans la société internationale, in: AFDI 28 (1982), 9 ff; *Alibert,* Du droit de se faire justice dans la société internationale depuis 1945, 1983; *Ferencz,* Enforcing International Law – A Way to World Peace – A Documentary History and Analysis, 2 Bde., 1983; *Fukatsu,* Coercion and the Theory of Sanctions in International Law, in: *Macdonald/Johnston,* (Hrsg.), The Structure and Process of International Law, 1983, 1187-1205; *Frowein,* Die Verpflichtungen erga omnes im Völkerrecht und ihre Durchsetzung, in: Festschrift Mosler, 1983, 241 ff; *Bothe,* The Role of National Law in the Implementation of International Humanitarian Law, in: Festschrift Pictet, 1984, 301-312; *Delbrück,* Die Überwachung von Abrüstungs- und Rüstungsbeschränkungsmaßnahmen (Verifikation), in: *ders.* (Hrsg.), Friedensdokumente aus fünf Jahrhunderten II, 1984, 1327-1340; *Dominicé,* La satisfaction en droit des gens, in: Mélanges Perrin, 1984, 91-121; *Zoller,* Peacetime Unilateral Remedies: An Analysis of Countermeasures, 1984; *Delbrück,* Eine internationale Friedensordnung als rechtliche und politische Gestaltungsaufgabe. Zum Verständnis rechtlicher und politischer Bedingungen der Friedenssicherung im interna-

[21] Vgl. *Noll,* International Telecommunication Union, in: EPIL 5 (1983), 178; *Wolfrum,* Die grenzüberschreitende Luftverschmutzung im Schnittpunkt von nationalem Recht und Völkerrecht, in: DVBl. 99 (1984), 493 ff.

tionalen System der Gegenwart, in: Evangelische Kirche in Deutschland (Hrsg.), Frieden politisch fördern: Richtungsimpulse, 1985, 145-172; *Malanczuk*, Zur Repressalie im Entwurf der International Law Commission zur Staatenverantwortlichkeit, in: ZaöRV 45 (1985), 293 ff; *Zoller*, Enforcing International Law Through U.S. Legislation, 1985; *Bernhardt/Jolowicz* (eds.), International Enforcement of Human Rights, 1987; Die Durchsetzung völkerrechtlicher Verpflichtungen (mit Beiträgen von *Jennings*, *Bernhardt*, *Zemanek*, *Doehring*, *E. Stein*, *Frowein*, *T. Stein*, *Ofosu-Amaah* und *Dolzer*), in: ZaöRV 47 (1987), 1-133.

I.1. Es ist eine Schwäche des Völkerrechts, daß seine Rechtssätze im Einzelfall nicht zwangsweise durchgesetzt werden können.[1] Insofern unterscheidet sich das Völkerrecht grundlegend von dem nationalen Recht. Daß sich aus dieser Schwäche keine Bedenken gegen die Rechtsnatur des Völkerrechts ergeben, wurde an anderer Stelle gesagt.[2] Es genügt, daß das Recht anerkannt und angewandt wird, es ist hingegen für seine Geltung belanglos, mit welchen Mitteln seine Anwendung gesichert wird. Dennoch ist das Fehlen einer Durchsetzungsgewalt für das internationale System und insbesondere die internationale Rechtsfortbildung von großer Bedeutung. Eine Rechtsordnung, die sich mittels des Zwangs durchzusetzen vermag, ist weniger stark auf die permanente Akzeptanz der Rechtsunterworfenen angewiesen, denn sie hat die Möglichkeit, die dem Recht widersprechende Lebenswirklichkeit zu korrigieren. Das Völkerrecht, dem im allgemeinen diese Möglichkeit fehlt und das aufgrund der heterogenen Wertvorstellungen in der Staatengesellschaft erschwerten Akzeptanzbedingungen unterworfen ist, muß sich gegebenenfalls in ganz anderer Weise als das nationale Recht auch in die politische Wirklichkeit fügen. Dies ist der Grund dafür, daß die sog. „normative Kraft des Faktischen", der *Grundsatz der „Effektivität"*, eine so große Rolle im Völkerrecht spielt.[3] Je mehr das internationale System sich indessen in Richtung auf eine internationale Rechtsgemeinschaft entwickelt, desto mehr wird sich neben seiner Ordnungs- und Friedenserhaltungs- auch seine Gerechtigkeitsfunktion durchsetzen lassen, desto geringer wird der Zwang zur Hinnahme faktischer Situationen und desto größer werden die Ansprüche, mit denen das Völkerrecht an die politische Wirklichkeit herantreten kann. Dies gilt insbesondere schon für den Bereich der internationalen Wirtschaftsordnung, die Nutzung der staatsfreien Räume und für den Schutz des Individuums. Das Völkerrecht schickt sich hier an, zu einer stärker wertsetzenden Ordnung in dem Sinne zu werden, daß es eine am Maßstab weltweiter Gerechtigkeit orientierte Gestaltung der genannten Bereiche übernimmt.[4] Freilich löst gerade auch diese Entwicklung eine besondere Spannung zwischen dem normativen Anspruch des Völkerrechts und seiner Wirksamkeit aus.

---

[1] *Delbrück*, Internationale Friedensordnung, 148 ff; *Osieke*, Sanctions in International Law: The Contributions of International Organizations, in: NILR 31 (1984), 183. Vgl. auch die Ausführungen zur Machtstruktur des internationalen Systems, oben § 1 II 2 sowie § 3 II.

[2] Oben § 3.

[3] Dazu *Tucker*, The Principle of Effectiveness in International Law, in: *ders.*, Law and Politics in the World Community, 1953, 31-48; *Krüger*, Das Prinzip der Effektivität, oder: über die besondere Wirklichkeitsnähe des Völkerrechts, in: Festschrift Spiropoulos, 1957, 265-284; *de Visscher*, Les effectivités du droit international public, 1967; *Doehring*, Effectiveness, in: EPIL 7 (1984), 70-74; vgl. auch unten §§ 19, 54 und 55.

[4] Dazu *Friedmann*, The Changing Structure of International Law, 1964; *Virally*, La charte des droits et devoirs économiques des Etats, in: AFDI 20 (1974), 57-77; *Feuer*, Réflections sur la Charte des droits et devoirs économiques des Etats, in: RGDIP 79 (1975), 273-320; *Scheuner*, Solidarität unter den Nationen als Grundsatz in der gegenwärtigen internationalen Gemeinschaft, in: Festschrift Menzel, 1975, 251-277; für die staatsfreien Räume exemplarisch *Wolfrum*, Die Internationalisierung staatsfreier Räume, 1984; *ders.*, International Law of Cooperation, in: EPIL 9 (1986), 193-198.

2. Die Klage über die fehlende zentrale Durchsetzungsgewalt für das Völkerrecht darf allerdings nicht die Sicht dafür verstellen, daß das Völkerrecht auch jenseits der in der UN-Charta vorgesehenen, in der Praxis jedoch weitestgehend nicht funktionsfähigen Sanktionsmechanismen zur Friedenssicherung[5] durchaus über eigene Durchsetzungsmechanismen verfügt. Richtig ist lediglich, daß für das Völkerrecht diese Durchsetzungsmechanismen nicht generell in der Hand einer zentralen Institution, sondern in der Regel bei den Mitgliedern der Rechtsgemeinschaft selbst liegen, denen verschiedene, subtil abgestufte Formen der Rechtsdurchsetzung zur Verfügung stehen.[6] Vorweg ist jedoch darauf hinzuweisen, daß in bezug auf die Durchsetzung von Völkerrecht dem Reziprozitätsprinzip eine entscheidende Bedeutung zukommt.[7] Die Erwartung der Verwirklichung gegenseitiger Vorteile[8] läßt die Staaten den überwiegenden Teil der Vertrags- und Gewohnheitsrechtsnormen ohne äußeren Zwang befolgen: die Gegenseitigkeit wird zu einem Garanten der Effektivität des Völkerrechts.[9]
Als klassische Formen einer einzelstaatlichen Durchsetzung[10] völkerrechtlicher Pflichten sind Retorsion, Repressalie und die Selbstverteidigung zu nennen. Mit zu dieser Kategorie gehört auch die Forderung nach Schadensersatz.[11]
Problematisch an diesen Formen der Durchsetzung völkerrechtlicher Normen ist, daß es von dem Willen und dem Durchsetzungsvermögen eines Staates abhängt, dem Völkerrecht im Verhältnis zu einem behaupteten Rechtsbrecher Geltung zu verschaffen. Es fehlt in diesen Fällen sowohl eine verbindliche unparteiische Entscheidung über das Vorliegen des behaupteten Völkerrechtsbruchs als auch jegliche Sicherheit dafür, daß gegen einen Völkerrechtsbruch vorgegangen wird und eine Konformität der einzelstaatlichen Reaktionen mit dem Völkerrecht gewährleistet ist. Abgesehen davon, sind diese sozusagen klassischen Formen einzelstaatlicher Durchsetzung praktisch nur relevant in den Fällen einer Verletzung von Rechten eines Staates, nicht aber primär in den Fällen einer Verletzung von Gemeinwohlinteressen der Staatengemeinschaft.[12]
Doch auch für diesen Bereich hat das Völkerrecht Mechanismen für eine Durchsetzung völkerrechtlicher Pflichten durch Staatengemeinschaftsorgane oder zumindest unter deren Verantwortung oder Mitwirkung entwickelt.

3. Eine Typologie der Durchsetzungsmechanismen könnte etwa folgendermaßen aussehen:
An erster Stelle ist nach wie vor zu nennen die Durchsetzung völkerrechtlicher Verpflichtungen durch die einzelnen Staaten selbst. Einen zweiten Typus stellt die Durchsetzung des Völkerrechts durch oder mit Hilfe von internationalen Organen dar. Hierzu gehören allgemeine oder speziell vereinbarte Streitschlichtungsinstanzen, aber

[5] Dazu statt anderer *Delbrück*, Peacekeeping by the United Nations and the Rule of Law, in: Festschrift Röling, 1977, 73-100. Da auf die Problematik der Friedenssicherung im Rahmen der UN und regionaler Organisationen im Teilband I 2 ausführlich einzugehen ist, bleiben diese Mechanismen im folgenden unberücksichtigt.

[6] So zutreffend *Brierly*, The Law of Nations, 6. Aufl. 1963, 101.

[7] Dazu *Simma*, Reciprocity, in: EPIL 7 (1984), 400-404, mit weiteren Nachweisen, der die Rolle der Reziprozität bei Entstehung, Befolgung und den Sanktionen des Völkerrechts unterscheidet.

[8] Zur Bedeutung des gegenseitigen Interesses *Czempiel*, Menschenrechte und Staatsräson. Zum Verhältnis von Norm und Interesse in der Außenpolitik, in: *Schwartländer* (Hrsg.), Menschenrechte – Aspekte ihrer Begründung und Verwirklichung, 1978, 187-202; *ders.*, Internationale Politik, 1981, 101 ff; *Baldwin*, Interdependence and Power, in: International Organization 34 (1980), 471-506; *Keohane/Nye*, Power and Interdependence, 1977; *Zemanek*, Interdependence, in: EPIL 7 (1984), 275-278.

[9] *Verdross/Simma*, 49.

[10] Zur Einschränkung der den Staaten zur Verfügung stehenden Sanktionsinstrumente durch das allgemeine Gewaltverbot Näheres in Teilband I 2.

[11] Zum Schadensersatz ILC Yearbook 1980 II, 61; *Dominicé* und ausführlich in Teilband I 2.

[12] Vgl. dazu *Frowein*, ZaöRV 47 (1987), 67.

auch Organe, denen Kompetenzen zur Informationserhebung oder Entgegennahme und Erörterung von Staatenberichten übertragen sind. Eine dritte Art der Durchsetzung von Völkerrecht liegt darin, daß die Staatengemeinschaft verpflichtet wird, bestimmten rechtlich mißbilligten Akten die Anerkennung zu versagen. Schließlich geht eine neuere völkerrechtliche Tendenz dahin, die Staaten zu verpflichten, gegen ein rechtlich mißbilligtes Verhalten vorzugehen.

Grundsätzlich ist bei der Durchsetzung von Völkerrecht zwischen der Durchsetzung von Verpflichtungen inter partes einerseits[13] und der Durchsetzung von Verpflichtungen im Gemeininteresse andererseits zu unterscheiden, obwohl die Übergänge fließend sein können. Keine besondere Bedeutung kommt dagegen im Völkerrecht der aus dem nationalen Recht bekannten Unterscheidung zwischen Feststellung einer Rechtsverletzung und Durchsetzung des Rechts zu. In der Regel erschöpfen sich die völkerrechtlichen Mechanismen zur Durchsetzung darin, einen Rechtsverstoß festzustellen; sie verzichten auf einen Vollzug im eigentlichen Sinne. Selbst wenn gerichtliche Zuständigkeiten bestehen und im Einzelfall ein Richterspruch ergeht, ist seine Beachtung weitgehend von der Kooperationsbereitschaft und Rechtsbefolgung der beteiligten Staaten abhängig. Für den Internationalen Gerichtshof steht zwar mit Art. 94 UN-Charta ein Mechanismus für die Durchsetzung der Entscheidung zur Verfügung, aber dieser ist praktisch bedeutungslos geblieben.[14]

II. 1. Retorsion, Repressalie und Selbstverteidigung umschreiben einzelstaatliche Maßnahmen als Reaktion auf eine Völkerrechtsverletzung eines oder mehrerer anderer Staaten. Sie haben sich bereits im klassischen Völkerrecht entwickelt, als die Staaten ihre Ansprüche nur mit eigenen Mitteln durchzusetzen vermochten und ihnen die Möglichkeit, internationale Organisationen einzuschalten, nicht zur Verfügung stand. Aber auch das heutige Völkerrecht, das von der Charta der Vereinten Nationen geprägt wird, hat diese Möglichkeit der Selbsthilfe nicht aufgegeben.

a) Unter einer *Retorsion* versteht man eine dem Völkerrecht nicht widersprechende, aber unfreundliche Handlung. Sie kann in Reaktion auf ein ebensolches Verhalten, aber auch auf ein völkerrechtswidriges Verhalten eines anderen Staates erfolgen.[15] Im letzteren Fall ist sie, ebenso wie die Repressalie, als ein Druckmittel zu verstehen, mit dem der andere Staat dazu bestimmt werden soll, sein rechtswidriges Verhalten einzustellen. In der Praxis kommt Retorsionsmaßnahmen große Bedeutung zu. Hierzu zählen Wirtschaftsembargos, Beendigung von Entwicklungshilfe, Import- bzw. Exportrestriktionen etc.

b) Die *Repressalie* bezeichnet einen Rechtseingriff eines in seinen völkerrechtlichen Rechten verletzten Staates in einzelne Rechtsgüter jenes Staates, der ihm gegenüber einen Unrechtstatbestand gesetzt hat. Ihr Ziel ist es, den Gegner zur Wiedergutmachung des Unrechts zu bewegen.[16]

Die völkerrechtliche Zulässigkeit der Repressalie wirft eine Anzahl von Fragen auf, denen im zweiten Teilband im größeren Zusammenhang nachgegangen werden soll.[17]

---

[13] Zur Beendigung oder Suspendierung eines Vertrages nach Art. 60 der Wiener Vertragsrechtskonvention siehe *Tomuschat*, 188, und im einzelnen Teilband I 2.

[14] *Bernhardt*, 29; abgesehen davon verweigern der StIGH und der IGH Vollzugsanordnungen; *Jennings*, 6, unter Hinweis auf den *Wimbledon*-Fall (PCIJ Series A 1 (1923)), und den *Haya de la Torre*-Fall (ICJ Reports 1951, 71).

[15] *Tomuschat*, 184 f; *Verdross/Simma*, 902; *Partsch*, Retorsion, in: EPIL 9 (1986), 335-337 (335).

[16] *Tomuschat*, 185 ff; *Verdross/Simma*, 907; *Partsch*, Reprisals, in: EPIL 9 (1986), 330-335 (330). Vgl. auch *Bleckmann*, Die völkerrechtliche Repressalie im innerstaatlichen Recht, in: DÖV 34 (1981), 353-359.

[17] Vgl. dazu Teilband I 2.

In dem hier interessierenden Zusammenhang genügt es festzustellen, daß Repressalien grundsätzlich als zulässig angesehen werden. Voraussetzung ist allerdings, daß sie eine verhältnismäßige Reaktion auf einen vollzogenen oder noch andauernden völkerrechtswidrigen Akt eines anderen Völkerrechtssubjekts darstellen und die ergriffene Gegenmaßnahme nicht spezialrechtlich ausgeschlossen ist.[18]

c) Entscheidend für die Durchsetzungsfähigkeit des Völkerrechts ist die Frage, ob Retorsion oder Repressalie nur von dem Opfer eines völkerrechtswidrigen Handelns eingesetzt werden können. Diese Frage ist für die Retorsion zu verneinen. Da diese nicht ihrerseits einen zu legitimierenden Völkerrechtsbruch darstellt, steht es Staaten frei, Maßnahmen in Reaktion auf ein von ihnen mißbilligtes Verhalten eines anderen Völkerrechtssubjekts zu ergreifen. Die Praxis der Vereinigten Staaten bietet ein reiches Anschauungsfeld hierfür.

Als Beispiele sind zu nennen das sog. *Pelly* Amendment[19], mit dem Dänemark, die Bundesrepublik Deutschland und Norwegen gezwungen werden sollten, in ein Fangmoratorium für den atlantischen Lachs einzuwilligen. Das *Pelly* Amendment ermächtigt den Präsidenten, die Einfuhr von Fischprodukten aus diesen Ländern zu verbieten. Ähnliche gesetzgeberische Maßnahmen waren bereits vorher ergangen, um die Empfehlungen der Inter-American Tropical Tuna Commission bzw. die International Convention for the Conservation of Atlantic Tunas, die Convention on International Trade in Endangered Species of Wild Fauna and Flora und die Convention for the Suppression of Unlawful Seizure of Aircraft durchzusetzen.[20] Hierunter fallen auch die Maßnahmen im Zusammenhang der sog. „Menschenrechtspolitik" *Carters*[21] sowie die gegen Polen und die Sowjetunion ergriffenen Wirtschaftssanktionen.[22]

Problematischer ist, ob auch eine Repressalie von Staaten ergriffen werden kann, die durch das vorausgegangene Unrecht nicht unmittelbar verletzt worden sind. Grundsätzlich gilt, daß wegen der Relativität völkerrechtlicher Pflichten Maßnahmen als Reaktion auf einen Völkerrechtsbruch, die ihrerseits eine Völkerrechtsverletzung darstellen, nur von dem unmittelbar Verletzten ergriffen werden können.[23] Etwas anderes gilt allerdings, wenn es sich um die Verletzung völkerrechtlicher Pflichten handelt, die erga omnes[24] bestehen.[25] Dieser Ansatz ist vom IGH in seinem Urteil vom 24. Mai 1980 in der *Teheraner Geiselaffäre* bestätigt worden.[26] Er hat hier u. a. die Geiselnahme als mit den Prinzipien der UN-Charta und den Prinzipien in der Allgemeinen Erklärung der Menschenrechte unvereinbar bezeichnet und den Verstoß gegen die Gesamtheit der Regeln des Gesandtschafts- und Konsularrechts, deren fundamentaler Charakter betont werden müsse, hervorgehoben.[27] Zugleich hat er die Staatengemeinschaft aufgefordert, sich des Vorgangs anzunehmen und zu reagieren. Dahinter steht die Überlegung, daß nicht einerseits alle Staaten verpflichtet werden können, diese Grundsätze zu achten, ihnen aber gleichzeitig das Recht genommen werden kann, gegenüber entsprechenden Verstößen zu reagieren. Problematisch ist an diesem Ansatz, daß die

---

[18] Dazu im einzelnen unten Teilband I 2.

[19] Public Law 92-219 (Dec. 23, 1971).

[20] Vgl. Einzelheiten bei *Zoller*, Enforcing International Law, 84.

[21] Dazu etwa *Kommers/Loescher* (Hrsg.), Human Rights and American Foreign Policy, 1979; *Meyer*, Rüstungskontrolle und internationaler Waffenhandel: Folgerungen aus der Politik Jimmy Carters 1977-1979 unter besonderer Berücksichtigung des Mittleren Ostens, 1986; *Pflüger*, Die Menschenrechtspolitik der USA, 1983.

[22] AJIL 76 (1982), 379 ff. Vgl. auch die Beiträge von *Bockslaff*, *Vagts*, *Lowe*, *Kuyper* und *Meessen* zum *Pipeline*-Fall in: GYIL 27 (1984), 28 ff.

[23] *Partsch* (Anm. 15), 331; *Verdross/Simma*, 907.

[24] Vgl. dazu den IGH in der *Barcelona Traction*-Entscheidung, ICJ Reports 1970, 32, paras. 33, 34.

[25] *Frowein*, 253 ff; *Verdross/Simma*, 909.

[26] ICJ Reports 1980, 42, paras. 91, 92.

[27] Vgl. zur Interpretation dieser Passage *Frowein*, 245; *Simma*, Fragen der zwischenstaatlichen Durchsetzung vertraglich vereinbarter Menschenrechte, in: Festschrift Schlochauer 1981, 635.

von einzelnen Staaten vorgenommene Beurteilung eines Sachverhalts und Durchsetzung völkerrechtlicher Gemeinschaftspflichten die Rechtssicherheit gefährden kann. Es ist dies aber die zwangsläufige Konsequenz des Fehlens von zentralen völkerrechtlichen Durchsetzungsverfahren. Sollten allerdings derartige Verfahren zur Verfügung stehen, entfallen einzelstaatliche Repressalien.

2. Zu den verschiedenen Überwachungs- und Durchsetzungsmechanismen des Völkerrechts unter Einschaltung oder Mitwirkung internationaler Organe zählen die gerichtlichen und schiedsgerichtlichen Streitschlichtungsverfahren, das Berichtssystem, individuelle Sicherungsverfahren wie die Staaten- und Individualbeschwerde und die verschiedenen Inspektionssysteme.

a) Folgende *schiedsgerichtliche und gerichtliche Verfahren* zur Entscheidung von zwischenstaatlichen Streitigkeiten stehen zur Verfügung: ständige Gerichte mit umfassender Zuständigkeit zur Entscheidung völkerrechtlicher Streitigkeiten verschiedenster Art (z. B. IGH), ständige Gerichte zur Entscheidung bestimmter Arten zwischenstaatlicher Streitigkeiten (z. B. Meeresgerichtshof) und ad hoc gebildete Schiedsgerichte zur Entscheidung konkreter Streitigkeiten.[28] Allerdings ist insgesamt die Bereitschaft der Staaten, internationale Gerichtsinstanzen zu schaffen und ihnen Entscheidungsbefugnisse zuzuerkennen, eher gering. Am ehesten sind die Staaten noch bereit, für abgrenzbare Sachgebiete und in vorher bestimmtem Umfang gerichtliche Entscheidungen zuzulassen.[29] Nicht damit verbunden sind, selbst wenn sich die Staaten einem gerichtlichen Verfahren unterwerfen, Kompetenzen der Spruchkörper, ihre Entscheidung durchzusetzen.[30] Zudem steht einer Durchsetzung entgegen, daß internationale Gerichte auch praktisch nicht über die Machtmittel in den einzelnen Staaten verfügen, die Voraussetzung für eine effektive Durchsetzung ihrer Entscheidungen wären. Sie bleiben, soweit ihre Entscheidungen durchgesetzt werden müssen, auf die Vollzugshilfe nationaler Gerichte angewiesen.

b) Das *Berichtssystem*[31] ist vor allem ein Sicherungsverfahren zum Schutze der Menschenrechte, das im Rahmen des Völkerbundes und der ILO herausgearbeitet und entwickelt wurde und das im Bereich der Vereinten Nationen und ihrer Sonderorganisationen regelmäßig zur Kontrolle der Einhaltung menschenrechtlicher Verpflichtungen eingesetzt wird. Das Berichtssystem besteht darin, daß die Organe einer Internationalen Organisation oder besondere, aufgrund eines entsprechenden internationalen Abkommens eingerichtete Organe (z. B. Menschenrechtsausschuß[32]) in regelmäßigen Abständen von den verpflichteten Staaten in vorgeschriebener Form Berichte erhalten, die die Verwirklichung der materiellen Schutzbestimmungen im Staat und durch den Staat nachweisen. Diese Berichte werden von den zuständigen Gremien auf ihre Vollständigkeit und ihren Wahrheitsgehalt geprüft, d. h. es wird festgestellt, ob die in den Berichten aufgezeigte innerstaatliche Rechtslage und Praxis den materiellen Bestimmungen des Völkerrechts entspricht. Die Reaktionsmöglichkeiten auf festgestellte Verstöße sind un-

---

[28] Dazu *Jennings* und *Bernhardt; Steinberger,* Judicial Settlement of International Disputes, in: EPIL 1 (1981), 120-133.

[29] *Bernhardt,* ZaöRV 47 (1987), 29.

[30] *Jennings,* 3.

[31] *Khol,* Zwischen Staat und Weltstaat: die internationalen Sicherungsverfahren zum Schutze der Menschenrechte, 1969; *Landy,* The Effectiveness of International Supervision, Thirty Years of ILO Experience, 1966; *Roth,* Das Kontrollsystem der Völkerbundmandate, 1930; *Khol,* in: Handbuch Vereinte Nationen, hrsg. *Wolfrum, Prill, Brückner,* 1977, 48.

[32] Art. 40 des Internationalen Paktes über bürgerliche und politische Rechte. Dazu *Empell,* Die Kompetenzen des UN-Menschenrechtsausschusses im Staatenberichtsverfahren, 1987.

terschiedlich ausgestaltet. Das mit der Prüfung befaßte Gremium kann generelle oder spezielle Empfehlungen abgeben mit dem Ziel, festgestellte Verletzungen zu revidieren. Nur in den seltensten Fällen können einem Staat rechtsverbindliche Pflichten auferlegt werden. In erster Linie liegt die Sanktion im Bereich des Menschenrechtsschutzes darin, daß die Aufmerksamkeit der Staatengemeinschaft auf Menschenrechtsverletzungen gezogen wird. In diesem Zusammenhang ist auch der öffentlichen Meinung eine wichtige Funktion für die Durchsetzung des Völkerrechts zuzusprechen.[33]
Das Berichtssystem hat inzwischen auch Bedeutung für andere Bereiche als den Menschenrechtsschutz gefunden, insbesondere für das internationale Umweltrecht, das u. a. Berichte an die IMO und UNEP vorsieht.[34]

c) Die *individuellen Sicherungsverfahren* haben die Überprüfung eines staatlichen Verhaltens aus Anlaß einer konkreten Vertragsverletzung zum Inhalt. Voraussetzung ist die Behauptung eines vertragswidrigen staatlichen Verhaltens aufgrund eines näher bezeichneten Sachverhalts. Nach der Beschwerdeberechtigung unterscheidet man zwischen Staaten- und Einzelbeschwerden. Im Gegensatz zum Berichtsverfahren sind die individuellen Sicherungsverfahren in der Regel fakultativ, d. h. es steht den Staaten frei, ob sie sich einem solchen Verfahren unterwerfen wollen. Im Rahmen der Vereinten Nationen ist die Individualbeschwerde allerdings für Treuhandgebiete zwingend vorgeschrieben (Art. 87 (b) UN-Charta), zudem hat sich im Rahmen des Menschenrechtsschutzes ein Individualbeschwerdeverfahren ohne spezifische vertragliche Rechtsgrundlage entwickelt.[35] Insgesamt ist von den individuellen Sicherungsverfahren vor allem im Bereich des internationalen Menschenrechtsschutzes Gebrauch gemacht worden. So sehen Art. 24 und 25 EMRK sowohl die Staaten- als auch die Einzelbeschwerde vor, die vor der gemäß Art. 19 EMRK errichteten Kommission für Menschenrechte überprüft werden. Die Kommission führt zur Tatsachenfeststellung eine kontradiktorische Prüfung und erforderlichenfalls eine Untersuchung durch. Kommt es nicht zu einem Ausgleich zwischen den Beteiligten, so fertigt die Kommission einen Sachbericht an und nimmt zu der Frage Stellung, ob eine Vertragsverletzung gegeben ist. Der Bericht wird dem Ministerausschuß des Europarates und den beteiligten Staaten vorgelegt. Nach Ablauf von drei Monaten kann der Europäische Gerichtshof für Menschenrechte mit der Sache befaßt werden, dessen Entscheidungen für die Vertragsstaaten endgültig und verbindlich sind.[36]
Auf globaler Ebene sieht der Internationale Pakt für Bürgerliche und Politische Rechte neben dem bereits angesprochenen Berichtssystem fakultativ sowohl ein Staaten- wie auch ein Individualbeschwerdeverfahren vor. Beide Verfahren führen allerdings nur zu

---

[33] Dazu *Herberichs*, On Theories of Public Opinion and International Organization, in: Public Opinion Quarterly 30 (1966), 624-636; *Merle*, Le droit international et l'opinion publique, in: RdC (1973 I), 373-412; *Dicke*, Zur Bedeutung der Publizität in den internationalen Beziehungen, in: Festschrift Schwartländer, 1988, 121 ff.

[34] *Kilian*, Umweltschutz durch Internationale Organisationen, 1987, 279; entsprechende Aufgaben nehmen auch die Kommission des Osloer Abkommens zur Verhütung der Meeresverschmutzung durch das Einbringen durch Schiffe und Luftfahrzeuge vom 15. Februar 1972 (BGBl. 1977 II, 165), die Kommission des Pariser Übereinkommens zur Verhütung der Meeresverschmutzung vom Lande aus vom 4. Juni 1974, Text in: ILM 13 (1974), 352, sowie die Kommission des Londoner Übereinkommens über die Verhütung der Meeresverschmutzung durch das Einbringen von Abfällen und anderen Stoffen vom 29. Dezember 1972 (BGBl. 1977 II, 165) wahr.

[35] ECOSOC Res. 75 (V) vom 5. August 1947, 304 I (XI) vom 14. Juli 1950, 728 F (XXVIII) vom 30. Juli 1959, vgl. dazu im einzelnen *Tomuschat*, Petitionen, in: Handbuch Vereinte Nationen (Anm. 31), 340.

[36] *Jacobs*, The European Convention on Human Rights, in: *Bernhardt/Jolowicz*, 31 ff. Für das interamerikanische Menschenrechtsschutzsystem *Buergenthal*, aaO, 57 ff.

einem Bericht an die Vertragsparteien[37], von dem aber auch die Generalversammlung im Jahresbericht unterrichtet werden kann. Insoweit unterscheiden sich diese beiden Sonderverfahren von dem obligatorisch vorgesehenen Berichtssystem nur durch die Regelung des Initiativrechts. Bei der Staatenbeschwerde geht die Initiative von einem Staat aus, der den Menschenrechtsstandard oder seine Verwirklichung in einem Mitgliedstaat für unzureichend erachtet und insoweit, da seine originären Rechte nicht berührt sind, die Achtung der Menschenrechte zu seinem Anliegen macht. Es handelt sich also bei der Staatenbeschwerde um ein geregeltes Verfahren nach dem Modell einer altruistischen humanitären Intervention.

Dieser zunächst für den Menschenrechtsschutz entwickelte Ansatz findet inzwischen auch Eingang in andere Sachbereiche. Als Beispiel läßt sich das Übereinkommen zum Schutze der lebenden Meeresschätze der Antarktis nennen.[38] Das gemeinsame prägende Element dieser Verfahren ist es, daß mit dem jeweiligen Vertragswerk besondere Rechte und Pflichten zwischen den Staaten geschaffen werden, die in einem gerichtsförmigen Verfahren geltend gemacht werden können. Durch die hierin liegende Ausweitung der Klagebefugnis wird der Anwendungsbereich der völkerrechtlichen gerichtlichen oder schiedsgerichtlichen Streitschlichtungsverfahren erweitert.

3. Als weiteres Instrument zur Überwachung und in begrenztem Umfang auch Durchsetzung völkerrechtlicher Verpflichtungen sind *Inspektionen* und sonstige Überwachungsverfahren zu nennen. Diese Verfahren sind allerdings nur für wenige eng begrenzte Sachmaterien vorgesehen, da die Staaten die insbesondere mit der Ermöglichung von Inspektionen verbundenen Eingriffe in ihre Souveränität scheuen.

Für solche Überwachungsverfahren haben sich verschiedene Erscheinungsformen entwickelt, die einen unterschiedlichen Grad der zwischenstaatlichen Kooperation widerspiegeln. Dennoch weisen sie einige gemeinsame Züge auf. Kennzeichnend für die *Inspektion* ist die Überprüfung bestimmter Verhaltensweisen oder Zustände vor Ort.[39] Dies unterscheidet sie von der *Verifikation* und anderen Überwachungs- und Kontrollinstrumenten (Beobachtung, remote sensing), die auf eine Untersuchung vor Ort verzichten und daher die Souveränität des überprüften Staates in geringerem Umfange einschränken, als es bei der Inspektion der Fall ist.

a) Ein Beispiel für ein internationales Inspektionssystem unter der Verantwortung einer internationalen Organisation bietet das Inspektionssystem der IAEA.[40] Sinn dieser Inspektionen ist es festzustellen, ob die Staaten bei der zulässigen zivilen Nutzung der Atomenergie auch vertraglich verbotene militärische Zwecke verfolgen. Bei den Inspektoren handelt es sich um Experten, die unmittelbar im Dienste der IAEA stehen und von ihr direkt eingesetzt werden. Soweit es zur Erfüllung ihrer Aufgaben erforderlich ist, ist ihnen jederzeit freier Zugang zu Atomanlagen, Schriftstücken und Bediensteten in den einzelnen Staaten zu gewähren. Vertragsverletzungen werden der IAEA gemeldet, die

[37] Für das Individualbeschwerdeverfahren nach dem Fakultativprotokoll zum Internationalen Pakt über bürgerliche und politische Rechte siehe *de Zayas/Möller/Opsahl*, Application of the International Covenant on Civil and Political Rights under the Optional Protocol by the Human Rights Committee, in: GYIL 28 (1985), 9-64.

[38] ILM 19 (1980), 841. Dazu *Lagoni*, Convention on the Conservation of Antarctic Marine Living Resources: A Model for the Use of a Common Good?, in: *Wolfrum* (Hrsg.), Antarctic Challenge I, 1984, 99.

[39] Zum Begriff der Inspektion vgl. *Fischer/Vignes*, 7; *Delbrück*, Die Überwachung, 1328 ff mit Beispielen aus Vertragspraxis und Schrifttum.

[40] Vgl. dazu *Szasz*, International Atomic Energy Agency, in: EPIL 5 (1983), 52-58. – Die Verifikation wird vor allem im Sektor Rüstungskontrolle eingesetzt. Die entsprechenden vertraglichen Bestimmungen sind abgedruckt bei *Delbrück*, 1341-1544.

den betroffenen Staat zunächst zur Abhilfe auffordert. Kommt der Staat dieser Aufforderung nicht nach, können gegen ihn von seiten der IAEA Sanktionen ergriffen werden (Rückforderung von Materialien und Ausrüstung, Suspension der Mitgliedschaftsrechte in der IAEA). Das Inspektionssystem der IAEA stellt wegen des damit verbundenen Eingriffs in die Souveränität allerdings eher die Ausnahme dar.

b) Im Bereich des Fischbestandsschutzes hat sich ein Inspektionssystem herausgebildet, wonach die Überwachung des Fischfangs auf Hoher See durch staatliche Inspektoren erfolgt, die allerdings unter internationaler Kontrolle der jeweiligen Fischereiorganisationen arbeiten. Ihre Aufgabe ist es, die Einhaltung von Fischbestandsschutzmaßnahmen zu überwachen.[41] Die Ahndung festgestellter Verstöße liegt in diesen Fällen ausschließlich bei den Staaten selbst.

c) Eine gegenseitige Kontrolle der Vertragsstaaten ohne Einschaltung einer internationalen Organisation sehen z. B. der Antarktisvertrag[42] und ihm nachgebildet der Weltraumvertrag[43] vor[44]: Beide Inspektionssysteme dienen primär dazu, die Demilitarisierung von Antarktis und Weltraum zu gewährleisten.

d) Auffallend an den skizzierten Inspektionssystemen ist, daß sie (eine Ausnahme gilt für das Inspektionssystem der IAEA) keine Vorsorge für Sanktionen als Folge von festgestellten Verstößen treffen. Insofern ist die Situation nicht anders als bei den gerichtlichen Verfahren. In der Praxis wirft dies allerdings in der Regel keine Probleme auf. Die Inspektionssysteme entfalten ihre Vollzugswirkung bereits weitgehend durch ihre Existenz. Die Staaten legen im Regelfall Wert darauf, nicht einer Vertragsverletzung überführt zu werden. Dies ist zweifelsohne einer der Gründe dafür, daß die Inspektionen unter dem Antarktisvertrag bislang keinerlei Vertragsverletzungen festgestellt haben. Sollte dennoch eine Vertragsverletzung im Wege der Inspektion aufgedeckt werden, sind die Staaten in der Regel ebenfalls bemüht, den vertragswidrigen Zustand abzustellen. Insofern bewirkt der Druck von Seiten der anderen Vertragspartner ein Einlenken des betroffenen Staates. Ist dies nicht der Fall, so ist das ein Beleg für die fehlende oder verlorengegangene Akzeptanz des betreffenden Regelungswerks. Deren zwangsweise Herstellung oder Wiederherstellung ermöglicht das Völkerrecht in der Regel nicht.

4. In einigen Ausnahmefällen wird die Durchsetzung völkerrechtlicher Gebote dadurch angestrebt, daß es den Staaten zur Pflicht gemacht wird, völkerrechtswidrigen fremden Hoheitsakten bzw. dem durch sie geschaffenen Zustand die Anerkennung zu verweigern. Ein Beispiel hierfür ist die *Stimson*-Doktrin.[45] Der gleiche Gedanke findet sich in Art. 133 Abs. 1 Seerechtsübereinkommen (1982). Danach ist jede Okkupation oder zivilrechtliche Aneignung des Tiefseebodens ausgeschlossen, den widersprechenden Maß-

[41] Dieses Verfahren wurde oder wird noch angewandt im Rahmen der International Convention for the Northwest-Atlantic Fisheries vom 8. Februar 1949 (BGBl. 1957 II, 265), der Northeast-Atlantic Fisheries Convention vom 24. Januar 1959 (UNTS 486, 158) (beide Konventionen sind, bedingt durch die seerechtlichen Entwicklungen, nicht mehr in Kraft), der International Convention for the Conservation of the Living Resources of the Southeast-Atlantic vom 23. Oktober 1969 (UNTS 801, 101), der International Convention for the Conservation of Atlantic Tunas vom 14. Mai 1966 (UNTS 673, 64) sowie mit Modifikationen in der International Convention for the Regulation of Whaling (BGBl. 1982 II, 558). Vgl. dazu im einzelnen *Koers*, International Regulation of Marine Fisheries. A Study of Regional Fisheries Organizations, 1973, sowie *Wolfrum*, Die Internationalisierung (Anm. 4), 225.

[42] BGBl. 1978 II, 1518 ff (Art. VII); *Delbrück*, Friedensdokumente II, 1463.

[43] BGBl. 1969 II, 1969 ff; UNTS 610, 205 (Art. 5, 9).

[44] Zu den Verfahren im einzelnen *Wolfrum*, Die Internationalisierung (Anm. 4), 63, 289.

[45] Vgl. zur Bedeutung der *Stimson*-Doktrin unten § 55.

nahmen ist die Anerkennung zu versagen. In der Praxis hat sich indessen dieser Versuch, die Normativität des Faktischen im Völkerrecht zu begrenzen, bislang nicht als effektiv erwiesen.

5. Schließlich ist in diesem Zusammenhang auf neuere Entwicklungen hinzuweisen, nach denen die Exekutivgewalt der Staaten in den Dienst einer Durchsetzung von Völkerrecht gestellt wird. Ein Beispiel hierfür sind die hafenstaatlichen Kompetenzen gemäß Art. 218 Seerechtsübereinkommen von 1982. Danach haben die Hafenstaaten das Recht, auch gegenüber fremden Schiffen, die sich freiwillig in ihren Häfen befinden, Untersuchungen hinsichtlich aller Umweltverstöße einzuleiten, soweit diese auf Hoher See stattfanden.[46] Hierin liegt eine Erweiterung der staatlichen Kompetenzen im Sinne einer effektiveren Durchsetzung des völkerrechtlichen Umweltschutzrechts für die Hohe See. Dieser Ansatz knüpft an die Verfolgung der Piraterie an. Gemäß Art. 19 Übereinkommen über die Hohe See vom 29. April 1958[47] kann jeder Staat auf Hoher See oder an einem anderen keiner staatlichen Hoheitsgewalt unterstehenden Ort ein Seeräuberschiff oder -luftfahrzeug aufbringen und die an Bord befindlichen Personen festnehmen. Es handelt sich bei den Maßnahmen gegen Piraterie um den Ansatz für eine internationale Seepolizeiordnung[48], die im Dienste der Sicherheit des Schiffsverkehrs stehen.[49] Ein ähnlicher Ansatz kennzeichnet die Regelungen zur Verfolgung terroristischer Anschläge gegen Flugzeuge.[50]
Die Besonderheit dieses Durchsetzungsinstruments liegt darin, daß die staatliche Exekutivgewalt in den Dienst von Staatengemeinschaftsinteressen gestellt wird. Dahinter steht die Erkenntnis, daß das Völkerrecht keine eigenen Durchsetzungsmechanismen entwickelt hat, die unabhängig und ohne Rücksicht auf die Einzelstaaten funktionieren, und das Völkerrecht insoweit auf staatliche Instrumente zurückgreifen muß. Der Unterschied zum einseitigen Vorgehen der Staaten liegt darin, daß in den hier geschilderten Fällen das Völkerrecht eine einzelstaatliche Eingriffskompetenz ausdrücklich normiert und damit den Nachweis der Eigenbetroffenheit als Voraussetzung des staatlichen Tätigwerdens entfallen läßt. Die Schwäche dieses Konzepts ist jedoch darin zu sehen, daß es den Staaten nicht zur Pflicht gemacht wird einzuschreiten, sondern diesen insoweit ein Ermessensspielraum zukommt. Insofern ist der Unterschied zu staatlichen Repressalien als Antwort auf die Verletzung völkerrechtlicher Normen erga omnes nicht deutlich genug vollzogen.

---

[46] Vgl. dazu *Wolfrum*, Die Internationalisierung (Anm. 4), 642; *Kindt*, Marine Pollution II, 1986, 1188.

[47] BGBl. 1972 II, 1089.

[48] Vgl. schon *Schücking*, Die Freiheit der Meere, in: Der Bund der Völker, 1918, 135 (149).

[49] Vgl. dazu unten Teilband I 2.

[50] *Verdross/Simma*, 261 f, 779 f.

2. KAPITEL
Völkerrecht und staatliches Recht

§ 9 Grundfragen der innerstaatlichen Geltung des Völkerrechts

Schrifttum: *Triepel*, Völkerrecht und Landesrecht, 1899; *Krabbe*, Die Lehre der Rechtssouveränität, 1906; *ders.*, Die moderne Staatsidee, 1915; *Verdross*, Die Einheit des rechtlichen Weltbildes auf Grundlage der Völkerrechtsverfassung, 1923; *Wright*, International Law in its Relation to Constitutional Law, in: AJIL 17 (1923), 234-244; *Triepel*, Les rapports entre le droit interne et le droit international, in: RdC 1 (1923), 77-121; *Kelsen*, Les rapports de système entre le droit interne et le droit international public, in: RdC 14 (1926 IV), 227-331; *Krabbe*, L'idée moderne de l'état, in: RdC 13 (1926 III), 508 ff; *Kelsen*, Das Problem der Souveränität und die Theorie des Völkerrechts, 2. Aufl. 1928; *Dickinson*, L'interprétation et l'application du droit international dans les pays anglo-américains, in: RdC 40 (1932 II), 309-393; *Masters*, International Law in National Courts. A Study of the Enforcement of International Law in German, Swiss, French, and Belgian Courts, 1932; *ders.*, International Law in National Courts, 1932; *Monaco*, L'ordinamento internazionale in raporti all'ordinamento statuale, 1932; *Walz*, Völkerrecht und staatliches Recht, 1933; *Scheuner*, L'influence du droit interne sur la formation du droit international, in: RdC 68 (1939 II), 99-206; *Menzel*, Die englische Lehre vom Wesen der Völkerrechtsnorm, 1942; *Rousseau*, Principes généraux du droit international public I, 1944 (Literatur); *Morgenstern*, Judicial Practice and the Supremacy of International Law, in: BYIL 27 (1950), 42-92; *Preuss*, The Relation of International Law to Internal Law in the French Constitutional System, in: AJIL 44 (1950), 641-669; *de Visscher*, Les tendances internationales des constitutions modernes, in: RdC 80 (1952 II), 511-577; *Kraus*, Der deutsche Richter und das Völkerrecht, in: Festschrift Laun, 1953, 223-238; *Guggenheim*, Völkerrechtliche Schranken im Landesrecht, 1955; *Mosler*, Das Völkerrecht in der Praxis der deutschen Gerichte, 1957; *Bernhardt*, Der Abschluß völkerrechtlicher Verträge im Bundesstaat, 1957; *Kelsen*, Die Einheit von Völkerrecht und staatlichem Recht, in: ZaöRV 19 (1958), 234 ff; *Monaco*, Manuale di Diritto internazionale pubblico, 1960; *Pfloeschner*, Les Dispositions de la constitution du 27 oct. 1946 sur la primauté du droit international et leur effet sur la situation des étrangers en France sous la IVe République, 1961; *Seidl-Hohenveldern*, Transformation or Adoption of International Law into Municipal Law, in: ICLQ (1963), 88 ff; *Doehring*, Die allgemeinen Regeln des völkerrechtlichen Fremdenrechts und das Verfassungsrecht, 1963; *Wagner*, Monismus und Dualismus: eine methodenkritische Betrachtung zum Theorienstreit, in: AöR 50 (1964), 212 ff; *Partsch*, Die Anwendung des Völkerrechts im innerstaatlichen Recht, Berichte DGVR 6 (1964), 13 ff; *Wiese*, Der Kampf um das Bricker-Amendment. Eine Studie über Abschluß und Stellung völkerrechtlicher Abkommen im Verfassungssystem der Vereinigten Staaten, 1965; *Rudolf*, Völkerrecht und Deutsches Recht, 1967; *Bleckmann*, Begriff und Kriterien der innerstaatlichen Anwendbarkeit völkerrechtlicher Verträge, 1970; *Wenig*, Die gesetzeskräftige Feststellung einer allgemeinen Regel des Völkerrechts durch das Bundesverfassungsgericht, 1971; *Wildhaber*, Treaty Making Power and Constitution. An International and Comparative Study, 1971; *Papadimitriu*, Die Stellung der allgemeinen Regeln des Völkerrechts im innerstaatlichen Recht, 1972; *Hilf*, Die Auslegung mehrsprachiger Verträge. Eine Untersuchung zum Völkerrecht und zum Staatsrecht der Bundesrepublik Deutschland, 1973; *Oehlinger*, Der völkerrechtliche Vertrag im staatlichen Recht, 1973; *Strebel*, Einwirkungen nationalen Rechts auf das Völkerrecht, in: ZaöRV 36 (1976), 168 ff; *Craig*, The International Convenant on Civil and Political Rights and United States Law: Department of State Proposals for Preserving the Status Quo, in: Harvard ILJ 19 (1978), 845-886; *Weissbrodt*, United States Ratification of the Human Rights Convenants, in: Minnesota Law Review 63 (1978-79),

35-78; *Sperduti*, Dualism and Monism: A Confrontation to be overcome, in: Festschrift de la Muela, 1979, 459 ff; *Bleckmann*, Das Verhältnis des Völkerrechts zum Landesrecht im Lichte der „Bedingungstheorie", in: AVR 18 (1979), 257 ff; *Berlia*, Droit public interne et international, 1980; *Verdross*, Die doppelte Bedeutung des Ausdrucks „Primat des Völkerrechts", in: Festschrift Bindschedler, 1980, 261 ff; *Schreuer*, Decisions of International Law Institutions before Domestic Courts, 1981; *Bothe/Vinuesa*, International Law and Municipal Law – Völkerrecht und Landesrecht, 1982; *Gupta*, Constitutional and International Law, 1982; *Ferrari-Bravo*, International and Municipal Law: The Complementarity of Legal Systems, in: *Macdonald/Johnston* (Hrsg.), The Structure and Process of International Law, 1983, 715-744; *Geiger*, Grundgesetz und Völkerrecht. Die Bezüge des Staatsrechts zum Völkerrecht und Europarecht, 1985; *Roesgen*, Rechtsetzungsakte der Vereinten Nationen und ihrer Sonderorganisationen. Bestandsaufnahme und Vollzug in der Bundesrepublik Deutschland, 1985; *Sáenz de Santa María/Paz*, La incorporación por referencia en el derecho de los tratados, in: Revista espanola de derecho international 38 (1985), 7-39; *Seidel*, Verhältnis von Völkerrecht und innerstaatlichem Recht, 1985; *Kratochwil*, The Role of Domestic Courts as Agencies of the International Legal Order, in: *Falk et al.* (Hrsg.), International Law: A Contemporary Perspective, 1985, 136-163; *Cronauer*, Der internationale Vertrag im Spannungsfeld zwischen Verfassung und Völkerrecht, 1986; *Delbrück*, Multilaterale Staatsverträge erga omnes und deren Inkorporation in nationale IPR-Kodifikationen – Vor- und Nachteile einer solchen Rezeption, in: Berichte DGVR 27 (1986), 147-165; *Partsch*, International Law and Municipal Law, in: EPIL 10 (1987), 238-257.

I. 1. Neben der Rechtsnatur und den Geltungsgrundlagen des Völkerrechts hat Wissenschaft und Praxis ein weiteres Problem – namentlich in den kontinentaleuropäischen Ländern[1] – intensiv beschäftigt, nämlich die Frage, wie das Verhältnis der Völkerrechtsordnung zu den nationalen Rechtsordnungen zu verstehen sei, ob und wie innerstaatliche Organe Völkerrecht anwenden können bzw. müssen. Die Zuordnung des Völkerrechts zu den staatlichen Rechtsordnungen war jedenfalls in der Praxis solange überhaupt nicht problematisch, als die Rechtsordnungen der territorialen Wirkungseinheiten des sich auflösenden mittelalterlichen Staatsgefüges noch als Teil seiner Gesamtrechtsordnung begriffen wurden. Das Verhältnis von Völkerrecht zu staatlichem Recht wurde jedoch in dem Augenblick sowohl theoretisch als auch praktisch zu einem Problem, in dem diese Gesamtrechtsordnung sichtbar zerbrochen war und Träger des Völkerrechts souveräne Staaten wurden[2], deren interne Rechtsordnungen – so schien es – ein von der internationalen Ebene getrenntes, sorgsam abgeschirmtes Eigenleben führten. So finden sich auch bereits in der Judikatur des 18. Jahrhunderts namentlich in England richterliche Aussprüche über das Verhältnis von Völkerrecht und staatlichem Recht.[3] Jedoch erst um die Wende zum 20. Jahrhundert ist die theoretische Diskussion dieser Frage vor allem in Deutschland, Frankreich und Italien entflammt.[4] Nach einer von *Triepel*, *v. Liszt/Fleischmann*, *Oppenheim*, *Walz*, *Anzilotti*, *Cavaglieri*, *Quadri*, *Balladore-Pallieri*, *Ross*, *Drost* u. a. vertretenen dualistischen Auffassung[5] stellt das Völkerrecht eine von den nationalen Rechtsordnungen völlig getrennte Ordnung dar. Sie ist

[1] Nicht ganz zutreffend bezeichnet *O'Connell* I, 71, die Kontroverse um die dualistische und monistische Lehre zum Verhältnis von Völkerrecht und Landesrecht als eine im wesentlichen deutsche.

[2] Vgl. oben 1. Kapitel, bes. § 2.

[3] Siehe dazu im einzelnen unten § 10 II 1.

[4] Vgl. dazu *Verdross/Simma*, 53; über die Entwicklung der theoretischen und tatsächlichen Voraussetzungen für diese Diskussion – die Entfaltung der Autonomie des Völkerrechts gegenüber dem staatlichen Recht – vgl. *Guggenheim*, Les origines de la Notion autonome du Droit de Gens, in: Symbolae Verzijl, 1958, 177 sowie *Guggenheim* I, 13 ff.

[5] Einen betont dualistischen Standpunkt vertritt in neuester Zeit – in Übereinstimmung mit ihrer Neigung zu stärkster Betonung der staatlichen Souveränität – die Völkerrechtslehre der Sowjetunion. Vgl. dazu unten S. 116. Da nach der dualistischen Auffassung auch die verschiedenen nationalen Rechtsordnungen ihrerseits beziehungslos nebeneinander bestehen, so wird dieser Standpunkt besser als ein „pluralistischer" Standpunkt bezeichnet; so auch *Verdross/Simma*, 53.

hiernach hinsichtlich der Rechtsquellen, des Gegenstandes der Regelungen und ihrer Adressaten vom nationalen Recht unterschieden. Eine Geltung dieses außerhalb der staatlichen Rechtsordnung stehenden Rechts kann nur durch einen staatlichen Rezeptions- oder wie immer gearteten Geltungsbefehl herbeigeführt werden, durch den das Völkerrecht in innerstaatliches Recht umgeformt bzw. zur Anwendung gebracht werden kann. Nur in letzterem Fall handelt es sich genau genommen um den Fall innerstaatlicher Geltung von Völkerrecht. Dieser dualistischen Lehre steht die monistische Theorie (*Krabbe, Kelsen, Kunz, Lauterpacht, Duguit, Scelle, Guggenheim* u. a.) gegenüber, die Völkerrecht und nationale Rechtsordnungen als verschiedene Elemente einer einheitlich zu verstehenden Gesamtrechtsordnung mit einheitlichem Geltungsgrund ansieht. Diese Sicht spiegelt sich besonders anschaulich in der Vorstellung *Krabbes* wider[6], der die staatlichen Rechtsordnungen als Ausgliederungen der universalen Menschheitsordnungen sieht und damit das Völkerrecht zu einem eher überstaatlichen als zwischenstaatlichen Recht erhebt.[7] Die Wiederbelebung naturrechtlicher oder zumindest vorpositivistischer Vorstellungen ist hier sehr deutlich. Nach der später vor allem von *Kelsen, Scelle* und *Guggenheim* geprägten monistischen Lehre soll das Völkerrecht gemeinsam mit dem staatlichen Recht unmittelbar und ohne die Notwendigkeit einer Umformung oder sonst eines besonderen Geltungsbefehls für die Normadressaten, einschließlich des Individuums als dem letztlich eigentlichen Adressaten des Rechts, gelten. In dieser einheitlichen Sicht der Rechtsordnungen[8] kommt nach einer ganz überwiegenden Meinung dem Völkerrecht der Vorrang (Primat des Völkerrechts)[9] zu, während eine andere – auf die Selbstverpflichtungslehre zurückführende – Auffassung das staatliche Recht vorrangig sein lassen wollte (Primat des staatlichen Rechts).[10] Die Auseinandersetzungen über die dualistische und monistische Lehre sind mit aller Schärfe geführt worden. Doch ist seither deutlich geworden, daß die Bedeutung der theoretischen Divergenzen, insbesondere im Lichte der völkerrechtlichen Praxis, überschätzt worden ist. Die radikale Lehre vom Primat des Völkerrechts mit der Konsequenz, daß dem Völkerrecht widerstreitende nationale Rechtsakte rechtswidrig und demzufolge nichtig seien, hat sich als von der Praxis zu weit entfernt erwiesen. Ebenso hat die monistische Lehre zugeben müssen, daß eine unmittelbare Anwendung des Völkerrechts im inländischen Bereich, ohne daß es eines staatlichen Aktes dazu bedürfte, weder der wirklichen Haltung der Staaten entspricht noch je entsprochen hat. Auf der anderen Seite hat die dualistische Lehre einräumen müssen, daß eine völlige Trennung der Rechtskreise weder praktiziert wird noch theoretisch zutreffend ist. Völkerrecht und staatliches Recht stehen in einer Wechselbeziehung, die nicht allein aus der Existenz eines staatlichen Rezeptions- oder Geltungsbefehls erklärt werden kann, ganz zu schweigen davon, daß auch die Vertreter des Dualismus von vornherein haben anerkennen müssen, daß dem Völkerrecht jedenfalls insoweit der Vorrang – und damit eine den Dualismus aufhebende Wirkung – zukommen muß, als die Staaten zur Befolgung der völkerrechtlichen Normen selbst dann verpflichtet sind, wenn diese innerstaatlichem Recht widerstreiten. Wenn staatliche Organe dem innerstaatlichen Recht unter Verletzung des Völkerrechts

---

[6] Siehe *Krabbe*, 1906, 1915 sowie 1926, 513 ff.

[7] *Krabbe* 1926, 570 ff, 575 ff.

[8] Vgl. *Verdross*, Die Einheit des rechtlichen Weltbildes, 1923; *Verdross* gehört heute zu den Vertretern eines gemäßigten Monismus, vgl. dazu *Verdross/Simma* 54 f; *Miehsler*, Alfred Verdross' Theorie des gemäßigten Monismus und das Bundesverfassungsgesetz vom 4. März 1964, in: Österreichische Juristische Blätter 87 (1965), 566 ff.

[9] So z. B. die führenden Vertreter *Kelsen, Kunz, Guggenheim, Scelle;* statt anderer siehe im einzelnen dazu *Guggenheim* I, 58 ff.

[10] So *Zorn*, Grundzüge, 8 f; *Bergbohm*, Staatsverträge und Gesetze als Quellen des Völkerrechts, 1877; *Wenzel*, Juristische Grundprobleme. Der Begriff des Gesetzes, zugleich eine Untersuchung zum Begriff des Staates und Problem des Völkerrechts, 1920, 344 ff.

folgen, bürdet dieses ihnen eine entsprechende Verantwortlichkeit etwa in Gestalt von Schadensersatzpflichten auf.[11] Die Lösung des Problems, das als solches angesichts der nicht zu leugnenden Unterschiede von Völkerrecht und nationalem Recht durchaus auch heute aktuell ist, dürfte nach dem Vorstehenden in einer vermittelnden Position zu suchen sein. Im einzelnen dürfte folgendes zutreffen.

2. Das Völkerrecht der Gegenwart regelt vornehmlich, aber nicht mehr ausschließlich die Beziehungen zwischen sozialen Verbänden. Aber auch nichtstaatliche Wirkungseinheiten, insbesondere das Individuum, sind in den Kreis der Adressaten von Völkerrechtsnormen eingerückt. Soweit letzteres der Fall ist, fließen nationales und internationales Recht zu einer Einheit zusammen. Wo aber – wie noch in der überwiegenden Zahl der Normen des Völkerrechts vorgesehen – diese sich zunächst an die Staaten wenden und eine Umsetzung ihrem Inhalt nach nicht unmittelbar geschehen kann, bedarf es der Einschaltung der staatlichen Rechtsordnung, um die völkerrechtlichen Normen im inländischen Bereich zur Anwendung zu bringen. Auch wenn also die Gerichte und Behörden eines Staates Regeln des Völkerrechts anwenden sollen, bedarf es erst der nationalen Gesetze, die sie dazu ermächtigen oder verpflichten, wobei das nationale Recht allerdings dem Völkerrecht unterworfen ist. Dieses bestimmt den Zuständigkeitsbereich des inländischen Rechts, die Grenzen, in denen der Staat sich betätigen darf; somit kann es dem Staat auch vorschreiben, welche Rechte und Pflichten er den einzelnen und welche er seinen Gerichten und Behörden zuteilen soll. Aber diese Rechte und Pflichten entstehen – von den eingangs erwähnten Ausnahmen abgesehen – erst dann, wenn das inländische Recht sie den einzelnen gewährt oder sie damit belastet. Das Völkerrecht und das inländische Recht bilden somit zwei Schichten, zwei verschiedene Ebenen des Rechts, aber sie ergänzen einander und verbinden sich zu einer inneren Einheit. Ihr Verhältnis gleicht einem Stufenbau, dessen Spitze das Völkerrecht bildet. Eine solche Stufung im Rahmen einer übergreifenden Einheit stellt im Recht keinen Einzelfall dar. Auch innerhalb des staatlichen Rechts kommt es vor, daß der höhere Verband es einem unteren Verband, der Staat es etwa der Gemeinde überläßt, die Rechtsbeziehungen der einzelnen entsprechend dem Willen des höheren Verbandes zu regeln. Auf diese Weise werden die Normen des Völkerrechts vom inländischen Recht gleichsam weitergegeben, nämlich mit Hilfe inländischer Gesetze und anderer Hoheitsakte gegenüber dem einzelnen zur Geltung gebracht. Die Lösung des Problems des Verhältnisses von Völkerrecht und staatlichem Recht wird also hier in einem differenzierenden Monismus gesehen, in dem Gedanken, daß das Völkerrecht für die Staaten verbindlich ist, den einzelnen aber in der Regel nur auf dem Umweg über das inländische Recht zu erreichen vermag.[12]

II. 1. Das Völkerrecht fordert nur, *daß* es, aber sagt nicht, *wie* es im inländischen Recht durchgesetzt werden soll. Die Auswahl des Weges und der Technik bleibt dem *nationalen* Recht überlassen.[13] Dieses kann im wesentlichen zwei Wege beschreiten.[14] Der Staat

---

[11] Siehe dazu *Guggenheim*, in: *Strupp/Schlochauer* III, 652, 655; ferner *Magiera*, in: *Menzel/Ipsen*, 50, 52.

[12] Einen „gemäßigten" oder „gegliederten" Monismus vertritt auch *Verdross*, siehe *Verdross/Simma*, 55 mwN.

[13] So zutreffend *Kunz*, RDILC 52 (1925), 595: „Si le droit des gens est immédiatement obligatoire, ou s'il a besoin d'être transformé en droit national par un acte de la législation nationale, c'est encore une question du droit positif." Ebenso *Verdross*, Droit International Public et droit interne, in: Revue de droit internationale de sciences diplomatiques et politiques 3 (1954), 220 (gegen *Kelsen*). Anders heute möglicherweise im Rahmen regionaler Integrationsgemeinschaften (EG). Dazu *Delbrück*, Multilaterale Staatsverträge, 155 ff und anschließende Diskussion, 167 ff. – Es kommt auch vor, daß ein Staat eine Norm, z. B. einen Vertrag, schon in Kraft setzt, der als völkerrechtliche

kann von Fall zu Fall die dem Völkerrecht entsprechenden Gesetze erlassen, das Völkerrecht also stückweise in das inländische Recht übernehmen. Oder er kann im Wege einer Generalklausel bestimmen, daß das Völkerrecht in seinem vollen Umfange als „part of the law of the land" für alle der inländischen Staatsgewalt unterworfenen Menschen verbindlich sein solle.

Wenn man das letztere für möglich hält, so setzt man damit voraus, daß das Völkerrecht so, wie es ist – ohne eine weitere Umformung durch das inländische Recht – auf die einzelnen angewandt werden *kann.* Aber das ist nun gewiß nicht immer der Fall. Viele Regeln des Völkerrechts sind für eine unmittelbare Anwendung im inländischen Rechtskreis schon nach ihrem Inhalt gar nicht geeignet. Bei den internationalen Verträgen z. B. ist – wenn hier eine dem angelsächsischen Recht geläufige Begriffsbildung übernommen werden darf – zwischen „self-executing" and „executory treaties" zu unterscheiden, von denen die letzteren ausfüllungsbedürftige Normen enthalten, die erst im einzelnen konkretisiert werden müssen.[15] Ein Handelsvertrag z. B., der bestimmte Zolltarife festsetzt oder Ein- oder Ausfuhrbeschränkungen aufhebt, kann so gefaßt sein, daß seine Bestimmungen ohne weiteres unmittelbar angewandt werden könnten. Im Gegensatz dazu stehen etwa Verträge, die den Aufbau und die Willensbildung internationaler Organisationen zum Gegenstand haben, oder in denen ein Staat sich verpflichtet, eine bisher ungeregelte Materie gesetzlich zu regeln, wobei seinem Ermessen ein gewisser Spielraum verbleibt. Rechtsnormen dieser Art können ihrem Inhalt nach gar nicht im Inland angewandt werden. Für sie taucht dieses Problem gar nicht auf.[16]

2. Auch im Falle des *Konflikts* hält das Völkerrecht sich zurück. Wenn innerhalb eines Rechtskreises eine Rechtsnorm einer höheren Norm widerspricht, kann es sein, daß die untergeordnete Norm unwirksam ist. Nach der Regel „Bundesrecht bricht Landesrecht" (Art. 31 GG) kann z. B. ein dem Bundesrecht widersprechendes Landesgesetz unwirksam sein. Eine Verordnung mag unwirksam sein, weil sie dem Gesetz widerspricht. Eine Regel aber des Inhalts, daß völkerrechtswidriges nationales Recht einfach unwirksam

---

Norm noch gar nicht besteht, etwa weil der Vertrag noch nicht ratifiziert worden ist. So wurde der Vertrag von Montreux von der ägyptischen Gesetzgebung auch gegenüber den Angehörigen solcher Staaten in Kraft gesetzt, die den Vertrag noch nicht ratifiziert hatten. Vgl. die Annual Digest 1938-40, C. 186 und 187 mitgeteilten Entscheidungen ägyptischer Gerichte sowie *Guggenheim* I, 415 über Fälle, in denen die Schweiz noch nicht ratifizierte Verträge in ihr Bundesrecht eingeführt hat.

[14] Von dem Fall der Rezeption des Völkerrechts ist der Fall zu unterscheiden, daß das inländische Recht durch die Verwendung völkerrechtlicher Begriffe in einzelnen Beziehungen auf das Völkerrecht verweist und damit die Begriffsbildung des Völkerrechts übernimmt. Das ist etwa der Fall, wo die nationale Gesetzgebung Begriffe wie die des Krieges, des Gebiets, der Küstengewässer, der diplomatischen Vertreter u. a. verwendet. Über die entsprechende Erscheinung der Verweisung des Völkerrechts auf das nationale Recht vgl. unten § 13.

[15] Die Frage, ob ein Vertrag unter die eine oder die andere Kategorie fällt, kann freilich sehr zweifelhaft sein, und weiter kann zweifelhaft sein, *welche* Rechte und Pflichten sich aus völkerrechtlichen Normen im inländischen Rechtskreis ergeben. Dazu etwa *Mohr,* Die Transformation des Völkerrechts in deutsches Reichsrecht, 1934, namentlich Teil II, Kap. 3; *Bleckmann,* Begriff und Kriterien der innerstaatlichen Anwendbarkeit völkerrechtlicher Verträge, 1970; *Bernhardt,* Der Abschluß völkerrechtlicher Verträge; *Mosler,* Das Völkerrecht in der Praxis der deutschen Gerichte, 1957; *Partsch,* 1964; für den anglo-amerikanischen Bereich vgl. *Henry,* When Is a Treaty Self-executing?, in: Michigan Law Review 27 (1928/29), 776 ff; *O'Connell* I, 54 ff mwN.

[16] Vgl. z. B. RGZ 121, 7 (9): Es habe der Versailler Vertrag zwar durch den Erlaß des deutschen Gesetzes innerstaatliche Geltung erlangt. „Aber der einzelne kann aus seinen Bestimmungen Ansprüche nur herleiten, soweit sich das mit voller Klarheit aus dem Vertrag selbst ergibt, wenn ... die einzelne Vorschrift ..., ohne daß es noch völkerrechtlicher oder staatsrechtlicher Akte bedarf, privatrechtliche Wirkungen auszuüben geeignet ist". Vgl. hierzu auch *Bleckmann,* Begriff und Kriterien, 20 f.

wäre[17], ein Prinzip „Völkerrecht bricht nationales Recht" ist dem Völkerrecht fremd. Wenn nationales Recht zum Völkerrecht als der höheren Norm im Widerspruch steht, so hat der Staat sein Recht im Sinne des Völkerrechts umzugestalten.[18] Gegebenenfalls ist er zur Wiederherstellung des dem Völkerrecht entsprechenden Zustandes und zum Ersatz des Schadens verpflichtet. Und er kann sich seiner völkerrechtlichen Verantwortlichkeit nicht durch Berufung auf sein dem Völkerrecht widersprechendes Recht, auch nicht auf seine Verfassung, entziehen. Aber ob sein Recht im *inländischen Rechtskreis* zunächst einmal anwendbar ist, ob seine Gerichte, Behörden, Staatsbürger das völkerrechtswidrige Recht anwenden dürfen, oder es anwenden müssen – über diese Frage hat nicht das Völkerrecht, sondern das *inländische Recht* zu entscheiden. Es mag eine Nachprüfung inländischer Hoheitsakte auf ihre Vereinbarkeit mit dem Völkerrecht gestatten oder verbieten, völkerrechtswidrige Akte der inländischen Staatsgewalt für nichtig oder – für die Dauer des Konflikts – unwirksam, für anfechtbar oder auch für voll wirksam erklären, oder den Konflikt nach der Regel *lex posterior derogat legi priori* entscheiden.

Die Fragen lassen sich durch allgemeine Überlegungen über Dualismus und Monismus oder den Primat des staatlichen oder des Völkerrechts allein nicht entscheiden. Auch die Anhänger der monistischen Lehre sind ganz überwiegend der Ansicht, daß auch völkerrechtswidriges inländisches Recht nicht unwirksam sei, sondern u. U. im inländischen Rechtskreise angewandt werden müsse.[19]

Allerdings müssen wir hier eine *Einschränkung* machen. Nicht immer ist das Völkerrecht tolerant. Es gibt völkerrechtliche Normen *zwingenden Rechts (ius cogens)*, Pflichten, die den einzelnen unmittelbar durch das Völkerrecht auferlegt sind und die auch im Falle des Konflikts mit dem nationalen Recht erfüllt werden müssen. Verbote z. B. wie diejenigen einer Entfesselung von Angriffskriegen, der Begehung von Kriegsverbrechen, der Verletzung fremder Diplomaten muß jeder einzelne auch dann befolgen, wenn seine eigene Rechtsordnung ihm ein solches Verhalten gestatten oder gar vorschreiben sollte. Eben darauf beruht die internationale Verantwortlichkeit des einzelnen, die einen Wesenszug des modernen Völkerrechts bildet.[20]

---

[17] So sehr klar der StIGH in seinem Urteil über die *Auslegung des Memelstatuts*, PCIJ, Series A/B 49 (1932), 336. Dort wird festgestellt, daß der Gouverneur das Statut durch Auflösung der Kammer verletzt habe. Aber das Gericht fügt alsbald hinzu, daß „it does not thereby intend to say that the action of the Governor . . ., even though it was contrary to the treaty, was of no effect in the sphere of municipal law".

[18] Vgl. hierzu die Diskussion um die Umsetzung der Rassendiskriminierungskonvention in der Bundesrepublik Deutschland. Dazu *Delbrück*, Drittwirkung der Grundrechte durch völkerrechtliche Verpflichtung? In: Festschrift Weber, 1974, 222-238, sowie *Kühner*, Das Recht auf Zugang zu Gaststätten, in: NJW 39 (1986), 1397 ff mwN.

[19] So *Kelsen* in seiner späteren Auffassung in: Principles, 565; *Verdross*, Völkerrecht, 112 (anders ausnahmsweise, wenn der innerstaatliche Akt bei Anwendung zur Begehung eines völkerrechtlichen Verbrechens führen würde); *Guggenheim*, 66 ff; aus der Möglichkeit des Konflikts an sich ergeben sich keine Argumente gegen die monistische Lehre. Die Frage des Widerspruchs zwischen der höheren und der niederen Norm kann sich in gleicher Weise im inländischen Rechtskreis ergeben. Auch hier kommt es vor, daß die fehlerhafte Norm niederer Ordnung, z. B. das verfassungswidrige Gesetz oder die gesetzwidrige Verordnung, bis zu ihrer Aufhebung angewandt werden muß. So auch *Verdross/Simma*, 55 f.

[20] So zutreffend *Verdross*, Völkerrecht, 5. Aufl., 112; *Partsch*, Die Anwendung des Völkerrechts im innerstaatlichen Recht, 30 f.

§ 10 Das Verhältnis von Völkerrecht und staatlichem Recht nach dem Recht einzelner Staaten

Schrifttum: wie zu § 9; ferner: *Lauterpacht,* Is International Law a Part of the Law of England? In: Transactions of the Grotius Society 25 (1939), 51 ff; *Dickinson,* The Law of Nations as Part of the National Law of the United States, in: University of Pennsylvania Law Review 101 (1953), 793 ff; *Looper,* Federal State Clauses in Multilateral Instruments, in: BYIL 32 (1955/56), 162-203; *Mann,* The Enforcement of Treaties by English Courts, in: Transactions of the Grotius Society 44 (1958/59), 29 ff; *Lotting,* Die Verfassung der Fünften Französischen Republik, 1961; *Fawcett,* The British Commonwealth in International Law, 1963; *Schilling,* Völkerrecht und staatliches Recht in Frankreich, 1964; *Falk,* The Role of Domestic Courts in the International Legal Order, 1964; *Lillich,* Domestic Institutions, in: *Black/Falk* (Hrsg.), The Future of the International Legal Order IV, 1972, 384 ff; *Jacomy-Milette,* Treaty Law in Canada, 1975; *Ress,* Der Rang völkerrechtlicher Verträge nach Französischem Verfassungsrecht, in: ZaöRV 35 (1975), 445 ff; *Fatouros,* International Law in the New Greek Constitution, in: AJIL 70 (1976), 492-506; *Usenko,* Das Völkerrecht und innerstaatliches Recht, in: Soviet Yearbook of International Law 1977, 57-91; *Van Pankuys et al.,* International Law in the Netherlands, 3 Bde 1980; *Cadart,* Institutions Politiques et droit constitutionel II, 1980; *Skubiszewski,* Das Verhältnis zwischen Völkerrecht und polnischem Recht, in: Festschrift Bindschedler, 1980, 241-259; *Cuytas,* Vorrang des Völkerrechts im Landesrecht? Ungelöste Grundfragen der Schweizerischen Position, 1982; *Drzemczewski,* The European Human Rights Convention in Domestic Law, 1983; *Joutsamo,* The Direct Effect of Treaty Provisions in Finnish Law, in: Nordisk tidsskrift for international ret 52 (1983), Heft 3-4, 34-45; *Harris,* Cases and Materials on International Law, 3rd ed., 1983; *Gulmann,* The Position of International Law within the Danish Legal Order, in: Nordisk tidsskrift for international ret 52 (1983), Heft 3-4, 45-52; *Puente-Edigo,* Völkerrecht und Landesrecht in der spanischen Verfassung von 1978, 1984; *Becker,* Die Umsetzung von Völkerrecht in innerstaatliches Recht, in: Neue Justiz 1985, 392-394; *Constantinesco/Jaqué,* L'application du droit international et communautaire au regard de la Constitution Française, in: *König/Rüfner* (Hrsg.), Die Kontrolle der Verfassungsmäßigkeit in Frankreich und in der Bundesrepublik Deutschland, 1985, 175-213; *Ferdinand,* Die Rechtsprechung der Gerichte der Bundesrepublik Deutschland zum Völkergewohnheitsrecht, 1985; *Lillich,* Invoking Human Rights Law in Domestic Courts, 1985; *Seidel,* Verhältnis von Völkerrecht und innerstaatlichem Recht, 1985; *Iwasawa,* The Doctrine of Self-Executing Treaties in the United States: A Critical Analysis, in: Virginia Journal of International Law 26 (1986), 627-692; *Morgan,* Internalization of Customary International Law: An Historical Perspective, in: The Yale Journal of International Law 12 (1987), 63-83; *Heidenstecker-Menke,* Die Bestandsgarantie völkerrechtlicher Verträge im österreichischen und im deutschen Recht. Eine rechtsvergleichende Untersuchung, 1987; *Polakiewicz,* Völkervertragsrecht und Landesrecht in Portugal, in: ZaöRV 47 (1987), 215-276; *Tunkin/Wolfrum* (Hrsg.), International Law and Municipal Law, 1988.

I. Während für den reinen Monismus die Frage der Überführung von Völkerrecht in den innerstaatlichen Bereich und seine Anwendung durch die staatlichen Organe gar nicht auftritt, müssen alle anderen – seien es differenzierend monistische, seien es dualistische – Auffassungen vom Verhältnis des Völkerrechts zu innerstaatlichem Recht Verfahren und Regeln aufzeigen, mit deren Hilfe die Überführung des Völkerrechts in den nationalen Rechtskreis vollzogen und das Verhältnis beider Rechtsordnungen zueinander bestimmt werden kann. Wenigstens drei Verfahrensweisen lassen sich unterscheiden, von denen – wie gesagt – keine völkerrechtlich geboten ist, da es keine allgemeine völkerrechtliche Regel über das „Wie" der innerstaatlichen Geltung des Völkerrechts gibt.[1]

---

[1] Ganz herrschende Lehre; vgl. statt anderer *Partsch,* 31 f; *Berber* I, 107; *Delbrück,* 148 ff.

1.a) Auf der Grundlage einer dualistischen Sicht des Verhältnisses von Völkerrecht und staatlichem Recht ist die *Transformationslehre* entwickelt worden. Völkerrecht kann danach nur dann innerstaatliche Geltung erlangen, wenn es durch einen besonderen staatlichen Akt – in der Regel der Legislative – in nationales Recht umgeformt und damit Teil der innerstaatlichen Rechtsordnung geworden ist. Damit kommt nicht eigentlich Völkerrecht im innerstaatlichen Bereich zur Anwendung, sondern nationales Recht, das seinem Inhalt nach einer völkerrechtlichen Regelung entspricht. Das transformierte Recht wird also von seinem ursprünglichen – völkerrechtlichen – Geltungsgrund abgelöst, der Zusammenhang zwischen dem Völkerrecht und dem transformierten Recht aufgehoben.[2] In konsequenter Verfolgung dieser Lehre müßte eine transformierte Völkerrechtsnorm – etwa ein Vertrag – innerstaatlich weitergelten, auch wenn der Vertrag ungültig geworden ist, es sei denn, ein innerstaatlicher Aufhebungsakt würde auch die Geltung der transformierten Norm beenden. Die Staatenpraxis hat allerdings eine so scharfe Trennung von Völkerrecht und transformiertem Recht niemals vorgenommen.[3] Der Transformationsakt – etwa ein Zustimmungsgesetz zu einem Vertrag – und die entsprechende völkerrechtliche Norm sind jeweils insoweit in einem Bedingungszusammenhang gesehen worden, als dieser seine innerstaatliche Wirksamkeit erst mit dem Wirksamwerden der Völkerrechtsnormen – z. B. eines Vertrages – erlangt, aber auch diese Wirksamkeit wieder verliert, wenn die Völkerrechtsnorm außer Kraft tritt. Ein weiteres Problem der konsequenten Transformationslehre stellt das der anzuwendenden Auslegungsregeln dar. Die Auslegung z. B. völkerrechtlicher Vertragsnormen folgt teilweise anderen Regeln als die Auslegung inländischen Rechts. Ist eine Völkerrechtsnorm durch Transformation zu einer nationalen geworden, müßte sie infolgedessen den nationalen Auslegungsregeln unterliegen, was zu Diskrepanzen hinsichtlich der Auslegung eines Vertrages auf der internationalen Ebene führen könnte.
Um derartige Probleme zu überwinden, aber auch um näher an der Staatenpraxis zu bleiben, ist die Transformationslehre in neuerer Zeit dahingehend modifiziert worden, daß nicht nur der enge Zusammenhang zwischen der Wirksamkeit des Transformationsaktes und der Wirksamkeit der entsprechenden Völkerrechtsnorm anerkannt wird, sondern auch das transformierte Völkerrecht in seiner Besonderheit z. B. bei der Auslegung Berücksichtigung findet.[4]

b) Die *Absorptions-* oder *Inkorporationslehre* steht ihrem Ursprung nach dem Monismus nahe, ist aber heute auch mit dualistischen Elementen durchsetzt.[5] Sie wurde im 18. Jahrhundert von der englischen Judikatur entwickelt und liegt der heutigen angloamerikanischen Staatspraxis zugrunde. Nach dieser Theorie wird das Völkerrecht auf-

[2] Vgl. dazu *Rudolf*, 140; ferner *Magiera*, in: *Menzel/Ipsen*, 55.

[3] So zutreffend *Magiera*, ebd.

[4] Dieses Problem wird besonders deutlich bei der Frage, welche Sprache bei mehrsprachigen Verträgen der Auslegung zugrunde gelegt wird: Nur die Staatssprache, weil der transformierte Vertrag staatliches Recht darstellt, oder die völkerrechtlich maßgeblichen Sprachen. Zutreffend i. S. einer gemildert dualistischen oder differenzierend monistischen Theorie bzw. nach der Vollzugslehre für die Berücksichtigung der völkerrechtlich maßgeblichen Sprache *Hilf*, 125; *Mosler*, Das Völkerrecht in der Praxis der deutschen Gerichte, 25 ff, *Öhlinger*, 324 ff; *Partsch*, 109 ff, der aber einen vorbehaltlosen Ausschluß der nationalen Auslegungsregeln zu Recht etwa dann ablehnt, wenn gar keine völkerrechtlichen Regeln bestehen; *Rudolf*, 219.

[5] Vgl. dazu *Rudolf*, 151 ff; *O'Connell* I, 49 reiht die Adoptionslehre unter die dualistischen Theorien ein. Dies erscheint angesichts des naturrechtlichen Hintergrundes der Entwicklung der Adoptionslehre vor allem in England nicht zutreffend. Abweichend von der doch wohl zutreffenden Auffassung, die Adoptionslehre setze eine monistische Konzeption vom Verhältnis Völkerrecht und Landesrecht voraus, vertritt *Kaufmann* die Adoptionslehre von einem dualistischen Standpunkt aus, vgl. Traité international et loi interne, in: Mélanges Gidel, 1961, 383 ff.

grund eines angenommenen generellen Willens des Souveräns bzw. einer allgemeinen Ermächtigung durch die staatliche Rechtsordnung als Teil des Landesrechts in dieses inkorporiert.[6] Staatliche Organe, insbesondere Gerichte, haben die so adoptierten oder rezipierten Völkerrechtsnormen unmittelbar ohne weiteren Anwendungsbefehl ihren Entscheidungen zugrunde zu legen. Allerdings ist die Staatenpraxis, namentlich in den anglo-amerikanischen Ländern, dieser Lehre nicht ohne Abweichungen gefolgt. So wird etwa die Adoption des Völkerrechts nur insoweit vollzogen, als dieses nicht dem Landesrecht widerspricht (dualistischer Einschlag) oder von einem Gericht des Landes anerkannt wird.[7] Darüber hinaus wird die Adoption ohne weiteren staatlichen Akt nicht bei Verträgen anerkannt, die zu ihrer innerstaatlichen Geltung entweder eines je eigenen legislativen Aktes oder einer generellen verfassungsrechtlichen Anwendungsermächtigung bedürfen.[8]

c) Unabhängig von entweder einer dualistischen oder einer monistischen Sicht des Verhältnisses von Völkerrecht und Landesrecht will die *Vollzugslehre* die Geltung völkerrechtlicher Rechtssätze – seien sie gewohnheitsrechtlicher oder vertraglicher Art – von einem staatlichen Anwendungsbefehl abhängig machen.[9] Dieser Vollzugsbefehl transformiert Völkerrecht nicht in Landesrecht, inkorporiert es auch nicht als Teil des Landesrechts, sondern ordnet seine Anwendung als Völkerrecht im innerstaatlichen Bereich an. Diese Lehre kommt in ihren Wirkungen sowohl der modifizierten Adoptionslehre als auch der gemilderten Transformationslehre nahe. Sie wird dem Gedanken einer wachsenden Verflechtung von Völkerrechtsordnung und staatlichem Recht durch die Ablehnung der Notwendigkeit einer Transformation in angemessener Weise gerecht und entspricht in ihren Ergebnissen auch den Bedürfnissen der Praxis am besten.

2. Die heute allen Lehren gemeinsame Anerkennung des Primats des Völkerrechts in dem Sinne, daß jedenfalls die Existenz widerstreitenden staatlichen Rechts die verpflichtende Kraft des Völkerrechts gegenüber den Staaten als Normadressaten nicht aufhebt, löst andererseits nicht das Problem, welchen Rang innerstaatlich zur Anwendung kommende Normen des Völkerrechts gegenüber staatlichem Recht einnehmen sollen.[10] Eine generelle völkerrechtliche Regel ist – ebenso wie im Hinblick auf die Frage des „Wie" der Überführung des Völkerrechts in die staatliche Rechtsordnung – nicht nachweisbar.[11] Theoretisch denkbar ist eine Rangordnung, die dem Primat des Völkerrechts auch insoweit Rechnung trägt, daß widerstreitendes nationales Recht nichtig ist. Diese einem reinen Monismus entsprechende Lösung[12] findet jedoch in der staatlichen Praxis keine Grundlage. Das Recht der Staaten weist eine große Vielfalt von Lösungen auf, die von einer Einräumung des Vorrangs für das Völkerrecht gegenüber staatlichem Gesetzesrecht und Normen niederen Ranges bis zur Höherrangigkeit nationalen Gesetzesrechts gegenüber den Normen des Völkerrechts reichen. Näheres muß insoweit der folgenden Darstellung wichtiger einzelstaatlicher Regelungen vorbehalten bleiben.

II. Eine Darstellung der Regelung des Verhältnisses von Völkerrecht und staatlichem Recht muß sich auf die wichtigsten Systeme beschränken, die in etwa den theoretischen

---

[6] *Rudolf*, ebd.; *O'Connell*, ebd.; ferner *Magiera*, in: *Menzel/Ipsen*, 55.

[7] *O'Connell* I, 50; ferner beispielhaft *Lord Atkin*, in: *Chung Chi Cheung v. The King* (1939), British House of Lords and the Judicial Committee of the Privy Council, Appeal Cases 160.

[8] Nachweise bei *O'Connell* I, 58 f.

[9] Vgl. dazu ausführlich *Partsch*, passim.

[10] Zusammenfassend dazu *Magiera*, (Anm. 6), 56 f.

[11] So *Partsch*, 59 ff und 93 ff.

[12] So *Kelsen* in seiner früheren monistischen Konstruktion, vgl. Les rapports, RdC 14 (1926 IV), 227 ff (316 f); erst 1932 hat *Kelsen* diese Auffassung aufgegeben, vgl. Unrecht und Unrechtsfolge im Völkerrecht, in: ZöffR 12 (1932), 481 ff.

Diskussionsstand widerspiegeln, also Staaten umfaßt, die Regelungen auf der Basis der Transformations-, Adoptions- und Vollzugslehre getroffen haben.

1. In *England* wird seit mindestens zwei Jahrhunderten – seit den Zeiten von *Blackstone* und *Lord Mansfield* – das Völkerrecht als ein Teil des englischen common law angesehen.[13] Solange das staatliche Rechtsetzungsmonopol nicht voll anerkannt war, galt das Völkerrecht wie anderes nichtstaatliches, natürliches Recht als „part of the law of the land", das sich ohne Schwierigkeiten als common law auffassen ließ. Erst in neuerer Zeit hat man, so scheint es, Völkerrecht und nationales Recht als in ihrem Wesen und Ursprung verschieden empfunden und hat der Gedanke an Boden gewonnen, daß das Völkerrecht zu seiner Aufnahme in das common law der Annahme durch die englische Rechtsüberzeugung bedürfe.[14] Dabei sind eine Reihe von Grundsätzen zur Geltung gelangt, die dem nationalen Recht für den Fall des Konflikts den Vorrang vor dem Völkerrecht sichern und namentlich die Souveränität des Parlaments zu wahren bestimmt sind.

a) Einmal gilt als Völkerrecht nur, was ausdrücklich oder stillschweigend *von der englischen Rechtsüberzeugung rezipiert* worden ist.[15] Das wird etwa damit begründet, daß das Völkerrecht in dem Konsens der Kulturvölker seine Grundlage habe und somit auch die Zustimmung Englands notwendig sei; ein Gedanke, der an die seinerzeit in Deutschland verbreitete Auffassung erinnert, daß die allgemein anerkannten Regeln des Völkerrechts i. S. des Art. 4 WRV der Zustimmung auch Deutschlands bedürften. Auch in Art. 25 des Grundgesetzes der Bundesrepublik Deutschland ist dieser Gedanke noch spürbar.

b) Völkerrechtliche *Verträge*, die private Rechte berühren, oder die das common law oder das statute law ändern, bedürfen der förmlichen Umwandlung in englisches Recht durch einen Akt des Parlaments. Vielfach wird davon ausgegangen, es werde selbst ein von England ratifizierter Vertrag erst nach seiner förmlichen Bestätigung durch das Parlament englisches Recht.[16] Das hat verfassungsrechtliche Gründe. Nach englischem

---

13 So *Lord Chancellor Talbot* in *Barbuit's* Case (1737), *Williams*, Cases to Talbot 281 und *Lord Mansfield* in *Heathfield v. Chilton* (1767), 4 Burrow, 2015, *Lord Ellenborough* in *Viveash v. Becker* (1814), *Manle/Selwyn*, English King's Bench Reports 3, 284. Aus neuerer Zeit lassen sich etwa das Urteil des High Court of Chancery in *The Emperor of Austria v. Day and Kossuth* (1861), 3 Gex, Fisher & Jones 217 und der King's Bench in *West Rand Central Mining Co. Ltd. v. the King* (1905), 2 King's Bench, 391 anführen. Auf diesen Grundsatz berief sich auch der Supreme Court von Aden im Rechtsstreit um den Tanker *Rose Mary*, um damit die Unwirksamkeit der völkerrechtswidrigen Enteignung der Anglo Iranian im Jurisdiktionsbereich des erkennenden Gerichts zu begründen. Vgl. Weekly Law Reports 1 (1953) 246; zum Ganzen auch *O'Connell* I, 56 ff; *Seidl-Hohenveldern*, Transformation or Adoption, 88 ff; passim; *Berber* I, 96 ff.

14 Über den Übergang von der älteren Inkorporationstheorie zu der neueren Adoptionslehre u. a. *Triepel*, Völkerrecht und Landesrecht, 134 f; *Menzel*, 57 f; *Shaw*, 102 ff; vgl. aber demgegenüber *Lauterpacht*, 51 f, der im wesentlichen ein Festhalten an der alten Lehre bis in die Gegenwart behauptet; vgl. auch *Rudolf*, 151 ff.

15 So z. B. Judicial Committee des Privy Council (Lord *Atkin*) in *Chung Chi Cheung v. The King* (1939) (Anm. 7): „It must be always remembered that, so far, at any rate, as the Courts of this country are concerned, international law has no validity save in so far as its principles are accepted and adopted by our own domestic law." Vgl. auch Supreme Court New South Wales in *Wright v. Cantrell*, Annual Digest 1943-45, C. 37: „by the law of England and of this State, international law is recognized as part of the local law save to the extent to which it is inconsistent with that law."

16 So z. B. Lord *Coleridge* im *Franconia*-Fall (1876), Exchequer Division of the English High Court of Justice 2, 63: „Treaties and acts of States are but evidence of the agreement of nations, and do not in this country at least per se bind the tribunals." Ebenso Lord *Atkin* für das Judicial Committee des Privy Council in *Attorney General for Canada v. Attorney General for Ontario* (1937), British House of Lords and Judicial Committee of the Privy Council, Appeal Cases 326: „Unlike some other countries, the stipulations for a treaty duly

Recht nämlich werden völkerrechtliche Verträge von der Krone ratifiziert, die dabei die Nation in Ausübung einer ihr zustehenden Prärogative vertritt. Wenn somit internationale Verträge ohne weiteres im inländischen Rechtskreise anwendbar wären, so würde die Exekutive auf dem Umwege über den Abschluß internationaler Verträge in den Bereich der parlamentarischen Gesetzgebung eingreifen können.[17]
Aber die englische Praxis ist darauf bedacht, das Auseinanderfallen des nationalen und des internationalen Rechts zu vermeiden. Daher wird in der Regel – sogar, wo dies nach dem Verfassungsrecht gar nicht erforderlich wäre – die Zustimmung des Parlaments eingeholt, *ehe* der Vertrag ratifiziert wird.[18] Die Mitgliedschaft in der Europäischen Gemeinschaft und die Unterwerfung unter die Europäische Menschenrechtskonvention bringen für die englische Praxis neue Anforderungen und Aspekte mit sich[19]; insbesondere die EMRK hat hier innerstaatliche Entwicklungen in Gang gesetzt, deren Auswirkungen auf das Verhältnis von nationalem Recht und Völkerrecht im Vereinigten Königreich insgesamt noch nicht abschließend beurteilt werden können.[20]

c) Der Satz, es sei das Völkerrecht „part of the law of the land", hat in England also nur eine begrenzte Bedeutung. Er trifft im wesentlichen nur auf das *Gewohnheitsrecht* zu[21], dessen Transformation sich deshalb erübrigt, weil ja in England nur als Völkergewohnheitsrecht gilt, was auch der englischen Rechtsüberzeugung entspricht. Aber auch ihm gegenüber wahrt das englische Recht den Vorrang der parlamentarischen Legislative. Wo immer nämlich das Völkerrecht zu einem Akt des Parlaments im Widerspruch steht, hat dieser den Vorrang. Das ergibt sich schon daraus, daß das Völkerrecht als ein Teil des common law gilt und dieses allgemein dem statute law weicht, sobald es ihm widerspricht.[22] So bricht das Parlamentsrecht auch Völkerrecht ohne Rücksicht auf die zeitliche Reihenfolge, in der beide Normen entstanden sind. Allerdings sucht die Rechtsprechung der englischen Gerichte den Konflikt zwischen beiden Rechtskreisen im Wege der Auslegung zu vermeiden. Gesetze werden, wenn irgend möglich, so ausgelegt, daß sie dem Völkerrecht nicht widersprechen.[23]

Beispiele: Im Falle *Mortensen v. Peters*[24] hatte der schottische High Court of Justiciary darüber zu entscheiden, ob ein ausländischer Fischer, der in einer Entfernung von mehr als drei Seemei-

ratified do not within the Empire, by virtue of the treaty alone, have the force of law." Vgl. auch das in ILR 1950, C. 5 abgedruckte Urteil des indischen High Court Rajasthan, das einen Auslieferungsvertrag erst aufgrund eines inländischen Gesetzgebungsaktes für anwendbar hält.

[17] So auch *Shaw,* 108 ff, mwN.

[18] So wurden z. B. die fünf Friedensverträge von 1947 am 10. Februar unterzeichnet. Am 29. April wurde der Parlamentsakt über die Inkraftsetzung der Verträge erlassen und erst am 15. September wurde die Urkunde über die Ratifikation hinterlegt. Siehe *O'Connell* I, 60 f; *Stewart,* The Treaty Relations of the British Commonwealth of Nations, 232 f; *Menzel* 1942, 152. Zur gleichgelagerten Praxis Kanadas siehe the Canadian Yearbook of International Law 20 (1982), 289-292.

[19] Hinweise zu den besonderen Anforderungen völkerrechtlicher Verträge innerhalb regionaler Integrationsgemeinschaften bei *Delbrück,* 155 ff; zur Umsetzung der EMRK vgl. *Drzemczewski,* The Implementation of the United Kingdom's Obligations under the European Convention on Human Rights: Recent Developments, in: Human Rights Journal 12 (1979), 95-133.

[20] Vgl. auch *Shaw,* 111; zu den Auswirkungen der EMRK *Riedel,* The Bill of Rights Fallacy?, in: In memoriam J. D. B. Mitchell, 1983, 38-62.

[21] Vgl. auch *Shaw,* 103.

[22] *Selmond,* Jurisprudence, 10th ed., 1947, § 70; *Rudolf,* Völkerrecht und Deutsches Recht, 153.

[23] Diese Harmonisierung wird von *O'Connell* I, 50 ff als eine eigene Doktrin zur Lösung des Verhältnisses von Völkerrecht und Landesrecht eingeordnet. Sie durchzieht aber in jedem Fall die adoptionstheoretische Position der englischen Gerichte, vgl. *O'Connell* I, 61; vgl. auch *Salomon v. Commissioner of Customs and Excise* (1967), 166, 2 Queen's Bench (Lord *Denning*).

[24] (1906), 14 Scots Law Times 227. – Vgl. auch Lord *Macmillan* (Privy Council) in *Croft v. Dunphy* (1933), British House of Lords and Judicial Committee of the Privy Council, Appeal Cases 156: „Legislation of the Imperial Parliament, even in contravention of acknowledged principles of international law, is binding upon and must be enfor-

len von der Küste gefischt hatte, nach dem Herring Fishery Act von 1889 bestraft werden könne. Der Angeklagte machte geltend, daß die Ausübung der Fischerei jenseits der Dreimeilenzone nach dem Völkerrecht zulässig sei. Aber das Gericht schob diesen Einwand unter Berufung auf das britische Gesetz beiseite und bestrafte. „For us", so wurde gesagt, „an Act of Parliament duly passed by Lords and Commons and assented to by the King, is supreme, and we are bound to give effect to its terms". – Eine noch weiter gehende Annäherung an die dualistische Auffassung ist in dem Urteil des Court of Crown Cases Reserved im Falle *The Queen v. Keyn*, dem sog. *Franconia*-Fall[25], enthalten. Diese Entscheidung betraf den deutschen Dampfer Franconia, der vor der englischen Küste innerhalb der Dreimeilenzone mit einem englischen Dampfer zusammengestoßen war und den Tod einer Person herbeigeführt hatte. Gegen den deutschen Kapitän der Franconia wurde Anklage wegen „manslaugther" erhoben mit der Begründung, daß er die Katastrophe fahrlässig herbeigeführt habe. Aber die Mehrheit der Richter nahm an, es sei die an Bord eines fremden Schiffes, obwohl innerhalb der Dreimeilenzone, begangene Tat doch nicht in England begangen, und sie dürfe daher nicht von einem britischen Gericht bestraft werden, da das englische Recht keine Bestrafung von Auslandstaten gestatte. Die völkerrechtliche Regel, der zufolge das Gebiet des Uferstaates auch die Dreimeilenzone umfasse, sei für das Gericht nicht verbindlich, solange diese Auffassung nicht durch einen Parlamentsakt bestätigt sei. Es bedurfte erst des Erlasses des Territorial Waters Jurisdiction Act von 1879, um die nach dem Völkerrecht ohnehin bestehende Jurisdiktion zu sichern. Das Urteil im *Franconia*-Fall ging über die sonst im englischen Recht anerkannten Regeln hinaus, indem es sich weigert, eine – allerdings ermächtigende, nicht befehlende – Norm des internationalen Gewohnheitsrechts ohne einen ausdrücklichen Akt des Parlaments als englisches Recht anzuerkennen, obwohl kein widersprechender Parlamentsakt bestand.[26]

Nach englischem Recht gehen nur *Parlamentsakte* dem Völkerrecht vor. Dagegen sind Verordnungen und Verwaltungsakte dem Völkerrecht als einem Teil des englischen Rechts unterworfen. Das ist namentlich auch für das *Prisenrecht* wichtig.[27] Die auf diesem Gebiet erlassenen Orders in Council sind für die britischen Prisengerichte nur insoweit verbindlich, als sie dem von England anerkannten Völkerrecht nicht widersprechen, es sei denn, daß sie auf einem Parlamentsakt beruhen. Doch wird diese Regel dadurch modifiziert, daß das richterliche Prüfungsrecht eingeschränkt ist. Werden z. B. Maßnahmen als Repressalien verhängt – und dies war die Begründung, mit der England in den beiden Weltkriegen das überlieferte Prisenrecht aus den Angeln gehoben hat –, so ist den englischen Gerichten die Nachprüfung der Frage versagt, ob die Repressalien durch die Tatsachen gerechtfertigt oder die politischen Gründe für ihre Verhängung stichhaltig sind.[28] Die Nachprüfung bleibt vielmehr auf die Frage beschränkt, ob sie nach Art und Maß im Einklang mit dem Völkerrecht stehen und den Neutralen nicht ein unvernünftiges Maß von Belastungen auferlegt wird.

---

ced by the Courts of this country, for in these Courts the legislation of the Imperial Parliament cannot be challenged as ultra vires." Unter Berufung auf diese Entscheidung sah sich der High Court Australiens im Zweiten Weltkrieg im Falle *Polites v. The Commonwealth*, *Lauterpacht*, Annual Digest 1943 – C. 61 – dazu genötigt, ein australisches Gesetz anzuwenden, das eine Einziehung von Ausländern vorschrieb. In der Begründung ließ der Chief Justice *Latham* keinen Zweifel darüber, daß die Einziehung von Ausländern ohne die Zustimmung des Heimatstaates dem Völkerrecht widerspreche. Doch sei auch ein völkerrechtswidriges Statut für den Gerichtshof verbindlich.

[25] (1876), 2 Exchequer Division of the English High Court of Justice, 63.

[26] Zu diesem Urteil auch *Lauterpacht* 1940, 60 f; *Shaw*, 104 f. – Das Urteil ist als durch die spätere Rechtsprechung, z. B. das Urteil im Falle *West Rand Gold Mining Co. Ltd. v. The King* (Anm. 13), überholt anzusehen; dazu auch *Rudolf*, 153.

[27] Grundlegend die Entscheidung des Privy Council in *The Zamora* (1916), 2 British House of Lords and Judicial Committee of the Privy Council, Appeal Cases, 77.

[28] So schon *Lord Stowell* (High Court of Admiralty) in *The Fox and others* (1811), Edward's English Admiralty Reports 311. Die Beschränkung des richterlichen Prüfungsrechts wird hier damit begründet, daß die relevanten Tatsachen nur der Regierung zugänglich seien.

d) Eine Einschränkung der Geltung des Völkerrechts ist endlich in der *Act of State-Lehre* enthalten.[29] Danach können gegenüber Ausländern auf fremdem Gebiet vorgenommene Akte der Exekutive nicht von den britischen Gerichten nachgeprüft werden.

2. Während in England der Abschluß völkerrechtlicher Verträge allein der Krone obliegt, bedarf nach der Verfassung der *Vereinigten Staaten* (Art. II. Sec. 2 (2)) der Präsident zum Abschluß eines Vertrages – dies gilt nicht für ein „executive agreement"[30] – des „Rates" und der Zustimmung einer Zweidrittelmehrheit des Senats. Anders als in England ist also die Legislative schon bei der völkerrechtlichen Entscheidung beteiligt. Daraus wird verständlich, daß das amerikanische Recht völkerrechtliche Verträge von vornherein als einen Teil des inländischen Rechts gelten läßt, ohne einen nochmaligen Akt der Legislative zu fordern. Art. VI, Abs. 2 der Verfassung bestimmt: „This Constitution and the Laws of the United States which shall be made in Pursuance thereof; and all Treaties made, or which shall be made, under the Authority of the United States, shall be the supreme Law of the Land; and the Judges in every State shall be bound thereby, anything in the Constitution or Laws of any State to the Contrary notwithstanding". Im einzelnen ergeben sich die folgenden Regeln:

a) Das Völkerrecht ist in vollem Umfange und ohne die Notwendigkeit einer nochmaligen Umschaltung ein Teil des amerikanischen Rechts, *part of the law of the land.*[31] Das gilt allerdings nach dem Wortlaut der Verfassung nur für Verträge, wird aber auch auf das Gewohnheitsrecht ausgedehnt. Das Völkerrecht ist also in seinem vollen Umfange amerikanisches Recht. Die Anwendung des Völkerrechts setzt freilich voraus, daß es sich anwenden läßt. Namentlich Verträge können nur dann als Bundesrecht gelten, wenn sie als self-executing treaties unmittelbarer Anwendung zugänglich sind.[32]

b) Völkerrecht stellt *einfaches* Bundesrecht dar. Der internationale Vertrag steht den Kongreßakten gleich. Diese Regel läßt sich zwar nicht aus dem Wortlaut der Verfassung

---

[29] Zur Act of State Doctrine allgemein *Deák,* Organs of States in their external relations: Immunities and Privileges of State Organs and of the State, in: *Sørensen,* Manual, 445 ff; *Lauterpacht,* 76 f; *Singer,* The Act of State Doctrine of the United Kingdom: An Analysis, with comparisons of United States Practice, in: AJIL 75 (1981), 283 ff; ferner ausführlich unten § 75.

[30] *Nowak/Rotunda/Young,* Handbook on Constitutional Law, 1978, 187 ff.

[31] Vgl. außer den im folgenden angeführten Entscheidungen z. B. Court of Oyer and Terminer in *Res publica v. De Longchamp* (1784), 1 Dallas' Pennsylvania and United States Reports 111; Supreme Court in *The Nereide* (1815), 9 Cranch's United States Supreme Court Reports 388, *Kennett v. Chambers* (1852), 14 Howard 38, *Haver v. Yaker* (1969), 9 Wall. 32, *The Scotia* (1871), 14 Wallace's United States Supreme Court Reports 170, *Wildenhus Case* (1887), 120 U.S. 1, *The Paquete Habana* (1900), 175 U.S. 677, *Valentine v. U.S. ex. rel. Neidecker* (1936), 299 U.S. 5, *Bacardi v. Domenech* (1940), 311 U.S. 150. – Im Sinne dieser Auffassung auch die Declaration of the Rights and Duties of Nations des American Institute of International Law, in: AJIL 10 (1916), 212 f (unter VI): „International Law is at one and the same time both national and international: national in the sense that it is the law of the land". Ebenso AJIL 20 (1926), Special Supplement, 311 f. Siehe allgemein *Henkin,* Foreign Affairs and the Constitution, 1972; *Nowak/Rotunda/Young* (Anm. 30), 183 ff, jeweils mwN.

[32] Dazu auch Supreme Court in *Whitney v. Robertson* (1887), 124 U.S. 190. – In neuerer Zeit ist die Frage namentlich im Hinblick auf die dem Schutz der Menschenrechte dienenden und rassische Diskriminierungen ausschließenden Bestimmungen der UN-Charta praktisch geworden. Vgl. dazu *Sei Fuji v. State* 217 Pacific Reporter 2d 481 (Cal. App. 1950); *Wiese; Wildhaber,* 85 ff. Die Frage ist erneut aktuell geworden mit der Unterzeichnung der Menschenrechtskonvention der Vereinten Nationen durch Präsident *Carter* im Juli 1977, vgl. dazu *Stotter,* Self-Executing Treaties and the human rights provisions of the UN Charter: a separation of powers problem, in: Buffalo Law Review 25 (1975-76), 773 ff, *Craig,* International Covenant on Civil and Political Rights and United States Law: Department of State Proposals for Preserving the status quo, in: Harvard International Law Journal 19 (1978), 845 ff; *Weissbrodt,* United States Ratification of the Human Rights Covenants, in: Minnesota Law Review 63 (1978/79), 35 ff. Siehe ferner dazu auch Teilband I 2.

entnehmen, aber sie ist in der amerikanischen Praxis anerkannt und sie entspricht wohl auch den Grundsätzen, die das Verfassungsrecht der Vereinigten Staaten beherrschen. Denn dort ist die Gesetzgebung des Kongresses der von Präsident und Senat gemeinsam ausgeübten treaty making power nicht überlegen, sondern beide stehen gleichberechtigt nebeneinander.[33] Allerdings ist die Rechtsprechung darum bemüht, beide Quellen in Einklang miteinander zu halten und den offenen Konflikt zu vermeiden. Im amerikanischen Recht besteht wie im englischen Recht eine *Vermutung* dafür, daß der Gesetzgeber nicht beabsichtigt habe, sich zum Völkerrecht in Widerspruch zu setzen, andererseits aber auch die treaty making power nicht darauf ausgehe, Gesetze auf dem Umwege über den Abschluß völkerrechtlicher Verträge aus den Angeln zu heben. Wo sich aber der Widerspruch nicht im Wege der Auslegung auflösen läßt, dort ist der Konflikt nach der Regel lex posterior derogat legi priori zu lösen. Der spätere Kongreßakt hat somit vor älteren Verträgen und der jüngere Vertrag vor dem älteren Kongreßakt den Vorrang. "The duty of courts is to construe and give effect to the latest expression of the sovereign will".[34] Das hatte etwa zur Folge, daß der Immigration Act von 1924, der die große Wende in der Einwanderungspolitik der Vereinigten Staaten einleitete, älteren Verträgen den Boden entzog, soweit diese die Einwanderung im Widerspruch zu den Bestimmungen des neuen Gesetzes erlaubten.

c) Als einfaches Bundesrecht ist das Völkerrecht der Verfassung untergeordnet. *Verfassungsrecht bricht Völkerrecht.*[35] Obwohl die Verfassung es ist, die völkerrechtliche Verträge als part of the law of the land proklamiert, stellt das Völkerrecht doch nicht seinerseits einen Teil des Verfassungsrechts dar. Wo es der Verfassung widerspricht, kann es im Inland nicht gelten.

d) *Bundesrecht bricht Gliedstaatenrecht.* Daher hat das Völkerrecht als Teil des Bundesrechts vor dem Recht der Einzelstaaten – ohne Rücksicht auf die zeitliche Reihenfolge der Normen – den Vorrang.[36]

Beispiele: Ein kalifornisches Gesetz, das gewisse Sondersteuern für Ausländer vorsah, wurde im

---

[33] Neuer Streitstand bei: *Johnson*, The Making of International Agreements: Congress Confronts the Executive, 1984; *Rovine*, Separation of Powers and International Executive Agreements, in: Indiana Law Journal 52 (1977), 397-431.

[34] So Circuit Court of Appeal in *The La Ninfa* (1896), 75 Fed. Rep. 513. Eine Zusammenfassung der Gesichtspunkte enthält das Urteil des Supreme Court in *De Lima v. Bidwell* (1901), 182 U.S. 1: „When the two relate to the same subject, the courts will always endeavour to construe them so as to give effect to both, if that can be done without violating the language of either; but if the two are inconsistent, the one last in date will control the other, provided always that the stipulation of the treaty on the subject is self-executing". Aus der reichhaltigen Rechtsprechung etwa Supreme Court in den *Head Money Cases* (1884), 112 U.S. 580, *Whitney v. Robertson* (1887), 124 U.S. 190 und *Cook v. U.S.* (1933), 288 U.S. 102 (Änderung des Tariff Act von 1922 durch den britisch-amerikanischen Likör-Vertrag von 1924); Circuit Court of Appeal in *Lakos v. Saliaris etc.*, Annual Digest 1941-42, C. 38 (Vorrang des Seaman's Act von 1915 vor dem Vertrag mit Griechenland von 1902); New York Court of Claims in *Andrew v. State*, AJIL 42 (1948), 944 (Vorrang der Citizenship and Nationality Acts von 1924 und 1940 vor älteren Verträgen mit Indianerstämmen).

[35] Vgl. Supreme Court in *Geofroy v. Riggs* (1890), 133 U.S. 258, *De Lima v. Bidwell* (1901), 182 U.S. 1., *Missouri v. Holland* (1920), 252 U.S. 416.

[36] So zahlreiche Entscheidungen seit dem Urteil des Supreme Court in *Ware v. Hylton* (1796), 3 Dall. 199. Aus neuerer Zeit etwa *U.S. v. Pink* (1942), 315 U.S. 203: „State law must yield when it is inconsistent with, or impairs the policy or provisions of a treaty or of an international compact or agreement. Then the power of a state to refuse enforcement of rights based on foreign law which runs counter to the public policy of the forum must give way before the superior federal policy evidenced by a treaty of international compact or agreement". In diesem wie im Falle *U.S. v. Belmont* (1937), 301 U.S. 324 hatte das Recht von New York sogar einem nicht vom Senat ratifizierten Executive Agreement, nämlich dem Litwinow-Abkommen zwischen den Vereinigten Staaten und der UdSSR von 1933, zu weichen. Dazu auch *Wildhaber*, 283 f.

Hinblick auf den Vertrag mit Japan von 1911 für ungültig gehalten, in dem die Parteien sich versprachen, daß die Staatsangehörigen des anderen Teiles keinen Abgaben unterworfen sein sollten, die nicht auch den eigenen Staatsangehörigen auferlegt seien.[37]

In den Vereinigten Staaten ist die auswärtige Gewalt im *Bunde* konzentriert. Abgesehen von der Ausnahmevorschrift des Art. I sec. 10 (3) der Verfassung, der praktisch keine Bedeutung zukommt, vermag nur der Bund Verträge auch über Gegenstände zu schließen, die nach dem innerstaatlichen Verfassungsrecht nicht zur Zuständigkeit der Bundesgesetzgebung, sondern der Einzelstaaten gehören, und auch dann stellt der Vertrag eine Rechtsnorm des Bundesrechts dar. Namentlich kann der Bund auch die zur Ausführung solcher Verträge erforderlichen Gesetze erlassen. Auf diese Weise kann sich auf dem Wege über den Abschluß internationaler Verträge eine Verschiebung der verfassungsrechtlichen Zuständigkeiten zum Nachteil der Einzelstaaten ergeben.[38] Der leading case zu dieser Frage ist das Urteil des Supreme Court in *State of Missouri v. Holland*.[39] Der Vogelschutz ist eine Angelegenheit, die in den Bereich nicht der Bundes-, sondern der Staatengesetzgebung fällt. Dennoch kam das Gericht zu dem Ergebnis, daß der Kongreß nach dem Abschluß eines Vertrages mit England über den Vogelschutz im Jahre 1916 dazu befugt war, durch den zur Ausführung des Vertrages erlassenen Migration Bird Treaty Act von 1918 den Vogelschutz an sich zu ziehen. Freilich suchen die amerikanischen Gerichte im Wege einschränkender Auslegung den Einbruch in die Legislative der Gliedstaaten auf das Mindestmaß zu beschränken. Verträge werden daher nach Möglichkeit so ausgelegt, daß sie der Gesetzgebung der Gliedstaaten nicht widersprechen, und es wird verlangt, daß die Absicht des Bundes zur Einschränkung ihrer Zuständigkeit im Vertrage unmißverständlich bekundet wird.[40]

3. In Frankreich hat sich – wie in einigen anderen europäischen Staaten, namentlich in den Niederlanden und der Bundesrepublik Deutschland – der Einfluß des Völker-

---

[37] So Supreme Court of California in *Ex parte Heikichi Terui*, *Lauterpacht*, Annual Digest 1919-42, Supp. C. 1.

[38] Die Vertragspraxis der Vereinigten Staaten ist allerdings darauf bedacht, die völkerrechtlichen Verpflichtungen mit den verfassungsrechtlichen Schranken der Bundesgewalt im Einklang zu halten. Daher versuchen die USA, in den von ihnen abgeschlossenen Verträgen eine Bundesklausel durchzusetzen oder sich durch entsprechende Vorbehalte zu sichern.

[39] (1920), 252 U.S. 416. Dazu auch *Menzel*, Gegenwartsprobleme der Auswärtigen Gewalt in den Vereinigten Staaten, in: Festschrift Kraus, 1954, 281 f und *Henkin*, 143 ff. – In gleichem Sinne High Court Australiens in *The King v. Burgess, ex parte Henry*, *Lauterpacht*, Annual Digest 1935-37, C. 19. Anders aber die Entscheidung des Privy Council in *Attorney General for Canada v. Attorney General for Ontario* (1937), British House of Lords and Judicial Committee of the Privy Council, Appeal Cases 326. Auch in Kanada ergab sich das gleiche Problem wie im Fall *Missouri v. Holland* für die Vereinigten Staaten. Nach der Ratifizierung von drei Abkommen der ILO durch das Dominion Parliament im Jahre 1933 nämlich wurde bezweifelt, ob das Bundesparlament auf diese Weise eine Materie zu regeln vermöge, die zur Zuständigkeit der Einzelstaaten gehörte. Der Privy Council, in letzter Instanz mit der Frage befaßt, äußerte sich in verneinendem Sinne, vertrat nämlich den Standpunkt, daß das Dominion den Bereich der ihm sonst zustehenden Gesetzgebungsgewalt nicht durch den Abschluß völkerrechtlicher Verträge ausdehnen könne. „The Dominion cannot merely by making promises to foreign countries, clothe itself with legislative authority inconsistent with the constitution which gave it birth" (Lord *Atkin*). Im Jahr 1982 hat das Legal Bureau des Department of External Affairs eine Übersicht über „federal state clauses" in Verträgen vorgelegt; Hintergründe und Auszüge in: The Canadian Yearbook of International Law 21 (1983), 319-323; zu Kanada allgemein: *Gotlieb*, Canadian Treaty-Making, 1968; *Hogg*, Constitutional Law of Canada, 1977, 186 ff; *Claydon*, International Human Rights Law and the Interpretation of the Canadian Charter of Rights and Freedoms, in: Supreme Court Law Review 4 (1982), 294 ff.

[40] So z. B. Judge *Lehmann* (Court of Appeals New York) in *Moscow Fire Insurance Company v. Bank of New York*, Annual Digest 1938-40, C. 53: „Even the language of a treaty whenever reasonably possible will be construed so as not to override statute laws or to impir rights arising under them". Vgl. auch die Entscheidung Annual Digest 1938-40, C. 193 und 1941-42, C. 126. – Über die in neuerer Zeit unternommenen Versuche, der unmittelbaren Geltung völkerrechtlicher Verträge im inländischen Rechtskreise durch eine Änderung der Verfassung ein Ende zu machen (*McCarren-*, *Bricker-*, *Knowland-*Amendment) etwa *Menzel*, 293 f. sowie die in Anm. 32 genannte Literatur.

rechts auf das inländische Recht in Zusammenhang mit einer Reihe von Verfassungsänderungen verstärkt.[41]

a) Bis zum Jahre 1946 glich das *französische* im wesentlichen dem englischen Recht.[42] Auch in Frankreich galt das Völkerrecht als ein Recht, das ohne weitere Transformation als ein Teil des nationalen Rechts angewandt wurde.[43] So hat man den Diplomaten fremder Staaten seit jeher auch ohne gesetzliche Grundlagen die völkerrechtlich anerkannten Rechte gewährt[44] oder Art. 14 des Code Civil, der Klagen gegen Ausländer vor den französischen Gerichten für zulässig erklärt, dahin eingeschränkt, daß er Klagen gegen fremde Staaten keine Grundlagen biete.[45] Andererseits hat auch die französische Praxis im Falle des Konflikts in der Regel dem nationalen Recht den Vorrang gewährt und Gesetze und Verwaltungsakte als gültig behandelt, auch wenn sie dem Völkerrecht widersprachen, wobei jedoch das Bemühen deutlich war, eine Interpretation des kollidierenden nationalen Rechts vorzunehmen, die mit dem Völkerrecht in Einklang zu bringen war.[46] Verträge, die die Zustimmung der Legislative gefunden hatten, wurden als den französischen Gesetzen gleichstehendes Recht behandelt und unterlagen damit der intertemporalen Konfliktregel „lex posterior derogat legi priori". Andere Verträge, die dieser Zustimmung entbehrten, jedoch veröffentlicht waren, wurden von den Gerichten ebenfalls angewandt, allerdings mit der Maßgabe, daß kollidierendes nationales Recht den Vorrang genoß. In der Praxis spielte die Frage jedoch seit den Verfassungsgesetzen von 1875[47] keine Rolle mehr, da seither die parlamentarische Zustimmung eingeholt wurde, selbst wenn dies nicht zwingend vorgeschrieben war. Im übrigen wurden die wichtigen Verträge nach Art. 8 des Gesetzes vom 16. 7. 1875 erst wirksam, wenn sie von beiden Kammern angenommen waren. Gebietsänderungen bedurften der Gesetzesform.

b) Die *Verfassung von 1946* enthielt zunächst ein grundsätzliches Bekenntnis: „La République Française, fidèle à ses traditions, se conforme aux règles du droit public international".[48] Bemerkenswert waren die Vorschriften der Verfassung über die *internationalen Verträge.*[49] Art. 26-28 sprachen den ordnungsmäßig ratifizierten und veröffentlichten Verträgen Gesetzeskraft zu. Sie galten ohne die Notwendigkeit einer nochmaligen Transformation auch für den Fall, daß sie dem französischen Recht widersprachen.[50] Waren sie aber einmal in Kraft, so konnten sie nur auf völkerrechtlichem Wege, insbe-

---

[41] *Constantinesco/Jaqué.*

[42] Vgl. dazu u. a. *Fauchille*, Teil I, Bd. III, no. 831; *Esmain*, Eléments de droit constitutionnel, Bd. III, 1928, 207; *Masters*, 125 ff (174 ff) und *Preuss* (1950), 641 ff; zur neueren Entwicklung schon unter Berücksichtigung der Verfassung der V. Republik *Schilling*; auch *O'Connell* I, 65 ff.

[43] Siehe L'Affaire *Pappenheim*, Cours d'Appel, Cour roy de Paris (3e Ch) vom 21. August 1841, (1841) Sirey Recueil Général II, 592; *Ministre de la Marine v. Cie Franco-Tunisienne d'armement* (1948), Dalloz Jurisprudence, 155. Weitere Entscheidungsnachweise bei *Bial*, Some Recent French Decisions on the Relationship between Treaties and Municipal Law, in: AJIL 49 (1955), 347-355.

[44] Dazu *Dientz v. de la Jara, Clunet*, 5 (1878), 500.

[45] *Le Gouvernement espagnol v. Casaux Cours de Cassation* (Chambre civile), Urteil vom 22. Januar 1849, Bulletin des Arrets de la Cour de Cassation, Bd. 51, 16 ff (*Sirey* 1949, Teil I, 83 ff).

[46] So *Masters*, 181 ff.

[47] Vgl. dazu *Pfloeschner*, 25 ff (dort auch Zitat des einschlägigen Art. 8 des Gesetzes von 1875).

[48] Präambel Abs. 14, 1. Bemerkenswert ist die Reihenfolge der letzten Worte. Sie lassen die Auslegung zu, daß die Verfassung das öffentliche Recht als Einheit, das internationale Recht nur als dessen Spielart betrachte. Das könnte als ein Bekenntnis zur monistischen Lehre aufgefaßt werden. – Zur Spannung zwischen den monistischen Prämissen der Verfassung von 1958 und der Neigung der Verwaltungsgerichtsbarkeit zum Dualismus siehe *Constantinesco/Jaqué.*

[49] Titre IV: Des traités diplomatiques, Art. 26. Der gleiche Gedanke ist in Art. 28 wiederholt. Dazu *Schilling*, 10 ff; *Pfloeschner*, 35 ff.

[50] So auch die geänderte Niederländische Verfassung von 1956, vgl. dazu unten II 4.

sondere durch Kündigung, außer Kraft gesetzt werden. Nicht die allgemeinen Regeln des Völkerrechts wie im deutschen GG, sondern gerade die besonderen Regeln des Vertragsrechts wurden also dem innerstaatlichen Recht übergeordnet. Vertrag – Gesetz – Gewohnheitsrecht war also die Reihenfolge im französischen Recht, während nach deutschem Recht das allgemeine Recht im Vordergrund steht. Doch ist der Unterschied weniger ausgeprägt, als es auf den ersten Blick scheint. Auch auf dem Gebiet des Vertragsrechts nämlich blieb in Frankreich der Vorrang der Legislative gewahrt. Denn die *wichtigsten* Verträge waren nach Art. 27 der Verfassung nur gültig, wenn sie kraft eines Gesetzes ratifiziert worden waren.[51] Nur für die nicht in Art. 27 aufgezählten unwichtigeren Verträge genügte also nach Art. 26 mit Art. 31, Abs. 1, S. 2 der Verfassung die Unterzeichnung und Ratifizierung durch den Präsidenten der Republik und ihre Verkündung, um ihnen Wirksamkeit und Vorrang im inländischen Rechtsbereich zu verschaffen.[52]

c) Die Verfassung der Fünften Republik von 1958 hat in der Sache keine wesentlichen Rechtsänderungen gebracht.[53] Im Hinblick auf das Gewohnheitsrecht bleibt es bei dem in Abs. 14 Satz 1 der Präambel der Verfassung von 1946 erklärten Bekenntnis zu der Befolgung der Allgemeinen Regeln des Völkerrechts, das durch eine Globalverweisung im ersten Absatz der Präambel zur Verfassung von 1958 auch für diese – mit den gleichen theoretischen Unsicherheiten bezüglich der rechtlichen Bindungswirkung der Präambel[54] – gilt: „Le peuple français proclame solennellement son attachement aux Droits de l'homme et aux principes de la souveraineté nationale tels qu'ils ont été definis par la Déclaration de 1789, confirmée et complétée par la préambule de la Constitution de 1946".[55] Im Hinblick auf das Vertragsrecht bleibt es bei dem Vorrang vor dem Gesetzesrecht (Art. 55)[56], soweit die Verträge die parlamentarische Zustimmung gefunden haben, die nach Art. 53 für eine Reihe wichtiger Verträge (Friedensverträge, Handelsverträge, Verträge und Abkommen internationaler Organisationen usw.) zwingend vorgeschrieben ist.[57] Eine gewisse Unklarheit haftet der Regelung des Art. 55 darin an, daß die Vorrangigkeit des Vertragsrechts vor dem Gesetzesrecht an die Voraussetzung geknüpft wird, daß der Vertrag auch von der anderen Vertragsseite angewendet wird.[58] Hierin dürfte im Grunde eine Absage an die innerstaatliche Geltung eines Vertrages nicht nur seiner Vorrangigkeit – zu sehen sein für den Fall, daß der Vertrag von der anderen Seite nicht erfüllt und damit nicht effektiv ist.[59]
In jedem Falle wenden die französischen Staatsorgane das Völkerrecht als solches an,

---

[51] Diese Verträge sind in Art. 27 im einzelnen aufgezählt. Die darin enthaltene Liste scheint freilich bis zu einem gewissen Grade willkürlich und unvollständig zu sein. Bündnis- und Schiedsverträge z. B. sind nicht genannt und damit, so scheint es, der verstärkten parlamentarischen Kontrolle entzogen.

[52] Nicht mehr bedarf es der nach Ziff. 7 des Verfassungsgesetzes vom 16. Juli 1875 erforderlichen Promulgation, um Verträge wirksam zu machen. Ihre Rechtsnatur scheint zweifelhaft gewesen zu sein. Dazu *Schilling*, 50 f.

[53] *Pfloeschner*, 201; *Schilling*, 124 ff, der allerdings eine gegenüber der IV. Republik zurückhaltendere Tendenz in der Frage der Vorrangigkeit internationaler Verträge vor nationalen Gesetzen erkennen will (167). Siehe auch *O'Connell* I, 68; *Ress; Constantinesco/Jaqué.*

[54] Dazu *Schilling*, 127 f.; *Seidl-Hohenveldern*, 91.

[55] So Abs. 1 der Präambel zur Verfassung von 1958; deutsch bei *Lotting.*

[56] Art. 55 lautet: „Les traités ou accords régulièrement ratifiés ou approuvés ont, dès leur publication, une autorité supérieure à celle des lois, sans réserve, pour chaque accord ou traité, de son application par l'autre partie."

[57] Die Enumeration ist nicht erschöpfend, vgl. dazu etwa *Cadart*, 993; nicht aufgezählte Verträge werden – wie schon in der II. und IV. Republik – ohne Zustimmung des Parlaments ratifiziert, werden aber doch wohl weiterhin in der Regel dem Parlament zugeleitet werden, vgl. *Schilling*, 136 f.

[58] Art. 55 letzter Halbsatz 2.

[59] *Cadart*, 995.

gleichviel, ob es sich um Vertrags- oder um Gewohnheitsrecht handelt.[60] Frankreich folgt damit einem gemäßigten Monismus in der Betrachtung des Verhältnisses von Völkerrecht und staatlichem Recht, ohne daß diese theoretische Position in den Auseinandersetzungen, namentlich der Praxis, eine besondere Rolle gespielt hätte.[61]

4. Die *Niederlande* haben sich seit der Verfassungsänderung von 1956[62] ausdrücklich, zuvor aber auch schon in der Praxis, zu einer weitgehend monistischen Konstruktion des Verhältnisses von Völkerrecht und staatlichem Recht bekannt. Verträge, die der Zustimmung der Generalstaaten vor der Ratifikation bedürfen, werden nach ihrer ordnungsgemäßen Veröffentlichung für jedermann verbindliches Recht. Sie gehen niederländischen Gesetzen vor, und zwar unabhängig davon, ob sie vor oder nach dem Inkrafttreten der inländischen Norm eingegangen worden sind.[63] Niederländisches Recht weicht also in jedem Falle einer ihm widerstreitenden Vertragsnorm. Das niederländische Recht geht damit deutlich weiter als das französische, ähnelt damit aber dem *Schweizer Recht*[64], das nicht nur Gewohnheitsrecht und Vertragsrecht ohne besondere Transformation als innerstaatlich vollziehbar ansieht, sondern Verträgen als neben den nationalen Rechtsquellen stehend Vorrang vor konkurrierenden Landesrechtsregelungen zukommen läßt. Ob dies allerdings auch gegenüber zeitlich einem Vertragsschluß folgenden Normen gilt, war lange Zeit umstritten[65], scheint in neuester Zeit jedoch auch vom Bundesgericht i. S. eines Vorrangs des Völkerrechts entschieden zu werden.

5. Im Gegensatz zu den vorgenannten Regelungen des Verhältnisses von Völkerrecht und Landesrecht zeigt das *italienische Recht* noch die am deutlichsten dualistischen Züge, wie auch die italienische Lehre über lange Zeit sehr prononciert die dualistische Auffassung vertreten hat und auch heute prinzipiell daran festhält.[66] In der Praxis, namentlich in der Rechtsprechung, ist allerdings festzustellen, daß die dualistische Auffassung nicht unangefochten eingehalten wird.[67] Art. 10 der Verfassung von 1948 sagt über die zugrundeliegende Konzeption als solche nichts aus: „L'ordinamento giurìdico italiano si conforma alle norme del diritto internazionale generalmente riconoscento". Diese sogenannte automatische Anpassung (l'adattamento automàtico), die als eine allgemeine Transformationsklausel (nicht als eine Adoptionsklausel) gelesen werden muß,

[60] So für das Vertragsrecht ausdrücklich *Schilling*, 167; vgl. im übrigen *Preuss*, 664 und die in Anm. 53 genannte Literatur. Vgl. auch die Entscheidung des VG Strasbourg vom 23. Juli 1983 (ZaöRV 44 (1984), 342 ff) mit Anmerkung *Beyerlin* (336 ff), in der das Gericht neben Vertragsrecht auch einen Grundsatz des Völkerrechts (Nachbarschaftsrecht) anwendet.

[61] Kritisch *Constantinesco/Jaqué*.

[62] Vgl. dazu Text und Hinweise bei *Bauer*, Die niederländische Verfassungsänderung von 1956 betreffend die auswärtige Gewalt, in: ZaöRV 18 (1957/58), 137 ff.

[63] So Art. 66 der Verfassung von 1956: „Innerhalb des Königreiches geltende gesetzliche Vorschriften finden keine Anwendung, wenn diese Anwendung nicht im Einklang steht mit jedermann verpflichtenden Bestimmungen von Verträgen, die vor oder nach dem Zustandekommen der Vorschriften eingegangen sind", zitiert aus ZaöRV 18 (1957/58), 139 f (dort auch in niederländischer Fassung).

[64] Siehe *Guggenheim*, 73; *ders.*, Völkerrechtliche Schranken, 8 ff; *Wildhaber*, 202 ff.

[65] Im Sinne der Anwendung der lex posterior-Regel vgl. etwa die Entscheidung des Bundesgerichts in *Steenvorden contre Société des Auteurs, Compositeurs et Editeurs de musique* (1933), BGE 59 II, 331 ff (337). Anders aber wohl *Guggenheim*, in: *Strupp/Schlochauer* III, 658; für die neue Lehre sind die Entscheidungen *Frigerio*, BGE 94 I 669 (678) und *Lorenzo Bozano*, BGE 106 I b 400 (402) maßgebend; vgl. *Häflin/Haller*, Schweizerisches Bundesstaatsrecht, 1984, 311.

[66] Vgl. dazu ausführlich *Oellers-Frahm*, Das Verhältnis von Völkerrecht und Landesrecht in der italienischen Verfassung, in: ZaöRV 34 (1974), 330 ff (331).

[67] Vgl. dazu *O'Connell* I, 69, sowie *Condorelli/Gaja*, Italian Practice Relating to International Law – Judicial Decisions, in: ItalYBIL 5 (1980/81), 264-269, jeweils mit Rechtsprechungsnachweisen.

bezieht sich nur auf die allgemeinen Regeln des Völkerrechts, m. a. W. nur auf das allgemeine Gewohnheitsrecht, nicht auf das Vertragsrecht.[68] Letzteres wird in das italienische Recht durch einen individuellen Legislativakt (Art. 80: politische Verträge, Verträge, die nationale Gesetze berühren oder finanzielle Lasten bedeuten usw.) oder durch Exekutivanordnung (ordine di esecuzione) überführt.[69] Vertragsrecht erhält den Rang einfachen Gesetzesrechts, wohingegen der Rang der allgemeinen Regeln des Völkerrechts nach Art. 10 I der Verfassung umstritten ist. Teils wird von einem Verfassungsrang, teils jedenfalls von einem Vorrang vor dem einfachen Gesetzesrecht ausgegangen. Im Ergebnis scheint die Praxis auf die nach Art. 25 GG bestehende Ordnung hinauszulaufen.[70] In den diesbezüglichen Auseinandersetzungen wird der dualistische Charakter der italienischen Ordnung des Verhältnisses von Völkerrecht und staatlichem Recht besonders deutlich.

6. Die Regelung des Verhältnisses von Völkerrecht und staatlichem Recht in der *Sowjetunion* ist klar von der – angesichts der ausgeprägten Betonung der staatlichen Souveränität bevorzugten[71] – dualistischen Konzeption geprägt[72]. Unter Zurückweisung etwa der Auffassung *Korowins* legt *Tunkin* dar, daß es zur innerstaatlichen Geltung des Völkerrechts legislativer Akte im Einzelfall bedarf. Eine generelle Inkorporation etwa der Allgemeinen Regeln des Völkerrechts könne es in sozialistischen Staaten schon deshalb nicht geben, weil es dann im internen Recht einen Rechtszweig gebe, der nicht sozialistisches Recht umfasse (oder man müßte annehmen, das Völkerrecht sei insgesamt sozialistisch, was gewiß unrichtig wäre). Im Außenverhältnis sei jeder Staat an das Völkerrecht unabhängig von der internen Rechtslage gebunden. Das „Wie“ der Herbeiführung der innerstaatlichen Umsetzung des Völkerrechts sei den Staaten überlassen.[73] Bei strikter Befolgung des Völkerrechts könne ein Staat seinen internationalen Verpflichtungen widersprechendes nationales Recht nicht erlassen *(Lewin)*.[74] Ganz entsprechend äußert sich auch das Völkerrechtslehrbuch der DDR.[75]

III. Das *deutsche Recht* hat sich unter dem hier interessierenden Gesichtspunkt in drei Stufen entwickelt:

1. Die *Reichsverfassung von 1871* sprach sich zur Frage des Verhältnisses von Völkerrecht und Landesrecht nicht grundsätzlich aus. Nach Art. 11, Abs. 3 bedurften Verträge mit fremden Staaten, die in den Bereich der Reichsgesetzgebung fielen, zu ihrem Abschluß der Zustimmung des Bundesrates und zu ihrer Gültigkeit der Genehmigung des Reichstages. Zugleich mit der völkerrechtlichen Willensbildung vollzog sich also die Umformung des Völkerrechts in das Reichsrecht. Reichsrecht war nur der ordnungsmäßig genehmigte und in Form des Gesetzes verkündete Vertrag, der fortan nur in der Form des Gesetzes geändert oder aufgehoben werden konnte.[76] Das Völkergewohnheitsrecht aber war im deutschen Hoheitsbereich nur insoweit verbindlich, als es durch Reichsgesetz rezipiert worden war. Reichsgesetze galten auch dann, wenn sie zu inter-

[68] So etwa *Monaco*, Manuale, 138 f.; ferner *Oellers-Frahm* (Anm. 66), 335 mwN.

[69] Vgl. dazu *Monaco*, Manuale, 140; *Oellers-Frahm* (Anm. 66), 332, 336 f. Siehe auch *Quadri*, 60 ff.

[70] *Oellers-Frahm* (Anm. 66), 341 ff; *Berber* I, 104.

[71] So etwa deutlich *Lewin*, Grundprobleme des modernen Völkerrechts, in: *Tunkin/Lewin/Tunkin*, Drei sowjetische Beiträge zur Völkerrechtslehre, 1969, 167.

[72] Siehe *Tunkin*, Grundlagen des modernen Völkerrechts, in: *Tunkin/Lewin/Tunkin* (Anm. 71), 9 ff; *Lewin*, ebd., 166 ff; Völkerrechtslehrbuch I, 80 ff.

[73] *Tunkin*, in: *Tunkin/Lewin/Tunkin* (Anm. 71), 11.

[74] *Lewin*, ebd., 173. Vgl. insgesamt neuerdings *Tunkin/Wolfrum*.

[75] Siehe dazu näher unten III 4.

[76] Vgl. z. B. RGSt 12, 381; 53, 39 (41) und die in Anm. 77 angeführten Entscheidungen.

nationalen Verträgen oder sonst zum Völkerrecht im Widerspruch standen[77], und sie behielten ihre Geltung auch dann, wenn der durch sie rezipierte Vertrag – z. B. infolge Kriegsausbruchs – später erlosch.[78] Für die deutschen Gerichte und Behörden war nur deutsches Recht, nicht das Völkerrecht als solches verbindlich. Das Recht des Kaiserreichs war also streng dualistisch gestaltet.

2. Nach Art. 4 der *Weimarer Verfassung* galten „die allgemein anerkannten Regeln des Völkerrechts... als bindende Bestandteile des deutschen Reichsrechts".[79] Danach war das Völkerrecht jedenfalls zu einem Teil als für alle verbindliches Recht übernommen. Doch sind die Einschränkungen zu beachten, die diese Regel enthielt:
Nur die *allgemein anerkannten* Regeln des Völkerrechts waren verbindlich. Eine Anerkennung aber war nicht allgemein, wenn die Regel nicht auch von Deutschland anerkannt war.[80] Wenn namentlich ein deutsches Gesetz zu einer sonst anerkannten Regel im Widerspruch stand, so schloß dies die Annahme aus, daß die Regel allgemein anerkannt sei. Aber auch nachträglich konnte das deutsche Recht einer völkerrechtlichen Norm die Anerkennung wieder entziehen. Mit dem Erlaß eines der bisher geltenden Norm widersprechenden Gesetzes oder der Entstehung abweichenden deutschen Gewohnheitsrechts hörte die Regel des Völkerrechts auf, eine allgemein anerkannte Regel i. S. von Art. 4 WRV zu sein. Auch nachfolgende Gesetze, die dem bisher allgemein geltenden Völkerrecht widersprachen, wurden also als im Inland verbindlich behandelt.[81] Es galt: Lex posterior derogat legi priori.
Die allgemein anerkannten Regeln des Völkerrechts waren als Reichsrecht, aber *nicht als Verfassungsrecht* übernommen.[82] Ungeachtet des Art. 4 behielt die Verfassung gegenüber widersprechendem Völkerrecht ihren Vorrang, und zum Erlaß eines Gesetzes, das den allgemeinen Regeln des Völkerrechts widersprach und diesem damit die Geltung im deutschen Rechtskreis entzog, bedurfte es keiner Änderung der Verfassung.
Bündnisse und *Verträge* mit anderen Staaten, die sich auf Gegenstände der Reichsgesetzgebung bezogen, bedurften nach Art. 45(3) WRV der Zustimmung des Reichstages. Um im deutschen Hoheitsbereich verbindlich zu werden, mußte der Vertrag durch ein ordnungsmäßig erlassenes und verkündetes Gesetz in deutsches Reichsrecht umgeformt werden.[83] War aber der Inhalt eines Vertrages durch den Erlaß eines entsprechenden Gesetzes Reichsrecht geworden, so bedurfte es zu seiner Aufhebung oder Abänderung wiederum eines Gesetzes. Andererseits waren Gesetze im inländischen Rechtsbereich ver-

---

[77] So z. B. RGSt 4, 271 (274); 45, 30; 62, 369 (373) und die Rechtsprechung der Prisengerichte, die das deutsche Prisenrecht ohne Rücksicht darauf angewandt hat, ob es dem Völkerrecht entsprach oder nicht. Vgl. die Entscheidung des Oberprisengerichts im *Elida*-Fall während des Ersten Weltkrieges, DJZ 1916, 478.

[78] So z. B. RGZ 85, 374.

[79] Eine dem Wortlaut nach entsprechende Bestimmung enthält die – 1945 wiederhergestellte – Verfassung Österreichs von 1920 in Art. 9 und die Verfassung der DDR von 1974 in Art. 8 (1); dazu unten unter III 4.

[80] So – oft kritisiert, aber zutreffend – die herrschende Lehre und Praxis. Vgl. u. a. *Anschütz*, Kommentar zur Weimarer Verfassung, 14. Aufl. 1933, Art. 4, Rdn. 4, und *Mohr*, Die Transformation des Völkerrechts in deutsches Reichsrecht, 1934, 43 f sowie Reichsfinanzhof 7, 97 (102). Diese Auffassung wurde schon im Weimarer Verfassungsausschuß vertreten.

[81] So besonders klar Reichsfinanzhof 24, 69 (73).

[82] Vgl. *Anschütz* (Anm. 80), Rdn. 7; *Mohr* (Anm. 80), 91 f mit weiteren Einzelheiten und *Schmitt*, Verfassungslehre, 1928, 73 sowie RGSt 67, 130 (136). – Eine Sonderbestimmung enthielt WRV Art. 178, Abs. 2, S. 2, wonach der Versailler Vertrag durch die Verfassung nicht berührt wurde. Die Bedeutung dieser Vorschrift war umstritten.

[83] Für andere als die unter Art. 45 (3) fallenden Verträge behielt Art. 4 seine Bedeutung. Sie konnten auf diese Weise deutsches Recht werden, wenn sie allgemein anerkannte Regeln des Völkerrechts boten. So auch *Mohr* (Anm. 80), 48 f. Daß Art. 4 auch auf Verträge anwendbar sei, war auch die Ansicht von *Anschütz* (Anm. 80), Rdn. 6.

bindlich auch dann, wenn sie dem Völkerrecht widersprachen. „Wie das deutsche Reich kraft seines Staatshoheitsrechts im innerstaatlichen Verhältnis allein darüber zu entscheiden hat, was zu den allgemein anerkannten Regeln des Völkerrechts i. S. des Art. 4 WRV gehört, so unterliegt es auch seinem Ermessen, mit innerstaatlicher Wirkung jederzeit reichsrechtlich Vorschriften zu erlassen, die eine von den Bestimmungen des Staatsvertrages abweichende Regelung enthalten.“[84]
Die weitere Entwicklung der staatsrechtlichen Regelung des Verhältnisses von Völkerrecht und staatlichem Recht ist nach dem Zweiten Weltkrieg in der Bundesrepublik Deutschland und in der Deutschen Demokratischen Republik unterschiedlich verlaufen. Während in der Bundesrepublik die Neigung gewachsen ist, sich dem Völkerrecht auch insoweit stärker zu unterwerfen, als jedenfalls den allgemeinen Regeln des Völkerrechts Vorrang vor den Bundesgesetzen eingeräumt wird, ist die DDR einer streng dualistisch gefärbten Transformationskonzeption verhaftet geblieben. Im einzelnen ergibt sich folgendes Bild:

3. a) Bestandteil des Bundesrechts sind in der *Bundesrepublik Deutschland*[85] automatisch und ohne die Notwendigkeit der ausdrücklichen Umschaltung in das Bundesrecht die „allgemeinen Regeln des Völkerrechts“ (Art. 25 Satz 1 GG), in erster Linie also die Regeln des Gewohnheitsrechts, aber auch wohl die allgemeinen Rechtsgrundsätze i. S. des Art. 38 Abs. 1 c IGH-Statut.[86] Diese Normen gehören in ihrem jeweiligen Bestande dem Bundesrecht an. Im Gegensatz zur Regelung des Art. 4 WRV spricht Art. 25 Satz 1 GG nicht mehr von den „allgemein anerkannten“ Regeln des Völkerrechts, sondern nur von den „allgemeinen“.[87] Das allgemeine Völkergewohnheitsrecht soll hinfort Bundesrecht sein, auch wenn es nicht von Deutschland durch Gesetz oder Gewohnheitsrecht anerkannt ist und auch, wenn es zu deutschem Recht im Widerspruch steht. Andererseits ist aber doch „allgemeines“ Recht nur ein Recht, das jedenfalls von der überwiegenden Mehrheit der Staaten, einschließlich der großen Mächte, anerkannt ist, ihrer Rechtsüberzeugung jedenfalls nicht geradezu widerspricht.[88] So wird man sich nicht leicht dazu entschließen, einen Rechtssatz als „allgemeine“ Regel des Völkerrechts gelten zu lassen, der der deutschen Rechtsanschauung geradezu widerspricht. Wo andererseits eine Regel als allgemeine Regel Teil des deutschen Bundesrechts ist, bleibt sie verbindlich, auch wenn ihr die deutsche Gesetzgebung – etwa durch den Erlaß eines völkerrechtswidrigen Gesetzes – die Anerkennung entzieht. Sowenig die völkerrechtliche Norm nach Art. 25 GG der förmlichen Aufnahme in das deutsche Recht bedarf, sowenig kann ihre Fortgeltung in Zukunft von der Anerkennung durch den deutschen Gesetzgeber abhängig sein.

---

[84] RGSt 67, 130 (135). Vgl. auch RGSt 62, 369 (373). Hier wird betont, es sei nicht anzunehmen, daß der Gesetzgeber hinter seinen internationalen Verpflichtungen habe zurückbleiben wollen.

[85] Vgl. zum folgenden *Rudolf, Geiger* sowie *Magiera*, in: *Menzel/Ipsen*, 58 ff. mit umfangreichen Literaturhinweisen; ferner *Maunz*, in: *Maunz/Dürig/Herzog/Scholz u. a.*, Kommentar zum Grundgesetz, zu Art. 25 GG; *Rojahn*, in: *v. Münch* (Hrsg.), Grundgesetzkommentar, zu Art. 25 GG; *Menzel*, in: Bonner Kommentar, zu Art. 25 GG; *Dahm*, Zur Problematik des Völkerstrafrechts, 1956, 67 f.

[86] So *Maunz* (Anm. 85), Rdn. 16 zu Art. 25; *Rojahn* (Anm. 85), Rdn. 10 zu Art. 25 GG; BVerfGE 15, 25 (34); 16, 27 (33); 23, 288 (317); zur Frage der Bedeutung der allgemeinen Rechtsgrundsätze im Bereich des EG-Rechts für Art. 25 GG vgl. *Rojahn*, ebd., der zu Recht die „Allgemeinheit“ solcher Rechtsgrundsätze verneint; gegen die Erfassung der allgemeinen Rechtsgrundsätze durch Art. 25 GG *Rudolf*, 255 ff.

[87] Gegenüber den zum Teil abweichenden Formulierungen der Länderverfassungen dürfte dem GG der Vorrang gebühren. So *Menzel*, Bonner Kommentar, Art. 25, Rdn. II 6.

[88] *Menzel*, II 3 weist auf die Möglichkeit einer begrenzten, z. B. regional beschränkten Rechtsbildung hin, an der Deutschland nicht notwendig beteiligt sein müßte.

b) Für *Verträge* gelten besondere Regeln. Nach Art. 59 Abs. 2 GG bedürfen Verträge, die die politischen Beziehungen des Bundes regeln oder sich auf Gegenstände der Bundesgesetzgebung beziehen[89], der Zustimmung oder Mitwirkung der jeweils für die Bundesgesetzgebung zuständigen Körperschaften in der Form eines Bundesgesetzes. Verträge bedürfen somit eines besonderen staatlichen Akts in Gestalt eines „Vertragsgesetzes", wenn sie innerstaatliche Geltung erlangen sollen.[90] Die innerstaatliche Geltung des Vertrages leitet sich also von diesem staatlichen Anwendungs- oder Vollzugsbefehl her, nicht aus der Verbindlichkeit des Vertrages als solcher. Andererseits bedarf es aber auch keines staatlichen Aufhebungsaktes (actus contrarius), um die innerstaatliche Wirkung eines Vertrages zu beseitigen, wenn dieser später erlischt oder aus anderen Gründen nicht mehr wirksam ist.[91] Eine unmittelbare Geltung des Vertrages im innerstaatlichen Bereich ist unter der Geltung des GG dagegen ausgeschlossen. Eine solche kann auch nicht etwa mit dem Hinweis auf den über Art. 25 GG geltenden Satz „pacta sunt servanda" begründet werden. Denn wenn in Art. 25 GG die allgemeinen Regeln des Völkerrechts innerstaatlich für verbindlich erklärt werden, so hat diese Vorschrift offenbar die „besonderen" Regeln von dieser Regelung ausschließen wollen, und als solche werden gerade die Normen des Vertragsrechts betrachtet, für die Art. 59 Abs. 2 GG eine besondere Regelung trifft.[92]

Andere als die in Art. 59 Abs. 2 bezeichneten Verträge allerdings können auf dem Wege über Art. 25 GG Bundesrecht werden, wenn sie allgemeine Regeln des Völkerrechts enthalten, was sich immerhin vorstellen ließe. Verträge gemäß Art. 59 Abs. 2 dagegen können nicht über Art. 25 Bundesrecht werden. Wohl aber ist denkbar, daß die in ihnen enthaltenen Normen zugleich Regeln des allgemeinen Völkerrechts, etwa solche des Gewohnheitsrechts wiederholen, und in *dieser* Eigenschaft einen Bestandteil des Bundesrechts bilden.[93]

c) Im Gegensatz zu Art. 4 WRV äußert sich Art. 25 GG auch über die Normadressaten der völkerrechtlichen Regeln, und zwar i. S. der im neueren Völkerrecht überwiegenden Lehre, die auch die einzelnen als Träger internationaler Rechte und Pflichten betrachtet. Nach Art. 25 Satz 2 2. Halbsatz erzeugen die allgemeinen Regeln des Völkerrechts „Rechte und Pflichten unmittelbar für die Bewohner des Bundesgebietes". Diese Bestimmung spricht also nicht mehr nur die Organe des Staates, sondern jeden einzelnen an. Nach ganz herrschender Auffassung[94] ist dies aber nicht so zu verstehen, daß jede

---

[89] Vgl. dazu *Maunz* (Anm. 85), Rdn. 13 ff zu Art. 59 (2) GG; *Rojahn* (Anm. 85), Rdn. 33 ff zu Art. 59 (2); wiewohl Art. 59 (2) GG im Hinblick auf die zugrundeliegende Konzeption vom Verhältnis von Völkerrecht und Landesrecht keine eindeutige Aussage macht und auch mit der Vollzugslehre voll in Einklang zu bringen ist, neigt die Rechtsprechung zur Anwendung der Transformationslehre, vgl. etwa BVerfGE 1, 396 ff (410 f), 29, 348 ff (360); BGHZ 11, 138; 16, 211; BVerwGE 3, 58; 35, 262.

[90] Zur Natur und den Funktionen des Vertragsgesetzes siehe *Magiera*, in: *Menzel/Ipsen*, 67 ff; *Maunz* (Anm. 85), Rdn. 22 ff; *Rojahn* (Anm. 85), Rdn. 33 ff. – Zur Problematik des Umfangs der parlamentarischen Mitwirkung, insbesondere zur Stellung des Bundesrates vgl. *Frowein*, Zustimmung des Bundesrates zu politischen Verträgen?, in: JuS 12 (1972), 241 ff; *Kewenig/Klein*, Bundesrat und auswärtige Gewalt, in: ZRP 4 (1971), 238 ff, 5 (1972), 5 ff; *Klein/Menzel*, Bedürfen „politische Verträge" der Zustimmung des Bundesrates?, in: JZ 26 (1971), 745 ff; zum Verhältnis Parlament und Regierung in bezug auf die auswärtige Gewalt vgl. unten § 28 mwN.

[91] Vgl. *Partsch*, 134 ff.

[92] Strittig; ebenso *Berber* I, 102; *Magiera*, in: *Menzel/Ipsen*, 60 f; *Rudolf*, 250 ff (253); *Maunz* (Anm. 85), Rdn. 29 zu Art. 25 GG; *Rojahn* (Anm. 85), Rdn. 22 (131), alle mwN, auch BVerfGE 6, 362 (Konkordatsurteil); gegenteiliger Ansicht – wenn auch zweifelnd – *Kraus*, 223 ff (227); gegenteiliger Ansicht auch BGHSt 5, 402; zum Streitstand *Doehring*, 129 ff; *Geiger*, 194 ff.

[93] Derartige Verträge wären dann allerdings lediglich deklaratorischer Natur, so zu Recht *Doehring*, 130.

[94] Vgl. *Rudolf*, 172.

Regel des Völkerrechts Rechte und Pflichten für den einzelnen zu erzeugen vermöchte. Viele Regeln des allgemeinen Völkerrechts wenden sich von vornherein nur an die Regierungen und die Staaten, können also schon nach ihrem Inhalt nicht auf Privatpersonen angewandt werden. Art. 25 GG kann daran nichts ändern. Andererseits gibt es völkerrechtliche Normen, die auch für den einzelnen gelten. Diesen Normen aber fügt Art. 25 GG nichts Neues hinzu. Denn sie gelten ja ohnehin für die einzelnen Menschen. So hat die Erstreckung der völkerrechtlichen Regeln auf die „Bewohner des Bundesgebiets" in Art. 25 nur einen deklaratorischen Sinn. Die Vorschrift gibt das Völkerrecht aber auch ungenau wieder. Denn die allgemeinen Regeln des Völkerrechts gelten auch für andere Personen als die Bewohner des Bundesgebiets, z. B. für Deutsche, die sich im Ausland befinden.[95]

d) Hinsichtlich des Ranges der innerstaatliche Geltung verlangenden Völkerrechtsnormen im Verhältnis zum staatlichen Recht ist zwischen den allgemeinen Regeln des Völkerrechts und den Vertragsrechtsnormen zu unterscheiden. Während Art. 25 GG hinsichtlich der allgemeinen Regeln eine ausdrückliche – wenn auch sprachlich nicht ganz eindeutige – Vorrangregelung enthält, ist dies bei Art. 59 Abs. 2 GG nicht der Fall. In Art. 25 Satz 2 GG heißt es, daß die allgemeinen Regeln des Völkerrechts den „Gesetzen" vorangehen. Sie sind Normen höheren Ranges, womit das Grundgesetz insoweit den Primat des Völkerrechts anerkennt. Völkerrecht bindet insoweit staatliches Recht. Dem Völkerrecht widersprechendes späteres oder früheres Bundesrecht (oder Landesrecht[96]) muß weichen.[97] Damit ist aber auch ausgeschlossen, daß etwa späteres Bundesrecht das allgemeine Völkerrecht staatsintern nach der Regel lex posterior derogat legi priori seiner Geltung entkleidet. Wo Zweifel über die Existenz einer allgemeinen Regel des Völkerrechts bestehen, ist nach Art. 100 Abs. 2 GG die Entscheidung des Bundesverfassungsgerichts einzuholen, ist also der ordentliche Richter nicht berufen, selbst eine möglicherweise zu Lasten der völkerrechtlichen Norm gehende Entscheidung zu treffen.[98] Art. 25 GG beantwortet nicht die Frage, welchen Rang die allgemeinen Regeln des Völkerrechts gegenüber dem Verfassungsrecht einnehmen. Angesichts des Wortlauts „gehen den Gesetzen vor" sind drei Lösungen denkbar.[99] Zum einen kann den allgemeinen Regeln ein Rang über der Verfassung eingeräumt sein. Dann wäre unter dem Begriff des Gesetzes i. S. des Art. 25 GG auch das Verfassungsrecht zu verstehen. Zum anderen kann eine Einordnung der allgemeinen Regeln des Völkerrechts als Verfassungsrecht, und zum dritten als einem Recht zwischen dem Verfassungsrecht und dem Gesetzesrecht vorgenommen werden. Sowohl gegen die Annahme eines Überverfassungsranges als auch gegen die Gleichrangigkeit der allgemeinen Regeln des Völkerrechts mit dem Verfassungsrecht bestehen erhebliche Bedenken.

Wären diese Ansichten zutreffend, so wäre eine formlose Änderung des Grundgesetzes auf dem Wege über einen Wandel des allgemeinen Völkerrechts möglich. Das ist mit Art. 79 GG unvereinbar. Danach kann das Grundgesetz nur durch ein Gesetz geändert

[95] Zu eng auch die Verfassung der Deutschen Demokratischen Republik, nach deren Art. 8 (1) das Völkerrecht den „Bürger" verpflichtet. Auch Ausländer genießen die Rechte und sind den Pflichten des allgemeinen Völkerrechts unterworfen.

[96] Art. 25 GG geht in seiner Wirkung den teilweise in der Formulierung abweichenden Regeln des Landesverfassungsrechts vor; vgl. *Maunz* (Anm. 85), Rdn. 26 zu Art. 25 GG.

[97] Vgl. statt anderer *Maunz* (Anm. 85), Rdn. 25 zu Art. 25 GG.

[98] Das Entscheidungsmonopol des Bundesverfassungsgerichts bezieht sich aber auch nur auf diese Zweifelsfragen; im übrigen ist jeder Richter berechtigt und verpflichtet, völkerrechtliche Fragen zu entscheiden (und tut dies häufig); vgl. *Maunz* (Anm. 85), Rdn. 41 zu Art. 100 GG; dazu auch *Meyer*, in: *v. Münch* (Anm. 85), Rdn. 31 zu Art. 100 GG.

[99] Vgl. dazu *Berber* I, 101; *Magiera*, in: *Menzel/Ipsen*, 62 ff; *Maunz* (Anm. 85), Rdn. 22 ff zu Art. 25 GG.

werden, das seinen Wortlaut ausdrücklich ändert oder ergänzt. Für stillschweigende Verfassungsdurchbrechungen ist somit kein Raum. Auch Art. 100 GG geht offenbar davon aus, daß die Geltung des Grundgesetzes selbst nicht wegen seines Widerspruchs zum Völkerrecht in Frage gestellt werden kann. Denn in Art. 100 Abs. 2 GG ist nur eine Prüfung der Frage vorgesehen, „ob eine Regel des Völkerrechts Bestandteil des Bundesrechts ist", aber nicht, ob eine Bestimmung des Grundgesetzes selbst dem Völkerrecht entspricht oder nicht. Auch ist von Bedeutung, daß Art. 25 GG seinerseits der Änderung im Wege des in Art. 79 GG vorgesehenen Verfahrens unterliegt, also nicht den in Art. 79 Abs. 3 GG aufgezählten Normen höchsten Ranges gleichgestellt worden ist. Das läßt den Rückschluß zu, daß man auch die Normen des Völkerrechts selbst nicht dem Verfassungsrecht hat vor- oder gleichordnen wollen. Zwar ist das Grundgesetz nach Möglichkeit so auszulegen, daß es dem Völkerrecht nicht widerspricht. Wo sich aber der Widerspruch nicht auflösen läßt, ist im inländischen Rechtskreise das Grundgesetz die stärkere Norm.[100] Die allgemeinen Regeln des Völkerrechts stehen somit im Rang zwischen dem Verfassungsrecht und dem sonstigen Bundesrecht.

Hinsichtlich der Verträge wird von der herrschenden Auffassung[101] zutreffend angenommen, daß ihnen der Rang des den Vollzugsbefehl erteilenden „Vertragsgesetzes" zukommt. Das bedeutet, daß Gesetzesrecht und Vertragsrecht als gleichrangiges Recht der intertemporalen Kollisionsregel „lex posterior derogat legi priori" unterliegen, Vertragsrechtsnormen also ältere – ihm widerstreitende – Gesetzesvorschriften außer Kraft setzen, späteres – dem Vertragsrecht widersprechendes – Gesetzesrecht aber die innerstaatliche Anwendung des Vertragsrechts ausschließt. Der Primat des Völkerrechts ist insoweit im Grundgesetz nicht – wie in den Niederlanden oder Frankreich konsequent zu Ende geführt. Ein anderes Ergebnis kann auch nicht über die nach Art. 25 GG innerstaatlich geltende Regel „pacta sunt servanda" herbeigeführt werden.[102] Wie bereits ausgeführt, ist in Art. 59 Abs. 2 GG für die besonderen völkerrechtlichen Regeln, eben das Vertragsrecht, eine spezielle Regelung getroffen worden, die es ausschließt, über Art. 25 GG Verträge ebenfalls an dem höheren Rang der allgemeinen Regeln des Völkerrechts teilhaben zu lassen. Allerdings sind auch in der Bundesrepublik Deutschland die Gesetze möglichst so auszulegen, daß sie den Verträgen, die die Bundesrepublik eingegangen ist, nicht widersprechen.

4. In der *Deutschen Demokratischen Republik* haben Lehre und Rechtsprechung in Übereinstimmung mit den Auffassungen in den anderen sozialistischen Ländern, namentlich der Sowjetunion[103] – an der dualistischen Konzeption und damit an der Notwendigkeit einer Transformation des Völkerrechts in innerstaatliches Recht festgehalten.[104] Wie in Art. 4 WRV – anders aber als in Art. 25 GG – wird in Art. 8 Abs. 1 DDR-Verfassung von 1974 die generelle Transformation der „allgemein anerkannten, dem Frieden und der friedlichen Zusammenarbeit der Völker dienenden Regeln des Völkerrechts" in für die Staatsorgane und jeden Bürger verbindliches innerstaatliches Recht vorgeschrieben. Durch die Qualifikation der allgemein anerkannten Regeln des Völkerrechts als solche, die dem Frieden und der Zusammenarbeit der Völker dienen, ist der

---

[100] Wie hier *Berber* I, 10 f; *Maunz* (Anm. 85), Rdn. 25 zu Art. 25 GG; a. A. *Magiera*, in: *Menzel/Ipsen*, 64, dessen Einwand, das GG kenne auch durch den Einschluß des Sittengesetzes als Normelement der Verfassung einen stillen Verfassungswandel, wie er bei Verfassungsrang der allgemeinen Regeln des Völkerrechts erfolgen würde, nicht überzeugt.

[101] Vgl. statt anderer *Magiera*, in: *Menzel/Ipsen*, 69; *Maunz* (Anm. 85), Rdn. 29 zu Art. 25 GG; *Rojahn* (Anm. 85), Rdn. 43 zu Art. 25 GG mwN.

[102] Vgl. oben S. 119 und Anm. 92.

[103] Vgl. oben S. 116 und Anm. 71, 72 und 74.

[104] So das Völkerrechtslehrbuch der DDR I, 77 ff (82).

Kreis der so generell transformierten Normen allerdings noch enger als nach Art. 4 WRV. Ergänzt wird die Vorschrift des Art. 8 Abs. 1 durch Art. 91 der Verfassung, wonach auch die „allgemein anerkannten Normen des Völkerrechts über die Bestrafung von Verbrechen gegen den Frieden, gegen die Menschlichkeit und von Kriegsverbrechen..." unmittelbar geltendes Recht sind.

Das Vertragsrecht, das wie alles Völkerrecht „grundsätzlich nur die Staaten als solche berechtigt und verpflichtet"[105], bedarf dagegen spezieller Transformation, insbesondere nach den „staatsrechtlichen Grundsätzen über das Gesetzgebungsverfahren"[106]. Nach Art. 51 bestätigt die Volkskammer Staatsverträge der DDR, „soweit durch sie Gesetze der Volkskammer geändert werden." Aber auch andere wichtige Verträge sind von der Volkskammer auf Vorschlag des Staatsrates behandelt worden.[107] Die Praxis entspricht insoweit der anderer Staaten, die grundsätzlich nur eine bestimmte Art von Verträgen der Zustimmung des Parlaments unterwerfen (z. B. Italien), jedoch darüber hinaus weitere wichtige Verträge der parlamentarischen Behandlung zuführen.

Eine ausdrückliche Regelung der Rangfrage enthält die DDR-Verfassung nicht. Die Lehre geht davon aus, daß die völkerrechtliche und innerstaatliche Tätigkeit des Staates gleichwertig sind, eine Über- und Unterordnung i. S. der bürgerlichen Theorien nicht besteht. Der Staat ist jedoch verpflichtet, völkerrechtlichen Normen durch den Akt der Transformation innerstaatlich zur Geltung zu verhelfen: „Das Völkerrecht und das innerstaatliche Recht sind (deshalb) zwar selbständige, ihrem Gegenstand nach voneinander zu unterscheidende Rechtszweige, aber die Mitwirkung eines Staates an der völkerrechtlichen Rechtsetzung und seiner innerstaatlichen Gesetzgebung stehen als unterschiedliche Ausdrucksformen der Ausübung derselben Staatsgewalt in einem untrennbaren Zusammenhang miteinander. Keine dieser beiden Tätigkeitsformen des Staates ist der anderen übergeordnet. Sie sind vielmehr zu unterscheidende, aber gleichrangige Formen der Ausübung der staatlichen Souveränität. Wenn ein Staat völkerrechtliche Verpflichtungen eingeht, die durch innerstaatliche Gesetzgebungsakte erfüllt werden müssen oder die in anderer Weise Auswirkungen für die Gestaltung der innerstaatlichen Rechtsordnung haben, so ist er kraft Völkerrechts verpflichtet, im Bereich seiner innerstaatlichen Gesetzgebung entsprechend diesen von ihm übernommenen Verpflichtungen zu handeln und sie zu erfüllen. Er muß dies tun und kann es nur tun auf der Grundlage und in Übereinstimmung mit seiner Gesellschafts- und Staatsordnung, mit den sich aus ihr ergebenden Mitteln und Methoden und in den ihr entsprechenden Rechtsformen".[108] Danach ist ein Widerspruch zwischen völkerrechtlicher Verpflichtung und innerstaatlichem Recht erkennbar nicht ausgeschlossen und innerstaatliches Recht – als der Gesellschafts- und Staatsordnung entsprechendes Recht – wird bei einem Widerspruch zum Völkerrecht nicht automatisch unwirksam. Der Staat ist aber in solchem Falle zur Herbeiführung der Übereinstimmung von Völkerrecht und innerstaatlichem Recht verpflichtet.[109] Das läuft im Klartext auf einen Vorrang des nationalen Rechts vor dem Völkerrecht hinaus, wobei aber eine völkerrechtlich begründete Pflicht zur Harmonisierung besteht. Damit steht die Verfassung der DDR auf dem Boden der klassischen Transformationslehre, wie sie etwa unter der Weimarer Verfassung praktiziert und gelehrt wurde, aber auch heute noch in Italien verfochten wird.

---

105 Ebd.

106 Völkerrechtslehrbuch der DDR I, 83.

107 Vgl. Verfassung der Deutschen Demokratischen Republik – Dokumente, Kommentar, hrsg. von *Sorgenicht/Weichelt u. a.*, Bd. II, 1969, Anm. 2 zu Art. 51 (259), der durch die Verfassungsänderung von 1974 nicht berührt worden ist.

108 Völkerrechtslehrbuch der DDR I, 81.

109 AaO, 82.

§ 11 Die völkerrechtliche Bedeutung des inländischen Rechts

Schrifttum: wie zu §§ 9 und 10, ferner: *Guggenheim*, Landesrechtliche Begriffe im Völkerrecht, vor allem im Bereich der internationalen Organisationen, in: Festschrift Wehberg, 1956, 133-151; *Strebel*, Einwirkungen nationalen Rechts auf das Völkerrecht, in: ZaöRV 36 (1976), 168-187; *Pau*, Le Droit interne dans l'ordre international, 1985.

I. Das Verhältnis des Völkerrechts zum inländischen Recht ist ein Wechselverhältnis. Auf der einen Seite dringt das Völkerrecht – sei es in Gestalt für die einzelnen verbindlicher Normen, sei es in Gestalt für die auf dem Wege über den Vollzugsbefehl des nationalen Rechts anzuwendenden Normen – in den inländischen Rechtsbereich ein. Aber andererseits hat auch das nationale Recht seinerseits auf das Völkerrecht Einfluß. Einmal können weitverbreitete nationale Rechtsetzungen vom Völkerrecht übernommen werden. So stellen beispielsweise die internationalen Menschenrechtskataloge – die Allgemeine Erklärung der Menschenrechte und die Menschenrechtskonventionen der Vereinten Nationen – in weiten Teilen eine Übernahme der in den Verfassungsordnungen vieler Staaten bestehenden Grundrechtsgarantien dar, wie umgekehrt eine Reihe von neuen Staaten wiederum die internationalen Menschenrechtskataloge in ihre Verfassung aufgenommen haben.[1] Eine weitere enge Beziehung zwischen Völkerrecht und nationalem Recht i. S. der Beeinflussung des ersteren durch das zweite ergibt sich auch aus Art. 38 (c) des Statuts des IGH. Wo bestimmte Grundsätze des Rechts in den nationalen Rechten übereinstimmend anerkannt werden, ergibt sich möglicherweise der Schluß auf das Bestehen allgemeiner Grundsätze des Rechts, die auch auf dem Gebiet des Völkerrechts anwendbar sind. Sodann enthält das Völkerrecht Normen, die eine *Verweisung* auf die nationalen Rechte enthalten. Das ist z. B. dort der Fall, wo das Völkerrecht an das Bestehen oder Nichtbestehen der Staatsangehörigkeit bestimmte Rechtsfolgen anknüpft. Denn über die Staatsangehörigkeit wird im allgemeinen nicht durch das Völkerrecht, sondern durch das nationale Recht des Staates entschieden, um dessen Staatsangehörigkeit es sich dabei handelt. Dabei hat der Staat allerdings bestimmte völkerrechtliche Grenzen seiner Entscheidungsfreiheit – z. B. das Mißbrauchsverbot – zu beachten.[2] Eine gegenseitige Ergänzung beider Rechte ergibt sich auch daraus, daß das Völkerrecht die Regelung der auswärtigen Gewalt dem nationalen Recht überläßt. Die nationalen Rechte bestimmen die Organe, die den Staat im internationalen Rechtsverkehr vertreten, und deren Zuständigkeit. Sie enthalten Regeln für die Willensbildung der Staaten, an die das Völkerrecht dann bestimmte Rechtsfolgen anknüpft. Diese Regeln haben sich in neuerer Zeit immer mehr ausgedehnt und verfeinert. So pflegen demokratische und föderalistische Verfassungen die Befugnis der staatlichen Organe zum Abschluß oder zur Ratifizierung von Verträgen oder zur Vornahme anderer Akte an die Mitwirkung des Parlaments oder bundesstaatlicher Organe zu binden, und in vielen Verträgen wird deren Inkrafttreten von der Verfassungsmäßigkeit der Ratifizierung abhängig gemacht. Damit wird das Verfassungsrecht bis zu einem gewissen Grade vom Völkerrecht „rezipiert"[3].

II. Darüber hinaus aber beschränkt sich die Bedeutung des inländischen Rechts für die internationale Praxis, namentlich der Gerichte und Schiedsgerichte, auf die reiner Tat-

---

[1] Dazu *Sohn/Buergenthal*, International Protection of Human Rights, 1973, 518; *Delbrück*, Menschenrechte im Schnittpunkt zwischen universellem Schutzanspruch und staatlicher Souveränität, in: GYIL 22 (1979), 385.

[2] Vgl. dazu das Urteil des IGH im *Nottebohm*-Fall, ICJ Reports 1955, 23; ferner *Verdross/Simma*, 789 f.

[3] Vgl. dazu im einzelnen in Teilband I 2.

sachen. So hat der Ständige Internationale Gerichtshof im *Chorzow*-Fall entschieden: „Au regard du droit international et de la Cour qui en est l'organe, les lois nationales sont des simples faits, manifestations de la volonté et de l'activité des Etats, au même titre que les décisions judiciaires ou les mésures administratives".[4] Völkerrechtswidrige nationale Rechtsakte werden somit als Tatsachen gewürdigt, die den Tatbestand eines deliktischen Verhaltens nach Völkerrecht erfüllen und entsprechende Rechtsfolgen auslösen. Allerdings haben die internationalen Gerichte sich nicht immer an die Regeln halten können, nationales Recht sei in foro externo als reine Tatsache zu würdigen. So hat etwa der StIGH ebenfalls im *Chorzow*-Fall betont, er sei zwar nicht zu einer Interpretation des betroffenen polnischen Landesrechts als solchem aufgerufen (er sei nicht „appelée à interpréter la loi polonaise comme telle"), er müsse aber überprüfen, ob bei Anwendung des in Rede stehenden polnischen Rechts Polen in Übereinstimmung mit den ihm obliegenden Verpflichtungen aus dem Deutsch-Polnischen Oberschlesien-Abkommen gegenüber Deutschland handelte.[5] Das bedeutete zumindest implizit auch eine Auslegung des polnischen Rechts, da nur auf diesem Wege dessen Übereinstimmung mit dem Völkerrecht geklärt werden konnte.[6]

Die Unwirksamkeit völkerrechtswidriger nationaler Rechtsakte wird in der Regel von den internationalen Gerichten nicht ausgesprochen. Insoweit folgt die ganz überwiegende Rechtsprechung noch der – wenn auch i. S. des Primats des Völkerrechts in *foro externo* gemilderten – dualistischen Auffassung von Völkerrecht und innerstaatlichem Recht. Jedoch hat es auch Entscheidungen gegeben, in denen der Primat des Völkerrechts dahingehend vertreten worden ist, daß staatsinterne Rechtsakte wegen Verstoßes gegen das Völkerrecht unwirksam sind.[7] Aber auch ohne diese weitreichende Folgerung sind die einschlägigen Entscheidungen – wiewohl von der dualistischen Konzeption gefärbt – auch mit einer differenzierenden monistischen Auffassung vereinbar. Die einhellige Zuerkennung des Primats des Völkerrechts in internationalen Foren – auch wenn es sich um nationales Verfassungsrecht handelt – ist sowohl mit der gemilderten dualistischen als auch der differenzierenden monistischen Lehre vereinbar. Sie schließt lediglich eine monistische Lehre vom Primat des Staatsrechts aus.[8]

---

[4] PCIJ Series A No. 7 (1926), 19.

[5] Ebd.

[6] So auch *Guggenheim*, in: *Strupp/Schlochauer* III, 655.

[7] So der StIGH im *Grönland*-Fall, PCIJ Series A/B 53 (1933), 75.

[8] Vgl. dazu oben S. 100 ff.

2. TEIL
Der Staat und andere Völkerrechtssubjekte

1. ABSCHNITT
Der Staat – Allgemeines

1. KAPITEL
Die Existenz des Staates

§ 12 Begriff und Entstehung des Staates

Schrifttum: *Jellinek*, Allgemeine Staatslehre, 3. Aufl. 1914 (Neudruck 1960); *Erich*, La naissance et la reconnaissance des Etats, in: RdC 13 (1926 III), 431-505; *Mattern*, Concepts of State, Sovereignty and International Law, 1928; *Horneffer*, Die Entstehung des Staates, 1933; *Korte*, Grundfragen der völkerrechtlichen Rechtsfähigkeit und Handlungsfähigkeit der Staaten, 1934; *Lauterpacht*, Recognition in International Law, 1948, Chapter III; *Kelsen*, General Theory of Law and State, 1949; *von der Heydte*, Die Geburtsstunde des souveränen Staates, 1952; *Krüger*, Allgemeine Staatslehre, 2. Aufl. 1966; *Frowein*, Das de facto-Regime im Völkerrecht, 1968; *Marek*, Identity and Continuity of States in Public International Law, 2. Aufl. 1968; *Heller*, Staatslehre, hrsg. von *G. Niemeyer*, 1934 (auch in: Gesammelte Schriften III, 1971, 79 ff); *Jessup*, The Birth of Nations, 1974; *Tilly* (Hrsg.), The Formation of National States in Western Europe, 1975; *Delupis*, International Law and the Independent State, 1974; *Crawford*, The Criteria for Statehood in International Law, in: BYIL 48 (1978), 93-182; *Klein*, Die Stellung des Staates in der internationalen Rechtsordnung, in: Zeitschrift für vergleichende Rechtswissenschaft 77 (1978), 79 ff; *Vorster*, The International Legal Personality of Nasciturus States, in: South African YBIL 4 (1978), 1 ff; *Crawford*, The Creation of States in International Law, 1979; *Zippelius*, Allgemeine Staatslehre (Politikwissenschaft), 9. Aufl. 1985; *P. Schneider*, Rechtsstaat und Unrechtsstaat. Ihre Relevanz für den Staatsbegriff der allgemeinen Staatslehre und des Völkerrechts (Walther-Schücking-Kolleg 1), 1984; *Rudolf*, Wandel des Staatsbegriffs im Völkerrecht? (Walther-Schücking-Kolleg 4), 1986; *Drath*, Art. „Staat", in: *Herzog/Kunst/Schlaich/Schneemelcher* (Hrsg.), Evangelisches Staatslexikon, 3. Aufl. 1987, Bd. 2, Sp. 3304-3353; *Dugard*, Recognition and the United Nations, 1987; *Doehring*, State, in: EPIL 10 (1987), 423-428.

I. Subjekte des Völkerrechts sind in erster Linie die Staaten.[1] Der für das Völkerrecht maßgebende Begriff des Staates läßt sich nicht spekulativ erschließen oder aus theoretischen Überlegungen deduzieren. Die Staaten, wie sie heute bestehen, sind vielmehr ein Produkt der Geschichte, Gebilde des politischen Lebens, und an diese Wirklichkeit schließt sich die rechtliche Begriffsbildung an.[2] In der Gegenwart sind die Menschen in

[1] Von den sog. Staatenverbindungen ist im II. Band dieses Buches die Rede; die übrigen Völkerrechtssubjekte werden unten in Teilband I 2 näher behandelt.

[2] Zutreffend *Cavaglieri*, 2: „Lo Stato non è una creazione del diritto internazionale, non attende da esso propria definizione, ma ne à al contrario il pressupposto concettuale"; zum Begriff und

einer Mehrzahl von sozialen Verbänden organisiert. Diese betätigen einen korporativen Willen, handeln durch bestimmte Personen und entfalten ein eigenes, vom Wechsel der einzelnen unabhängiges Leben. So stellt der Historiker, der z. B. die Geschichte des deutschen oder französischen Staates beschreibt, solche Verbände als Einheiten dar, und nicht anders verfährt der Jurist, wenn er den Staat als Träger von Rechten und Pflichten oder die Aktionen bestimmter Personen als solche des Staates behandelt. Historie, Jurisprudenz und andere Wissenschaften begegnen sich in der Methode des *personifizierenden Denkens*, das die Fülle der Erscheinungen zu Sinneinheiten ordnet. Aber da ihre Gesichtspunkte jeweils verschieden sind, brauchen sich ihre Vorstellungen vom Staat nicht zu decken, so wie der Begriff des Staates auch innerhalb des Rechts je nach dem Ausgangspunkt der Betrachtung verschieden, z. B. auf dem Gebiet des Staatsrechts anders als auf dem des Völkerrechts gestaltet sein kann.

Der Staat ist die Organisation, in der die in einem bestimmten Raum der Erde ansässigen Menschen zusammengefaßt werden, ein zu einer konkreten Lebensordnung zusammengeschlossener Inbegriff von Menschen, Einrichtungen, Anstalten, Beziehungen, der vom Recht als „Person", als Einheit gedacht wird.

Der Staat knüpft also an eine geschichtliche und politische Wirklichkeit an, aber er ist im letzten doch ein gedankliches Wesen.[3] Daran glauben manche Anstoß nehmen zu müssen. Sie identifizieren den Staat mit den der Staatsgewalt unterworfenen Menschen (z. B. *Scelle* oder *Politis*), mit seinen Organen (z. B. *Krabbe* oder *Duguit*)[4] oder mit seinen „Funktionen" (z. B. *Massing*, *Luhmann*[5]) und leugnen damit im Grunde den Staat. Diese Betrachtungsweise ist alles andere als realistisch.[6] Denn sie verkennt die Einheit und Dauer im Wandel der Erscheinungen, die doch auch eine politische und geschichtliche Wirklichkeit ist. Politisch wird auf diese Weise die Einheit des Staates dem wechselhaften Schicksal individueller, partikulärer Interessen untergeordnet. Aber es werden auch dem juristischen Verständnis die Wege verbaut. Denn das Recht kennt nun einmal Rechte und Pflichten der Staaten unabhängig von allen Veränderungen im Bestande der zu ihnen gehörenden Menschen oder der Staatsorgane. Der einzelne Mensch kann seine Rechte – seien sie im naturrechtlichen Sinne vorstaatlich gedacht oder seien sie solche, die dem Bürger vom Staat verliehen sind – nur auf dem Umwege über den Staat aktualisieren, bzw. er besitzt diese Rechte nur als Mitglied oder Organwalter des Staa-

---

Wesen des Staates in diesem Sinne vgl. auch *Zippelius*, 35: „Der Staat ist aber mehr als eine bloß abstrakte Normenordnung. Er ist auch die soziale Wirklichkeit, in der Menschen jenen Normen durch lebendigen Vollzug Wirksamkeit verleihen". Als prägend für diese Begriffsbildung kann *Montesquieus* „De l'esprit des lois" angesehen werden. Zur Geschichtlichkeit des modernen Staates vgl. *Heller*, 125 ff.

[3] Zur philosophischen Staatslehre siehe *Matz*, Art. „Staat", in: *Krings/Baumgarten* (Hrsg.), Handbuch philosophischer Grundbegriffe V, 1974, 1403-1419.

[4] Im Sinne einer derart naturalistischen und vermeintlich „realistischen" Staatstheorie ohne Staat namentlich *Duguit*, Traité du droit constitionnel, 3. Aufl. 1927 und Le droit social, le droit individuel et la transformation de l'Etat, 3. Aufl. 1922. Vgl. auch *Krabbe*, Die Lehre von der Souveränität, 1906; *Scelle*, Précis I, 42 f, 49; *Politis*, Les nouvelles tendances du droit international 1927, 44 f, 75 f.

[5] In der neomarxistischen Staatslehre wird der Staat als „ideeller Kapitalist" begriffen, vgl. *Massing*, Politische Soziologie, 1974, 158 mwN; konsequente Vertreter der Systemtheorie lassen den Staatsbegriff in einem Geflecht funktionaler Systemzusammenhänge aufgehen. So *Luhmann*, Grundrechte als Institution, 2. Aufl. 1974, 17: „Über den Platz, den bei uns der Staatsbegriff besetzt hält, ohne darin durch die Entwicklung des Denkens und der Institutionen noch gehalten zu sein, muß anders verfügt werden, vermutlich durch eine soziologische Theorie der differenzierten Gesellschaft... Erst im Rahmen einer derartigen Theorie können die Aktionsbedingungen und Leistungen des politischen Systems, das mit dem Staatsbegriff gemeint war, ermittelt werden."

[6] Treffend *Quadri*, 399: „il fenomeno collettivo, anche se non puó essere percepito alla stessa stregua dell'individuo unità fisio-psichica, non per questo è meno reale."

tes.[7] Der einzelne etwa, der seine Staatsangehörigkeit wechselt, tritt damit in einen neuen Rechts- und Pflichtenkreis ein, und der Organträger, der aus dem Dienst scheidet, hört damit auf, zur Geltendmachung der dem Staat zustehenden Rechte befugt und für die Erfüllung seiner Verpflichtungen verantwortlich zu sein. – Aber nicht minder anfechtbar als jener Empirismus, der den Staat in eine Summe von einzelnen oder in Funktionen auflösen will, ist die geistige Gegenposition, die namentlich von *Kelsen* vertretene Ansicht, die den Staat mit dem Recht, etwa mit seiner Verfassung, identifiziert.[8] Wie der extreme Empirismus die Einheit und geistige Substanz des Staates, so übersieht der radikale Normativismus die Realität des staatlichen Daseins in ihrer geschichtlichen Bedingtheit und auch Wandelbarkeit.

II. Im einzelnen wird der Staat im Verständnis des Völkerrechts von folgenden Momenten bestimmt:

1. Es gibt keinen Staat ohne ein dazu gehörendes *Volk*. Der Staat ist mit dem Volk nicht einfach identisch, aber ohne ein Volk, das sich in ihm organisiert, wäre ein Staat gegenstandslos. Dabei ist das Volk aber nicht im Sinne substanzhafter, natürlicher, geschichtlicher, sprachlicher Einheit verstanden. Zwar gibt es Staaten, die als „Nationalstaaten" jedenfalls einen ethnographisch geschlossenen Kern in diesem Sinne verbundener Menschen umfassen, und die Idee der Einheit von Staat und Nation ist namentlich im 19. und beginnenden 20. Jahrhundert als politisches Ideal wirksam geworden.[9] Aber das Bestehen dieser Einheit gehört nicht zum Wesen des Staates im Sinne des Rechts. Unter dem Volk als einer Vorbedingung staatlicher Existenz muß man vielmehr das *Staatsvolk*, die Gesamtheit der Staatsbürger verstehen, die einer bestimmten Staatsgewalt unterstehen. Der Begriff des Volkes *in diesem Sinne* ist also auf den des Staates bezogen. So verstanden wird das Volk als politisches Subjekt durch den Staat konstituiert.

2. Kein Staat besteht ohne eigenes *Gebiet*.[10] Jede Staatsgewalt betätigt sich in einem bestimmten, auf die Erdoberfläche bezogenen Raum, in dem normalerweise nur sie und keine andere zuständig ist. So wie aber das Volk durch den Staat erst konstituiert wird, so auch das Gebiet. Gebiet im Sinne des Völkerrechts ist eine juristische, keine geographische Einheit. Es ist der räumliche Bereich, der einem Staat zugeordnet ist und der seiner Hoheitsgewalt untersteht. Ein Gebiet nur in diesem Sinne gehört zum Wesen des Staates.

Nomadenvölker, wie immer organisiert, bilden aus diesem Grunde keinen Staat. Es ist von der politischen Soziologie zwar zutreffend hervorgehoben worden, daß derartige

[7] Sehr pointiert *Kelsen*: Die Kennzeichnung des Staates als Völkerrechtssubjekt habe den Sinn, daß das Völkerrecht die Rechte und Pflichten der Menschen *indirekt*, auf dem Umweg über die Rechtsordnung der einzelnen Staaten bestimme. So z. B. *Kelsen*, General Theory, 342 f, Principles, 181 f, 194 ff, The Law of the United Nations 1951, 150. Hier wird allerdings die heutige Wirklichkeit des internationalen Menschenrechtsschutzes noch nicht mitreflektiert; zur Rolle des Staates bei der Menschenrechtsdurchsetzung siehe aber *Delbrück*, International Protection of Human Rights and State Sovereignty, in: Indiana Law Journal 57 (1981/82), 567-578; *ders.*, Menschenrechte im Schnittpunkt zwischen universalem Schutzanspruch und staatlicher Souveränität, in: GYIL 22 (1979), 384 ff.

[8] „The state as a juristic person is the personification of a legal order constituting a legal community". So *Kelsen*, Principles, 183, im gleichen Sinne General Theory, Part. II und anderswo; dazu vgl. *Zippelius*, 33 ff.

[9] Dazu *Tilly*. Zum Problem Staat und Nation in Deutschland *Blumenwitz/Meissner*, Staatliche und nationale Einheit Deutschlands – ihre Effektivität, 1986.

[10] Daß allein das Volk den Staat konstituiere – so *Verdross*, Die völkerrechtliche Identität von Staaten, in: Festschrift Klang, 1950, 19 f. (zur deutschen Frage siehe unten, § 14) –, will uns nicht zutreffend erscheinen. – Vgl. zum Gebiet auch VG Köln im Fall des *Königreichs Seeland*, DVBl. 1978, 510 f.

soziale Verbände – wie auch seßhafte Stammesverbände o. ä. – politische Systeme bilden, in denen die wichtigsten öffentlichen Funktionen (Regelsetzung, Sanktion, Schutz der Stammeseinheit nach außen) wie in staatlich verfaßten Wirkungseinheiten wahrgenommen werden.[11] Dennoch fehlt ihnen im Vergleich zur modernen Staatlichkeit das Element des durch die Hoheitsgewalt konstituierten – juristisch begriffenen – Staatsgebietes.

Auch der Hl. Stuhl, der kein eigenes Territorium besitzt, ist kein Staat. Ebenso wäre ein das Ganze der Erde umspannender Welt-„Staat" kein Staat i. S. des Völkerrechts. Andererseits ist auch ein Staat mit kleinem Gebiet, ist auch ein Zwergstaat ein Staat. Monaco, Liechtenstein und San Marino sind Staaten i. S. des Völkerrechts. Ihre Aufnahme in internationale Organisationen kann jedenfalls nicht mit der Begründung abgelehnt werden, sie seien überhaupt keine Staaten.[12]

Das Gebiet des Staates muß gegen das anderer Staaten irgendwie *abgegrenzt* sein. Nicht notwendig ist freilich, daß die Grenzen des Gebietes schon endgültig, etwa vertraglich, festgelegt sind.[13] So war die Staatlichkeit der USA in keiner Weise in Frage gestellt, obwohl das Land erst über hundert Jahre nach seiner Entstehung seine westliche Grenze fixierte.[14]

3. a) Durch den Staat wird die Bevölkerung auf dem ihm gehörenden Gebiet *organisiert.* Zum Staat gehört eine – sei es auch ungeschriebene – Verfassung, das Vorhandensein einer Regierung und sonstiger Organe, denen bestimmte Funktionen und Zuständigkeiten zugeteilt sind. Und diese Organisation muß sich als eine selbständige, individualisierbare Hoheitsgewalt von anderen *unterscheiden*[15], die Tätigkeit der Organe als die eben dieses Staates ausgeübt werden.

Daher war die im Zeitalter der europäischen Kolonisation vom 17. bis 19. Jahrhundert betätigte Hoheitsgewalt *privater Handelsgesellschaften* – etwa der holländischen Ost- und Westindienkompagnie, der britischen East India Company, der Hudson Bay Company, der Nigeria Company, der süd- und ostafrikanischen Kompagnie – keine eigenstaatliche Hoheitsgewalt. Denn diese Gesellschaften waren zur Ausübung ihrer – allerdings meist umfassenden und selbst das Kriegsrecht einschließenden – Hoheitsgewalt durch ihre Staaten ermächtigt, und sie betätigten diese *in deren Namen*, erwarben etwa Gebiete nicht für sich selbst, sondern für ihren Staat. Sie waren daher Organe des Mutterlandes und ihre Akte kraft Delegation der Hoheitsgewalt solche des betreffenden Staates.[16] Wo freilich eine solche Gesellschaft eine neue Ordnung aus

---

[11] Vgl. etwa *Almond/Coleman* (Hrsg.), The Politics of Developing Areas, 1960, 3 ff.

[12] So sind Monaco und die Vatikanstadt Mitglieder der ITU, Monaco auch der UNESCO, San Marino und die Vatikanstadt solche der UPU. Nicht die Eigenschaft als Staat, sondern die Fähigkeit zur Erfüllung der Mitgliedschaftspflichten bedarf bei diesen Staaten jeweils der Prüfung. Siehe im einzelnen unten, § 27.

[13] Mit Recht hat das aufgrund des Versailler Vertrages gebildete deutsch-polnische Schiedsgericht im Falle *Deutsche Continental Gas Gesellschaft gegen den polnischen Staat* – Tribunaux arbitraux mixtes 9, 336 – angenommen, es habe der polnische Staat schon vor der endgültigen Festlegung seiner Grenzen zu Rußland bestanden.

[14] Dagegen spricht nicht, daß der „Verstaatlichungs"-Prozeß etwa in den USA i. S. der inneren Durchorganisation des Staatswesens erst mit dem Erreichen der westlichen Grenzen, d. h. der Küsten zum Pazifischen Ozean, beendet gewesen ist. Die USA waren i. S. des Völkerrechts auch schon vor diesem Zeitpunkt „abgegrenzt".

[15] Vgl. auch *Sperduti*, Il Riconoscimento internazionale di stati e di governi, in: Rivista di diritto internazionale 36 (1953), 47: „E necessario che una comunità umana si presenti, oltre che politicamente organizzata, come dotata di un'organizzazione che valga ad imprimerle il carattere di un'individualità sociale distinta dagli altri popoli della terra". Dieses Erfordernis der individuellen Organisation ist von dem der Souveränität zu unterscheiden.

[16] Daher betrachtete etwa das Judicial Committee des Privy Council in *Secretary of State in Council of India v. Kamachee Boye Sahaba* (1859), 13 Moore's Privy Council Cases 22, die Einziehung des durch den Tod des Rajah verwaisten Staates Tanjore mitsamt dem Eigentum des Verstorbenen durch die Ostindische Kompagnie – offensichtlich

eigener Machtvollkommenheit durchsetzen konnte und die Staatsgewalt im eigenen Namen ausübte, bildete sie ihren eigenen Staat. Das klassische Beispiel bietet der in den 80er Jahren des 19. Jahrhunderts von der belgischen Kongo-Gesellschaft errichtete *Kongo-Staat*, den Belgien erst später (1907) erwarb.

b) Diese Ordnung muß eine *dauernde, gefestigte Ordnung*[17], sie muß „effektiv" sein. Gesunde internationale Beziehungen lassen sich auf Eintagsgebilde nicht stützen. Im allgemeinen nimmt das Völkerrecht von Provisorien keine Notiz. Nur eine dauernde Ordnung bietet namentlich die Gewähr für die Erfüllung der völkerrechtlichen Pflichten.[18] Das Merkmal der Dauer ist freilich ein unsicheres Merkmal, das aber doch nicht willkürlich ausgelegt werden darf. Ob eine dauernde Ordnung besteht, muß vom Standpunkt vernünftiger Betrachtung ex ante, im Hinblick auf die zur Zeit der Beurteilung objektiv bestehenden Verhältnisse des politischen Lebens beantwortet werden.
Mit Hilfe dieses Maßstabes muß namentlich die Frage beantwortet werden, ob *Krieg und Revolution* einen neuen Staat hervorgebracht haben. Es kommt in Fällen dieser Art darauf an, ob die neu errichtete Hoheitsgewalt sich soweit durchgesetzt hat, daß ihre Fortdauer vom Standpunkt vernünftigter Betrachtung gewährleistet ist. Das ist namentlich dann nicht der Fall, wenn die neue Staatsgewalt sich erst in einem noch fortdauernden und noch unentschiedenen Ringen durchsetzen muß.

Beispiele: So haben die amerikanischen Südstaaten während des Sezessionskrieges von 1861-65 keinen neuen Staat gründen können, da die Existenz der von ihnen proklamierten Staatsgewalt von Anfang an durch die Gegenaktion der Nordstaaten in Frage gestellt war und sich auch in der Folgezeit nicht endgültig hat durchsetzen können. Als in den letzten Jahrzehnten des 19. Jahrhunderts Kuba sich gegen die spanische Herrschaft erhob, haben sich die Präsidenten der Vereinigten Staaten zwischen 1875 und 1898 geweigert, das dortige Rebellenregime anzuerkennen mit der Begründung, es sei zwar die spanische Herrschaft beseitigt, aber noch keine hinreichend gefestigte Ordnung vorhanden, die die Anerkennung des neuen Staatswesens rechtfertigen könnte.[19] – Während des Zweiten Weltkrieges ist der von Deutschland und Italien ins Leben gerufene Staat Kroatien wohl niemals ein Staat im völkerrechtlichen Sinne gewesen.[20]

---

ein Gewaltakt ohne rechtliche Grundlage – als einen in Ausübung der Souveränität der Krone vorgenommenen Staatsakt, der nach der in England geltenden act of state-Lehre nicht nachgeprüft werden könne. Vgl. auch den Schiedsspruch des Ständigen Internationalen Schiedshofes im *Palmas*-Fall, RIAA 2, 829 (858).

[17] *Verdross* (Anm. 10), 20, verlangt eine „dauernde und unbestrittene" Herrschaft. Das ist doch wohl zu eng. Zur Existenz des Staates gehört nicht, daß er von anderen Staaten anerkannt wird. Die Situation der DDR zwischen 1949-1972 zeigt dies deutlich, vgl. dazu auch unten § 19.

[18] Im Einklang mit dem folgenden z. B. Supreme Court der USA in *Kennett v. Chambers* (1852), 14 Howard 38, im Hinblick auf Texas, das sich von Mexiko losgerissen hatte: Ob Texas ein Staat sei, hänge davon ab, „whether she had or had not a civil government in successful operation, capable of performing the duties and fulfilling the obligations of an independent power". Zur Bedeutung der Stabilität von Staaten auch *Frowein*, 4 ff.

[19] Vgl. die Quellen bei *Moore*, Digest I, 107 f.

[20] In den Nürnberger Prozessen („Geisel-Fall", Trials of War Criminals XI, 1302) wurde das Verhalten der Deutschen Wehrmacht in Kroatien nach den Regeln der occupatio bellica beurteilt. „Whatever the form or the name given, the Croatian Government during the German war time occupation was a satellite under the control of the occupying power. It dissolved as quickly after the withdrawal of the Germans as it had arisen upon their occupation. Under such circumstances, the acts of the Croatian Government were the acts of the occupation power ... Other than the rights of occupation conferred by international law, no lawful authority could be exercised by the Germans." Vgl. auch *Jescheck*, Die Verantwortlichkeit der Staatsorgane nach Völkerstrafrecht, 1952, 314. Vgl. weiterhin die Entscheidung der amerikanischen International Claims Commission über den *Socony Vacuum Oil Company Claim*, ILR 21 (1954), 55 ff: „... The Kingdom of Croatia came into being as a creation of the war. It was unwanted by, and never became a part of, the permanent Government of Yugoslavia. It was not established through any dereliction on the part of the Government of Yugoslavia and that Government had no control over the acts of Croatia.... We are persuaded that the present Government of Yugoslavia has not been impressed with international responsibility for 'takings by Croatia' and, as a result, there

Anders das Beispiel *Bangla-Desh.* Als sich im März 1971 Ost-Pakistan unter dem Namen Bangla-Desh für unabhängig erklärte, gelang es Pakistan nicht, die von Indien unterstützte Rebellion niederzuschlagen. Bangla-Desh war als neuer Staat anzusehen und erlangte sehr bald breite Anerkennung bis hin zur Aufnahme in die Vereinten Nationen 1974.[21]

Als ein Vorstadium kommender Staatswerdung können *Aufständische* auf einer fortgeschrittenen Stufe des Bürgerkrieges als solche anerkannt werden und so eine gewisse internationale Rechtsstellung erlangen. Aber solange die bis dahin legitime Staatsgewalt nicht so weit ausgeschaltet ist, daß keine praktische Aussicht auf eine Wiederherstellung des früheren Status beseht, ist ein Staat nicht vorhanden. So wurde Biafra, das am 30. Mai 1967 seine Unabhängigkeit von Nigeria erklärte, kein eigener Staat und kehrte am 12. Januar 1970 in den Nigerianischen Staatsverband zurück.[22] Auch eine vorzeitige Anerkennung revolutionärer Staatsgewalten durch das Ausland, wie z. B. der Republik Panama wenige Tage nach dem Ausbruch der Erhebung gegen Kolumbien durch die Vereinigten Staaten im Jahre 1903, kann einen Staat nicht begründen.

Andererseits kann die neue Staatsgewalt sich noch während der Dauer des Krieges zu einem politischen Definitivum entwickeln. So sind die lateinamerikanischen Republiken in der ersten Hälfte des 19. Jahrhunderts geraume Zeit vor der Beendigung ihrer langwierigen Kriege mit Spanien als neue Staaten entstanden und vom Ausland anerkannt worden, nämlich von dem Zeitpunkt an, von dem an eine Wiederherstellung der spanischen Herrschaft tatsächlich aussichtslos wurde.

Noch weniger als Provisorien sind politische Gebilde ohne auch nur vorläufige Gewalt über Land und Leute Staaten im völkerrechtlichen Sinne. Papiergründungen reichen nicht aus. Daher trat Polen während des Ersten Weltkrieges nicht schon mit der Proklamation des Königreichs Polen durch die Mittelmächte am 5. 11. 1916 – die auf dem Papier stehen blieb –, noch traten Polen und die Tschechoslowakei schon mit Einsetzung des tschechischen und polnischen Nationalrates und deren – auch nur beschränkter – Anerkennung durch die Alliierten[23], sondern erst mit der Errichtung einer wirklichen Staatsgewalt auf tschechischem und polnischem Boden ins Leben.[24] Daher bringt auch die Anerkennung durch andere Staaten oder zwischenstaatliche Organisationen *für sich allein* keinen Staat zur Entstehung.[25] So ist bisher trotz der Anerkennung der Palästinensischen Befreiungsfront (PLO) durch eine ganze Reihe von Staaten und internationale Organisationen ein Palästinenser-Staat nicht entstanden.[26] Das gleiche gilt für die Anerkennung der South West African People's Organization (SWAPO) als legitime Vertretung Namibias durch die Vereinten Nationen.[27] Solche Proklamationen oder Anerkennungen

is no reason for treating the words 'by Yugoslavia' and 'by Croatia' as synonymous. ..." (59). Vgl. auch die weiteren Hinweise in der Anmerkung des Herausgebers, 63.

[21] *Dugart,* 75 f; *Salmon,* Naissance et reconnaissance du Bangla-Desh, in: Festschrift Wengler I, 1973, 467-490.

[22] *Crawford,* The Creation, 265 f.

[23] Darüber *Lauterpacht,* Recognition in International Law, 1948, 164, 1 und *Mattern,* Die Exilregierung, 1953, namentlich 29 f.

[24] Daß die Gründung des polnischen Nationalkomitees durch die Alliierten im Ersten Weltkrieg noch keinen polnischen Staat habe gründen können und für Deutschland nicht verbindlich gewesen sei, wird mit Recht in dem Urteil des StIGH im Rechtsstreit um die *Deutschen Interessen in Polnisch-Oberschlesien* – PCIJ Series A 7 (1926), 28 – angenommen. Doch bemerkt der Richter *Lord Finlay* dazu, die Alliierten hätten durch den Abschluß des Waffenstillstandes schon für das werdende Polen gehandelt, dessen – im Kern schon existierende – Armee gebunden und auch dem zukünftigen polnischen Staat gewisse Rechte verschafft, (84); vgl. auch *Frowein,* 5 mwN.

[25] Vgl. *Lauterpacht* (Anm. 19), 50, 4 über die Stellungnahme des Juristenkomitees des Völkerbundes im Jahre 1920 zu der Frage, ob Finnland ein Staat sei. Die Frage wurde für den damaligen Zeitpunkt ungeachtet der von einer Reihe von Staaten ausgesprochenen Anerkennung Finnlands verneint. Übereinstimmend *Mattern* (Anm. 19), 32 f. Unrichtig *Brown,* Cognition and Recognition (editorial comment), in: AJIL 47 (1953), 88. – Andererseits ist die Anerkennung einer Organisation als Staat in der Regel ein gewichtiges *Anzeichen* dafür, daß sie sich endgültig durchgesetzt hat.

[26] Zur Rechtsstellung der PLO siehe näher *Tomuschat,* Die Befreiungsbewegungen in den Vereinten Nationen, in: Vereinte Nationen 22 (1974), 65 ff; *Lazarus,* Le Statut des Mouvements de Libération Nationales à l'Organisations des Nations Unies, in: AFDI 20 (1974); 173 ff; *Prill,* Die Anerkennung der PLO durch die Vereinten Nationen, in: Die Friedenswarte 59 (1976), 208 ff; vgl. auch *Verdross/Simma,* 244.

[27] Dazu UNYB 1973, 722 ff und dort GA Res. 3111 (XXVIII) vom 12. Dezember 1973, 735 ff (736).

sind nicht ohne rechtliche Wirkung. Sie können den entsprechenden Organisationen einen gewissen internationalen Status verleihen und – möglicherweise mit rückwirkender Kraft – Rechte und Pflichten für den etwa später entstehenden Staat nach sich ziehen. Aber einstweilen ist dieser Staat noch nicht da. – Andererseits aber zeigt die Staatspraxis die Bedeutung des Kriteriums der Dauerhaftigkeit staatlicher Ordnungen im Falle einmal begründeter Staatlichkeit. So haben Frankreich und Großbritannien (dann auch die Vereinigten Staaten sowie Kanada, Australien und Neuseeland) die 1939 in Paris gebildete und seit 1940 in London ansässige rechtmäßige Vertretung der fortexistierenden Tschechoslowakischen Republik anerkannt. Die Zerschlagung der Tschechoslowakei durch Hitler wurde nicht als Untergang der Republik, die Übernahme der Staatsgewalt durch eine tschechoslowakische Regierung im Jahre 1945 nicht als Neukonstituierung des tschechoslowakischen Staates gewertet.[28]

c) Das Völkerrecht erfaßt die Staaten in ihrem nach außen gerichteten Dasein. Um ein Völkerrechtssubjekt zu sein, muß der Staat daher so weit organisiert sein, daß er am *internationalen Rechtsverkehr teilnehmen* und seinen völkerrechtlichen Verpflichtungen nachkommen kann. Dazu ist im allgemeinen nur der unabhängige Staat in der Lage. Die am internationalen Rechtsverkehr beteiligten Staaten sind denn auch in aller Regel unabhängige Staaten. Der *souveräne, autonome Staat*, die sich selbst regierende Gesellschaft, stellt den Normalfall des Völkerrechts dar. Aber es gibt Staaten, die der vollen Unabhängigkeit entbehren, und denen doch eine – wenn auch schwächere – Rechtsstellung eingeräumt ist. Schon gar nicht gehört die *politische* Unabhängigkeit zum Wesen des Staates. Ebenfalls sind politisch, militärisch und wirtschaftlich abhängige, z.B. sog. „Satellitenstaaten" doch Staaten i. S. des Völkerrechts.[29] Die Gegenmeinung würde das Völkerrecht in unerträgliche Rechtsunsicherheit stürzen und es von der jeweiligen Machtkonstellation abhängig machen. Aber auch in *rechtlicher* Hinsicht ist die volle Souveränität keine Voraussetzung der staatlichen Existenz.[30] Neben den souveränen gibt es auch „halb souveräne", gibt es auch *Staaten mit beschränkter Hoheitsgewalt*, darunter solche, die im internationalen Rechtsverkehr nicht einmal durch eigene Organe zu handeln vermögen. Zur Staatlichkeit genügt es, daß eine politische Einheit als selbständige Individualität, als Trägerin einer eigenen Staatsgewalt im internationalen Rechtsverkehr gilt und Organe da sind, die sie im internationalen Rechtsverkehr als solche vertreten.

Das ist etwa der Fall, wenn ein Staat – sei er auch vertreten durch andere – als solcher Verträge abschließt, diplomatische Beziehungen unterhält, zwischenstaatlichen Organisationen angehört, seine eigene Neutralität im Kriege zu wahren vermag. Namentlich das Bestehen einer international anerkannten Staatsangehörigkeit oder die Verwendung anerkannter Symbole können aufschlußreich sein. Mit Hilfe solcher und möglicherweise anderer Kennzeichen – in ihrer Gesamtheit genommen – war bzw. ist etwa zwischen einem völkerrechtlichen Protektorat und einer der völkerrechtlichen Individualität entbehrenden Kolonie oder einem durch den Bund mediatisierten Gliedstaat eines Bundesstaates zu unterscheiden.

---

[28] Siehe *Whiteman* II, 346 ff; *Dai*, Recognition of States and Governments under International Law with Special Reference to Canadian Postwar Practice and the Legal Status of Taiwan (Formosa), in: Can YBIL 3 (1965), 290 ff.

[29] A. A. – unter Hinweis auf Mandschukuo in den 30er Jahren – *Verdross*, 89; *Lauterpacht* (Anm. 19), 28, 46 f. Man braucht sich nur die weitgehende politische Abhängigkeit vieler Staaten von den Vereinigten Staaten und der UdSSR seit dem Zweiten Weltkrieg vor Augen zu halten, um die Unhaltbarkeit dieser These einzusehen. Wo ist hier die Grenze?

[30] Vgl. auch BGHZ (GSZ) 13, 265 (294) im Hinblick auf Deutschland nach dem Ersten Weltkrieg. Anders etwa *Kelsen*, Principles, 190 f, der die uneingeschränkte „Völkerrechtsunmittelbarkeit" für ein unentbehrliches Kriterium des völkerrechtlichen Staatsbegriffs hält. Aber dagegen spricht die internationale Praxis, die in gewissen Grenzen auch nicht souveräne Staaten als Völkerrechtssubjekte, und zwar als Staaten, behandelt.

III. 1. Jede Staatsgewalt, die sich wirklich und auf Dauer durchgesetzt hat, hat die sich aus dem Völkerrecht ergebenden Rechte und Pflichten. Das Völkerrecht der Gegenwart hat es nicht mehr mit einem engeren Kreise von Staaten zu tun. Es ist nicht mehr, was es bis in das 19. Jahrhundert hinein gewesen ist[31], das Völkerrecht der christlich-abendländischen „Völkerfamilie", sondern ein das Ganze der Welt umspannendes Weltvölkerrecht.

Nur noch geschichtliches Interesse bietet die Frage der Rechtstellung der *„unzivilisierten" Völkerschaften* außerhalb Europas, der im Zeitalter der überseeischen Kolonisation und vor der Aufteilung der Welt allerdings erhebliche Bedeutung zukam. Jene Zeiten waren von dem Glauben an eine höhere Legitimität der christlichen verglichen mit anderen Völkern durchdrungen. Die eingeborenen Völker wurden nicht als Subjekte des Völkerrechts, ihre Organisationen nicht als Staaten anerkannt[32], und Verträge mit ihnen galten jedenfalls nicht als internationale Verträge.[33] Auffassungen dieser Art, mit denen das Völkerrecht der Vergangenheit die Unterwerfung der farbigen Rassen durch die weißen Völker legitimierte, sind heute überholt. Vielmehr richtet sich ein wesentlicher Teil der internationalen Rechtsordnung gerade auf die Gleichstellung aller Völker, Rassen und Ethnien und darauf, die aus der alten, europäisch dominierten Auffassung erwachsenen Ungerechtigkeiten auszugleichen.

2. Die Existenz des Staates i. S. des Völkerrechts, also namentlich auch seine Bindung an das Völkerrecht, ist unabhängig von der Beschaffenheit seiner inneren Ordnung. In der Gegenwart hat zwar die Staatsgewalt durchweg das Bedürfnis, sich durch ihre *Übereinstimmung mit dem Volkswillen* zu legitimieren. Aber es gibt auch in der Gegenwart Herrschaftssysteme, deren Legitimität, an diesem Maßstab gemessen, zweifelhaft scheint. Das Völkerrecht mischt sich darin nicht ein. Wo sich allerdings ein Staat gegen den Widerstand des Volkswillens durchsetzt, ist die „Effektivität" seiner Herrschaftsge-

---

[31] Aber schon lange vor der förmlichen Aufnahme der Türkei in die europäische Völkerrechtsgemeinschaft im Pariser Frieden von 1856 hat man die islamischen Staaten jedenfalls in gewissen Grenzen als Völkerrechtssubjekte betrachtet. So werden die nordafrikanischen Berberstaaten schon bei *Bynkershoek*, Quaestionum Iuris Publici Libri Duo I, c. XVII als echte Staaten geschildert: „piratae non sunt, sed Civitates, quae certam sedam, atque ibi Imperium habent". Über sie auch *Wheaton*, § 37, und in neuerer Zeit Sir *Walter Scott* (später *Lord Stowell*) in dem Urteil des High Court of Admirality im Falle *The Helena* (1801), 4 C. Robinson's Admiralty Reports 3: „The African States ... have long (!) acquired the character of established governments, with whom we have regular treaties, acknowledging and confirming to them the relations of regular states." Daher glaubte das Gericht den Verkauf eines von algerischen Korsaren aufgebrachten Schiffes durch den Bei von Algier als einen Hoheitsakt dieses Staates anerkennen zu müssen. Aber auch mit asiatischen Fürstentümern hat es in der vorimperialistischen Zeit durchaus völkerrechtliche Beziehungen gegeben, vgl. dazu oben, § 1, und die in Anm. 9 angegebene Literatur.

[32] In dem oft zitierten Urteil im Falle der *Cherokee Nations v. Georgia* (1831) – 5 Peter's U.S. Supreme Court Reports 1 – hatte der Supreme Court der USA z. B. die Frage zu prüfen, ob die klagende Nation der Cherokee Indianer als ein fremder Staat („foreign state") i. S. der Verfassung der Vereinigten Staaten gelten könne, eine Frage, die das von Chief Justice *Marshall* begründete Urteil in verneinendem Sinne entschied. In dem gleichfalls von *Marshall* begründeten Urteil im Falle *Johnson and Graham's Lessee v. William McIntosh* (1832) – 8 *Wheaton*, U.S. Supreme Court Reports 543 – werden die indianischen Nationen nicht als Träger einer völkerrechtlich anerkannten Hoheitsgewalt über ihre Gebiete betrachtet, sondern wird ihnen nur ein „right of occupancy" zugesprochen, das ihnen die Regierung kraft ihres stärkeren Rechts fortnehmen könnte. Aus späterer Zeit ist der Schiedsspruch des britisch-amerikanischen Schiedsgerichts über die Ansprüche der Cayuga-Indianer (1926) – RIAA 6, 173 – zu nennen. Darin wird der Nation der Cayugas wieder die internationale Rechtsstellung bestritten und werden ihre Ansprüche als solche von Privatpersonen behandelt. Für neuere Versuche namentlich in den Vereinigten Staaten, aus der Anerkennung der Indigenous Nations seit den Tagen der spanischen Spätscholastik als „Nationen" deren Völkerrechtssubjektivität herzuleiten, siehe *Morris*, In Support of the Right of Self-Determination for Indigenous Peoples under International Law, in: GYIL 29 (1986), 277-316.

[33] Dazu namentlich der Schiedsspruch des StIGH (*M. Huber*) im *Palmas*-Fall (1928), RIAA 1, 829 (858).

walt freilich mit besonderer Sorgfalt zu prüfen. Wenn sie aber besteht, ist ein Staat i. S. des Völkerrechts doch vorhanden. Nicht auf die Art seiner Entstehung und seine Legitimität kommt es an, sondern darauf, daß er da ist.

Auch seine *völkerrechtliche Legitimität* ist keine Bedingung, von der seine Existenz abhängig wäre. So kann eine politische Organisation, die sich unter Verletzung internationaler Verträge oder sonst des Völkerrechts durchgesetzt hat, doch ein Staat sein. Allerdings können sich gerade hier Zweifel ergeben. Aus Unrecht, so ließe sich sagen, könne Recht nicht entstehen: *„Ex iniuria ius non oritur"*.[34] Daraus folgert eine im neueren Völkerrecht um sich greifende Lehre, daß Veränderungen, die durch Gewalt oder sonst unter Verletzung völkerrechtlicher Normen herbeigeführt werden, von der Rechtsordnung ignoriert werden müßten (*Stimson*-Doktrin).[35] Nun gibt es aber wohl keine Rechtsordnung in der Welt, die mit der Regel *ex iniuria ius non oritur* bis zu den letzten Folgerungen Ernst machen könnte. In Gestalt etwa der durch Revolution entstandenen Verfassungsordnung, der fehlerhaft geschlossenen, aber doch rechtsgültigen Ehe, des faktischen Gesellschafts- oder Arbeitsverhältnisses begegnet uns auf Schritt und Tritt die Erfahrung, daß *ex facto ius oritur*. Anders könnte das Recht seine Ordnungsfunktion auch gar nicht erfüllen. Und namentlich das Völkerrecht kann sich einen radikalen Normativismus nicht leisten. Wollte es jede unter Verletzung völkerrechtlicher Pflichten entstandene Staatsgewalt als ein rechtliches nullum behandeln, so müßte es weite Bereiche des internationalen Lebens der Anarchie überlassen. Denn es fehlt dem Völkerrecht bisher die Macht, der internationalen Gemeinschaft die Exekutive, mit deren Hilfe sie Norm und Wirklichkeit in Übereinstimmung bringen, die rechtswidrig begründete Staatsgewalt in jedem Falle beseitigen könnte. Solange dem aber so ist, muß es sich damit abfinden und auch die ihrem Ursprung nach illegitime Staatsgewalt an das Völkerrecht binden. Wenn der unter Verletzung völkerrechtlicher Regeln entstandene Staat aber Pflichtsubjekt ist, hat er auch Rechte. Nur soviel dürfte zutreffend sein, daß an das Erfordernis der Effektivität – ein Merkmal, das dem Ermessen einen erheblichen Spielraum gewährt – im Falle der völkerrechtswidrig begründeten Staatsgewalt besonders strenge Anforderungen gestellt werden müssen.

So hat die überwiegende Mehrheit der Staaten von einer Anerkennung der Deutschen Demokratischen Republik als eines selbständigen Staates über zwei Jahrzehnte hinweg unter dem Hinweis auf die mangelnde Legitimität des Staates abgesehen, die namentlich in der Verweigerung der Abhaltung freier Wahlen und deren Kontrolle durch eine Delegation der Vereinten Nationen bestätigt gesehen wurde.[36] Die anhaltende Weigerung der Staaten der Welt, die Transkei und andere von der Republik Südafrika in die „Unabhängigkeit" entlassene Homelands an-

---

[34] Anfechtbar *Lauterpacht* (Anm. 19), 420: „The principle ex iniuria ius non oritur is one of the fundamental maxims of justice. An illegality cannot, as a rule (!), become a source of legal right to the wrongdoer". Dabei wird übersehen, daß, wer keine Rechte hat, auch keine Verpflichtungen hat. Durchaus richtig *Kelsen*, Principles, 316 f: „The principle advocated by some writers – ex iniuria ius non oritur – does not, or not without important exceptions, apply in international law." In diesem Sinne nimmt *Marek*, 327 ff an, die Tschechoslowakei sei aufgrund des Grundsatzes ex iniuria nach der Zerschlagung durch das Hitler-Regime als Staat erhalten geblieben. Sie fügt jedoch hinzu, daß dieser Grundsatz nicht immer durchgreife, daß vielmehr der Grundsatz der Effektivität (*ex factis ius oritur*) daneben durchaus seinen Platz im Völkerrecht bewahre, nur „the effectiveness of the illegal act must be final beyond doubt and every reasonable chance of a restitutio ad integrum must be excluded" (329); allerdings wird letzterer Gesichtspunkt von *Marek* doch wohl insgesamt überzogen zugunsten des Vorranges des Prinzips *ex iniuria ius non oritur*; siehe auch unten, §§ 14 und 55.

[35] Dazu unten § 55.

[36] Dazu UNYB 1951, 317 ff, 1952, 311 ff; zur Haltung der Westmächte siehe *Whiteman* II, 386 ff.

zuerkennen, beruht ebenfalls – jedenfalls zum Teil – auf den bestehenden Zweifeln an der Legitimität (und Legalität) dieser Staaten.[37]

IV. 1. Ein Staat ist vorhanden, wenn er so weit organisiert ist, seine Staatsgewalt sich so weit durchgesetzt hat, daß er an den internationalen Beziehungen teilnehmen kann, und die Erwartung begründet scheint, daß er seinen internationalen Verpflichtungen nachkommen kann. Eine solche Ordnung kann *auf verschiedene Weise entstehen.* Manche Staaten sind auf unbesiedeltem oder von im Sinne der seinerzeit vorherrschenden Vorstellung nicht zivilisierten Völkern besiedeltem Boden (z. B. die Burenstaaten, der Kongostaat, Liberia im 19. Jahrhundert) entstanden. Häufiger ist die Entstehung neuer Staaten durch Gewalt, durch Krieg oder Revolution. Ein neuer Staat kann sich auch mit der Zustimmung der bisherigen Staatsgewalt bilden. So sind die Vereinigten Staaten und Deutschland durch den Zusammenschluß bisher unabhängiger Staaten zu neuen Bundesstaaten entstanden. Zu Beginn dieses Jahrhunderts sind Island und Irland, in der jüngsten Vergangenheit sind zahlreiche asiatische und afrikanische Staaten im Einvernehmen mit der bisher für ihre Völker zuständigen Staatsgewalt Staaten geworden.

Mannigfaltig wie die Erscheinungsformen des politischen und geschichtlichen Lebens sind auch die *rechtlichen Formen.* In zahlreichen Fällen hat die vormals herrschende Staatsgewalt förmlich auf ihre Rechte verzichtet, sei es von Anfang an, sei es nach der faktischen Aufrichtung der neuen Gewalt. In vielen Fällen hat die Errichtung der neuen Staatsgewalt ihre Sanktionierung durch zwischenstaatliche *Verträge* erhalten.

In Betracht kommen etwa Verträge zwischen mehreren bisher unabhängigen Staaten, die sich zu einem neuen Staate verbinden (Vertrag von 1866 zwischen den norddeutschen Staaten über die Gründung des norddeutschen Bundes, Verträge zwischen dem norddeutschen Bund und den süddeutschen Staaten 1870 über die Errichtung eines gesamtdeutschen Staates), zwischen dem Altstaat und der neuen Staatsgewalt oder zwischen dem Altstaat und anderen Mächten (Begründung der Republik Krakau durch die Wiener Kongreßakte 1815, Bulgariens durch den Berliner Vertrag 1878, der Vatikanstadt 1929 durch Vertrag zwischen Italien und dem Heiligen Stuhl). Es können aber auch dritte Staaten durch Verträge unter sich die Errichtung eines neuen Staates auf dem Gebiet eines am Vertrage nicht unmittelbar beteiligten Staates beschließen. So wurde Albanien 1913 durch Beschlüsse der Botschafterkonferenz der Großmächte konstituiert, denen die Türkei die Befugnis dazu im Londoner Vorfrieden eingeräumt hatte. Der Errichtung des Staates Sudan ging der Abschluß eines Vertrages zwischen dem Vereinigten Königreich und Ägypten, den an dem bis dahin bestehenden Kondominium beteiligten Staaten, voraus, der die endgültige Entscheidung über das Schicksal des Landes von der Stellungnahme der Volksvertretung abhängig machte.[38] In der jüngsten Vergangenheit sind Staaten auch aufgrund von *Entschließungen der UN* entstanden. Durch ihre Entschließung 289 (IV) A vom 21. November 1949 hat die UN-Generalversammlung die Errichtung eines unabhängigen Staates Libyen mit Wirkung vom 1. Januar 1952, durch die Entschließung 289 (IV) B vom gleichen Tage die eines unabhängigen Staates Somaliland nach dem Ablauf von 10 Jahren, gerechnet von der Billigung des

[37] Vgl. UN GA/Res. 31/6 A vom 26. Oktober 1976, die mit 134 Stimmen bei einer Enthaltung angenommen worden ist, vgl. UNYB 1976, 125 (Text der Res. 134). Zum Hintergrund der Gründung der Bantustan-Staaten vgl. *Harding*, Unabhängigkeit der Transkei – zur völkerrechtlichen und politischen Problematik, dargestellt an der Frage der diplomatischen Anerkennung der Transkei durch die Bundesrepublik, 1976; zur US-Haltung *Kissinger*, in: Department of State Bulletin 1976, 641; ferner *Fischer*, La non-reconnaissance du Transkei, in: AFDI 22 (1976), 63 ff; *Klein*, Die Nichtanerkennungspolitik der Vereinten Nationen gegenüber den in die Unabhängigkeit entlassenen südafrikanischen homelands, in: ZaöRV 39 (1979), 469 ff.

[38] Vgl. die Texte in: AVR 6 (1957), 340 ff.

Treuhandabkommens durch die UN, beschlossen.[39] Ihre Zuständigkeit dazu ergab sich aus dem Friedensvertrag mit Italien von 1947.[40]

2. Aber welches auch immer die Rechtsformen sind, deren man sich zur Errichtung eines neuen Staates bedient, letztlich ist es doch nicht der Willensakt der bisherigen Staatsgewalt, sind es auch nicht eigentlich die Verträge, denen der neue Staat seine Entstehung verdankt.[41] Rechtlich entscheidend ist vielmehr die *faktische* Errichtung der neuen Gewalt, die Aufnahme der Funktionen des neuen Staates durch dessen Organe oder durch solche, die für ihn handeln. Sind sie nicht vorhanden, so hilft kein Vertrag. Setzen sie sich umgekehrt durch, so ist der neue Staat da, auch wenn der Vertrag unwirksam ist oder noch nicht in Kraft ist. Auch wenn die bisherige Staatsgewalt die Souveränität – wie dies z. B. im Falle Indonesiens oder der Philippinen geschehen ist – dem neuen Staat in aller Form „überträgt", ist doch die neue Staatsgewalt niemals derivativer Natur, sondern beruht stets auf dem *eigenen* Willen der neuen Gewalt und ihrer Organe. Daher ist die Geburtsstunde des neuen Staates auch nicht die Ratifikation solcher Verträge oder der Zeitpunkt, den die Verträge oder die Willensakte der bisher zuständigen Staaten bestimmen, sondern der Zeitpunkt, von dem an die neue Gewalt tatsächlich und definitiv ausgeübt wird.[42] Beides fällt häufig zusammen – vor allem dort, wo sich die Errichtung des neuen Staates im Einvernehmen mit der bisher zuständigen Staatsgewalt vollzieht –, es braucht aber nicht zusammenzufallen.

Beispiele: Die Tschechoslowakei wurde formell erst durch den Vertrag von St. Germain aus dem österreichischen Staatsverbunde entlassen. Der Vertrag trat am 16.7. 1920 in Kraft. Aber die Tschechoslowakei bestand faktisch und rechtlich schon vorher als Staat[43] und hat als solcher die Pariser Vorortverträge mitunterzeichnet. Die Türkei hat auf ihre Hoheitsrechte über *Ägypten* erst im Friedensvertrag von Lausanne 1923, Japan auf seine Rechte auf *Korea* erst im Frieden von San Francisco 1951 verzichtet. Doch haben beide Staaten – in Korea zwei Staaten – schon vorher bestanden. Die *Philippinen* wurden zur Konferenz in San Francisco im Jahre 1945 schon vor der Proklamation ihrer Unabhängigkeit durch die Vereinigten Staaten eingeladen. Es läßt sich der Standpunkt vertreten, sie hätten schon von da an faktisch und damit auch völkerrechtlich als unabhängige Völkerrechtssubjekte bestanden. Auch im Falle *Indonesien* spricht vieles für die Annahme, es habe die Republik Indonesien als ein Staat schon geraume Zeit vor der förmlichen Übergabe der Hoheitsrechte im Dezember 1949 bestanden. Im Linggadjati-Abkommen vom 25. März 1947 wurde sie von den Niederlanden selbst als eine de facto bestehende Autorität anerkannt und 1947 vom Sicherheitsrat der UN angehört, wobei freilich die rechtliche Begründung, namentlich die Anwendung des Art. 32 der UN-Charta, zweifelhaft blieb.[44]

---

[39] UNYB 1948-49, 275 und 276.

[40] Art. 23 mit Anhang XI § 3 (UNTS 49 (1950), 139, 215). Die Entschließungen der Generalversammlung hatten den Charakter von Empfehlungen, die von den Großmächten als Rechtsnachfolger Italiens angenommen wurden.

[41] Vgl. z. B. *Cavaglieri*, Corso 146 im Hinblick auf die Begründung der Vatikanstadt: „non crediamo che uno Stato nuovo possa sorgere immediatemente da rapporti contrattuali tra altri enti, essendo la sua formazione in ogni caso costituita da un processo di fatto, che il diritto può preparare e disciplinare, giammai costituire"; vgl. auch *Guggenheim* I, 208; *Marek*, 2 f.

[42] In diesem Sinne schon die alte Entscheidung des Supreme Courts der USA in *McIlvaine v. Coxe's Lessee* (1808), 4 Cranch 209. Darin wurde amerikanischen Staatsangehörigkeitsgesetzen Rechtswirksamkeit bereits für die Zeit vor dem Friedensvertrag von 1783 zugeschrieben mit der Begründung, es habe der Friedensvertrag nur die schon vorher begründete Unabhängigkeit der Vereinigten Staaten nachträglich bestätigt. Vgl. auch *Moore*, Digest III, 289.

[43] Richtig RGSt 55, 82: „Entscheidend ist allein, ob das aus dem Zusammenbruche des vormaligen Österreich-Ungarischen Reiches hervorgegangene neue Staatswesen sich zu der in Rede stehenden Zeit bereits tatsächlich durchgesetzt hatte". Vgl. auch *Rights of Citizenship* (Establishment of Czechoslovak Nationality) Case, Annual Digest 1919/1922, Case No. 6.

[44] Vgl. UNYB 1947-48, 365.

V. Im Falle der freiwilligen Entäußerung der Staatsgewalt entsteht der neue Staat in dem Zeitpunkt, von dem an die neue Staatsgewalt sich effektiv durchgesetzt hat. Aber schon in dem ihrer Entstehung vorangegangenen Übergangsstadium kann die neue Staatsgewalt Trägerin einer gewissen Rechtsstellung, also Subjekt des Völkerrechts sein. Auch im Völkerrecht kann sich das Problem des *nasciturus* ergeben. Gerade in neuerer Zeit ist – namentlich im Zusammenhang mit der Aufgabe bisherigen Kolonialbesitzes in Asien und Afrika – die Gründung einer Reihe von neuen Staaten in Verträgen der bisherigen Staatsgewalt mit den vorläufigen Regierungen der zu gründenden Staaten verabredet worden und hat man die Beziehungen zwischen dem alten und dem neuen Staat schon vor dessen Entstehung vertraglich geregelt.

Beispiele: Im Jahre 1920 wurde die Entscheidung der Botschafterkonferenz über die Errichtung der Freien Stadt *Danzig* durch einen Vertrag mit den Vertretern des damals noch gar nicht bestehenden Staates vom 9. November 1920 bestätigt. Dem Erlaß des die Unabhängigkeit *Irlands* legitimierenden britischen Free State of Ireland (Agreement) Act von 1922 ging der Abschluß eines Vertrages zwischen Großbritannien und der Führung der irischen Republikaner am 6. Dezember 1921, der Errichtung des unabhängigen Staates *Burma* der eines Vertrages zwischen der britischen Regierung und der provisorischen Regierung des neuen Staates am 17. Oktober 1947 voraus. Darin bekundete das Vereinigte Königreich seine Absicht, die Gesetze zu erlassen, die zur Errichtung Burmas als eines unabhängigen Staates notwendig seien, und beide Regierungen erklären, ihre zukünftigen Beziehungen als die zwischen unabhängigen Staaten regeln zu wollen. Durch andere Abkommen wurde die Wahl einer verfassungsgebenden Versammlung, wurden Fragen der Verteidigung, der auswärtigen Beziehungen und die Rechtsstellung der Beamten geregelt. Ähnliche Verträge gingen der Errichtung des Staates *Ceylon (Sri Lanka)* voraus. Im Jahre 1946 wurden die *Philippinen* ein unabhängiger Staat. Aber vorher wurde der Manila-Vertrag vom 4. Juli 1946 zwischen ihrer Regierung und den Vereinigten Staaten abgeschlossen. Auch die Übergabe der Hoheitsgewalt auf *Indonesien* wurde durch den Abschluß einer Reihe von Verträgen am 2. November 1949 eingeleitet, darunter eines Vertrages, in dem die Niederlande erklärten, daß sie die Souveränität auf den neuen Staat übertrügen und diesem die Anerkennung gewährten, und die Republik Indonesien erklärte, daß sie die – damals also als noch nicht bestehend vorausgesetzte – Hoheitsgewalt annehmen wolle. Während nach 1960 in der Mehrzahl der Fälle ehemalige Kolonialgebiete ihre Staatwerdung einerseits dem von ihnen ausgehenden Druck und andererseits ihm auch nachgebenden einseitigen Erklärungen der Kolonialmächte über die Entlassung der Gebiete in die Unabhängigkeit verdanken, sind andere Staaten – namentlich in den ehemaligen französischen Gebieten Afrikas – durch vorangehende Verhandlungen und Übereinkünfte ins Leben getreten.[45]

Verträge dieser Art sind völkerrechtliche Verträge. In ihnen wird zwar bestimmt, daß sie erst zu einem späteren Zeitpunkt – etwa mit dem Erlaß des die Unabhängigkeit aussprechenden Gesetzgebungsakte des bisher zuständigen Staates – in Kraft treten sollen. Aber der Vertrag selbst wird doch schon vor der Entstehung des neuen Staates geschlossen. Es handelt sich hier um Verträge zwischen Staaten einerseits und unfertigen, werdenden Staaten auf der anderen Seite[46], wobei die letzteren für die Zwecke der Staatwerdung schon als Völkerrechtssubjekte, als Träger einer begrenzten Rechtsstellung, namentlich einer gewissen Vertragsschließungsbefugnis, anerkannt werden. Mit der Errichtung der neuen Gewalt verwandelt sich der werdende in den fertigen Staat. Beide sind rechtlich miteinander identisch, und die Rechte und Pflichten aus den im Grün-

[45] Z. B. Mauretanien (19. Oktober 1960), vgl. *Whiteman* II, 204, und 233 für Obervolta, Dahomey (Benin), Elfenbeinküste und Niger.

[46] A. A. für die Philippinen z. B. *Briggs*, Recognition of States. Some Reflections on Doctrine and Practice, in: AJIL 43 (1949), 113-121 (115 f): Es müßten die Philippinen schon zur Zeit des Vertragsschlusses ein Staat gewesen sein. Denn sonst wären sie nicht in der Lage gewesen, einen Vertrag abzuschließen. Aber dieser Schluß wäre nur dann überzeugend, wenn nur Staaten Verträge abschließen könnten, und das ist nicht zwingend.

dungsstadium geschlossenen Verträgen sind dann ohne weiteres solche des fertigen Staates.[47]

§ 13 Veränderungen innerhalb des Staates

Schrifttum: wie zu § 12; ferner: *Kunz*, Identity of States under International Law, in: AJIL 49 (1955), 68-76; *Crisafulli*, La continuità dello stato, in: RDI 47 (1964), 365 ff; *Cansacchi*, Identité et continuité des sujets internationaux, in: RdC 130 (1970 II), 1 ff; *Fiedler*, Das Kontinuitätsproblem im Völkerrecht, 1978.

I. Ein Staat kann sich wandeln. Die Bevölkerung, die er organisiert, und der Raum, der seiner Hoheitsgewalt untersteht, kann sich vergrößern oder verkleinern, seine Organisation sich verändern. Das alles läßt seine Existenz, seine Identität unberührt. Denn im Völkerrecht gilt der Grundsatz der *größtmöglichen Kontinuität.* Der Untergang eines Staates – auch wenn seine Rechte und Pflichten im Wege der Staatennachfolge auf andere Staaten übergehen sollten – ist ein Vorgang, der das internationale Rechtsleben einschneidend berührt. Er kommt daher nur in Betracht, wenn die staatliche Organisation gänzlich erlischt.

Veränderungen namentlich des *territorialen Bestandes oder in Zahl und Zusammensetzung der Bevölkerung* lassen die rechtliche Identität des Staates unberührt, mögen sie seine politische und soziale Gestalt auch noch so sehr verwandeln. Internationale Verträge namentlich gelten für den Staat in seinem jeweiligen territorialen Bestande (Grundsatz der „beweglichen Vertragsgrenzen"), und auch andere Rechtsverhältnisse, z. B. seine Haftung aus Delikten, werden durch Veränderungen dieser Art nicht berührt.

Beispiele: So ließen die territorialen Verluste *Deutschlands* nach dem Ersten Weltkrieg oder die der *Türkei* nach den Balkankriegen und dem Ersten Weltkrieg den deutschen und den türkischen Staat nicht erlöschen.[1] Wie die Verkleinerung, so läßt auch die Vergrößerung von Bevölkerung und Gebiet die Identität des Staates im Prinzip unberührt, auch wenn der vergrößerte Staat den ursprünglichen Staat an Gebiet und Bevölkerungszahl weit übertrifft. Nachdem sich z. B. im vergangenen Jahrhundert Sardinien zum Königreich *Italien* ausgedehnt hatte, wurde Italien in der Praxis der Staaten als mit dem alten Königreich Sardinien identisch behandelt. Nach dem Ersten Weltkriege wurde das Königreich *Jugoslawien* mit dem Königreich Serbien identifiziert.

---

[47] Eine Parallele im Bereich des inländischen Rechts bietet das Verhältnis der juristischen Person zu der ihrer Gründung vorangegangenen Gründungsgesellschaft. So wie etwa der später entstehende rechtsfähige Verein durch Verträge des ihm vorangehenden nicht rechtsfähigen Vereins, die G.m.b.H. durch solche der Gründergesellschaft gebunden sind, so auch der später ins Leben tretende Staat durch die Verträge des werdenden Staates im Stadium seiner Entstehung. Die Frage kann sich aber auch im Hinblick auf die deliktische Haftung (auch insoweit Parallelen im nationalen Recht), auf die Mitgliedschaft in den internationalen Organisationen und in anderer Beziehung ergeben.

[1] Die Identität der alten und der neuen Türkei, von der Türkei selbst in Abrede gestellt, bildete doch die rechtliche Grundlage des Vertrags von Lausanne, und sie wurde auch in dem Schiedsspruch des Richters *Borel* in dem Rechtsstreit über die Ottomanische Staatsschuld (1925) – RIAA 1, 529 – zugrunde gelegt. – Ebenso wurden seit den Verträgen von St. Germain und Trianon Ungarn und – gegen seinen Willen, und dies zu Recht, auch – Österreich mit den Vorkriegsstaaten Österreich und Ungarn identifiziert und für deren Verbindlichkeiten haftbar gemacht. Dazu *Feilchenfeld*, Public Debts and State Succession, 1931, 435 f. A. A. z. B. *Verdross*, in: Wörterbuch des Völkerrechts I, 1. Aufl. 1924, 286; *ders.*, Die Verfassung der Völkerrechtsgemeinschaft, 1926, 150 f. Vgl. auch das Urteil des Kammergerichts in JW 1920, 392, das Österreich als nicht mehr bestehend behandelt, mit Anm. *Schoenborn*, der es auf den Willen der Nation zum alten Staat ankommen läßt; die Identität der österreichischen Republik mit dem Kaiserreich weist mit überzeugenden Argumenten auch zurück *Marek*, 210 ff.

Auch der Wechsel der äußeren Bezeichnung und Titulatur oder der Hauptstadt läßt für sich allein die rechtliche Identität nicht entfallen.

II. 1. Auch tiefgreifende Wandlungen der staatlichen Ordnung, insbesondere der *revolutionäre Umsturz*, lassen den Staat nicht erlöschen.[2] So wie es nur darauf ankommt, daß überhaupt ein Gebiet und eine der Staatsgewalt unterworfene Bevölkerung bestehen bleiben, so ist nur von Bedeutung, daß überhaupt eine selbständige Hoheitsgewalt weiterbesteht, nicht aber ihre Ausgestaltung im einzelnen. Der Staat ist nicht mit seiner Verfassung identisch.[3] Die Revolution bringt keinen neuen Staat zum Entstehen, dessen Verhältnis zu der alten Staatsgewalt etwa nach den Regeln der Staatennachfolge zu beurteilen wäre, sondern sie läßt den Staat in seiner Identität und damit seine Rechte und Pflichten im Prinzip unberührt.[4] Was sich ändert, ist nur seine völkerrechtliche Repräsentation, für die nunmehr seine neue Regierung zuständig ist. Daher läßt z. B. der Umsturz die Mitgliedschaft des Staates in den zwischenstaatlichen Organisationen unberührt; so blieb etwa Chinas Zugehörigkeit zur UN und seine Stellung als ständiges Mitglied des Sicherheitsrates auch nach dem Umsturz des Jahres 1949 bestehen. Eine andere Frage war, welche Regierung befugt war, China in den Vereinten Nationen zu vertreten. Sie wurde schließlich im Jahre 1971 dahingehend beantwortet, daß legitimer Vertreter Chinas die Regierung der Volksrepublik China sei, die nach entsprechendem Beschluß der Generalversammlung der UN den Platz der nationalchinesischen Regierung (Taiwan) in den Gremien der UN und der Sonderorganisationen einnahm.[5] Auch andere Rechte eines von einer Revolution überzogenen Landes bleiben erhalten, die Identität des Staates bleibt auch insoweit unberührt.

Beispiel: Im Falle *Lehigh Valley Railroad Co. v. State of Russia*[6] ging der amerikanische Court of Appeal mit Recht davon aus, daß ein Rechtsanspruch Rußlands aufgrund einer vor dem Umsturz des Jahres 1917 durch Fahrlässigkeit verursachten Explosion russischen Kriegsmaterials in den Vereinigten Staaten trotz des Umsturzes zugunsten der neuen russischen Staatsgewalt weiterbestehe. Daraus zog das Gericht den verfahrensrechtlichen Schluß, daß der von der zaristischen Regierung eingeleitete Prozeß von der (damals noch nicht anerkannten) *Kerenski*-Regierung fortgeführt werden könne. In der Revolution wurde nicht ein Wechsel der Partei, sondern folgerichtig nur ihrer Vertretung gesehen. „We must juridically recognize that the state of Russia survives".[7]

---

[2] So die fast einstimmig vertretene Lehre. Anders etwa *Quadri*, 500 f, der – nicht überzeugend – die Regeln der Staatennachfolge anwenden will.

[3] Wer mit *Kelsen* das Gegenteil annimmt, müßte an sich zu entgegengesetzten Ergebnissen kommen. Aber auch *Kelsen* nimmt einen Rechtssatz des Völkerrechts an, wonach das faktische Fortbestehen von Volk und Gebiet die Identität der beiden Rechtsordnungen begründen und die Identität des Staates gewahrt bleiben soll. Vgl. z. B. *Kelsen*, Das Problem der Souveränität und die Theorie des Völkerrechts, 1920, § 51 und General Theory of Law and State, 1949, 220 f, 367 f, wo dieses Ergebnis auf das „principle of effectiveness" zurückgeführt wird. *Kelsen* gibt den sonst vertretenen normativistischen Standpunkt hier auf.

[4] Mit besonderem Nachdruck haben die Großmächte diesen Grundsatz anläßlich der Abtrennung Belgiens von Holland 1830-31 vertreten. Vgl. etwa das 19. Protokoll der Londoner Konferenz vom 19. Februar 1831, in: *de Martens*, NRG, 1ère Série X, 197. Dort wird der Grundsatz der Aufrechterhaltung der Verträge „le grand principe de droit public" genannt und dann gesagt: „D'après ce principe d'un ordre supérieur, les Traités ne perdent pas leur puissance, quels que soient les changements qui interviennent dans l'organisation intérieure des peuples."

[5] Vgl. UN GA/Res/2758 (XXVI) vom 25. Oktober 1971, in: UNYB 1971, 136.

[6] (1927) 21 F. (2d) 396. – Vgl. auch das in Annual Digest 1938-40, C 155 abgedruckte Urteil der argentinischen Cámara Federal: Auslieferung einer Person an die inzwischen an die Macht gelangte *Franco*-Regierung, deren Auslieferung von der früheren republikanischen Regierung Spaniens verlangt worden war.

[7] So schon der amerikanische Supreme Court in *The Sapphire* (1870), 11 Wallace's United States Supreme Court Reports 164: Fortdauer eines von Frankreich durch Klage des Kaisers Napoleon III. eingeleiteten Prozesses auch nach dessen Absetzung. – Eine andere Folgerung aus der Fortdauer des Staates als Prozeßpartei auch nach der Revolu-

2. Ebenso ändern Revolution und Gegenrevolution auch nichts an den *Pflichten* des Staates. Die spätere Regierung hat die Verpflichtungen zu erfüllen, die sich aus der hoheitlichen Betätigung der früheren Regierung ergeben. Die Revolutionsregierung also bleibt durch die Verträge und Delikte der früheren legitimen Regierung, das wiederhergestellte Regime durch die der Revolutionsregierung gebunden, immer vorausgesetzt, daß die ehemalige Regierung sich als sog. de facto-Regierung im wirklichen Besitze der Herrschaft befand.[8]

Beispiele: Im Jahre 1921 mußte der StISchH (Schiedsrichter *Ostertag*) im Haag über die Berechtigung gewisser von Frankreich gegenüber Peru erhobener Forderungen entscheiden, die von einer französischen Firma Dreyfus & Co. geltend gemacht worden waren. In Peru war während des Krieges zwischen Chile und Peru ein Diktator *Pierola* an die Macht gelangt, und dieser hatte mit der französischen Firma eine Reihe von Vereinbarungen getroffen und mit ihrer Zustimmung über Streitigkeiten der Firma mit dem peruanischen Staat aus früheren Verträgen entschieden. Aber später wurden durch ein peruanisches Gesetz alle Rechtshandlungen der Regierung *Pierola* für null und nichtig erklärt. In dem Rechtsstreit zwischen Frankreich und Peru, der sich daraus ergab, entschied der StISchH gegen Peru, für das die dort tatsächlich herrschende Regierung *Pierola* Verpflichtungen habe eingehen können.[9] In gleicher Weise wurden 1923 durch Schiedsspruch des Schiedsrichters *Taft* im *Tinoco*-Fall zwischen Großbritannien und Costa Rica gewisse von der *Tinoco*-Regierung und einer britischen Gesellschaft geschlossene Verträge für die spätere legitime Regierung für verbindlich erklärt, obwohl weder Großbritannien noch die Vereinigten Staaten das *Tinoco*-Regime anerkannt hatten. Ausschlaggebend war, daß die *Tinoco*-Regierung die tatsächliche Herrschaft ausgeübt hatte.[10] Aufgrund ähnlicher Erwägungen kam 1926 die amerikanisch-mexikanische General Claims Commission im Falle *Hopkins* zu dem Ergebnis, daß die rechtmäßige mexikanische Regierung gewisse von der illegitimen Regierung *Huerta* in deren Machtbereich ausgegebene Schuldverschreibungen einlösen müsse.[11]

3. Diese ganz überwiegend bestehende „Verfassungsblindheit" des Völkerrechts hat zwingende Gründe.[12] Das Völkerrecht beruht auf der Anerkennung der Unabhängigkeit und verfassungsrechtlichen Souveränität aller Staaten. Was sich im Inneren eines Staates vollzieht, hat jedenfalls im Hinblick auf die Stellung der Staaten als Mitglieder der Völkerrechtsgemeinschaft in der Regel keinen Einfluß.[13] Die Staaten verkehren mitein-

---

tion hat der Supreme Court im Falle *Guaranty Trust Co. v. U.S.* (1938) 304 US 126, gezogen. Hier suchte die Regierung der Vereinigten Staaten als Rechtsnachfolgerin der Sowjetregierung aufgrund des Litwinow-Abkommens gewisse Gelder einzuziehen, die von der zaristischen Regierung deponiert worden waren. Aber die Beklagte hielt der im Jahre 1937 erhobenen Klage die 6jährige Verjährungsfrist des New Yorker Rechts entgegen und fand damit Gehör. Zwar sei die Sowjetregierung vor ihrer Anerkennung durch die Vereinigten Staaten im Jahre 1933 nicht imstande gewesen, vor amerikanischen Gerichten zu klagen. Indessen habe die damals anerkannte *Kerenski*-Regierung zu klagen vermocht, und der Anspruch sei daher verjährt. Im gleichen Sinne das in Annual Digest 1941-42, C. 14 veröffentlichte Urteil des District Court New York.

8 Daher ist die legitime Regierung auch zur Rückzahlung von einer revolutionären Staatsgewalt aufgenommener Anleihen verpflichtet. Näheres bei *Spiropoulos*, Die de facto-Regierung im Völkerrecht, 1926, 68 f.

9 Vgl. RGDIP 29 (1922), 275. In gleichem Sinne das britische Urteil in *Republik of Peru v. Dreyfus* (1888), 38 Chancery Division of the English High Court of Justice 348.

10 *Aguilar-Amory and Royal Bank of Canada* Claims (*Tinoco*-Fall), RIAA 1, 369.

11 RIAA 4, 41.

12 *Verdross*, Die völkerrechtliche Stellung Deutschlands von 1945 bis zur Bildung der westdeutschen Regierung, in: AVR 3 (1951-52), 129-136 (131), glaubt den wesentlichen Grund darin zu sehen, daß der Staat das „als Staat anerkannte Staatsvolk" sei, das auch nach dem Untergang der Organisation weiterbestehe. Aber auch Veränderungen des „Staatsvolks", z. B. durch umfangreiche territoriale Veränderungen, lassen die Identität des Staates unberührt.

13 Die hier gegenüber der Vorauflage vorgenommene Relativierung des Prinzips der Verfassungsblindheit des Völkerrechts hat ihren Grund in der wachsenden Tendenz der Völkergemeinschaft, Fragen einer menschenrechtlich begründeten Legitimität von Staaten bei deren Zulassung zur Mitwirkung in der Staatengemeinschaft jedenfalls dann zu berücksichtigen, wenn schwere Verlet-

ander als kontinuierliche Wesen. Namentlich Verträge werden mit dem stillschweigenden Vorbehalt geschlossen, daß Veränderungen innerhalb der Vertragsstaaten an ihnen nichts ändern. Es wäre mit der Rechtssicherheit unvereinbar, und es müßte die zwischenstaatlichen Beziehungen auf das schwerste belasten, könnten die Staaten sich ihren Verpflichtungen mit der Begründung entziehen, es sei ein verfassungsrechtlicher Umbruch im eigenen Lande oder in dem eines Vertragspartners erfolgt und damit ein neuer Staat zur Entstehung gelangt. Die Annahme eines solchen Prinzips würde auch das im Völkerrecht anerkannte Verbot der Intervention in das Verfassungsleben anderer Staaten (domaine reservé) erschüttern. Denn ließe die Revolution die internationalen Rechte und Pflichten der Staaten erlöschen, so müßte damit die innere Ordnung der Staaten ihren rein nationalen Charakter verlieren; dann ließen sich Änderung oder Umsturz der Verfassung nicht mehr der Kontrolle internationaler Instanzen, z. B. ihre Bedeutung und Tragweite nicht mehr der Nachprüfung durch die internationalen Gerichte, entziehen. Eine derartige Praxis ist trotz der Öffnung des innerstaatlichen Bereichs gegenüber dem Völkerrecht – etwa auf dem Gebiet des Menschenrechtsschutzes – bisher nicht nachweisbar. Es entspricht vielmehr der Praxis der Staaten, ja, es besteht eine gewohnheitsrechtliche Regel des Inhalts, daß innere Umwälzungen an den internationalen Verpflichtungen der Staaten nichts ändern, also jede Regierung für die von einer früheren Regierung übernommenen oder durch ihr Verhalten begründeten Verbindlichkeiten einstehen muß.[14]

Im Widerspruch zu diesen Regeln hat die *Sowjetregierung* 1918 die von der zaristischen Regierung aufgenommenen Anleihen annulliert und die kommunistische *Volksregierung in China* sich 1949 das Recht vorbehalten, die von der *Kuomintang*-Regierung geschlossenen Verträge zu überprüfen und über den Eintritt in diese Verträge frei zu entscheiden.[15] Es entspricht das der in der kommunistischen Völkerrechts-Theorie vertretenen Lehre (*Korowin, Krylow* u. a.), daß zwar Veränderungen innerhalb der gleichen Klassengesellschaft die staatliche Identität nicht berühren, aber mit dem Sturz der bisher regierenden Klasse ein *neuer Staat* zur Entstehung gelange.[16] Aber diese Auffassung bleibt auf die kommunistischen Länder beschränkt. Zwar haben sich auch andere Staaten mit der Sowjetunion arrangiert, aber der grundsätzliche Standpunkt der Sowjetunion ist ganz überwiegend abgelehnt worden.[17] Geltendes Völkerrecht wird nicht durch den Sinnwandel einzelner, sei es auch mächtiger Staaten beseitigt. Aber auch die kommunisti-

zungen von Menschenrechten in der Verfassungsstruktur eines Staates angelegt sind, vgl. dazu oben § 12.

[14] Diese Regel ist seit langem geltendes Recht. Reiches Quellenmaterial im Kommentar zu Art. 24 des Harvard-Entwurfes eines Abkommens über das Recht der Verträge, in: AJIL 29 (1935), Supp., Part III. Vgl. auch Art. 2 des interamerikanischen Havana-Abkommens über die Verträge vom 28. Februar 1928, der für den Fall der Unmöglichkeit der Erfüllung eine Ausnahme zulassen will. Die Wiener Vertragsrechtskonvention enthält zu dieser Frage keine Regelung. Auch die Konvention zur Staatennachfolge in Staatsvermögen, Archive und Staatsschulden schweigt zu dieser Frage, vgl. dazu unten, § 17. Aus der deutschen Rechtsprechung BVerfGE 6, 309 (336): Fortdauer des Reichskonkordats ungeachtet des Zusammenbruchs der nationalsozialistischen Staatsgewalt, die das Konkordat abgeschlossen hatte.

[15] Dazu *Steiner*, Mainsprings of Chinese Communist Foreign Policy, in: AJIL 44 (1950), 69 ff (93 f).

[16] Vgl. *Tunkin*, 117 f.

[17] Der Gegensatz der Standpunkte tritt deutlich in dem die Anerkennung der Sowjetunion durch die britische Regierung im Jahre 1924 begleitenden Notenwechsel hervor. Die britische Note vom 1. Februar 1924, in der die Anerkennung ausgesprochen wird, äußert sich dahin, daß nunmehr die zwischen beiden Staaten bestehenden Verträge „according to the accepted principles of international law" wieder in Kraft gesetzt seien, während in der russischen Antwortnote vom 8. Februar 1924 nur die Bereitschaft ausgesprochen wird, die während des Krieges und nach dem Kriege bereits gekündigten oder ungültig gewordenen Verträge durch neue zu ersetzen. Der Notenwechsel ist abgedruckt in: Survey 1924, 491; zur sowjetischen bzw. der Haltung der sog. sozialistischen Staaten allgemein in dieser Frage vgl. *Mahnke*, Entstehung und Untergang von Staaten, Staatensukzession, in: *Maurer/Meissner* (Hrsg.), Völkerrecht in Ost und West, 1967, 100 ff (109 ff); ferner *Whiteman*, Bd. II, 776 ff.

schen Staaten haben die von dem früheren Regime abgeschlossenen Verträge geltend gemacht, wo ihnen dies zweckmäßig erschien. So hat z. B. die Sowjetunion alsbald nach der Revolution Schadensersatzansprüche geltend gemacht, die dem Zaristischen Rußland erwachsen waren.[18] Ferner wurde in dem Geheimabkommen zwischen der UdSSR, dem Vereinigten Königreich und den USA in Yalta über den Eintritt der UdSSR in den Krieg gegen Japan vom 11. Februar 1945[19] z. B. vereinbart, daß die durch den Angriff Japans im Jahre 1904 verletzten „früheren Rechte Rußlands" „wiederhergestellt" werden sollten. Und die chinesische Volksregierung hat etwa die Mitgliedschaft Chinas in den UN und im Sicherheitsrat, d. h. aber die fortdauernde Rechtswirksamkeit der von der früheren Regierung vorgenommenen Ratifizierung der UN-Charta mit allen daraus folgenden Rechten und Pflichten, nicht in Zweifel gezogen. Nicht die Verbindlichkeit des Vertrages, sondern die Befugnis der früheren Regierung zur Repräsentation wurde — mit Recht — in Abrede gestellt.

III. Nur das Erlöschen, nicht die bloße Veränderung der Staatsgewalt, bringt den Staat selbst zum Erlöschen. Daher lassen auch bloße *Veränderungen der internationalen Rechtsstellung* den Staat und damit im Prinzip auch seine Rechte und Pflichten bestehen.

So wurde z. B. angenommen, daß die Mitgliedschaft Indiens in den UN durch den Indian Independence Act von 1947 — durch den Indien die Unabhängigkeit erlangte — nicht berührt worden sei. Wie das Aufsteigen aber, so läßt auch das Absinken des Staates, seine capitis deminutio, z. B. die Verwandlung eines unabhängigen Staates in ein Protektorat oder sein Aufgehen in einem Bundesstaat unter Aufrechterhaltung einer gewissen völkerrechtlichen Selbständigkeit, seine Rechte und Pflichten im Prinzip unberührt. In diesem Sinne darf wohl die Praxis der UN interpretiert werden, etwa Syrien nach seinem Austritt aus der Vereinigten Arabischen Republik nicht einem förmlichen Wiederaufnahmeverfahren zu unterwerfen, sondern Syrien ohne weiteres einen Platz in der Organisation einnehmen zu lassen.[20]

IV. Nun wäre es freilich unrealistisch, wenn das Völkerrecht von allen diesen Veränderungen keine Notiz nehmen wollte. Veränderungen, die ein Staatswesen erleidet, heben zwar die Identität des Staates nicht auf, lassen daher Rechte und Pflichten *im Prinzip* unberührt. Aber das schließt nicht aus, daß sie den veränderten Verhältnissen *angepaßt* werden. Die Verwandlung eines großen Staates in einen kleineren Staat, eines unabhängigen Staates in den Gliedstaat eines Bundesstaates z. B. kann es dem Staat in seiner neuen Situation unmöglich machen, seine internationalen Verpflichtungen zu erfüllen. Auch die radikale Veränderung der politischen und sozialen Ordnung eines Volkes kann eine so grundlegende Veränderung der bei Abschluß des Vertrages zugrunde gelegten Lage bedeuten, daß eine Änderung oder eine Lösung vom Vertrag unter dem Gesichtspunkt der *clausula rebus sic stantibus* in Betracht kommen kann.[21] Dafür kommt es auf die Umstände des Einzelfalles an.

---

[18] Vgl. *Lehigh Valley Railroad Co. v. State of Russia*, 21 F 2nd 396 (1927); s. oben S. 138.

[19] Abgedruckt in: AJIL 40 (1946), 376 f.

[20] Siehe dazu UNYB 1961, 168; auch *Delbrück*, Die Vereinten Nationen in der Zeit vom 1. 7. 1961-30. 6. 1966, in: JIR (GYIL) 14 (1969), 346. Der syrische Präsident des Ministerrates und Außenminister, *Maamoun Kouzbari* erklärte in einem Telegramm an den Präsidenten der Generalversammlung der Vereinten Nationen, Syrien sei originäres Mitglied der UN und „had continued its membership in the form of joint association with Egypt under the name of the United Arab Republic" (UNYB 1961, 168). Diese Auffassung blieb ohne Widerspruch vonseiten der Generalversammlung, und Syrien nahm seinen früheren Platz in der Organisation wieder ein.

[21] In diesem — aber auch nur in diesem — Sinne wird man *von Lißt/Fleischmann*, § 7 V darin zustimmen können, daß Veränderungen der Regierungsform die internationalen Rechte und Pflichten berühren, wenn „sie den Bestand des Staates an der Wurzel treffen und damit über die bloße innerstaatliche Wirkung hinausgreifen". So wohl auch *Oppenheim/Lauterpacht* I, 154, Anm. 2: „There appears to be room for a reconsideration of the existing rule on the subject in cases when the social and political upheaval accompanying a revolutionary change of government is such as to render equitable and reasonable a modification of the obli-

§ 14 Das Erlöschen des Staates

Schrifttum: wie zu § 12 sowie zu §§ 13 und 55; ferner: *Scheuner*, Die Funktionsnachfolge und das Problem der staatsrechtlichen Kontinuität, in: Festschrift Nawiaski, 1956, 9 ff; *Fiedler*, Staatskontinuität und Verfassungsrechtsprechung, 1970; *ders.*, Staats- und völkerrechtliche Probleme des Staatsuntergangs, in: ZfP 20 (1973), 150 ff; *Scheuner*, Die staatsrechtliche Stellung der Bundesrepublik. Zum Karlsruher Urteil über den Grundvertrag, in: DÖV 26 (1973), 581 ff; *Dunsdorfs*, The Baltic Dilemma, 1975; *Schiedermair*, Der völkerrechtliche Status Berlins nach dem Viermächte-Abkommen vom 3. September 1971, 1975; *v. Münch/Oppermann/Stödter* (Hrsg.), Finis Germaniae?, 1977; *Fiedler*, Das Kontinuitätsproblem im Völkerrecht, 1978; *Ress*, Die Rechtslage Deutschlands nach dem Grundlagenvertrag vom 21. Dezember 1972, 1978; *Bücking*, Der Rechtsstatus des Deutschen Reiches, 1979; *Zieger* (Hrsg.), Fünf Jahre Grundvertragsurteil des Bundesverfassungsgerichts, 1979; *Bernhardt*, Deutschland nach 30 Jahren Grundgesetz, in: VVDStRL 38 (1980), 7 ff; *Meissner/Zieger* (Hrsg.), Staatliche Kontinuität unter besonderer Berücksichtigung der Rechtslage Deutschlands, 1983; *Hendry/Wood*, The Legal Status of Berlin, 1987; *Dolzer*, Die rechtliche Ordnung des Verhältnisses der Bundesrepublik Deutschland zur Deutschen Demokratischen Republik, in: *Isensee/Kirchhoff* (Hrsg.), Handbuch des Staatsrechts I, 1987, 547 ff; *Ress*, Germany, Legal Status after World War II, in: EPIL 10 (1987), 191-206; *Fiedler*, Die staats- und völkerrechtliche Stellung der Bundesrepublik Deutschland, in: JZ 43 (1988), 133-138.

I. Bloße Veränderungen der staatlichen Organisation lassen den Staat nicht erlöschen. Er geht erst unter, wenn er Gebiet oder Bevölkerung gänzlich verliert, wenn seine Hoheitsgewalt gänzlich erlischt. Das kann mit seinem oder gegen seinen Willen geschehen. Ein Staat kann sich z. B. durch Vertrag mit anderen Staaten zu einem neuen Staat verbinden, sich in einen anderen Staat aufnehmen lassen oder sich auf sonstige Weise seiner staatlichen Existenz aus eigenem Willen begeben. Er kann aber auch durch Auseinanderfallen (Dismembration, Sezession[1]) gegen seinen Willen erlöschen. Nach klassischem Völkerrecht konnte ein Staat auch durch Einverleibung (Annexion[2]) seine Stellung als selbständiges Völkerrechtssubjekt, als Staat, verlieren. Einer solchen gewaltsamen Beendigung der Staatlichkeit ist das moderne Völkerrecht zunehmend kritischer begegnet und hält sie heute – jedenfalls dem Buchstaben und der Grundtendenz nach – für rechtswidrig und unwirksam. Schon in der Zwischenkriegszeit versuchten die USA die Staaten der Welt dazu zu bewegen, gewaltsame Gebietsveränderungen – und die Einverleibung eines Staates ist die radikalste Form einer solchen – nicht anzuerkennen (*Stimson*-Doktrin[3]). In der Tat widerspricht eine solche Vernichtung eines Staates nicht nur der politischen Moral und dem Sittengesetz, auch das gewohnheitsrechtlich geltende und in der UN-Charta niedergelegte Gewaltverbot, das ausdrücklich die territoriale Unversehrtheit der Staaten umschließt, läßt im Grundsatz kaum eine andere Folgerung zu, als daß derartige Veränderungen heute als unwirksam, weil rechtswidrig angesehen werden. Auf der anderen Seite kann nicht übersehen werden, daß die Staatenpraxis einem solch weitreichenden Rechtsgrundsatz bisher nicht konsequent gefolgt ist. Die Annexion Abessiniens durch Italien im Jahre 1936 fand nach anfänglichem Widerstand im Völkerbund internationale Anerkennung.[4] Der Widerstand gegen die Anne-

gations contracted by the former régime." Ein beiläufiger Hinweis auf den Gesichtspunkt der clausula findet sich auch in der Entscheidung des schweizerischen Bundesgerichts im Falle *Lepeschkin g. Gossweiler*, BGE 49 I, 188.

[1] Dazu näher unten, Kap. 9, bes. § 58.

[2] Dazu näher unten, § 55.

[3] Zur *Stimson*-Doktrin im einzelnen unten, § 55, IV.

[4] Zwischen 1936 und 1938 erkannten 32 Staaten und der Vatikan die Annexion Abessiniens durch Italien an; von den damaligen Großmächten haben nur die USA die Anerkennung versagt (die Sowjetunion anerkannte das neue Regime nur de facto), vgl. nähere Angaben bei *Marek*, 269 ff.

xion der baltischen Staaten durch die Sowjetunion im Jahre 1940 schwächt sich heute ab.[5] Darüber hinaus haben gewaltsame Gebietsänderungen, wenn auch nicht mit der Folge des Unterganges der Staaten, die das Opfer solcher Akte wurden, seit dem Ende des Zweiten Weltkrieges zahlreich stattgefunden. Indessen handelt es sich dabei doch um flagrante Verletzungen des bestehenden Rechts und nicht um legale Akte. Was heute wirklich in Zweifel steht, ist nicht die Rechtswidrigkeit gewaltsamer Gebietsveränderungen als solche, sondern die Effektivität der entsprechenden Normen i. S. ihrer Durchsetzungsfähigkeit.[6] Denn auch das Verbot gewaltsamer Staatsvernichtung und damit die andauernde Rechtswidrigkeit solcher Akte kann unter Umständen eine Grenze in dem rein ordnungspolitischen Grundsatz der Effektivität bestehender Umstände finden. Das Völkerrecht kann um seiner eigenen Aufrechterhaltung willen zuweilen auch an rechtswidrig geschaffenen Situationen, wenn diese auf Dauer Bestand haben, nicht vorbeigehen. Es muß sich dabei indessen auf einem schmalen Grat zwischen zwei Abgründen bewegen: einerseits darf etwa das Annexionsverbot nicht dadurch unterlaufen werden, daß der Effektivitätsgrundsatz einfachhin als lex specialis zum Grundsatz *ex iniuria ius non oritur* betrachtet wird;[7] andererseits aber kann diesem letzten Grundsatz aus ordnungspolitischen Gründen jedenfalls insoweit nicht absolute Geltung zugesprochen werden, als dadurch ein faktisch bestehender Staat möglicherweise über längere Zeit aus dem völkerrechtlichen Rechtsverkehr ausgeschlossen werden könnte. Ein dergestalt konsequent normativistisches Denken kann zu dem widersprüchlichen Ergebnis führen, daß das Völkerrecht sich partiell – nämlich für den ausgeschlossenen Staat – selbst aufhebt. Es muß deshalb – ausgehend von dem grundsätzlichen Verbot der Vernichtung von Staaten durch Gewalt – im einzelnen geprüft werden, ob der neue Zustand sich dauerhaft durchgesetzt hat.

II. Das unfreiwillige Erlöschen des Staates muß also endgültig sein. Die vorübergehende Ausschaltung der Staatsgewalt, z. B. durch revolutionäre Wirren oder als Folge der Besetzung des Landes im Kriege, läßt den Staat nicht erlöschen[8], auch dann nicht, wenn die Besatzungsmacht die Absicht hat, sich das besetzte Land einzuverleiben. So wie zur Errichtung eines neuen Staates die effektive Errichtung einer Staatsgewalt notwendig ist, so setzt auch das Erlöschen des Staates das wirkliche und endgültige Verschwinden der Staatsgewalt und ihrer Funktionen voraus. Allerdings läßt der Grundsatz der Effek-

---

[5] Während die meisten westlichen Staaten – Ausnahme Schweden und die Schweiz – jedenfalls die de jure-Anerkennung der Annexion der Baltischen Staaten durch die Sowjetunion verweigern, haben 1974 Australien und Neuseeland die de jure-Anerkennung vollzogen, wenn auch unter Mißbilligung der Umstände, die zur „incorporation" dieser Staaten in die Sowjetunion geführt haben (so Neuseeland); andere Staaten, vor allem die neuentstandenen Staaten haben sich zur Frage der Anerkennung oder Nichtanerkennung – soweit ersichtlich – nicht ausdrücklich geäußert. Vgl. zum Gesamtproblem *Marek*, 369 ff; *Meissner*, Die Sowjetunion, die baltischen Staaten und das Völkerrecht, 1956, 291 ff; zur Anerkennung durch Australien und Neuseeland mit dokumentarischen Nachweisen kritisch *Dunsdorfs*, 100 und passim; zur Haltung europäischer Staaten vgl. Resolution 189 vom 29. September 1960 der Beratenden Versammlung des Europarats, Council of Europe, Consultative Assembly, Official Report of Debates, 12th Ordinary Session (Second Part) vol. 111, 607, 688; ferner dazu *Prakash Sinha*, Self-determination in International Law and its Applicability to the Baltic Peoples, in: Res Baltica, Gedächtnisschrift Bilmanis, 1968, 256 ff.

[6] Skeptischer insoweit *Dahm* I, 90. Zur Gebietsveränderung im einzelnen unten, §§ 53-60, hier bes. § 55.

[7] Dazu unten, § 55, III, 4.

[8] Unhaltbar daher RGZ 167, 274, wo die Auflösung des polnischen Staates als eine Folge der deutschen Besetzung angenommen und daraus geschlossen wurde, daß der Beklagte, ein polnischer Staatsangehöriger, staatenlos sei. Richtig OGHZ 2, 1 (4-5). Daß die deutsche Besetzung während des Krieges die baltischen Sowjetrepubliken nicht habe auslöschen können, betont auch der kanadische Exchequer Court in *Estonian State Cargo and Passenger Line v. S.S. Elise* (1948), Annual Digest 1948, C. 50.

tivität gerade auch im Hinblick auf das Erlöschen der Staatsgewalt der Beurteilung *Spielraum.* Wird z. B. ein Land annektiert, so ist nicht nur die Fortdauer des bewaffneten Widerstandes, sondern auch der Widerstand der Staaten und zwischenstaatlichen Organisationen, ist vor allem auch der fortlaufende Wille der Bevölkerung des gefährdeten Staates zur Aufrechterhaltung seiner staatlichen Existenz von Bedeutung. Andauernder – nicht notwendig physischer – Widerstand *kann* verhindern, daß die neue Ordnung endgültig wird.

Strenge Maßstäbe sind namentlich dann anzulegen, wenn ein Staat unter *Verletzung des Völkerrechts* ausgelöscht wird. Zwar wird das Erlöschen – wie die Entstehung – des Staates nicht allein schon dadurch verhindert, daß es dem Völkerrecht widerspricht. Ist freilich vom Standpunkt vernünftiger Beurteilung ex ante mit einer Wiederherstellung der alten Staatsgewalt schlechterdings nicht mehr zu rechnen, dann hat der Staat als erloschen zu gelten, und dann dürfen auch andere Staaten sein Erlöschen nicht mehr ignorieren.[9]

An diesem Maßstab gemessen sind z. B. Abessinien 1936, Österreich 1938 und auch die baltischen Staaten 1940 als unabhängige Staaten erloschen.[10] Das schließt freilich nicht aus, daß der später „wiederhergestellte" – in Wahrheit neu errichtete – Staat nachträglich im Wege juristischer Fiktion[11] mit dem früheren Staate identifiziert wird und es so angesehen wird, als habe der Staat ohne Unterbrechung weiterbestanden (Theorie der wiederhergestellten Staatsgewalt).

So wird das heutige *Österreich* als mit der 1938 erloschenen Republik Österreich identisch behandelt. In der Moskauer Drei-Mächte-Erklärung vom 1. November 1943 wurde der Anschluß des Jahres 1938 für null und nichtig erklärt. Darauf nimmt auch der Staatsvertrag über die Wiederherstellung eines unabhängigen und demokratischen Österreich vom 15. Mai 1955 Bezug. Nach einer in Österreich weit verbreiteten Auffassung wäre Österreich durch den Anschluß nicht als selbständiger Staat erloschen, sondern nur vorübergehend okkupiert worden und seine Staatsgewalt suspendiert gewesen. Solche Fiktionen stellen im Rechtsleben an sich nichts Ungewöhnliches dar, können aber nichts an dem politischen und völkerrechtlichen Sachverhalt ändern. Österreich ist 1938 im Deutschen Reich aufgegangen, hat sich aber 1945 im Wege der Sezession vom Reiche getrennt[12] und ist als *neuer* Staat wieder ins Leben getreten, den aber das positive Recht weitgehend mit dem früheren Staat identifiziert.[13]

---

[9] Der gegenteilige, das Prinzip des *ex iniuria ius non oritur* stärker betonende Standpunkt wird in dem Buch von *Marek* entschieden hervorgehoben. Indessen fragt sich, ob die gegenwärtige Organisation der internationalen Gemeinschaft einen so dezidiert normativistischen Standpunkt schon trägt. Vgl. oben, S. 133.

[10] Anders *Marek*, 263 ff (Abessinien), 338 ff (Österreich), die auch hier aus dem Grundsatz *ex iniuria ius non oritur* die Kontinuität der Staaten ableiten will, wie dies hinsichtlich der Tschechoslowakei geschieht. Über die baltischen Staaten vgl. *Baade*, Die Bundesrepublik Deutschland und die baltischen Staaten, in: JIR 8 (1957), 34 ff; im übrigen vgl. die Angaben oben Anm. 5.

[11] Über solche Fiktionen *Cansacchi*, Realtà e finzione nell'identità degli Stati, in: Comunicazioni e Studi IV, 1952, 23 f. Sie sind unabhängig von der Frage der tatsächlichen Kontinuität möglich, wie dies im Wesen der Fiktion liegt. Damit sind die praktischen Ergebnisse weitgehend dieselben, wie sie etwa *Marek* erzielt.

[12] Zu Unrecht bestritten in BVerfGE 4, 322 (328). Diese Entscheidung geht von der unglücklichen Vorstellung einer angeblich 1945 vollzogenen „Desannexion" aus. Es ist das eine durch die Behandlung Elsaß-Lothringens im Versailler Vertrag diskreditierte Vorstellung, die – abgesehen von ihrer geschichtlichen Fehlerhaftigkeit – auch in diesem Falle zu verfehlten Ergebnissen führt. Richtig im Sinne echter Staatennachfolge z. B. BGHZ 3, 178 (185), BVerwGE 1, 206.

[13] Die Frage der Fortdauer Österreichs nach dem Anschluß des Jahres 1938 ist im Schrifttum umstritten. Bejahend, aber nicht überzeugend *Verdross*, Völkerrecht, 74, 189 und in: Festschrift Klang, 20 f. Vom Standpunkt der vorrangigen Bedeutung des Prinzips *ex iniuria ius non oritur* konsequent *Marek* 338 ff. Richtig demgegenüber *Kelsen*, Principles, 385, und *ders.*, The International Legal Status of Germany to be Established Immediately upon Termination of the War, in: AJIL 38 (1944), 689 f („That Austria never ceased to exist as an independent state is a political fiction ...") sowie *Chen*, The International Law of Recognition, 1951, 67 f. – Auch die österreichische Gesetzgebung hat sich der Wirklichkeit nicht verschlossen. Ein Beispiel ist das Staatsbürgerschaftsüberleitungsgesetz vom 10. Juli 1945, das die österreichische Staatsangehörigkeit nur mit Wirkung

III. In der Gegenwart gibt die Rechtsstellung *Deutschlands* Anlaß zu Zweifeln.[14]

1. Es fragt sich, ob Deutschland in seiner Gesamtheit als Staat noch besteht. Die militärische Niederlage des Zweiten Weltkrieges hob die völkerrechtliche Existenz des Reiches nicht auf. Die bedingungslose Kapitulation der deutschen Wehrmacht am 8. und 9. Mai 1945 war ein militärischer Vorgang. Das Oberkommando der Wehrmacht hatte weder den Willen noch das Recht, auch die staatliche Souveränität des Reiches zu übergeben.[15] Mit der Berliner Erklärung vom 5. Juni 1945 übernahmen die vier alliierten Hauptmächte zwar die Hoheitsgewalt über Deutschland, deren Ausübung den vier Oberkommandos und dem Kontrollrat anvertraut wurde. Aber die Erklärung sprach ausdrücklich aus, daß *keine Annexion* beabsichtigt sei, und diese Erklärung wurde in der Folgezeit wiederholt.[16] So fand also zunächst nur eine *vorübergehende* Ausschaltung der deutschen Staatsorgane statt.[17]

Die vorübergehende Ausschaltung der Staatsorgane – vollends durch Mächte, denen der Annexionswille fehlt – reicht nicht dazu aus, um einen Staat zum Erlöschen zu bringen. Die gegenteilige Ansicht *Kelsens* und anderer, die, gestützt auf die Behauptung, daß ein Staat nicht ohne Regierung zu bestehen vermöge, das Erlöschen des deutschen Staates und ein Kondominium der vier Mächte annehmen wollten[18], ist ganz überwie-

---

ex nunc, nämlich vom 27. April 1945 an, wiederhergestellt hat. Die österreichische Staatsangehörigkeit hat zwischen 1938 und 1945 auch nicht etwa „geruht", sondern sie ist 1938 untergegangen, und es ist 1945 eine neue Staatsangehörigkeit mit Wirkung ex nunc ins Leben getreten. Zutreffend *H. Jellinek*, Der automatische Erwerb und Verlust der Staatsangehörigkeit durch völkerrechtliche Vorgänge, 1951, 142 f, 151, und *Schätzel*, in: *Neumann, Nipperdey, Scheuner*, Die Grundrechte II, 1954, 55 f. Vgl. auch die Entscheidung der Obersten Rückstellungskommission, ÖJZ 1951, Evidenzblatt Nr. 83.

[14] Zur Rechtslage Deutschlands vgl. mwN *Grewe*, Ein Besatzungsstatut für Deutschland, 1948; *Stödter*, Deutschlands Rechtslage, 1948; *F. Klein*, Neues deutsches Verfassungsrecht, 1949; *v. d. Heydte* und *Dürig*, Der deutsche Staat im Jahre 1945 und seither, in: VVDStRL 13 (1955), 6 ff und 25 ff; *von Bieberstein*, Zum Problem der völkerrechtlichen Anerkennung der beiden deutschen Regierungen, 1959; *Scheuer*, Die Rechtslage des geteilten Deutschland, 1960; *Schuster*, Deutschlands staatliche Existenz im Widerstreit politischer und rechtlicher Gesichtspunkte 1945-1963, 1963; *Blumenwitz*, Die Grundlagen eines Friedensvertrages mit Deutschland, 1966; *Menzel* (Hrsg.), Ostverträge – Berlin-Status – Münchner Abkommen – Beziehungen zwischen der BRD und der DDR, Vorträge und Diskussionen eines Symposiums (Veröffentlichungen des Instituts für Internationales Recht an der Universität Kiel 66), 1971; *Rumpf*, Land ohne Souveränität, 2. Aufl. 1973; *Schramm*, Das Verhältnis der Bundesrepublik Deutschland zur DDR nach dem Grundvertrag, 2. Aufl. 1975; *von Münch et al.*, Finis Germaniae?; *Guérin*, L'évolution du statut juridique de l'Allemagne de 1945 au Traité fondamental, 1977; *Ress; Bücking; Zieger* (Hrsg.), Fünf Jahre Grundlagenvertragsurteil, 1979; *Bernhardt; Frowein*, Die Rechtslage Deutschlands und der Status Berlins, in: *Benda/Maihofer/Vogel* (Hrsg.), Handbuch des Verfassungsrechts der Bundesrepublik Deutschland, 1983, 29-58; *Fiedler*, Die Grenzen der „Deutschlandtheorien" und die Bedeutung der Staatenpraxis, in: ZfP 30 (1983), 366-383; *Zieger/Meissner/Blumenwitz*, Deutschland als Ganzes. Rechtliche und historische Überlegungen, 1985; *Dolzer; Ress; Fiedler;* dokumentarische Nachweise bei *von Münch*, Dokumente zum geteilten Deutschland I, 1965, II, 1974; *Krüger/Rauschning*, Gesamtverfassung Deutschlands, Nationale und internationale Texte zur Rechtslage Deutschlands, 1962.

[15] So mit Recht BVerfGE 3, 288 (315) und BGHZ 13, 265 (293). – In der Berliner Erklärung vom 5. Juni 1945 wird die Kapitulation der deutschen Wehrmacht allerdings zugleich als „bedingungslose Kapitulation Deutschlands" bezeichnet. Aber der Begriff der politischen Kapitulation ist dem Völkerrecht fremd.

[16] So im Potsdamer Abkommen vom August 1945, Text in: *von Münch* I (Anm. 14), 32.

[17] So auch *Verdross*, Die völkerrechtliche Stellung Deutschlands von 1945 bis zur Bildung der westdeutschen Regierung, in: AVR 3 (1951-52), 129 f, namentlich 132 f.

[18] *Kelsen*, The Legal Status of Germany According to the Declaration of Berlin, in: AJIL 39 (1945), 518 f. Principles, 386; *Schick*, The Nuremberg Trial and the International Law of the Future, in: AJIL 41 (1947), 780 f. Im deutschen Schrifttum hat namentlich *Nawiasky* die These vom Erlöschen des deutschen Reiches vertreten. Vgl. *Nawiasky*, Die Grundgedanken des Grundgesetzes für die BRD, 1950, 7 f.

gend abgelehnt worden. Die Texte der verschiedenen Erklärungen der Siegermächte über die Übernahme der höchsten (deutschen) Regierungsgewalt in Deutschland sowie über die Durchführung der Ziele der Besatzungspolitik in Deutschland bildeten den wesentlichen Hintergrund dieser Ablehnung.[19] Indessen hat sich die Diskussion über die Lehre vom Untergang des Deutschen Reiches im Zuge der weiteren tatsächlichen Entwicklung der deutschen Frage mehrfach neu entzündet, so aus Anlaß der Gründung der beiden Staaten – Bundesrepublik Deutschland und Deutsche Demokratische Republik – auf dem Boden des Deutschen Reiches im Jahre 1949, der weitgehenden Entlassung der beiden Staaten aus dem Besatzungsregime und Übertragung einer – wenn auch bezogen auf Entscheidungen, die Deutschland als Ganzes betreffen, weiterhin beschränkten – Souveränität im Jahre 1955[20], sowie aus Anlaß des Abschlusses des Grundlagenvertrages zwischen den beiden Staaten in Deutschland im Jahre 1973 und ihrer Aufnahme in die UNO[21]. Demgegenüber hat die überwiegende Meinung in Literatur[22] und Rechtsprechung[23] – auch des Auslandes[24] – an dem Fortbestand des Deutschen Reiches über die genannten Ereignisse hinaus festgehalten. Namentlich das BVerfG hat in seinem Urteil über den Grundlagenvertrag vom 31. Juli 1973 die Auffassung bekräftigt, wonach das Deutsche Reich als Völkerrechtssubjekt fortbestehe.[25] Es sei lediglich nicht handlungsfähig, weil die 1945 zum Erliegen gekommene deutsche Staatsgewalt zunächst von den Siegermächten ausgeübt und dann nur schrittweise auf Gemeinde- und Landesebene, nicht aber auf Reichsebene reorganisiert worden sei.

Über die Modalitäten der Lehre vom Fortbestand des Reiches besteht allerdings im einzelnen Streit. Auf der einen Seite wird der Fortbestand des Reiches als rechts-, aber nicht handlungsfähiges Völkerrechtssubjekt über die inzwischen in Gestalt der Bundes-

[19] Vgl. Berliner Deklaration in Anbetracht der Niederlage Deutschlands und der Übernahme der obersten Regierungsgewalt hinsichtlich Deutschlands vom 5. Juni 1945, in: *von Münch*, 19 ff; Potsdamer Abkommen vom 2. August 1945, in: *von Münch*, 32 (Auszug); Proklamation Nr. 1 des Alliierten Kontrollrates betreffend die Errichtung des Kontrollrates vom 30. August 1945, in: *von Münch*, 51 ff.

[20] Zu den vorangehend genannten Ereignissen vgl. die dokumentarischen Nachweise bei *von Münch*, 82 ff (Gründung der Bundesrepublik Deutschland), 301 ff (Gründung der DDR); Vertrag über die Beziehungen zwischen der Bundesrepublik Deutschland und den Drei Mächten (Generalvertrag) vom 26. Mai 1952 i. d. F. vom 23. Oktober 1954 (Übertragung der Souveränität auf die Bundesrepublik Deutschland – Art. 1 Abs. 2), 229 ff; Erklärung der Regierung der UdSSR über die Gewährung der Souveränität an die Deutsche Demokratische Republik vom 25. März 1954, 329 f; mit Gegenerklärung der Alliierten Hohen Kommission vom 8. Juli 1954, 330 f.

[21] Text des Grundlagenvertrages in BGBl. 1973 II, 421 ff; zu weiteren begleitenden Texten siehe ebd. 425 ff; zum Beitritt der Bundesrepublik Deutschland zu den Vereinten Nationen siehe BGBl. 1973 II, 430 ff; zum Beitritt der DDR vgl. *Bruns*, Deutsche Demokratische Republik, in: *Wolfrum/Brückner/Prill* (Hrsg.), Handbuch Vereinte Nationen, 1977, 71-76; dazu auch die Dokumentation „Die Bundesrepublik Mitglied der Vereinten Nationen“, 4. Aufl. 1981; *Delbrück*, Vom Feindstaat Deutsches Reich zur gleichberechtigten Mitwirkung beider deutscher Staaten, in: VN 33 (1985), 185-190.

[22] Vgl. die Angaben in Anm. 14.

[23] Aus der Fülle der Entscheidungen etwa BVerfGE 2, 266 (277); 3, 288 (315 f.); 5, 85 (126); 6, 309 (338 f, 363); BGHZ 3, 1; 3, 308; 5, 205 (209); 7, 218; 13, 265 (292 f); 17, 309 (314); 19, 258; BGHSt 5, 317 (321) und 364; BFH 56, 324 (326 f. „heute unbestritten“); OGHZ 2, 379 (382); Entscheidungen OVG Münster und Lüneburg 3, 199; 5, 195 (201, 208); 6, 232 (240).

[24] So z. B. das britische Urteil in *R. v. Bottrill. Ex parte Kuechenmeister* (1947), King's Bench Division of the English High Court of Justice, 41. Die Entscheidung stützt sich auf ein Zeugnis des Außenamtes, wonach Deutschland als Staat und daher der Kriegszustand noch weiterbestehe. Ebenso Urteil der Rechtbank Rotterdam, NTIR 1956, 408; (schweiz.) BGE 78 I 124. So wohl überwiegend auch das ausländische Schrifttum. Nach *Oppenheim/Lauterpacht* I, § 237 a z. B. ist Deutschland als Völkerrechtssubjekt nicht erloschen, sondern nur suspendiert. Vgl. auch u. a. *Sereni*, La représentation en droit international, in: RdC 73 (1948 II), 104 f. und *Mann*, The Present Legal Status of Germany, in: ILQ 1 (1947), 314 ff. Weitere Hinweise bei *Meister*, Stimmen des Auslands zur Rechtslage Deutschlands, in: ZaöRV 13 (1950-51), 173 ff.

[25] BVerfGE 36, 1 (16).

republik Deutschland und der DDR entstandenen Teilordnungen angenommen (Teilordnungs- oder Dachstaatstheorie). Auf der anderen Seite wird dieser Fortbestand des Reiches auf der Basis einer Identität der Bundesrepublik Deutschland mit dem Reich begründet.[26]

2. a) Die *Identitätstheorie* ist bereits frühzeitig nach der Entstehung der Bundesrepublik Deutschland vertreten worden.[27] Die Bundesrepublik Deutschland wurde als identisch mit dem Reich angesehen. In ihr habe sich die Reichsgewalt reorganisiert, ohne allerdings auf dem gesamten Reichsgebiet effektiv ausübbar zu sein. Die Übernahme der Verträge und sonstiger Rechte und Pflichten, insbesondere solcher der Wiedergutmachung durch die Bundesrepublik Deutschland, entsprach auch in der Staatspraxis dieser Auffassung.[28] Das Verhältnis zur DDR wurde in der Frühphase dieser Theorie entsprechend als das eines Gesamtstaates zu einem in Sezession oder Rebellion (sog. Bürgerkriegstheorie[29]) begriffenen Reichsteiles gesehen.

Diese Identitätstheorie ist im Laufe der Zeit wiederholt modifiziert worden. Neuestens hat namentlich *Bernhardt*[30] die Auffassung vertreten, daß angesichts der politischen und rechtlichen Realitäten auf deutschem Boden die Konstruktion des Fortbestandes des Deutschen Reiches als rechts-, aber nicht handlungsfähigem Dach über den beiden (Teil)staaten international weder völkerrechtlich noch staatsrechtlich überzeugend vermittelbar ist. Völkerrechtlich zulässig und politisch realistisch vertretbar sei dagegen ein Selbstverständnis der Bundesrepublik als mit dem Deutschen Reich teilidentischer Staat. Die Deutsche Staatsgewalt sei in der Bundesrepublik Deutschland durch die verfassungsgebende Gewalt reorganisiert worden, allerdings beschränkt auf das Gebiet der Bundesrepublik Deutschland (sog. *Kernstaatstheorie*). Das Gebiet der DDR wird nach dieser Auffassung als sezedierender, sich vom Reich trennender, aber noch nicht endgültig abgetrennter, selbst staatlich organisierter Teil verstanden. Als nicht endgültig abgeschlossen wird dieser Sezessionsprozeß deswegen angesehen, weil eine Reihe von Rechtsakten aus der Besatzungszeit, darunter die von den Alliierten nach wie vor beanspruchten gesamtdeutschen und Friedensvertragsvorbehalte, eine Klammer zwischen beiden Staaten in Deutschland bilden, über die diese nicht verfügen können. Die Beziehungen zwischen beiden Staaten regeln sich nach Völkerrecht, sind aber besondere Beziehungen, die das Völkerrecht durchaus kennt und zuläßt. Berlin – staatsrechtlich

---

[26] Vgl. den Überblick über die verschiedenen Lehren bei *von Mangoldt/Klein*, 32 f; *von Münch*, XXVI ff. und bei *Blumenwitz*, Fünf Jahre Grundvertragsurteil des Bundesverfassungsgerichts, Einführungsreferat, in: *Zieger*, 12 f.

[27] Im Sinne der Identitätstheorie namentlich *Scheuner*, Die Entwicklung der völkerrechtlichen Stellung Deutschlands seit 1945, in: Die Friedenswarte 51 (1951/52), 1 ff; *ders.*, Die Funktionsnachfolge und das Problem der staatsrechtlichen Kontinuität, 23 f. Aus der Rechtsprechung etwa BVerfGE 2, 266 (277) und 6, 309 (338, 366) und die in ILR 1952, C. 13 wiedergegebene Entscheidung eines Rotterdamer Gerichts. Nach der Entscheidung des BGHZ (GSZ) 13, 265 (294 f) liegt jedenfalls diese „Annahme nahe". Gegen diese Theorie hat sich seinerzeit im Ausland namentlich *Kunz*, Identity of States under International Law, in: AJIL 49 (1955), 68 ff (74 f) gewandt; kritisch neuerdings für die Identität der Bundesrepublik mit dem Reich, aber in Beschränkung auf das Gebiet der Bundesrepublik, *Bernhardt*, 17 ff; kritisch neuerdings wiederum *Bücking*, 65 ff und *Lewald*, Deutschlands Rechtslage im Lichte der Zeitgeschichte, in: NJW 34 (1981), 855 mit Hinweisen auf Arbeiten desselben Autors.

[28] So hat die Bundesrepublik Deutschland namentlich im Bereich der Wiedergutmachung nationalsozialistischen Unrechts gegenüber dem Ausland – anders als die DDR – weitgehende Verantwortung und Verpflichtungen übernommen, vgl. Die Auswärtige Politik der Bundesrepublik Deutschland, hrsg. vom Auswärtigen Amt, 1972, 34 ff und Dokumente 220 f, 410 f, 416 f, 420.

[29] Dieses Bild klingt noch an bei *Scheuner*, Die Entwicklung der völkerrechtlichen Stellung Deutschlands (Anm. 27), 15 f; kritisch dazu *v. Mangoldt/Klein*, 32 f; ferner dazu *von Bieberstein*, 129 ff; kritisch *Ress*, 63 f.

[30] *Bernhardt*, 13 ff.

als Land der Bundesrepublik Deutschland begriffen – ist schließlich nach dieser Auffassung nicht etwa Restbestand des Deutschen Reiches mit besatzungsrechtlichem Statut, sondern hat einen völkerrechtlich, u. a. durch das Viermächteabkommen, für und gegen jedermann geltenden eigenen Status.[31]
Auf der anderen Seite steht die Auffassung, die vor allem in Hinblick auf die besondere Situation Berlins vom Fortbestand des Reiches als einem zwar noch rechtsfähigen, aber mangels Organisation nicht handlungsfähigen Völkerrechtssubjekt ausgeht. Beide Staaten in Deutschland seien – nach außen rechts- und handlungsfähige – Teilordnungen unter dem Dach des Reiches. Im zwischenstaatlichen Verhältnis gelte teils Völkerrecht, teils Staats- bzw. Besatzungsrecht. Berlin bilde einen Restbestand unmittelbaren Reichsgebietes unter Besatzungsregime, das insoweit das bundesdeutsche Staatsrecht des Bundeslandes Berlin überlagere und sich aus der militärischen Besatzung nach wie vor legitimiere.[32]

b) Die Führung der DDR hat von jeher eine – zunächst allerdings eher staatsrechtlich verstandene – Zweistaatentheorie sowie die Auffassung vom Untergang des Reiches – spätestens mit der Bildung der Bundesrepublik Deutschland und der DDR im Jahre 1949 – vertreten.[33] Gemäß ihrer Verfassung[34] versteht sich die DDR als politisch-staatliche Organisation des fortschrittlichen Teiles der deutschen Nation, die im Sozialismus eine höhere Stufe der Selbstverwirklichung gefunden habe und deshalb nicht mehr Teil der deutschen Gesamtnation sein könne. Damit sei auch die Bundesrepublik Deutschland Ausland im Verhältnis zur DDR. Die gegenseitigen Beziehungen richteten sich ausschließlich nach Völkerrecht. Die bestehenden Besonderheiten – wie die Unterhaltung „Ständiger Vertretungen" anstelle von Botschaften – seien als früher oder später zu beseitigende Anomalien anzusehen. Die selbstverständlich auch von der DDR zu respektierenden sog. „alliierten Vorbehalte bezüglich Gesamtdeutschlands und einer Friedensregelung", die auch von der Sowjetunion der DDR gegenüber wiederholt vertraglich bekräftigt wurden[35], werden in der offiziellen Doktrin möglichst in den Hintergrund gedrängt.

3. Die Intensität der Diskussion über die adäquate Deutung der Rechtslage Deutschlands unterstreicht die Schwierigkeit – wenn nicht Unmöglichkeit –, eine in sich widerspruchsfreie, realitätsnahe und zugleich praxisorientierte Deutschlandtheorie zu entwerfen. Es scheint sich in der Nachkriegszeit zu wiederholen, was Vertreter des Staats- und Völkerrechts in vergangenen Jahrhunderten haben erkennen müssen, daß sich die Lage Deutschlands als eines in der Mitte Europas liegenden, den politischen Kräften, Wandlungen der Machtverhältnisse und den internationalen Auseinandersetzungen im besonderen Maße unterliegenden Gebietes einer eindeutigen Erfassung in

---

[31] *Bernhardt,* 36 ff; zur Rechtslage Berlins *Schiedermair,* mit umfangreichen weiteren Nachweisen; *Kewenig,* Entwicklungslinien des völker- und staatsrechtlichen Status von Berlin, in: EA 23 (1984), 271-278.

[32] Dazu *Ress,* 154 f, 201 ff und 226 ff mwN. Die Dachtheorie legt jedenfalls *auch* dem Urteil des BVerfG zum Grundlagenvertrag zugrunde, vgl. BVerfGE 36, 15 f; *Hendry/Wood.*

[33] Vgl. dazu grundlegend *Hacker,* Der Rechtsstatus Deutschlands aus der Sicht der DDR, 1974; neuerdings vor allem unter Berücksichtigung des Nation-Verständnisses *Scheuner,* Das Problem der Nation und des Verhältnisses zur Bundesrepublik Deutschland, in *Jacobsen u. a.* (Hrsg.), Drei Jahrzehnte Außenpolitik der DDR, 1979, 85 ff.

[34] Vgl. Präambel und Abschnitt I; siehe auch: Staatsrecht der DDR, Lehrbuch, 2. Aufl. 1984, 35 ff, 47 ff, 62.

[35] Vgl. Nachweise bei *Scheuner* (Anm. 33), 98 f; dazu auch *Tomuschat,* Die rechtliche Bedeutung der Vier-Mächte-Verantwortung, in: *Zieger* (Hrsg.), 71 ff (73).

den überkommenen rechtlichen Kategorien entzieht.[36] In dieser Feststellung liegt weder der Ausdruck eines wehleidigen Selbstmitleids noch der Überheblichkeit[37], Deutschland erweise sich eben auch insoweit als eine Besonderheit.

a) Die Identitätstheorie – insbesondere in der von *Bernhardt* und anderen vertretenen Form der Kernstaatstheorie, wonach die Bundesrepublik Deutschland mit dem Reich identisch ist, diese Identität sich aber auf den Bereich der Bundesrepublik Deutschland beschränke, – hat auf den ersten Blick zweifellos die Realitäten für sich. Die Annahme nämlich des Fortbestandes eines Reichsdaches über den beiden Staaten in Deutschland über vierzig Jahre nach dem Ende des Zweiten Weltkrieges ohne eine konkrete politische Aussicht einer Änderung der Verhältnisse läßt es in der Tat problematisch erscheinen, den Fortbestand des Reiches als eines rechts-, aber nicht handlungsfähigen Völkerrechtssubjektes insbesondere gegenüber dritten Staaten plausibel zu verdeutlichen.[38] Darüber hinaus will die mit dieser Auffassung implizierte Fortexistenz zumindest auch staatsrechtlicher Beziehungen zwischen den beiden Staaten in Deutschland insofern nicht mit der Realität zusammenpassen, als jedenfalls der andere deutsche Staat – die DDR – von solchen staatsrechtlichen Beziehungen zur Bundesrepublik nichts wissen will.[39] Ihrer Ansicht nach sind diese Beziehungen ausschließlich völkerrechtlicher Natur. Schließlich ist *Bernhardt* insoweit zuzustimmen, daß die Annahme einer Identität der Bundesrepublik Deutschland mit dem Reich die gleichzeitige Annahme des Fortbestandes eines von der Bundesrepublik getrennten Völkerrechtssubjektes Deutsches Reich ausschließt. Hier hilft vom Standpunkt der Logik aus auch nicht der Rekurs auf den Begriff einer Teilidentität in dem Sinne, daß die Bundesrepublik Deutschland nur teilidentisch mit dem Reich sei.[40]

b) Problematisch sind die vorstehend genannten Deutungen der Rechtslage Deutschlands auf dem Boden der Identitätstheorie in der heute überwiegend vertretenen Fassung im Hinblick auf die rechtliche Stellung Berlins, auf die sog. Rechte und Verantwortlichkeiten der Siegermächte in bezug auf Deutschland als Ganzes und auf das Verhältnis der Bundesrepublik Deutschland zur Deutschen Demokratischen Republik.
Die Identitäts-, insbesondere die Kernstaatstheorie, will – von der staatsrechtlichen Zuordnung abgesehen – die völkerrechtlich besondere Lage Berlins in dem Sinne eines über die Nachkriegsjahre entwickelten, durch das Viermächteabkommen über Berlin von 1971 bestätigten, für und gegen jedermann geltenden Status (Status mit ergaomnes-Wirkung) charakterisieren, in dem Staats- und Völkerrecht – und Besatzungsrecht – eine Gemengelage bilden.[41] Dabei bestünden die alliierten Vorbehaltsrechte „in bezug auf Berlin und auf Deutschland als Ganzes einschließlich der Wiedervereinigung Deutschlands und einer friedensvertraglichen Regelung“ (Art. 2 des Deutschlandvertrages) als Beschränkung jeder deutschen Staatsgewalt in der Weise weiter, „daß sie über diese Gegenstände nicht (allein) verfügen kann“.[42] Zugleich zeige der Fortbestand dieser Vorbehalte, daß der Dismembrationsprozeß des Reiches noch nicht endgültig abge-

[36] Es sei hier an den *Pufendorf*'schen Satz erinnert: „Nihil ergo aliud restat, quam ut dicamen, Germaniam esse irregulare aliquod corpus et monstro simile“, *Severinus de Mozambano* (Samuel Pufendorf), De statu imperii Germanici, 1667, Kap. VI, § 9 (dt. Ausgabe 1976, 106).

[37] So aber *Tomuschat* in der Aussprache zu *Bernhardt*, in: VVDStRL 38 (1980), 143.

[38] Zweifel in dieser Richtung äußern etwa *Bernhardt*, 16; *Tomuschat* (Anm. 35), 139 (Schlußwort).

[39] Darauf weist *Bernhardt*, „Besondere innerdeutsche Beziehungen“ – Leerformel oder Realität?, in: Finis Germaniae, 85, zu Recht hin. Siehe auch *Scheuner*, Die staatsrechtliche Stellung der Bundesrepublik, 583.

[40] Der Begriff der Teilidentität wird vom BVerfG verwendet, vgl. BVerfGE 36, 16; kritisch *Scheuner*, Die staatsrechtliche Stellung der Bundesrepublik Deutschland, 583.

[41] So z. B. *Bernhardt*, 36 ff, auch Leitsatz 22 (50).

[42] So z. B. *Bernhardt*, ebd. Leitsatz 9 (49).

schlossen sei, woraus sich wiederum die Aufrechterhaltung besonderer Beziehungen zwischen den beiden deutschen Staaten, aber auch z. B. bei der Behandlung der Staatsangehörigkeitsfragen die Anknüpfung an die Reichsstaatsangehörigkeit legitimierten.[43] Problematisch ist diese Charakterisierung der Rechtslage in mehrfacher Hinsicht. Das Viermächteabkommen über Berlin hat gerade die Rechtsfrage der Stellung Berlins offengelassen und einen modus vivendi auf der Grundlage der bisherigen – nicht unumstrittenen – Rechtslage herbeigeführt, die ihrerseits eindeutig auf die Stellung Berlins als Land des Deutschen Reiches[44] zurückgeht. Es fällt schwer, in diesem Abkommen eine positiv gemeinte staatsrechtliche Regelung oder eine völkerrechtliche Anerkennung eines solchen Status zu sehen. Zum anderen ist die – zutreffende – Beobachtung einer staats- und völkerrechtlichen sowie besatzungsrechtlichen Gemengelage in Berlin mit der Annahme eines völkerrechtlichen Status im vorgenannten Sinne schwer vereinbar. Welches Staatsrecht befindet sich – so wird man fragen müssen – mit dem Völkerrecht und dem Besatzungsrecht in einer Gemengelage? Jedenfalls ist es nicht ausschließlich bundesdeutsches Verfassungsrecht, sondern vielmehr in nicht unerheblichem Umfang Reichsstaatsrecht, das hier – wie *Schröder*[45] eindrucksvoll nachgewiesen hat – fortgilt. Die Fortgeltung dieses alten Rechts deutet eher auf den Fortbestand des Reiches als gesondertes Zuordnungsobjekt für dieses Recht hin als auf irgendwelche anderen Konstruktionen. Wenn im Verhältnis von Bundesrepublik Deutschland und DDR davon gesprochen wird, der Zergliederungsprozeß sei angesichts des Fortbestandes der alliierten Vorbehaltsrechte noch nicht als endgültig abgeschlossen anzusehen, so fragt sich, was denn jenes Phänomen ist, das noch nicht endgültig zergliedert ist. Die Antwort kann angesichts des historischen Ausgangspunktes des Dismembrationsprozesses doch nur dahin lauten, daß es sich um das Deutsche Reich handelt. Dem fügt sich die Annahme des Fortbestandes einer einheitlichen deutschen Reichsstaatsangehörigkeit ohne Schwierigkeiten ein.

c) Obwohl es also nach langen Jahrzehnten enttäuschter Hoffnungen und Ansätze in der Politik der Wiederherstellung der deutschen Einheit zugegebenermaßen schwieriger wird, neben der Anerkennung der Existenz zweier in ihren internationalen Beziehungen selbständiger Staaten auf dem Boden des Deutschen Reiches auch von der Fortexistenz eines rechts-, aber nicht handlungsfähigen Deutschen Reiches zu sprechen, so erscheint dies dennoch auch heute noch geboten und vertretbar. Die Stellung Berlins, die alliierten Vorbehalte für „Deutschland als Ganzes" – dies ist ganz offenbar seiner Entstehung nach kein geographischer, sondern ein rechtlicher Begriff gewesen und geblieben – sowie eine fortexistierende deutsche Staatsangehörigkeit neben der Staatsbürgerschaft der DDR – alles dies fügt sich glatter in das Bild von der Fortexistenz des sich zweifellos in den vergangenen Jahrzehnten immer weiter zergliedernden Deutschen Reiches. Daß die Staatspraxis der Bundesrepublik zugleich auf ein Selbstverständnis im Sinne der Identitätstheorie hinweist[46], spricht nicht dagegen. Wie immer theoretisch unbefriedi-

[43] Über die Nichtabgeschlossenheit des Dismembrationsprozesses herrscht wiederum weitgehend Einigkeit, vgl. etwa *Ress*, 226 („Unabgeschlossenheit"), dazu auch 216 ff; *Tomuschat* (Anm. 35), 87 („Deutschlandfrage noch offen"); *Wengler*, Der Moskauer Vertrag und das Völkerrecht, in: JZ 25 (1970), 632 ff („Bedingtheit", 634) und JZ 25 (1970), 704 („Nichtendgültigkeit der Staatsbildungen auf dem Boden des früheren Deutschen Reiches").

[44] Vgl. näher *Rauschning*, in: Finis Germaniae, 37, zur Stellung Berlins als Land des Reiches; zu Berlin als Besatzungsgebiet vgl. Londoner Protokoll betreffend die Besatzungszonen in Deutschland und die Verwaltung von Groß-Berlin vom 12. September 1944, vgl. Text bei *von Münch*, 23 ff.

[45] *Schröder*, Monstro simile – Zum heutigen Status von Berlin, in: Finis Germaniae, 27 ff.

[46] Vgl. dazu die Berichte über die völkerrechtliche Praxis der Bundesrepublik Deutschland in ZaöRV 23 (1963), 300 ff, 378 ff, 452 ff; 24 (1964), 699 ff; 25 (1965), 327 ff; 26 (1966), 155 ff; 27 (1967), 202 ff; 29 (1969), 155 ff; 30 (1970), 689 ff; 33 (1973), 741 ff; 35 (1975), 213 ff; 37 (1977), 777 ff;

gend die Argumentation mit dem Begriff der Teilidentität durch das Bundesverfassungsgericht sein mag, so umreißt sie die gegenwärtige Lage in Deutschland *praktisch* zutreffend, indem sie das auf Identität mit dem Reich zielende Selbstverständnis der Bundesrepublik Deutschland mit dem unübersehbaren, für Berlin und die Deutsche Frage so bedeutsamen Restposten des Reiches, seiner im öffentlichen Bewußtsein verblassenden völkerrechtlichen Fortexistenz, in Einklang bringt.[47] Der Begriff ist nicht Kerngehalt einer konsistenten Deutschlandtheorie, die es nicht gibt, wohl aber Kernpunkt einer praktischen Deutschlandpolitik, zu der das Grundgesetz die Bundesrepublik Deutschland und die darin politische Verantwortung gegenüber kommenden Generationen Tragenden verpflichtet. Von dieser Verpflichtung kann nur der Wille des ganzen deutschen Volkes entbinden.[48]

§ 15 Typische Formen der Entstehung und des Erlöschens von Staaten

Schrifttum: wie § 14; vgl. auch das Schrifttum zu Kap. 2 unten.

I. Entstehung und Untergang der Staaten vollziehen sich in Formen, die immer wiederkehren. Der Prozeß, in dem sie sich vollziehen, kann ein solcher der Auflösung, der Desintegration oder ein solcher der Konzentration, des Zusammenschlusses sein. Als zentrifugale Vorgänge dieser Art kommen Abtrennung und Aufgliederung in Betracht.

1. Ein Staat kann einmal durch *Abtrennung* von einem anderen Staat (Sezession, Emanzipation) entstehen. Ein Teilgebiet wird unabhängig, aber der alte Staat bleibt mit verkleinertem Gebiet weiterbestehen. Dieser Vorgang kann sich mit dem Willen der bisherigen Staatsgewalt oder gegen ihren Willen – als das Ergebnis von Krieg und Revolution – abspielen. Im ersten Falle mag man von *Entlassung*, im zweiten von *Losreißung* sprechen. Die Losreißung kann durch spätere Verträge zwischen dem Mutterstaat und dem abgetrennten Staat bestätigt werden. Aber völkerrechtlich ist der neue Staat schon da, wenn die neue Staatsgewalt sich faktisch durchgesetzt hat.[1]

Beispiele: Die Losreißung Belgiens von den Niederlanden 1830 (von den Niederlanden erst 1839 anerkannt), der Balkanstaaten von der Türkei im Laufe des 19. Jahrhunderts, Finnlands, der baltischen Staaten und Polens nach dem Ersten Weltkrieg von Rußland bzw. Deutschland, die Errichtung der Tschechoslowakei Ende 1918, die Abtrennung Österreichs und der Tschechoslowakei von Deutschland nach dem Zweiten Weltkrieg und Bangladeshs von Pakistan 1971 sind Beispiele für diese Erscheinung. Namentlich auch die Geschichte der überseeischen Kolonien – von der Sezession der nord- und südamerikanischen Staaten bis zu den Staatsgründungen der jüngsten Vergangenheit in Asien und Afrika – bietet reiches Material.

2. Von der Abtrennung ist die *Aufgliederung* oder Auflösung, die „Dismembration" zu unterscheiden. Auch sie kann sich auf revolutionärem Wege, gegen den Willen des erlö-

---

38 (1978), 325; 39 (1979), 615 ff; 40 (1980), 390 ff; 41 (1981), 641 ff; 42 (1982), 590 ff; 43 (1983), 395 ff; 44 (1984), 578 ff; 45 (1985), 822 ff; 46 (1986), 374 ff; 47 (1987), 393 ff; zur Staatspraxis der Bundesrepublik vgl. auch *Schmidt-Jortzig*, Die rechtliche Fixiertheit der staatlichen Selbstdarstellung der Bundesrepublik Deutschland, in: DVBl. 90 (1975), 65 ff.

[47] So zutreffend *Bleckmann*, Deutsche Rechtsprechung in Völkerrechtsfragen, in: ZaöRV 34 (1974), 768 f.

[48] Im Sinne einer pragmatischen Betrachtung neben *Bleckmann* auch *Blumenwitz*, in: Fünf Jahre Grundvertragsurteil (Einführungsreferat), 17; *E. Klein*, ebd., (Diskussionsbeitrag), 133.

[1] Vgl. oben § 14 V 2.

schenden Staates, oder im Einvernehmen mit der bisher legitimen Staatsgewalt vollziehen. Ein Bundesstaat kann sich durch eine Änderung oder Aufhebung seiner Verfassung in einen Staatenbund verwandeln oder seinen Gliedstaaten die volle Unabhängigkeit gewähren. Oder sämtliche Gliedstaaten eines Bundesstaates, deren Verfassung die Sezession gestattet (wie z. B. die Verfassung der UdSSR), machen davon Gebrauch und werden unabhängig. Vorgänge dieser Art bewirken, daß das alte Rechtssubjekt erlischt[2] und neue Staaten an seine Stelle treten.

Geschichtliche *Beispiele* sind nicht allzu häufig. Es sind in erster Linie locker gefügte Gebilde[3] – Unionen[4], Bundesstaaten u. dgl. –, die sich aufgegliedert haben. So fiel 1806 das Deutsche Reich in eine Vielzahl souveräner Einzelstaaten, 1832 Groß Kolumbien in die drei Staaten Neu Granada, Venezuela und Ecuador, 1839 die mittelamerikanische Förderation in die Republiken Guatemala, Honduras, Salvador, Nicaragua und Costa Rica auseinander. Wenn sich das britische Empire etwa bis zum Westminsterstatut von 1931 als ein einheitliches Rechtssubjekt betrachten läßt, so gehört auch seine Dezentralisierung und Umwandlung in ein locker gefügtes Commonwealth unabhängiger Staaten in diesen Zusammenhang hinein.
Von der Aufgliederung ist die *(Auf-)Teilung* zu unterscheiden. Davon sprechen wir, wenn ein Staat etwa durch Annexion zwischen mehreren Staaten, die *schon vorher bestanden*, aufgeteilt wird. So war die dritte Teilung Polens zwischen Preußen, Österreich und Rußland 1795 keine Auflösung, sondern eine „Zerstückelung", eine Teilung durch Annexion.

3. Von der Aufgliederung unterscheidet sich die *Auflockerung* oder Dezentralisierung. Es kommt vor, daß der alte Staat sich zwar nicht auflöst, sich aber in seinem Rahmen neue Rechtssubjekte bilden oder die schon vorhandenen ein höheres Maß von Unabhängigkeit erreichen. Ein Bundesstaat z. B. kann seinen Gliedstaaten ein gewisses Maß von selbständiger Teilnahme am internationalen Rechtsverkehr gestatten. Oder ein Einheitsstaat wird zu einem Bundesstaat, dessen Glieder nunmehr Träger einer gewissen Autonomie sind.

Beispiele: Die Umwandlung des österreichischen Einheitsstaates in die Doppelmonarchie durch den Ausgleich des Jahres 1867, die Ablösung des russischen Einheitsstaates durch die R.S.F.S.R. und dann die UdSSR, die Dezentralisierung Österreichs zu einem Bundesstaat durch die Verfassung von 1920. In der Gegenwart kommt der Dezentralisierung angesichts wachsender Autonomiebestrebungen verschiedenster Volksgruppen in bisher zentralistisch organisierten Staaten verstärkte Bedeutung zu. So gibt es Föderalisierungsbestrebungen auf der Grundlage von zu politischem Bewußtsein (wieder-)erwachender Volksgruppen in Belgien (Flamen, Wallonen)[5], Großbritannien (Schotten, Waliser)[6], Frankreich (Korsen, Bretonen) und Spanien (Basken und Katalanen)[7].

4. Die hier getroffenen Unterscheidungen sind völkerrechtlich insofern relevant, als es oft auf die Identität der Staatsgewalt ankommt. Besteht ein Staat auch nach der Abtrennung eines Teilgebietes fort, so bleiben im allgemeinen auch seine Rechte und Pflichten

---

[2] Das ist der Fall, wenn ein Staatenbund an die Stelle eines Bundesstaates tritt.

[3] 1813 wurde die Helvetische Republik, ein Einheitsstaat, in die schweizerische Konföderation, einen Staatenbund, umgewandelt.

[4] Die Auflösung der Unionen – wie der zwischen Norwegen und Schweden 1905 oder der österreichisch-ungarischen Monarchie 1918 – gehört genau genommen nicht hierher, weil die aufgelösten Gebilde hier nicht Staaten, sondern Realunionen waren.

[5] *Wauwe*, Fédéralisme. Utopie ou Possibilité?, 1971; *Genot/Lowe*, Belgium – a state divided, in: The World Today 36 (1980), 218 ff.

[6] *Poulter*, English Law and Ethnic Minority Customs, 1986.

[7] *Savigear*, Corsica between ballot and bomb, in: The World Today 38 (1982), 450 ff; *Nohlen*, Regionalismen in Spanien, in: Aus Politik und Zeitgeschichte B 12/1980, 39-60; *Frohn*, Regionalismus und „Autonome Gemeinschaften", in: ÖZöR 34 (1983), 47 ff; *Cruz Villalón*, Die Neugliederung des spanischen Staates durch die „Autonomen Gemeinschaften", in: JÖR 34 (1985), 195 ff.

bestehen, während es anders ist, wenn er sich auflöst. Aber die Unterscheidung ist nicht immer einfach. Typisierungen dieser Art bleiben hinter dem Reichtum und der Individualität des geschichtlichen und politischen Lebens zurück. Oft bleiben Zweifel.

Beispiele: Hat die Erhebung Belgiens 1830 zur Teilung des Königreiches der Niederlande in zwei neue Staaten oder zu einer Sezession von den Niederlanden geführt (so die internationale Praxis und Lehre)? Wie ist die Auflösung der österreichisch-ungarischen Monarchie 1918 zu deuten?[8] Muß die Teilung Indiens aufgrund des Indian Independence Act von 1947 als Abtrennung Pakistans von Indien oder als Zergliederung in zwei neue Staaten verstanden werden? Stellen die Entstehung Singapurs und Bangladeshs 1965 und 1971 Abtrennungen dar oder liegt eine Zergliederung Malaysias bzw. Pakistans in zwei neue Staaten vor?

Fragen dieser Art lassen sich nicht abstrakt und schematisch entscheiden. Es kommt auf die konkrete geschichtlich-politische Lage, auf die Umstände an. So ist der jeweilige Vorgang der Staatswerdung, ist das Größenverhältnis der beteiligten Staaten, ihrer Gebiete und ihrer Bevölkerung zu beachten. Wo ein Teilgebiet den Namen, die Hauptstadt, die Verfassung, die Symbole des bisherigen Gesamtstaates bewahrt oder ein Staat ein Teilgebiet in den Formen seiner Verfassung entläßt, wird man im Zweifel ein Fortbestehen des Mutterstaates annehmen dürfen. Auch die bisherige Rechtsstellung der jetzt getrennten Staaten ist von Bedeutung. Wenn mehrere Gliedstaaten eines Bundesstaates selbständig werden, so wird die Annahme einer Auflösung in neue Staaten das Natürliche sein. War aber einer der neuen Staaten bisher eine Kolonie, oder stand er als Protektorat, Mandat oder Treuhandgebiet zum Mutterland in einem Verhältnis der Abhängigkeit, so ist das Erlöschen des Mutterlandes nicht zu vermuten. In Zweifelsfällen sind Wille und Rechtsanschauung der unmittelbar beteiligten Staaten, aber auch das Urteil der übrigen Staaten und der zwischenstaatlichen Organisationen bedeutsam. Im internationalen Rechtsleben ist der Staat das, wofür man ihn hält. Wenn sich ein Teilgebiet loslöst und die Restgewalt sich mit Zustimmung der anderen Staaten als Trägerin der alten Staatsgewalt aufführt, so ist dieser Vorgang im Zweifel als Sezession zu verstehen. Will sich keiner der Teile mit der alten Staatsgewalt identifizieren und findet das die Billigung der internationalen Gemeinschaft, so liegt vermutlich eine Aufgliederung vor. Stimmen die Meinungen und Ansprüche nicht überein und gibt es keine Verträge, so kommt es auf eine Würdigung aller Umstände vom Standpunkt objektiver, vernünftiger Beurteilung an.

Beispiel: Zweifelhaft ist die Rechtslage, die sich 1947 nach der *Teilung Indiens* ergab.[9] Durch den Indian Independence Act von 1947 wurden zwei Dominions – Indien und Pakistan – im Rahmen des Commonwealth anerkannt, von denen das letztere 26,4% des Gebietes und 23,3%

[8] Den Vorortverträgen des Jahres 1919 lag die Ansicht zugrunde, daß Österreich und Ungarn mit den Gliedstaaten der Doppelmonarchie identisch seien, aber die Tschechoslowakei ein neuer Staat sei. Vgl. auch die Administrative Decisions der Dreierkommission (Vereinigte Staaten, Österreich, Ungarn), in: RIAA 6, 203 und 212. Österreich selbst hat sich als *neuen* Staat angesehen und seine Haftung für die Verbindlichkeiten der alten Monarchie aus der Übernahme dieser Verpflichtungen durch den Friedensvertrag begründet. In diesem Sinne – Österreich ein neuer Staat – z. B. auch *Kunz*, L'option de nationalité, in: RdC 31 (1930 I) 162, 168; *Udina*, L'estinzione dell'impero austro-ungarico, 1933, *Kelsen*, Principles, 385, Anm. 86 u. a. Danach wäre der Vorgang, der sich 1918 abgespielt hat, als Auflösung der Monarchie in drei neue Staaten, verbunden mit umfangreichen Abtretungen an die Nachbarstaaten, zu deuten. Das leuchtet an sich ein. Aber es spricht doch wohl dagegen, daß die alte Doppelmonarchie eine Realunion war, in deren Rahmen Österreich und Ungarn schon als Gliedstaaten vorher bestanden. Dazu auch *Marek*, 199 ff.

[9] Dazu etwa *O'Connell*, The British Commonwealth and State Succession after the Second World War, in: BYIL 26 (1949), 454 ff.

der Bevölkerung des früheren Indien umfaßt. Britisch-Indien, obwohl kein souveräner Staat, war doch seit dem Ersten Weltkrieg durch seine Zulassung zu der Pariser Friedenskonferenz, zum Völkerbund und später zur UNO als ein eigenes Völkerrechtssubjekt anerkannt worden. Nach der Teilung erhob sich die Frage, ob es als solches weiterbestehe und ob in diesem Fall beide Dominions oder nur Indien mit ihm identifiziert werden müßten. Diese Frage war u. a. im Hinblick auf die Mitgliedschaft beider Staaten in den zwischenstaatlichen Organisationen zu klären.

In der UNO wurden drei verschiedene Ansichten vertreten: Im Sicherheitsrat und im 1. Ausschuß der GA vertrat Pakistan, unterstützt von Frankreich, den Standpunkt, beide Dominions seien mit dem früheren Indien identisch und somit automatisch ursprünglich Mitglieder der UNO geblieben. Demgegenüber vertrat Indien übereinstimmend mit dem Vereinigten Königreich die Ansicht, daß es allein dem bisherigen Indien entspreche[10], Pakistan sich losgelöst habe und daher im Gegensatz zu Indien seine Aufnahme als neues Mitglied beantragen müsse. Endlich vertrat der Delegierte Argentiniens die wohl richtige Meinung, das frühere Indien sei durch die Teilung erloschen und Indien und Pakistan seien als zwei neue und gleichberechtigte Staaten ins Leben getreten, die beide als neue Mitglieder eintreten müßten. Die Mehrzahl der UN schlossen sich der indischen Auffassung an. Nur Indien wurde als ursprüngliches Mitglied behandelt, Pakistan erst auf seinen Antrag als neues Mitglied in die Organisation aufgenommen.

II. Die zentrifugalen Vorgänge, von denen bisher gesprochen wurde, finden in der *Konzentration* der Staatsgewalt ihre Entsprechung.

1. Hier findet zunächst die Abtrennung ihr Gegenstück in der *Einverleibung (Inkorporation)* oder *Aufnahme* eines Staates in einen anderen Staatsverband, der schon vorher bestand. Eine solche Einverleibung mag mit dem Willen oder gegen den Willen des Staates erfolgen, der dadurch erlischt. Der erstgenannte Fall läßt sich als *Eingliederung* bezeichnen. Im letzteren spricht man von *Annexion.* Der einverleibte Staat kann völlig erlöschen oder sich eine gewisse Individualität und Autonomie im Rahmen des einverleibenden Staates bewahren.

In der Staatenpraxis hat die Annexion überwogen, während die Fälle der freiwilligen Eingliederung verhältnismäßig selten sind. *Beispiele*: Die auf Verträgen beruhende Aufnahme von Texas 1845 und Hawaii 1898 in die Vereinigten Staaten, des Kongostaates in Belgien 1907, von Korea in Japan 1910, von New Guinea (Irian Jaya) in Indonesien 1963, wobei auch in diesen Fällen das Machtgefälle von aufnehmendem und angenommenem Staat nicht übersehen werden darf.

2. Der Aufgliederung entspricht der *Zusammenschluß, die Verschmelzung oder Fusion.* Mehrere bisher unabhängige Staaten schließen sich auf dem Boden der Gleichberechtigung zu einem neuen Staat, sei es einem Bundesstaat oder einem Einheitsstaat, zusammen und verlieren ihre völkerrechtliche Selbständigkeit. Auch im Rahmen solcher Zusammenschlüsse bleibt den bisher selbständigen Staaten manchmal ein gewisses Maß von Autonomie, aufgrund derer sie Subjekte des Völkerrechts bleiben.[11]

---

[10] So auch die Indian Independence (International Arrangements) Order von 1947, die die Verteilung der Rechte und Verpflichtungen Britisch Indiens zwischen Indien und Pakistan im einzelnen regelt.

[11] Man mag den Ausdruck „Zusammenschluß" auf diesen Vorgang beschränken, die Verbindung zu einem Einheitsstaat aber als „Verschmelzung" i. e. S. bezeichnen. – Kein eigentlicher Zusammenschluß ist in der Vereinigung mehrerer Staaten zu einem Staatenbunde, einer Real- oder Personalunion, einer internationalen Organisation oder in der Vergemeinschaftung nur einzelner Staatsfunktionen im Rahmen überstaatlicher Verbände enthalten. Doch ist die Grenze zwischen solchen Erscheinungen und den hier behandelten Zusammenschlüssen fließend.

Beispiel: Auf diese Weise sind die meisten Bundesstaaten, sind im 19. Jahrhundert die Schweiz und in der zweiten Hälfte des 19. Jahrhunderts zunächst der Norddeutsche Bund (Bündnisvertrag vom 18. August 1866, anschließend Wahl eines Reichstags, Annahme der Verfassung und Gesetzgebungsakte der Einzelstaaten 1867) und dann das Deutsche Reich („Novemberverträge" zwischen dem Norddeutschen Bund und den süddeutschen Staaten 1870 mit anschließender Annahme und Ratifizierung der Verfassung durch die gesetzgebenden Körperschaften der einzelnen Staaten) sowie im 18. Jahrhundert die Vereinigten Staaten (Zusammenschluß der 13 unabhängigen Kolonien im Jahre 1787 unter Ablösung der staatenbündischen Verfassung, den Articles of Confederation von 1781) zur Entstehung gelangt.[12] Ein Beispiel aus jüngerer Zeit ist die Entstehung der Vereinigten Arabischen Emirate durch Zusammenschluß von sieben Scheichtümern nach dem britischen Rückzug aus der Golfregion im Jahre 1971.

3. Endlich findet die Auflockerung des Staates ihre Parallele in einer Erscheinung, die sich als *Zusammenziehung oder Verengung* kennzeichnen läßt. Es ist denkbar, daß ein Bundesstaat oder sonst ein mehr oder weniger dezentralisierter Staatsverband zu einem Einheitsstaat wird (so das Deutsche Reich 1934) oder das Band, das die Glieder verbindet, sich auf andere Weise verstärkt. Durch Vorgänge dieser Art können Staaten mit bisher beschränkter Rechtsfähigkeit, z. B. Gliedstaaten eines Bundesstaates, als Völkerrechtssubjekte eine capitis deminutio erleiden oder gänzlich erlöschen.

4. Wie die genauere Beurteilung der zentrifugalen Entwicklung, so kann auch die der Konzentrationsbewegung Schwierigkeiten bereiten. Hier ist es namentlich die Abgrenzung von Aufnahme und Zusammenschluß, die Zweifel hervorrufen kann. Auch diese Frage ist praktisch bedeutsam. Im Falle der Einverleibung z. B. erlöschen die Verträge des aufgenommenen Staates, während sich die des Aufnehmenden auf das ganze Territorium erstrecken. Liegt dagegen ein Zusammenschluß vor, so bleiben die Verträge der früher unabhängigen Staaten wenn überhaupt, dann nur für den Bereich des aufgenommenen Staates verbindlich. Es kommt hier mutatis mutandis auf die gleichen Gesichtspunkte an wie die, die für die Abgrenzung von Abtrennung und Aufgliederung maßgebend sind. Auch hier ist also nach dem Willen der beteiligten Staaten, ist vor allem nach der Rechtsüberzeugung zu fragen, die sich im internationalen Rechtsleben durchgesetzt hat, und ist bei Meinungsverschiedenheiten die objektive, konkrete Lage in Erwägung zu ziehen.

Beispiele: Nach der Einigung *Italiens* im vergangenen Jahrhundert erhob sich die Frage nach dem rechtlichen Verhältnis zum Königreich Sardinien, das die Einigung herbeigeführt hatte. Italien selbst betrachtete sich als mit dem Königreich Sardinien identisch, obwohl Sardinien ursprünglich nur einen unbedeutenden Teilstaat dargestellt hatte und der Gesamtstaat eine neue Bezeichnung und eine neue Hauptstadt erhielt. Gleichwohl nahm man an, daß die mit Sardinien abgeschlossenen Verträge und nur sie weiter bestünden und sich nunmehr auf ganz Italien er-

[12] Vgl. aber RGSt 3, 127 (130), wonach das Reich nur eine Erweiterung des Norddeutschen Bundes darstellt, dem die nicht dem Norddeutschen Bunde angehörenden Staaten erst nachträglich beigetreten wären.

streckten. Doch ist dieser Standpunkt nicht unbestritten geblieben.[13] Ein ähnlicher Zweifel ergab sich im Hinblick auf das nach dem Ersten Weltkrieg errichtete Königreich *Jugoslawien.* Dieses wird in den Verträgen von St. Germain und Trianon[14] und von der herrschenden Meinung als ein erweitertes Serbien behandelt. Aber es gibt auch gewichtige Stimmen, die es als einen durch den Zusammenschluß von Serbien, den südslawischen Völkern Österreich-Ungarns und Montenegro entstandenen neuen Staat ansehen wollen.[15]

[13] Die Einverleibungstheorie wird seit jeher auch von den italienischen Gerichten vertreten. Vgl. z. B. Corte di Cassazione im Falle *Gastaldi c. Lepage Héméry,* Riv. 22 (1930), 102 und Appellationsgericht Genua, Annual Digest 1938-40, C. 13. Im italienischen Schrifttum dagegen ist die Frage umstritten. Vgl. z. B. einerseits *Anzilotti,* Riv. 6 (1912), 1 (neuer Staat), andererseits *Santi Romano,* aaO 345 (Einverleibung). Siehe auch *Harv. Res.,* AJIL 29 (1935), Supp. 1073 f. Im deutschen Schrifttum wird die Auffassung von Italien als einem im Verhältnis zu Sardinien neuen Staat etwa von *G. Jellinek,* Allgemeine Staatslehre, 3. Aufl. (1929), 282, vertreten.

[14] Vgl. Verträge von St. Germain (Art. 248 (d)) und Trianon (Art. 231 (d)), wo nur Polen und die Tschechoslowakei als neu errichtete Staaten aufgeführt werden. In diesem Sinne auch das deutsch-jugoslawische Schiedsgericht in Tribunaux arbitraux mixtes 2, 602 (608 f), 677 und 5, 963. Die gleiche Ansicht ist offenbar auch dem Urteil des StIGH über die *Serbischen Anleihen in Frankreich* (1929) – PCIJ, Series A 20 – zugrunde gelegt. Vgl. auch USA Court of Appeal in *Ivanevic v. Artukovic,* ILR 1954, 66 und die Hinweise in den Anm. dazu.

[15] So *E. Kaufmann,* ZIR 31 (1923), 211 f; *Guggenheim,* Beiträge zur völkerrechtlichen Lehre vom Staatenwechsel, 1925, 20.

2. KAPITEL

Die Staatennachfolge

§ 16 Der Begriff der Staatennachfolge. Der Übergang der Rechte und Pflichten aus Verträgen

Materialien: United Nations Legislative Series: Materials on Succession of States, UN Doc. ST/LEG/SER. B/14, 1967; United Nations Conference on Succession of States in Respect of Treaties. Official Records I-III, UN Docs. A/Conf. 80/16 and Add. 1, 2.

Schrifttum: *Huber*, Die Staatensuccession, 1899; *Keith*, The Theory of State Succession with Special Reference to English and Colonial Law, 1907; *Cavaglieri*, La dottrina della successione di stato a stato et il suo valore giuridico, 1910; *Schoenborn*, Staatensukzessionen, 1913; *Guggenheim*, Beiträge zur völkerrechtlichen Lehre vom Staatenwechsel, 1925; *Udina*, La succession des Etats quant aux obligations internationales autres que les dettes publiques, in: RdC 44 (1933 II), 669-773; *Wilkinson*, The American Doctrine of State Succession, 1934; *Mervyn Jones*, State Succession in the Matter of Treaties, in: BYIL 24 (1947), 360 ff; *Castrén*, Aspects récents de la Succession d'Etats, in: RdC 78 (1951 I), 385-505; *Jenks*, State Succession in Respect of Law-Making Treaties, in: BYIL 29 (1952), 105-144; *de Muralt*, The Problem of State Succession with Regard to Treaties, 1954; *Paenson*, Les conséquences financières de la succession des Etats, 1954; *Rauschning*, Das Schicksal völkerrechtlicher Verträge bei Änderung des Status ihrer Partner, 1963; *Kordt*, Gegenwärtige Fragen der Staatensukzession, in: Berichte DGVR 5 (1964), 1 ff; *Zemanek*, State Succession after Decolonization, in: RdC 116 (1965 III), 187 ff; *Keith*, Succession to Bilateral Treaties by Seceding States, in: AJIL 61 (1967), 521 ff; *O'Connell*, State Succession in Municipal Law and International Law, I und II, 1967; *Marek*, Identity and Continuity of States in Public International Law, 2. Aufl. 1968; *Ouory*, La succession d'Etats aux traités, 1968; *Gonçalves Pereira*, La succession d'Etats en matière de traité, 1969; *Fiedler*, Staatskontinuität und Verfassungsrechtsprechung, 1970; *Goerdeler*, Die Staatensukzession in multilaterale Verträge, 1970; *Menon*, International Practice as to Succession of New States to Treaties of their Predecessors, in: IJIL 10 (1970), 459 ff; *O'Connell*, Recent Problems of State Succession in Relation to New States, in: RdC 130 (1970 II), 95 ff; *Bedjaoui*, Problèmes récents de succession d'Etats dans les Etats nouveaux, in: RdC 130 (1970 II), 455 ff; *Udokang*, Succession of New States to International Treaties, 1972; *Thode*, Die Tätigkeit der International Law Commission in den Jahren 1967-1969, in: GYIL 15 (1972), 582-602; *Verzijl*, International Law in Historical Perspective, VII: State Succession, 1974; *Cheng*, State Succession Relating to Unequal Treaties, 1974; *Thode*, Die Tätigkeit der International Law Commission in den Jahren 1970 bis 1972, in: GYIL 17 (1974), 341-366; *Schermers*, Succession of States and International Organizations, in: NYIL 6 (1975), 103 ff; *Thode*, Die Tätigkeit der International Law Commission in den Jahren 1973 bis 1974, in: GYIL 18 (1975), 413-433; *Kausch*, Die Tätigkeit der International Law Commission im Jahre 1975, in: GYIL 19 (1976), 455-466; *Riedel*, Die Tätigkeit der International Law Commission im Jahre 1976, in: GYIL 20 (1977), 439-460; *ders.*, Die Tätigkeit der International Law Commission im Jahre 1977, in: GYIL 21 (1978), 462-479; *Schütz*, Die Tätigkeit der International Law Commission im Jahre 1978, in: GYIL 22 (1979), 414-433; *O'Connell*, Reflections on the State Succession Convention, in: ZaöRV 39 (1979), 725 ff; *Treviranus*, Die Konvention der Vereinten Nationen über Staatensukzession bei Verträgen, in: ZaöRV 39 (1979), 259 ff; *Sinclair*, Some Reflections on the Vienna Convention on Succession of States in Respect of Treaties, in: Festschrift Castrén, 1979, 149 ff; *Bello*, Reflections on Succession of States in the Light of the Vienna Convention on Succession of States in Respect of Treaties 1978, in: GYIL 23 (1980), 296-322; *Zemanek*, Die Wiener Konvention über die Staatennachfolge in Verträge, in: Festschrift

Verdross, 1980, 719-738; *Schütz*, Die Tätigkeit der International Law Commission im Jahre 1979, in: GYIL 23 (1980), 488-509; *Menon*, Vienna Convention of 1978 on Succession of States in Respect of Treaties, in: Revue de droit international de sciences diplomatiques et politiques 59 (1981), 1-81; *Fiedler*, Die Konvention zum Recht der Staatensukzession. Ein Beitrag der ILC zur Entwicklung eines „modern international law"?, in: GYIL 24 (1981), 9-62; *Seidl-Hohenveldern*, Die Überleitung von Herrschaftsverhältnissen am Beispiel Österreichs, 1982; *Meissner/Zieger* (Hrsg.), Staatliche Kontinuität unter besonderer Berücksichtigung der Rechtslage Deutschlands, 1983; *Makonnen*, International Law and the New States of Africa, 1983; *Maresca*, La successione internazionale nei tratatti, 1983; *Bockslaff*, Die Tätigkeit der International Law Commission in den Jahren 1980-1983, in: GYIL 26 (1983), 367-406; *Mériboute*, La codification de la succession d'états aux traités. Décolonisation, sécession, unification, 1984; *Tyranowski*, Boundaries and Boundary Treaties in the Law of State Succession, in: Thesaurus Acroasium XIV (1985), 459-540; *Milde*, Les accords de transport aérien dans les successions d'états: le cas particulier de Hong-Kong, in: Annals of Air and Space Law 10 (1985), 103-132; Autorenkollektiv (Leitung: *Poeggel/Meißner*), Staatennachfolge im Völkerrecht, 1986; vgl. ferner auch das Schrifttum zum Vertragsrecht und zum Deliktsrecht.

I. 1. Entstehung und Untergang der Staaten und territoriale Veränderungen haben zur Folge, daß jeweils die eine Staatsgewalt an die Stelle der anderen tritt, und daran pflegt sich die Übernahme gewisser Rechte und Pflichten zu knüpfen. In diesem Sinne spricht man von *Staatennachfolge* oder *Staatensukzession*, ein Ausdruck, der an die „Universalsukzession" des bürgerlichen Rechts, namentlich des Erbrechts erinnert. Wie dort der Erbe an die Stelle des Verstorbenen tritt, so könnte man meinen, übernehme der Nachfolger die Rechtsstellung des untergegangenen Staates. „Heredis personam, quoad dominii tam publici quam privati continuationem, pro eadem censeri cum defuncti persona, certi est iuris", so hat schon *Grotius* gelehrt[1] und so für lange Zeit die Lehre der Staatensukzession mit der Theorie des römischen Erbrechts verknüpft.

In der neueren Völkerrechtslehre gehört die Regelung der Staatennachfolge zu den umstrittensten Problemen.[2] Schon der Begriff der Staatennachfolge ist Gegenstand vieler Kontroversen. Der Nachfolger soll nicht eigentlich in die Rechtsstellung des Vorgängers eintreten können, sondern es soll die Hoheitsgewalt des Rechtsvorgängers erlöschen und die dadurch entstandene Lücke durch die neu eintretende Hoheitsgewalt des Nachfolgers ausgefüllt werden. Eine seit *G. Jellinek* stark vertretene Lehre glaubt den Begriff der Staatennachfolge ganz entbehren zu können. Aber das geht doch zu weit.[3] Wenn ein Staat erlischt oder ein Gebiet abgetreten wird, so tritt doch wirklich ein Staat als Träger der Hoheitsgewalt an die Stelle eines anderen Staates. Er folgt ihm also nach. Andererseits tritt er nicht eigentlich in dessen Rechtsstellung ein. Die neue Hoheitsgewalt ist *eigene* Hoheitsgewalt des Nachfolgestaates. Ihr Inhalt und Umfang richten sich nach dem nationalen Recht des Nachfolgestaates, das sich möglicherweise von dem des Vorgängers wesentlich unterscheidet. Und während der Erbe wirklich die Persönlichkeit des Erblassers fortsetzt, in die Gesamtheit seiner Rechte und Pflichten einrückt, sind die Staaten politische Einheiten mit stark entwickelter Individualität, die nicht einfach in die Fußstapfen ihrer Vorgänger treten. Doch ist die Übernahme der Hoheitsgewalt mit dem Eintritt in gewisse Rechte und Pflichten des früheren Staates verbunden.[4]

---

[1] *Grotius*, De iure belli ac pacis L. II, c. IX § 12.

[2] So zutreffend *Verdross/Simma*, 608; vgl. auch *Fiedler* 1981, 9 f.

[3] Richtig u. E. *Oppenheim/Lauterpacht* I, 158. Vgl. auch *Lauterpacht*, Analogies, §§ 53 f; dementsprechend haben auch die International Law Commission sowie die Generalversammlung der Vereinten Nationen am Konzept als solchem festgehalten und die Kodifikation des Rechts der Staatennachfolge schon 1949 und in den folgenden Jahren verstärkt gefordert und seit 1963 in Angriff genommen, vgl. unten S. 159.

[4] Der Eintritt in die Rechte und Pflichten ist die Rechtsfolge, die sich aus der Staatennachfolge ergibt, nicht diese selbst. Dazu auch *Kelsen* 1932, 314 f.

Davon geht auch die International Law Commission aus, die sich seit 1963 bzw. 1967 mit der Kodifikation des Rechts der Staatennachfolge eingehend befaßt hat.[5] Zwar wird dem Prinzip der souveränen Entscheidungsfreiheit bei der Staatennachfolge – insbesondere zugunsten der im Zuge der Dekolonisierung neuentstandenen Staaten – vorrangig Rechnung getragen. Aber die ILC und ihr folgend die Staatenkonferenzen über die Staatennachfolge in Verträge von 1977/78[6] sowie über die Staatennachfolge in Staatsvermögen, Staatsarchive und Staatsschulden von 1983[7], haben doch anerkannt, daß es eine völkerrechtliche „tabula rasa" für den Nachfolgestaat ganz allgemein nicht gibt.

2. Die Staatennachfolge kann sich in verschiedenen Formen vollziehen, und sie hat Rechtswirkung im Hinblick auf verschiedene Lebensvorgänge, namentlich im Hinblick auf das Schicksal völkerrechtlicher Verträge, staatliches Eigentum und die Staatenverantwortlichkeit. Was zunächst Form und Umfang der Staatennachfolge angeht, wird man theoretisch von folgenden Überlegungen ausgehen können.

a) Die Nachfolge kann das *ganze Gebiet* eines anderen Staates (Gesamtnachfolge) oder als örtliche Nachfolge, Regionalsukzession[8], nur das *Teilgebiet* eines Staates umfassen, der im übrigen weiterbesteht. Beide Vorgänge sind natürlich verschieden. Aber sie weisen doch unter dem hier interessierenden Gesichtspunkt so viel Gemeinsames auf, daß im folgenden auch die regional begrenzte Staatennachfolge eingeschlossen werden soll.

b) Von einer *Teilnachfolge* wäre zu sprechen, wenn ein Staat nicht die gesamte Hoheitsgewalt übernimmt, sondern nur in einzelne Rechte und Pflichten eintritt, von einer *beschränkten Staatennachfolge*, wenn die neue Staatsgewalt die frühere nicht völlig verdrängt, sondern ihr gewisse Rechte beläßt, sie nicht ersetzt, sondern nur absinken läßt. Das ist etwa der Fall, wenn ein bisher unabhängiger Staat sich als Gliedstaat mit einem gewissen völkerrechtlichen Status in einen Bundesstaat aufnehmen läßt, oder das war der Fall, wenn er sich dem Protektorat eines stärkeren Staates unterwarf. Das Gegenstück bietet der Fall, daß ein schon bestehender, aber nicht souveräner Staat, z. B. der Gliedstaat eines Bundesstaates oder ein Protektorat, später voll souverän wird. In Fällen dieser Art tritt nicht der eine Staat an die Stelle des anderen, sondern rückt eine schon vorher bestehende Staatsgewalt unter Verdrängung der anderen zur Alleingewalt auf.

---

[5] Vgl. dazu *Thode*, in GYIL 17 (1974), 341 ff und in: GYIL 18 (1975), 413 ff; *Kausch*, in: GYIL 19 (1976), 455 ff; *Riedel*, in: GYIL 20 (1977), 439 ff und in: GYIL 21 (1978), 462 ff; *Schütz*, in: GYIL 22 (1979), 414 ff und in: GYIL 23 (1980), 488 ff; *Bockslaff*, in: GYIL 26 (1983), 367 ff jeweils mwN; siehe ferner die Berichte der ILC in den Jahrbüchern 1949, 1963 II, 1967 II, 1968 II, 1970 II, 1972 II, 1973 II, 1974 II, 1976 II, 1980 II.

[6] Die Staatenkonferenz über die Staatennachfolge in Verträge (Vienna Convention on Succession of States in Respect of Treaties) wurde durch Resolution der Generalversammlung der UN vom 15. Dezember 1975 (GA/Res/3496 (XXX)) nach Wien einberufen. Sie verabschiedete die Konvention am 22. August 1978 (UN Doc. A/Conf. 80/31 und A/Conf. 80/31/Conv. 2 vom 27. Oktober 1978), Text der Konvention auch abgedruckt in: ILM 17 (1978), 1488 ff.

[7] Die Staatenkonferenz über die Staatennachfolge in Staatsvermögen, Staatsarchive und Staatsschulden (Vienna Convention on the Succession of States in Respect of State Property, Archives and Debts) wurde durch die Resolution der Generalversammlung der UN vom 10. Dezember 1981 nach Wien einberufen (GA/Res/36/113). Allerdings nahmen an der Konferenz, die vom 1. März bis 8. April 1981 tagte, nur 76 Staaten teil – unter Hinweis auf die bestehenden Regelungsunterschiede in der Staatengemeinschaft im Hinblick auf die anstehende Regelungsinitiative. Die Konferenz nahm die Konvention am 8. April 1983 an (UN Doc. A/Conf. 117/14), wiedergegeben auch in: ILM 22 (1983), 396 ff.

[8] *Castrén* 1951.

c) *Keine* Staatennachfolge liegt vor, wenn sich mehrere Staaten zu einer Realunion, einem Staatenbunde oder in einer zwischen- oder überstaatlichen Organisation miteinander verbinden. Denn eine Staatensukzession setzt voraus, daß ein Staat einem anderen Platz macht, was hier nicht der Fall ist. – Daher liegt auch dort keine Staatennachfolge vor, wo Veränderungen innerhalb *eines Staates* dessen völkerrechtliche Identität nicht berühren. Auch der revolutionäre Verfassungsumsturz läßt keinen Staat an die Stelle eines anderen, sondern vielmehr innerhalb ein und desselben Staates die eine Regierung an die Stelle der anderen treten. Die Frage der Stellung Chinas in der UNO seit 1949 z. B. war keine Frage der Staatennachfolge, sondern eine solche der Befugnis zur Repräsentation.

d) Endlich wird man auch den Fall der *mittelbaren Nachfolge* ausscheiden müssen. Damit sind die Fälle gemeint, in denen ein Staat C einem Staat A nicht unmittelbar nachfolgt, sondern A zunächst B Platz macht, der seine Hoheitsgewalt seinerseits an C überträgt. Dann ist C nicht Nachfolger von A, sondern von B. So waren nach dem Ersten Weltkrieg die Mandatsmächte nicht die unmittelbaren Rechtsnachfolger Deutschlands, das im Versailler Vertrag seine Kolonien zunächst den alliierten und assoziierten Hauptmächten in ihrer Gesamtheit hatte abtreten müssen (Art. 119). Dieser Konstruktion entsprach es, daß die Mandatsmächte sich an dem deutschen Schuldendienst nicht zu beteiligen brauchten (Versailler Vertrag Art. 257)[9], während allerdings der Lausanner Vertrag von 1923 für die türkischen Mandate eine andere Regelung traf.

e) Sowohl in der Konvention über die Staatennachfolge in Verträge von 1978 als auch in der Konvention über die Staatennachfolge in Staatsvermögen, Staatsarchive und Staatsschulden wird Staatennachfolge grundsätzlich als Gesamtnachfolge, als „Ersetzung eines Staates durch einen anderen in der Verantwortlichkeit für die internationalen Beziehungen eines Territoriums“ definiert.[10] Doch werden in den Einzelregelungen beider Konventionen über die Staatennachfolge die örtliche bzw. Regionalsukzession, die Vereinigung zweier oder mehrerer Staaten zu einem neuen sowie die Trennung (Separation, Sezession) eines Staates in zwei oder mehrere neue Staaten als Unterfälle der Staatensukzession berücksichtigt.[11] Dagegen wird der Zerfall eines Staates – im Unterschied zur Trennung – als besonderer Tatbestand einer Staatennachfolge nur in der Konvention über die Staatennachfolge in Staatsvermögen, Staatsarchive und Staatsschulden geregelt.[12]

II. 1. Wenn ein Staat einem anderen nachfolgt, erhebt sich die Frage, ob und inwieweit der Wechsel der Staatsgewalt die aus dem Völkerrecht folgenden Rechte und Pflichten der beteiligten Staaten, in erster Linie ihre Rechte und Pflichten aus *internationalen Verträgen* berührt. Versucht man, einer Lösung dieser Frage mit Hilfe allgemeiner Überlegungen näherzukommen, so scheinen zunächst starke Gründe *gegen* einen Übergang der Rechte und Pflichten zu sprechen. Das Völkervertragsrecht ist bis in die Gegenwart von der Regel beherrscht, daß Verträge Rechte und Pflichten nur für die am Vertrag beteiligten Parteien begründen. Ein mit dem Vorgänger geschlossener Vertrag

---

[9] Vgl. dazu die Entscheidung des Supreme Court von Südafrika im Falle *Verein für Schutzgebietsanleihen e. V. v. Conradie*, Annual Digest 1935-37, C. 40.

[10] Vgl. Art. 2 Abs. 1 lit. b der Konvention über die Staatennachfolge in Verträge sowie Art. 2 Abs. 1 lit. a der Konvention über die Staatennachfolge in Staatsvermögen, Staatsarchive und Staatsschulden.

[11] Vgl. Teile II und IV der Konvention über die Staatennachfolge in Verträge sowie Teil II Abschnitt 2, Teil III Abschnitt 2 und Teil IV Abschnitt 2 der Konvention über die Staatennachfolge in Staatsvermögen, Staatsarchive und Staatsschulden.

[12] Vgl. Art. 18, 31, 41, der Konvention über die Staatennachfolge in Staatsvermögen, Staatsarchive und Staatsschulden.

aber ist für den Nachfolgestaat eine *res inter alios acta.* Aber es sprechen auch Gründe für den *gegenteiligen* Standpunkt. Je mehr sich in der heutigen Welt die demokratische Staatsidee durchsetzt, desto näher scheint der Gedanke zu liegen, daß der Staat mit dem Volke identifiziert werden müsse, und daß es letztlich die auf dem Gebiet ansässige Bevölkerung sei, die man als Träger der Rechte und Pflichten aus den Verträgen ansehen müsse (Identitätstheorie). Einleuchtender scheint die praktische Überlegung, daß die mit dem Untergang des Staates und territorialen Veränderungen anderer Art oft verbundene Störung der zwischenstaatlichen Beziehungen nicht über das Maß des Unvermeidlichen hinaus verschärft werden darf. Mit der fortschreitenden Verflechtung und Intensivierung der internationalen Beziehungen in der Welt verstärkt sich das Bedürfnis nach Kontinuität und wächst die Gefahr, daß sich eine Unterbrechung der bestehenden Verhältnisse über den Kreis der unmittelbar beteiligten Staaten hinaus für die internationale Gemeinschaft im ganzen nachteilig auswirken könnte. Diese Gefahr wird dadurch gesteigert, daß der moderne Staat in weitem Umfange auch in das Wirtschafts- und Sozialleben eingreift. Damit steigern sich auch die Fernwirkungen, die aus dem Wechsel der Staatsgewalt folgen. Daher läge es nahe, jeweils zu prüfen, ob nicht internationale Verträge die Grundlage für die Ordnung von Lebensbereichen bilden, die nicht ohne Not gestört werden sollten. Dies wäre insbesondere bei multilateralen Verträgen der Fall, die die Gleichförmigkeit und Dauer von Ordnungen sichern. Soweit solche Abkommen als Ordnungsverträge im früher bezeichneten Sinne[13] objektive Ordnungen des internationalen Lebens enthalten, könnte angenommen werden, daß es sich bei einem Wechsel des Status eines ihrer Partner nicht mehr um ein Problem der Nachfolge in die Verträge, sondern darum handelt, daß dann die bestehende Ordnung wie für alle so auch für den oder die Nachfolgestaaten gilt. Aber auch bei anderen multilateralen Verträgen entspräche die Ausdehnung der darin enthaltenen Rechte und Pflichten auf den Nachfolgestaat dem Allgemeininteresse aus dem Gesichtspunkt der Kontinuität des Vertragsregimes in der Regel besser.

2. Die nunmehr in der Kodifikation des Rechts der Staatensukzession niedergelegten Regelungen sind der vorstehend skizzierten Konzeption jedoch nur bedingt gefolgt. Namentlich gegenüber den aus der Entkolonisierung hervorgegangenen Staaten üben die neuen Regelungen große Zurückhaltung im Hinblick auf das Prinzip der Vertragskontinuität. Der Schutz der souveränen Entscheidungsfreiheit der Staaten ist wieder stärker in den Vordergrund getreten, wie dies schon zeitweilig in der älteren Lehre der Fall gewesen ist.[14] Die Konvention über die Staatennachfolge in Verträge (im folgenden Wiener Konvention von 1978) sieht in einem allgemeinen Teil zunächst einmal vor, daß Rechte und Pflichten aus Verträgen nicht ipso iure auf den Nachfolgestaat übergehen, wobei allerdings Ausnahmen von diesem Grundsatz gelten sollen. Vielmehr besagen die Art. 8 und 9 der Wiener Konvention von 1978, daß solche Rechte und Pflichten auch dann nicht gegenüber anderen Partnern der Verträge des Vorgängerstaates zu solchen des Nachfolgestaates werden, wenn dieser mit dem Vorgängerstaat ein diesen Übergang vorsehendes Abkommen geschlossen haben (agreement on devolution) oder der Nachfolgestaat eine einseitige Erklärung über die Weitergeltung der Verträge in bezug auf sein Territorium abgegeben hat. Nicht nur die Entscheidungsfreiheit des Nachfolgestaates, sondern auch die der Partner des bestehenden Vertrages wird insoweit von der Konvention prinzipiell geschützt. Deutlicher noch wird das Prinzip der Diskontinuität

[13] Siehe oben S. 52 ff.

[14] So lag der Schutz der Souveränität der von u. a. *Schoenborn, Keith, Strupp* und *Cavaglieri* vertretenen Auffassung zugrunde, den Nachfolgestaat nicht gegen seinen Willen an Verträge des Vorgängerstaates zu binden.

von Verträgen in Fällen der Staatennachfolge im Hinblick auf die besondere Stellung der neuentstandenen Staaten anerkannt. Nach Art. 16 der Konvention ist ein neuer, unabhängiger Staat nicht verpflichtet, einen Vertrag nur aufgrund der Tatsache, daß er zum Zeitpunkt der Staatennachfolge hinsichtlich des Territoriums, auf das sich die Staatennachfolge bezieht, in Kraft war, in Kraft zu belassen oder Partner zu werden.
Die Erstreckung der Geltung von Verträgen des Vorgängerstaates auf den Nachfolgestaat kann allgemein nach Art. 10 nur dann herbeigeführt werden, wenn der betreffende Vertrag dem Nachfolgestaat ein Optionsrecht, Vertragspartner zu werden, einräumt und dieser durch Notifikation von diesem Recht Gebrauch gemacht hat oder wenn der bestehende Vertrag den Nachfolgestaat als Partner betrachtet – also gleichsam von der Seite der übrigen Vertragsparteien der Nachfolgestaat ipso iure als Vertragspartner akzeptiert wird – und der Nachfolgestaat ausdrücklich in schriftlicher Form sein Einverständnis erklärt. Für neue unabhängige Staaten wird in Art. 17 Abs. 1 und Art. 18 Abs. 1 und 2 das Recht des Eintritts in multilaterale Verträge demgegenüber erleichtert, indem es nur einer Notifikation der Nachfolge in den Vertragsstatus des Vorgängerstaates bedarf. Allerdings ist dieses Recht wiederum dahingehend eingeschränkt, daß der Erwerb der Stellung des Vertragspartners durch Notifikation nach Art. 17 Abs. 1 und Art. 18 Abs. 1 und 2 nicht möglich ist, wenn der betreffende Vertrag ergibt oder sonst festgelegt ist, daß die Anwendung des Vertrages auf den neuen unabhängigen Staat mit Gegenstand und Ziel des Vertrages unvereinbar wäre oder die Bedingungen für seine Durchführung grundlegend verändern würde (Art. 17 Abs. 2 und Art. 18 Abs. 3). Eine bloße Notifikation reicht auch nicht aus, wenn der Eintritt des neuen unabhängigen Staates aufgrund der Regelungen des Vertrages an die Zustimmung aller übrigen Partner gebunden sein soll. Dann wird die Geltung des Vertrages für den neuen Staat erst mit dieser Zustimmung begründet. Man wird insgesamt feststellen dürfen, daß die Konvention im Grundsatz stärker als das bisherige Recht die Nachfolge in Verträge von der Übereinkunft zwischen den Vertragspartnern abhängig machen will.
Unter Berücksichtigung der in den Kodifikationsarbeiten des Rechts von der Staatennachfolge insgesamt zum Ausdruck gekommenen Grundauffassungen sowie der Regelungen der Konvention über die Staatennachfolge in Verträge ergibt sich für das geltende Recht im Hinblick auf die einzelnen Erscheinungsformen und Objekte der Staatennachfolge in Verträge im einzelnen folgendes Bild.

III. 1. Gesicherte Regeln gelten zunächst für den Fall der *Abtretung* und andere Fälle, in denen ein Staat das Teilgebiet eines anderen Staates erwirbt, der im übrigen weiterbesteht. Für solche Fälle hat der Grundsatz der *beweglichen Vertragsgrenzen* zu gelten. Er besagt, daß die aus den Verträgen folgenden Rechte und Pflichten die Staaten in ihren jeweiligen Grenzen erfassen.
Wenn also ein Staat A einem Staat B ein Gebiet X überläßt, so verlieren die Verträge von A auf dem Gebiet von X ihre Geltung, während die von B nunmehr auch X mitumfassen. Wenn B Handelsverträge mit dritten Staaten unterhält, so hat er ohne deren Zustimmung nicht das Recht, die den Verträgen entsprechenden Zolltarife nicht auf X auszudehnen, X etwa zu einem eigenen Zollgebiet zu erklären. Andererseits bedarf B für die Ausdehnung des Vertragsregimes auf X nicht erst der Zustimmung der sonst am Vertrage beteiligten Staaten. Es *kann* allerdings sein, daß ein Vertrag nach dem Willen der Parteien auf ein bestimmt definiertes Gebiet beschränkt bleiben soll. Dann erstreckt der Vertrag sich nicht auf das neue Gebiet.
Diese Regel entspricht der Vernunft. Mit der Abtretung tritt die neue Staatsgewalt an die Stelle der alten, deren Fortwirken in der Regel nur Verwirrung anrichten könnte. Andererseits können die Beteiligten – unter Einschluß natürlich auch der anderen Par-

teien – ausdrücklich oder stillschweigend vereinbaren, daß die bestehenden Verträge fortdauern sollen. Doch sind Verträge dieser Art nicht die Regel.

Beispiel: Nach der Abtretung von Elsaß-Lothringen 1871 wurde das 1801 zwischen Frankreich und dem Hl. Stuhl abgeschlossene Konkordat vom Deutschen Reich zwar nicht formell übernommen, aber seine weitere Anwendung doch stillschweigend geduldet und damit durch schlüssiges Verhalten eine Fortdauer des Vertrages vereinbart.[15]

Die Konvention über die Staatennachfolge in Verträge hat diese bisher schon geltende Regel in Art. 15 übernommen einschließlich der Möglichkeit, die Erstreckung der Geltung eines früher vom Nachfolgestaat geschlossenen Vertrages auf das Gebiet, in das er nachfolgt, durch besondere Vereinbarungen auszuschließen. Zusätzlich wird aber die Erstreckung von Verträgen des Nachfolgestaates auch dann ausgeschlossen, wenn sie mit dem Gegenstand und Ziel des Vertrages unvereinbar wäre oder die Bedingungen für seine Durchführung grundlegend verändern würde.

2. Nicht wesentlich anders regelte das allgemeine Völkerrecht den Fall der Einverleibung, einerlei, ob diese sich mit dem Willen des erlöschenden Staates oder, z. B. im Wege der Annexion, gegen dessen Willen vollzog. Auch dann erloschen die Verträge des untergehenden Staates[16] und erstreckten sich die des einverleibenden Staates auf das neue Gebiet.

Dem entsprach die ganz überwiegende Praxis der Staaten. Es fehlt allerdings nicht an Beispielen dafür, daß nach der Einverleibung eines Staates in einen anderen eine Fortdauer der Verträge in dem einverleibten Gebiet verabredet wird. Im Jahre 1864 hat Griechenland die Verträge der Jonischen Inseln[17], 1907 Belgien die des Kongostaates übernommen[18]. Aufschlußreicher ist das Verhalten der Staaten, wo keine Verträge bestehen. Zwar haben die Staaten, wenn dies ihren Interessen entsprach, wiederholt die Fortdauer der Verträge auch in solchen Fällen behauptet. In diese Richtung scheint eine bekannte Äußerung des amerikanischen Außenministers *Adams* aus dem Jahre 1818 zu weisen.[19] Indessen haben die Vereinigten Staaten selbst nach der Einverleibung von Texas im Jahre 1844 gegen den Widerspruch Englands und Frankreichs die bis dahin bestehenden Verträge von Texas als erloschen behandelt. England hat den gleichen Standpunkt nach der Einverleibung der Burenstaaten vertreten, Italien nach 1860 aus seiner These von der Einverleibung der bisher unabhängigen Staaten in das Königreich Sardinien die Folgerung gezogen, daß die Verträge Sardiniens sich auch auf die annektierten Gebiete erstreckten, während es die der bisher unabhängigen Staaten als erloschen ansah, Preußen hat 1866, das Deutsche Reich nach dem sog. Anschluß Österreichs 1938 und die UdSSR nach der Annexion der baltischen Staaten 1940 den gleichen Standpunkt vertreten.[20]

Demgegenüber kennt die Konvention über Staatennachfolge in Verträge nur noch den Fall der in Übereinstimmung mit dem Völkerrecht und den in der UN-Charta niedergelegten völkerrechtlichen Prinzipien erfolgenden Vereinigung von Staaten. Die Anne-

[15] Dazu *Wagnon*, Concordats et droit international, 1935, 395.

[16] Eine besondere Frage ist die, ob Verträge, an denen dritte Staaten beteiligt sind, ob namentlich multilaterale nach bisherigem Recht erlöschen müßten, wenn ein Vertragspartner ausfällt, eine Frage, die wohl negativ beantwortet werden muß; zum geltenden Recht siehe unten S. 165 ff.

[17] *De Martens*, NRG, 1. Série, XVIII (1873), 63 (Art. 3 und 7).

[18] *De Martens*, NRG, 3. Série, IL (1943), 101 (Art. 1-3).

[19] „No principle of international law can be more clearly established than this: That the rights and obligations of a nation in regard to other States are independent of its internal revolutions of government. It extends even to the case of conquest, the conquerer who reduces a nation to his subjection receives it subject to all its engagements and duties towards others, the fulfillment of which then becomes his own duty. However frequent the instances of departure from this principle may be in point of fact, it cannot with any color of reason be contested on the ground of right." Vgl. *Moore* I, 334.

[20] Vgl. *Marek*; siehe auch unten, § 55.

xion als völkerrechtswidriger Vorgang ist von ihrer Geltung ausgenommen.[21] Auch hat die Konvention – abweichend von der bisherigen Praxis – im Grundsatz das Prinzip der Vertragskontinuität für den Fall der Vereinigung von Staaten akzeptiert.[22] Angesichts dessen mag es heute zweifelhaft erscheinen, ob das vom Prinzip der Diskontinuität der Verträge bei Einverleibung von Staaten geprägte Völkergewohnheitsrecht noch fortgilt. Dagegen könnte sprechen, daß sich die ganz überwiegende Mehrheit der Staaten auf der Staatenkonferenz über die Staatennachfolge in Verträge für eine neue, andersartige Regelung der Frage entschieden hat. Auf der anderen Seite ist aber einzuwenden, daß es sich bei der alten Regelung um eine der souveränen Entscheidungsfreiheit der Nachfolgestaaten Rechnung tragende Regelung gehandelt hat, die jedenfalls zur Zeit noch nicht als durch die neue Vertragsregelung auch im Gewohnheitsrechtsbereich überlagert angesehen werden kann.[23]

3. Weniger eindeutig als beim Fall der Einverleibung war das bisherige Recht im Hinblick auf die Fälle der Abtrennung, der Aufgliederung und des Zusammenschlusses von Staaten zu beurteilen. Diesen Fällen ist gemeinsam, daß nicht ein schon vorhandener Staat an die Stelle eines anderen tritt, sondern eine ganz neue Ordnung entsteht.

In diesen Fällen ergibt die *Staatenpraxis* kein geschlossenes Bild. Auch in Fällen dieser Art wird die Fortdauer der Verträge von dem Nachfolgestaat nicht selten bestritten, namentlich dann, wenn er sich durch Gewalt, durch Krieg oder Revolution von dem Rechtsvorgänger abgelöst hat. Das klassische Beispiel bieten die USA und die lateinamerikanischen Staaten, die sich beharrlich geweigert haben, die Verträge dort Englands, hier Spaniens als für sich verbindlich gelten zu lassen. Den gleichen Standpunkt haben die USA 1898 im Hinblick auf Kuba im Verhältnis zu Spanien vertreten. Aus der neueren Geschichte wären Polen und die Tschechoslowakei[24] nach dem Ersten, Israel, Libanon und Syrien nach dem Zweiten Weltkrieg[25] zu nennen.

Aber diesen Beispielen stehen andere gegenüber. Im vergangenen Jahrhundert haben die Großmächte nach der Trennung Belgiens von den Niederlanden mit großem Nachdruck darauf bestanden, daß die Verträge der Niederlande auch für Belgien weiterbestünden und sich dafür auf die Grundprinzipien des Rechts der Kulturwelt berufen.[26] Als einer der großen Ordnungsverträge des vergangenen Jahrhunderts hat auch der Berliner Vertrag vom 13. Juli 1878[27] die Fortdauer der Verträge in den selbständig gewordenen Balkanstaaten zugrunde gelegt[28], und *Bismarck* als Präsident des Kongresses hat diese Norm, ohne auf Widerspruch zu stoßen, geradezu als ein allgemeines Prinzip des Völkerrechts hingestellt.[29] Die Praxis der Aufgliederung – so-

---

[21] Art. 6 der Wiener Konvention 1978 beschränkt die Anwendbarkeit ihrer Vorschriften nur auf solche Staatennachfolgen, die in Übereinstimmung mit dem Völkerrecht und insbesondere in Übereinstimmung mit den in der UN-Charta niedergelegten Prinzipien erfolgen. Damit ist die Annexion als ein rechtswidriger Vorgang von den Regeln der Konvention ausgenommen. Eine entsprechende Regelung enthält Art. 3 der Konvention über die Staatennachfolge in Staatsvermögen, Staatsarchive und Staatsschulden; kritisch dazu *Fiedler*, 1981, 17 ff.

[22] Vgl. Art. 31 ff der Wiener Konvention von 1978.

[23] Vgl. *Fiedler*, Die Konvention; *Zemanek*, Die Wiener Konvention.

[24] Vgl. z. B. tschechoslowakisches Oberstes Gericht, Juristische Wochenschrift 1919, 332 (keine Verbindlichkeit des von Österreich-Ungarn abgeschlossenen Zivilprozeßabkommens von 1905 für die Tschechoslowakei) mit Anm. *Schoenborn*, der aber die Entstehung eines *neuen* Vertragsverhältnisses zwischen Deutschland und der Tschechoslowakei durch schlüssiges Handeln annehmen will. Vgl. auch RGSt. 57, 61 (keine Bindung der Tschechoslowakei durch einen früheren deutsch-österreichischen Handelsvertrag) und die Entscheidung des Gerichts Rotterdam, Annual Digest 1923-24, C. 42. – Für Polen ebenso Urteil des polnischen Obersten Verwaltungsgerichts Annual Digest 1923-24, C. 41; ferner Oberstes Gericht Zürich in Blatt für Zürcherische Rechtsprechung XX, 354.

[25] Vgl. auch *O'Connell* I, 369 f.

[26] Vgl. die Protokolle der Londoner Konferenz 1830, z. B. NRG, 1er Série X, 124 f, 197 f.

[27] NRG, 2. Série III, 449.

[28] Art. 8, 37, 38, 49, 51. Dabei handelte es sich aber z. T. um Verträge mit territorialer Beziehung.

[29] Vgl. das 8. Protokoll der Konferenz vom 28. 6. 1878, NRG, 2. Série, III, 330 (343): „Le Président regarde comme le droit commun qu'une province séparée d'un Etat ne puisse s'affranchir des traités

wohl von Bundes- und Einheitsstaaten wie der Realunionen – stimmt damit überein.[30] Nach der Auflösung der Union zwischen Norwegen und Schweden 1905 und von Österreich-Ungarn 1918 wurden die früher von der Union geschlossenen Verträge, soweit sie für die betreffenden Gliedstaaten galten, als für diese weiter verbindlich behandelt. Aber auch wo der neue Staat nicht einmal in nuce innerhalb der früheren Einheit bestand[31], hat man die Verträge aufrechterhalten, so nach der Trennung Islands von Dänemark 1918[32], und vor allem im Zusammenhang mit der Freigabe der heute unabhängigen asiatischen Staaten durch die vormals herrschenden europäischen Mächte. So haben Indien, Pakistan und Ceylon (Sri Lanka), Irak und Transjordanien (Jordanien), die vormals zu Frankreich gehörenden Staaten Laos, Kambodscha (Kamputschea) und Vietnam sowie Indonesien[33] die früheren Verträge aufrechterhalten, die sich auf ihre Gebiete bezogen. Die meisten dieser Länder sind freilich zunächst mit der früheren Kolonialmacht verbunden geblieben. Aber auch Burma (Birma), obwohl aus dem Commonwealth ausgeschieden, hat in seinem Vertrag mit dem Vereinigten Königreich vom 17. Oktober 1947 entsprechende Verpflichtungen übernommen (Art. 2)[34].

Die Praxis der *internationalen Gerichte* bietet nicht viel Material. Hier ist etwa der Schiedsspruch der aufgrund des Schiedsvertrages zwischen den USA und Ecuador 1862 eingesetzten internationalen Kommission im Fall des Schoners *Mechanic* zu nennen. Hier kam das Schiedsgericht zu dem Ergebnis, daß die Wegnahme des Schiffes durch Kolumbien (damals eine Föderation unter Einschluß auch Ecuadors) im Unabhängigkeitskrieg unter Verletzung eines älteren Vertrages zwischen Spanien und den USA auch Kolumbien als Rechtsnachfolger Spaniens zum Ersatz des Schadens verpflichte.[35]

Angesichts dieser wenig einheitlichen Staatenpraxis konnte man wohl von einer Neigung des bisherigen Völkerrechts zur Aufrechterhaltung der Verträge sprechen. Andererseits standen schon bisher der Annahme einer völkerrechtlichen Verpflichtung zur Aufrechterhaltung der Verträge in den hier ins Auge gefaßten Fällen Bedenken entgegen. Insbesondere Verträge ausgesprochen politischen Charakters – Bündnis-, Garantie-, Protektoratsverträge u. ä. – haben nicht einmal die Vermutung für sich, daß sie fortgelten sollen. Sie sind so eng mit der politischen Existenz der beteiligten Staaten verknüpft, daß sie dem neuen Staat nicht gegen seinen Willen aufgedrängt werden dürfen, aber auch den anderen Vertragsstaaten die Fortsetzung der Verbindung nicht ohne weiteres zumutbar ist. Bei anderen Verträgen – unter Einschluß wohl auch von Handels- und Auslieferungsverträgen – und vor allem den multilateralen Abkommen auf den Gebieten des Sozial- und Wirtschaftslebens konnte man bisher im Zweifel eine Fortgeltung an-

auxquels elle a été jusqu'alors soumise. C'est aux yeux de S.A.S. un principe de droit des gens qui ne peut, d'ailleurs, qu'être corroboré par une déclaration du Congrès."

30 Auch nach dem Auseinanderfall Kolumbiens zwischen 1829 und 1831 waren die Rechtsberater der britischen Krone der Ansicht, es seien die drei neuen Staaten – Venezuela, Ecuador und Neu Granada – an die von der früheren Union geschlossenen Verträge gebunden, da die neuen Staaten mit den alten Gliedstaaten wesensgleich seien. Dazu *Jones*, BYIL 24 (1947), 367 f.

31 In diesem Sinne hat auch der Supreme Court von Palästina wiederholt die zur Zeit der Mandatsverwaltung von Frankreich für Syrien mit Palästina abgeschlossenen Auslieferungsverträge als auch für Libanon als einen Teil des früheren Mandats verbindlich betrachtet. Vgl. die Entscheidung Annual Digest 1941-42, C. 98 und 1947, C. 16.

32 Damals wurde allerdings noch eine Realunion zwischen beiden Ländern vereinbart. Vgl. den Vertrag NRG, 3. Série XII 3, § 7 (4).

33 In dem Verfahren aus Anlaß des indonesischen Antrags auf Auslieferung des niederländischen Staatsangehörigen *Westerling* lag dem in letzter Instanz entscheidenden High Court von Singapore eine Äußerung des britischen Außenamts vor, derzufolge Indonesien automatisch in den Auslieferungsvertrag zwischen Großbritannien und den Niederlanden von 1898 eingetreten sei. Trotzdem wurde die Auslieferung mit einer auf staatsrechtliche Erwägungen gestützten Begründung verweigert. Vgl. ILR 1950, C. 21.

34 Treaty Series (London) 92 (1948), No. 16.

35 *Lapradelle/Politis* II, 433 (mit aufschlußreicher note doctrinale 436 f) = *Moore*, Arbitration III, 3221. Anders im Ergebnis die amerikanisch-venezuelanische Claims Commission 1890 im gleichen Fall; *Moore*, Arbitration III, 3210. Diese Entscheidung wird aber damit begründet, es habe der Geschädigte den nationalen Instanzenzug nicht erschöpft.

nehmen. Der entgegengesetzte Wille einer Partei mußte jedenfalls deutlich zum Ausdruck gebracht werden. Die Konvention über die Staatennachfolge in Verträge hat die bisherige – gewiß umstrittene – Ordnung dieses Bereiches wiederum nur zum Teil übernommen. Sie kennt nur noch die Fälle der Vereinigung und Trennung von Staaten. Der Zerfall ist nach Ansicht der ILC und der Staatenkonferenz trotz gegenteiliger Ansichten einer Reihe von Staaten mit der Trennung rechtlich gleichzubehandeln.

Vereinigen sich zwei oder mehr Staaten und bilden einen neuen, den Nachfolgestaat, so bleiben nach Art. 31 Abs. 1 der Konvention Verträge, die im Zeitpunkt der Staatennachfolge für jeden von ihnen in Kraft waren, auch für den Nachfolgestaat in Kraft, es sei denn, zwischen Nachfolgestaat und Partnerstaaten wird eine anderweitige Vereinbarung getroffen oder die Weitergeltung des Vertrages für den Nachfolgestaat ist mit Gegenstand und Ziel des Vertrages unvereinbar oder würde die Bedingungen für die Durchführung grundlegend verändern. Allerdings findet ein solcher Vertrag nach Art. 31 Abs. 2, der nach Abs. 1 in Kraft bleibt, Anwendung nur auf den Teil des Nachfolgestaates, für den er im Zeitpunkt der Staatennachfolge in Kraft war, vorausgesetzt, daß nicht der Nachfolgestaat die Geltung für sein gesamtes Territorium notifiziert hat (soweit dies ohne Zustimmung der anderen Vertragsparteien zulässig ist – Art. 17 Abs. 3) oder der Nachfolgestaat mit der anderen Vertragspartei eine anderweitige Vereinbarung trifft.[36] Auch muß im Falle der Erstreckung durch Notifikation eines nur für einen Teil des Nachfolgestaates geltenden Vertrages auf dessen Gesamtgebiet die Erstreckung mit Gegenstand und Ziel des Vertrages vereinbar sein (Art. 31 Abs. 3). Entsprechende Regelungen finden sich für das Schicksal von Verträgen, die im Zeitpunkt der Staatennachfolge noch nicht in Kraft sind bzw. die vom Vorgängerstaat unterzeichnet, aber noch nicht der erforderlichen Ratifikation, Annahme oder Bestätigung unterzogen worden sind (Art. 32, 33).

Das Prinzip der Kontinuität der Verträge soll nach der Konvention auch für den Fall der Trennung von Staaten gelten (Art. 34 ff). Verträge des Vorgängerstaates gelten danach für die Nachfolgestaaten weiter. Galt ein Vertrag nur für einen Teil des Vorgängerstaates, so bleibt er allerdings auch nur für den diesen Teil umfassenden Nachfolgestaat in Kraft. Diese Regelungen unterliegen wiederum dem Vorbehalt, daß zum einen anderweitige Vereinbarungen getroffen werden können, und zum anderen die prinzipiell angeordnete Weitergeltung mit Sinn und Zweck des Vertrages vereinbar sein muß bzw. die Bedingungen für seine Durchführung nicht grundlegend ändern darf (Art. 34 Abs. 2 lit. a und b). Bei der Abtrennung nur eines Teilgebietes gelten Verträge des fortbestehenden, verkleinerten Staates selbstverständlich – wie im bisherigen Recht – fort, da insoweit gar kein Fall einer Staatennachfolge vorliegt. Die Verkleinerung eines Staates berührt seine Identität als Völkerrechtssubjekt und damit seine Rechte und Pflichten nicht. Die Konvention will aber auch insoweit abweichende Vereinbarungen zwischen den Vertragsparteien und die Berücksichtigung grundlegender Veränderungen im Hinblick auf den Sinn und Zweck des Vertrages und seine Durchführbarkeit zulassen (Art. 35). Auch dies entspricht aus dem Gedanken der clausula rebus sic stantibus dem bisherigen Rechtszustand. Entsprechendes ist wiederum für Verträge, die noch nicht in Kraft sind oder noch der Ratifikation bedürfen, in den Art. 36 und 37 vorgesehen. Für Streitfragen, die aus der Anwendung der Konvention entstehen, enthält die Konvention ein Streitbeilegungsverfahren.[37]

Die vorstehenden Regeln gelten indessen nach der Wiener Konvention von 1978 nicht für die durch die Entkolonisierung neuentstandenen Staaten. Wie bereits eingangs dar-

---

[36] Vgl. Art. 31 Abs. 2 lit. c der Wiener Konvention von 1978.

[37] Vgl. Teil VI der Wiener Konvention von 1978.

gestellt, gilt für diese in Art. 2 Abs. 1 lit. f definierten Staaten die Regelung des Art. 16, wonach ein „newly independent state" nicht an einen Vertrag allein deswegen gebunden ist, weil dieser Vertrag im Zeitpunkt der Staatennachfolge für das von ihm erfaßte Gebiet in Kraft war.[38]

4. Besonderes gilt – auch nach der Konvention – für *Verträge mit territorialer Beziehung* (Realverträge, „bezügliche" oder „radizierte" Verträge, „treaties running with the land"), die bestimmte örtliche Verhältnisse regeln, und die sinnvoll nur für Parteien im Besitze der Örtlichkeit sind, z. B. Grenzziehungsverträge, Abkommen, die die Schiffahrt auf einem bestimmten Fluß, die Ausnutzung der Wasserkraft in einem Gewässer, den Bau oder die Benutzung von Eisenbahnen, Kanälen oder anderen Verkehrswegen regeln, wohl auch solche, durch die ein Gebiet neutralisiert wird. Durch solche Verträge werden Servituten oder wird sonst ein international anerkannter territorialer Status begründet. Bei ihnen ist die Individualität der an den Verträgen beteiligten Staaten weniger wichtig. Der Rechtszustand, den sie begründen, haftet – jedenfalls mit Wirkung für die Staaten, die nicht von Anfang an widersprechen – nunmehr an dem Gebiet, und die daraus folgenden Rechte und Pflichten sind solche des Staates, der jeweils das Gebiet in Besitz hat.[39]

Beispiele: Der StIGH nahm im *Freizonenfall* (1932) zutreffend an, daß der 1816 zwischen der Schweiz und Sardinien geschlossene Vertrag von Turin über die Errichtung einer Freizone in Nordsavoyen nach der Abtretung dieses Gebiets an Frankreich zwischen der Schweiz und Frankreich weiterbestehe und daher auch Frankreich der Schweiz gegenüber verpflichte, die Zollkontrolle in den durch den Vertrag gezogenen Grenzen zu halten.[40] Im Jahre 1871 folgte Deutschland ohne weiteres Frankreich als Vertragspartner der Rheinschiffahrtsakte von 1868 und trat 1919 wieder Frankreich an die Stelle von Deutschland[41]. Unter diesem Gesichtspunkt wäre auch der RGSt 57, 61 entschiedene Fall zu lösen gewesen. Der deutsch-österreichische Handelsvertrag, der den deutschen Zollbehörden die Ausübung der Zollkontrolle auf österreichischem Boden erlaubte, war ein Vertrag mit örtlicher Beziehung, der auch nach der Einverleibung des Gebietes in die Tschechoslowakei seine Geltung behielt.

Die Konvention über Staatennachfolge in Verträge drückt diese Regelung in der Weise aus, daß die Staatennachfolge eine durch einen Vertrag festgelegte Grenze oder Verpflichtungen und Rechte, die durch einen Vertrag begründet werden und sich auf das Regime einer Grenze beziehen, als solche nicht berührt. Dasselbe soll hinsichtlich solcher Rechte und Pflichten gelten, die sich auf die Nutzung eines Territoriums oder auf Beschränkungen seiner Nutzung beziehen, die durch einen Vertrag zugunsten eines

---

[38] Siehe dazu *Verdross/Simma*, 611 f, die allerdings mit der Feststellung, ein neuentstandener Staat beginne grundsätzlich „with a clean slate", die Entscheidungsfreiheit dieser Staatengruppe doch wohl überpointieren im Hinblick auf die im Vergleich zu Art. 16 sehr viel moderatere Regelung des Art. 17, der das Verfahren der Bindung des neuentstandenen Staates an multilaterale Verträge regelt.

[39] So die überwiegende, wenn auch nicht unbestrittene Ansicht. Vgl. z. B. *Oppenheim/Lauterpacht* I, 159. Vortrefflich darüber etwa *O'Connell*, The Law of State Succession (1956), 49 f. Solche Verträge hätten „more of a conveyance than an agreement" an sich. Sie bestimmten nunmehr die objektive Natur des Gebiets. Denn „State practice favours the view that equities can be indelibly stamped on a territory" (53). Dagegen will z. B. *Schoenborn*, 1913, 44 f, 73 f die Weitergeltung auf multilaterale Verträge und die Rechtsverhältnisse beschränken, die auf ihnen beruhen (Beispiel Suez-Kanal). Noch weiter einschränkend *Castrén*, 1951, 436 f. Das erscheint uns als eine Überspannung des Willensdogmas und eine Unterschätzung der solchen Verträgen innewohnenden Ordnungsfunktion; zur gegenwärtigen Lehre vgl. in Übereinstimmung mit der hier vertretenen Auffassung auch *Verdross/Simma*, 616 f.; *Zemanek*, Die Wiener Konvention.

[40] StIGH, Series A/B 46 (1932), 144. Vgl. auch A 22 (1929), 19 f und A 24 (1930), 17.

[41] Der Versailler Vertrag, der diese Verhältnisse besonders regelt und die Akte ändert (Art. 354-56), hat diese Frage offen gelassen.

Territoriums eines ausländischen Staates, einer Gruppe von Staaten oder aller Staaten begründet und als zu dem betreffenden Territorium gehörig betrachtet werden (Art. 11 und 12).

5. Besonderes gilt schließlich auch für die Staatennachfolge in Mitgliedschaftsrechte in internationalen Organisationen. Die Rechtsstellung der Mitglieder in einer internationalen Organisation ist eine höchstpersönliche und kann als solche nicht automatisch auf einen Nachfolgestaat übergehen. Dem entspricht die bisherige Praxis der internationalen Organisationen, wenn auch in Einzelfällen Zweifel an der konsequenten Befolgung des Prinzips bestehen können.

So wurde im Jahre 1947 Pakistan, das bis dahin Teil des britischen Dominions Indien gewesen war, einem formalen Aufnahmeverfahren unterworfen. Der mit seiner Abtrennung eingetretene Fall der Staatennachfolge führte nicht zur automatischen Nachfolge in die von Indien innegehabten Mitgliedschaftsrechte. Mit anderen Worten, die Praxis der UNO – aber auch der anderen Organisationen – bestätigt, daß ein neuentstandener Staat einer ausdrücklichen Aufnahme in die jeweilige Organisation bedarf. So sind z. B. auch nach der Auflösung der Föderation Mali die beiden Nachfolgestaaten – die Republik Mali und der Senegal – förmlich als Mitglieder aufgenommen worden.[42] Zweifel könnten allenfalls hinsichtlich des Falles von Syrien bestehen, das nach dem Verlassen der Vereinigten Arabischen Republik im Jahre 1961 ohne ein solches Verfahren seinen Sitz in der UNO wieder einnahm, den es vor der Vereinigung mit Ägypten innegehabt hatte.[43] Die UN ging dabei – mit der Charta der Vereinten Nationen wohl kaum vereinbar – von einem zwischenzeitlichen Ruhen der syrischen Mitgliedschaft aus, die dann wieder aufgelebt sei.[44] Allerdings erscheint es angesichts der strengen Aufnahmevorschriften nicht überzeugend, in diesem Fall von einer formlosen Aufnahme[45] zu sprechen, die durch eine in spontanem Konsens erfolgte Vertragsänderung möglich geworden sei. Eher zeigen die Ausnahmen, daß die UNO nicht selten geringen Respekt vor der normativen Kraft des Satzungsrechts zeigt.[46]

An der bisherigen Rechtslage – keine automatische Nachfolge in Mitgliedschaftsrechte internationaler Organisationen – wird auch durch die grundsätzlich einschlägige Konvention über Staatennachfolge in Verträge nichts geändert. Zwar erstreckt Art. 4 der Konvention diese auch auf Gründungsverträge internationaler Organisationen. Jedoch läßt Art. 4 lit. a von dieser Regelung die den Erwerb der Mitgliedschaft betreffenden Vorschriften unberührt. Diese gehen als Sonderregelungen (leges speciales) der Konvention insoweit vor.[47]

---

[42] Vgl. UNYB 1960, 198; dazu auch *Verdross/Simma*, 620; *Zemanek*, 1965, 187 ff (249).

[43] Vgl. UNYB 1961, 684.

[44] UNYB 1961, 684, Anm. 3.

[45] So aber *Verdross/Simma*, 83, die sich jedoch gerade nur auf den genannten Fall und den Fall des Austritts Indonesiens aus den UN im Jahre 1965 und die Wiederaufnahme seiner Mitgliedschaft im Jahre 1966 berufen, um eine entsprechende, auf „spontanem Konsens" beruhende Änderung der Charta-Normen zu begründen.

[46] Vgl. dazu *Delbrück*, The United Nations and the Rule of Law, in: Festschrift Röling, 1977, 73 ff.

[47] Art. 4 der Wiener Konvention von 1978 lautet in dem einschlägigen Teil: „The present Convention applies to the effects of a succession of States in respect of: a) any treaty which is the constituent instrument of an international organization *without prejudice to the rules concerning acquisition of membership* and without prejudice to any other relevant rule of the organization ..." (Hervorhebungen vom Verf.).

§ 17 Die Staatennachfolge in das Staatsvermögen, Staatsarchive und Staatsschulden

Schrifttum: wie zu § 16; ferner United Nations Legislative Series: Materials on Succession of States in Respect of Matters other than Treaties, UN Doc. ST/LEG/SER.B/17, 1978; *Sack*, Les effets des transformations des Etats sur leurs dettes publiques, 1927; *Mosler*, Wirtschaftskonzessionen bei Änderungen der Staatshoheit, 1948; *Feilchenfeld*, Public Debts and State Succession, 1931; *Streinz*, Succession of States in Assets and Liabilities – a New Régime? The 1983 Vienna Convention on Succession of States in Respect of State Property, Archives and Debts, in: GYIL 26 (1983), 198-237; *Menon*, Succession of States in Respect of State Property with Particular Reference to the 1983 Vienna Convention, in: Revue de droit international de sciences diplomatiques et politiques 64 (1986), 1-35; *ders.*, Succession of States in Respect of State Archives with Particular Reference to the 1983 Vienna Convention, in: Revue de droit international de sciences diplomatiques et politiques 65 (1987), 35-56.

I. Wenn ein Staat an die Stelle eines anderen tritt, so erhebt sich die Frage, was aus dem Vermögen des Vorgängerstaates wird. Diese Frage war und ist nach bisher geltendem Recht sehr umstritten. Mehrere Gründe sind für die kontroverse Diskussion des Problems maßgebend. Zum einen ist der Fall der Staatennachfolge in früheren Zeiten – gemessen an der Fülle solcher Vorgänge im Zeitalter der Entkolonisierung – eher selten eingetreten, so daß für die Ausbildung einer einheitlichen, auf Gewohnheitsrecht beruhenden Staatenpraxis wenig Gelegenheit bestand. Soweit Fälle der Staatennachfolge auftraten, etwa im Zusammenhang mit Friedensschlüssen, wurde die Nachfolge zudem vertraglich geregelt unter Berücksichtigung der je konkreten Bedürfnisse und Interessen, so daß auch die Vertragspraxis keine breite Basis für die Abstraktion genereller Prinzipien zur Regelung von Problemen der Staatennachfolge in Vermögenswerte u. ä. bot.[1] Wenn man dennoch versuchen will, den bisherigen Rechtszustand zu beschreiben[2], so wird man bei allen Vorbehalten folgendes festhalten dürfen.
Was zunächst die Rechtsnachfolge in staatliches Vermögen angeht, so war zu unterscheiden[3]:

1. Das öffentliche Eigentum (domaine public): Es umfaßt das Verwaltungsvermögen und die dem Gemeingebrauch dienenden Sachen. Zum Verwaltungsvermögen gehören die der Ausübung der Hoheitsgewalt unmittelbar dienenden Sachen wie Regierungs- oder Schulgebäude, militärische Anlagen, Gefängnisse, Staatsarchive und dergleichen. Dieses Vermögen ist mit der Hoheitsgewalt über das Gebiet auf das engste verbunden und teilt dessen Schicksal. Wenn der Altstaat (Vorgängerstaat, predecessor state) erlischt, geht es ohne weiteres auf den Nachfolger über. Wenn Gebiet abgetreten wird oder sich ein Teilgebiet ablöst, geht jedenfalls unbewegliches Vermögen dieser Art auf den Nachfolger über. Dieser hat nicht nur ein Aneignungsrecht, sondern erwirbt *ipso iure*.[4] Das entspricht dem internationalen Gewohnheitsrecht, das u.U. auch in die

[1] Dazu *Shaw*, 440 f.; *Verdross/Simma*, 620; *Streinz*, 202 f.

[2] Trotz der diffusen Rechtslage halten eine Ableitung gewisser allgemeiner Prinzipien aus der bisherigen Staatenpraxis für möglich und zulässig *Verdross/Simma*, 620; *Streinz*, 203; skeptischer jedenfalls für den Bereich der Staatsschulden *Dahm* I, 116.

[3] Nach *Streinz*, 203, ist diese Unterscheidung in öffentliches und fiskalisches Vermögen nach der jüngeren Praxis überholt. Diese von der hier noch getroffenen Unterscheidung abweichende Auffassung ist erklärbar aus der insgesamt bestehenden Unsicherheit hinsichtlich der Definition dessen, was als öffentliches Eigentum angesehen wird; vgl. dazu *Menon* 1986, 3 ff; vgl. dazu auch mit Blick auf das bisherige Recht *Verdross/Simma*, 621 f.

[4] Das war schon bisher nicht unumstritten. Zu einem anderen Ergebnis mußten die älteren Autoren gelangen, die ein unmittelbares Eingreifen des

Eigentumsordnung eingreifen kann. Weitergehende Rechte können dem Nachfolger durch Verträge eingeräumt werden. Es ist z. B. gebräuchlich, daß der abtretende Staat dem Nachfolger Archive und Urkunden überläßt, die sich auf das abgetretene Territorium beziehen. Aber insoweit besteht bisher keine gewohnheitsrechtliche Regel. Geboten ist aber die Überlassung von Kopien der Archivmaterialien.[5]

2. Das fiskalische oder Finanzvermögen (domaine privé): Es umfaßt das im engeren Sinne private Vermögen des Staates, das nicht unmittelbar für die Zwecke der staatlichen Verwaltung benutzt wird. Wenn keine Verträge die Frage regeln und der Rechtsvorgänger weiterbesteht, bleibt ihm dieses Vermögen erhalten. Eine gewohnheitsrechtliche Regel, die das Gegenteil ergäbe, bestand auch wohl bisher nicht.[6] Aber wenn Vermögen dieser Art auf dem Gebiet des Nachfolgers liegt (Grundbesitz!), ist es hinfort der Rechtsordnung des Nachfolgestaats unterworfen.[7] Dieser kann es enteignen, ist dann jedoch an die Regeln gebunden, die im Völkerrecht für den Fall der Enteignung ausländischen Privateigentums anerkannt sind. Er hat also eine Entschädigung zu gewähren. Wenn der Rechtsvorgänger dagegen erlischt, wird auch dieses Vermögen nicht herrenlos, sondern geht auch das fiskalische Vermögen ipso iure auf den Nachfolger über.[8]

Abweichungen von diesen Regeln können sich aus Verträgen ergeben. Gerade in der neueren Praxis der internationalen Verträge tritt auch in dieser Beziehung eine deutliche Neigung zur Verwischung des Unterschieds von öffentlichem Recht und Privatrecht hervor. Bei der Abtretung von Gebiet etwa wird der Übergang des gesamten öffentlichen und privaten, beweglichen und unbeweglichen, in dem abgetretenen Gebiet gelegenen Vermögens vereinbart – so namentlich die Friedensverträge nach beiden Weltkriegen.[9] Nach diesen Verträgen geht in gewissem Umfange sogar das Vermögen anderer öffentlich-rechtlicher Körperschaften[10] oder mit der zurückweichenden Staatsgewalt eng verbundener Institutionen oder Personen auf den Nachfolger über. So war in den Vermögensübergang nach den Pariser Vorortverträgen von 1919 auch das Eigentum der Krone einschließlich des Privateigentums der vormals regierenden Fürsten, nach dem Friedensvertrag mit Italien von 1947 auch das Vermögen aller öffentlichen Einrichtungen und Gesellschaften und der faschistischen Partei eingeschlossen. Nicht einheitlich wird auch die Frage der Vergütung geregelt. Nach den Verträgen von 1919 z. B. hatten die Erwerber des Staatseigentums mit Ausnahme von Frankreich, Belgien und z. T. Polen[11] eine – auf Reparationskonto gutgeschriebene – Vergütung zu zahlen, während der Friedensvertrag mit Italien von 1947 keine Entschädigung vorsieht.[12]

Völkerrechts in das Privatrecht gänzlich ausschließen möchten. So z. B. *Feilchenfeld*, 767 f: „Property exists under municipal law, and therefore cannot be directly affected by international law." Im gleichen Sinne auch *Schoenborn*, 57 f, 97 f; richtig dagegen für die seinerzeitige Rechtslage der BGH, in: NJW 1953, 861.

[5] So zutreffend *Streinz*, 204, wobei anzumerken ist, daß dieses Gebot erst für die jüngere Rechtsentwicklung angenommen werden kann.

[6] Vgl. das UN-Tribunal in Libyen; Entscheidung vom 31. Januar 1943, RIAA XII, 366: „Private State property does not become part of the property of the successor State unless there is a 'special provision' to that effect."

[7] So auch die Einschätzung des bisherigen Rechts durch die International Law Commission, 1225. Sitzung vom 12. Juni 1973, Paragraph 18.

[8] So für die ältere Lehre *Audinet*, Rép. 1 §§ 46, 47; auch Urteil des StIGH, PCIJ Series A/B 61 (1933), 237; neuerdings *Streinz*, 204.

[9] Versailler Friedensvertrag Art. 56, 120, 256. Anlage zu Art. 50, § 22 (Beschränkung auf Verwaltungsvermögen dagegen in Art. 130). St. Germain Art. 208, Trianon Art. 191, Neuilly Art. 142, Friedensvertrag mit Italien 1947, Art. 29, 34 und Anhang X (1), XIV (1); vgl. auch StIGH, PCIJ Series A/B 61 (1933), 237, wonach Art. 191 des Vertrages von Trianon „applies the principle of the generally accepted law of State succession", und Entscheidung der französisch-italienischen Ausgleichskommission, ILR 1953, 63 f.

[10] Im Urteil PCIJ Series A 7 (1926), 41 nahm der StIGH an, daß Art. 256 des Versailler Vertrages nicht auf Privateigentum juristisch selbständiger Gesellschaften ausgedehnt werden dürfe, auch wenn der überwiegende Teil der Anteile dem Deutschen Reich gehöre.

[11] Versailler Vertrag Art. 56, 256 (4), 92 (3).

[12] Vgl. dazu die Resolution der Generalversammlung der UN 388 A(V) vom 15. Dezember 1950, in: UNYB 1950, 357.

Diese Regeln gelten auch für Vermögen des Rechtsvorgängers, das sich im Ausland befindet.[13] Wenn der Altstaat weiterbesteht, so bleibt auch sein Auslandsvermögen erhalten. Geht er unter, so ist der ausländische Staat zur Herausgabe an den Nachfolger verpflichtet, der dem Vermögen näher steht als andere Staaten. Sind mehrere Nachfolger da wie im Falle der Aufgliederung, so ist das Auslandsvermögen zu verteilen und entsprechend zu liquidieren.

Beispiel: Der Court of Appeal Großbritanniens hat im Falle *Haile Selassie v. Cable & Wireless, Ltd.* (Nr. 2)[14] mit Recht angenommen, daß ein zum öffentlichen Vermögen Äthiopiens gehörender Anspruch gegen die beklagte Gesellschaft nach der de iure-Anerkennung Italiens als Rechtsnachfolger Äthiopiens durch die britische Regierung nunmehr Italien zustehe und nur noch von diesem vor einem britischen Gericht geltend gemacht werden könne.

3. Nicht nur die wenig eindeutige bisherige Rechtslage, sondern vor allem die nach Ansicht der durch die Entkolonisierung neuentstandenen Staaten unbefriedigenden Regelungen machten die Neuordnung des Rechts der Staatennachfolge in das Staatsvermögen und die Staatsschulden nach Auffassung der International Law Commission erforderlich. Mit der nunmehr vorliegenden *Wiener Konvention über die Staatennachfolge in das Staatseigentum, Staatsarchive und Staatsschulden* ist diese Neuordnung erfolgt, wobei z. T. erheblich von der bisherigen Rechtslage abweichende Regelungen getroffen wurden. Ob allerdings diese Konvention die für das Inkrafttreten erforderliche Zahl von Ratifikationen erreichen wird, ist angesichts der relativ geringen Beteiligung an der Wiener Staatenkonferenz 1982 und der teilweise herben Kritik an der Konvention seitens einer Reihe westlicher Staaten ungewiß.[15] So ist vorerst festzustellen, daß zwar eine umfassende Neuordnung des hier behandelten Rechtsgebiets vorliegt, für die Praxis aber auch in Zukunft manche Unsicherheit bestehen bleiben wird bzw. je individuelle Vertragsschlüsse zur Regelung der aus einer Staatennachfolge erwachsenden Fragen eine weiterhin bedeutende Rolle spielen werden.

Allgemein sind folgende Besonderheiten hervorzuheben. Die Konvention kennt – abweichend vom bisherigen Recht – keine Unterscheidung mehr zwischen öffentlichem und fiskalischem Vermögen des Staates. Nach der in Art. 8 enthaltenen Legaldefinition werden als Vermögen des Staates Eigentum, Rechte und Interessen verstanden, die im Zeitpunkt der Staatennachfolge dem Vorgängerstaat nach dessen internem Recht gehörten.[16] Weiter ist generell anzumerken, daß die Konvention nicht nur je besondere Regelungen für die Staatennachfolge im Falle der Vereinigung, Trennung und des Zerfalls von Staaten sowie der Staatennachfolge in Teilgebiete von Staaten trifft, sondern auch Sonderregelungen für die Staatennachfolge durch Entkolonisierung neuentstandener Staaten enthält.[17]

---

[13] So zutreffend *Streinz*, 204; eine andere Frage ist die, ob die legale Regierung von einer revolutionären Regierung gesammelte und im Ausland deponierte Vermögenswerte nach der Niederwerfung des Aufstandes beanspruchen kann; vgl. dazu für die ältere Zeit *Lauterpacht* I, § 82 a mit Hinweisen auf weitere Belege; diese Frage wurde in jüngerer Zeit z. B. im Falle *Schah Reza Pahlevi* und im Falle *Duvallier* aktuell. Sie ist jedoch keine Frage der Staatennachfolge, vgl. dazu oben S. 160.

[14] Court of Appeal (1939), Annual Digest 1938-40, C. 37.

[15] Skeptisch und kritisch insoweit auch *Verdross/Simma*, 621; *Streinz*, 202. Text der Konvention in ILM 22 (1983), 306. Die Konvention soll nach Hinterlegung der 15. Ratifikationsurkunde in Kraft treten.

[16] Dazu gehören auch Forderungsrechte gegen dritte Staaten, vgl. *Verdross/Simma*, 622 mwN.

[17] Die Konvention enthält in Art. 2 Abs. 1 lit. e eine Legaldefinition des neuentstandenen Staates: „'newly independent States' means a successor State the territory of which immediately before the date of succession of States, was a dependent territory for the international relations of which the predecessor State was responsible"; Sonderregelungen finden sich in Art. 15 und 38.

Im einzelnen ergibt sich nach der Konvention für die Staatennachfolge in den drei Bereichen Staatsvermögen, Staatsarchive und Staatsschulden folgendes Bild:

a) Die sachliche Reichweite der Konvention ist auf solche Fälle der Rechtsnachfolge beschränkt, die sich in Übereinstimmung mit dem Völkerrecht, insbesondere mit den Prinzipien der UN-Charta vollziehen (Art. 3).[18] Nicht erfaßt werden von der Konvention zudem Staatennachfolgeprobleme auf Gebieten, die nicht ausdrücklich geregelt werden („matters other than those provided for in the present Convention" – Art. 5). Wichtig ist ferner der zeitliche Geltungsbereich: nach Art. 4 sollen die Vorschriften der Konvention nur für solche Fälle der Staatennachfolge gelten, die nach Inkrafttreten der Konvention auftreten, wobei allerdings nicht ausgeschlossen ist, daß Regeln der Konvention auch für früher erfolgte Staatennachfolgen unabhängig von der Geltung der Konvention Anwendung finden können, Regeln der Konvention also bereits geltendes Recht nur wiedergeben. Auch kann die Geltung der Konvention auf vorgängige Fälle von Staatennachfolgen erstreckt werden, sofern dies von den betroffenen Staaten vereinbart wird; desgleichen ist die vorläufige Anwendung der Konvention möglich, wenn eine entsprechende Erklärung der betroffenen Parteien im Zeitpunkt der Unterzeichnung erfolgt. Damit soll die Anwendung des Konventionsrechts auch schon vor dem – unter Umständen in ferner Zukunft liegenden – Inkrafttreten gefördert werden.

b) Mit dem Übergang des Staatsvermögens erlöschen die Rechte des Altstaates und entstehen die entsprechenden Rechte an diesem Vermögen auf der Seite des Nachfolgestaates, und zwar im Zeitpunkt der Staatennachfolge, soweit nichts anderes von den betroffenen Staaten vereinbart oder von einem zuständigen internationalen Organ festgelegt wird (Art. 9, 10). Der Vermögensübergang erfolgt – vorbehaltlich spezieller Regelungen in der Konvention oder anderweitiger Vereinbarung oder Festlegung – ohne Entschädigung (Art. 11), und eine Staatennachfolge berührt nicht das Vermögen auf dem Gebiet des Altstaates, das nach dessen internem Recht dritten Staaten gehört. Den Altstaat trifft die Pflicht, das übergehende Staatsvermögen vor Zerstörung zu schützen (Art. 13).

c) Im Falle der Übertragung von Teilen des Territoriums eines Staates auf einen anderen fordert Art. 14 Abs. 1 vorrangig eine Einigung zwischen Alt- und Nachfolgestaat. Kommt es zu einer solchen nicht, soll unbewegliches Vermögen, das auf dem von der Staatennachfolge erfaßten Gebiet belegen ist, auf den Nachfolgestaat übergehen, desgleichen bewegliches Vermögen des Altstaates, das mit seiner Tätigkeit in bezug auf das von der Staatennachfolge erfaßte Gebiet zusammenhängt (Art. 14 Abs. 2). Die Betonung vorrangiger Einigung hat ihren Grund darin, daß Art. 14 insgesamt nur die Übertragung von Teilen des Territoriums eines Staates betreffen soll, die dem Umfang nach begrenzt sind, keine grundsätzlichen Fragen etwa der Konsultation der betroffenen Bevölkerung usw. aufwerfen und deshalb in der bisherigen Staatenpraxis auch im allgemeinen durch eine vertragliche Vereinbarung über die Vermögensnachfolge geregelt wurden. Die für den Fall des Fehlens einer solchen Vereinbarung geschaffenen Vorschriften sind in ihrer Geltung auf das unbewegliche Vermögen auf dem von der Staatennachfolge betroffenen Gebiet beschränkt. Anderes unbewegliches Vermögen verbleibt bei dem Altstaat; dagegen ist Art. 14 Abs. 2 lit. b betreffend das bewegliche Vermögen nicht auf Fälle begrenzt, in denen sich dieses Vermögen auf dem von der Staatennachfolge erfaßten Gebiet befindet. Entscheidendes Kriterium soll hier vielmehr der Zusammen-

[18] Siehe hierzu auch *Fiedler*, in: GYIL 24 (1981), 17 f.

hang zwischen diesem Vermögen und der Tätigkeit des Altstaates in bezug auf das übertragene Gebiet bilden.[19]

d) Eine besondere Regelung der Nachfolge in Vermögen gilt für die Fälle der Staatennachfolge durch unabhängig gewordene neue Staaten. Dies beruht auf dem Gedanken, daß diese Staaten in besonderer Weise davon abhängig sind, für den Aufbau ihrer Staatlichkeit die bisher von der Kolonialmacht genutzten Vermögenswerte übernehmen zu können. Um dem Rechnung zu tragen und eine nicht auszuschließende Übervorteilung der neuen Staaten bei etwaigen Vereinbarungen über die Vermögensnachfolge zu verhindern, sieht Art. 15 – abweichend von der Regel des Art. 14 – nicht vorrangig die Möglichkeit einer vertraglichen Vereinbarung zwischen Alt- und Nachfolgestaat vor.[20] Hier sollen vielmehr die folgenden Regeln gelten: Unbewegliches Vermögen, das sich auf dem von der Staatennachfolge erfaßten Gebiet befindet, soll auf den neuentstandenen Staat übergehen. Ebenso gilt dies für bewegliches Vermögen – sei es, daß es während der Periode der Abhängigkeit Vermögen des Altstaates wurde, sei es, daß es mit den Aktivitäten des Altstaates in bezug auf das betroffene Gebiet in Zusammenhang stand (Art. 15 Abs. 1 lit. e und d). Schließlich soll solches bewegliches Vermögen, das weder der einen noch der anderen vorgenannten Art ist, zu dessen Entstehung aber das bis dahin abhängige Gebiet beigetragen hat, im Verhältnis dieses Beitrages auf den Nachfolgestaat übergehen (Art. 15 Abs. 1 lit. f). Hierin kommt das von der ILC insgesamt in diesem Zusammenhang betonte Prinzip der Billigkeit als jeder rechtlichen Regelung immanenter Gehalt zum Ausdruck.[21] Entsprechendes soll für die Fälle der Bildung eines neuen, unabhängigen Staates aus zwei oder mehreren bis dahin abhängigen Territorien und des Übergangs eines abhängigen Territoriums auf einen dritten Staat gelten, d. h. auf einen Staat, der nicht für die internationalen Beziehungen des abhängigen Territoriums verantwortlich war (Art. 15 Abs. 2 und 3).[22] Sofern Altstaat und Nachfolgestaat eine von den zuvor skizzierten Vorschriften abweichende Vereinbarung treffen, darf diese in keiner Weise das Prinzip der ständigen Souveränität jedes Volkes über seine Reichtümer und natürlichen Ressourcen beeinträchtigen.[23]

e) Der allgemeine Grundsatz der Übernahme des Staatsvermögens durch den Nachfolgestaat kommt wiederum voll zum Tragen in den Vorschriften über die Staatennachfolge im Falle der Vereinigung von Staaten (Art. 16). Bei der Abtrennung eines Teils oder von Teilen eines Staates und einer daraus folgenden neuen Staatsbildung legt die Konvention wiederum vorrangiges Gewicht auf die vertragliche Regelung der Vermögensnachfolge. Fehlt diese, so gelten die Vorschriften über die Staatennachfolge in Gebietsteile entsprechend, wobei auch der Gesichtspunkt der Billigkeit zu berücksichtigen sein soll. Im übrigen sind diese in Art. 17 enthaltenen Grundsätze nicht präjudiziell gegenüber Fragen angemessener Entschädigung, die sich aus der Staatennachfolge ergeben können.

---

[19] Art. 14 Abs. 2 lit. b lautet: „movable property of the predecessor State *connected with the activity of the predecessor State in respect of the territory* to which the succession of States relates shall pass to the successor State" (Hervorhebung vom Verf.); dazu *Menon,* 1986, 18; *Streinz,* 226 f.

[20] Art. 15 kommt in den Augen der Dritten Welt maßgebliche Bedeutung in ihrem Bestreben zu, das „progressive development" des Völkerrechts voranzutreiben; vgl. dazu z. B. Yearbook of the ILC 1981 I, 106 para. 88; ferner *Streinz,* 228.

[21] *Menon,* 1986, passim; *Streinz,* 226, der zum Begriff der „equity" zu Recht nachdrücklich auf die z. B. vom Internationalen Gerichtshof im *Continental Shelf Case* getroffene allgemeine Feststellung hierzu hinweist (vgl. ICJ Reports 1969, 4 ff); ebenso *Verdross/Simma,* 623. Ferner dazu *Fiedler,* in: GYIL 24 (1981), 34 f.

[22] Dazu auch *Menon,* 1986, 19.

[23] *Verdross/Simma,* 624, weisen in diesem Zusammenhang darauf hin, daß dieses Prinzip von der ILC offenbar dem ius cogens zugerechnet wird, was die Schutzwirkung dieser Regelung noch verstärken würde; dazu auch *Menon,* 1986, 20 ff.

f) Besonderes Augenmerk richtet die Konvention auf die Rechtsfolgen einer Staatennachfolge als Ergebnis des Zerfalls eines Staates (Art. 18). Kommt es in solchen Fällen nicht zu einer Vereinbarung zwischen den Nachfolgestaaten, so soll unbewegliches Vermögen jeweils auf den Nachfolgestaat übergehen, auf dessen Territorium es belegen ist. Außerhalb des Territoriums des Altstaates belegenes unbewegliches Vermögen soll auf die Nachfolgestaaten in der Billigkeit entsprechenden Anteilen („in equitable proportions") übergehen. Bewegliches Vermögen, das mit Aktivitäten des Altstaates in bezug auf das von der Staatennachfolge erfaßte Territorium in Zusammenhang steht, soll auf den jeweils betroffenen Nachfolgestaat, anderes bewegliches Vermögen nach angemessenem Anteil auf die Nachfolgestaaten übergehen (Art. 18 Abs. 1 lit. c und d). Auch diese Vorschriften sind nicht als Regelungen über eine angemessene Entschädigung präjudizierend anzusehen.

4. a) Wiewohl zum Staatsvermögen gehörig, sollen Staatsarchive nach der Konvention besonderen Regeln unterworfen werden. In dieser Entscheidung kommt die besondere Bedeutung zum Ausdruck, die in der internationalen Gemeinschaft, namentlich im Kreise der neuen, unabhängig gewordenen Staaten, der Sicherung solcher Dokumente im weitesten Sinne für das Selbstverständnis, die Findung und Entwicklung der nationalen und kulturellen Identität dieser Staaten beigemessen wird.[24] Wie bereits erwähnt[25], gibt es zwar eine Staatspraxis, wonach Archive vom Altstaat dem Nachfolgestaat überlassen werden. Eine gewohnheitsrechtliche Regel dieses Inhalts kann jedoch nicht festgestellt werden. Davon ging auch die ILC in ihren Beratungen über die Staatennachfolge in Staatsarchive aus. Sie betrachtete die bisherige Staatspraxis lediglich als eine Unterstützung ihrer Vorschläge.[26] Die in der Konvention getroffenen Regelungen lassen sich ihrem grundsätzlichen Gehalt nach wie folgt zusammenfassen. Staatsarchive, d.h. alle Dokumente, welchen Datums und welcher Art auch immer, die vom Vorgängerstaat in Ausübung seiner Funktionen erstellt oder empfangen wurden, ihm im Zeitpunkt der Staatennachfolge und nach seinem internen Recht gehörten und von ihm direkt oder unter seiner Kontrolle als Archive gesichert wurden, gehen auf den Nachfolgestaat im Zeitpunkt der Staatennachfolge oder zu einem von den betroffenen Staaten vereinbarten bzw. von einem zuständigen internationalen Organ festgelegten Zeitpunkt über. Die Rechte des Vorgängerstaates erlöschen in diesem Zeitpunkt, und gleichzeitig entstehen die Rechte des Nachfolgestaates. Diese Regelungen wie auch die weiteren über den entschädigungslosen Übergang der Archive, die Nichtberührung von Archiven dritter Staaten durch die Staatennachfolge und den Schutz der Archive vor Beschädigung entsprechen denen über die Staatennachfolge in das Staatsvermögen.

b) Handelt es sich bei dem Nachfolgestaat um einen unabhängig gewordenen neuen Staat, so gehen sowohl die Archive, die dem von der Nachfolge betroffenen Gebiet gehörten und erst während der Periode der Abhängigkeit Archive des Altstaates geworden sind, als auch diejenigen Archive, die sich zum Zweck der Verwaltung des betroffenen Gebietes in diesem befinden, auf den Nachfolgestaat über. Der Übergang anderer Archive des Altstaates (oder ihre Reproduktion), die für das Nachfolgegebiet von Inter-

[24] Dazu *Streinz*, 228 f, der im Hinblick auf den beabsichtigten Schutz des kulturellen Erbes auf die gegebenenfalls auftretende Notwendigkeit hinweist, den Geltungsumfang dieser Vorschrift weit zu bestimmen; zur Bedeutung der Staatsarchive in diesem Sinne allgemein auch *Menon*, 1987, 35 ff; ferner Kommentar der ILC (Reports of the ILC on the work of its 33rd Sess. Suppl. No. 10 A/36/10 –, Annex I, 35 ff (81)).

[25] Oben S. 170.

[26] So zutreffend *Streinz*, 206; auf die Problematik der bisherigen Staatenpraxis im Hinblick auf die Interessen der Staaten der Dritten Welt weist auch *Menon*, 1987, 42, hin.

esse sind, soll durch Übereinkunft so bestimmt werden, daß sowohl Altstaat als auch Nachfolgestaat die Archive umfassend und der Billigkeit entsprechend nutzen können. Darüber hinaus hat der Altstaat den neuen, unabhängigen Staat mit dem bestmöglichen Nachweis solcher Dokumente zu versehen, die sich auf den Rechtstitel dieses Staates auf das Nachfolgegebiet und seine Grenzen beziehen oder die für die Klarstellung des Inhalts von Dokumenten der Archive, die auf den Nachfolgestaat übergehen, notwendig sind. Abkommen zwischen dem Altstaat und einem neuen, unabhängigen Staat über den Übergang von Archiven sollen nicht das Recht der Völker solcher Staaten auf Entwicklung, Information über ihre Geschichte und auf ihr kulturelles Erbe beeinträchtigen.[27] Entsprechende Regelungen gelten für die Bildung eines neuen, unabhängigen Staates aus zwei oder mehr abhängigen Gebieten oder wenn ein abhängiges Gebiet auf einen dritten, mit dem Altstaat nicht identischen Staat übertragen wird.

c) Das Prinzip des Übergangs der Staatsarchive auf den Nachfolgestaat im zuvor umrissenen Sinne soll auch bei der Vereinigung, Trennung und dem Zerfall von Staaten oder der Übertragung von Gebietsteilen gelten. Soweit bei der Übertragung von Gebietsteilen erforderlich, sind Reproduktionen der Dokumente auf Verlangen des Nachfolge- bzw. des Altstaates jeweils auf dessen Kosten herzustellen (Art. 30 und 31).[28]

II. 1. Sehr zweifelhaft stellte sich die Rechtslage bisher im Hinblick auf die Passiva eines Staates dar, d. h. seine Verwaltungsschulden und seine Finanzschulden. Bei den ersten handelt es sich um Verpflichtungen eines Staates, die aus seiner hoheitlichen Betätigung folgen. Es können z. B. ihm gegenüber Gehalts-, Pensions- oder Entschädigungsansprüche bestehen. Dagegen stellen Finanzschulden insbesondere Verbindlichkeiten aus öffentlichen Anleihen dar. In der internationalen Praxis waren insoweit auch die Verpflichtungen der Staaten aus den von ihnen gewährten Konzessionen, z. B. für den Bau von Eisenbahnen, Bewässerungsanlagen und die Ausbeutung von Bodenschätzen usw., von Interesse. Solche Rechtsbeziehungen zwischen dem Staat und seinen inländischen Gläubigern unterliegen in der Regel nicht dem Völkerrecht, sondern dem nationalen Privatrecht, in dem hier interessierenden Fall also dem bürgerlichen Recht des Nachfolgestaates. Jedenfalls gegenüber seinen eigenen Staatsangehörigen ist der Nachfolgestaat nicht völkerrechtlich gebunden.[29] Aber anders ist die Rechtslage dann, wenn die Gläubiger Ausländer sind. Ihnen gegenüber hat der Nachfolgestaat gewisse Regeln des allgemeinen Völkerrechts zu beachten. Wenn er sie mißachtet, ist der ausländische Staat zum Schutze seiner Bürger berechtigt. Und weiter können sich Verpflichtungen gegenüber anderen Staaten aus Verträgen ergeben. So ist das hier erörterte Problem auch eine völkerrechtliche Frage.[30]

2. Betrachtet man hier zunächst einmal die bisherige Staatenpraxis[31], so sind dabei verschiedene Fälle auseinanderzuhalten.

---

[27] So Art. 28 Abs. 7 der Konvention; dazu *Menon* 1987, 48 f.

[28] Dazu näher unter Betonung der spezifischen Interessen der Staaten der Dritten Welt *Menon*, 1987, 51 f.

[29] In diesem Sinne auch das Oberste Gericht von Israel in *Shimshon Palestine Portland Cement Factory Ltd. v. The Attorney General*, ILR 1950, C. 19.

[30] Von der seinerzeit und wohl heute noch herrschenden Meinung abweichend glaubte *Sack*, Les effets des transformations des Etats sur leurs dettes publiques, 1927, einem Standardwerk auf diesem Gebiet, diesen Problemkreis nicht dem Völkerrecht, sondern einem besonderen internationalen Finanzrecht zuweisen zu müssen. Das überzeugt nicht.

[31] Für die ältere Zeit hierzu insbesondere *Feilchenfeld*.

a) Zunächst erhebt sich für die Gebietsabtretung die Frage, ob der Erwerber des Gebiets nach bisherigem Recht verpflichtet ist, einen entsprechenden Teil der Verbindlichkeiten des Zedenten zu übernehmen.

Nicht selten werden Verbindlichkeiten dieser Art übernommen. Bekannte Beispiele sind etwa der Wiener Friede zwischen Preußen, Österreich und Dänemark von 1864 (Art. 9), der Lausanner Vertrag zwischen Italien und der Türkei (Abtretung von Tripolis) von 1912 (Art. 10), die Pariser Friedensverträge des Jahres 1919[32] und der Lausanner Vertrag von 1923 (Art. 46). Aber diesen Fällen einer teilweisen Beteiligung an der Staatsschuld stehen zahlreiche Verträge aus dem 19. und 20. Jahrhundert gegenüber, in denen der Erwerber neuen Gebiets keine Verbindlichkeiten dieser Art übernahm. Aus der Fülle der Beispiele seien aus älterer Zeit etwa der Friede von Lima zwischen Chile und Peru von 1883, Japans Friedensverträge von Shimonoseki mit China 1895 und von Portsmouth mit Rußland 1905 angeführt. 1871 weigerte sich Deutschland nach der Abtretung von Elsaß-Lothringen, einen Teil der französischen Staatsschuld zu übernehmen, und umgekehrt wurde Frankreich 1919 von jeder Beteiligung am Schuldendienst des Deutschen Reiches befreit.[33] Auf dem Berliner Kongreß wurde das Prinzip der Schuldübernahme nur gegenüber den kleinen Balkanstaaten zur Geltung gebracht, während die Großmächte (Rußland, Österreich-Ungarn, Großbritannien) ungeachtet ihrer Erwerbungen (Bessarabien und Gebiete in Kleinasien, Bosnien und Herzegowina, Zypern) keinen Anteil der ottomanischen Schuld übernahmen. Als Österreich-Ungarn 1908 Bosnien und die Herzegowina annektierte, zahlte es zwar der Türkei eine Vergütung für das übernommene Staatseigentum, übernahm aber keinen Teil der türkischen Staatsschuld. Nach dem Friedensvertrag von Versailles 1919 brauchten die Mandate und Mandatare (Art. 257) und Japan (Art. 157) keine Schulden zu übernehmen, und nach dem Zweiten Weltkrieg blieben Italien (1947)[34] und Japan (1951)[35] trotz ihrer Gebietsverluste alleinige Schuldner.

b) Auch im Falle der Sezession ergibt sich kein eindeutiges Bild.

Einerseits hatte z. B. Belgien 1833 einen Teil der niederländischen, hatten 1878 die neuen Balkanstaaten – Bulgarien, Serbien, Montenegro – einen entsprechenden Teil der türkischen Schuld zu übernehmen. Verpflichtungen im Verhältnis ihrer territorialen Erwerbungen wurden nach dem Ersten Weltkrieg der Freien Stadt Danzig (Versailler Vertrag Art. 108), Polen durch den Versailler Vertrag (Art. 92) und den Minderheitenschutzvertrag vom 28. Juni 1919 (Art. 21), der Tschechoslowakei durch die Verträge von Versailles (Art. 86, Abs. 3), St. Germain (Art. 203) und Trianon (Art. 186), den von der Türkei abgetrennten Mandaten durch den Vertrag von Lausanne (Art. 46) auferlegt.[36] Auch im Zusammenhang mit der Auflockerung des britischen Empire haben die unabhängig werdenden Staaten Verbindlichkeiten dieser Art übernommen. Als z. B. Irland 1921 den Dominionstatus erhielt und damit finanziell selbständig wurde, übernahm es einen Teil der britischen Staatsschuld; dasselbe gilt für den Fall der Unabhängigkeitsgewährung an Zimbabwe (Rhodesien): der neue, dem Commonwealth beigetretene Staat übernahm aufgrund entsprechender Vereinbarungen einen Teil der britischen Staatsschulden.[37] Nach der Teilung Indiens 1947 blieb zwar nach außen Indien alleiniger Schuldner der britisch-indischen Staatsschuld, aber im Innenverhältnis hatte Pakistan einen entsprechenden Beitrag zu leisten.[38] Auch die Philippinen und Indonesien haben ihren Teil an der Schuld übernommen. An-

[32] Friedensvertrag von Versailles Art. 254, 39, 86 (3), 92, 114, St. Germain Art. 203, Trianon Art. 186; ebenso der Vertrag der Alliierten und Assoziierten Hauptmächte mit Litauen vom 8. Mai 1924, Art. 6.

[33] Friedensvertrag von Versailles Art. 55, 255.

[34] Friedensvertrag mit Italien von 1947 Art. 81, entsprechend mit Bulgarien Art. 27, Ungarn Art. 31, Rumänien Art. 29. Eine Ausnahme ergibt sich aus Anhang X (5) und XIV (6) zum Friedensvertrag mit Italien zugunsten von Personen, die auf dem abgetretenen Gebiet ansässig sind.

[35] Friedensvertrag von San Francisco Art. 18.

[36] Vgl. dazu die Entscheidung des StIGH über die *Mavrommatis-Konzessionen in Palästina*, PCIJ Series A 2 (1924), 5 (1925), 11 (1927).

[37] Articles of Agreement 1921, 5 (Irland); BYIL 51 (1985), 337 f (Zimbabwe).

[38] Indian Independence (Rights, Property and Liability) Order 1947. Über das gleiche Problem in anderen Commonwealth-Ländern *O'Connell*, BYIL 26 (1949), 459.

dererseits zeigt das Beispiel der Vereinigten Staaten, die 1783 keine Verbindlichkeiten dieser Art übernahmen, oder der lateinamerikanischen Staaten, die sich nach Erringung ihrer Unabhängigkeit jedenfalls der Beteiligung an der allgemeinen spanischen Staatsschuld entzogen, daß keine Verallgemeinerung zulässig ist. Aus der jüngeren Vergangenheit wäre etwa die von der GA der UN getroffene Regelung der Verhältnisse im Zusammenhang mit der Errichtung des Staates Libyen zu nennen. Auch Libyen hat keinen Teil der italienischen Staatsschuld übernommen.[39]

c) Eine stärkere Neigung zur Übernahme der Verbindlichkeiten des früheren Staates trat in den Fällen der Einverleibung – einerlei ob mit oder ohne Gewalt –, der Zergliederung und des Zusammenschlusses, also in den Fällen hervor, in denen der Schuldnerstaat gänzlich erlischt.

So hat z. B. Italien seit 1860, Preußen 1866 die Schulden der annektierten Staaten, Belgien 1907 die finanziellen Verpflichtungen des Kongostaates übernommen. 1949 mußte Kanada die Schuldenlast des ihm einverleibten Neufundland übernehmen. Aber auch hier ist an Gegenbeispielen kein Mangel. So haben die Vereinigten Staaten nach der Einverleibung von Texas 1844, hat Großbritannien nach der Annexion der Burenstaaten 1901, Italien nach der von Abessinien 1936, Deutschland nach dem Anschluß Österreichs 1938[40] und der Einverleibung der Tschechoslowakei 1939 und hat die UdSSR nach der der baltischen Staaten 1940 die Staatsschulden der einverleibten Staaten nicht übernommen. Dagegen wurde während des Zweiten Weltkrieges anläßlich der (vorzeitigen und völkerrechtswidrigen) Aufteilung Jugoslawiens eine begrenzte Verteilung der Schulden auf die Nachfolgestaaten in Aussicht genommen.[41]

3. So macht es die Praxis der Verträge schwierig, eine allgemeine Gesetzmäßigkeit zu konstruieren. Allenfalls läßt sich sagen, es habe sich im Laufe der Geschichte trotz vieler Rückschläge die Neigung zur Übernahme der Schulden des Rechtsvorgängers allmählich verstärkt. Aber weitergehende Schlüsse auf ein umfassendes allgemeines Rechtsprinzip sind kaum möglich.[42]

Nicht selten unterwirft auch derselbe Vertrag (z. B. der Berliner Vertrag von 1878 oder der Friedensvertrag von Versailles von 1919) verschiedene Nachfolgestaaten verschiedenen Regeln, ohne daß sich daraus ein Rechtsprinzip ablesen ließe. Auch wo die Nachfolgestaaten Verpflichtungen dieser Art mit oder ohne Vertrag übernehmen, läßt sich daraus nichts für das Bestehen einer als verpflichtend empfundenen Rechtsüberzeugung entnehmen. – Hoffnungslos wäre auch der Versuch, den Verträgen allgemeine Regeln für die Einzelregelung entnehmen zu wollen. Soweit die Nachfolgestaaten eine Schuld übernehmen, tritt der Nachfolger bald gegenüber den Gläubigern an die Stelle des Schuldners, bald übernimmt er nur Verpflichtungen im Innenverhältnis. Und vollends bleibt dunkel, wie die Schuld in Ermangelung von Verträgen etwa zwischen Zedent und Zessionar oder zwischen mehreren Nachfolgestaaten verteilt werden soll. Soll die Aufschlüsselung nach dem Umfang der Gebiete und der Bevölkerungszahl, nach der wirtschaftlichen Leistungsfähigkeit einerseits des abgetretenen, andererseits des verbleibenden Territoriums erfolgen, und wie ist sie zu ermitteln? Nach den bisherigen oder den in Zukunft zu

---

[39] Res. 388 (V) vom 15. Dezember 1950 – UNYB 1950, 357 –, Art. 4. Eine Sonderregelung ist für Verpflichtungen aus der Sozialversicherung vorgesehen (Art. 2).

[40] Der Notenwechsel zwischen der Reichsregierung und den Gläubigerstaaten, der sich damals ergab, ist abgedruckt in Royal Institute of International Affairs, Documents on International Affairs 1938 II, 97 f. Das Reich hat damals in einem Vertrag mit dem Vereinigten Königreich gewisse Leistungen übernommen, ohne aber eine rechtliche Verpflichtung anzuerkennen.

[41] Dazu *Paenson*, Les conséquences financières de la succession des Etats, 1954, 152 f.

[42] Das Problem wird dadurch noch komplizierter, daß die Frage der Schuldübernahme mit anderen Fragen – etwa der der Reparationen oder der Vergütung für übernommenes Staatseigentum – im Zusammenhang steht. Wo der Nachfolgestaat Verpflichtungen dieser Art übernimmt, ist er weniger zur Übernahme der Staatsschuld geneigt und umgekehrt.

erwartenden Erträgen dieser Gebiete, und welche Steuern sind hier zugrunde zu legen? Das allgemeine Völkerrecht bietet hier keine generellen Lösungen.

Auch Rechtsprechung und Lehre stimmen nicht überein.

Das deutsche Reichsgericht etwa hat in einer älteren Entscheidung[43] den Standpunkt vertreten, daß im Falle der Annexion nach einer allgemeinen Regel des Völkerrechts das Staatseigentum des annektierten Staates mit allen Aktiven und Passiven auf den annektierenden Staat übergehe und daraus gefolgert, daß der preußische Fiskus nach 1866 für einen nach einem kurhessischen Gesetz begründeten Pensionsanspruch einstehen müsse.[44] In gleichem Sinne – daß nämlich der annektierende Staat für die Schulden des annektierten Staates einstehen müsse – haben wiederholt die italienischen Gerichte entschieden.[45] Auf der anderen Seite steht das bekannte Urteil des britischen High Court of Justice im Falle *The West Rand Central Gold Mining Co. v. The King.*[46] In diesem Falle war das Gericht mit der Klage einer englischen Gesellschaft, Eigentümerin auf dem Gebiet der südafrikanischen Republik gelegener Goldminen, auf Erstattung ihr von den südafrikanischen Behörden rechtswidrig weggenommenen Goldes befaßt. Die Klage wurde abgewiesen mit der Begründung, daß es keine Regel des Völkerrechts gebe, derzufolge der Eroberer für die Verbindlichkeiten des unterworfenen Staates aufkommen müsse. Nach dem Ersten Weltkrieg haben die Gerichte der auf Kosten Deutschlands und Österreich-Ungarns neu errichteten oder vergrößerten Staaten eine allgemeine Verpflichtung zur Erfüllung von Verbindlichkeiten des Rechtsvorgängers durchweg verneint.[47] Unter Berufung auf diese Rechtsprechung hat nach dem Zweiten Weltkrieg auch das Oberste Gericht von Israel im Falle *Shimshon Palestine Portland Cement Factory Ltd. v. The Attorney General*[48] eine völkerrechtliche Verpflichtung des Staates Israel zur Erfüllung der ehemals der Mandatsverwaltung von Palästina obliegenden Verbindlichkeiten gegenüber Privatpersonen in Abrede gestellt. In derselben Richtung bewegt sich die Rechtsprechung der österreichischen Gerichte, die von dem Lande (Reichsgau) Österreich in der Zeit der nationalsozialistischen Herrschaft abgeschlossene Verträge mit Privatpersonen als für die Republik Österreich nicht verbindlich betrachtet.[49] Und 1925 hat auch ein internationales Gericht, nämlich hat der StISchH (Richter *Borel*), im Fall der Ottomanischen Staatsschuld[50] eine allgemeine völkerrechtliche Verpflichtung des Nachfolgestaates zur Schuldübernahme verneint. – Auch im Schrifttum gehen die Meinungen weit auseinander. Für den Fall der Abtretung wird die Pflicht zur Übernahme überwiegend verneint (a. A. z. B. *Fauchille, Sack* und wohl auch *Oppenheim/Lauterpacht*), für den des Erlöschens überwiegend bejaht (a. A. z. B. *Schoenborn, Keith, Guggenheim*). In neuerer Zeit gewann ein vermittelnder Standpunkt (*Jèze, Hyde, Feilchenfeld* u. a.) an Boden.

4. Angesichts dieser Verschiedenheiten scheint manches für den Standpunkt zu sprechen, daß es eben eine allgemein anerkannte Regel nicht gebe, der Nachfolgestaat somit für die Verbindlichkeiten des Vorgängers nicht einstehen müsse. Aber eine solche Würdigung der bisherigen Staatenpraxis verfehlt doch wohl die tatsächlich gegebene Rechtslage. Bei einer differenzierten Betrachtung, die auch die Rechte der privaten Gläubiger berücksichtigt, wird man vielmehr für das bisher geltende Recht von folgendem ausgehen dürfen.

---

[43] RGZ 16, 263.

[44] Ebenso beiläufig RGZ 105, 261.

[45] Belege bei *Feilchenfeld*, 216, Anm. 117, 269 f.

[46] (1905) 2 King's Bench, 391. Ebenso schon das ältere Urteil in *Doss v. Secretary of State for India in Council*, 1875, 19 Exchequer Division of the English High Court of Justice 509 (518): Keine rechtliche Verpflichtung Großbritanniens zur Bereinigung der Verbindlichkeiten des annektierten Königreichs Oudh.

[47] Zahlreiche Entscheidungen tschechoslowakischer, polnischer und rumänischer Gerichte aus den 20er und 30er Jahren finden sich in den das Problem der State Succession betreffenden Abschnitten des Annual Digest.

[48] ILR 1950, C. 19 mit Note der Hrsg. Vgl. auch das Urteil des gleichen Gerichts in *Sifri gegen den Attorney General*, ebd. C. 22 (keine Verpflichtung des Staates Israel zur Übernahme der Beamten der Mandatsregierung).

[49] Dazu etwa die Entscheidung ÖJZ 1951, Evidenzblatt Nr. 83.

[50] RIAA 1, 529. Kritisch *Lauterpacht*, Function, 90 f.

a) Wenn der Schuldnerstaat nach einer Gebietsabtretung oder der Losreißung eines Teilgebietes weiterbesteht[51], so bleibt auch das Schuldverhältnis bestehen. Allerdings kann sich die Befriedigungschance der Gläubiger durch den Gebietsverlust mindern. Aber das allein dürfte den Gläubigern keine Rechte gegenüber dem Nachfolger geben. Nur wenn der Gebietsverlust dem Schuldnerstaat die Zahlungsfähigkeit nimmt, wenn er sich praktisch also auswirkt wie eine Enteignung, dürfte die Übernahme – ganz oder zum Teil – durch den Nachfolger ein Gebot der Billigkeit sein.

b) Wenn der Schuldnerstaat aber erlischt, so bleibt nur der Nachfolgestaat als möglicher Schuldner. Dann aber ist der Nachfolgestaat jedenfalls im Verhältnis zu den ausländischen Gläubigern aus Billigkeitsgründen verpflichtet, einen angemessenen Teil der Verbindlichkeiten des Vorgängers zu übernehmen.[52] Dafür spricht auch die Parallele zur Enteignung, die ja auch eine Verpflichtung zu angemessener Entschädigung auslöst, wie auch die Überlegung, daß der Nachfolgestaat das Eigentum seines Vorgängers und die Einkünfte aus den erworbenen Gebieten erhält. Nun ist es aber ein allgemeiner Grundsatz des Rechts, daß im Zweifel die Schulden dem Vermögen nachfolgen müssen. Es besteht ein natürlicher Zusammenhang zwischen Rechten und Pflichten, zwischen Vorteil und Nachteil: *transit res cum onere suo.*

5. Es besteht also für den oder – im Verhältnis ihrer Erwerbungen[53] – die Nachfolger eine Billigkeitspflicht zu angemessener Abfindung der Gläubiger, nicht zur Erfüllung schlechthin. Bei der Prüfung der Frage, was die Billigkeit fordert, was das Angemessene sei, sind eine Reihe von Gesichtspunkten allgemeiner Art zu erwägen:

a) Die Pflicht des Nachfolgestaates ist darin begründet, daß er aus dem Gebietserwerb Vorteile hat. Seine Verpflichtungen können daher nicht wohl den Betrag übersteigen, der dem Gesamtwert des erlangten Vorteils entspricht.[54] Eine Befriedigung der Gläubiger über diese Grenze hinaus stellt jedenfalls kein zwingendes Gebot der Billigkeit und Gerechtigkeit dar. Wie die Gläubiger innerhalb dieser Grenzen zu befriedigen sind, dafür enthält das Völkerrecht keine Regel.

b) Auch wo die internationalen Verträge eine Schuldübernahme vorsehen, pflegen sie oft eine Ausnahme für die sog. „dettes odieuses" zu machen. Darunter werden Schulden verstanden, mit deren Eingehung der Vorgänger gegen den Nachfolger gerichtete Zwecke verfolgte, und deren Erfüllung sich dem Nachfolger daher nicht zumuten läßt.

---

[51] Das letztere ist auch der Fall, wenn ein bisher unabhängiger Staat in einem Bundesstaat oder im Rahmen einer Realunion als deren Gliedstaat oder sonst als Träger einer auch gegenüber dem Ausland wirksamen finanziellen Autonomie weiterbesteht. Dann haftet der früher unabhängige Staat auch in seiner neuen Gestalt. Es kommt somit auf die innere Ordnung des Staates an, der den früher unabhängigen Staat in sich aufnimmt.

[52] Mit der im Text vertretenen Ansicht glauben wir dem von *Feilchenfeld* im VI. Teil seines Buches vertretenen Standpunkt nahezustehen. *Feilchenfeld* glaubt allerdings, eine durch die Zerstörung des ursprünglichen Schuldverhältnisses begründete internationale Verantwortlichkeit und Ersatzpflicht des Nachfolgestaates konstruieren zu müssen (z. B. 657, 671 f). Das erscheint als ein unnötiger Umweg. Das Schuldverhältnis besteht fort, reduziert sich aber u. U. aus Billigkeitsgründen. Eine Billigkeitspflicht nimmt auch *Guggenheim*, Beiträge zur Völkerrechtslehre vom Staatenwechsel, 1925, 95 f an, eine solche zur Übernahme einer „portion équitable" für den Fall der Aufgliederung auch die note doctrinale zu dem bei *Lapradelle/Politis* II, 554, veröffentlichten Schiedsspruch des Obersten Schiedsrichters im *Streit zwischen Großbritannien und Venezuela.*

[53] Also keine Gesamtschuld! So auch *Castrén*, RdC 78 (1951 I), 472 f.

[54] Für eine solche Begrenzung nach oben z. B. *Oppenheim/Lauterpacht* I, § 82 c – obwohl zweifelnd – und *Cavaglieri*, La dottrina della successione, 1910, 140 f, folgerichtig von seinem Standpunkt, daß die Schuldenhaftung aus dem Gedanken der Bereicherung folge. Anders z. B. *Castrén*, RdC 78 (1951 I), 465; *Guggenheim*, 115: „Das Rechtsinstitut des beneficium inventarii ist im Völkerrecht nicht nachweisbar."

Solche Ausnahmen von der Schuldübernahme finden sich namentlich in Friedensverträgen. Der siegreiche Staat weigert sich oft, Kriegsanleihen und andere für die Zwecke des Krieges oder auch nur während des Krieges eingegangene Verbindlichkeiten zu übernehmen, durch deren Eingehung der Rechtsvorgänger den Krieg gegen den Nachfolgestaat finanziert hat.
Nach dem Friedensvertrag von Versailles (Art. 254) z. B. blieb die Verpflichtung der Nachfolgestaaten zur Übernahme auf die deutsche Staatsschuld nach dem Stande vom 1. August 1914 beschränkt.[55] Diese Regelung schloß also alle während des Krieges aufgenommenen Anleihen – ohne Rücksicht auf ihre Verwendung – von der Nachfolge aus. Nach dem Zweiten Weltkrieg wurde im Friedensvertrag mit Italien[56] die an sich schon begrenzte Übernahme der italienischen Staatsschuld durch die Erwerber italienischen Gebiets noch weiter durch eine Ausnahmeregel beschränkt: Schulden aus der Zeit auch vor dem Eintritt Italiens in den Krieg, die direkt oder indirekt zu militärischen Zwecken eingegangen waren, wurden nicht übernommen.
Aber auch andere Verbindlichkeiten können ihren Ursprung in politischen Aktionen des Vorgängers gegen den Nachfolger haben und diesen dazu bestimmen, die Übernahme der Schuld zu verweigern. So hat Polen im Friedensvertrag von Versailles den Anteil der deutschen Staatsschuld, der sich aus den Germanisierungsmaßnahmen der deutschen und der preußischen Regierung in den an Polen abgetretenen Gebieten ergab, nicht mitübernommen (Art. 92 Abs. 2, 255 Abs. 2). Andere Gesichtspunkte haben 1898 die USA geltend gemacht, um sich der Übernahme der spanischen Staatsschuld für Kuba entziehen zu können, sich nämlich darauf berufen, daß die Schuld ohne Zustimmung der Bevölkerung und zu ihrem Nachteil kontrahiert worden sei.[57]

Wo Verträge die Frage weder positiv noch negativ entscheiden und nach Billigkeit und Gerechtigkeit zu urteilen ist, sind nicht nur die Interessen der beteiligten Staaten, insbesondere nicht nur die Gefühle des im Kriege siegreichen Nachfolgestaates, sondern ist namentlich auch die Stellung der Gläubiger zu bedenken. Die Beurteilung der Frage, ob ihre Befriedigung für den Nachfolger eine unbillige Zumutung darstellt, steht nicht im freien Belieben des Nachfolgestaates.[58] Es ist vielmehr objektiv zu erwägen, ob die Eingehung der Verbindlichkeit von der Rechtsordnung gebilligte Zwecke verfolgte, z. B. ob die mit Hilfe der Anleihe finanzierte Aktion eine Verletzung des Völkerrechts enthielt oder nicht. Wenn die Anleihe z. B. einen Verteidigungskrieg finanzierte oder die Teilnahme an Sanktionen der UN ermöglichen sollte, so ist die so begründete Schuld vom Standpunkt des bisherigen Völkerrechts auch für den durch die Aktion betroffenen Nachfolgestaat keine „dette odieuse". Anders ist die Rechtslage dann, wenn die Mittel, für die Gläubiger erkennbar, einer völkerrechtswidrigen Invasion oder einem Angriffskrieg die Grundlage boten.[59]

---

[55] Entsprechend die Verträge von St. Germain Art. 203, 205 (4), Trianon Art. 186, 188 (4), Neuilly Art. 141 (hier sogar Ausschluß von Schulden, die zur Vorbereitung des Angriffskrieges kontrahiert worden waren), Lausanne 1923, Art. 50, 51.

[56] Friedensvertrag mit Italien von 1947, Anhang X (5) und XIV (6).

[57] Dazu *Feilchenfeld*, 329 f.

[58] Bedenklich *Cahn*, AJIL 44 (1950), 480: „Odious debts are such debts which for ethical, moral or political reasons are disapproved by the successor".

[59] Während *Feilchenfeld*, § 349, seinerzeit auf eine solche Lösung wohl nur de lege ferenda abzielte, muß diese Einschätzung heute angesichts des erweiterten Gewaltverbotes des Art. 2 Ziff. 4 UN-Charta als geltendes Recht angesehen werden. Von praktischer Relevanz kann dieses im Hinblick auf die zahlreichen von dritten Staaten unterstützten Bürgerkriegssituationen werden, wobei hier im Einzelfall die Probleme dadurch kompliziert werden können, daß die von außen gewährte Unterstützung, die zu finanziellen Verpflichtungen führt, für die Durchsetzung menschenrechtlicher Ziele gegen diktatorische Regimes gewährt wird. Nach Auffassung eines Teiles der Mitglieder der UN stehen Unterstützungen solcher Gewaltmaßnahmen mit dem Gewaltverbot in Einklang, nach Auffassung einer wohl geringeren Mitgliederzahl würde mit dieser Praxis jedoch das Gewaltverbot untergraben. So blieben nach dieser Einschätzung Finanzschulden aus derartigen Situationen „odious debts". Zu der völkerrechtlichen Einschätzung von Gewaltaktionen im Rahmen von Befreiungs- oder Widerstandsbewegungen und den für das Gewaltverbot daraus erwachsenden grundsätzlichen Problemen vgl. *Delbrück/Dicke*, The Christian Peace Ethics and the Doctrine of Just War from the Point of View of International Law, in: GYIL 28 (1985), 194 ff mwN; *Delbrück*, Rechts-

c) Die Billigkeit erfordert eine Sonderbehandlung auch der sog. „bezüglichen", „radizierten", relativen, der Schulden mit lokaler Beziehung. Dazu gehören Verbindlichkeiten, die das Gebiet kraft einer ihm zustehenden Autonomie selbst kontrahiert hat („dettes spéciales"), und zum anderen Schulden, die der Staat als solcher für die besonderen Zwecke und im ausschließlichen Interesse gerade des übernommenen Gebietes eingehen mag (sog. „dettes hypothéquées").[60] Solche Schulden werden durchweg – auch in den Fällen der Abtretung und der Sezession – von dem Nachfolgestaat übernommen. Aber es gibt Ausnahmen von dieser Regel.[61]

Als ein Beispiel ist der Friedensvertrag mit Italien von 1947 zu nennen, in dem die Erwerber italienischen Gebiets nur Schulden aus Verträgen übernahmen, die öffentliche Anlagen und zivile Verwaltungsbedürfnisse des betreffenden Gebiets zum Gegenstand hatten und diesen zum Vorteil gereichten.[62]

Ob man nach bisherigem Recht geradezu von einer Regel des Gewohnheitsrechts sprechen durfte, kann zweifelhaft sein.[63] Aber es besteht doch wohl auch hier eine Billigkeitsregel. Gerade in Fällen dieser Art hat der Nachfolgestaat einen unmittelbaren Vorteil aus dem Geschäft, in dem die Verbindlichkeit ihre Grundlage hat. Es entspricht der Billigkeit, daß er den Gläubigern haftet, und er ist auch dem Vorgänger zur Übernahme solcher Schulden verpflichtet[64], wenn nicht besondere Gründe für das Gegenteil sprechen.

Fälle der „dettes spéciales" oder „local debts", von Verpflichtungen also, die von einem Gebiet aufgrund seiner Autonomie eingegangen wurden, werden von den für die „dettes hypothéquées" („localized debts") entwickelten Grundsätzen nicht erfaßt. Streng genommen handelt es sich hier gar nicht um eine Frage der Staatennachfolge, da der Träger der Verpflichtungen – das finanziell autonome Gebiet – von der generellen Staatennachfolge unberührt bleibt, ein Wechsel in der (juristischen) Person des Schuldners also gar nicht eintritt. Gegenüber ausländischen Gläubigern indessen hat der Nachfolgestaat bezüglich der „local debts" die allgemeinen völkerrechtlichen Regeln über den Schutz des Vermögens Dritter, etwa des völkerrechtlichen Fremdenrechts, zu achten.[65]

---

probleme der Friedenssicherung durch Sicherheitsrat und Generalversammlung der Vereinten Nationen, in: *Kewenig* (Hrsg.), Die Vereinten Nationen im Wandel, 1975, 131 ff; *Frowein*, Friedenssicherung durch die Vereinten Nationen, in: *Scheuner/Lindemann* (Hrsg.), Die Vereinten Nationen und die Mitarbeit der Bundesrepublik Deutschland, 1973, 45 ff.

[60] Zum Begriff der bezüglichen Schulden vgl. auch BGHZ 9, 339 (356). – Im Gegensatz zu den dettes hypothéquées stehen die „dettes hypothécaires", für die der Staat Grundstücke, Zölle, Steuereinnahmen u. dgl. des übernommenen Gebiets verpfändet hat. Auch solche Schulden folgen dem Gebiet als dessen Belastung. So übernahmen die Nachfolgestaaten in den Verträgen von St. Germain (Art. 203) und Trianon (Art. 186) den Teil der durch die Einkünfte aus dem Eisenbahnverkehr, den Salzbergwerken und anderen Vermögenswerten gesicherten Schulden des österreichischen Staates, der auf die abgetretenen Gebiete entfiel.

[61] Japan z. B. hat im Friedensvertrag von Versailles Kiautschou frei und ledig von allen Lasten erworben (Art. 157).

[62] Vgl. dazu oben Anm. 34.

[63] Eine gewohnheitsrechtliche Norm wird in RGZ 141, 290 angenommen. Anders der amerikanische Court of Claims im Falle *The Eastern Extension, Australasia and China Telegraph Comp. v. U.S.* (1912), 48 Court of Claims 33. Hier wurde nach der Erwerbung der Philippinen eine Rechtspflicht der USA zur Erfüllung eines von Spanien mit der Klägerin abgeschlossenen Vertrages über die Gewährung finanzieller Leistungen für die von der Klägerin vorzunehmende Legung von Kabeln verneint. Im Schrifttum wird eine Übernahmepflicht überwiegend, aber nicht ausnahmslos bejaht (a. A. z. B. *Balladore Pallieri*, 199 f), manchmal auch ein Übergang ipso iure für richtig gehalten. *Schoenborn*, 59 f, 100 f glaubt nur von einem „sich entwikkelnden Gewohnheitsrechtssatz des Völkerrechts" sprechen zu dürfen.

[64] Also kein Übergang ipso iure; so zutreffend RGZ 141, 294.

[65] *Verdross/Simma*, 628 mwN.

6. Die Konvention über die Staatennachfolge in das Staatsvermögen, Staatsarchive und Staatsschulden behandelt die Frage der Nachfolge in Staatsschulden verhältnismäßig knapp in den Art. 32-41 und schöpft damit – gemessen an der Vielfalt der Staatenpraxis und der darin aufgewiesenen Probleme – die Komplexität der Fragen im Grunde nicht aus. Staatsschulden werden als jede finanzielle Verpflichtung eines Staates gegenüber einem anderen Staat, einer internationalen Organisation oder einem anderen Völkerrechtssubjekt, die in Übereinstimmung mit dem Völkerrecht entsteht, definiert (Art. 33). Dabei handelt es sich ausschließlich um Schulden des Altstaates.[66] Die Konvention geht weiter von dem Grundsatz aus, daß die Staatennachfolge das Erlöschen der Verpflichtungen des Altstaates und die Entstehung der Verpflichtungen bei dem Nachfolgestaat herbeiführt, vorbehaltlich der Bestimmungen der Konvention (Art. 34). Dieser Vorgang soll darüber hinaus die Stellung der Gläubigerstaaten nicht beeinträchtigen (Art. 36). Im einzelnen sieht die Konvention für das Schicksal der Staatsschulden für die einzelnen Fälle der Staatennachfolge, die sich mit denen für die Vermögensnachfolge, aber auch für die Nachfolge in Verträge decken, folgende Regelung vor: Bei einer Gebietsübertragung soll in erster Linie eine Vereinbarung zwischen Altstaat und Nachfolgestaat über die Schuldennachfolge herbeigeführt werden. Fehlt eine solche, so soll ein billiger Anteil („equitable proportion“) der Staatsschuld des Altstaates auf den Nachfolgestaat übergehen, wobei zur Bestimmung des billigen Anteils das Vermögen einschließlich von Rechten und Interessen, das auf den Nachfolgestaat übergeht, mitberücksichtigt werden soll (Art. 37). Auch hier kommt – wie in den anderen Teilen der Kodifikation des Rechts der Staatennachfolge – der Gesichtspunkt eines materiellen Billigkeitsprinzips als Grundlage der Regelung zum Ausdruck.[67] Dies gilt auch für die Fälle der Abtrennung von Gebietsteilen oder den Zerfall eines Staates (Art. 40, 41). Bei der Staatenvereinigung (Art. 39) soll die Staatsschuld der jeweiligen Altstaaten auf den neu gebildeten Nachfolgestaat übergehen.[68] Wie schon in den Regelungen über die Vertrags- und die Vermögensnachfolge und den Übergang der Staatsarchive enthalten auch die Artikel über die Nachfolge in Staatsschulden eine Sonderregelung für neue, unabhängig gewordene Staaten (Art. 38). Der Grundsatz lautet dahin, daß solche Staaten nicht in die Staatsschulden des Altstaates nachfolgen. Möglich ist dagegen ein Abkommen zwischen beiden, das die Verbindung zwischen der Staatsschuld des Altstaates, die mit seinen Aktivitäten auf dem betroffenen Gebiet in Zusammenhang steht, und dem Vermögen einschließlich der Rechte und Interessen berücksichtigt, das auf den unabhängig gewordenen Staat übergeht – auch dies Ausdruck des Billigkeitsprinzips, wie es die ILC versteht.[69] Aber nicht nur der Billigkeit in diesem Sinne müssen derartige Abkommen über die Schuldennachfolge unabhängig gewordener Staaten entsprechen. Sie dürfen auch nicht das Prinzip der ständigen Souveränität der Völker über ihre Reichtümer und natürlichen Ressourcen beeinträchtigen oder das wirtschaftliche Gleichgewicht des unabhängig gewordenen Staates gefährden. Diese sehr vage Einschätzung läßt die Wirksamkeit der von der ILC geschaffenen Regelungen für die Praxis recht zweifelhaft erscheinen.

7. Da die ILC die Frage der Nachfolge in deliktische Schulden in Zusammenhang mit der Staatenverantwortlichkeit behandelt, enthält die Konvention ausdrücklich keine Regelung hierüber. Sie umfaßt jedoch Teilaspekte der Haftung, soweit daraus Staats-

---

[66] Art. 33: „For the purposes of the articles in the Present Part, 'State debt' means any financial obligation *of a predecessor State* arising in conformity with international law ...“

[67] Vgl. dazu die Angaben oben in Anm. 21.

[68] Art. 39: „When two or more States unite and so form one successor State, the State debt of the predecessor States shall pass to the successor State.“

[69] Wie oben Anm. 21; kritisch zu den Begriffsbildungen der Konvention bzw. schon der ILC *Streinz*, 214 ff.

schulden des Altstaates rühren, die von der Staatennachfolge betroffen sein können.[70] Im einzelnen ist hierauf im Abschnitt über die Staatenverantwortlichkeit näher einzugehen.[71]

§ 18 Der Einfluß der Staatennachfolge auf private Rechte und Pflichten

Schrifttum: zu § 17; ferner *Mosler*, Wirtschaftskonzessionen bei Änderungen der Staatshoheit, 1948.

I. Wenn ein Staat erlischt oder ein Gebiet unter eine neue Staatsgewalt tritt, so ist es das nationale Recht des Erwerbers, das von nun an maßgebend ist. Die Staaten pflegen, wenn sie ein Gebiet übernehmen, das dort geltende Recht allerdings zunächst bestehen zu lassen, soweit es zu der neuen Ordnung nicht in allzu schroffem Widerspruch steht. Vor allem entspricht es der Gerechtigkeit und dem Brauch, daß der Nachfolgestaat das Privateigentum und andere wohlerworbene Rechte aufrechterhält, und in diesem Sinne wird man die einschlägigen Verträge im Zweifel auslegen müssen. Unter Privateigentum ist hier jener Teil vermögenswerter Sachen und Rechte zu verstehen, die nichtstaatlichen, d. h. privaten Rechtspersonen gehören, aber auch jene, die im Eigentum öffentlicher, d. h. staatlicher Unternehmen stehen, die aber organisatorisch deutlich von den Staatsorganen selbst getrennt sind.[1] Staatliches Vermögen, das diesem auch in den Formen des Privatrechts zugeordnet sein mag, fällt nicht unter den Begriff des Privateigentums in der hier verwendeten Bedeutung.

II. Es besteht in der Regel keine völkerrechtliche Verpflichtung des Nachfolgestaates, im vorstehend angedeuteten Sinne zu verfahren.
Wie der Rechtsvorgänger, so kann auch der Nachfolgestaat das auf dem erworbenen Gebiet bisher geltende Recht durch seine Gesetzgebung beseitigen oder ändern. Das allgemeine Völkerrecht hindert ihn nicht daran, wie die Verfassung so auch das Strafrecht[2], Verwaltungsrecht oder auch Privatrecht zu ändern, in die Rechte einzelner einzugreifen, bestehendes Eigentum zu enteignen, Verträge für ungültig zu erklären, Gerichtsurteile zu annullieren, Beamten die wohlerworbenen Rechte zu nehmen. Das allgemeine Völkerrecht bietet weder dem objektiven Recht, das bis dahin galt, noch den subjektiven Rechten der einzelnen eine Garantie ihres Bestandes.[3] Es ist nicht das Völkerrecht, sondern das nationale Recht des Nachfolgestaates, das darüber entscheidet. Völ-

---

[70] Daß die Konvention Fragen der Staatenverantwortlichkeit in keiner Weise präjudiziert, betont auch *Streinz*, 214.

[71] Unten Teilband I 2.

[1] Die Abgrenzungen sind insoweit im einzelnen umstritten, da die Unterschiedlichkeit der Eigentumsordnungen z. B. in westlichen und sozialistischen Staaten eine einheitliche Begriffsbestimmung bzw. -abgrenzung nicht zuläßt; vgl. dazu *Menon*, 1986, 3 ff; dazu auch oben § 17.

[2] Italien hat z. B. nach der Annexion des damaligen Abessinien vor der Annexion begangene Straftaten nach italienischem Strafrecht verfolgt oder die Vollstreckung abessinischer Urteile von einem Vollstreckungsurteil italienischer Gerichte abhängig gemacht. Vgl. die Entscheidung italienischer Gerichte Annual Digest 1935-37, C. 46, 47, 1938-40, C. 39.

[3] Zutreffend etwa *Guggenheim* I, 437, *Ross*, 130, *Balladore Pallieri*, 201, *Scheuner* in: Festschrift Nawiasky 1956, 11, *Feilchenfeld*, 617 f. In diesem Sinne auch die Entscheidung des griechischen Staatsrats, RHellDI 7 (1954), 274 und ILR 1954, 51 abgedruckte Entscheidung des High Court Patiala. Die Pflicht zur Aufrechterhaltung wohl erworbener Rechte wird vielfach als allgemeines Rechtsprinzip angesehen, das auch auf die Neubürger des Nachfolgestaates anwendbar wäre. Vgl. aus dem älteren Schrifttum z. B. *Keith*, The Theory of State Succession, 1907, Kap. IX, aus dem neueren *O'Connell*, State Succession, Kap. VI, *Sibert* I, § 143. Auch der StIGH hat die Pflicht zur Respektierung der wohl erworbenen Rechte im Falle der Abtretung von Gebiet als ein allgemeines Völkerrechtsprinzip hingestellt. Vgl. Rechtsgutachten, PCIJ Series B 6 (1923), 36: „Private

kerrechtliche Beschränkungen bestehen aber in dreifacher Richtung: Einmal hat der Nachfolgestaat – auch bei der Behandlung seiner eigenen Staatsangehörigen – die elementaren Menschenrechte zu respektieren.[4] Zum anderen hat er bei der Behandlung der Ausländer, also auch der Personen, die Staatsangehörige des Rechtsvorgängers bleiben, die Regeln des internationalen Fremdenrechts zu beachten, z. B. von entschädigungsloser Enteignung Abstand zu nehmen.[5] Weitergehende Verpflichtungen können sich endlich aus Verträgen ergeben. Nicht selten muß der Erwerber neuen Gebiets dessen Bewohnern bestimmte Rechtsschutzgarantien gewähren.

Beispiele: Obwohl der Versailler Vertrag die Aufrechterhaltung bestehenden Privateigentums in den von Deutschland abgetretenen Gebieten nicht ausdrücklich vorschreibt, hat der StIGH doch indirekt aus einer Reihe von Bestimmungen des Vertrages eine Rechtspflicht der Nachfolgestaaten zur Respektierung wohlerworbener Rechte entnommen.[6] Eine ausdrückliche Bestimmung ist etwa im Friedensvertrag mit Italien vom 10. Februar 1947 enthalten. In Anhang XIV unter Z. 9 ist nämlich bestimmt, daß das Eigentum, die Rechte und Interessen bisher italienischer Staatsangehöriger in den abgetretenen Gebieten auf der Grundlage der Gleichheit mit den Staatsangehörigen des Nachfolgestaats respektiert werden sollen.

Die Konvention über die Staatennachfolge in das Staatsvermögen, in Staatsarchive und Staatsschulden hat durch die Beschränkung ihres Geltungsbereichs auf das Staatseigentum (State property) und die Staatsschulden (State debts) den Bereich des Privateigentums, aber auch private Rechte und Pflichten in dem hier angesprochenen Problembereich ungeregelt gelassen.[7]

---

rights acquired under existing laws do not cease on a change of sovereignty." Ferner Schiedsspruch des ungarisch-rumänischen Schiedsgerichts, Tribunaux arbitraux mixtes 7, 147, wonach die Enteignung des Klägers „constitue une violation du principe général du respect des droits acquis et dépasse les limites du droit international commun", und die in ILR 1953, 63 mitgeteilte Entscheidung der französisch-italienischen Ausgleichskommission (68). Besondere Autorität im angelsächsischen Rechtskreise genießt das Urteil des Chief Justice *Marshall* in *U. S. v. Percheman* (1833) 7 Peter's United States Supreme Court Reports 51. Danach waren die Vereinigten Staaten völkerrechtlich verpflichtet, vor der Überlassung von Florida von dem spanischen Gouverneur gewährte Grundstücksrechte zu respektieren. Denn, so meint das Gericht, „it is very unusual, even in cases of conquest, for the conqueror to do more than to displace the sovereign and assume dominion over the country. The modern usage of nations, which has become law, would be violated; that sense of justice and of right which is acknowledged and felt by the whole civilized world would be outraged, if private property should be generally confiscated and private rights annulled". Andererseits wird in dem 1901 dem britischen Parlament vorgelegten Report der *Transvaal Concessions Commission* der Standpunkt vertreten, „that a state which has annexed another is not legally bound by any contracts made by the state which has ceased to exist". Die Regel, daß der Eroberer die privaten Rechte der einzelnen respektiere, wird als ein „principle which is one of ethics rather than of law", als bloßer Brauch dargestellt und seine Anwendung auf die von den Burenstaaten gewährten Konzessionen empfohlen, aber jede rechtliche Verpflichtung bestritten. Dazu *Moore*, Digest I, 411 f. – Vgl. auch die Diskussion im Institut de droit international, Annuaire 1950 I, 208 f, 1952 I, 181 f.

[4] Mit *dieser* Begründung soll dem Nachfolgestaat nach den Vorschlägen des Institut du droit international 1952 eine Verpflichtung zur Aufrechterhaltung wohl erworbener Rechte auferlegt werden. Vgl. Tableau Génerale des résolutions 1952, 37 f; zu den elementaren Menschenrechten sind heute gewohnheitsrechtlich u. a. zu zählen das Recht auf Leben und persönliche Integrität, Freiheit von willkürlicher Verhaftung (habeas corpus) usw.; vgl. dazu *Tomuschat*, Die Bundesrepublik Deutschland und die Menschenrechtspakte der Vereinten Nationen, in: Vereinte Nationen 26 (1978), 1 ff (4) mwN.

[5] Nach dem Schiedsspruch des britisch-amerikanischen Schiedsgerichts im Falle *Burt* – RIAA 6, 93 – war die britische Regierung nach dem Erwerb der Fidschi-Inseln verpflichtet, die vor deren Erwerb von Staatsangehörigen der USA aus Verträgen mit eingeborenen Häuptlingen erworbenen Eigentumsrechte zu respektieren; *Streinz*, 204.

[6] So der StIGH in seinem Rechtsgutachten über die *Deutschen Siedler in Polen*, PCIJ Series B 6 (1923), 36 f (wo das Bestehen einer *allgemeinen* Verpflichtung dahingestellt bleibt) und das Urteil über die *Deutschen Interessen in Polnisch-Oberschlesien*, PCIJ Series A 7 (1926), 31 (anders das polnische Ober-Gericht, Annual Digest 1923-24, C. 39). Vgl. auch oben Anm. 3.

[7] *Streinz*, 212.

3. KAPITEL
Die Anerkennung der Staaten und Regierungen

Schrifttum: *Spiropoulos*, Die de facto Regierung im Völkerrecht, 1926; *Noël-Henry*, Les gouvernements de fait devant le juge, 1927; *Kunz*, Die Anerkennung von Staaten und Regierungen im Völkerrecht, 1928; *Williams*, La doctrine de la reconnaissance en droit international et ses développements récents, in: RdC 44 (1933 II), 203-313; *Raestad*, La reconnaissance des nouveaux Etats et des nouveaux gouvernements, in: RDILC 63 (1936), 257-313; *Kelsen*, Recognition in International Law. Theoretical Observations, in: AJIL 35 (1941), 605-617; *Venturini*, Il riconoscimento nel diritto internazionale, 1946; *de Aréchaga*, Reconocimiento de Gobiernos, 1947; *Briggs*, Recognition of States: Some Reflections on Doctrine and Practice, in: AJIL 43 (1949), 113-121; *Lauterpacht*, Recognition in International Law, 1948; *Brown*, The Legal Effects of Recognition, in: AJIL 44 (1950), 617-640; *Wright*, Some Thoughts about Recognition; in: AJIL 44 (1950), 548-559; *Chen*, The International Law of Recognition, 1951; *Alexandrowicz-Alexander*, The Quasi-Judicial Function in Recognition of States and Governments, in: AJIL 46 (1952), 631-640; *MacGibbon*, The Scope of Acquiescence in International Law, in: BYIL 31 (1954), 143 ff; *Wright*, The Chinese Recognition Problem, in: AJIL 49 (1955), 320-338; *Charpentier*, La reconnaissance internationale et l'évolution du droit des gens, 1956; *Kohl*, Die Bedeutung der völkerrechtlichen Anerkennung für die Rechtsstellung neuer Staaten und Regierungen, in: Staat und Recht 5 (1956), 286 ff; *Bindschedler*, Die Anerkennung im Völkerrecht, in: AVR 9 (1961/62), 377 ff; *F. Klein*, Zur Praxis der Anerkennung neuer Staaten durch die Bundesrepublik Deutschland, in: Festschrift Kraus, 1964, 191 ff; *Dai*, Recognition of States and Governments under International Law with Special Reference to Canadian Postwar Practice and the Legal Status of Taiwan (Formosa), in: CanYBIL 3 (1965), 290-305; *Meissner*, Formen stillschweigender Anerkennung im Völkerrecht, 1966; *Erdmann*, Nichtanerkannte Staaten und Regierungen. Formen und Grenzen internationaler Beziehungen, 1966; *Cochran*, De facto and de jure Recognition: is there a Difference?, in: AJIL 62 (1968), 457-460; *Zivier*, Die Nicht-Anerkennung im modernen Völkerrecht, 2. Aufl. 1969; *Balekjian*, Die Effektivität und die Stellung nichtanerkannter Staaten im Völkerrecht, 1970; *Frenzke*, Die Anerkennung der DDR. Völkerrechtliche Möglichkeiten und Folgen, 1970; *Blix*, Contemporary Aspects of Recognition, in: RdC 130 (1970 II), 587 ff; *von der Heydte*, Einige Aspekte der Anerkennung im Völkerrecht, in: Festschrift Verdross, 1971, 129 ff; *Salmon*, La reconnaissance d'Etat. Quatre cas: Manchukuo, Katanga, Biafra, Rhodésie du Sud, 1971; *Frenzke*, Die kommunistische Anerkennungslehre, 1972; *Frowein*, Die Entwicklung der Anerkennung von Staaten und Regierungen im Völkerrecht, in: Der Staat 11 (1972), 145 ff; *Verhoeven*, La reconnaissance internationale dans la pratique contemporaine, 1975; *Fischer*, La non-reconnaissance du Transkei, in: AFDI 22 (1976), 63 ff; *Harding*, Unabhängigkeit der Transkei: zur völkerrechtlichen und politischen Problematik, dargestellt an der Frage der diplomatischen Anerkennung der Transkei durch die Bundesrepublik Deutschland, 1976; *E. Klein*, Die Nichtanerkennungspolitik der Vereinten Nationen gegenüber den in die Unabhängigkeit entlassenen südafrikanischen homelands, in: ZaöRV 39 (1979), 469 ff; *Galloway*, Recognizing Foreign Governments. The Practice of the United States, 1978; *Ambros*, Nonrecognition: its Development in International Law and Application by the United States with particular Reference to the Baltic States, 1978; *Ginther*, Die Anerkennungsverbote der homelands. Überlegungen zur Anerkennungsproblematik im südlichen Afrika, in: GYIL 23 (1980), 323-352; *Nedjati*, Acts of Unrecognized Governments, in: ICLQ 30 (1981), 388 ff; *Symmons*, United Kingdom Abolition of the Doctrine of Recognition of Governments: A Rose by Another Name?, in: Public Law (1981), 249-262; *Bern*, Die konkludente Anerkennung im Völkerrecht, 1983; *Klarer*, Schweizerische Praxis der völkerrechtlichen Anerkennung, 1981; *Brownlie*, Recognition in Theory and Practice, in: *Macdonald/Johnston* (Hrsg.), The Structure and Process of International Law, 1983,

627-641; *Landwein*, Die konkludente Anerkennung im Völkerrecht, 1983; *Peterson*, Recognition of Governments should not be Abolished, in: AJIL 77 (1983), 31 ff; *Dugard*, Recognition and the United Nations, 1987; *Frowein*, Recognition, in: EPIL 10 (1987), 340-348.

§ 19 Begriff und rechtliche Bedeutung der Anerkennung. Die Rechtsstellung der nichtanerkannten Staatsgewalt

I. 1. Im Völkerrecht sind in erster Linie die Staaten Träger von Rechten und Pflichten. Die Feststellung, daß ein sozialer Verband ein Staat i. S. des Völkerrechts sei, ist daher von großer Bedeutung. Es läge somit im Interesse der internationalen Gemeinschaft, wenn die Existenz der Staaten und der Zeitpunkt ihrer Entstehung von einem internationalen Organ zuverlässig und ein für alle Mal festgestellt werden könnte.[1] Aber in der noch weitgehend dezentralisierten internationalen Gemeinschaft unserer Zeit fehlt es an einer Instanz, die hierfür zuständig wäre. Ein in die UNO aufgenommener Staat freilich ist von allen Mitgliedern der UNO als ein Staat zu behandeln.[2] Aber darüber hinaus vermag weder die UNO noch etwa der IGH Feststellungen darüber mit verbindlicher Wirkung für alle zu treffen. Daher muß jeder Staat, müssen jedes internationale Organ und jede Organisation diese Fragen von sich aus entscheiden, wenn sie mit ihnen befaßt sind. Die Feststellung nun, daß ein politischer Verband ein Staat i. S. des Völkerrechts sei, wird Anerkennung genannt.

Das Rechtsinstrument der Anerkennung ist im Völkerrecht von allgemeiner Bedeutung. Wo immer im internationalen Rechtsleben das Bestehen einer Tatsache oder Rechtslage zweifelhaft ist, ist es für den interessierten Staat von Bedeutung, ob die Lage von anderen Staaten anerkannt wird.[3] Denn wenn das der Fall ist, ist die Tatsache oder Lage – jedenfalls zwischen den Beteiligten – dem Zweifel entzogen. Der Anerkennende kann ihr Bestehen nicht mehr bestreiten, ohne sich eines *venire contra factum proprium* schuldig zu machen und damit gegen Treu und Glauben zu handeln.[4] In Wahrheit stellt die Anerkennung also nicht nur den Sachverhalt fest, sondern sie ist zugleich eine Willenserklärung, durch die der Anerkennende sich völkerrechtlich verpflichtet. Wird ein Staat anerkannt, so muß der Anerkennende ihn hinfort als solchen behandeln.[5] In der Regel ist mit der Anerkennung auch die weitere Erklärung verbunden, daß der Anerkennende diplomatische und sonstige Beziehungen zu dem Anerkannten aufnehmen wolle. Diese Erklärung ist freilich von der eigentlichen Anerkennung begrifflich zu trennen. Man darf insoweit auch von einer Anerkennung im weiteren und im engeren Sinne sprechen.

2. Aber nicht nur die Existenz des Staates, auch das Bestehen und die völkerrechtliche Zuständigkeit einer Regierung kann zweifelhaft sein. Das ist zwar nicht der Fall, wenn sich ein Regierungswechsel im Rahmen der Verfassung vollzieht, wohl aber dann, wenn

[1] Für ein förmliches Anerkennungsverfahren im Rahmen der UN plädierte *Jessup*, A Modern Law of Nations, 1949, 45 f. Dazu wie auch zu ähnlich lautenden Vorschlägen *Dugard*, 41 ff.

[2] Dazu unten § 21.

[3] Außer der Existenz von Staaten und Regierungen kann etwa das Erlöschen eines Staates, die Rechtswirksamkeit eines Gebietserwerbs oder eine Grenze, das Bestehen eines Protektorats, die Neutralisierung eines Gebiets oder Staates und vieles andere anerkannt werden. Zum Rechtsinstrument der Anerkennung *Verdross/Simma*, 427; *Kimminich*, 129. Vgl. auch *von der Heydte*, 129 ff.

[4] So *Schwarzenberger* I, 127: „Its legal effect is to create an estoppel".

[5] Die Charta der OAS (ILM 6 (1967), 310 ff) beschreibt ihr Wesen in Art. 13 wie folgt: „Recognition implies that the State granting it accepts the personality of the new State, with all the rights and duties that international law prescribes for the two States." Vgl. auch *von der Heydte*, 151; *Kimminich*, 130.

eine neue Gewalt sich auf revolutionärem oder illegalem Wege durchgesetzt hat.[6] Dann haben andere Staaten und die zwischenstaatlichen Organisationen zu prüfen, ob sie diese Gewalt als die rechtmäßige Repräsentantin des Staates ansehen dürfen oder ob sie verpflichtet sind, sie als solche gelten zu lassen.

Die Anerkennung des Staates und die der Regierung sind also verschieden.[7] Wenn ein Staat freilich anerkannt wird, so ist darin auch die Anerkennung der zu diesem Zeitpunkt herrschenden Regierung enthalten. Aber wenn später ein neues Regime an die Macht gelangt, kann es sein, daß zwar der Staat, aber nicht seine Regierung anerkannt wird. So wurde nach dem Sieg *Mao Tse Tungs* und seiner kommunistischen Streitkräfte im Bürgerkrieg 1949 von niemandem bezweifelt, daß China weiterhin ein unabhängiger Staat und z. B. Mitglied der UNO und ihrer Organe war. Aber die Regierung, die nun auf dem Festland herrschte, wurde von einer – erst langsam abnehmenden – Zahl von Staaten nicht als das zur Vertretung Chinas im internationalen Rechtsverkehr zuständige Organ anerkannt. Diese Anerkennung erfolgte erst rund zwanzig Jahre nach dem Sieg der kommunistischen Revolution in China[8] und führte in den meisten Fällen zudem zu einem Abbruch der diplomatischen Beziehungen zur bis dahin anerkannten chinesischen Regierung auf Taiwan.[9]
Um den mit der Anerkennung von Regierungen möglicherweise verbundenen politischen Konsequenzen, insbesondere der Billigung einer rechtswidrig an die Macht gelangten oder einer Menschenrechte verletzenden Regierung zu entgehen, haben die Vereinigten Staaten 1977 und das Vereinigte Königreich 1980 erklärt, von der Anerkennung von Regierungen abzusehen und lediglich die Frage diplomatischer Beziehungen zu dem betreffenden Staat zu entscheiden.[10] Doch werden für diese Entscheidung dieselben Kriterien herangezogen wie sonst für die Anerkennung von Regierungen, so daß sich auch hier das Effektivitätsprinzip gegenüber dem namentlich in der früheren amerikanischen Praxis auftauchenden Legitimitätsprinzip durchsetzt.[11]
Aber trotz des Unterschiedes zwischen Anerkennung von Staaten und Anerkennung von Regierungen sind doch die Gesichtspunkte für die rechtliche Beurteilung im wesentlichen die gleichen, ob es sich um die Anerkennung von Staaten oder von Regierungen handelt. Wir dürfen also beide Arten der Anerkennung in engem Zusammenhang miteinander behandeln, ohne doch ihren Unterschied zu verwischen.

3. Als eine dritte Art der Anerkennung kommt in diesem Zusammenhang die der Kriegführenden im Bürgerkrieg in Betracht. Von ihr, einer vorläufigen und beschränkten Anerkennung, ist später die Rede.[12]

II. Im politischen Leben hinkt die Anerkennung oft den Ereignissen nach. Sie kann sich über viele Jahre verspäten.

Beispiele: Die Niederlande erklärten gegen Ende des 16. Jahrhunderts ihre Unabhängigkeit, wurden von Spanien aber erst 1648 anerkannt. Belgien wurde von den Großmächten 1831, von den Niederlanden, von denen es sich losgerissen hatte, aber erst 1839, Italien 1861 als solches proklamiert, vom Heiligen Stuhl aber erst 1929 anerkannt. Die Anerkennung der süd- und mit-

---

6 Dazu *Shaw*, 215 ff.

7 Zu Unrecht hält *Kelsen*, 615, die Anerkennung des Staates ohne die seiner Regierung für rechtlich undenkbar. Zutreffend *Shaw*, 215 f.

8 Res. 2758 (XXVI) der UN-Generalversammlung vom 26. Oktober 1971, in: UNYB 1971, 136. Siehe auch oben § 13 II 1.

9 Zur Anerkennung der Volksrepublik China insgesamt *Wright*; *Dai*, 298 ff; *Chen/Casswell*, Formose, China and the United Nations, 1967; *von Perfall*, Die völkerrechtliche Vertretung Chinas, Diss. Bonn 1967; *Fabritzek*, Zum Problem der beiden China. Die Taiwan-Formeln in den Kommuniqués zur Anerkennung Pekings, in: Osteuropa 22 (1972), 56-63 (57); *Chin*, Certain Legal Aspects of Recognizing the People's Republic of China, in: Case Western Reserve Journal of International Law 11 (1979), 389-419; *Brownlie*, 631 f mit Anm. 14.

10 *Shaw*, 217 f; *Brownlie*, 638 f; *Verdross/Simma*, 562 mit weiteren Hinweisen auf Staatenpraxis.

11 *Symmons*; *Shaw*, 218. Vgl. auch unten, § 20 I 2, auch *Peterson* zur *Estrada*-Doktrin.

12 Teilband I 2. Vgl. *Riedel*, Recognition of Belligerency, in: EPIL 4 (1982), 167-171; *ders.*, Recognition of Insurgency, aaO, 171-173.

telamerikanischen Staaten durch Spanien hat sich nach der Erringung der tatsächlichen Unabhängigkeit noch über Jahrzehnte verzögert. In der Gegenwart wird dem Staat Israel von den arabischen Staaten die Anerkennung versagt. Dasselbe trifft für die Anerkennung der Regierungen zu. Die Vereinigten Staaten haben z. B. die durch die Oktoberrevolution von 1917 zur Herrschaft gelangte Sowjetregierung erst 1933, die chinesische Volksregierung, die seit 1949 im Besitz der Macht ist, erst im Jahre 1972 anerkannt.

Damit erhebt sich die Frage, wie die Rechtslage in der Zwischenphase zwischen der tatsächlichen Aufrichtung der Staatsgewalt und der Anerkennung zu beurteilen sei. Sind Staaten und Regierungen in dieser Zwischenzeit schon vorhanden oder kommen sie erst mit der Anerkennung durch ihre Umwelt zustande? Die Frage nach der rechtlichen Bedeutung der Anerkennung war lange Zeit lebhaft umstritten. Es standen sich im wesentlichen zwei Ansichten gegenüber: Die eine glaubte, der Anerkennung eine konstitutive Bedeutung zuschreiben zu müssen. Nach ihr machte erst die Anerkennung den Staat zu einem Staat im Sinne des Rechts, die Regierung zur legitimen Regierung. „A State is, and becomes, an International Person through recognition only and exclusively".[13] Nach der Gegenmeinung hat die Anerkennung nur einen deklaratorischen Sinn.[14] Wo eine Staatsgewalt wirklich besteht, ist sie auch rechtlich vorhanden, sie mag anerkannt sein oder nicht. „The political existence of the State is independent of recognition by other States".[15]

Diesen Standpunkt[16] hat mit besonderer Klarheit die britische Regierung in ihrer Stellungnahme zu dem von Panama der UNO vorgelegten Entwurf einer Erklärung über die Rechte und Pflichten der Staaten vertreten[17]. Sie will den Spielraum des politischen Ermessens bei der Entscheidung über die Anerkennung möglichst beschränken und behauptet eine Rechtspflicht zur Anerkennung der Staaten, die die Voraussetzungen dafür erfüllen. Aber selbst in dieser Be-

---

[13] *Oppenheim/Lauterpacht* I, 125. Anhänger dieser Richtung waren etwa noch *von Lißt/Fleischmann, Schoen, Triepel* (Völkerrecht und Landesrecht, 1899, 102), *Strupp, Scheuner* (AVR 3 (1951-52), 53 f), wohl auch *Schoenborn* (Staatensukzessionen, 1913, 66), weiter *Anzilotti, Gemma, Spiropoulos* und *Schwarzenberger.* Bald wird die Anerkennung als einseitiger Akt mit konstitutiver Wirkung verstanden, bald ein Anerkennungsverfahren angenommen, so von *Anzilotti,* nach dessen Ansicht ein Rechtssubjekt notwendig ein Adressat von Rechtsnormen ist, diese aber nach der Grundnorm pacta sunt servanda erst durch Verträge entstehen (so z. B. Corso, 147 f). Daher soll auch das neue Rechtssubjekt erst durch einen *Vertrag,* nämlich seine Einigung mit den schon bestehenden Staaten über seine Anerkennung, entstehen. Aber schon der Ausgangspunkt dieser Lehre, nämlich die Behauptung von dem vertraglichen Ursprung allen Rechts, hängt in der Luft. Und wie ist der erste Anerkennungsvertrag mit einem Rechtssubjekt zu erklären, das nach dieser Ansicht zur Zeit des Vertragsschlusses noch gar nicht bestand? *Verdross/Simma,* 602, weisen zutreffend darauf hin, daß die konstitutive Theorie den Zustand einer noch nicht universellen Völkerrechtsgemeinschaft widerspiegelt, in der „die Anerkennung eines Staates mit seiner Aufnahme in diese Gemeinschaft eng verbunden war".

[14] Zu den Anhängern dieser Lehre gehörten etwa *Heilborn* (ursprünglich anders), *Kunz, Fauchille, Scelle, Sibert, Hyde, Hostie,* Examen de quelques règles du droit international dans le domaine des communications et du transit, in: RdC 40 (1932 II), 483 f mit Anm. 5; *J. F. Williams, Verdross* (Völkerrecht, 5. Aufl. 1964, 245 ff); *Ross, Quadri, Cavaré, Erich, Wright,* früher auch *Kelsen* (Das Problem der Souveränität § 50, Les rapports de système entre le droit interne et le droit international public, in: RdC 14 (1926 IV), 306 f).

[15] So Art. 3 des Inter-Amerikanischen Abkommens über die Rechte und Pflichten der Staaten vom 26. Dezember 1933 (Montevideo-Abkommen, LNTS 165, 19) und Artikel 12 der OAS-Charta (ILM 6 (1967), 310 ff). Unter der „politischen" Existenz des Staates ist hier offenbar auch sein rechtliches Dasein mitverstanden. Im Sinne der deklaratorischen Auffassung auch Institut de droit international, Tableau général des résolutions 11 (1936), Art. 1 und 10 (= Annuaire d'Institut de droit international 39 (1936), 300). Im gleichen Sinne die „Explanatory note" zu Art. 1 der Aggressionsdefinition, GA Res. 3314 (XXIX) vom 14. Dezember 1974.

[16] Im Sinne der deklaratorischen Auffassung auch RGSt. 55, 81 im Hinblick auf die Tschechoslowakei: „Auf die Frage der Anerkennung kommt es überhaupt nicht an. Entscheidend ist allein, ob das ... neue Staatswesen sich zu der in Rede stehenden Zeit bereits durchgesetzt hatte."

[17] UN Doc. A/AC. 10/39, 4, auch A/CN. 4/2, 185 f (unter 5).

schränkung wird die Anerkennung nicht als konstitutiv angesehen. Denn „the existence of a State should not be regarded as depending upon its recognition but on whether in fact it fulfils the conditions, which create the duty for recognition". – Als Entscheidung eines internationalen Gerichts, die sich auf dieser Linie bewegt, wäre etwa der Schiedsspruch des deutsch-polnischen Schiedsgerichts im Falle der *Continental Gas Gesellschaft* gegen den polnischen Staat vom 1. August 1929 zu nennen, in dem es heißt: „selon l'opinion admise à juste titre par la grande majorité des auteurs en droit international, la reconnaissance d'un Etat est, non pas constitutive, mais simplement déclarative. L'Etat existe de par lui-même et la reconnaissance n'est que la constatation de cette existence, reconnue par les Etats de qui elle émane". Damit wird begründet, daß Polen schon vor seiner Anerkennung durch den Versailler Vertrag als Staat bestanden habe, und zwar in den Grenzen, in denen es seine Staatsgewalt tatsächlich ausgeübt habe.[18] In gleichem Sinne hat das Juristenkomitee des Völkerbundes in seinem Gutachten über die Rechtsstellung der Ålandinseln die Ansicht vertreten, es sei Finnland als ein Staat nicht erst durch die Anerkennung der anderen Staaten, sondern schon mit der endgültigen Errichtung seiner staatlichen Ordnung entstanden.[19] In neuerer Zeit ist auch das Verhältnis der Bundesrepublik Deutschland zur DDR von der klaren Trennung zwischen der Feststellung, die DDR sei ein Staat und der Anerkennung fähig, und der rechtlichen Anerkennung gekennzeichnet gewesen.[20]
Die Autoren, die der deklaratorischen Theorie zuneigen, sind sich freilich in der Begründung und über die Bedeutung der Anerkennung nicht einig. Nach manchen ist diese wirklich nur ein politischer Akt, der den Rechten und Pflichten des Staates nichts Neues hinzufügt. Andere glauben, ihr jedenfalls eine beschränkt-konstitutive Wirkung (Begründung diplomatischer Beziehungen[21], Aufnahme in die Völkerrechtsgemeinschaft[22], Sicherung des Genusses nicht nur beschränkter, sondern aller den Staaten zukommender Rechte[23], Verleihung der Handlungsfähigkeit zusätzlich zu der schon vorher bestehenden Rechtsfähigkeit[24], Beweiswert) zuschreiben zu dürfen.

Kelsen hat in einigen Arbeiten[25] versucht, zwischen zwei Arten der Anerkennung zu unterscheiden, nämlich dem politischen Akt der Anerkennung, der den Willen zur Aufnahme diplomatischer Beziehungen bekunde, aber keine Rechtspflicht begründe und daher völkerrechtlich irrelevant sei, und dem rechtlichen Akt der Anerkennung, der authentischen Feststellung der Tatsache, daß ein Gemeinwesen ein Staat im Sinne des Völkerrechts sei. Erst mit dieser Feststellung durch die Mitglieder der internationalen Gemeinschaft als deren Organe sei ein Staat im rechtlichen Sinne vorhanden. Aber das leuchtet nicht ein. Denn wenn ein Staat den allgemeinen Anforderungen genügt, von deren Erfüllung das Völkerrecht das Bestehen der Staaten abhängig macht, so ist er damit auch rechtlich vorhanden, und die nachträgliche Feststellung dieses Sachverhalts durch andere Staaten hat so wenig konstitutive Bedeutung wie etwa die Feststellung einer schon bestehenden Rechtslage durch ein Gericht.

---

[18] ZaöRV II 2 (1930), 21 (= Annual Digest of Public International Law 5, No. 5, 11).

[19] Société des Nations, Journal Officiel, Suppl. spéc. Nr. 3, 8 f.

[20] *Scheuner*, Die staatsrechtliche Stellung der Bundesrepublik Deutschland, 581 ff; *Ress*, 298 („modifizierte völkerrechtliche Anerkennung"); *Kimminich*, 131 f. Das BVerfG sieht im Grundlagenvertrag „eine faktische Anerkennung besonderer Art", BVerfGE 36, 1 (23); siehe ferner *Seiffert*, Die Begriffe „Anerkennung" und „Respektierung" in den innerdeutschen Beziehungen, in: Recht in Ost und West 28 (1984), 49-60 (51).

[21] So z. B. *Kunz*, 95, 159. Aber die Anerkennung braucht nicht mit der Aufnahme diplomatischer Beziehungen verbunden zu sein, und sie begründet keine Rechtspflicht dazu.

[22] So z. B. *von Lißt/Fleischmann*, § 7, IV.

[23] So z. B. *Salniolo*, Il ricognoscimento degli Stati, in: Rivista di diritto internazionale 18 (1926), 330-366 (330 f).

[24] Vgl. z. B. *Moore*, Digest I, 72: „The rights and attributes of sovereignty belong to it (nämlich zu einem unabhängigen Staat) independently of all recognition, but it is only after it has been recognized that it is assured of exercising them". In gleicher Richtung z. B. *Strupp*, 19 (volle Handlungsfähigkeit erst durch Anerkennung).

[25] Recognition, 605 f; General Theory of Law and State, 1949, 22 f; Principles, 389 f. Vgl. auch *Guggenheim* I, 178 f und die Unterscheidung zwischen einer „reconnaissance jurisdictionelle" und einer „reconnaissance politique" bei *Scelle*, RGDIP 28 (1921), 122 f. Man könnte diese Theorie die Lehre von der konstitutiven Feststellung nennen.

III. 1. Diese Ansichten müssen im Hinblick auf die Rechtsstellung der tatsächlich bestehenden, aber nicht anerkannten Staatsgewalt zu verschiedenen Ergebnissen führen. Folgte man der Ansicht, die der Anerkennung eine konstitutive Bedeutung zuschreiben will, so wäre die Staatsgewalt vor ihrer Anerkennung für das Recht nicht vorhanden.[26] Der nicht anerkannte Staat hätte weder Rechte noch Pflichten. Da er nicht über völkerrechtlich anerkannte Organe verfügte, könnte er weder Verträge schließen noch diplomatischen oder konsularischen Verkehr unterhalten.[27] Sein Gebiet wäre noch Territorium des früher dort herrschenden Staates[28] oder – wenn dieser nicht mehr besteht – gar herrenlos und der Okkupation ausgesetzt. Entsprechend hätten seine Staatsangehörigen noch als solche seines Rechtsvorgängers zu gelten[29], dessen Vertreter auch ihre Interessen wahrnehmen dürften, oder, wenn dieser nicht mehr besteht, wären sie gar staatenlose Personen.

Die entsprechenden Folgerungen ergeben sich dann, wenn zwar der Staat, aber nicht seine Regierung anerkannt ist. Wenn nur die anerkannte Regierung eine solche im Sinne des Völkerrechts ist, so kann der Staat ohne anerkannte Regierung nicht handeln.

Die von dieser ernannten diplomatischen und konsularischen Vertreter werden nicht als solche betrachtet und genießen z. B. keine Immunität. Fremde Staaten mögen weiter mit den Vertretern der früheren, vielleicht gar nicht mehr bestehenden Regierung verkehren[30], mit diesen Verträge abschließen und ihnen die Wahrung der Interessen ihrer Bürger im Ausland gestatten. Auch ist die nicht anerkannte Regierung im Ausland verfahrensrechtlich gelähmt. Sie kann nicht klagen[31], wohl aber ihrerseits verklagt und Zwangsmaßnahmen ausgesetzt werden.[32]

---

[26] Zahlreiche Belege zum folgenden bei *Lauterpacht*, Recognition, §§ 19, 48, 49.

[27] Mit dieser Begründung haben z. B. die Vereinigten Staaten die Mitunterzeichnung des Vertrages von Versailles durch Costa Rica – dessen Regierung von den USA nicht anerkannt war – zu verhindern gewußt. Der Rechtsstandpunkt der USA kommt in einem Schreiben des amerikanischen Außenministers an Präsident *Wilson* zum Ausdruck: „To declare war is one of the highest acts of sovereignty. The Government of Costa Rica being for the Government of the U.S. legally nonexistent, it follows that so far as the Government of the U.S. is concerned, no state of war could exist between Costa Rica and the Imperial German Government. Obviously there could be no question so far as this Government is concerned as to signing with Costa Rica the Peace Treaty of Versailles." Vgl. Papers Relating to the Foreign Relations of the U.S. 1919 I, 853 f; vgl. auch Papers 1919, The Paris Peace Conference I, 305, 348, 355, 361.

[28] Im Falle *Kennett v. Chambers* (1852) – 14 Howard 38 – ging der Supreme Court der USA davon aus, daß der von den Vereinigten Staaten bisher nicht anerkannte Staat Texas noch einen Teil von Mexiko bilde. – Das britische House of Lords hat im *Carl-Zeiss-Fall* 2, 1966 (ILR 43, 23, (48 f)) die Hoheitsakte der DDR als solche angesehen, die mit Zustimmung der Regierung der UdSSR erfolgt und daher rechtlich bindend seien. Vgl. *Verdross/Simma*, 242 und *O'Connell* I, 169 ff; *Stein*, Zeiss Cases, in: EPIL 10 (1987), 529 f mwN.

[29] So z. B. der französische Cour de Cassation in *Clunet*, Journal du droit international 78 (1951), 168 mit kritischer Anmerkung des Hrsg.: Fortdauer der lettischen Staatsangehörigkeit, da die Annexion Lettlands von Frankreich nicht anerkannt sei. Ebenso USA Surrogate's Court Kings County *in re Adlers's Estate, Clunet*, Journal du droit international 78 (1951), 240, das daher die Verbindlichkeit gewisser von dem sowjetischen Konsulat ausgestellter Bescheinigungen verneint. Anders aber Tribunal civil Brüssel, Pasicrisie belge 1952 III, 40.

[30] Da die Vereinigten Staaten nach 1917 der Sowjetregierung die Anerkennung versagten, blieb der Botschafter der längst erloschenen *Kerenski*-Regierung in Washington akkreditiert und die Botschaft auch nach seinem Abgang in den Händen eines Geschäftsträgers dieser Regierung. Vgl. Supreme Court der USA in *Guaranty Trust Co. of New York v. U.S.* (1938), 304 U.S. 126. Auch in anderen Staaten wurde den Repräsentanten der früheren Regierungen Rußlands die Fortsetzung ihrer Tätigkeit gestattet. Dazu etwa Kassationsgericht Rumänien, Zeitschrift für Ostrecht 4 (1930), 673 und die Entscheidung ägyptischer Gerichte bei *Clunet*, Journal du droit international 52 (1925), 475 und 53 (1926), 205.

[31] Zu den leading cases des angelsächsischen Rechts gehört das Urteil des Court of Appeal New York in *R.S.F.S.R. v. Cibrario* (1923), 235 N.Y. 255. Es begründet die Versagung des Klagerechts damit, daß die Gewährung des Klagerechts ein Ausfluß der internationalen Comity sei. Diese aber sei der durch die Politik der Nichtanerkennung definierten public policy des Staates untergeordnet. Vgl. auch Supreme Court New York in *Pelzer v. United Dredging Comp.* (1922), Annual Digest

Die Schwierigkeiten für den privaten und geschäftlichen Verkehr häufen sich dann, wenn das Ausland auch die in das Privatleben eingreifenden Hoheitsakte, ja allgemein das innere Recht der nicht anerkannten Staatsgewalt ignoriert.

In der internationalen Praxis werden diese Folgerungen oft mit großer Härte und ohne Rücksicht auf das praktische Ergebnis gezogen. Nicht nur rechtspolitisch fragwürdige Hoheitsakte wie die Enteignung privaten Vermögens[33], auch das Familienrecht[34], Erbrecht[35] und sonstiges Privatrecht der nicht anerkannten Staatsgewalt glaubte man ignorieren zu müssen. Andererseits wurde das vor dem Umsturz bestehende Recht als weiter geltend fingiert.

2. Diese Ergebnisse empfehlen sich weder vom Standpunkt der Gerechtigkeit noch der Zweckmäßigkeit. Über eine gewisse Grenze hinaus läßt die Lebenswirklichkeit sich eben nicht ignorieren[36], ohne daß unerträgliche Ungerechtigkeiten und Härten entstehen. Sie ergeben sich zunächst für die Privatperson. Die der nicht anerkannten Staatsgewalt unterworfenen Menschen, werden zu Opfern der hohen Politik. Sie haben sich einer bür-

---

1919-42 Supp., C. 38 und Supreme Court USA in *Guaranty Trust Co. of New York v. U.S.* (1938), 304 U.S. 126. – Über die entsprechende Judikatur der englischen Gerichte vgl. die Belege bei *Oppenheim/Lauterpacht* I, 137, Anm. 4, ferner die Entscheidung des Obersten Gerichts von Schweden, Annual Digest 1919-1922, C. 30, der Tschechoslowakei, Annual Digest 1925-26, C. 44. Ebenso im Anschluß an die überwiegende Praxis Harvard-Entwurf eines Abkommens über die Zuständigkeit der Gerichte im Hinblick auf fremde Staaten, in: AJIL 26 (1932), Supp., part III, Art. 3 mit Belegen im Kommentar.

32 Vgl. z. B. britischer Admiralty Court in den Fällen der *Annette* und *Dora* (1919), Probate, Divorce and Admiralty Division of the English High Court of Justice 105 (Zulässigkeit eines Arrests gegen zwei von der provisorischen Regierung Nordrußlands beschlagnahmte Schiffe, da die Regierung nicht vom Vereinigten Königreich anerkannt sei), und Urteil des Obersten Gerichts in Norwegen, Annual Digest 1919-42 Supp., C. 43, das der damals (1938) von Norwegen noch nicht anerkannten spanischen *Franco*-Regierung die Immunität gegenüber einer gegen sie erhobenen Klage absprechen mußte.

33 Im Falle *Luther v. Sagor* (1921), 3 King's Bench 532, wurden Enteignungsmaßnahmen der inzwischen de facto anerkannten Sowjetregierung zwar als rechtswirksam behandelt, doch ließ das Gericht keinen Zweifel darüber, daß es entprechende Maßregeln einer nicht anerkannten Regierung auch in deren eigenem Machtbereich als unwirksam angesehen hätte und die in diesem Sinne vor der Anerkennung erlassene Entscheidung des Vorderrichters für zutreffend halte. Mit aller Schärfe haben auch die *französischen Gerichte* die aus der Verweigerung der Anerkennung folgenden Konsequenzen gezogen, so namentlich Urteil des Tribunal civil Seine, *Clunet* 51 (1924), 133, das der Klage eines durch die Sowjetregierung Enteigneten gegen den Käufer seines früheren Eigentums stattgibt mit der Begründung, daß „il y a eu à la fois pour le propriétaire dépossédé perte ... et vol (!), le droit souverain d'expropriation que les Soviets se sont attribué constituant ... un acte d'ursurpation et de violence ayant le caractère d'une soustraction frauduleuse". Aus der amerikanischen Rechtsprechung etwa ILR 1951, C. 27 mit weiteren Hinweisen.

34 So im Hinblick auf das Ehe- und Scheidungsrecht Tribunal civil Brüssel, *Clunet* 55 (1928), 1253: „Attendu que l'Etat belge n'a reconnu le gouvernement des Soviets ni en droit ni en fait; que, dès lors, les autorités belges ne peuvent reconnaître ni sanctionner aucune mesure émanée dudit gouvernement" ... und *Clunet* 54 (1927), 189, Tribunal civil Lüttich, *Clunet* 56 (1929), 1158 (Unwirksamkeit einer Eheschließung), Tribunal civil Seine, *Clunet* 55 (1928), 710 (Vaterschaftsrecht), ungarisches Appellationsgericht, Annual Digest 1925-26, C. 22 (sowjetisches Eherecht).

35 So z. B. Supreme Court New York in *Pelzer v. United Dredging Comp.*, Annual Digest 1919-42 Supp., C. 38. In dieser Entscheidung wurde eine in Mexiko angeordnete Nachlaßverwaltung als unwirksam behandelt, weil das Nachlaßgericht seine Zuständigkeit von der – damals von den Vereinigten Staaten nicht anerkannten – mexikanischen Regierung herleiten müsse. Nach der russischen Revolution hat man vielfach das sowjetische Erbrecht ignoriert und das zaristische Erbrecht als fortbestehend behandelt. Vgl. z. B. Tribunal sommaire Alexandria, *Clunet* 52 (1925), 475, schweizerisches Gericht Bern, *Clunet* 52 (1925), 491 und Tribunal mixte Tanger, *Sirey* 1928 IV 1 mit zustimmender Anm. von *Audinet*.

36 Vgl. Richter *Lehmann* (Court of Appeal New York) im Falle *Russian Reinsurance Co. v. Stoddard* (1925) – 240 N.Y. 149 – über die damals nicht anerkannte Sowjetregierung: „Its rule may be without lawful foundation; but lawful or unlawful, its existence is a fact, and that fact can not be destroyed by judicial concepts." – Vgl. auch den *Carl-Zeiss*-Fall (oben Anm. 28).

gerlichen Ordnung zu fügen, die das Ausland gleichwohl als nicht bestehend behandelt. Aber auch darauf können Privatpersonen, ob Inländer oder Ausländer, sich nicht verlassen, z. B. nicht ohne Risiko zu der bisher anerkannten Regierung in Beziehungen treten. Denn das Bild kann sich mit einem Schlage ändern, wenn die Anerkennnung erfolgt. Dann werden die Hoheitsakte der bisher nicht anerkannten Regierung als mit rückwirkender Kraft gültig behandelt und verlieren jetzt wieder die Gesetze, Verwaltungsakte und Gerichtsurteile der bisher herrschenden Staatsgewalt ihre Geltung. Der Zeitpunkt, zu dem dies geschehen könnte, läßt sich im allgemeinen nicht vorher berechnen.
In einer Reihe von Staaten haben sich die Gerichte auf den Standpunkt gestellt, daß die Wirkungen der Nichtanerkennung auf den politischen Bereich der diplomatischen Beziehungen, den Abschluß internationaler Verträge und den sonstigen Staatenverkehr im engeren Sinne beschränkt werden müßten.[37] Auf den Gebieten dagegen des unpolitischen Personen- und Familienrechts[38] oder des normalen Geschäfts- und Wirtschaftslebens wird das Recht, werden die Maßnahmen der laufenden Routineverwaltung und die Entscheidungen der Gerichte als gültig behandelt, es sei denn, daß sie im Einzelfall dem inländischen ordre public widersprechen. So wird die Kontinuität der bürgerlichen Ordnung gewahrt.[39]

Beispiele: Nicht eigentlich ein völkerrechtliches Problem, sondern eine Frage des innerstaatlichen Rechts der Vereinigten Staaten behandelt das Urteil des Supreme Court der USA im Falle *Thorington v. Smith*[40], das aber doch in diesem Zusammenhang aufschlußreich ist. In diesem Fall hatte das Gericht die Frage zu prüfen, ob eine während des Bürgerkrieges in Banknoten der Südstaaten bezahlte Kaufpreisschuld ordnungsgemäß erfüllt worden sei. Diese Frage wurde bejaht, obwohl die Regierung der Vereinigten Staaten die der Konföderierten weder de iure noch de facto anerkannt hatte. Denn, so meinte das Gericht, die in den Südstaaten lebenden Bürger seien der konföderierten Regierung als der dort tatsächlich herrschenden Macht, dem „government of paramount force" und damit auch ihrer Währung unterworfen gewesen. Die Ignorierung dieser Verhältnisse hätte zur Auflösung der bürgerlichen Ordnung geführt.

Manchmal werden auch Entscheidungsmaßnahmen der nicht anerkannten Staatsgewalt als wirksam behandelt, wenn ihre Ignorierung zu praktisch unerträglichen Ergebnissen führt.

Beispiele: Seit den 20er Jahren hat man vielfach die von der nicht anerkannten Sowjetregierung enteigneten russischen Handelsgesellschaften auch im Ausland als erloschen oder im Stadium

---

[37] Belege etwa bei *Lauterpacht*, Recognition, § 49; *Dickinson*, Recent Recognition Cases, in: AJIL 19 (1925), 263-272 (266 f); *ders.*, The Russian Reinsurance Company Case, aaO, 753-756; zur schweizerischen Rechtsprechung *Guggenheim* I, 183 mit Anm. 51.

[38] So z. B. schweizerisches BGE 54 II, 225 in *Tscherniak g. Tscherniak*. – Nach dem Zweiten Weltkrieg haben auch die belgischen Gerichte die während des Krieges durch Deutschland vollzogene Annexion von Eupen und Malmédy als nichtig, aber während der deutschen Besetzung vor deutschen Beamten nach deutschem Recht geschlossene Ehen als gültig behandelt. Dazu *Devèze*, *Clunet* 77 (1950), 788 f.

[39] Der allgemeine Gedanke wird von dem Richter *Cardozo* in dem in Annual Digest 1929-30, C. 20 mitgeteilten Urteil des Court of Appeal New York formuliert: „The every day transactions of business or domestic life are not subject to impeachment, though the form may have been regulated by the command of the usurping government." Vgl. auch schweizerisches BGE 31 II, 828 (860) über das „Prinzip der notwendigen Kontinuität des staatlichen Rechtszustandes".

[40] (1868), 8 Wallace's U.S. Supreme Court Reports 1. Ebenso Supreme Court in *Williams v. Bruffy* (1877), 96 U.S. 176 und *Keith v. Clark* (1878), 97 U.S. 454. Weiteres Material zum amerikanischen Bürgerkrieg bei *Moore*, Digest I, § 22. – Ein häufig zitiertes Urteil ist auch die Entscheidung des Supreme Court der USA in *Underhill v. Hernandez* (1897), 168 U.S. 250. Darin meinte das Gericht, den in der Verweigerung der Ausstellung eines Passes durch die damals von den Vereinigten Staaten nicht anerkannte venezuelanische Regierung liegenden Hoheitsakt nicht nachprüfen zu dürfen, und wies die darauf gestützte Schadensersatzklage ab.

der Liquidation befindlich behandelt, u. a. um die Schuldner vor der Gefahr mehrfacher Inanspruchnahme zu schützen.[41] Lehrreich ist auch die Entscheidung des Court of Appeals New York im Fall *Salimoff v. Standard Oil*.[42] Der Fall bildet ein Gegenstück zu der britischen Entscheidung im Fall *Luther v. Sagor*[43], doch erging die Entscheidung in entgegengesetztem Sinne. In diesem Falle hatte der Beklagte Öl aus vormals dem Kläger gehörenden, aber von den Sowjets enteigneten Ölländereien von der Sowjetregierung gekauft, sah sich dann aber der Klage des früheren Eigentümers ausgesetzt. Diese wurde aber von dem Gericht (*Pound, J.*) mit der Begründung abgewiesen, daß die Enteignungsmaßnahmen der sowjetischen de facto-Regierung jedenfalls innerhalb ihres Machtbereichs nicht rechtswidrig seien und von den amerikanischen Gerichten nicht einfach ignoriert werden können. „To refuse to recognize is to give to fictions an air of reality which they do not deserve".

Auch in verfahrensrechtlicher Hinsicht wird die nicht anerkannte Staatsgewalt manchmal mit der anerkannten Staatsgewalt auf gleiche Stufe gestellt. Man billigt ihr eine gewisse Prozeßfähigkeit, namentlich ein Klagerecht zu[44], und manchmal werden Klagen und Zwangsvollstrekkungsmaßnahmen auch gegen nicht anerkannte Regierungen als zulässig betrachtet.[45]

IV. 1. Aber nicht nur die innere Rechtsordnung, auch die völkerrechtliche Existenz der nicht anerkannten Staatsgewalt läßt sich nicht ignorieren. In den zwischenstaatlichen Beziehungen darf es einen rechtlichen Leerraum nicht geben. Wäre der nicht anerkannte Staat für das Recht nicht vorhanden, so wäre er jeder Willkür preisgegeben, vermöchte aber auch jede Willkür zu üben. Andere Staaten brauchten seine Souveränität und die Unversehrtheit seines Gebietes nicht zu achten. Aber umgekehrt könnte er selbst sich durch die Verletzung anderer Staaten nicht verantwortlich machen. Da jeder Staat einzeln über die Anerkennung entscheidet, wäre ein und derselbe Staat im Verhältnis zu den Staaten, die ihn anerkennen, ein Rechtssubjekt mit den sich daraus ergebenden Rechten und Pflichten, während er im Verhältnis zu anderen rechtlich nicht existiert. Er wäre, wenn die Anerkennung den Staat konstituiert, zugleich ein Staat und ein Nichtstaat.

---

[41] Vgl. z. B. Court of Appeals New York in *Russian Reinsurance v. Stoddard* (1925), 240 N.Y. 149, schweizerisches BG in *Petersburger Int. Handelsbank g. Hausner*, Zeitschrift für Ostrecht 1 (1925), 197.

[42] (1933), 262 N.Y. 220. Das Urteil konnte hier auf eine ältere Entscheidung des gleichen Gerichts im Falle *Sokoloff v. National City Bank* (1924) – 239 N.Y. 158 – zurückgreifen, der zufolge das Gericht gehalten sei, Enteignungsmaßnahmen der nicht anerkannten Sowjetregierung immer dann als rechtswirksam zu behandeln, wenn die gegenteilige Entscheidung zu den Grundsätzen der Gerechtigkeit oder zu der public policy der Vereinigten Staaten im Widerspruch stünde (sog. *Cardozo*-Lehre). Dazu *O'Connell* I, 177 f –. Vgl. auch Circuit Court of Appeals in *The Denny*, Annual Digest 1941-42, C. 18 (Wirksamkeit von Enteignungsdekreten der nicht anerkannten litauischen Sowjetregierung für Personen, die in Litauen ansässig sind). Belege aus der Rechtsprechung der englischen Gerichte bei *Oppenheim/Lauterpacht* I, 139, Anm. 2. Vgl. auch das Urteil des Gerichts Amsterdam, Annual Digest 1919-42 Supp., C. 10.

[43] Oben, Anm. 33; *Verdross/Simma* 242 f mwN.

[44] Daß auch eine nicht anerkannte de facto-Regierung zu klagen vermöge, ist schon in dem Urteil der Cour d'Appel Paris, *Clunet* 18 (1891), 880, ausgesprochen (nur hielt damals das Gericht die Existenz der klagenden de facto-Regierung nicht für genügend bewiesen). Dort auch Hinweise auf ähnliche Entscheidungen britischer Gerichte. Dazu auch Gericht Amsterdam, Annual Digest 1935-37, C. 36 und *Spiropoulos*, 130 f.

[45] Dazu namentlich Court of Appeals New York in *Wulfsohn v. R.S.F.S.R.* (1923), 324 N.Y. 372 und unter Berufung auf dieses Urteil New York Court of Appeals in *Nankivel v. Omsk All Russian Government*, Annual Digest 1923-24, C. 70 und in *Voevodine v. Government of the Commander-in-Chief of the Armed Forces in the South of Russia*, Annual Digest 1931-32, C. 25. In beiden Entscheidungen werden nicht anerkannte Revolutionsregierungen als nicht verklagbar behandelt. Vgl. auch die niederländische Entscheidung Annual Digest 1919-1942 Supp. C. 74. Hier können sich allerdings praktische Bedenken ergeben. Denn wenn die nicht anerkannte Regierung nicht verklagt werden kann, bleibt dem Verletzten wohl nur der fragwürdige Weg der Klage vor den Gerichten des Staates, der das Unrecht zugefügt hat. Der sonst zur Verfügung stehende Weg der diplomatischen Vorstellungen versagt gegenüber der nicht anerkannten Regierung.

Diese aus der konstitutiven Theorie resultierenden Ergebnisse sind einfach unhaltbar. Die Völkerrechtsordnung schließt ebenso wie die ihrem Ursprung nach illegitimen Staaten auch die Staaten mit ein, die zwar faktisch bestehen, aber noch nicht anerkannt sind. Die Annahme einer völkerrechtlichen Vogelfreiheit oder Friedlosigkeit solcher Staaten wäre mit der Vorstellung einer geordneten Welt- und Friedensordnung sowenig vereinbar wie die Ächtung des einzelnen mit dem Bestehen der innerstaatlichen Ordnung. So wie der nicht anerkannte Staat verpflichtet ist, Frieden zu halten, so haben auch andere ihm gegenüber den Frieden zu wahren. Der in Art. 2 Ziff. 4 der UN-Charta ausgesprochene Grundsatz gilt also für alle, und alle, auch die nicht anerkannten Staaten, haben das Recht der Selbstverteidigung gegenüber dem rechtswidrigen Angriff.[46] Am wenigsten paßt die Ignorierung der nicht anerkannten Staaten in das Friedenssicherungssystem der UN. Sollten etwa die im VI. Kapitel der UN-Charta geregelten Verfahren für die friedliche Beilegung internationaler Streitigkeiten auf Streitigkeiten mit oder zwischen nicht anerkannten Staaten nicht anwendbar sein? Oder sollte der Sicherheitsrat nicht auch einen nicht anerkannten Staat gemäß UN-Charta Art. 32 zur Teilnahme an seinen Beratungen auffordern können, wie es z. B. 1946 aus Anlaß der Streitigkeiten zwischen den Niederlanden und der damals noch nicht anerkannten Republik Indonesien geschah? Wie denn überhaupt die internationale Praxis die nicht anerkannten Staaten keineswegs ignoriert.[47] Auch mit nicht anerkannten Staaten werden nicht selten Verträge geschlossen, z. B. Waffenstillstandsverträge, Abkommen über den Austausch von Gefangenen, über den Grenzverkehr und sonstige Angelegenheiten namentlich technischer Art. Solche Verträge, wie sie z. B. auch zwischen Israel und den arabischen Staaten bestehen, sind Verträge zwischen Staaten, die dem Völkerrecht unterliegen.

2. Wenn aber schon nicht anerkannte, aber faktisch bestehende Staaten nicht einfach ignoriert werden dürfen, so gilt das erst recht für die Regierungen der Staaten, die als solche anerkannt sind. Die Berufung und Zusammensetzung der Regierung wird nicht durch das Völkerrecht, sondern durch die nationale Verfassung der Staaten bestimmt. Daraus folgt, daß andere Staaten verpflichtet sind, die nach dem nationalen Recht des betreffenden Staates zuständige Regierung auch im internationalen Rechtsverkehr als dessen Organ gelten zu lassen.[48] Das gilt aber auch für die revolutionäre Regierung, die sich wirklich durchgesetzt hat. Denn die Revolution läßt eine neue Verfassung entstehen, und diese entscheidet fortan über die völkerrechtliche Repräsentation des betroffenen Staates.

Das gilt auch dann, wenn die neue Regierung sich erst durch eine – sei es auch völkerrechtswidrige – Intervention von außen hat durchsetzen können (Tschechoslowakei 1948, China 1949, Ungarn 1956, Afghanistan 1979, Grenada 1983). Auch diejenigen, die die *Stimson*-Doktrin für eine Regel des geltenden Völkerrechts halten[49], wenden sie doch nur auf territoriale Veränderungen durch Annexion oder die Errichtung neuer Staatswesen an, aber nicht auf den Wechsel des inneren Verfassungs- oder Regierungssystems.[50]

---

[46] So ausdrücklich das interamerikanische Abkommen über die Rechte und Pflichten der Staaten von 1933 (Anm. 15), Art. 3, Satz 2 und Art. 12 Satz 2 der OAS-Charta.

[47] Zutreffend *Briggs*, American Consular Rights in Communist China, in: AJIL 44 (1950), 243-258 (257): „Even in the absence of any treaty or diplomatic relations with an unrecognized de facto regime, modern international practice refutes the assumption sometimes made on the basis of a rigid conceptualism that de facto governments exist in a legal vacuum."

[48] Dazu im einzelnen unten § 30.

[49] Darüber § 55.

[50] Ebenso *Wright*, in: AJIL 49 (1955), 327 f. Es besteht aber keine Pflicht, diplomatische oder konsularische Beziehungen zu unterhalten.

Nach herrschender Lehre und Praxis behält der Staat seine Rechte und Pflichten, ob seine Regierung anerkannt ist oder nicht.[51] Dann aber muß er seine Rechte auch wahrnehmen können, und dazu ist nach erfolgreicher Revolution nur seine neue Regierung imstande. Wenn daher z. B. ein anderer Staat die zur Erfüllung eines Vertrages unvermeidliche Zusammenarbeit mit der tatsächlich bestehenden Regierung auf die Dauer verweigert, so macht er sich einer Verletzung seiner Vertragspflichten schuldig. Sonst könnte er sich gar der Erfüllung seiner Verpflichtungen dadurch entziehen, daß er die Anerkennung nach Belieben zurückhält. Und wenn ein anderer Staat darüber hinaus die Beziehungen mit der früheren, endgültig depossedierten Regierung fortsetzt oder eine zwischenstaatliche Organisation die ehemalige Regierung weiterhin als Vertretung des Staates behandelt, so liegt darin ein unzulässiger Eingriff in die innere verfassungsrechtliche Ordnung des betroffenen Staates.[52]

Andererseits wird der Staat durch das Handeln der tatsächlich im Besitz der Macht befindlichen Regierung völkerrechtlich verpflichtet, auch im Verhältnis zu Staaten, die seine Regierung nicht anerkannt haben, und das gilt selbst dann, wenn die de facto-Regierung später gestürzt wird. Dann hat die spätere Regierung die von der nicht anerkannten Regierung eingegangenen Verpflichtungen zu erfüllen.[53]

V. Somit drängt sich ein zweifacher Schluß auf:

1. Wenn sich ein neuer Staat endgültig durchgesetzt hat, ist er ein Staat auch im Sinne des Rechts. Er hat somit die Rechte und Pflichten, die das allgemeine Völkerrecht den Staaten zukommen läßt.

2. Wenn sich in einem schon bestehenden Staat eine Regierung endgültig durchgesetzt hat, so ist sie dessen Regierung auch im Sinne des Rechts, und andere Staaten und die zwischenstaatlichen Organisationen haben sie im internationalen Rechtsverkehr als das für die Vertretung des Staates zuständige Organ zu respektieren. Zur Aufnahme von diplomatischen Kontakten besteht dagegen keine Pflicht. Ebensowenig ist ein Staat verpflichtet, die Beziehungen zu depossedierten Regierungen aufzugeben, solange die Weiterführung solcher Beziehungen nicht die Respektierung der neuen Regierung ausschließt. Nur die Weiterbehandlung der endgültig depossedierten Regierung als allein rechtmäßige und für den betroffenen Staat zuständige Regierung kann unter dem Gesichtspunkt des Interventionsverbotes völkerrechtswidrig sein. Die Staatsgewalt also, die tatsächlich und endgültig im Besitz der Macht ist, hat nicht nur ein zukünftiges, son-

---

[51] So z. B. der Bericht des vom Völkerbundrat eingesetzten Juristenausschusses über die Rechtsstellung der Ålandinseln, Société des nations, Journal officiel 1920, Supp. spéc. N. 3, 18. Danach bleiben die Parteien des Abkommens von 1856 unter Einschluß der Sowjetunion daran gebunden. Die fehlende Anerkennung bewirke nur „une simple interruption dans l'exercice de la capacité juridique de la Russie". Vgl. auch *Kelsen*, Principles, 407 ff.

[52] Zutreffend *Spiropoulos*, 128: „Es ist ein Akt höchster Willkür ..., wenn die Vereinigten Staaten die alten diplomatischen Vertreter der Provisorischen Regierung als bevollmächtigte Vertreter des russischen Staates betrachten." – Treffend auch *Kelsen*, Principles, 405: Nach effektiver Machtergreifung durch die revolutionäre Regierung müßten auch in der UNO die von dieser ausgestellten Beglaubigungsschreiben, dürften nicht länger die der alten Regierung anerkannt werden. Widerspruchsvoll im Hinblick auf die internationalen Organisationen *Oppenheim/Lauterpacht* I, § 73 d: Es sei eine nur noch dem Namen nach regierende Führung nicht mehr zur Vertretung des Mitglieds berechtigt. Doch liege kein Mißbrauch des Ermessens darin, wenn andere Staaten einem Wechsel der Vertretung ihre Zustimmung verweigerten, weil das Verhalten der neuen Regierung im Falle eines Antrages auf Neuaufnahme eine Ablehnung hätte rechtfertigen können. Auch wenn man diesem Gedankengang im übrigen zustimmen könnte, würde daraus doch nichts dafür folgen, daß die *ehemalige* Regierung weiter zur Vertretung befugt ist und damit das Mitglied durch Personen repräsentiert wird, denen die Legitimation dazu fehlt.

[53] Dazu § 13 II 2.

dern ein gegenwärtiges Recht auf Respektierung[54] ihrer Staatsgewalt, auf die Gewährung der Vorrechte und Freiheiten für sich und ihre Organe, die Vertretung ihrer Staatsangehörigen im Ausland u. ä. Sie kann auch von anderen Staaten die Anerkennung ihrer Hoheitsakte und eine Gestaltung ihrer nationalen Rechte verlangen, die es z. B. den Gerichten des fremden Staates erlaubt, solche Hoheitsakte als rechtswirksam zu behandeln.[55] Ein Recht freilich auf die Aufnahme diplomatischer und konsularischer Beziehungen, auf den Abschluß neuer Verträge oder sonst die Unterhaltung eines engeren zwischenstaatlichen Verkehrs, mit anderen Worten, ein Recht auf Anerkennung im umfassendsten Sinne läßt sich dem allgemeinen Völkerrecht nicht entnehmen.

§ 20 Das Recht auf und die Pflicht zur Anerkennung

Schrifttum: wie vor § 19.

I. In unserer Zeit, in der das Völkerrecht aufgehört hat, die Sonderordnung einer engeren, innerlich homogenen Staatengemeinschaft zu sein, kann die Völkerrechtsfähigkeit der Staaten nicht mehr von ihrer Anerkennung abhängig sein. Auch die nicht anerkannte Staatsgewalt ist Träger von Rechten und Pflichten. Aber das darf nicht zu der Ansicht verführen, es sei die Anerkennung ohne Bedeutung. Sie entrückt das Bestehen des neuen Staates, die Legitimation der neuen Regierung – jedenfalls im Verhältnis der Beteiligten – von nun an dem Zweifel.[1] Sie kann dazu beitragen, daß die erst im Werden begriffene Staatsgewalt sich endgültig festigt.[2] Sie hat eine erhebliche politische und moralische Wirkung und pflegt die Aufnahme diplomatischer und konsularischer Beziehungen nach sich zu ziehen.

Daher ist es wichtig zu wissen, ob und in welchen Grenzen ein Recht auf und eine Pflicht zur Anerkennung besteht. Diese Frage ist im Schrifttum umstritten, und auch die Praxis ergibt kein eindeutiges Bild.

1. Im Schrifttum wird überwiegend (*Verdross, Kunz, Kelsen, Spiropoulos, Gemma, Moore, Ross, Schwarzenberger* u. a.) die Ansicht vertreten, daß jeder Staat nach seinem politischen Ermessen darüber entscheide, ob er anerkennen will oder nicht. Andere (z. B. *Lauterpacht, Briggs, Fauchille, Scelle*, wohl auch *J. F. Williams*[3]) nehmen an, daß unter mehr oder weniger eng umschriebenen Voraussetzungen eine Pflicht zur Anerkennung bestehe. Eine Mittelmeinung (z. B. *Heilborn, Schoenborn*[4] und namentlich *Oppenheim/Lauterpacht*[5]) geht dahin, daß die Entscheidung zwar

---

[54] Zur Unterscheidung von Respektierung und Anerkennung vgl. auch die Diskussion um das Verhältnis der Bundesrepublik Deutschland zur DDR in der Zeit der Großen Koalition 1966-1969 und insbesondere die Nichtanerkennung einer eigenen DDR-Staatsbürgerschaft. Dazu etwa *Steiger*, Verträge mit der DDR ohne „Anerkennung"?, in: ZfR 2 (1969), 121 ff; *Scheuner*, Entwicklungslinien der deutschen Frage, in: EA 24 (1969), 453 ff.

[55] So auch Institut de droit international, 1936, Art. 17, Tableau général des résolutions (1873-1956), 14: Es seien die extraterritorialen Wirkungen staatlicher Hoheitsakte unabhängig davon, ob die Regierung anerkannt sei. Doch findet die Rechtswirksamkeit fremder Hoheitsrechte gerade auch im Falle der nicht anerkannten Staatsgewalt dort ihre Grenze, wo der fremde Hoheitsakt zum Völkerrecht oder zum ordre public des Forums im Widerspruch steht.

[1] Im sog. *Tinoco*-Fall – RIAA 1, 380 – bezeichnet Schiedsrichter *Taft* sie als einen „important evidential factor in establishing proof of the existence of a government in the society of nations".

[2] In diesem Sinne hat die Anerkennung eine *faktisch* konstituierende Wirkung.

[3] La doctrine de la reconnaissance en droit international et ses développements récents, in: RdC 44 (1933 II), 203-313 (238).

[4] Staatensukzessionen, 1913, 74.

[5] Vgl. *Oppenheim/Lauterpacht* I, § 71 a unter Hinweis auf die Doppelrolle, die die Staaten einerseits als Organe der internationalen Gemeinschaft (insoweit eine „quasi-judicial duty"), andererseits in der Verfolgung ihrer individuellen Interessen bei der Anerkennung erfüllen. Vgl. auch *Alexandrowicz-Alexander*, 631 f.

dem Ermessen, aber nicht der Willkür der Staaten anheimgestellt, die Zurückhaltung der Anerkennung daher unter Umständen rechtswidrig sei. Manche Autoren (*Anzilotti, Cavaglieri*) endlich glauben, zwischen der Anerkennung neuer Staaten und der der Regierungen unterscheiden zu müssen. Nach ihnen soll nur eine Pflicht zur Anerkennung der neuen Regierung bestehen.

2. Auch die Anerkennungspraxis der Staaten ist nicht auf eine Formel zu bringen.[6]

Überwiegend wird die Anerkennung von dem Bestehen einer effektiven, hinreichend gefestigten Staatsgewalt abhängig gemacht. Das war lange Zeit der Standpunkt auch der Vereinigten Staaten, die ja selbst einer Revolution ihre Entstehung verdanken. Bezeichnend ist etwa ein Brief, den im Jahre 1818 der Secretary of State *John Quincy Adams* wegen der Anerkennung Venezuelas an den Präsidenten *Monroe* richtete.[7] Darin wird die Ansicht vertreten, daß ein Staat nach Erringung seiner Unabhängigkeit ein Recht darauf habe, von anderen Staaten anerkannt zu werden: „There is a stage in such contests when the parties struggling for independence ... have a right to demand its acknowledgement by neutral parties... It is the stage when independence is established as a matter of fact so as to leave the chances of the opposite party to recover their dominion utterly desperate." Auch in der berühmten Botschaft des amerikanischen Präsidenten *Monroe* vom 2. Dezember 1823 wurde in bezug auf Europa erklärt, die Vereinigten Staaten seien entschlossen „to consider the government de facto as the legitimate government for us".[8] Diesen Maßstab der Effektivität haben Großbritannien und die Vereinigten Staaten zu Beginn des 19. Jahrhunderts ihrer vorsichtigen Politik einerseits gegenüber den revolutionären Gewalten in Süd- und Mittelamerika, andererseits gegenüber Spanien zugrunde gelegt.[9] Das Fehlen einer genügend gesicherten Staatsgewalt hat die Vereinigten Staaten ungeachtet ihrer politischen Sympathien 1849 an der Anerkennung der Aufständischen in Ungarn und zwischen 1875 und 1898 in Kuba gehindert.[10]

Aber in der Anerkennungspraxis der Staaten spielen auch andere Tests eine Rolle. So gibt es Beispiele dafür, daß zur Herrschaft gelangten Regierungen die Anerkennung versagt wird, weil man die gewaltsamen, unmenschlichen Mittel mißbilligt, deren sie sich zur Erringung der Herrschaft bedienen.[11] Häufiger wird die Anerkennung davon abhängig gemacht, daß die neue Staatsgewalt fähig[12] und willens[13] ist, ihren internationalen Verpflichtungen zu genügen.[14] Alle diese Gesichtspunkte sind z. B. nach 1917 in der Politik mancher Staaten gegenüber der Sowjetunion zur Geltung gekommen. In neuerer Zeit wird die Anerkennung revolutionärer Regierungen nicht selten mit der Begründung verweigert, daß das neue Regime nicht dem Willen der Regierten, des Volkes entspreche.[15] Namentlich England und die Vereinigten Staaten, seit jeher einig in der Abwehr des monarchistischen Legitimismus, wie die Heilige Allianz ihn vertrat, haben im 19. Jahrhundert und beginnenden 20. Jahrhundert ihrerseits einen demokratischen Legitimismus entwickelt. Das Grundprinzip wurde schon im Jahre 1792 von dem amerikanischen Secretary of State *Jefferson* in einer Instruktion für den amerikanischen Minister in Paris dahin formuliert: „It accords with our principles to acknowledge any Government to be rightful which is formed by the will of the nation, substantially declared"[16], eine offensichtlich zweideutige Formel. Sie kann bedeuten, daß die Effektivität eines Regimes erst dann als gesichert er-

[6] Das Fehlen fester Maßstäbe, wie es sich in der ungleichmäßigen Behandlung der Staaten und Regierungen (z. B. Israel und China) in der Praxis bekundet, läßt den Eindruck der Ermessensfreiheit entstehen. Das war denn auch der Standpunkt, den der Generalsekretär der UN in seinem Brief vom 8. März 1950 an den Präsidenten des Sicherheitsrates über die Frage der Vertretung Chinas in der UNO vertrat. Vgl. den Auszug bei *Wright*, AJIL 44 (1950), 548 f.

[7] Vgl. *Moore*, Digest I, 78.

[8] Ebenso die Instruktion des Secretary of State *van Buren* für den amerikanischen Gesandten in Kolumbien 1829: „So far as we are concerned, that which is the Government de facto is equally so de jure." (*Moore*, Digest I, 137).

[9] Quellen bei *Moore*, Digest I, 79 f, 85 f.

[10] Vgl. die Botschaften der Präsidenten *Grant, Cleveland* und *McKinley* bei *Moore*, Digest I, 107 f.

[11] Beispiele bei *Lauterpacht*, § 41.

[12] Der Maßstab der Fähigkeit zur Erfüllung der internationalen Verpflichtungen ist nur eine Folgerung aus dem Grundsatz der Effektivität.

[13] Mit Schärfe dagegen vor allem *Spiropoulos*, 32 f.

[14] Beispiele für beides bei *Lauterpacht*, § 42.

[15] Reiches Material bei *Lauterpacht*, Chapter IX.

[16] *Moore*, Digest I, 120.

scheint, wenn die Bevölkerung ihm, gleichviel aus welchen Gründen, gehorcht.[17] Sie kann aber auch darauf hinauslaufen, daß eine Regierung nur dann anerkannnt werden darf, wenn sie mit dem wirklichen Willen des Volkes, also mit Hilfe demokratischer Methoden zur Herrschaft gelangt ist. Im letzteren Sinne haben die Vereinigten Staaten ihre Anerkennungspraxis namentlich seit dem Amtsantritt des Präsidenten *Wilson* (1913) im Verhältnis zu den schwächeren iberoamerikanischen Staaten gehandhabt, nämlich ihre Anerkennung an die Bedingung geknüpft, daß die Regierung in den Formen der demokratischen Verfassung zur Herrschaft gelangt sei.[18] Unter dem Einfluß dieser Position haben sich die 5 mittelamerikanischen Staaten schon in einem Vertrag vom 20. Dezember 1907[19] der sog. *Tobar*-Doktrin[20] unterworfen. In diesem Vertrag, der durch einen weiteren Vertrag vom 7. Februar 1923[21] ausgedehnt und konkretisiert wurde, verpflichteten sich die Parteien, keine Regierung anzuerkennen, die auf ihrem Gebiet durch einen Staatsstreich oder eine Revolution an die Macht gelangt sei, solange nicht eine gewählte Volksvertretung das Land verfassungsmäßig reorganisiert haben sollte. In den 20er und 30er Jahren war der Interventionismus der Vereinigten Staaten allmählich schwächer geworden. Ein Zeichen der Wende war die sog. *Estrada*-Doktrin. Im Jahre 1930 nämlich erklärte der mexikanische Außenminister *Estrada*, seine Regierung werde sich in Zukunft der förmlichen Anerkennung anderer Regierungen enthalten. Denn schon die Erweckung des Anscheins, als habe ein Staat sich ein Urteil über die inneren Angelegenheiten eines anderen Staates zu bilden, verletze dessen Souveränität. Wo immer eine Regierung de facto bestehe, behalte Mexiko sich das Recht vor, nach seinem Ermessen diplomatische Beziehungen mit ihr zu unterhalten, ohne damit ein Urteil über die Legitimität dieser Regierung abgeben zu wollen.[22] Seit den 30er Jahren sahen sich auch die Westmächte gezwungen, mit politischen Regimen zusammenzuarbeiten, die nicht auf demokratischen Grundsätzen aufgebaut waren. 1933 entschlossen sich auch die Vereinigten Staaten zur Anerkennung der von anderen seit langem anerkannten Sowjetunion, die dem Test des „will of the nation substantially declared" damals schwerlich entsprach, und wenige Jahre später sahen sich England, Frankreich und andere Staaten zur Anerkennung auch der Annexion Abessiniens und des *Franco*-Regimes in Spanien veranlaßt. Diese Politik – eine Rückkehr zum Prinzip der Effektivität – ist im wesentlichen auch während des Zweiten Weltkrieges und nach dem Kriege beibehalten worden.[23] Im Verhältnis der amerikanischen Staaten untereinander allerdings wurde die Entscheidung über die Anerkennung als ein jetzt kollektiv gehandhabtes politisches Mittel zur Sicherung der inneren Homogenität und der politischen Unabhängigkeit der westlichen Hemisphäre benutzt und Regierungen, die diesem Ideal nicht entsprachen (Bolivien 1943, Argentinien 1944), die Anerkennung versagt. Ansätze zu einem neuen – dieses Mal nicht verfassungsrechtlichen, sondern völkerrechtlichen – Legitimismus enthält die sog. *Stimson*-Doktrin.[24] Sie will die Anerkennung von Situationen verbieten, die unter Verletzung des Völkerrechts herbeigeführt sind. Ein der *Stimson*-Doktrin ähnliches Verbot der Anerkennung fand

---

[17] So die bei *Moore*, Digest I, 129 wiedergegebene Äußerung des Secretary of State *Livingston* 1833: „It has been the principle and the invariable practice of the U.S. to recognize that as the legal Government of another nation which by its establishment in the actual exercise of political power might be supposed to have received the express or implied (!) assent of the people."

[18] Mit dieser Begründung wurde auch der 1917-19 in Costa Rica herrschenden Regierung *Tinoco* die Anerkennung verweigert. Doch brachte der amerikanische Schiedsrichter *Taft* in seinem Schiedsspruch im *Tinoco*-Fall – RIAA 1, 369 – zum Ausdruck, daß die Anerkennungspraxis der USA insoweit dem allgemeinen Völkerrecht nicht entspreche (381). Weitere Belege bei *Lauterpacht*, § 45, und oben, § 19, Anm. 27. Vgl. auch *Galloway*, 19 ff.

[19] AJIL 2 (1908) Suppl., 229.

[20] So genannt nach dem früheren Außenminister von Ecuador, *Tobar*. Kritisch zu dieser Lehre und zu Präsident *Wilsons* „légalisme" und „constitutionalisme rigoureux" *Larnaude*, Les gouvernements de fait, in: RGDIP 28 (1921), 457-503 (498 f). Vgl. auch *O'Connell* I, 137 f; *Verdross/Simma*, 562 f mwN.

[21] AJIL 17 (1923), Supp., 117 f.

[22] Vgl. auch *O'Connell* I, 134 f; *Verdross/Simma*, 563.

[23] *Lauterpacht*, 139, selbst ein Anhänger des demokratischen Legitimismus (vgl. namentlich § 47), glaubt sie – ohne hinreichende Belege – als bloßes Zwischenspiel beschreiben zu können. So auch *Oppenheim/Lauterpacht* I, § 73 c.

[24] Dazu ausführlich unten, § 55.

dann auch Eingang in die „Friendly Relations"-Deklaration der UN vom 24. Oktober 1970.[25] Andererseits sind auch nach dem Zweiten Weltkrieg im Osten und Südosten Europas eine Reihe von Regierungen anerkannt worden, die keine demokratische Legitimation aufweisen konnten. Trotz vieler Schwankungen ist es im ganzen doch der Maßstab der Effektivität, der die internationale Praxis beherrscht.[26]

In jüngster Zeit ist jedoch im Zusammenhang mit dem erstarkenden Menschenrechtsbewußtsein und der Intensivierung der Versuche zur Durchsetzung der Menschenrechte auch von der internationalen Ebene eine Belebung des legitimierenden Ansatzes nicht zu verkennen. So sind die sog. Bantustan-Staaten – „homelands", die von der Republik Südafrika in die Unabhängigkeit entlassen wurden – von der internationalen Staatengemeinschaft nicht anerkannt worden, u. a. weil sie Ausdruck und Ausfluß der völkerrechtswidrigen Apartheidpolitik sind. Auch das Regime *Ian Smith* im früheren Südrhodesien (heute Zimbabwe), das einseitig und gegen den Beschluß der UN und der damaligen Kolonialmacht Großbritannien seine Unabhängigkeit erklärt und ein weißes Minderheitsregime etabliert hatte, wurde wegen der Verletzung völkerrechtlicher Standards demokratischen und menschenrechtlichen Inhalts nicht anerkannt und schließlich zur Aufgabe gezwungen.[27]

II. Bei der Stellungnahme zu dieser Frage ist davon auszugehen, daß das Völkerrecht in den zwischenstaatlichen Beziehungen keinen Leerraum des rechtsfreien Handelns, keine Anarchie zulassen darf. Will man sie vermeiden, so hat man die Wahl zwischen zwei Wegen: Vom Standpunkt der Ansicht, nach der erst die Anerkennung den Staat konstituiert, ist die drohende Lücke im Ordnungssystem des Völkerrechts nur dadurch zu schließen, daß man der tatsächlich bestehenden Staatsgewalt ein Recht auf Anerkennung gewährt. So im wesentlichen *Lauterpacht*, der freilich den Grundsatz der Effektivität im Sinne des demokratischen Legitimismus wieder beschränkt. Einfacher und sinnvoller scheint uns der Standpunkt, daß der als unabhängiges Gemeinwesen wirklich bestehende Staat, die Regierung, die sich wirklich durchgesetzt hat, ob anerkannt oder nicht, damit ohne weiteres Trägerin der dem allgemeinen Völkerrecht entsprechenden Rechte und Verpflichtungen wird. Wenn sich die anderen Staaten dieser Regel entsprechend verhalten und die neue Staatsgewalt den Regeln des Völkerrechts entsprechend behandeln, so ergibt sich die Anerkennung (im weiteren Sinne) von selbst. Alles was darüber hinausgeht, wie die Aufnahme der diplomatischen Beziehungen oder sonstige Akte, mit anderen Worten, die Anerkennung im eigentlichen Sinne, die auf eine politische Verbundenheit oder gar eine moralische Billigung hindeuten könnte, steht im Ermessen der Staaten.[28]

Ein Staat ist Subjekt des Völkerrechts, eine Regierung zur Repräsentation des Staates berechtigt. Die Staatsgewalt kann somit eine Behandlung als solche – d. h. aber ihre „Anerkennung" – verlangen, wenn sie sich endgültig durchgesetzt hat. Daraus ergibt

---

[25] GA Res. 2625 (XXV): „No territorial acquisition resulting from the threat or use of force shall be recognized as legal." Dazu *zu Dohna*, Die Grundprinzipien des Völkerrechts über die freundschaftlichen Beziehungen und die Zusammenarbeit zwischen den Staaten, 1973, 78-82, der Zweifel anmeldet, ob diese Formulierung allgemein anerkanntem Völkerrecht entspreche (82).

[26] Der vorläufige Endpunkt der Entwicklung wird etwa durch die Stellungnahme der britischen Regierung zu dem von *Panama* der UNO unterbreiteten Entwurf einer Erklärung über die Rechte und Pflichten der Staaten bezeichnet. Darin vertritt die britische Regierung den Standpunkt, es sei die Anerkennung nicht in das Ermessen der Staaten gestellt, sondern diese seien zur Anerkennung rechtlich verpflichtet, wenn der neue Staat die Bedingungen erfülle, von denen sein Bestehen abhängig sei. Siehe UN Doc. A/CN. 4/2., 186 unter 5.: „the recognition and nonrecognition of States is a matter of legal duty and not of policy". In der Stellungnahme der amerikanischen Regierung dagegen wird das Recht der Staaten zur Entscheidung nach freiem Ermessen behauptet, (aaO, 192 f).

[27] Dazu *Dugard*, 90 ff, 98 ff und *Verdross/Simma*, 229 jeweils mit weiterführenden Hinweisen.

[28] Treffend *Chen*, 52 f, 352: „while the act of recognition may be discretionary, there is a legal duty to treat the new identity according to international law".

sich ein *dies a quo* und ein *dies ad quem.* Die neue Gewalt darf nicht zu früh, und sie darf nicht zu spät anerkannt werden. Beides stellt eine Verletzung des Völkerrechts, das erstere eine solche der noch, das zweite der schon bestehenden Staatsgewalt, dar.

1. Die Anerkennung darf nicht vorzeitig, d.h. sie darf nicht erfolgen, bevor die neue Staatsgewalt sich endgültig durchgesetzt hat. Wo sich die neue Gewalt erst im Kampfe mit der bisher legitimen Gewalt durchsetzen muß, muß der Kampf vom Standpunkt objektiver, vernünftiger Beurteilung zu ihren Gunsten entschieden worden, aber er braucht noch nicht beendigt zu sein.

Beispiele eines voreiligen und daher völkerrechtswidrigen Vorgehens[29] sind etwa die Anerkennung der Vereinigten Staaten durch Frankreich im Jahre 1778, zu einer Zeit, in der der Erfolg der amerikanischen Revolution noch durchaus zweifelhaft war – ein Akt, der von England mit der Kriegserklärung beantwortet wurde –, die der Republik Panama durch die im Hinblick auf den geplanten Kanal am Erfolg der Revolution besonders interessierten Vereinigten Staaten im Jahre 1903 schon wenige Tage nach dem Ausbruch der Revolution[30], die der aufständigen Viet Minh-Regierung in Indochina durch die UdSSR im Januar 1950 oder diejenige Biafras durch vier afrikanische Staaten[31] und Haiti 1968. Die verfrühte Anerkennung einer revolutionären Regierung und damit eine völkerrechtswidrige Intervention enthielt die Anerkennung der spanischen *Franco*-Regierung durch Italien und Deutschland schon am 18. November 1936, als der Bürgerkrieg erst in seinen Anfängen stand.[32]

Vorzeitige Anerkennungen sind namentlich im Kriege nicht selten, in dem die Rücksichtnahme auf die legitime Staatsgewalt fortfällt. Beispiele enthalten die Anerkennung der polnischen und tschechischen Nationalkomitees durch die Alliierten im Ersten Weltkrieg, zu einer Zeit, als noch keine wirkliche Staatsgewalt auf polnischem und tschechoslowakischem Boden bestand.

Die vorzeitige Anerkennung für sich allein bringt keinen neuen Staat zur Entstehung[33], macht die Regierung nicht zur legitimen Regierung. Sie hat insoweit keine völkerrechtliche Wirkung.[34] Andererseits stellt sie eine Verletzung der legitimen Staatsgewalt dar, durch die der Anerkennende sich der völkerrechtlichen Deliktshaftung aussetzt und die überdies unter dem Aspekt der Friedenssicherung erheblichen Bedenken begegnet.

Davon kann allerdings nicht gut die Rede sein, wenn die legitime Staatsgewalt die neue Gewalt ihrerseits anerkannt hat. Dann sind auch andere Staaten zur Anerkennung befugt. Erst recht steht der vorweggenommenen Anerkennung eines erst zu gründenden Staates durch die bisher herrschende Staatsgewalt nichts entgegen. Namentlich die Entstehungsgeschichte der asiatischen Staaten in der jüngeren Vergangenheit bietet Beispiele für diese Erscheinung.[35] – Endlich liegt kein Verstoß gegen das Völkerrecht vor, wenn zur Zeit der Anerkennung noch keine

[29] Zu einer Zeit, in der die Anerkennung eines Staates oder einer Regierung noch voreilig wäre, kann die Zeit doch schon für die Anerkennung von *Kriegführenden* reif sein. Über diese vorläufige und in ihren Wirkungen beschränkte Anerkennung siehe oben, § 19, Anm. 12 und Teilband I 2.

[30] Der daraus folgende Konflikt zwischen Kolumbien und den Vereinigten Staaten wurde erst durch einen Vertrag zwischen beiden Staaten vom 6. April 1914 – *de Martens*, NRG, 3. Série XII, 131 – bereinigt, in dem die Vereinigten Staaten sich zur Zahlung einer Entschädigung von 25 Mill. Golddollars verpflichteten, ein mittelbares Anerkenntnis des von ihnen begangenen Unrechts.

[31] Zu Biafra *Ijalaye*, Was „Biafra" at any Time a State in International Law?, in: AJIL 65 (1971), 551-559; *Dugard*, 84 f.

[32] Freilich war auch die Rechtmäßigkeit der de iure-Anerkennung des *Franco*-Regimes durch England und andere Staaten im Februar 1939 – als noch etwa ein Drittel des Landes der alten Regierung gehorchte – nicht über jeden Zweifel erhaben.

[33] Über solche Papiergründungen vgl. auch § 12 III 2. Auch diejenigen, die der Anerkennung eine konstitutive Bedeutung beimessen möchten, kommen insoweit zu keinem anderen Ergebnis. Denn auch nach ihnen soll die Anerkennung nicht für sich allein, sondern nur *in Verbindung* mit den übrigen Elementen der staatlichen Existenz, namentlich dem Bestehen einer effektiven Staatsgewalt, den Staat konstituieren.

[34] Vgl. z. B. Biafra *Ijalaye* (Anm. 31), 559; vgl. auch *Lauterpacht*, 9.

[35] Vgl. § 12 VI.

Staatsgewalt auf dem Gebiet des jetzt anerkannten Staates bestand. So erfolgte die Anerkennung Israels durch die Vereinigten Staaten und die UdSSR im Jahre 1948 möglicherweise zu früh. Doch hatte die bisher dort herrschende legitime Staatsgewalt mit der Aufgabe des Mandats durch Großbritannien aufgehört zu bestehen, so daß die Anerkennung zwar im Augenblick noch gegenstandslos, aber nicht eigentlich rechtswidrig war.[36]

2. Andererseits stellt auch die verspätete Anerkennung eine Verletzung des Völkerrechts dar. Hat sich die neue Staatsgewalt endgültig etabliert, so kann sie zwar nicht die Aufnahme diplomatischer Beziehungen, aber sie kann doch verlangen, als solche behandelt und geachtet zu werden. In diesem Sinne wäre allerdings von einem „Recht auf Anerkennung" zu sprechen. Die Vorenthaltung dieses Rechts stellt dann eine Verletzung des Völkerrechts dar. Eine solche ist namentlich auch darin enthalten, daß ein fremder Staat die endgültig untergegangene Regierung weiterhin als legitime Regierung behandelt, ihr gar die Entfaltung einer gegen die neue Gewalt gerichteten Tätigkeit auf seinem Territorium gestattet, durch Verträge mit ihr über das Gebiet, das Vermögen, die Hoheitsrechte des betroffenen Staates verfügt usw.

3. Zwischen der Errichtung der neuen und dem Erlöschen der alten Staatsgewalt – dem Zeitpunkt also, in dem die neue Staatsgewalt frühestens anerkannt werden darf, und dem, in dem sie spätestens anerkannt werden muß – liegt ein breiter Zwischenraum. Das Urteil darüber, ob eine neue Staatsgewalt endgültig entstanden, die alte Gewalt endgültig erloschen sei, ist ein in die Zukunft gerichtetes Werturteil, das oft unsicher ist. Es gibt Situationen – und sie können sich über große Zeiträume erstrecken –, die man auch vom Standpunkt einer objektiven, vernünftigen Betrachtung verschieden beurteilen kann. In derart zweideutigen Situationen muß ein jeder Staat nach seinem politischen Ermessen entscheiden, ob er die neue Gewalt schon anerkennen will oder nicht. In ihnen hat zwar jeder Staat ein Recht zur Anerkennung der neuen Gewalt, diese aber noch kein Recht auf Anerkennung durch die anderen Staaten. Insoweit hat die Anerkennung auch eine begrenzt-konstitutive Bedeutung.[37] Denn innerhalb dieses Spielraums, innerhalb dessen eine Entscheidung sowohl in der einen wie in der anderen Richtung zulässig ist, fixiert sie den Zeitpunkt, von dem an der anerkennende Staat den anerkannten Staat, die anerkannte Regierung als solche betrachtet und bereit ist, die Folgerungen daraus zu ziehen.

Soweit das Urteil über die Effektivität der Staatsgewalt dem Ermessen Spielraum gewährt, so ist doch die Willkür verboten. Die Staaten dürfen nicht ihr Ermessen mißbrauchen, dürfen die Entscheidung über die Anerkennung nicht zu politischen Erpressungen, nicht als ein Mittel der Intervention in die inneren Angelegenheiten anderer Staaten benutzen und dürfen die Anerkennung nicht an Bedingungen knüpfen, die mit der Entscheidung über die Anerkennung nicht in sachgemäßem Zusammenhang stehen.[38]

Beispiel: Wo die politische Lage Spielraum für eine verschiedenartige Beurteilung läßt, darf ein Staat die sofortige Anerkennung etwa davon abhängig machen, daß die anzuerkennende Regierung bereit ist, ihre Verpflichtungen gegenüber dem anerkennenden Staat zu erfüllen. Aber es ist ein Mißbrauch, wenn ein Staat die Anerkennung von territorialen Zugeständnissen oder einer Verfassungsänderung im Sinne der politischen Ideale des anerkennenden Staates abhängig macht. Unter diesem Gesichtspunkt können sich auch gegen die Benutzung der Anerkennung als eines Mittels im Dienste des demokratischen Legitimismus (oben unter I) Bedenken ergeben.

---

[36] Zur Anerkennung Israels *Dugard*, 60-63.

[37] Zutreffend *Wright*, The Chinese Recognition Problem, 324.

[38] Beispiele für einen solchen Mißbrauch sind keineswegs selten. Vgl. *Lauterpacht*, 33 f, 162 f und die dort angeführten Belege.

III. Die Anerkennung ist eine einseitige Willenserklärung.[39] Trotzdem wird sie oft zum Gegenstand internationaler Verträge gemacht. Diese sind von doppelter Art:

1. Ein Staat kann sich durch Vertrag zur Anerkennung verpflichten. Schließt er einen solchen Vertrag mit dem anzuerkennenden Staat, so ist die Anerkennung schon in dem Abschluß des Vertrages enthalten. Durch Verträge dieser Art wird der Anerkennende in der Regel aber auch weitergehende Verpflichtungen, namentlich die Verpflichtung zur Aufnahme diplomatischer oder sonstiger Beziehungen mit dem anerkannten Staat übernehmen.

2. Andererseits können Verträge ein Verbot der Anerkennung enthalten. Ein Beispiel ist die seit den 30er Jahren verbreitete Praxis der kollektiven Nichtanerkennung von Situationen, die durch die Anwendung von Gewalt oder sonst unter Verletzung des Völkerrechts herbeigeführt worden sind (sog. *Stimson*-Doktrin).[40] Soweit hier Verträge bestehen, haben die Vertragsstaaten sich der Anerkennung der neuen Staatsgewalt zu enthalten, solange sich das mit den zwingenden Regeln des allgemeinen Völkerrechts vereinbaren läßt. Auf die Dauer kann die Verweigerung der Anerkennung die Entstehung der neuen Staatsgewalt allerdings nicht verhindern. Wenn sie sich in einer jeden Zweifel ausschließenden Weise durchgesetzt hat, können auch Verträge mit Dritten nichts daran ändern, daß die Staaten und zwischenstaatlichen Organisationen verpflichtet sind, die neue Staatsgewalt als solche gelten zu lassen. Die Verpflichtung, keine diplomatischen oder sonst engeren Beziehungen zu unterhalten, bleibt allerdings auch dann unberührt.

IV. Ist die Rechtsnatur der Anerkennung auch streitig, so stimmen Praxis und Lehre doch im wesentlichen darin überein, daß die einmal ausgesprochene Anerkennung auf den Zeitpunkt zurückdatiert werden müsse, von dem an die neue Staatsgewalt in der Wirklichkeit des Lebens bestand. Der Anerkennung wird also eine rückwirkende Kraft zugeschrieben.[41] Auch die Lehre von der konstitutiven Natur der Anerkennung kann eben nicht übersehen, daß die Staatsgewalt möglicherweise schon vor der Anerkennung bestand.

Von dem hier vertretenen Standpunkt aus gesehen stellt die Rechtslage sich einfacher dar: Eine völkerrechtliche Pflicht zur Respektierung der neuen Staatsgewalt besteht von der Zeit an, zu der sie sich endgültig durchgesetzt hat. Hat ein Staat sich mit der Anerkennung verspätet, so hat er der schon vorher bestehenden Staatsgewalt die ihr zukommenden Rechte von dem Zeitpunkt an zu gewähren, zu dem er sie spätestens als Staat oder als legitime Regierung hätte ansehen müssen. Es wirkt dann nicht die Anerkennung zurück, sondern die Rechte bestanden schon vorher, und die Anerkennung bringt diesen Sachverhalt nur mit Verspätung zum Ausdruck. Wenn die Anerkennung aber ohne Verspätung, d.h. während des Zeitraums erfolgt, innerhalb dessen sie schon ge-

---

[39] *Verdross/Simma*, 427; *Kimminich*, 131.

[40] Dazu § 55.

[41] Vgl. *Oppenheim/Lauterpacht* I, § 75 f, *Lauterpacht*, § 25 mit Belegen. Aus der Fülle der Entscheidungen etwa Supreme Court USA in *Oetjen v. Central Leather Company* (1918), 246 U.S. 297, *U.S. v. Pink* (1942), 315 U.S. 203, Court of Appeals New York in *Salimoff v. Standard Oil Company of New York* (1933), 262 N.Y. 220, House of Lords in *Lazard Bros v. Midland Bank Ltd.* (1933), British House of Lords and Judicial Committee of the Privy Council, Appeal Cases 289, Court of Appeals in *Princess Paley Olga v. Weisz* (1929), 1 King's Bench 728, in *Haile Selassie v. Cable and Wireless Ltd.* (No. 2) (1939), Chancery Division of the English High Court of Justice 182, und *Luther v. Sagor* (1921), 3 King's Bench 532 (Rückwirkung einer Anerkennung de facto), Tribunal civil Seine, *Clunet* 55 (1928), 710. Anders (Wirkung ex nunc) Cour d'Appel Paris, *Clunet* 58 (1931), 400 mit kritischer Anmerkung *Tager*.

währt werden durfte, aber noch nicht gewährt werden mußte, so besteht für den anerkennenden Staat keine Verpflichtung, sie zurückzudatieren.[42] Aber das schließt natürlich nicht aus, daß der Anerkennung im inländischen Rechtskreise eine über das völkerrechtlich Gebotene hinausgehende Rechtswirkung beigelegt wird.

Im inländischen Rechtskreis wird der Grundsatz der Rückwirkung in der Regel gewissen Beschränkungen unterworfen. Vor allem ist man darauf bedacht, die in der Zwischenzeit erworbenen Rechte zu respektieren. Ihre nachträgliche Annullierung wäre eine Ungerechtigkeit gegen Privatpersonen, die ihre Rechtsgeschäfte aufgrund der damals bestehenden Rechtslage geschlossen haben, und die die Anerkennungspolitik ihrer Regierung nicht haben vorhersehen oder beeinflussen können.[43]

§ 21 Ausdrückliche und stillschweigende Anerkennung

Schrifttum: wie vor § 19.

I. 1. Subjekte der Anerkennung sind in erster Linie die *Staaten*, die ihre Anerkennung einzeln oder kollektiv aussprechen können. Welches Organ für die Anerkennung zuständig ist, läßt sich nicht allgemein sagen. Es ist das eine Frage der auswärtigen Gewalt, die jeder Staat nach seinem eigenen Recht organisiert.[1] Die Anerkennung ist ein politischer Akt. Daher sind die zur völkerrechtlichen Vertretung der Staaten auch sonst berufenen Organe der Exekutive auch zur Anerkennung berufen. Die „Anerkennung" jedenfalls durch die Gerichte, durch andere Organe unpolitischer Art wie z. B. die Konsuln oder gar durch untergeordnete Organe ist keine Anerkennung im völkerrechtlichen Sinne.

2. Auch für die zwischenstaatlichen Organisationen kann sich die Frage ergeben, ob ein Staat oder eine Regierung anerkannt werden soll.[2]

---

[42] Einschränkend auch *Oppenheim/Lauterpacht* I, § 75 f: „That rule ... is one of convenience rather than of principle." Auch *Kelsen*, Recognition in International Law, 613, will die Rückwirkung von dem Willen des Anerkennenden abhängig machen.

[43] So u. a. Supreme Court USA in *Guaranty Trust Com. of New York v. U.S.* (1938), 304 U.S. 126. Vgl. auch die Urteile amerikanischer Gerichte Annual Digest 1938-40, C. 6 und 1941-42, C. 172. Aus der englischen Praxis etwa King's Bench in *Boguslawski v. Gdynia Ameryka Line* (1950), 1 King's Bench 157 (vgl. auch House of Lords (1953) A.C. 11) und Privy Council in *Civil Air Transport Incorp. v. Central Air Transport Corp.* (1952), 2 All England Law Reports 733. In beiden Fällen wurden gewisse von der seinerzeit de iure anerkannten Regierung abgeschlossene Verträge auch nach der Anerkennung einer neuen – zur Zeit des Vertragsschlusses nur de facto anerkannten – Regierung aufrechterhalten. Im Sinne einer Einschränkung der Rückwirkung auch Institut de droit international 1936, Art. 7 (2) und 16, Tableau général des résolutions 12, 14.

[1] Dazu im einzelnen unten, § 28.

[2] Dazu etwa *Aufricht*, Principles and Practices of Recognition by International Organizations, in: AJIL 43 (1949), 699-704; *Yuen-Li Liang*, Recognition by the United Nations of the Representation of a Member State: Criteria and Procedure, in: AJIL 45 (1951), 689; *Dugard*, 41 ff. Von der Frage der Anerkennung, d. h. des Geltenlassens als Staat oder Regierung – die nach den in § 20 II dargelegten Gesichtspunkten zu beurteilen ist – ist die ganz andere Frage zu unterscheiden, wen die Organisation als *Mitglied* zulassen oder mit wem sie sonst Beziehungen aufnehmen will. Sie mag z. B. auch andere Einheiten als Staaten als Mitglieder haben oder andererseits ihre Mitgliedschaft auf Staaten mit bestimmten Eigenschaften beschränken. Fragen dieser Art kann nicht das allgemeine Völkerrecht, sondern nur die Satzung entscheiden. Zur Bedeutung der Mitgliedschaft in den UN *Dugard*, 80 ff; *Frowein*, Recognition, 343 f.

Beispiele: So hat etwa der Sicherheitsrat der UNO zu entscheiden, ob er Vertreter einer revolutionären Bewegung nach Art. 32 UN-Charta zur Teilnahme an seinen Beratungen einladen darf. Denn nach Art. 32 ist nur eine Einladung von Staaten gestattet.[3] Oder es kann nach einem revolutionären Umsturz zweifelhaft sein, welche Regierung das Recht hat, einen Staat in der zwischenstaatlichen Organisation zu vertreten (China nach 1949).

Da keine zentrale Instanz für die Entscheidung solcher Fragen besteht, trifft ebenso wie jeder Staat auch jede Organisation solche Entscheidungen individuell und in eigener Verantwortlichkeit. Die eine Organisation mag einen Verband als Staat gelten lassen, die andere nicht, in zweifelhafter Übergangslage die eine Organisation diese, die andere jene Regierung als legitime Regierung behandeln, und wo es nach der Verfassung der Organisation – wie z. B. nach der UN-Charta – kein Organ gibt, das mit Wirkung für alle zu entscheiden vermöchte, mögen sogar verschiedene Organe ein und derselben Organisation zu verschiedenen Ergebnissen kommen.

II. Für die Anerkennung ist keine Form vorgeschrieben. Der Wille, die neue Staatsgewalt als solche gelten zu lassen, kann zunächst ausdrücklich, z. B. in einer diplomatischen Note oder in einem Vertrage, ausgesprochen werden.

Beispiele: Serbien, Montenegro, Bulgarien und Rumänien wurden durch den Berliner Vertrag von 1878, der Kongo-Staat auf der Berliner Konferenz von 1885 anerkannt. Im Versailler Vertrag erklärte Deutschland, Polen, die Tschechoslowakei und die von Rußland abgetrennten Staaten anzuerkennen.[4] Im Jahre 1948 haben die Vereinigten Staaten, die UdSSR und andere Staaten Israel durch einseitige Erklärungen ausdrücklich anerkannt.

Die Anerkennung kann aber auch auf indirektem Wege durch ein Verhalten erfolgen, das vom Standpunkt objektiver Beurteilung einen Schluß auf den Anerkennungswillen gestattet. Im Völkerrecht gilt die Regel, daß ein Staat, der einen anderen Staat oder eine neue Regierung in der einen oder anderen Richtung als solche gelten läßt, nunmehr verpflichtet ist, der neuen Staatsgewalt alle Rechte zukommen zu lassen, die ein Staat oder eine Regierung nach dem Völkerrecht beanspruchen darf. Die Anerkennung ist also unteilbar. Der erste Schritt ist entscheidend. Wenn z. B. ein Staat mit der Regierung eines anderen Staates einen Friedens- oder Garantievertrag abschließt, so kann er dessen Organen nicht später die Immunität mit der Begründung verweigern, sie seien nicht von einer legitimen Regierung bestellt. Andererseits können sich Kontakte auch mit einem nicht anerkannten Staat, einer nicht anerkannten Regierung ergeben, ohne daß sich daraus ein zwingender Schluß auf den Willen zur Anerkennung ergäbe. In Zweifelsfällen muß der fremde Staat, will er den Anschein der Anerkennung vermeiden, einen Vorbehalt machen.[5] Im einzelnen kann sich die Anerkennung aus den verschiedenen Umständen ergeben.[6]

1. Vielleicht der deutlichste Ausdruck des Willens zur Anerkennung ist in der Aufnahme des *diplomatischen Verkehrs* zu erblicken. Sowohl in der Beglaubigung wie in der förmlichen An-

[3] So wurde 1966 Rhodesien vom Generalsekretär der UN unter Berufung auf Art. 32 der UN-Charta die Teilnahme an einer Rhodesiendebatte des Sicherheitsrates verweigert; *Dugard*, 94; kritisch *Stephen*, Natural Justice and the United Nations; The Rhodesia Case, in: AJIL 67 (1973), 479.

[4] Versailler Vertrag Art. 81, 87, 116. Entsprechend St. Germain Art. 46, 53, Trianon Art. 41, 48.

[5] Dieser Praxis bedienten sich z. B. arabische Staaten in bezug auf Israel, vgl. *Shaw*, 219 mwN, *O'Connell* I, 153 ff.

[6] Aufschlußreich sind die Empfehlungen, die das zu diesem Zweck von der Völkerbundversammlung eingesetzte beratende Komitee für die Nichtanerkennung von Mandschukuo im Jahre 1933 vorgelegt und den Mitgliedern des Völkerbundes sowie den Nichtmitgliedstaaten hat zukommen lassen. Vgl. Société des Nations, Journal officiel 1933, Supp. spéc. N. 113, 10 f. In diesem Bericht sind die Akte bezeichnet, die u. U. als Anerkennung ausgelegt werden könnten, und die das Komitee daher zu vermeiden empfiehlt.

nahme diplomatischer Vertreter ist eine Anerkennung enthalten.[7] Andererseits ist das bloße Belassen der diplomatischen Vertreter etwa bis zur Klärung der Lage oder die Duldung ihres Verbleibens während einer gewissen Übergangszeit kein zuverlässiges Zeichen.

2. Das gilt erst recht für die Fortsetzung der konsularischen Beziehungen. Die Konsuln sind keine politischen Repräsentanten ihrer Regierung. Ihre Betätigung, auch wenn sie sich über einen längeren Zeitraum erstreckt, ja selbst ihre Ersetzung[8], und andererseits die stillschweigende Duldung neu ernannter Konsuln für sich allein reicht nicht aus, um eine Anerkennung vermuten zu lassen. Aber anders ist wohl das förmliche Ersuchen um ihre Zulassung, namentlich die Bitte um die Erteilung des Exequatur und dessen Gewährung zu deuten. Darin ist ein so intensiver Kontakt von Regierung zu Regierung enthalten, daß die weitere Verweigerung der Anerkennung ein *venire contra factum proprium* darstellen würde.[9] Will der Staat diesen Eindruck vermeiden, so muß er seinen Standpunkt durch einen Vorbehalt wahren.[10]

3. Die Entsendung und Zulassung von Handelsvertretungen anderer Art, von Agenten, Emissären, Beobachtern u. ä. dagegen erlaubt keine Schlüsse.[11] So haben im amerikanischen Bürgerkrieg England und Frankreich formlos mit den Konföderierten[12], während des spanischen Bürgerkrieges eine Reihe von Staaten mit der Regierung *Franco* vor deren Anerkennung durch Agenten und Emissäre verkehrt, haben nach dem Zweiten Weltkrieg verschiedene Staaten, die ihre diplomatischen Beziehungen zur Bundesrepublik Deutschland nicht aufs Spiel setzen wollten, Handelsvertretungen der DDR zugelassen, aber nicht die Eröffnung von Konsulaten gestattet.

4. Auch der Abschluß von Verträgen und die Aufnahme von Verhandlungen darüber, z. B. die gemeinsame Beteiligung an internationalen Konferenzen[13], kann die Anerkennung enthalten.

---

[7] Der U.S. Circuit Court of Appeals schloß im Falle *Republic of China v. Merchants' Fire Assurance Corporation of New York* (1929) – 30 F. (2 d) 278 – aus dem förmlichen Empfang eines Gesandten der chinesischen Nationalregierung durch die Regierung der Vereinigten Staaten, daß jene durch diese anerkannt sei. Ebenso Court of Appeals in *Muraka v. Bachrack Bros., Inc.*, ILR 1953, 52 (Anerkennung Indiens wenigstens de facto durch den Austausch von Botschaftern).

[8] Ebenso die Empfehlungen des Völkerbund-Komitees für die Nichtanerkennung von Mandschukuo (Anm. 6) unter V und VI.

[9] So auch BGHSt 9, 53 (56). Vgl. auch Harvard-Entwurf über die Rechtsstellung und Aufgaben der Konsuln – AJIL 26 (1932), Supp., part II – Art. 6 mit zahlreichen Belegen im Kommentar sowie *Lauterpacht*, § 112, dessen Belege freilich ergeben, daß die Praxis hinsichtlich der Erteilung des Exequatur nicht völlig einheitlich ist.

[10] Über einen solchen Vorgang – Entgegennahme eines Exequatur für einen amerikanischen Konsul in Chile mit dem Vorbehalt, daß dieser Akt keine Anerkennung der damaligen chilenischen Regierung bedeute, im Jahre 1924 – *Hackworth*, Digest IV, 688. – Nach der Annexion der Tschechoslowakei im Jahre 1939 bat die Regierung der Vereinigten Staaten die Reichsregierung um die Erteilung des Exequatur für den amerikanischen Generalkonsul in Prag mit dem Bemerken, daß dieser Antrag die Haltung der Vereinigten Staaten hinsichtlich des Status der Tschechoslowakei nicht berühre. Die Reichsregierung vertrat demgegenüber den Standpunkt, daß die Bitte um die Erteilung des Exequatur als eine Anerkennung der deutschen Hoheitsgewalt zu beurteilen sei und ohne diese Anerkennung nicht erteilt werden könne. Da man sich nicht einigen konnte, wurde das Exequatur nicht erteilt, aber gleichwohl das Konsulat nicht geschlossen. Vgl. *Hackworth*, Digest IV, 689.

[11] Im Falle *Luther v. Sagor* – (1921), 3 King's Bench, 532 – legten die Kläger einen Brief des Staatssekretärs vor, in dem die britische Regierung mitteilte, daß der russische Vertreter *Krassin* als Repräsentant der Sowjetregierung empfangen worden sei, um bestimmte Verhandlungen zu führen, und daß er seine Regierung für diesen Zweck zu vertreten befugt sei. Im übrigen aber sei die Sowjetregierung von der britischen Regierung nicht anerkannt worden.

[12] Über die sich daraus ergebende Kontroverse zwischen Großbritannien und Frankreich einerseits und andererseits den Vereinigten Staaten *Moore*, Digest I, 208 f.

[13] So nahmen die Vereinigten Staaten gemeinsam mit der UdSSR an der Genfer Abrüstungskonferenz 1932-33 teil, ohne daß sich daraus eine Anerkennung der Sowjetunion durch die Vereinigten Staaten ableiten ließ. – 1954 nahmen die Vereinigten Staaten gemeinsam mit den Regierungen der Volksrepublik China und von Nordkorea an der (erfolglosen) Korea-Konferenz in Genf teil, ohne diesen Regierungen damit die Anerkennung gewähren zu wollen. Im gleichen Jahr waren sie zusammen mit den Regierungen der Volksrepublik China und der Viet Minh auf der Genfer Konferenz über Indochina beteiligt. Sie unterzeichneten zwar nicht den Vertrag, gaben aber einseitige Erklärungen ab, die eine Anerkennung und de facto eine Garantie für die Einhaltung des Vertrages enthielten. Dazu Survey 1954, 42 f.

Es kommt hier auf die Umstände an.[14] Je „persönlicher" das Verhältnis zwischen den Parteien eines Vertrages, je enger die im Vertrage vorausgesetzte Zusammenarbeit der beteiligten Staaten und je politischer der Gegenstand des Vertrages ist, desto näher liegt der Schluß, daß die Parteien einander anerkannt haben, während es nicht entscheidend darauf ankommen kann, ob der Vertrag ratifiziert worden ist oder nicht.[15] Wenn die Parteien eines offenen, mehrseitigen Abkommens den einseitigen Beitritt weiterer Staaten gestatten, so ist das noch nicht als vorweggenommene stillschweigende Anerkennung zu deuten.[16] Namentlich auch die gemeinsame Beteiligung an multilateralen Verträgen, die im wesentlichen technische Zwecke, z. B. auf den Gebieten des Verkehrs oder des Gesundheitswesens, verfolgen, bringen die Parteien nicht in so enge Berührung von Regierung zu Regierung, daß ein zwingender Schluß auf die gegenseitige Anerkennung gerechtfertigt wäre. Selbst zweiseitige Abkommen haben nicht immer Beweiskraft. Der Abschluß militärischer Abkommen, die gerade das Fehlen normaler Beziehungen zur Voraussetzung haben, oder die Vereinbarung eines technischen modus vivendi, z. B. von Grenzverkehrs- oder Wirtschaftsabkommen zwischen Verwaltungsorganen, sind nicht immer als Anerkennung zu deuten.[17]

Beispiele: Keine Anerkennung ist schon in dem Abschluß von Waffenstillstandsabkommen (Israel und die arabischen Staaten 1948, Korea 1953, Indochina 1954), von Vereinbarungen über den Austausch von Gefangenen oder der Annahme einer Kapitulation zu erblicken. So war in der Annahme der deutschen Kapitulation am 7. und 9. Mai 1945 durch von der Regierung *Dönitz* instruierte Bevollmächtigte keine Anerkennung der Regierung *Dönitz* als deutscher Reichsregierung durch die Alliierten enthalten.

5. Die Liste der im Vorstehenden angeführten Anzeichen ist nicht erschöpfend. Namentlich auch einseitige Akte wie die Kündigung eines Vertrages gegenüber einer bestimmten Regierung, eine förmliche Kriegs- oder Neutralitätserklärung, die Geltendmachung eines Wiedergutmachungsanspruchs[18], das und anderes ***kann*** die Anerkennung enthalten.

III. 1. Eine Anerkennung kann sich auch aus der Aufnahme oder dem Eintritt eines Staates in zwischenstaatliche Organisationen ergeben. Nach zwar nicht unbestrittener, aber zutreffender Ansicht[19] hat der Eintritt eines Staates in eine internationale Organisation die gegenseitige Anerkennung (i. w. S.) der Mitgliedstaaten zur Folge. Das gilt jedenfalls für Organisationen wie die UNO, deren Mitgliedschaft eine engere und dauernde Zusammenarbeit zwischen den Regierungen der Mitgliedstaaten erfordert. Staaten, die sich zu einer engeren politischen Gemeinschaft verbinden, würden sich zu sich selbst in Widerspruch setzen und gegen Treu und Glauben handeln, wenn sie es später ablehnen wollten, einander außerhalb der Organisation als Staaten gelten zu lassen.

---

[14] Besonders vorsichtig verfuhr die Regierung der Bundesrepublik Deutschland gelegentlich ihrer Verhandlungen mit der Sowjetregierung in Moskau 1955. Sie machte ausdrücklich Vorbehalte, die die Annahme einer Anerkennung der von der UdSSR beanspruchten Westgrenze und die der an den Verhandlungen gar nicht beteiligten DDR ausschließen sollten. Die Vorbehalte sind abgedruckt in: EA 10 (1955), 8318.

[15] Im Falle *Republic of China v. Merchant's Fire Assurance Corp.* (Anm. 7) entnahm das Gericht die Anerkennung der chinesischen Regierung durch die Vereinigten Staaten auch aus dem Abschluß eines bisher nicht ratifizierten Handelsvertrages.

[16] Nicht einmal der Beitritt der UdSSR zum Kriegsverzichtspakt von 1928 unter Duldung der Vereinigten Staaten wurde als ein Zeichen der Anerkennung der Sowjetunion durch die Vereinigten Staaten ausgelegt. Das hinderte die Vereinigten Staaten aber nicht, während des russisch-chinesischen Konflikts von 1929 auch die UdSSR an ihre Verpflichtungen aus dem Briand-Kellogg-Pakt zu erinnern.

[17] So glaubte das BVerfG, der in dem zwischen Frankreich und der Bundesrepublik Deutschland geschlossenen Saarabkommen vom 23. Oktober 1954 enthaltenen Bestimmung über den zukünftigen Abschluß von Wirtschaftsabkommen zwischen der Bundesrepublik, Frankreich und dem Saargebiet noch keine Anerkennung der völkerrechtlichen Selbständigkeit des Saargebiets durch die Bundesrepublik entnehmen zu müssen. Vgl. BVerfGE 4, 157 (173).

[18] Zutreffend *Kelsen*, Principles, 394 f.

[19] Vgl. etwa *Schücking/Wehberg*, Die Satzung des Völkerbundes I, 3. Aufl. 1931, 268 f und die dort angegebene Literatur; *Oppenheim/Lauterpacht* I, § 75 d mit weiteren Hinweisen; auch *Charpentier*, 330 f und für die UN *Dugard*, 78 ff.

Das gilt nicht nur für diejenigen Staaten, die der Aufnahme oder der Einladung zum Beitritt zugestimmt[20], sondern auch für diejenigen, die dagegen gestimmt[21] oder sich der Stimme enthalten haben. Durch ihren Eintritt in eine Organisation, die eine Aufnahme neuer Mitglieder aufgrund von Mehrheitsbeschlüssen oder gar ihren Beitritt durch einseitige Willenserklärung gestattet, haben die Mitgliedstaaten von vornherein einen allgemeinen Anerkennungswillen zum Ausdruck gebracht, nämlich von vornherein ihren Willen bekundet, jeden Staat als einen solchen gelten zu lassen, der die Mitgliedschaft nach den Regeln der Satzung erwirbt.[22]
Der hier vertretenen Ansicht wäre auch nicht entgegenzuhalten, daß die Mitglieder des Völkerbundes sich allerdings nicht immer anerkannt haben. 1920 z. B. trat Kolumbien mit einem Vorbehalt bei, der die Anerkennung Panamas als eines unabhängigen Staates ausschließen sollte.[23] Litauen wurde 1921 ein Mitglied des Völkerbundes, aber seine Anerkennung de iure durch die meisten Staaten erfolgte erst später, und Litauen weigerte sich seinerseits lange Zeit, Beziehungen zu Polen zu unterhalten. Und der Sowjetunion wurde auch in der Zeit ihrer Mitgliedschaft (1934-1939) die Anerkennung durch eine Reihe von Mitgliedstaaten des Völkerbundes versagt. In der Gegenwart halten die arabischen Staaten mit der Anerkennung Israels zurück, mit dem gemeinsam sie der UNO angehören. Auch ist es während der Lebenszeit des Völkerbundes wiederholt zum Abbruch diplomatischer Beziehungen zwischen Mitgliedstaaten gekommen. Aber diese Unregelmäßigkeiten gestatten doch noch keinen Schluß auf das Bestehen einer allgemeinen internationalen Rechtsüberzeugung. Die Rechtsprechung hat zu diesen Fragen nur selten Stellung genommen. Bemerkenswert ist das Urteil des Handels-Gerichts Luxemburg[24], das der sowjetrussischen Handelsdelegation gestattete, vor luxemburgischen Gerichten zu klagen. Zwar habe sich Luxemburg bei der Abstimmung über die Aufnahme der UdSSR in den Völkerbund der Stimme enthalten, doch sei Luxemburg nunmehr an diese Entscheidung gebunden, und damit sei die Sowjetunion auch von Luxemburg anerkannt worden.
Die aus der gemeinsamen Mitgliedschaft folgende Anerkennung bleibt auch dann bestehen, wenn die Mitgliedschaft des einen oder des anderen Staates später suspendiert wird oder durch den Austritt oder die Ausschließung des einen von ihnen erlischt.[25] Es gibt keine Anerkennung als Mitglied, sondern nur eine Anerkennung schlechthin, und die mit der Mitgliedschaft verbundene Anerkennung de iure ist unwiderruflich.

2. Andererseits ginge es zu weit, wenn man die gemeinsame Mitgliedschaft in jeder Organisation gleichviel welcher Art als ein Anzeichen der Anerkennung ausreichen ließe. Die gemeinsame Zugehörigkeit etwa zum Weltpostverein, zur Weltorganisation für Meteorologie oder zur Weltgesundheitsorganisation reicht allein noch nicht aus, um auf die Anerkennung schließen zu lassen. Nur die gemeinsame Zugehörigkeit zu einer engeren, auch das politische Leben umfassenden Gemeinschaft erlaubt solche Schlüsse.

Und auch in den politischen Organisationen ist es nur die Mitgliedschaft oder die Bereitschaft zur Aufnahme in die Organisation und damit zu intensiver und dauerhafter Zusammenarbeit, die als Anzeichen des Anerkennungswillens ausgelegt werden kann. Die nur gelegentliche Füh-

[20] Das gilt für diese Staaten vermutlich auch dann, wenn sich die für die Aufnahme erforderliche Mehrheit später nicht findet. Wenn ein Staat durch seine Abstimmung bekundet, daß er einen Verband als Staat i. S. der Satzung betrachte und bereit sei, mit ihm als Mitglied der Organisation zusammenzuwirken, so würde er sich selbst widersprechen, wenn er ihm später unter im wesentlichen gleichen Voraussetzungen die Eigenschaft eines Staates absprechen wollte.

[21] Ebenso z. B. *Schücking/Wehberg* (Anm. 19); *Sibert* I, 203 f. Anders *Oppenheim/Lauterpacht* I, § 75 d, der aber eine ausdrückliche Regelung im Sinne der oben vertretenen Auffassung für wünschenswert hält. Vgl. 147, Anm. 7.

[22] Ebenso *Kelsen*, General Theory, 227, Principles, 398 f, The Law of the United Nations, 1951, 79, AJIL 35 (1941), 614, der aber anders begründet. Nach ihm hätten die Mitglieder durch ihre Unterwerfung unter die Satzung die Entscheidung über die Anerkennung auf die Organisation übertragen, die nunmehr kraft Delegation die Anerkennung auch im Namen der dissentierenden Mitglieder aussprechen dürfe. Das scheint uns ein gedanklicher Umweg zu sein.

[23] United States Foreign Relations 1920 I, 825.

[24] Annual Digest 1935-37, C. 33.

[25] Richtig *Schücking/Wehberg* (Anm. 19). Anders etwa *Verdross*, in: Wörterbuch des Völkerrechts I, 1. Aufl. 1924, 52.

lungnahme z. B. der UNO mit einer neuen Staatsgewalt, etwa die bloße Einladung eines nicht der Organisation angehörenden Staates oder einer Regierung zur Teilnahme an den Beratungen der Organisation, reicht nicht dazu aus, um die Anerkennung auch nur der Staaten sicherzustellen, die solchen Schritten zugestimmt haben.[26]

Endlich ist zu bedenken, daß die Anerkennung der Staatsgewalt auch hier nicht mit der Übernahme der Verpflichtung zur Unterhaltung diplomatischer oder sonst engerer Beziehungen gleichgesetzt werden darf. Eine Verpflichtung dazu läßt sich der gemeinsamen Zugehörigkeit zu einer internationalen Organisation nicht entnehmen.

3. Auch in diesem Zusammenhang ist zwischen der Anerkennung der Staaten und der der Regierungen zu unterscheiden. Aus der Aufnahme in die Organisation folgt mit der Anerkennung des Staates auch die der Regierung, die den Antrag auf Aufnahme stellt und den Eintritt vollzieht. Aber daraus folgt nichts für die Anerkennung einer neuen Regierung, die später auf revolutionärem Wege zur Herrschaft gelangt.[27] Wenn dies geschieht, so ist die Organisation und sind die übrigen Mitglieder nach allgemeinen völkerrechtlichen Regeln verpflichtet, das neue Regime, wenn es sich endgültig durchgesetzt hat, als die legitime Vertretung des Staates auch in der Organisation gelten zu lassen. Das ergibt sich auch aus der Pflicht zu bundestreuem Verhalten. Die Mitgliedstaaten dürfen sich nicht so verhalten, daß die Mitgliedschaft eines anderen Mitglieds praktisch lahmgelegt wird. Das ist aber der Fall, wenn sie der de facto-Regierung ohne zwingende Gründe und über längere Zeit die Anerkennung verweigern und so verhindern, daß der betroffene Staat seine Mitgliedschaft praktisch betätigt.

IV. Es herrscht Streit darüber, ob eine Anerkennung unter einer Bedingung gewährt werden kann.[28] In der internationalen Praxis sind die Fälle nicht selten, in denen ein Staat gleichsam als Preis für seine Anerkennung bestimmte Verpflichtungen übernimmt, der Anerkennende die Übernahme solcher Bedingungen zur Voraussetzung macht oder die Anerkennung sonst an einen Vorbehalt knüpft.

---

[26] Als z. B. 1946 die Republik Indonesien gegen den Widerspruch der Niederlande zur Teilnahme an den Beratungen des Sicherheitsrates eingeladen wurde, stellte dessen Präsident ausdrücklich fest, daß die Einladung zur Teilnahme an der Diskussion des Sicherheitsrates aufgrund des Art. 32 UN-Charta keinen Staat zur Anerkennung Indonesiens verpflichte. Einzelheiten bei *Kelsen*, The Law of the United Nations, 1951, 226, 6. – Als zu Beginn des Jahres 1955 der Sicherheitsrat die Regierung der Volksrepublik China dazu einlud, sich bei seinen Beratungen über die Feindseligkeiten im Bereich der Inseln vor der chinesischen Küste vertreten zu lassen, brachten mehrere Mitglieder einen Vorbehalt des Inhalts zum Ausdruck, daß ihre Zustimmung dazu keine Anerkennung bedeute. Vgl. International Organization 9 (1955), 387 und *Wright*, AJIL 49 (1955), 330 f. Auch die Anhörung der Volksregierung durch den 1. Ausschuß der Generalversammlung im Jahre 1950 – vgl. UNYB 1951, 258 f – änderte nichts an der Lage.

[27] Eine mittelbare Anerkennung auch der neuen Regierung kann sich aus der unbeanstandeten Annahme der von ihr ausgestellten *Beglaubigungsschreiben* ergeben. In den für die Prüfung der Beglaubigungsschreiben zuständigen Ausschüssen des Völkerbundes und der UN scheint freilich eine Beanstandung von Beglaubigungsschreiben bis zum Jahre 1949 (Regierungswechsel in China) nicht üblich gewesen zu sein. In diesem Sinne äußerte sich der von *Wright*, AJIL 44 (1950), 548 f mitgeteilte Brief des UN-Generalsekretärs an den Präsidenten des Sicherheitsrates vom 8. März 1950. Solange eine solche Praxis besteht, erscheint die Annahme der Beglaubigungsschreiben als bloßer Formalakt, aus dem sich nichts für die Anerkennung der Regierung herleiten läßt. Dazu auch *Yuen-Li Liang* (Anm. 2), 689 f. Doch läßt sich bezweifeln, ob das auch heute noch gilt. Dazu auch *Frowein*, Recognition, 346: „Where an effective government of a State exists, an international organization such as the United Nations must be held to be under an obligation to recognize it as the government of the member State."

[28] Nach h. L. soll die Anerkennung unter einer Bedingung nicht zulässig sein, sollen Bedingungen im Zusammenhang mit der Anerkennung vielmehr die Bedeutung von Auflagen haben.

Beispiele: Belgien wurde 1831 von den Großmächten unter gleichzeitiger Auferlegung einer Verpflichtung zur Beobachtung ständiger Neutralität anerkannt. Die Anerkennung der vier Balkanstaaten auf dem Berliner Kongreß 1878 wurde an die Bedingung der Gewährleistung freier Religionsübung durch die neu entstandenen Staaten geknüpft. Der 1885 anerkannte Kongostaat mußte eine allgemeine Handelsfreiheit gewähren. Gelegentlich des Chaco-Konflikts zwischen Bolivien und Paraguay wurde 1928 die Anerkennung der revolutionären Regierungen in beiden Staaten durch die vermittelnden amerikanischen Staaten von der Annahme des von diesen vorgeschlagenen Chaco-Protokolls abhängig gemacht.

Es fragt sich, was Einschränkungen dieser Art rechtlich bedeuten. Die Annahme einer Bedingung in verwaltungsrechtlichem Sinne würde besagen, daß die Anerkennung erst mit der Erfüllung der Bedingung in Kraft treten könnte (aufschiebende Bedingung) oder bei Nichterfüllung wieder entfiele (auflösende Bedingung). Aber im allgemeinen wird das nicht gewollt sein, die „Bedingung", der „Vorbehalt" vielmehr bedeuten, daß der Staat, die Regierung anerkannt wird, aber der anerkannten Staatsgewalt eine Verpflichtung zur Erfüllung der „Bedingung" für die Zukunft auferlegt wird. Die Bedingung wird also in aller Regel eine Auflage sein. Die Anerkennung ist also nicht suspendiert, und sie hört nicht auf zu bestehen, wenn die „Bedingung" nicht erfüllt werden sollte.[29] Aber wenn der anerkannte Staat oder die anerkannte Regierung die ihnen im Zusammenhang mit der Anerkennung auferlegten Verpflichtungen nicht erfüllen, so setzen sie sich der Deliktshaftung aus.[30] Wo aber wirklich eine Bedingung gewollt ist, muß man wohl unterscheiden: Wenn in einer Übergangslage noch nicht gerade eine Verpflichtung zur Anerkennung besteht, deren Gewährung also noch im Ermessen des Auslandes steht, lassen sich gegen die Suspendierung der Anerkennung bis zur Erfüllung gewisser Bedingungen – ihre Zulässigkeit im übrigen vorausgesetzt – keine grundsätzlichen Bedenken erheben. Ist die Anerkennung aber einmal erfolgt, so kann ihr Fortbestehen nun nicht mehr von dem Nichteintritt einer auflösenden Bedingung abhängig sein. Das widerspräche dem Grundsatz, daß die Anerkennung – abgesehen von dem einen Fall der de facto-Anerkennung – im Interesse der internationalen Rechtssicherheit endgültig sein muß. In diesem Sinne bringt Art. 6 Satz 2 der amerikanischen Montevideo-Konvention vom 26. Dezember 1933 über die Rechte und Pflichten der Staaten eine allgemeine Regel zum Ausdruck: „Recognition is unconditional and irrevocable".

§ 22 Die vorläufige (de facto) und die endgültige (de iure) Anerkennung

Schrifttum: wie vor § 19.

I. Die Anerkennung ist ein Rechtsinstrument. Sie soll die Beziehungen zwischen dem Anerkennenden und dem Anerkannten auf eine sichere Grundlage stellen. Damit wäre

[29] Als Auflage, nicht als Bedingung, hat die h. L. z. B. die den Balkanstaaten auf dem Berliner Kongreß 1878 auferlegten Vepflichtungen konstruiert. Vgl. z. B. *von Lißt/Fleischmann*, 91; *Oppenheim/Lauterpacht* I, § 75 e. Andererseits geht *Lauterpacht*, 364 („The practice of States shows no instances ...") doch wohl zu weit, wenn er dem Problem die Bedeutung absprechen will. Der von ihm selbst, 360, Anm. 4, angeführte Fall scheint uns doch ein Beispiel für eine Anerkennung unter einer wirklichen Bedingung zu sein. Vgl. auch U.S. Foreign Relations 1918 II, 785 über die Bedingungen, von denen die britische Regierung 1918 die de facto-Anerkennung Finnlands abhängig machte. Selbst wenn man davon ausgeht, daß bis zum Ende des Ersten Weltkrieges derartige Suspensivbedingungen zulässig waren, so sind für die Gegenwart daran Zweifel angebracht. Denn in einer derartigen Suspensivbedingung liegt ein massiver Eingriff in die Souveränität und Selbstbestimmung des betroffenen Staates von seiten anderer Völkerrechtssubjekte, der mit dem Grundsatz der souveränen Gleichheit nicht vereinbar ist. A. A. noch *Dahm* I, 147, Anm. 25.

[30] So auch Institut de droit international 1936, Art. 6, 13, Tableau général des résolutions 12 f.

es nicht zu vereinbaren, wenn sich die einmal ausgesprochene Anerkennung je nach den wechselnden Konstellationen der Politik wieder zurücknehmen ließe. Es gehört vielmehr zu den gesicherten Regeln des Völkerrechts, daß die einmal bestehenden und anerkannten Staaten keiner nochmaligen Anerkennung bedürfen. Wer einmal dazugehört, bleibt in der internationalen Gemeinschaft. Selbst der Abbruch der diplomatischen Beziehungen und ggf. sogar der Ausbruch eines Krieges – in dem die Kriegführenden einander als Staaten behandeln – läßt die einmal erfolgte Anerkennung nicht wieder erlöschen. Auch die Regierung, die einmal anerkannt ist, bleibt für den anerkennenden Staat die legitime Regierung, solange die Verhältnisse sich nicht grundlegend ändern.
Von dieser Regelung läßt das Völkerrecht in Gestalt der sog. de facto-Anerkennung eine Ausnahme zu. Auch diese Anerkennung bringt den Willen zum Ausdruck, die anerkannte Staatsgewalt als solche gelten zu lassen und mit ihr zu verkehren, aber mit dem Vorbehalt, daß der Anerkennende sich von den Verhältnissen und der Stabilität der neuen Staatsgewalt noch kein endgültiges Bild machen könne und die Anerkennung zurückziehen dürfe, wenn die Lage sich als seinen Erwartungen nicht entsprechend herausstellen sollte oder die Verhältnisse sich wesentlich ändern. Die sog. de facto-Anerkennung ist also eine nur vorläufige Anerkennung. Sie ist widerruflich.[1]

Die Anerkennung de facto pflegt die Vorläuferin der Anerkennung de iure zu sein. Nach dem Zweiten Weltkrieg z. B. wurde die Republik Indonesien von den Niederlanden[2] oder wurde Israel von den Vereinigten Staaten zunächst de facto anerkannt. Auch Regierungen können de facto anerkannt werden. Die Sowjetregierung z. B. wurde drei Jahre vor ihrer Anerkennung durch England zunächst nur de facto anerkannt, und ebenso ging der de iure-Anerkennung der *Franco*-Regierung in Spanien durch die Westmächte das Vorspiel der de facto-Anerkennung voraus.

II. Die Anerkennung de facto bildet den Gegensatz zu der Anerkennung de iure. Aber diese Bezeichnungen sind geeignet, in die Irre zu führen.[3] Denn einerseits sagt die Anerkennung de iure nichts über die Legitimität der neuen Staatsgewalt aus. Sie knüpft gerade an die faktisch bestehenden Verhältnisse an. Und andererseits ist auch die Anerkennung de facto eine Anerkennung i. S. des Rechts. Ihre Wirkungen sind nahezu die gleichen wie die der Anerkennung de iure.

Auch die de facto anerkannte Staatsgewalt hat einen Anspruch auf die volle Respektierung ihrer Hoheitsgewalt.[4] Ihr selbst und ihren Organen kommen die üblichen Vorrechte und Freiheiten zu.[5] Ihre Hoheitsakte sind nicht anders als die der de iure anerkannten Regierungen und Staaten

[1] So die durchaus h. L. Vgl. auch Institut de droit international 1936, Art. 3, 1, Tableau général des résolutions, 12 f. Über hier und dort vertretene abweichende Ansichten *Kunz*, 50 f, 133 f. Ohne Stütze im geltenden Recht und rechtspolitisch bedenklich ist die Ansicht von *Lauterpacht*, 341, daß die Staaten in Gestalt der de facto-Anerkennung ein negatives Werturteil über den Ursprung, die Legitimität der anerkannten Staatsgewalt abgeben könnten. Für eine solche Zensurenerteilung fehlt den Staaten die Zuständigkeit. Zurückhaltender *Oppenheim/Lauterpacht* I, § 74.

[2] So im *Linggadjati*-Abkommen vom 15. November 1946, dessen Art. 1 die Regierung der indonesischen Republik als „de facto-Autorität" in Java, Madura und Sumatra bezeichnete. Dazu auch *Scheuner*, Die Entstehung des indonesischen Staates, in: AVR 3 (1951-52), 44-67 (52 f).

[3] Nach *Dugard*, 6, „these confusing concepts have outlived". Kritisch auch *Cochran*.

[4] Vgl. die treffende Bemerkung des Schiedsrichters *Nielsen* der amerikanisch-mexikanischen General Claims Commission im Falle *Elton*, RIAA 4, 534: „From the standpoint of international law a government may be regarded as de jure by virtue of the fact that it is de facto."

[5] So der britische Court of Appeal in *The Gagara* (1919), Probate, Divorce and Admiralty Division of the English High Court of Justice 95 und Lord *Atkin* in *The Arantzazu Mendi* (1939), British House of Lords and Judicial Committee of the Privy Council, Appeal Cases 256. Doch gewährt England – anders als z. B. die USA – den Vertretern einer nur de facto anerkannten Regierung nicht die volle Immunität, wie sie den diplomatischen Vertretern der de iure anerkannten Staatsgewalt eingeräumt wird. Vgl. *Shaw*, 218 f, 227 ff.

zu achten.[6] So kam auch der IGH in seinem Rechtsgutachten über die *Wiedergutmachung im Dienste der UNO erlittener Schäden* (1949)[7] zu dem Ergebnis, daß auch der nur de facto anerkannte Staat für das von seinen Organen begangene Unrecht verantwortlich sei und der Entschädigungsanspruch auch ihm gegenüber bestehe. Andererseits ergibt sich eine rechtliche Verpflichtung zur Aufnahme diplomatischer Beziehungen nicht einmal aus einer Anerkennung de iure. Der einzige Unterschied ist darin enthalten, daß die Anerkennung de facto leichter zurückgenommen werden kann als die Anerkennung de iure. Anstatt von Anerkennung de facto und Anerkennung de iure wäre also besser von *vorläufiger* und *endgültiger Anerkennung* die Rede.

III. 1. Auch die Anerkennung de iure dauert nicht immer. Die Anerkennung, so wurde gezeigt, bringt für sich allein keinen Staat zur Entstehung. Andererseits kann sie einen Staat oder eine Regierung nicht erhalten, die in Wirklichkeit nicht mehr bestehen. Die Anerkennung, indem sie an die politische Wirklichkeit anknüpft, bestätigt, was ohnehin da ist, ist ihrem Wesen nach akzessorisch. Daher wird sie gegenstandslos, wenn die anerkannte Staatsgewalt nicht mehr besteht. Ist diese endgültig erloschen, so dürfen andere Staaten sie nicht mehr als noch existierend behandeln. Wenn das aber der Fall ist, dann müssen die anderen Staaten auch das Recht haben, das auszusprechen, nämlich zu sagen, daß sie die vormals anerkannte Staatsgewalt als nicht mehr vorhanden betrachten, auch dann, wenn sie diese vorher de iure anerkannt hatten. Ist die Staatsgewalt erloschen, so ist der Widerruf der Anerkennung nur noch deklaratorisch.

Wie die Anerkennung, so kann auch der Widerruf der Anerkennung ausdrücklich oder durch schlüssiges Handeln erfolgen. Die bloße Tatsache der Schließung der Gesandtschaft und der Konsulate für sich allein reicht allerdings noch nicht aus, um den Willen zur Zurücknahme der Anerkennung eindeutig erkennen zu lassen.[8] Wohl aber stellt die Anerkennung der neuen Staatsgewalt einen mittelbaren Widerruf der Anerkennung der durch sie verdrängten alten Staatsgewalt dar. Nach der Annexion Abessiniens ließ sich die Anerkennung der italienischen Herrschaft de iure nur als ein Widerruf der Anerkennung Abessiniens als eines unabhängigen Staates verstehen. Oder als Großbritannien im Juli 1945 die polnische Regierung in Lublin anerkannte, war darin zugleich ein Widerruf der Anerkennung der polnischen Exilregierung in London enthalten.

2. Der verfrühte Widerruf ist wie die vorzeitige Anerkennung völkerrechtswidrig.

So ist die vorläufige Vertreibung der rechtmäßigen Regierung im Kriege durch den okkupierenden Feind noch kein Grund, um ihr oder gar ihrem Staat die Anerkennung von jetzt an zu entziehen.[9] Daher stimmte im Zweiten Weltkrieg die fortdauernde Anerkennung der Exilregierungen

[6] „The recognized de facto government must for all purposes(!), while continuing to occupy its de facto position be treated as a duly recognized foreign sovereign state". So im Hinblick auf die damals de facto anerkannte italienische Herrschaft in Abessinien *Clauson, J.* für den Supreme Court (Chancery Div.) in *Bank of Ethiopia v. National Bank of Egypt and Liguori* (1937), 1 Chancery Division of the English High Court of Justice 513 unter Zurückweisung der vom Kläger vertretenen Ansicht, daß die Akte der de facto anerkannten Regierung nur insoweit rechtsgültig seien, als sie die Erhaltung von Ruhe und Ordnung und den Schutz der Besatzungsmacht zum Gegenstand hätten. Zurückhaltender das Urteil in *Luther v. Sagor* (1921), 3 King's Bench 532 mit der Bemerkung, wenn auch „for some purposes" ein Unterschied bestehen möge, so jedenfalls nicht unter dem Gesichtspunkt, der das Gericht interessierte (Wirksamkeit sowjetischer Enteignungsdekrete). Vgl. auch *Shaw*, 227 ff.

[7] ICJ Reports 1949, 174.

[8] Dazu *Oppenheim/Lauterpacht* I, 819, Anm. 5 mit Hinweisen auf Vorgänge dieser Art anläßlich der Annexion Abessiniens und des Anschlusses Österreichs an Deutschland.

[9] Während des Zweiten Weltkrieges haben die USA, das Vereinigte Königreich und die UdSSR den Anschluß Österreichs durch die Moskauer Erklärung vom 30. Oktober 1943 für null und nichtig erklärt und damit die Anerkennung der durch den Anschluß geschaffenen Lage rückgängig gemacht. Ebenso haben sie die Anerkennung der Einverleibung Abessiniens in Italien widerrufen. Dazu auch die Entscheidung des Supreme Court Palästina, Annual Digest 1938-40, C. 36. Diese Erklärungen und Widerrufe während der Fortdauer der Feindseligkeiten entbehrten der völkerrechtli-

der von der deutschen Wehrmacht besetzten Länder durch andere Staaten mit dem Völkerrecht überein. Anders kann die Rechtslage sein, wenn sich neben der Exilregierung auf dem Gebiet des betreffenden Staates eine neue Regierung endgültig durchgesetzt hat. Nach der Einsetzung einer neuen Regierung in Polen durch die Sowjets in der zweiten Phase des Zweiten Weltkrieges z. B. hatte die polnische Exilregierung in London hinfort keinen Anspruch mehr darauf, weiterhin als die allein legitime Regierung zu gelten. Und nach der endgültigen Festigung der Verhältnisse durften andere Staaten sie nicht mehr als Regierung Polens behandeln.

Aber so wie die Entstehung neuer Staaten sich in Übergängen vollzieht, so gibt es auch Übergangslagen, in denen die schwindende Staatsgewalt noch anerkannt werden darf, aber nicht mehr anerkannt werden muß. Wie im Stadium der Entstehung, so muß auch in dem des Erlöschens, in dem noch keine volle Klarheit besteht, jeder Staat nach seinem Ermessen entscheiden, ob er seine Anerkennung aufrechterhalten will oder nicht. Entscheidet er sich dann in letzterem Sinne, so stellt der Widerruf auch der Anerkennung de iure keine Verletzung des Völkerrechts dar.[10]

3. Damit schrumpft der Unterschied zwischen der Anerkennung de iure und der Anerkennung de facto auf ein geringes Maß zusammen, ohne doch ganz zu verschwinden.[11] Es besteht nur noch ein Gradunterschied. Die Anerkennung de iure läßt sich nur widerrufen, wenn die anerkannte Staatsgewalt endgültig erloschen ist oder doch vom Standpunkt objektiver Beurteilung die Annahme ihres Erlöschens gerechtfertigt ist, die Anerkennung de facto schon dann, wenn die Lage sich nicht alsbald zugunsten der anerkannten Staatsgewalt klärt.

IV. In Übergangslagen ist denkbar, daß eine neue Regierung de facto, die alte aber nach wie vor als Regierung de iure anerkannt wird, also zwei Gewalten nebeneinander bestehen. Ein solches Nebeneinander hat etwa während des italienisch-abessinischen Krieges 1935-36 und des spanischen Bürgerkrieges 1936-39[12] eine Zeitlang bestanden.

Wo das der Fall ist, haben beide Regierungen dem anerkennenden Staat gegenüber als Regierungen ihres Staates zu gelten. Sie sind gleichberechtigt, können sich also auch nicht gegenseitig vor den Gerichten des anerkennenden Staates belangen.[13] Im übrigen aber ist die de facto-Regie-

---

chen Wirkung. Zur Moskauer Erklärung *Kelsen*, AJIL 38 (1944), 689 f, sie habe „hardly more than a political character“. Anders *Langer*, Seizure of Territory, 1947, 114, 182.

[10] Die im Schrifttum überwiegende Ansicht geht dahin, es sei die Anerkennung de iure schlechthin unwiderruflich. Vgl. statt vieler *Kunz*, 99, 162. Von anderen wird der Widerruf für möglich gehalten. Vgl. z. B. *v. Lißt/Fleischmann*, 92, *Kelsen*, AJIL 35 (1941), 611 f. Im Sinne der, wie uns scheint, richtigen Ansicht *Oppenheim/Lauterpacht* I, § 75 g und *Lauterpacht*, §§ 101-103 sowie Institut de droit international 1936, Art. 5.

[11] Nach *Kelsen*, General Theory of Law and State, 1949, 225 f, Principles, 397 und AJIL 35 (1941), 612 f sollen die beiden Arten der Anerkennung sich juristisch nicht unterscheiden. Zutreffend dagegen *Lauterpacht*, § 106 und *Oppenheim/Lauterpacht* I, 151, Anm. 1. Vgl. auch *Cochran; Dugard*, 6; zutreffend *Shaw*, 218 f.

[12] Im spanischen Bürgerkrieg ergab sich eine eigenartige Rechtslage daraus, daß Großbritannien und andere Staaten die *Franco*-Regierung schon vor der Eroberung des gesamten Staatsgebietes als de facto-Regierung ansahen. Neben ihr war also die de iure-Regierung nicht nur die legitime Regierung Spaniens in seiner Gesamtheit, sondern auch die de facto-Regierung auf dem noch von ihr beherrschten Gebiet. Die Abgrenzung der Zuständigkeiten erfolgte z. B. in der Rechtsprechung der britischen Gerichte nach dem Grundsatz der Effektivität. Vgl. näher bei *Shaw*, 229 f. Über diese – völkerrechtlich zweifelhafte – Anerkennung einer Teilgewalt etwa *Lauterpacht*, § 77. Es handelte sich bei Licht besehen wohl nicht um die Anerkennung einer Regierung, sondern um die von Aufständischen, einer lokalen de facto-Regierung.

[13] So alle drei Instanzen in *The Arantzazu Mendi* (1938) P. 233, (1939) P. 37, (1939) A.C. 256 (auch Annual Digest 1938-40, C. 25). Vgl. auch High Court (Admiralty Div.) in *El Neptuno*, Annual Digest 1938-40, C. 91 im Hinblick auf beide spanische Regierungen: „There is no question at all of there being any preference for one side or the other.“

rung die rechtmäßige Regierung auf dem tatsächlich von ihr beherrschten Gebiet.[14] Für die de iure-Regierung bleiben nur die Zuständigkeiten, die nach Abzug der von der de facto-Regierung auf dem von ihr beherrschten Gebiet ausgeübten Hoheitsrechte verbleiben. Insoweit aber bleibt die de iure-Regierung die legitime Repräsentation des Staates in seiner Gesamtheit. Daher verbleibt ihr z. B. das Recht der Verfügung über Vermögenswerte im Ausland.[15]

V. Durch die Unterscheidung zwischen Anerkennung de facto und de iure wird die ohnehin schwierige Problematik der Anerkennung noch weiter verwickelt und erhöhen sich die Schwierigkeiten der Staaten, deren Pflicht es ist, eine der wirklichen Sachlage entsprechende oder doch eine Entscheidung zu treffen, die der Lebenswirklichkeit nicht geradezu grob widerspricht. Schon die vorläufige Anerkennung z. B. während eines Bürgerkrieges beschränkt die Rechtsstellung der legitimen Gewalt, und nicht minder als die vorzeitige Anerkennung de iure stellt die vorzeitige Anerkennung de facto eine Verletzung des Völkerrechts dar. Andererseits braucht die Staatsgewalt, die sich endgültig durchgesetzt hat, sich auf die Dauer mit der ihrem Prestige wenig zuträglichen und nur vorläufigen Anerkennung de facto nicht zu begnügen. So stellt das Stehenbleiben bei der Halbheit der Anerkennung de facto wiederum einen Verstoß gegen das Völkerrecht dar.

[14] Während des spanischen Bürgerkrieges nahm der britische Court of Appeal im Falle *Banco de Bilbao v. Sancha and Rey* (1938), 2 King's Bench 176 – an, die Einsetzung eines neuen Direktors der Bank durch die de iure-Regierung habe in der unter der tatsächlichen Herrschaft der de facto-Regierung stehenden Stadt Bilbao (wo die Bank ihren Sitz hatte) keine rechtliche Wirkung. Ebenso schon der britische Supreme Court (Chancery Div.) in *Bank of Ethiopa v. National Bank of Egypt and Liguori* (1937), 1 Chancery Division 513 im Hinblick auf die Vertretungsbefugnis von durch die abessinische de iure-Regierung eingesetzten Direktoren. – Im Einklang mit diesem Prinzip jede Regierung gilt als solche in dem tatsächlich von ihr beherrschten Bereich – versagte die britische Rechtsprechung den Enteignungsdekreten der spanischen de iure-Regierung die Rechtswirkung im Hinblick auf spanische Schiffe, die sich in britischen Gewässern befanden und deren Besatzungen sich der de facto anerkannten *Franco*-Regierung angeschlossen hatten und das Schiff tatsächlich für diese besaßen. Dazu die oben Anm. 13 angeführte Entscheidung im Falle *The Arantzazu Mendi*.

[15] Aufschlußreich Court of Appeal in *Haile Selassie v. Cable and Wireless Ltd.* (No. 2) (1939), Chancery Division 182. In diesem Verfahren, in dem der Kläger gewisse Ansprüche aus einem Vertrage geltend zu machen versuchte, bestritt die Beklagte dessen Aktivlegitimation mit der Begründung, es sei der Anspruch nach der de facto-Anerkennung Italiens auf die italienische Regierung übergegangen. Gleichwohl hatte der Vorderrichter der Klage stattgegeben, da die italienische Regierung noch nicht de iure anerkannt sei und solche im Ausland lokalisierte Forderungen noch der rechtmäßigen Regierung gehörten (bis zur Entscheidung des Court of Appeal hatte die Rechtslage sich dann durch die inzwischen erfolgte Anerkennung der italienischen Regierung auch de iure geändert). Vgl. auch Judicial Committee des Privy Council in *Civil Air Transport Incorporated v. Central Air Transport Corporation* (1952), 2 All England Law Reports 733: Die Rechtswirksamkeit von der damaligen de iure-Regierung im Ausland, also außerhalb des Machtbereichs der de facto-Regierung abgeschlossener Rechtsgeschäfte bleibt selbst im Falle späterer Vollanerkennung der de facto-Regierung bestehen (anders noch Supreme Court Hong Kong, ILR 1950, C. 45).

4. KAPITEL

Die Souveränität und Gleichheit der Staaten

§ 23 Die Unabhängigkeit (Souveränität) der Staaten

Schrifttum: Granting of Independence to Colonial Countries and Peoples. A Selected Bibliography 1960-1980 (UN Doc. ST/LIB/SER.B/31); *Politis*, Le problème des limitations de la souveraineté, in: RdC 6 (1925 I), 1-121; *Heller*, Die Souveränität, 1927; *Sukiennicki*, La souveraineté des Etats en droit international, 1927; *Kelsen*, Das Problem der Souveränität und die Theorie des Völkerrechts, 2. Aufl. 1928; *Mattern*, Concepts of State, Sovereignty and International Law, 1928; *Keeton*, National Sovereignty and International Order, 1939; *Triepel*, Die Hegemonie, 2. Aufl. 1943; *Rousseau*, L'indépendence de l'Etat dans l'ordre international, in: RdC 73 (1943 II), 171-253; *Schwarzenberger*, Sovereignty: Ideology and Reality, in: YBWA 4 (1950), 1-22; *Gunst*, Der Begriff der Souveränität im modernen Völkerrecht, 1953; *van Kleffens*, Sovereignty in International Law, in: RdC 82 (1953 I), 1-30; *Loewenstein*, Souveränität und zwischenstaatliche Zusammenarbeit, in: AöR 80 (1955/56), 1 ff; *Sauer*, Souveränität und Solidarität, 1954; *Schwarzenberger*, The Forms of Sovereignty. An Essay in Comparative Jurisprudence, in: CLP 10 (1957), 264-295; *Krüger/Erler*, Zum Problem der Souveränität, in: Berichte DGVR 1 (1957), 1 ff; *Korowicz*, Some Present Aspects of Sovereignty in International Law, in: RdC 102 (1961 I), 1 ff; *de Jouvenal*, Über Souveränität, 1963 (Orig. frz. 1955, engl. 1957); *Kooijmans*, The Doctrine of the Legal Equality of States, 1964; *Ahmad*, Sovereignty – Islamic and Modern, 1965; *Larson/Jenks et al.* (Hrsg.), Sovereignty within the Law, 1965; *v. Simson*, Die Souveränität im rechtlichen Verständnis der Gegenwart, 1965; *Doehring*, Internationale Organisationen und staatliche Souveränität, in: Festschrift Forsthoff, 1967, 105 ff; *Vital*, The Inequality of States. A Study of Small Powers in International Politics, 1967; *Stankiewicz* (Hrsg.), In Defense of Sovereignty, 1969; *Quaritsch*, Staat und Souveränität, 1970; *Kennet/Whilty/Holland*, Sovereignty and Multinational Companies, 1971; *Anaud*, Sovereignty of States in International Law, in: Festschrift Appadoral, 1971, 118-214; *Petersmann*, Die Souveränität des Britischen Parlaments in den Europäischen Gemeinschaften, 1972; *Goodwin*, The Erosion of External Sovereignty, in: Government and Opposition 9 (1974), 61-78; *Shevtsov*, National Sovereignty and the Soviet State, 1974; *Delbrück*, Souveränität und Nationalstaat im Wandel, in: *Schwarz* (Hrsg.), Handbuch der deutschen Außenpolitik, 1975, 669 ff; *D. Chr. Dicke*, Die Intervention mit wirtschaftlichen Mitteln im Völkerrecht, 1978, 3-165; *Quaritsch*, Bodins Souveränität und das Völkerrecht, in: AVR 17 (1978), 257 ff; *Delbrück*, Menschenrechte im Schnittpunkt zwischen universalem Schutzanspruch und staatlicher Souveränität, in: GYIL 22 (1979), 384-402; *Ress* (Hrsg.), Souveränitätsverständnis in den Europäischen Gemeinschaften, 1980; *Wildhaber*, Sovereignty and International Law, in: *Macdonald/Johnston* (Hrsg.), The Structure and Process of International Law, 1983, 425-452; *Miller*, The Sovereign State and its Future, in: International Journal 39 (1984), 284-301; *Gilson*, The Conceptual System of Sovereign Equality, 1984; *Bleckmann*, Das Souveränitätsprinzip im Völkerrecht, in: AVR 23 (1985), 450-474; *James*, Sovereign Statehood. The Basis of International Society, 1986; *Miller*, Sovereingty as a Source of Vitality for the State, in: Review of International Studies 12 (1986), 79-89; *K. Dicke*, Menschenrechte und europäische Integration, 1986; *Quaritsch*, Souveränität. Entstehung und Entwicklung des Begriffs in Frankreich und Deutschland vom 13. Jahrhundert bis 1806, 1986; *Steinberger*, Sovereignty, in: EPIL 10 (1987), 397-418 (Literatur).

I. Die meisten Staaten erscheinen im Völkerrecht als Träger einer (relativ) höchsten Willensmacht und Entscheidungsgewalt, der Souveränität. So verstanden ist die Souveränität also eine Eigenschaft, die dem Staat als solchem zukommt. Der Begriff wird aber auch in einem anderen Sinne, nämlich als höchste Gewalt bestimmter Rechtssubjekte innerhalb des Staates, als Souveränität im Staate verstanden. In diesem Sinne ist etwa von der Souveränität des Monarchen oder des Volkes die Rede. Für das Völkerrecht aber steht nicht die Souveränität im Staate, sondern die Souveränität des Staates im Vordergrund der Betrachtung.

Souveränität ist ein vieldeutiger Ausdruck. Bei oberflächlicher Betrachtung erweckt er den Eindruck einer absoluten, schlechthin unbeschränkten Gewalt, so daß der Staat keiner höheren Autorität unterworfen, allenfalls an selbstgesetzte Schranken gebunden wäre. Aber dieser Standpunkt höbe das Völkerrecht auf.[1] Er überließe das internationale Leben der Anarchie und widerspräche damit elementaren Bedürfnissen des menschlichen Lebens. Auch rechtslogisch wäre der Begriff einer unbeschränkten Gewalt, einer unbegrenzten „Kompetenz-Kompetenz" gar nicht denkbar. Denn als Norm für menschliches Handeln ist das Recht seinem Wesen nach Schranke. So bezeichnet der Begriff der Souveränität nicht eine absolute, sondern nur eine relativ höchste Gewalt unter dem Recht.[2] Der souveräne Staat ist dem Völkerrecht unterworfen.

In dieser Begrenzung hat sich der Souveränitätsbegriff im Zusammenhang mit dem allmählichen Aufkommen der Nationalstaaten in Europa schon im 13. und 14. Jahrhundert entwickelt.[3] Er bezeichnet zunächst die Gewalt des Fürsten, der zwar dem universal gedachten Recht untersteht, im übrigen aber in seinem Bereich Träger der höchsten Gewalt ist und keiner höheren Jurisdiktion unterliegt. Nach oben verblassen die universalen Gewalten von Kaiser und Papst. Nach unten werden die Stände und andere „intermediäre Gewalten" von der Staatsgewalt aufgesogen oder ihr doch untergeordnet. In den Religionskämpfen des ausgehenden Mittelalters verbinden sich die monarchische Gewalt und die bürgerliche Rechtstheorie in dem Bestreben, die staatliche Ordnungsgewalt auf sicheren Boden zu stellen. Die Elemente der älteren Lehre werden von *Bodin* – Six livres de la République, 1577 – erneuert und zusammengefaßt. Der Zentralbegriff ist der der Souveränität. Sie ist bei *Bodin* die unbeschränkte, unteilbare Gewalt nach innen und außen, Unabhängigkeit gegenüber Kaiser und Papst, Herrschaft über die Stände und eine dem positiven Recht, der lex überlegene Hoheitsgewalt, also die Zuständigkeit für die höchste Legislative. Aber Nichtanerkennung eines Höheren heißt seit jeher nur Leugnung einer höheren irdischen, nicht jeder Autorität überhaupt. Vielmehr bleibt bei *Bodin* der Souverän dem Ius, dem natürlichen und göttlichen Recht unterworfen, bis zur Konsequenz des Widerstandsrechts. Das Naturrecht aber schließt auch das Völkerrecht ein.[4] So lebt bei *Bodin* und anderen nach ihm die mittelalterliche Reichsidee in der Vorstellung eines den souveränen Staaten gemeinsam übergeordneten und sie verbindenden Natur- und Völkerrechts fort.

Diese Auffassung hat sich – wenn auch zeitweise zurückgedrängt durch Staatsauffassungen, die dem Staat eine absolute und durch keine über ihm stehende Autorität eingeschränkte Hoheitsgewalt zuschreiben wollen (*Hobbes*, *Spinoza*, zuletzt *Hegel* und seine Schule) – doch in der Folgezeit im wesentlichen aufrechterhalten. In der Gegenwart wird die Idee einer schlechthin unbeschränkten Staatsgewalt nicht mehr ernsthaft vertreten. Die Gegner des Souveränitätsbegriffs machten es sich zu leicht, wenn sie die Souveränität als eine ihrem Begriff nach superlati-

---

[1] Vgl. dazu oben § 3 II 1.

[2] Gegen die Vorstellung einer „höchsten Gewalt", die aber doch *unter* dem Recht stehe, lassen sich natürlich logische Bedenken erheben. So etwa *Kelsen*, Principles, 194: „relative sovereignty ... is a contradiction in terms". Gleichwohl scheint es nicht zweckmäßig, den herkömmlichen Sprachgebrauch fallenzulassen.

[3] Über die geistesgeschichtliche Entwicklung des Staats- und Souveränitätsbegriffes *von der Heydte*, Die Geburtsstunde des souveränen Staates, 1952; *Schaumann*, Die Gleichheit der Staaten, 1957, namentlich unter II; *Quaritsch*, Staat und Souveränität; *ders.*, Souveränität, 1986; *Wildhaber*, 427 f.

[4] Die Trennung des ius gentium, eines auf dem Willen der Staaten beruhenden Gewohnheitsrechts, vom natürlichen und göttlichen Recht hat erst *Grotius* vollzogen. Vgl. *Wehberg*, Die Unterscheidung zwischen Natur- und Völkerrecht in der Lehre von Hugo Grotius, in: Festschrift Kraus, 1954, 225-232.

vische Rechtsmacht bestimmten und dann ihre Unvereinbarkeit mit dem Recht geltend machten. So argumentieren heißt offene Türen einrennen.[5]

II. 1. Die Souveränität, als Rechtsbegriff verstanden, ist aber relativ nicht nur darin, daß sie immer eine Hoheitsgewalt unter dem Recht ist. Der Begriff führt zu einer Relativierung der Staatsgewalt vor allem auch dadurch, daß er seit der Ausbildung des Nationalstaatensystems auf eine *Mehrzahl von Staaten* angewandt wird. Sind aber mehrere Staaten Träger einer souveränen Hoheitsgewalt, so entspricht den daraus folgenden oder damit verbundenen Rechten die Pflicht eines jeden Staates, die Hoheitsgewalt der anderen Staaten zu achten. Die Hoheitsgewalt des einen Staates wird also durch die der anderen nicht minder souveränen Staaten begrenzt.

Erst aus dem Nebeneinanderbestehen mehrerer Staaten mit souveräner Hoheitsgewalt erschließt sich der Sinn des Begriffs. Er bedeutet zunächst Unabhängigkeit des Staates von anderen Staaten.[6] Ein Staat ist unabhängig, wenn er über seine Innen- und Außenpolitik de iure nach seinem eigenen Willen zu entscheiden vermag. Er ist als unabhängiger Staat nicht dem Recht anderer Staaten, sondern nur den Regeln des allgemeinen Völkerrechts, darüber hinausgehenden Beschränkungen aber nur dann unterworfen, wenn dies seinem eigenen Willen entspricht. Er ist also selbst und nicht erst durch die Vermittlung einer über ihm stehenden Autorität Völkerrechtssubjekt. Er ist in vollem Umfang „völkerrechtsunmittelbar".[7]

2. Innerhalb des Systems der Nationalstaaten ist jeder Staat unabhängig in seinem und nur in seinem Hoheitsbereich. Dieser Bereich ist in erster Linie räumlich begrenzt. Die Souveränität ist also vorzugsweise unabhängige *territoriale Hoheitsgewalt.* Sie erstreckt sich auf Menschen und Dinge, die sich auf dem Gebiet des Staates befinden. Daneben aber hat jeder Staat auch eine *personale Hoheitsgewalt* über bestimmte Menschen – in erster Linie seine Staatsangehörigen –, die zu ihm in engeren Beziehungen stehen, und über diese auch jenseits der Grenzen. So hat z. B. jeder Staat das Recht, seine Staatsangehörigen auch im Ausland zu schützen. Daraus ergibt sich, daß die Hoheitsbereiche

[5] Zu einer Ablehnung des Souveränitätsbegriffs müssen auch diejenigen kommen, die wie *Duguit* den Staat nur als eine Summe von einzelnen betrachten – also leugnen – oder ihn wie *Kelsen* in ein unpersönliches Normengefüge auflösen möchten, ihn mit seinem Recht identifizieren. Für sie ist nicht der Staat, sondern das Recht „souverän". Souveränität ist Recht höchsten Ranges. So etwa *Duguit*, L'Etat, le droit positif et la loi positive, 1901; *Krabbe*, Die Lehre von der Rechtssouveränität, 1906; *Somlò*, Juristische Grundlehre, 1917; *Kelsen*, General Theory of Law and State, 1949, 383 f, Principles, 189 f; *Verdross*, Die Einheit des rechtlichen Weltbildes, 1923, 10 f; *Scelle*, Précis I, 13 f, 77 f. Vgl. zur rein normativistischen Auffassung des Staates auch oben § 12 I. Vgl. auch *Wildhaber*, 437.

[6] Vgl. *Oppenheim/Lauterpacht* I, § 64: „Sovereignty in the strict and narrowest sense of the term implies ... independence all round, within and without the borders of the country." In §§ 123, 124 sprechen *Oppenheim/Lauterpacht* von Unabhängigkeit bald im Sinne von Souveränität, bald stellen sie einerseits die Unabhängigkeit, andererseits territoriale und personale Suprematie des Staates als den Inhalt der Souveränität nebeneinander. Vgl. auch den Schiedsspruch im *Palmas*-Fall, RIAA 2, 829 (838): „Sovereignty in the relations between States signifies independence." – Die von *Schaumann* (Anm. 3), 83 f vertretene Unterscheidung zwischen Souveränität und Unabhängigkeit scheint uns sachlich nicht überzeugend.

[7] So z. B. *Verdross*, Die Einheit des rechtlichen Weltbildes, 1923, 35: „Staatliche Souveränität und unmittelbare Völkerrechtsunterworfenheit bedeuten ... ein und dasselbe." Ebenso etwa *Guggenheim* I, 163. Vgl. auch das Rechtsgutachten des IGH über die *Wiedergutmachung im Dienst der UN erlittener Schäden*, ICJ Reports 1949, 177 f: „A State can bring an international claim against another State. Such a claim takes the form of a claim between political entities, equal in law, similar in form, and both the direct subjects of international law". *Kelsen*, Principles, 191 f hält die Völkerrechts-Unmittelbarkeit nicht nur für das Kennzeichen der Souveränität, sondern der Staatlichkeit überhaupt und schließt nicht souveräne Organisationen aus dem Völkerrecht aus. Dem kann nicht zugestimmt werden.

der Staaten sich zum Teil überschneiden.[8] Ein Staatsangehöriger des Staates A, der auf dem Gebiet des Staates B ansässig ist, z. B. ist der territorialen Hoheitsgewalt von B und der personalen Hoheitsgewalt von A unterworfen. Wo beide in Widerstreit zueinander geraten, tritt die personale Hoheitsgewalt gegenüber der territorialen Suprematie im allgemeinen zurück. Namentlich ist den Staaten die Ausübung von Zwangsgewalt im Ausland auch gegenüber ihren eigenen Angehörigen untersagt.

III. Indessen muß der Begriff der Souveränität noch weiter eingeschränkt werden. Nicht jeder Staat, der (außer dem allgemeinen Völkerrecht) nur selbst gewollten Beschränkungen seiner Hoheitsgewalt unterliegt, ist deshalb schon souverän. Beschränkungen der Hoheitsgewalt, in die ein Staat freiwillig durch Verträge einwilligt, lassen seine Souveränität zwar an sich unberührt. Gibt es doch keinen Staat in der Welt, der sich nicht durch Verträge in größerem oder geringerem Maße Beschränkungen auferlegt hätte.[9] Aber es gibt heute auch darüber hinaus Grenzen, die auf dem allgemeinen Völkerrecht, auf Regeln zwingenden Charakters beruhen. Dies gilt namentlich für den völkerrechtlichen Schutz bestimmter fundamentaler Menschenrechte, etwa des Rechts auf Leben und körperliche Unversehrtheit.[10] Insoweit greift das Völkerrecht heute in den bis dahin der souveränen Entscheidungsgewalt der Staaten vorbehaltenen internen Rechtsbereich ein. Aber man wird hinsichtlich solcher Souveränitätsbeschränkungen doch auch Grenzen annehmen müssen. Selbst wenn der moderne Staat durch seine vielfältigen Verflechtungen in militärischen, wirtschaftlichen und technologischen Abhängigkeitsverhältnissen faktisch und rechtlich ein unvergleichliches Mehr an Beschränkungen hinnehmen kann und – angesichts der wachsenden Unfähigkeit des herkömmlichen Nationalstaats, die auf ihn zukommenden Aufgaben zu bewältigen – auch hinnehmen muß[11], ohne seine (relative) Souveränität im Sinne des Völkerrechts zu verlieren, so ist hier doch eine Grenze gesetzt.

Zur Souveränität reicht es nicht aus, daß der Staat nur Beschränkungen unterworfen ist, die im Völkerrecht ihre Grundlage hätten.[12] In diesem Sinne wäre auch ein unter einem völkerrechtlichen Protektorat stehender Staat voll „souverän". Zur Souveränität gehört vielmehr ein weiteres, nämlich die *Fülle der staatlichen Hoheitsgewalt.* Ein Staat, der we-

---

[8] Von Sonderfällen – Doppelstaatigkeit, Kondominium, Koimperium, Ausübung von Jurisdiktion auf fremdem Gebiet aufgrund besonderer Verträge usw. – wird man hier zunächst absehen können. Vgl. dazu unten §§ 43 ff.

[9] Vgl. StIGH im *Wimbledon*-Fall, PCIJ, Series A 1 (1923), 25: „The Court declines to see in the conclusion of any Treaty by which a State undertakes to perform or refrain from performing a particular act an abandonment of its sovereignty." Ähnlich PCIJ, Series B 14 (1927), 36. – In gleichem Sinne betonte auch *Clémenceau* als Präsident des Obersten Rats der Alliierten in einem berühmt gewordenen Brief an den polnischen Ministerpräsidenten *Paderewski* vom 24. Juni 1919, durch die Polen in den Minderheitenschutzverträgen zugemuteten und von ihm freiwillig übernommenen Verpflichtungen werde die Souveränität Polens nicht in Frage gestellt. Vgl. den Text bei *Kraus/Rüdiger*, Urkunden zum Friedensvertrage von Versailles I, 1920, 760.

[10] Zum Spannungsverhältnis von Menschenrechten und Souveränität vgl. insgesamt *Delbrück*, Menschenrechte im Schnittpunkt zwischen universalem Schutzanspruch und staatlicher Souveränität, in: GYIL 22 (1979), 384-402.

[11] Dazu etwa *Delbrück*, Souveränität und Nationalstaat im Wandel; *ders.*, Regionale Zusammenschlüsse und ihre Auswirkungen auf die Souveränität der Staaten, in: *Picht/Eisenbarth* (Hrsg.), Frieden und Völkerrecht, 1973, 457 ff; *Goodwin; James*, 177 ff.

[12] Anders *Verdross*, 93, der solche Staaten als „souveräne Staaten mit beschränkter Handlungsfähigkeit" ansehen will, da ihr Verhalten ausschließlich nach dem Völkerrecht zu beurteilen sei. Das scheint eine zu einseitige formale Betrachtung zu sein. – Bei dem oben unter II 1 und 2 Erörterten handelt es sich nicht um zwei heterogene Begriffe der Souveränität, deren Verbindung gedanklicher Verwirrung entspränge – so etwa die Kritik von *Kelsen*, in: Wörterbuch des Völkerrechts II, 1. Aufl. 1925, 554 –, sondern um zwei Elemente – ein formales und ein materielles Element – desselben, an der politisch-geschichtlichen Wirklichkeit orientierten Begriffs der Souveränität.

sentliche Funktionen der Staatsgewalt aufgibt, ist nicht mehr souverän, auch dann nicht, wenn dies durch den Abschluß von Verträgen geschieht.

So ist ja auch nicht zu bezweifeln, daß ein Staat sich durch Verträge gänzlich aufgeben kann. Denn zur vollen Staatsgewalt gehört das Recht zur Entscheidung über die eigene Existenz.[13] Wenn ein Staat seine Existenz aber durch Verträge aufgeben kann – indem er sich z. B. in einen anderen Staat aufnehmen läßt –, dann muß er auch durch Verträge auf die Stufe eines Staates mit geminderter Hoheitsgewalt herabsteigen können. Das ist z. B. der Fall, wenn ein Staat anderen Staaten die Einmischung in sein Verfassungsleben gestattet, einem anderen Staat die Ausübung seiner auswärtigen Gewalt überläßt, sich einseitig weitgehenden Rüstungsbeschränkungen unterwirft, seine wirtschaftliche[14], soziale oder kulturelle Autonomie aufgibt.

Ist ein Staat wesentlichen und gehäuften Beschränkungen dieser Art unterworfen, schrumpft seine Völkerrechts-Unmittelbarkeit zu einem Restbereich ein, dann ist ein solcher Staat nur noch „halb souverän“, ein Staat mit beschränkter Hoheitsgewalt.[15]

IV. 1. So ist der Staat bis in die Gegenwart Träger einer relativ-höchsten Gewalt in seinem Verhältnis zu anderen Staaten. Nun läßt sich aber nicht übersehen, daß die staatliche Hoheitsgewalt sich seit geraumer Zeit auf dem Rückzug und in einem Prozeß der Schrumpfung befindet. In der modernen Welt wird die staatliche Independenz durch die zwischenstaatliche und überstaatliche Interdependenz überschattet.[16] In den Weltkriegen hat der souveräne Nationalstaat sich überschlagen. Seit dem Zweiten Weltkrieg befindet die große Mehrzahl der Staaten sich in einer Situation, in der sie ein gewisses Maß von Unabhängigkeit nur um den Preis der Einfügung in ein zwischenstaatliches System der kollektiven Sicherheit zu bewahren vermögen. So wie der einzelne nach der Lehre des rationalen Naturrechts seine Freiheit nur um den Preis der Hingabe eines Teiles seiner Freiheit an den Staat bzw. durch Unterwerfung unter allgemeine Gesetze zu erhalten vermag, so erteilt spätestens die Entwicklung der Nuklearwaffen und die damit verbundene Steigerung der Gefährlichkeit des Krieges eine unüberhörbare Lehre: Die Staaten, ja die Menschheit, haben keine Aussicht zu überleben, wenn sie nicht bereit sind, wesentliche Hoheitsrechte und vor allem die Entscheidung über Krieg und Frieden aus den Händen zu geben. Damit aber ist der Souveränität im klassischen Sinne die Spitze abgebrochen. Weitgehende Bindungen dieser Art ist die große Mehrzahl der Staaten durch ihren Eintritt in die UNO eingegangen. Viele haben sich darüber hinaus in den Schutz regionaler Sicherheitssysteme begeben und sich damit der Hegemonie der in ihnen führenden Schutzmacht gefügt. Ihre Bindungen finden ihren rechtlichen Ausdruck in Gestalt internationaler Verträge, in denen die Staaten sich in politischer, militärischer und – heute unlösbar damit verbunden – wirtschaftlicher Hinsicht weitgehenden Beschränkungen ihrer Hoheitsgewalt unterwerfen.[17] Aber nicht nur im Zu-

---

[13] „D'après le droit international commun ... chaque Etat est libre de renoncer à son indépendance, voire même à son existence“. So *Anzilotti* in seinem Sondervotum zu dem Rechtsgutachten des StIGH über die *Deutsch-österreichische Zollunion*, StIGH Series A/B 41 (1931), 59.

[14] Dazu das in Anm. 13 genannte Rechtsgutachten des StIGH.

[15] Darüber Näheres in § 24.

[16] In seiner abweichenden Meinung zum *Asyl*-Fall – ICJ Reports 1950, 291 – spricht *Alvarez* geradezu von einem „régime d'interdépendance“. Zum Begriff Interdependenz *Zemanek*, Interdependence, in: EPIL 7 (1984), 275-278, und zu ihrer Bedeutung für die Durchsetzung des Völkerrechts oben § 8.

[17] Jedenfalls eine Seite dieser Entwicklung wird von *Loewenstein*, 28, dahin beschrieben, es sei das „Nettoergebnis“ dieser Vorgänge, „daß wesentliche Teile der Wehr- und Wirtschaftspolitik der Staaten, die sich dem von den Vereinigten Staaten hegemonial geführten Block angeschlossen haben, de facto, wenn auch nicht de iure den Sicherheitsinteressen Amerikas ein- und selbst untergeordnet sind“. Daß die Entwicklung auf der Seite des Ostblocks zum Teil viel weitergehende Bindungen und Abhängigkeiten herbeigeführt habe, wird gerade von *Loewenstein* mit Nachdruck betont. Über das Spannungsverhältnis zwischen politischer und rechtlicher Souveränität in der heutigen Welt auch *Schwarzenberger*, Sovereignty, 1, namentlich 18 f; *James*, 171 ff.

sammenhang mit dem Aufbau der regionalen Sicherheitssysteme, auch sonst hat sich die wechselseitige Abhängigkeit der Völker auf den relativ unpolitischen Gebieten des Wirtschafts-und Soziallebens relativ und unaufhaltsam verstärkt. Schon die industrielle Revolution des 19. Jahrhunderts hat zu einer Ausdehnung und Intensivierung der internationalen Beziehungen geführt, die nicht rückgängig gemacht werden kann und in Gestalt einer ständig wachsenden Zahl von multilateralen Verträgen seit langem auch im Völkerrecht ihren Niederschlag findet. Heute ist die Wirtschaft der Welt durch den ständig wachsenden Rohstoffbedarf der industrialisierten und die Industrialisierung der Agrarländer zu einer einzigen Bedarfsdeckungswirtschaft zusammengewachsen, und damit sieht der moderne Staat sich auch im Wirtschafts-, Sozial- und Kulturleben durch ein immer dichter werdendes Netz mannigfaltigster Verflechtungen und völkerrechtlicher Normen gebunden.[18]

In der jüngsten Vergangenheit haben viele Staaten sich zu einer weitgehenden Preisgabe auch ihrer Souveränität auf dem Gebiet etwa der Sozialpolitik, ihrer Wirtschafts- und Währungshoheit entschlossen. So sind die westeuropäischen Staaten in den Europäischen Gemeinschaften auf der Grundlage eines gemeinsamen Marktes zu einer – trotz mancher Rückschläge[19] – eng gefügten Wirtschaftseinheit zusammengeschlossen, die darüber hinaus auch die Grundlage einer Vereinheitlichung der Außenpolitik der Mitgliedstaaten in einzelnen Sachbereichen bildet. Die sozialistischen Staaten Osteuropas ihrerseits sind im Rat für gegenseitige Wirtschaftshilfe und aufgrund weiterer vertraglicher Abmachungen zu einem starke zentrale Planwirtschaftselemente enthaltenden Block organisiert.[20] Schließlich haben seit dem Ende des Zweiten Weltkrieges zahlreiche Staaten – so heute insbesondere die Entwicklungsländer – im Zusammenhang mit der Gewährung von wirtschaftlicher Hilfe z. T. weitgehende Kontrollen und sonstige Eingriffe in ihre wirtschaftliche und finanzielle Entscheidungsfreiheit hinnehmen müssen.[21] Auch haben sie sich ihrerseits zur Stärkung ihrer wirtschaftlichen Verhandlungsposition zu regionalen Organisationen – z. B. in der Karibik – zusammengeschlossen.[22]

Das Gesamtergebnis ist eine auch im internationalen Vertragsrecht sich aussprechende Machtzunahme einerseits der großen Führungsmächte, andererseits aber auch der zwischenstaatlichen und überstaatlichen Organisationen. Sie üben in der Gegenwart eine die staatlichen Grenzen überschreitende, planende und verwaltende Tätigkeit aus und erfüllen schon heute viele Funktionen, die früher von den Staaten ausgeübt wurden, aber in der modernen Welt von den Einzelstaaten nicht mehr erfüllt werden können.[23] Sie werden damit zu Trägern einer übernationalen Ordnung und Herrschaft, die sich auf Kosten der staatlichen Herrschaft entfalten, diese andererseits aber wiederum insofern entlasten und festigen können, als sie Lösungsmöglichkeiten für nur international zu bewältigende Aufgaben bereitstellen.

---

[18] Sehr instruktiv darüber *Erler*, Staatssouveränität und internationale Wirtschaftsverflechtung, 1955, und in dem Bericht von *Krüger* und *Erler*, Zum Problem der Souveränität, 1957, 29 f; *Doehring; Wildhaber*, 438 ff.

[19] Hier sind insbesondere die sog. „Luxemburger Formeln", aber auch die faktische Entwicklung zu einer Willensbildung im Sinne klassischer zwischenstaatlicher Kooperation z. B. im Ministerrat anzusprechen.

[20] *Gilson*, 529 ff; *Ustor*, Decision-making in the Council for Mutual Economic Assistance, in: RdC 134 (1971 III), 163-296; *Seiffert* (Hrsg.), Das System völkerrechtlicher Regelungen der sozialistischen ökonomischen Integration, 1976; *ders.*, Das Rechtssystem des RGW. Eine Einführung in das Integrationsrecht des COMECON, 1982.

[21] Für die Praxis des IMF vgl. etwa *Kranz*, Le droit du Fonds monétaire international et les affaires internes des pays membres, in: GYIL 29 (1986), 111-136. Vgl. auch bereits *Loewenstein*, 1 ff.

[22] Vgl. *Wildhaber*, 440, der in diesem Zusammenhang – wohl etwas überspitzt – von „common sovereignty" spricht, welche die „individualist sovereignty" einschränkt. Vgl. auch *Vargas-Hidalgo*, Economic Integration, Development Planning and Sovereignty: A Latin American View, in: Lawyer of the Americas 9 (1977), 318-339.

[23] Dazu *Delbrück*, Internationale und nationale Verwaltung. Inhaltliche und institutionelle Aspekte, in: *Jeserich/Pohl/von Unruh*, Deutsche Verwaltungsgeschichte V, 1986, 386-403 mwN.

Mitglieder in solchen zwischenstaatlichen und überstaatlichen Organisationen freilich sind überwiegend Staaten, die ihren Willen durch weisungsgebundene Regierungsvertreter aussprechen können. Aber das gilt nicht allgemein, und überdies ist bei der Willensbildung der Organisationen der Einstimmigkeitsgrundsatz in gewissem Umfange dem Mehrheitsgrundsatz gewichen, und das bedeutet, daß die Staaten überstimmt werden können.[24] Wesentliche Entscheidungen werden auch von Organen getroffen, in denen nicht alle Mitglieder repräsentiert sind. So können z. B. den Mitgliedstaaten der UNO durch Entscheidungen des Sicherheitsrats weitreichende Verpflichtungen auferlegt werden, ohne daß sie bei der Entscheidung mitwirken könnten.[25] Sodann gibt es überstaatliche Organisationen, von denen bestimmte, aus der Staatsgewalt ausgegliederte Hoheitsrechte mit unmittelbarer Wirkung gegenüber den einzelnen ausgeübt werden. Heute sind etwa die Europäischen Gemeinschaften Träger einer auch gegenüber Einzelpersonen und -unternehmungen – den sog. Marktbürgern – unmittelbar wirksamen Hoheitsgewalt.[26]

Darin kommt zum Ausdruck – und es gibt auch andere Symptome dafür –, daß das moderne zwischenstaatliche Recht – und insoweit darf das Europäische Gemeinschaftsrecht hier dazugezählt werden[27] – sich in gewissem Umfange unmittelbar an die einzelnen wendet. Diese sind heute Träger von Rechten und Pflichten, die ihnen ohne die Vermittlung der nationalen Staatsgewalt im Einzelfall unmittelbar durch das Völkerrecht zugeteilt werden.[28]

2. Das Gesamtergebnis dieser Entwicklung scheint ein deutliches Absinken der Rolle des Staates zu sein. In dieser Situation, so könnte man meinen, habe auch der Begriff der Souveränität seine Bedeutung verloren.

„Le dogme de la souveraineté est périmé. Il ne répond à rien de réel" ... „elle est dès à present virtuellement abolie... Ce principe, sur lequel, durant quatre siècles a été orientée toute la vie internationale, est comme des astres depuis longtemps éteints qui frappent néanmoins encore nos regards".[29]

Aber solche Urteile halten einer kritischen Prüfung nicht Stand. Sie unterschätzen den Staat, politisch und rechtlich. Man darf diese Entwicklung nicht einseitig aus der Perspektive der westeuropäischen Völker betrachten. Bei ihnen freilich ist eine weitgehende

[24] In dem Rechtsgutachten des StIGH (Series B 12 (1925)) wird der in Art. 5 (1) der Völkerbundsatzung ausgesprochene Einstimmigkeitsgrundsatz noch als die dem allgemeinen Völkerrecht entsprechende Regel bezeichnet (30). – Einzelheiten können erst im zweiten Band dieses Buches dargestellt werden. Vgl. auch *Oppenheim/Lauterpacht* I, 278, Anm. 2 und die dort angeführten Belege; weiterhin *Kaufmann*, United Nations Decision-Making, 1980; *Brinkmann*, Majoritätsprinzip und Einstimmigkeit in den Vereinten Nationen, 1978; *Wolfrum*, Neue Elemente im Willensbildungsprozeß internationaler Wirtschafts-Organisationen, in: VN 29 (1981), 50 ff; *ders.*, Konsens im Völkerrecht, in: *Kaltefleiter/Hattenhauer* (Hrsg.), Mehrheitsprinzip, Konsens und Verfassung, 1986, 79 ff.

[25] UN-Charta Art. 25, 39 f.

[26] So betonte der EuGH (Slg. 1963, 1), daß „die Gemeinschaft eine neue Rechtsordnung des Völkerrechts darstellt, zu deren Gunsten die Staaten, wenn auch in begrenztem Rahmen, ihre Souveränitätsrechte eingegrenzt haben, eine Rechtsordnung, deren Rechtssubjekte nicht nur die Mitgliedstaaten, sondern auch die einzelnen sind. Das von der Gesetzgebung der Mitgliedstaaten unabhängige Gemeinschaftsrecht soll daher den einzelnen – ebenso wie es ihnen Pflichten auferlegt – auch Rechte verleihen". Zur Rechtsnatur der EG statt anderer *Everling*, Das Europäische Gemeinschaftsrecht im Spannungsfeld von Politik und Wirtschaft, 1985.

[27] Zum Verhältnis von Europäischem Gemeinschaftsrecht und Völkerrecht vgl. *Everling* (Anm. 26), 86 ff.

[28] Dies gilt insbesondere für die seit Beginn der siebziger Jahre insbesondere vom EuGH dem einzelnen im Wege rechtsschöpferischer Interpretation des Gemeinschaftsrechts zugesprochenen Grundrechte. Dazu im einzelnen *Feger*, Die Grundrechte im Recht der Europäischen Gemeinschaften, 1984; *Dicke*, Menschenrechte und europäische Integration, 158 ff.

[29] *Politis*, 111. Weitere Nachweise zur Relativierung des Souveränitätsverständnisses oben, § 2.

Bereitschaft zum Zusammenschluß und zur Preisgabe der individuellen Hoheitsrechte vorhanden.[30] Andererseits sind die jungen Staaten der Dritten Welt auf eine weitgehende Wahrung ihrer Hoheitsrechte, insbesondere was die Verfügung über natürliche Ressourcen angeht, bedacht.[31] Es haben sich aber auch nicht alle Staaten in die politische, militärische und wirtschaftliche Abhängigkeit der großen Hegemonialmächte begeben, und manche haben sich den damit verbundenen Bindungen zu entziehen vermocht. Vor allem aber sind die großen Führungsmächte – die Vereinigten Staaten wie die UdSSR – selbst wenig geneigt, wesentliche Elemente ihrer Souveränität preiszugeben, und in Theorie und Praxis der Sowjetunion etwa wird die klassische Souveränität mit aller Schroffheit aufrechterhalten.[32]

So hat denn auch das Völkerrecht der Gegenwart die Souveränität – das Wort und den Begriff – keineswegs fallen gelassen. Gerade auch die großen multilateralen Verträge bringen zum Ausdruck, daß die staatliche Hoheitsgewalt trotz aller Beschränkungen ihrer Substanz nach weiterbesteht.[33]

Zu diesen Verträgen gehört auch die Charta der UN, eines lockeren Bundes souveräner Staaten, der kein Überstaat sein soll, sondern nach Art. 2 Ziff. 1 auf dem Grundsatz der „souveränen Gleichheit" aller Mitglieder aufgebaut werden soll.[34] Auch im einzelnen läßt die UN-Charta die

[30] Bezeichnend dafür etwa GG Art. 24. Danach kann der Bund durch (einfaches) Gesetz Hoheitsrechte auf zwischenstaatliche Einrichtungen übertragen und wird weiter die Bereitschaft zur Einwilligung in Beschränkungen der Hoheitsgewalt ausgesprochen, die eine friedliche und dauerhafte internationale Ordnung gewährleisten können. Ähnliche Bestimmungen sind in den Verfassungen von Frankreich, Italien, der Niederlande und Dänemarks enthalten. Vgl. *Geiger*, Die völkerrechtliche Beschränkung der Vertragsschlußfähigkeit der Staaten, 1979.

[31] Eines der Kernstücke der von den Entwicklungsländern eingeforderten „Neuen Weltwirtschaftsordnung" ist die „permanent sovereignty over natural resources", die u. a. die Enteignung und Nationalisierung ausländischen Investitionsvermögens gegen Entschädigung nach nationalem Recht des enteignenden Staates einschließt. Dazu *Verdross/Simma*, 31, 313, 805 f, dort mit zahlreichen Nachweisen.

[32] Vgl. z. B. *Korowin*, The Second World War and International Law, in: AJIL 40 (1946), 742 f; *Krylow*, Les notions principales du droit de la guerre, in: RdC 70 (1947 I), 450 f sowie *Taracouzio*, The Soviet Union and International Law, 1935, 26 f; *Meissner*, Die Sowjetunion, die baltischen Staaten und das Völkerrecht, 1956, 159 f; *Tunkin*, 136 ff. Dem entsprach z. B. die sehr reservierte Haltung der Ostblockstaaten gegenüber dem Schutz der individuellen Menschenrechte in den internationalen Organisationen. Darüber in Teilband I 2. – Die starke Betonung der staatlichen Souveränität durch die kommunistischen Staaten entspringt nicht nur der natürlichen Neigung totalitärer Staaten zu starker Betonung der einzelstaatlichen Autorität. Sie hat auch praktische Gründe, vor allem darin, daß die Sowjetunion und die sozialistischen Staaten in den großen internationalen Organisationen nur über eine Minderheit der Stimmen verfügen und daher an der Wahrung der staatlichen Unabhängigkeit gerade im Verhältnis zu den Organisationen interessiert sind. Umgekehrt sind die Vereinigten Staaten und die ihnen nahestehenden Staaten lange Zeit geneigt gewesen, sich Beschränkungen der staatlichen Hoheitsgewalt zugunsten der Organisationen gefallen zu lassen, weil sie dort über durchweg zuverlässige Mehrheiten verfügten. Daß sich mit der Änderung dieser Mehrheitsverhältnisse auch die Einstellung namentlich der Vereinigten Staaten zu internationalen Organisationen wandelte, ist eine der politischen Ursachen der in den UN beschworenen „Crisis of Multilateralism". Dazu *Maynes*, The United Nations: Out of control or out of touch?, in: YBWA 31 (1977), 98-111; *Franck*, Nation against Nation, 1985.

[33] Vgl. auch StIGH, der „the principle of the independence of States" als „fundamental principle of international law" bezeichnete, PCIJ Series B 5 (1923), 27. Vgl. auch *Wildhaber*, 444.

[34] Vgl. auch Art. 78. Die Wendung „souveräne Gleichheit" – so etwa auch die Satzung der internationalen Atomenergie-Behörde vom 23. Oktober 1956 (UNTS 276, 3 ff) in Art. 4 C – ist zum mindesten ungenau. Souverän ist nicht die Gleichheit, sondern sind die Staaten, und sie sind gleich, weil und insoweit sie souverän sind. Die Unklarheit dieser Redensart wird nicht behoben durch den Bericht des Komitees I/1 an die Kommission I der San-Francisco-Konferenz, UNCIO 6, 70. Danach sollen die Worte besagen: 1. daß die Staaten rechtlich gleich seien, 2. daß jeder Staat die Souveränitätsrechte genieße, 3. daß die Persönlichkeit des Staates, seine territoriale Unversehrtheit und politische Unabhängigkeit respektiert werden müssen, 4. daß jeder Staat seinen völkerrechtlichen Verpflichtungen nachkommen müsse.

Souveränität der Mitgliedstaaten im wesentlichen intakt.[35] Dasselbe gilt auch für die regionalen Verträge.[36] Ein grundsätzliches Bekenntnis zur Idee der nationalen Unabhängigkeit und staatlichen Souveränität enthalten neuere völkerrechtliche Dokumente wie die Declaration on Principles of International Law Concerning Friendly Relations and Co-operation among States vom 24. Oktober 1970[37], aber auch etwas ältere Dokumente wie das 5-Punkte-Programm, das Programm der *Panch Schila*, dessen Formulierung auf *Nehru* zurückführt: Respektierung der territorialen Unversehrtheit und Souveränität, Nichtangriff, Nichteinmischung in die inneren Angelegenheiten anderer Staaten, Gleichheit und wechselseitiger Nutzen, friedliche Koexistenz. Es wurde zum ersten Male in der Vereinbarung zwischen China und Indien über Tibet vom 29. April 1954 zugrunde gelegt und hat seither in der Vertragspraxis Indiens, Chinas und der UdSSR eine bedeutende Rolle gespielt. Im Jahre 1955 bekannte sich auch die Bandung-Konferenz der asiatischen und afrikanischen Staaten zu diesem Programm.[38]

So ist den Staaten im Rahmen der internationalen Gemeinschaft und mit den Einschränkungen, die sich daraus ergeben, eine nach wie vor ausgedehnte Autonomie, ein weiter Spielraum der Entscheidung nach eigenem Willen verblieben. Ja, es gibt Gebiete des Rechts – das Recht der Minderheiten ist ein Beispiel dafür –, auf denen die staatliche Hoheitsgewalt in der Gegenwart stärker ist, als es nach dem Ersten Weltkrieg der Fall war. Indessen führt die zunehmende Dichte solcher Regeln, in denen die sich verstärkende Solidarität der Staaten ihren Niederschlag findet, dazu, daß die Souveränität immer stärker normativ eingebunden und i. S. einer Gemeinwohlbindung für die Durchsetzung von Belangen der Staatengemeinschaft in Dienst genommen wird.[39]

V. Angesichts der widersprüchlichen Tendenzen – hier Internationalisierung, dort Souveränitätsbetonung –, die die heutige Lage des Staates kennzeichnen, gibt es wohl keine Vermutung für das Bestehen einer uneingeschränkten Hoheitsgewalt.

Eine solche Vermutung glaubte zwar die auf die Idee der Souveränität gegründete klassische Völkerrechtslehre annehmen zu müssen.[40] Es galt und für viele gilt es als eine brauchbare Auslegungsregel, daß Völkerrechtsnormen im Zweifel restriktiv, nämlich so auszulegen seien, daß der staatlichen Souveränität möglichst geringe Beschränkungen auferlegt werden. Namentlich auch Verträge seien daher so auszulegen, daß den Parteien nur ein Mindestmaß von Verpflichtungen auferlegt werde. In dubio mitius.

Doch entspricht diese Maxime jedenfalls dem gegenwärtigen Völkerrecht nicht mehr.[41] Beschränkungen der staatlichen Hoheitsgewalt zugunsten der internationalen Gemeinschaft[42],

---

Ziffer 1 und 2 dieser Auslegung wiederholen nur die Worte der UN-Charta in etwas anderen Ausdrücken. Ziffer 3 wiederholt eine in anderen Bestimmungen – so in Art. 2 Ziff. 3 – enthaltene Norm, und Ziffer 4 ist nicht nur äußerst trivial, sondern hat auch mit Souveränität und Gleichheit nicht das geringste zu tun.

35 Vgl. auch Art. 2 Ziff. 4, Ziff. 7 und die Vorschriften des VI. Kapitels. Andererseits haben die Art. 25 und 39 ff bisher keine Bedeutung erlangt.

36 So wird die OAS-Charta (ILM 6 (1967), 310 ff) nicht müde, die Unverletzlichkeit der staatlichen Souveränität zu betonen. Vgl. etwa den Vorspruch und Art. 1, 9, 16, 18, 20.

37 GA Res. 2625 (XXV).

38 Vgl. das Schlußkommuniqué der Bandung-Konferenz, in: EA 10 (1955), 7563.

39 Dazu unten, § 52 und für den Bereich des Umweltschutzes § 70, jeweils mit ausführlichen Nachweisen.

40 Vgl. z. B. Urteil des StIGH im *Lotus*-Fall, PCIJ Series A 10 (1927), 18: „restrictions upon the independence of States cannot be presumed". Weitere Belege bei *Schwarzenberger* I, 123.

41 In der Rechtsprechung des Ständigen Internationalen Gerichtshofes ist der Grundsatz im allgemeinen mit betonter Zurückhaltung angewandt worden. Die Entscheidungen des StIGH, PCIJ Series A 1, 24 f und B 12, 25 nehmen nur beiläufig darauf Bezug und stützen ihre Entscheidung in erster Linie auf Erwägungen anderer Art. Im Rechtsstreit über die *Jurisdiktion der internationalen Oderkommission* – PCIJ Series A 23 (1929), 26 – vollends rät das Gericht die größte Vorsicht in der Anwendung des Grundsatzes an, den es in diesem Falle nicht anwenden will. – Sehr zurückhaltende Beurteilung auch bei *Lauterpacht*, Analogies, § 79 a, Function, 94 f und in BYIL 26 (1949), 56 f mit weiteren Hinweisen, sowie bei *Oppenheim/Lauterpacht* I, § 554 (5).

42 Unten § 70.

insbesondere auch der zwischenstaatlichen und überstaatlichen Organisationen[43], sind im internationalen Rechtsleben der Gegenwart so weit verbreitet, daß sich eine dagegen sprechende Vermutung nicht wohl annehmen läßt. Aber auch im Verhältnis von Staat zu Staat kommt es doch ganz auf die Umstände an. Allerdings entspricht es nicht der Lebenserfahrung, daß die Staaten lebenswichtige Rechte und Interessen zugunsten anderer Staaten aufgeben wollen. Auch ist im allgemeinen nicht anzunehmen, daß ein Staat seine Rechte ohne Gewährleistung der Gegenseitigkeit habe aufgeben wollen. Einseitige, ungleiche Verträge, durch die nur einer Partei Verpflichtungen auferlegt werden, sind daher im Zweifel eng auszulegen. Im allgemeinen aber wollen die Staaten – vor allem, wenn sie Verträge auf dem Boden der Gleichberechtigung schließen – in erster Linie den gemeinsamen Vertragszweck erreichen und im Zweifel auch die Einschränkungen ihrer Hoheitsrechte, die dazu notwendig sind, bewußt hinnehmen. So ist der Grundsatz der restriktiven Auslegung als ein allgemeines Prinzip nicht verwendbar.[44] Davon geht auch die Wiener Vertragsrechtskonvention von 1969 aus, die bei der Auslegung von Verträgen unter anderem auch den Grundsatz der Vertragseffektivität zugrunde gelegt hat.[45]

§ 24 Grenzfälle der Souveränität. Staaten mit beschränkter Hoheitsgewalt

Schrifttum: wie zu §§ 23 und 26; ferner *Berezowski*, Les sujets non souverains du droit international, in: RdC 65 (1938 III), 5-84.

I. Der internationale Rechtsverkehr hat es in erster Linie, aber nicht ausschließlich mit unabhängigen Staaten zu tun. Auch abhängige Staaten können Träger internationaler Rechte und Pflichten, also Subjekte des Völkerrechts sein.[1] Allerdings können die für souveräne Staaten geltenden Regeln auf sie nur mit Einschränkungen angewandt werden.

Die rechtliche Abhängigkeit kann von verschiedener Art sein. Sie kann darin bestehen, daß ein Staat – z. B. der Gliedstaat eines Bundesstaates nach dessen Verfassung – der vollen Rechtsfähigkeit entbehrt, oder daß ihm die volle Handlungsfähigkeit fehlt. Er wird im internationalen Rechtsverkehr durch andere Staaten oder zwischenstaatliche Organisationen vertreten, oder es bedürfen seine Organe – etwa zum Abschluß völkerrechtlicher Verträge – der Zustimmung anderer Staaten oder internationaler Organe. Aber auch dann ist ein Staat nicht mehr Träger der vollen Hoheitsgewalt, wenn er durch Vertrag auf wesentliche Zuständigkeiten des Staates verzichtet.[2] Eine feste Grenze läßt sich hier freilich nicht ziehen.[3] Die Souveränität ist der Abstufung fähig. Es

[43] Unten § 52.

[44] Eine sinnvolle Berufung auf diesen Grundsatz enthält das Urteil des StIGH im *Freizonenfall* – PCIJ Series A/B 46 (1932), 164, 167 –, in dem es die einseitige Beschränkung der Souveränität Frankreichs in der Frankreich durch die Verträge von 1815 aufgezwungenen Freizone nicht weiter ausdehnen wollte, als ausdrücklich in den Verträgen ausgesprochen war. So auch die Verfügung des Gerichts im gleichen Falle, PCIJ Series A 24, 12. – Aber auch bei solchen Verträgen muß man sich vor einer allzu schematischen Beurteilung hüten. Es gibt auch einseitig verpflichtende Verträge, denen eine großzügige Auslegung – auch auf Kosten der staatlichen Souveränität – am besten gerecht wird. Ein Beispiel bieten Verträge zum Schutze der Minderheiten, die etwa nach dem Ersten Weltkrieg vom StIGH im allgemeinen weitherzig ausgelegt worden sind. Dazu Näheres in Teilband I 2.

[45] So Art. 31 der WVK (ILM 8 (1969)), 679 ff.

[1] Das war lange Zeit nicht unbestritten. Anders z. B. *Schätzel*, Die Annexion im Völkerrecht, 1920, 181: „Alles, was nicht souveräner Staat ist, ist nicht Mitglied der internationalen Gemeinschaft." Näheres oben, § 2.

[2] Vgl. oben § 23, III.

[3] Von Interesse sind in diesem Zusammenhang auch die Entschließungen der Generalversammlung der UN, die die Kennzeichen der Gebiete mit Selbstregierung im Gegensatz zu den im XI. Kap. der UN-Charta bezeichneten Gebieten zu bestimmen versuchen. Nach der Entschließung 742 (VIII) – UNYB 1953, 526 – etwa sollen folgende Gesichtspunkte berücksichtigt werden: Die internationale Verantwortlichkeit des Gebiets, seine Eignung für die Mitgliedschaft in der UNO, das Recht der Verfügung über die internationalen Beziehungen, das Recht zur Selbstverteidigung,

führt eine kontinuierliche Skala von der vollen Hoheitsgewalt, die nicht einmal durch Verträge eingeschränkt ist, über verschiedene Grade der geminderten Rechtsstellung bis zur Nichtstaatlichkeit, etwa in Gestalt der Treuhandgebiete.[4] Es kommt hier letztlich auf ein Werturteil an.

Für dieses Werturteil ist von Bedeutung, unter welchem Gesichtspunkt die Frage der Souveränität interessiert. Sie kann z. B. unter dem Gesichtspunkt der Immunität oder des diplomatischen Verkehrs anders zu beantworten sein als vom Standpunkt einer internationalen Organisation, zu deren Zwecken nur im wesentlichen unabhängige Staaten beitragen können. Und dort können die Anforderungen in Organisationen mit wirtschaftlich-technischen Zielsetzungen wieder andere sein, als in dem Fall, in dem die Mitgliedschaft in einer politischen Organisation zur Erörterung steht.

In Zweifelsfällen ergibt sich eine gewisse Richtlinie aus dem Gedanken, daß die Unabhängigkeit die Regel, die beschränkte Souveränität aber die Ausnahme ist. Beschränkungen also, die allen durch das allgemeine Völkerrecht auferlegt sind, tun der Souveränität keinen Abbruch. Sie wird z. B. nicht dadurch berührt, daß ein Staat verpflichtet ist, fremden Staaten den diplomatischen und konsularischen Schutz ihrer Staatsangehörigen auf seinem Gebiet zu gestatten. Denn solche Beschränkungen sind allen gemeinsam. Für die Gegenwart ist daher zu beachten, daß zahlreiche, auch größere Staaten in weitgehende Einschränkungen ihrer Hoheitsgewalt, z. B. die Beschränkung ihrer Entscheidung über Krieg und Frieden oder die Stationierung fremder Truppen auf ihrem Gebiet, einzuwilligen pflegen. Was aber alle oder viele tun, stellt die Souveränität nicht in Frage. Erst wenn ein Staat hinter dem Normalmaß[5] erheblich zurückbleibt, sich durch Verträge einem Status der Ungleichheit fügt, kann seine Souveränität zweifelhaft werden.[6]

II. 1. Praxis und Lehre pflegen etwa neutralisierte Staaten als unabhängige Staaten gelten zu lassen.[7] Eine gewisse Beschränkung der Unabhängigkeit – so paradox das auch klingen mag – ist auch in der Verpflichtung enthalten, die Unabhängigkeit zu bewahren. Denn darin liegt die Preisgabe der letzten Entscheidung über die eigene Existenz.

Beispiele: Kuba 1903, Haiti 1915, Österreich nach dem Ersten Weltkrieg[8] und nach dem Zweiten Weltkrieg aufgrund des Staatsvertrages vom 15. Mai 1955.

Doch betrachtet man auch solche Staaten als voll souverän.[9]

---

die eigene Entscheidung über Regierung und Verfassung, die Freiheit von Einmischung in die inneren Angelegenheiten und die wirtschaftliche, soziale und kulturelle Autonomie.

[4] Die herkömmliche Unterscheidung zwischen souveränen und nicht souveränen Staaten läuft also auf eine Vereinfachung der Dinge hinaus. Vollends aber muß angesichts der fließenden Übergänge, die hier bestehen, die Beschränkung der völkerrechtlichen Rechtsfähigkeit auf souveräne Staaten als Willkür erscheinen.

[5] Zu diesem „Normalmaß" der Souveränität zutreffend auch *Wildhaber*, 444 („Sovereignty ... describes the normal condition of States").

[6] Abschwächungen der Souveränität, wie auch andere sie übernehmen, nämlich unter dem ausdrücklichen Vorbehalt der Gegenseitigkeit, nimmt auch der Vorspruch zur französichen Verfassung von 1946, Abs. 14 in Aussicht. Nach GG Art. 24 Abs. 2 hingegen kann der Bund im Rahmen eines Systems der kollektiven Sicherheit auch in Beschränkungen der deutschen Hoheitsrechte einwilligen, die der Bundesrepublik Deutschland weitergehende Beschränkungen auferlegen als anderen Staaten.

[7] Vgl. § 25; ferner *Guggenheim* I, 166, Anm. 12; *Verdross*, 90, Anm. 1.

[8] Dazu das Rechtsgutachten des StIGH über die *Deutsch-österreichische Zollunion*, PCIJ Series A/B 41 (1931).

[9] Nach Art. 1 des Staatsvertrages von 1955 wird Österreich als „unabhängiger und souveräner Staat" wiederhergestellt.

2. Als unabhängige Staaten im Sinne des Völkerrechts sind trotz ihrer besonderen Rechtsstellung[10] auch die beiden deutschen Staaten anzusehen.

Die deutsche Staatsgewalt ist nach der bedingungslosen Kapitulation zunächst von den Besatzungsmächten ausgeübt worden[11], ein Rechtsverhältnis einmaliger Art, das einer einheitlichen Deutung bis heute entbehrt.[12] Doch ist in den der Kapitulation folgenden Monaten und Jahren die deutsche Staatsgewalt in den verschiedenen Besatzungszonen allmählich – beginnend auf der lokalen Ebene – wiederaufgebaut worden und die 1945 errichtete gemeinschaftliche Viermächtekontrolle bereits 1948 zusammengebrochen. Es hat insgesamt eines längeren Zeitraums bedurft, ehe deutsche Staatsgewalt wieder zum Range einer souveränen Staatsgewalt aufsteigen konnte.

a.) Die entscheidende Wende in den westlichen Teilen des Landes hat das Pariser Vertragswerk des Jahres 1954 gebracht.[13] Es hat dem Besatzungsregime ein Ende bereitet. Nach dem Vertrag über die Beziehung zwischen der Bundesrepublik Deutschland und den Drei Mächten vom 23. Oktober 1954 (sog. Generalvertrag) wurde ersterer „die volle Macht eines souveränen Staates über ihre inneren und äußeren Angelegenheiten" übertragen (Art. 1 Abs. 2). Allerdings bleiben nach diesem Vertrag und den weiteren Verträgen vom gleichen Tage[14] noch gewisse Beschränkungen der Hoheitsgewalt der Bundesrepublik erhalten, die auch heute noch gelten und die sich einmal aus der Stationierung fremder Truppen auf ihrem Gebiet und mannigfaltig damit zusammenhängenden Rechten der Stationierungsmächte ergeben[15] und zum anderen aus Rüstungsbeschränkungen nach dem WEU-Vertrag in der neuen Fassung vom 23. Oktober 1954[16] und den Vorbehalten der Vier Alliierten Mächte in bezug auf Deutschland als Ganzes und eine friedensvertragliche Regelung für Deutschland bestehen.[17]

Bei der Beurteilung der gegenwärtigen Rechtslage ist zu bedenken, daß ein Teil der von der Bundesrepublik Deutschland übernommenen Beschränkungen einen im Schwinden begriffenen Rest an Vorbehalten der Besatzungsmächte enthält und andere nicht wesentlich über das hinausgehen, was auch andere Staaten ihren Verbündeten eingeräumt haben. Alles in allem wird man annehmen dürfen, daß Art. 1 Abs. 2 des Generalvertrages die Rechtsstellung Deutschlands richtig bezeichnet.[18]

---

[10] Dazu oben § 14 III mit Anm. 14.

[11] Berliner Erklärung vom 5. Juni 1945; vgl. oben § 14 III, Anm. 19.

[12] Neben der oben, § 14 III, angegebenen Literatur *Sauser-Hall*, L'occupation de l'Allemagne par les Puissances Alliées, in: Schweizer JBIR 3 (1946), 9 ff; *Schwarz/Liebermann*, Vormundschaft und Treuhand, 1951, 112 f. So auch BGHZ 13, 265 (294). A.A. z. B. *Verdross*, Die völkerrechtliche Stellung Deutschlands von 1945 bis zur Bildung der westdeutschen Regierung, in: AVR 3 (1951/52), 129 ff (134). Vgl. auch *Meister*, Stimmen des Auslandes zur Rechtslage Deutschlands, in: ZaöRV 13 (1950/51), 173-185.

[13] Vertrag über die Beziehungen der Bundesrepublik Deutschland und den Drei Mächten (Generalvertrag) vom 26. Mai 1952 in der gemäß Liste I zu dem am 23. Oktober 1954 in Paris unterzeichneten Protokoll über die Beendigung des Besatzungsregimes in der Bundesrepublik Deutschland geänderten Fassung, in: BGBl. 1955 II, 305. Dazu *Grewe*, Der neue Deutschland-Vertrag. Die politischen Voraussetzungen der neuen Lösung, in: Bulletin des Presse- und Informationsamtes der Bundesregierung 212, 10. November 1954, 1917-1922.

[14] Protokoll über den Beitritt der Bundesrepublik Deutschland zur NATO (*von Münch*, Dokumente des geteilten Deutschlands I, 1976, 253); Vertrag über den Aufenthalt ausländischer Streitkräfte in der Bundesrepublik Deutschland (*von Münch* I, 271); Protokoll über die Beendigung des Besatzungsregimes in der Bundesrepublik Deutschland (*von Münch* I, 247); Schreiben Nr. 2 der drei Hohen Kommissare betreffend die Ausübung des von den Drei Mächten vorbehaltenen Rechts in bezug auf Deutschland als Ganzes (*von Münch* I, 234); Protokolle II-IV zum WEU-Vertrag, BGBl. 1955 II, 262 ff.

[15] In den einschlägigen Bestimmungen ist den Stationierungsmächten ein sehr weitgehender Spielraum gelassen. Vgl. Generalvertrag Art. 4 und 5 und Vertrag über den Aufenthalt ausländischer Streitkräfte in der Bundesrepublik Deutschland. Nach Generalvertrag Art. 5 konsultieren die Drei Mächte die Bundesregierung, „soweit es die militärische Lage erlaubt".

[16] BGBl. 1955 II, 256 ff; *Delbrück*, Friedensdokumente I, 402-410.

[17] Generalvertrag, Art. 2.

[18] Zu diesem Ergebnis kommt auch die sorgfältige Untersuchung von *Maier* und *Tobler*, Die Ablösung des Besatzungsstatuts in der Bundesrepublik Deutschland, in: EA (1955), 8081 f. Vgl. auch *Grewe*, Souveränität der Bundesrepublik, in: AÖR 80 (1955-56), 231-240. Ein besonderes Besatzungsregime besteht nach wie vor in Berlin.

b.) Wie die drei westlichen Allierten, so hat auch die Sowjetunion auf die Ausübung der höchsten Regierungsgewalt in Deutschland verzichtet.[19] Für den östlichen Teil Deutschlands – das Gebiet der heutigen DDR – ist die Erklärung der Sowjetregierung vom 25. März 1954 bestimmend.[20] In ihr brachte die Sowjetregierung ihren Willen zum Ausdruck, die DDR als souveränen Staat zu behandeln. Diese erhielt das Recht, ihre inneren und äußeren Angelegenheiten nach ihrem Ermessen zu regeln. Diese Grundsatzerklärung wurde wiederholt im Vertrag zwischen der Sowjetunion und der DDR vom 20. September 1955.[21] Allerdings unterliegt auch die DDR – wie die Bundesrepublik – einer Reihe von Vorbehalten, darunter denen, die aus der Viermächteverantwortung für Deutschland als Ganzes rühren.[22] Aber auch diese Beschränkungen der Hoheitsgewalt der DDR, die im übrigen ausdrücklich in dem jüngsten Freundschaftspakt zwischen der Sowjetunion und der DDR noch einmal erwähnt werden, sind wiederum nicht solche, die die DDR als nicht unabhängigen Staat i. S. des Völkerrechts erscheinen lassen.

III. Den mannigfaltigen Spielarten der rechtlichen Abhängigkeit ist eines gemeinsam: Die Hoheitsgewalt der Staaten ist in der Regel[23] zugunsten anderer Staaten beschränkt, mit denen sie eine mehr oder weniger eng gefügte Gemeinschaft verbindet. Ihre Rechtsstellung wird also erst aus dem Gesamtzusammenhang dieser Staatengemeinschaft oder Staatenverbindung verständlich. Im einzelnen ist über diese später zu handeln. Da im übrigen Staaten mit nachhaltig geminderter Hoheitsgewalt i. S. der traditionellen Lehre im wesentlichen der Vergangenheit angehören, mögen einige Hinweise hier genügen.

1. Ein wohl unstreitiges Beispiel beschränkter Hoheitsgewalt bildeten die Vasallenstaaten und Staaten, die in einem Protektoratsverhältnis zu anderen standen.[24] Beide Rechtsformen sind spätestens mit dem Ende der Kolonialherrschaft als obsolet zu betrachten. Staaten unter dem Protektorat anderer Staaten waren echte Staaten, Völkerrechtssubjekte eigener Art, die jedoch nicht fähig zu eigenem Handeln oder in dieser Fähigkeit beschränkt waren. Sie wurden im internationalen Rechtsverkehr durch den Protektorstaat vertreten oder standen doch in ihrem Handeln unter dessen Aufsicht.

2. Von den echten Protektoraten, Rechtsverhältnissen, die einen minderen Gesamtstatus des geschützten Staates bezeichnen, sind andere, auf Verträgen beruhende Rechtsverhältnisse zu unterscheiden, die man auch als Quasi-Protektorate bezeichnete. Von ihnen war dort zu sprechen, wo Staaten sich zwar nicht geradezu in den Schutz oder die Vormundschaft anderer Staaten begeben, diesen aber durch Verträge so weitgehende Rechte gewähren, daß der Unterstaat nicht mehr über seine innere und auswärtige Politik zu entscheiden vermag.

So hatten sich zu Beginn des Jahrhunderts eine Reihe von mittelamerikanischen Staaten – in besonders drastischer Weise Kuba durch das sog. *Platt*-Amendment vom 22. Mai 1903, Panama durch den Hay-Varilla Vertrag vom 18. November 1903 – in eine weitgehende Abhängigkeit von den Vereinigten Staaten begeben. Protektoratsähnliche Züge finden sich auch in den Verträgen des Vereinigten Königreiches mit einer Reihe von nahöstlichen Staaten der 30er Jahre.

---

19 Es ist hier nur über die rechtliche Normierung, nicht die politische Bedeutung dieser Vorgänge zu sprechen.

20 *Von Münch* I, 328 ff, auch in: EA 9 (1954), 6534. Dort (6535) auch die Parallelerklärung der Regierung der DDR.

21 GBl. DDR 1955 I, 918; *von Münch* I, 440 ff.

22 Zuletzt *Schroeder*, Vier-Mächte-Verantwortlichkeit und Personalhoheit der beiden deutschen Staaten, in: Recht in Ost und West 15 (1986), 154-160 (156).

23 Die Hoheitsrechte der Vatikanstadt sind zugunsten des Hl. Stuhles, die der sog. internationalen Protektorate dadurch beschränkt, daß gewisse Hoheitsrechte zwischenstaatlichen Organisationen eingeräumt sind. Vgl. auch unten, § 52.

24 Näheres in Teilband I 2.

Auch zwischen Bhutan und Indien besteht aufgrund des Vertrages vom 8. August 1949 ein die Außenpolitik Bhutans betreffendes protektoratsähnliches Verhältnis.[25]

Gerade hier erweist sich die scharfe Abgrenzung der souveränen von der beschränkten Staatsgewalt als unmöglich. In der Gegenwart verleiht das politische Übergewicht der Weltmächte USA und UdSSR auch vielen in ihrem Macht- und Bündnisbereich geschlossenen Verträgen einen protektionistischen oder hegemonialen Charakter, ohne daß die politisch abhängigen Staaten dadurch völkerrechtlich ihre Eigenschaft als souveräne Staaten verlören.

Hier ist etwa an die sog. *Breschnew*-Doktrin oder an den Anspruch der Vereinigten Staaten zu erinnern, auf der Basis der *Monroe*-Doktrin nicht nur von außen in die amerikanische Hemisphäre eindringende Mächte zu hindern, sondern auch deren mittelbaren Einfluß auf amerikanische Staaten und ihre Verfassungsordnung nachdrücklich – notfalls im Wege der Intervention – eindämmen zu dürfen.[26]

3. Die Bezeichnung Staaten mit beschränkter Hoheitsgewalt ist auch für Staaten angemessen, die sich gegenüber anderen Staaten zu einer bestimmten Gestaltung ihrer inneren Verfassung verpflichten und ihnen die Ausübung einer Kontrolle oder sonst die Einmischung in ihre inneren Angelegenheiten gestatten.[27] In Fällen dieser Art verliert die Souveränität ihren Inhalt.

4. Zu diesen Staaten im völkerrechtlichen Sinne, aber mit beschränkter Hoheitsgewalt, sind auch die Gliedstaaten mancher Bundesstaaten zu rechnen.[28] Während viele Bundesstaaten ihre Gliedstaaten im internationalen Rechtsverkehr völlig mediatisieren (Beispiel: die Gliedstaaten der Vereinigten Staaten), sind andere Gliedstaaten Träger einer beschränkten internationalen Rechtsfähigkeit und Handlungsfähigkeit, z. B. eines beschränkten Vertragsschließungsrechts, wie es – in sehr engen Grenzen – auch den Ländern der Bundesrepublik Deutschland eingeräumt ist (GG Art. 32, Abs. 3). In der Regel werden die Gliedstaaten durch den Bund, auch wenn dieser im eigenen Namen handelt, und durch dessen Organe repräsentiert. Es kommt aber hinzu, daß der Bundesstaat nach den meisten Bundesverfassungen Träger der innerstaatlichen Kompetenz-Kompetenz ist, also die Möglichkeit hat, etwa durch eine Änderung seiner Verfassung die bisher den Einzelstaaten zustehenden Befugnisse an sich zu ziehen und damit auch der völkerrechtlichen Stellung der Gliedstaaten ein Ende zu machen. Die internationale Rechtsfähigkeit des Gliedstaates steht somit zur Verfügung des Bundes. Den Gliedstaaten fehlt die volle Völkerrechtsunmittelbarkeit. Immerhin, solange die Verfassung ihnen eine gewisse Rechts- und Handlungsfähigkeit im internationalen Rechtsverkehr einräumt, sind die Gliedstaaten nicht unselbständige Organe des Bundes, sondern Völkerrechtssubjekte eigener Art, gehören ihre Beziehungen zum Ausland und den zwischenstaatlichen Organisationen dem Bereich des Völkerrechts, nicht des Verfassungs-

---

[25] The Statesman's YB 92 (1955), 823. Zutreffend auch *Verdross/Simma*, 597.

[26] Dazu *Meißner*, Die Breschnew-Doktrin, 1969; *Malanczuk*, Monroe Doctrine, in: EPIL 7 (1984), 339-344.

[27] Über solche Interventionsverträge auch unten, Teilband I 2. – Doch wird die Souveränität eines Staates nicht schon dadurch in Frage gestellt, daß ihm eine bestimmte Verfassung durch andere Staaten oder zwischenstaatliche Organisationen auferlegt ist. Entscheidend ist, ob er seine innere Ordnung in Zukunft nach seinem eigenen Willen zu ändern vermag. Zutreffend *Verdross*, 89.

[28] Daran ändert natürlich nichts, daß manche Verfassungen die Gliedstaaten aus politischen oder verfassungsrechtlichen Gründen als „souveräne" Staaten bezeichnen. So etwa die Verfassung der Schweiz in Art. 3 oder die der UdSSR in Art. 15. Zum Problem insgesamt *Wildhaber*, 432 ff.

rechts an und sind namentlich auch ihre Verträge von denen des Bundesstaates zu trennen.[29]

Die Gliedstaaten staatenbündischer Gemeinschaften[30] haben im allgemeinen als voll souveräne Staaten zu gelten. Von ihnen und weiter den Gliedstaaten des Commonwealth, der amerikanischen Staatengemeinschaft und der französischen Union ist im zweiten Teilband zu sprechen. Keine Staaten sind trotz mancher Ähnlichkeiten mit den Protektoraten die Treuhandgebiete.[31]

§ 25 Beschränkungen der Souveränität: Die dauernde Neutralität

Schrifttum: *Baldassari*, La neutralizzazione, 1912; *Sottile*, Nature juridique de la neutralité à titre permanent, 1920; *Strupp*, Neutralisation, Befriedung, Entmilitarisierung, 1933; *Jessup/Deak* (Hrsg.), Neutrality. Its History, Economics and Law, 4 Bde, 1935 f; *Schindler*, Die schweizerische Neutralität 1920-1938, in: ZaöRV 8 (1938), 413-444; *Hambro*, Das Neutralitätsrecht der Nordischen Staaten, in: ZaöRV 8 (1938), 445-469; *Dollot*, Essai sur la neutralité permanente, in: RdC 67 (1939 I), 7-117; *Guggenheim*, La sécurité collective et le problème de la neutralité; in: Schw. JBIR 2 (1945), 9-47; *Huber*, Neutralitätsrecht und Neutralitätspolitik, in: Schw. JBIR 5 (1948), 9-28; *Castrén*, The Present Law of War and Neutrality, 1954; *Kunz*, Austria's Permanent Neutrality, in: AJIL 50 (1956), 418-425; *Verosta*, Die dauernde Neutralität, 1967; *Frei*, Neutralität – Ideal oder Kalkül, 1967; *Schmaer*, Die Neutralität im heutigen Völkerrecht, 1969; *Ginther*, Neutralität und Neutralitätspolitik, 1975; *Schweitzer*, Dauernde Neutralität und europäische Integration, 1977; *Woker*, Die skandinavischen Neutralen, 1978; *Rotter*, Die dauernde Neutralität, 1981; *Bindschedler*, Neutrality, Concept and General Rules, in: EPIL 4 (1982), 9-14; *ders.*, Permanent Neutrality of States, in: EPIL 4 (1982), 133-138; *Meyn*, Neutralität, in: *Delbrück*, Friedensdokumente II, 1105-1115 (Dokumente 1116-1154); *Theutenberg*, Die schwedische Neutralität auf dem Hintergrund der modernen Waffentechnologie, in: GYIL 29 (1986), 382-416; *Majer*, Neutralitätsrecht und Neutralitätspolitik am Beispiel Österreichs und der Schweiz, 1987; *Gros Espiell*, La Neutralidad Permanente de Costa Rica y el Sistema interamericano, in: Revista Española de Derecho Internacional 39 (1987), 7-22.

I. Eine Rechtsstellung eigener Art nehmen Staaten ein, die dauernd neutralisiert sind. Ist Neutralität normalerweise ein vorübergehender Rechtszustand, in dem ein Staat sich während der Dauer des Krieges befindet, so bezeichnet die Neutralisierung eine dauernde Rechtsstellung, die die Rechte und Pflichten des Staates schon in Friedenszeiten bestimmt.[1]

Die dauernde Neutralität ist zunächst mit bestimmten Pflichten für den Neutralen verbunden. Der neutralisierte Staat muß nicht nur wie jeder neutrale Staat im Krieg die Pflichten erfüllen, die sich aus dem allgemeinen Neutralitätsrecht ergeben und etwa in Gestalt des V. und XIII. Haager Abkommens von 1907 kodifiziert worden sind. Der dauernd neutrale Staat hat sich darüber hinaus der Entscheidung über Krieg und Frieden begeben. Er verpflichtet sich zu einer prinzipiell friedlichen Politik. Er darf sich weder in einen Krieg im formellen noch im materiellen Sinne[2] hineinziehen lassen, sich

[29] Zu eng *Verdross*, 91 f, der Gliedstaaten von Bundesstaaten nur dann als „Staaten mit partieller Völkerrechtssubjektivität" gelten läßt, wenn ihre völkerrechtliche Stellung nicht nur auf der Bundesverfassung, sondern auf einem *besonderen* völkerrechtlichen Titel (Vertrag oder – konstitutiver – Anerkennung) durch das Ausland beruht. Zu weit wieder *Ross*, 97 f, der alle Gliedstaaten von Bundesstaaten als Völkerrechtssubjekte ansehen will.

[30] Die Grenze zwischen Staatenbund und Bundesstaat ist fließend.

[31] Dazu unten, § 49.

[1] Vgl. *Meyn*, 1106.

[2] Dagegen ergibt sich aus der Neutralität an sich keine Rechtspflicht, sich der Teilnahme am Bürgerkrieg zu enthalten. Insoweit ist der neutrale Staat nur dem allgemeinen Völkerrecht unterworfen.

weder handelnd noch duldend beteiligen. Er darf namentlich auch nicht gestatten, daß die Kriegführenden sein Gebiet für militärische Operationen benutzen. Er muß also den Durchmarsch, die Durchfahrt durch seine Küstengewässer, das Überfliegen seines Territoriums verhindern. Wenn er aber angegriffen wird, so ist er zur Verteidigung berechtigt und im Zweifel verpflichtet. Auch das Repressalienrecht steht dauernd neutralen Staaten wohl zu.

Wie jede Neutralität, so bewährt sich auch die dauernde Neutralität vor allem im Krieg. Aber sie bestimmt das politische Handeln des neutralen Staates auch schon im Frieden. Er hat schon vor Ausbruch des Krieges alles zu unterlassen, was ihn später hineinziehen könnte.[3] So darf er keine Bündnisse, keine Garantieverträge oder sonstigen Abkommen schließen, die ihn möglicherweise zum Kriege verpflichten oder die Gefahr der kriegerischen Verwicklung auch nur verstärken. Auch in Verteidigungsbündnissen darf er sich nicht beteiligen, wenn sich daraus für ihn die Verpflichtung zur Verteidigung anderer Staaten ergibt. Die Neutralitätspflicht hat als lex specialis den Vorrang vor der allgemeinen Regel des Nothilferechts. So würde sich eine Beteiligung der Schweiz am NATO-Vertrag oder dem Warschauer Pakt mit ihrer Neutralität nicht vereinbaren lassen.[4] Aus der dauernden Neutralität können sich aber auch positive Pflichten ergeben. Zu ihnen gehört die Verpflichtung, sich schon im Frieden auf die etwa notwendige Verteidigung der Neutralität vorzubereiten und dafür zu rüsten.[5] Denkbar ist freilich eine Verbindung von Neutralisierung und Demilitarisierung derart, daß es den Neutralen verboten ist, eigene Streitkräfte in der erforderlichen Zahl und mit der dazugehörenden Ausrüstung zu unterhalten. Dann ist der neutrale Staat zur Selbstverteidigung nicht in der Lage und auch nicht verpflichtet.

II. 1. Verpflichtungen dieser Art werden sich in aller Regel aus Verträgen ergeben.[6] Die einseitige Erklärung eines Staates, in Zukunft neutral bleiben zu wollen, oder Verträge anderer Staaten untereinander können die dauernde Neutralität nicht begründen.

So ist Schweden, das die Neutralität zum Leitprinzip seiner Außenpolitik gemacht hat[7], ist aber auch Indien trotz seiner im wesentlichen „neutralistischen" Außenpolitik kein dauernd neutraler Staat. Beide Staaten können ihren neutralen Status jederzeit einseitig ändern.

---

[3] Zu weit darf man hier aber nicht gehen. So braucht z. B. ein dauernd neutraler Staat seinen Staatsangehörigen den freiwilligen Eintritt in die Streitkräfte kriegführender Staaten nicht zu verbieten. Wieweit die wirtschaftliche, finanzielle oder moralische Unterstützung einer bestimmten Partei sich mit der Neutralität vereinbaren läßt, muß nach den allgemeinen Regeln des Neutralitätsrechts beantwortet werden. Auch insoweit darf man die Anforderungen nicht überspannen. Insbesondere besteht auch keine dem Völkerrecht zu entnehmende Pflicht, die freie Meinungsäußerung über das normale Maß hinaus zu beschränken. Dazu auch *Guggenheim* II, 972 f. – Auf Grund des Waffenstillstandsabkommens über Korea vom 27. Juli 1953 (Department of State Bulletin 29 (1953), 132 ff) waren Schweizer in den Kommissionen für die Heimschaffung der Kriegsgefangenen und die Überwachung des Waffenstillstands – übrigens nicht als Vertreter ihrer Regierung, sondern als Einzelpersonen – beteiligt. Dagegen bestehen natürlich keine Bedenken.

[4] Ihrer Beteiligung am Europarat – die Schweiz war zunächst nur durch Beobachter vertreten und trat 1963 bei – stehen hingegen keine Bedenken entgegen. Vgl. zur Diskussion *Strauner*, Neutralité Suisse et Solidarité Européenne, 2. Aufl. 1960; *Dutoit*, La Neutralité Suisse à l'heure européenne, 1962.

[5] Dazu *Strupp*, Neutralisation, 215 f. Doch ist nur eine Vorbereitung zulässig, die sich ausschließlich auf den Fall der notwendigen Selbstverteidigung im engeren und eigentlichen Sinne beschränkt. Unter diesem Gesichtspunkt muß die Frage der Vereinbarkeit der britisch-belgischen Generalstabsbesprechungen in den Jahren 1906 und 1912 mit der belgischen Neutralität beurteilt werden. Eingehend zu dieser Frage *Strupp*, 237 f.

[6] Vgl. *Strupp*, 184: „Keine Neutralisation ohne Neutralisationsvertrag." Aber es ist doch wohl nicht gänzlich undenkbar, daß sich eine Neutralisierung auf gewohnheitsrechtlichem Wege oder sonst mit dem stillschweigenden Einverständnis der Staaten ergibt. Zur faktischen dauernden Neutralität *Meyn*, 1107.

[7] *Theutenberg*, 392 ff.

Besteht aber ein solcher Vertrag, so läßt er Pflichten nicht nur für den neutralen, sondern auch die sonst beteiligten Staaten entstehen. Durch den Vertragsschluß erkennen sie die Neutralität ihrerseits an und sind dann verpflichtet, die Neutralität des Staates und seines Gebiets in Zukunft zu achten. Sie dürfen den neutralen Staat nicht in eine Lage versetzen, die für ihn den Zwang zur Teilnahme am Krieg begründet. Aber oft gehen die Pflichten der anderen Vertragsstaaten darüber hinaus. Typischer Inhalt solcher Verträge ist die Übernahme einer Garantie durch die sonst am Vertrag beteiligten Mächte. Was sie bedeutet, muß sich von Fall zu Fall aus den Verträgen ergeben. Sie kann besagen, daß der Garant verpflichtet ist, dem neutralisierten Staat im Falle des Angriffs militärische Hilfe zu leisten. Sie mag aber auch schwächere Pflichten begründen.[8] Andererseits haben die Garanten das Recht, den neutralisierten Staat zur Wahrung seines Status anzuhalten, wenn dieser eine Politik betreibt, die seine Neutralität in Gefahr bringt, oder wenn er z. B. durch den Erwerb oder die Aufgabe von Gebiet die Grundlage des Vertrages verschiebt.

Wenn der neutrale Staat einen Teil seines Gebiets z. B. durch Abtretung oder Abtrennung verliert, so nimmt das ausgeschiedene Gebiet an der Neutralität und der Garantie nicht mehr teil. Wird das Gebiet nachträglich vergrößert, so erstrecken sich Neutralisierung und Garantie im Zweifel auch auf das neue Gebiet. Doch kann es sein, daß die am Vertrag beteiligten Staaten das Gebiet des neutralen Staates nur in seinem Bestande gerade zur Zeit des Vertragsschlusses zu garantieren geneigt sind. Dann kann der Vertrag unter dem Gesichtspunkt der *clausula rebus sic stantibus* hinfällig werden.

2. Die Rechte und Pflichten aus dem Neutralisierungsvertrag bestehen zunächst im Verhältnis der am Vertrag beteiligten Staaten. Ob und wieweit sie auch gegenüber anderen Staaten bestehen, hängt davon ab, ob die besondere Rechtsstellung des Neutralen in der internationalen Gemeinschaft allgemein anerkannt ist. Wenn das der Fall ist, kann die Neutralität sich zu einem Teil der allgemeinen, objektiven Völkerrechtsordnung entwickeln, sich zu einem dauernden Status des neutralisierten Staates verdichten, der dann von allen anderen Staaten respektiert werden muß.[9] Für die Schweiz hat die ILC implizit das Bestehen eines solchen auf Gewohnheitsrecht beruhenden Zustandes angenommen.[10] Ihre Neutralität ist ein Teil der europäischen Ordnung. Solange die Neutralität nicht allgemein anerkannt ist, bleiben die daraus folgenden Rechte und Pflichten auf die Vertragsstaaten und darüber hinaus auf Staaten beschränkt, die die Neutralität ihrerseits anerkannt haben.

III. Es ist eine umstrittene Frage, ob der dauernd neutralisierte Staat sich noch als souveräner Staat bezeichnen läßt oder nicht.[11] In der Tat ist die Neutralisierung mit einer weitgehenden Beschränkung der staatlichen Hoheitsrechte verbunden. Aber das ist auch bei anderen Verträgen der Fall. Letztlich bleibt auch der dauernd neutrale Staat doch Träger aller wesentlichen Attribute der Staatsgewalt. Auch läßt sich nicht übersehen, daß in der Gegenwart allen Staaten weitgehende Beschränkungen gerade in der Entscheidung über Krieg und Frieden und damit in der Führung ihrer Gesamtpolitik auferlegt sind.

---

[8] Für die Schweiz behauptet *Guggenheim* II, 966 f und in den Journées juridiques et économiques franco-suisses 1951 (1952), 52 eine Rechtspflicht der Garanten nicht zu militärischer Hilfeleistung, sondern nur ein Verbot der Anerkennung der durch die Neutralitätsverletzung herbeigeführten Situation im Sinne der *Stimson*-Doktrin. Über abweichende Ansichten vgl. das Lehrbuch.

[9] Richtig – Verallgemeinerung der Neutralität durch Anerkennung – *Anzilotti*, Corso 219; *Cavaglieri*, Corso 187.

[10] *Bindschedler*, Permanent Neutrality of States, 133.

[11] Einerseits z. B. *Guggenheim* I, 167; *Anzilotti*, Corso 221, *Oppenheim/Lauterpacht* I, §§ 97, 126, andererseits *Strupp* 177, 193 f.

Dann ist es aber willkürlich, wenn man gerade den neutralen Staat aus dem Kreise der souveränen Staaten ausschließen will. In der internationalen Praxis wird denn auch die Schweiz als voll souveräner Staat angesehen.

IV. Zur Zeit gibt es vier neutralisierte Staaten, die Schweiz[12], Österreich[13], Malta[14] und die Vatikanstadt. Über die letztere, einen Staat von eigener Art mit beschränkter Hoheitsgewalt, wird in Teilband I 2 gesprochen.

1. Die Neutralität der *Schweiz* hat sehr alte Wurzeln[15], die bis ins Mittelalter zurückreichen. Aber in den Revolutionskriegen um die Wende des 18. und 19. Jahrhunderts und den napoleonischen Kriegen hat sie nicht standhalten können. Sie wurde erst nach der Niederlage Frankreichs wiederhergestellt und völkerrechtlich gesichert. Ihre Grundlage bildet die Erklärung der fünf europäischen Großmächte unter Hinzutritt von Portugal, Spanien und Schweden vom 20. März 1815. In ihr wurde die dauernde Neutralität der Schweiz anerkannt und unter die gemeinsame Garantie der 8 Staaten gestellt. Durch eine Erklärung vom 27. Mai 1815 brachte die Schweiz die Annahme dieser Erklärung zum Ausdruck. Dann wurde ihre Neutralität nochmals in Art. 84 der Wiener Schlußakte und einer Erklärung der fünf Großmächte in Paris am 20. November 1815 bestätigt. Nach dem Ersten Weltkrieg wurde ihre Fortdauer durch den Versailler Vertrag (Art. 435) und später durch den Völkerbund ausdrücklich bestätigt. Sie hat auch den Zweiten Weltkrieg überdauert.

2. Ein dauernd neutraler Staat ist seit dem Zweiten Weltkrieg auch *Österreich*. Zwar enthält der Staatsvertrag vom 15. Mai 1955 nichts darüber. Doch hat Österreich sich zunächst in Gestalt des Moskauer Memorandums vom 15. April 1955 gegenüber der Sowjetunion dazu verpflichtet, eine Politik der dauernden Neutralität zu befolgen und sich um die Anerkennung seiner Neutralität durch die anderen Staaten und die Garantie seiner Unabhängigkeit zu bemühen.[16] In Erfüllung dieser Verpflichtung ist das Bundesverfassungsgesetz vom 26. Oktober 1955 über die Neutralität Österreichs ergangen.[17] In Art. 1 des Gesetzes wird Österreich zu einem dauernd neutralen Staat erklärt und zum Ausdruck gebracht, daß Österreich seine Neutralität mit allen Mitteln verteidigen werde, daß es sich keinem Militärbündnis anschließen und anderen Staaten keine militärischen Stützpunkte auf österreichischem Boden einräumen werde. Das Gesetz für sich allein begründet zwar noch keine internationale Verpflichtung zur Wahrung der Neutralität. Doch hat die österreichische Regierung das Gesetz den anderen Staaten mit der Bitte um Anerkennung seiner Neutralität zugehen lassen. Die große Mehrzahl der Staaten, darunter alle ständigen Mitglieder des Sicherheitsrats der UNO, haben diesem Wunsche entsprochen. Dagegen ist die ebenfalls im Moskauer Memorandum in Aussicht genommene Garantie der Großmächte bisher nicht zustandegekommen. Da die große Mehrzahl der Staaten die Neutralität Österreichs anerkannt hat, ist die Neutralität dadurch – also nicht schon durch die einseitige Aktion Österreichs – zu einem objektiven, für alle Staaten und Organisationen verbindlichen völkerrechtlichen Status geworden.

3. Die Geschichte bietet zahlreiche Beispiele für die Neutralität von Gebieten und Staaten, in erster Linie von solchen, die, wie auch die Schweiz, in einem „Niemandsland" zwischen den rivalisierenden Großmächten gelegen, im Interesse des Gleichgewichts politisch ausgespart wurden.

So wurde auf dem Wiener Kongreß 1815 der Freistaat Krakau neutralisiert und unter den Schutz von Preußen, Österreich und Rußland gestellt (1846 von Österreich annektiert), wurde

[12] Über die Schweiz außer die im Literaturverzeichnis und die bei *Bindschedler*, Permanent Neutrality, 138 angeführte Literatur namentlich auch *Guggenheim* II, 961 f und das dort Anm. 31 angeführte Schrifttum. Über San Marino *Verdross*, 96.

[13] *Verdross*, *Kunz*, *Ginther* und weitere Hinweise bei *Bindschedler*, Permanent Neutrality, 138.

[14] *Verdross/Simma*, 239. Dort auch zu Costa Rica.

[15] Umfassende Darstellungen bieten die Werke von *Schweizer*, Geschichte der schweizerischen Neutralität, 1895 und *Bonjour*, Geschichte der schweizerischen Neutralität, 1946.

[16] Text in EA 10 (1955), 7975.

[17] Österr. BGBl. 1955, 1151; *Delbrück*, Friedensdokumente II, 1129.

1913 Albanien durch einen Beschluß der Botschafterkonferenz in London neutralisiert. Eine tragische Bedeutung in der neueren Geschichte Europas hat die Neutralität Belgiens erlangt. Belgien wurde durch die Londoner Verträge von 1831 und 1839 neutralisiert und unter die gemeinsame Garantie der fünf europäischen Großmächte gestellt.[18] Seine Neutralität wurde 1914 von Deutschland verletzt und in den Pariser Vorortverträgen von 1919 förmlich aufgehoben. Auch die auf dem Londoner Vertrag von 1867 beruhende Neutralität von Luxemburg[19] besteht heute nicht mehr. Beide Staaten haben ihren Schutz seit den Weltkriegen in dem System der kollektiven Sicherheit gesucht und sind heute Mitglieder der UNO und regionaler Bündnissysteme. Auch die mit einer Demilitarisierung verbundene Neutralisierung des Freistaates Triest[20] aufgrund des Friedensvertrages mit Italien von 1947 und des diesem angehängten "dauernden" Status gehört der Vergangenheit an.

V. Seit den beiden Weltkriegen ist – wie die Neutralität überhaupt – so auch die Idee der dauernden Neutralität bis zu einem gewissen Grade fragwürdig geworden. Beide Kriege haben dem Gedanken der kollektiven Sicherheit zum Siege verholfen. Er beruht auf der Idee, daß alle Staaten einander in genossenschaftlicher Verbundenheit gegen den Angreifer helfen. Mit dieser Vorstellung ist die Neutralität schwer vereinbar. Je mehr sich der diskriminierende Kriegsbegriff durchsetzt, der Krieg zur Polizeiaktion gegen den Rechtsbrecher wird, desto schmaler wird der Raum für die echte Neutralität. In diese Richtung scheint auch die Erfahrung zu weisen, daß sich in den beiden Weltkriegen fast alle neutralen Staaten in den Krieg haben hineinziehen lassen und auch das Neutralitätsrecht dem Druck der Kriegführenden nicht hat standhalten können. Doch ist diese Entwicklung erst im Anfang begriffen. Eine allgemeine Hilfeleistungspflicht als ein Prinzip des allgemeinen Völkerrechts besteht bisher nicht. Die Neutralität ist nach dem geltenden Völkerrecht keineswegs ein überholter Begriff.[21]

So hat es außer im Falle Österreichs auch sonst nach dem Zweiten Weltkrieg Versuche gegeben, Staaten dauernd zu neutralisieren, um damit zur Stabilisierung und Friedenserhaltung einer bestimmten Region beizutragen. Hier sind namentlich die Versuche der Sowjetunion zu nennen, ein wiedervereinigtes Deutschland zu neutralisieren (vergleichbar dem österreichischen Modell).[22] Ein anderes – vorübergehend vertraglich gesichertes, inzwischen aber überholtes – Beispiel ist die Neutralisierung von Laos, die am 9. Juli 1962 von Laos erklärt und durch Vertrag vom 23. Juli 1962 seitens der angrenzenden Staaten sowie durch China, Kanada, Frankreich, Großbritannien, Polen, die UdSSR und die USA anerkannt und garantiert wurde.[23]

Im Rahmen der großen internationalen Sicherheitssysteme freilich können die besonderen Pflichten der Mitgliedstaaten zu den mit der dauernden Neutralität verbundenen Pflichten in Gegensatz treten.

Das hat sich in der Praxis des Völkerbundes gezeigt. Nach dem Ersten Weltkrieg ist Luxemburg bei seinem Versuch, die Mitgliedschaft des Völkerbundes mit der Aufrechterhaltung seiner Neutralität zu vereinen, gescheitert.[24] Dagegen hat die Schweiz, deren Lage auch rechtlich im Hinblick auf Art. 21 und 435 des Versailler Vertrages wesentlich günstiger war, sich durchsetzen

---

[18] *Delbrück*, Friedensdokumente II, 1123 f.

[19] AaO, 1125.

[20] AaO, 1127.

[21] Dazu etwa *Guggenheim*, Schw. JIR 2 (1945), 9 f, namentlich 32 f; *Verdross*, RGDIP 61 (1957), 177 f und *Bindschedler*, ZaöRV 17 (1956), 1 f, der der Neutralität in der jüngsten Vergangenheit eine „gewisse Aufwertung" zuschreiben möchte. Vgl. auch *Chaumont*, Nations Unies et neutralité, in: RdC 89 (1956 I), 1 ff sowie *Bindschedler*, Permanent Neutrality.

[22] Vgl. die Entwürfe der Sowjetunion für einen Friedensvertrag mit Deutschland, in: *Delbrück*, Friedensdokumente II, 1128 f.

[23] AaO, 1130 ff. Dazu auch *Bindschedler*, Permanent Neutrality, 134.

[24] Die Bestimmung des Versailler Vertrages Art. 40 über die Aufhebung der luxemburgischen Neutralität war für Luxemburg nicht verbindlich, da es keine Vertragspartei war.

können. Sie knüpfte ihren Eintritt in den Völkerbund an die Bedingung der Aufrechterhaltung ihrer Neutralität, und der Völkerbundrat erkannte durch seine Entschließung vom 13. Februar 1920 ihre Ausnahmestellung ausdrücklich an. Darin wurde zum Ausdruck gebracht, daß die Schweiz ungeachtet des Art. 16 Völkerbundsatzung nicht zur Teilnahme an militärischen Sanktionen verpflichtet sei, sondern nur an wirtschaftlichen und finanziellen Zwangsmaßnahmen teilnehmen müsse (sog. neutralité qualifiée oder différentielle).[25] Aber dieser Kompromißversuch hat dann die Probe des italienisch-abessinischen Konflikts nicht bestanden, sondern es hat sich gezeigt, daß es im Zeitalter des modernen Krieges nicht möglich ist, militärische und wirtschaftliche Neutralität auseinanderzuhalten. Die Schweiz ist daher zur vollen Neutralität (neutralité intégrale) zurückgekehrt, und der Völkerbundrat hat sich durch einen neuen Beschluß vom 14. Mai 1938 damit einverstanden erklärt.

In der UN-Charta besteht, verglichen mit dem Völkerbund, eine andere Lage. Automatische Sanktionen nach Art der in der Völkerbundsatzung Art. 16 vorgesehenen Maßnahmen gibt es nicht mehr. Vielmehr ist die Entscheidung über die Sanktionen dem Sicherheitsrat anvertraut, der für die Mitglieder verbindliche Entscheidungen zu treffen vermag (UN-Charta Art. 39f mit 25, auch 2 Ziff. 5). Es kann also zweifelhaft sein, ob nicht ein dauernd neutraler Staat durch Entscheidungen des Sicherheitsrates in einen Pflichtenkonflikt versetzt werden kann, und ob er in der Lage ist, seinen Verpflichtungen nach der UN-Charta zu genügen und daher nach Art. 4 der UN-Charta Mitglied zu werden.[26] Daher hat die Schweiz ihre Mitgliedschaft in der UNO von der Anerkennung ihrer Neutralität abhängig gemacht; ihr Beitritt zu den UN scheiterte jedoch 1986 in einer entsprechenden Volksabstimmung. Dagegen ist Österreich Mitglied geworden.[27]

VI. Von der Neutralisierung des Staates in seiner Gesamtheit ist die Neutralisierung einzelner Gebietsteile zu unterscheiden. Dabei handelt es sich um die Demilitarisierung oder Befriedung bestimmter Gebiete, um Verträge, in denen sich die Staaten verpflichten, ein bestimmtes Gebiet nicht als Kriegsschauplatz zu benutzen. Diese Erscheinung gehört in den Zusammenhang der Staatsservituten hinein und ist dort zu erörtern.[28]

§ 26 Die Gleichheit der Staaten

Schrifttum: wie zu § 23; ferner *Huber*, Die Gleichheit der Staaten, in: Festgabe Kohler, 1909, 88 ff; *Dickinson*, The Equality of States in International Law, 1920; *Goebel*, The Equality of States, 1923; *Bruns*, Deutschlands Gleichberechtigung als Rechtsproblem, 1934; *Scott*, Le principe de l'égalité juridique dans les rapports internationaux, in: RdC 42 (1932 IV), 473-627; *Mosler*, Die Großmachtstellung im Völkerrecht, 1949; *Weinschel*, The Doctrine of the Equality of States and its Recent Modification, in: AJIL 45 (1951), 417-442; *Padirac*, L'égalité des Etats et l'organisation internationale, 1953; *Schaumann*, Die Gleichheit der Staaten, 1957; *Broms*, The Doctrine of Equality of States as Applied in International Organizations, 1959; *Boutros-Ghali*, Le principe d'égalité des États et les organisations internationales, in: RdC 100 (1960 II), 1-73; *Kooijmans*, The Doctrine of the Legal Equality of States, 1964; *Anand*, Sovereign Equality of States in the United Nations, in: IJIL 7 (1967), 185-200; *Vital*, The Inequality of States, 1967; *Nincic*, The Problem of Sovereignty

[25] Im Jahre 1921 weigerte sich die Schweiz, einem internationalen Truppenverband die Durchreise durch die Schweiz zu gestatten, der im Auftrage des Völkerbundes im Gebiet von Wilna zum Zwecke der Sicherung eines Plebiszits stationiert werden sollte, weil sie fürchtete, in den Streit zwischen Polen und Litauen verwickelt zu werden.

[26] Von *Guggenheim* II, 969 f wird die Frage verneint. In San Francisco hat namentlich die französische Delegation auf die Feststellung gedrängt, daß sich die Neutralität der Schweiz mit den Verpflichtungen der Mitglieder der UNO nicht vereinbaren lasse. Vgl. UNCIO 6, 459 f, 7, 327, sowie *Goodrich/Hambro/Simons* zu Art. 2 Ziff. 5 und 4 Abs. 1. Ferner *Bindschedler*, Neutrality, 13; *ders.*, Permanent Neutrality, 136 f.

[27] *Verdross*, AJIL 50 (1956), 65 f hält eine förmliche Befreiung Österreichs von der Verpflichtung zur Teilnahme an den Sanktionen durch eine entsprechende Entschließung des Sicherheitsrates für unnötig.

[28] *Delbrück*, Friedensdokumente II, 915 ff sowie unten § 49.

in the Charter and in the Practice of the United Nations, 1970; *Magarastevic*, The Sovereign Equality of States, in: *Shahovic* (Hrsg.), Principles of International Law concerning Friendly Relations and Cooperation, 1972; *Lacharrière*, L'influence de l'inégalité de développement des Etats sur le droit international, in: RdC 139 (1973 III), 227 ff; *Klein*, Sovereign equality among States. The history of an idea, 1974; *Bedjaoui*, Toward a New International Economic Order, 1979; *Meagher*, An International Redistribution of Wealth and Power, 1979; *Pechota*, Equality: Political Justice in an Unequal World, in: *Macdonald/Johnston* (Hrsg.), The Structure and Process of International Law, 1983, 453-484; *Anand*, Sovereign Equality of States in International Law, in: RdC 197 (1986 II), 9-228.

I. Mit der Entwicklung der modernen Staatsgewalt ist das mittelalterlich-hierarchische System der stufenförmig gegliederten Welt, ist das System der Über- und Unterordnung einer neuen Ordnung gewichen, die auf der Koordination genossenschaftlich verbundener Staaten beruht. Sie entspricht der politischen Entwicklung, die den Nationalstaat heraufgeführt hat, und findet sich durch die Naturrechtslehre bestätigt. Als im Naturzustande frei und gleich werden nicht nur die einzelnen, sondern nach ihrem Vorbilde auch die Staaten gedacht. Aber auch der Positivismus hat den Grundsatz der Gleichheit als eines der leitenden Völkerrechtsprinzipien bewahrt.[1] Es fragt sich, was er bedeutet.

1. Offenbar kann nicht gemeint sein, es seien alle Staaten tatsächlich – politisch, militärisch oder wirtschaftlich – gleich. Zu allen anderen Verschiedenheiten, wie sie seit jeher bestehen, tritt seit dem Zweiten Weltkrieg der Unterschied zwischen den Atomgroßmächten – den sog. „Supermächten" – und den auf diesem Gebiet besitzlosen Staaten hinzu. Das Völkerrecht nimmt daran keinen Anstoß. Gleichheit ist auch im Völkerrecht Gleichheit im Sinne des Rechts.

2. Oft wird sie als Gleichheit vor dem Recht definiert. *Goodrich/Hambro* z. B. wollten sie dahin verstehen, es sei jeder Staat in gleicher Weise zu den Rechten befugt, die das Völkerrecht ihm verleihe („equally entitled to the rights conferred by international law"), und jeder könne verlangen, daß die internationalen Gerichte die Regeln des Völkerrechts auf alle in gleicher Weise und unparteiisch zur Anwendung brächten.[2] Aber das läuft auf eine Tautologie, auf die nichtssagende Feststellung hinaus, es seien alle Staaten zur Geltendmachung ihrer Rechte befugt und es seien die Gerichte zur Anwendung des Völkerrechts verpflichtet, wenn es anwendbar sei.

3. Geradezu unrichtig aber wäre die Ansicht, daß das Völkerrecht allen Staaten die inhaltlich gleichen Rechte und Pflichten zukommen lasse.[3] Auf Schritt und Tritt stößt

---

[1] Als ein Überrest vergangener Zeiten haben sich – namentlich im Diplomatenrecht – gewisse Rangunterschiede bis an die Schwelle der Neuzeit gehalten. Darüber § 32 und *Oppenheim/Lauterpacht* I, 280, Anm. 4 und 281, Anm. 1.

[2] *Goodrich/Hambro*, 2. Aufl. 1949, 100.

[3] Demgegenüber zutreffend schon *Le Fur*, La théorie du droit naturel depuis le XVIII siècle et la doctrine moderne, in: RdC 18 (1927 III), 427: „Il existe ... pour les Etats comme pour les individus une égalité de droit, non des droits." – Es ist einfach unrichtig, wenn man glaubt, die rechtliche Gleichheit der politischen Ungleichheit gegenüberstellen zu können. So z. B. Art. 4 der interamerikanischen Konvention über die Rechte und Pflichten der Staaten vom 26. Dezember 1933 und Art. 9 der OAS-Charta: „Die Staaten sind juristisch gleich, genießen gleiche Rechte und die gleiche Fähigkeit zur Ausübung ihrer Rechte, und sie haben die gleichen Pflichten. Die Rechte eines jeden Staates hängen nicht von seiner Macht ab, die Ausübung seiner Rechte sicherzustellen, sondern sie ergeben sich aus der bloßen Tatsache seiner Existenz als einer Persönlichkeit des internationalen Rechts". Da aber die internationalen Rechte und Pflichten zum großen Teil auf Verträgen beruhen, so ist es eine gewagte Behauptung, es hätten z. B. die Vereinigten Staaten die gleichen Rechte und Pflichten wie ein kleiner mittelamerikanischer Staat. Nicht nur durch ihre Größe und politische Macht, sondern auch durch ihre Rechte und Pflichten, also auch „juristisch", sind die Staaten durchaus verschieden.

man auf „ungleiche" Verträge, die die Rechte und Pflichten auf verschiedene Staaten verschieden verteilen. Aber auch das allgemeine Völkerrecht verteilt die Rechte und Pflichten nicht gleich. So haben Land- und Seestaaten, anerkannte und nicht anerkannte Staaten, Staaten im Frieden und solche, die sich im Kriege befinden, Kriegführende und Neutrale verschiedene Rechte und Pflichten.

Wo freilich mehrere Staaten auf dem Boden der Gleichberechtigung miteinander verkehren, wird man im Zweifel davon ausgehen dürfen, daß die Absicht bestand, beiden Teilen die gleichen oder gleichwertige Rechte zu verleihen und gleiche Verpflichtungen aufzuerlegen, ein Grundsatz, der in der internationalen Praxis auch bei der Auslegung von Verträgen angewandt wird. So wies der StIGH in seinem Urteil über die *Ableitung des Wassers aus der Maas* (1937) die von den Niederlanden vertretene Auslegung des Vertrages von 1863 zurück. Nach ihr hätte der Vertrag nämlich nur Belgien, nicht aber den Niederlanden die Verpflichtung auferlegt, den Bau gewisser Anlagen zu unterlassen und nur den Niederlanden das Recht eingeräumt, eine Kontrolle über das Bewässerungssystem auszuüben. Aber das Gericht lehnte es ab, eine solche Ungleichheit anzuerkennen, solange sie sich nicht eindeutig aus dem Text des Vertrages ergebe.[4]

4. Aber auch von gleicher Rechtsfähigkeit läßt sich nicht sprechen.

Wenn damit gesagt werden soll, daß alle Staaten Träger irgendwelcher Rechte und Pflichten sein können, so handelt es sich um eine andere Formulierung der Selbstverständlichkeit, daß alle Staaten im Sinne des Völkerrechts Subjekte des Völkerrechts sind. Wollte man aber behaupten, es könnten alle Staaten inhaltlich gleiche Rechte erwerben, so wäre das wiederum falsch. Staaten mit beschränkter Hoheitsgewalt sind Staaten mit beschränkter Rechtsfähigkeit.

5. Sinnvoller wäre der Satz, daß den Staaten unter den gleichen Vorraussetzungen auch die gleichen Rechte und Pflichten zukommen müßten. Auch das Völkerrecht muß das Gleiche gleich, das Ungleiche ungleich behandeln. Privilegien und sonstige Unterscheidungen dürfen nicht willkürlich sein.[5] Aber diese Maxime gilt schon nicht für das Vertragsrecht. Verträge können Gleiches ungleich behandeln, Handelsverträge etwa die Angehörigen bestimmter Staaten unter gleichen Voraussetzungen vor denen anderer Staaten privilegieren. Auf das allgemeine Völkerrecht angewandt aber hat der Grundsatz die Bedeutung eines formalen Prinzips. Er besagt nur, daß unter gleichen Voraussetzungen die gleichen Rechtsfolgen eintreten müssen. Aber ob und wann jeweils Gleichheit besteht oder nicht, läßt sich dem Prinzip nicht entnehmen.

Das zeigt sich in dem Rechtsstreit zwischen einerseits Deutschland, Großbritannien und Italien, andererseits Venezuela und einer Reihe anderer Staaten um das Recht zur Befriedigung wegen der gegen Venezuela bestehenden Ansprüche, über den im Jahre 1904 der StISchH entschied.[6] Die drei Großmächte hatten die Küste Venezuelas blockiert, um Venezuela zur Erfüllung gewisser, ihren Staatsangehörigen zustehender Ansprüche zu zwingen. Aber an den Venezuela dadurch abgenötigten Leistungen verlangten auch andere Gläubigerstaaten beteiligt zu werden. Sie betrachteten die vorzugsweise Befriedigung der Blockademächte als eine Verletzung des Gleichheitsprinzips. Doch wurde vom StISchH dahin entschieden, es hätten die drei Großmächte durch ihre — als rechtmäßig angesehene — Sonderaktion besondere Rechte erworben. Ob mit Recht, kann immerhin zweifelhaft sein.

Zweifelhaft kann vor allem auch sein, was Gleichheit in den zwischenstaatlichen und überstaatlichen Organisationen bedeutet. Der Gleichheitsgrundsatz scheint hier auf den ersten Blick zu bedeuten, daß allen Staaten die gleichen Rechte und Pflichten gebühren,

[4] PCIJ Series A/B 70 (1937), 20.

[5] Vgl. *Schaumann* und seine durchgehende Unterscheidung zwischen „egalitärer" und „wertender" Gleichheit.

[6] *Scott* I, 55.

und daß jeder Staat das gleiche Stimmrecht wie andere hat: Ein Staat, eine Stimme. Aber es fragt sich, ob sich hier die formale Gleichheit nicht zur materiellen Gerechtigkeit in Widerspruch setzt, nicht gleich behandelt wird, was in Wahrheit ungleich ist. Entspricht es wirklich dem richtig verstandenen Gleichheitsprinzip, daß z. B. die Verfassung einer Organisation mit wirtschaftlicher Zielsetzung Staaten mit ganz verschiedenem Wirtschaftspotential das gleiche Stimmrecht gewährt? Und verbirgt sich nicht hinter der Gleichheit der Staaten die Ungleichheit der durch sie repräsentierten Völker und Menschen? Der Grundsatz *ein Staat, eine Stimme* bewirkt, daß eine nur von wenigen berufene Regierung das gleiche Gewicht hat wie eine Regierung, die ein großes Volk vertritt, und damit dem Bürger des kleinen Staates ein wesentlich größerer Anteil an der internationalen Willensbildung eingeräumt wird als den Bürgern größerer Staaten. Wird nicht gerade dadurch der Gleichheitsgrundsatz verletzt?

Tatsächlich hat das moderne Organisationsrecht wie den Einstimmigkeitsgrundsatz (oben § 23 IV 1) so auch den Grundsatz der Stimmengleichheit in gewissem Umfang verlassen. Vor allem in Organisationen, die vorwiegend wirtschaftliche und technische Funktionen erfüllen, werden die Stimmen nicht nur gezählt, sondern gewogen[7] und wird auch sonst unterschieden. Dabei werden verschiedene Methoden benutzt, z. B. einzelnen Staaten offen oder versteckt Zusatzstimmen gewährt, aber nicht selten auch Stimmenzahl und Stimmkraft verschieden gestaltet. Eine zweite Durchbrechung der formalen Gleichheit ist darin enthalten, daß in manchen und gerade den einflußreicheren internationalen Organen, namentlich solchen, die mit Aufgaben der eigentlichen Exekutive befaßt sind, nicht alle Staaten oder doch nicht alle in gleicher Weise repräsentiert sind.[8] Auf diese Weise sind im modernen Organisationsrecht vor allem die Großmächte vor anderen Staaten bevorzugt (unten II).

6. Das Gleichheitsprinzip, wie man es im allgemeinen versteht, ist nur ein anderer Ausdruck für den Grundsatz der Souveränität. Nicht zufällig wird es in den Verträgen – z. B. UN-Charta Art. 2 Ziff. 1[9], Art. 9 der OAS-Charta oder in den fünf Grundsätzen der asiatischen Staaten – in engster Verbindung mit der Souveränität proklamiert. Souveränität und Gleichheit gehören nicht nur zusammen, sondern sie sind geradezu dasselbe, von verschiedenen Seiten betrachtet. Souveränität, so wurde gezeigt, bedeutet Unabhängigkeit, d. h. kein Staat ist der Hoheitsgewalt eines anderen Staates unterworfen. Souveränität erträgt keine Hegemonie. Es ist nur eine andere Formulierung dieses Gedankens, wenn man sagt, daß jeder Staat dem anderen gleich sei. Die Rechtsnormen, die sich als ein Ausdruck der Souveränitätsidee aussprechen lassen – wie das Verbot der Intervention, der Ausübung von Hoheitsgewalt auf fremdem Gebiet u. ä. –, lassen sich auch als Äußerungen des Gleichheitsprinzips formulieren. Insoweit besteht allerdings im Verhältnis der Staaten untereinander eine wirkliche Gleichheit im Sinne des Rechts.

Jeder Staat, der größte wie der kleinste, hat z. B. ein Recht darauf, daß andere Staaten oder die internationalen Organisationen sich der Einmischung in seine inneren Angelegenheiten enthalten. Kein Staat, der kleinste so wenig wie der größte, braucht Verträge gegen sich gelten zu lassen, denen er nicht zugestimmt hat. Jeder Staat und die diplomatischen Vertreter aller Staaten genießen vor den Gerichten des Auslands Immunität, entsprechend der für alle geltenden Regel *par in parem non habet iurisdictionem*.

---

[7] Dazu *Schwarz/Liebermann*, Mehrheitsentscheid und Stimmenwägung, 1953; *Oppenheim/Lauterpacht* I, 277, Anm. 4; *Wolfrum*, Neue Elemente im Willensbildungsprozeß internationaler Wirtschaftsorganisationen, in: VN 29 (1981), 50-56.

[8] Einzelheiten dazu in Band II.

[9] Ebenso in Art. 78. Vgl. insgesamt *Mbaye*, Article 2 paragraph 1, in: *Cot/Pellet*, 71-96.

II. So sehr der Gleichheitsgedanke die genossenschaftlichen Züge der Staatengemeinschaft hervortreten läßt, so trägt doch seit Jahrhunderten das europäische und heute das Weltstaatensystem weniger einen egalitären als vielmehr einen aristokratischen und hegemonialen Charakter. Er wird durch den überragenden Einfluß der Großmächte bestimmt.

1. In Europa hat sich mit dem Abklingen und Erlöschen der mittelalterlichen Reichsidee und dem Zerfall der christlich-universalen Einheit der Welt ein System souveräner Einzelstaaten unter der Führung von Großmächten entwickelt.[10] Um die Mitte des 17. Jahrhunderts nahm Spanien, bis zum spanischen Erbfolgekrieg Frankreich eine überragende Machtstellung ein. Neben ihnen waren zunächst Holland, das aber seit dem Ende des 17. Jahrhunderts gegenüber England zurücktrat, und bis zum Nordischen Krieg Schweden führende Mächte. Seit dem Ende des 17. Jahrhunderts traten Österreich, im 18. Jahrhundert Rußland und Preußen in die Reihe der Großmächte ein. Das Gleichgewicht zwischen ihnen bildete seit dem 17. Jahrhundert die – im Westfälischen (1648) und Utrechter (1713) Frieden auch rechtlich fixierte – Grundlage der europäischen Ordnung. Zu Beginn des 19. Jahrhunderts gingen aus den napoleonischen Kriegen Österreich, Preußen, Rußland, England und Frankreich als die führenden Mächte hervor. Sie bildeten die europäische „Pentarchie", das „Europäische Konzert", einen auf der Gemeinsamkeit der Interessen und der Grundanschauungen über Recht und internationale Moral beruhenden Zusammenhalt, der als eine Art europäischer gouvernement de fait über ein Jahrhundert Frieden und Ordnung im Ganzen bewahrt hat. Die europäischen Großmächte, zu denen in der zweiten Hälfte des Jahrhunderts die Einigung Deutschlands und Italiens zwei neue Großmächte hinzutreten ließ, haben die wesentlichen politischen Entscheidungen dieses Zeitalters – etwa die des Wiener Kongresses von 1815, die Entscheidungen über die Errichtung Belgiens 1831, Griechenlands 1832, den Pariser Frieden von 1856, die Neuordnung des Balkans auf dem Berliner Kongreß 1878 – in gemeinsamem Einvernehmen getroffen. Noch zu Beginn dieses Jahrhunderts wurde den Großmächten durch den Londoner Frieden von 1913 zwischen den Balkanstaaten und der Türkei die Entscheidung über Albanien, Kreta und die Ägäischen Inseln übertragen. Als die erste außereuropäische Großmacht waren schon im 19. Jahrhundert – nach Beendigung des Bürgerkrieges – die Vereinigten Staaten in das internationale System eingetreten, und seit der Jahrhundertwende wurde auch Japan zur Großmacht.

Der Erste Weltkrieg ließ Deutschland, Österreich-Ungarn und Rußland aus dem Kreis der Großmächte ausscheiden, während die verbleibenden Großmächte auf der Seite der Sieger – die Vereinigten Staaten, Großbritannien, Frankreich, Italien und Japan – auf den Friedenskonferenzen des Jahres 1919 eine neue Ordnung unter ihrer Führung aufrichten konnten. Ihr Vorrang machte sich nicht nur gegenüber den Besiegten, sondern auch gegenüber den Verbündeten geltend. Die fünf Großmächte als die „Principal Allied and Associated Powers" („Principales Puissances alliées et associées") übernahmen die Führung der Friedenskonferenz und behielten sich alle wesentlichen Entscheidungen vor. Auch die Verträge selbst übertrugen ihnen eine überragende Rechtsstellung eigener Art. Ihnen war gleichsam als Schiedsrichtern Europas das Recht übertragen, die durch die Verträge noch nicht endgültig gezogenen Grenzen im einzelnen zu bestimmen, sie namentlich aufgrund der in den Verträgen vorgesehenen Abstimmungen zu fixieren. Ihnen in ihrer Gesamtheit überließ Deutschland die Souveränität über seine Kolonien, über Nordschleswig und das Memelgebiet. Sie verteilten die Mandate. Sie dominierten in den Reparations- und Überwachungsausschüssen. Sie waren es, die den früheren Kaiser unter Anklage stellten, und sie sollten seine Richter ernennen. Auch der Schutz der Minderheiten wurde nicht durch Verträge der betroffenen Staaten mit den Besiegten, sondern mit den fünf alliierten und assoziierten Hauptmächten gesichert. Über eine längere Zeit entschieden der Oberste Rat der Alliierten und als sein Organ die Botschafterkonferenz nach ihrem Ermessen in vielen Fragen, die Europa betrafen. In Ostasien wiederum war es das Gleichgewicht der Seemächte, der Vereinigten Staaten, Großbritanniens und Japans im westlichen Pazifik, das diesem

[10] Ein kunstvolles Gleichgewichtssystem hatte sich schon vorher zwischen den Städten Ober- und Mittelitaliens gebildet. In den Verhältnissen, die dort bestanden, ist einer der Ursprünge des neuzeitlichen Völkerrechts-Denkens zu suchen. Vgl. auch oben, § 1.

Raum bis zu Beginn der dreißiger Jahre eine gewisse Ordnung gewährleisten konnte. Seit dem Ende der 20er Jahre kehrten Deutschland und Rußland in den Kreis der Großmächte zurück. Seit dem Beginn der 30er Jahre ergab sich eine neue Konstellation der Großmächte, deren Gegensätze den Zweiten Weltkrieg ausgelöst haben. Sein Ende hat eine neue Hierarchie hinterlassen, die durch die überragende – durch den bevorzugten Besitz von Kernwaffen noch gesteigerte – Machtstellung der Vereinigten Staaten und der UdSSR gekennzeichnet ist. Dagegen sind die anderen bisher als Großmächte angesehenen Staaten wie Großbritannien und Frankreich – von Deutschland nicht zu sprechen – trotz des Besitzes eines – wenn auch begrenzten – Kernwaffenpotentials in ihrer Bedeutung zurückgetreten.[11] Im Ost-West-Verhältnis beherrschte ein bipolares Machtverhältnis zwischen den USA und der UdSSR das internationale System.[12] In jüngerer Zeit scheint sich allerdings erneut eine Auflockerung zu einem multipolaren System abzuzeichnen. Die Volksrepublik China als fünfte Kernwaffenmacht, aber auch die an der Schwelle zur Hochindustrialisierung stehenden und/oder besonders volkreichen Länder der Dritten Welt treten zu den bisher dominierenden Großmächten schrittweise hinzu. Ihr Einfluß in der Entwicklung der Völkerrechtsordnung ist nicht mehr zu übersehen.[13]

Trotz der Anerkennung der prinzipiellen Gleichheit der Staaten im Recht ist die Völkerrechtsordnung auf die ordnende Funktion von Großmächten und anderen organisierten Machtstrukturen bis zu einem gewissen Grade angewiesen. Solange es an einer zentralen Durchsetzungsgewalt im Völkerrecht fehlt und im Grunde per definitionem fehlen muß, bedarf es auch anderer außerrechtlicher Faktoren, die der Völkerrechtsordnung Stabilität verleihen. Ein Blick auf die in diesem Jahrhundert getroffenen weitreichenden Ordnungsentscheidungen bestätigt dieses Bild.

Wie nach dem Ersten Weltkrieg, so wurden auch während des Zweiten Weltkrieges und nach dem Krieg alle wesentlichen Entscheidungen von den Großmächten, in erster Linie den Vereinigten Staaten, dem Vereinigten Königreich und der UdSSR getroffen. In der Zwischenphase zwischen dem Zusammenbruch der alten Ordnungen und dem allmählichen Wiederaufbau eines neuen Staatensystems bildeten sie geradezu die Interimsregierung der Welt. Auf den Konferenzen in Moskau (Oktober 1943), Teheran (November 1943), Kairo (November 1943), Yalta (Februar 1945), Potsdam (Juli und August 1945) und Moskau (Dezember 1945) einigten sich die Großmächte über die Grundlagen, auf denen die Nachkriegsordnung der Welt und die Ordnung in Europa und Asien aufgebaut werden sollte. Sie beriefen die San Francisco-Konferenz ein, deren Ergebnisse sie in Gestalt der Dumbarton Oaks-Vorschläge weitgehend vorweggenommen hatten, und die Konferenz wurde im wesentlichen von ihnen beherrscht. Die USA, die UdSSR, das Vereinigte Königreich und Frankreich übernahmen die Hoheitsgewalt über Deutschland. Auch die Pariser Friedensverträge des Jahres 1947 wurden von den Großmächten vorbereitet und von ihnen schon vor dem Beginn der Konferenz die wesentlichen Entscheidungen getroffen. Durch die Schaffung auf die Dauer berechneter Einrichtungen – etwa der in Yalta und Potsdam vereinbarten Außenministerkonferenz, des Kontrollrats für Deutschland, der Botschafterkonferenzen aufgrund der Verträge von 1947, vor allem aber in den UN und den anderen zwischenstaatlichen Organisationen – haben sie ihre führende Position auch völkerrechtlich im ganzen zu sichern vermocht. Aber auch die Aufteilung der Staatenwelt in Nuklearmächte und Nichtnuklearmächte – festgeschrieben durch den Vertrag über die Nichtweiterverbreitung von Kernwaffen aus dem Jahr 1968[14] – ist Ausdruck dieser hervorgehobenen Rolle der Großmächte im internationalen System.

2. Der Vorrang und das Gleichgewicht der Mächte, die das politische Geschehen seit Jahrhunderten in immer neuen Konstellationen beherrschen, gehören zunächst der po-

[11] Zusammen mit anderen Industriestaaten und einigen „Schwellenländern" werden sie gelegentlich als „Mittelmächte" bezeichnet. Vgl. *Holbach*, Middle-Power Roles in Great-Power Triangles; in: YBWA 30 (1976), 116-132.

[12] Vgl. oben § 1 II 2; *Grewe*, Spiel der Kräfte in der Weltpolitik, 1970.

[13] Vgl. oben § 1 II 2; *Boyle*, World Politics and International Law, 1985.

[14] BGBl. 1974 II, 786 ff; *Delbrück*, Friedensdokumente I, 593 ff.

litischen und geschichtlichen Wirklichkeit an.[15] Aber die Dauer und Effektivität dieser Erscheinung hat immer wieder die Frage aufwerfen lassen, ob nicht die Vorherrschaft der Großmächte auch ein allgemeines Rechtsprinzip sei.

So haben manche Schriftsteller im 19. Jahrhundert die Pentarchie der Großmächte als eine Institution des Rechts ansehen wollen[16] und gab es auch nach dem Zweiten Weltkrieg Stimmen, die dem Vorrang der Weltmächte eine „Ordnungsfunktion im Sinne der Rechtsidee" zuschreiben, den Großmächten jedenfalls „im Zwielicht zwischen Politik und Recht" eine Sonderstellung zuweisen möchten.[17]

Aber das scheint uns nicht richtig zu sein. Es besteht kein Rechtsprinzip dieser Art.[18] Zwar haben die Großmächte auch nach den Weltkriegen – namentlich in der Völkerbundsatzung und der UN-Charta (hier vor allem in Gestalt ihrer Ausnahme- und Machtposition im Sicherheitsrat, aber auch z. B. im Rahmen des Vertrages über das Verbot der Weiterverbreitung der Kernwaffen von 1968) – eine weitgehende Institutionalisierung ihrer Vormachtstellung durchsetzen können[19], aber doch nur auf dem Wege über internationale Verträge. Im allgemeinen Völkerrecht aber überwiegt der Gleichheitsgedanke. Der Hegemonie der Großmächte fehlt eben doch jene Festigkeit und, bei Licht besehen, auch die Dauer, die ihre Verdichtung zu einem Rechtsprinzip ermöglichen könnte. Die Annahme eines solchen widerspräche geradezu der internationalen Rechtsüberzeugung, widerspräche auch jenem relativierten Souveränitäts- und Gleichheitsgedanken, wie er auch in den großen internationalen Verträgen der jüngeren Vergangenheit anerkannt ist. Namentlich ist kein Raum für eine allgemeine Regel des Inhalts, daß Entscheidungen der Großmächte über den Rahmen der Verträge und des ihnen bei der Bildung des Gewohnheitsrechts zukommenden Einflusses[20] hinaus auch für andere Staaten verbindliches Recht setzen könnten, oder daß politische Verschiebungen dem Völkerrecht widersprächen, weil sie das Gleichgewicht der Großmächte stören.

III. Gegenüber der politische Hegemonialansprüche rechtlich zurückweisenden formalen Gleichheit der Staaten macht sich indessen in jüngster Zeit zunehmend ein materieller Gleichheitsbegriff geltend, der sich gegen das ökonomische Gefälle zwischen entwickelten Industriestaaten und Entwicklungsländern richtet. Ansatzpunkte findet die-

---

[15] Über die von den Großmächten in Anspruch genommene Vormundschaftsrolle gegenüber den schwächeren Staaten auch *Krüger* in seiner Arbeit über die Geschäftsführung ohne Auftrag für die Völkerrechts-Gemeinschaft, Festschrift Bilfinger, 1954, 169 f.

[16] Belege bei *Dickinson*, 138 f.

[17] *Mosler*, Die Großmachtstellung, 36 f. Etwas vage allerdings 38: „Die Großmacht steht als starker Staat rechtlich auf keiner höheren Stufe als ein schwacher. Ihre Zuständigkeit ist jedoch größer."

[18] Vgl. schon die abweichende Meinung des Richters *Negulesco* zum Rechtsgutachten des StIGH über die *Zuständigkeit der Europäischen Donaukommision*, PCIJ Series B 14 (1927), 95: „Das europäische Konzert ist immer als ein *politisches* System angesehen worden und hat niemals als eine *rechtliche* Organisation gegolten, mit anderen Worten, die Entscheidungen der im europäischen Konzert vereinigten Großmächte haben zeitweise wegen der hinter den Entscheidungen stehenden Macht Anerkennung gefunden, aber man hat niemals angenommen, daß sie für die nicht in dem Konzert vertretenen Staaten rechtlich bindend seien." Bei aller Notwendigkeit, die Politik für die Durchsetzung des Völkerrechts in Dienst zu nehmen (vgl. § 8) und insoweit auch völkerrechtlich politischen Gegebenheiten Rechnung zu tragen, ist doch auf dem Unterschied zwischen Politik und Recht zu insistieren.

[19] Eine gewisse Paradoxie ist aber darin enthalten, daß das Völkerrecht der Gegenwart auch nach dieser Institutionalisierung mit den wirklichen Machtverhältnissen nicht übereinstimmt. Während die Großmächte im politischen Sinne im älteren Völkerrecht den schwächeren Staaten rechtlich gleichgestellt waren, gibt es heute – z. B. im Sicherheitsrat der UNO – Großmächte im rechtlichen Sinne, die wiederum politisch nicht mehr Großmächte sind. Damit wird die Aufgabe der formalen Gleichheit sehr problematisch.

[20] Über das der Gewohnheitsrechtsbildung infolge des Vorrangs der Großmächte anhaftende Element der Ungleichheit *Krüger* (Anm. 15), 180.

ser – dem innerstaatlichen Sozialstaatsprinzip vergleichbare[21] – materielle Gleichheitsgedanke in den Art. 2 Ziff. 1 und 56/55 UN-Charta, insbesondere aber in dem sich entwickelnden internationalen Recht der Kooperation. Hier liegen in Gestalt von Hilfeleistungs- und Kooperationspflichten entwickelter Industriestaaten gezielte Ungleichbehandlungen i. S. einer Vorzugsbehandlung vor, die dem Ziel eines weltweiten Wohlfahrtsausgleichs und damit der Staatengleichheit dienen. Der gesamte Bereich des Entwicklungsvölkerrechts ist schon von seiner Zielsetzung her auf solche materiellen Ungleichbehandlungen zum Wohle der Völkerrechtsgemeinschaft insgesamt aufgebaut.[22] Es stellt sich indessen die Frage, inwieweit sich hier ein Rechtsgrundsatz distributiver Gerechtigkeit bereits konkretisiert hat und insbesondere, ob und gegebenenfalls wie der rechtliche Gehalt der souveränen Gleichheit dadurch angetastet wird. Deuten etwa vertragsrechtliche wie auch gewohnheitsrechtliche Pflichten zur Hilfestellung – etwa zur Errichtung von Kommunikationssystemen im Rahmen der Zusammenarbeit in der ITU –, der Grundsatz der "permanent sovereignty over natural ressources" einerseits und die Forderung einer Neuen Weltwirtschaftsordnung und nach Anerkennung eines Rechts auf Entwicklung andererseits auf eine zunehmende, auch rechtliche Konkretisierung eines materiellen Gerechtigkeitsgrundsatzes[23], so ist darin gerade keine Relativierung oder Modifikation des rechtlichen Kerns der souveränen Gleichheit der Staaten zu sehen. Denn zum einen können auch hier rechtliche Verpflichtungen nicht ohne die Zustimmung der Industriestaaten entstehen, bleibt also der Grundsatz der Staatengleichheit im rechtlichen Sinne bestehen. Zum anderen aber sind die Solidarpflichten der Staaten aus eigenen, von der "souveränen Gleichheit" zu unterscheidenden Rechtsprinzipien herzuleiten.[24]

§ 27 Das Problem der Mikrostaaten

Schrifttum: *Ehrhardt*, Der Begriff des Mikrostaats im Völkerrecht und in der Internationalen Ordnung, 1970; *Rapoport/Muteba/Therattil*, Small States and Territories: Status and Problems (UNITAR-Studie), 1971; *Schou/Brundtland* (Hrsg.), Small States in International Relations, 1971; *Wedel*, Der sogenannte Mikrostaat im Internationalen Verkehr, in: Verfassung und Recht in Übersee 5 (1972), 303 ff; *Saint-Girons*, L'Organisation des Nations Unies et les micro-Etats, in: RGDIP 76 (1972), 445 ff; *Mendelson*, Diminutive States in the United Nations, in: ICLQ 1972, 609-630; *Schwebel*, Mini-States and a More Effective United Nations, in: AJIL 67 (1973), 108 ff; *Gunter*, What Happened to the United Nations Ministate Problem?, in: AJIL 71 (1977), 110 ff; *Plischke*, Microstates in World Affairs, 1977; *Adam*, Micro-States and the United Nations, in: ItalYBIL 2 (1976), 80 ff; *Ehrhardt*, Mikrostaaten, in: *Wolfrum/Brückner/Prill* (Hrsg.), Handbuch Vereinte Nationen, 1977, 283-286; *Amoah*, The Problem of Mini-States in International Law, in: The Spirit of Uppsala, 1984, 549-555; *Darsow*, Zum Wandel des Staatsbegriffs. Unter besonderer Berücksichtigung der Lehre und Praxis internationaler Organisationen, der Mikrostaaten und der PLO, 1984;

---

21 Vgl. *Delbrück*, Zum Funktionswandel des Völkerrechts der Gegenwart im Rahmen einer universalen Friedenstrategie – Menschenrechtsschutz und internationales Wirtschafts- und Sozialrecht, in: Die Friedenswarte 58 (1975), 240-251.

22 Dazu *Delbrück*, Die Rassenfrage als Problem des Völkerrechts und nationaler Rechtsordnungen, 1971, mwN; *Riedel*, Theorie des Menschenrechtsstandards, 1986, mwN; *Wolfrum*, International Law of Cooperation, in: EPIL 9 (1986), 193-198.

23 Im einzelnen *Wolfrum* (Anm. 22); *Mbaye*, Kommentierung von Art. 2 Abs. 1 UN-Charta, in: *Cot/Pellet*, 79-96.

24 *Wolfrum* (Anm. 22), 195-197; insoweit sind auch die diesbezüglichen Ausführungen von *Mbaye* (Anm. 23) den Art. 1 Abs. 3, 55 und 56 der UN-Charta zuzuordnen. Zum gesamten Komplex unten, Teilband I 2.

§ 27 Das Problem der Mikrostaaten

Schram, Legal and Organizational Problems of Ministates, in: The Spirit of Uppsala, 1984, 556-563; *Kokott*, Microstates, in: EPIL 10 (1987), 297-299.

Stellt die Harmonisierung des völkerrechtlichen Prinzips der Staatengleichheit mit der faktischen und teilweise rechtlich verfestigten Vormachtstellung der Großmächte, namentlich im Zusammenhang mit der Stellung der Staaten in den internationalen Organisationen, kein wirkliches Problem dar, so verhält es sich anders mit einem weiteren Aspekt der Staatengleichheit, nämlich der Spannung zwischen Staatengleichheit und dem Phänomen der Kleinst- und Mikrostaaten. Die Bestimmung der Stellung solcher kleinster politischer Einheiten in der Völkerrechtsgemeinschaft bildet sozusagen das Gegenproblem zur Frage der Stellung der Großmächte im Verhältnis zu den anderen Staaten.

I. 1. Die Existenz kleinster staatlicher Einheiten in der Völkerrechtsgemeinschaft ist nicht eigentlich neu. Das 18. und 19. Jahrhundert kannte zahlreiche heute als Mikrostaaten anzusehende Mitglieder der Staatengemeinschaft. Erst die umfassende Ausbildung der großen Nationalstaaten, insbesondere im 19. Jahrhundert die Bildung des Deutschen Reiches und des Königreichs Italien, hat die Zahl der kleinen und kleinsten Staaten ebenso drastisch verringert, wie die koloniale Beherrschung viele kleine politische Einheiten – ob bereits staatlich oder auf Stammesbasis organisiert – in Asien und Afrika aufgehoben hat. Bis zum Beginn der 2. Hälfte des 20. Jahrhunderts waren nur vier Kleinststaaten von völkerrechtlicher Relevanz: Liechtenstein, Monaco, San Marino und die Vatikanstadt. Dieses Bild hat sich im Zuge der fortschreitenden Entkolonisierung grundlegend gewandelt. Je konsequenter die Politik der nationalen Unabhängigkeit auch kleinster territorialer Einheiten – etwa durch die UNO – verfolgt wurde, desto stärker wuchs die Zahl der Kleinststaaten. Dabei ist allerdings zu berücksichtigen, daß es bisher nicht gelungen ist, den Begriff des Mikrostaates[1] präzise zu umschreiben bzw. solchen Umschreibungen allgemeine Anerkennung zu verschaffen. Begriffsbestimmungen, die an die Bevölkerungszahl anknüpfen, stehen solchen gegenüber, die an die Größe des Territoriums, die wirtschaftliche Leistungsfähigkeit und anderes anknüpfen. So fällt nach der Bevölkerungszahl ein so großes Territorium wie Grönland unter den Begriff des Mikrostaates, andererseits – akzeptiert man etwa die oft diskutierte Zahl von 500.000 oder gar 1 Million als Obergrenze der Mikrostaatlichkeit – fällt Singapur dann nicht mehr unter diese Kategorie. Der Vielfalt der angelegten Kriterien entsprechend, variiert die Zahl der als Mikrostaaten bezeichneten Einheiten. Einer sehr umfassenden Schätzung nach konnte Anfang der 70er Jahre in der UNO – unter Zugrundelegung der Mindestbevölkerungszahl – mit etwa 96 Mikrostaaten gerechnet werden. Tatsächlich liegt die Zahl jedoch heute bei ca. 30-40.

2. Die Problematik erschöpft sich jedoch nicht in diesen quantitativen Elementen. Verschiedentlich wird heute die Frage nach der Staatlichkeit dieser kleinsten territorialen und politischen Einheiten – Pitcairn Island als derzeit kleinste Einheit, die zur Entlassung in die Unabhängigkeit ansteht, hatte 1983 61 Einwohner[2] – auch unter dem Gesichtspunkt aufgeworfen, ob denn diese Einheiten insofern Staaten im Sinne des Völkerrechts seien, als nicht nur das Vorhandensein der klassischen Staatselemente wie vor allem Staatsgewalt und Staatsvolk in Zweifel gezogen werden, sondern auch im Hinblick auf die Fähigkeit zu zwischenstaatlichem Verkehr Bedenken gehegt werden.

---

[1] Zu den verschiedenen Bezeichnungen und Definitionsvorschlägen *Ehrhardt*, Mikrostaaten, 283.

[2] The Statesman's Yearbook 121 (1984-85), 990.

So haben etwa die Malediven nach Erlangung der Mitgliedschaft in der UNO nach wenigen Jahren ihre ständige Vertretung bei der Organisation geschlossen, da die finanziellen und personellen Lasten zu groß waren. Auch im Hinblick auf die Unterhaltung von diplomatischen Vertretungen schon bei den wichtigsten Staaten der Welt ergeben sich für manche Mikrostaaten erhebliche finanzielle und personelle Probleme.[3]

Angesichts einer jedoch weitgehend formalisierten Anwendung der Staatskriterien, namentlich im Rahmen der Praxis der UNO, aber auch schon zuvor im Zuge der Universalisierung der Staatengemeinschaft, erscheint es kaum möglich, sei es die Kriterien der Drei-Elemente-Lehre, sei es das Kriterium der internationalen Verkehrsfähigkeit in einer Weise auszulegen, die auf die Verneinung der Staatsqualität der Mikrostaaten hinausläuft.[4] Wäre es zwar möglich, Mikrostaaten in internationalen Organisationen eine Stellung geminderter Mitgliedschaft, etwa mittels eines durch Stimmengewichtung relativierten Stimmrechts, zuzumessen, so erscheint eine Klassifizierung der heute bereits existierenden und ggf. noch in die Unabhängigkeit tretenden Kleinststaaten in Staaten und Nichtstaaten nach allgemeinem Völkerrecht nicht möglich, wie die Staatenpraxis, insbesondere in den internationalen Organisationen, zeigt.

II. 1. Wiewohl gerade in der Ausbildung des Völkergewohnheitsrechts den einflußreichen Großmächten bzw. solchen Staaten, die in einem Sachbereich besonders betroffen sind, große Bedeutung zukommt, läßt sich weder in der Vergangenheit noch in der Gegenwart nachweisen, daß Staaten aufgrund ihrer geringen Größe für den Prozeß der Rechtsbildung für irrelevant angesehen worden wären. Wie bereits erwähnt, gab es in früheren Jahrhunderten, insbesondere in Europa, eine Fülle von Klein- und Kleinststaaten, deren rechtlich gleichrangige Teilnahme an den völkerrechtlichen Beziehungen und Entwicklungen nicht in Frage gestellt wurde.[5]

2. Das gleiche gilt im Hinblick auf die Frage der Anerkennung der Fähigkeit von Mikrostaaten, das Völkerrecht zu befolgen bzw. zu seiner Durchsetzung beizutragen. Weder hat die Staatengemeinschaft in der Praxis die Unterhaltung von diplomatischen und konsularischen Beziehungen zum konstituierenden Merkmal der Staatlichkeit erhoben, noch gab es Hindernisse für kleine Staaten, ihr Recht – etwa vor internationalen Foren – durchzusetzen.

So konnte Liechtenstein ohne weiteres Partei vor dem IGH sein[6] oder konnte San Marino völkerrechtswirksam Deutschland im Jahr 1944 den Krieg erklären.[7]

So problematisch im Einzelfall also die gleichberechtigte Mitwirkung kleinster Staaten im Konzert einer vergleichsweise übermächtigen Staatengemeinschaft auch erscheinen mag: eine völkerrechtlich gebotene Schranke für den Erwerb der Völkerrechtssubjektivität auf der Grundlage unabhängiger Staatlichkeit aus Gründen der Größe o. ä. ist heute nicht nachweisbar. Das zeigt sich – mit noch problematischerem Ergebnis – auch im Bereich der internationalen Organisationen.

III. 1. Bereits der Völkerbund hatte sich mit der Frage zu beschäftigen, ob Mikrostaaten der Aufnahme in die Organisation fähig, mit anderen Worten, zur effektiven Erfüllung

[3] Vgl. die Auflistung bei *Plischke*, im Anhang 136 ff.

[4] A.A. *Ehrhardt*, Der Begriff, 16 ff; *ders.*, Mikrostaaten als UN-Mitglieder. Zum Strukturproblem der Weltorganisation, in: VN 18 (1970), 111 ff (112). Wie hier *Darsow*, 126 ff, 168 ff.

[5] Zu erinnern ist etwa an die Kleinstaaten des Hl. Römischen Reiches zwischen 1648 und 1803 (1803 noch 88 Territorien).

[6] Liechtenstein v. Guatemala (*Nottebohm*-Fall) Second Phase, ICJ Reports 1955, 4 f.

[7] AJIL 39 (1945), 114.

der Mitgliedspflichten in der Lage wären. Obwohl der Völkerbund in einer Reihe von Fällen – so etwa im Falle Indiens – die Frage nach der unabhängigen Staatlichkeit großzügig behandelt hatte, unterzog er beispielsweise den Antrag Liechtensteins auf Aufnahme in den Bund einer eingehenden Prüfung im Hinblick auf dessen Status als unabhängiger Staat, der schließlich verneint wurde.[8] Monaco und San Marino haben daraufhin ihre Aufnahmeabsichten nicht weiter verfolgt.[9] Anders ist die Entwicklung in der UNO verlaufen. Zwar haben Liechtenstein, Monaco und San Marino sowie die Vatikanstadt nicht um Mitgliedschaft in der Organisation nachgesucht, andere Mikrostaaten dagegen haben dies mit solchem Erfolg getan, daß am Ende des ersten Jahrzehnts massiver Entkolonisierung und des Erscheinens einer Vielzahl kleinster Staaten vor den Toren der UNO vom Generalsekretär die Frage aufgeworfen wurde, ob das Recht auf Befreiung aus kolonialer Herrschaft und auf staatliche Unabhängigkeit auch das Recht auf volle, ungeschmälerte Mitgliedschaft in der UNO impliziere[10] – eine Frage, die die über die Mitgliedschaft befindenden Organe der UNO – Sicherheitsrat und Generalversammlung – bisher bejaht haben.

2. Dennoch hat es nicht an Vorschlägen gefehlt, die zumindest Formen gestufter Mitgliedschaft in den internationalen Organisationen, namentlich in der UNO, oder auch eine Abmilderung des „one state – one vote"-Prinzips zum Gegenstand hatten. So zielten sowohl Überlegungen des Generalsekretärs als auch der Delegationen der USA und Großbritanniens auf die Schaffung einer freiwillig zu übernehmenden assoziierten Mitgliedschaft bzw. auf die Erklärung eines freiwilligen Verzichts auf das Stimmrecht. Die Vorschläge scheiterten, da sie – zu Recht – als mit dem geltenden Recht der UN-Charta unvereinbar angesehen wurden. Eine Änderung der Charta aber wurde realistischerweise für undurchführbar gehalten. Andererseits hat etwa die Welternährungsorganisation (FAO) durch eine Verfassungsänderung eine assoziierte Mitgliedschaft geschaffen.

Insgesamt aber ist festzuhalten, daß die gegenwärtige Staatenpraxis darauf hinausläuft, weder die Staatlichkeit der Mikrostaaten noch ihr Recht auf volle Achtung ihrer „souveränen Gleichheit" in Frage zu stellen. Damit aber ist der Begriff des Staates als des Trägers umfassender, unabhängiger Hoheitsgewalt, wie er bisher der Völkerrechtsordnung zugrunde gelegt worden ist, einer weiteren Relativierung und inhaltlichen Entleerung ausgesetzt worden. Ob die Staatengemeinschaft – etwa durch die Ermutigung von föderalen Zusammenschlüssen von Mikrostaaten – zu einem gehaltvolleren Staatsbegriff zurückkehren oder ob der Staat als bisher vorrangiges Völkerrechtssubjekt eher weiter in den Hintergrund treten wird[11], muß hier dahingestellt bleiben.

---

[8] *Rapoport et al.*, 115 f.

[9] AaO 116.

[10] UN Doc. A/6701/Add. 1, in: GOAR, 22nd sess., suppl. No. 1 A.

[11] Vgl. *Schou/Brundlandt*, 12; *Ehrhardt*, Mikrostaaten, 285.

2. ABSCHNITT
Die Organe des Staates

5. KAPITEL
Die völkerrechtliche Vertretung durch zentrale Organe

§ 28 Die Auswärtige Gewalt

Schrifttum: *Cavaglieri*, Gli organi esterni dello Stato e la loro posizione giuridica, 1912; *Favilli*, Sulla teoria degli organi in diritto internazionale, 1949; *Grewe*, Die auswärtige Gewalt der Bundesrepublik, VVDStRL 12 (1954), 129; *Menzel*, Die auswärtige Gewalt der Bundesrepublik, VVDStRL 12 (1954), 179; *Treviranus*, Außenpolitik im demokratischen Rechtsstaat, 1966; *Waltz*, Foreign Policy and Democratic Politics. The American and British Experience, 1967; *Weiß*, Auswärtige Gewalt und Gewaltenteilung, 1971; *Wildhaber*, Treaty-Making Power and Constitution. An International and Comparative Study, 1971; *Henkin*, Foreign Affairs and the Constitution, 1972; *Seidel*, Der Bundespräsident als Träger der auswärtigen Gewalt, 1972; *Lachaume*, Jurisprudence française relative au droit international public, AFDI 19 (1973), 974; 21 (1975), 993; 22 (1976), 863; *Oppermann*, Bundesrat und auswärtige Gewalt, in: Der Bundesrat als Verfassungsorgan und politische Kraft, 1974, 299; *Zeitler*, Verfassungsgericht und völkerrechtlicher Vertrag, 1974; *Grupp*, Die parlamentarische Kontrolle der auswärtigen Gewalt in Form von Entschließungen, 1975; *Wildhaber*, Kompetenzverteilung innerhalb der Bundesorgane, in: Handbuch der schweizerischen Außenpolitik, 1975, 253; *Petersmann*, Act of State Doctrine, Political Question Doctrine und gerichtliche Kontrolle der auswärtigen Gewalt, JöR N. F. 25 (1976), 587; *Wilcox/Frank* (Hrsg.), The Constitution and the Conduct of Foreign Policy, 1976; *Zeitler*, Judicial Review and Judicial Restraint gegenüber der auswärtigen Gewalt, JöR N. F. 25 (1976), 621; *Tomuschat*, Der Verfassungsstaat im Geflecht der internationalen Beziehungen, VVDStRL 36 (1978), 7; *Doehring*, Staatsrecht der Bundesrepublik Deutschland, 3. Aufl. 1984; *Geiger*, Grundgesetz und Völkerrecht, 1985; *Byrnes/Charlesworth*, Federalism and the International Legal Order: Recent Developments in Australia, AJIL 79 (1985), 622; *Fastenrath*, Kompetenzverteilung im Bereich der auswärtigen Gewalt, 1986; *Mann*, Foreign Affairs in English Courts, 1986; *Grewe*, Zum Verfassungsrecht der auswärtigen Gewalt, AöR 112 (1987), 521.

I. Der Staat handelt durch Menschen oder Gruppen von Personen (Organe)[1], die ihn im internationalen Verkehr repräsentieren und deren Handeln ihm rechtlich zugerechnet wird. Dabei lassen sich die staatlichen Organe für den völkerrechtlichen Verkehr in zwei Gruppen einteilen. Zur ersten Gruppe zählen die innerstaatlichen (zentralen) Organe, zur zweiten die dezentralisierten Staatsorgane im Ausland (ständige Missionen, Spezialmissionen, Vertretungen bei internationalen Organisationen und Konsulate).[2] Die Bestellung dieser Organe, die konkrete Regelung ihrer Zuständigkeiten und die Zurechnung ihres Handelns für den Staat bedarf der Regelung durch das Recht.
Diese Regeln gehören nur zum Teil dem Völkerrecht an, sie sind vor allem Bestandteil des jeweiligen nationalen Rechts. Es handelt sich dabei um die Organisation der den Staaten zustehenden *auswärtigen Gewalt*, eines wichtigen Zweiges der Exekutive.[3]

[1] Über diesen Begriff oben § 12.
[2] *Rousseau* IV, 115.
[3] *Tomuschat*, 27; *Menzel*, 194.

Zwar gehören die Normen über die Bestellung der Organe, die den Staat im internationalen Verkehr repräsentieren, grundsätzlich dem nationalen Recht an. Nach dem Völkerrecht sind die Staaten aber zur Bestellung von Organen verpflichtet. Ein Staat, der sich etwa im Stil des früheren Tibets von jedem Verkehr mit dem Ausland abschließen wollte, würde seine Pflicht zu gemeinschaftsmäßigem Handeln verletzen. Denn das Völkerrecht setzt ein Mindestmaß an zwischenstaatlichem Verkehr und Austausch voraus.[4] Daher ist die völlige systematische Isolierung eines Staates nach außen, wie sie Japan, China und Korea im 19. Jahrhundert sowie Albanien und Tibet im 20. Jahrhundert praktiziert haben bzw. noch praktizieren, als völkerrechtswidrig anzusehen. Nicht hergeleitet werden kann jedoch die Pflicht zur Aufnahme diplomatischer Beziehungen im Einzelfall. Die Entscheidung über die Zahl und die Qualität der Organe, die einen Staat völkerrechtlich vertreten, und über die Art ihrer Bestellung bleibt dem nationalen Recht überlassen. Allerdings ist zu berücksichtigen, daß das Völkerrecht effektiv wirksame nationale Rechtsordnungen voraussetzt.[5] Als Organe eines Staates gelten daher nur jene, die tatsächlich die Macht ausüben.

Das nationale Recht regelt grundsätzlich auch die konkreten Zuständigkeiten der staatlichen Organe in bezug auf die auswärtigen Beziehungen. Die nationalen Rechtsordnungen[6] enthalten etwa Bestimmungen darüber, welche Organe für den Abschluß oder die Ratifizierung von Verträgen oder eine Kriegserklärung zuständig sind. Im Völkerrecht finden sich hierzu jedoch ergänzende Regelungen:

So ist z. B. der militärische Befehlshaber im Kriege nach Völkergewohnheitsrecht zum Abschluß der sog. Kriegsverträge, z. B. einer Waffenruhe, einer Kapitulation, eines Abkommens über die Bergung von Gefallenen und Verwundeten befugt. Gemäß Art. 7 Abs. 2 lit. a der Wiener Vertragsrechtskonvention vom 23. Mai 1969[7] werden Staatsoberhäupter, Regierungschefs und Außenminister als zuständig angesehen kraft ihres Amtes, völkerrechtliche Verträge abzuschließen. Eine völkerrechtliche Bindung ihres Heimatstaates tritt selbst dann ein, wenn das betreffende Organ mit dem Vertragsschluß innerstaatlich seine Kompetenzen überschritten hat (Art. 46).

II. 1. Faßt man die Regeln der nationalen Rechtsordnungen näher ins Auge, so fällt eine gewisse Zwiespältigkeit der Zuständigkeitsverteilung in bezug auf den völkerrechtlichen Verkehr auf. Das neuzeitliche Verfassungsrecht pflegt zwischen der Repräsentation des Staates nach außen und der Willensbildung im Inneren des Staates zu unterscheiden. Nach außen tritt der Staat, handelt er durch die von seiner Rechtsordnung dazu berufenen Organe, als geschlossene Einheit in der Gestalt seiner führenden Repräsentanten hervor. Die Willensbildung im Inneren hingegen kommt unter der Mitwirkung einer Vielzahl von Organen, in der Regel in einem komplizierten Verfahren zustande. Die Summe aller staatlichen Kompetenzen, die sich auf seine Teilnahme am völkerrechtlichen Verkehr beziehen, einschließlich der Regelungen hinsichtlich der entsprechenden

[4] So sehen es *Bluntschli*, Das moderne Völkerrecht der civilisirten Staten, 3. Aufl. 1878, 27 f sowie *Seidl-Hohenveldern*, Völkerrecht, 4. erw. Aufl. 1980, 12, 294. Anders *Oppenheim/Lauterpacht* I, 321, der dem Recht auf Verkehr Normqualität abspricht, allerdings in der Austauschbereitschaft ein Wesensmerkmal des Staates sieht.

[5] *Krüger*, Das Prinzip der Effektivität, oder: Über die besondere Wirklichkeitsnähe des Völkerrechts, Festschrift Spiropoulos, 1957, 265-284; *Touscoz*, Le principe d'effectivité dans l'ordre international, 1964; *de Visscher*, Les effectivités du droit international public, 1967; *Frowein*, Das de facto-Regime im Völkerrecht, 1968; *Doehring*, Effectiveness, EPIL 7 (1984), 70-74.

[6] Nicht allein ausschlaggebend sind dabei die Verfassungstexte, die Verfassungswirklichkeit ergibt sich vielmehr aus einer empirischen Zustandsbeschreibung.

[7] United Nations Conference on the Law of Treaties, Official Records, Documents of the Conference (UN Doc. A/Conf. 39/11/Add.2, 1971, 287). Das Übereinkommen ist am 27. Januar 1980 nach 35 erfolgten Ratifikationen in Kraft getreten. Der deutsche Text ist abgedruckt in BGBl. 1985 II, 926.

innerstaatlichen Willensbildung machen den Bereich der *auswärtigen Gewalt* aus. Die auswärtige Gewalt stellt keine selbständige Größe im Rahmen der Gewaltenteilung dar, sondern muß einer der Gewalten, entsprechend ihrer Eigenart, zugeordnet werden.

Nicht nur die staatlichen Organe prägen allerdings das Außenprofil eines Staates. Es entspricht der Praxis der internationalen Beziehungen, daß auch der Oppositionsführer eines Staates von der Regierung eines anderen Staates empfangen wird. Transnationale Bindungen der politischen Parteien sowie die Reisen von Parlamentariergruppen gewinnen zunehmend an Bedeutung.[8] So haben sich beispielsweise im Mai 1986 SPD, SED und die Kommunistische Partei der Tschechoslowakei zu einer Konferenz über die Schaffung einer chemiewaffenfreien Zone in Mitteleuropa getroffen und gemeinsame Vorschläge erarbeitet. Gleiches gilt für die transnationalen Beziehungen von Gewerkschaften. Letztlich ist die hieraus resultierende differenzierte Darstellung eines Staates in seinen Außenbeziehungen Ausdruck seiner Kräftepluralität im Inneren. Allerdings beruht diese grenzüberschreitende Kommunikation nicht auf spezifischen außengerichteten Kompetenzzuweisungen, sondern auf den allgemeinen Regeln für die Tätigkeit von Amtsträgern und Bürgern. Es handelt sich hierbei weder um eine Ausübung der auswärtigen Gewalt, noch werden die innerstaatlichen Kompetenzregeln in bezug auf die auswärtige Gewalt durch außenpolitisch erhebliche Sachverhalte der skizzierten Art tangiert.

Das Repräsentationsorgan eines Staates im Verhältnis zu anderen Völkerrechtssubjekten ist in der Regel, wenn auch nicht immer[9], das Staatsoberhaupt. Es kann jedoch normalerweise nur auf Antrag oder mit Zustimmung der Regierung oder wenigstens des Außenministers handeln. In den Fällen, wo andere Organe als das Staatsoberhaupt den Staatswillen nach außen hervortreten lassen, beruht ihre Zuständigkeit im allgemeinen auf einer speziellen oder auch generellen Bevollmächtigung seitens des Staatsoberhauptes.

2. An der Willensbildung im Inneren sind neben dem Repräsentationsorgan auch andere Organe beteiligt. Für jeden Bundesstaat stellt sich die Frage nach der Kompetenzverteilung zwischen Bund und Gliedstaaten im Bereich der auswärtigen Beziehungen. Die meisten Bundesstaaten haben sich für eine umfassende Bundeskompetenz entschieden.[10] Allerdings wird gelegentlich die Zustimmung oder sonstige Mitwirkung der Gliedstaaten oder zumindest der föderativen Organe bei bestimmten außenpolitischen Akten verlangt.

Einen Grund dafür benennt schon der „Kommissionsbericht über die Grundlinien eines neu zu errichtenden Eidgenössischen Bundesvereins“ von 1814. Dort heißt es: „Dem fremden Einfluß wären mehrere Zugänge geöffnet und es würde dem Ausland leichter fallen, durch einseitige Verbindungen und Verträge mit einzelnen Bundesgliedern das ganze zu benachteiligen und vielleicht die verderblichsten Parteiungen und Zerwürfnisse zu stiften.“ Auch das *Grundgesetz* trägt dem Gedanken der einheitlichen Repräsentation nach außen Rechnung. Denn nach Art. 32 Abs. 1 GG ist die Pflege der Beziehungen zu auswärtigen Staaten Sache des Bundes. Vor dem Abschluß eines Vertrages, der die besonderen Verhältnisse eines Landes berührt, ist das Land jedoch rechtzeitig zu hören (Art. 32 Abs. 2 GG), und soweit die Länder für die Gesetzgebung zuständig sind, können sie selbst mit ausländischen Staaten Verträge abschließen, bedürfen dazu aber der Zustimmung der Bundesregierung (Art. 32 Abs. 3 GG). Ergänzt und präzisiert wird diese Regelung durch eine zwischen dem Bund und den Ländern getroffene Absprache (Lindauer Absprache vom 14. November 1957).

Weniger weit geht die Mitwirkungskompetenz der Länder in anderen Bundesstaaten. So hat nach der Verfassung von *Australien* allein der Bund die Kompetenz, völkerrechtliche Verträge

[8] Vgl. dazu *Tomuschat*, 23 f.

[9] Nach den Verfassungen von Schweden (Kap. 10, Art. 1) und Japan (Art. 4 i.V.m. Art. 68, 73) sind beispielsweise nicht die Monarchen, sondern nur die Regierungen zum auswärtigen Verkehr berufen.

[10] *Bothe*, Die Kompetenzstruktur des modernen Bundesstaates in rechtsvergleichender Sicht, 1977, 142 f.

abzuschließen. Die Gliedstaaten besitzen keine Völkerrechtspersönlichkeit; sie nehmen am Verhandlungsprozeß und beim Abschluß des Vertrages nicht teil. Bei der Durchführung völkerrechtlicher Verträge bzw. bei ihrer Umsetzung in nationales Recht stützt sich der Bund auf die „external affairs power", die auch Bereiche umfaßt, die traditionell in die Gesetzgebungskompetenz der Gliedstaaten fallen. Stärker hingegen ist die Stellung der *kanadischen Provinzen* im Verhältnis zum Bund. Denn völkervertragsrechtliche Bestimmungen, die die Gesetzgebungszuständigkeit der Provinzen berühren, können nur von diesen durchgeführt werden. Die Verfassung von *Nigeria* sichert die Rechte der Gliedstaaten, indem sie als Voraussetzung für das Inkrafttreten eines völkerrechtlichen Vertrages, der nicht in die ausschließliche Bundeskompetenz fällt, die Ratifikation durch die Mehrheit der Gliedstaatenparlamente verlangt.

Für den Bereich der auswärtigen Gewalt überwiegen innerstaatlich in der Regel die Kompetenzen der Regierung diejenigen des Staatsoberhaupts. Etwas anderes kann für Präsidialverfassungen gelten (z. B. USA).

Nach Art. 59 Abs. 1 GG wird der Bund von dem Bundespräsidenten völkerrechtlich vertreten; er schließt im Namen des Bundes die Verträge mit auswärtigen Staaten; er beglaubigt und empfängt die Gesandten. Andere Akte des Bundespräsidenten sind etwa die Abgabe von Anerkennungserklärungen oder von Erklärungen über die Aufnahme und den Abbruch diplomatischer Beziehungen. Weitere Beispiele der Vertretungsbefugnisse des Bundespräsidenten nennen die Art. 115 a Abs. 5 GG und Art. 115 Abs. 3 GG (Erklärung des Verteidigungsfalls/Abschluß eines Friedensvertrages). Allerdings bezieht sich diese Regelung nur auf die *Vertretungs*-, nicht auf die *Entscheidungs*befugnis. Letztere liegt in ihrem Kern bei der Regierung. Die Abhängigkeit des Bundespräsidenten von den Entscheidungen der Regierung spiegelt sich formal in dem Gebot wider, daß seine Anordnungen und Verfügungen zu ihrer Gültigkeit nach Art. 58 GG der Gegenzeichnung durch den Bundeskanzler oder den zuständigen Bundesminister bedürfen. Der Bundespräsident schließt die Verträge mit auswärtigen Staaten im Namen des Bundes.[11] Aber auch insoweit steht ihm lediglich eine Vertretungs-, nicht eine Entscheidungsbefugnis zu. Letztere liegt bei Regierung und Parlament.

Die Kompetenzen der Parlamente sind von Verfassung zu Verfassung unterschiedlich ausgestaltet. Der Schwerpunkt der auswärtigen Gewalt liegt aber stets bei der Exekutive und nicht bei der Legislative.[12] Denn die Fülle der Zuständigkeiten für den völkerrechtlichen Verkehr kann, der Natur der Sache nach, nur die Regierung wahrnehmen. Nach dem Grundgesetz ist die Mitentscheidung des Bundestages im wesentlichen auf das Zustimmungsgesetz beschränkt (Art. 59 Abs. 2). Das Übergewicht der Exekutive gegenüber der Legislative hat sich für den Bereich der Außenpolitik tendenziell noch durch die Mitgliedschaft in den Europäischen Gemeinschaften verstärkt. Denn die Ausübung der ihnen zustehenden Rechtssetzungsbefugnisse resultiert in entsprechenden Kompetenzeinbußen auf seiten der nationalen Legislativen, zumal der Rat der Europäi-

---

[11] Es ist etwa denkbar, daß die Verfassung auch andere Organe als das Staatsoberhaupt zum Abschluß von Regierungs- oder Verwaltungsabkommen ermächtigt, ohne daß die Zuständigkeit der vertragschließenden Organe auf eine Vollmacht des Staatsoberhauptes zurückgeführt werden müßte. Das Grundgesetz sieht dies in Art. 59 Abs. 2 Satz 2 vor. Gem. § 77 Abs. 2 der Gemeinsamen Geschäftsordnung der Bundesministerien ist der Außenminister befugt, diese Abkommen zu unterzeichnen (Regierungsabkommen). Völkerrechtliche Übereinkünfte, die lediglich die Zuständigkeit eines Fachministers berühren und weder die politischen Beziehungen des Bundes regeln noch sich auf die Gegenstände der Bundesgesetzgebung beziehen, können vom zuständigen Fachminister geschlossen werden (Ressortabkommen).

[12] *Grewe*, 135, sieht in Art. 59 Abs. 2 GG eine Ausnahmebefugnis des Bundestages. Vgl. auch das Urteil vom 29. Juli 1952, BVerfGE 1, 351 (369); vgl. dazu *Rojahn*, in: *von Münch* (Hrsg.), Grundgesetzkommentar, zu Art. 59 mit weiteren Nachweisen. Für die Schweiz spricht *Wildhaber*, Kompetenzverteilung, 253/54, von einer „ständigen Kooperation und Koordination" zwischen Regierung und Parlament. Für die USA fordert *Henkin*, 279, „more and better cooperation, consultation, accommodation, by better legislative-executive *modi vivendi et operandi.*"

schen Gemeinschaften von Vertretern der nationalen Exekutiven besetzt ist. Diese Verschiebung der Gewichte zwischen Legislative und Exekutive auf nationaler Ebene wird nicht auf der europäischen Ebene ausgeglichen, da dem Europäischen Parlament bislang keine Kompetenzen hinsichtlich der europäischen Rechtssetzung zukommen.

Der Bundestag kann die Entscheidungsfunktionen der Regierung nicht übernehmen, soweit ihm durch das Grundgesetz nicht ausdrücklich Regierungsaufgaben zugewiesen sind. Das Regierungsmonopol gilt vor allem grundsätzlich für die einseitigen völkerrechtlichen Akte, auch wenn sie im Einzelfall von eminenter politischer Bedeutung sind, wie die Anerkennung von Staaten, der Abbruch der diplomatischen Beziehungen, die Abstimmung in internationalen Organisationen oder bei internationalen Kodifikationskonferenzen. Die Regierung entscheidet über die Aufnahme von Vertragsverhandlungen, deren Durchführung, die Unterzeichnung und über eine etwaige Vorlage des Vertrages an den Bundestag. Nach Art. 59 Abs. 2 GG bedürfen Verträge, die die politischen Beziehungen des Bundes regeln oder sich auf Gegenstände der Bundesgesetzgebung beziehen, der Zustimmung oder Mitwirkung der für die Bundesgesetzgebung zuständigen Körperschaften (Bundestag *und* Bundesrat).[13] Für diese Verträge sind also die materiellen Entscheidungsbefugnisse dergestalt geteilt, daß die Initiative bei der Regierung liegt, während das Parlament befindet, ob ein Vertrag, so wie er von der Regierung ausgehandelt wurde, Wirkungen entfalten soll.[14] Diese scharfe Trennung zwischen Regierungs- und Parlamentskompetenz entspricht allerdings nicht stets der Praxis. Zum einen wird die Mehrheit im Parlament der Regierung die Unterstützung bei einem ausgehandelten Vertrag nur in Ausnahmefällen versagen. Zum anderen ist festzustellen, daß gelegentlich der Bundestag auch bereits zu laufenden Vertragsverhandlungen Stellung nimmt oder sich zur Frage der Zeichnung äußert. Rechtlich vermag er jedoch die Regierung nicht zu binden. Die für das Grundgesetz festzustellende Dominanz der Regierung in Fragen der auswärtigen Gewalt gilt auch im Zweikammersystem oder im Präsidialsystem, sollte eine der beiden Legislativkörperschaften oder die entscheidende Legislativkörperschaft von der Opposition beherrscht werden. Auch hier wird sich die Opposition nur schwerlich dem außenpolitisch durch das Verhandlungsergebnis geschaffenen ‚fait accompli' entziehen können.[15] So ist z. B. in den USA die Zahl der abgelehnten Verträge seit 1945 gesunken, die Notwendigkeit des positiven Zweidrittelvotums übt aber eine stark abschreckende Funktion aus.[16] Durch die wachsende Bedeutung multilateraler Vertragskonferenzen drohen sich die noch verbleibenden Entscheidungskompetenzen der Parlamente in bezug auf die Entwicklung von Völkerrecht weiter zu verringern. Zum einen steigt der Druck, Vertragswerken, die auf universeller Ebene mit großer Mehrheit verabschiedet wurden, die Zustimmung zu erteilen. Zum anderen haben derartige Vertragsentwürfe bereits vor ihrem Inkrafttreten einen wesentlichen Einfluß auf die weitere Entwicklung von Völkergewohnheitsrecht. Hier ist es, im Hinblick auf die spätere Entscheidung des Parlaments, angebracht, dieses über den Verhandlungsverlauf informiert zu halten. Die parlamentarischen Einflußmöglichkeiten können damit bis zu einem gewissen Grade vorverlagert werden.

Nach dem System des Grundgesetzes sind Akte der auswärtigen Gewalt nicht der Kontrolle durch die Gerichte, insbesondere des Bundesverfassungsgerichts entzogen.[17] Die Rechtsweg-

---

[13] Von Bundeskanzler *Schmidt* war dem Bundesrat in der Debatte über das Rentenabkommen mit Polen vom 9. Oktober 1975 (BGBl. 1976 II, 396) ein echtes Mitspracherecht abgesprochen worden (7. BT, Sten. Ber. 15595); dagegen zu Recht *Knies*, Der Bundesrat: Zusammensetzung und Aufgaben, DÖV 1977, 575, sowie *Tomuschat*, 28. Zur Zurückhaltung in außenpolitischen Fragen mahnt *Oppermann*, 307, obwohl auch er dessen materielles Mitspracherecht bejaht.

[14] Oben § 10 III 3.

[15] *Henkin*, 132.

[16] *Waltz*, 96 f; typisch ist die Behandlung der beiden Menschenrechtspakte, der Konvention über die Verhütung und Bestrafung des Völkermordes vom 9. Dezember 1948 und von SALT II.

[17] *Tomuschat*, 55 ff; *Doehring*, 375; *Petersmann*, 609; *Zeitler*, Verfassungsgericht, 138; a.A. *Treviranus*, 30. Vgl. auch die Entscheidungen des BVerfG zur Verfassungsmäßigkeit der Zustimmung zur Aufstellung neuer Mittelstreckenraketen vom 18. Dezember 1984, BVerfGE 68, 1 ff, und zu Lagerung, Beförderung und möglichem Einsatz chemischer Waffen vom 29. Oktober 1987, abgedruckt in: EuGRZ 14 (1987), 565 ff; das Gericht erkennt der Regierung in auswärtigen Angelegenheiten einen weiten Gestaltungsspielraum zu.

klausel des Art. 19 Abs. 4 GG sowie das Rechtsstaatsprinzip schließen es aus, das Handeln der auswärtigen Gewalt als gerichtsfreie Hoheitsakte einzustufen bzw. die „Political-Question"-Doktrin zu verwenden. Damit unterscheidet sich die Rechtslage in der Bundesrepublik Deutschland von derjenigen in Frankreich[18], Großbritannien[19] und den USA.[20]

Durch das Auseinanderklaffen von äußerer Repräsentation und innerer Willensbildung, von „formeller" und „materieller" Zuständigkeit können sich Probleme ergeben. Die Betätigung des Staatswillens nach außen hin kann zu den Regeln über die Willensbildung im Inneren in Widerspruch treten. Das kann auf verschiedene Weise geschehen: zum einen so, daß schon die Bestellung des Organs dem inländischen Recht widerspricht, zum anderen dadurch, daß das ordnungsmäßig bestellte Organ Erklärungen abgibt, zu deren Abgabe es – sei es generell, sei es im konkreten Fall – nicht zuständig ist.

Beispiele: Ein Vertrag wird von einem Staatsoberhaupt ratifiziert, das unter Verletzung der in der Verfassung enthaltenen Bestimmungen über die Wahl des Staatsoberhauptes gewählt worden ist. Ein Staat wird durch einen Diplomaten vertreten, den das Staatsoberhaupt ohne die nach der Verfassung erforderliche Zustimmung anderer Organe zum diplomatischen Vertreter seines Landes ernannt hat. – Das Staatsoberhaupt ratifiziert einen Vertrag oder erklärt den Krieg ohne die erforderliche Zustimmung des Parlaments oder der föderativen Organe. Ein diplomatischer Vertreter überschreitet die durch seine Regierung gezogenen Grenzen seiner Zuständigkeit.

Die Rechtsfragen, die sich in solchen Fällen im Hinblick auf die Rechtswirksamkeit von Verträgen – dies ist die praktisch wichtigste Frage – und anderen Willenserklärungen und auf die Deliktshaftung des Staates ergeben, sind wiederum Bestandteil des Völkerrechts.

§ 29 Das Staatsoberhaupt

Schrifttum: *Stowell*, Respect due to Foreign Sovereigns, AJIL 31 (1937), 301; *Partsch*, Von der Würde des Staates, 1967; *Bothe*, Die strafrechtliche Immunität fremder Staatsorgane, ZaöRV 31 (1971), 246; *Bloomfield/FitzGerald*, Crimes against Internationally Protected Persons: Prevention and Punishment, 1975; *Decaux*, Le statut du Chef d'Etat déchu, AFDI 26 (1980), 101; *Przetacznik*, Protection of Officials of Foreign States according to International Law, 1983.

I. 1. Das dem Range nach höchste Organ, das den Staat in seinen internationalen Beziehungen repräsentiert, ist sein Staatsoberhaupt.[1] In der Regel ist dies eine Einzelperson,

---

[18] *Lachaume*, Jurisprudence française relative au droit international, AFDI 20 (1974), 1017-1019, 22 (1976), 910-912.

[19] *Mann*, 15 ff, 72 ff, 97 ff.

[20] *Henkin*, 214; *Wilcox/Frank*, 3; *Zeitler*, Judicial Review, 629.

[1] Die den Staatsoberhäuptern zustehenden Vorrechte, insbesondere auch die Immunität, wurden vielfach auch den Oberhäuptern „halbsouveräner" Staaten gewährt. Vgl. z. B. die britischen Urteile in *Mighell v. Sultan of Johore* (1894) Queen's Bench Division of the English High Court of Justice 1, 149 und in *Statham v. Statham and His Highness the Gaekwar of Baroda* (1912) Probate, Divorce and Admiralty Division of the English High Court of Justice, 92 und des Privy Council in *Sultan of Johore v. Abubakar*, ILR 19 (1952), 182. Doch gestatten solche Urteile nationaler Gerichte keine sicheren Schlüsse auf das Bestehen einer internationalen Rechtsüberzeugung. Vgl. auch das Urteil des High Court Allahabad in *Bishwanath Singh v. Commissioner of Income Tax*, Annual Digest 10 (1941-42), Case No. 11, 43, wo dem Maharadja von Benares die Immunität gegenüber der Steuerbehörde versagt wird mit der Begründung, daß ein unter der Souveränität der britischen Krone stehender Staat nicht souverän sei.

ein Monarch, Präsident, Generalgouverneur[2] oder dgl. Auch ein kollegiales Organ[3] kann Staatsoberhaupt sein, wie das Beispiel des schweizerischen Bundesrats zeigt. Da das Völkerrecht alle Staaten als gleichberechtigt ansieht, besteht kein Unterschied in der persönlichen Stellung der verschiedenen Staatsoberhäupter, insbesondere nicht zwischen Monarchen und Präsidenten.[4] Reste früherer Unterschiede sind noch in gewissen „Ehrenrechten" enthalten, wie sie etwa Monarchen im Gegensatz zu anderen Staatsoberhäuptern gewährt werden mögen. Aber sie sind nicht mehr Bestandteil des Völkerrechts. Regeln dieser Art sind abgesunkenes Recht, ihre Befolgung entspricht allenfalls noch der Courtoisie.

2. Wer Staatsoberhaupt ist, bestimmt die jeweilige Verfassung.[5] Wo ein Staatsoberhaupt unter Verletzung der Verfassung seines Landes, z. B. durch eine Revolution, in seine Stellung gelangt ist, erhebt sich für andere Staaten die Frage der Anerkennung, die nicht zu früh, aber auch nicht zu spät erteilt werden darf.[6]

Gegenstand einer Anerkennung ist auch der Wechsel in der Form eines Staatsoberhauptes durch Verfassungsänderung wie beispielsweise der Wechsel von einem Präsidenten zum Monarchen. So wurde etwa *Reza Khan*, iranischer Regierungschef, am 13. Dezember 1925 Schah des Iran; *Ahmed Zogon*, gewählter Präsident von Albanien, wurde als *Zog I.* am 1. September 1928 zum König proklamiert; *Louis-Napoléon Bonaparte*, gewählter Präsident der französischen Republik, wurde am 2. Dezember 1852 als *Napoleon III.* zum Kaiser der Franzosen proklamiert. Der letzte Fall dieser Art ist die Proklamation des Präsidenten der Zentralafrikanischen Republik *Bokassa* zum Kaiser am 4. Dezember 1976.
Es kommt vor, daß ein Staatsoberhaupt zwar als solches anerkannt wird, daß man aber seinem Titel die Anerkennung verweigert. Als z. B. der König von Italien nach der Annexion Abessiniens den Titel eines Königs von Italien und Kaisers von Abessinien annahm, weigerten sich eine Reihe von Staaten, ihre diplomatischen Vertreter bei dem König von Italien unter diesem Titel beglaubigen zu lassen oder diplomatische Vertreter Italiens als Repräsentanten eines so titulierten Staatsoberhauptes bei sich zu empfangen. Das gleiche Problem ergab sich, als der König von Ägypten 1952 den Titel eines Königs von Ägypten und Sudan usurpierte. Was hier verweigert wurde, war allerdings genau genommen nicht die Anerkennung des Staatsoberhauptes an sich, sondern die mittelbare Anerkennung der Hoheitsgewalt über die im Titel genannten Gebiete.

---

[2] Nach den Verfassungen von Australien, Kanada und Neuseeland nimmt der Generalgouverneur als Vertreter der Königin die Funktion eines Staatsoberhauptes wahr.

[3] Problematisch ist die Stellung der Generalsekretäre (Ersten Sekretäre) der kommunistischen Parteien in den sozialistischen Staaten. Sie sind zwar kein nominelles Staatsoberhaupt, werden aber gelegentlich doch als „höchste Repräsentation" ihres Landes bezeichnet, so *Arbeitsgemeinschaft für Völkerrecht beim Institut für Internationale Beziehungen an der Akademie für Staats- und Rechtswissenschaft der DDR* (Hrsg.), Völkerrecht, Lehrbuch, Teil 1, 1981, 183.

[4] Überholt deshalb *Oppenheim/Lauterpacht* I, 762 f. Nicht die gleichen Rechte wie die Staatsoberhäupter genießen Personen wie Vizekönige, Statthalter, Gouverneure o. ä, denen das Staatsoberhaupt einen Teil seiner Befugnisse delegiert, im Unterschied zu Regenten und sonstigen Platzhaltern, denen während einer Zwischenperiode die Funktionen des Staatsoberhauptes in vollem Umfange anvertraut sind.

[5] Macht ein Staat den Staatsangehörigen eines anderen Staates zu seinem Oberhaupt, so kann letzterer Staat seinem Staatsangehörigen die Annahme der ihm angetragenen Würde verbieten und ihm, wenn er dem Verbot zuwiderhandelt, etwa die Staatsangehörigkeit aberkennen oder ihm die Anerkennung verweigern. Allerdings steht dieser Widerspruch der Berufung des Staatsoberhauptes dann nicht entgegen, wenn diese dem Verfassungsrecht des berufenden Staates entsprach. Dann wird die betreffende Person auch Staatsoberhaupt im völkerrechtlichen Sinne mit den daraus folgenden Rechten und Pflichten. Über die Rechtslage, die sich im 19. Jahrhundert durch die Berufung des ehemaligen britischen Generalkonsuls in Borneo, *Brooke*, zum Herrscher von Sarawak ergab, vgl. das Gutachten der Rechtsberater der britischen Krone bei *McNair*, Aspects of State Sovereignty, BYIL 26 (1949), 6 (29 ff). Das Gutachten geht davon aus, daß die Berufung eines britischen Staatsangehörigen ohne die Zustimmung der britischen Krone unwirksam sei. Das dürfte völkerrechtlich nicht zutreffend sein.

[6] Vgl. dazu oben §§ 19, 20.

II. 1. In dem Staatsoberhaupt verkörpert sich symbolisch die Einheit und Würde des Staates. Deshalb ist es auf dem Gebiet der auswärtigen Politik Träger der höchsten Zuständigkeiten.[7] Das Staatsoberhaupt repräsentiert den jeweiligen Staat allerdings, ohne doch als solches Völkerrechtssubjekt zu sein. Anders als in vergangenen Zeiten, in denen die persönliche Stellung des Monarchen mit seiner Stellung als Staatsoberhaupt unlösbar verknüpft war, ist heutzutage die Person des Staatsoberhaupts als Individuum von dem Staatsoberhaupt als Träger verfassungsrechtlicher und völkerrechtlicher Funktionen getrennt.[8] Auch ein Monarch ist nicht mehr souverän, sondern souverän ist nur der Staat, den er repräsentiert.[9]

2. Als der oberste Repräsentant seines Staates genießt das Staatsoberhaupt besondere Rechte. Andere Staaten sind verpflichtet, wie dem Staate selbst, so auch seinem Oberhaupt die seiner Stellung angemessene Achtung entgegenzubringen und ihm die im internationalen Verkehr üblichen Titel und Ehren zukommen zu lassen. Das Staatsoberhaupt ist unverletzlich. Andere Staaten schulden ihm daher besonderen Schutz. Angriffe auf die Person und Ehre des Staatsoberhaupts sind in den Grenzen des Möglichen zu verhindern und, wenn sie erfolgen, angemessen zu ahnden.

Es ist umstritten, ob eine völkerrechtliche Verpflichtung zum Erlaß besonderer Strafbestimmungen mit eigenen Tatbeständen und Strafrahmen für die Verletzung fremder Staatsoberhäupter besteht.[10] Eine solche Verpflichtung ist abzulehnen. Zwar besteht eine völkerrechtliche Schutzpflicht, wie sich die Staaten ihrer entledigen, bleibt aber grundsätzlich dem nationalen Recht überlassen. Auch die Konvention über die Verhinderung und Bestrafung von Verbrechen gegen international geschützte Personen, einschließlich Diplomaten[11], sieht nichts anderes vor. Sie legt lediglich den Grundsatz „entweder ausliefern oder bestrafen" fest.[12] Es ist allerdings festzuhalten, daß Sonderbestimmungen üblich sind.[13]

Die Schutzpflicht steigert sich dann, wenn das Staatsoberhaupt sich auf dem Boden eines anderen Staates befindet.[14] Der Aufenthaltsstaat ist verpflichtet, alle nur möglichen Vorkehrungen zu treffen, um das Oberhaupt des fremden Staates, seine Person, sein Vermögen und seine Archive, seinen Aufenthaltsort und seine Begleitung zu schützen.

Die Verletzung der Schutzpflicht löst die völkerrechtliche Deliktshaftung aus. Aber diese setzt nach den allgemeinen Regeln des Deliktsrechts ein Verschulden des Aufenthaltsstaates voraus. Es ginge einerseits zu weit, wollte man den Aufenthaltsstaat, d. h. seine Organe, schlechthin und ohne jede Einschränkung für jede Verletzung des fremden Staatsoberhaupts verantwortlich machen. Andererseits sind an den Schutz fremder Staatsoberhäupter strenge Anforderungen zu stellen. Werden sie im Ausland verletzt, so besteht eine Vermutung für die Außerachtlassung der dem Aufenthaltsstaat obliegenden Schutzpflicht. Dieser muß somit beweisen, daß er alles in seiner Macht Stehende getan hat, um das Oberhaupt des fremden Staates zu schützen. Diskutiert

---

[7] Hinsichtlich der Kompetenzverteilung in bezug auf die Entscheidungsbefugnis vgl. oben § 28 II.

[8] Daher wird es im Falle der Handlungsunfähigkeit auch völkerrechtlich nicht durch die privatrechtlich, sondern durch die verfassungsrechtlich legitimierten Personen vertreten. Als im Jahre 1828 der Kaiser von Brasilien, der als König von Portugal abgedankt hatte, als Vormund seiner minderjährigen Tochter, der Königin von Portugal, den portugiesischen Gesandten in London ernannte, wurde dies von den Rechtsberatern der britischen Krone für unzulässig gehalten; vgl. *McNair*, (Anm. 5), 22 f.

[9] Nicht mehr zutreffend insoweit *Oppenheim/Lauterpacht* I, 758 f.

[10] Dafür u.a. *Eagleton*, The Responsibility of the State for the Protection of Foreign Officials, AJIL 19 (1925), 293 (310).

[11] ILM 13 (1974), 41; BGBl. 1976 II, 1745; dazu umfassend *Bloomfield/FitzGerald*, 51 ff.

[12] A. A. *Przetacznik*, 67 f.

[13] Z. B. §§ 102 f StGB, vgl. dazu *Partsch*, 18 ff.

[14] Während des Zweiten Weltkrieges hat man auch fremden Staatsoberhäuptern in Großbritannien die üblichen Vorrechte eingeräumt (vgl. *Satow's* Guide to Diplomatic Practice, ed. by Lord *Gore-Booth*, 5. Aufl. 1979, 10 f).

wurde dies anläßlich der Ermordung von *Alexander I.* von Jugoslawien am 9. Oktober 1934 in Marseille durch kroatische Extremisten.

In der Vergangenheit sind Staatsoberhäupter immer wieder Gegenstand tätlicher und verbaler Angriffe seitens der Bevölkerung im Ausland geworden. Nicht immer haben dabei die lokalen oder zentralen Sicherheitsbehörden die angemessenen Präventiv- bzw. Repressivmaßnahmen ergriffen.[15] Große, vor allem innerstaatliche Probleme werden dann aufgeworfen, wenn die Angriffe auf ein fremdes Staatsoberhaupt von der Presse, vom Film oder der Literatur ausgehen. Die Rechtsordnungen einiger Staaten sehen ausdrücklich die Möglichkeit einer strafrechtlichen Verfolgung vor.[16] Insoweit besteht in westlichen Demokratien ein Spannungsverhältnis mit dem Grundsatz der Pressefreiheit bzw. der Meinungsfreiheit, das nicht immer im Interesse des Schutzes eines fremden Staats aufgelöst werden muß.[17] So hat beispielsweise der Bundesrat am 18. Juli 1958 eine Regierungsinitiative (die sog. *lex Soraya*) verworfen, wonach der Schutz von Staatsoberhäuptern und ihrer Familie verstärkt werden sollte.[18] Die strafrechtliche Verfolgung beleidigender Artikel – d. h. von Artikeln, die die Grenze objektiver Kritik überschreiten – ist jedoch die Regel.[19] Gelegentlich werden auch präventive Verwaltungsmaßnahmen ergriffen, um das Erscheinen der betreffenden Zeitung oder des Buches bzw. die Aufführung eines bestimmten Stückes zu verhindern.[20] Schreitet ein Staat gegen als unzulässig empfundene Angriffe auf ein fremdes Staatsoberhaupt nicht ein, so erfolgen in der Regel Proteste von seiten des betroffenen Staates.[21] In Ausnahmefällen kann es auch zum Abbruch der diplomatischen Beziehungen kommen.[22]

III. 1. Das Staatsoberhaupt ist der staatlichen Gewalt anderer Staaten entzogen. Das ist nicht so zu verstehen, als könne es kein Unrecht begehen. Es ist selbstverständlich dem Recht unterworfen. Es kann insbesondere gegen das Völkerrecht handeln, und prinzipiell bestehen keine Bedenken dagegen, daß überstaatliche Instanzen ein Staatsoberhaupt zur Verantwortung ziehen. Auch wenn es sich im Ausland aufhält, ist es nicht etwa „exterritorial", sondern befindet sich auf fremdem Gebiet und ist mit gewissen Einschränkungen (Steuerpflicht, Dienstpflicht u. a.) dem Recht des Aufenthaltsstaats unterworfen. Lediglich von der nationalen Gerichtsbarkeit und Zwangsgewalt anderer Staaten ist es befreit, insoweit allerdings nicht nur aus Gründen der Courtoisie, sondern auf Grund völkerrechtlicher Normen.[23] Dies ist eine Konsequenz der Unabhängigkeit der Staaten.

---

[15] Vgl. allerdings die Entscheidung eines Gerichts in Melbourne, das zwei australische Staatsbürger zu 18 Monaten Gefängnis verurteilte, weil sie Farbtöpfe auf den Wagen von US-Präsident *Johnson* bei dessen Aufenthalt in Melbourne geworfen hatten (RGDIP 71 (1967), 391).

[16] Vgl. dazu *Rousseau* IV, 119 f; *Przetacznik*, 68, nennt Bulgarien, Frankreich, Griechenland, San Marino, Spanien, Schweden und Tunesien.

[17] Zu diesem Spannungsverhältnis vgl. *Partsch*, 20 f mit Beispielen aus der Staatenpraxis.

[18] Es handelt sich um das sog. Fünfte Strafrechtsänderungsgesetz (§ 103 a). Maßgeblich für die Verwerfung durch den Bundesrat war neben rechtspolitischen Erwägungen die Besorgnis, damit werde in die Freiheit der Presse eingegriffen. Anlaß für die Gesetzesinitiative waren Sensationsberichte über das Privatleben der ehemaligen Frau des Schah von Persien.

[19] Tribunal correctionnel de la Seine (20. 12. 1970) (RGDIP 75 (1971), 195); Tribunal correctionnel de Paris (14. 12. 1970) wegen Beleidigung von Präsident *Mobutu* (RGDIP 76 (1972), 147); Cour correctionnelle de Genève (7. 12. 1971) wegen Beleidigung des Schah durch den Roman La Pilule (RGDIP 76 (1972), 564); Tribunal correctionnel de Paris (4. 5. 1973) wegen Beleidigung von Präsident *Mobutu* (RGDIP 78 (1974), 1160 f). Eine Ausnahme bildet die Entscheidung des Strafgerichts von Andria vom 15. 6. 1967 (RGDIP 72 (1968), 204). Abgelehnt wurde ein Vorgehen gegen einen Film über die Zustände in Haiti, da er keinen unzulässigen Angriff auf die Privatsphäre von Präsident *Duvalier* enthielte (RGDIP 72 (1968), 1086 f); ebenso lehnte der Cour d'appel de Paris die Beschlagnahme eines Buches ab, das Angriffe gegen den Präsidenten der Zentralafrikanischen Republik enthielt (RGDIP 91 (1987), 157).

[20] Beispiel dazu bei *Rousseau* IV, 122.

[21] Beispiele dazu bei *Rousseau* IV, 121 f.

[22] So der Iran gegenüber Frankreich vom 28. Dezember 1938 – 21. Februar 1939 wegen eines satirischen Artikels in „Canard enchaîné" über den Schah.

[23] Unklar insoweit *Rousseau* IV, 123: „... usage fondé sur la courtoisie internationale." Vgl. dazu vor allem *Bothe*, 247 ff.

2. Die Freistellung des fremden Staatsoberhaupts von der inländischen Jurisdiktion umfaßt zunächst als „funktionelle" Immunität[24] das amtliche Handeln des Staatsoberhaupts. Es ist als Handeln des durch sein Oberhaupt repräsentierten Staates der Gerichtsbarkeit des Auslandes schlechthin entzogen. Darüber hinaus aber nimmt das Staatsoberhaupt auch persönlich eine bevorzugte Rechtsstellung ein. Es genießt eine „persönliche" Immunität. Seine Person ist unantastbar. Das heißt, jeder Zugriff auf seine Person, seine Verhaftung, seine Durchsuchung, jede Strafverfolgung oder Verfolgung ähnlicher Art, jeder Zwang, gleichviel welcher Art, müßte die Würde seines Staates verletzen und ist daher – abgesehen von seltenen Ausnahmefällen (z. B. Notwehr, Notstand, Gefangennahme im Kriege) – völkerrechtlich verboten, welches auch immer der Anlaß sein mag. Ebenso geschützt ist sein bewegliches und unbewegliches Vermögen. Ein Staatsoberhaupt hat, befindet es sich auf fremdem Staatsgebiet, Anspruch auf Befreiung von Steuern[25] und Zöllen. Insgesamt die gleichen Rechte genießen seine Familienangehörigen, die es begleiten, sowie die Mitglieder seiner Suite. Voraussetzung für die Inanspruchnahme der Privilegien und Immunitäten ist, daß das Staatsoberhaupt nicht inkognito reist bzw. seine Position offenlegt.[26]

Zweifelhaft kann sein, ob fremde Staatsoberhäupter von der Zivilgerichtsbarkeit und Gerichtsbarkeiten ähnlicher Art freigestellt sind. Die h. L. bejaht diese Frage[27], und dieser Standpunkt wird wohl überwiegend auch von den Gerichten vertreten, soweit sie Gelegenheit haben, sich dazu zu äußern. Doch haben französische und italienische Gerichte gelegentlich dahin entschieden, daß fremde Staatsoberhäupter oder Mitglieder ihrer Familien im Hinblick auf ihre privaten Rechtsgeschäfte der inländischen Gerichtsbarkeit unterlägen.[28] In der Tat will es zweifelhaft scheinen, ob geradezu eine Rechtspflicht zur Befreiung besteht. Fälle dieser Art kommen so selten vor die Gerichte, daß eine gewohnheitsrechtliche Regel doch wohl nicht nachweisbar wäre, und allgemeine Erwägungen scheinen eher für den gegenteiligen Standpunkt zu sprechen. Wenn es zutreffend ist, daß die Staaten selbst eine Befreiung von der örtlichen Zuständigkeit nur im Hinblick auf ihr hoheitliches Handeln beanspruchen können, so liegt die Annahme nahe, daß die gleiche Unterscheidung auch im Hinblick auf die Repräsentanten des Staates gemacht werden muß. Auch rechtspolitisch läßt sich der Standpunkt vertreten, daß sich in der Ausdehnung der persönlichen Immunität auf das gesamte Privatleben des Staatsoberhauptes unter Einschluß etwa von ihm betriebener Handelsgeschäfte eine unangebrachte und nicht mehr zeitgemäße Überschätzung der Staatsgewalt ausspricht. Demnach verletzt die Inanspruchnahme des Staatsoberhauptes wegen Geschäften oder sonstiger Tatbestände, die mit seiner politischen und völkerrechtlichen Stellung in keinerlei, sei es auch nur indirekten Beziehungen stehen, das Völkerrecht nicht. Für die Staatsoberhäupter hat insoweit das gleiche wie für die Diplomaten zu gelten.[29] Die neueren Immunitätsgesetze nehmen diese Gleichstellung eines Staatsoberhauptes mit der Position eines akkreditierten Missionschefs teilweise ausdrücklich vor (so z. B. Foreign States Immunities Act, 1985 (Australien) sec. 36[30]), teilweise wird das Staatsoberhaupt als Staatsorgan genannt, dem Immunität im gleichen Umfang wie den Staaten selbst zugebilligt wird (z. B. United Kingdom State Immunity Act 1978 sec. 20[31], Singapore State Immunity Act 1979

---

[24] Über die verschiedenen Arten der Immunität vgl. § 35.

[25] Im allgemeinen werden sie allerdings für verpflichtet gehalten, alle Steuern in Zusammenhang mit Immobilienvermögen zu bezahlen. Gleiches gilt für Erbschaftssteuern, so *Rousseau* IV, 124.

[26] Vgl. dazu die Entscheidung im Fall *Mighell v. Sultan of Johore* (Anm. 1).

[27] So z. B. *Rousseau* IV, 124.

[28] So Tribunal Milano, Monitore dei Tribunali 46 (1905), 776, im Hinblick auf den Prinzen *Danilo von Montenegro*; Tribunal civil Seine bei *Clunet* 44 (1917), 1465 (keine Befreiung in den Fällen „... où le souverain a agi ... comme personne privée et dans un intérêt personnel ..."); Corte di cassazione Roma bei *Clunet* 48 (1921), 626. In den beiden letztgenannten Fällen handelte es sich allerdings um ehemalige Staatsoberhäupter (den ehemaligen Sultan von Sansibar und den ehemaligen Kaiser *Karl I.* von Österreich).

[29] Dazu § 35. Im Falle *Mighell v. Sultan of Johore* (Anm. 1) wurde entschieden, daß Klage wegen einer Forderung erhoben werden kann, die das Staatsoberhaupt inkognito eingegangen ist.

[30] ILM 25 (1986), 716.

[31] ILM 17 (1978), 1123.

sec. 16[32], Pakistani State Immunity Ordinance 1981 sec. 15[33], Canadian State Immunity Act 1982 sec. 2[34]). Doch wäre auch im Rahmen der Zivilrechtspflege jeder Zwang, insbesondere die Zwangsvollstreckung, auch in das Privatvermögen des ausländischen Staatsoberhauptes völkerrechtswidrig. Abgesehen davon hat das Staatsoberhaupt Anspruch auf jede mit den Zwecken der Rechtspflege zu vereinbarende Rücksicht.

3. So wie der Staat selbst, so kann auch das Staatsoberhaupt auf seine besonderen Rechte verzichten. Eine solche Unterwerfung ist – abgesehen vom Fall der Reise inkognito darin enthalten, daß es Klage vor den Gerichten eines anderen Staates erhebt.[35] Ebenso kann das Staatsoberhaupt die Rolle des Beklagten oder sonst passiv Beteiligten im Verfahren übernehmen, freiwillig als Zeuge aussagen oder sich einem ausländischen Verwaltungsakt unterwerfen. Eine Unterwerfung unter die Strafgewalt des Auslandes kommt wohl praktisch kaum in Betracht.[36] Liegt sie vor, so bedeutet die Ausübung der Strafjustiz keinen völkerrechtlichen Verstoß.[37]

IV. 1. Das Staatsoberhaupt genießt seine Vorrechte kraft seines Amtes. Es verliert sie daher mit der Beendigung seiner amtlichen Stellung.[38] Nach Ablauf seiner Amtszeit, seiner Abdankung oder Absetzung untersteht das ehemalige Staatsoberhaupt der Jurisdiktion anderer Staaten nicht minder als andere Personen. Doch tritt dann der Unterschied zwischen der funktionellen und der persönlichen Immunität in Erscheinung. Das amtliche Handeln des Staatsoberhauptes war zugleich das Handeln des Staates, den es repräsentierte, und diesen Charakter verliert es auch nicht durch die Beendigung seiner dienstlichen Stellung. Ein fremder Staat, der das amtliche Handeln eines vormaligen Staatsoberhauptes seiner Jurisdiktion unterwürfe, der ein ehemaliges Staatsoberhaupt z. B. auf Grund seiner Mitwirkung bei dem Erlaß bestimmter Gesetze vor sein Strafgericht zöge, säße dann zu Gericht über einen anderen Staat und verletzte damit dessen Souveränität. Nur wenn der durch das ehemalige Staatsoberhaupt vertretene Staat auf das Vorrecht verzichtet, und wohl auch, wenn er gänzlich erlischt, entfällt der Angriff auf dessen Hoheitsgewalt, haben somit andere Staaten das Recht, über das amtliche Handeln eines ehemaligen Staatsoberhauptes zu entscheiden.

Etwas anderes gilt hinsichtlich des privaten Verhaltens eines Staatsoberhauptes während seiner Amtszeit. Dieses war der ausländischen Jurisdiktion während der Dauer des Amtes entzogen, weil die Ausübung einer fremden Gerichtsbarkeit über ein amtierendes Staatsoberhaupt die Hoheit und Würde des Staates verletzt hätte. Mit dem Erlöschen des Amtes verliert dieser Grund seine zwingende Kraft, unterliegt das nur private Verhalten des ehemaligen Staatsoberhauptes daher der ausländischen Jurisdiktion, soweit diese nach den sonst für sie geltenden Regeln besteht.

2. Nach dem Erlöschen des Amtes gilt es also, zwischen dem privaten und dem amtlichen Handeln des Staatsoberhauptes zu unterscheiden. Das letztere ist nicht dem ehemaligen

[32] UN ST/LEG/SER.B/20, 28.

[33] UN ST/LEG/SER.B/20, 20.

[34] ILM 21 (1982), 798.

[35] Beispiele aus der Rechtsprechung bieten die Entscheidung des Supreme Court der USA in *The Sapphire* (1871), *Wallace's* United States Supreme Court Reports 11, 164 und die britischen Urteile in *Emperor of Austria v. Day and Kossuth* (1861), *Giffard's* English Vice Chancellor's Reports 2, 628 und Chancery Division in *Monaco v. Monaco* (1937), Law Times Reports 57, 231.

[36] Wohl aber kommt es vor, daß der Staat auf die Immunität ehemaliger Staatsoberhäupter verzichtet. So hat Deutschland im Friedensvertrag von Versailles (Art. 227) in die Strafverfolgung gegen den ehemaligen Kaiser einwilligen müssen.

[37] Eine mittelbare Unterwerfung unter die Disziplinar- und möglicherweise Strafgewalt des Auslandes enthält der Eintritt eines Staatsoberhauptes in ein militärisches oder sonstiges Dienstverhältnis zu einem anderen Staat. Dazu *v. Lißt/Fleischmann*, § 22 II 4; *Oppenheim/Lauterpacht* I, 761 f.

[38] *Rousseau* IV, 125; vgl. aus der Rechtsprechung neben den in Anm. 28 genannten Fällen die Entscheidungen des High Court of Bombay (1955), ILR 22 (1955), 253 und der Cour d'appel Paris (1957), *Clunet* 84 (1957), 716 (Fall des ehemaligen Königs von Ägypten *Faruk*) sowie das Rechtsgutachten des Département politique fédéral suisse (1921) zum Fall des ehemaligen Kaisers *Karl I.* von Österreich, Répertoire suisse III, 1411-1427.

Staatsoberhaupt persönlich, sondern nur seinem Staat zuzurechnen. Die Unterscheidung kann aber im Hinblick auf das völkerrechtswidrige Handeln des ehemaligen Staatsoberhauptes zweifelhaft sein. Es kommt in Fällen dieser Art darauf an, ob das Verhalten des Staatsoberhauptes, mag es auch dem Völkerrecht widersprechen, sich im Hinblick auf die Umstände des einzelnen Falles nach den Rechtsanschauungen der überwiegenden Mehrheit der Staatengemeinschaft noch dem Staate zurechnen läßt, ob es also noch mit der völkerrechtlich dem Staatsoberhaupt zukommenden Tätigkeit in einem inneren und sinnvollen Zusammenhang steht. Wo dies der Fall ist, ein Staatsoberhaupt z. B. einen Vertrag ratifiziert, der zu einem anderen Vertrag im Widerspruch steht, ist sein Handeln auch nach der Beendigung seiner Amtszeit als Betätigung seines Staates anzusehen. Wenn ein Staatsoberhaupt dagegen z. B. ein internationales Verbrechen begeht, kann es sich nicht auf den „Act of State"-Charakter seines Handelns berufen. Damit wird anderen Staaten die Möglichkeit eröffnet, es zivilrechtlich und strafrechtlich verantwortlich zu machen.

3. Die Praxis der neueren Geschichte bietet einige Beispiele für ein Vorgehen gegen ehemalige Staatsoberhäupter. Die Behandlung *Napoleons* – eines ehemaligen Staatsoberhauptes – mit dem Einverständnis der Regierung seines eigenen Staates nach seiner Abdankung und Gefangennahme durch Großbritannien im Jahre 1815 diente lediglich Zwecken der Prävention, war aber nicht als Bestrafung gemeint. *Napoleon* wurde nicht als Kriegsverbrecher verfolgt, sondern als Kriegsgefangener behandelt und im Interesse der internationalen Sicherheit auf St. Helena interniert. Auch die Ächtungserklärung der in Wien versammelten Mächte vom 13. März 1815, nach der *Napoleon* sich durch sein Verhalten außerhalb der Gesetze gestellt habe, enthielt keine Anklage oder Einleitung eines Strafverfahrens auf Grund seines früheren Handelns als Staatsoberhaupt. Nach dem Ersten Weltkrieg brachte der Friedensvertrag von Versailles (Art. 227) zum Ausdruck, daß die alliierten und assoziierten Mächte den ehemaligen Deutschen Kaiser wegen Verletzung des internationalen Sittengesetzes und der Heiligkeit der Verträge unter Anklage stellten[39] und ein Gericht, zusammengesetzt aus von den Großmächten zu ernennenden Richtern, zu seiner Aburteilung eingesetzt werden sollte. Die Niederlande verweigerten aber die Auslieferung unter Berufung auf die allgemein anerkannten Grundsätze des Auslieferungsrechts, so daß das Verfahren nicht durchgeführt werden konnte. Nach dem Zweiten Weltkrieg bestimmte Art. 7 des Statuts des Internationalen Militärtribunals, das dem Londoner Abkommen vom 8. August 1945 über die Bestrafung der Hauptkriegsverbrecher der Achse angeschlossen war, die amtliche Stellung der Angeklagten solle diese nicht vor Strafe bewahren und auch keine Strafmilderung rechtfertigen können.[40] Dies galt auch für das Staatsoberhaupt. Unter den Angeklagten des Nürnberger Prozesses befand sich auch der von *Hitler* zu seinem Nachfolger ernannte Admiral *Dönitz*. Er war aber damals nach zutreffender Auffassung kein Staatsoberhaupt mehr. Er wurde verurteilt, seine Verurteilung aber nicht auf Handlungen, die er als Staatsoberhaupt begangen hatte, sondern auf solche gestützt, die ihm in seiner Eigenschaft als Oberbefehlshaber der Kriegsmarine zur Last gelegt wurden. Besondere Probleme warf die Behandlung des Tenno nach der japanischen Kapitulation 1945 auf. Vor allem auf Betreiben von General *MacArthur* wurde darauf verzichtet, den Tenno als Kriegsverbrecher vor dem Internationalen Militärtribunal Ostasien anzuklagen. Auf einen erneuten Antrag der UdSSR und Chinas aus dem Jahre 1950, den Kaiser wegen der Vorbereitung eines bakteriologischen Krieges vor ein internationales Gericht zu stellen, reagierten die USA und Großbritannien mit Schweigen. Grund für die Haltung der USA war vor allem die Überzeugung, daß der Tenno die japanische Kapitulation durchgesetzt hatte und eine Anklage oder gar Verurteilung des Kaisers zwangsläufig zu

[39] Grundsätzliche Bedenken wurden von den amerikanischen und japanischen Vertretern in der 1919 von der Pariser Vorfriedenskonferenz eingesetzten „Commission on the Responsibility of the Authors of the War" vorgebracht. Diese Vorbehalte sind als Anhang II und III zu dem Bericht der Kommission an die Konferenz, AJIL 14 (1920), 127 ff und 151 ff wiedergegeben.

[40] Ebenso Kontrollratgesetz Nr. 10, Art. 2, Ziff. 4 und Grundsatz III der mit der Formulierung der Nürnberger Prinzipien betrauten Internationalen Rechtskommission; abgedruckt in AJIL 44 (1950), Supp., 125 ff.

einem Guerillakrieg in Japan geführt hätte. Erreicht wurde allerdings eine politische Entmachtung des Kaisers und die Umwandlung der Verfassung in eine parlamentarische Monarchie.[41]

4. In jüngster Zeit stellt sich häufiger die Frage nach dem Verbleib von Staatsoberhäuptern, denen die Rückkehr in ihr Land nach einem revolutionären Umsturz verwehrt ist. Ihr Problem ist es, ein Land zu finden, das bereit ist, ihnen politisches Asyl zu gewähren. Typisch sind insofern die Schicksale des ehemaligen Schah von Persien und von Kaiser *Bokassa*. Nach Zwischenstationen in Marokko und auf den Bahamas erhielt der Schah im Juni 1979 ein auf sechs Monate befristetes Touristenvisum für Mexiko, im Oktober begab er sich zur Heilbehandlung in die USA. Das offizielle Auslieferungsersuchen des Iran (30. Oktober 1979) – der Schah war bereits im Mai in Abwesenheit zum Tode verurteilt worden – lehnten die USA mit der Begründung ab, eine Auslieferung verstoße gegen das Prinzip des Gastrechts und der Humanität. Mexiko verweigerte im November 1979 eine Verlängerung der Aufenthaltserlaubnis, da dies dem Interesse des Landes widerspreche. Daraufhin begab sich der Schah nach Panama, von dem der Iran erneut die Auslieferung verlangte. Noch vor der Entscheidung hierüber erhielt der Schah politisches Asyl in Ägypten (24. März 1980). Kaiser *Bokassa* wurde von dem früheren Präsidenten *Dacko* (Zentralafrikanische Republik) mit Hilfe von französischen Truppen gestürzt (20./21. September 1979). Frankreich verweigerte zunächst seine Aufnahme und erklärte, *Bokassa* könne in Frankreich gem. § 689 code pénal wegen Verbrechen in einem anderen Land zur Verantwortung gezogen werden. Er fand schließlich Aufnahme in der Elfenbeinküste; Auslieferungsersuchen wurden unter Berufung auf die Asylgewährung abgelehnt.

§ 30 Die Regierung

Schrifttum: *Flory*, Le statut international des gouvernements réfugiés et le cas de la France libre, 1952; *Strebel*, Der völkerrechtliche Begriff der Regierung, ÖZöR 7 (1956), 309; *Ballarino*, Il governo dello Stato nel diritto internazionale, 1961; *Zehetner*, Staatliche Außenvertretungsbefugnis im Völkerrecht, ZaöRV 37 (1977), 244.

I. In der Gegenwart ist die völkerrechtliche Repräsentation des Staates durch das Staatsoberhaupt weitgehend eine Fiktion. In der internationalen Praxis wird die auswärtige Politik der Staaten überwiegend nicht von dem Staatsoberhaupt, sondern von der Regierung, in erster Linie vom Außenministerium geführt. Nicht nur hat die Regierung in der Regel auf die innere Willensbildung den stärkeren Einfluß. Sie ist es auch, und zwar vor allem durch das Außenministerium, die – sei es auch formell auf Grund einer Ermächtigung des Staatsoberhauptes – mit fremden Staaten und den internationalen Organisationen verkehrt, Verhandlungen führt und die maßgeblichen Erklärungen abgibt.

Die Bildung, Zusammensetzung und Zuständigkeit der Regierung sowie die Ordnung ihres inneren Dienstes beruhen nicht auf völkerrechtlichen Regeln, sondern sind, wie die Ordnung der auswärtigen Gewalt überhaupt, dem nationalen Recht überlassen.[1] Vor allem verlangt das Völkerrecht nicht, daß eine Regierung demokratisch legitimiert ist.[2]

---

[41] Vgl. dazu *Minear*, Victor's Justice; The Tokyo War Crimes Trial, 1971, 110 ff.

[1] Nach *Verdross/Simma*, 560, bildet die Gesamtheit der nach außen hin auftretenden Organe die Regierung eines Staates im Sinne des Völkerrechts; so auch *Strebel*, 309 ff; zur Frage der Außenvertretungsbefugnis im Völkerrecht vgl. *Zehetner*, 249 ff.

[2] Allerdings gibt es hierzu Ansätze, die sich bislang jedoch nicht allgemein durchzusetzen vermochten. Am 12. November 1974 beschloß die UN-Generalversammlung mehrheitlich (92 gegen 27 Stimmen bei 19 Enthaltungen), die von der südafrikanischen Regierung ihren Delegierten erteilte Vollmacht wegen der mangelnden demokratischen Legitimität dieser Regierung nicht mehr anzuerkennen. Vgl. dazu allgemein §§ 19, 20.

Was die Funktionsverteilung innerhalb der Regierung betrifft, so weist die Staatenpraxis eine weitgehende Übereinstimmung auf. Primär für die Außenbeziehungen zuständig ist der Außenminister.

Er ist Dienstvorgesetzter der Diplomaten und Konsuln. Er kann ihnen Weisungen erteilen und empfängt die Berichte, die über ihn an die beteiligten Ressorts weitergeleitet werden. Der Außenminister kann auf die Vorrechte und Befreiungen der Diplomaten und Konsuln verzichten; er stellt die Beglaubigungsschreiben für die Geschäftsträger aus und empfängt die Geschäftsträger anderer Staaten. Durch ihn verkehren die diplomatischen Vertretungen und die Regierungen anderer Staaten mit seiner Regierung.[3] Über alle Einzelkompetenzen hinaus läßt sich vermuten, daß der Außenminister für alle Angelegenheiten der Außenpolitik zuständig ist und auf diesem Gebiet verhandeln und für seinen Staat verbindliche Erklärungen abgeben kann. Soweit der Außenminister sich in diesem Rahmen bewegt, dürfen andere Staaten darauf vertrauen, daß er zuständig ist. So nahm der StIGH im Jahre 1933 in dem Rechtsstreit zwischen Norwegen und Dänemark über die *Rechtsstellung von Ostgrönland* zutreffend an, daß eine dem dänischen Gesandten gegenüber abgegebene Erklärung des norwegischen Außenministers, Norwegen werde gegen die dänischen Souveränitätsansprüche auf Grönland keine Einwendungen erheben, eine für sein Land verbindliche Erklärung enthalte.[4]

II. 1. Verglichen mit der Praxis des ausgehenden 19. und beginnenden 20. Jahrhunderts hat der gestalterische Einfluß der Diplomaten auf die auswärtigen Beziehungen zu Gunsten der Regierung abgenommen. Dies hat verschiedene Gründe. Ausschlaggebend dürfte hierfür sein, daß die modernen Massenkommunikationsmittel es den Regierungen leichter gestatten, ohne Einschaltung von Diplomaten unmittelbar Kontakt aufzunehmen. Es ist aber auch Ausdruck einer stärkeren innerstaatlichen Politisierung der auswärtigen Beziehungen. Ihr entspricht es, daß die den Parlamenten verantwortlichen Organe der Exekutive sich bei wichtigen Anlässen unmittelbar in den Verhandlungsprozeß mit anderen Staaten einschalten. Dies gilt in erster Linie für den Außenminister, wobei in Krisenzeiten auch der Regierungschef die Kompetenzen an sich ziehen kann. Inwieweit der Regierungschef selbst bei der Gestaltung der auswärtigen Beziehungen mitwirkt, ist nicht nur eine Frage rechtlicher Funktionszuweisungen, sondern hängt im hohen Maße von der Persönlichkeit des Regierungschefs und des Außenministers ab. In jüngster Zeit ist zudem eine Zurückdrängung des Außenministeriums durch die Fachressorts zu beobachten, auch wenn innerstaatlich das Monopol des Außenministeriums für die Außenvertretung festgeschrieben ist.[5] Die zunehmende Integration aller Lebensbereiche vor allem in Europa hat teilweise zu einer Kontaktaufnahme der jeweiligen Fachressorts über die Grenzen hinweg geführt; die Vermittlung des Außenministeriums wird als dabei nicht unbedingt erforderlich empfunden. Dem entspricht es, wenn Verhandlungsdelegationen bei multilateralen Vertragskonferenzen auch Mitglieder aus Fachressorts aufnehmen bzw. Vertreter von Fachressorts in Botschaften eingegliedert werden.

Nimmt ein Außenminister oder ein anderes Regierungsmitglied an internationalen Verhandlungen oder Konferenzen teil, so stellt sich die Frage seiner persönlichen Stellung im Ausland, ein Problem, das im älteren Völkerrecht gegenüber der Rechtsstellung der Staatsoberhäupter und diplomatischen Vertreter in den Hintergrund trat. Nach geltendem Völkergewohnheitsrecht besitzen Regierungsmitglieder nicht ohne weiteres den gleichen Rechtsstatus im Ausland wie Staatsoberhäupter und Diplomaten, auch wenn

---

[3] Vgl. die schiedsgerichtliche Entscheidung in dem Rechtsstreit USA/Schweden im Falle der „*Kronprins Gustaf Adolf*" (1932) – RIAA II, 1239 (1283).

[4] PCIJ Series A/B 53 (1933), 71.

[5] Vgl. dazu z. B. § 11 Geschäftsordnung der Bundesregierung.

sie, ist ihre Anwesenheit notifiziert, Anspruch auf achtungsvolle Behandlung und Schutz haben. Indessen genießt ein Minister – selbst wenn er Dienstvorgesetzter der Diplomaten ist – im Ausland nicht wie diese die persönliche Immunität. Doch ist sein amtliches Handeln, sind die von ihm vorgenommenen ‚actes de souveraineté' wie die anderer Staatsorgane der Jurisdiktion ausländischer Staaten entzogen.[6]

2. Manchmal nehmen die Mitglieder der Regierung eine besondere Rechtsstellung ein. So ist ein Regierungsmitglied gegebenenfalls als diplomatischer Vertreter seines Staates in besonderer Mission zu betrachten und hat in dieser Eigenschaft die Vorrechte der Diplomaten.[7] Auch Regierungsmitglieder, die ihre Staaten bei den internationalen Organisationen und auf deren Sitzungen und Tagungen vertreten, genießen auf Grund besonderer Verträge die Vorrechte und Befreiungen der Diplomaten oder einen vergleichbaren völkerrechtlichen Status. Selbst wenn keine Verträge bestehen, kann sich aus den Umständen doch eine Verpflichtung zu besonderer Privilegierung ergeben. So wird man annehmen dürfen, daß die Mitglieder einer Regierung, die sich zum Zwecke von Verhandlungen oder in anderer amtlicher Eigenschaft ins Ausland begeben, zumindest solche Vorrechte beanspruchen dürfen, die zur Erfüllung ihrer Aufgaben notwendig sind. Sie haben etwa ein Recht auf ungehinderten Verkehr mit ihrer Regierung und der diplomatischen Mission ihres Landes, auf wirksamen Schutz und die Gewährung einer gewissen Immunität. Während der Erledigung ihrer dienstlichen Obliegenheiten, auf der Reise zum Ort ihrer Mission und angemessene Zeit nach deren Beendigung ist ihre Person der Festnahme und jedem sonstigen Zwang, ihr Gepäck der Beschlagnahme und Durchsuchung entzogen. Ihre dienstlichen Papiere sind zu respektieren.

III. 1. Probleme eigener Art ergeben sich dann, wenn eine Regierung ihre Tätigkeit ins Ausland verlegt. Während der beiden Weltkriege haben verschiedene Regierungen Zuflucht im Ausland gesucht und ihre Tätigkeit auf fremdem Boden mit Zustimmung des Gastgeberlandes fortsetzen können. Solche Exilregierungen üben also eine staatliche Hoheitsgewalt auf dem Gebiet eines anderen Staates aus. Es liegt auf der Hand, daß eine solche Betätigung der Hoheitsgewalt auf fremdem Gebiet der Zustimmung des Gastgeberlandes bedarf und nur in dem Umfange ausgeübt werden kann, in dem dieser Staat sie auf seinem Territorium gestattet.

2. Erlaubt ein Staat der Regierung eines anderen Staates die Ausübung der Regierungsgewalt auf seinem Boden, wird die Frage der Rechtsstellung der Exilregierung und ihrer Mitglieder relevant. Dabei ist davon auszugehen, daß die Zuständigkeit der örtlichen Hoheitsgewalt die Regel, ihre Durchbrechung die Ausnahme ist. Daraus ergibt sich, daß die Exilregierung als Gast im Lande an sich nur die Vorrechte beanspruchen kann, die der Gastgeberstaat ihr gewährt. Die Einräumung solcher Vorrechte ist jedoch üblich geworden. Während des Ersten Weltkrieges hat Frankreich den Mitgliedern der belgischen Exilregierung in Le Havre ohne vertragliche Bindung dieselben Vorrechte wie den diplomatischen Vertretern eingeräumt[8], und im Zweiten Weltkrieg hat Großbritannien sich auf den gleichen Standpunkt gestellt. Der britische Diplomatic Privileges (Extension) Act von 1944 hat die den Diplomaten nach dem Act von 1941 zustehenden Vorrechte und Freiheiten nach Maßgabe der entsprechenden Orders in Council auch den Mitgliedern der Exilregierungen zukommen lassen. Zur Gewährung solcher Vorrechte kann eine völkerrechtliche Verpflichtung bestehen. Auch wenn keine entsprechenden Verträge existieren, wird man annehmen dürfen, daß ein Staat, der einer fremden Regierung die Betätigung auf seinem Boden gestattet, ihr damit implicite die erforderlichen Vorrechte einräumt.[9]

[6] So Tribunal de commerce Alexandria, *Clunet* 42 (1915), 444.

[7] Dazu § 40.

[8] Dazu *Clunet* 45 (1918), 514 ff.

[9] So auch *Hurst*, Les immunités diplomatiques, RdC 12 (1926 II), 119 (144); *Oppenheimer*, Governments and Authorities in Exile, AJIL 36 (1942), 568.

IV. Von den wirklichen Exilregierungen, d. h. Regierungen vorübergehend besetzter, aber nicht erloschener Staaten[10], muß man politische Gebilde anderer Art unterscheiden. In der internationalen Praxis kommt es vor, daß auch den Vertretungen noch nicht bestehender oder nicht mehr bestehender Staaten eine gewisse Rechtsstellung eingeräumt wird. Während des Ersten Weltkrieges wurden von den Alliierten polnische und tschechische Nationalkomitees schon vor der Gründung des polnischen und tschechischen Staates, während des Zweiten Weltkrieges die Regierungen der Tschechoslowakei und Abessiniens schon vor der Wiederherstellung dieser Staaten anerkannt. Im einzelnen war die Rechtsstellung dieser Organisationen verschieden. Gemeinsam ist ihnen, daß sie keine echten Regierungen waren, da der entsprechende Staat noch nicht wieder existierte.[11]

---

[10] Dazu hat im Zweiten Weltkrieg zunächst auch die nach Großbritannien geflüchtete polnische Regierung gehört.

[11] Vgl. dazu *Mattern*, Die Exilregierung, 1953, 23 ff und 48 ff.

6. KAPITEL

Die völkerrechtliche Vertretung durch dezentralisierte Organe

Schrifttum: *Bindschedler*, Die Wiener Konvention über die diplomatischen Beziehungen, SchwJIR 18 (1961), 29; *Colliard*, La Convention de Vienne sur les relations diplomatiques, AFDI 7 (1961), 3; *Zemanek*, Die Wiener Diplomatische Konferenz, AVR 9 (1961/1962), 398; *Suy*, La Convention de Vienne sur les relations diplomatiques, ÖZöR 12 (1962/1963), 86; *Cahier*, Le droit diplomatique contemporain, 2. Aufl. 1964; *Hardy*, Modern Diplomatic Law, 1968; *do Nascimento e Silva*, Diplomacy in International Law, 1972; *Blischtschenko*, Diplomatenrecht, 1975; *Denza*, Diplomatic Law, 1976; *Satow's* Guide to Diplomatic Practice, ed. by Lord *Gore-Booth*, 5. Aufl. 1979; *Sen*, A Diplomat's Handbook of International Law and Practice, 2. Aufl. 1979; *Beirlaen*, Représentation Diplomatique et Consulaire, RBDI 17 (1983), 172; *Calvet de Magalhaes*, A Diplomacia Pura, 1982; *do Nascimento e Silva*, Diplomacy, EPIL 9 (1986), 78; *Dembinski*,The Modern Law of Diplomacy, 1988.
Materialien: UN Doc. A/CN.4/91, in: ILC Yearbook 1955 II, 9; UN Doc. A/CN.4/98, in: ILC Yearbook 1956 II, 129; UN Doc. A/CN.4/116 Add. 1 and 2, in: ILC Yearbook 1958 II, 16.

§ 31 Allgemeines

Schrifttum: *Ernst*, Über Gesandtschaftswesen und Diplomatie an der Wende vom Mittelalter zur Neuzeit, Archiv für Kulturgeschichte 1951, 64; *Mattingly*, Renaissance Diplomacy, 2. Aufl. 1962; *Janssen*, Die Anfänge des modernen Völkerrechts und der neuzeitlichen Diplomatie, Referate aus der Deutschen Vierteljahresschrift für Literaturwissenschaft und Geistesgeschichte (1964, Heft 3 und 4), 1965; *Rudolf*, Der Wandel in den internationalen Beziehungen und das Gesandtschaftsrecht, in: Festschrift Scheuner, 1973, 493; *Grewe*, Epochen der Völkerrechtsgeschichte, 1984, 40.

I. 1. Bei den dezentralisierten Staatsorganen im Ausland sind zu unterscheiden die *ständigen Missionen*, die *Spezialmissionen*, die *Vertretungen bei internationalen Organisationen* und die *Konsulate*.

Das Diplomatenrecht bildet einen der ältesten Teile des Völkergewohnheitsrechts. Es wurde für die ständigen Missionen durch das *Wiener Übereinkommen über diplomatische Beziehungen* vom 18. April 1961[1] kodifiziert und teilweise fortentwickelt. Soweit dieses Übereinkommen Regelungslücken enthält, ist weiterhin das Völkergewohnheitsrecht maßgebend, wie der letzte Absatz in der Präambel des Übereinkommens bestimmt. Eine *Konvention über Spezialmissionen*[2], die sich inhaltlich eng an das Wiener Übereinkommen anlehnt, ist bislang noch nicht in Kraft getreten. Insoweit ist also allein das Völkergewohnheitsrecht maßgebend, wobei der Konventionsentwurf weitgehend als eine Kodifikation von Völkergewohnheitsrecht zu verstehen ist. Das Recht der Vertretungen

[1] In Kraft seit 24. April 1964, Text in: BGBl. 1964 II, 958 (Ende 1987 144 Vertragsparteien, einschließlich Ukraine und Weißrußland); eine Kodifikation enthielt bereits die Konvention von Havanna über diplomatische Vertreter vom 20. Februar 1928, in: *Hudson* IV, 2385; die in Kapitel 6 herangezogenen Artikel beziehen sich auf das Wiener Übereinkommen über diplomatische Beziehungen.

[2] Text in AVR 16 (1974/1975), 60 ff, UN Doc. A/Res. 2530 (XXIV) vom 8. Dezember 1969.

bei internationalen Organisationen ist neueren Datums. Es hat seine Rechtsgrundlage vor allem in den Abkommen, die die jeweiligen internationalen Organisationen mit ihren Sitzstaaten abgeschlossen haben. Inhaltlich lehnt es sich an das herkömmliche Diplomatenrecht an. Bis zum Abschluß der *Wiener Konvention über die konsularischen Beziehungen* vom 24. April 1963[3] war das Konsularrecht vorwiegend durch zahlreiche bilaterale Konsular- und Niederlassungsverträge geregelt. Daneben traten Normen des Völkergewohnheitsrechts. Erst die genannte Konvention enthält eine allgemeine, wenn auch nicht lückenlose Normierung dieses Komplexes. Daneben bleiben das Völkergewohnheitsrecht[4] wie auch die bisherigen bilateralen Verträge anwendbar[5]. Auch das nationale Recht enthält Regelungen über die Rechtsstellung von Diplomaten. Sie beziehen sich u. a. auf den strafrechtlichen Schutz von Diplomaten oder Missionen bzw. sichern die Privilegien und Immunitäten der Diplomaten durch entsprechende Ausgestaltung vor allem des Verfahrensrechts.

2. Seit dem Ausgang des Mittelalters, wohl beginnend mit dem 15. Jahrhundert, ist es unter den europäischen Staaten üblich geworden, ständige diplomatische Beziehungen zu unterhalten. Eine der frühesten nachweisbar ständigen Gesandtschaften war die des *Nicodemus dei Pontremoli*, der ab 1446 etwa 20 Jahre lang Vertreter des späteren Herzogs von Mailand in Florenz war. Zwar ist der ad hoc-Verkehr durch zwischenstaatliche Gesandte uralter Brauch, und das Gesandtschaftsrecht stellt einen der ältesten Bestandteile des Völkerrechts dar, aber erst seit dem Ausgang des Mittelalters sind zunächst die italienischen Stadtstaaten, dann auch die anderen europäischen Staaten dazu übergegangen, sich im Ausland durch ständige Missionen vertreten zu lassen. Seit der 2. Hälfte des 16. Jahrhunderts – der Zeit etwa Kaiser *Maximilians*, *Ludwigs XII.* und *Ferdinands des Katholischen* – ergaben sich eine engere Verflechtung in der Außenpolitik der europäischen Mächte, die Notwendigkeit der Koalitionspolitik und das Bedürfnis, die politische Entwicklung ständig zu überwachen. Etwa in dieser Zeit ist das System der modernen Diplomatie zur Entstehung gelangt. Doch hat sich das Diplomatenrecht seither als außerordentlich stabil erwiesen.[6]

Der Grund für den Wechsel von dem ad hoc- zu den ständigen Gesandten liegt in der Intensivierung der politischen Beziehungen[7] zwischen den Staaten, die eine Kontaktaufnahme nur zu bestimmten Anlässen als nicht mehr ausreichend erscheinen ließ. Voraussetzung für den Aufbau eines ständigen diplomatischen Apparates ist aber auch eine entsprechende innerstaatliche Infrastruktur. In der jüngsten Vergangenheit ist jedoch eine gegenläufige Bewegung zu beobachten. Unter dem Eindruck der erleichterten technischen Kommunikation hat sich die Bedeutung der diplomatischen Vertretung an Ort und Stelle wieder verringert. Hinzu tritt ein weiteres Moment. Waren noch im 19. und beginnenden 20. Jahrhundert die Beziehungen zwischen den Staaten überwiegend bilateraler Natur, so sind sie heute zum großen Teil multilateral geprägt. Neben die „klassische" bilaterale ist die *multilaterale* Diplomatie getreten. Sie findet auf den multilateralen Kodifikationskonferenzen, aber vor allem im Rahmen der internationalen Organisationen statt. Insbesondere bei den regelmäßigen Tagungen der Plenarorgane von inter-

---

[3] In Kraft seit 19. März 1967, Text in: BGBl. 1969 II, 1587 (Ende 1985 109 Vertragsparteien); eine Kodifikation enthielt bereits die Konvention von Havanna über konsularische Vertreter vom 20. Februar 1928, in: *Hudson* IV, 2394.

[4] Siehe letzter Satz der Präambel.

[5] Siehe Art. 73.

[6] *Rudolf*, 493/494; mit der Einrichtung ständiger Vertretungen wurde die Diplomatie auch Gegenstand wissenschaftlicher Untersuchungen; *de Wicquefort*, L'Ambassadeur et ses fonctions, 1676 und *de Calières*, De la manière de négocier avec les Souverains, 1716 waren Standardwerke des 17. und 18. Jahrhunderts.

[7] Vgl. dazu oben § 2.

nationalen Organisationen lassen sich die Staaten häufig nicht durch Diplomaten vor Ort, sondern durch Regierungsmitglieder oder Diplomaten aus der Zentrale vertreten. Den laufenden Kontakt mit der Organisation halten hingegen wieder die ständigen Gesandten. Durch die Errichtung ständiger Missionen bei internationalen Organisationen hat sich insofern eine zweite Art der Diplomatie entwickelt, die nach den gleichen Methoden wie die bilaterale Diplomatie zwischen den Staaten arbeitet.

II. Die Fähigkeit, diplomatische Beziehungen zu unterhalten, wird häufig als *Gesandtschaftsrecht* bezeichnet; gemeint ist damit die Fähigkeit, sich bei anderen Staaten diplomatisch vertreten zu lassen (aktives Gesandtschaftsrecht), bzw. die Fähigkeit, diplomatische Missionen zu empfangen (passives Gesandtschaftsrecht). Der Begriff „Gesandtschaftsrecht" darf nicht dahin mißverstanden werden, daß daraus ein Recht auf Entsendung oder Empfang von Vertretern gegenüber bzw. von bestimmten Staaten herzuleiten wäre.[8]

1. Grundsätzlich steht jedem souveränen Staat das aktive und passive Gesandtschaftsrecht zu.[9] Ob auch nicht souveräne Staaten das Gesandtschaftsrecht haben, hängt von ihrem völkerrechtlichen Status, von der Verfassung oder den Verträgen ab, auf denen ihre Existenz beruht.[10]

Protektorate werden im internationalen Rechtsverkehr im allgemeinen von dem Protektor-Staat mitvertreten.[11]

Ob die Gliedstaaten eines Bundesstaates das Gesandtschaftsrecht haben, bestimmt sich nach seiner Verfassung. In vielen Bundesstaaten (USA, Schweiz) steht das Gesandtschaftsrecht nur dem Bunde, nicht den Gliedstaaten zu. Doch gilt das nicht allgemein. Nach Art. 18a (eingeführt 1944) der Verfassung der UdSSR z. B. hat jede Sowjetrepublik das Recht auf unmittelbaren Verkehr mit anderen Staaten, darf jede von ihnen einen eigenen diplomatischen und konsularischen Verkehr unterhalten. In Deutschland übten die Gliedstaaten des Reiches bis 1806 das Gesandtschaftsrecht aus. Nach Art. 11 der Reichsverfassung von 1871 hatte der Kaiser das Recht, Gesandte zu beglaubigen und zu empfangen. Doch stand das aktive und passive Gesandtschaftsrecht neben dem Reich auch den Gliedstaaten zu. Nach der Weimarer Reichsverfassung dagegen war die Pflege der Beziehungen zu den auswärtigen Staaten ausschließlich Sache des Reiches (Art. 78), und dasselbe gilt nach Art. 32 Abs. 1 GG für die Bundesrepublik Deutschland. Bei einem Staatenbund kann das Gesandtschaftsrecht sowohl bei dem Bund wie bei den Gliedstaaten liegen.

2. Das Gesandtschaftsrecht hat stets auch dem *Heiligen Stuhl*[12] zugestanden; dies gilt ebenfalls für die Periode zwischen 1870 und 1929, in der dem Heiligen Stuhl keine Gebietshoheit zukam. Art. 12 des *Lateran-Vertrages* vom 11. Februar 1929[13], der dieses Recht anerkennt, hat nur deklaratorischen Charakter.

Der Kreis derjenigen, denen ein Gesandtschaftsrecht zuerkannt wird, scheint sich zu erweitern. So hat eine Reihe von Staaten die PLO als einzigen Repräsentanten des palästinensischen Volkes anerkannt und deren Verbindungs- und Informationsbüros die diplomatischen Vorrechte gewährt (Bulgarien, Griechenland, Indien, Iran, Japan, Kenia, Malaysia, Österreich, Pakistan, Senegal, Spanien, Sri Lanka, Tansania, Zypern).

---

[8] *Nascimento e Silva*, 35, spricht daher von einem „imperfect right of legation". *Anzilotti* I, 232, sowie *Sereni* II, 494 lehnen aus diesem Grunde den Begriff als solchen ab.

[9] Vgl. oben § 2.

[10] Beispiele für das Gesandtschaftsrecht nicht souveräner Staaten bei *Oppenheim/Lauterpacht* I, 774.

[11] Beispiele bei *Oppenheim/Lauterpacht* I, 192.

[12] Auch der souveräne *Malteser Orden*, ein Völkerrechtssubjekt ohne Gebiet, hat ein Gesandtschaftsrecht und unterhält diplomatischen Verkehr mit dem *Heiligen Stuhl* und einigen Staaten, u.a. Brasilien; vgl. dazu *Nascimento e Silva*, 38 f.

[13] Abgedruckt in: *Berber*, Dokumente I, 831 ff.

3. Träger eines eigenen Gesandtschaftsrechts sind auch die internationalen Organisationen. Vor allem bei den Vereinten Nationen und ihren Sonderorganisationen sind viele Staaten durch ständige Missionen oder Beobachter vertreten. Das gleiche gilt für die Europäischen Gemeinschaften.[14]

III. Ein Staat, der Träger eines eigenen Gesandtschaftsrechts ist, braucht dieses nicht selbst auszuüben, sondern kann es durch einen anderen Staat für sich ausüben lassen. Das kann in verschiedener Weise geschehen:
Ein Staat mag – z. B. aus finanziellen Gründen oder weil er noch über keinen hinreichend ausgebildeten diplomatischen Dienst verfügt – einen anderen Staat bitten, ihn durch dessen diplomatische Vertretung im Ausland mitzuvertreten.[15] Dann vertritt die Mission außer ihrem eigenen Staat auch den Staat, der die Vertretung erbittet.

So werden liechtensteinische Interessen (die Souveränität Liechtensteins wurde auf dem Wiener Kongreß 1815 anerkannt und nach dem Ersten Weltkrieg im Vertrag von St. Germain bestätigt) von den Auslandsvertretungen der Schweiz mitwahrgenommen.[16] Die Schweizer Auslandsvertretungen sollen die Wahrnehmung der Interessen liechtensteinischer Bürger im Ausland in gleicher Weise wie für Schweizer Bürger ausüben. Abgesehen von dringenden Fällen ist die Tätigkeit für einen liechtensteinischen Bürger von der Zustimmung der fürstlichen Regierung abhängig. Die Schweizer Vertretungen müssen ihre Vertreterrolle gegenüber den fremden Regierungen offenlegen.
Der diplomatische Verkehr zwischen Liechtenstein und Drittstaaten wird von Schweizer Auslandsvertretungen nur auf besonderen Antrag und spezielle Weisungen vorgenommen.

In vergleichbarer Weise haben Marokko und Tunis Frankreich nach der Anerkennung ihrer Unabhängigkeit im Jahre 1956 gebeten, sie in Ländern, in denen sie nicht ständig vertreten waren, weiter zu repräsentieren. Frankreich hatte sich zur Übernahme dieser Vertretung vertraglich verpflichtet.[17]
Häufig kommt es vor, daß ein Staat sich unter besonderen Umständen vorübergehend bereit findet, die Interessen eines anderen Staates mitzuvertreten. Der wichtigste Fall dieser Art ist die Wahrnehmung der Interessen eines Staates durch einen anderen nach dem Abbruch der diplomatischen Beziehungen zu einem dritten Staat oder im Kriege (Schutzmacht).[18]
In allen Fällen dieser Art muß der Staat, bei dem die Mission beglaubigt ist, seine Zustimmung geben. Kommt aber ein solches Rechtsverhältnis zustande, so ist die Mission des Staates, der den Auftrag übernimmt, zu gewissenhafter, treuhänderischer Wahrnehmung der Interessen des mitvertretenen Staates verpflichtet. Insoweit sind die diplomatischen Vertreter an die Weisungen des mitvertretenen Staates gebunden (Diplomatische Schutzmacht).

[14] Die Bundesrepublik Deutschland z. B. unterhält Vertretungen bei den Vereinten Nationen in New York, Genf und Wien, bei der UNESCO, beim Europarat, der OECD, der NATO und den Europäischen Gemeinschaften.

[15] Vgl. Konvention von Havanna über diplomatische Vertreter von 1928, (Anm. 1), Art. 6; Art. 46.

[16] Vgl. dazu Regelungen der Vertretung der liechtensteinischen Interessen durch die Schweizer Gesandtschaften und Konsulate vom 20. Februar 1948 in SchwJIR 7 (1950), 176-184 und die neueren Vereinbarungen in OZöR 36 (1986), 344-347.

[17] Vgl. die Texte in AJIL 51 (1957), 677, 679, 684.

[18] Siehe dazu unten § 36.

§ 32 Die Diplomatische Rangordnung. Das diplomatische Korps

Schrifttum: wie vor § 31.

I. Der Begriff der diplomatischen Vertreter umfaßt Personengruppen verschiedener Art. Es gehören dazu neben den *ständigen* Repräsentanten der Staaten im Ausland auch solche Personen, die für bestimmte Sonderaufgaben politischer Art bestellt worden sind. Die *Sonderbotschafter* nehmen im Prinzip die gleiche Rechtsstellung ein, genießen also auch dieselben Vorrechte und Befreiungen wie die ständigen Vertreter der Staaten.[1]

II. Für die ständigen diplomatischen Vertreter gibt es eine diplomatische *Rangordnung*. Diese wurde zunächst durch das Wiener Reglement von 1815 und das Aachener Protokoll von 1818 niedergelegt bzw. weiterentwickelt.

In diesen Verträgen wurden vier Gruppen von diplomatischen Vertretern unterschieden: 1. Botschafter und, ihnen gleichgestellt, die Legaten und Nuntien des Heiligen Stuhls; 2. Gesandte, denen die Internuntien als Vertreter des Heiligen Stuhls entsprechen; 3. Minister oder außerordentliche Gesandte, eine auf dem Aachener Kongreß neugeschaffene Kategorie; 4. Geschäftsträger. Die Diplomaten aller vier Gruppen waren Repräsentanten der Staaten und Regierungen, die sie vertraten. Nach Art. 2 des Wiener Reglements hatten freilich nur die Botschafter, Nuntien und Legaten eigentlich repräsentativen Charakter, während die übrigen diplomatischen Vertreter nur die besonderen Funktionen erfüllten, die ihr Auftrag bezeichnete. Diese Unterscheidung war in der Eigenart des damals noch monarchischen Systems der europäischen Staaten begründet. Die Botschafter galten als die persönlichen Vertreter des Staatsoberhauptes bei dem Oberhaupt des Staates, bei dem sie akkreditiert waren, und waren allein berechtigt, unmittelbar mit dem fremden Staatsoberhaupt zu verkehren. Zugleich bildeten sie aber zusammen mit den oben unter 2 und 3 bezeichneten Klassen eine besondere Gruppe, insofern sie von dem Oberhaupt ihres eigenen Staates beglaubigt und bei dem fremden Staatsoberhaupt akkreditiert waren. Darin unterschieden sich diese drei Gruppen von den Geschäftsträgern, die ihrerseits in zwei Kategorien zerfielen. Es handelte sich dabei entweder um Chefs einer fremden Mission, die nicht von einem Diplomaten höheren Ranges geführt wurde, welche zu diesem Zweck eine besondere Beglaubigung erhalten hatten. Sie wurden dann jedoch nicht von dem Oberhaupt ihres Staates, sondern vom Außenminister, und auch nicht bei dem Oberhaupt des Empfangsstaates, sondern bei dessen Außenminister beglaubigt; oder sie fungierten als bloße chargés d'affaires ad interim, in vorübergehender Vertretung des eigentlichen Missionschefs, der ihnen seine Geschäfte während seiner Abwesenheit oder im Falle sonstiger Verhinderung übertragen hatte. Geschäftsträger dieser Art wurden überhaupt nicht förmlich beglaubigt.

Nach dem Wiener Übereinkommen über diplomatische Beziehungen (Art. 14) sind die Missionschefs nunmehr in drei Klassen eingeteilt:

1. *Botschafter*, denen die Nuntien des Heiligen Stuhls und andere gleichrangige Missionschefs gleichgestellt sind. Sie werden bei dem Staatsoberhaupt beglaubigt.

2. *Gesandte*, *Minister* und *Internuntien*; auch sie werden bei dem Staatsoberhaupt beglaubigt.

3. *Geschäftsträger* (chargés d'affaires), die bei dem Außenminister beglaubigt werden. Hiervon ist der Geschäftsträger *ad interim* zu unterscheiden. Es handelt sich bei ihm um jenes Mitglied des diplomatischen Personals, das den Missionschef bei dessen Abwesenheit oder Verhinderung vertritt. Dieser Geschäftsträger bedarf keiner Beglaubigung, er wird lediglich dem Außenminister notifiziert (Art. 19). Steht ein Mitglied des diplomati-

[1] Vgl. dazu im einzelnen unten § 40.

schen Dienstes nicht zur Verfügung, um die laufenden Geschäfte interimistisch wahrzunehmen, so kann diese Aufgabe auch – mit Zustimmung des Empfangsstaates – dem Verwaltungs- und technischen Personal überantwortet werden.

Innerhalb jeder Klasse richtet sich die Rangfolge der Missionschefs nach dem Tage der Übergabe ihres Beglaubigungsschreibens oder der Notifizierung ihrer Ankunft gegenüber dem Außenministerium, verbunden mit der Übergabe einer formgetreuen Abschrift ihres Beglaubigungsschreibens (lokale Anciennität).[2] Möglich ist allerdings, dem Vertreter des Heiligen Stuhls den Vorrang vor anderen Vertretern derselben Klasse einzuräumen. Die Staaten vereinbaren die Ranggruppe, in welche ihre Missionschefs einzuordnen sind.[3]
Die gesamte Rangordnung hat heute ausschließlich noch zeremonielle Bedeutung. Vor allem wird das Recht des Botschafteraustausches von allen Staaten in Anspruch genommen, während dies im 19. Jahrhundert noch als ein Vorrecht der monarchisch regierten Großmächte galt[4], das dann auch auf die großen Republiken ausgedehnt wurde.[5]

III. Die bei einem bestimmten Staat akkreditierten Diplomaten in ihrer Gesamtheit bilden das diplomatische Korps. Es ist gewohnheitsrechtlich dazu berufen, die Interessen der Diplomaten zu wahren, insbesondere die Respektierung ihrer Vorrechte durch den Staat, bei dem sie akkreditiert sind, zu überwachen. Werden die Vorrechte und Befreiungen eines Diplomaten verletzt, so darf das diplomatische Korps als solches vorstellig werden, ohne daß der empfangende Staat dies als eine unangemessene Einmischung Dritter auffassen dürfte.[6] Sprecher des diplomatischen Korps ist der *Doyen*. Er ist in der Regel der rangälteste Botschafter am Ort oder der Nuntius, wenn diesem gem. Art. 16 Abs. 3 von dem Gaststaat der Vorrang eingeräumt worden ist.[7]

IV. Manchmal werden die diplomatischen Vertreter bestimmter Staaten mit Sonderaufgaben betraut und bei der Erfüllung dieser Funktionen in Gestalt von *Botschafterkonferenzen* zu eigenartigen Körperschaften des internationalen Rechts zusammengefaßt. Ihrer haben sich die Großmächte in der jüngeren Vergangenheit und insbesondere nach den beiden Weltkriegen mehrfach bedient, um ihre Regierungen zu entlasten.
Vor dem Ersten Weltkrieg wurde z. B. auf der Londoner Konferenz von 1913 den Londoner Botschaftern der Großmächte der Auftrag zur Festlegung der Grenzen Albaniens erteilt. Nach dem Kriege wurde eine Botschafterkonferenz, bestehend aus einem Vertreter Frankreichs und den Botschaftern Italiens, Großbritanniens und Japans in Paris – unter zeitweiliger Beteiligung eines amerikanischen Beobachters –, als Organ des Obersten Rates der Alliierten gebildet. Ihre

---

[2] Vgl. Art. 13 in Verbindung mit Art. 16.

[3] Vgl. Art. 15.

[4] Beispielsweise haben die USA bis 1893 keine Gesandten im Botschafterrang ernannt und waren auch nicht Empfangsstaat für diese. Bei Beginn der Regierungszeit von Königin *Victoria* hatte Großbritannien Botschafter nur in Wien, St. Petersburg und Konstantinopel. 1862 erhielt der Vertreter in Berlin, 1876 in Rom, 1877 in Madrid und 1893 in Washington Botschafterrang.

[5] Die Vertreter der Staaten des britischen Commonwealth tragen den Titel High Commissioner. Sie sind nunmehr den Botschaftern in jeder Hinsicht gleichgestellt. Nicht identisch ist allerdings das Beglaubigungsverfahren. Diejenigen Hochkommissare, für die die englische Königin Staatsoberhaupt ist, überreichen kein Beglaubigungsschreiben, sondern lediglich eine Beglaubigungsmitteilung ihrer Regierung an das Foreign Office. Angesprochen werden Hochkommissare in Art. 16 lit. a letzter Halbsatz der Wiener Diplomatenkonvention. Dazu *Sen*, 20 f.

[6] Vgl. z. B. *de Boeck*, L'expulsion et les difficultés internationales qu'en soulève la pratique, RdC 18 (1927 III), 447 (509 f) über den Protest des diplomatischen Korps in Caracas anläßlich der Ausweisung des französischen Gesandten im Jahre 1906. Bemerkenswert ist die Verwahrung des diplomatischen Korps in Rom durch seinen Doyen in den 20er Jahren gegen die Entscheidung eines italienischen Gerichts, die nach Ansicht des diplomatischen Korps eine Verletzung der Vorrechte eines amerikanischen Diplomaten enthielt. Vgl. ZIR 32 (1924), 474.

[7] Dies ist z. B. in der Bundesrepublik Deutschland der Fall.

Befugnisse wurden nicht vertraglich fixiert. Gleichwohl hat die Konferenz in den 20er Jahren große politische Bedeutung erlangt und zahlreiche wichtige Fragen im Zusammenhang mit der Ausführung der Friedensverträge (beispielsweise den deutsch/dänischen Grenzverlauf) geregelt. Auch nach dem Zweiten Weltkrieg wurden Botschafterkonferenzen, bestehend aus den Botschaftern der alliierten Großmächte, in den ehemaligen Feindländern mit der Ausführung einer Reihe von Bestimmungen in den Friedensverträgen des Jahres 1947 betraut. Ihre Funktionen – dieses Mal in den Verträgen festgelegt – waren teils politisch-administrativer, teils richterlicher Natur, blieben aber auf eine Übergangsphase beschränkt. Anders als nach dem Ersten Weltkrieg haben sie – schon infolge des Gegensatzes zwischen den Großmächten – keine größere Bedeutung erlangt.

§ 33 Die Begründung der diplomatischen Mission

Schrifttum: wie vor § 31; ferner: *Blomeyer-Bartenstein*, Diplomatic Relations, Establishment and Severance, EPIL 9 (1986), 99.

I. Mit der Errichtung einer diplomatischen Mission wird ein Rechtsverhältnis begründet, das der beiderseitigen Zustimmung – des entsendenden wie des empfangenden Staates – bedarf. Einigkeit muß nicht nur über die Unterhaltung diplomatischer Beziehungen überhaupt, sondern auch über die *Person* und den Rang des zur Vertretung berufenen Diplomaten bestehen. Die Notwendigkeit einer Zustimmung von seiten des empfangenden Staates ergibt sich daraus, daß der diplomatische Vertreter eine amtliche Tätigkeit auf dessen Gebiet ausüben soll und das Völkerrecht ihm weitgehende Vorrechte einräumt. Die Übereinstimmung der beteiligten Staaten wird durch korrespondierende einseitige Akte beider Staaten bekundet.

II. 1. Zunächst bedarf es eines Willensaktes des vertretenen Staates. Jeder Staat entscheidet über seine Repräsentation und damit auch über die Ernennung seiner Vertreter im Ausland und die Voraussetzung, an die sie geknüpft werden soll.[1] Das Völkerrecht enthält hierzu nur wenige Regeln. Gemäß Art. 4 muß der Entsendestaat sich vor der Ernennung eines Missionschefs bei dem Empfangsstaat vergewissern, ob diesem die in Aussicht genommene Person genehm ist. Man nennt dies die Einholung des Agréments. Dieses kann ohne Angabe von Gründen verweigert werden (Art. 4 Abs. 2).

Ein Staat ist z. B. nicht daran gehindert, sich durch Ausländer, möglicherweise durch Staatsangehörige des empfangenden Staates, bei diesem vertreten zu lassen. Daraus können sich freilich Konflikte ergeben. Sie können den Staat, bei dem der Diplomat akkreditiert werden soll, dazu veranlassen, sein Agrément zu versagen.[2]

Denkbar ist auch eine Doppelvertretung, nämlich der Fall, daß ein und dieselbe Person von verschiedenen Staaten oder bei verschiedenen Staaten akkreditiert wird. Zum einen kann eine Mission gleichsam in Personalunion mehrere Staaten bei einem dritten Staat gemeinsam vertreten.[3]

---

[1] Vgl. dazu die Problematik, die sich aus der Umwandlung der libyschen Botschaften in „Volksbüros" ergab. Sie werden weiterhin als diplomatische Vertretungen behandelt, obwohl sie für sich in Anspruch nehmen, nicht die Regierung, sondern das libysche Volk zu vertreten. Vgl. AJIL 74 (1980), 921 (927 f).

[2] Gem. Art. 8 sollen die Mitglieder des diplomatischen Personals grundsätzlich Angehörige des Entsendestaates sein. Die Ernennung von Angehörigen des Empfangsstaates bedarf der ausdrücklichen Zustimmung, die jederzeit widerrufen werden kann. Die Frage ist derzeit von geringerer praktischer Bedeutung. Vgl. zur älteren Praxis *Satow's* Guide to Diplomatic Practice, 92 f und *Sen*, 27 ff.

[3] Art. 6.

Und zum anderen kommt es vor, daß ein Staat durch eine Person zugleich bei mehreren Staaten repräsentiert wird. So sind beispielsweise die in Neu Dehli tätigen Botschafter häufig auch in Nepal akkreditiert. Dies ist dann nicht zulässig, wenn einer der potentiellen Empfangsstaaten hiergegen ausdrücklich protestiert.[4]

Erst nach Erhalt des Agréments kann der Missionschef von dem Entsendestaat ernannt werden.

2. Die amtliche Tätigkeit des Missionschefs beginnt entweder mit der Übergabe seines Beglaubigungsschreibens (lettre de créance) oder mit der offiziellen Mitteilung seines Eintreffens im Empfangsstaat, verbunden mit der Zustellung einer Abschrift des Beglaubigungsschreibens an das Außenamt des Empfangsstaates.[5] Auch wenn der Leiter einer Mission erst nach Übergabe seines Beglaubigungsschreibens zur Ausübung seiner Funktion berechtigt ist, so kann ihm doch schon vorher eine Art Geschäftsträgerstatus eingeräumt werden.[6] In jedem Falle aber genießt der designierte, d. h. der ordnungsmäßig ernannte und angenommene Diplomat die besonderen Vorrechte und Freiheiten des Diplomaten schon mit dem Überschreiten der Grenze[7], und er verliert diese Rechte auch dann nicht, wenn sich die Überreichung des Beglaubigungsschreibens verzögert oder wenn sie gar unterbleibt.
Andere Repräsentanten können mit einer Vollmacht versehen werden.
Das Beglaubigungsschreiben des Missionschefs unterzeichnet das Staatsoberhaupt. Nur diejenigen der Geschäftsträger werden nicht von dem Staatsoberhaupt persönlich, sondern von dem Außenminister gezeichnet.
Beglaubigungsschreiben und Vollmacht unterrichten den Staat, dem gegenüber die Vertretung erfolgt, über die Person des Diplomaten, den Zweck seiner Mission und über Inhalt und Umfang seiner Zuständigkeit. Auf die völkerrechtliche Wirksamkeit der von einem Diplomaten abgegebenen und durch seine Außenvollmacht gedeckten Erklärungen darf der empfangende Staat vertrauen.

III. 1. Die Bestellung der übrigen diplomatischen Mitglieder einer Mission bedarf keiner in einem formellen Verfahren festgestellten Übereinstimmung zwischen Entsende- und Empfangsstaat, wie sie für den Missionschef erforderlich ist. Eine vorherige Einholung des Agréments ist nicht vorgesehen. Doch kann der Empfangsstaat bei Militär-, Marine- und Luftwaffenattachés[8] eine vorherige Mitteilung ihrer Namen "zwecks Zustimmung" verlangen.[9] Der Empfangsstaat hat zudem das Recht, jederzeit[10] und ohne Angabe von Gründen einen Diplomaten zur *persona non grata* zu erklären bzw. zu notifizie-

---

[4] Art. 5, vgl. zur Staatenpraxis *Sen*, 22 f.

[5] Art. 13; wenn die förmliche Beglaubigung und die ihr entsprechende Annahme fehlt, ist eine diplomatische Mission im Rechtssinne nicht zustande gekommen. Darauf stützte sich nach dem Zweiten Weltkrieg die französische Cour de cassation im Falle *Abetz*, Revue critique de droit international privé 40 (1951), 477. Nach den Feststellungen des Gerichts war *Abetz* von der Reichsregierung bei der französischen Vichy-Regierung nicht förmlich als Botschafter beglaubigt worden und genoß daher nicht die den Diplomaten sonst zukommende Immunität. *Satow's* Guide to Diplomatic Practice, 101 ff umschreibt das Zeremoniell der Überreichung des Beglaubigungsschreibens für einige Staaten.

[6] Hinweise auf die amerikanische Praxis bei *Hackworth*, Digest IV, 440 f.

[7] Art. 39; hält der Missionschef sich schon in dem Lande auf, in dem er seine Mission ausüben soll, so ist der Zeitpunkt entscheidend, an dem seine Ernennung dem Empfangsstaat, in der Regel dessen Außenamt, notifiziert wird.

[8] *Ipsen*, Der Militärattaché – völkerrechtliche Stellung und gegenwärtige Staatenpraxis, JIR 15 (1971), 152.

[9] Art. 7.

[10] Eine Person kann für *non grata* oder nicht genehm erklärt werden, bevor sie im Hoheitsgebiet des Empfangsstaates eintrifft.

ren, daß ihm ein Mitglied des Personals der Mission nicht genehm ist.[11] Daraufhin ist diese Person von dem Entsendestaat abzuberufen bzw. ihre Tätigkeit an der Mission zu beenden. Im Weigerungsfalle kann der Empfangsstaat es gem. Art. 9 Abs. 2 der Wiener Diplomatenkonvention ablehnen, die betreffende Person weiterhin als Mitglied der Mission anzuerkennen.[12]

2. Nicht geregelt in dem Wiener Übereinkommen über diplomatische Beziehungen ist die Bestellung des nicht diplomatischen Personals einer Mission. Dazu zählen der technische und der Verwaltungsdienst. Bei der Bestellung ist der Entsendestaat frei, aber auch wenn die Mitglieder dieser Personengruppen nicht zur *persona non grata* erklärt werden können – Art. 9 bezieht sich nur auf den diplomatischen Dienst –, so kann der Empfangsstaat doch im Einzelfall Einwände erheben.[13] Für den technischen und Verwaltungsdienst werden in der Praxis auch Staatsangehörige des Empfangsstaates eingesetzt. Art. 8 findet insoweit keine Anwendung. Dennoch wird in der Praxis eine Abstimmung mit dem Außenamt des Empfangsstaates geboten sein, da einige Staaten die Beschäftigung ihrer Staatsangehörigen bei fremden diplomatischen Vertretungen restriktiv behandeln.[14]

IV. In seiner Entscheidung über die personelle Besetzung seiner Mission ist der Entsendestaat nicht völlig frei. Die Größe der Botschaft wird teilweise durch entsprechende Vereinbarung bestimmt. Der Empfangsstaat kann aber auch von sich aus Obergrenzen festlegen.[15] Ebenso kann er die Entsendung einer bestimmten Kategorie von Botschaftsangehörigen ausschließen.[16] In der Regel wird eine gewisse Proportionalität der ausgetauschten Vertretungen gewahrt.

§ 34 Die Funktionen der diplomatischen Mission und ihre Vorrechte

Schrifttum: wie vor § 31; ferner: *Giuliano*, Les relations et immunités diplomatiques, RdC 100 (1960 II), 81; *Wilson*, Diplomatic Privileges and Immunities, 1967; *Salmon*, Fonctions diplomatiques, consulaires et internationales, 3. Aufl. 1976-1977; *Ward*, Espionage and the Forfeiture of

[11] Art. 9 Abs. 1. Vgl. zu diesem Komplex die Entscheidung des LG Heidelberg vom 7. April 1970 (NJW 1970, 1514): Danach war am 24. Januar 1966 ein Staatsangehöriger der Republik Panama durch seine Regierung zum Attaché an der Botschaft ernannt worden; die entsprechende Notifizierung erfolgte verspätet. Darauf teilte das Auswärtige Amt der Botschaft mit, es sehe sich nicht in der Lage, den Attaché als Mitglied des diplomatischen Personals anzuerkennen, da er nicht an der Botschaft tätig, sondern als Student immatrikuliert sei. Das Landgericht wertete diese Mitteilung als Notifikation i. S. von Art. 9 Abs. 1 Satz 1, billigte dem Studenten aber dennoch Immunität zu, da seine Abberufung von Panama gem. Art. 10 bislang nicht notifiziert worden war. Das Gericht hielt sich für nicht befugt, zu prüfen, ob der Student eine diplomatische Tätigkeit ausübte.

[12] OLG Darmstadt am 20. Dezember 1926, NZIR 39 (1928-1929), 284 sowie das House of Lords am 3. Juli 1928 im Falle *Engelke v. Musmann*, ZaöRV 1, Teil 2 (1929), 150 und das Schweizer Bundesgericht am 22. Oktober 1949 im Falle *Vitianu*, SchwJIR 7 (1950), 153. Im Urteil *United States Diplomatic and Consular Staff in Tehran* hat der IGH dargelegt, daß diese Möglichkeit das „systemimmanente" Hilfsmittel gegen Verletzungen des an die Diplomaten gerichteten Interventionsverbots bzw. von deren Verpflichtung zur grundsätzlichen Beachtung der Rechtsvorschriften des Empfangsstaates bildet, so daß das völkerrechtliche Diplomatenrecht „a self-contained regime" darstellt (ICJ Reports 1980, 38 ff (40)). Zur Frage, ob dadurch die Anwendung anderer völkerrechtlicher Sanktionen ausgeschlossen wird, vgl. den 5. Bericht von *Riphagen* an die ILC über Staatenverantwortlichkeit, Art. 12 lit. a (UN Doc. A/CN.4/380 (1984)).

[13] So auch *Sen*, 33.

[14] Vgl. dazu *Sen*, 34.

[15] Art. 11.

[16] Art. 12.

Diplomatic Immunity, International Lawyer 11 (1977), 657; *Bassiouni*, Protection of Diplomats under Islamic Law, AJIL 74 (1980), 609; *Bretton*, L'affaire des "otages" américains devant la Cour Internationale de Justice, *Clunet* 107 (1980), 787; *Green*, The Tehran Embassy Incident – Legal Aspects, AVR 19 (1980/81), 1; *Zoller*, L'affaire du personnel diplomatique et consulaire des Etats-Unis à Téhéran, RGDIP 84 (1980), 973; *Przetacznik*, Protection of Officials of Foreign States according to International Law, 1983; *Cameron*, First Report of the Foreign Affairs Committee of the House of Commons, ICLQ 34 (1985), 610; *Higgins*, The Abuse of Diplomatic Privileges and Immunities: Recent United Kingdom Experience, AJIL 79 (1985), 641; *Denza*, Diplomatic Agents and Missions, Privileges and Immunities, EPIL 9 (1986), 94; *Herdegen*, The Abuse of Diplomatic Privileges and Countermeasures not Covered by the Vienna Convention on Diplomatic Relations. Some Observations in the Light of Recent British Experience, ZaöRV 46 (1986), 734; *Higgins*, UK Foreign Affairs Committee Report on the Abuse of Diplomatic Immunities and Privileges: Government Response and Report, AJIL 80 (1986), 135; *Kaufman-Hevener* (Hrsg.), Diplomacy in a Dangerous World. Protection for Diplomats under International Law, 1986.
Material: Regulations regarding Diplomatic and Consular Privileges and Immunities, UN ST/LEG/SER.B/7 und 13, 1958 und 1963.

I. Die diplomatische Mission ist zunächst Organ des Entsendestaates und vertritt diesen gegenüber dem Empfangsstaat, aber sie erfüllt auch eine internationale Funktion und hat zudem gewisse Pflichten gegenüber dem Empfangsstaat.

1. Ihre Funktion als Organ des Entsendestaates umschreibt in allgemeinen Formulierungen Art. 3 des Wiener Übereinkommens über diplomatische Beziehungen. Danach ist es ihre Aufgabe, den Entsendestaat im Empfangsstaat zu vertreten, die Interessen des Entsendestaates und seiner Angehörigen im Empfangsstaat innerhalb der völkerrechtlich zulässigen Grenzen zu schützen, mit der Regierung des Empfangsstaates zu verhandeln, sich mit rechtmäßigen Mitteln über Verhältnisse und Entwicklungen im Empfangsstaat zu unterrichten und darüber an die Regierung des Entsendestaates zu berichten, freundschaftliche Beziehungen zwischen Entsendestaat und Empfangsstaat zu fördern und ihre wirtschaftlichen, kulturellen und wissenschaftlichen Beziehungen auszubauen. Gemäß Art. 7 Abs. 2 lit. a der Wiener Konvention über das Recht der Verträge sind die Missionschefs zudem für die Annahme eines völkerrechtlichen Vertragstextes legitimiert, ohne eine besondere Vollmacht vorlegen zu müssen. Daneben tritt die Möglichkeit, konsularische Aufgaben wahrzunehmen.
Diese Funktionsbeschreibung ist nicht abschließend. Sie bezeichnet lediglich den Kernbereich diplomatischer Tätigkeiten, gegen deren Wahrnehmung der Empfangsstaat keine Einwendungen erheben kann. Auffallend ist, daß neben der klassischen Aufgabe der Diplomatie – Pflege der auswärtigen Beziehungen – auch die Förderung der wirtschaftlichen, kulturellen und wissenschaftlichen Beziehungen genannt wird. Diese Funktionen werden in der Praxis zunehmend von den Missionen wahrgenommen. Das entspricht der wachsenden Interdependenz der Staaten auf diesen Gebieten. Für die Missionen ist damit zunehmend die Beschäftigung von Spezialisten verbunden (Attachés für Landwirtschaft, Wissenschaft, Wirtschaft etc.). Manchmal erscheint es allerdings zweifelhaft, ob die Wahrnehmung solcher Aufgaben noch mit dem diplomatischen Status zu vereinbaren ist.

a) Die USA haben am 15. Mai 1985 Neuseeland informiert, daß es mit dem diplomatischen Status einer Mission unvereinbar sei, Flugreisen unmittelbar zu vermitteln. Die Förderung des Tourismus erlaube nicht den Betrieb eines Reisebüros.

b) Die wirtschaftliche Beratung deutscher Unternehmer im Ausland erfolgt in der Regel durch Auslandshandelskammern. Hierbei handelt es sich um privatrechtliche Vereinigungen, die vom Deutschen Industrie- und Handelstag unterstützt werden. Sie stehen in der Regel mit den bundesdeutschen Missionen oder Konsulaten bei der Behandlung wirtschaftlicher Fragen in Verbindung.

2. *Vertretung:* Sie umfaßt Repräsentations- und Verhandlungsaufgaben verschiedenster Art.[1] In erster Linie ist es Aufgabe der Mission, die Kommunikation zwischen Empfangs- und Entsendestaat herzustellen; in der allgemeinsten Form gehört dazu, die politischen Vorstellungen der eigenen Regierung bei der Regierung des Gaststaates zu Gehör zu bringen und zu vertreten. Dabei handelt die Mission eigenständig oder auf generelle oder spezielle Weisung. Die Vertretung kann auch in konkrete Vertragsverhandlungen einmünden, wobei dazu – je nach Materie – Fachvertreter aus der Zentrale hinzugezogen werden. Die schärfste Form, den politischen Standpunkt der eigenen Regierung zu übermitteln, ist der Protest.
Die Repräsentationsaufgaben der Mission sind vielfältiger Natur. Sie reichen von der Teilnahme an Festakten des Empfangsstaates[2], eigenen Veranstaltungen bis hin zur Vorbereitung und Betreuung von Parlamentarierreisen und Staatsbesuchen. Dabei soll diese gesamte Tätigkeit von dem Bemühen geprägt sein, die freundschaftlichen Beziehungen zwischen Entsende- und Empfangsstaat zu fördern (Art. 3 Abs. 1 lit. e).

3. *Schutz der Interessen des Entsendestaates und seiner Staatsangehörigen*: Diese Aufgabe weist zwei Komplexe auf, zum einen die generelle Förderung des Handelsaustausches, der kulturellen, wissenschaftlichen und wirtschaftlichen Beziehungen, des Reiseverkehrs usw., zum anderen den individuellen Schutz der eigenen Staatsbürger. Letzteres wird unter dem Stichwort *diplomatischer Schutz* zusammengefaßt. Welche Rechte ein Ausländer im einzelnen genießt, richtet sich außer nach allgemeinem Völkerrecht nach speziellen Verträgen zwischen dem Heimatstaat des Ausländers und dem Gaststaat und nach dem nationalen Recht des Gaststaates. Entsprechend sind auch die Funktionen, die die Mission im Rahmen des diplomatischen Schutzes ausüben kann, unterschiedlich. Es gibt insoweit allerdings einen völkerrechtlichen Mindeststandard bzw. Grenzen des diplomatischen Schutzes, auf die Art. 3 Abs. 1 lit. b verweist.

4. *Information über die Verhältnisse des Empfangsstaates und Berichte*: Das Sammeln von Informationen und das Absetzen entsprechender Berichte für die Zentrale macht einen wesentlichen Teil der täglichen diplomatischen Arbeit aus. Dabei erfassen derartige Berichte neben Aspekten, die von weltpolitischer Bedeutung sind oder werden können (z. B. Entwicklung von Staatenkonflikten, Menschenrechtsverletzungen, Flüchtlingsbewegungen, usw.), nicht nur Fragen der zwischenstaatlichen politischen Beziehungen, sondern auch politische, wirtschaftliche, wissenschaftliche und soziale Entwicklungen, die an sich zunächst nur von interner Bedeutung für den Gaststaat sind. Problematisch ist, auf welche Quellen zur Informationsbeschaffung zurückgegriffen werden darf. Art. 3 Abs. 1 lit. d enthält insoweit eine Einschränkung diplomatischer Aktivitäten. Nur „rechtmäßige" Mittel dürfen eingesetzt werden, um Informationen zu gewinnen, ohne daß dieser Begriff näher spezifiziert würde. In Ländern mit freier Presseberichterstattung wird diese neben Pressekonferenzen, Parlamentsdebatten und Reden von Regierungsmitgliedern eine wesentliche Informationsquelle bieten. Dies ist jedoch keine ausreichende Grundlage, der Diplomat ist daher stets auch auf die Auswertung von informellen Quellen angewiesen. Bei deren Nutzung ist aber das nationale Recht des Gast-

[1] Die in Art. 3 Abs. 1 lit. a genannte Vertretungsfunktion ist insoweit als Generalnorm zu verstehen.

[2] Gemäß einem Beschluß des österreichischen Obersten Gerichtshofs vom 17. Februar 1982 gehört die Teilnahme an der Diplomatenjagd zum Dienst i.S. von Art. 3 Abs. 1 (ÖZöR 33 (1982), 314).

staates zu beachten. Insofern erfolgt die Konkretisierung von Art. 3 Abs. 1 lit. d durch Art. 41 Abs. 1 und 3.[3]

Das Recht der Informationsgewinnung schließt auch die Möglichkeit ein, mit der Opposition in Kontakt zu treten. Dies ist in der Praxis nicht unproblematisch, wie das Beispiel Maltas von 1983 zeigt. Am 10. Januar 1983 forderte die Regierung von Malta das diplomatische Korps auf, die Kontakte mit der oppositionellen nationalistischen Partei abzubrechen. Letztere hatte bei den Wahlen von 1981 51% der Stimmen erhalten. Die akkreditierten Vertreter haben teils gemeinsam, teils in abgestimmten Noten protestiert.[4]

5. Darüber hinaus können den Diplomaten *besondere Aufgaben* anvertraut werden, die den Staat, bei dem sie akkreditiert sind, selbst unmittelbar nicht berühren. So ist es üblich, daß ihnen etwa das Recht zur Ausstellung von Pässen und anderen Dokumenten oder bestimmte Funktionen auf dem Gebiet der freiwilligen Gerichtsbarkeit und in Statussachen gegenüber ihren Landsleuten eingeräumt werden, z. B. die Befugnis zur Beurkundung von Rechtsgeschäften, zur Beglaubigung von Schriftstücken, zur Abnahme von Eiden, zur Aufnahme von Testamenten oder zur Schließung von Ehen, Zuständigkeiten, wie sie auch von den Konsuln ausgeübt werden.[5] Da der Diplomat insoweit hoheitliche Funktionen im Auslande wahrnimmt, bedarf seine Betrauung mit solchen Aufgaben der Zustimmung des Aufenthaltsstaates. – Die Ausübung der streitigen und der Strafgerichtsbarkeit oder die Anwendung von Zwangsgewalt pflegt man den Diplomaten heute nicht mehr zu erlauben. Auch gegenüber ihren eigenen Staatsangehörigen üben sie im allgemeinen keine solche Gerichtsbarkeit aus. Die territoriale Hoheitsgewalt hat vor der personalen den Vorrang. In früheren Zeiten war den Gesandtschaften eine weitergehende Gerichtsbarkeit insbesondere über ihr eigenes Personal eingeräumt. Aber auch dieses Recht besteht heute nicht mehr. Zwar unterstehen die Mitglieder der Missionen der Disziplinargewalt ihres Missionschefs. Dieser darf aber keine Kriminalstrafen verhängen und kann auch Disziplinarstrafen nicht im Wege des Zwangs vollstrecken.[6]

6. Eine wesentliche Schranke diplomatischer Tätigkeiten umschreibt Art. 41 Abs. 1. Danach dürfen sich Diplomaten nicht in die inneren Angelegenheiten des Empfangsstaates einmischen. Dieses Verbot geht viel weiter als das Interventionsverbot von Art. 2 Zif. 7 UN-Charta. Denn es umfaßt auch Einmischungen ohne Druckmittel[7].[8] Vor allem die Beteiligung an revolutionären Umtrieben in dem Empfangsstaat ist dem Diplomaten untersagt. Darüber hinausgehend wird von dem Diplomaten eine gewisse Loyalität gegenüber seinem Empfangsstaat erwartet.[9]

---

[3] So – zumindest ansatzweise – der IGH im Fall *Concerning United States Diplomatic and Consular Staff in Tehran*, ICJ Reports 1980, 1, 39.

[4] RGDIP 87 (1983), 687.

[5] Vgl. etwa die Entscheidung der Cour d'appel Brüssel im Falle des *Baron A. de Cartier de Marchienne* (1948), Annual Digest 15 (1948), Case No. 101, 309: Notarielle Befugnisse belgischer Auslandsmissionen.

[6] Weiter ging noch *Oppenheim/Lauterpacht* I, 805; er will den Gesandten das Recht zugestehen, Mitglieder ihres Personals, wenn sie Verbrechen begehen, in der Gesandtschaft festzuhalten und zum Zwecke der Aburteilung nach Hause zu schicken. Doch muß bezweifelt werden, ob den diplomatischen Missionen eine so weitgehende Polizeigewalt eingeräumt ist.

[7] *Verdross/Simma*, 567.

[8] Aus der Staatenpraxis: Entführung koreanischer Staatsangehöriger aus der Bundesrepublik Deutschland im Jahre 1967 unter Mitwirkung der koreanischen Botschaft (Schilderung des Sachverhalts in BT Drs. V/2748 vom 21. März 1968); vgl. dazu die völkerrechtliche Beurteilung durch *Doehring*, Völkerrechtliche Beurteilung der „Entführung" koreanischer Staatsangehöriger aus der Bundesrepublik Deutschland im Jahre 1967, ZaöRV 28 (1968), 587; zur Verfolgung von Regimegegnern durch die libyschen „Volksbüros" vgl. AJIL 74 (1980), 921 (923 ff).

[9] Vgl. z. B. Court of King's Bench, Quebec, in *Rose v. The King* (1947), Dominion Law Reports 3 (1947), 618: „Two groups of duties fall upon such diplomatic agents, one of which they must

Verletzt der Diplomat seine Pflichten gegenüber dem Empfangsstaat, so kann dieser seine Abberufung verlangen. Außerdem setzt der pflichtwidrig handelnde Diplomat seinen Heimatstaat der völkerrechtlichen Deliktshaftung aus.

II. Der diplomatische Vertreter ist zwar in erster Linie der Repräsentant seines Staates, aber er erfüllt auch eine *internationale Funktion.* Denn die internationale Gemeinschaft beruht auf den Beziehungen zwischen den Staaten, an deren Pflege im Rahmen des Völkerrechts ein allgemeines Interesse besteht. Diesen Gesichtspunkt bringt Art. 3 Abs. 1 lit. e zum Ausdruck. Daher ist der Diplomat nicht nur gegenüber dem Empfangsstaat, sondern auch gegenüber der internationalen Gemeinschaft in ihrer Gesamtheit zu einem Verhalten verpflichtet, das dem Völkerrecht entspricht. Wenn er z. B. seine diplomatische Stellung zur Anzettelung eines Angriffskrieges mißbraucht, so begeht er ein internationales Verbrechen, für das er u. U. persönlich verantwortlich gemacht werden kann.

III. Der Diplomat muß seine Stellung im Ausland in voller Unabhängigkeit und auf angemessene Weise ausfüllen können. Daher stehen ihm gewisse *Vorrechte* zu, denen Verpflichtungen des Staates entsprechen, bei dem er akkreditiert ist. Seine Vorrechte lassen sich unter drei Gesichtspunkten zusammenfassen: Der Diplomat hat ein Recht auf die Ausübung seiner dienstlichen Funktionen und die Freiheiten, die zu deren Erfüllung erforderlich sind. Er hat ein Recht auf respektvolle Behandlung und den Schutz des Empfangsstaates (*Unverletzlichkeit*). Er hat endlich ein Recht auf die Gewährung der Immunität gegenüber den Gerichten und Behörden des empfangenden Staates.[10]

1. Gemäß Art. 25 gewährt der Empfangsstaat der Mission jede Erleichterung zur Wahrnehmung ihrer Aufgaben. Diese allgemeine Pflicht wird durch Art. 26 und 27 näher – allerdings nicht abschließend – konkretisiert.[11]

2. Eine diplomatische Mission muß in der Lage sein, mit der Außenwelt zu verkehren. Geschützt ist der freie Verkehr der Mission für alle amtlichen Zwecke.[12] Im Verkehr mit der eigenen Regierung und mit anderen Organen des Entsendestaates, z. B. den Missionen und Konsulaten, wo immer sie sich befinden, kann sich die Mission aller geeigneter Kommunikationsmittel einschließlich diplomatischer Kuriere und verschlüsselter Nachrichten bedienen. Der Betrieb einer eigenen Sendeanlage ist allerdings von der Zustimmung des Empfangsstaates abhängig (Kommunikationsfreiheit, Depeschenrecht). Der diplomatische Kurierverkehr hat als traditionelles Kommunikationsmittel in Art. 27

---

fulfil in regard to their own sovereign, the other toward the Chief of State to whom they are accredited. These duties can be summed up in two very significant words – in the first place, the diplomatic agent must be faithfull, in the second place, loyal." Das Verfahren in dieser Sache wurde durch die Aufdeckung einer umfangreichen Spionagetätigkeit der sowjetischen Botschaft in Kanada ausgelöst. Vgl. zu den Pflichten des Diplomaten gegenüber seinem Aufenthaltsstaat *Przetacznik*, Les devoirs de l'agent diplomatique à l'égard de l'état accréditaire, Revue de droit international de sciences diplomatiques et politiques 53 (1975), 291; 54 (1976), 57.

[10] Vgl. dazu § 35.

[11] Es gibt keine allgemeine Regel des Völkerrechts, daß vor diplomatischen Missionen oder Konsulaten auf öffentlichen Straßen Parkverbote mit Erlaubnisvorbehalt zu Gunsten der Angehörigen der jeweiligen diplomatischen Missionen oder des Konsulats einzurichten seien. Zwar verlangt Art. 25, daß der Empfangsstaat der ausländischen Mission jede Erleichterung zur Wahrnehmung ihrer Aufgaben gewähren soll, das bedeutet aber nicht, daß sich die Straßenverkehrsbehörden über die Straßenverkehrsordnung hinwegsetzen könnten, um der Mission Parkräume zu verschaffen (BVerwG, Urteil vom 22. Januar 1972, MDR 1971, 516). Im gleichen Sinne das eidgenössische Politische Department in einem Gutachten aus dem Jahre 1972, SchwJIR 33 (1977), 212.

[12] Vgl. Art. 27 Abs. 1.

eine ausführliche Regelung erfahren.[13] Der amtlich als solcher ausgewiesene Kurier und das Kuriergepäck sind unverletzlich, das gekennzeichnete Gepäck darf nicht geöffnet[14] oder zurückgehalten werden. Es darf nur diplomatische Schriftstücke oder für den amtlichen Gebrauch bestimmte Gegenstände enthalten.[15] Auch der Verkehr mit den Missionen anderer Staaten muß gewährleistet sein.[16]

1984 entstand zwischen der Bundesrepublik Deutschland und der UdSSR ein Disput über eine als Diplomatengepäck deklarierte Lastwagenladung. Die Behörden bestritten, daß diese Ladung noch von Art. 27 erfaßt werde, und forderten eine Nachschau, die dann auch vereinbarungsgemäß erfolgte. Sie beschränkte sich allerdings auf einen Vergleich der Ladung mit dem Lieferschein, ohne daß die Kisten geöffnet werden durften. Der Vorfall führte zu einem Wortwechsel im 6. Ausschuß der Generalversammlung der Vereinten Nationen.[17]

Soweit der Empfangsstaat dazu verpflichtet ist, den Verkehr zu gestatten, darf er den brieflichen, telegraphischen, funktelegraphischen oder telephonischen Verkehr der Mission nicht behindern.[18] Die amtliche Post darf nicht zensiert, die mit amtlichen Kennzeichen versehenen Postsäcke und Sendungen dürfen nicht geöffnet, Telephongespräche und sonstige Gespräche nicht abgehört werden. Jedoch ist der Entsendestaat dem Gaststaat gegenüber dafür verantwortlich, daß die Mission das Recht auf freien Verkehr nicht mißbraucht, z. B. ihre amtlichen Sendungen nur dienstliche Post enthalten, nicht unter amtlichem Verschluß Schmuggelware oder sonst verbotene Gegenstände ein- oder ausgeführt werden usw.

3. Gemäß Art. 26 haben die Mitglieder der Missionen grundsätzlich Bewegungs- und Reisefreiheit. Theoretisch können alle Mitglieder der Mission ihre Reiseroute, das Verkehrsziel und die Verkehrsmittel frei wählen. Die Mission kann eigene Verkehrsmittel unterhalten. Allerdings steht dem Empfangsstaat das Recht zu, das Betreten bestimmter Zonen aus Gründen der nationalen Sicherheit zu verbieten oder zu regeln.

In der Vergangenheit hat insbesondere die UdSSR die Bewegungsfreiheit der diplomatischen Missionen in Moskau weitgehenden Beschränkungen unterworfen und im wesentlichen auf einen verhältnismäßig engen Bereich in der Umgebung der Hauptstadt begrenzt. Das hat wieder andere Staaten zu entsprechenden Sondermaßnahmen gegenüber den sowjetischen Missionen veranlaßt. So weitgehende Beschränkungen sind mit der völkerrechtlichen Stellung und Aufgabe der Mission nicht in Einklang zu bringen.[19]

---

[13] In der ILC wird eine Konvention über den Status diplomatischer Kuriere und diplomatischen Gepäcks, das nicht von diplomatischen Kurieren begleitet wird, vorbereitet (vgl. Vertragsentwurf, Report of the ILC on its 38th session, UN Doc. A/41/10, 56 ff). Danach dürfen der Kurier und sein Gepäck nicht untersucht werden. Gleiches gilt auch für Gepäck, das nicht von einem Kurier begleitet wird. Allerdings soll, nach dem bisherigen Entwurf, dem Empfangsstaat in bestimmten Situationen das Recht zuerkannt werden, eine Öffnung des Gepäcks zu verlangen.

[14] Eine Durchleuchtung auf Flughäfen zu Sicherheitszwecken wird als zulässig angesehen (BYIL 51 (1980), 422; ÖZöR 32 (1981), 321); darüber hinaus hat Italien als erstes Land am 10. September 1986 die Untersuchung des Kurier- und des persönlichen Gepäcks der in Rom akkreditierten Diplomaten mit Metalldetektoren verfügt, vgl. RGDIP 91 (1987), 142.

[15] Vgl. dazu die versuchte Entführung des israelischen Staatsangehörigen *Mordechai Louk* aus Italien durch ägyptische Diplomaten in einem als Kuriergepäck deklarierten Behälter, RGDIP 69 (1965), 470; vgl. auch die versuchte Entführung des ehemaligen nigerianischen Verkehrsministers und Oppositionsführers *Dikko* aus Großbritannien in einer an das nigerianische Außenministerium adressierten Kiste, RGDIP 89 (1985), 1027 f; Großbritannien verweigerte *Dikkos* Auslieferung an Nigeria und gewährte ihm politisches Asyl, RGDIP 91 (1987), 1352.

[16] Art. 27 Abs. 1.

[17] UN Doc. A/C. 6/39 SR.10, 13.

[18] Der Empfangsstaat darf für die Postsendungen einer fremden Mission die normalen Gebühren erheben. Gebührenfreiheit wird aber gelegentlich vereinbart.

[19] Vgl. dazu den Kommentar der ILC in: ILC Yearbook 1957 II, 137; dazu auch *Perrenoud*, Les restrictions à la liberté de déplacement des diplomates, RGDIP 57 (1953), 444, der die Maßnahmen der Sowjetunion für schlechthin rechtswidrig hält und die Gegenmaßnahmen anderer Staaten als

4. Unter den Gesichtspunkten der Notwehr, des Notstandes oder des Repressalienrechts können sich Ausnahmen von diesen Regeln ergeben. Scheint die Vermutung begründet, daß ein Diplomat seine Bewegungsfreiheit mißbraucht, so darf man ihm das Reisen verbieten. Ist anzunehmen, daß die dienstlichen Sendungen einer fremden Mission revolutionäre Propaganda oder Schmuggelware enthalten, so müssen die Behörden des Empfangsstaates sie öffnen und beschlagnahmen können. Doch sind Eingriffe dieser Art auf wirkliche Notfälle und auch dann auf das unerläßliche Maß zu beschränken.

Beispiel: Zu einem eigenartigen Eingriff in die Rechte der Diplomaten in einer notstandsähnlichen Situation ist es im Zweiten Weltkrieg gekommen. Vor der Invasion in Frankreich im Jahre 1944 suspendierte die britische Regierung das Recht der fremden Missionen zur Entsendung und zum Empfang von Telegrammen in Code-Schrift, unterwarf auch die amtliche Korrespondenz einer Zensur und beschränkte den Kurierdienst und die Bewegungsfreiheit der Diplomaten und Konsuln. Doch wurden anscheinend keine Einwendungen gegen dieses Verfahren erhoben.[20]

5. Die Mission hat das Recht, mit den eigenen Staatsangehörigen zu verkehren, deren Schutz und Vertretung eine ihrer wesentlichen Aufgaben ist.[21]

6. Durch das Wiener Übereinkommen über diplomatische Beziehungen wird der Mission hingegen nicht das Recht eingeräumt, auch mit den Staatsangehörigen des Empfangsstaates Kontakt aufzunehmen.[22] Dennoch kann ein derartiger Kontakt seitens des Empfangsstaates nicht völlig unterbunden werden. Zum einen ist der Kontakt zwischen der Mission und den Bürgern des Empfangsstaates eine Voraussetzung dafür, daß die Mission ihre Aufgaben zu erfüllen vermag. Vor allem erscheint es unmöglich, die „freundschaftlichen Beziehungen zwischen Entsende- und Empfangsstaat zu fördern und ihre wirtschaftlichen, kulturellen und wissenschaftlichen Beziehungen auszubauen" (vgl. Art. 3 Abs. 1 lit. e), wenn der Mission jeglicher Kontakt mit der Bevölkerung des Empfangsstaates verwehrt wird.[23] In diesem Zusammenhang ist jedoch noch ein weiterer Gesichtspunkt von Bedeutung. Gemäß Art. 13 Abs. 2 der Allgemeinen Erklärung der Menschenrechte vom 10. Dezember 1948[24] bzw. Art. 12 Abs. 2 des Internationalen Paktes für bürgerliche und politische Rechte[25] hat jeder Mensch das Recht, jedes Land, einschließlich seines eigenen, zu verlassen. Dies setzt schon wegen der Einreiseformalitäten die Möglichkeit eines Besuchs fremder Missionen voraus. Auch hieraus ergibt sich, daß der Empfangsstaat eine Mission nicht völlig gegenüber seinen Bürgern abschirmen darf. Hierauf, wie auch auf die Frage des *diplomatischen Asyls*, wird noch gesondert einzugehen sein.[26]

7. Das im älteren Schrifttum erwähnte *„Kapellenrecht"* diplomatischer Missionen, d. h. das Recht, innerhalb des Missionsgebäudes und nur für ihre Mitglieder einen Gottesdienst abhalten zu lassen, ist nicht in dem Übereinkommen über diplomatische Beziehungen geregelt. Es ist aber Bestandteil des Gewohnheitsrechts und bedeutet daher auch keine Zweckentfremdung der Mission im Sinne von Art. 41 Abs. 2.[27]

Repressalien beurteilt; *Denza*, 117, erwägt eine Rechtfertigung derartiger Gegenmaßnahmen unter Art. 47. Das setzt allerdings voraus, daß es sich bei den Einschränkungen um eine restriktive, aber nicht rechtswidrige Anwendung von Art. 26 handelt. Dies ist abzulehnen. Reiserestriktionen haben auch andere Staaten verordnet. So hat Kenia 1983 den Besuch ländlicher Gebiete durch Diplomaten von einer vorherigen Genehmigung der Regierung abhängig gemacht.

[20] Dazu *Oppenheim/Lauterpacht* I, 790, Anm. 3.

[21] Art. 3 lit. b.

[22] So auch der Kommentar der ILC in: ILC Yearbook 1957 II, 138.

[23] Im Ergebnis zustimmend *Rousseau* IV, 171; a.A. offenbar *Verdross/Simma*, 572.

[24] A/Res. 217 III.

[25] BGBl. 1973 II, 1534.

[26] Vgl. dazu im einzelnen unten § 38 und Teilband I 2.

[27] *Lagoni*, in: *Menzel/Ipsen*, 276.

III. 1. Die Person des Diplomaten ist *unverletzlich*, das gleiche gilt für die Räumlichkeiten der Mission. Dies verlangt von dem Empfangsstaat, bestimmte Handlungen gegenüber dem Diplomaten zu unterlassen bzw. geeignete Schutzmaßnahmen zu ergreifen. Der Grundsatz der Unverletzlichkeit von Diplomaten erfaßt also zwei unterschiedliche Komponenten. Er beruhte zunächst auf der Überlegung, daß sie Repräsentanten eines Souveräns seien. Heute steht hingegen im Vordergrund, daß nur so die Erfüllung der diplomatischen Funktionen gesichert werden kann. Der Begriff der Unverletzlichkeit wird in dem Wiener Übereinkommen über diplomatische Beziehungen für die Person des Diplomaten[28], sein Privateigentum[29], seine Privatwohnung[30] und die Mission[31] näher konkretisiert. Das Prinzip der persönlichen Unverletzlichkeit eines Diplomaten besagt, daß gegen ihn von seiten des Empfangsstaates keinerlei Zwangsgewalt ausgeübt werden darf. Er darf nicht verhaftet, nicht festgehalten, in Verwahrung genommen, ausgeliefert oder ausgewiesen werden. Seine Wohnung, sein Eigentum und die in seinem Besitz befindlichen Gegenstände sind der Wegnahme, Durchsuchung oder Beschlagnahme entzogen. Dieser Schutz beginnt, wenn der Diplomat nach entsprechender Notifizierung in den Empfangsstaat einreist bzw. er selbst unter Vorlage seines Diplomatenpasses mit der Einreise beginnt. Er dauert während seines gesamten Aufenthalts bis zum Verlassen des Empfangsstaates an, wenn dieses in angemessener Zeit nach Beendigung der Mission erfolgt.[32] Auch ein Kriegsausbruch zwischen Entsende- und Empfangsstaat beendigt den Schutz des Diplomaten nicht, in der Praxis wird dem diplomatischen Personal eine Frist eingeräumt, bis zu der die Ausreise erfolgt sein muß.
Das Prinzip der Unverletzlichkeit eines Diplomaten verpflichtet den Empfangsstaat, gegen Privatpersonen strafrechtlich vorzugehen, die einen Diplomaten in seiner Würde oder sein Eigentum verletzt haben.[33]

2. a) Die Pflicht zur Respektierung der Unverletzlichkeit der Diplomaten kann in dringenden Notlagen entfallen. Das Wiener Übereinkommen über diplomatische Beziehungen steht dem nicht entgegen, obwohl die Ausführungen des IGH im Fall *United States Diplomatic and Consular Staff in Tehran*[34] darauf hinzudeuten scheinen, daß dieses Übereinkommen als ein „self-contained regime" anzusehen ist[35], das keine darüber hinausgehenden Maßnahmen zuläßt. Ihnen ist nämlich auch zu entnehmen, daß Maßnahmen gegen Diplomaten nicht ausgeschlossen sind, die dazu dienen sollen, die Begehung eines konkreten Verbrechens zu verhüten. D. h., präventive Schutzmaßnahmen sind zulässig, auch wenn durch sie in diplomatische Vorrechte eingegriffen wird. Derartige präventive Maßnahmen können sich insbesondere aus dem Gesichtspunkt der Selbsthilfe und des Notstands rechtfertigen.
Der Empfangsstaat darf Selbstverteidigung üben. Wenn das Verhalten des Diplomaten einen unmittelbaren rechtswidrigen Angriff gegen die Ordnung des Aufenthaltsstaates enthält, sind dessen Behörden zur Abwehr berechtigt. Dies schließt auch das Recht der kurzfristigen Festnahme eines Diplomaten, seine persönliche Durchsuchung sowie die Durchsuchung geschützter Räumlichkeiten mit ein. Das Wiener Übereinkommen über diplomatische Beziehungen sieht zwar insoweit keine Ausnahme von dem Grundsatz der Unverletzlichkeit von Diplomaten vor, obwohl dies in der ILC diskutiert wurde.[36] Die Rechtmäßigkeit präventiver Maßnahmen ergibt sich aber aus allgemeinem Völkerrecht, das dem Staat das Recht der Verteidigung seiner inneren Ordnung und Sicher-

---

28 Art. 29.

29 Art. 30 Abs. 2 i.V. m. Art. 31 Abs. 3.

30 Art. 30 Abs. 1.

31 Art. 22; vgl. dazu unten § 38.

32 *Sen*, 31.

33 *Sen*, 91 mit Beispielen.

34 ICJ Reports 1980, 1.

35 Vgl. dazu *Simma*, Self-contained Regimes, NYIL 16 (1985), 111 (118 ff).

36 Vgl. ILC Yearbook 1957 I, 90, 210.

heit gestattet.[37] Allerdings sind solche Maßnahmen nur zulässig, soweit sie erforderlich und geeignet sind, die Bedrohung zu beseitigen. Vor allem besteht keine Rechtfertigung für Sanktionen außerhalb des Wiener Übereinkommens über diplomatische Beziehungen, wenn die Gefahr beseitigt ist. Dem Aufenthaltsstaat bleibt dann nur die Möglichkeit, den betroffenen Diplomaten zur *persona non grata* zu erklären.[38]

b) Von der Selbstverteidigung des Empfangsstaates selbst ist die *Notwehr* einer Privatperson bzw. die Nothilfe zu unterscheiden. Jeder darf sich gegen den rechtswidrigen Angriff eines Diplomaten zur Wehr setzen. Hält die Notwehr sich in den Grenzen des Erforderlichen, so sind die örtlichen Behörden nicht verpflichtet, den Diplomaten dagegen zu schützen oder den in Notwehr Handelnden zu bestrafen. Die britische Regierung stützte z. B. im Jahre 1984 die Durchsuchung der Mitglieder des Volksbüros von Libyen darauf, daß die Polizisten zu schützen seien[39], die das Gebäude umstellten, nachdem ein Polizist von dort aus erschossen worden war.

c) Eine andere Ausnahme, die ein Vorgehen gegen den Diplomaten rechtfertigen kann, ist im *Notstand* enthalten.[40]

3. Der Empfangsstaat ist verpflichtet, Diplomaten respektvoll zu behandeln und ihnen die üblichen und ihrem Rang entsprechenden Ehren zu erweisen. Eine nach Staaten unterschiedliche Behandlung ist unzulässig.[41]

4. Schließlich hat der Empfangsstaat die Pflicht, die Sicherheit der Diplomaten auch durch präventive Maßnahmen zu gewährleisten.[42] Ebenso muß er alle geeigneten Maßnahmen treffen, um die Räumlichkeiten der Mission vor jedem Eindringen und jeder Beschädigung zu schützen und um zu verhindern, daß der Friede der Mission gestört oder ihre Würde beeinträchtigt wird.[43] Diese Schutzpflicht hat in der jüngsten Vergangenheit an Bedeutung gewonnen, nachdem zahlreiche politisch motivierte Gewalttaten gegen Diplomaten bzw. Missionen unternommen worden sind.

In der Zeit von 1958-1984 sind nicht weniger als 16 Botschafter bei der Ausübung ihrer Funktionen ermordet worden. Außerdem sind immer wieder Botschafter und das Botschaftspersonal von terroristischen oder revolutionären Gruppen als Geiseln genommen worden. Ein Beispiel war die Besetzung der Botschaft der Bundesrepublik Deutschland in Schweden am 24. April 1975. Ziel der Aktion war es, 26 Häftlinge in der Bundesrepublik Deutschland zu befreien.

5. Dieses Phänomen hat zu der Entwicklung verschiedener völkerrechtlicher Verträge geführt. Zu erwähnen sind in diesem Zusammenhang die Konvention über die Verhütung und Bestrafung von Verbrechen gegen international geschützte Personen, einschließlich Diplomaten vom 14. Dezember 1973[44] sowie das entsprechende Übereinkommen der OAS vom 2. Februar 1971[45]. Geregelt wird hier die Zusammenarbeit der Staaten in bezug auf Verfolgung, Auslieferung und Aburteilung der Täter. Ebenso schreibt Art. 1 lit. c der Europäischen Antiterrorismuskonvention vom 27. Januar 1977[46]

---

[37] Vgl. dazu *Bowett*, Self-Defence in International Law, 158, 270; *Denza*, 84; *Herdegen*, 749 ff.

[38] ICJ Reports 1980, 39.

[39] Vgl. dazu *Herdegen*, 737.

[40] Vgl. dazu *Herdegen*, 748 f.

[41] Vgl. dazu Art. 14-18.

[42] Art. 29 und 30, vgl. dazu *Przetacznik*, 39 ff.

[43] Art. 22 Abs. 2; vgl. dazu vor allem das Urteil des IGH im Falle *Concerning United States Diplomatic and Consular Staff in Tehran*, ICJ Reports 1980, 1, 36 f.

[44] UN Doc. A/Res. 3166 (XXVIII), BGBl. 1976 II, 1745; vgl. dazu *Przetacznik*, Convention on the Special Protection of Officials of Foreign States and International Organizations, RBDI 9 (1973), 455.

[45] Convention to Prevent and Punish Acts of Terrorism, ILM 10 (1971), 255.

[46] BGBl. 1978 II, 321.

vor, daß Angriffe auf das Leben, die körperliche Unversehrtheit oder die Freiheit von Diplomaten nicht als politische Straftaten im Sinne des Auslieferungsrechts anzusehen seien.

Einige besondere nationale Schutzmaßnahmen seien erwähnt: so haben beispielsweise die USA eine Sicherheitszone um Botschaften geschaffen, in der Demonstrationen untersagt sind.[47] In der Schweiz wurde am 3. Dezember 1978 die gesetzliche Grundlage für die Schaffung einer Bundespolizei zum Schutze diplomatischer Vertretungen durch Volksabstimmung vereitelt.

Der Empfangsstaat setzt sich durch die Verletzung seiner Schutzpflicht der völkerrechtlichen Deliktshaftung aus.[48]

§ 35 Diplomatische Immunität

Schrifttum: wie vor § 31 und § 34; ferner: *van Panhuys*, In the Borderland between the Act of State Doctrine and Questions of Jurisdictional Immunities, ICLQ 13 (1964), 1193; *Dinstein*, Diplomatic Immunity from Jurisdiction Ratione Materiae, ICLQ 15 (1966), 76; *Lewis*, State and Diplomatic Immunity, 2. Aufl. 1985; *Brown*, Diplomatic Immunity: State Practice under the Vienna Convention on Diplomatic Relations, ICLQ 37 (1988), 53; zur innerstaatlichen Durchführung in der Bundesrepublik Deutschland vgl. das Rundschreiben des Bundesministers des Inneren vom 14. März 1975 betreffend Diplomaten und andere bevorrechtigte Personen, GMBl. 1975, 337 ff, abgedruckt in: ZaöRV 37 (1977), 734 ff.

I. 1. Wie das Staatsoberhaupt, so sind auch die Diplomaten der Jurisdiktion des Staates, bei dem sie akkreditiert sind, entzogen. Diese Immunität bedeutet nicht ihre Extraterritorialität oder substantielle Freistellung von Rechtsnormen, sondern nur die Befreiung von der Gerichtsbarkeit des Empfangsstaates.[1] Wie bei der Immunität des Staatsoberhaupts, so ist auch bei Diplomaten zwischen *funktioneller* und *persönlicher* Immunität zu unterscheiden. Befreit nämlich ist der Diplomat zunächst im Hinblick auf seine *Amtstätigkeit.* Seine Inanspruchnahme auf Grund dieser Tätigkeit würde mittelbar seinen Staat der örtlichen Jurisdiktion unterwerfen. Insoweit handelt es sich also im Grunde nicht um seine Immunität, sondern um die *seines Staates.* Sie ist daher ein Unterfall der Staatenimmunität[2] im diplomatischen Bereich.

---

[47] ILM 15 (1976), 1384; 1988 durch den Supreme Court für unvereinbar mit der Demonstrationsfreiheit erklärt.

[48] Beispiele sind die Ermordung des deutschen Gesandten in Peking, *von Ketteler*, während des Boxer-Aufstandes im Jahre 1900. In diesem Falle mußte die chinesische Regierung sich im *Boxer-Protokoll* vom 7. September 1901 dazu verpflichten, die Schuldigen zu bestrafen, eine Entschädigung zu bezahlen und eine Entschuldigung durch eine von einem Prinzen des kaiserlichen Hauses geführte Sondermission in Berlin auszusprechen. Ähnliche Verpflichtungen wurden Japan gegenüber wegen der Ermordung des Kanzlers der japanischen Gesandtschaft in Peking übernommen. Einzelheiten bei *Moore*, Digest V, 517 ff. Im Jahre 1927 verlangte die Sowjetunion anläßlich der Ermordung des Sowjetbotschafters *Voykow* in Warschau eine Untersuchung, die Bestrafung der Schuldigen auf Grund eines Verfahrens, bei dem sowjetische Vertreter anwesend sein mußten, und die Unterdrückung der an dem Morde schuldigen Organisationen. Dazu *Toynbee* (Hrsg.), Survey of International Affairs 1927, 231 f. In dem Fall *Concerning United States Diplomatic and Consular Staff in Tehran* erkannte der IGH den USA Schadensersatzansprüche zu, ICJ Reports 1980, 1, 33; weitere Beispiele bei *Przetacznik*, 212 ff.

[1] So *Lagoni* in: *Menzel/Ipsen*, 277 im Anschluß an *O'Connell* II, 899. Letzterer weist darauf hin, daß zwischen *Immunität* und *Unverletzlichkeit* (vgl. dazu oben § 34) zu unterscheiden sei; dies wird von *Przetacznik*, 11, bezweifelt: „. . . the personal inviolability of officials of foreign States is a fundamental immunity and the most important of all diplomatic privileges and immunities".

[2] Vgl. dazu *Lewis*, 159 ff und unten §§ 71 ff.

Auch außerhalb seiner dienstlichen Tätigkeit, im Hinblick auf seine *persönliche* Lebensführung, genießt der Diplomat eine persönliche Immunität. Sie hat einen doppelten Rechtsgrund: Einmal ist der Diplomat wie das Staatsoberhaupt der Repräsentant seines Staates, mit dessen Prestige sich seine Unterwerfung unter die örtliche Jurisdiktion nicht vereinbaren ließe. Zum anderen würde die Unterwerfung des Diplomaten die Unabhängigkeit seines Amtes und damit die Erfüllung seiner Funktionen behindern und so gegen den Grundsatz *ne impediatur legatio* verstoßen. Beide Gesichtspunkte sind miteinander verbunden.

2. Die *funktionelle* Immunität befreit alle Amtshandlungen eines Diplomaten von der Gerichtsbarkeit des Empfangsstaates. Dabei ist der Immunitätsschutz zeitlich unbegrenzt, er überdauert das Ende der dienstlichen Tätigkeit eines Diplomaten im Empfangsstaat.[3] Weniger weit reicht in sachlicher und zeitlicher Hinsicht die *persönliche* Immunität. Der persönliche Immunitätsschutz endet mit der dienstlichen Tätigkeit des Diplomaten im Empfangsstaat[4], so daß dieser später für seine privaten Handlungen gerichtlich in Anspruch genommen werden kann.

Diese Unterscheidung wirft in der Praxis nicht unerhebliche Probleme auf. Denn das Wiener Übereinkommen über diplomatische Beziehungen konkretisiert nicht, welche Handlungen „in Ausübung ihrer dienstlichen Tätigkeit als Mitglied der Mission“ vorgenommen wurden.[5]

3. Der Diplomat ist uneingeschränkt von der *Strafgerichtsbarkeit* des Empfangsstaates befreit.[6] Es darf kein Strafverfahren gegen ihn durchgeführt oder auch nur eingeleitet, es dürfen also auch keine Ermittlungen gegen ihn als Beschuldigten angestellt werden. Dieses Verbot gilt ohne Rücksicht auf den Charakter der Straftat. Die Immunität umfaßt also allgemeine wie politische Straftaten, und es macht keinen Unterschied aus, ob der Diplomat die Tat vor oder nach dem Antritt seiner Mission und ob er sie in Ausübung seiner dienstlichen Tätigkeit oder außerhalb jedes Zusammenhanges mit ihr als Privatmann begeht. Die Immunität erstreckt sich auch auf Verbrechen gegen die Sicherheit und die politische Existenz des Aufenthaltsstaates. Sie umfaßt desgleichen das völkerrechtswidrige Handeln.

Mißbraucht ein Diplomat seine Stellung zu Straftaten gegen den Aufenthaltsstaat, so kann dieser dessen Abberufung und Bestrafung durch den Entsendestaat fordern. Der Entsendestaat kann in den Grenzen des allgemeinen völkerrechtlichen Deliktsrechts für das dienstliche Verhalten oder das mit der dienstlichen Tätigkeit im Zusammenhang stehende Handeln seines Diplomaten völkerrechtlich verantwortlich sein.

Die Staatenpraxis ist insoweit fast völlig einhellig.[7] In der Regel werden Diplomaten, die straffällig geworden sind, von dem Entsendestaat zurückberufen, selbst wenn kein entsprechendes Rückrufersuchen von dem Empfangsstaat ausgesprochen worden ist, denn es erscheint unter diesen Umständen eine normale Funktionserfüllung ausgeschlossen. Der Empfangsstaat hat allerdings keinen Anspruch darauf, daß seinem Rückrufbegehren stattgegeben wird.

---

[3] Vgl. Art. 39 Abs. 2 Satz 2.

[4] Art. 39 Abs. 2 Satz 1.

[5] Vgl. hierzu *Dinstein*, 82, der nur Amtshandlungen im eigentlichen Sinne von der funktionellen Immunität geschützt sehen will, während *van Panhuys*, 1207, auch Handlungen erfassen will, die in engem Zusammenhang mit Amtshandlungen stehen.

[6] Art. 31 Abs. 1 Satz 1.

[7] Vgl. die Beispiele von *Sen*, 108 ff; eine Ausnahme bildet die Entscheidung eines griechischen Gerichts, das zu einer Verurteilung des Ersten Sekretärs der britischen Botschaft gelangte (ILR 20 (1953), 378).

Das Hauptproblem stellen in der Praxis Verkehrsverstöße dar. Es ist üblich, daß Diplomaten Hinweise auf den Verstoß erhalten und dem Missionschef davon Mitteilung gemacht wird. Welche Reaktionen dann intern ergriffen werden, liegt in dem Ermessen des jeweiligen Entsendestaats.[8]

4. Auch der *Zivilgerichtsbarkeit* des Aufenthaltsstaates ist ein Diplomat entzogen. Er darf nicht gegen seinen Willen in ein Verfahren verwickelt und kann nicht mit Aussicht auf Erfolg verklagt werden. Dabei kommt es nicht darauf an, ob die fragliche Verbindlichkeit aus der Zeit vor dem Dienstantritt des Diplomaten oder aus späterer Zeit stammt.[9] Nicht einmal ein Feststellungsurteil darf gegen den fremden Diplomaten ergehen.[10] Erst recht sind Zwangsmaßnahmen aller Art gegen sein Vermögen – unter Einschluß auch von Arresten, einstweiligen Verfügungen und Maßnahmen ähnlicher Art – mit der Immunität unvereinbar.[11] So bleibt dem Verletzten bis zur Beendigung der Mission nur der Weg diplomatischer Vorstellungen mit Hilfe seiner Regierung oder der Klage vor den Gerichten des Staates, den der Diplomat repräsentiert. Letzteres sieht Art. 31 Abs. 4 ausdrücklich vor.[12]

Die zivilgerichtliche Immunität des Diplomaten gilt allerdings nicht uneingeschränkt. Das gleiche trifft für die verwaltungsgerichtliche Immunität zu. So sind nach Art. 31 *dingliche* Klagen „in bezug auf privates, im Hoheitsgebiet des Empfangsstaates gelegenes unbewegliches Vermögen", ferner Klagen in Nachlaßsachen und Klagen im Zusammenhang mit einem freien Beruf oder einer im Empfangsstaat ausgeübten gewerblichen Tätigkeit zulässig.[13] Zu berücksichtigen ist in diesem Zusammenhang allerdings, daß ein Diplomat im Empfangsstaat keinen freien Beruf und keine gewerbliche Tätigkeit ausüben darf, die auf persönlichen Gewinn gerichtet sind.[14]

Die Staatenpraxis war insoweit vor dem Wiener Übereinkommen über diplomatische Beziehungen nicht einhellig.[15] Art. 47 erlaubt auch derzeit noch eine Besser- bzw. Schlechterstellung auf der Basis der Reziprozität.

---

[8] Im Falle *X c. Département de justice et police du canton de Genève* führte das Verwaltungsgericht am 15. Juni 1977 aus, daß einem Diplomaten der Führerschein entzogen werden könne „dont la manière de conduire constitue un danger pour la sécurité publique", SchwJIR 34 (1978), 145. Diese Entscheidung hatte allerdings keinen poenalen Charakter. Vgl. dazu *Hatano*, Traffic Accidents and Diplomatic Immunity, JAIL 12 (1968), 18.

[9] Vgl. z. B. französische Cour de cassation, *Clunet* 48 (1921), 922: Keine Gerichtsbarkeit für eine von einem persischen Gesandtschaftsrat vor dem Beginn seiner Mission eingegangene Wechselschuld. Vgl. aber eine spätere Entscheidung der Cour d'appel Paris, *Clunet* 82 (1955), 390: Keine Immunität einer Diplomatenfrau im Hinblick auf Schulden aus der Zeit vor ihrer Eheschließung mit dem Diplomaten.

[10] So Queen's Bench in *Magdalena Steam Navigation Comp. v. Martin* (1859), in: Ellis and Ellis' English Queen's Bench Reports 2, 94 und im Anschluß daran Chancery Division of the English High Court of Justice, *In re Suarez* (1917), in: Chancery Division of the English High Court of Justice 2, 131.

[11] Das gilt wohl auch dann, wenn ein Verfahren – z. B. auf Grund einer dinglichen Klage – zulässig ist. – Werden Pfand- oder Zurückbehaltungsrechte geltend gemacht, so muß es darauf ankommen, ob es zur Befriedigung des Gläubigers eines zwangsweisen Vorgehens, z. B. im Wege gerichtlichen Verfahrens bedarf, oder der Gläubiger sich etwa im Wege freihändigen Verkaufs befriedigen darf. Im ersteren Falle steht die Immunität der Befriedigung des Gläubigers entgegen. Im letzteren bleibt es dem Diplomaten überlassen, seinerseits Schritte zu tun, z. B. zu klagen, wenn er das Recht des Gläubigers in Abrede stellt. Vgl. *Wheaton*, Elements of International Law, §§ 228-241 über seinen Konflikt mit der preußischen Regierung anläßlich des Vorgehens eines Pfandgläubigers gegen ihn während seiner Tätigkeit als Gesandter der USA in Berlin.

[12] Der Entsendestaat ist verpflichtet, eine Rechtsverweigerung zu vermeiden und eine angemessene Rechtsverfolgung vor seinen Gerichten offenzuhalten. Für diesen Zweck bestimmt § 15 ZPO den letzten inländischen Wohnsitz des Diplomaten als Gerichtsstand.

[13] Dies entspricht der Praxis schon vor dem Wiener Übereinkommen über diplomatische Beziehungen, vgl. § 20 GVG und die Entscheidung RGZ 62, 165 (167); 103, 274 (277 f). Eine Ausnahme zur Ausnahme gilt für die Gebäude diplomatischer Missionen und die tatsächlich von Diplomaten benutzten Wohnungen.

[14] Art. 42.

[15] Vgl. dazu *Sen*, 111 ff und 114 ff.

In den Fällen, in denen der Diplomat abweichend von der allgemeinen Regel der Jurisdiktion des Empfangsstaates unterliegt, sind auch Vollstreckungsmaßnahmen zulässig. Voraussetzung ist, daß dabei die Unverletzlichkeit des Diplomaten oder seiner Wohnung nicht beeinträchtigt wird.[16]
Schließlich ist ein Diplomat nicht verpflichtet, als Zeuge auszusagen.[17]

Schon die Zustellung der Ladung stellt wegen des darin enthaltenen hoheitlichen Befehls, vor Gericht zu erscheinen, nach h. L. eine Verletzung seiner Vorrechte dar. Wünscht ein Gericht die Zeugenaussage eines Diplomaten, so muß der Staat, bei dem der Diplomat akkreditiert ist, eine entsprechende Bitte in den Formen des diplomatischen Verkehrs übermitteln, aber auch dann bleibt es dem Diplomaten und seiner Regierung überlassen, ob der Bitte entsprochen wird oder nicht.
Beispiele: Im Jahre 1856 weigerte sich der niederländische Minister in Washington, in einem Mordprozeß, in dem seiner Aussage wesentliche Bedeutung zukam, als Zeuge auszusagen und sich insbesondere im Kreuzverhör vernehmen zu lassen. Er wurde darin ungeachtet der Bitten der amerikanischen Regierung von seiner eigenen Regierung unterstützt.[18] Dagegen ließ sich der bei der Ermordung des Präsidenten *Garfield* anwesende Gesandte von Venezuela in dem folgenden Strafprozeß gegen den Mörder als Zeuge vernehmen, aber nur, weil seine Regierung ihm dazu die Erlaubnis erteilte.[19]

5. Wie der Straf- und Zivilgerichtsbarkeit, so ist der Diplomat auch der Verwaltungshoheit, der Verwaltungsjustiz und vor allem dem Verwaltungszwang des Aufenthaltsstaates entzogen. Er darf nicht gegen seinen Willen in ein Verwaltungsverfahren verstrickt werden. Es dürfen keine Verwaltungsakte ergehen, die einen Befehl an die Adresse des Diplomaten enthalten, und wenn sie ergehen, ist der Diplomat nicht zum Gehorsam verpflichtet.

II. 1. So wie die Immunität des Staates selbst, so ist auch die der Diplomaten verzichtbar.[20] Der Verzicht muß dem Gericht oder der Regierung des Empfangsstaates gegenüber ausdrücklich erklärt werden. Die dem Diplomaten erteilte Instruktion, die Immunität nicht geltend zu machen, stellt jedoch nur eine innere Dienstanweisung dar, die die örtlichen Behörden nicht zur Ausübung der Jurisdiktion gegenüber dem Diplomaten befugt. Eine Klausel in einem privatrechtlichen Vertrag, in der ein Diplomat einwilligt, auf seine Immunität zu verzichten, ist nichtig[21], da die Immunität eben ein Recht des Entsendestaates und nicht ein persönliches Privileg des Diplomaten ist.
Ein Verzicht auf gerichtliche Immunität erfaßt nicht automatisch die zwangsweise Durchsetzung eines Urteils, hierfür ist ein gesonderter Verzicht erforderlich.[22]
Für den Fall, daß die vorgesetzte Regierung nicht das Gegenteil ausspricht, ist der Missionschef selbst befugt, auf seine Immunität und diejenige der Diplomaten seiner Mission zu verzichten. Sein Auftrag umfaßt im Zweifel das Recht, seinen Staat auch bei der Geltendmachung der Immunität und bei dem Verzicht darauf zu vertreten. Wenn der Missionschef also erklärt, sich nicht auf seine Immunität berufen zu wollen, so steht dem Vorgehen der örtlichen Behörden völkerrechtlich nichts mehr im Wege. Andererseits bleibt es dem Empfangsstaat unbenommen, und in der Praxis ist weithin die Übung verbreitet, die Ausübung der Jurisdiktion von einem ausdrücklichen Verzicht der auslän-

---

16 Art. 31 Abs. 3.
17 Art. 31 Abs. 2, vgl. dazu im einzelnen *Sen*, 124 ff.
18 Dazu *Moore*, Digest IV, 643.
19 Dazu *Moore*, Digest IV, 644.
20 Art. 32 Abs. 1.
21 Gutachten des schweizerischen Politischen Departements vom 17. November 1967, SchwJIR 31 (1975), 266 f.
22 *Melander*, Waiver of Immunity, Nordisk Tidsskrift for International Ret 45 (1976), 22.

dischen Regierung abhängig zu machen. Hat der Missionschef auf seine Immunität verzichtet, erklärt aber dann nachträglich die Regierung, keinen Verzicht geltend machen zu wollen, so hat deren Erklärung die Bedeutung einer Zurücknahme des Verzichts, die grundsätzlich zulässig ist. Hat sich aber der fremde Diplomat bereits auf das Verfahren eingelassen, so kann der spätere *actus contrarius* seiner Regierung nichts mehr an der Rechtslage ändern. Eine völkerrechtliche Verpflichtung zur Berücksichtigung der Immunität besteht dann nicht mehr.

2. Ein Anspruch auf Immunitätsverzicht seitens des Entsendestaates hat der Empfangsstaat nicht. Vor allem eine Verpflichtung zum Verzicht auf die Immunität, wie sie etwa den großen internationalen Organisationen im Hinblick auf ihre Amtsträger auferlegt ist, wird man nicht annehmen können. Die für die Amtsträger internationaler Organisationen geltenden Regeln, die die Entscheidung letztlich auch von dem Ermessen der für den Verzicht zuständigen Instanz abhängig machen, lassen sich nicht ohne weiteres auf den bilateralen diplomatischen Verkehr übertragen.

3. Ein Immunitätsverzicht liegt auch dann vor, wenn ein Diplomat ein Gerichtsverfahren anstrengt.[23] Er verpflichtet sich damit vor allem zur Zahlung der Kosten, zur Leistung von Sicherheiten und zur Befolgung von Anordnungen des Gerichts. Außerdem ist der Diplomat der Einlegung von Rechtsmitteln und sonstiger Verteidigungsmittel, wie der Widerklage, ausgesetzt. Voraussetzung für letztere ist allerdings, daß sie in unmittelbarem Zusammenhang mit der Hauptklage steht.[24]

III. 1. Immunität des Diplomaten bedeutet nur, daß er persönlich[25] von der Gerichtsbarkeit und der Zwangsgewalt des Aufenthaltsstaates befreit ist. Im übrigen bleibt der Diplomat dem Recht unterworfen, und zwar nicht nur dem Recht seines eigenen Staates, sondern auch dem Völkerrecht, für dessen Verletzung er sich u. U. vor internationalen Instanzen verantworten muß, sowie dem Recht des Empfangsstaates.[26] Für dessen Anwendung ergibt sich schon aus dem Aufenthalt des Diplomaten im Inland ein Anknüpfungspunkt. Denn so wenig wie das ins Ausland reisende Staatsoberhaupt ist der Diplomat etwa exterritorial[27], sondern er befindet sich auf dem Gebiet des Staates, bei dem er akkreditiert ist.

Dort sind seine Straftaten begangen, dort sind Rechtsgeschäfte geschlossen. In der Vergangenheit begründete Rechtsverhältnisse werden durch seine Immunität nicht berührt. Die Teilnahme an der Straftat eines Diplomaten unterliegt ihrerseits der Bestrafung, und sie wird als eine im Inland begangene Straftat behandelt. Bürgen und Versicherungen haften auch aus den Rechtsge-

---

[23] Vgl. Art. 32 Abs. 3. Dafür bedarf der Diplomat keiner Genehmigung seines Entsendestaates. Ein diesbezügliches Verbot ist unerheblich, Haager Local Court, 23. Juni 1976 im Falle *J. A. Helinski v. B. B. Hart*, NYIL 8 (1977), 279.

[24] Art. 32 Abs. 3, vgl. dazu den Beschluß des österreichischen Obersten Gerichtshofes vom 3. März 1977 (ÖZöR 28 (1977), 304). Nicht mehr haltbar ist unter der Geltung des Wiener Übereinkommens über diplomatische Beziehungen die Entscheidung des Supreme Court des Staates New York von 1948 im Falle *Friedberg v. Santa Cruz*, Annual Digest 15 (1948), Case No. 103, 312. Dort wurde angenommen, die Gattin des chilenischen Botschafters bei den Vereinten Nationen habe sich durch die Einlassung auf eine Klage aus Anlaß eines durch sie verursachten Verkehrsunfalls, aber auch durch die Erwerbung eines Führerscheines des Staates New York ihrer Immunität als Ehefrau eines Diplomaten freiwillig begeben.

[25] Die Immunität erstreckt sich beispielsweise nicht (bei Ansprüchen aus einem Verkehrsunfall) auf seine Versicherung; so Tribunal de commerce de Bruxelles am 23. November 1970 im Falle *W. Bonne & Cie*, RBDI 9 (1973), 679 f; vgl. auch Sec. 7 des U.S. Diplomatic Relations Act of 1978, AJIL 73 (1979), 127.

[26] Art. 41.

[27] Vgl. zu der älteren Auffassung *Sen*, 80 f.

schäften oder unerlaubten Handlungen der Diplomaten. Nur diesen gegenüber reduziert sich das Recht des Empfangsstaates auf eine *lex imperfecta.*

2. Hierzu gibt es jedoch wesentliche Ausnahmen. So sind die fremden Diplomaten keinen Dienstpflichten nach dem Recht des Aufenthaltsstaates unterworfen[28], vor allem aber sind sie in gewissen Grenzen dem örtlichen Steuerrecht und der Steuerpflicht gegenüber dem Empfangsstaat entzogen.[29] Dies gilt allerdings nur für Gegenstände zum amtlichen oder persönlichen Gebrauch. Soweit die Diplomaten von der Besteuerung befreit sind, genießen sie nicht nur Immunität im Sinne einer Befreiung von der Gerichtsbarkeit des Aufenthaltsstaates, sondern sie sind dem materiellen Steuerrecht des Empfangsstaates entzogen. In den Grenzen der Befreiung besteht also von Anfang an keine Verpflichtung. Daher ist gegen den Diplomaten auch nach Beendigung seiner Mission kein Steueranspruch geltend zu machen. Soweit er dagegen der Steuer- und Abgabenpflicht unterliegt, besteht nur die übliche Immunität, die nach den allgemeinen Regeln zu beurteilen ist.

3. Schließlich genießt der Diplomat Befreiung von der Kontrolle seines persönlichen Gepäcks, soweit nicht die Vermutung für einen Rechtsbruch des Diplomaten besteht.

§ 36 Begünstigte der diplomatischen Immunität

Schrifttum: wie vor § 31 und § 34.

I. Bei der Beantwortung der Frage, wer die Begünstigten der diplomatischen Privilegien und Immunitäten sind, ist zwischen den verschiedenen Kategorien des an einer Mission beschäftigten Personals zu unterscheiden.[1] Zusätzlich ist von Bedeutung, ob die betreffende Person Staatsbürger des Empfangsstaates ist[2] oder dort ihren ständigen Wohnsitz hat. Das Personal einer Mission besteht in der Regel aus *Diplomaten, technischem* und *Verwaltungspersonal,* das entweder im Entsende- oder im Empfangsstaat rekrutiert worden ist, und privaten Dienstboten.

1. Begünstigte der Immunitäten und Privilegien sind zunächst alle *Diplomaten*[3], soweit sie nicht Staatsbürger des Empfangsstaats sind bzw. dort ihren ständigen Wohnsitz haben. Der Grund, weswegen Diplomaten genauso behandelt werden wie der Missionschef, ist darin zu finden, daß sie alle als Repräsentanten des Entsendestaates angesehen werden, die den Missionschef als den eigentlichen Repräsentanten bei der Erfüllung seiner Funktionen unterstützen. Zu dem diplomatischen Personal gehören heute nicht mehr nur diejenigen, die im Bereich der auswärtigen Beziehungen arbeiten, sondern auch die Spezialisten, wie Militärattachés, Presseattachés usw., soweit sie von ihrem Entsendestaat einen diplomatischen Rang erhalten haben und ihre Namen in der diplomatischen Liste des Empfangsstaates eingetragen sind.

---

[28] Art. 35.

[29] Art. 36.

[1] Siehe dazu oben §§ 32, 33.

[2] Siehe dazu oben § 33.

[3] Vgl. Art. 29, 30, 31, 32, 33, 34, 35, 36. Die Regelung des Wiener Übereinkommens über diplomatische Beziehungen entspricht der schon vorher anerkannten Staatenpraxis, vgl. z. B. Tribunal de la Seine im Fall *Dientz v. de la Jara, Clunet* 5 (1878), 500 in bezug auf Militärattachés; weitere Nachweise bei *Sen,* 154. Nicht unter den Diplomatenbegriff fallen die Mitglieder von Handelsmissionen aus Staatshandelsländern.

2. Die gleiche Rechtsstellung haben die *Frauen* bzw. *Männer* und *Familien der Diplomaten* bzw. *Diplomatinnen*, wenn sie nicht Bürger des Empfangsstaates sind.[4] Insoweit besteht eine völlige Einmütigkeit in der Praxis, die einzige Einschränkung liegt darin, daß nur diejenigen Familienmitglieder diplomatische Immunität und Privilegien genießen, die mit dem entsprechenden Diplomaten zusammenleben.[5]

3. Anders ist die Situation für Diplomaten, die die Staatsangehörigkeit des Empfangsstaates haben oder dort ständig ansässig sind. Auch dieser Personenkreis muß eine gewisse Immunität genießen, um die ihm übertragenen Funktionen erfüllen zu können. In diesem Fall ist daher die Immunität rein funktional bestimmt.[6] Dabei liegt in der Zustimmung des Empfangsstaates, daß einer seiner Staatsbürger diplomatische Funktionen für einen anderen Staat übernehmen darf, praktisch ein teilweiser Verzicht auf seine persönliche Jurisdiktion über diesen. Dagegen werden die Familienangehörigen eines solchen Diplomaten nicht von der diplomatischen Immunität und den Privilegien erfaßt.

4. Die Mitglieder des *Verwaltungs- und des technischen Personals* der Mission und die zu ihrem Haushalt gehörenden Familienmitglieder genießen, wenn sie weder Bürger des Empfangsstaates sind noch in demselben einen ständigen Wohnsitz haben, die gleichen Rechte wie das diplomatische Personal der Mission. Dies gilt allerdings mit wesentlichen Einschränkungen. Denn ihre Tätigkeit nicht dienstlicher Art unterliegt sowohl der zivilrechtlichen wie auch der verwaltungsrechtlichen Jurisdiktion des Empfangsstaates.[7] Völlig gleichgestellt ist dieses Personal mit den Diplomaten hingegen in bezug auf die Strafgerichtsbarkeit. Auch hinsichtlich der sonstigen Privilegien ist diese Personengruppe gegenüber den Diplomaten schlechter gestellt. Denn die Zoll- und Steuerfreiheit bezieht sich nur auf Gegenstände, die anläßlich ihrer Ersteinrichtung eingeführt wurden.

5. Mitglieder des *dienstlichen Hauspersonals* der Missionen, die weder Angehörige des Empfangsstaates sind, noch dort einen ständigen Wohnsitz haben, genießen ebenfalls Immunität in bezug auf die Ausübung ihrer dienstlichen Tätigkeiten. Sie sind von Steuern und sonstigen Abgaben auf ihre Dienstbezüge befreit, ebenso von Abgaben in bezug auf die Sozialversicherung.

6. *Private Hausangestellte* von Mitgliedern der Mission genießen, wenn sie weder Bürger des Empfangsstaates noch in demselben ansässig sind, Befreiung von Steuern und sonstigen Abgaben auf die Bezüge, die sie auf Grund ihres Arbeitsverhältnisses erhalten. Im übrigen stehen ihnen Vorrechte und Immunitäten nur in dem von dem Empfangsstaat zugelassenen Umfang zu. Der Empfangsstaat darf jedoch seine Hoheitsgewalt über diesen Personenkreis nur so ausüben, daß er die Mission bei der Wahrnehmung ihrer Aufgaben nicht ungebührlich behindert.[8] Der Schutz derjenigen, die entweder Staatsangehörige des Empfangsstaates sind oder dort ständig ihren Wohnsitz haben, verringert sich weiterhin. Für sie werden nur die Vorrechte und Immunitäten gewährt, die der Empfangsstaat ausdrücklich einräumt.[9] Auch insoweit gilt aber wieder das Gebot, daß die Arbeit der Mission nicht ungebührlich behindert werden darf.

---

[4] Vgl. Art. 37 Abs. 1, der auf die Art. 29-36 verweist.

[5] Der Begriff „Familienmitglied", wie ihn Art. 37 Abs. 1 verwendet, ist auslegungsfähig, er erfaßt neben Ehepartner und Kindern auch weitere Personen wie Eltern, wenn sie von dem Diplomaten abhängig sind.

[6] Vgl. Art. 38 Abs. 1. Die Staatenpraxis war in dieser Hinsicht nicht einheitlich; vgl. dazu *Sen*, 155 f.

[7] Vgl. Art. 37 Abs. 2, der auf die Art. 29-35 verweist; hiergegen haben einige Staaten (Ägypten, Marokko, Kambodscha, Volksrepublik China) bei der Ratifikation Vorbehalte eingelegt, denen von anderen Staaten widersprochen wurde.

[8] Vgl. Art. 37 Abs. 4.

[9] Vgl. Art. 38 Abs. 2.

II. Die Vorrechte sowie Immunitäten der Diplomaten und des übrigen Missionspersonals werden diesen nicht aus persönlichen Gründen, sondern ausschließlich zur Sicherung der ihnen übertragenen Funktionen gewährt. Hierin liegt auch die Rechtfertigung für die abgeleiteten Rechte ihrer Angehörigen.[10] Daher ist nur der Entsendestaat, nicht aber sind diese Personen selbst zu einem Verzicht befugt. Allerdings ist der Missionschef als berechtigt anzusehen, einen derartigen Verzicht zu erklären.

III. Nicht geregelt ist in dem Wiener Übereinkommen über diplomatische Beziehungen, wie im Einzelfall festgestellt wird, ob einer Person Diplomatenstatus zukommt, sie also Immunität beanspruchen kann. Die Staatenpraxis ist insoweit durchaus unterschiedlich. Nach der Praxis von Großbritannien stellt das Foreign Office ein entsprechendes Zertifikat aus, an das die Gerichte gebunden sind.[11] Ähnlich ist die Regelung in den USA. Danach werden alle Diplomaten registriert, im Einzelfall stellt das State Department mit verbindlicher Wirkung gegenüber den Gerichten fest, ob eine bestimmte Person Immunität beanspruchen kann. Fehlt ein solches Attest, so können die Gerichte allerdings prüfen, ob eine bestimmte Person zu Recht in die Diplomatenliste aufgenommen wurde. In Staaten mit einer strikten Gewaltenteilung zwischen Exekutive und Rechtsprechung, in denen vor allem Regierungsakte in bezug auf die auswärtigen Beziehungen nicht der Nachprüfung durch die Rechtsprechung entzogen worden sind, wirft eine derartige Praxis Probleme auf. So nehmen z. B. in der Bundesrepublik Deutschland die Gerichte für sich das Recht in Anspruch, nachzuprüfen, ob die Voraussetzungen für die Gewährung von Immunität vorliegen.[12] Da das für den jeweiligen Staat verbindliche Völkerrecht unmittelbar auch für dessen Organe maßgeblich ist, sollte die gerichtliche Überprüfung der Immunitätsvoraussetzungen keine praktischen Probleme aufwerfen. Dies wird zumindest dann nicht der Fall sein, wenn das Gericht bei seiner Entscheidung vermeidet, die Kompetenzen des für die Pflege der auswärtigen Beziehungen zuständigen Staatsorgans zu überspielen.
Verneint ein Gericht unter Bruch des Völkerrechts das Vorliegen der Immunitätsvoraussetzungen, so löst dies eine entsprechende Staatenverantwortlichkeit aus.[13]

§ 37 Die Rechtsstellung des Diplomaten im Verhältnis zu dritten Staaten

Schrifttum: wie vor § 31; ferner: *Straub*, Die Rechte des Gesandten auf Reisen vor der Beglaubigung und nach der Abberufung, NZIR 51 (1935), 1; *Yeh-Sao-Hang*, Les privilèges et immunités des agents diplomatiques à l'égard des Etats tiers, 1938; *Zemanek*, Der durchreisende Gesandte, ÖZöR 4 (1952), 530 ff.

---

[10] Bemerkenswert ist die vor dem Wiener Übereinkommen über diplomatische Beziehungen ergangene Entscheidung der Cour d'appel Paris, *Clunet* 82 (1955), 390, in der das Gericht glaubte, einer Klage gegen die Ehefrau eines Diplomaten auf Grund vor der Eheschließung eingegangener privater Schulden stattgeben zu dürfen, weil solche Schulden mit der Tätigkeit des Ehemannes nichts zu tun hätten und ihre Geltendmachung seine Unabhängigkeit nicht berührten. Anders aber das erstinstanzliche Urteil des Tribunal civil de la Seine, Revue critique de droit international privé 41 (1952), 340.

[11] Kritisch *O'Connell* II, 896; eher positiv *Mann*, Foreign Affairs in English Courts, 1986, 37.

[12] So das Landgericht Düsseldorf in der Begründung des Haftbefehls gegen *Tabatabai* (Az. XII 10/83) vom 24. Februar 1983, ebenso das OLG Düsseldorf (Az. 1 WS 159/83) in dem Beschluß vom 7. März 1983, mit dem der Haftbefehl aufgehoben wurde. Vgl. dazu *Bockslaff/Koch*, The Tabatabai Case: Immunity of Special Envoys and the Limits of Judicial Review, GYIL 25 (1982), 539 ff.

[13] Vgl. unten Teilband I 2.

I. 1. Die diplomatische Mission begründet ein Rechtsverhältnis zwischen dem Entsendestaat und dem Empfangsstaat. Andererseits haben auch dritte Staaten in dem bei einem anderen Staat akkreditierten Diplomaten den Repräsentanten seines Staates zu achten. Der Schutz des durchreisenden Diplomaten beruht aber vor allem darauf, daß die Unterhaltung und ungestörte Abwicklung des diplomatischen Verkehrs ein internationales Anliegen darstellt, an dem alle Staaten interessiert sind. Eine der wichtigsten Voraussetzungen für ein geordnetes Funktionieren des diplomatischen Verkehrs ist die Möglichkeit der ungehinderten Durchreise der Diplomaten durch das Gebiet dritter Staaten.[1] Entsprechend regelt Art. 40, daß dritte Staaten einem Diplomaten bei seiner Durchreise durch ihr Gebiet keine Hindernisse in den Weg legen dürfen, wenn dem dritten Staat die Durchreise amtlich mitgeteilt wird und er dem Diplomaten die Reise durch sein Gebiet zu dem Ort der Mission oder einer sonstigen dienstlichen Betätigung und von diesem Ort in die Heimat oder an den Ort einer anderen Betätigung gestattet.

2. Während der Durchreise genießt der Diplomat den besonderen Schutz des Staates, dessen Gebiet er durchreist, und die Vorrechte, deren Gewährung notwendig ist, um die Erfüllung seiner Mission möglich zu machen. Er ist daher von der Gerichtsbarkeit des Durchreiselandes befreit, und es darf insbesondere kein Zwang gegen seine Person, sein Eigentum, seine Papiere und Archive ausgeübt werden (Prinzip der *Unverletzlichkeit*)[2]. Außerdem muß der dritte Staat ihm während seines Aufenthalts den ungehinderten Verkehr mit seiner Regierung und anderen Missionen gestatten. Schließlich sind dritte Staaten rechtlich verpflichtet, den Kurierverkehr und diplomatische Postsendungen ungehindert und unzensiert passieren zu lassen.

Die gleichen Rechte genießen die Familienangehörigen des Diplomaten, die ihn begleiten oder, wenn sie getrennt von ihm reisen, sich zu ihm begeben bzw. in ihren Heimatstaat zurückkehren.

Die Durchreise des Verwaltungs- und technischen Personals, des dienstlichen Hauspersonals einer Mission sowie von deren Familienangehörigen darf nicht behindert werden.

3. Weitergehende Rechte, wie etwa das Recht auf Befreiung von Steuern, stehen dem Diplomaten in einem dritten Staat nicht zu. Außerdem ist seine Immunität funktionell beschränkt. Er ist von der Gerichtsbarkeit des Durchreisestaates nur in Zusammenhang mit seiner dienstlichen Betätigung befreit bzw. soweit dies notwendig ist, um seine sichere Durchreise zu gewährleisten. Insofern bestehen gegen die Ausübung der Zivilgerichtsbarkeit keine Bedenken, wenn sie weder seine dienstliche Tätigkeit beeinträchtigt, noch ihn daran hindert, seine Durchreise vorzunehmen. Die Immunität der durchreisenden Diplomaten bleibt also hinter den Rechten zurück, die ihnen der Empfangsstaat gewährt.[3] Außerdem genießt der Diplomat diese Rechte nur bei dienstlichen Reisen, nicht hingegen, wenn er private Reisen in ein anderes Land unternimmt oder seine Durch-

---

[1] Zur historischen Entwicklung dieses Systems vgl. *Satow's* Guide to Diplomatic Practice, 151/152.

[2] Ein belgischer Diplomat wurde auf dem Flugplatz von Athen verhaftet. Er gehörte der Vertretung in Bagdad an und befand sich auf der Rückreise. Auf der Fahrt zum Flugplatz hatte er seine Frau erschossen. Die griechische Regierung ist offenbar der Meinung, daß für Diplomaten im Transit zwar das Prinzip der persönlichen Unverletzlichkeit gelte, dies aber in Fällen flagranter Delikte außerhalb der Dienstobliegenheiten nicht anwendbar sei (RGDIP 84 (1980), 1079). Das LG Frankfurt hat am 31. August 1984 einen durchreisenden Diplomaten aus Sambia wegen Besitzes von Betäubungsmitteln verurteilt. Das Gericht ist dabei davon ausgegangen, daß der Diplomat nicht in amtlicher Eigenschaft gereist sei (Az. 90 Js 12397/84 KLs).

[3] Die Konvention von Havanna über diplomatische Vertreter vom 20. Februar 1928, *Hudson* IV, 2385 (Art. 23) wollte darüber hinausgehend auch den durchreisenden Diplomaten die vollen Rechte gewähren.

reise unnötig verlängert. Damit sind die diplomatischen Rechte in dritten Staaten streng funktional beschränkt.[4]

1972 haben die Niederlande bei der Durchsuchung des Gepäcks eines algerischen Diplomaten auf der Durchreise nach Brasilien Briefbomben, Granaten, Explosivstoffe und Pistolen gefunden. Die Niederlande haben diese Gegenstände konfisziert, fühlten sich allerdings gehindert, den Diplomaten festzuhalten.

Gebraucht der Diplomat seine Durchreiserechte zum Nachteil des Durchreiselandes, stehen dem letzteren zumindest alle diejenigen Rechte zu, die auch der Empfangsstaat hat.

4. Darüber hinausgehende Rechte und Pflichten können sich aus besonderen Verträgen ergeben oder freiwillig gewährt bzw. erfüllt werden. Besondere Verpflichtungen hat Italien durch den Lateranvertrag vom 11. Februar 1929 gegenüber dem Heiligen Stuhl übernommen. Nach Art. 12 Abs. 2 des Vertrages genießen die diplomatischen Vertreter beim Heiligen Stuhl und nach Art. 12 Abs. 5 die diplomatischen Vertreter des Heiligen Stuhls im Ausland in Italien die gleichen Vorrechte wie Diplomaten, die in Italien selbst akkreditiert sind. Während des Zweiten Weltkriegs hat Großbritannien den bei den dort weilenden Exilregierungen beglaubigten Diplomaten dritter Staaten die gleichen Vorrechte wie den in Großbritannien selbst beglaubigten Diplomaten gewährt.

II. 1. Die Anwendung dieser Regeln setzt voraus, daß der Entsendestaat und seine Regierung von dem dritten Staat anerkannt sind. Ist das nicht der Fall, und besteht keine Pflicht zur Anerkennung, so braucht der dritte Staat die Durchreise nicht zu erlauben, zumindest braucht er dem Diplomaten nicht die entsprechenden Rechte einzuräumen. So haben sich z. B. die USA im Jahre 1926 geweigert, der als Gesandtin der UdSSR in Mexiko beglaubigten Frau *Kollontai* die Durchreise zu gestatten. Erkennt der dritte Staat zwar den Entsendestaat, nicht aber den Empfangsstaat an, so hat er doch die Stellung des Diplomaten als Vertreter eines von ihm anerkannten Staates zu respektieren und muß die Durchreise erlauben.
Wenn der dritte Staat zwar den Entsendestaat anerkennt, aber keine politischen Beziehungen zu ihm unterhält, so muß er dessen Diplomaten dennoch die Durchreise gestatten.[5] Erst recht kommt es nicht darauf an, ob der dritte Staat diplomatische Beziehungen zu dem Empfangsstaat unterhält.
Notwendig für die Anwendung von Art. 40 des Wiener Übereinkommens über diplomatische Beziehungen ist, daß der betreffende Diplomat bei einem bestimmten Staat akkreditiert ist. So wurde 1971 einem Gesandten aus Costa Rica[6] aus diesem Grund die Immunität verweigert. Die Rechtfertigung hierfür ergibt sich daraus, daß die Rechte und Immunitäten des durchreisenden Diplomaten strikt funktional orientiert sind.

2. Besondere Regeln gelten im Kriege. Im allgemeinen ist ein kriegführender Staat nicht verpflichtet, den diplomatischen Vertretern eines feindlichen Staates die Durchreise durch sein Gebiet zu gestatten. Er darf sie, wenn er sie auf einem Schiff oder Flugzeug des Entsendestaates antrifft, festnehmen und als Kriegsgefangene behandeln. Das gilt auch dann, wenn der Diplomat an Bord eines neutralen Schiffes oder Flugzeugs auf dem Gebiet des Kriegführenden angetroffen wird. Andererseits werden die diplomatischen

[4] *Satow's* Guide to Diplomatic Practice, 153.

[5] Eine ausdrückliche Bestimmung dieses Inhalts enthalten der Lateranvertrag zwischen Italien und dem Heiligen Stuhl sowie das Sitzstaatabkommen zwischen den USA und den Vereinten Nationen. Danach müssen die USA den Vertretern anderer Staaten bei den Vereinten Nationen die Vorrechte unabhängig davon gestatten, ob die Regierung des betreffenden Staates Beziehungen zu den USA unterhält (vgl. dazu unten § 41).

[6] Queens Bench 2 (1971), 274.

Vertreter der Kriegführenden bei neutralen Ländern nach gewohnheitsrechtlichen Regeln unbehelligt gelassen, wenn sie ihren Bestimmungsort auf neutralen Schiffen oder Flugzeugen aufsuchen oder verlassen, ohne das feindliche Hoheitsgebiet zu berühren. Darüber hinaus steht es den Kriegführenden frei und ist in gewissen Grenzen gebräuchlich, Geleitbriefe auszustellen und die Durchreise von Diplomaten aus gegnerischen Staaten zu erlauben.

§ 38 Das Gebäude der diplomatischen Missionen, die diplomatischen Archive und ihr Schutz

Schrifttum: wie vor § 31 und 34.

I. Die Missionen können nur arbeiten, ihre Unabhängigkeit und Würde ist nur gewährleistet, wenn ihnen die notwendigen Räume mit den dazu gehörenden Einrichtungen zur Verfügung stehen und diese gegen den Zugriff der örtlichen Behörden geschützt sind (*Unverletzlichkeit*).

1. Die Räume etwa durch Kauf, Miete oder Pacht zu beschaffen, ist Sache des entsendenden Staates.[1] Der Empfangsstaat ist verpflichtet, dabei entsprechende Hilfe zu leisten, nicht aber, für die Beschaffung von Räumen zu sorgen.[2]

2. Wie die Rechtsstellung der diplomatischen Missionen überhaupt, so hat auch ihr räumlicher Bereich in früheren Zeiten eine größere Bedeutung gehabt, als dies heute der Fall ist. Die ältere Auffassung geht über das, was heute als Recht anerkannt ist, in doppelter Weise hinaus. Einmal war der Umfang der privilegierten Zone wesentlich größer, es gab nicht nur eine Freiheit des Gesandtschaftsgebäudes (franchise de l'hôtel), sondern eine des Viertels (franchise du quartier), und weiter war der gesamte Bezirk, in dem sich die Gesandtschaft befand, mit den dort wohnenden oder zufällig dort anwesenden Menschen der alleinigen Jurisdiktion der Mission unterstellt.[3] Gesandtschaftsviertel und Gesandtschaftsgebäude galten als im eigentlichen Sinne exterritorial, geradezu als Gebiet des Staates, dessen Mission sich dort aufhielt.

3. Auch in dieser Beziehung hat sich im Laufe der Zeit eine Rationalisierung und Versachlichung in der Auffassung des diplomatischen Dienstes geltend gemacht. Dieses Privileg ist von seinem Ansatz her eingeschränkt worden. In der Gegenwart steht nur noch das Gesandtschaftsgebäude unter besonderem Recht[4], ein Gesandtschaftsviertel gibt es

---

[1] Nach einem Beschluß des Kammergerichts vom 16. Oktober 1973 (NJW 27 (1974), 1627) ist ein in der Bundesrepublik Deutschland akkreditierter Botschafter nicht schon kraft Amtes zur Veräußerung eines im Eigentum des Entsendestaates stehenden Grundstücks befugt; er bedürfe dazu einer besonderen Vollmacht des verfügungsberechtigten Organs des Entsendestaates.

[2] Art. 21; eine gewisse Reglementierung erfolgt in den USA auf der Basis des Foreign Missions Act, 1982, Public Law 97-241, abgedruckt in ILM 21 (1982), 1125.

[3] So ausdrücklich in Art. 7 des Schlußprotokolls vom 7. September 1901, das China nach Beendigung des Boxeraufstandes 1899 unterzeichnen mußte: „Le Gouvernement Chinois a accepté que le quartier occupé par les Légations fût considéré comme un quartier spécialement réservé à leur usage et placé sous leur police exclusive, où les Chinois n'auraient pas le droit de résider, et qui pourrait être mis en état de défense." UK Treaty Series 1902 No. 17, abgedruckt bei *de Martens*, NRG 2ième Série, XXXII, 94.

[4] Art. 20, 22, 24, 26, 27; durch besondere Verträge können andere Gebäude dem Gesandtschaftsgebäude gleichgestellt werden. Der Lateranvertrag von 1929 (abgedruckt bei *Berber*, Dokumente I, 831 ff) gewährt auch den in Italien gelegenen Gebäuden der ausländischen Missionen beim Heiligen Stuhl die Immunität (Art. 12 Abs. 2). Ferner wird bestimmten Kirchen und Gebäuden außerhalb der Vatikanstadt Immunität gewährt (Art. 15).

nicht mehr. Neben den Räumen freilich, die die Mission für ihre dienstlichen Zwecke benutzt, ist als Teil ihrer persönlichen Unverletzlichkeit auch die Wohnung des Missionsleiters und der ihm gleichgestellten Beamten privilegiert. Jedoch ist der örtliche Bezirk nicht mehr als „extraterritorial" anzusehen. Die Gebäude und Wohnungen liegen nicht mehr außerhalb des Empfangsstaates, und sie werden auch nicht behandelt, als ob dies der Fall wäre.[5] Straftaten, die dort begangen werden, sind auf dem Gebiet des Empfangsstaates begangen[6], im Gesandtschaftsgebäude geschlossene Verträge sind nicht auf dem Gebiet des Entsende-, sondern dem des Empfangsstaates geschlossen worden.[7]

4. Ebenso sind die Archive und Schriftstücke der Mission, „wo immer sie sich befinden", jederzeit unverletzlich. Sie sind jedem Zugriff der örtlichen Behörden entzogen. Die Papiere dürfen nicht weggenommen oder eingesehen werden, die Mitglieder der Mission dürfen nicht gezwungen werden, über den Inhalt dieser Papiere auszusagen. Eine gewisse Einschränkung hat der Schutz diplomatischer Archive allerdings wohl in der Entscheidung des House of Lords im Falle *Shearson Lehmann Brothers Inc. and Others v. McLaine, Watson & Comp. Ltd. and Others* vom 3. Dezember 1987 erfahren, auch wenn die Entscheidung in einem anderen Zusammenhang ergangen ist. Danach sind Dokumente nur gegen einen staatlichen Zugriff geschützt, sie können aber als Beweis in einem Prozeß eingeführt werden, selbst wenn nicht feststeht, wie sie das Archiv verlassen haben.

5. Nicht nur Gebäude und Räume, auch bewegliche Sachen wie Kraftwagen und Einrichtungsgegenstände und sonstige Werte, z. B. Ansprüche, Bankkonten[8], sind dem Zugriff der örtlichen Behörden entzogen.

6. Umstritten ist, inwieweit Ausnahmen von dieser Regel vor allem in Notsituationen zulässig sind. Art. 31 Abs. 2 des Wiener Übereinkommens über die konsularischen Beziehungen sowie Art. 25 der Konvention über Spezialmissionen sehen entsprechende Ausnahmen vor. Danach kann das Gebäude im Falle von Feuer oder sonstiger gemeiner Gefahr auch ohne ausdrückliche und vorherige Zustimmung des Missionschefs betreten werden (Vermutung der Zustimmung). In der ILC ist diese Frage eingehend diskutiert worden[9], und man hat sich gegen die Aufnahme einer Notstandsklausel entschieden. Aus diesem Grunde scheidet auch eine analoge Anwendung von Art. 31 Abs. 2 des Wiener Übereinkommens über konsularische Beziehungen aus.[10] In der Praxis wird selbst

[5] Zur Theorie der Extraterritorialität *Sen*, 80 ff.

[6] So RGSt 3, 70; 69, 54 (Ermordung des afghanischen Gesandten in Berlin); Tribunal correctionnel Seine, *Clunet* 37 (1910), 551; italienischer Kassationshof, *Clunet* 49 (1922), 193.

[7] Tribunal civil Seine, *Clunet* 37 (1910), 549; Reichsfinanzhof, JW 1923, 194 (Gesandtschaftsgebäude sind steuerrechtlich als Inland zu behandeln).

[8] In seiner Entscheidung vom 13. Dezember 1977 im Fall des philippinischen Botschaftskontos hat das Bundesverfassungsgericht festgestellt, daß Forderungen aus einem laufenden, allgemeinen Bankkonto der Botschaft eines fremden Staates, das zur Deckung der Ausgaben der Botschaft bestimmt ist, nach Völkergewohnheitsrecht nicht der Zwangsvollstreckung durch den Gerichtsstaat unterliegen (BVerfGE 46, 342 (398 ff)); ebenso das House of Lords in seiner Entscheidung vom 12. April 1984 in *Alcom Limited v. Colombia, et al.*, ILM 23 (1984), 719 ff. In der US-Praxis genießen Bankauszüge ausländischer Missionen keine diplomatische Immunität wie Archive oder Schriftstücke, US Digest 1976, 196.

[9] ILC Yearbook 1958 I, 128.

[10] So *Sen*, 95, weniger strikt im Ergebnis *Verdross/Simma*, 571; nach einem Rundschreiben des Bundesministers des Inneren vom 14. März 1975, ZaöRV 37 (1977), 734 ff, heißt es dazu: „Ist wegen der Dringlichkeit der Maßnahmen (Gefährdung von Menschenleben oder erheblicher Sachwerte Dritter) ein solches Eingreifen der Feuerwehr geboten, so ist der verantwortliche Leiter des Einsatzes nach pflichtgemäßem Ermessen berechtigt und verpflichtet, anzuordnen, daß die von Diplomaten und anderen bevorrechtigten Personen benutzten Grundstücke von den zur Brandbekämpfung oder Hilfeleistung eingesetzten Kräften betreten werden, damit die notwendigen Maßnahmen durchgeführt werden können".

bei Bränden vor Betreten des Missionsgebäudes die Genehmigung des Missionsleiters eingeholt.

7. Der angeführte Anspruch auf Unverletzlichkeit der Missionsräume gilt allerdings nur, soweit diese noch oder schon auf Dauer genutzt werden – eine kurzfristige Unterbrechung ist unschädlich. Der Erwerb eines Gebäudes für künftige Zwecke löst den Schutz mithin noch nicht aus.

II. 1. Der Grundsatz der Unverletzlichkeit von Missionsgebäuden besagt auch, daß der Empfangsstaat die Wohnungen der Diplomaten, die Gebäude und Diensträume der Mission und die dort angebrachten Fahnen, Symbole und Hoheitszeichen[11] und das Mobiliar der privilegierten Räume zu schützen hat. Er muß nicht nur direkte Angriffe und das unbefugte Betreten, sondern z. B. auch Demonstrationen vor den Gebäuden und die Belästigung der Missionen durch Lautsprecher, Propaganda, das Singen von Liedern oder das provokatorische Zeigen von Spruchbändern oder Plakaten in unmittelbarer Nähe des Gebäudes verhindern und, wenn nötig, bestrafen.[12]

2. Zudem legt das Prinzip der Unverletzlichkeit dem Empfangsstaat bestimmte Unterlassungspflichten auf. Ihm ist ein zwangsweises Vorgehen gegen das Gebäude selbst, seine Enteignung, Zwangsversteigerung, Beschlagnahme, Wegnahme oder Schließung verboten. Darüber hinaus ist den örtlichen Behörden jedes Betreten des Gebäudes ohne die vorherige Zustimmung des Missionschefs untersagt. Erst recht ausgeschlossen ist die Vornahme von Amtshandlungen in dem Gebäude wie die Durchsuchung der Räume oder der darin befindlichen Personen und Sachen, die Vornahme von Verhaftungen oder die Beschlagnahme von Schriftstücken, die Zustellung von Ladungen oder anderen Schriftstücken außerhalb des diplomatischen Verkehrs. Auch das Mobiliar der Mission und die in den Wohnungen der Diplomaten befindlichen Sachen sind dem Zugriff der örtlichen Behörden entzogen.

3. Schließlich sind die Gebäude auch nicht der Besteuerung unterworfen. Die Mission ist also nicht grundsteuerpflichtig, muß aber die Abgaben und Gebühren entrichten, die den Gegenwert für tatsächlich gewährte Sonderleistungen bilden.[13] Ausgeschlossen ist insoweit allerdings die Zwangsvollstreckung in die Gebäude.

4. Wie die Privilegierung und Immunität der Diplomaten selbst, so hat auch die Unantastbarkeit des Missionsgebäudes den Zweck, die Unabhängigkeit und Würde des diplomatischen Dienstes im Interesse seiner Funktionsfähigkeit zu sichern. Sie darf aber nicht mißbraucht, nicht zu Zwecken genutzt werden, die mit der Mission in keinem Zusammenhang stehen.

5. Die Regeln über die Funktion der Diplomatie und deren Schutz beruhen zum wesentlichen darauf, daß alle Staaten an der Aufrechterhaltung internationaler Beziehungen interessiert und bereit sind, die Diplomatie als ein Mittel, das im Dienste der internationalen Verbindungen steht, zu schützen. Spannungen entstehen daher dann, wenn Entsende- oder Empfangsstaat die in einem Wechselverhältnis stehenden Rechte und Pflich-

[11] Sowohl die Missionen wie auch die Residenz des Missionschefs haben das Recht, Flagge und Wappen zu führen (Art. 21).

[12] Auch die Würde der Mission ist zu schützen (Art. 22 Abs. 2). Vgl. dazu den niederländischen Gesetzentwurf zum Versammlungs- und Demonstrationsrecht, der einen besonderen Schutz diplomatischer Missionen vorsieht, in: NYIL 18 (1987), 283 ff.

[13] Art. 23.

ten mißbrauchen bzw. verletzen. Eine weitere Voraussetzung für das Funktionieren des Systems der diplomatischen Beziehungen ist, daß Differenzierungen zwischen den Staaten vermieden werden. Dieses Gebot (vgl. Art 47) ist einerseits Ausfluß einer formal zu verstehenden Staatengleichheit, andererseits Ausdruck dafür, daß die Funktion des diplomatischen Verkehrs auf eine möglichst universelle Anwendung des Diplomatenrechts angewiesen ist. Eine Verletzung des Diskriminierungsverbots liegt nicht vor, wenn die Sonderbehandlung auf vertragliche Vereinbarungen zurückgeht bzw. die Reaktion auf ein Verhalten der Gegenseite ist. Insoweit überlagert der Grundsatz der Reziprozität das Gebot der Gleichbehandlung.[14]

III. 1. Korrespondierend zu der Unverletzlichkeit des Missionsgebäudes hat der Entsendestaat die Pflicht, dessen Räumlichkeiten nur für die diplomatischen Aufgaben oder für die gewohnheitsrechtlich anerkannten oder vertraglich vereinbarten Tätigkeiten zu verwenden.[15] Hieraus ergibt sich u. a. grundsätzlich die Pflicht, Straftätern keine Zuflucht in dem Botschaftsgebäude zu gewähren. Das gilt auch für Straftaten innerhalb des Botschaftsgebäudes, die von einem Außenstehenden begangen wurden.[16] Der Entsendestaat ist verpflichtet, derartige Personen den Behörden des Empfangsstaates zu übergeben, der Bruch dieser Verpflichtung gibt Behörden des Empfangsstaates jedoch kein Zutrittsrecht.[17] Die Grundsätze des Auslieferungsrechts gelten in diesen Fällen nicht.

2. Umstritten ist in diesem Zusammenhang, ob Missionen politisch Verfolgten nach einem Umsturz oder während bzw. nach einem Bürgerkrieg *diplomatisches Asyl* gewähren dürfen. Dem geltenden allgemeinen Völkerrecht ist ein derartiges Rechtsinstitut fremd[18]; vor allem kann es nicht mehr aus der sog. „Extraterritorialität" des Botschaftsgebäudes hergeleitet werden.[19] Die Flucht in das Missionsgebäude erschien wie eine Flucht über die Grenze, das diplomatische nur als ein Sonderfall des territorialen Asyls. Beides ist jedoch zu unterscheiden. Das *territoriale* Asyl, das ein Staat im Ausland verfolgten Personen auf seinem Territorium gewährt, ist wesentlich verschieden von dem *diplomatischen* Asyl, das eine ausländische Mission auf dem Gebiet des Empfangsstaates einräumt.[20] Das letztere ist ein Eingriff in die Rechtsordnung des Empfangsstaates auf dessen eigenem Gebiet.

Die Gewährung des *diplomatischen Asyls* ist jedoch dann möglich, wenn internationale Verträge dies gestatten. Solche Abkommen bestehen vor allem zwischen den lateinamerikanischen Staaten. So bestimmt Art. 2 der Konvention von Havanna über das Asylrecht[21], daß politischen, aber nicht gemeinen Verbrechern unter gewissen Einschränkungen Asyl in den Missionen der beteiligten Staaten gewährt werden dürfe. Geschieht dies, so darf die Regierung des Empfangsstaates die Entfernung des Flüchtlings aus

[14] Vgl. zu letzterem *Verdross/Simma*, 580 f mwN.

[15] Art. 41 Abs. 3.

[16] So ausdrücklich Art. 17 der Konvention von Havanna über diplomatische Vertreter vom 20. Februar 1928, *Hudson* IV, 2385.

[17] Vgl. dazu *Sen*, 96 ff.

[18] Vgl. obiter dictum des IGH in dem Kolumbien und Peru betreffenden *Asyl*-Fall, ICJ Reports 1950, 266 (274).

[19] Geschichtliche Hinweise bei *Oppenheim/Lauterpacht* I, 794, Anm. 2; *Sen*, 356 f; zahlreiche Fälle aus der Praxis bei *Moore*, Digest II, 774 ff.

[20] Der Unterschied zwischen beiden Arten des Asyls wird zutreffend in dem Urteil des IGH im *Asyl*-Fall des Jahres 1950 – ICJ Reports 1950, 266 – hervorgehoben. Vgl. insbesondere 274 f. Gerade darin abweichend aber die Richter *Alvarez* (292) und *Castilla* (378).

[21] Vgl. in diesem Zusammenhang auch die Konvention über politisches Asyl, Montevideo, 1933 (abgedruckt bei *Hudson* VI, 607 ff) und die OAS-Konventionen über diplomatisches bzw. territoriales Asyl von Caracas, 1954 (Inter-American Treaties and Conventions on Asylum and Extradition (1967), Pan-American Union (OAS) Treaty Series 18, 19).

ihrem Gebiet, die Mission freien Abzug für den Flüchtling verlangen. Jedoch machten die USA den Vorbehalt, daß diese Regelung nicht als Ausdruck allgemein geltenden Völkerrechts anerkannt werden könne.

3. Die Staatenpraxis belegt allerdings, daß es den Missionen bei Vorliegen bestimmter Umstände gestattet ist, Flüchtlingen in der Mission temporär Zuflucht zu gewähren. Was das Asyl normalerweise anfechtbar macht, ist die Durchbrechung der normalen Justiz. Dieser Gesichtspunkt greift aber nicht durch, wenn keine geordnete Rechtspflege besteht oder ihre Ausübung im besonderen Fall nicht gewährleistet ist. Wenn daher die Mission durch Pöbelexzesse oder Gewalttaten im Bürgerkrieg bedrohten Personen Hilfe gewährt, so liegt darin keine Mißachtung des Aufenthaltsstaates, sie fällt nicht der Rechtspflege in den Arm, sondern verhindert, daß Unrecht geschieht. Gleiches gilt auch für die Fälle, in denen eine die internationalen Menschenrechtsstandards verletzende Verfolgung des Flüchtlings zu befürchten ist (z. B. willkürliche Verhaftung oder Verurteilung ohne ordnungsgemäßes Verfahren, Verletzung der Meinungsfreiheit etc.). Das diplomatische Asyl wird in diesen Fällen zu einer Sonderform des *humanitären Asyls.* Dessen Herausbildung entspricht Art. 56 UN-Charta, wonach die Mitglieder der Vereinten Nationen verpflichtet sind, zur Förderung der Menschenrechte zusammenzuarbeiten.[22]

4. Während des spanischen Bürgerkrieges 1936-1939 wurden Tausende politischer Flüchtlinge von den Missionen aufgenommen. Die spanische Regierung erhob hiergegen zunächst keine Einwände. Als sie ihre Politik später ändern wollte, protestierten die betroffenen Staaten. Nach dem Sturz der Regierung *Allende* in Chile hat eine Reihe von außeramerikanischen Staaten Flüchtlingen in ihren Missionen Zuflucht gewährt. Die belgische Regierung hat z. B. die lateinamerikanischen Vertragsnormen analog angewandt.[23] Der niederländische Außenminister hat seinen Botschafter in Chile ermächtigt, temporär diplomatisches Asyl zu gewähren, wenn er begründeten Anlaß zur Annahme habe, das Leben der Flüchtlinge sei wegen ihrer politischen Aktivitäten bzw. Ansichten in Gefahr.[24] Eine ähnliche Haltung haben Italien[25], die Schweiz[26], Österreich[27] und die USA[28] eingenommen.[29] Vor allem die Praxis der USA ist in diesem Zusammenhang aufschlußreich. Sie haben zwar stets die Existenz eines Rechtsinstituts „diplomatisches Asyl" geleugnet, haben aber immer wieder Flüchtlingen aus humanitären Gründen temporär Schutz gewährt. Ein spektakulärer Fall war die Aufnahme des ungarischen Kardinals *Mindszenty* in der amerikanischen Botschaft in Budapest (1956); ein weiterer Fall war der Schutz von 400 Personen in Havanna[30] 1980.[31]

Ein Mißbrauch zu missionsfremdem Zweck liegt hingegen dann vor, wenn die Mission Personen in ihren Räumen rechtswidrig festhält. Ihr steht ohne die Zustimmung des Empfangsstaates keine Straf- oder Zwangsgewalt zu. Sie verletzt die Rechtsordnung des Aufenthaltsstaates, wenn sie z. B. Staatsangehörige ihres Landes zum Zwecke des Abtransports in das Heimatland in den Gebäuden der Mission gewaltsam festhalten sollte.

Als z. B. im Jahre 1896 der chinesische Revolutionär *Sun Yat Sen* in die Gesandtschaft seines Landes in London gelockt und dort festgehalten wurde in der Absicht, ihn nach China zu schaffen, griff die britische Regierung ein und setzte seine Freilassung durch.[32]

---

[22] So auch *Verdross/Simma*, 573 und *Sen*, 358 f; angesichts der Staatenpraxis wenig überzeugend insoweit die zurückhaltende Meinung von *Lagoni*, in: *Menzel/Ipsen*, 275.

[23] RBDI 11 (1975), 241.

[24] NYIL 6 (1975), 282.

[25] ItalYBIL 2 (1976), 427.

[26] SchwJIR 32 (1976), 138.

[27] ÖZöR 27 (1976), 360.

[28] Stellungnahme des State Department vom 29. April 1980, AJIL 75 (1981), 142.

[29] Zur Haltung von Frankreich vgl. AFDI 20 (1974), 1033 sowie RGDIP 86 (1982), 805.

[30] Die USA waren seinerzeit in Havanna nicht diplomatisch vertreten. Den Flüchtlingen wurde technisch temporäres Asyl bei der Schutzmacht Schweiz gewährt.

[31] Für die Zulässigkeit des humanitären Asyls hat sich das Institut de Droit International 1950 auf seiner Tagung in Bath ausgesprochen (Annuaire de l'Institut de Droit International 43 II (1950), 198 ff, 388 ff).

[32] Dazu *Hurst*, Les immunités diplomatiques, RdC 12 (1926 II), 115 ff (220 f).

§ 39 Beendigung der diplomatischen Mission

Schrifttum: wie vor § 31 und § 33; ferner: *Perrenoud,* Les causes de rappel des agents diplomatiques, SchwJIR 11 (1954), 43; *Sfez,* La rupture des relations diplomatiques, RGDIP 70 (1966), 359; *Papini/Cortese,* La rupture des relations diplomatiques et ses conséquences, 1972.

I. Die Mission der Diplomaten kann auf verschiedene Weise zu Ende gehen. Es kann die persönliche Mission des Diplomaten, oder es kann die Auslandsvertretung des Staates im ganzen erlöschen.

1. Die *persönliche Mission* des Diplomaten kann durch dessen Tod, die Erfüllung seiner Aufgaben – so im Falle einer Sondermission oder der Leitung der Mission durch einen Geschäftsträger zwischen der Abberufung des früheren und Ernennung des neuen Missionschefs –, bei zeitlicher Begrenzung oder auch durch Zeitablauf erlöschen. Der Normalfall der Beendigung ist der der *Abberufung* durch das Staatsoberhaupt oder das Außenministerium des entsendenden Staates.

Wird der Leiter der Mission abberufen, so ist es üblich, dem Staatsoberhaupt des Empfangsstaates oder, wenn es sich um einen Geschäftsträger handelt, dem Außenministerium ein von dem Staatsoberhaupt oder dem Außenministerium des Entsendestaates unterzeichnetes Abberufungsschreiben zu überreichen, dessen Empfang der Staat, bei dem der Diplomat beglaubigt war, förmlich zu bestätigen pflegt. Die Übergabe des Abberufungsschreibens, sei es durch den scheidenden, sei es durch den neuen Leiter der Mission, ist das Gegenstück zur Übergabe des Beglaubigungsschreibens zu Beginn der Mission. Die Mission erlischt eigentlich nicht durch die Übergabe des Abberufungsschreibens, sondern durch den Willensentschluß des Entsendestaates, der dem Empfangsstaat notifiziert werden muß. Wer die Abberufung eines Diplomaten vornehmen kann, bestimmt sich nach dem Recht des Entsendestaates. Die Dienste des technischen und Verwaltungspersonals wird in der Regel der Leiter der Mission selbst beendigen können.

2. Die dienstliche Tätigkeit eines Diplomaten wird auch dadurch beendet, daß der Empfangsstaat dem Entsendestaat notifiziert, er lehne es ab, den Diplomaten weiterhin als Mitglied der Mission anzuerkennen.[1] Vorausgegangen ist dem die Erklärung des Empfangsstaates, daß er den Diplomaten nicht mehr als *persona grata* betrachte. In diesen Fällen hat der Entsendestaat den Diplomaten abzuberufen oder seine Tätigkeit bei der Mission zu beenden. Es besteht also eine entsprechende Rechtspflicht. Kommt er dieser Pflicht nicht innerhalb einer gesetzten Frist oder angemessener Zeit nach, so kann der Empfangsstaat sich weigern, diesen Diplomaten weiterhin als Mitglied der Mission anzusehen.[2] Die Erklärung zur *persona non grata* bedarf keiner Begründung, in der Regel wird mit dieser Erklärung eine Frist gesetzt, binnen derer der Diplomat das Land verlassen haben muß. Auch wenn die Begründung der Mission einer Einigung der beteiligten Staaten bedarf, so beruht sie doch, wie dieses Verfahren zeigt, nicht auf einem Vertrag, der sich nur mit beiderseitigem Einverständnis aufheben ließe. Sie endet schon, wenn die Übereinstimmung zwischen den beteiligten Staaten nicht mehr besteht, also auch nur ein Teil erklärt, den Diplomaten nicht mehr als solchen anerkennen zu wollen.

Die Gründe dafür, einen Diplomaten zur *persona non grata* zu erklären, sind vielfältiger Natur: Handeln gegen die Politik des Empfangsstaates, abfällige Äußerungen über die Politik oder die Regierung des Empfangsstaates, Gesetzesverstöße (Spionagevorwurf). Gelegentlich wird die

---

[1] Art. 43 lit. b; vgl. zum Abbruch der diplomatischen Beziehungen *Papini/Cortese,* 1972.

[2] Art. 9.

Erklärung eines Diplomaten zur *persona non grata* auch als Retorsionsmaßnahme benutzt. *Beispiel:* 1952 erklärte die UdSSR den amerikanischen Botschafter *George F. Kennan*, nachdem dieser in einer Rede in Berlin erklärt hatte, das Leben der Amerikaner in Moskau unterscheide sich kaum von dem in deutschen Internierungslagern, zur *persona non grata*. Die französische Regierung hat am 5. April 1983 34 Diplomaten und 13 weitere Mitglieder der sowjetischen Mission aufgefordert, das Land zu verlassen, am 24. September 1971 hatte die britische Regierung eine derartige Maßnahme gegen 105 Mitglieder der sowjetischen Mission ergriffen. In beiden Fällen wurden Spionagevorwürfe erhoben.

3. Es gibt auch Fälle in der Praxis, in denen dem Entsendestaat nicht erst die Möglichkeit gegeben wird, einen Diplomaten zurückzurufen, sondern dieser unmittelbar die Aufforderung erhält, das Land zu verlassen. Dieses Verfahren steht nicht im Widerspruch zu Art. 43 lit. b, da dieser die Formen der Missionsbeendigung nicht abschließend regelt. Angewandt wird dieses Verfahren bei schwerwiegenden Verletzungen der diplomatischen Pflichten wie z. B. einer Unterstützung von revolutionären oder subversiven Tätigkeiten im Gaststaat.

4. Wie die Mission des Leiters, so kann der Empfangsstaat auch die Betätigung der anderen Missionsmitglieder einschließlich des technischen und Verwaltungspersonals beenden, nämlich die Abberufung dieser Personen verlangen und, wenn diese nicht innerhalb einer angemessenen Frist erfolgt, die mißliebige Person von sich aus dazu auffordern, das Land zu verlassen.

5. Der Diplomat kann schließlich selbst die Initiative ergreifen. Fühlt er sich z. B. unwürdig behandelt, so kann er seine Pässe erbitten und damit seiner Mission ein Ende bereiten. In Fällen dieser Art, in denen die Beendigung der Mission auf unregelmäßige Weise erfolgt, wird kein förmliches Abberufungsschreiben erteilt.

II. Sodann kann die Mission im ganzen erlöschen.

1. Der Entsendestaat schließt – dies wäre die erste Möglichkeit – seine Auslandsvertretung, z. B. um sich finanziell zu entlasten[3], oder weil er wegen einer Besetzung des Landes durch einen dritten Staat oder aus anderen Gründen nicht glaubt, sie mit Nutzen fortführen zu können.

2. Die Mission kann sodann durch den *politischen Bruch* zwischen den beteiligten Staaten erlöschen.

a) Der Krieg zieht, wenn er förmlich erklärt wird, automatisch den Abbruch der diplomatischen Beziehungen nach sich. Dagegen hat das tatsächliche Bestehen eines Kriegszustandes oder eines kriegsähnlichen Verhältnisses nicht notwendig den Abbruch zur Folge. So blieben Japan und China bis zum Jahre 1938 gegenseitig durch Botschafter vertreten, obwohl sie sich seit 1932 tatsächlich im Krieg befanden.

b) Aber auch ohne Krieg kann der Abbruch der diplomatischen Beziehungen der Mission ein Ende bereiten.
Da jeder Staat über seine diplomatischen Beziehungen nach seinem Ermessen entscheidet, stellt deren Abbruch keine Verletzung des Völkerrechts dar. Auch aus der UN-Charta ergibt sich keine Pflicht zur Unterhaltung oder Aufrechterhaltung diplomatischer Beziehungen mit einem konkreten Staat. Allerdings kann der willkürliche Ab-

[3] Sierra Leone hat am 17. Mai 1983 ein Drittel seiner insgesamt 18 Botschaften geschlossen. Davon betroffen waren u. a. die Botschaften in Paris, Rom und Bonn.

bruch der Beziehungen im Verhältnis zwischen eng miteinander verbundenen Staaten einen Ermessensmißbrauch enthalten, der sich mit der Rechtspflicht zur gegenseitigen Achtung und Rücksichtnahme nicht vereinbaren läßt. Wenn eine Pflicht zur Unterhaltung diplomatischer Beziehungen auf Grund von Verträgen besteht, kann der Abbruch rechtswidrig sein. Es kann aber – im umgekehrten Fall – geradezu eine Pflicht zum Abbruch der diplomatischen Beziehungen bestehen. So hat beispielsweise der Sicherheitsrat der Vereinten Nationen die Möglichkeit, deren Mitglieder nach Art. 41 i.V.m. Art. 25 UN-Charta zum Abbruch der diplomatischen Beziehungen im Rahmen der von ihm verhängten Sanktionen zu verpflichten.[4]

Die Gründe für den Abbruch der diplomatischen Beziehungen sind vielfältiger Natur: 1954 brach Indien die diplomatischen Beziehungen zu Portugal ab, um so gegen die portugiesische Politik in Goa zu protestieren; die Bundesrepublik Deutschland hat unter der Geltung der sog. *Hallstein*-Doktrin die diplomatischen Beziehungen zu Staaten abgebrochen, die Beziehungen zu der DDR aufnahmen (z. B. 1963 gegenüber Kuba); Indonesien hat seine diplomatischen Beziehungen zu den Niederlanden wegen West-Irian unterbrochen; Libyen, Irak und Syrien unterbrachen die diplomatischen Beziehungen zu Ägypten, nachdem dieses Friedensverhandlungen mit Israel aufgenommen hatte. Die Gründe können aber auch weniger politischer Natur sein. So haben Australien und die UdSSR ihre diplomatischen Beziehungen unterbrochen, da sich Australien den Versuchen der sowjetischen Mission widersetzt hatte, einen der sowjetischen Botschaftsangehörigen gewaltsam in die UdSSR zu verbringen.

III. Auch nach dem Abbruch der diplomatischen Beziehungen besteht ein Bedürfnis, die Interessen der beteiligten Staaten und ihrer Angehörigen auf dem Gebiet des anderen Staates zu schützen. Es ist daher üblich, daß man in diesen Fällen dritte – neutrale – Staaten (*Schutzmacht*) mit der treuhänderischen Wahrnehmung der Interessen der Staaten betraut, die ihre eigenen Interessen nicht mehr wahrnehmen können. So hat beispielsweise die Schweiz im Zweiten Weltkrieg 260 derartige Vertretungen für insgesamt 43 Staaten wahrgenommen. Im Jom-Kippur-Krieg hat die Schweiz die Interessen von 27 Staaten als Schutzmacht vertreten. 1966 hat die Bundesrepublik Deutschland die Vertretung der amerikanischen und britischen Interessen im Kongo wahrgenommen. Zu Arrangements dieser Art muß der Empfangsstaat seine Zustimmung geben, die aber – wie die Willenserklärung der unmittelbar beteiligten Staaten – einer Form nicht bedarf. Zwar kann kein Staat eine solche Vertretung grundsätzlich ausschließen, er ist aber nicht verpflichtet, jeden Staat als Schutzmacht anzuerkennen.[5] Der Missionschef der sog. Schutzmacht wird nicht förmlich beglaubigt und bedarf keiner förmlichen Annahme durch den Staat, bei dem er akkreditiert ist.

IV. Eine schwächere Form des Abbruchs der diplomatischen Beziehungen, gleichsam ein kleiner Abbruch, ist in der Abberufung des Missionschefs – sei es „endgültig“, sei es zur „Berichterstattung“ oder in anderen Formen – durch seine Regierung enthalten. Sie geht gelegentlich dem Abbruch diplomatischer Beziehungen voraus.

V. Die Mission endet ferner durch das Erlöschen des *entsendenden* oder *empfangenden* Staates.

---

[4] Ein solches Recht steht der Generalversammlung nicht zu, insoweit entfaltete Res. A/39 (I) vom 12. Dezember 1946, mit der der Abbruch der diplomatischen Beziehungen zu Spanien empfohlen wurde, keine verbindliche Wirkung.

[5] Art. 45 lit. c; vgl. dazu *Janner*, La Puissance protectrice en droit international, 1948, 16 ff; vgl. dazu allgemein auch *Laitenberger*, Die Schutzmacht, GYIL 21 (1978), 180 ff.

1. Erlischt der *Entsendestaat*, so erlischt ipso jure auch seine Auslandsvertretung und deren Immunität. Das Missionsgebäude und seine Ausstattung, die diplomatischen Archive und Papiere sind von dem Empfangsstaat in Verwahrung zu nehmen und dem Rechtsnachfolger zu übergeben. Über die Frage des Erlöschens können freilich Meinungsverschiedenheiten und Unklarheiten bestehen. Es ist möglich, daß der Empfangsstaat dem politischen Umsturz oder der Annexion des Entsendestaates durch einen anderen Staat die Anerkennung verweigert und den Mitgliedern der Mission die Fortsetzung ihrer Arbeit gestattet. Nach der Annexion der Tschechoslowakei durch Deutschland im Jahre 1939 z. B. blieben deren diplomatische Missionen in vielen Ländern bestehen, die der Annexion die Anerkennung versagten, und dasselbe wiederholte sich nach der Annexion der baltischen Staaten durch die UdSSR 1940.[6]

2. Mit dem Erlöschen des *Empfangsstaates* erlöschen ebenfalls die bei ihm akkreditierten Missionen. Auch hier kann sich wieder die Frage der Anerkennung ergeben. Es ist denkbar, daß der Entsendestaat die neue Lage nicht als rechtmäßig ansieht und die diplomatischen Beziehungen z. B. mit einer Exilregierung fortgesetzt werden.
Kein Erlöschen des Empfangsstaates hat dessen Besetzung im Kriege zur Folge. Da die diplomatischen Vertretungen aber ihren Staat in seinen Beziehungen zu der Regierung des Empfangsstaates repräsentieren und die Staatsgewalt im besetzten Gebiet von der Besatzungsmacht ausgeübt wird, braucht diese die Fortsetzung der Mission in dem von ihr besetzten Gebiet nicht zu dulden. Die diplomatische Mission ist also auf Verlangen der Besatzungsmacht zu suspendieren.

So hat Deutschland im Zweiten Weltkrieg nach der Besetzung der Niederlande, Belgiens und Norwegens auch die Missionen der neutralen Staaten aufgefordert, das Land zu verlassen. Die Besatzungsmacht ist hierzu zwar berechtigt, sie hat aber die persönliche Stellung der im besetzten Gebiet vorgefundenen Diplomaten, auch die ihrer Gegner, zu respektieren, und sie muß ihnen die Abwicklung ihrer Geschäfte und das Verlassen des Landes gestatten.

3. Endlich erlischt eine Mission, wenn sie ihren rechtlichen Charakter verändert. Eine Gesandtschaft wird in eine Botschaft umgewandelt, die Mission eines Hohen Kommissars in eine normale diplomatische Mission oder dergleichen. In Fällen dieser Art erlischt die alte und es entsteht eine neue Mission, es werden neue Beglaubigungsschreiben ausgestellt und überreicht.[7]

VI. Von den Fällen des echten Erlöschens sind die Fälle zu unterscheiden, in denen die Mission infolge eines Wechsels der Staatsoberhäupter der beteiligten Staaten oder einer Änderung ihrer staatlichen Existenz nur dem äußeren Schein nach erlischt.

Im diplomatischen Verkehr dauern noch gewisse Gewohnheiten fort aus der Zeit, in der der Verkehr weniger zwischen Staaten als zwischen ihren Monarchen stattfand. So wurden zeitweilig die Beglaubigungsschreiben bei dem Wechsel der Person des Staatsoberhauptes erneuert. In Wahrheit lag hierin nicht die Begründung einer neuen, sondern nur die Bestätigung und Modifizierung der alten Mission. Denn der Diplomat ist nicht von einem Staatsoberhaupt, sondern einem Staat entsandt und wird nicht bei einem Staatsoberhaupt, sondern bei einem Staat akkreditiert.[8] Die Mission bleibt also bestehen, die Anciennität des Diplomaten wird weiterhin nach dem Zeitpunkt seiner ursprünglichen Benennung berechnet und der Genuß seiner Vorrechte

[6] Vgl. dazu Kammergericht Berlin vom 25. Februar 1955 im Falle des früheren *lettischen* Missionsgebäudes, JIR 7 (1957), 397 (400).

[7] Probleme warf offenbar die Umwandlung der libyschen Botschaften in „Volksbüros" auf, denn die neuen Mitglieder waren nicht akkreditiert und hatten keinen diplomatischen Status.

[8] Der Sinn dieser Praxis wird von *Sen*, 183 f, zu Recht bezweifelt.

keinen Augenblick unterbrochen; dasselbe gilt bei einem Umsturz oder einer Verfassungsänderung. Übernimmt eine revolutionäre Staatsgewalt das Ruder, werden gelegentlich die Beglaubigungen der diplomatischen Missionen erneuert.[9] Dieser Akt hat dann Bedeutung, wenn er die Anerkennung der neuen Verhältnisse durch den Entsendestaat und den Willen zur Fortsetzung der diplomatischen Beziehungen aussprechen soll. Eine wirklich neue Mission entsteht nur, wenn der Wechsel der Verhältnisse auch die Identität des bisherigen Staatswesens aufhebt, was im Falle des revolutionären Umbruchs in der Regel verneint werden muß.[10] Solange sich die Anerkennung der neuen Gewalt in der Schwebe befindet, muß diese dem bei der früheren Regierung beglaubigten Diplomaten die üblichen Vorrechte für die Dauer einer angemessenen Wartezeit weitergewähren. Erst wenn dem Empfangsstaat die Anerkennung verweigert oder diese nicht erteilt wird und vernünftigerweise nicht mehr zu erwarten ist, erlischt die Mission.

VII. Das Erlöschen der diplomatischen Mission läßt die Vorrechte der Diplomaten nicht sofort und automatisch erlöschen. Der Zweck der Immunität und der sonstigen Vorrechte wäre in Frage gestellt, wenn der Diplomat von dem Zeitpunkt des Erlöschens seiner Mission an, also schon vor der Rückkehr in die Heimat, dem Zugriff der örtlichen Behörden ausgesetzt wäre. Schon die Möglichkeit eines solchen Zugriffs wäre geeignet, die Unabhängigkeit seiner Amtsführung in Frage zu stellen. Der Empfangsstaat muß daher den Mitgliedern der diplomatischen Mission in jedem Falle die ordnungsgemäße Abwicklung ihrer Geschäfte erlauben und ihnen mit ihren Familien und Bediensteten die unbehelligte Rückkehr in die Heimat gestatten. Im Bedarfsfall sind Beförderungsmittel für den Abtransport der Personen und der Vermögensgegenstände zur Verfügung zu stellen. Erst wenn das Missionsmitglied die Rückkehr ungebührlich verzögert, verliert es seine Immunität. Diese Regeln gelten auch im Kriege.[11]
Das Gesandtschaftsgebäude und seine Einrichtung verbleiben dem Staat, dem sie gehören. Bewegliches – dienstliches und privates – Eigentum bleibt geschützt, die Archive sind unantastbar. Sie werden dem Entsendestaat oder der Schutzmacht übergeben.

VIII. Nach dem Erlöschen nicht nur der Mission, sondern auch der Immunität, also nach dem Ablauf der Übergangszeit, ist der ehemalige Diplomat der Gerichtsbarkeit des Staates, bei dem er akkreditiert war, von jetzt an unterworfen. Lebensvorgänge – Straftaten, Rechtsgeschäfte, unerlaubte Handlungen usw. – aus der Zeit seiner Mission unterliegen nunmehr der nachträglichen Beurteilung durch die Gerichte und Behörden des früheren Empfangsstaates. Dies gilt aber nicht für sein amtliches Handeln, das sich als Handeln seines Staates auch nach Beendigung der Mission der Gerichtsbarkeit ausländischer Staaten entzieht. Diese können den Diplomaten insoweit nur mit Zustimmung seines Staates zur Verantwortung ziehen. Darüber hinaus ist allenfalls Raum für eine Zuständigkeit internationaler Instanzen.

§ 40 Spezialmissionen

Schrifttum: *Wriston*, The Special Envoy, Foreign Affairs 38 (1959/60), 219; *Bartoš*, Le statut des missions spéciales de la diplomatie ad hoc, RdC 108 (1963 I),431; *Waters*, The ad hoc Diplomat: A Study in Municipal and International Law, 1963; *Przetacznik*, Jurisdictional Immunity of the Members of a Special Mission, IJIL 11 (1971), 593; *Donnarumma*, La convention sur les missions spéciales, RBDI 8 (1972), 34; *Maresca*, Le missioni speciali, 1975; *Ryan*, The Status of Agents on

[9] Diese Praxis ist rückläufig, *Sen*, 184.
[10] Siehe oben § 13.
[11] Art. 44.

Special Mission in Customary International Law, CanYBIL 16 (1978), 157; *Bockslaff/Koch*, The Tabatabai Case: Immunity of Special Envoys and the Limits of Judicial Review, GYIL 25 (1982), 539; *Wolf*, Die völkerrechtliche Immunität des ad hoc Diplomaten, EuGRZ 10 (1983), 401; *Zuck*, Immunität eines Sonderbotschafters, EuGRZ 10 (1983), 159.

Materialien: UN Doc. A/CN. 4/129; A/CN. 4/L.87, L.88, L.89, in: ILC Yearbook 1960 II, 108, 115, 117; UN Doc. A/CN. 4/147, in: ILC Yearbook 1962 II, 155; UN Doc. A/CN. 4/155, in: ILC Yearbook 1963 II, 151; UN Doc. A/CN. 4/166, in: ILC Yearbook 1964 II, 67; UN Doc. A/CN. 4/179, in: ILC Yearbook 1965 II, 109; UN Doc. A/CN. 4/189 Add. 1 and 2, in: ILC Yearbook 1966 II, 125; UN Doc. A/CN. 4/194 Add. 1-5, in: ILC Yearbook 1967 II, 1.

I. 1. Unter einer Spezialmission versteht man eine zwischen zwei oder mehreren Staaten vereinbarte temporäre Entsendung von Staatenvertretern zur Erfüllung bestimmter Aufgaben. Dieser Art der Mission kam längere Zeit neben den ständigen Missionen keine wesentliche Bedeutung zu. Erst mit der zunehmenden internationalen Verflechtung ist ihre Bedeutung wieder gestiegen. Dies war u. a. einer der Gründe dafür, daß die Generalversammlung der Vereinten Nationen am 16. Dezember 1969 eine Konvention über Spezialmissionen zur Zeichnung aufgelegt hat.[1] Sie schließt sich inhaltlich eng an das Übereinkommen über diplomatische Beziehungen an und erklärt wie dieses, daß für die von ihr nicht behandelten Fragen das bisherige Völkergewohnheitsrecht in Kraft bleibt.

2. Die Entsendung einer Spezialmission bedarf der vorherigen Zustimmung des Empfangsstaates, wobei auffallend ist, daß die Konvention außerordentlich flexibel umschreibt, wie eine entsprechende Vereinbarung zustande kommt.[2] Die Entstehungsgeschichte dieser Vorschrift belegt, daß den Partnern verschiedenste Möglichkeiten zur Vereinbarung einer Spezialmission eröffnet werden sollten.[3] Im Grunde genommen hat das Zustimmungserfordernis lediglich die Aufgabe, sicherzustellen, daß der Empfangsstaat nicht mit ihm unerwünschten Sondermissionen überzogen wird. Notwendig ist des weiteren, daß zwischen Entsende- und Empfangsstaat eine Einigung über die Funktion der Sondermission erfolgt (Art. 3). Dabei ist umstritten, ob diese Einigung konstitutives Element einer wirksamen Vereinbarung über die Entsendung einer Sondermission ist[4] und wie konkret die Aufgabe definiert sein muß. Bei der Erarbeitung der Konvention in der ILC sowie in den Debatten des 6. Ausschusses der Generalversammlung bestand Einigkeit, daß eine genaue Abgrenzung der Funktionen von Spezialmissionen nicht generell und vorab erfolgen kann. Insoweit haben die beteiligten Staaten völlige Gestaltungsfreiheit. Ausreichend erscheint bereits der Auftrag, Verhandlungen durchzuführen, um von einer Spezialmission sprechen zu können. Letztlich entscheidend ist damit das Angebot der Entsendung einer Spezialmission und das damit korrespondierende Einverständnis des Empfangsstaats.[5] Eine besondere Form ist nicht vorgesehen.

---

[1] A/Res. 2530 (XXIV) – Text in AVR 16 (1973-75), 60 ff; die Konvention ist am 21. Juni 1985 in Kraft getreten.

[2] Art. 2 lautet: „A State may send a special mission to another State with the consent of the latter, previously obtained through the diplomatic or another agreed or mutually acceptable channel."

[3] Kommentar der ILC, in: ILC Yearbook 1964 II, 67 (89).

[4] Bejaht vom Landgericht Düsseldorf in seinem Urteil vom 10. März 1983 im Falle *Tabatabai*, EuGRZ 10 (1983), 440 ff (445) sowie in den beiden Haftentscheidungen vom 24. Februar und 7. März 1983. Vgl. dazu *Wolf*, 401 ff und *Bockslaff/Koch*, 539 ff. Während das Landgericht der Ansicht war, die Außenministerien des Iran und der Bundesrepublik Deutschland hätten die Sondermission lediglich vereinbart, um T. der Strafverfolgung zu entziehen, ging der BGH hingegen in seinem die erstinstanzliche Entscheidung aufhebenden Urteil vom 27. Februar 1984 von einer ernstgemeinten Abrede aus (Wortlaut des Urteils in EuGRZ 11 (1984), 273 ff).

[5] *Bartoš*, 460-469 sowie 474.

3. Abgesehen von der Definition des Begriffes „Spezialmission" und der Umschreibung ihrer Funktionen enthält die Konvention Aussagen über die Art von deren Entsendung und über deren Immunitäten und Privilegien. Zwar lehnt sich die Konvention dabei deutlich an das Wiener Übereinkommen über diplomatische Beziehungen an, einige Unterschiede sind aber von Bedeutung. So ist die Entsendung der Mission durch mehrere Staaten und zu mehreren Staaten verfahrensmäßig erleichtert; zwischen Entsende- und Empfangsstaat brauchen keine diplomatischen Beziehungen zu bestehen (diese werden häufig durch Sondermissionen vorbereitet); die Namen aller Missionsmitglieder müssen vorher notifiziert werden. Möglich ist auch (und z. B. besonders bedeutsam für Waffenstillstandsverhandlungen), die Verhandlungen von Sondermissionen in einem dritten Staat durchzuführen, der damit zum Empfangsstaat wird (Art. 18). Eine Durchreise durch dritte Staaten ist nur mit deren ausdrücklicher Zustimmung möglich (Art. 42).

Auch die Immunitäten und Privilegien von Sondermissionen sind denen der ständigen Missionen ähnlich; erstere haben ebenfalls das Recht der Flaggen- und Wappenführung; die Räume der Mission und ihre Archive sind unverletzlich (Art. 25 und 26). Diese Räume dürfen nur mit Zustimmung des Missionsleiters betreten werden. Allerdings wird diese bei gemeiner Gefahr vermutet, wenn eine vorherige ausdrückliche Zustimmung des Missionschefs nicht zu erlangen war (Art. 25 Abs. 1). Eingeschränkt ist die Immunität – im Vergleich zu den ständigen Missionen – hinsichtlich der Zivilgerichtsbarkeit. Spezialmissionen können auf Schadensersatz aus Verkehrsunfällen verklagt werden, soweit das Fahrzeug nicht in Erfüllung dienstlicher Funktionen genutzt wurde. Im übrigen sind die Privilegien und Immunitäten von Spezialmissionen identisch mit denjenigen der ständigen Missionen.[6] Eine Sondernorm enthält schließlich Art. 21, wonach den Staatsoberhäuptern, Regierungsmitgliedern, Außenministern und anderen Personen hohen Ranges sowohl im Empfangsstaat wie in dritten Staaten außer den bereits angeführten Vorrechten auch jene zustehen, die im allgemeinen Völkerrecht begründet sind. Welche Vorrechte damit gemeint sind, wird nicht näher konkretisiert.

II. Problematisch ist, ob die Konvention über Spezialmissionen inzwischen bereits als Bestandteil von Völkergewohnheitsrecht anzusehen ist. In dieser Pauschalität wird man die Frage zu verneinen haben.[7] Dennoch sind bestimmte Elemente der Konvention bereits in Gewohnheitsrecht erstarkt: Daß Spezialmissionen einvernehmlich ausgetauscht werden, ihre diplomatischen Mitglieder die entsprechenden Immunitäten und Privilegien genießen, sie keinen Vorrang vor den ständigen Missionen genießen und erlöschen, wenn ihre Funktion erfüllt ist.[8] Hierfür spricht neben einer im einzelnen nur schwer belegbaren Staatenpraxis[9] vor allem die Überlegung, daß eine bestimmte Sicherung der Spezialmissionen unverzichtbar für deren Funktionieren ist. Jedem Staat ist es unbenommen, zu entscheiden, ob er Sondermissionen empfangen will, entschließt er sich aber dazu, so hat er – unter dem Grundsatz des venire contra factum proprium – auch die Voraussetzungen für das Tätigwerden zu schaffen.

---

[6] Art. 29 regelt die persönliche Unverletzlichkeit der Missionsmitglieder und die Pflicht des Empfangsstaates, sie mit der ihnen gebührenden Achtung zu behandeln, Art. 30 die Unverletzlichkeit der Privatwohnungen und Schriftstücke. Art. 39 normiert die Privilegien und Immunitäten der Familienmitglieder, wobei die Rechte von Angehörigen des Empfangsstaates, des technischen und Verwaltungspersonals sowie der Hausangestellten eingeschränkt sind.

[7] *Ryan*, 157.

[8] So das Memorandum des UN-Generalsekretärs, UN Doc. A/CN.4/155; ein Indiz hierfür ist auch, daß die Havanna-Konvention von 1928 ständige und Spezialmissionen gleichstellt. Deutlich zurückhaltender *Lagoni*, in: *Menzel/Ipsen*, 282.

[9] Vgl. dazu vor allem *Bockslaff/Koch*, 544 ff.

§ 41 Die Vertretung bei Internationalen Organisationen

Schrifttum: *Perrin*, Les privilèges et immunités des représentants des Etats auprès des organisations internationales, RGDIP 60 (1956), 193; *Gross*, Immunities and Privileges of Delegations to the United Nations, IO 16 (1962), 483; Carnegie Endowment for International Peace (Hrsg.), Les missions permanentes auprès des organisations internationales, 4 Bde, 1971-1976; *Ritter/El Erian*, La Conférence et la Convention sur la représentation des Etats dans leur relations avec les organisations internationales, AFDI 21 (1975), 445; *Staehelin*, Die Wiener Konferenz über die Vertretung der Staaten in ihren Beziehungen zu internationalen Organisationen, SchwJIR 31 (1975), 52; *Balekjian*, Der Rechtsstatus permanenter Missionen von Nichtmitgliedstaaten bei Internationalen Organisationen, ÖZöR 27 (1976), 67; *Fennessy*, The 1975 Vienna Convention on the Representation of States in Their Relations with International Organizations of a Universal Character, AJIL 70 (1976), 62; *Hambro*, Permanent Representatives to International Organisations, YBWA 30 (1976), 30; *Lang*, Das Wiener Übereinkommen über die Vertretung von Staaten in ihren Beziehungen zu internationalen Organisationen universellen Charakters, ZaöRV 37 (1977), 43; *do Nascimento e Silva*, Privileges and Immunities of Permanent Missions to International Organizations, GYIL 21 (1978), 9.

Materialien: UN Doc. A/CN.4/L.118 Add. 1 and 2: The practice of the United Nations, the specialized agencies and the International Atomic Energy Agency concerning their status, privileges and immunities: study prepared by the Secretariat, in: ILC Yearbook 1967 II, 154-324; UN ST/LEG/SER.B/10 and 11, Legislative texts and treaty provisions concerning the legal status, privileges and immunities of international organizations, 2 Bde., 1959/1961.

I. 1. Die ständig wachsende Bedeutung internationaler Organisationen für die Beziehungen der Staaten untereinander macht es notwendig, die Funktionsfähigkeit der zu internationalen Organisationen entsandten Vertretungen in vergleichbarer Weise zu schützen wie die zwischen Staaten ausgetauschten Missionen. Strukturell bestehen jedoch wesentliche Unterschiede zwischen bilateral ausgetauschten Missionen einerseits und Vertretungen bei internationalen Organisationen andererseits. Zum einen fehlt letzteren das zwischen Staaten ausgetauschte Missionen prägende Element der Reziprozität.[1] Denn im Regelfall unterhalten die internationalen Organisationen keine Vertretungen bei Staaten[2], auch wenn ihnen als Völkerrechtssubjekten ein aktives Gesandtschaftsrecht grundsätzlich zustehen kann. Zum anderen ist zu berücksichtigen, daß internationale Organisationen wegen des Fehlens eigener territorialer Jurisdiktion nicht in der Lage sind, die Funktionsfähigkeit der zu ihnen entsandten nationalen Vertretungen zu sichern. Dazu bedürfen sie der Mitwirkung des Gaststaates. Für diesen stellt sich wiederum die Einräumung von Privilegien und Immunitäten zu Gunsten von Vertretungen bei internationalen Organisationen als eine Einschränkung seiner Jurisdiktion dar, die er, wegen fehlender Gegenseitigkeit, als stärkere Belastung empfinden muß als die Privilegierung von Missionen, deren Austausch er mit anderen Staaten vereinbart hat.

2. Hinsichtlich der Vertretung von Staaten bei internationalen Organisationen ist zwischen *ständigen Missionen, Delegationen zu Tagungen von Organen* und *Delegationen zu Konferenzen der Organisationen* zu unterscheiden.
Ständige Missionen bei internationalen Organisationen können in der Regel nur deren Mitglieder errichten. Nichtmitgliedstaaten können sich bei internationalen Organisatio-

[1] Daß dies ein wesentliches Prinzip im Diplomatenrecht ist, wird von *Verdross/Simma*, 580 f, betont.

[2] Ein Beispiel bietet die von den Europäischen Gemeinschaften in Washington errichtete ständige Vertretung. Ihr diplomatischer Status ist in einem amerikanischen Gesetz verankert. Das aktive Gesandtschaftsrecht der Europäischen Gemeinschaften hat das Europäische Parlament ausdrücklich in einer Resolution vom 19. November 1960 proklamiert.

nen durch „ständige Beobachter" vertreten lassen, wenn die Organisationsnormen dies vorsehen. Der Status und die Funktion der Staatenvertretungen bei internationalen Organisationen sowie die Vorrechte und Immunitäten ihrer Mitglieder am Sitz der Organisation und im übrigen Gebiet des Gaststaates sind bislang in den zwischen der jeweiligen internationalen Organisation und dem Gaststaat geschlossenen „Sitzabkommen" geregelt.[3] Da diese Sitzabkommen außerordentlich unterschiedlich gestaltet sind[4], ist von seiten der Vereinten Nationen der Versuch der Vereinheitlichung durch Ausarbeitung einer Konvention (Vienna Convention on the Representation of States in Their Relations with International Organizations of Universal Character)[5] unternommen worden. Dieser Konventionsentwurf lehnt sich inhaltlich stark an das Wiener Übereinkommen über diplomatische Beziehungen an. Sein Inkrafttreten ist allerdings in Frage gestellt, da die Sitzstaaten der Vereinten Nationen und ihrer Sonderorganisationen (USA, Schweiz, Österreich, Kanada, Frankreich und Großbritannien) sich in der Schlußabstimmung der Vertragskonferenz der Stimme enthalten haben.[6] Es kann auch nicht davon ausgegangen werden, daß der Konventionsentwurf insgesamt Gewohnheitsrecht zu kodifizieren versucht. Denn in der Praxis bleiben vor allem die den Staatenvertretungen bei den internationalen Organisationen durch den Sitzstaat eingeräumten Vorrechte und Immunitäten hinter der Konvention zurück.

II. Die Konvention über die Vertretung bei internationalen Organisationen unterscheidet zwischen ständigen diplomatischen Vertretungen (Art. 5-41) und Delegationen zu Zusammenkünften von Organen oder Konferenzen der Organisation (Art. 42-70).

1. Die ständigen Missionen repräsentieren die Mitgliedstaaten bei der jeweiligen internationalen Organisation. Sie haben u. a. folgende Funktionen: Sie stellen gewöhnlich die Staatenvertreter für die Besetzung der Organe, sie berichten an den Entsendestaat über die Arbeit der Organisation, sie wahren die Interessen des Entsendestaates gegenüber der Organisation, und sie fördern die Zusammenarbeit zwischen Entsendestaat und Empfangsstaat entsprechend der Zielsetzung der internationalen Organisation.

2. Die ständigen Missionen werden entsprechend dem Organisationsrecht der internationalen Organisation gegründet, der Sitzstaat wird vor der Errichtung einer ständigen Mission von dieser Tatsache informiert. Die Benennung des Missionspersonals, einschließlich des Missionsleiters, liegt ausschließlich bei dem Entsendestaat, es wird weder bei der internationalen Organisation noch bei dem Sitzstaat ein *Agrément* eingeholt.[7] Die internationale Organisation erhält vorher lediglich eine Notifikation, wobei sie ihrerseits den Sitzstaat informiert.[8] Der Sitzstaat hat auch keine Möglichkeit, eine Person der Mission zur *persona non grata* zu erklären.[9] Dieser Punkt war auf der Kodifikations-

[3] Z. B. Agreement between the United Nations and the United States of America regarding the Headquarters of the United Nations vom 26. Juni 1947, UNTS 11, 12 (in der Folgezeit ergänzt), sog. Headquarters-Agreement. Mit Rundschreiben vom 7. Juni 1978 wies der Bundesinnenminister darauf hin, daß die Mitglieder des europäischen Patentamtes in München als Angehörige einer internationalen Organisation die diesem Personenkreis zustehenden Vorrechte und Immunitäten genießen (GMBl. 1978, 354).

[4] Bericht des Generalsekretärs, UN Doc. A/CN.4/L.118 and Add. 1 and 2, in: ILC Yearbook 1967 II, 154 ff.

[5] Text in: UN Doc. A/CONF. 67/16 vom 14. März 1975; AJIL 69 (1975), 730 ff; Artikel ohne weitere Angaben beziehen sich in diesem Paragraphen auf diese Konvention.

[6] UN Doc. A/CONF. 67/SR. 13.

[7] Art. 9.

[8] Art. 15.

[9] Die Schweiz hatte keine Möglichkeit, sich gegen die Ernennung von General *Carrasco* als Vertreter Chiles bei den Vereinten Nationen in Europa zu wehren (RGDIP 87 (1983), 904). Die USA haben zwar in den Jahren 1970/1971 Mitglieder der kubanischen Mission bei den Vereinten Nationen ausgewiesen, dies war aber die Reaktion auf gegen

konferenz außerordentlich umstritten. Lediglich soweit Staatsangehörige des Sitzstaates Mitglieder einer derartigen Mission werden sollen, bedarf dies seiner Zustimmung.[10] Insgesamt machen diese Regelungen deutlich, daß durch die Entsendung ständiger Missionen an internationale Organisationen nur ein Rechtsverhältnis zwischen diesen und den Entsendestaaten begründet wird. Demgegenüber hat der Sitzstaat nur wenige Möglichkeiten, seine Belange zu schützen.

3. Die Vorrechte und Immunitäten des Personals dieser Missionen entsprechen den Rechten der ständigen diplomatischen Vertreter zwischen Staaten.[11] Sie sind zu gewähren, sobald die berechtigte Person den Sitzstaat betritt, dessen vorherige Benachrichtigung ist nicht erforderlich. Ebenso sind die Räumlichkeiten der ständigen Vertretungen unverletzlich.
Das Personal der ständigen Vertretungen ist verpflichtet, die Rechtsvorschriften des Sitzlandes zu achten, eine Einmischung in dessen innere Angelegenheiten ist untersagt. Werden die Strafgesetze des Sitzstaates in schwerwiegender und offensichtlicher Weise verletzt, besteht eine Verpflichtung des Entsendestaates, die betreffende Person abzuberufen oder die Immunität aufzuheben. Gleiches gilt bei Einmischung in die inneren Angelegenheiten des Gaststaates. Diese Verpflichtung gilt allerdings nicht, wenn die Person in Ausübung ihrer Funktionen gehandelt hat.[12] Auch diese Vorschrift war außerordentlich umstritten, stellt sie doch den Sitzstaat in bezug auf Missionen bei internationalen Organisationen schlechter als bei zwischenstaatlich vereinbarten Vertretungen. Die Klausel in Art. 73 Abs. 4, wonach der Sitzstaat Maßnahmen zu seinem Schutz ergreifen kann, wurde von der Mehrheit der Kodifikationskonferenz als Kompromiß akzeptiert.
Die Familienmitglieder der Diplomaten, die Mitglieder des technischen und Verwaltungspersonals und die Dienstboten genießen entsprechende Vorrechte, die sich an dem Wiener Übereinkommen über diplomatische Beziehungen orientieren.[13] Hiergegen wandten sich die USA und Italien auf der Vertragskonferenz.

4. Das bisher geltende Recht ist eher zurückhaltender. Die ständigen Vertreter der UN-Mitglieder haben nach Art. 105 UN-Charta und Art. IV der Convention on the Privileges and Immunities of the United Nations vom 13. Februar 1946[14] funktional auf die Ausübung ihrer amtlichen Tätigkeit und ihre Reise beschränkte Vorrechte und Immunitäten. Nach Art. V des Headquarters-Agreements stehen den ständigen Vertretern der von den USA anerkannten Mitgliedstaaten aber weitergehende Vorrechte und Immunitäten zu.

---

die USA gerichtete Aktivitäten. 1981 haben die USA einem kubanischen Diplomaten unter Berufung auf die frühere Ausweisung ein Einreisevisum verweigert. 1982 ist es zu einer Kontroverse zwischen den USA und Nordkorea über den Status der Beobachtermission gekommen. Die USA verfochten einen streng funktional begrenzten Immunitätsansatz und hielten die strafrechtliche Verfolgung eines nordkoreanischen Diplomaten für möglich. Am 17. September 1986 wiesen die USA fünfundzwanzig Angehörige der sowjetischen ständigen Mission bei den Vereinten Nationen wegen des Verdachtes der Spionage aus. Der Generalsekretär hielt diese Maßnahme einer kollektiven Ausweisung für unvereinbar mit dem zwischen den USA und den Vereinten Nationen geschlossenen Sitzabkommen. Im Gegenzug forderte die Sowjetunion am 19. Oktober 1986 fünf amerikanische Diplomaten auf, das Land unverzüglich zu verlassen (RGDIP 91 (1987), 617). Daraufhin wiesen die USA ihrerseits fünfundfünfzig Angehörige der sowjetischen Botschaft und Konsulate aus, um in etwa die Parität zwischen den in den USA tätigen sowjetischen Diplomaten und den in der UdSSR anwesenden amerikanischen Vertretern herzustellen. Schließlich einigten sich beide Staaten auf eine Obergrenze von 251 Botschafts- bzw. Konsulatsangehörigen (RGDIP 91 (1987), 618 f).

[10] Art. 73.

[11] Vgl. dazu oben §§ 35, 36.

[12] Art. 73.

[13] Art. 36.

[14] UNTS 1, 15.

5. Die Rechtsstellung der Mitglieder von Delegationen zu den Sitzungen der Organe oder Konferenzen von internationalen Organisationen entspricht weitestgehend derjenigen von Mitgliedern der ständigen Vertretungen. Allerdings werden die Vorrechte nur soweit praktisch möglich gewährt.

III. Außerordentlich umstritten war auf der Kodifikationskonferenz die Behandlung von ständigen Beobachtermissionen. Die USA versuchten, deren weitgehende Gleichstellung mit ständigen Vertretungen zu verhindern, scheiterten aber an dem Widerstand der Schweiz und des Heiligen Stuhls.
Bislang ist der rechtliche Status von ständigen Beobachtermissionen ungeregelt. In der Praxis werden sie allerdings wie die ständigen Vertretungen geschützt.

7. KAPITEL
Die konsularischen Beziehungen

§ 42 Allgemeines. Die Aufgaben und Funktionen der Konsuln

Schrifttum: *Lee*, Consular Law and Practice, 1961; *Žourek*, Le statut et les fonctions des Consuls, RdC 106 (1962 II), 357; *Torres Bernadez*, La Conférence des Nations Unies sur les relations consulaires, AFDI 9 (1963), 78; *Herndl*, Die Wiener Konsularkonferenz 1963, AVR 11 (1963), 417; *Dinstein*, Consular Immunity from Judicial Process, 1966; *Lee*, Vienna Convention on Consular Relations, 1966; *Maresca*, Les relations consulaires et les fonctions du consul en matière de droit privé, RdC 134 (1971 III), 105; *Ahmad*, L'institution consulaire et le droit international, 1973; *Marcantonatos*, Les relations consulaires aux termes de la Convention de Vienne du 24 Avril 1963, 1974; *Sen*, A Diplomat's Handbook of International Law and Practice, 2. Aufl. 1979; *Bettoni*, Les fonctions des consuls et leur exercice selon le droit international et selon les législations des Etats d'envoi et de résidence, Annuaire de l'A.A.A. 49/50 (1979/80), 47; *Bratt*, Status and Functions of Honorary Consuls, Annuaire de l'A.A.A. 49/50 (1979/80), 95; *Williams*, Consular Access to Detained Persons, ICLQ 29 (1980), 238; *Hecker*, Handbuch der konsularischen Praxis, 1982; *Economidès*, Consuls, EPIL 9 (1986), 40.
Materialien: UN Doc. A/CN.4/108, in: ILC Yearbook 1957 II, 71; UN Doc. A/CN.4/L.79, A/CN.4/L.82, in: ILC Yearbook 1959 II, 84, 86; UN Doc. A/CN.4/131, A/CN.4/L.86, in: ILC Yearbook 1960 II, 2, 32; UN Doc. A/CN.4/137, in: ILC Yearbook 1961 II, 55.

I. Die Einrichtung der Konsuln ist älter als die der ständigen diplomatischen Missionen im Ausland. Sie hatte zunächst einen anderen Sinn, als es heute der Fall ist. Seit dem frühen Mittelalter war es – in den europäischen Mittelmeerstaaten – üblich, daß die im Ausland Handel treibenden Kaufleute aus ihrer Mitte Konsuln wählten, die in erster Linie dazu berufen waren, Streitigkeiten zwischen ihnen zu regeln. Auch die islamischen Staaten pflegten die Ausübung von Zivil- und Strafgerichtsbarkeit durch Konsuln auf ihrem Gebiet zu erlauben. Dieses System entsprach dem damals allgemein geltenden Personalitätsprinzip, das jedermann, auch im Ausland, seinem persönlichen Recht und einer personal bestimmten Gerichtsbarkeit unterwarf. Die im Orient bewährte Einrichtung hat sich in Europa verbreitet, dann aber seit dem Ausgang des Mittelalters an Bedeutung verloren. Mit der Ausbildung des modernen Flächenstaates und der Durchsetzung des Territorialitätsprinzips wurde die Gerichtsbarkeit fremder Konsuln als Eingriff in die territoriale Hoheitsgewalt des Staates empfunden. Ebenso hat die Ausbildung des diplomatischen Verkehrs dem Konsularwesen Abbruch getan. Erst seit der zweiten Hälfte des 18. Jahrhunderts haben die konsularischen Beziehungen mit der Ausbreitung von Handel und Verkehr wieder an Bedeutung gewonnen und sich seither ständig erweitert. Doch hat die Einrichtung einen Sinneswandel erfahren. Lag der Schwerpunkt zunächst auf der Ausübung der Gerichtsbarkeit über die eigenen Staatsangehörigen im Ausland, so ist der moderne Konsul in erster Linie zur Wahrnehmung der Handels- und Wirtschaftsinteressen seines Landes berufen. Allerdings hat sich eine gewisse Konsulargerichtsbarkeit alten Stils in Gestalt des Systems der Kapitulationen in politisch schwachen und wirtschaftlich unterentwickelten Ländern Asiens und Afrikas bis an die Schwelle der Neuzeit erhalten. Seit den beiden Weltkriegen hat auch dieses System aufgehört zu bestehen.

II. Wie das Recht der Diplomatie, so hat auch das Konsularrecht eine doppelte Grundlage im Völkerrecht und im nationalen Recht der einzelnen Staaten:

1. Zum einen war das Konsularrecht bis zum Abschluß des Wiener Übereinkommens über die konsularischen Beziehungen vom 24. April 1963 (in Kraft getreten am 19. März 1967[1]) in erster Linie in bilateralen Verträgen enthalten, sei es in besonderen Konsularabkommen, sei es in Handels-, Schiffahrts- oder Niederlassungsverträgen, die den konsularischen Verkehr zusammen mit anderen Materien behandelten. Daneben traten einige Regeln des Völkergewohnheitsrechts. Erst das genannte Übereinkommen bildet eine allgemeine und umfassende Regelung dieser Materie.[2] Ebenso wie das Wiener Übereinkommen über diplomatische Beziehungen[3] versteht es sich nicht als eine erschöpfende Normierung des gesamten Komplexes. Vielmehr bestimmt der letzte Satz der Präambel, daß für alle Fragen, die in ihm nicht ausdrücklich geregelt sind, die Normen des Völkergewohnheitsrechts weiterhin gelten. Außerdem läßt das Übereinkommen gem. Art. 73 die Geltung der bisherigen bilateralen Abkommen unberührt, wie auch die Staaten nicht gehindert werden, neue Verträge zu schließen, die die Normen des Wiener Übereinkommens „bestätigen, ergänzen, vervollständigen oder deren Geltungsbereich erweitern". Insofern enthält dieses Übereinkommen einen Mindestbestand von Regeln für die konsularischen Beziehungen.

2. Zum anderen wird das Konsularwesen von den nationalen Rechtsordnungen geregelt. Viele Länder haben eigene Konsulargesetze. In der Bundesrepublik Deutschland beispielsweise gilt das Gesetz über die Konsularbeamten, ihre Aufgaben und Befugnisse (Konsulargesetz) vom 11. September 1974, in Großbritannien das Consular Act von 1825 sowie das Consular Conventions Act von 1949[4], für Italien ein Gesetz von 1952, für die USA die Gesetze von 1792, 1856 und 1941 etc.[5]

III. Konsularische Vertreter, die entweder Berufskonsuln oder Honorarkonsuln (Wahlkonsuln) sein können, sind Organe des Entsendestaates im Empfangsstaat zur „Wahrnehmung konsularischer Aufgaben".[6] Das Recht, genauer die Fähigkeit, Konsuln zu entsenden und zu empfangen – es wäre von einem aktiven und passiven Konsularrecht

[1] BGBl. 1969 II, 1587 (Ende 1987 113 Vertragsparteien). Eine Ordnung auf der Grundlage multilateraler Abkommen war zunächst den amerikanischen Staaten gelungen. So haben eine Reihe von südamerikanischen Staaten im Jahre 1911 in Caracas einen Vertrag über die Funktionen der Konsuln geschlossen. Eine umfassende Regelung ist dann auf der 6. interamerikanischen Konferenz in Gestalt des Havanna-Abkommens über die Konsularbeamten vom 20. Februar 1928 (abgedruckt bei *Hudson* IV, 2394) zustandegekommen. In diesem und den folgenden Paragraphen ist mit Havanna-Abkommen das Abkommen über die Konsularbeamten gemeint. Die Harvard Law School hat eine Konvention über die Rechtsstellung und Funktionen der Konsuln entworfen (abgedruckt in: AJIL 26 (1932), Supp. Part II). Neben anderen Entwürfen ist namentlich auch das Règlement sur les immunités consulaires de l'Institut de droit international von 1896 – Tableau général des résolutions 27 – von Bedeutung. Artikel ohne weitere Angaben beziehen sich in diesem Kapitel auf das Wiener Übereinkommen über konsularische Beziehungen.

[2] Vgl. zur Entstehung und zum Regelungsinhalt *Torres Bernadez*, 78 ff.

[3] Vgl. dazu oben § 31.

[4] British Digest 8, 419-429, 457-460.

[5] Texte in: *Feller/Hudson*, A Collection of the Diplomatic and Consular Laws and Regulations of Various Countries, 1933; zum sowjetischen Konsularrecht vgl. *Uibopuu*, Soviet Consular Law, in: *Feldbrugge* (Hrsg.), The Distinctiveness of Soviet Law, 1987, 145 ff.

[6] Art. 1 Abs. 1 lit. d.

zu sprechen –, bestimmt sich im wesentlichen nach den Regeln, die auch für das Gesandtschaftsrecht gelten.[7] Ebenso wie die Aufnahme diplomatischer beruht jeweils die Aufnahme konsularischer Beziehungen[8], die Errichtung einer konsularischen Vertretung[9] sowie die Zulassung des Leiters einer konsularischen Vertretung[10] auf einer Vereinbarung zwischen Entsende- und Empfangsstaat.
Wie über ihren diplomatischen, so bestimmen die Staaten auch über ihren konsularischen Verkehr nach ihrem Ermessen. Selbst im Verhältnis zu Ländern, mit denen ein Staat diplomatische Beziehungen unterhält, besteht keine Verpflichtung, konsularische Beziehungen aufzunehmen. Allerdings schließt die Zustimmung zur Aufnahme diplomatischer Beziehungen mangels einer gegenteiligen Feststellung die Zustimmung zur Aufnahme konsularischer Beziehungen ein, während ein Abbruch der diplomatischen nicht automatisch den Abbruch der konsularischen Beziehungen zur Folge hat.[11]
Sitz, Einstufung und Konsularbezirk der konsularischen Vertretung werden von dem Entsendestaat bestimmt und bedürfen der Genehmigung durch den Empfangsstaat. Spätere Änderungen des Sitzes, der Einstufung bzw. Änderungen des Konsularbezirks sowie die Errichtung von Vizekonsulaten oder Konsularagenturen bedürfen ebenfalls der Zustimmung des Empfangsstaates.

IV. 1. Konsuln und Diplomaten haben verschiedene Aufgaben, und dementsprechend nehmen sie eine unterschiedliche Rechtsstellung ein. Im Gegensatz zu den Diplomaten sind die Konsuln nicht eigentlich die politischen Repräsentanten ihrer Regierung, sondern sie sind als nationale Organe ihrer Staaten mit im wesentlichen unpolitischen und technischen Funktionen betraut, nämlich zur Wahrnehmung von Handels- und Wirtschaftsinteressen und sonstiger Belange des Entsendestaats und seiner Angehörigen im Ausland berufen.
Hat der Diplomat die politischen Beziehungen zwischen den beteiligten Staaten zu pflegen, also ein beiden gemeinsames Interesse zu fördern, so ist an der Tätigkeit der Konsuln ganz überwiegend der Entsendestaat interessiert.
Den Unterschied zwischen Konsuln und Diplomaten hat schon der britische Court of Chancery in dem bekannten *Barbuit's Case* (1737)[12] zum Ausdruck gebracht. Damals verweigerte der Lord Chancellor *Talbot Barbuit* die Vorrechte eines „public minister" i. S. des Act 7 Ann., c. 12. Denn er habe nicht „to transact affairs between the two crowns", sondern solle nur die wirtschaftlichen Interessen der preußischen Untertanen in England vertreten. Er sei daher als „agent of commerce" nur preußischer Konsul.
Doch darf der Gegensatz nicht überbewertet werden. Gerade in der Vergangenheit hat sich die Tätigkeit der diplomatischen Missionen bis zu einem gewissen Grade versachlicht und entpolitisiert, während das moderne Völkerrecht entsprechend der wachsenden Bedeutung von Wirtschaft und Verkehr dazu tendiert, den Konsuln eine der Rechtsstellung der Diplomaten bis zu einem gewissen Grade angenäherte Repräsentativstellung einzuräumen.[13]

[7] Siehe dazu oben § 31 II.
[8] Art. 2 Abs. 1.
[9] Art. 4.
[10] Art. 10 Abs. 1.
[11] Art. 2 Abs. 2 und 3.
[12] Williams, Cases to Talbot 281. Vgl. auch die Entscheidung des italienischen Kassationshofs im Falle *Vuhotich*, Rivista di diritto internazionale 25 (1933), 233 ff (235), es verträten die Diplomaten den Staat „nella sua sovranità esterna", die Konsuln hingegen „nella sua personalità interna di fronte ai propri cittadini all'estero". Aus jüngerer Vergangenheit z. B. Supreme Court of Victoria (Australien), Annual Digest 12 (1943-45), Case No. 11, 43 (46): „The office of consul has no diplomatic significance whatever." Damit wird begründet, daß die fortdauernde Duldung des tschechischen Konsulats in Sydney der de facto Anerkennung der deutschen Herrschaft in der Tschechoslowakei nicht entgegenstehe.
[13] Offenbar der allgemeinen Praxis entsprechend *Stuart*, American Diplomatic and Consular Practice, 1952, 376: „The position of the United States as regards consular status seems to be that while

2. Im allgemeinen werden die Aufgaben der Diplomaten und Konsuln von verschiedenen Personen erfüllt, sind beide Dienste verschiedene Zweige der auswärtigen Verwaltung des im Ausland vertretenen Staates. Die Konsuln werden meist der diplomatischen Mission ihres Landes unterstellt, bleiben im übrigen jedoch organisatorisch von ihr getrennt. Nichts hindert die Staaten aber daran, den diplomatischen und konsularischen Dienst zu verschmelzen und auch im Ausland beide Funktionen durch dieselben Behörden oder Personen wahrnehmen zu lassen.[14] Kommt die Verbindung zustande, so genießt der Konsularbeamte zugleich die weitergehenden Vorrechte des Diplomaten.[15]
In einem Staat, in dem der Entsendestaat nicht diplomatisch vertreten ist, kann ein Konsul mit Zustimmung des Empfangsstaates beauftragt werden, diplomatische Amtshandlungen vorzunehmen. Er erwirbt dadurch jedoch keine diplomatischen Vorrechte.[16] Vertritt er allerdings den Entsendestaat bei einer internationalen Organisation, so genießt er alle Vorrechte, die solchen Delegierten zustehen, soweit er in dieser Eigenschaft tätig wird.[17]

V. 1. Die Aufgaben der Konsuln wurden in § 1 des deutschen Konsulargesetzes von 1867 noch allgemein dahin umschrieben, sie seien dazu berufen, „das Interesse des Bundes, namentlich in bezug auf Handel, Verkehr und Schiffahrt tunlichst zu schützen und zu fördern, die Beobachtung der Staatsverträge zu überwachen, und den deutschen Staatsangehörigen sowie den Angehörigen anderer befreundeter Staaten in ihren Angelegenheiten Rat und Beistand zu gewähren". Auch nach Art. 1 des Havanna-Abkommens von 1928 sollen die Konsuln die Handels- und gewerblichen Interessen ihrer Staaten vertreten und ihren Staatsangehörigen Beistand gewähren. Bestimmungen dieser Art waren in zahlreichen Verträgen und Gesetzen enthalten.
Durch neuere bilaterale Verträge und insbesondere durch das Wiener Übereinkommen über konsularische Beziehungen wurde der Kreis dieser Aufgaben deutlich erweitert. Dabei ist die dort vorgenommene Funktionsumschreibung nicht als abschließend zu verstehen. Mehr noch als die diplomatischen ist es kaum möglich, die konsularischen Funktionen allgemein verbindlich zu umschreiben. In der Praxis werden insbesondere – soweit vorhanden – die einschlägigen bilateralen Abkommen heranzuziehen sein.[18] Vor allem wurde anerkannt, daß die konsularischen Vertreter nicht nur die Interessen der *Angehörigen* des Entsendestaates im Empfangsstaat, sondern auch die Interessen des *Entsendestaates* selbst innerhalb der völkerrechtlich zulässigen Grenzen zu schützen haben.[19]

---

consular officials have no acknowledged diplomatic character they do possess a certain representative character." Über Entwicklungstendenzen dieser Art im angelsächsischen Recht auch *Best*, The Anglo-American Consular Convention of 1949, BYIL 25 (1948), 280 ff (285 f).

[14] Art. 3; s. auch Art. 3 Abs. 2 Wiener Übereinkommen über diplomatische Beziehungen.

[15] Der „leading case" des englischen Rechts ist der vom House of Lords entschiedene Fall *Engelke v. Musmann* (1928) Appeal Cases 433. Nach dieser Entscheidung genießt ein im Dienst der deutschen Botschaft beschäftigter Konsularsekretär, dessen Name auf der Diplomatenliste des britischen Außenamtes geführt wird, gegenüber einer Klage auf Zahlung seiner Miete die den Diplomaten zukommende Immunität. Vgl. auch das Urteil der Queen's Bench in *Parkinson v. Potter* (1885), Queen's Bench 16, 152: Steuerbefreiung des portugiesischen Generalkonsuls, der zugleich der Gesandtschaft seines Landes als Attaché zugeteilt war. Vgl. demgegenüber Supreme Court Hong Kong in *Juan Ysmael & Co. v. S.S. Tasikmalaja*, ILR 19 (1952), 400: Keine Immunität für einen Generalkonsul, der gewisse Funktionen des diplomatischen Dienstes mitverrichtet, aber dem diplomatischen Dienst seines Landes nicht förmlich zugeteilt ist.

[16] Art. 17 Abs. 1.

[17] Art. 17 Abs. 2.

[18] Die „Vorläufer" des Wiener Übereinkommens über konsularische Beziehungen verfolgten in diesem Punkt durchaus unterschiedliche Ansätze. So überließ die Havanna-Konvention von 1928 die Umschreibung der konsularischen Funktionen dem nationalen Recht, wohingegen die Konvention von Caracas 1911 einen Definitionskatalog enthielt.

[19] Art. 5 lit. a.

Die gesamte Tätigkeit der konsularischen Vertreter steht unter dem Gebot, die Gesetze und sonstigen Rechtsvorschriften des Empfangsstaates zu achten und sich nicht in dessen innere Angelegenheiten einzumischen.[20]

2. Die konsularischen Funktionen lassen sich in vier Gruppen gliedern: Entwicklung der kommerziellen, wirtschaftlichen, wissenschaftlichen und kulturellen Beziehungen[21], Vertretung der Interessen von Staatsangehörigen des Entsendestaates[22], administrative und notarielle Aufgaben[23], Aufgaben in bezug auf Schiffahrt und Flugverkehr.[24] Daneben tritt, wie nach Art. 3 des Wiener Übereinkommens über diplomatische Beziehungen, die Aufgabe, sich über die Verhältnisse im Empfangsstaat zu informieren und darüber an den Entsendestaat und interessierte Personen zu berichten.[25]

a) *Entwicklung der wirtschaftlichen, kulturellen und wissenschaftlichen Beziehungen:* Insbesondere bei der Entwicklung der wirtschaftlichen Beziehungen handelt es sich um eine der Hauptaufgaben. Die zunehmende Bedeutung des Außenhandels und die wirtschaftliche Verflechtung der Staaten hat in der Vergangenheit allerdings dazu geführt, daß auch die diplomatischen Missionen mit entsprechenden Aufgaben betraut worden sind. Insoweit ist es in der Praxis gelegentlich zu einer gewissen Funktionsüberschneidung gekommen. Dabei wird den Konsulaten eher die Aufgabe zufallen, die Kontakte mit der Wirtschaft des Empfangsstaates und den entsprechenden Wirtschaftsorganisationen zu pflegen, wohingegen der Wirtschaftsattaché einer Mission sich eher auf die Verbindung mit den Handels- und Wirtschaftsministerien des Empfangsstaates konzentrieren wird. Schon hieraus ergibt sich eine gewisse Aufgabenteilung zwischen Konsulaten und Missionen. Im einzelnen ist es die Aufgabe der Konsulate, die wirtschaftliche Entwicklung in dem Empfangsstaat zu beobachten, der Wirtschaft des Entsendestaates bei Investitionen oder dem Aufbau von Handelsbeziehungen Hilfestellung zu leisten sowie darüber zu wachen, daß der Empfangsstaat nicht in die Rechte der Wirtschaft in rechtswidriger Weise eingreift. Insoweit kommt den Handels- und Investitionsschutzverträgen eine große Bedeutung zu.

b) *Schutz und Vertretung der Interessen von Staatsangehörigen des Entsendestaates:* Vor allem dem Schutz der eigenen Staatsangehörigen kommt in der Praxis der konsularischen Vertretung ein großer Stellenwert zu. Er umfaßt eine Vielzahl von Aktivitäten, die teilweise in dem Wiener Übereinkommen, teilweise auch im nationalen Recht eine nähere Ausgestaltung erfahren haben.[26] So ist es Aufgabe der konsularischen Vertretung – vorbehaltlich der im Empfangsstaat geltenden Gepflogenheiten und Verfahren –, die Angehörigen des Entsendestaates vor den Gerichten und Behörden des Empfangsstaates zu vertreten oder für angemessene Vertretung zu sorgen und für sie Maßnahmen zu erwirken.[27] Die konsularischen Vertreter sind befugt, mit Angehörigen des Entsendestaates zu verkehren und sie aufzusuchen.[28] In gleicher Weise haben diese Staatsangehörigen das Recht, mit ihren konsularischen Vertretungen in Verbindung zu treten. Konsularische Vertreter sind zudem berechtigt, ihre Staatsangehörigen, die sich in dem Empfangsstaat in Untersuchungshaft, im Gefängnis oder sonstiger Haft befinden, aufzusuchen, zu sprechen und mit ihnen zu korrespondieren, es sei denn, der Betroffene erhebt hiergegen ausdrücklich Einspruch. Auf Verlangen des Betroffenen müssen die Empfangsstaaten den örtlich zuständigen konsularischen Vertreter davon unterrichten, wenn ein Angehöriger des Entsendestaates inhaftiert, in Untersuchungshaft genommen oder ihm sonst die Freiheit entzogen worden ist. Bei seiner Festnahme ist der Betroffene von diesen Rechten zu unterrichten.[29] Für diese Hilfe enthält das Übereinkommen über konsularische Beziehungen allerdings eine doppelte Schranke: sie muß nach allgemeinem Völkerrecht zulässig sein und sich in den Gren-

---

[20] Art. 55 Abs. 1.

[21] Art. 5 lit. b.

[22] Art. 5 lit. e, h, i.

[23] Art. 5 lit. d, f, g, j.

[24] Art. 5 lit. k, l.

[25] Art. 5 lit. c; vgl. zu diesem Komplex oben § 34.

[26] Vgl. z. B. § 5 Konsulargesetz.

[27] Art. 5 lit. i, zurückhaltender § 5 Konsulargesetz.

[28] Art. 36.

[29] Vgl. dazu *Menon*, The Right of Consuls to Protect their Imprisoned Fellow-Nationals, IJIL 4 (1964), 301 ff; *Frowein*, Das Individuum als Rechtssubjekt im Konsularrecht, Festschrift Mann, 1977, 367 ff.

zen der Rechtsordnung des Empfangsstaates bewegen.[30] Im nationalen Recht ist geregelt, ob der Betroffene einen Rechtsanspruch gegenüber seiner konsularischen Vertretung hat oder nicht.[31] Abgesehen davon haben die konsularischen Vertretungen auch das Recht, ihren Staatsangehörigen allgemein Hilfe zu gewähren, dies umfaßt z. B. die Hilfe bei der Anknüpfung wirtschaftlicher Kontakte, die Hilfe in Not- oder Katastrophenfällen (Naturkatastrophen, kriegerische oder revolutionäre Verwicklungen) und bei Todesfällen. Die Art der Hilfsmaßnahmen hängt vom Einzelfall ab, sie kann auch die Repatriierung einschließen.
Die meisten Staaten machen die konsularische Hilfestellung davon abhängig, daß der Betroffene die Staatsangehörigkeit des Entsendestaates besitzt[32], es gibt aber insoweit auch Ausnahmen.[33] Speziell geregelt ist die Wahrung der Interessen von Minderjährigen.[34]
Besonderer Vereinbarungen bedarf es hingegen, soll die Zustellung von Gerichtsakten und die Einvernahme von Zeugen im Empfangsstaat durch konsularische Vertreter zulässig sein.[35]

c) *Administrative und notarielle Aufgaben*: In diese Gruppe fällt die Ausstellung von Reisepässen und Sichtvermerken (Visa), ferner die Ausübung standesamtlicher, notarieller und ähnlicher Verwaltungsaufgaben sowie die Hilfeleistung in Vormundschafts-, Pflegschafts- und Nachlaßsachen im Rahmen der Gesetze des Empfangsstaats.[36]

d) *Aufgaben in bezug auf Schiffahrt und Flugverkehr:* Diese umfassen das Recht, die unter der Flagge des Entsendestaates fahrenden Schiffe zu besuchen und zu inspizieren, die Schiffahrtspapiere zu prüfen, das Verhalten von Kapitän und Mannschaft zu überwachen und, wenn es das Recht des Empfangsstaates erlaubt, für die Aufrechterhaltung der inneren Ordnung an Bord zu sorgen, insbesondere auch Streitigkeiten innerhalb der Besatzung zu regeln. Außerdem können die Konsuln Zertifikate für Schiffe unter anderer Flagge ausstellen, wenn sie Häfen des Entsendestaates anlaufen wollen. Einzelheiten können besonders geregelt sein.
Bei Schiffs- oder Flugzeugunglücken ist der zuständige Konsul zu informieren.[37]

Die genannten Funktionen kann ein Konsul grundsätzlich nur in seinem Konsularbezirk vornehmen, und nur dort stehen ihm die besonderen Vorrechte zu, die das Völkerrecht den Konsuln gewährt. Sie dürfen daher auch nur mit den örtlichen Behörden dienstlich verkehren. Wenn sie eine Fühlungnahme mit der Zentralregierung des Empfangsstaates für notwendig halten, so haben sie sich an die diplomatische Vertretung ihres Landes oder an ihre Regierung zu wenden. Nur wenn ihr Staat keine diplomatische Vertretung in dem Aufenthaltsstaat unterhält, ist den leitenden Konsuln der unmittelbare Verkehr mit der Regierung des Empfangsstaates zu gestatten.

§ 43 Die Arten der Konsuln. Die Begründung ihrer Mission

Schrifttum: wie vor § 42.

I. 1. Es ist zwischen Berufskonsuln (consuls de carrière) und Honorarkonsuln (Wahlkonsuln) zu unterscheiden. Die ersteren sind hauptberuflich tätig und mit festem Gehalt auf Dauer angestellt. Über die erforderlichen Qualifikationen und die Ausbildung hat

---

[30] Art. 5 lit. a und 36 Abs. 2.

[31] Die entsprechende Vorschrift des Konsulargesetzes (§ 7) ist als Sollvorschrift konzipiert; vgl. dazu im einzelnen *Hecker*, 40 ff (50 f).

[32] § 6 Konsulargesetz dehnt die Hilfe in Katastrophenfällen auch auf Abkömmlinge von Deutschen und nichtdeutsche Familienangehörige aus, wenn diese mit Deutschen in einer Haushaltsgemeinschaft leben oder längere Zeit gelebt haben.

[33] Weitergehend die skandinavischen Staaten sowie die Niederlande.

[34] Art. 5 lit. h.

[35] Art. 5 lit. j; innerstaatliche Grundlage hierfür sind die §§ 15, 16 Konsulargesetz.

[36] Vgl. dazu im einzelnen für die Bundesrepublik Deutschland §§ 8, 10, 11, 12, 13, 14 Konsulargesetz.

[37] Art. 37.

der Entsendestaat zu entscheiden. Die Honorarkonsuln dagegen verbinden ihre Tätigkeit als Konsuln mit beruflicher Tätigkeit anderer Art. In der Regel beruft man Geschäftsleute, die in dem Bezirk ihrer konsularischen Tätigkeit ansässig sind. Ihre Beziehungen zu dem Staat, dessen Interessen sie wahrnehmen sollen, sind im allgemeinen lokkerer als die der Berufskonsuln, und ihre Rechtsstellung ist von der der Berufskonsuln in mancher Hinsicht verschieden.

Ob ein Staat Berufs- oder Honorarkonsuln mit der Vertretung seiner Interessen betraut, und für welche Arten von Konsuln er eine hauptberufliche Tätigkeit für erforderlich hält, entscheidet der Entsendestaat nach seinem Ermessen. Manche Staaten, wie die lateinamerikanischen Staaten, machen von der Institution der Honorarkonsuln reichlich Gebrauch, während andere, wie Frankreich, überhaupt nur Berufskonsuln dulden. Konsuln sollen grundsätzlich die Staatsangehörigkeit des Entsendestaates haben, allerdings sind Ausnahmen mit Zustimmung des Empfangsstaates möglich.[1] Dies gilt gleichermaßen für Berufs- und Honorarkonsuln, obwohl es sich bei letzteren in der Regel um Staatsangehörige des Empfangsstaates handeln wird.[2] Kein Staat ist jedoch verpflichtet, eigene Staatsangehörige als Konsuln fremder Staaten zu akzeptieren.

2. Das Wiener Übereinkommen über konsularische Beziehungen unterscheidet verschiedene Klassen von Konsuln: Generalkonsuln, Konsuln, Vizekonsuln und Konsularagenten.[3] Generalkonsuln, Konsuln und Vizekonsuln werden im allgemeinen von ihrer Regierung, die Vizekonsuln manchmal auch von den Konsuln ernannt. Konsularagenten sind Personen, die von den Konsuln ernannt und für die Erfüllung bestimmter Aufgaben eingesetzt werden.

Innerhalb jeder Klasse richtet sich die Rangfolge der Leiter konsularischer Vertretungen nach dem Tag, an dem ihnen das Exequatur erteilt wurde. Honorarkonsuln sind den Berufskonsuln, die Leiter einer konsularischen Vertretung sind, nachgeordnet; beide rangieren vor Konsuln, die nicht Leiter einer konsularischen Vertretung sind.

II. Nicht anders als bei der diplomatischen Mission beruht auch die Zuständigkeit der Konsuln auf dem übereinstimmenden Willen des entsendenden und des den Konsul zulassenden Staates.[4]

1. Der Konsul wird von dem Staat ernannt, den er vertritt. Die Zuständigkeit zur Ernennung der Konsuln und die Form ihrer Ernennung richtet sich nach dem Recht des Staates, der sie entsendet. In der Regel werden die *leitenden* Konsularbeamten von dem Staatsoberhaupt des Entsendestaates ernannt. Der Entsendestaat erteilt die Bestallung, ein Ernennungspatent, durch das dem Aufenthaltsstaat die Personalien, der Rang und der Zuständigkeitsbereich des Konsuls mitgeteilt werden. Die Urkunde darüber wird dem Aufenthaltsstaat auf diplomatischem oder anderem geeigneten Wege übermittelt. Möglich ist auch eine Notifikation.

2. Außerdem muß der Leiter einer konsularischen Vertretung von dem Staat zugelassen werden, auf dessen Gebiet er seine Tätigkeit ausüben soll. Er ist aber nicht bei der Regierung des Aufenthaltsstaates beglaubigt. Er wird zugelassen, nicht aber eigentlich empfangen. Nur bei den Leitern einer konsularischen Vertretung erfolgt die Zulassung in

---

[1] Vgl. Art. 22.

[2] Das Konsulargesetz erlaubt die Ernennung von Deutschen oder Ausländern zu Honorarkonsuln (§ 21).

[3] Art. 16.

[4] Art. 10.

einer bestimmten Form, die insoweit eine Reaktion auf das Bestallungsschreiben darstellt. Diese Zulassung wird als *Exequatur* bezeichnet.[5] Darunter versteht man die förmliche Erklärung des Staatsoberhauptes, Außenministers oder sonst zuständigen Organs des Empfangsstaates, daß er dem leitenden Konsul die Ausübung seiner Tätigkeit auf seinem Territorium gestatte. Es ist zugleich die für die Behörden des Empfangsstaates maßgebende Erklärung, auf Grund derer der Konsul seine Funktionen ausüben kann.

Die Erteilung des Exequatur hat konstitutive Bedeutung. Im allgemeinen wird der Konsul seine Tätigkeit erst mit dem Empfang des Exequatur aufnehmen dürfen, und erst von diesem Zeitpunkt an ist er berechtigt, die Befreiungen und Vorrechte in Anspruch zu nehmen. Doch kann der Empfangsstaat eine vorläufige Aufnahme der Tätigkeit schon vor der Erteilung des Exequatur gestatten.[6]

Ist der Leiter einer konsularischen Vertretung zugelassen, so unterrichtet der Empfangsstaat die Behörden des Konsularbezirks entsprechend.

Wie die Entscheidung über die Unterhaltung konsularischer Beziehungen überhaupt, so ist auch die Entscheidung über die Zulassung der Konsuln, namentlich auch über die Erteilung des Exequatur, in das Ermessen des Aufenthaltsstaates gestellt. Dieser darf die Zulassung ohne Angabe von Gründen verweigern[7], solange nicht Verträge etwas anderes bestimmen.

3. Bei vorübergehender Amtsunfähigkeit des Leiters einer konsularischen Vertretung kann ein amtierender Leiter eingesetzt werden. Möglich ist es dabei, ein Mitglied des diplomatischen Dienstes zu bestimmen. Dieses behält weiterhin die diplomatischen Vorrechte.

4. Das Wiener Übereinkommen über konsularische Beziehungen sieht die Möglichkeit vor, daß zwei oder mehr Staaten dieselbe Person zum Konsul in einem Empfangsstaat bestellen.[8] Dies bedarf allerdings der Zustimmung des Empfangsstaates.

5. In seiner Entscheidung über das weitere konsularische Personal ist der Entsendestaat frei.[9] Ihm obliegt lediglich eine Notifikationspflicht gegenüber dem Empfangsstaat. Dieser kann dem Entsendestaat allerdings jederzeit, ohne Angabe von Gründen, mitteilen, daß ihm eine bestimmte Person des konsularischen Personals nicht genehm ist. Dies ist möglich, noch bevor die betreffende Person eingereist ist oder ihren Dienst angetreten hat. Unter diesen Umständen hat der Entsendestaat die Bestallung rückgängig zu machen.[10]

§ 44 Die Rechtsstellung der Konsuln

Schrifttum: wie vor § 42.

I. Die Rechtsstellung des Konsuls wird zunächst durch die Tatsache bestimmt, daß er seine Tätigkeit auf dem Gebiet eines anderen Staates verrichtet. Er ist daher wie andere Ausländer dem Recht des Aufenthaltsstaates unterworfen.[1] Er ist jedoch gleichzeitig als

[5] Art. 12.
[6] Art. 13.
[7] Art. 12 Abs. 2.
[8] Art. 18.
[9] Art. 19.
[10] Art. 23 Abs. 3, 4.
[1] Art. 55 Abs. 1.

Organ des Entsendestaates auf dem Gebiet des Empfangsstaates mit dessen Zustimmung tätig. Daraus ergeben sich bestimmte Rechte für ihn sowie entsprechende Verpflichtungen des Empfangsstaates. Diese bleiben aber hinter seinen Verpflichtungen gegenüber den bei ihm akkreditierten diplomatischen Vertretern zurück.
Wie die diplomatischen Vertreter, so hat der Empfangsstaat auch die Konsuln mit Achtung zu behandeln und ihre Person, ihre Diensträume und Archive wirksam zu schützen.[2] Jeder Verstoß gegen diese Pflicht löst eine völkerrechtliche Deliktshaftung aus.[3] Weiter muß der Empfangsstaat den Konsuln die Freiheiten und Rechte gewähren, die zur Erfüllung ihrer Aufgaben notwendig sind. Auch sie haben wie die Diplomaten Anspruch auf die Bewegungsfreiheit, derer sie zur Erfüllung ihrer Funktionen bedürfen. Vor allem muß der Empfangsstaat ihnen gestatten, mit ihren Staatsangehörigen Kontakt aufzunehmen, die in den Häfen des Aufenthaltsstaates liegenden Schiffe ihres Landes zu besuchen, an Ort und Stelle für den Nachlaß verstorbener Staatsangehöriger Sorge zu tragen usw. Zur Erfüllung der Dienstobliegenheiten gehört auch das Recht, mit der eigenen Regierung, der diplomatischen Mission und anderen Konsuln des eigenen Landes sowie mit den Konsuln anderer Staaten im gleichen Bezirk zu verkehren.[4]

II. 1. Die Konsuln sind im Hinblick auf ihre dienstliche Tätigkeit von der Jurisdiktion des Aufenthaltsstaates befreit. Ihr amtliches Handeln ist wiederum ein Handeln des Staates, den sie vertreten; es ist daher der Gerichtsbarkeit auch nach Beendigung der Mission entzogen. Nach Art. 43 gilt dieser Grundsatz jedoch nicht ganz uneingeschränkt. Zivilklagen, die aus einem Vertrag entstehen, sind möglich, wenn sich der Konsul bei Vertragsabschluß weder ausdrücklich noch implicit darauf berufen hat, im Auftrag des Entsendestaates zu handeln. Also auch wenn der Vertragsabschluß in Erfüllung der konsularischen Funktionen erfolgte, ist dennoch eine zivilrechtliche Klage möglich. Uneingeschränkt möglich sind Schadenersatzklagen aus Verkehrsunfällen, die durch ein Land-, Wasser- oder Luftfahrzeug verursacht wurden.
Anders als die diplomatischen Vertreter ihres Landes genießen die Konsuln jedoch keine persönliche Immunität. Außerhalb der dienstlichen Sphäre sind sie nicht nur dem Recht, sondern auch wie jeder andere Ausländer der Jurisdiktion des Aufenthaltsstaates, seiner Zivil-, Straf- und Verwaltungsgerichtsbarkeit unterworfen.

Für die Konsuln ergibt sich also die Notwendigkeit, zwischen dienstlicher und privater Betätigung zu unterscheiden. In Zweifelsfällen ist darauf zu achten, ob das Handeln des Konsuls mit seiner dienstlichen Betätigung noch irgendwie in einem inneren Zusammenhang steht.[5] Seine Betätigung verliert ihren dienstlichen Charakter nicht schon dadurch, daß sie rechtswidrig ist, etwa dem Recht des Entsendestaates nicht entspricht. Ein Konsul z. B., der im Rahmen eines

---

[2] Art. 40, 41, 33, 59, 61, 64.

[3] So hat die amerikanisch-mexikanische General Claims Commission im Falle *Mallén* – RIAA IV, 173 – die USA, im Falle *Chapman* – RIAA IV, 632 – Mexiko wegen Vernachlässigung ihrer Pflicht zum Schutze ausländischer Konsuln für schadensersatzpflichtig erklärt. – Über die völkerrechtswidrige Mißhandlung amerikanischer Konsuln durch chinesische Kommunisten nach der Übernahme der Macht im Jahre 1949 z. B. *Stuart*, American Diplomatic and Consular Practice, 1952, 378, 391 f und *Briggs*, American Consular Rights in Communist China, AJIL 44 (1950), 243 f; vgl. auch das Urteil des IGH im Falle *Concerning United States Diplomatic and Consular Staff in Tehran*, ICJ Reports 1980, 1.

[4] Art. 35.

[5] Diese Frage war Gegenstand der Entscheidung der französischen Cour de cassation im Falle *Bigelow c. Princesse Zizianoff*, Revue critique de droit international privé 24 (1929), 77. Der Angeklagte in diesem Verfahren war ein Konsul der USA in Paris, der der Prinzessin Z. den amerikanischen Paß verweigert und sie im Anschluß daran vor der Presse als eine Spionin im Dienste einer fremden Macht bezeichnet hatte. Nicht die Verweigerung des Passes, aber die beleidigenden Äußerungen in der Öffentlichkeit gingen nach Ansicht des Gerichts über den Bereich der Dienstobliegenheiten des Konsuls wesentlich hinaus und waren daher der französischen Gerichtsbarkeit unterworfen.

Konsularvertrages tätig wird, aber Instruktionen seiner Regierung verletzt, handelt gleichwohl in Erfüllung seiner Funktionen. Auch wenn er über die ihm durch das Völkerrecht gezogenen Grenzen hinausgeht, z. B. eine Beurkundung, zu der der Konsularvertrag ihn nicht ermächtigt, oder eine Amtshandlung außerhalb seines Konsularbezirks vornimmt, bleibt sein Handeln doch ein dienstliches Handeln. Wo aber sein Verhalten vom Standpunkt vernünftiger, objektiver Beurteilung mit seinem dienstlichen Auftrag, insbesondere auch mit den völkerrechtlich anerkannten Aufgaben eines Konsuls nicht mehr im Zusammenhang steht, handelt er als Privatmann und ist der örtlichen Gerichtsbarkeit unterworfen.

Die gleiche Unterscheidung ist auch bei der Zwangsvollstreckung zu Grunde zu legen. Soweit Verfahren gegen die Konsuln zulässig sind, kommt auch die Zwangsvollstreckung, kommen Arreste und ähnliche Maßnahmen gegen ihr persönliches Vermögen in Frage; Vermögenswerte dagegen, die sie in dienstlicher Eigenschaft besitzen, z. B. Gelder, die sie für die Bezahlung der Gehälter der im Dienst des Konsulats stehenden Beamten und Angestellten verwalten, sind jedem Zugriff der Gläubiger, etwa im Wege der Pfändung, entzogen.

2. In bezug auf die strafrechtliche Verfolgung von Konsuln werden dem Empfangsstaat eine Reihe von Beschränkungen auferlegt.[6] Sie unterliegen keiner Festnahme oder Untersuchungshaft außer bei schweren Verbrechen. Allerdings muß der Konsul, wird gegen ihn ein Strafverfahren eingeleitet, vor Gericht erscheinen. Bei der Durchführung des Gerichtsverfahrens ist dem Konsul die gebührende Achtung zu erweisen, außerdem soll die Wahrnehmung der konsularischen Aufgaben möglichst wenig beeinträchtigt werden. Von der Einleitung eines Strafverfahrens gegen einen Konsul ist der Leiter der konsularischen Vertretung oder, ist er selbst Beteiligter des Verfahrens, der Entsendestaat auf diplomatischem Wege zu unterrichten.

3. Für Honorarkonsuln gilt diese Regelung – abgesehen von der Berichtspflicht – nicht. Sie genießen keinerlei persönliche Immunität, wenn auch bei der Durchführung des Strafverfahrens auf ihre Amtseigenschaft Rücksicht zu nehmen ist.[7]

4. Da der Konsul der Jurisdiktion des Aufenthaltsstaates untersteht, ist er auch verpflichtet, einer Ladung als Zeuge Folge zu leisten, auszusagen und sich vereidigen zu lassen.[8] Doch ist dafür Sorge zu tragen, daß bei der technischen Durchführung der Vernehmung die Bedürfnisse des Dienstes berücksichtigt werden[9] und daß sie in einer der Würde des Konsuls angemessenen Weise, etwa im Konsulatsgebäude, erfolgt.

Jedoch gilt die wichtige Einschränkung, daß Konsularbeamte aller Arten und Grade über Angelegenheiten, die mit der Wahrnehmung ihrer Aufgaben zusammenhängen, nicht aussagen, keine amtlichen Schriftstücke vorlegen und über ihren Inhalt keine Auskunft geben müssen.[10] Die Ausübung von Druck oder Zwang, ja schon die Ladung zu diesem Zweck verletzt die Immunität des Konsuls und des Staates, den er dienstlich vertritt. Auch diese Regel gilt unabhängig von den Verträgen.

5. Der Entsendestaat kann durch seine Regierung oder den Leiter seiner diplomatischen Mission auf die Immunität des Konsuls *verzichten*. Nicht ausreichend ist der Verzicht des Leiters einer konsularischen Vertretung, wenn er ohne ausdrückliche Ermächtigung ausgesprochen worden ist. Strengt allerdings ein Konsul eine Klage in einer Sache an, in der er nach Art. 43 Immunität genießt, so kann er sich in bezug auf die Widerklage, die mit der Hauptklage in unmittelbarem Zusammenhang steht, nicht auf die Immunität von der Gerichtsbarkeit berufen.[11]

---

[6] Art. 41.

[7] Art. 58 Abs. 2 i.V.m. Art. 63.

[8] Art. 44 Abs. 1.

[9] Art. 44 Abs. 2.

[10] Art. 44 Abs. 3.

[11] Art. 45.

III. 1. Die Konsuln haben, ebenso wie die Diplomaten, Anspruch auf bestimmte Privilegien. Sie unterliegen nicht der Ausländeranmeldepflicht[12], benötigen keine Arbeitserlaubnis[13], sind von der Sozialversicherungspflicht[14] und grundsätzlich von allen staatlichen, regionalen und kommunalen Personal- und Realsteuern befreit.[15] Ebenso befreit sind sie von Zöllen und Zollkontrollen.[16]

2. Die Privilegien gelten grundsätzlich auch für die Familienmitglieder der Konsuln, das Verwaltungs- und technische Personal mit ihren Familienmitgliedern sowie für private Bedienstete.[17] Sie sind befreit von Steuern, Zöllen, persönlichen Dienstleistungen, der Sozialversicherungspflicht, sie unterliegen nicht der Ausländeranmeldepflicht, der Aufenthaltsgenehmigungspflicht und der Verpflichtung zur Erlangung einer Arbeitserlaubnis.[18] Gemäß Art. 57 gelten diese Vorrechte und Immunitäten nicht, sofern dieser Personenkreis eine private Erwerbstätigkeit ausübt. Dann entfällt auch die Privilegierung der Familienangehörigen.[19] Die funktionelle Immunität erstreckt sich uneingeschränkt auch auf das Verwaltungs- und technische Personal, wohingegen die Ansätze der persönlichen Immunität auf die Konsuln beschränkt bleiben.

§ 45 Die Räumlichkeiten und Archive des Konsulats

Schrifttum: wie vor § 42.

I. 1. Wenn ein Staat die Errichtung eines Konsulats auf seinem Territorium gestattet, ist er auch verpflichtet, die für die dienstlichen Zwecke des Konsulats benutzten Räume zu schützen und ihre Verbindung mit der Außenwelt sicherzustellen. Der Konsul darf an und auf den Gebäuden und an den Kraftwagen und sonstigen Fahrzeugen des Konsulats die Hoheitszeichen und Flaggen seines Staates anbringen.[1]

2. Ebenso wie die Räume der diplomatischen Missionen sind auch die Räume der konsularischen Vertretungen unverletzlich. Dies gilt aber nur für die zu dienstlichen Zwecken genutzten Räume. Sie dürfen von den Behörden des Empfangsstaates nur mit Zustimmung des Missionsleiters oder des Chefs der konsularischen Vertretung betreten werden. Allerdings – insoweit unterscheidet sich die Rechtsstellung einer konsularischen Vertretung von derjenigen einer diplomatischen Mission – wird die Zustimmung vermutet bei Feuer oder einem sonstigen Unglück, wenn sofortige Schutzmaßnahmen erforderlich sind.[2] Im übrigen hat der Empfangsstaat die Gebäude der konsularischen Vertretungen wie Missionen gegen Angriffe von außen zu schützen.[3]

3. Der Schutz von dienstlichen Räumen der Honorarkonsuln ist weniger deutlich ausgeprägt. Hier reduziert sich das Gebot der Unverletzlichkeit auf den Schutz vor unbefugtem Eindringen.[4]

---

[12] Art. 46.
[13] Art. 47.
[14] Art. 48.
[15] Vgl. im einzelnen Art. 49.
[16] Art. 50.
[17] Art. 47, 48, 49, 50, 52.
[18] Art. 46 und 47.
[19] Art. 58.
[1] Art. 29, 30.
[2] Art. 31 Abs. 2.
[3] Vgl. dazu oben § 38.
[4] Art. 59.

4. Strengen Schutz genießen die konsularischen Archive, und zwar unabhängig davon, ob es sich um Archive von Berufs- oder Honorarkonsuln handelt.[5]

II. Ebenso wie bei den diplomatischen Missionen werden den Räumlichkeiten der konsularischen Vertretungen bestimmte Privilegien zuerkannt. Sie sind von der Besteuerung befreit, gleiches gilt für die Diensträume des Honorarkonsuls.

§ 46 Die Beendigung der konsularischen Mission

Schrifttum: wie vor § 42.

I. Die Mission des Konsuls kann aus verschiedenen Gründen erlöschen. Auch hier ist zwischen der Beendigung des persönlichen Auftrags und dem Erlöschen des Amtes als solchem zu unterscheiden.

1. Die persönliche Zuständigkeit des Konsuls kann aus verschiedenen Gründen erlöschen:

a) Aus Gründen in der Person des Konsuls, durch seinen Tod oder Rücktritt.

b) Nach dem Willen des entsendenden Staates: Dieser kann den Auftrag des Konsuls beenden, ihn abberufen, versetzen, entlassen. Die Mission des Konsuls erlischt dann von dem Zeitpunkt an, an dem ihre Beendigung dem Aufenthaltsstaat mitgeteilt wird.

c) Nach dem Willen des Empfangsstaates: Dieser kann das Exequatur oder die sonstige Zulassung des Konsuls entziehen oder dem Entsendestaat notifizieren, er betrachte die betreffende Person nicht mehr als Mitglied des konsularischen Personals. Auch wenn der Empfangsstaat nach dem Wiener Übereinkommen über konsularische Beziehungen nicht verpflichtet wird, hierfür Gründe zu benennen, sollte eine derartige Entscheidung doch nicht grundlos erfolgen. Einige nach dem Zweiten Weltkrieg geschlossene Konsularabkommen sehen eine Begründungspflicht vor.

2. Zum anderen kann das Konsulat als solches erlöschen. Im einzelnen kommen verschiedene Fälle in Frage:

a) Der Entsendestaat hat das Recht, seine Konsulate nach seinem Ermessen zu schließen.

b) Ebenso kann der Empfangsstaat die Schließung fremder Konsulate verlangen. Dieses Mittel wird gelegentlich als Retorsionsmaßnahme gegenüber der vorherigen Schließung eigener Konsulate eingesetzt.[1]

c) In der Regel wird durch den Ausbruch eines Krieges den konsularischen Beziehungen ein Ende bereitet. Da aber die Konsuln ihre Staaten nicht politisch vertreten, sind sie, jedenfalls in früheren Zeiten, z. B. während des Krim-Krieges, manchmal auf ihren Posten verblieben. Auch in der Gegenwart ließe sich vor allem in Zwischensituationen zwischen Krieg und Frieden wohl denken, daß die konsularischen Beziehungen fortgesetzt werden. Der Abbruch der diplomatischen Beziehungen läßt die konsularischen Beziehungen nicht automatisch erlöschen.[2]

---

[5] Art. 33 bzw. Art. 61.

[1] Beispiele bei *Sen*, 271.

[2] Art. 2 Abs. 3.

Wird der Bezirk, für den der Konsul zuständig ist, während des Krieges von den Truppen eines dritten Staates besetzt, so braucht dieser das von der Regierung des Kriegsgegners erteilte Exequatur oder die sonst erteilte Zustimmung nicht gelten zu lassen. Er kann vielmehr verlangen, daß seine eigene Zustimmung eingeholt wird. Das von der zuständigen Staatsgewalt früher erteilte Exequatur bleibt in der Schwebe und erwacht wieder mit dem Ende der Okkupation.[3]

d) Die Konsulate erlöschen mit dem Erlöschen des Entsende- oder Empfangsstaates. Dann können Probleme entsprechend denen entstehen, die sich in solchen Fällen für die Beendigung der diplomatischen Missionen ergeben.[4]
Dagegen läßt selbst ein revolutionärer Wechsel die konsularische Mission nicht erlöschen. Der Fortsetzung des konsularischen Verkehrs stehen in Fällen dieser Art auch deshalb keine Bedenken entgegen, weil sie nach h.L. keine Schlüsse auf die Anerkennung der Staatsgewalt des entsendenden oder des Aufenthaltsstaates gestattet.

e) Wenn der Konsularbezirk an einen anderen Staat fällt, nimmt das Amt der Konsuln ein Ende. Denn sie leiten ihre Zuständigkeit auch aus dem Willen des Staates her, auf dessen Gebiet ihre Tätigkeit ausgeübt wird. Sie bedürfen daher eines neuen Exequatur oder sonst der Zustimmung des Nachfolgestaates, die freilich auch stillschweigend, durch bloße Duldung der Fortdauer erteilt werden kann.

II. 1. Nachdem das Amt des Konsuls erloschen ist, hat er das Recht, seine dienstliche Tätigkeit abzuwickeln. Seine Archive und Akten sind weiterhin zu respektieren. Sie stehen dem Entsendestaat zur Verfügung und sind im Falle des politischen Bruchs zwischen Empfangs- und Entsendestaat dem Staate zu übergeben, der die Interessen des Entsendestaates wahrnimmt.

2. Die funktionelle Immunität des Konsuls bleibt nach der Beendigung seines Amtes bestehen. Der Empfangsstaat darf ihn auch dann nicht auf Grund seiner dienstlichen Tätigkeit zur Verantwortung ziehen.

---

[3] *Oppenheim/Lauterpacht* I, 844, Anm. 1. Vgl. auch die Entscheidung des Supreme Court of New York, Appellate Division im Fall *In re Zalewski's Estate*, Annual Digest 10 (1941-42), Case No. 118, 380.

[4] Siehe oben § 39.

3. ABSCHNITT
Das Staatsgebiet

8. KAPITEL
Rechtsformen territorial bezogener Zuständigkeiten von Völkerrechtssubjekten

§ 47 Die allgemeine territorial bezogene Zuständigkeit der Staaten

Schrifttum: *Radnitzky*, Die rechtliche Natur des Staatsgebietes, AöR 20 (1906), 313; *Henrich*, Theorie des Staatsgebietes, 1922; *Donati*, Stato e territorio, 1924; *Schoenborn*, La nature juridique du territoire, RdC 30 (1929 V), 85; *Hamel*, Das Wesen des Staatsgebietes, 1933; *Schnitzer*, Staat und Gebietshoheit, 1935; *Bastid*, Le territoire dans le droit international contemporain, 1954; *dies.*, Les problèmes territoriaux dans la jurisprudence de la Cour Internationale de Justice, RdC 107 (1962 III), 360; *Mann*, The Doctrine of Jurisdiction in International Law, RdC 111 (1964 I), 1; *Vogel*, Der räumliche Anwendungsbereich der Verwaltungsrechtsnorm, 1965; *Kaiser/von Münch*, Internationale und nationale Zuständigkeit im Völkerrecht der Gegenwart, Berichte DGVR 7 (1967), 1, 27; *Schröder*, Die internationale Zuständigkeit, 1971; *Akehurst*, Jurisdiction in International Law, BYIL 46 (1972/73), 145; *Habscheid/Rudolf*, Territoriale Grenzen der staatlichen Rechtsetzung, Berichte DGVR 11 (1973), 7, 47; *Meessen*, Völkerrechtliche Grundsätze des Internationalen Kartellrechts, 1975; *Rudolf*, Über territoriale Grenzen der Steuergesetze, Festschrift Bermann, 1975, 769; *Meessen*, Kollisionsrecht als Bestandteil des allgemeinen Völkerrechts: Völkerrechtliches Minimum und kollisionsrechtliches Optimum, Festschrift Mann, 1977, 227; *Suy*, Réflexions sur la distinction entre la souveraineté et la compétence territoriale, Festschrift Verdross, 1971, 493; *Kegel/Seidl-Hohenveldern*, Zum Territorialitätsprinzip im internationalen öffentlichen Recht, Festschrift Ferid, 1978, 233; *Verdross/Simma/Geiger*, Territoriale Souveränität und Gebietshoheit, ÖZöR 31 (1980), 223; *Meng*, Neuere Entwicklungen im Streit um die Jurisdiktionshoheit der Staaten im Bereich der Wettbewerbsbeschränkungen, ZaöRV 41 (1981), 469; *Bowett*, Jurisdiction: Changing Patterns of Authority over Activities and Resources, BYIL 53 (1982), 1; *Lowe*, Extraterritorial Jurisdiction, 1983; *Mann*, Staatliche Aufklärungsansprüche und Völkerrecht, Festschrift Mosler, 1983, 529; *ders.*, The Doctrine of International Jurisdiction Revisited after Twenty Years, RdC 186 (1984 III), 9; *Meng*, Völkerrechtliche Zulässigkeit und Grenzen wirtschaftsverwaltungsrechtlicher Hoheitsakte mit Auslandswirkung, ZaöRV 44 (1984), 675; *Okresek*, Hoheitsakte auf fremdem Staatsgebiet. Eine Betrachtung anhand praktischer Fälle, ÖZöR 35 (1984/85), 325.

I. 1. Es gibt keinen Staat ohne eigenes Gebiet. Jeder Staat übt über irgendeinen bestimmten Teil der Erde die territoriale Souveränität aus. Dabei kommt dieser Zuordnung von Staat und Gebiet für die Natur des Völkerrechts und dessen Wirkungsmechanismen eine besondere Bedeutung zu. Sieht man nämlich in dem Völkerrecht wesensmäßig vor allem ein Koordinationsrecht, das eine Kompetenzabgrenzung zwischen Staaten bewirkt, so ist die räumliche Trennung der Staaten eines der drei Mittel, die dazu dienen, die einzelnen staatlichen Kompetenzen in diesem Sinne gegeneinander abzugrenzen. Diese räumliche Kompetenzabgrenzung tritt neben die zeitliche (Frage der Staatensukzession) und die nach Personen (Frage der Staatsangehörigkeit). Das Staatsgebiet hat demzufolge wegen der durch sie bewirkten Individualisierung eine die Staaten scheidende Funktion.[1] Das sich hieraus ergebende Verständnis des Staatsgebiets als räumliche Umschreibung des Herrschafts- und Zuständigkeitsbereichs, in dem eine spezielle Staatsgewalt gemäß dem Völkerrecht ihre inhaltlich umfassende Funktion unter Ausschluß anderer Gewalten auszuüben vermag[2], greift allerdings zu kurz. Man hat zu berücksichtigen, daß das Völkerrecht mehr ist als ein Koordinationsrecht und daß neben völkerrechtlichen Rechten der Staaten ebenfalls Pflichten bestehen. Insofern hat das Staatsgebiet auch eine – bezogen auf einen konkreten Staat – pflichtenbegründende Komponente. Denn ein Staat ist völkerrechtlich verantwortlich für alle Geschehnisse, die auf dem von ihm beherrschten Gebiet ihren Ursprung haben.[3] Besonders deutlich wird dies bei grenzüberschreitenden Auswirkungen auf andere Staatsgebiete.[4]

2. Wie das Verhältnis von Staat und Staatsgebiet dogmatisch zu erfassen ist, ist umstritten. Nach der im älteren Schrifttum überwiegend vertretenen *Objekts-* oder *Eigentumstheorie*[5] ist die Hoheitsgewalt eines Staates über sein Gebiet eine Art dingliches Recht, ähnlich dem Privateigentum an einer Sache. Nach patrimonialstaatlicher Auffassung gar war das Gebiet Privateigentum des Fürsten. Letztere Spielart der Objektstheorie wird nicht mehr vertreten.

Eine andere Deutung versucht die von *Fricker* u. a. vertretene *Raumtheorie.*[6] Nach ihr ist das Staatsgebiet der Raum, in dem der Staat seine Herrschaft über die darin befindlichen Menschen betätigt. Der Staat herrscht demgemäß nicht über ein Gebiet, sondern innerhalb eines Gebietes. Der Raum wird nicht als ein dem Rechtssubjekt Staat gegenüberstehendes Objekt, sondern als die äußere Erscheinungsform, als Eigenschaft oder Element des Staates betrachtet.

Eine dritte Denkrichtung endlich, die sog. *Zuständigkeits-* oder *Kompetenztheorie*[7], versteht das Staatsgebiet als Geltungsbereich der staatlichen Rechtsordnung. Das Staatsgebiet ist danach der räumliche Bereich, in dem der Staat und seine Organe für die Setzung von Rechtsakten zuständig sind, oder auch selbst ein Inbegriff von örtlichen Zuständigkeiten.

Der Unterschied dieser Lehren ist praktisch von geringer Bedeutung. Verfehlt ist zunächst die Eigentumstheorie; sie beruht auf der Verwechslung von Eigentum und Herrschaft. Die Raumtheorie könnte dazu verführen, daß man das Gebiet mit dem Staat identifiziert, mit der Konsequenz, daß jede Gebietsveränderung den Untergang des bisherigen und die Entstehung eines neuen Staates auslösen würde. Dies ist zweifelsohne nicht gemeint.

Die Zuständigkeitstheorie wiederum verkennt, im Verhältnis zur Raumtheorie, daß die Herrschaft des Staates über sein Staatsgebiet qualitativ etwas anderes ist als die räumliche Kompetenz einer Verwaltungsbehörde. Vor allem geht bei ihr der Unterschied zwischen der Herrschaft über Kriegs- und Staatsschiffe einerseits und der Herrschaft über ein Gebiet andererseits verloren. Denn auch in bezug auf derartige Kriegs- oder Staatsschiffe hat der Flaggenstaat die alleinige Zuständigkeit. Dennoch sind Kriegsschiffe auf Hoher See nicht Teil des Staatsgebiets des Flaggenstaates und befinden sich auf fremdem Staatsgebiet, wenn sie einen fremden Hafen anlaufen. Auch vermag die Zuständigkeitstheorie nicht die Fälle zu erfassen, in denen ein Gebiet zwar einem Staat gehört, aber die Staatsgewalt von einem oder mehreren anderen Staa-

---

[1] *Ross*, 133, betont wohl am deutlichsten diese Hilfsmittelfunktion im Völkerrecht; im Ansatz identisch *Verdross/Simma*, 634 ff; *Berber*, 305 f; *Wehser*, in: *Menzel/Ipsen*, 145 ff.

[2] *Dahm* I, 539; *Berber*, 297.

[3] Vgl. dazu die Formulierung des IGH in seinem Gutachten vom 21. Juni 1971 über die *Legal Consequences for States of the Continued Presence of South Africa in Namibia*, (ICJ Reports 1971, 16 (54)), wonach „physical control of a territory, and not sovereignty or legitimacy of title" haftungsbegründend ist.

[4] Vgl. dazu das amerikanisch-kanadische Schiedsgericht am 11. März 1941 im Falle *Trail Smelter*, RIAA III, 1905 sowie im einzelnen unten § 70.

[5] *Lauterpacht*, Analogies, 94 ff; diese Theorie klingt auch in der Entscheidung des IGH im Falle *Minquiers and Ecrehos* an. Denn der IGH präzisiert das Ersuchen Frankreichs und Großbritanniens „to determine *whether the sovereignty over the islets and rocks* ... of the Minquiers and Ecrehos groups respectively belongs to the United Kingdom or the French Republic" mit den Worten „Having thus been requested to decide whether those groups *belong* either to France or to the United Kingdom" (ICJ Reports 1953, 47 (52)); ähnlich auch *Suy*, 493 ff (508).

[6] *Fricker*, Gebiet und Gebietshoheit, 1901.

[7] *Kelsen*, General Theory of Law and State, 1949, 208: „... the territory of a State is in reality nothing but the territorial sphere of validity of the legal order called State".

ten ausgeübt wird. Schließlich wird auf der Basis der Zuständigkeitstheorie nicht hinreichend beachtet, daß das Staatsgebiet nur einen der beiden möglichen Anknüpfungspunkte für eine staatliche Zuständigkeit umschreibt. Denn die staatliche Zuständigkeit kann gleichfalls über das Personalitätsprinzip vermittelt werden. So bleibt beispielsweise der deutsche Forscher in der Antarktis der deutschen Staatsgewalt unterworfen. Diese personal vermittelte Herrschaftsgewalt ist jedoch von anderer Qualität als die territorial vermittelte.

Die beiden letztgenannten Theorien unterscheiden sich letztlich darin, daß sie die Akzente jeweils unterschiedlich setzen. Beide vermögen daher einzelne Aspekte der staatlichen Herrschaft überzeugend zu erklären, andere Aspekte dagegen weniger.

Es erscheint unter diesen Umständen angebracht, sich von privatrechtlichen und verwaltungsrechtlichen Vorstellungen zu lösen. Auszugehen ist von dem Begriff der staatlichen *Souveränität.*

3. Unter Staatsgebiet ist daher derjenige Raum der Erde zu verstehen, der der territorial bezogenen Herrschaftsgewalt (Territorialitätsprinzip im Gegensatz zum Personalitätsprinzip) und der Verfügungskompetenz eines bestimmten Staates unterfällt. Gleichzeitig ist der betreffende Staat für alle Geschehnisse, die in diesem Raum ihren Ursprung haben, völkerrechtlich verantwortlich. Die territorial bezogene Herrschaftsgewalt eines bestimmten Staates ist als eine die Staatsgewalt anderer Staaten ausschließende Zuständigkeit zu begreifen[8], zudem ist sie sachlich umfassend. Sie bezieht sich sowohl auf die Menschen in diesem Gebiet, die beweglichen und unbeweglichen Sachen als auch auf das Gebiet selbst. Der Staat darf auf seinem Staatsgebiet in den durch das Völkerrecht gezogenen Grenzen mit Menschen und Sachen nach seinem Ermessen verfahren, auch über sein Gebiet z. B. durch Abtretung und Entlassung aus dem Staatsverband oder durch Übertragung einzelner Hoheitsrechte auf andere Staaten mit Wirkung gegenüber allen verfügen. Diesem Recht, einem absoluten Recht, entspricht die Pflicht der anderen Staaten und der internationalen Organisationen, die territorial bezogene Herrschaftsgewalt des Staates zu achten.

II. Die Staatenpraxis ebenso wie die völkerrechtliche Judikatur unterscheiden teilweise zwischen *territorialer Souveränität* und *Gebietshoheit*[9], wobei erstere die umfassende Herrschaft über einen bestimmten Raum und letztere die aus der territorialen Souveränität zu legitimierende Herrschaft über die in einem bestimmten Raum befindlichen Personen und Güter bezeichnet. Die territoriale Souveränität umfaßt demnach vor allem das Recht auf Ausübung der Gebietshoheit. Sie ist jedoch hierauf nicht beschränkt, denn aus ihr ergibt sich darüber hinaus die Kompetenz, über das Gebiet selbst durch Zessionsverträge oder über die Ausübung der Gebietshoheit durch Verwaltungszession zu verfügen bzw. einem anderen Staat Servituten[10] einzuräumen. Letztlich muß sich also die völkerrechtskonforme Ausübung der Gebietshoheit stets aus der territorialen Souveränität rechtfertigen lassen.

Die Unterscheidung zwischen territorialer Souveränität und Gebietshoheit ist ein Gebot begrifflicher Klarheit. Denn nur so erscheint es möglich, die Zession eines Gebietes von der Verwaltungszession[11] dogmatisch abzugrenzen. Die Staatenpraxis belegt, daß von diesem Instrumentarium bewußt Gebrauch gemacht wurde.

[8] „Sovereignty in the relations between States signifies independence. Independence in regard to a portion of the globe is the right to exercise therein, to the exclusion of any other State, the functions of a State", so der Schiedsspruch vom 4. April 1928 im *Palmas*-Fall, RIAA II, 829 (838); vgl. dazu auch das Urteil des StIGH im *Lotus*-Fall, PCIJ Series A 10 (1927), 18 f.

[9] Vgl. dazu den Nachweis bei *Verdross/Simma/Geiger,* 223 ff.

[10] Vgl. dazu unten §§ 49, 50.

[11] Vgl. dazu §§ 49 II und 58.

III. 1. Wenn Gebietshoheit umschrieben wird als „die aus der territorialen Souveränität zu legitimierende Herrschaft über die in einem bestimmten Raum befindlichen Personen und Güter", so ist diese Definition eher geeignet, die Probleme des Begriffes zu verschleiern als auszuräumen.
Zunächst ist zu unterscheiden zwischen dem räumlichen Wirkungsbereich von Rechtsnormen und der räumlichen Zuständigkeit von nationalen Organen (Gerichten und Behörden). Diese Unterscheidung zwischen sachverhaltsbezogenem territorialem Geltungsbereich einer inländischen Norm und dem Gebiet, in dem staatliche Organe diese Norm durchsetzen können, ist deshalb von Bedeutung, weil beides keinesfalls zusammenfallen muß. *Guggenheim* prägte für ersteren den Begriff des Wirkungsraums einer Rechtsordnung, den er dem enger zu fassenden Begriff des Geltungsraumes entgegensetzte.[12] In Anlehnung an eine in den USA entwickelte Terminologie[13] empfiehlt es sich, zwischen *Rechtssetzungsgewalt* und *Vollzugsgewalt* zu unterscheiden.

2.a) Nach einer weithin vertretenen Ansicht, wie sie in der *Lotus*-Entscheidung des StIGH besonders deutlich zum Ausdruck kommt, läßt das Völkerrecht den Staaten grundsätzlich Freiheit, wie weit sie den räumlichen Geltungsbereich ihrer Rechtsordnung ausdehnen. Konsequenterweise existieren auch keine entsprechenden rechtsbegründenden völkerrechtlichen Regelungen, sondern Beschränkungen.[14] In der *Lotus*-Entscheidung wird hierzu ausgeführt: „... Far from laying down a general prohibition to the effect that States may not extend the application of their laws and the jurisdiction of their courts to persons, property and acts outside their territory, it leaves them in this respect a wide measure of discretion which is only limited in certain cases by prohibitive rules; as regards other cases, every State remains free to adopt the principles which it regards as best and most suitable".[15]
Die Konsequenz des hier vertretenen Ansatzes ist es, daß die Rechtssetzungsgewalt der Staaten eher konkurrierend als exklusiv ist.[16]

Die Entscheidung befaßte sich mit der Frage, ob die Türkei zur Strafverfolgung eines französischen Kapitäns und seines wachhabenden Offiziers und zur Anwendung türkischen Strafrechts in einem Fall befugt sei, in dem es um den Zusammenstoß eines türkischen Schiffes mit dem französischen Schiff „Lotus" auf Hoher See ging. Das Strafverfahren wurde von türkischer Seite durchgeführt, nachdem die „Lotus" den Hafen von Istanbul angelaufen hatte.

Größere Klarheit über den räumlichen Umfang der staatlichen Rechtssetzungskompetenzen gewinnt man, wenn man nach Staatsgebiet, staatsfreien Räumen und fremdem Staatsgebiet differenziert.

---

[12] *Guggenheim* I, 369 f.

[13] Das vom American Law Institute herausgegebene Restatement, Second, of the Foreign Relations Law of the United States, Section 6, spricht von „jurisdiction to prescribe" und „jurisdiction to enforce", Text bei *Lowe*, 56 ff. Die Notwendigkeit dieser Unterscheidung betont *Mann*, Jurisdiction, 13; *Meng*, Wirtschaftsverwaltungsrechtliche Hoheitsakte, 726, unterscheidet in Anlehnung an *Akehurst*, 145 ff zwischen Regelungshoheit, der Gerichtsbarkeit und der Durchsetzungshoheit; so auch das Restatement (Third) of Foreign Relations Law of the United States (1987), § 401.

[14] *Kaiser*, 12, führt zutreffend aus, daß die Zuständigkeit der Staaten zur Festlegung des räumlichen Geltungsbereichs ihrer Rechtsnormen nicht durch das Völkerrecht begründet, sondern nur von ihm anerkannt wird. Die von *Kelsen*, Allgemeine Staatslehre, Nachdruck der 1. Aufl. von 1925, 1966, 141, vertretene Ansicht, daß es das Völkerrecht sei, das die Anwendung staatlichen Rechts auf extraterritoriale Sachverhalte ermögliche, ergibt sich aus seinem monistischen Ansatz; unklar insoweit *Mann*, Jurisdiction, 11 und 17; wie hier *Akehurst*, 179.

[15] PCIJ Series A 10 (1927), 19.

[16] So auch *Mann*, Jurisdiction, 10.

b) Grundsätzlich erfaßt von der staatlichen Rechtssetzungskompetenz werden Personen, bewegliche sowie unbewegliche Sachen und Sachverhalte auf dem Staatsgebiet selbst.
Allerdings ist auch hier eine Begrenzung des räumlichen Geltungsbereichs einzelner Rechtsnormen möglich. Beispiele sind die Sonderbehandlung von Berlin bzw. die Ausklammerung der Insel Helgoland aus dem deutschen oder von Samnaun und Sampouir aus dem Schweizer Zollgebiet. Nicht hierunter fallen die Privilegien und Immunitäten von Diplomaten und Konsuln. Diese Personen bleiben, ebenso wie die Missionsgebäude, der Rechtsordnung ihres Gaststaates unterworfen.[17] Das gilt auch für die Sonderbehandlung fremder Schiffe, die das Küstenmeer durchfahren.[18] Die grundsätzlich uneingeschränkte räumliche Erfassung aller juristisch relevanten Lebenssachverhalte durch die Rechtsordnung des betreffenden Staates besagt nicht, daß auch seine sachliche Regelungskompetenz unbeschränkt sei. Das Völkerrecht begrenzt die Rechtssetzungskompetenzen der Staaten, selbst wenn der zu regelnde Sachverhalt räumlich keinen Auslandsbezug aufweist. Typische Beispiele für eine entsprechende Einschränkung sind das Fremdenrecht und der internationale Menschenrechtsschutz.

c) Anders stellt sich die Situation für die staatsfreien Räume dar (Hohe See, Antarktis, Weltraum). Ihre Besonderheit liegt darin, daß für diese Bereiche eine in sich geschlossene, auf der Grundlage der Gebietshoheit eines Normgebers gesetzte Rechtsordnung fehlt. Es sind dies Räume, für die kein Staat berufen ist, inhaltlich umfassend und unter Ausschluß anderer Staaten Herrschaft auszuüben. Diese fehlende Zuordnung der staatsfreien Räume zu einem bestimmten staatlichen Herrschaftssystem hat aber nicht etwa einen Zustand der Anarchie zur Folge.[19] In ihnen kommen vielmehr die verschiedenen nationalen Rechtsordnungen nebeneinander und unter Umständen konkurrierend zur Anwendung. Denn die Staaten können unmittelbar das Verhalten ihrer Staatsangehörigen bzw. der Schiffe unter ihrer Flagge oder der bei ihnen registrierten Flugzeuge zum Gegenstand nationaler Regelungen machen, und sie können – wie im *Lotus*-Fall entschieden – innerstaatlich an Vorgänge in diesen Räumen anknüpfen. Ersteres wird vom Völkerrecht vorausgesetzt, teilweise besteht sogar eine Verpflichtung der Staaten, zur Regelung des Verhaltens von Schiffen, Flugzeugen und Weltraumfahrzeugen tätig zu werden.

d) Zulässig ist schließlich auch, Lebenssachverhalte, die sich auf fremdem Staatsgebiet vollzogen haben, zum Gegenstand nationaler Regelungen zu machen.[20]
Insoweit legt das Völkerrecht den Staaten allerdings Beschränkungen auf. Sie können sich aus bilateralen oder multilateralen Verträgen ergeben. So kann etwa die Anwendung des inländischen Steuerrechts auf extraterritoriale Sachverhalte durch Doppelbesteuerungsabkommen ausgeschlossen werden.

3.a) Die wesentliche Einschränkung für die Staaten, Sachverhalte zu normieren, die sich außerhalb des Bereichs der eigenen Gebietshoheit ereignen, liegt darin, daß zwischen dem normierenden Staat und dem normierten Sachverhalt ein Bezug bestehen muß,

---

[17] Art. 41 Wiener Übereinkommen über diplomatische Beziehungen vom 18. April 1961 (BGBl. 1964 II, 958) sowie Art. 55 Wiener Übereinkommen über konsularische Beziehungen vom 24. April 1963 (BGBl. 1969 II, 1587); vgl. dazu oben §§ 35 III und 44.

[18] Art. 18 ff Genfer Übereinkommen über das Küstenmeer und die Anschlußzone vom 29. April 1958 (UNTS 516, 205), vgl. dazu unten § 68.

[19] *Meurer*, Meer, Hohes, Wörterbuch des Völkerrechts und der Diplomatie II, 1925, 27, prägte für die Hohe See die bekannte Formulierung, sie sei frei von Gebietshoheit, nicht aber von Rechtshoheit. So auch *Giese*, Zur Rechtslage im staatenlosen Landgebiet, AöR N.F. 29 (1938), 313.

[20] *Meessen*, 17 f.

wobei die Wahl des Anknüpfungspunktes an völkerrechtlichen Kriterien zu messen ist.[21] Im folgenden soll von dem Begriff der sinnvollen Anknüpfung ausgegangen werden. Fehlt eine derartige sinnvolle Anknüpfung, d. h. regelt ein Staat einen Sachverhalt außerhalb seiner Gebietshoheit ohne genügende Anknüpfung, so verstößt er gegen die vom Völkerrecht vorausgesetzte Arbeitsteilung zwischen den Staaten und greift gleichzeitig in die Kompetenzen eines anderen Staates ein.

Das Bundesverfassungsgericht[22] hat hierzu ausgeführt: „Für die Auferlegung von Abgaben gegen einen im Ausland lebenden Ausländer, die an einen Sachverhalt anknüpft, der ganz oder teilweise im Ausland verwirklicht worden ist, bedarf es, soll sie nicht eine völkerrechtswidrige Einmischung in den Hoheitsbereich eines fremden Staates sein, hinreichender sachgerechter Anknüpfungsmomente für die Abgabenerhebung in dem Staat, der die Abgaben erhebt. Die Anknüpfungsmomente und ihre Sachnähe müssen von Völkerrechts wegen einem Mindestmaß an Einsichtigkeit genügen. Dieses Erfordernis bildet eine wesentliche tatbestandliche Einschränkung der zulässigerweise von einem Staat mit Regelungen seiner eigenen Rechtsordnung zu erfassenden Sachverhalte ..."

Worin eine sinnvolle Anknüpfung zu sehen ist, hängt von der Eigenart des zu regelnden Sachkomplexes ab; einige allgemeine Kriterien haben sich in den nationalen Rechtsordnungen entwickelt.

b) *Strafrecht*: Es ist anerkannt, daß ein Staat in seinem eigenen Hoheitsbereich auch im Ausland begangene Taten bestrafen darf. Es werden daher üblicherweise nicht nur im Inland – gleichviel von wem – begangene Taten (Territorialitätsprinzip)[23], sondern auch Auslandstaten verfolgt. Und zwar fallen darunter einmal Straftaten der eigenen Staatsangehörigen und solcher Personen, die z. B. als Beamte, als Angehörige der inländischen Streitkräfte oder aus sonstigen Gründen zu dem verfolgenden Staat in engeren persönlichen Beziehungen stehen (aktives Personalitätsprinzip)[24]. Die Staaten pflegen aber auch im Ausland begangene Taten von Ausländern zu verfolgen und nach ihrem eigenen Recht zu bestrafen, wenn solche Taten ihre politische Existenz oder sonstige wichtige Interessen bedrohen (Schutzprinzip)[25] oder wenn sie sich gegen ihre eigenen Staatsangehörigen, ihre Amtsträger oder Schutzbefohlenen richten (passives Personalitätsprinzip).[26] Des weiteren ist das Prinzip der stellvertretenden Strafrechtspflege zu nennen. Danach verfolgen Staaten Straftaten ohne Rücksicht auf die Staatsangehörigkeit des Täters und den Ort der Begehung dann, wenn die Tat nach dem am Ort der Tat geltenden Recht strafbar ist und eine Auslieferung nicht in Betracht kommt.[27] Gewisse Straftaten – Falschmünzerei, Sklaven-, Waffen-, Frauen- und Kinderhandel, der Han-

---

[21] In der Literatur finden sich zahlreiche Formulierungen, die die erforderliche Qualifikation eines zulässigen Anknüpfungspunktes allgemein zu umschreiben suchen. *Mann*, Jurisdiction, 49 ff, verlangt, der Bezug müsse „close, substantial, direct, weighty" sein; *Brownlie*, Principles, 309 f, fordert eine „substantial and *bona fide* connection"; *Verdross/Simma*, 564 ff, verlangen ein „genuine link"; für *Wengler* II, 936 ff, genügt ein indirekter Inlandsbezug; *Meessen*, 101 ff, verwendet den Terminus „sinnvoller Anknüpfungspunkt" und nach *Rudolf*, 7 ff, muß der Inlandsbezug um so stärker sein, je mehr rein nationale Interessen wahrgenommen werden. *Fitzmaurice* stellt in seiner „separate opinion" zum *Barcelona Traction*-Urteil des IGH (ICJ Reports 1970, 105) fest: „It is true that, under present conditions, international law does not impose hard and fast rules on States delimiting spheres of national jurisdiction in such matters ... but leaves to States a wide discretion in the matter. It does however (a) postulate the *existence* of limits – though in any given case it may be for the tribunal to indicate what these are for the purposes of that case; and (b) involve for every State an obligation to exercise moderation and restraint as to the extent of the jurisdiction assumed by its courts in cases having a foreign element, and to avoid undue encroachment on a jurisdiction more properly appertaining to, or more appropriately exercisable by, another State.

[22] BVerfGE 63, 343 (369).

[23] § 3 StGB.

[24] §§ 7 Abs. 2 Nr. 1; 5 Nr. 8, 9, 12 und 13 StGB.

[25] § 5 Nr. 1-5 StGB.

[26] §§ 5 Nr. 6, 7, 8; 7 Abs. 1 StGB.

[27] § 7 Abs. 2 Nr. 2 StGB.

del mit Betäubungsmitteln oder unzüchtigen Schriften, die Beschädigung unterseeischer Kabel, nicht selten auch Sprengstoffverbrechen oder Piraterie – werden ohne jede Einschränkung dieser Art überall in der Welt verfolgt und bestraft (Universalitäts- oder Weltrechtsprinzip).[28]

Die Neigung zur Ausdehnung der Strafgerichtsbarkeit auf Auslandstaten – im Sinne des uneingeschränkten Weltrechtsprinzips – wächst. Mit der Ausbreitung und Verstärkung der internationalen Beziehungen in der modernen Welt ist auch das gemeinsame Interesse an der Ausübung der Strafrechtspflege gestiegen. Die durch Technik und Verkehr geförderte Internationalisierung der neuzeitlichen Kriminalität ruft eine verstärkte Solidarität der Staaten bei der Bekämpfung des Verbrechens hervor. Zudem werden bestimmte Verbrechen, z. B. Kriegsverbrechen und sonstige Verbrechen gegen die Menschlichkeit (z. B. Völkermord), als Verbrechen gegen die internationale Gemeinschaft in ihrer Gesamtheit betrachtet. Ihre Verfolgung auf weltweiter Ebene wird empfohlen, in gewissen Grenzen auch durch das positive Recht erlaubt oder sogar gefordert.[29]

Der Verfolgung und Bestrafung im Ausland begangener Straftaten stehen im Prinzip keine völkerrechtlichen Bedenken entgegen.

Eine engere Auffassung wurde früher in den angelsächsischen Ländern vertreten[30], die die territoriale Bindung der staatlichen Hoheitsgewalt seit jeher stärker betonen als die Rechtsordnungen anderer Länder. Auf dem Boden dieser Rechtsauffassung haben die USA beispielsweise Mexiko im sog. *Cutting*-Fall (1886) das Recht abgesprochen, einen Amerikaner auf Grund eines auf amerikanischem Gebiet verfaßten, aber in Mexiko verbreiteten Zeitungsartikels beleidigenden Inhalts in Mexiko zu bestrafen.[31] Ein anderes Beispiel bietet die Aktion der britischen Regierung, die Frankreich im Jahre 1852 dazu bewog, einen Gesetzentwurf zurückzuziehen, der das passive Personalitätsprinzip hatte einführen sollen.[32] Als das Beispiel einer internationalen Instanz kann auch das Schiedsgericht im Rechtsstreit zwischen Großbritannien und den Niederlanden im Falle *The Costa Rica Packet* (1897)[33] angeführt werden. Darin sprach der Schiedsrichter *de Martens* den Niederlanden das Recht ab, eine möglicherweise von einem englischen Kapitän durch Wegnahme fremden Eigentums auf Hoher See begangene Unterschlagung auf ihrem Gebiet zu bestrafen, da nur der Flaggenstaat für die Bestrafung zuständig sei.

Die sich darin aussprechende enge Begrenzung der staatlichen Strafgewalt entspricht nicht der allgemeinen internationalen Rechtsüberzeugung. Die Verfolgung und Bestrafung von Auslandstaten in engeren und weiteren Grenzen ist vielmehr allgemein üblich, und auch das angelsächsische Recht greift über die staatlichen Grenzen hinaus.

Zusammenfassend ist zu sagen, daß die Strafverfolgung im Sinne des Personalitätsprinzips, Schutzprinzips, des Prinzips der stellvertretenden Strafrechtspflege und des Weltrechtsprinzips völkerrechtlich anerkannt ist.[34]

---

[28] § 6 StGB.

[29] Vgl. dazu die Arbeiten der ILC hinsichtlich des Code of Offences against the Peace and Security of Mankind, Report of the International Law Commission on the work of its 38th session (A/41/10), 100.

[30] Vgl. die bei *Hackworth*, Digest II, 180, wiedergegebene Äußerung des amerikanischen Außenministers gegenüber dem Botschafter in Berlin (1909): „... under Anglo-Saxon legal theory, crime is territorial, not personal, and therefore the criminal jurisdiction of the United States does not, as a general rule, extend to crimes committed outside its jurisdiction, whether by American citizens or aliens, ...".

[31] *Moore*, Digest II, 228 ff.

[32] Memoire der französischen Regierung im *Lotus*-Fall, PCIJ Series C 13 II (1927), 185.

[33] *Moore*, Arbitrations V, 4948.

[34] Vgl. dazu z. B. Art. 3 des Übereinkommens über die Verhütung, Verfolgung und Bestrafung von Straftaten gegen völkerrechtlich geschützte Personen einschließlich Diplomaten (BGBl. 1976 II, 1745); Art. 6, 7 des Europäischen Übereinkommens zur Bekämpfung des Terrorismus (BGBl. 1978 II, 321); Art. 5 des Internationalen Übereinkommens gegen Geiselnahme (BGBl. 1980 II, 1361); zu Fragen des internationalen Strafrechts vgl. allgemein *Oehler*, Internationales Strafrecht, 1973; *ders.*, Neuerer Wandel in den Bestimmungen über den strafrechtlichen Geltungsbereich in den völkerrechtlichen Verträgen, Festschrift Carstens I, 1984, 435 ff.

c) *Zivilrecht*: Auf dem Gebiet des Zivilrechts steht es den Staaten grundsätzlich frei zu entscheiden, ob und wieweit sie ausländische Lebensverhältnisse, wo dazu Gelegenheit ist, innerhalb ihres eigenen Hoheitsbereichs ihrer Jurisdiktion unterwerfen und welches Recht sie darauf anwenden wollen. Dennoch sind den Staaten durch das Völkerrecht Grenzen gezogen. So ist dieses Rechtsgebiet seit dem Ende des vergangenen Jahrhunderts zum Gegenstand einer Reihe von internationalen Verträgen geworden, durch die den Staaten Bindungen auferlegt worden sind.[35]

Es kommen hier Verträge verschiedener Art in Betracht. Internationale Verträge können die Kollisionsnormen, das Internationale Privatrecht (IPR) selbst zum Gegenstand ihrer Regelung machen. Mehrere Staaten einigen sich etwa durch Vertrag für bestimmte Rechtsverhältnisse über einen bestimmten Anknüpfungspunkt, z. B. die Staatsangehörigkeit oder den Wohnsitz. Die Haager Ehe- und Familienrechtsabkommen zwischen 1902 und 1905 sind frühe Beispiele für diese Erscheinung. Oder mehrere Staaten können bestimmte Rechtsgebiete inhaltlich übereinstimmend regeln. Wo das geschieht, wie z. B. aufgrund der Genfer Abkommen von 1930 und 1931 auf den Gebieten des Wechsel- und Scheckrechts und durch die Haager Abkommen zur Vereinheitlichung des materiellen Kaufrechts von 1964, dort wird die Kernfrage des IPR – welches der mehreren Rechte soll angewandt werden? – gegenstandslos. Folgende hier relevante Verträge sind zu nennen: Das Haager Übereinkommen über den Zivilprozeß vom 1. März 1954[36] und das Haager Übereinkommen über die Beweisaufnahme im Ausland in Zivil- und Handelssachen vom 18. März 1970.[37] Besondere Bedeutung kommt dem Übereinkommen der Mitgliedstaaten der Europäischen Gemeinschaft über die gerichtliche Zuständigkeit und die Vollstreckung gerichtlicher Entscheidungen in Zivil- und Handelssachen vom 27. September 1968[38] zu, dessen Bestimmungen durch den Europäischen Gerichtshof ausgelegt werden.[39]

Auch wo keine Verträge bestehen, sind die Staaten jedoch nicht vollständig frei. Zwar besteht eine völkerrechtliche Ordnung des Kollisionsrechts im ganzen nicht. Es gibt kein allgemein anerkanntes Prinzip, auf das eine einheitliche Regelung der Konfliktfälle gestützt werden könnte. Das Völkerrecht erfüllt aber doch eine bescheidenere Aufgabe, nämlich eine Begrenzungsfunktion. Auch hier kommt der Grundsatz zur Geltung, daß, wo immer das Völkerrecht Rechte und Freiheiten einräumt, der Berechtigte gehalten ist, auf andere Staaten und die internationale Gemeinschaft Rücksicht zu nehmen. Gerade bei der Gestaltung des Kollisionsrechts, das unmittelbar fremde Interessen berührt, muß er sich der Willkür enthalten.

Man denke an einen Staat, der die Zuständigkeit seiner Gerichte auf Lebensverhältnisse ausdehnen wollte, die zu ihm und seinen Staatsangehörigen keine Beziehung aufweisen, oder der seinen Gerichten die Anwendung ausländischen Rechts schlechthin verböte. Das letztere, die Beschränkung auf das eigene Recht, hat zwar auf manchen Gebieten des Rechts, z. B. im Strafrecht, einen vernünftigen Sinn, auf anderen, z. B. im bürgerlichen Recht, führt es aber nicht zu sachgerechten Lösungen. Es gibt Lebensverhältnisse, die so eng mit einer fremden Rechtsordnung im Zusammenhang stehen, daß die Anwendung ausschließlich des inländischen Rechts auf sie grob sachwidrig wäre. Wenn z. B. der Ausgang eines Rechtsstreits vor einem deutschen Gericht von der Rechtsgültigkeit einer Ehe abhängig ist, so ist es unmöglich, die Beantwortung dieser Frage auch im Hinblick auf im Ausland geschlossene Ehen unter allen Umständen davon abhängig zu machen, ob die ausländische Eheschließung – z. B. zwischen Muslimen in

[35] Einzelheiten bei *Kegel*, Internationales Privatrecht, 5. Aufl. 1985, 5 ff, 127 ff (die gerade erschienene 6. Auflage 1987 konnte nicht mehr berücksichtigt werden); *Wengler*, Internationales Privatrecht, 2 Bde., 1981, 13 ff mwN.

[36] BGBl. 1958 II, 576.

[37] BGBl. 1977 II, 1452, 1472.

[38] BGBl. 1972 II, 773.

[39] Protokoll vom 3. Juni 1971, BGBl. 1972 II, 845.

einem islamischen Lande – den Erfordernissen des deutschen Rechts entspricht oder nicht.[40] Und nicht minder sachwidrig wäre es, wenn man etwa die Verteilung des Nachlasses eines im Inland verstorbenen Ausländers nach den Regeln des deutschen Erbrechts stattfinden ließe.

Durch eine so weit gespannte Ausdehnung des inländischen Rechts ohne Rücksicht auf die Interessen des Auslands würde der Staat seine völkerrechtliche Pflicht zu gemeinschaftsmäßigem Verhalten in der internationalen Gemeinschaft verletzen. Ein Staat darf ausländische Tatbestände seiner Jurisdiktion und seinem Recht nur dann unterwerfen, wenn sie zu seiner eigenen Ordnung in irgendwelchen, nicht zu fern liegenden Beziehungen stehen und die Anwendung des inländischen Rechts auf sie nicht zu unsinnigen oder grob sachwidrigen Ergebnissen führt. Daher sind die Gerichte bei der Prüfung ihrer Zuständigkeit in Fällen mit Auslandsberührung gehalten, die Interessen des betreffenden fremden Staates und seiner Bürger sorgfältig abzuwägen gegen das Interesse des Klägers, vor einem heimischen Gericht Klage zu erheben. Die Inanspruchnahme gerichtlicher Zuständigkeit erscheint beispielsweise nur dann angemessen, wenn der ausländische Beklagte hinreichend enge Kontakte zum Gerichtsstaat unterhält. Die einmalige Lieferung eines fehlerhaften Produktes in den Staat des Forums oder der kurzfristige Aufenthalt in dem betreffenden Staat reichen beispielsweise für die Begründung gerichtlicher Zuständigkeit nicht aus.[41] Die Unterwerfung unter die inländische Jurisdiktion und die Anwendung des inländischen Rechts bedürfen somit – wie bereits angesprochen – eines *sinnvollen Anknüpfungspunktes*. Wo er gänzlich fehlt, dort stellen die Ausübung der Jurisdiktion sowie die Anwendung des inländischen Rechts eine Überspannung, einen Mißbrauch der Staatsgewalt dar[42], der etwa den ausländischen Staat zur Wahrung der Interessen seiner dadurch betroffenen Staatsbürger veranlassen könnte. Eine völkerrechtlich unbedenkliche Anknüpfung liegt jedenfalls dann vor, wenn man sich derjenigen Kriterien bedient, die nach den nationalen Prozeßordnungen die örtliche Zuständigkeit eines Gerichts begründen.

d) *Steuer- und Wirtschaftsrecht:* Angesichts der immer enger werdenden Verflechtung der internationalen Wirtschaftsbeziehungen gewinnt die Frage der extraterritorialen Wirkung von Gesetzen und Hoheitsakten in diesem Bereich stetig an Bedeutung. So besteuert beispielsweise die Bundesrepublik Deutschland – wie auch die Staaten des angelsächsischen Rechtskreises – die auf ihrem Gebiet ansässigen Personen hinsichtlich ihres Einkommens im In- und Ausland. Außerdem besteuert sie alle nicht in der Bundesrepublik Deutschland ansässigen Personen hinsichtlich ihres inländischen Vermögens und Einkommens. Andere Staaten dagegen bevorzugen das Territorial- oder Quellenprinzip.[43] Konflikte können auftreten, wenn zwei Staaten den gleichen Sachverhalt be-

[40] Zur Praxis britischer Gerichte vgl. *Mann*, Jurisdiction, 12 f.

[41] Vgl. dazu *Born*, Reflections on Judicial Jurisdiction in International Cases, The Georgia Journal of International and Comparative Law 17 (1987), 1 ff; er hält die Frage nach der Angemessenheit der Inanspruchnahme gerichtlicher Zuständigkeit („reasonableness" test) für eine „emerging norm of international law". Deshalb kritisiert er die uneinheitliche und unklare Rechtsprechung amerikanischer Gerichte zu diesem Problem und fordert zum einen besondere Sorgfalt bei der Prüfung der Zuständigkeit und zum anderen engere Beziehungen zwischen dem Forum und dem beklagten Ausländer, als sie nach dem sog. „minimum contacts test" in innerstaatlichen Fällen erforderlich sind.

[42] Vgl. *Mann*, Jurisdiction, 11; *Brownlie*, Principles, 299; *Meessen*, 104 ff, der eine Gleichsetzung der Theorie der sinnvollen Anknüpfung mit dem völkerrechtlichen Rechtsmißbrauchsverbot ablehnt, da ein Staat bei Fehlen eines sinnvollen Anknüpfungspunktes seine Zuständigkeit nicht mißbrauche, sondern eine Zuständigkeit nach Völkerrecht von vornherein nicht vorhanden sei.

[43] Vgl. dazu *Ritter*, Das Prinzip Rücksicht, Betriebsberater 1984, 1109; *Langbein*, Grenzen fiskalischer Souveränität im Verhältnis zu den USA, RIW/AWD 29 (1983), 747 ff.

steuern. Um dem vorzubeugen, gibt es eine große Zahl von Doppelbesteuerungsabkommen.

Besonders umstritten ist die Problematik des in das Ausland wirkenden Kartellrechts.[44] Angesichts der internationalen Wirtschaftsverflechtungen sind staatliche Vorschriften über das Verbot und die Kontrolle von Kartellen nur dann effektiv, wenn sie sich auch auf ausländische Sachverhalte beziehen. Die Bundesrepublik Deutschland wendet ihr Kartellrecht auf alle Wettbewerbsbeschränkungen an, „die sich im Geltungsbereich dieses Gesetzes auswirken, auch wenn sie außerhalb des Geltungsbereichs dieses Gesetzes veranlaßt werden" (§ 98 Abs. 2 S. 1 GWB)[45] (*Wirkungsprinzip*). Auf diesem Wirkungsprinzip baut auch das europäische Kartellrecht auf (vgl. Art. 85 ff EWGV).[46]

Dem gleichen Ansatz folgt das US-amerikanische Kartellrecht.[47]

Ausgangspunkt der Abwendung des US-amerikanischen Kartellrechts von dem strikten Territorialitätsprinzip war die *Alcoa*-Entscheidung von 1945.[48] Ausländische Unternehmen hatten in der Schweiz ein Kartell zur quotenmäßigen Aufteilung des Welt-Aluminiummarktes geschlossen, das den Wettbewerb auch in den USA beschränkte. Das Gericht sah darin – unter Formulierung des Wirkungsprinzips – einen Verstoß gegen das amerikanische Kartellrecht (Sherman Act).

Dem Wirkungsprinzip folgen auch das schweizerische sowie das österreichische Kartellrecht[49], es wird abgelehnt von Großbritannien, das weiterhin ein strenges Territorialitätsprinzip vertritt.

Nach dem Wirkungsprinzip reicht allerdings nicht jede noch so geringe Wirkung auf den inländischen Markt aus, um im Ausland sich vollziehende Firmenzusammenschlüsse dem inländischen Kartellrecht zu unterwerfen.

Eine ausreichende – und damit völkerrechtlich zulässige – Anknüpfung wird man nur dann annehmen können, wenn die Inlandsauswirkungen beträchtlich, unmittelbar und vorhersehbar sind oder waren.[50] Diesen Rahmen verlassen die amerikanischen Gerichte, die ihre Selbstbeschränkung nicht aus dem Völkerrecht, sondern der „comity" schöpfen.[51]

---

[44] Siehe Symposium, The Influence of Modern American Conflict Theories on European Law, AJCL 30 (1982), 1-146; *Meng*, Wirtschaftsverwaltungsrechtliche Hoheitsakte, 705 ff.

[45] Vgl. dazu BGHZ 74, 322 (325 ff) (organische Pigmente).

[46] Vgl. dazu EuGH (Rs. 48/69) Slg. 1972, 619 im Fall *Imperial Chemical Industries Ltd. gegen Kommission der Europäischen Gemeinschaften* (Farbstoffe).

[47] *Meessen*, 20 ff, 121 ff, mwN; *Meng*, Wirtschaftsverwaltungsrechtliche Hoheitsakte, 705 ff; kritisch zur US-amerikanischen Praxis *Mann*, Staatliche Aufklärungsansprüche, 533 ff; vgl. zur Frage der Jurisdiktion im Kartellrecht und ihrer Regelung im Restatement of Foreign Relations Law of the United States (Third) von 1987 auch *Fox*, Extraterritoriality, Antitrust, and the New Restatement: Is "Reasonableness" the Answer?, New York Journal of International Law and Politics 19 (1987), 565 ff.

[48] *U.S. v. Aluminium Co. of America*, 148 F. 2d 416 (2d Cir.1945), vgl. ferner *Timberlane Lumber Co. v. Bank of America NT & S.A.*, 549 F. 2d 597 (9th Cir. 1976), *Industrial Development Corp. v. Mitsui and Co.*, 671 F. 2d 876 (5th Cir. 1982), *Mannington Mills v. Congoleum*, 595 F. 2d 1287 (3rd Cir. 1979), *Zenith Radio Corporation v. Matsushita*, 494 F. Supp. 1161 (E.D. Penn. 1980).

[49] *Meng*, Wirtschaftsverwaltungsrechtliche Hoheitsakte, 715, mwN.

[50] So *Meessen*, 171; KG vom 16. Juni 1983 im Falle *Philip Morris/Rothmans*, Der Betrieb 1984, 231.

[51] *Meng*, Wirtschaftsverwaltungsrechtliche Hoheitsakte, 708 f; in dem Fall *Sumitomo v. Parakopi Compania Maritima, S.A.*, 477 F. Supp. 737 (D.C.N.Y. 1979) führt das Gericht zum Begriff der „comity" aus: „Comity is the recognition which one nation allows within its territory to the legislative, executive, or judicial acts of another nation, having due regard both to international duty and convenience, and in deciding whether to accord comity to a decision of a foreign court, a forum court must determine whether the foreign court is one of competent jurisdiction and whether recognizing the foreign court's decisions would violate the laws and policies of the forum nation or state".

e) *Verwaltungsrecht:* Auch hier sind die Staaten grundsätzlich frei, wie sie den Anwendungsbereich ihres Rechts bestimmen.[52] Allerdings muß ebenfalls eine sinnvolle Anknüpfung vorliegen, werden extraterritoriale Sachverhalte erfaßt. Besonders umstritten war insoweit die Geltung des US-amerikanischen Außenwirtschaftsrechts im sog. *Erdgasröhrenstreit.*[53] Dabei wurde u. a. in Frage gestellt, ob die USA bei Gütern auch nach deren Verkauf noch daran anknüpfen durften, daß diese in den USA hergestellt worden waren, und damit deren Weiterveräußerung in die UdSSR verhindern konnten.[54] Dieser Anknüpfungstatbestand hat bislang keine völkerrechtliche Anerkennung gefunden.

4.a) Während Unsicherheit darüber besteht, welche Grenzen das Völkerrecht der Rechtssetzungsgewalt räumlich zieht, liegen die Grenzen für den Bereich der Durchsetzbarkeit bzw. des Vollzugs des staatlichen Rechts weitgehend fest.

b) Grundsätzlich ist ein Staat befugt, seine Rechtsordnung auf seinem Staatsgebiet durchzusetzen. Ausnahmen sieht das Völkerrecht allerdings für Einzelfälle vor. Als Beispiel ist die Rechtsdurchsetzung gegenüber Diplomaten und Konsuln zu nennen.[55] Das nationale Recht wird somit zu einer *lex imperfecta.* Ähnliches gilt für fremde Kriegs-und Staatsschiffe[56] sowie für fremde Streitkräfte.[57] Schließlich ist es den Gerichten verwehrt, über Handlungen fremder Staaten zu entscheiden, soweit diese Handlungen in Ausübung von deren Hoheitsgewalt erfolgten.[58]

c) Was die Durchsetzung bzw. den Vollzug nationalen Rechts auf fremdem Staatsgebiet anbetrifft, so kann der entscheidende Grundsatz in die Worte des StIGH gefaßt werden: Das Völkerrecht verbietet dem Staat die Ausübung seiner Macht auf dem Gebiet eines anderen Staates, sofern nicht eine Regel besteht, die dies erlaubt.[59]
Ausnahmen von diesem Grundsatz können durch völkerrechtlichen Vertrag begründet werden, bestehen aber auch kraft Völkergewohnheitsrechts. Zum Beispiel ist die Tätigkeit von Diplomaten und Konsuln im Ausland zulässig[60], im Falle einer Besetzung oder der Stationierung von Truppen auf fremdem Gebiet sind diese Truppen (u. U. im Rahmen des Stationierungsabkommens) befugt, Hoheitsakte zu erlassen.[61] Ebenso gestattet das Völkerrecht Hoheitsakte des Flaggenstaates an Bord von Schiffen und Flugzeugen in bzw. über fremdem Gebiet.
Dem Verbot, hoheitliche Maßnahmen im Ausland vorzunehmen, kommt für den Bereich des internationalen Kartell- und Steuerrechts große praktische Bedeutung zu. Eine Lösung der Problematik läßt sich in Ausnahmefällen über die Annahme einer stillschweigenden Genehmigung[62] des betroffenen Staates, daß auf seinem Territorium fremde Hoheitsakte vorgenommen werden dürfen, erreichen. Die Praxis einzelner Staaten ist insoweit aber durchaus unterschiedlich. So verbietet die Schweiz bereits die

---

[52] Aus dem internationalen Umweltrecht kann sich sogar die Pflicht ergeben, extraterritoriale Sachverhalte zu berücksichtigen, vgl. dazu § 70.

[53] *Bockslaff,* The Pipeline Affair of 1981/82: A Case History, GYIL 27 (1984), 28 ff; zur US-amerikanischen Position *Vagts,* The Pipeline Controversy: An American Viewpoint, GYIL 27 (1984), 38 ff; zur britischen Haltung *Lowe,* International Law Issues Arising in the "Pipeline" Dispute: the British Position, GYIL 27 (1984), 54 ff.

[54] *Lowe* (Anm. 53), 64 f, positiver *Meessen,* Extraterritoriality of Export Control: A German Lawyer's Analysis of the Pipeline Case, GYIL 27 (1984), 97 (100 f).

[55] Vgl. dazu §§ 35 und 44.

[56] Vgl. dazu §§ 74 II, III.

[57] Vgl. dazu § 74 IV.

[58] Vgl. im einzelnen §§ 71-73.

[59] PCIJ Series A 10 (1927), 18 f (*Lotus*-Fall); vgl. auch *Okresek,* 325 ff (343).

[60] Vgl. dazu oben §§ 34 I und 42 V.

[61] Vgl. dazu unten § 74 IV.

[62] Vgl. dazu *Akehurst,* 147, 150 ff.

Zustellung juristischer Urkunden durch die Post.[63] Völkerrechtlich besteht keine Pflicht, eine derartige Zustellung zu genehmigen.

In aller Regel beruht die Befugnis zu hoheitlicher Betätigung auf fremdem Gebiet auf der Zustimmung des betroffenen Staates, die im Einzelfall oder allgemein erteilt werden kann.

Oft wird die Ausübung der Staatsgewalt jenseits der Staatsgrenzen durch Verträge geregelt.

Beispiele: Mehrere Staaten vereinbaren, daß sie die Zollkontrolle durch ihre Beamten auch auf dem Gebiet des anderen Staates ausüben dürfen. Ein Staat erlaubt einem anderen Staat die Stationierung von Truppen, die Errichtung von Luft- oder Flottenbasen, die Ausübung von Gerichtsbarkeit auf seinem Gebiet.

Einen Sonderfall bildeten die sog. Kapitulationen[64], ein System der Ausübung der Gerichtsbarkeit und sonstiger Staatsgewalt auf fremdem Gebiet auf der Grundlage internationaler Verträge, das allerdings der Vergangenheit angehört und daher nur kurz dargestellt werden soll.

Es beruhte in seinen Anfängen auf der dem älteren Recht eigentümlichen Vorstellung, daß das Recht etwas Persönliches sei, der Mensch sein Recht mit in die Fremde nehme, der Fremde also nicht nach dem Recht des Aufenthaltsstaates, sondern nach seinem Heimatrecht zu beurteilen sei (Personalitätsprinzip). Diese Rechtsanschauung hat die Handelsbeziehungen der europäischen Städte und Staaten während des ganzen Mittelalters beherrscht und auch außerhalb Europas gegolten. Als daher die türkischen Sultane im 16. Jahrhundert den europäischen Staaten die Errichtung von Handelsniederlassungen auf türkischem Boden erlaubten, wurde ihren Staatsangehörigen mit dem Recht zur Abwicklung des Handels und zur Ausübung ihrer Religion auch die Befreiung von der Gerichtsbarkeit und der Steuerhoheit des Aufenthaltsstaates gewährt und den fremden Konsuln die Ausübung der Jurisdiktion über ihre eigenen Staatsangehörigen auf türkischem Boden erlaubt. Dieses System hat dann aber später den Wandel vom Personalverband zum territorialen Flächenstaat überdauert und im 18. und 19. Jahrhundert seinen Charakter verändert. Es wurde nun zu einem einseitigen und diskriminierenden Privilegiensystem, das den asiatischen und afrikanischen Staaten von den europäischen Staaten, später auch von den USA, auferlegt wurde. Damit vermochten sie ihre Staatsangehörigen der – an den Rechtsvorstellungen Europas gemessen – wesensverschiedenen Rechtspflege in diesen Teilen der Welt zu entziehen. Zu diesem Zweck pflegten sie sog. Kapitulationsverträge zu schließen[65] – in der Regel zu erzwingen –, in denen das fremde Land die Europäer von seiner Gerichtsbarkeit ausnahm, in engeren oder weiteren Grenzen die Ausübung von Zivil- und Strafgerichtsbarkeit durch Amtsträger, in der Regel durch Konsulargerichte, der europäischen Staaten erlaubte und – im Sinne des Personalitätsprinzips – die Anwendung des fremden Rechts auf seinem Gebiet zuließ. In manchen dieser Verträge wurden nicht nur die Staatsangehörigen des christlichen Staates, sondern auch solche des Aufenthaltsstaates unter den Schutz des europäischen Staates gestellt und als dessen Schutzgenossen von der einheimischen Gerichtsbarkeit ausgenommen.[66]

---

[63] Aide-mémoire der schweizerischen Botschaft in Washington, AJIL 56 (1962), 794; vgl. aber das Urteil des EuGH (Rs. 52/69), Slg. 1972, 787 (825 f) (*J.R. Geigy AG gegen Kommission der Europäischen Gemeinschaften*), das von *Mann*, Staatliche Aufklärungsansprüche, 531, zu Recht scharf kritisiert wird. Die Frage, ob die völkerrechtswidrige Zustellung der Beschwerdepunkte an die Firma *Geigy* als nicht erfolgt anzusehen sei, entschied der EuGH dahingehend, daß die Möglichkeit der tatsächlichen Kenntnisnahme ausreiche, um den Maßnahmen der Kommission Wirksamkeit zu verleihen.

[64] Vgl. dazu *Oppenheim/Lauterpacht* I, 682-686 sowie *Hackworth*, Digest II, 497 ff, mit einzelnen Beispielen.

[65] Solche Vorrechte wurden manchmal auch stillschweigend ohne Verträge gewährt; vgl. dazu das Urteil des IGH zur Frage der *Vorrechte der amerikanischen Staatsangehörigen in Marokko*, ICJ Reports 1952, 175 (199 f).

[66] Vgl. bzgl. Marokkos auch den Schiedsspruch des Ständigen Internationalen Schiedshofs im Fall der *Muscat Dhows* (1905) bei *Scott* I, 93 (schon einschränkende Auslegung der Kapitulationen).

Nach dem Ersten Weltkrieg begann der Abbau dieses Systems, das mit der Dekolonisierung völlig verschwunden ist.[67]

d) Auch auf staatsfreiem Gebiet kann die Ausübung staatlicher Hoheitsbefugnisse durch das Völkerrecht eingeschränkt sein. Hoheitsakte gegenüber ausländischen Schiffen auf Hoher See, gegenüber fremden Forschungsstationen in der Antarktis oder gegenüber fremden Raumfahrzeugen im Weltraum sind unzulässig, soweit nicht Ausnahmen vorgesehen sind. Eine neuere Entwicklung des Völkerrechts tendiert allerdings dahin, diese Restriktionen im Interesse eines besseren Schutzes der staatsfreien Räume abzubauen.

e) Die Ausübung nichthoheitlicher Tätigkeiten auf dem Gebiet eines fremden Staates unterliegt grundsätzlich keinen speziellen völkerrechtlichen Beschränkungen.[68] Auch hier gilt allerdings das allgemeine Gebot, die innere Ordnung und die politische Unabhängigkeit des fremden Staates zu respektieren. Jedoch ist der Gaststaat – und hierin liegt das Korrelat zu der eben angesprochenen grundsätzlichen Freiheit – nicht verpflichtet, derartige nichthoheitliche Tätigkeiten eines fremden Staates zu privilegieren. Sie bleiben in vollem Umfang nicht nur der Rechtsordnung, sondern auch der Durchsetzungsgewalt des Gaststaates unterworfen.
Ausgeschlossen ist schließlich die Möglichkeit, an sich hoheitliche Akte im privatrechtlichen Gewande des Gaststaates zu vollziehen. So war der Versuch, die Vollstreckung eines Steuerbescheides, dessen Adressat ein nach Kanada übergesiedelter Amerikaner war, durch ein kanadisches Zivilgericht zu erreichen, eine Umgehung des Verbots, hoheitliche Maßnahmen im Ausland zu vollstrecken.[69]

IV. Eine andere Frage ist es, wie eine nationale Rechtsordnung selbst ihren räumlichen Geltungsbereich umschreibt. Gemäß Art. 23 GG z. B. gilt das Grundgesetz für das Gebiet der Bundesrepublik Deutschland. Bestimmt eine Rechtsnorm, daß sie nur auf solche Sachverhalte anzuwenden ist, die sich im Gebiet des betreffenden Staates verwirklicht haben, und wird damit eine extraterritoriale Geltung ausgeschlossen, so spricht man vom Territorialitätsprinzip.[70] Dem Art. 23 GG ist jedoch keinesfalls zu entnehmen, daß deutsche Rechtsnormen nur auf Sachverhalte anzuwenden sind, die sich auf dem Territorium der Bundesrepublik Deutschland ereignet haben.[71] Die auf dem Grundgesetz beruhende Gesetzgebung ist nicht von dem Geltungsbereich des Grundgesetzes selbst abhängig, zumal das Grundgesetz in einzelnen Bestimmungen deutlich werden läßt, daß auch Sachverhalte außerhalb des Bundesgebietes gesetzlicher Regelung zugänglich sind, wie z. B. Art. 73 Ziff. 1 und 10, 74 Ziff. 17 und 21 und 87 Abs. 1.[72]

---

[67] Zuzustimmen ist der abweichenden Meinung der Richter *Hackworth, Badawi, Levi Carneiro* und *Benegal Rau* zum Urteil des IGH zur Frage der *Vorrechte amerikanischer Staatsangehöriger in Marokko*, ICJ Reports 1952, 215: „There is hardly any one today who will question the general proposition that what is known as the capitulatory regime is an anachronism which should be brought to a speedy end, wherever it exists."
Seit 1956 hat auch die Konsulargerichtsbarkeit der USA in Marokko aufgehört zu bestehen.

[68] Vgl. dazu *Meessen*, 15 f.

[69] *Bühler*, Internationales Steuerrecht rollt Völkerrechtsfragen auf, Festschrift Jahrreis, 1964, 33 (44); der Wirtschaftsprüfer *Kaempfer*, der von dem Deutschen Reich mit steuerrechtlichen Ermittlungen in der Schweiz beauftragt war, verstieß nach einer Entscheidung des schweizerischen Bundesgerichts gegen eine Vorschrift des schweizerischen Strafgesetzbuchs (BGE 65 I, 39). Am 17. Juni 1980 hat das Distriktsgericht von Zürich zwei französische Zollbeamte verurteilt, die beschuldigt worden waren, im Rahmen des französischen Devisenbewirtschaftungsrechts in der Schweiz Auskünfte eingezogen zu haben (RGDIP 84 (1980), 1129 ff). Weitere Beispiele bei *Okresek*, 331 ff.

[70] Vgl. dazu *Vogel*, 357 ff.

[71] *Vogel*, 146; *Rudolf*, 12 f; zur Rechtslage in Österreich vgl. *Okresek*, 329.

[72] In seiner Entscheidung vom 20. März 1979 hat das Bundesverfassungsgericht festgestellt, daß auch Ausländer im Ausland grundsätzlich Anspruch auf Rentenauszahlung haben und die entgegenstehende sozialrechtliche Regelung gegen

Ein anderes Ergebnis ist auch nicht aus Art. 25 GG zu gewinnen. Wie schon dargelegt, verbietet das Völkerrecht lediglich die Vornahme von Hoheitsakten auf dem Gebiet eines fremden Staates ohne dessen Einwilligung. Nicht grundsätzlich ausgeschlossen wird dagegen, Sachverhalte im Ausland zum Gegenstand nationaler Regelungen zu machen. Eine das Territorialitätsprinzip verletzende Vornahme von Hoheitsakten liegt auch dann nicht vor, wenn Ausländern im Ausland durch deutsche Rechtsvorschriften subjektive öffentliche Rechte eingeräumt werden.[73]

Gegen die Erstreckung inländischer Rechtsnormen auf Sachverhalte im Ausland bestehen vom nationalen Recht her dann Bedenken, wenn dem die Geltungsregelung der Norm selbst entgegensteht.[74] Allerdings enthalten nur die wenigsten staatlichen Gesetze eine ausdrückliche territoriale Geltungsregel. Als Beispiele sind §§ 3-7 StGB und § 5 OWiG zu nennen.[75] Hieraus ist ebenfalls nicht der Schluß zu ziehen, daß ohne ausdrückliche Geltungserstreckung auf extraterritoriale Sachverhalte Rechtsnormen überhaupt nur innerhalb des Territoriums der Bundesrepublik Deutschland gelten und angewandt werden dürfen.[76] Ebensowenig kann aber a priori davon ausgegangen werden, daß der Geltungsbereich jeder nationalen deutschen Rechtsnorm unbeschränkt ist. Eine Klärung dieser Frage ist stets nur im Wege der Interpretation der betreffenden Norm selbst zu gewinnen.[77]

§ 48 Gebietshoheit und grenzüberschreitende Kooperation

Schrifttum: wie vor § 47.

I. In dem Nationalstaatensystem, wie es seit dem Ausgang des Mittelalters zur Entstehung gelangt ist, bestehen die Staaten theoretisch innerhalb klar geschiedener Grenzen

Art. 3 GG verstößt; der Berufung des Bundesministers für Arbeit und Sozialordnung auf das Territorialitätsprinzip folgte das Gericht nicht (BVerfGE 51, 1 (27)). In seiner Entscheidung vom 11. Oktober 1973 (BSozGE 36, 209) hat sich das Bundessozialgericht mit der Frage befaßt, ob die Berücksichtigung ausländischer Arbeitsentgelte im Rahmen der Berechnung des Jahresarbeitsverdienstes durch völkerrechtliche Grundsätze über territoriale Souveränität und Gebietshoheit verboten sei, und dies im Ergebnis verneint.

[73] So BSozG, Urteil vom 21. Dezember 1971, BSozGE 33, 280 (284 ff); BVerfG, Beschluß vom 20. März 1979, BVerfGE 51, 1 (27); zur Möglichkeit, daß die Grundrechte Wirkung im Ausland entfalten, vgl. BVerfG vom 21. März 1957, BVerfGE 6, 290; BVerwG, Urteil vom 17. Dezember 1986, auszugsweise abgedruckt in EuGRZ 14 (1987), 116, mit einer Anmerkung von *Beyerlin*; in dieser Entscheidung erkannte das BVerwG einem niederländischen Staatsangehörigen, der in einer Grenzgemeinde in unmittelbarer Nähe zum Standort des geplanten Kernkraftwerks Lingen-Süd (Landkreis Emsland) wohnt, die Klagebefugnis gegen die atomrechtliche Genehmigung vor deutschen Verwaltungsgerichten zu und führte dazu aus: „... Durch das Angebot an im Ausland lebende Personen, sich an inländischen Verwaltungsverfahren zu beteiligen, wird keine Hoheitsgewalt im Ausland ausgeübt, folglich auch das Territorialitätsprinzip nicht verletzt; ..." Vgl. dazu auch *Meessen*, 87 ff; *Wolfrum*, Die grenzüberschreitende Luftverschmutzung im Schnittpunkt von nationalem Recht und Völkerrecht, DVBl. 1984, 493 (499); a. A. *Kloepfer*, Grenzüberschreitende Umweltbelastungen als Rechtsproblem, DVBl. 1984, 245 (249 f).

[74] Dies wurde z. B. relevant im *Escamilla*-Fall (USA v. Escamilla, no. 71-1575, U.S. Court of Appeals (4th Cir.), 467 F. 2d 341 (1972); abgedruckt bei *Schatz* (Hrsg.), Science, Technology and Sovereignty in the Polar Regions, 1974, 83 ff. Das Problem lag darin, daß das amerikanische Strafrecht seinerzeit (inzwischen geändert) sich räumlich nur auf das amerikanische Territorium und Schiffe unter U.S. Flagge erstreckte, die Tat aber auf einer Eisscholle 185 Seemeilen entfernt von den kanadischen arktischen Inseln begangen worden war. Das Gericht stellte in seiner Entscheidung Eisscholle und Schiff gleich.

[75] Dabei ist § 5 OWiG wenig glücklich gefaßt, denn er spricht vom „Geltungsbereich dieses Gesetzes", der offenbar mit dem Territorium der Bundesrepublik Deutschland gleichgesetzt wird.

[76] *Rudolf*, 15.

[77] Vgl. z. B. für den Bereich des grenzüberschreitenden Umweltschutzes *Wolfrum*, (Anm. 73), 499 f.

nebeneinander. Ebenso klar voneinander abgegrenzt ist die Ausübung der Gebietshoheit. Die Praxis hat jedoch bereits früh eine Durchbrechung bzw. Einschränkung dieses Grundsatzes notwendig gemacht. Sie vollzog und vollzieht sich in unterschiedlichsten Formen grenzüberschreitender zwischenstaatlicher Kooperation.
Historisch stand zunächst die individuell eingerichtete, zwischenstaatliche Kooperation im Vordergrund, die sich nur auf Teile des Staatsgebietes bzw. Teile der Hoheitsgewalt bezog.
Für diese Staatenkooperation gibt es verschiedene Formen. Sie kann auf dem Boden der Gleichberechtigung zwischen den beteiligten Staaten entstehen, nicht selten kommt es aber auch vor, daß ein Staat über seine Grenzen hinausgreift und andere Staaten in Gestalt von Protektoraten, Demilitarisierungen, Neutralisierungen, wirtschaftlichen Bindungen ('offene Tür'), durch Einräumung von Besetzungs-, Verwaltungs- bzw. Pachtrechten Beschränkungen hinnehmen müssen.
Es sind mannigfaltige Rechtsformen, die hiernach der Prüfung bedürfen, nämlich die Ausübung der Staatsgewalt in ihrer Gesamtheit auf fremdem Gebiet[1], die auf Einzelrechte beschränkte Ausübung der Staatsgewalt auf fremdem Gebiet (Servitut)[2], die Gebietsgemeinschaft mehrerer Staaten, sei es in der stärkeren Form des Kondominiums oder der schwächeren des Koimperiums[3] sowie die Ausübung der Hoheitsgewalt durch internationale Organisationen.[4]

II. Die Verzahnung der Staatsgewalten, die sich auf diese Weise ergibt, gehört schon dem überlieferten Bestand des älteren Völkerrechts an. Die hierfür entwickelten Formen haben (bis auf die Servitut) an Bedeutung verloren. Mit der Ausbreitung und Verdichtung der Gemeinschaftsinteressen und der Einordnung der Staaten in Sicherheits- und Wirtschaftssysteme wurden neue Institutionen der Zusammenarbeit entwickelt. Sie beruhen auf den Prinzipien der Staatengleichheit und Reziprozität und tragen den Bedürfnissen des Einzelfalls stärker Rechnung als es die überkommenen Formen grenzüberschreitender Kooperation vermochten.
Im Vordergrund steht heute die institutionalisierte zwischenstaatliche Kooperation über internationale oder supranationale Organisationen. Vor allem die Europäischen Gemeinschaften bewirken, daß die klare Grenzziehung zwischen den Staaten und den staatlichen Normbereichen abgeschwächt wird bzw. an praktischer Bedeutung verliert. Die gemeinschaftsfördernde bzw. grenzüberwindende Funktion der internationalen Organisationen setzte jedoch erst mit der Gründung des Völkerbundes ein und hat erst nach Beendigung des Zweiten Weltkrieges schrittweise ihre heutige Bedeutung erlangt, wobei die Entwicklung noch nicht abgeschlossen ist.

III. Unterhalb der Schwelle staatlicher Kooperation hat sich eine grenzüberschreitende Zusammenarbeit von Gemeinden entwickelt. Sie ist Beleg dafür, daß die historisch gewachsenen Formen begrenzter zwischenstaatlicher Kooperation für die modernen Bedürfnisse der zwischenstaatlichen Beziehungen nicht mehr ausreichen. Diese Kooperation kann sich, wie die grenzüberschreitende kommunale Zusammenarbeit in Baden-Württemberg zeigt, auch vollziehen, wenn ein entsprechender Staatsvertrag fehlt.[5] Derartige zwischenstaatliche Rahmenverträge, die die Möglichkeit für eine grenzüberschreitende kommunale Zusammenarbeit eröffnen, sind jedoch vereinzelt geschlossen worden.[6] Im Rahmen des Europarates ist ein Rahmenabkommen über die grenzüber-

[1] Vgl. dazu § 49.
[2] Vgl. dazu § 50.
[3] Vgl. dazu § 51.
[4] Vgl. dazu § 52.
[5] *Schlögel*, Grenzüberschreitende interkommunale Zusammenarbeit, 1982, 27.
[6] Staatsvertrag zwischen dem Großherzogtum Lu-

schreitende Zusammenarbeit zwischen Gebietskörperschaften entwickelt worden, das am 22. Dezember 1981 in Kraft getreten ist.[7] Darin verpflichten sich die Vertragsstaaten, die grenzüberschreitende Zusammenarbeit zwischen den Gebietskörperschaften zu erleichtern und zu fördern.[8] Das Abkommen verbessert die Rechtsposition der Gemeinden in diesem Bereich nur begrenzt, denn innerstaatlich wird ihnen kein größerer Handlungsspielraum eröffnet.[9] In der Praxis erfolgt eine grenzüberschreitende Zusammenarbeit auf folgenden Gebieten: Gewässerschutz und Abfallbeseitigung[10], Wasser-[11], Gas-[12] und Elektrizitätsversorgung[13], Nahverkehr[14], Feuerlöschwesen[15] sowie Fremdenverkehr[16]. Darüberhinaus gibt es Vereinbarungen für grenzüberschreitende Planung[17].

IV. Die Praxis belegt, daß das Bedürfnis nach einer grenzüberschreitenden zwischenstaatlichen Kooperation gewachsen ist und mit den traditionellen Instrumenten wie Kondominium[18], Servitut etc. nicht mehr befriedigt werden kann. Soweit es nicht zur Gründung von internationalen Organisationen oder gemeinschaftlichen Unternehmen gekommen ist, haben sich neue Formen der Kooperation herausgebildet, die sich, da sie sich an den praktischen Bedürfnissen des Einzelfalls orientieren, einer Typologisierung entziehen. Ein markantes Beispiel hierfür ist die deutsch-niederländische Zusammenarbeit im Ems-Dollart-Bereich.

Die Grenzverhältnisse im Ems-Dollart-Bereich sind seit dem Ende des Ersten Weltkriegs umstritten. Nach dem Zweiten Weltkrieg wurde zwischen der Bundesrepublik Deutschland und den Niederlanden ein Netz von Verträgen geschaffen[19], das 1984 weiter ausgebaut wurde.[20] Diese Verträge schufen zwar keine territoriale Lösung, vielmehr haben sich die Parteien ihre Rechtsstandpunkte vorbehalten, entwickelten aber pragmatische Lösungen vor allem für den Bereich der Schiffahrt. Ebenso umstritten sind die territorialen Verhältnisse hinsichtlich des Bodensees. Auch hier haben die Anliegerstaaten aber ein Regime geschaffen, das den gegenwärtigen Nutzungsinteressen gerecht wird.[21]

---

xemburg und dem Lande Rheinland-Pfalz über die gemeinsame Erfüllung wasserwirtschaftlicher Aufgaben durch Gemeinden und andere Körperschaften vom 17. Oktober 1974 (GVBl. Rheinland-Pfalz 1975, 55); vgl. dazu *Berg*, Zum Übereinkommen zwischen Dänemark, Finnland, Norwegen und Schweden über grenzüberschreitende Zusammenarbeit von Gemeinden der nordischen Staaten, ZaöRV 40 (1980), 600.

7 BGBl. 1981 II, 965.

8 Dazu *Beyerlin*, Grenzüberschreitende unterstaatliche Zusammenarbeit in Europa. Zum Entwurf eines Europäischen Rahmenübereinkommens über die grenzüberschreitende Zusammenarbeit zwischen Gebietskörperschaften, ZaöRV 40 (1980), 573; *Bosenius*, Grenzüberschreitende Zusammenarbeit – Europäisches Rahmenübereinkommen über die grenzüberschreitende Zusammenarbeit zwischen Gebietskörperschaften, Der Landkreis 1980, 112; zu den Initiativen des Europarates vgl. vor allem *Schlögel* (Anm. 5), 27 ff.

9 *Schlögel* (Anm. 5), 46 ff.

10 Diesem Sachkomplex kommt in der Praxis besondere Bedeutung zu. Vgl. dazu u. a. das Abkommen zwischen Baden-Württemberg, Bayern, Österreich und der Schweiz vom 27. Oktober 1960 (GVBl. Bayern 1961, 237) für den Bodensee. Weitere Beispiele für Verträge über die Abfallbeseitigung bzw. den Gewässerschutz, und zwar mit und ohne staatliche Beteiligung, schildert *Schlögel* (Anm. 5), 160 ff, 221 ff, 344 ff.

11 Vgl. dazu *Schlögel* (Anm. 5), 277 ff.

12 Vgl. dazu *Schlögel* (Anm. 5), 287 ff.

13 Vgl. dazu *Schlögel* (Anm. 5), 304 ff.

14 Vgl. dazu *Schlögel* (Anm. 5), 330 ff.

15 Vgl. dazu *Schlögel* (Anm. 5), 353 ff.

16 Vgl. dazu *Schlögel* (Anm. 5), 362 ff.

17 Vgl. dazu *Schlögel* (Anm. 5), 375 ff.

18 Damit soll nicht gesagt werden, daß ein Kondominium nicht doch funktionsgerecht sein könne, vgl. dazu *Rudolf*, Das deutsch-luxemburgische Kondominium, AVR 24 (1986), 301.

19 Ausgleichsvertrag vom 8. April 1960 (BGBl. 1963 II, 461), Grenzvertrag vom 8. April 1960 (BGBl. 1963 II, 463), Ems-Dollart-Vertrag vom 8. April 1960 (BGBl. 1963 II, 602) und Zusatzvertrag vom 14. Mai 1962 (BGBl. 1963 II, 653).

20 Vertrag über die Zusammenarbeit im Bereich von Ems und Dollart sowie in den angrenzenden Gebieten, vom 10. September 1984, Text in: BGBl. 1986 II, 511. Vgl. dazu *Winte*, Die Grenzproblematik des Dollarthafenprojekts, DVBl. 103 (1988), 175.

21 Vgl. unten § 63.

Insgesamt belegen diese Beispiele die Tendenz, eine Lösung von Territorialproblemen oder Nutzungskonflikten nicht unbedingt über eine Grenzziehung und die Begründung von Gebietshoheit zu suchen, sondern daß durchaus die Bereitschaft besteht, sich darauf zu beschränken, die Kompetenzen für bestimmte Nutzungsarten zu verteilen.[22]

§ 49 Die Ausübung der Staatsgewalt auf fremdem Gebiet

Schrifttum: wie vor § 47.

I. Die Regel, daß dem Staat die Hoheitsgewalt auf seinem Gebiet unter Ausschluß anderer zusteht, läßt Ausnahmen zu. Substanz (territoriale Souveränität) und Ausübung der Staatsgewalt (Gebietshoheit) können sich spalten.[1] Es kommt vor, daß die Gebietshoheit in einem bestimmten Gebiet in ihrer Gesamtheit von einem anderen Staat ausgeübt wird als dem, der die territoriale Souveränität innehat. Ein solches Rechtsverhältnis kann sich schon nach den allgemeinen Regeln des Völkerrechts etwa im Kriege ergeben, wenn einer der Kriegführenden das gesamte Gebiet seines Gegners besetzt und dessen Staatsgewalt für die Dauer und Zwecke des Krieges verdrängt, und dasselbe kann auch geschehen, wenn ein Staat das Gebiet eines anderen Staates besetzt, ohne sich im Kriege mit ihm zu befinden („occupatio pacifica").[2] Ein Staat kann die Ausübung der Staatsgewalt aber auch durch Vertrag einem anderen Staat überlassen.

Wenn ein fremder Staat auf die Dauer volle Gebietshoheit auf dem Gesamtgebiet eines Staates ausüben darf und sich dessen territoriale Souveränität auf ein nudum ius reduziert, so verliert letzterer den Charakter eines souveränen Staates. Die Ausübung der Gebietshoheit kann sich aber auch auf das Teilgebiet eines Staates beschränken. Es handelt sich dabei um Rechtsformen, die mit der Abtretung oder der Annexion des Gebiets eine gewisse Ähnlichkeit haben, sich von diesen aber rechtlich doch unterscheiden. Im einzelnen kommen Rechtsverhältnisse verschiedener Art in Betracht.

II.1. Es kommt vor, daß ein Staat einem anderen Staat die Regierung und Verwaltung eines Gebiets schlechthin und auf unbestimmte Zeit überläßt (sog. *Verwaltungszession*).[3] So war Zypern nach 1878 der Form nach noch ein Teil der Türkei, aber Großbritannien zur Besetzung und Verwaltung überlassen.[4] In ähnlicher Weise wurde Österreich-Ungarn auf dem Berliner Kongreß 1878 die Besetzung und Verwaltung Bosniens und der Herzegowina übertragen, die aber im Verbande des türkischen Reiches verblieben.[5] In beiden Fällen machten spätere Annexionen (Bosnien und Herzegowina 1908, Zypern 1914) dem Provisorium ein Ende. Auch der völkerrechtliche Status der Kanalzone nach dem Hay-Varilla Vertrag zwischen der Republik Panama und den USA vom 18. November 1903[6] bietet ein Beispiel. In Art. 2 dieses Vertrages überließ Panama den USA

[22] Vgl. dazu *Beauchamp*, The Management Function of Ocean Boundaries, San Diego Law Review 23 (1986), 611 (653 ff).

[1] Dies ist z. B. der Fall bei dem Koimperium, vgl. dazu § 51.

[2] Beispiele: Die Besetzung von Nicaragua 1912, Haiti 1915, San Domingo 1916 durch die USA.

[3] Ein der Vergangenheit angehörendes Beispiel sind die von China den europäischen Staaten in deren Gesandtschaftsvierteln eingeräumten Konzessionen.

[4] Britisch-türkischer Bündnisvertrag vom 4. Juni 1978 (Text in: *de Martens*, NRG 2ième Série, III, 272) und Vertrag vom 1. Juli 1878 (Text in: *de Martens*, NRG 2ième Série, III, 274).

[5] Berliner Vertrag vom 13. Juli 1878 (Text in: *de Martens*, NRG 2ième Série, III, 449), Art. 25.

[6] Text in: *de Martens*, NRG 2ième Série, XXXI, 599.

für alle Zeiten den Gebrauch, den Besitz und die Kontrolle der Zone. Das wird dann noch einmal in Art. 3 dahin interpretiert, es überlasse die Republik Panama den USA „all the rights, power and authority ... which the United States would possess and exercise if it were the sovereign of the territory ... to the entire exclusion of the exercise by the Republic of Panama of any such sovereign rights, power and authority". Der Vertrag über Freundschaft und Zusammenarbeit zwischen den Vereinigten Staaten und Panama vom 2. März 1936 bestätigte diesen Zustand. Er sprach von der Kanalzone als „territory of the Republic of Panama under the jurisdiction of the United States"[7]. Die Konsequenzen dieser rechtlichen Konstruktion wurden in der Gemeinsamen Erklärung zu den Prinzipien eines neu auszuhandelnden Vertrages vom 7. Februar 1974[8] deutlich. Danach heißt es: „... The Panamanian territory in which the Canal is situated shall be returned to the jurisdiction of the Republic of Panama". Mit dem am 7. September 1977[9] abgeschlossenen Vertrag werden den USA nur noch einzelne Betriebs- und Verwaltungsrechte in bezug auf den Kanal selbst (nicht die Kanalzone) eingeräumt. Dabei gingen die Parteien davon aus, daß Panama kraft seiner territorialen Souveränität seine Gebietshoheit nunmehr wieder selbst ausübt und es dafür einer ausdrücklichen Rückübertragung der an die USA zedierten Rechte nicht bedürfe. Damit belegt dieses Beispiel, daß selbst eine längerfristige Übertragung der Gebietshoheit die territoriale Souveränität nicht zwangsläufig zu einem nudum ius reduziert.[10]

Ein Auseinanderfallen von territorialer Souveränität und Gebietshoheit kennzeichnete auch die rechtliche Situation des Saargebiets 1920-1935[11] und Deutschlands nach der Kapitulation vom 8. Mai 1945. Denn die Siegermächte übernahmen in ihrer Erklärung vom 5. Juni 1945[12] nur die „supreme authority" über das Deutsche Reich und stellten dabei klar, daß eine Annexion nicht beabsichtigt sei. Durch Art. 3 des Friedensvertrages der USA mit Japan vom 8. September 1951 hat Japan den USA das Recht eingeräumt, auf der Inselgruppe Okinawa die volle gesetzgebende, richterliche und administrative Gewalt auszuüben, wobei man jedoch davon ausging, daß die Souveränität Japans über diese Inselgruppe erhalten blieb. Durch Vertrag vom 17. Juni 1971 wurden die Beschränkungen der japanischen Souveränität wieder aufgehoben.[13]

2. Vereinbarungen der hier erörterten Art können eine Parallele in den Verträgen des bürgerlichen Rechts haben, kraft deren der Eigentümer seine Sache behält, aber ihre Nutzung anderen überläßt. Dieser Rechtsformen hat sich seit dem 19. Jahrhundert auch die internationale Praxis bedient. Nicht selten wurden Gebiete *verpachtet*.[14]

---

[7] UST No. 945; AJIL 34 (1940), Supp., 139.

[8] AJIL 68 (1974), 516 ff.

[9] Treaty Concerning the Permanent Neutrality and Operation of the Panama Canal (Text in: AJIL 72 (1978), 238).

[10] Auf einen solchen Fall einer gänzlich entleerten und damit auch juristisch nicht mehr vertretbaren Hoheitsgewalt, nämlich der Türkei über Kreta und Samos gegen Ende des 19. Jahrhunderts, bezieht sich die Äußerung des Richters *Hudson* in seinem Sondervotum, PCIJ Series A/B 71 (1937), 117 ff (127), daß „a juristic conception must not be stretched to the breaking-point, and a ghost of a hollow sovereignty cannot be permitted to obscure the realities of this situation". *Hudson* schloß daraus, daß die Türkei für die Verletzung für Kreta und Samos geltender Konzessionsverträge nicht verantwortlich sei.

[11] Vgl. dazu § 52.

[12] Text der Erklärung im Amtsblatt des Kontrollrats in Deutschland, Ergänzungsblatt Nr. 1 vom 30. April 1946, 7.

[13] Vgl. dazu *Ishimoto*, Article 3 of the Treaty of Peace with Japan and the Agreement on the Reversion of Okinawa, JAIL 16 (1972), 15 ff.

[14] Im allgemeinen wird kein Pachtzins vereinbart. Nicht hierher gehören Pachtverträge, durch die ein Staat einem anderen Staat ein Gebiet nicht zum Zwecke der vollen Ausübung der Hoheitsgewalt, sondern nur zum Zwecke einer ganz bestimmten Einzelnutzung „verpachtet". Beispiel: die Verpachtung der mittel- und südamerikanischen Flotten- und Luftbasen durch Großbritannien an die USA 1940. Hier bleibt dem Rechtsträger nicht nur die territoriale Souveränität, sondern auch die Gebietshoheit im wesentlichen erhalten. Es wird nur eine Servitut zugunsten des berechtigten Staates begründet. Die Grenzen zwischen dieser Rechts-

Bekannte Beispiele sind die Verträge, die China 1898 mit Deutschland (Kiautschou), Rußland (Port Arthur) und Großbritannien (Wei-Hai-Wei) abschließen mußte. Pachtverträge bestanden auch auf europäischem Boden. So überließ Finnland der UdSSR im Frieden von 1940 die Halbinsel Hangö zur Pacht, im Friedensvertrag von 1947 in gleicher Weise das Gebiet von Porkkala-Udd.

Die hier erörterten Pachtverträge sind Gebrauchsüberlassungsverträge besonderer Art, geschlossen von den Staaten als Trägern territorialer Souveränität. Aber die Staaten können auch echte Pachtverträge im Sinne des Privatrechts schließen. Überläßt ein Staat einem anderen Staat z. B. ein ihm gehörendes Grundstück gegen Entgelt zu fiskalischen Zwecken, so kommt zwischen den Staaten ein bürgerlichrechtlicher Vertrag zustande, der nach dem nationalen Privatrecht des einen oder des anderen Staates zu beurteilen ist. Das hat mit dem Völkerrecht nichts mehr zu tun. Doch kann sich mit solchen Verträgen eine Vereinbarung des Inhalts verbinden, daß der Pächterstaat auf dem gepachteten Grundstück hoheitliche Befugnisse, z. B. die Zollkontrolle ausüben darf. Wenn das der Fall ist, handelt es sich um ein völkerrechtliches Abkommen über die Gewährung einer Staatsservitut.[15]

3. Als ein Übergangszustand ergibt sich das Recht zur Regierung fremden Gebietes, wenn ein Staat ein Gebiet an einen anderen *abtritt*, der noch nicht im Besitz ist. Dann vollzieht sich der Übergang des Gebiets mit dem Inkrafttreten des Abtretungsvertrages, aber der Zedent ist zur Aufrechterhaltung der Ordnung bis zur Übergabe befugt und verpflichtet.

III. Soweit Verträge der hier beschriebenen Art sich über lange Zeit, z. B. über einen Zeitraum von 99 Jahren erstrecken, ist ihr Ergebnis wieder nicht wesentlich anders als das einer Abtretung des Hoheitsgebiets. Auch solche Rechtsverhältnisse sind von anderen Staaten und den internationalen Organisationen zu respektieren, und der begünstigte Staat ist international verantwortlich für das Gebiet, das er kontrolliert. Dennoch kann man solche Verträge nicht als „verschleierte Gebietszessionen" kennzeichnen. Die Abtretung eines Gebiets setzt einen darauf gerichteten Willen der beteiligten Staaten voraus. Die Rechtsform des Verwaltungsmandats oder Pachtvertrages läßt diesen Willen aber nicht erkennen. Im Gegenteil: Es besteht kein Grund zu der Annahme, daß solche Verträge nicht nach ihrem Sinn und Wortlaut ausgelegt werden müßten. Sie sind eben keine Abtretungs-, sondern *Gebrauchsüberlassungsverträge*. Zwar gewähren sie dem Verwaltungs- und Pächterstaat ein mehr oder weniger umfassendes Recht zur Ausübung der Hoheitsgewalt, aber eben doch einer Hoheitsgewalt über *fremdes Gebiet*, dessen Bewohner nicht die Staatsangehörigkeit des Verwaltungs- oder Pächterstaates erwerben. In der Regel steht dem Träger der Hoheitsgewalt ein Heimfallsrecht zu, das nach dem Ablauf der vertraglich vereinbarten Zeit ohne weiteres geltend gemacht werden kann.[16] Daher darf der verwaltende oder der Pächterstaat über das Gebiet nicht wie über sein eigenes Territorium verfügen. Er darf es nicht abtreten, nicht eigenmächtig dem Treuhandsystem der Vereinten Nationen unterstellen, das gepachtete Gebiet nicht ohne Zustimmung des Verpächterstaats weiterverpachten.[17] Das Recht der Verfügung

---

form – der Gebrauchsüberlassung zu konkreten Zwecken – und der Verpachtung unter Überlassung der Gebietshoheit sind fließend. Weitere Beispiele finden sich bei *Verzijl*, International Law in Historical Perspective: Part III, 1970, 475 ff.

[15] Beispiele bei *Oppenheim/Lauterpacht* I, 456, Anm. 5.

[16] Vgl. dazu die Entwicklung in bezug auf die Panama-Kanal-Zone; zu den Einzelheiten vgl. unten § 62 V.

[17] Letzteres ausdrücklich in Art. 5 des Vertrages zwischen Deutschland und China über Kiautschou vom 6. März 1898 (Text in: *de Martens*, NRG 2ième Série, XXX, 326). So erteilte China 1905 seine Zustimmung zur Abtretung des Pachtgebietes von Port Arthur durch Rußland und im Versailler

verbleibt vielmehr dem Träger der eigentlichen Hoheitsgewalt, dessen Verfügungen freilich die Rechte des Ausübungsberechtigten nicht ändern oder aufheben können. Auch im übrigen nimmt der Ausübungsberechtigte die Stellung eines Treuhänders ein. Er darf nicht beliebig mit dem Territorium verfahren, sondern hat auf den Inhaber des Rechts Rücksicht zu nehmen. Er darf das Gebiet nicht zerstören, sondern hat seine Substanz zu erhalten und diese nach dem Ablauf der Verwaltungsperiode oder Pachtzeit dem eigentlichen Träger der Hoheitsgewalt zurückzuerstatten.
Daß eine Verwaltungszession und eine Gebietszession nicht gleichzusetzen sind, beweisen sowohl das Beispiel Bosnien/Herzegowina als auch das der Panamakanalzone. Denn als Österreich am 5. Oktober 1908 seine Souveränität über die genannten Gebiete proklamierte, erfolgten internationale Proteste. Die Anerkennung des neuen Rechtszustands erreichte Österreich erst im Vertrag vom 26. Februar 1909 mit der Türkei gegen Zahlung von 54 Millionen Goldkronen.[18] Hinsichtlich der Panamakanalzone erhielt Panama die Gebietshoheit zurück. Ein weiteres Beispiel bietet die britische Kronkolonie Hongkong. Während die Insel Hongkong bereits im Friedensvertrag von Nanking vom 29. August 1842 an Großbritannien abgetreten worden war, wurden die sog. New Territories, welche 92% der gesamten Landfläche der Kronkolonie ausmachen, im Zweiten Pekinger Vertrag vom 9. Juni 1898 auf 99 Jahre an Großbritannien verpachtet. Am 19. Dezember 1984 unterzeichneten China und Großbritannien einen Vertrag, in dem die Rückgabe des Gebiets von Hongkong an China im Jahre 1997 geregelt wird.[19]

IV. In früheren Zeiten kam auch die Verpfändung von Staatsgebiet vor.[20] Diese Erscheinung gehört jetzt der Vergangenheit an. Aber auch noch in neuerer Zeit kam es vor, daß ein Staat einem anderen Staat ein Gebiet als *Sicherheit* für die Erfüllung bestimmter Verpflichtungen überließ. Durch den Frankfurter Frieden vom 10. Mai 1871 wurde Deutschland[21], durch den Friedensvertrag von Versailles den Alliierten ein solches Besatzungsrecht eingeräumt[22], um die Erfüllung der Friedensbedingungen sicherzustellen. Aber „Faustpfänder" dieser Art sind keine Pfänder im rechtlichen Sinne. Sie geben dem „Pfandgläubiger" nicht das Recht, das Pfand durch Verkauf zu verwerten. Auch hat die Besatzungsmacht nur eine beschränkte Hoheitsgewalt. Fälle dieser Art gehören also in den Zusammenhang der Staatsservitut.

§ 50 Einzelrechte an fremdem Gebiet (die internationalen Servituten)

Schrifttum: *Hollatz*, Begriff und Wesen der Staatsservituten, 1908; *Labrousse*, Des servitudes en droit international public, 1911; *Potter*, The Doctrine of Servitudes in International Law, AJIL 9

Friedensvertrag seine Zustimmung zur Abtretung von Kiautschou durch Deutschland an Japan.

18 Text in: *de Martens*, NRG 3ième Série, II, 661.

19 Joint Declaration of the Government of the United Kingdom of Great Britain and Northern Ireland and of the Government of the People's Republic of China on the Question of Hong Kong, in Kraft getreten am 27. Mai 1985; vgl. zu den Einzelheiten des Vertrages *Ress*, The Legal Status of Hong Kong after 1997, ZaöRV 46 (1986), 647 ff und *Focsaneanu*, La déclaration conjointe du gouvernement de la République Populaire de Chine et du gouvernement du Royaume-Uni sur la question de Hongkong, RGDIP 91 (1987), 479 ff. jeweils mwN; eine Bewertung dieses Vertrages findet sich bei *Slinn*, The Hong Kong Settlement: A Preliminary Assessment, International Relations 9 (1987), 1 ff. Einen ähnlichen Vertrag schlossen am 13. April 1987 die Volksrepublik China und Portugal, in dem die Rückgabe Macaos an China geregelt wird, die am 20. Dezember 1999 erfolgen soll; vgl. dazu *Focsaneanu*, La déclaration conjointe sino-portugaise sur Macao, RGDIP 91 (1987), 1279 ff.

20 Geschichtliche Beispiele bei *Oppenheim/Lauterpacht* I, 455 ff.

21 Art. 7 (Text in: *de Martens*, NRG 1ère Série, XIX, 688).

22 Art. 428 (Text in: *de Martens*, NRG 3ième Série, XI, 321 (659) und RGBl. 1919, 687 (1309)).

(1915), 627; *De Staël-Holstein*, La doctrine des servitudes internationales en Scandinavie, RDILC 49 (1922), 424; *Weber*, Staatsservituten in den Friedens- und sonstigen völkerrechtlichen Verträgen seit 1919, 1927; *Münch*, Ist an dem Begriff der völkerrechtlichen Servitut festzuhalten?, 1931; *Reid*, International Servitudes in International Law, 1932; *Ubertazzi*, Studi sui diritti reali nell'ordine internazionale, 1949; *O'Connell*, A Re-Consideration of the Doctrine of International Servitudes, Canadian Bar Review 30 (1952), 807; *Farran*, International Enclaves and the Question of State Servitudes, ICLQ 4 (1955), 294; *Váli*, Servitudes of International Law, 2. Aufl. 1958; *Abendroth*, Servitut, in: Strupp/Schlochauer III, 262; *Viall*, The Transit of Persons to and from Lesotho, The Comparative and International Law Journal of Southern Africa 1 (1968), 1, 187, 363.

I. Von dem Fall, daß ein Staat oder ein anderes Völkerrechtssubjekt die gesamte Gebietshoheit auf dem Gebiet eines anderen Staates ausüben darf, ist der häufigere Fall unterschieden, daß einem Völkerrechtssubjekt auf fremdem Gebiet nur einzelne Hoheitsrechte eingeräumt werden. Ein Staat hat etwa ein Besatzungs- oder Fischereirecht auf fremdem Gebiet. Es besteht dann auf diesem nach einem weitverbreiteten, aber problematischen Sprachgebrauch eine Dienstbarkeit oder Servitut zu Gunsten des berechtigten Staates. Diese kann sich dahin auswirken, daß dem belasteten Staat lediglich ein Verbot auferlegt ist, z. B. das Verbot, Befestigungen zu unterhalten. Er ist also zu einem Unterlassen verpflichtet. Dem belasteten Staat kann aber auch eine Duldungspflicht auferlegt werden. Dies ist z. B. dann der Fall, wenn der berechtigte Staat oder dessen Staatsangehörige das Recht zum Fischfang oder Kanalbau haben. Dementsprechend darf man vom Standpunkt des berechtigten Staates aus von passiven und aktiven, negativen und positiven Gebietsrechten sprechen.
Aber auch ein positives, auf einen bestimmten Raum bezogenes Handeln kann u. U. Gegenstand solcher Verpflichtungen sein. Entgegen einer weitverbreiteten, durch die Anlehnung an das römische Recht (servitus in faciendo consistere nequit) beeinflußten Meinung können dem verpflichteten Staat auch Gebote, z. B. die Verpflichtung zur Errichtung und Instandhaltung von Anlagen, zur Beseitigung von Hindernissen für die Schifffahrt usw. auferlegt werden.[1]
Stets kann nur ein Territorium, das der Gebietshoheit eines Staates untersteht, Gegenstand einer Servitut sein, die Hohe See z. B. scheidet als Servitutsobjekt aus.

II. Hoheitsrechte an fremdem Gebiet sind weit verbreitet, und sie erscheinen in den mannigfaltigsten Formen. In der internationalen Praxis sind insbesondere drei Gruppen von Gebietsrechten wichtig, die den Kreis dieser Rechte aber keineswegs erschöpfen:

1. Häufig sind *wirtschaftliche Hoheitsrechte* an fremdem Gebiet, Rechte, die dem begünstigten Staat die Nutzung des belasteten Gebiets, in der Regel allerdings nur in bestimmter Richtung gewähren: z. B. Fischerei-, Schiffahrts-, Gruben- oder Hafennutzungsrechte.[2] Rechte dieser Art stellen normalerweise Erlaubnisse dar. Es kommt aber auch vor, daß dem verpflichteten Staat nur ein Verbot, z. B. der Ausnutzung von Wasserkräften[3] oder der schrankenlosen Ausnutzung einer in ihrem Bestande gefährdeten Fischerei auf seinem Gebiet, auferlegt wird.

[1] Beispiele bieten Art. 336, 358 Abs. 3, 361, 373, 385 Versailler Vertrag. Solche Verpflichtungen in Beziehung auf ein bestimmtes Gebiet von dem Begriff der Servitut auszuschließen, besteht kein vernünftiger Grund.

[2] So gewährte der Versailler Vertrag Art. 65 Frankreich gewisse Rechte am Hafen von Kehl. Vgl. nach dem Zweiten Weltkrieg BVerfGE 2, 347 über den Vertrag zwischen dem Lande Baden und dem Port Autonome de Straßbourg von 1951 über die Verwaltung des Hafens von Kehl.

[3] Vgl. etwa den Vertrag zwischen Großbritannien, Italien und Abessinien von 1902 bei *de Martens*, NRG 3ième Série, II, 828. Darin verpflichtete sich Abessinien, keine Anlagen zu bauen oder bauen zu lassen, die den Wasserzufluß zum Nil aufhalten könnten.

Eine wirtschaftliche Beschränkung der territorialen Hoheitsgewalt ist auch in der Errichtung von Freihäfen oder Freizonen zu Gunsten anderer Staaten enthalten.[4] Diese dürfen dort zollfrei Güter ein- und ausführen, lagern, verladen, und der verpflichtete Staat hat sich der Ausübung seiner Zollhoheit zu enthalten.

2. Wirtschaftlichen, militärischen, politischen Zwecken dienen die weitverbreiteten *Verkehrsservituten*[5], auch sie begründen in der Regel Rechte positiver Natur: Ein Staat erlaubt z. B. einem anderen den Bau oder die Unterhaltung von Straßen, Eisenbahnen, Kanälen, Telegraphenlinien, das Überfliegen seines Gebiets, den Transitverkehr von Personen und Waren durch sein Gebiet.[6] Manchmal aber sind solche Beschränkungen der Gebietshoheit rein negativer Natur.[7] So mußte Siam sich z. B. in Art. 8 des Friedensvertrages von Singapur vom 1. Januar 1946 verpflichten, nicht ohne die Zustimmung der britischen Regierung den Bau eines Kanals durch den Isthmus von Kra zu gestatten.

3. Eine andere Gruppe wichtiger Servituten sind Hoheitsbeschränkungen *militärischer Art*. Sie existieren teils in der Form von Verboten, teils in der Form von Erlaubnissen. Beispiele für die ersteren sind etwa die häufigen Verträge über die Demilitarisierung bestimmter Gebiete, das Verbot oder die Beschränkung der Unterhaltung von Truppen oder Befestigungen auf einem bestimmten Gebiet. Zahlreiche Bestimmungen dieser Art sind z. B. in den Pariser Vorortverträgen nach dem Ersten Weltkrieg[8], manche auch in den Friedensverträgen von 1947[9] enthalten. Denkbar sind auch Verbote, die etwa die Lagerung von Atomwaffen oder die Errichtung von Raketenbasen in einem bestimmten Raum untersagen. Darüber hinaus geht die „Neutralisierung", die Befriedung bestimmter Gebiete. In der jüngeren Vergangenheit haben vor allem im Zusammenhang mit der Ausbildung regionaler Sicherheitssysteme und der Anlehnung militärisch schwacher Staaten an die Großmächte auch positive Gebietsrechte dieser Art an Bedeutung gewonnen. Dabei handelt es sich um Besatzungs- und Durchmarschrechte, Rechte zur Stationierung von Truppen mit den Hoheitsrechten (Errichtung von Anlagen, Manöverrecht, Gerichtsbarkeit usw.), die sich naturgemäß damit verbinden, zur Errichtung oder Benutzung von Luft- und Flottenbasen, zum Überfliegen mit Militärflugzeugen usw.

III. Solche Beschränkungen der örtlichen Hoheitsgewalt haben ihre Grundlage in internationalen Verträgen, nicht selten auch in multilateralen Verträgen. Aber sie können

---

4 Beispiele bieten die Freihäfen in Hamburg und Stettin nach dem Versailler Vertrag Art. 363 und 364 (zu Gunsten der Tschechoslowakei) oder das Freihafenregime für Triest nach dem Friedensvertrag mit Italien von 1947, das auch nach der Neuregelung der Triester Frage durch das Viermächteabkommen vom 5. Oktober 1954 weiterbesteht. Vgl. auch das Urteil des StIGH über die *Freizonen in Hochsavoyen und Gex*, PCIJ Series A/B 46 (1932).

5 Eine solche Servitut auf Grund eines Vertrages zwischen Polen und Danzig von 1920 war Gegenstand des Rechtsgutachtens des StIGH über den *Polnischen Postdienst in Danzig* (1925) – PCIJ Series B 11 (1925) –, in dem es darum ging, ob und wo Polen auf dem Gebiet der Freien Stadt Danzig polnische Postkästen anbringen dürfe.

6 Vgl. z. B. Versailler Vertrag Art. 89 (Servitut zu Gunsten Deutschlands auf dem polnischen Korridor) und 98 (entsprechende Rechte für Polen auf dem rechten Weichselufer). Vgl. auch Friedensvertrag mit Italien 1947, Art. 8 (2), 10 (1).

7 Eine eigenartige Verbindung positiver und negativer Gebietsrechte enthielt der Versailler Vertrag Art. 358, der einerseits Frankreich die Ableitung von Wasser aus dem Rhein und andere Rechte auf deutschem Boden gewährte, andererseits Deutschland den Bau eines Seitenkanals untersagte und Verpflichtungen anderer Art auferlegte.

8 Vgl. etwa Versailler Vertrag Art. 42-44, 180 (Rheinland und 50-km-Zone östlich des Rheins), 97 Abs. 4 S. 3 (Ostpreußen), 115 (Helgoland). – Ein anderes Beispiel bietet die Entmilitarisierung der Ålandinseln nach dem Pariser Vertrag von 1856 und dem Friedensvertrag mit Finnland von 1947, Art. 5 i.V.m. dem finnisch-russischen Abkommen vom 11. Oktober 1940 (Text in: *de Martens*, NRG 3ième Série, XXXIX, 456).

9 Friedensvertrag mit Italien Art. 11 (2), 47-50, mit Bulgarien Art. 12.

auch auf anderem Wege, z. B. durch örtliches Gewohnheitsrecht oder durch stillschweigendes Gewährenlassen des in seiner Hoheitsgewalt beschränkten Staates entstehen.[10] Gewisse Beschränkungen sind der Gebietshoheit schon durch das allgemeine Völkerrecht auferlegt. So müssen die Staaten die Durchfahrt fremder Schiffe durch ihre Küstengewässer gestatten, sind die großen internationalen Verkehrswege, etwa die interozeanischen Kanäle, der Schiffahrt aller Nationen geöffnet. Auch solche Rechte lassen sich als Gebietsrechte an fremdem Territorium, als internationale Servituten bezeichnen. Allgemeine Beschränkungen dieser Art sind nach ihrem Inhalt und ihrer begrifflichen Struktur von den auf Verträgen beruhenden Servituten nicht unterschieden.[11]

IV. Die Hoheitsrechte auf fremdem Gebiet oder internationale Dienstbarkeiten sind mit dem Staatsgebiet als solchem verbunden.[12] Der Raum selbst muß Gegenstand der Berechtigung sein, sei es ein Teilgebiet, sei es das Staatsgebiet in seiner Gesamtheit.[13] Im Hinblick auf das Gebiet entsteht dann ein besonderes Rechtsverhältnis zwischen den unmittelbar beteiligten Staaten und im Verhältnis beider zu dritten.

1. Im Verhältnis des belasteten und des berechtigten Staates kommt eine begrenzte Gebietsgemeinschaft zustande. Sie führt zu einer gewissen Beschränkung der örtlichen Hoheitsgewalt. Doch bleibt diese nicht nur der Substanz, sondern auch der Ausübung nach weiter bestehen[14], soweit die Servitut dies gestattet. In den Grenzen der beschränkten Berechtigung aber sind beide Staaten zu gemeinschaftsgemäßen Verhalten verpflichtet. Wie der Staat, der die Gebietshoheit über ein Territorium in seiner Gesamtheit ausübt, so ist auch der Staat, der Träger nur einzelner Gebietsrechte ist, zu loyaler, rücksichtsvoller Ausnutzung seiner Rechte, zu einem *civiliter uti* verpflichtet. Vor allem hat der berechtigte Staat dafür zu sorgen, daß die Substanz des Gebiets nicht beeinträchtigt wird.

---

[10] In dem Rechtsstreit zwischen Lübeck und Mecklenburg über die *Hoheits- und Fischereirechte in der Lübecker Bucht* glaubte der Staatsgerichtshof für das Deutsche Reich 1928 Fischereirechte Lübecks in mecklenburgischen Hoheitsgewässern daraus entnehmen zu können, daß Lübeck diese Rechte lange Zeit ohne Widerspruch Mecklenburgs ausgeübt hatte. Die Entscheidung ist abgedruckt in der Zeitschrift des Lübecker Vereins für lübekkische Geschichte und Altertumskunde XXV, H. 1. – Lehrreich ist auch der Streit zwischen den USA einerseits und andererseits Argentinien (1832) und später Großbritannien (1854) um die Rechte der amerikanischen Fischer auf den Falklandinseln. Die Regierung der USA vertrat hier den Standpunkt, daß ihre Fischer durch langdauernde Übung und stillschweigende Duldung das Recht erlangt hätten, in dem Inselgebiet zu fischen und Zuflucht zu suchen. Dazu *Moore*, Digest I, 876 ff. Heute ist davon auszugehen, daß neue Servituten nur kraft Vertrages entstehen.

[11] So besteht kein grundsätzlicher Unterschied zwischen einer Beschränkung der Hoheitsgewalt auf Grund multilateraler Verträge und einer solchen, die in dem allgemeinen Völkerrecht ihre Grundlage hat. Wie hier z. B. *Verdross*, Die Verfassung der Völkerrechtsgemeinschaft, 1926, 203 und *Jessup*, The Law of Territorial Waters and Maritime Jurisdiction, 1927, 119. A. A. z. B. *Oppenheim/Lauterpacht* I, 536. Für eine einschränkende Auslegung des Begriffs auch *O'Connell*, 807 f. – Wenig glücklich sind die Ausdrücke „natürliche" oder „Legalservituten" für solche Dienstbarkeiten allgemeiner Natur.

[12] Verfehlt daher die Kennzeichnung der Litauen durch die Botschafterkonferenz 1924 auferlegten Verpflichtung zur Einführung eines demokratischen Verfassungssystems im Memelgebiet als „servitudes internationales constitutionnelles". So *Mirkine-Guetzevitch*, Droit international et droit constitutionnel, RdC 38 (1931 IV), 332 ff mit weiteren Beispielen in dieser Hinsicht.

[13] Das letztere ist umstritten. Aber warum soll es einen wesentlichen Unterschied machen, ob z. B. eine Provinz oder das ganze Staatsgebiet demilitarisiert oder neutralisiert ist: a. A. *Oppenheim/Lauterpacht* I, 540, Anm. 2.

[14] So kam der Schiedsspruch des StISchH in dem Rechtsstreit zwischen England und den USA über die *Fischereirechte im Nordatlantik* (1910) zu dem Ergebnis, daß die den USA eingeräumten Fischereirechte in den britischen Hoheitsgewässern Großbritannien als den Träger der Gebietshoheit nicht an dem Erlaß der zur Regelung der Fischerei erforderlichen Vorschriften zu hindern vermöchten. Vgl. den Schiedsspruch bei *Scott* I, 141 ff.

2. Das Gebietsrecht haftet als ein *ius in territorio alieno* am Raum. Nicht anders als die Abtretung des Gebiets enthält die Einräumung solcher Rechte eine Verfügung des berechtigten Staates mit Wirkung für alle.[15] Auch dritte Staaten und die internationalen Organisationen haben die Rechte des begünstigten Staates zu achten. Andererseits ist der Staat, der das Hoheitsrecht ausübt, soweit er das Gebiet kontrolliert, dritten Staaten verantwortlich für das Gebiet. Der raumbezogene Charakter solcher Rechtsverhältnisse macht sich aber auch bei einem Wechsel der Gebietshoheit geltend. Die besonderen Gebietsrechte stehen dem Wechsel, namentlich auch der Verfügung über das Gebiet, an sich nicht entgegen. Der Nachfolgestaat tritt aber gegebenenfalls auf der einen wie auf der anderen Seite in die Rechtsstellung des Vorgängers ein. Die Regel, nach der örtlich gebundene Verträge im Falle der Staatennachfolge weiterbestehen, muß auch und erst recht auf Rechtsverhältnisse der hier erörterten Art angewandt werden.[16]

Als daher Sardinien im Jahre 1860 gewisse, durch Art. 92 der Wiener Akte vom 9. Juni 1815 neutralisierte Teile von Savoyen an Frankreich abtrat, brachte Art. 2 des Vertrages vom 24. März 1860 zum Ausdruck, daß Sardinien die neutralisierten Gebiete Frankreich nur mit den darauf liegenden Lasten zu übertragen vermöge. – Nach der Abtretung von Alaska an die USA erhob sich die Frage, ob gewisse Schiffahrtsrechte, die Rußland Kanada auf den durch Alaska in den Pazifik fließenden Flüssen eingeräumt hatte, weiterbestünden. Diese Frage wurde von den Ratgebern des britischen Außenamtes bejaht, „as Russia could cede only what she had"[17]. Im schweizerischen Counter-Memorial im Falle der *Free Zones of Upper Savoy and the District of Gex* kam dieser Gesichtspunkt deutlich zum Ausdruck: „... les droits réels, en droit international, sont ceux qui se rapportent au territoire et qui, par essence, valent erga omnes."[18]

Die Konvention über Staatennachfolge in Verträge vom 22. August 1978[19] geht in Art. 12 ebenfalls davon aus, daß die Rechte und Pflichten unberührt bleiben, die sich auf die Nutzung eines Gebiets oder auf Beschränkungen seiner Nutzung beziehen und die

---

15 Vgl. auch die Entscheidung des zentralamerikanischen Gerichtshofs im Rechtsstreit zwischen Nicaragua und Costa Rica 1916 – AJIL 11 (1917), 181 f –, in der festgestellt wurde, daß der Bryan-Chamorro Vertrag zwischen den USA und Nicaragua ältere Rechte Costa Ricas, namentlich auch dessen Schiffahrtsrechte auf zu Nicaragua gehörenden Flüssen verletze. Doch entzog das Gericht sich einer Stellungnahme zu der Frage der Rechtswirksamkeit des Bryan-Chamorro Vertrages unter Hinweis darauf, daß das Gericht nicht über die Rechtsstellung einer nicht am Verfahren beteiligten Macht, der USA, urteilen könne.

16 Die Frage ist lebhaft umstritten. Eine weit verbreitete Lehre beruft sich darauf, daß Verträge nur den Parteien Rechte und Pflichten zuteilen können, und bestreitet, daß Servituten für und gegen den Rechtsnachfolger wirken. So z. B. *Keith*, The Theory of State Succession, 1907, 24; *Cavaglieri*, La dottrina della successione di Stato a Stato, 1910, 103 f; *Schoenborn*, Staatensukzessionen, 1913, 46 f, 73; *Castrén*, Aspects récents de la succession d'Etats, RdC 78 (1951 I), 385 (438); *Schwarzenberger* I, 212 f. Doch wird damit der Charakter solcher Rechte als eines Teiles der internationalen Raumordnung nicht richtig gesehen. Zutreffend etwa *Oppenheim/Lauterpacht* I, 536 ff (541 f), *Sibert* I, 383 f, *Verdross*, Die Verfassung der Völkerrechtsgemeinschaft, 1926, 190 f, *Váli*, 232, *Balladore Pallieri*, 469 ff, *Quadri*, 504. In gleichem Sinne *O'Connell*, The Law of State Succession, 1956, 49 f (es hätten diese Verträge „more of a conveyance than an agreement") und 53 („State practice favours the view that equities can be indelibly stamped on a territory"). Dagegen bezweifelt *Kelsen*, Principles, 484 f, ob dem Nachfolger Pflichten auferlegt werden können. Zur gegenwärtigen Lehre vgl. in Übereinstimmung mit der hier vertretenen Auffassung *Verdross/Simma*, 616 f und *Zemanek*, Die Wiener Konvention über die Staatennachfolge in Verträge, Festschrift Verdross, 1980, 719 ff; siehe auch oben § 16 III 4.

17 Vgl. *O'Connell*, 812 f – Siehe auch das Urteil des StIGH im *Freizonen*fall (1932), PCIJ Series A/B 46 (1932), 144. Als aber Deutschland nach dem Übergang der Philippinen auf die USA 1898 die Ansicht vertrat, daß gewisse Deutschland (und Großbritannien) durch einen Vertrag mit Spanien in der Sulusee gewährte Handels- und Schiffahrtsprivilegien weiterbestünden, lehnten die USA diese Auffassung ab. Dazu *Moore*, Digest V, 351.

18 PCIJ Series C 17 I (III), 1654; kritisch *Rousseau* III, 45.

19 UN Doc. A/Conf. 80/31 und A/Conf. 80/31/Conv. 2 vom 27. Oktober 1978; der Konventionstext ist abgedruckt in: ILM 17 (1978), 1488.

durch einen Vertrag zugunsten des Gebiets eines anderen Staates, einer Staatengruppe oder aller Staaten begründet und als zu dem betreffenden Gebiet gehörig betrachtet werden. Doch kann im Falle des Gebietswechsels eine Beendigung oder Anpassung des Vertrages an die neuen Verhältnisse unter dem Gesichtspunkt der *clausula rebus sic stantibus* gerechtfertigt sein.

V. Streit herrscht um die begriffliche Konstruktion. Eine im Schrifttum weit verbreitete Ansicht betrachtet das hier erörterte Rechtsverhältnis als Dienstbarkeit oder Servitut i. S. des römischen Rechts. Von den verschiedenen Dienstbarkeiten des römischen Rechts kommt in erster Linie die Prädialservitut in Betracht. Darunter versteht man ein dingliches Recht, ein *ius in re aliena*, kraft dessen ein Grundstück (*praedium serviens*) den wirtschaftlichen Bedürfnissen eines anderen Grundstücks (*praedium dominans*) auf die Dauer nutzbar gemacht wird. Aber von vielen, insbesondere den Anhängern der Raum- und Zuständigkeitstheorie, wird dieser Begriff nicht für verwendbar gehalten.[20]
Auch in der internationalen Praxis treten seit einigen Jahrzehnten die Bedenken stärker hervor. In dem oben erwähnten Rechtsstreit zwischen Großbritannien und den USA über die *Fischereirechte im Nordatlantik*[21] haben die amerikanischen Vertreter den Charakter der Fischereirechte als einer Servitut geltend gemacht und daraus – allerdings kaum begründete – Folgerungen zum Nachteil der örtlichen Hoheitsgewalt ableiten wollen. Aber der StISchH äußerte Zweifel an der Brauchbarkeit des Begriffs und glaubte, – mit im einzelnen wenig überzeugender Begründung – die Vereinbarung einer Servitut im vorliegenden Fall verneinen zu müssen. Ablehnend hat sich auch im Jahre 1920 das Juristenkomitee des Völkerbundes in seinem Gutachten über die *Rechtsstellung der Ålandinseln* geäußert.[22] Der StIGH endlich hat in seinem Urteil im *Wimbledon*-Fall (1923) die Frage offen gelassen und Deutschlands Verpflichtung zur Gestattung der Durchfahrt durch den Nordostsee-(Kieler)Kanal auf andere Weise begründet.[23]
Gegen die Verwendung des Begriffs Servitut bestehen in der Tat gewisse Bedenken. So wie sich die Gebietshoheit wohl nicht als Privateigentum am Staatsgebiet ansprechen läßt, scheint auch die Übernahme des privatrechtlichen Begriffs der Dienstbarkeit problematisch. Auch im einzelnen hinkt der Vergleich. So gehört es zum Wesen der Grunddienstbarkeit, daß sie gerade dem *praedium dominans* Vorteile bietet. Es ist aber nicht erforderlich, daß ein Gebietsrecht gerade dem Gebiet des begünstigten Staates, also der Nutzung oder Beherrschung des Raumes, Vorteile bringt. Schließlich paßt das Merkmal der Dauer nicht für das internationale Gebietsrecht.[24] Deshalb wäre allenfalls von einer Servitut in einem weiteren und modifizierten Sinne zu sprechen. Ob man den Ausdruck mit diesem Vorbehalt verwenden will oder nicht, ist dann allerdings nur noch eine terminologische Frage.

---

[20] Vgl. z. B. *Schoenborn*, (Anm. 16), 32 f, 46, *Guggenheim* I, 395 f, *v.Lißt/Fleischmann*, 132 f („völlig irreführend"). Kritisch ebenfalls *Berber*, 313, *Verdross/Simma*, 639. Dagegen halten u. a. *Verdross*, Völkerrecht, 191 f und *Lauterpacht*, Analogies, § 52 den Begriff für verwendbar.

[21] Vgl. Anm. 14.

[22] Société des Nations, Journal officiel 1920, Supp. spéc. N. 3, 16. Es hielt die Demilitarisierung der Inseln auf Grund des Vertrages von 1856 für objektives, für alle verbindliches Recht, aber ohne sich auf den Begriff der Servitut festlegen zu wollen.

[23] PCIJ Series A 1 (1923). Dagegen glaubte der Richter *Schücking* (43 f) seine abweichende Ansicht gerade auf die Annahme einer Staatsservitut und der daraus folgenden Verpflichtung zu einem *civiliter uti* stützen zu können.

[24] A. A. z. B. *Reid*, 20. Aber warum soll z. B. eine militärische „Servitut" aufhören, eine solche zu sein, weil ein Staat sich nicht für immer, sondern z. B. für 20 oder 50 Jahre zur Demilitarisierung einer Zone verpflichtet? Richtig z. B. *Váli*, 227.

VI. Konzessionen, die ein Staat Privatpersonen oder Privatgesellschaften erteilt, sind keine Gebietsrechte im hier bezeichneten Sinne. So war das der „Houillières du Bassin de Lorraine“ in Kapitel VI des Vertrages zwischen der Bundesrepublik Deutschland und Frankreich zur Regelung der Saarfrage vom 27. Oktober 1956 (BGBl. 1957 II, 1589) zugedachte Pachtrecht, das ihr den Abbau der Kohlenfelder im Warndt gewährleisten sollte, keine Staatsservitut. Dagegen begründeten die von der Bundesrepublik Deutschland übernommenen Verpflichtungen zur Gestattung des Grenzübergangs unter erleichterten Bedingungen, des Hin- und Herüberschaffens von Gerätschaften, Waren und anderen Dingen, der Durchfuhr von Gas und Strom usw. Beschränkungen der deutschen Hoheitsgewalt. Sie waren nicht anders als die in Art. 83 des Vertrages übernommene Verpflichtung zur „Zurverfügungstellung“ eines bestimmten Prozentsatzes der Kohlenförderung im Saargebiet als Dienstbarkeiten zu Gunsten der französischen Republik konzipiert.

VII. Das beschränkte Gebietsrecht, die internationale Servitut, ist eine alte Erscheinung. Sie stellt jedoch eine wichtige Einrichtung gerade auch des modernen Völkerrechts dar. Sie dient nicht nur den mannigfaltigsten Interessen der beteiligten Staaten, sondern sie erfüllt auch eine bedeutsame internationale Funktion. Gemäßigt wird durch sie die Unbeschränktheit der territorialen Hoheitsgewalt, und sie kann die Nachteile unvorteilhafter Grenzziehungen mildern. In einem Zeitalter, in dem sich die politischen, strategischen und wirtschaftlichen Interessen der Staaten in wachsendem Maße verzahnen, kann die Einräumung beschränkter Gebietsrechte der internationalen Zusammenarbeit eine rechtliche Grundlage bieten, die beteiligten Staaten, wenn auch nur zu bestimmten Zwecken, zu einer Gemeinschaft verbinden. In der jüngsten Vergangenheit gewinnt das Problem der Nutzung begrenzter Ressourcen, insbesondere der Wasserversorgung, immer mehr an Bedeutung. In diesem Zusammenhang ist die Einräumung von Servituten u. U. ein geeignetes Mittel, um eine angemessene Nutzung sicherzustellen. Eine besondere Bedeutung scheint dem Instrument der Servitut aber vor allem für den Bereich der Kommunikation zuzuwachsen, sei es, um Binnenstaaten einen Zugang zum Meer einzuräumen, sei es, um den Transport von Rohstoffen zu den Zentren des Verbrauchs sicherzustellen. Typisch für letzteres ist der Vertrag zwischen Kanada und den USA vom 28. Januar 1977 über die Verlegung und Nutzung einer Pipeline.[25] Mit der Zeit allerdings werden solche Rechtsverhältnisse sich in den Rahmen überstaatlicher Regeln einfügen müssen, wird die multilaterale Ordnung den bilateralen Vertrag auch auf diesem Gebiet in den Hintergrund drängen. Ein deutlicher Beleg hierfür ist die Sicherung von Transitrechten zu Gunsten von Binnenstaaten durch das Seerechtsübereinkommen[26] sowie die Garantie des Überflugrechts durch Art. I der Vereinbarung über den Durchflug im Internationalen Fluglinienverkehr vom 7. Dezember 1944.[27]

§ 51 Die Gebietsgemeinschaft mehrerer Staaten (Kondominium und Koimperium)

Schrifttum: *Verdross*, Staatsgebiet, Staatengemeinschaftsgebiet und Staatengebiet, NZIR 37 (1927), 293; *Kunz*, Die Staatenverbindungen, 1929, 278; *Pilotti*, Coimperio e Condominio nel Diritto Internazionale, RDI (Genf) 19 (1941), 284; *P. Schneider*, Condominium, in: *Strupp/Schlo-*

[25] TIAS 8720.

[26] Art. 124 ff SRÜ.

[27] BGBl. 1956 II, 442; UNTS 84, 389.

chauer I, 297; *Coret*, Le condominium, 1960; *Rudolf*, Das deutsch-luxemburgische Kondominium, AVR 24 (1986), 301.

I. Es kommt vor, daß die territoriale Souveränität über ein Gebiet mehreren Staaten gemeinsam zusteht. Für dieses Rechtsverhältnis ist der Ausdruck *Kondominium* gebräuchlich, der Begriff *Koimperium* hingegen, wenn zwei oder mehreren Staaten nicht die gemeinsame territoriale Souveränität, sondern nur das Recht zu der Ausübung der Gebietshoheit zusteht. Beide Begriffe werden in Theorie und Praxis nicht immer streng genug voneinander getrennt.[1]

Wo Gebietsgemeinschaften dieser Art bestehen, steht die Hoheitsgewalt den beteiligten Staaten als Gesamthändern zu. Deshalb können sie im Zweifel nur gemeinsam verfügen.[2] Das Gebiet des Kondominats bleibt von dem eigenen Gebiet der an dem Kondominium beteiligten Staaten rechtlich getrennt, und seine Bewohner haben eine eigene Staatsangehörigkeit, eben die des Kondominats.[3] Nicht anzuwenden ist der Begriff des Kondominiums auf eine als rein provisorisch gedachte gemeinschaftliche Verwaltung von Staaten, wie sie nach Beendigung der beiden Weltkriege jeweils errichtet wurde (gemeinsame Verwaltung der deutschen Kolonien nach dem Ersten Weltkrieg durch die Alliierten, gemeinsame Verwaltung des Memelgebiets, Verwaltung der italienischen Kolonien nach dem Zweiten Weltkrieg, Ausübung der Staatsgewalt in Deutschland zwischen der Erklärung von Berlin vom 5. Juni 1945 und 1949, gemeinsame Verwaltung von Österreich von 1945 bis zum Abschluß des Staatsvertrages). Denn der Sinn dieser Regelung war nicht die gemeinsame Wahrnehmung territorialer Souveränität, sondern lediglich die Schaffung eines transitorischen Systems, das in einen neuen territorialen Zustand überleiten sollte.[4]

Die Bedeutung des Kondominiums ist in der Praxis des Völkerrechts gering geblieben. Es war stets nur eine Art Übergangslösung, allgemeine Regeln lassen sich aus den wenigen Fällen schwerlich herleiten.

Beispiele: Von 1816 bis zum Versailler Vertrag hat ein Kondominium von Preußen und zunächst den Niederlanden, später Belgien an dem wegen der dort gelegenen Minen von beiden Teilen begehrten Gebiet von Neutral-Moresnet existiert.[5] Unter Kondominatsverwaltung befinden sich seit 1815 die Grenzflüsse zwischen der Bundesrepublik Deutschland und dem Großherzogtum Luxemburg.[6] Die Fasaneninsel in der Bidassoa steht seit 1901 unter dem Kondominium Frankreichs und Spaniens.[7] Von 1864 bis 1866 hat Schleswig-Holstein unter dem Kondominium von Preußen und Österreich gestanden. Nach der Jahrhundertwende hat der Wettbewerb der großen Kolonialmächte im pazifischen Raum zu territorialen Kompromissen geführt. Von 1889 bis 1899 hat Samoa unter dem Kondominium der USA, Großbritanniens und Deutschlands gestanden.[8] Bis 1980 dauerte das in das 19. Jahrhundert zurückgehende, mehrfach neugeregelte Kondominium zwischen Großbritannien und Frankreich über die Neuen Hebriden an, in dessen Rahmen die Hoheitsgewalt über die Staatsangehörigen beider Staaten von jedem einzeln, aber

---

[1] Wie hier *Verdross/Simma*, 661; *Rousseau* III, 22, spricht von „co-souveraineté".

[2] Daher durfte Nicaragua nicht einseitig über die unter dem Kondominium von Nicaragua, San Salvador und Honduras stehende Bucht von Fonseca verfügen, wie es durch den Abschluß des Bryan-Chamorro Vertrages im Jahre 1914 geschah. In diesem Sinne die Entscheidung des zentral-amerikanischen Gerichtshofs im Rechtsstreit zwischen Nicaragua und San Salvador 1917, abgedruckt in: AJIL 11 (1917), 674 f.

[3] Dazu *Jellinek*, Der automatische Erwerb und Verlust der Staatsangehörigkeit durch völkerrechtliche Vorgänge, 1951, 230 f.

[4] So *Rousseau* III, 22 f; a.A. *Guggenheim* I, 436 und noch die 1. Aufl. dieses Lehrbuchs, 555.

[5] Dazu RGST 38, 289.

[6] *Rudolf*, 301 ff.

[7] Text des Vertrages RGDIP 8 (1901), Doc. 12-13.

[8] Vgl. die Quellen bei *Strupp*, Documents II, 224 f.

die territoriale Hoheitsgewalt im übrigen gemeinsam ausgeübt wurde.[9] Im Jahre 1939 haben Großbritannien und die USA eine Mitherrschaft („joint control") über die als Luftstützpunkte interessierenden pazifischen Inseln Canton und Enderbury errichtet.[10] 1953 ist das 1899 errichtete und 1936 erneuerte Kondominium von Großbritannien und Ägypten über den Sudan[11] mit der Errichtung des Sudan als eines unabhängigen Staates erloschen.

II. Der Normalfall der Gebietsgemeinschaft ist der, daß die territoriale Souveränität ihrer Substanz nach mehreren Staaten gemeinsam zusteht und auch von ihnen gemeinsam ausgeübt wird. Aber diese beiden Dinge – die ihrer Substanz nach gemeinsame territoriale Souveränität (Kondominium) und die Ausübung der Gebietshoheit (Koimperium) – fallen nicht immer zusammen. Es kann ein Kondominium ohne Koimperium und ein Koimperium ohne Kondominium bestehen.

Beispiele: Als sich im vergangenen Jahrhundert die Krise zwischen Preußen und Österreich zuspitzte, wurde die 1864 errichtete gemeinsame Herrschaft über Schleswig-Holstein gelockert. So wird in der Konvention von Gastein vom 14. August 1865 bestimmt, daß die aus dem fortbestehenden Kondominium folgenden Rechte in Schleswig von Preußen, in Holstein von Österreich ausgeübt werden sollten. Es bestand also von da an eine gemeinsame territoriale Souveränität (Kondominium), die Gebietshoheit wurde aber von den Partnern getrennt ausgeübt.

Umgekehrt gibt es Fälle, in denen ein Staat Träger der territorialen Souveränität ist, aber die Gebietshoheit von einer Mehrzahl von Staaten – mit oder ohne Beteiligung des Trägers der territorialen Souveränität – ausgeübt wird.

Ein Beispiel für eine solche Spaltung von territorialer Souveränität und Gebietshoheit bietet die ehemalige Zone von Tanger. Sie hat zwar seit jeher zu Marokko gehört; 1924 trat sie aber unter ein gemeinsames protektoratsähnliches Regime der an der Algeciras-Akte beteiligten Staaten.[12] Einem internationalen Regime unter der Verantwortlichkeit einer internationalen Kommission ist nach einem Vertrag zwischen dem Sultan von Marokko und einer Reihe europäischer Staaten vom 31. Mai 1865 auch der Marokko gehörende Leuchtturm von Kap Spartel unterstellt.[13]

In Fällen dieser Art, in denen von einer Mehrzahl von Staaten ein Koimperium auf dem Gebiet eines anderen Staates ausgeübt wird, sind diese – nicht anders als Einzelstaaten, die die Gebietshoheit über das Gebiet anderer Staaten ausüben dürfen –, in ihrer Handlung nicht völlig frei. Sie dürfen also nicht ohne die Zustimmung des Inhabers der territorialen Souveränität verfügen und sind dafür verantwortlich, daß die Substanz des gemeinschaftlich regierten Gebiets nicht beeinträchtigt wird.

III. Eine noch schwächere Spielart des internationalen Regimes als das Koimperium ohne Kondominium ist die von mehreren Staaten gemeinsam ausgeübte Aufsichtsverwaltung, die nicht nur die Substanz, sondern auch die Ausübung der Hoheitsgewalt in den Händen des zuständigen Staates beläßt, diese aber der Beaufsichtigung durch gemeinschaftliche Organe der dazu berechtigten Staaten unterwirft. Besondere Bedeutung hat diese Form in der Gestalt einer Aufsichtsverwaltung durch internationale Organisationen erhalten. Auf die praktischen Beispielsfälle und die entsprechenden Pläne ist gesondert einzugehen.[14]

[9] Einzelheiten bei *O'Connell*, The Condominium of the New Hebrides, BYIL 43 (1968-69), 71-149; *Benoist*, Le condominium des Nouvelles Hébrides et la société mélanésienne, 1972. Zu der Auflösung des Kondominiums 1980 vgl. BYIL 51 (1980), 395 ff, RGDIP 85 (1981), 188 ff.

[10] Dazu AJIL 33 (1939), 521 f, nach *Verdross/Simma*, 662 handelt es sich hierbei nur um ein Koimperium.

[11] Text: RGDIP 6 (1899), 169-170.

[12] Vgl. Erklärung der internationalen Tangerkonferenz vom 29. Oktober 1956 und das ihr angehängte Protokoll, die dem internationalen Regime ein Ende bereiteten, Texte in EA 12 (1957), 9947 ff. Vgl. dazu auch *Tončić-Sorinj*, Das Internationale Statut von Tanger (1923-1956), aaO, 9939 ff und *Steiner*, Tanger, in: *Strupp/Schlochauer* III, 433.

[13] Text in: *de Martens*, NRG 1ère Série, XX, 350.

[14] Vgl. dazu § 52.

§ 52 Die Ausübung territorialer Zuständigkeiten von internationalen Organisationen (Internationalisierung)

Schrifttum: *Marazzi*, I Territori Internazionalizzati, 1959; *Ydit*, Internationalised Territories, 1961; *Beck*, Die Internationalisierung von Territorien, 1962; *Delbez*, Le concept d'internationalisation, RGDIP 71 (1967), 5; *Wolfrum*, Die Internationalisierung staatsfreier Räume, 1984, 10-16.

I. Die territoriale Souveränität kann theoretisch auch von internationalen Organisationen ausgeübt werden. Normalerweise verfügen allerdings internationale Organisationen nicht über ein eigenes Gebiet; in der Regel wird es sich um die Ausübung staatlich abgeleiteter Gebietshoheit handeln. Auch dies ist jedoch ein Ausnahmefall. So ist der Headquarters Bezirk der Vereinten Nationen nicht etwa ein Gebiet unter ihrer Gebietshoheit, sondern ein mit entsprechenden Servituten belastetes Gebiet der USA. Eine Parallele zu der Verbindung der Vatikanstadt mit dem Heiligen Stuhl gibt es für internationale Organisationen nicht.

II. Dennoch hat es vereinzelt Beispiele dafür gegeben, daß eine internationale Organisation territoriale Souveränität über ein Gebiet ausübte, entsprechende Pläne sind nach dem Ersten und Zweiten Weltkrieg entwickelt worden. Diese Fälle lassen sich unter dem Begriff der „territorialen Internationalisierung" zusammenfassen, womit betont wird, daß die territoriale Souveränität für diese Gebiete auf eine internationale Organisation übergegangen ist bzw. übergehen sollte, soweit die entsprechenden Pläne nicht verwirklicht worden sind. Als Hauptbeispiele hierfür sind zu nennen: die Verwaltung des Saargebietes durch den Völkerbund, die Bestrebungen nach dem Zweiten Weltkrieg, Jerusalem und Triest der Kontrolle der Vereinten Nationen zu unterstellen, die Europäische Donaukommission sowie die Errichtung einer Internationalen Meeresbodenbehörde zur Verwaltung des Tiefseebodens und seines Untergrundes.
Davon unterscheiden sich, als einer zweiten Gruppe zugehörig, die Sachverhalte, bei denen unter prinzipieller Aufrechterhaltung der bis dahin bestehenden nationalen Souveränität Gebietsteile eines Staates allen Staaten oder bestimmten Staaten geöffnet und gleichzeitig zur Herbeiführung und Sicherung dieses Zustandes der Kontrolle durch eine internationale Organisation unterworfen wurden. Hauptbeispiele hierfür sind, neben einem weiteren Vorschlag für Jerusalem, die Regelungen für die Nutzung bestimmter Flüsse und Kanäle. Für diese Gruppe entwickelte sich der Begriff der „funktionalen Internationalisierung".

1. Ein prägnantes Beispiel aus dem vergangenen Jahrhundert bildet die Ausübung der Hoheitsgewalt über die untere Donau durch die im Pariser Frieden von 1856 eingesetzte Europäische Donaukommission. In ihr war eine Reihe von Staaten vertreten, die Kommission war jedoch Trägerin einer eigenen Rechtspersönlichkeit und als solche mit der Ausübung weitgehender Hoheitsrechte betraut.[1]

2. Von 1920 bis 1935 hat das Saargebiet unter der unmittelbaren Hoheitsgewalt des Völkerbundes gestanden. Nach den Bestimmungen von Teil III, Abschnitt 4 des Versailler Vertrages blieb das Saargebiet zunächst deutsches Gebiet, und die Bewohner behielten ihre Staatsangehörigkeit. Deutschland verzichtete in Art. 49 bis zur endgültigen Regelung auf die Regierung zugunsten des Völkerbundes als „Treuhänder" für das

[1] Vgl. dazu unten § 62.

Gebiet; es erfolgte also eine Spaltung zwischen territorialer Souveränität und Gebietshoheit, wie sie etwa für das Koimperium ohne Kondominium kennzeichnend ist.[2] Die „Regierung" wurde vom Völkerbund einem Regierungssausschuß übertragen, der dem Völkerbund verantwortlich war. Die endgültige Entscheidung über die Zuweisung des Gebiets unter Berücksichtigung des Ergebnisses einer Volksabstimmung oblag dem Völkerbund. Dieses Regime war also anders geartet als das Mandatssystem des Völkerbundes oder das Treuhandregime, weil das Gebiet einem bestimmten Staat – Deutschland – gehörte, andererseits aber dem Völkerbund nicht nur die Beaufsichtigung, sondern die unmittelbare Ausübung der Hoheitsgewalt anvertraut war. In § 35 (a) des Kapitels III der Anlage zum Abschnitt 4 des Versailler Vertrages war auch der Fall vorgesehen, daß der Völkerbund die Beibehaltung des Regimes auf Dauer beschließe. Für diesen Fall war Deutschland verpflichtet, zugunsten des Völkerbundes auf seine territoriale Souveränität zu verzichten.[3]

In den Jahren 1933 bis 1934 war das zwischen Peru und Kolumbien umstrittene Gebiet von Leticia unmittelbar dem Völkerbund unterstellt.[4]

In diesem Zusammenhang sind auch die Versuche zu nennen, Fiume[5] und die dalmatinische Küste[6] der Kontrolle des Völkerbundes zu unterwerfen sowie die Bestrebungen, eine Herrschaft der Vereinten Nationen über Triest[7] zu errichten. Die Motivation für eine Einschaltung des Völkerbundes bzw. der Vereinten Nationen ist darin zu sehen, daß alle diese Gebiete von mehreren Staaten beansprucht wurden, wobei eine Einigung zwischen ihnen nicht zu erzielen war.

Gemäß Art. 81 der UN-Charta besteht die Möglichkeit einer unmittelbaren Regierung der Vereinten Nationen für Treuhandgebiete.[8] Das Treuhandsystem der Vereinten Nationen löste das Mandatssystem des Völkerbundes ab.[9]

Von besonderer Bedeutung in diesem Zusammenhang ist der Versuch der Vereinten Nationen, Jerusalem ihrer Gebietshoheit zu unterstellen. Er war getragen von dem Wunsch, den drei betroffenen Weltreligionen den gleichberechtigten Zugang zu heiligen Stätten zu sichern. Die Pläne der Vereinten Nationen haben ihren Niederschlag in drei Resolutionen der Generalversammlung aus den Jahren 1947, 1948 und 1949[10] gefunden. Sie beruhen auf einem Bericht des ad hoc-Ausschusses für Palästina vom 29. November 1947[11], der eine Teilung Palästinas zwischen Juden und Arabern sowie die Errichtung einer internationalen Zone (*corpus separatum*) für Jerusalem, Bethlehem und Umgebung vorsah, und auf einem von dem Treuhandrat ausgearbeiteten Statut [12], dem praktisch Verfassungscharakter zukommen sollte. Die geplante völlige Beherrschung

---

[2] Vgl. dazu *Allot*, Le Bassin de la Sarre, 1924.

[3] Nach dem Zweiten Weltkrieg wurde teilweise eine Europäisierung des Saargebiets angestrebt (vgl. dazu Bericht von *M. van de Goes van Naters*, The Future Position of the Saar, vom 30. April 1954, Doc. 222 der Beratenden Versammlung des Europarates). Danach sollte das Saargebiet mit Bildung einer politischen Europäischen Gemeinschaft „Europäisches Territorium" werden. Ein vom Ministerkomitee des Europarates ernannter und diesem verantwortlicher Europäischer Kommissar war ausersehen, die Interessen des Saargebiets in bezug auf Außen- und Verteidigungspolitik wahrzunehmen. Auch das deutsch-französische Saarkonzept basierte auf diesem Gedanken. Das Saarstatut wurde allerdings in der Volksabstimmung vom 23. Oktober 1955 abgelehnt.

[4] Vgl. dazu *Meyer-Lindenberg*, Leticia-Konflikt, in: *Strupp/Schlochauer* II, 414 f.

[5] *Miller*, My Diary at the Conference of Paris, 1924, Band 8, Doc. 802, 372-375.

[6] *Miller*, (Anm. 5), Band 8, Doc. 809, 388-391.

[7] UNTS 49, 4 ff.

[8] Vgl. dazu *Cot/Pellet*, La Charte des Nations Unies, 1985, Art. 81.

[9] Weder die Mandats- noch die Treuhandgebiete sollten aber als internationale Gebiete angesehen werden, da die internationale Verwaltung temporär begrenzt war, vgl. *Ydit*, 67.

[10] A/Res. 181 (II) vom 29. November 1947; A/Res. 194 (III) vom 11. Dezember 1948; A/Res. 303 (IV) vom 9. Dezember 1949.

[11] UN Doc. A/364 GAOR (II) Supp. 11, Band I, 36 ff.

[12] UN Doc. A/1286 GAOR (V) Supp. 9, Annex II.

von Jerusalem durch die Vereinten Nationen manifestierte sich in der Stellung und dem Aufgabenbereich des vom Treuhandrat einzusetzenden Gouverneurs. Bei ihm, dem Repräsentanten der Vereinten Nationen in der Stadt, waren die Kompetenzen eines Staatsoberhauptes und der Regierung vereinigt. In seiner Amtsausübung sollte er nur an das Statut und die Weisungen des Treuhandrates gebunden sein.

3. Dem Konzept, einer internationalen Organisation eine Art Gebietshoheit über ein Gebiet zu übertragen, folgt im Ansatz auch Art. 157 in Verbindung mit Art. 137 des Seerechtsübereinkommens von 1982, wonach die Meeresbodenbehörde die Tiefseebodenaktivitäten organisiert und kontrolliert und die Ressourcen des Tiefseebodens verwaltet[13], der Rechtsinhaber aber die Menschheit ist. Damit soll nicht nur verhindert werden, daß einzelne Staaten dieses Gebiet okkupieren bzw. die Nutzung dieser Rohstoffe für sich monopolisieren, sondern es soll sichergestellt werden, daß möglichst alle Staaten bzw. die Menschheit – über ihre Mitgliedschaft in der Meeresbodenbehörde mittelbar – gleichberechtigt daran teilhaben.[14]

4. Eine abgeschwächte Form der Ausübung von Hoheitsgewalt durch internationale Organisationen stellt deren funktionale Internationalisierung dar. Ein Beispiel sind die Kompetenzen des Völkerbundes in bezug auf Danzig[15] – kombiniert mit einem polnischen Protektorat – nach dem Vertrag von Versailles. Hier blieben die Rechte der internationalen Organisation auf Schutz und Aufsicht beschränkt, während die Ausübung der eigentlichen Staatsfunktionen im wesentlichen bei den Organen des betreffenden Staates lag. Wegen der Schutzfunktion des Völkerbundes in bezug auf Danzig wird dieses Regime gelegentlich auch als internationales Protektorat bezeichnet.

5. Deutlicher und klarer kommt der Ansatz der *„funktionalen Internationalisierung"* in dem Vorschlag Schwedens zur Verwaltung von Jerusalem zum Ausdruck.[16] Die Gebietshoheit verblieb danach in den Händen der betroffenen Staaten (Israel und Jordanien), während den Vereinten Nationen nur das Recht zustehen sollte, die Sicherung des Zugangs zu den heiligen Stätten zu garantieren. Schweden umschrieb das von ihm vorgeschlagene Konzept bewußt mit dem Begriff „funktionale Internationalisierung", um damit zu betonen, daß sich die Aufgabe der Vereinten Nationen auf eine Sicherung des Zugangs zu den heiligen Stätten beschränken solle und im Gegensatz zu dem „territorialen" Ansatz nicht die Übernahme der Gebietshoheit für den gesamten Bereich mitumfasse.
Einem entsprechenden Ansatz folgt die Einschaltung von internationalen Flußkommissionen bei der Verwaltung von bestimmten Flüssen. Abgesehen von der Regelung für die Seedonau (Europäische Donaukommission) war und ist es nicht das Ziel der entsprechenden Abkommen, den betreffenden Flußlauf der uferstaatlichen Gebietshoheit zu entziehen. Die Internationalisierung erfolgte vielmehr ausschließlich zur Herstellung und Sicherung der freien Flußschiffahrt und begründete daher eine Einschränkung der uferstaatlichen Gebietshoheit nur in dieser Hinsicht. Als Beispiele hierfür sind die Abkommen über Rhein, Binnendonau, Pruth, Elbe, Oder, Mosel, Niger und Mekong zu nennen.[17]

---

[13] Vgl. dazu Teilband I 2.
[14] *Wolfrum*, 447 ff.
[15] Vgl. dazu *Harder*, Danzig, Polen und der Völkerbund, 1928, sowie *Beck*, 17 ff.
[16] UN Doc. A/AC. 38/L. 63, abgeändert durch einen Vorschlag der USA, Großbritanniens und Uruguays, UN Doc. A/AC. 38/L. 73 Rev. 2.
[17] Vgl. dazu unten § 62.

9. KAPITEL
Erwerb und Verlust von Gebiet

§ 53 Allgemeines über Erwerb und Verlust von Gebiet

Schrifttum: *Jerusalem*, Die völkerrechtlichen Erwerbsgründe, 1911; *Cavaglieri*, Trapassi di territorio senza trattato, Rivista di diritto internazionale 19 (1927), 317; *Hill*, Claims to Territory in International Law and Relations, 1945; *Krüger*, Das Prinzip der Effektivität, Festschrift Spiropoulos, 1957, 265; *Schwarzenberger*, Title to Territory: Response to a Challenge, AJIL 51 (1957), 308; *Schätzel*, Das Recht des völkerrechtlichen Gebietserwerbs, 1959; *Menzel*, Gebietserwerb, in: *Strupp/Schlochauer* I, 616; *Jennings*, The Acquisition of Territory in International Law, 1963; *Zimmer*, Gewaltsame territoriale Veränderungen und ihre völkerrechtliche Legitimation, 1971.

I. Zur Existenz des Staates, so wurde an anderer Stelle gezeigt[1], gehört das Bestehen einer dauernden, gefestigten Ordnung, eine Staatsgewalt, die im effektiven, ungestörten Besitze der Macht ist. Im Interesse seiner Ordnungsfunktion knüpft das Völkerrecht, das Recht einer noch stark desintegrierten und dezentralisierten Gesellschaft, an die politische Wirklichkeit an. Auch die in ihrem Ursprung illegitime Staatsgewalt wird zu einer solchen im Sinne des Rechts, wenn sie sich auf die Dauer zu behaupten vermag.
Dieser Grundsatz, das *Prinzip der Effektivität*, muß auch bei der Beurteilung der räumlichen Ausdehnung der Staatsgewalt angewandt werden. So wie die Existenz des Staates überhaupt, so hängt auch seine territoriale Ausdehnung zu einem wesentlichen Teil von den wirklichen Herrschafts- und Besitzverhältnissen ab. Befindet ein Staat sich im ungestörten Besitz eines Gebietes, so besteht jedenfalls eine Vermutung dafür, daß er das Gebiet auch *de iure* besitzt.[2] Und fehlt es an einem Vertrag, der die Grenzen des Staates bestimmt, so ergibt sich die territoriale Begrenzung seiner Hoheitsgewalt im Zweifel aus dem Umfang, in dem sie unangefochten ausgeübt wird (Gesichtspunkt der *acquiescence* des Nachbarstaates).[3] Allerdings ist Effektivität auch in diesem Zusammenhang nicht einfach reine Tatsächlichkeit. Welche Anforderungen an die Effektivität und Lebenswirklichkeit zu stellen sind, das hängt auch insoweit von einem normativen Werturteil ab, das der Beurteilung Spielraum gewährt. In dicht besiedelten Gebieten ist ein höherer Grad erforderlich als in dünn besiedelten Gebieten.[4]

---

[1] Vgl. dazu oben § 12.

[2] Vgl. auch *Huber* im *Palmas*-Fall, RIAA II, 839: Es sei durchaus herrschende Lehre und Praxis, „that the continuous and peaceful display of territorial sovereignty ... is as good as a title". Ähnlich *Schwarzenberger* I, 298.

[3] Vgl. dazu Urteil des IGH im Falle des *Temple of Preah Vihear*, ICJ Reports 1962, 6 ff; Urteil des Schweizerischen Bundesgerichts vom 2. Juli 1980 im *Nufenen*-Fall (Kanton Wallis gegen Kanton Tessin), SchwJIR 37 (1981), 229 ff, in dem Völkerrecht analog angewandt wurde.

[4] So der Schiedsspruch im *Palmas*-Fall (Anm. 2); der StIGH im Falle *Legal Status of Eastern Greenland*, PCIJ Series A/B 53 (1933), 28; der IGH im Falle *Minquiers and Ecrehos*, ICJ Reports 1953, 56 und in seinem Gutachten über die *Western Sahara*, ICJ Reports 1975, 42; Schiedsspruch im Falle *Rann of Kutch*, RIAA XVII, 5; Schiedsspruch im *Clipperton-Island*-Fall, RIAA II, 1105; vgl. dazu im einzelnen unter § 54. Zur Inbesitznahme der Insel Rockall in Nordatlantik durch Großbritannien, vgl. RGDIP 81 (1977), 1173 f.

II. Der Grundsatz der Effektivität, der Maßgeblichkeit des unbestrittenen und definitiven Besitzstandes, ist auch die Regel oder jedenfalls eine der Regeln, nach denen Gebietsveränderungen zu beurteilen sind. Gelangt ein Staat in den Besitz eines neuen Gebietes, so gehört es ihm in Zukunft *de iure*, sobald er sich in dem ungestörten Besitz des Gebietes zu behaupten vermag. Wenn das Gebiet bisher niemand gehörte, erwirbt er es durch *Okkupation*. Er kann sich aber auch an die Stelle einer anderen Staatsgewalt setzen, wenn er sich ihr gegenüber auf die Dauer durchsetzen kann. Ein Staat erwirbt Gebiet also auch durch die endgültige *Annexion* oder dadurch, daß die internationale Gemeinschaft sich sonst mit dem tatsächlichen Besitzstande abfindet und den Besitzstand als einen solchen *de iure* behandelt (sog. Ersitzung). In allen Fällen dieser Art handelt es sich um einen *originären Erwerb* des Gebietes. Das heißt, der Staat erwirbt das Gebiet ohne rechtliche Anknüpfung an eine Staatsgewalt, der das Gebiet früher gehörte. Auch der Erwerb neuen Gebietes durch Naturereignisse oder durch menschliche Arbeit stellt einen originären Gebietserwerb dar. Den Gegensatz bildet der *derivative Erwerb*, der Erwerb nämlich, der auf Rechtsakte des früher für das Gebiet zuständigen Staates oder einer sonst dazu rechtlich befugten Instanz zurückgeführt werden kann: Die Abtretung und die Zuteilung des Gebietes durch Entscheidung internationaler Organe (sog. Adjudikation).
Die Unterscheidung zwischen originärem und derivativem Erwerb wird in der Literatur durchaus unterschiedlich getroffen. Konsequenzen ergeben sich hieraus nicht. Der Erkenntniswert dieser Unterscheidung ist daher gering.[5]

§ 54 Die Okkupation

Schrifttum: *Jèze*, Etude théorique et pratique sur l'occupation, 1896; *Lindley*, The Acquisition and Government of Backward Territory in International Law, 1926; *Bleiber*, Die Entdeckung im Völkerrecht, 1933; *Ago*, Il requisito dell effettività dell' occupazione in diritto internazionale, 1934; *Genêt*, Notes sur l'acquisition par l'occupation et le droit des gens traditionnel, RDILC 61 (1934), 285 und 416; *Smith*, Le statut juridique de terres polaires, 1934; *v. d. Heydte*, Discovery, Symbolic Annexation and Virtual Effectiveness in International Law, AJIL 29 (1935), 448; *Decencière-Ferrandière*, Essai historique et critique sur l'occupation comme mode d'acquérir les territoires en droit international, RDILC 64 (1937), 362 und 624; *Giese*, Zur Rechtslage im staatenlosen Landgebiet, AöR 68 (1938), 310; *Keller/Lissitzyn/ Mann*, Creation of Rights of Sovereignty through Symbolic Acts (1400-1800), 1938; *Lauterpacht*, Sovereignty over Submarine Areas, BYIL 27 (1950), 376; *Waldock*, The Legal Basis of Claims to the Continental Shelf, Transactions of the Grotius Society 36 (1951), 115; *Schoenborn*, Über „Entdeckung" als Rechtstitel völkerrechtlichen Gebietserwerbs, Festschrift Laun, 1953, 239; *François*, L'occupation, Mélanges Guggenheim, 1968, 793; *Schenk*, Kontiguität als Erwerbstitel im Völkerrecht, 1978; *Triggs*, International Law and Australian Sovereignty in Antarctica, 1986.

I. Ein originärer Rechtstitel für den Erwerb von Gebiet ist die Okkupation. Darunter versteht man den Erwerb bisher herrenlosen Gebietes durch einen Staat, der das Gebiet mit dem Willen zu dauernder Herrschaft seiner Hoheitsgewalt unterwirft. Das Problem der Okkupation hat in neuerer Zeit an Bedeutung verloren. Denn es gibt kaum noch herrenlose Gebiete. Neben unbewohnten Inseln kommen im wesentlichen nur noch die Polargegenden für eine wirkliche Okkupation in Betracht.[1]

---

[5] Vgl. *Rousseau* III, 145 ff, *Guggenheim* I, 443; *Kelsen*, Théorie générale du droit international public, RdC 42 (1932 IV), 317 f; Principles, 312 f.

[1] Doch zeigen die aus neuerer Zeit stammenden Schiedssprüche z. B. im *Palmas-* und *Clipperton-Island*-Fall, daß die Frage der Okkupation für die

II. 1. Gegenstand der Okkupation ist herrenloses Gebiet (terra nullius), und zwar Gebiet auf dem Lande. Dagegen ist das Meer überhaupt nicht und sind Luftraum, Küstengewässer und die Räume unter dem Landgebiet und den Küstengewässern sowie der kontinentale Schelf nicht ohne das ihnen zugeordnete Land okkupierbar. Andererseits erstreckt sich die Okkupation des Landes auch auf diese Gebiete.
Nur *herrenloses* Land unterliegt sodann der Okkupation, nur Gebiet also, das keiner Herrschaftsgewalt untersteht. Nicht okkupiert werden kann also Gebiet, das schon vorher von einem anderen Staat okkupiert worden ist.

Im *Clipperton Island*-Fall (1931)[2], einem Streit zwischen Frankreich und Mexiko um die Hoheitsgewalt über die Clipperton Insel, wurde die Entscheidung davon abhängig gemacht, ob der Okkupation durch Frankreich eine solche durch Mexiko vorausgegangen sei oder nicht. Diese Frage wurde von dem Schiedsrichter verneint und daher die Okkupation durch Frankreich für gültig gehalten. Umgekehrt wurde in dem Rechtsstreit über die *Rechtsstellung von Ostgrönland* die Rechtsgültigkeit der Okkupation durch Norwegen in dem Urteil des StIGH vom 5. April 1933 mit der Begründung verneint, daß die Insel schon vorher rechtswirksam von Dänemark okkupiert worden sei.[3]
Die Bedeutung schiedsgerichtlicher und gerichtlicher Entscheidungen in bezug auf die Erfüllung der Okkupationstatbestände und die Entwicklung von Gewohnheitsrecht ist allerdings zu relativieren. Denn die Entscheidung bezieht sich stets nur auf die Streitparteien, schließt also einen „besseren" Titel eines dritten Staates nicht aus.
Entgegen einer früher vertretenen Ansicht ist nicht entscheidend, ob die in einem Gebiet vorgefundene Herrschaftsgewalt völkerrechtlich anerkannt ist. Hat sich über ein Gebiet eine Herrschaftsgewalt etabliert, so ist dieses Gebiet nicht okkupationsfähig. So hat der IGH in seinem Gutachten zur *West Sahara* vom 16. Oktober 1975[4] betont, diese sei zu der Zeit, als Spanien Besitzansprüche geltend machte, keine *terra nullius* gewesen, da sie von einheimischen Stämmen mit einer politischen und sozialen Organisation bewohnt worden sei.[5]

2. Die Okkupation setzt den *Willen des Staates* zur Errichtung dauernder Herrschaft, den *animus occupandi* voraus.

Das bedeutet zunächst, daß nur ein *Staat* zu okkupieren vermag.[6] Die in der Frühzeit der Kolonisierung erfolgte Inbesitznahme von Land durch Handelskompanien war nur dann als Okkupation anzusehen, wenn die Gesellschaften sich auf die Ermächtigung einer völkerrechtlich anerkannten Staatsgewalt zu stützen vermochten und das Land für diese erwarben.[7]

Beurteilung aus älterer Zeit stammender Rechtstitel auch heute noch wichtig sein kann. Ein Beispiel für eine Okkupation in neuerer Zeit ist auch der Erwerb des östlichen Teils von Palästina durch Jordanien 1948 während des Palästina-Konflikts. Nach dem Erlöschen des britischen Mandats und vor Errichtung einer neuen Staatsgewalt war dieses Territorium vorübergehend herrenloses Gebiet.

2 RIAA II, 1105.

3 PCIJ Series A/B 53 (1933), 64.

4 ICJ Reports 1975, 12 ff.

5 In seiner Separate Opinion, ICJ Reports 1975, 86, erklärte Richter *Ammoun*, daß das Konzept der *terra nullius* als Rechtfertigung für koloniale Eroberungen zu verurteilen sei, vgl. dazu *Chappez*, L'avis consultatif du 16 Octobre 1975 dans l'affaire du Sahara occidental, RGDIP 80 (1976), 1132-1187.

6 Auch eine Okkupation durch internationale Organisationen wäre denkbar.

7 Vgl. den Schiedsspruch im *Palmas*-Fall über die Erwerbung der Niederländisch Ost- und Westindischen Kompanie, RIAA II, 858, und das Gutachten der Rechtsberater der britischen Krone von 1897 über die von der Royal Nigeria Company mit eingeborenen Häuptlingen geschlossenen Verträge, veröffentlicht bei *McNair*, BYIL 26 (1949), 41 f. Nach dem Gutachten waren die von der Gesellschaft erworbenen Gebiete für die britische Krone erworben. Diese Ansicht wurde auch in bezug auf die mit dem Sultan von Sulu geschlossenen Verträge angewandt (RGDIP 66 (1962), 802-823). Die gleiche Frage stellte sich der durch Vertrag vom 1. Juli 1863 eingesetzten britisch-amerikanischen gemischten Kommission in bezug auf die Tätigkeit der Hudson-Bay-Company, in: *Lapradelle/Politis* II, 498-523.
Für Entscheidungen gegen die private Inbesitznahme siehe den Fall der *Insel Jan Mayen*, die von Norwegen 1929 okkupiert wurde, obwohl der norwegische Staatsbürger Birger Jacobsen Eigen-

Der Staat muß sodann den Willen zu dauernder Herrschaft bekunden und den Willen haben, das Gebiet für sich selbst zu erwerben. Der Wille etwa, ein Gebiet zur „Interessenzone" zu machen, ein Protektorat auszuüben, eine Treuhänderschaft zu erwerben, genügt nicht.

3. Dieser Wille muß sich durch eine tatsächliche Ausübung der Herrschaft manifestieren.

Die Ansichten über die Anforderungen, die insoweit an eine rechtswirksame Okkupation gestellt werden müssen, haben sich im Laufe der Zeiten gewandelt.[8] Im Zeitalter der Entdeckungen waren die Anforderungen an eine rechtswirksame Landnahme noch recht bescheiden. Die bloße Entdeckung für sich allein allerdings hat nie als genügender Titel gegolten, wohl aber dann, wenn sich der Wille zur Inbesitznahme des Landes in symbolischen Akten aussprach. Je mehr sich der Wettbewerb der rivalisierenden Kolonialmächte verschärfte, desto mehr steigerten sich die Anforderungen des Völkerrechts an die Rechtswirksamkeit der Okkupation. Seit der Mitte des 18. Jahrhunderts kommt die Regel zur Geltung, daß eine rechtswirksame Okkupation „*effektiv*" sein, d. h. daß ein gewisses Maß tatsächlicher und dauernder Herrschaft auf dem okkupierten Gebiet ausgeübt werden müsse. Der Entdeckung als solcher wurde zwar die rechtliche Bedeutung nicht gänzlich bestritten, aber sie wurde nur mehr als ein vorläufiger Titel, als ein „*inchoate title*" betrachtet, der dem entdeckenden Staat nur einen Vorsprung, eine Art Anwartschaft auf den zukünftigen Gebietserwerb bot.

III. 1. In der Gegenwart entspricht das Erfordernis der Effektivität einer gewohnheitsrechtlichen Regel[9], die die Berliner Kongo-Akte von 1885 in Art. 35 bereits bestätigte. Sie entspricht den Interessen der internationalen Gemeinschaft. Ein Staat kann die völkerrechtliche Verantwortung für ein Gebiet nur tragen, seine Verpflichtungen im Hinblick auf das Gebiet nur erfüllen, wenn er es fest in der Hand hat.

2. Welche *Anforderungen an die Effektivität* der Besitznahme gestellt werden müssen, hängt von den Umständen ab. Die bloße Behauptung der Souveränität reicht keinesfalls aus. Nur auf dem Papier kann man nicht rechtswirksam okkupieren. Allgemeine

---

tumsrechte an ihr geltend machte (Entscheidung des norwegischen obersten Gerichts vom 3. Mai 1933, Annual Digest 7 (1933-34), Case No. 42, 111 ff); entsprechend die Entscheidung des amerikanischen Berufungsgerichts (9th circuit) vom 4. März 1943 im Fall *Fullard-Leo* (AJIL 37 (1943), 520 ff). Problematisch unter diesem Gesichtspunkt der Verzicht von *Clunies-Ross* auf seine aus dem Jahre 1886 datierenden Rechte an den Cocos-Inseln (RGDIP 77 (1973), 1154 ff).

[8] Die geschichtliche Entwicklung der Lehre ist von dem Schiedsrichter *Huber* im *Palmas*-Fall eingehend dargestellt worden. Schon *Huber* hat die sich daraus ergebenden Fragen des intertemporalen Völkerrechts erörtert. Wie, wenn ein Staat Gebiet nach den seinerzeit geltenden Regeln okkupiert, aber nicht den Anforderungen des heute geltenden Okkupationsrechts entspricht? Zu diesem Fragenkreis in größerem Zusammenhang *Baade*, Intertemporales Völkerrecht, JIR 7 (1957), 229 ff.

[9] So etwa der Schiedsspruch im *Palmas*-Fall (Anm. 7), 839 („actual display of state activities", „continuous and peaceful display of territorial sovereignty"). Ebenso die Schiedssprüche im Streit zwischen Großbritannien und Portugal um die *Delagoa Bai* (1875) bei *Moore*, Arbitrations V, 4984 und im *Grenzstreit zwischen Großbritannien und Brasilien*, RGDIP 11 (1904), Doc. 18. Auch in dem zwischen Schweden und Norwegen streitigen *Grisbadarna*-Fall (1909) – bei *Scott* I, 487 (494 f) – stützte das Schiedsgericht seine Entscheidung über die Seegrenze zwischen beiden Staaten zu Gunsten Schwedens u. a. darauf, daß der Hummerfang dort überwiegend von Schweden betrieben werde und Schweden dort seit langer Zeit Hoheitsgewalt ausgeübt habe. In diesem Sinne auch die ganz überwiegende Ansicht im Schrifttum. Dazu etwa *Waldock*, Disputed Sovereignty in the Falkland Islands Dependencies, BYIL 25 (1948), 311, 334. – Im *Clipperton Island*-Fall – RIAA II, 1105 – freilich ließ der König von Italien als Schiedsrichter, ohne den Grundsatz der Effektivität zu bestreiten, doch eine offenbar nur symbolische Inbesitznahme der schwer zugänglichen Insel genügen. Kritisch daher mit Recht *Guggenheim*, La validité et la nullité des actes juridiques internationaux, RdC 74 (1949 I), 195, 207. Positiv hingegen *Dolzer*, Der völkerrechtliche Status der Falklandinseln (Malvinas) im Wandel der Zeit, 1986, 54 ff. Über die Entscheidung des StIGH im *Ostgrönland*-Fall, die sich überwiegend auf andere Gesichtspunkte stützt, s. unten § 55.

Grundsätze, wonach zu entscheiden wäre, wann das Gebot der Effektivität erfüllt ist, existieren nicht. Die neue Staatsgewalt muß allerdings zumindest in der Lage sein, in dem okkupierten Gebiet auf die Dauer Ordnung zu halten. Dabei sind die Anforderungen höher zu spannen, wenn die Inbesitznahme bei der Bevölkerung oder bei anderen Staaten auf Widerstand stößt, als wenn das nicht der Fall ist. Weiter spielt eine Rolle, ob und wieweit die geographischen und klimatischen Verhältnisse die Inbesitznahme wirklich gestatten. Wo das nicht der Fall ist, ist nur ein geringes Maß von Effektivität zu verlangen.[10]

3. Als ein möglicher Gegenstand der Okkupation stehen im Völkerrecht der Gegenwart die Gebiete der Arktis und Antarktis im Vordergrund der Betrachtung.[11] Sie sind lange Zeit unbeachtet geblieben, aber in neuerer Zeit unter strategischen und wirtschaftlichen Gesichtspunkten Gegenstand des Interesses der Staaten geworden.

a) An den *arktischen* Gebieten sind in erster Linie Kanada und die Sowjetunion interessiert. Schon 1907 schlug der kanadische Senator *Poirier* vor, Kanada möge die nördlich seiner Küsten gelegenen Gebiete bis zum Nordpol seinem Gebiet einverleiben. Er legte damit den Grund für die später sog. *Sektorentheorie*. Sie bedeutet, daß die an die arktischen Meere angrenzenden Staaten die nördlich ihrer Festlandküste liegenden Gebiete für sich beanspruchen dürfen. Der Umfang dieser Gebiete wird durch ein Dreieck bezeichnet: Seine Basis wird durch die Nordgrenze des Festlandes, seine Spitze durch den Nordpol und seine Seitenlinien werden durch von den äußersten Endpunkten des Festlandgebiets zum Nordpol gezogene Meridiane gebildet. Dieses Prinzip haben sich Kanada und die UdSSR seit den 20er Jahren zu eigen gemacht, die letztere durch ein Dekret vom 15. April 1926, durch das sie alle den nördlichen Küsten ihres Festlandgebiets vorgelagerten Länder und Inseln, ob entdeckt oder nicht, für russisches Territorium erklärte. Dagegen haben Dänemark und Norwegen keine Sektoren in den arktischen Räumen beansprucht. Norwegen hat der Sektorentheorie sogar wiederholt widersprochen, sie sich aber seit 1939 in der Antarktis bis zu einem gewissen Grad selbst zu eigen gemacht.

b) Etwa seit Beginn des 20. Jahrhunderts hat auch ein Wettlauf der Staaten in der Antarktis begonnen. Großbritannien, Australien, Neuseeland, Frankreich, Norwegen, Argentinien und Chile[12] haben dort Gebietsansprüche geltend gemacht.[13] Auch dort hat man Sektoren gebildet,

---

[10] Vgl. dazu den Schiedsspruch im *Clipperton Island*-Fall (Anm. 9), 1110, und im *Palmas*-Fall (Anm. 7), 840, sowie das Urteil des StIGH im *Ostgrönland*-Fall, PCIJ Series A/B 53 (1933), 46. Auch in dem Streit zwischen Großbritannien und Frankreich um die *Minquiers- und Ecrehos-Inseln* hat der IGH – ohne geradezu die Regeln des Okkupationsrechts anzuwenden – es doch auf die effektiven Besitzverhältnisse ankommen lassen, sich aber mit der Ausübung einer gewissen Hoheitsgewalt durch England ohne effektive Besetzung der offenbar nur zeitweise bewohnten Inseln begnügt. Vgl. ICJ Reports 1953, 47.

[11] *Balch*, Arctic and Antarctic Regions and the Law of Nations, AJIL 4 (1910), 267 ff; *Lakhtine*, Rights over the Arctic, AJIL 24 (1930), 703 ff; *Reeves*, Antarctic Sectors, AJIL 33 (1939), 519 ff; *Schmitz/Friede*, Souveränitätsrechte in der Antarktis, ZaöRV 9 (1939/40), 230 ff; *Baare-Schmidt*, Die territorialen Rechtsverhältnisse in der Antarktis, 1940; *Smedal*, Souveränitätsfragen der Polargebiete, 1943; *Daniel*, Conflict of Sovereignties in the Antarctic, YBWA 3 (1949), 248 ff; *Dollot*, Le droit international des espaces polaires, RdC 75 (1949 II), 181 ff; *Christie*, The Antarctic Problem, 1951; *Hayton*, The American Antarctic, AJIL 50 (1956), 602 ff; *Toma*, Soviet Attitude towards the Acquisition of Territorial Sovereignty in the Antarctic, AJIL 50 (1956), 611 ff; *Archdale*, Claims to the Antarctic, YBWA 12 (1958), 254 ff; *Boetzinger*, Völkerrecht in der Antarktis, 1958, 18 ff; *da Costa*, Souveraineté sur l'Antarctique, 1958, 21 ff; *v. Münch*, Völkerrechtsfragen der Antarktis, AVR 7 (1958/59), 231 ff; *McConnell*, Canadian Sovereignty over the Arctic Archipelago, 1970; *Guyer*, The Antarctic System, RdC 139 (1973 II), 165 ff; *Jain*, Antarctica: Geopolitics and International Law, Indian Yearbook of International Affairs 17 (1974), 251 ff; *Auburn*, Antarctic Law and Politics, 1981, 5 ff; *Wolfrum*, Die Internationalisierung staatsfreier Räume, 1984, 36 ff.

[12] Die Ansprüche Großbritanniens datieren von 1908, die Ansprüche Neuseelands und Australiens führen sich auf britische Ansprüche zurück; die Ansprüche von Argentinien wurden im Zweiten Weltkrieg, die von Chile 1940 und die von Frankreich 1938 erhoben.

[13] Japan hat auf etwaige Rechte im Friedensvertrag von San Francisco 1951 verzichten müssen (Art. 2 e).

die aber nicht wie in der Arktis eine natürliche Fortsetzung des Festlandes bilden. Der angebliche Rechtstitel für diese Gebiete wird auf verschiedene Gründe – Entdeckung[14], Erforschung und Kartierung[15], geographische Nähe, historische Rechte – gestützt. Alle diese Ansprüche, soweit sie nicht auf die effektive Kontrolle über das Gebiet gestützt werden können, sind auf den Widerstand insbesondere der USA und der UdSSR gestoßen.[16]

Eine andere gewohnheitsrechtliche Regel als die des sozusagen klassischen Okkupationsrechts hat sich bisher auch für die arktischen und antarktischen Gebiete nicht durchsetzen können. Das Recht der Okkupation, namentlich das Erfordernis der Effektivität, ließe sich möglicherweise aber so elastisch gestalten, daß es sich auch auf diese Gebiete und sonst unbewohnte oder schwach besiedelte Teile der Erde sinnvoll anwenden läßt.

Die gesamte Frage der Souveränitätsrechte an der Antarktis ist zur Zeit von rein akademischem Interesse, denn der Antarktisvertrag vom 1. Dezember 1959 schließt jede neue Begründung von Souveränitätsrechten wie auch eine weitere Verfestigung von bereits erhobenen Souveränitätsansprüchen aus.

Außerdem ist davon auszugehen, daß auch in den Polargegenden die Möglichkeit der Okkupation auf Festland und Inseln beschränkt bleibt. Die offene See, auch wenn sie Treibeis führt, ist nicht okkupierbar.[17] Folglich ist zwar die Antarktis, nicht aber sind die Gebiete um den Nordpol herum okkupierbar.[18]

Anders ist es bezüglich der sich an das Festland und die Inseln anschließenden, dauernd zugefrorenen Teile der offenen See. Für sie entfallen die Gründe, die sich sonst für die Freiheit des Meeres anführen lassen, insbesondere die Bedürfnisse der Schiffahrt. Sie teilen daher das rechtliche Schicksal des Landes, an das sie sich anschließen, und fallen unter dieselbe Hoheitsgewalt.[19]

Soweit danach Polargebiet und sonst unbewohnte Gebiete überhaupt okkupiert werden können, bedarf es auch dort einer effektiven Okkupation. Auch dort genügt also nicht die bloße Entdeckung.[20] Die geographische Nachbarschaft (Kontiguitätstheorie) für sich allein reicht nicht aus. Es gibt kein allgemeines Rechtsprinzip der geographischen Nähe oder Einheit, auf Grund dessen ein Staat in seiner Nachbarschaft gelegene staa-

---

[14] 1929 hat Norwegen gegenüber den USA den Standpunkt vertreten, daß die Entdeckungen *Amundsens* in der Antarktis ihm zwar nicht geradezu die Souveränität, aber doch ein Vorzugsrecht auf den Erwerb dieser Gebiete verschaffen. Vgl. *Hackworth*, Digest I, 453 f.

[15] Den darauf gestützten Ansprüchen Norwegens ist namentlich Deutschland entgegengetreten. Vgl. *Schmitz* und *Friede* (Anm. 11), 219 f. Auch Australien stützt seine Ansprüche auf britische und später eigene Forschungstätigkeit, vgl. dazu im einzelnen *Triggs*, 102 ff.

[16] Belege bei *Hackworth*, Digest I, § 67 sowie S. 399 f.

[17] Unzutreffend *Lakhtine* (Anm. 11), 713 f, der die arktischen Meere und den Luftraum darüber als Hoheitsgebiet des angrenzenden Staates betrachtet und nur fremden Schiffen ein Durchfahrtsrecht einräumen will.

[18] So auch *Oppenheim/Lauterpacht* I, 556, Anm. 6 mit weiteren Nachweisen. Manche halten auch die Antarktis, obwohl sie Festland ist, für nicht okkupierbar. So – im einzelnen verschieden – z. B. *Balch* (Anm. 11), 265 f; *Reeves*, Georges V. Land, AJIL 28 (1934), 119, der diese Gebiete als ihrem Wesen nach internationale Gebiete ansehen will.

[19] Die Frage ist streitig. Wie oben z. B. *Fauchille* I 2, § 493 (9), *Balladore Pallieri*, 433 u. 449 und *Rolland*, RGDIP 11 (1904), 340. Dort auch über den eigenartigen Fall einer auf dem Eis in einer Entfernung von mehr als 3 Meilen von der Küste von Alaska errichteten Spielhölle. Nach *Waldock*, Disputed Sovereignty in the Falkland Islands Dependencies, BYIL 25 (1948), 311, 318, ist jedenfalls die über dem Kontinentalschelf gelegene Eisbarriere der Okkupation unterworfen, vgl. zu der rechtlichen Behandlung von Festeisgebieten *Pharand*, The Law of the Sea of the Arctic, 1973, 187 ff.

[20] Die USA haben der Entdeckung den Rang eines Erwerbstitels im Hinblick auf die Antarktis wiederholt abgesprochen, sich aber bei Streitigkeiten um die vor den amerikanischen Küsten gelegenen, meist unbewohnten Guano-Inseln mehrfach auf die Tatsache der Entdeckung durch Bürger der USA berufen. Belege bei *Hackworth*, Digest I, § 77.

tenlose Gebiete ohne effektive Okkupation beanspruchen dürfte.[21] Andererseits setzt die Okkupation so dünn besiedelter und schwer zugänglicher Gebiete nicht deren Besiedlung und überhaupt nur ein relativ geringes Maß tatsächlicher Herrschaft voraus.[22] Wesentlich ist nur eine Ausübung der Hoheitsgewalt, die den Staat in die Lage versetzt, die Ordnung zu erhalten und seine völkerrechtlichen Verpflichtungen im Hinblick auf das Gebiet zu erfüllen.

Dazu genügt allerdings nicht der Erlaß von Gesetzen oder die Gewährung von Konzessionen. Die Staatsgewalt muß sich vielmehr – etwa durch die Entsendung von Schiffen und Flugzeugen, von Polizeiorganen oder anderen Beamten, die Errichtung von Forschungs- oder Wetterstationen oder dgl. – an Ort und Stelle betätigen. Je schwieriger die örtlichen Verhältnisse sind, desto mehr wird die bloße Möglichkeit der hoheitlichen Betätigung an die Stelle der Wirklichkeit treten, die nur virtuelle Herrschaftsgewalt ausreichend sein. Wo sie eine wirksame Entfaltung der Hoheitsgewalt besonders begünstigt, ist in diesem Zusammenhang auch die geographische Nähe als zusätzliches Moment von Bedeutung.
Der StIGH hat sich mit diesem Fragenkreis aus Anlaß des Rechtsstreits zwischen Dänemark und Norwegen über die *Rechtsstellung von Ostgrönland* (1933) befaßt. Sein Urteil[23] ist jedoch unter diesem Gesichtspunkt nicht sehr ergiebig. Denn es legt zur Begründung dafür, daß Grönland von Dänemark okkupiert worden sei, nicht so sehr auf das Bestehen dänischer Siedlungen in einzelnen Teilen der Insel als auf die Tatsache Wert, daß Dänemark seine Hoheitsgewalt seit langer Zeit praktisch betätigt habe und andere Staaten diesen Anspruch stillschweigend anerkannt hätten. Damit wird der rechtliche Gesichtspunkt verschoben. Eine Herrschaft, die im wesentlichen auf die unwidersprochene Geltendmachung des rechtlichen Titels gestützt wird und wie hier namentlich in der Gesetzgebung des okkupierenden Staates ihren Niederschlag findet, stützt sich in Wahrheit nicht auf Okkupation, sondern sie beruht auf einem anderen Grunde, nämlich der stillschweigenden Anerkennung des Titels durch die internationale Gemeinschaft über längere Zeit, d. h. auf Ersitzung.

IV. Die Grundsätze, die im vorangehenden dargelegt wurden, ermöglichen auch die Lösung der Frage, wieweit die Staatsgewalt reicht, wenn ein Staat ein größeres Gebiet zu okkupieren gedenkt, aber nur einzelne Punkte des Territoriums, etwa nur die Küstengebiete besetzt. Die Völkerrechtslehre hat verschiedene Theorien entwickelt, nach denen die Besetzung der Küstengebiete auch die Okkupation des im Inneren liegenden *Hinterlandes* einschließen soll.[24] Doch besteht kein Grund, für den Erwerb des sogenannten Hinterlandes anderes gelten zu lassen als sonst. Die Okkupation muß auch dort effektiv sein.

---

[21] So im Hinblick auf Inseln in der Nähe der Küste sehr deutlich der Schiedsspruch im *Palmas*-Fall (Anm. 7), 854. Vgl. auch dort S. 869: „The title of contiguity, understood as a basis of territorial sovereignty, has no foundation in international law." So auch der Schiedsspruch im Streit zwischen Italien und der Schweiz um die *Alpe Cravairola* (1874) – *Lapradelle/Politis* III, 497 ff –, wo der Betätigung der Hoheitsgewalt durch Italien größere Bedeutung beigelegt wird als den geographischen Verhältnissen (die der Schweiz günstig waren), sowie die „note doctrinale", im Falle der *Insel Bulama*, – *Lapradelle/Politis* II, 604 (616) – gegen den Schiedsspruch, der diesen Gesichtspunkt jedenfalls als einen unter mehreren Gründen für den Gebietserwerb angeführt hatte. Gegen die Ableitung von Rechtstiteln aus der geographischen Nähe auch z. B. *Kaufmann*, Règles générales du droit de la paix, RdC 54 (1935 IV), 313, 380; *Balladore Pallieri*, 451 f und besonders *Kelsen*, Contiguity as a Title to Territorial Sovereignty, Festschrift Wehberg, 1956, 200 ff (vgl. S. 203: „contiguity by its very nature is incompatible with any limitation"). Anders z. B. *Guggenheim* I, 440 f, der die bloße Nachbarschaft effektiv beherrschter Gebiete für ausreichend hält. Das ist jedenfalls mißverständlich. Bedenklich auch *Lakhtine* (Anm. 11), 703 f, der den Begriff der „region of attraction" einführen will.

[22] Vgl. auch PCIJ Series A/B 53 (1933), 46, wonach die internationalen Gerichte sich begnügten „with very little in the way of the actual exercise of sovereign rights".

[23] PCIJ Series A/B 53 (1933).

[24] *Schenk*, 158 und *Lauterpacht*, Sovereignty over Submarine Areas, BYIL 27 (1950), 376, 427.

Ist das Hinterland also besiedelt, so muß die neue Hoheitsgewalt sich zwar nicht bis in jeden Winkel des Landes erstrecken, aber sich auch dort doch tatsächlich durchgesetzt haben.[25] Je spärlicher das Hinterland bewohnt ist, desto geringer sind wiederum die Anforderungen, die an die Effektivität der Landnahme gestellt werden müssen.[26] Auch dann sind alle Umstände, also Art und Umfang der wirklichen Betätigung und die Möglichkeiten weiterer Betätigung der Hoheitsgewalt in der Zukunft und im Zusammenhang damit wieder die geographische Nähe tatsächlich beherrschter Gebiete bedeutsam.[27] Auch ist von Bedeutung, wieweit die Ansprüche des okkupierenden Staates auf das Hinterland von anderen Staaten bestritten sind, und ob sich diesen Staaten die gleichen oder bessere Möglichkeiten für die Durchsetzung ihrer Staatsgewalt bieten.

V. 1. Weitere Anforderungen sind nicht zu stellen. Die Okkupation bedarf keiner besonderen Anerkennung durch andere Staaten oder die internationalen Organisationen.[28] Diese ist freilich als eines neben anderen Anzeichen für das Bestehen einer effektiven Herrschaft nicht ohne Bedeutung. Je allgemeiner die Anerkennung, desto geringer die Anforderungen, die im übrigen an die Inbesitznahme gestellt werden müssen.

2. Der Wille zur Okkupation muß deutlich zum Ausdruck kommen, aber es bedarf doch *keiner förmlichen Notifizierung.* In Art. 34 der Kongoakte von 1885 war zwar vereinbart, daß zu einer rechtswirksamen Okkupation afrikanischer Gebiete eine förmliche Mitteilung an die Adresse der übrigen Vertragsstaaten notwendig sei. Doch läßt sich dieser Bestimmung, die der Vertrag von St. Germain vom 10. September 1919 schon nicht mehr enthält, keine allgemeine völkerrechtliche Regel entnehmen.[29] Deshalb ist die Notifizierung jedoch nicht ohne jede Bedeutung. So kann die Annahme einer solchen Mitteilung ohne Protest dem okkupierenden Staat einen zusätzlichen Rechtstitel bieten.

3. Für die Rechtswirksamkeit der Okkupation kommt es auf die wirklichen Verhältnisse an. Wenn sie den Erfordernissen der Effektivität genügt, so ist sie auch dann rechtswirksam, wenn sie *zu völkerrechtlichen Verträgen im Widerspruch steht,* der okkupierende Staat sich z. B. in einem Vertrage über die Abgrenzung von Einflußsphären dazu verpflichtet hatte, das okkupierte Gebiet nicht zu erwerben. Der Vertragsbruch verpflichtet möglicherweise zur Räumung des rechtswidrig okkupierten Gebiets, und er löst die Deliktshaftung aus. Doch gehört das okkupierte Gebiet zunächst einmal zu dem Gebiet des okkupierenden Staates. Die Okkupation ist also nicht etwa nichtig.[30]

---

[25] Als eine Ablehnung der weiter reichenden Hinterlandtheorien ist auch Art. 35 der Berliner Kongoakte zu deuten.

[26] Im Ostgrönland-Fall suchte der StIGH seine Entscheidung, derzufolge Dänemark die Hoheitsgewalt über ganz Grönland besitze, u. a. auf das Bestehen dänischer Kolonien nur in einzelnen Teilen Grönlands zu stützen. Bedenken dagegen in der dissenting opinion von *Anzilotti* (Anm. 23), 76 f, insbesondere 83 f.

[27] Starke Betonung der geographischen Gesichtspunkte im Schiedsspruch des Königs von Italien im *Grenzstreit zwischen Großbritannien und Brasilien* – RGDIP 11 (1904), Doc. 18 –, wo darauf abgestellt wird, ob das ganze Gebiet als „un organisme unique", „une unité organique de facto" erscheint. Der Schiedsspruch im *Palmas*-Fall (Anm. 7), 855, will unterscheiden zwischen der ersten Besitznahme, bei der nicht zu strenge Anforderungen zu stellen seien, und der späteren Ausübung der Hoheitsgewalt, die sich auf das ganze Gebiet ausdehnen müsse.

[28] Anders *Schätzel,* Die Annexion im Völkerrecht, 1920, 60 unter wenig überzeugender Berufung auf Art. 34 der Kongoakte. Mißverständlich auch *Lauterpacht,* Recognition in International Law, 1948, 409: wenn die Okkupation effektiv sei, seien andere Staaten zur Anerkennung verpflichtet.

[29] So auch der Schiedsspruch im *Palmas*-Fall (Anm. 7), 868.

[30] Überzeugend die dissenting opinion von *Anzilotti* im *Ostgrönland*-Fall (Anm. 23), 94 f. Ebenso *Guggenheim* (Anm. 9), 223 f. War das Gebiet freilich schon im Besitz eines anderen Staates, so kommt keine Okkupation, sondern allenfalls eine Annexion in Betracht.

§ 55 Die Annexion

Schrifttum: *Heimburger*, Der Erwerb der Gebietshoheit, 1888; *Schätzel*, Die Annexion im Völkerrecht, 1920 (Abdruck in: *Schätzel*, Internationales Recht, Band I, Das Recht des völkerrechtlichen Gebietserwerbs, 1959, 35-247); *Wright*, The Stimson Note of January 7, 1932, in: AJIL 26 (1932), 342-348; *McNair*, The Stimson Doctrine of Non-Recognition, in: BYIL 14 (1933), 65-74; *Langer*, Seizure of Territory, 1947; *Lauterpacht*, Recognition in International Law, 1947, 409-435; *Bentivoglio*, Debellatio nel diritto internazionale, 1948; *Scheuner*, Die Annexion im modernen Völkerrecht, in: Die Friedenswarte 1949, 81-93; *Schätzel*, Die Annexion im Völkerrecht, in: AVR 2 (1950), 1-28; *Wehberg*, L'interdiction du recours à la force, in: RdC 78 (1951 I) 1, 86-115; *ders.*, Krieg und Eroberung im Wandel des Völkerrechts, 1953; *Verosta*, Gebietshoheit und Gebietserwerb im Völkerrecht, in: ÖJZ 9 (1954), 241; *Wehberg*, Die Stimson-Doktrin, in: Grundprobleme des internationalen Rechts, Festschrift Spiropoulos, 1957, 433-443; *Menzel*, Das Annexionsverbot des modernen Völkerrechts und das Schicksal der Deutschen Ostgebiete, 1959; *Schulz*, Die Entwicklung des völkerrechtlichen Annexionsverbots, in: Jahrbuch der Albertus-Universität zu Königsberg/Preußen 1962, 20-44; *Zieher*, Vollendete Tatsachen bei Verletzung der territorialen Unversehrtheit, 1962; *Brownlie*, International Law and the Use of Force by States, 1963, 410-423; *Blix*, Contemporary Aspects of Non-Recognition, in: RdC 130 (1970 II), 593-700; *Zimmer*, Gewaltsame territoriale Veränderungen und ihre völkerrechtliche Legitimation, 1971; *Sagay*, International Law Relating to Occupied Territory, in: RevEgypt 28 (1972), 56-64; *Graf zu Dohna*, Die Grundprinzipien des Völkerrechts über die freundschaftlichen Beziehungen und die Zusammenarbeit zwischen den Staaten, 1973; *Gerson*, War, Conquered Territory, and Military Occupation in the Contemporary International Legal System, in: Harvard ILJ 18 (1977), 525-556; *Gnesa*, Die von Israel besetzten Gebiete im Völkerrecht, 1981; *Bothe*, Occupation, Belligerent, in: EPIL 4 (1982), 64; *Dolzer*, Der völkerrechtliche Status der Falkland-Inseln (Malvinas) im Wandel der Zeit, 1986, 82 ff; *Meriboute*, L'Annexion en droit international contemporain, in: Revue de droit international, de sciences diplomatiques et politiques 64 (1986), 37.

I. 1. Der Begriff der Annexion umschreibt den gewaltsamen Gebietserwerb eines Staates zu Lasten eines anderen Staates. Gegenstand einer Annexion kann ein ganzer Staat (Vollannexion) oder nur ein Teilgebiet sein (Teilannexion).

Noch die neuere Geschichte, auch die des 20. Jahrhunderts, bietet zahlreiche Beispiele für diese Erscheinung. Im Jahre 1900 wurden die Burenstaaten von England, die bolivianische Küste von Chile, 1908 Bosnien und die Herzegowina von Österreich-Ungarn, 1914 Zypern von England, 1936 Abessinien von Italien, 1939 die Tschechoslowakei von Deutschland, 1940 die baltischen Staaten von der Sowjetunion, 1941 Eupen, Malmédy und Moresnet sowie 1942 Elsaß-Lothringen von Deutschland annektiert. Nach dem Zweiten Weltkrieg wurden Südsachalin und die Kurilen von der Sowjetunion sowie Hyderabad (1948) und Goa (1961) von Indien und West-Jerusalem (1967) und die Golan-Höhen (1967) von Israel annektiert. Weitere Beispiele sind die Annexion von West-Irian (1962) und Ost Timor (1975) durch Indonesien, von Eritrea (1962) durch Äthiopien sowie der West Sahara (1975) durch Mauretanien.

2. Die Annexion weist gemeinsame Züge mit der Okkupation und der Abtretung auf, ist aber doch von beiden verschieden. Wie die Okkupation läßt sie, wenn überhaupt, einen originären Rechtstitel entstehen, der sich nicht aus dem Willen der vorangehenden Staatsgewalt ableiten läßt[1]. Im Gegensatz zur Okkupation begründet die Annexion aber

[1] Gemeinsam mit diesen Rechtsformen ist ihr, daß die dem Lande zugeordneten Räume – Flüsse, Küstengewässer und Luftraum – nicht unabhängig von dem Landgebiet annektiert werden können. Der Rechtstitel wurde in der Note des chilenischen Delegierten an den Außenminister Boliviens vom 13. August 1900 wie folgt umschrieben: „Chile has occupied the littoral and has taken possession of it in the same way Germany annexed Alsace and Lorraine to its empire ... Our title is born of victory, the supreme law of nations ..." zitiert nach UN Doc. A/42/PV. 16, 68.

die Staatsgewalt nicht im staatsfreien Raum, sondern sie schließt wie die Abtretung an eine schon bestehende Staatsgewalt an; im Unterschied zur Abtretung wird die frühere Staatsgewalt gegen ihren Willen verdrängt.

3. Die Annexion kann sich auf drei verschiedene Arten vollziehen: Durch eine einseitige Erklärung des annektierenden Staates, beispielsweise nach vollzogener Eroberung des betreffenden Gebietes; durch Vertrag (wobei die Abgrenzung zur Zession problematisch wird) und durch einseitigen Verzicht des Staates, dessen Gebiet annektiert wurde.[2] Die Begriffsbestimmung für das Institut „Annexion" ist mehr als ein rein semantisches Problem. Hierin wird bereits die Antwort auf die Frage angelegt, ob nachfolgende Verträge einen gewaltsam vollzogenen Gebietswechsel zu legitimieren vermögen.[3]

II. Im einzelnen verlangt (entsprechend der traditionellen Lehre) eine Annexion die Verwirklichung folgender Kriterien, wobei die Frage nach der völkerrechtlichen Gültigkeit zunächst zurückzustellen ist.

1. Der annektierende Staat muß das Gebiet *in Besitz* nehmen oder sich schon im Besitz des Gebietes befinden. In der Regel schließt sich die Einverleibung an eine militärische Eroberung an. Aber das Vorspiel kann auch in einer Besetzung ohne Kriegszustand bestehen[4] oder der annektierende Staat sich schon auf Grund anderer Rechtstitel im Besitz des Gebietes befinden. So hatte Österreich-Ungarn 1908 Bosnien, England 1914 Zypern bereits in seinem Besitz.
Aber wie immer erworben, der Besitz muß *vollständig*[5] und *endgültig* sein. Ist die Herrschaft über das Gebiet noch in Frage gestellt, so kommt eine Annexion schon aus diesem Grunde nicht in Betracht. Daher sind namentlich Annexionen *während eines Krieges* nicht wirksam, jedenfalls so lange nicht, als sich geschlossene Verbände der Gegenpartei – nicht notwendig solche des annektierten Staates – im Felde befinden.[6]

Beispiele für solche verfrühten Annexionen sind die Einverleibung der beiden Burenrepubliken im Jahre 1900, etwa zwei Jahre vor der endgültigen Beendigung der Feindseligkeiten[7], die Annexion von Tripolis durch Italien 1911 zu einer Zeit, als Italien erst wenige Küstenplätze besetzt hatte, oder die Abessiniens 1936, als erst ein verhältnismäßig kleiner Teil des Landes in der Hand des Eroberers war. Die Annexionen von Luxemburg[8], Eupen, Malmédy und Moresnet[9]

---

[2] Insoweit können Abgrenzungsprobleme zur Adjukation entstehen, vgl. dazu § 59.

[3] Wie hier *Bindschedler*, Annexation, in: EPIL 3 (1982), 19; *Scheuner*, 81 und *Wehberg*, 101 ff, die den einseitig erklärten und den gewaltsam durchgesetzten und durch einen Friedensvertrag bestätigten Gebietswechsel gleichsetzen. Dagegen unterscheidet *Rousseau* III, 190 ff die debellatio, die kriegerische Unterwerfung eines gesamten Staates, von der Annexion, die auf der Basis eines Friedensvertrages erfolgt. Nach *Schätzel*, 44 (Neuabdruck) ist unter Annexion nur der einseitig erklärte Gebietserwerb zu verstehen.

[4] Beispiele: Die Besetzung der Tschechoslowakei durch Deutschland 1939, der baltischen Staaten durch die Sowjetunion 1940.

[5] Doch bedarf es so wenig wie im Falle der Okkupation einer tatsächlichen Besetzung jedes einzelnen Platzes. Auch hier genügt die Möglichkeit jederzeitiger Ausübung der Hoheitsgewalt. 1870 z. B. schloß die Annexion des Kirchenstaates durch Italien auch die Vatikanstadt mit ein, obwohl Italien, aus Respekt vor dem Heiligen Stuhl, davon absah, auch diesen Teil der Stadt zu besetzen.

[6] Auch die Bestimmungen der Art. 42-56 HLKO gehen offenbar davon aus, daß der Kriegführende nicht das Recht habe, das besetzte Gebiet als sein eigenes Gebiet zu behandeln. Doch ginge es zu weit, wollte man eine Annexion während des Krieges für unter allen Umständen unwirksam halten. Richtig *Fedozzi* I, 407, der eine Annexion im Falle der „cessazione generale e prolungata delle ostilità" für rechtswirksam hält.

[7] Trotzdem wurden die Buren auch in der Folgezeit nicht als Rebellen behandelt und mit ihnen am 31. Mai 1902 der Friede von Pretoria geschlossen. Damals bestanden jedoch ihre Staaten nicht mehr.

[8] Die Annexion von Luxemburg war nicht endgültig, obwohl Luxemburg selbst keine Verbände im Kampf stehen hatte. Zutreffend *Mattern*, Die Exilregierung, 1953, 18 f.

[9] So mit Recht die belgische Cour de Cassation im Falle *Bindels v. Administration des Finances*, Annual Digest 14 (1947), Case No. 17, 45.

und von Teilen Polens durch Deutschland sowie jugoslawischer Gebiete durch Deutschland und Italien[10] während des Zweiten Weltkriegs sind völkerrechtlich niemals wirksam geworden.

Bei der Beurteilung der Effektivität der Annexion ist nicht nur die äußere Machtlage, etwa die militärische Situation, sondern auch die Reaktion der anderen Staaten und der zwischenstaatlichen Organisationen bedeutsam. Wenn die Annexion in der internationalen Gemeinschaft auf starken Widerstand stößt, kann dies Zweifel an der Stabilität des neuen Regimes und damit der Rechtswirksamkeit der Annexion begründen.[11]

2. Wie die Okkupation, so setzt auch die Einverleibung einen entsprechenden *Willensakt* des einverleibenden Staates voraus; die Eroberung allein macht das Gebiet nicht zu einem solchen des erobernden Staates. Dieser muß den anderen Staat oder einen Teil von dessen Gebiet seinem eigenen Gebiet endgültig eingliedern *wollen* und den Willen dazu zwar nicht förmlich notifizieren, aber doch deutlich bekunden.[12] Aus diesem Grunde stellte die Übernahme der Staatsgewalt Deutschlands durch die im Zweiten Weltkrieg siegreichen Mächte durch die Erklärung vom 5. Juni 1945 und das Potsdamer Abkommen vom 2. August 1945 keine Annexion dar, da die Mächte ausdrücklich erklärt hatten, eine solche sei nicht beabsichtigt.

Keine Annexion ist auch die Errichtung eines *Protektorats.* Dabei ist allerdings nicht die äußere Form, sondern der wirkliche Wille entscheidend. Durch die Begründung des „Protektorats" über Böhmen und Mähren durch Deutschland 1939 sollte in Wahrheit die Tschechoslowakei annektiert werden. Das Nürnberger Urteil des IMT hat das in seiner Begründung verkannt, indem es bereits aus der Bezeichnung „Protektorat" schloß, es habe die Tschechoslowakei als souveräner Staat weiterbestanden, so daß die Besetzung von Böhmen und Mähren nach den Regeln des Haager Kriegsrechts zu beurteilen sei.[13]

3. Zu dem Wesen der Annexion gehört es, daß der annektierende Staat sich *über den Willen* des bisher für das Gebiet zuständigen Staates *hinwegsetzt.* In diesem Sinne ist die Annexion, auch wenn kein militärischer Zwang angewendet wird, doch immer ein *Akt der Gewalt*[14]. Die Praxis zeigt, daß versucht wird, durch entsprechende Formenwahl den Charakter der Annexion zu verschleiern. Entscheidend ist aber nicht die gewählte Form, sondern die Beurteilung der tatsächlichen Gegebenheiten.

So ändert sich nichts an dem Charakter der Annexion, wenn der einverleibende Staat die rechtmäßige Staatsgewalt gewaltsam beseitigt, dann aber eine neue Regierung einsetzt und diese der gewaltsam herbeigeführten Änderung durch Verträge oder in anderen Rechtsformen zustimmen läßt. Dies war das Verfahren der Sowjetunion 1940 bei der Einverleibung der baltischen Staaten.[15]

---

[10] Vgl. auch das in ILR 19 (1952), 322 mitgeteilte Urteil des Appellationsgerichts Mailand (Unwirksamkeit der Annexion jugoslawischer Gebiete durch Italien im Zweiten Weltkrieg). – Daher wurde im Nürnberger Urteil des Internationalen Militär-Tribunals und in anderen Kriegsverbrecherprozessen davon ausgegangen, daß die Verwaltung der im Zweiten Weltkrieg annektierten Gebiete nicht nach dem Recht des annektierenden Staates, sondern nach Kriegsvölkerrecht zu beurteilen sei. So z. B. Trials of War Criminals XI, 1302. Vgl. auch *Jescheck*, Die Verantwortlichkeit der Staatsorgane nach Völkerstrafrecht, 1952, 313 f. Siehe auch oben, § 12, Anm. 20.

[11] Vgl. zu der Bedeutung der Anerkennung unter II. 4.

[12] In diesem Sinne auch der US Court of Appeals (9th Circ.) im Falle *Cobb v. U.S.*, ILR 18 (1951), 549 ff im Hinblick auf die Japan weggenommene, aber nicht von den USA annektierte Insel Okinawa.

[13] Siehe Anm. 10

[14] Zu dem Begriff der Gewalt vgl. im einzelnen Teilband I 2.

[15] Dazu etwa *Makarov*, Die Eingliederung der baltischen Staaten in die Sowjet-Union, in: ZaöRV 10 (1940), 682-707; *Meissner*, Die Sowjetunion, die baltischen Staaten und das Völkerrecht, 1956, namentlich 71 f; *Baade*, Die Bundesrepublik Deutschland und die baltischen Staaten, in: JIR 7 (1957), 34-68 und das dort sowie oben, § 14, Anm. 5, angegebene Schrifttum. Auch dem Anschluß Öster-

Allerdings wird der Ausdruck Annexion in der Staatenpraxis nicht immer in diesem Sinne gebraucht. So schlossen z. B. Texas 1845, Hawaii 1898 „Annexions"-Verträge mit den USA, durch die sie ihre Hoheitsgewalt freiwillig auf die USA übertrugen.[16] 1942 erklärte eine britische Order in Council für Trinidad und Tobago die unterseeischen Gebiete des Golfs von Paria für „annektiert"[17]. Alles dies hat mit Annexion in dem hier beschriebenen Sinne nichts zu tun.

III. 1. Die Antwort auf die Frage, ob durch die Annexion ein völkerrechtlich gültiger Gebietswechsel erfolgt, die Annexion also einen völkerrechtlichen Erwerbsgrund darstellt, ist im Laufe der Völkerrechtsentwicklung geändert worden. Sie ist eng verknüpft mit der Frage nach der Zulässigkeit des Krieges als rechtlich statthaftes Mittel der Politik. In der Regel wird darauf abgestellt, daß bis zum Ausbruch des Ersten Weltkrieges der Krieg als statthaft (liberum ius ad bellum) und somit auch die kriegerische Eroberung als zulässiger Titel der Machterweiterung der Staaten angesehen wurde.[18] Dabei wird allerdings nicht hinreichend berücksichtigt, daß bis zum 19. Jahrhundert an der Unterscheidung zwischen gerechtem und ungerechtem Krieg festgehalten wurde.[19] Eine Eroberung, so lehrten noch *Vattel* und *Klüber*[20], darf nur in einem Kriege aus gerechter Ursache und nur in dem Rahmen erfolgen, den die gerechte Verteidigung und die notwendige Sicherheit ziehen. Dieser Gesichtspunkt hat seinen Niederschlag teilweise auch in der Staatenpraxis gefunden. Dabei ist jedoch darauf hinzuweisen, daß das entscheidende Kriterium der bellum iustum-Lehre, dasjenige der „gerechten Ursache" eines Krieges, sehr weit gefaßt wurde und die gewaltsame Durchsetzung anderweitig nicht realisierbarer staatlicher Interessen einschloß. Während *Friedrich der Große* - insoweit der klassischen Völkerrechtslehre Ausdruck gebend - im Schlußkapitel seines Anti-Machiavell Verteidigungskriege, Kriege zur Erhaltung einer streitigen Rechtsposition und Präventivkriege sowie Kriege, die sich aus einer Bündnisverpflichtung ergeben, für notwendig und gerecht hält[21], fällt bei *Hegel* das „äußere Staatsrecht" mit dem uneingeschränkten Recht zum Kriege zusammen.[22] Die Freiheit des Vaterlandes als alleiniger Rechtfertigungsgrund des Krieges bei *Friedrich* ist bei *Hegel* von der Omnipotenz des Staates als Ziel der Sittlichkeit verdrängt. Doch hat selbst der *Hegelsche* Machtstaatsgedanke nichts daran ändern können, daß die Rechtfertigung der Annexion durch einen *gerechten* Krieg die Staatenpraxis bis weit ins 19. Jahrhundert hinein bestimmt hat. Die Annexion Kurhessens durch *Napoleon* (1806) wurde für legal gehalten, weil die *Napoleonischen* Kriege als gerechte Kriege akzeptiert wurden, und 60 Jahre später begründete Preußen seine Annexion Kurhessens wie auch Hannovers mit der einen gerechten Kriegsgrund darstellenden Verletzung des Bundesrechts durch seine Gegner.[23]

---

reichs an Deutschland im Jahre 1938 ging eine starke interventionistische Einwirkung der Reichsregierung auf die innere Ordnung in Österreich voraus. Damit wurde dieses Ereignis, obwohl der damaligen Volksstimmung entsprechend, zu einem völkerrechtswidrigen Vorgang.

[16] Siehe dazu auch oben § 15.

[17] Abgedruckt in: Laws and Regulations on the Regime of the High Seas, UN ST/LEG/SER. B/1, 46.

[18] Vgl. z. B. den Vorspruch des Vertrages zwischen Großbritannien und Ägypten über den Sudan vom 19. Januar 1899, *Strupp*, Documents II, 44: „Whereas it is desired to give effect to the claims which have accrued to her Britannic Majesty's Government by right of conquest, to share in the present settlement..." Hierauf weist z. B. *Wehser*, in: *Menzel/Ipsen*, 159 hin.

[19] Vgl. dazu *Wehberg*.

[20] *Vattel*, Le droit des gens ou principes de la loi naturelle, 1758, Buch 3, Kap. 13, § 201; *Klüber*, Europäisches Völkerrecht, 2. Aufl. 1851, § 255.

[21] Nic. Machiavels Regierungskunst eines Fürsten, Frankfurt und Leipzig 1745 (Nachdruck 2. Aufl. Dortmund 1982), XXVI. Kapitel, 382 ff.

[22] *G. W. F. Hegel*, Grundlinien der Philosophie des Rechts (Theorie Werkausgabe Bd. 7), Frankfurt 1970, §§ 330 ff.

[23] Vgl. das Inkorporationspatent für Hannover vom 3. Oktober 1866, abgedruckt bei *de Martens*, NRG 1ère Série, XVIII, 386: „Nachdem in Folge eines von Hannover in Verletzung des damals geltenden Bundesrechtes begonnenen, von Uns in gerechter Abwehr siegreich geführten Krieges, die zum Königreich Hannover früher vereinigten Lande von Uns eingenommen sind..." Eben dies

2. Die nach Beendigung des Ersten Weltkrieges einsetzende Wandlung des Völkerrechts hat die Beurteilung der Annexion als eines völkerrechtlich zulässigen Erwerbsgrundes völlig verändert. Die Ablehnung der unbeschränkten staatlichen Souveränität, die Betonung des Gesamtinteresses der Staaten, die Forderung nach friedlicher Beilegung zwischenstaatlicher Streitigkeiten und das Verbot des Angriffskrieges entziehen der gewaltsam erzwungenen Gebietsveränderung die Grundlage als völkerrechtlich zulässiger Grund für einen Gebietserwerb.

Der Gedanke der friedlichen Beilegung zwischenstaatlicher Konflikte und das Verbot der Eroberung haben ihre erste Anerkennung bereits am Ende des 19. Jahrhunderts auf dem amerikanischen Kontinent erhalten. 1881 erklärte US-Außenminister *Blaine* das Recht der Eroberung für gefährlich für das Interesse der Staaten[24], 1890 faßte die Interamerikanische Konferenz der amerikanischen Staaten in Washington den Beschluß, das Prinzip der Eroberung im öffentlichen Recht nicht mehr anzuerkennen und alle dadurch bedingten Gebietsveränderungen für nichtig zu erklären.[25] Universell hat sich jedoch erst mit der Völkerbundsatzung und dem Kriegsverzichtspakt von 1928 *(Briand-Kellogg-Pakt)* die Sicht durchgesetzt, daß ein Angriffskrieg völkerrechtswidrig ist. Nach Art. 10 Völkerbundsatzung waren die Mitglieder verpflichtet, „die territoriale Unversehrtheit und bestehende politische Unabhängigkeit aller Mitglieder des Völkerbundes zu respektieren und gegen äußere Angriffe zu wahren". Dabei war zunächst umstritten, ob das hieraus herzuleitende Annexionsverbot nur für den verbotenen Angriffskrieg oder generell zu gelten hatte. Letztere Sicht setzte sich 1928 durch.[26] Ein über die Satzung des Völkerbundes hinausgehendes Verbot des Krieges statuierte Art. 1 des Briand-Kellogg-Paktes.[27] Zwar enthält der Briand-Kellogg-Pakt keine eigenständige Aussage zur Annexion, sie ergibt sich jedoch hieraus zwangsläufig. Ist jeder Krieg verboten, so muß auch jede Annexion auf Grund eines Krieges als verboten angesehen werden.[28] Eine in diesem Sinne ergänzende Klarstellung erfuhr der Briand-Kellogg-Pakt durch die *Stimson*-Doktrin.[29]

3. Die Charta der Vereinten Nationen hat eine dem Art. 10 Völkerbundsatzung entsprechende Bestimmung allerdings nicht übernommen.[30] Nach Art. 2 Ziff. 4 UN-Charta müssen die Mitglieder sich aber der Androhung und Anwendung von Gewalt gegen die territoriale Unversehrtheit oder politische Unabhängigkeit anderer Staaten enthalten. Das Gewaltverbot[31] in der Formulierung der Charta der Vereinten Nationen ist zwingendes geltendes Völkergewohnheitsrecht (*ius cogens*).[32] Insofern gilt das bereits im Zusammenhang mit der Völkerbundsatzung Gesagte. Die Ächtung der Gewalt als Mittel der Politik in den zwischenstaatlichen Beziehungen macht es ausgeschlossen, die Annexion als rechtsgültigen Grund eines Gebietserwerbs anzusehen. Auch mit dem in Art. 2

---

wurde in dem Protest des Königs von Hannover bestritten, der im grundsätzlichen Ausgangspunkt übereinstimmt: „Le droit de conquête suppose une guerre faite conformément aux principes du droit des gens" (aaO 384); vgl. dazu *Verosta*, Die Völkerrechtswidrigkeit der Annexion Kurhessens 1866, in: Festschrift von der Heydte, 1977, 711 ff.

[24] Foreign Relations 1881, 143.

[25] *Moore*, Digest I, 292.

[26] Vgl. Erklärung Societé des Nations, Journal Officiel, Suppl. Spécial Nr. 64, 75, vgl. dazu im einzelnen *Wehberg*, 35 ff.

[27] „Die Hohen Vertragsschließenden Parteien erklären feierlich im Namen ihrer Völker, daß sie den Krieg als Mittel zur Lösung internationaler Streitigkeiten verurteilen und daß sie auf ihn als ein Instrument der nationalen Politik in ihren Beziehungen untereinander verzichten".

[28] Zweifelnd offenbar *Scheuner*, 85, wie hier *Schulz*, 26 ff und *Wehberg*, 50 ff.

[29] Vgl. unten IV.

[30] Auf der Konferenz in San Francisco fand sich für die Einführung einer entsprechenden Vorschrift zwar eine einfache, aber nicht die erforderliche Zweidrittelmehrheit. Dazu *Langer*, Seizure of Territory, 1947, 89 f.

[31] Zum Inhalt des Gewaltverbots Teilband I 2.

[32] Urteil des IGH im Falle *Military and Paramilitary Activities in and against Nicaragua*, ICJ Reports 1986, 14, para. 187 ff (190).

Ziff. 1 ausgesprochenen Grundsatz der „souveränen Gleichheit" sind *Annexion* und *zwangsweise Abtretung* nicht in Einklang zu bringen. Aus beiden Gesichtspunkten ergibt sich ein völkerrechtliches Verbot der Annexion. Ein Staat, der ein Gebiet zwangsweise annektiert oder die Abtretung von Gebiet – jedenfalls durch einen Angriff – gewaltsam erzwingt, handelt völkerrechtswidrig; Gebietsveränderungen, die auf diese Weise herbeigeführt werden, sind unwirksam.[33]

Die hier gezogene Schlußfolgerung vom völkerrechtlichen Gewaltverbot auf ein Annexionsverbot ergibt sich aus folgenden Überlegungen: Zum einen stellt das Annexionsverbot eine unmittelbare Konsequenz aus dem Gewaltverbot dar. Da die Staaten nicht über das Recht verfügen, im zwischenstaatlichen Verkehr das Mittel der Gewalt einzusetzen, so kann im Wege der Gewalt auch nicht ein anderes Recht – die Gebietshoheit eines anderen Staates – zerstört werden. Doch ist damit die eigenständige Bedeutung des Annexionsverbotes noch nicht zureichend erfaßt. Diese ergibt sich aus einer weiteren Überlegung: Das Völkerrecht kennt nur in begrenztem Umfang Sanktionsmechanismen, um seine Geltung durchzusetzen. Insbesondere das Gewaltverbot kann nicht durch zentrale Durchsetzungsmechanismen punitiven Charakters gesichert werden. Diese Einsicht führte erst in der Charta der Vereinten Nationen zur völligen Absage an das bellum-iustum-Denken.[34] Doch kann aus dem Fehlen einer zentralen, punitiven Durchsetzungsgewalt keinesfalls auf eine defizitäre Normstruktur des Völkerrechts geschlossen werden. Vielmehr hat das Völkerrecht durchaus Surrogate geschaffen, die das fehlende zentrale Sanktionssystem ersetzen sollen und auch können. Hierzu zählen u. a. auch normimmanente Sanktionsmechanismen – wie etwa die Nichtigkeit eines einseitigen völkerrechtlichen Aktes oder Vertrages –, mit denen unmittelbar auf einen Normverstoß reagiert wird.[35] Einen solchen Mechanismus stellt ebenfalls das Annexionsverbot dar. Das Annexionsverbot ist eine der Sanktionen, die das Völkerrecht für eine Verletzung des Gewaltverbotes bereithält und akzessorisch mit dem Verstoß wirksam werden läßt. Seine Funktion als Sanktionsinstrument des Gewaltverbots kann das Annexionsverbot u. a. dadurch erfüllen, daß es mit dem gewaltsamen Erwerb fremden Staatsgebietes eines der wirksamsten Motive zum Gebrauch von Gewalt in der Staatengeschichte mit einem rechtlichen Unwerturteil belegt. Diese Bedeutung des Annexionsverbotes wird bestärkt durch das in der sowjetischen Völkerrechtslehre zu recht immer wieder betonte und in der OAU-Charta kodifizierte Prinzip der unbedingten Unverletzlichkeit der Grenzen.

4. Diese Konsequenz wird allerdings von einer im Schrifttum verbreiteten Lehre dahin abgeschwächt, daß die Annexion als ein Akt der Gewalt zwar an sich unwirksam sei, ihr Mangel aber geheilt werden könne, wenn die Annexion sich faktisch konsolidiert habe[36] bzw. von der internationalen Gemeinschaft anerkannt werde.

---

[33] So nachdrücklich *Lauterpacht*, Recognition, §§ 124, 125, z. B. 409: „International Law acknowledges as a source of rights and obligations such facts and situations as are not the result of acts which it prohibits and stigmatizes as unlawful" sowie *Oppenheim/Lauterpacht* I, § 241 a und II, 252, über die Annexion der Tschechoslowakei 1939 als „a legal nullity". Ebenso *Wehberg*, 101 f, *Marek*, Identity and Continuity of States in Public International Law, 2. Aufl. 1968, insbesondere 567 f, *Chen*, The International Law of Recognition, 1951, 430 f, *Schätzel*, Die Annexion, 1 f, 19 f. Vgl. auch BVerfGE 1, 322. Dort wird die Einverleibung von Böhmen und Mähren in das Reich als unwirksam betrachtet, aber trotzdem angenommen, daß das Reich seine Staatsangehörigkeit den dort lebenden Personen habe übertragen können.

[34] *Delbrück/Dicke*, The Christian Peace Ethic and the Doctrine of Just War from the Point of View of International Law, in: GYIL 28 (1985), 201.

[35] Dazu in größerem Zusammenhang oben, § 8.

[36] *Schwarzenberger*, Title to Territory: Response to a Challenge, in: AJIL 51 (1957), 308, und *de Visscher*, Les effectivités du droit international public, 1967, sprechen von historischer Konsolidierung.

Die Meinung, die über längere Zeit (u. U. protestlos) hingenommene Ausübung der Gebietshoheit befreie die Annexion von ihrem rechtlichen Makel[37], greift im Grunde genommen auf den Grundsatz der Effektivität zurück[38] und sieht somit in der *Ersitzung* das Instrument, über das eine Annexion doch zu einem völkerrechtlichen Gebietswechsel führt. Hierauf ist im Rahmen der Ausführungen zur Ersitzung näher einzugehen.[39] Dagegen, daß der durch eine Annexion geschaffene rechtswidrige Zustand durch Anerkennung der Staatengemeinschaft heilbar ist[40], spricht, daß ein unter Verstoß gegen *ius cogens* entwickelter Zustand selbst durch einen völkerrechtlichen Vertrag nicht ohne weiteres legitimiert werden könnte.[41] Dann ist seine Legitimation aber auch nicht im Wege der Anerkennung der Staatengemeinschaft möglich, will man dieser überhaupt konstitutive Wirkung beimessen. Hiergegen ist jedoch einzuwenden, daß einer Anerkennung der Staatengemeinschaft keine rechtsgestaltende Wirkung zukommt.[42] Schließlich ist auf den wichtigsten Einwand gegen die eine Rechtsverletzung heilende Wirkung der Anerkennung einzugehen. Dieser Einwand besagt, daß eine derartige Anerkennung ihrerseits einen Völkerrechtsverstoß darstellen würde. Dies ergibt sich aus der bereits angesprochenen *Stimson*-Doktrin.

IV. 1. Die Entwicklung der *Stimson*-Doktrin reicht in das 19. Jahrhundert zurück. Schon die panamerikanische Konferenz in Washington 1889-90 nahm Entschließungen an, nach denen während des Bestehens eines damals vereinbarten Schiedsvertrages gemachte Eroberungen unzulässig und durch Kriegsdrohung erzwungene Abtretungen nichtig sein sollten. Bemerkenswert ist auch der Vertrag zwischen der Türkei und der Sowjetunion vom 16. März 1921, in dem die Parteien einander versprachen, keinen Friedensvertrag oder sonstige Verträge anzuerkennen, die dem anderen Teil gegen seinen Willen auferlegt seien.[43] Unter Berufung auf das gleiche Prinzip sind die USA seit dem Ersten Weltkrieg der Expansionspolitik Japans in China, sind sie schon 1915 den sog. 21 Forderungen Japans entgegengetreten. Eine neue Wendung ergab sich in den 30er Jahren. Angesichts des japanischen Angriffs auf China richtete der amerikanische Außenmi-

---

[37] *Sørensen*, La prescription en droit international, in: Acta Scandinavia Iuris Gentium, Nordisk Tidsskrift for International Ret 3 (1932), 145; *Berber* I, 364 f.

[38] Wenig überzeugend ist daher der alleinige Verweis auf den Grundsatz *ex iniuria ius non oritur*, der von *Lauterpacht*, Recognition, 421 ff entwickelt wurde. Noch weniger überzeugend erscheint allerdings die Behauptung von *Fischer/Köck*, Allgemeines Völkerrecht, 1980, 116, wonach der Satz *ex factis ius oritur* im Falle der Annexion dazu *lex specialis* sein könne. Vgl. auch *Kelsen*, Principles, 316: „The principle advocated by some writers – *ex iniuria ius non oritur* – does not, or not without important exceptions, apply in international law." Eine wohl begründete Warnung vor dem simplifizierenden Arbeiten mit dieser Maxime spricht auch *Schwarzenberger*, The Fundamental Principles of International Law, in: RdC 87 (1955 I), 209 aus.

[39] Vgl. unten § 56.

[40] Bereits 1888 formulierte *Heimburger*: „... die Rechtsmäßigkeit des thatsächlich befestigten Staatenbesitzes beruht ... allein auf dem spezifisch völkerrechtlichen Rechtsgrund der internationalen Anerkennung" (151). *Schätzel*, 97 ff hat diese Lehre übernommen und eingehend zu begründen versucht. Sie wird des weiteren vor allem von *Lauterpacht*, 429 f und *Chen*, (Anm. 33), 411 f verfochten. Ebenso wohl *Scheuner*, 84, wenn er erwägt, daß zur Legitimierung der Annexion die Anerkennung der Großmächte erforderlich, also doch wohl auch ausreichend sei. Folgt man dieser Lehre, so beschränkt sich die Anerkennung nicht auf die Hinnahme der widerrechtlich herbeigeführten tatsächlichen Veränderungen, sondern entfaltet konstitutive Wirkung. Während sie die Gebietshoheit des bisherigen Territorialherren endgültig vernichtet, verschafft sie dem tatsächlichen Gewaltinhaber die volle territoriale Souveränität. Entsprechend spricht *Lauterpacht*, 429, von der Schaffung eines Rechts „which did not previously exist".

[41] Vgl. Art. 52 Wiener Übereinkommen über das Recht der Verträge.

[42] *Zimmer*, 19 sowie eingehend *Wehberg*, 105 f, der vor allem den Gesichtspunkt betont, daß hierin eine Unterstützung des Angreifers zu sehen ist. – Zur Anerkennung insgesamt oben § 19.

[43] Vgl. Soviet Treaty Series (ed. *Shapiro*) I (1950), 100.

nister *Stimson* am 7. Januar 1932 gleichlautende Noten an Japan und China, in denen erklärt wurde, daß die USA nicht in der Lage seien, tatsächliche Verhältnisse und Verträge anzuerkennen, die Vertragsrechte der USA und ihrer Staatsangehörigen einschließlich der Souveränität, Unabhängigkeit und territorialen Unversehrtheit Chinas und des Grundsatzes der offenen Tür verletzten, oder die zum Kriegsverzichtspakt von 1928 im Widerspruch stünden.[44] Diese Erklärung enthielt zunächst nur die Ankündigung der zukünftigen Ostasienpolitik der USA, aus der diesen keine völkerrechtliche Verpflichtung erwuchs. Aber der ihr zugrundeliegende Gedanke wurde dann durch Entschließung der Völkerbundversammlung vom 11. März 1932 zu einem Völkerrechtsgrundsatz erhoben.[45] Hier wurde unter Berufung auf Art. 10 der Völkerbundsatzung ausgesprochen, daß es den Mitgliedern verboten sei, Verhältnisse oder Verträge anzuerkennen, die unter Verletzung der Völkerbundsatzung oder des Kelloggpaktes herbeigeführt seien. Die Praxis des Völkerbundes ist jedoch nicht ganz eindeutig. Zwar wurde der von Japan errichtete Satellitenstaat Mandschukuo nur von wenigen Staaten anerkannt; der Annexion Abessiniens aber durch Italien wurde die Anerkennung in der Folgezeit nicht verweigert. 1938 faßte der Völkerbundsrat eine Entschließung, die den Mitgliedern die Entscheidung anheim gab.[46] Von den amerikanischen Staaten wurde der Grundsatz der Nichtanerkennung jedoch mit wachsendem Nachdruck betont. 1932 erließen die 19 neutralen Staaten eine entsprechende Erklärung während des *Chaco-Konfliktes* zwischen Paraguay und Bolivien.[47] Und auf der 7. panamerikanischen Konferenz in Montevideo verpflichteten sie sich durch das Abkommen über die Rechte und Pflichten der Staaten vom 26. Dezember 1933 zur Nichtanerkennung (Art. 11).[48] Bestimmungen gleichen Inhalts waren im Antikriegsvertrag vom 10. Oktober 1933 (sog. Saavedra Lamas-Vertrag, der nicht auf Amerika beschränkt war, Art. 2)[49] und im Vorspruch des Akts von Chapultepec vom 8. März 1945 enthalten. Den Schlußstein bildet die Satzung der OAS (Bogotá-Charta) vom 30. April 1948, deren Art. 17 den Grundsatz der territorialen Integrität der amerikanischen Staaten bestätigt und dann bestimmt, daß keine durch Gewalt oder Zwang erreichten Gebietserwerbungen oder sonstigen Vorteile anerkannt werden dürften.[50] Unter der Charta der Vereinten Nationen hat die *Stimson*-Doktrin Eingang in die Deklaration über freundschaftliche Beziehungen und Zusammenarbeit der Staaten[51] und in die Aggressionsdefinition[52] gefunden. Die Nichtanerkennung gewaltsamer Gebietsänderungen wurde in den Beratungen der Friendly Relations-Deklaration als ein Instrument zur Stärkung und Durchsetzung des Gewalt-

[44] Foreign Relations of the United States (1932) Band 3, Far East, 8.

[45] Societé des Nations, Journal Officiel, Supp. spéc. N. 101, 87.

[46] Vgl. das Protokoll der 101. Tagung des Völkerbundrats, Societé des Nations, Journal Officiel XIX (1938), 333 f mit den Reden namentlich des britischen Außenministers Lord *Halifax* und der Botschaft des Kaisers *Haile Selassie*. Bemerkenswert die Schlußworte des Präsidenten, 346 f: „Malgré les regrets qui ont été exprimés, la grande majorité des membres du Conseil sont d'avis qu'en ce qui concerne la question actuellement en discussion, il appartient aux Membres individuels de la S.D.N. de déterminer leur attitude d'après leur propre situation et leurs propres obligations."

[47] AJIL 28 (1934), Supp. 168.

[48] AJIL 28 (1934), Supp. 75; LNTS 165, 19. Hier wird jede Art von Zwang, nicht nur der Gebrauch der Waffen einbezogen.

[49] AJIL 28 (1934), Supp. 79; LNTS 163, 393.

[50] In dieser Richtung bewegen sich auch die Vorschläge der Harvard Law School für eine Konvention über die Rechte und Pflichten der Staaten im Falle des Angriffs, AJIL 33 (1939), Supp. Part III. Nach Art. 4 (2) soll die Anwendung von Waffengewalt die territoriale Hoheitsgewalt nicht berühren, und nach Art. 4 (3) sollen mit Waffengewalt durchgesetzte Verträge jedenfalls anfechtbar (voidable) sein.

[51] A/Res. 2625 (XXV) vom 24. Oktober 1970: „No territorial acquisition resulting from the threat or use of force shall be recognized as legal".

[52] A/Res. 3314 (XXIX) vom 14. Dezember 1974, Art. 5 Abs. 3: „No territorial acquisition or special advantage resulting from aggression is or shall be recognized as lawful".

verbotes wie auch zur Verhinderung militärischer Auseinandersetzungen in Grenzstreitigkeiten eingebracht. Gleichwohl war insbesondere die völkerrechtliche Geltung eines Anerkennungsverbotes in den Verhandlungen nicht unumstritten. Von seiten westlicher Industriestaaten wurde argumentiert, daß eine *de iure* wie auch *de facto* kollektive Nichtanerkennung nicht zwangsläufig in allen Fällen zu einer befriedigenden und friedlichen Verwirklichung berechtigter Gebietsansprüche beitrage. Die Reaktion der Vereinten Nationen und ihrer Mitglieder auf gewaltsam durchgeführte territoriale Veränderungen ist nicht immer eindeutig gewesen. So haben sich die Vereinten Nationen mit der Annexion von Hyderabad (1948)[53] und Goa (1961)[54] durch Indien abgefunden.[55] Hingegen haben die Vereinten Nationen die Annexion der Golan-Höhen durch Israel[56] als völkerrechtswidrig verurteilt. In seiner Resolution 497 vom 17. Dezember 1981 betonte der Sicherheitsrat der Vereinten Nationen, daß die gewaltsame Aneignung von Gebieten unzulässig und die Entscheidung Israels, die „besetzten syrischen Golan-Höhen" seiner vollen staatlichen Hoheit zu unterwerfen, daher „null und nichtig und ohne völkerrechtliche Wirkung" sei.[57]

2. Wenn trotzdem die Völkerrechtsqualität der *Stimson*-Doktrin geleugnet wurde, so geschah dies in der Vergangenheit stets unter Berufung auf eine angeblich fehlende oder zumindest nicht eindeutig nachweisbare Staatenpraxis.[58] Mit dieser Argumentation wird allerdings verkannt, daß die *Stimson*-Doktrin keines eigenständigen Nachweises ihrer Völkerrechtsqualität bedarf, da sie sich rechtsquellenmäßig aus dem völkerrechtlichen Gewaltverbot ergibt. Denn die Anerkennung eines gewaltsam vollzogenen Gebietswechsels stellt sich als eine Unterstützung eines Völkerrechtsverstoßes dar und teilt daher dessen Schicksal, sie ist selbst völkerrechtswidrig. Insofern stellt die *Stimson*-Doktrin ein deklaratorisch zu verstehendes Gebot an die Staatengemeinschaft dar, sich einer rechtswidrigen Unterstützung eines Völkerrechtsbruches zu enthalten. Dieses Gebot ist daher, ebenso wie das Gewaltverbot bzw. das Verbot, gewaltsam territoriale Veränderungen vorzunehmen, Bestandteil geltenden Völkergewohnheitsrechts.

V. Umstritten ist, ob das Annexionsverbot sich nur auf den Aggressor bezieht, oder ob es jede gewaltsame Gebietsveränderung, also auch die Gebietsveränderung nach einer rechtmäßigen Verteidigung, erfaßt. Soweit die Ansicht vertreten wird, eine Annexion nach einer erfolgreichen Selbstverteidigung sei zulässig, wird auf die Zulässigkeit der Gewaltanwendung und die Notwendigkeit einer Bestrafung des Aggressors bzw. einer Sicherung gegen zukünftige Aggressionsakte verwiesen.[59] *Gelberg*[60] schreibt dazu: „Das

---

[53] UNYB 1947-48, 458 f; 1948-49, 2985 f. Dazu *Franck*, Nation against Nation, 1985, 47 ff.

[54] *Mezerik* (Hrsg.), Goa. Portuguese Colonial Policy, Indian Campaign. UN Record Chronology, New York 1962; *Franck* (Anm. 53), 53 ff.

[55] Am 20. Januar 1965 hat das Berufungsgericht Brüssel die Annexion Goas als Verletzung der UN-Charta für nichtig erklärt („... aucune conséquence juridique ne peut être reconnue à cet acte de violence...", RBDI 3 (1967), 565 f). Hingegen hat Indien diese Aktion als „légitime défense pour la protection et libération des peuples" zu rechtfertigen versucht (RBDI 10 (1974), 175). Am 31. Dezember 1974 wurde zwischen Indien und Portugal ein Vertrag unterzeichnet, in dem Portugal die Souveränität Indiens über Goa anerkannte (Archiv der Gegenwart 44 (1974), 18940 E; 45 (1975), 19175 B).

[56] Text des „Golangesetzes" in: ILM 21 (1982), 163.

[57] Vgl. auch die Resolution der Generalversammlung ES 9/1 vom 5. Februar 1982, zu diesem Komplex *Malanczuk*, Das Golan-Gesetz im Lichte des Annexionsverbots und der occupatio bellica, in: ZaöRV 42 (1982), 261 ff; *Coussirat-Coustère*, Israel et le Golan, in: AFDI 28 (1982), 185 ff.

[58] So noch *Dahm* I, 608; *Langer*, 285 ff; *Meng*, Stimson Doctrine, in: EPIL 4 (1982), 230 wirft diese Frage allerdings schon nicht mehr auf und geht wie selbstverständlich davon aus, daß die *Stimson*-Doktrin Bestandteil geltenden Gewohnheitsrechts ist.

[59] *Oppenheim/Lauterpacht* I, 574 f, *Schwarzenberger*, Title to Territory: Response to a Challenge, in: AJIL 51 (1957), 314; *Schwebel*, What Weight to Conquest? in: AJIL 64 (1970), 346; *Molodzow*, in:

Verbot der Annexion von Territorien eines Aggressors würde in der Praxis seine Befreiung von jedem Risiko bedeuten, da ihm nicht die Gefahr droht, daß ihn das gleiche Schicksal trifft, das er dem Aggressionsopfer mit seinem unrechtmäßigen Handeln zugedacht hat. Das absolute Annexionsverbot wäre gleichbedeutend mit einem absoluten Kriegsverbot, also auch des Verteidigungskrieges. Das würde nicht nur ins Absurde führen, sondern würde auch eine Ermutigung für den bisherigen Aggressor darstellen". Hiergegen spricht, daß die Notwehr Verteidigungsrechte im Konflikt eröffnet, nicht aber einen Erwerbstitel (auch nicht unter Sicherheitsgesichtspunkten) gewährt. Der durch die Aggression verletzte Staat muß sich zur Durchsetzung der Wiedergutmachungsansprüche auf andere Maßnahmen beschränken, seine Sicherheitsinteressen kann er über Demilitarisierungs- bzw. Neutralisierungsforderungen oder die Einrichtung einer internationalen Kontrolle verfolgen.[61] Auch sind Maßnahmen der Selbstverteidigung an den Grundsatz der Proportionalität gebunden und durch diesen auf eine Restitution des *status quo ante* eingeschränkt.[62] Zudem fehlt es dem Völkerrecht an einer Instanz, die verbindlich entscheiden könnte, wer Angreifer und wer Verteidiger ist. Insofern wäre die Annexionserlaubnis zu Gunsten des Verteidigers in der Praxis nichts anderes als eine Annexionserlaubnis zu Gunsten des Siegers. Damit würde die Bedeutung des völkerrechtlichen Annexionsverbots als eines wesentlichen Elements der Friedenssicherung deutlich vermindert.

Dem entspricht die Praxis der Vereinten Nationen in bezug auf die von Israel annektierten Gebiete. Der Sicherheitsrat stellte in Resolution 242 vom 22. November 1967 fest, daß der kriegerische Erwerb von Territorien unzulässig sei und verlangte den Rückzug aus den besetzten Gebieten. Die Illegalität der Annexion von Ost-Jerusalem wurde mehrfach wiederholt. Nachdem die Knesset am 30. Juli 1980 das Verfassungsgesetz über die offizielle Annexion von Ost-Jerusalem verabschiedet hatte, erließ der Sicherheitsrat am 20. August 1980 Resolution 478. Darin wurde festgestellt, daß „alle legislativen und administrativen Maßnahmen und Aktionen der Besatzungsmacht Israel, die Charakter und Status der Heiligen Stadt Jerusalem geändert haben bzw. ändern sollen, und insbesondere das neue Grundgesetz über Jerusalem null und nichtig sind und unverzüglich widerrufen werden müssen". Die Resolutionen der Generalversammlung[63] entsprechen dem.

VI. Schließlich muß man sich die Frage vorlegen, ob ein gewaltsam durchgeführter Gebietswechsel durch einen Friedensvertrag oder einseitige Erklärung des das Gebiet verlierenden Staates nachträglich legitimiert werden kann.

Die Staatenpraxis des 19. Jahrhunderts belegt, daß in nahezu allen Fällen der Teilanne-

---

Lehrbuch der Akademie der Wissenschaften der UdSSR – Rechtsinstitut Völkerrecht, 1957 (übersetzt 1960), 189 ff; *Tunkin*, Recht und Gewalt im internationalen System, (dt. Übersetzung), 1986, 193.

[60] Die Entstehung der Volksrepublik Polen, in: Völkerrecht und Außenpolitik (1972), 14, 109.

[61] *Schätzel*, Der Frieden mit dem Aggressor, in: Festschrift Laun, 1953, 33; *Scheuner*, 90 f; *Wehberg*, 103 f; *Menzel*, 36; *Gnesa*, 40. Bemerkenswert Art. 15 des nicht ratifizierten Genfer Protokolls von 1924, durch den auch der Rechtsbrecher vor Annexionen geschützt wird. Danach dürfen nämlich die über den Angreifer verhängten Sanktionen dessen territoriale Unversehrtheit und politische Unabhängigkeit nicht verletzen. Ebenso Harvard Entwurf eines Abkommens über die Rechte und Pflichten der Staaten im Falle des Angriffs, Art. 15 (Anm. 50). Eindrucksvoll BGHZ 13, 265 (293): „Der militärische Sieg gibt dem Sieger nicht das Recht, das besiegte Volk, das seine ihm geschichtlich überkommene gemeinsame Staatlichkeit bewahren will, und das sich dabei innerhalb der völkerrechtlichen Ordnung hält, dieser Staatlichkeit zu berauben." Darin sieht das Gericht einen „zwingenden Satz des übergesetzlichen Rechts".

[62] *Delbrück*, Proportionality, in: EPIL 7 (1984), 396-400.

[63] A Res. 2253 (ES-V) vom 4. Juli 1967; 2254 (ES-V) vom 14. Juli 1967; 2628 (XXV) vom 4. November 1970; 2799 (XXVI) vom 13. Dezember 1971; 2949 (XXVII) vom 8. Dezember 1972; 3331 D (XXIX) vom 17. Dezember 1974; 31/6 vom 26. Oktober 1976; 32/40 vom 15. Dezember 1977; 34/70 vom 6. Dezember 1979; 34/90 vom 12. Dezember 1979.

xion eine vertragliche Anerkennung des Gebietswechsels in einem Friedensvertrag gewählt wurde.[64] Eine Ausnahme bildete insoweit lediglich die Eroberung von Massaua, bei der sich Italien allerdings auf die vorherige Dereliktion dieses Gebietes durch die Türkei berief.[65]

Wehberg[66] hält hingegen unter Hinweis auf die Unheilbarkeit der Nichtigkeit eine friedensvertragliche Legitimierung des Gebietswechsels für ausgeschlossen.[67] Insoweit erscheint jedoch eine differenzierende Betrachtung angebracht. Ausgeschlossen ist, daß ein Friedensvertrag legitimierende Wirkung entfaltet, der selbst durch Zwang oder Drohung mit Gewalt zustande gekommen ist. Dies ergibt sich bereits aus Art. 52 des Wiener Übereinkommens über das Recht der Verträge.[68] Dabei kann dieser Zwang oder diese Drohung mit Gewalt noch aus den kriegerischen Auseinandersetzungen herrühren, er kann sich aber auch anläßlich der Verhandlungen neu entfalten.

Etwas anderes gilt jedoch, wenn der Friedensvertrag von dem besiegten Staat freiwillig abgeschlossen wird bzw. sein Verzicht freiwillig erklärt wird. Hierin liegt keine Legitimation des gewaltsam erzwungenen Gebietswechsels, sondern eine vertragliche Zession des betreffenden Gebietes. Die vorherige rechtswidrige Annexion des Gebietes steht einer späteren Einigung zwischen den Parteien nicht entgegen, noch wirkt der rechtliche Makel der Annexion auf eine spätere Zession fort. Auch Zessionsverträge dieser Art können durchaus noch einen Austauschcharakter[69] haben, wie Beispiele aus der Praxis belegen.[70]

Auf die Frage, ob eine derartige Gebietszession nur bei Zustimmung der betroffenen Bevölkerungsteile zulässig ist, wird im Zusammenhang mit der Zession einzugehen sein.[71]

§ 56 Die Ersitzung
(Gebietserwerb durch Zeitablauf und Duldung)

Schrifttum: wie vor § 55; ferner: *Sørensen*, La prescription en droit international, Acta Scandinavia Iuris Gentium, Nordisk Tidsskrift for International Ret 3 (1932), 145; *Verykios*, La prescription en droit international public, 1934; *Johnson*, Acquisitive Prescription in International Law, BYIL 27 (1950), 332; *Pinto*, La prescription en droit international, RdC 87 (1955 I), 387; *MacGibbon*, The Scope of Acquiescence in International Law, BYIL 31 (1954), 143; *Schwarzenberger*, Title to Territory: Response to a Challenge, AJIL 51 (1957), 308; *Sperduti*, Prescrizione, consuetudine e acquiescenza in diritto internazionale, Rivista di diritto internazionale 44 (1961), 3; *Jennings*, The Acquisition of Territory in International Law, 1963; *Blum*, Historic Titles in International Law, 1965; *Barberis*, La prescripción adquisitiva y la costumbre en el derecho internacional, Revue de droit international, de sciences diplomatiques et politiques 45 (1967), 233; *Symonides*, Acquisitive Prescription in International Law, PolYBIL 3 (1970), 111-130.

I. Auch im Völkerrecht gibt es das Institut der *Ersitzung*, es ist als ein allgemeines Rechtsprinzip im Sinne von Art. 38 Abs. 1 (c) IGH Statut anzusehen.[1] Die Ersitzung un-

[64] *Philippson*, Termination of War and Treaties of Peace, 1916, 26 ff.

[65] Vgl. dazu *Schätzel*, Massaua, in: *Strupp*, Wörterbuch des Völkerrechts II, 1. Aufl. 1925, 17 f.

[66] *Wehberg*, 104.

[67] Anders Belgischer Kassationshof im Falle *Bindels v. Administration des Finances* (Anm. 9), 49.

[68] Eine Ausnahme dazu umschreibt Art. 75 des Übereinkommens. Maßnahmen auf der Basis von Kapitel VII der Charta der Vereinten Nationen bleiben danach zulässig.

[69] Vgl. dazu § 58.

[70] Z. B. verpflichtete sich 1909 Österreich zur Zahlung von 2,5 Millionen türkischer Pfund an die Türkei, um deren formelle Zustimmung zur vorherigen Annexion Bosniens zu erlangen (vgl. dazu *Zimmer*, 110 ff).

[71] Vgl. unten § 58.

[1] *Doehring*, Effectiveness, in: EPIL 7 (1984), 70 (73).

terscheidet sich in einer ersten Spielart von der Okkupation dadurch, daß ein Gebiet *widerrechtlich* in Besitz genommen wurde, sei es, daß das Gebiet bei seiner Inbesitznahme Teil eines anderen Staatsgebietes war, sei es, daß das Gebiet streitig war. Unter diesen Umständen reicht eine effektive Inbesitznahme nicht aus. Die Voraussetzungen für eine Ersitzung sind hierbei umstritten. Im allgemeinen wird verlangt, daß das Gebiet eine beachtliche Zeit hindurch und unumstritten im Besitz des sich auf die Ersitzung berufenden Staates gewesen ist. Insofern verbinden sich hier drei Elemente: effektive Herrschaftsausübung, Dauer und Duldung durch andere Staaten. So gesehen entfaltet im Völkerrecht die Zeit eine heilende Kraft.[2] Was lange Zeit unangefochten besteht, hat nicht nur die Vermutung des Rechtes für sich. Es wird zu einem Zustand im Sinne des Rechts, auch wenn dieser ursprünglich dem Recht nicht entsprach.

II. 1. In ihrer zweiten Spielart dient die Ersitzung als eine Art „Auffangtitel", wenn sich ein spezieller Titel nicht nachweisen läßt, das betreffende Gebiet sich aber längere Zeit im Besitz eines Staates befindet. Diese Spielart der Ersitzung ist nicht umstritten.

2. In dem Schiedsspruch des Ständigen Internationalen Schiedshofs im *Grisbadarna*-Fall z. B. wurde das zwischen Norwegen und Schweden streitige Gebiet Schweden schon deshalb zugesprochen, weil es dort in gutem Glauben seine Hoheitsgewalt lange Zeit unwidersprochen ausgeübt habe. Denn, so heißt es: „Dans le droit des gens, c'est un principe bien établi, qu'il faut s'abstenir autant que possible de modifier l'état des choses existant de fait et depuis longtemps".[3] Ebenso hat der Schiedsrichter *Huber* im *Palmas*-Fall die Ersitzung als einen rechtsgültigen und unbestreitbaren Titel bezeichnet.[4] Eine Regelung der Grenzstreitigkeiten auf der Grundlage der Regel des *Uti possidetis* von 1821, der „continued and unopposed assertion of... authority..., under claim of right" hatte auch das Schiedsgericht im *Rechtsstreit zwischen Guatemala und Honduras* 1933 zu treffen.[5] – Schließlich ist dieser Grundsatz mehrfach in der Rechtsprechung des StIGH und des IGH angewandt worden. Hier ist vor allem das Urteil des StIGH über die *Rechtsstellung von Ostgrönland* (1933) zu nennen. Darin wird Dänemarks Recht im wesentlichen daraus entnommen, daß es spätestens seit dem 17. Jahrhundert seine Hoheitsgewalt über Grönland ausgeübt und für Grönland Verträge abgeschlossen habe, ohne bis vor kurzer Zeit auf Widerstand bei anderen Staaten zu stoßen.[6] Der gleiche Gedanke erwies sich in dem Rechtsstreit zwischen Norwegen und Großbritannien über die *Fischereirechte an der norwegischen Küste* (1951) als fruchtbar.[7] Dieses Mal wirkte er sich zum Vorteil Norwegens aus. Der IGH kam nämlich zu dem Ergebnis, Norwegen habe die von ihm in Anspruch genommene Methode für die Bestimmung der Küstengewässer über 60 Jahre unangefochten anwenden können und sei nunmehr schon deshalb damit im Recht (z. B. 138 f). In dem Rechtsstreit zwischen Frankreich und Großbritannien über den Besitz der *Minquiers- und Ecrehos-Gruppe*[8] kam es dem IGH wiederum auf die tatsächlichen Verhältnisse an. Die Inseln wurden Großbritannien zugesprochen, da Großbritannien die Hoheitsrechte in alter und neuer Zeit ohne Protest Frankreichs ausgeübt habe, während Frankreich seine Ansprüche nicht vor dem Ende des 19. Jahrhunderts vorgebracht hatte.

Desgleichen liefern nationale Gerichte Beispiele für die Anerkennung der Ersitzung als eines Titels für den Erwerb von Gebiet. Es handelt sich um ein allgemeines Prinzip. So hat namentlich

---

[2] In diesem Sinne schon *Grotius*, De iure belli ac pacis 1. II, c. IV § 1. Wenn es die Ersitzung nicht gäbe, so meint er „sequi videtur maximum incommodum, ut controversiae de regnis regnorumque finibus nullo unquam tempore extinguantur: quod non tantum ad perturbandos multorum animos et bella serenda pertinet, sed et communi gentium sensui repugnat".

[3] Bei *Scott* I, 493.

[4] RIAA II, 829 (839 f).

[5] RIAA II, 1307 (1324). Vgl. dazu auch den Schiedsspruch des schweizerischen Bundesrats in dem *Grenzstreit zwischen Kolumbien und Venezuela* (1922), RIAA I, 223.

[6] PCIJ Series A/B 53 (1933).

[7] ICJ Reports 1951, 116, 138 f.

[8] ICJ Reports 1953, 47.

der Supreme Court der USA mehrfach entschieden, daß man die altüberlieferten, über lange Zeit unangefochtenen Grenzen zwischen den einzelnen Staaten der USA als dem Recht entsprechend hinnehmen müsse.[9]

3. Dreierlei setzt danach eine rechtswirksame Ersitzung voraus[10]:

a) Ein Staat muß sich *seit geraumer Zeit* und ohne wesentliche Unterbrechung im Besitz des Gebietes befinden, d. h. seine Hoheitsgewalt dort effektiv ausgeübt haben. Eine feste Zeitgrenze läßt sich nicht ziehen.[11] Ein Besitzstand seit „unvordenklichen Zeiten" ist nicht zu verlangen. Je mehr ein Staat sich mit einem Gebiet verbindet, je mehr Opfer er dafür gebracht, je mehr Arbeit und Kapital er hineingesteckt hat, desto eher heilt beim Schweigen anderer Staaten der etwaige Mangel. Der effektiven Ausübung des Besitzes muß in diesem Zusammenhang vor allem im Hinblick auf unbesiedelte Räume (*Ostgrönland*-Fall!) die sonstige Ausübung der Hoheitsgewalt in bezug auf das Gebiet gleichgestellt werden.

b) Der besitzende Staat muß seinen Besitz *offen* zeigen und damit seinen Willen zu dauernder Herrschaft bekunden.

c) Endlich muß er seine Hoheitsgewalt *unangefochten* ausgeübt haben. Was das bedeutet, läßt sich nicht allgemein sagen. Ob etwa das Schweigen anderer Staaten im Sinne der Zustimmung oder sonst der Ersitzung ausgelegt werden kann, hängt von den Umständen ab. Ernsthafte und wiederholte Proteste jedenfalls *können* das Erlöschen älterer Rechte verhindern. Aber auch Proteste sind nicht immer genügend. Jedenfalls dann, wenn die Rechtslage zweifelhaft ist, müssen die Staaten alles tun, um ihre angeblichen Rechte geltend zu machen. Sie müssen z. B. ein Schiedsgericht oder den IGH anrufen oder die Vereinten Nationen mit der Sache befassen, wenn die Möglichkeit dazu besteht. Tun sie das nicht, gehen ihnen u. U. ihre Rechte zu Gunsten des Besitzers verloren.[12]

Dagegen ist nicht erforderlich, daß der ersitzende Staat gutgläubig ist.

III. Fraglich ist, ob die Ersitzung von Gebieten möglich ist, sofern diese seinerzeit unter Bruch des Völkerrechts – insbesondere unter Verstoß gegen das völkerrechtliche Gewaltverbot – in Besitz genommen wurden, und ob Ersitzung möglich ist, wenn die Inbesitznahme nach *heutiger* Sicht völkerrechtswidrig wäre. Die Vertreter dieser Ansicht berufen sich darauf, daß nur dies der dem Völkerrecht eigenen Friedens- und Ordnungs-

---

[9] Belege bei *Hackworth*, Digest I, § 63. Ausführlich der Supreme Court of India im Falle *Ram Kishore Sen and Others v. Union of India and Others*, IJIL 5 (1965), 342 (345): „Prescription in International Law may ... be defined as the acquisition of sovereignty over a territory through continuous and undisturbed exercise of sovereignty over it during such a period as is necessary to create under the influence of historical development the general conviction that the present condition of things is in conformity with international order."

[10] Eine klare Zusammenfassung der Erfordernisse enthält das bei *Moore*, Digest I, 296 f wiedergegebene Schreiben des amerikanischen Außenministers *Olney* an den britischen Botschafter *Pauncefote* 1896. Zu vage und weitgehend *Schwarzenberger* I, 299 ff, 302 ff, der Anerkennung und Konsens allgemein als Gebietserwerbstitel ansehen will.

[11] Im *britisch/norwegischen Fischereistreit* (vgl. Anm. 7) ließ der IGH die Ausübung der Rechte durch Norwegen über einen Zeitraum von 60 Jahren genügen. In dem Schiedsvertrag zwischen Großbritannien und Venezuela über die Regelung des Streits um die *Grenze von britisch Guayana* 1899 – abgedruckt bei *de Martens*, NRG 2ième Série, XXIX, 581 – wurde vereinbart, daß das Gericht die Ausübung der Hoheitsgewalt über 50 Jahre als Rechtstitel ansehen solle.

[12] Das Unterlassen der Anrufung eines Schiedsgerichts durch Frankreich wurde im Rechtsstreit um die *Minquiers- und Ecrehos*-Gruppe von dem Richter *Levi Carneiro* als ein besonders schwerwiegender Umstand betrachtet (vgl. Anm. 8, 107 f).

funktion gerecht werde.[13] Daneben wird aber auch noch ein weiterer Gesichtspunkt angeführt. Wenn ein Staat einen anderen über längere Zeit ohne Widerspruch im Besitz belasse, so sei sein Schweigen oder seine Untätigkeit als Zustimmung (acquiescence) zu deuten; er handele gegen Treu und Glauben, wenn er nach längerer Zeit versuche, den Besitzstand wieder in Frage zu stellen (venire contra factum proprium).[14]

Dem ersten Gesichtspunkt ist entgegenzuhalten, daß die Berufung auf die Faktizität allein keine Befriedungsfunktion entfaltet. Ein Staat, der einen Teil seines Gebietes durch die Annexion seitens eines anderen Staates verloren hat, wird nicht deshalb von einer Rückgewinnung des verlorenen Gebietsteils absehen, selbst wenn der Gegner sich auf die Ersitzung berufen kann. Er wird seinerseits versuchen, die Fakten zu seinen Gunsten zu ändern. Die Auffassung, die den Gebietserwerb lediglich von der andauernden Effektivität der Herrschaft auf einem Gebiet abhängig machen will, verkennt, daß dieser Grundsatz nur innerhalb des Rahmens gilt, den das Völkerrecht gesteckt hat. Eine schrankenlose Anwendung des Effektivitätsprinzips würde vielmehr zur Aufhebung des Völkerrechts führen.[15] Auch wenn der Ersitzung eine nachträgliche legitimierende Wirkung beizumessen ist, so vermag sie nicht, alle Rechtsbrüche zu heilen. Nicht heilbar ist ein Verstoß gegen völkerrechtliches *ius cogens*, insbesondere die Inbesitznahme von Gebiet unter Verstoß gegen das völkerrechtliche Gewaltverbot. Insoweit ist auf den Rechtsgedanken von Art. 52, 53 und 64 des Wiener Übereinkommens über das Recht der Verträge von 1969 zurückzugreifen.[16]

Etwas anderes gilt allerdings für den Fall, daß der betroffene Staat den Gebietsverlust hingenommen hat. Dann liegt der Rechtsgrund für den Gebietswechsel jedoch nicht in der Ersitzung, sondern in der Einwilligung des betroffenen Staates. Von einer derartigen Einwilligung ist zumindest dann nicht auszugehen, wenn der betroffene Staat gegen die Einverleibung von Teilen seines Staatsgebietes in fremdes Territorium protestiert hat, seinen Widerstand über die Zeit aufrecht erhält und weitere Versuche für eine Rückgewinnung dieses Gebietes (z. B. durch Anrufung eines Schiedsgerichtes, Befassung der Vereinten Nationen) unternimmt.[17]

§ 57 Gebietserwerb durch Neubildung von Land

Schrifttum: wie vor § 55.

Ein ursprünglicher Gebietserwerb kann auch das Ergebnis von Neubildungen sein. Man spricht von Anwachsung oder Akkretion. Diese kann wiederum durch Naturereignisse oder durch menschliche Arbeit entstehen.

I. 1. Ein solches Naturereignis ist die *Anschwemmung* oder *alluvio*. Wenn neues Land vor der Meeresküste oder der Mündung eines Flusses angeschwemmt wird, fällt es dem

[13] So z. B. *Oppenheim/Lauterpacht* I, 576; *von der Heydte* I, 255; *Berber* I, 365; *Bilfinger*, Vollendete Tatsache und Völkerrecht, ZaöRV 15 (1953/54), 453; *de Visscher*, Les effectivités du droit international public, 1967, 25 ff; a. A. *Wengler* II, 981; *Brownlie*, Principles, 156 ff; *Hyde* I, 307; *Jennings*, 22; *Reuter*, 178; *Lauterpacht*, Analogies, 117 (§ 49).

[14] *Blum*, 162, *Johnson*, 346, *Pinto*, 416.

[15] A. A. *Dahm* I, 595; wie hier *Verdross/Simma*, 759 f.

[16] Zur Bedeutung einer friedensvertraglichen Regelung vgl. oben § 55.

[17] So auch *Blum*, 162, *Johnson*, 345, *Pinto*, 416, *Suy*, Les actes juridiques unilatéraux en droit international public, 1962, 47; a. A. *Verdross/Simma*, 759, der nur eine Heilung durch freiwilligen Zessionsvertrag für möglich hält.

Küstenstaat zu, und die Küstengewässer schieben sich entsprechend hinaus. Gleiches kann für Binnenseen gelten. Bildet bei ihnen das Ufer die Grenze, so gehören Anlandungen zum Gebiet des Uferstaates und nicht zu dem Staat, zu dem die Wasserfläche gehört.[1] Eine Verschiebung der Grenzen kann sich vor allem auch durch Veränderungen in Grenzflüssen ergeben. Wenn der die Grenze bildende Schiffahrtskanal sich verschiebt, folgt ihm die Grenze, und Land, das dem Ufer angeschwemmt wird, fällt dem Uferstaat zu. Ein Fluß kann seinen Lauf aber auch plötzlich, etwa durch Naturkatastrophen verändern, sich ein neues Bett suchen, sog. *avulsio*. Anders als im Falle der *alluvio* bleibt die Grenze in dem der *avulsio* unverändert. Sie folgt also weiter dem verlassenen Flußbett. So wird zwar nicht immer, aber durchweg auch in den internationalen Verträgen unterschieden, die solche Fragen betreffen. Es läßt sich wohl von einer Regel des Gewohnheitsrechts sprechen.[2]

2. Ein Gebietszuwachs auf natürlichem Wege kann sich auch durch die Bildung von Inseln ergeben.[3] Bilden sie sich in den Küstengewässern, so fallen sie zusammen mit den sie umgebenden Küstengewässern dem Küstenstaat zu, und die Küstengewässer schieben sich je nach der Entfernung weiter hinaus. Wenn sich Inseln im Bett eines Grenzflusses bilden, gehören sie zu dem Gebiet des Staates, dem der betreffende Teil des Flusses gehört. Bilden sie sich auf der Flußgrenze selbst, so kommt es im Falle der allmählichen *alluvio* darauf an, wie sich der neue Schiffahrtskanal und damit die neue Grenze gestaltet. Hat sich kein eigentlicher Thalweg auf der einen oder anderen Seite der Insel gebildet, oder entsteht sie durch eine plötzliche *avulsio*, so wird sie entlang einer die Flußgrenze auf beiden Seiten der Insel verbindenden Linie geteilt. Aus dem Meere auftauchende Inseln sind herrenloses Gebiet, das von jedem Staat okkupiert werden kann.

II. Außerdem können Neubildungen durch menschliche Arbeit, also künstlich entstehen. Durch die Errichtung von Anlagen wie z. B. Deichen, Molen an der Meeresküste oder in den Küstengewässern kommt neues Land zur Entstehung, das zu dem Gebiet des Küstenstaates gehört. Jenseits des so gewonnenen Landes schieben sich die Küstengewässer weiter hinaus in die See. Wenn ein Staat auf dem Meere z. B. Leuchttürme oder technische Anlagen errichtet, so unterstehen sie seiner Hoheitsgewalt. Dies gilt allerdings nicht für *künstliche Inseln*, die im Bereich der ausschließlichen Wirtschaftszone errichtet werden.[4]
Probleme entstehen dann, wenn ein Staat Anlagen an den Ufern oder in dem ihm gehörenden Teil eines Grenzflusses, eines Sees oder einer Meerenge errichtet. Dadurch kann sich der Thalweg oder die Mittellinie zwischen den benachbarten Staaten verschieben. Jedoch braucht kein Staat eine Verschiebung der Grenze zu seinem Nachteil durch einseitige Maßnahmen eines Nachbarstaates zu dulden. Die Grenze bleibt daher in Fällen dieser Art unberührt, es sei denn, daß der andere Staat der Veränderung zugestimmt hat.

---

[1] OVG Lüneburg, Beschluß vom 8. Juni 1973, in: OVGE 29, 487.

[2] Vgl. insbesondere den Vertrag zwischen den USA und Mexiko über die durch den Rio Grande und den Rio Colorado gebildete Grenze vom 12. November 1884 – abgedruckt bei *de Martens*, NRG 2ième Série, XIII, 675 – und den Schiedsspruch der amerikanisch-mexikanischen Grenzkommission im *Chamizal*-Fall, AJIL 5 (1911), 782. Die gleichen Regeln sind von dem Supreme Court der USA in zahlreichen Grenzstreitigkeiten zwischen den verschiedenen Staaten der USA angewandt worden. Vgl. etwa *Arkansas v. Tennessee* (1940), 310 U.S. 563, *Kansas v. Missouri* (1944), 322 U.S. 213. Wie der Text die h. L., vgl. u. a. *Oppenheim/Lauterpacht* I, 563 ff, der aber nicht eigentlich eine Regel des Gewohnheitsrechts annehmen will, sowie *Berber* I, 366 f und *Brownlie*, Principles, 155 f.

[3] Vgl. dazu den Fall *The Anna*, abgedruckt bei *Simmonds*, Cases on the Law of the Sea I, 1976, 51 ff.

[4] Art. 60 Abs. 8 SRÜ, vgl. dazu im einzelnen § 81.

§ 58 Die Zession

Schrifttum: wie vor § 53; ferner: *Cavaglieri*, Effets juridiques des changements de souveraineté territoriale, RDILC 29 (1934), 219-248; *Menzel*, Gebietserwerb, in: Strupp/Schlochauer I, 616 ff; *Heidelmeyer*, Das Selbstbestimmungsrecht der Völker, 1973; *Thürer*, Das Selbstbestimmungsrecht der Völker, 1976; *Pomerance*, Self-Determination in Law and Practice, 1982; *Farley*, Plebiscites and Sovereignty, 1986.

I. Ein Staat kann einem anderen Staat einen Teil seines Gebietes übertragen. Das geschieht normalerweise durch Abtretung (Zession), d. h. den Abschluß eines *Vertrages*, durch den ein Staat einem anderen einen Teil seines Hoheitsbereichs überträgt.

Gegenstand des Abtretungsvertrages ist die staatliche Hoheitsgewalt. Konstruktive Schwierigkeiten können sich hier allerdings vom Standpunkt der von *Fricker*, *G. Jellinek* u. a. vertretenen Lehre ergeben, die das Gebiet nicht als Gegenstand staatlicher Hoheitsgewalt, sondern als den Raum versteht, innerhalb dessen sich die staatliche Herrschaft entfaltet. Auf dem Boden dieser Auffassung kann der Staat, der das Gebiet gar nicht „hat", dieses bzw. die Hoheitsgewalt darüber nicht eigentlich übertragen. Die Abtretung wird daher so umgedeutet, daß der erwerbende Staat seine Hoheitsgewalt auf das Gebiet mit dem Willen des bisher zuständigen Staates erstreckt. Es treffen zwei einseitige Aktionen zusammen: Der eine Staat dringt vor, der andere zieht sich zurück.[1] Es ist dies eine gekünstelte Konstruktion, die dem Lebenssachverhalt nicht gerecht wird und nicht der internationalen Praxis entspricht. In den Verträgen wird im allgemeinen juristisch zutreffend von der Abtretung des Gebiets oder der Übertragung der Hoheitsgewalt gesprochen.

II. 1. Die Abtretung muß die Übertragung der vollen Hoheitsgewalt zum Gegenstand haben.

Maßgebend ist der Sinn des Vertrages, nicht die Wortwahl.[2] Eine Abtretung ist auch der „Verzicht" des Staates auf seine Hoheitsgewalt zu Gunsten eines anderen Staates, ebenso wie die „Anerkennung" der Herrschaftsmacht, die ein anderer Staat schon ausüben mag.[3] Auch derart scheinbar einseitige Erklärungen des bisherigen Trägers der territorialen Hoheitsgewalt bedürfen aber der – sei es auch stillschweigenden – *Annahme* durch den Staat, an den sie sich richten. Gegen seinen Willen wird der Staat nicht Träger der Hoheitsgewalt.
Eine Abtretung kann sich auch in privatrechtlichen oder quasi-privatrechtlichen Formen vollziehen, ein Staat kann z. B. ein Gebiet von einem anderen Staat im Wege des Kaufes oder Tausches erwerben.
Beispiele: Verkauf von Louisiana durch Frankreich an die USA 1803, von Alaska durch Rußland an die USA 1867, der Westindischen Besitzungen durch Dänemark an die USA 1916, Helgoland-Sansibar Vertrag zwischen Deutschland und Großbritannien 1890. Nicht selten sind auch Zwangskaufverträge: Ein Staat überläßt einem anderen Staat in einem Friedensvertrag ein Gebiet, wird aber dafür entschädigt. Ein Beispiel bietet die Abtretung der Philippinen an die USA im Pariser Frieden von 1898 gegen Zahlung von 20 Mill. Dollar an Spanien.

2. Von dem Normalfall, der Abtretung durch Vertrag zwischen Zedentem und Zessionar unter voller Übertragung der Verfügungsgewalt, sind gewisse *Ausnahmefälle* zu unterscheiden.

---

[1] So auch *Schätzel*, Die Annexion im Völkerrecht, 1920, 42 f. Auch *Guggenheim* I, 443 f, glaubt nur einen originären Gebietserwerb anerkennen zu können.

[2] Nur ein Unterschied in der Terminologie besteht zwischen der Abtretung und der „Re-Annexion". Einen solchen Rückfall des Gebiets sah Art. 51 des Versailler Vertrages für Elsaß-Lothringen vor, und zwar mit Wirkung vom 11. November 1918, obwohl der Vertrag erst später in Kraft trat.

[3] In Fällen dieser Art, namentlich bei stillschweigender Anerkennung oder Duldung, läßt sich eine scharfe Grenze zwischen Abtretung und Ersitzung kaum ziehen.

a) Es ist denkbar, daß ein Staat A sich durch Vertrag mit B mit dem Übergang eines Teilgebietes an einen dritten Staat C einverstanden erklärt. Dies wäre eine Gebietsabtretung zu Gunsten eines Dritten, gegen die kein völkerrechtliches Bedenken besteht.

b) Eine andere Abweichung von der Regel ist in der *Abtretung zur Verfügung* enthalten: Ein Staat überträgt einem oder mehreren anderen Staaten oder einer internationalen Organisation ein bestimmtes Gebiet, verzichtet also auf seine Hoheitsgewalt und überläßt die endgültige Entscheidung dem Zessionar.

Beispiele: Im Londoner Friedensvertrag von 1913[4] zwischen den Balkanstaaten und der Türkei überließ die Türkei den sechs Großmächten die Entscheidung über Albanien, Kreta und die Ägäischen Inseln. Im Versailler Vertrag überließ Deutschland die endgültige Fixierung seiner Grenzen in den Abstimmungsgebieten und die Verfügung über seine überseeischen Besitzungen und das Memelgebiet den alliierten und assoziierten Hauptmächten.[5] Im Friedensvertrag von 1947 verzichtete Italien auf seine Hoheitsrechte über seine afrikanischen Besitzungen und überließ die Verfügung darüber den vier Großmächten, und falls sie sich nicht einigen könnten, den Vereinten Nationen.[6] In diesen Fällen war nicht gewollt, daß die mit der Entscheidung betrauten Mächte die fraglichen Gebiete gemeinschaftlich übernähmen, sondern sie waren nur zur Verfügung berufen.[7] Diese Gebiete wurden also nicht etwa ein Kondominium der zur Verfügung berufenen Staaten, sondern sie gingen nach einem Zwischenstadium, in dem sie der Substanz nach herrenlos waren, auf die neue Staatsgewalt über.

c) Keine Abtretung ist die *Verwaltungszession.* Sie besteht darin, daß ein Staat einem anderen Staat durch Vertrag die Verwaltung, u. U. auch die Nutzung seines Gebietes überläßt.[8] Keine Abtretung stellt auch die Unterstellung eines Gebietes unter Treuhandschaft entsprechend der Charta der Vereinten Nationen dar.

III. 1. Da die Abtretung auf einem Vertrag beruht, setzt sie voraus, daß der Abtretungsvertrag *rechtswirksam* ist. Ist das nicht der Fall, so kommt eine Zession nicht zustande.[9] Doch kann der Erwerber das Gebiet durch Ersitzung erlangen, wenn er im effektiven Besitz des Territoriums verbleibt.

Die Abtretung ist ein *Verfügungsvertrag.* Ihre Rechtswirksamkeit setzt voraus, daß der abtretende Staat im allgemeinen und im Sonderfall zu verfügen vermag. Die allgemeine Verfügungsbefugnis kann z. B. einem in einem Protektoratsverhältnis stehenden Staat

---

[4] Text in: *de Martens,* NRG 3ième Série, VIII, 16.

[5] Versailler Vertrag Art. 87 (3), 88 a. E., 95 (7), 97 (4), (6), 99, 110 (3), 119. – Daraus haben die südafrikanischen Gerichte den Schluß gezogen, daß die in Südwestafrika verbliebenen Deutschen nicht wie bei echter Abtretung Staatsangehörige der Mandatsmacht geworden seien, sondern ihre deutsche Staatsangehörigkeit behalten hätten. Vgl. z. B. die Entscheidung in: Annual Digest 14 (1947), Case No. 12, 32 und 15 (1948), Case No. 54, 211.

[6] Friedensvertrag von 1947, Art. 23 und Anh. XI, § 3.

[7] Nach beiden Weltkriegen erhob sich die Frage, wie man die Rechtslage dieser Gebiete während der Übergangslage vor der endgültigen Verfügung ansehen solle. Im Versailler Vertrag mußte Deutschland auf seine Hoheitsrechte „zu Gunsten der alliierten und assoziierten Hauptmächte" verzichten. Daher erlangten z. B. die Bewohner des Memelgebiets nach dem Schiedsspruch im Rechtsstreit zwischen Deutschland und Litauen über die *Staatsangehörigkeit gewisser Personen im Memelgebiet,* RIAA III, 1719, in der Zwischenzeit zwar nicht die Staatsangehörigkeit der Alliierten, wohl aber – unter Verlust ihrer deutschen Staatsangehörigkeit – eine besondere Rechtsstellung als Bewohner des Memelgebietes (1751). In Art. 23 des Friedensvertrages von 1947 dagegen verzichtete Italien auf seine Kolonien nicht etwa zu Gunsten der Vereinten Nationen oder der vier Großmächte, sondern es verzichtete schlechthin und überließ den Großmächten nur das Recht der Verfügung (Art. 23 Abs. 3). Daher hat die italienische Rechtsprechung sich nach dem Zweiten Weltkrieg auf den Standpunkt gestellt, daß der Friedensvertrag von 1947 noch keine Abtretung, überhaupt noch keine sofortige Verfügung über die Kolonien, sondern nur einen Verzicht für die Zukunft enthalte. So wurde z. B. Eritrea in der Entscheidung des Kassationshofes im Falle *Sorki c. Amed* – Foro italiano 73 (1950) I, 986 – als vorläufig noch italienisches Territorium behandelt. Weitere Entscheidungen italienischer Gerichte in: ILR 18 (1951), 77, 81; 19 (1952), 144, 145.

[8] So oben § 49.

[9] Anders, wenn der Abtretungsvertrag später gekündigt oder auf andere Weise hinfällig wird. Hier ist das Gebiet zunächst übergegangen.

oder dem Gliedstaat eines Bundesstaats fehlen. Der Zedent muß aber auch im Einzelfall abtreten können. Auch im Völkerrecht gilt der Grundsatz *nemo plus iuris transferre potest quam ipse habet.*[10] Unwirksam ist daher die Abtretung eines Gebiets, das einem Dritten gehört oder das sich z. B. als Treuhandgebiet der Verfügungsgewalt des abtretenden Staates entzieht.[11] Doch kann der Vertrag mit einem anderen Inhalt rechtswirksam sein, z. B. den Zedenten verpflichten, das Gebiet zum Zwecke späterer Übertragung selbst zu erwerben oder seinen Einfluß auf den rechtmäßigen Besitzer zum Zwecke der Übertragung auf den Zessionar geltend zu machen.

Hat aber der Zedent die territoriale Souveränität, d. h. darf er verfügen, so ist die Abtretung nicht schon deshalb ohne rechtliche Wirkung, weil sie zu sonstigen Verträgen im Widerspruch steht. Es treten dann die Wirkungen ein, die das Völkerrecht mit dem Vertragsbruch verbindet, aber das ändert nichts an dem Übergang des Gebietes.

2. Die – im übrigen rechtswirksame – Abtretung bedarf *nicht der Anerkennung* durch andere Staaten, es sei denn, daß sich aus besonderen Umständen, z. B. der Neutralisierung des Gebietes, etwas anderes ergibt. Im allgemeinen darf jeder Staat über sein Territorium nach seinem Willen verfügen.

IV. 1. Ist die Abtretung wirksam, so ist sie auch von nicht an dem Vertrage beteiligten Staaten und den internationalen Organisationen zu achten. Der Abtretungsvertrag ist ein Verfügungsvertrag, der durch ihn geschaffene Rechtszustand auch für Dritte verbindlich.[12]

Die Abtretung erstreckt sich auch auf den Luftraum, die Flüsse, die Küstengewässer, die Räume unter dem Landgebiet und den Küstengewässern und den Festlandsockel, die allesamt nicht Gegenstand gesonderter Herrschaft sein können.

2. Der Abtretungsvertrag ist nach richtiger Ansicht nicht ein Verpflichtungs-, sondern ein Verfügungsvertrag. Daher geht das Gebiet, wenn im Vertrag nichts anderes festgelegt ist, über, *sobald der Vertrag in Kraft tritt*, in der Regel also, wenn die Ratifikationsurkunden ausgetauscht werden. Das gilt nicht nur dann, wenn der Erwerber sich schon im Besitz des Territoriums befindet, sondern auch dann, wenn es erst der Übertragung bedarf.

Diese Frage ist freilich umstritten. Eine im Schrifttum stark vertretene Ansicht will den Übergang der territorialen Souveränität erst mit der wirklichen Übertragung der tatsächlichen Gewalt eintreten lassen. Auch zur Abtretung bedürfe es, so wird gelehrt, nicht anders als zur Okkupation oder Ersitzung der effektiven Ausübung der Hoheitsgewalt.[13] Das ist jedoch nicht überzeugend. Die Abtretung beruht auf einem Vertrag, für dessen Wirkungen der Wille der Parteien maßge-

---

[10] So auch der Schiedsrichter *Huber* im *Palmas*-Fall – RIAA II, 829 (842) – im Zusammenhang mit der Frage, ob Spanien den USA die zwischen diesen und den Niederlanden streitige Insel im Vertrag von 1898 habe abtreten können: „It is evident that Spain could not transfer more rights than she herself possessed."

[11] Nach Art. 15 des Memel-Abkommens vom 8. Mai 1924 durfte Litauen das Gebiet nicht ohne die Zustimmung der alliierten und assoziierten Hauptmächte weiterzedieren.

[12] Vgl. dazu *Klein*, Statusverträge im Völkerrecht, 1980, 184 f.

[13] So z. B. *Kelsen*, der jeden Gebietserwerb auf Okkupation zurückführen will. Vgl. z. B. in: Théorie générale du droit international public, RdC 42 (1932 IV), 317 ff; Principles, 312 ff und anderswo, *Guggenheim* I, 443, *Schwarzenberger*, Title to Territory: Response to a Challenge, AJIL 51 (1957), 319, *Ross*, 141, 144, u.a.m. Aus dem älteren Schrifttum z. B. *Cavaglieri*, La dottrina della successione di stato a stato, 1910, 67: „Il trattato di cessione sanziona, dal punto del diritto, la cessione stessa e ne regola alcune modalità; ma il fatto essenziale, in cui la cessione si concreta, è la presa materiale di possesso da parte dello Stato acquirente che afferma sul territorio cedutogli diritti d'impero derivanti esclusivamente dalla sua propria sovranità." Vgl. auch StIGH über die *Deutschen Interessen in polnisch Oberschlesien*, PCIJ Series A 7 (1926), 30: „the decisive date ... for these territories, cannot be other than that of the transfer of sovereignty."

bend ist. In der Regel wird der Übergang des Gebiets mit dem Inkrafttreten des Vertrages dem Willen der Parteien entsprechen.[14] Doch kann auch etwas anderes verabredet werden; insoweit kommt es auf die Auslegung des Parteiwillens an.

Bei der Okkupation bedarf es der effektiven Ausübung der Hoheitsgewalt, um überhaupt eine völkerrechtlich anerkannte Staatsgewalt entstehen zu lassen, im Falle der Ersitzung, um eine neue Gewalt an die Stelle der alten treten zu lassen. Beide Male gilt es, ein unerwünschtes Vakuum zu verhindern. Aus demselben Grunde knüpft das Völkerrecht bei der Entstehung neuer Staaten an die Effektivität der neuen Staatsgewalt an. Bei der Abtretung dagegen ist eine Staatsgewalt schon vorhanden, an die sich die neue Staatsgewalt lückenlos anschließen kann.

3. Der Übergang des Gebietes schon vor dessen Übergabe zieht freilich einen Auseinanderfall von territorialer Souveränität und Gebietshoheit nach sich. Aber diese Spaltung – hier nur ein vorübergehender Zustand – ist auch im übrigen im Völkerrecht nicht ungewöhnlich.[15]

Bis zur endgültigen Übergabe hat der Zedent das Gebiet als Besitzmittler, als Treuhänder für den Zessionar zu verwalten. Seine Hoheitsgewalt bleibt als Staatsgewalt auf fremdem Gebiet hinfort auf die laufende Verwaltung und die Aufrechterhaltung der Ordnung beschränkt.[16] Jeder nachteiligen Einwirkung auf die Substanz des Gebiets muß der Zedent sich enthalten.

Die Grenzen der dem Zedenten gezogenen Verfügungsgewalt waren Gegenstand des Urteils des StIGH über die *Deutschen Interessen in polnisch Oberschlesien* (1926).[17] Darin wird die Ansicht vertreten, daß Deutschland das Recht gehabt habe, auch nach der Unterzeichnung und Ratifizierung des Versailler Vertrages über sein öffentliches Eigentum in den an Polen abgetretenen Gebieten bis zur tatsächlichen Übergabe der Hoheitsgewalt zu verfügen. Eine Schranke zog das Gericht nur im Sinne des Mißbrauchsgedankens. In Maßnahmen aber, die sich in den Grenzen der normalen Verwaltung bewegten, sei kein Mißbrauch enthalten.

Das Gericht prüft die Frage hier unter dem Gesichtspunkt, ob Deutschland als Zedent des Gebiets noch vor Übergabe Oberschlesiens über gewisse Vermögenswerte habe verfügen dürfen und bejaht diese Frage. Wie im Text z. B. *Oppenheim/Lauterpacht* I, 550, *Verdross/Simma*, 755 f, *Balladore Pallieri*, 459 f; *O'Connell* I, 438; *Brownlie*, Principles, 136.

[14] Eine ausdrückliche Bestimmung dieser Art enthält etwa der Vertrag zwischen Rußland und den USA über Alaska vom 30. März 1867 – abgedruckt bei *de Martens*, NRG 2ième Série, I, 39 – in Art. 4. Danach sind alle Vorkehrungen für die Übergabe zu treffen, aber die Abtretung soll doch schon mit dem Zeitpunkt des Austausches der Ratifikationsurkunden vollständig („complete and absolute“) sein.

[15] Vgl. § 49. Es kann aber zweifelhaft sein, ob schon alle Rechtswirkungen der Zession mit dem Inkrafttreten des Vertrages eintreten sollen, ob etwa die Bewohner die neue Staatsangehörigkeit erst mit dem Übergang des Gebiets oder schon vorher erwerben. Im ersteren Sinne z. B. *Verdross*, 214. Es ist wohl zutreffender, einen Übergangsstatus der Bewohner nach Art der Treuhandgebiete anzunehmen. Vgl. auch den in Anm. 7 angeführten Schiedsspruch betreffend die *Rechtsverhältnisse der Bewohner des Memelgebiets*.

[16] Vgl. Urteil des Supreme Court der USA in *Davis v. Police Jury of Concordia* (1850), 9 Howard 280. Darin wird den spanischen Behörden in Louisiana nach der Abtretung des Gebiets an Frankreich durch den Vertrag von Ildefonso (1800) nur noch eine beschränkte Hoheitsgewalt zugestanden und daher die Verleihung einer Lizenz für den Betrieb einer Fähre auf dem Mississippi nach diesem Zeitpunkt für unwirksam gehalten. Die ältere Rechtsprechung neigt noch stark zu der Ansicht, daß erst die tatsächliche Übergabe des Gebiets maßgebend sei. In diesem Sinne etwa das Urteil des britischen High Court of Admiralty (Sir. *W. Scott*, 1804) im Falle *The Fama*, Christopher Robinson's English Admiralty Reports 5, 106. Auch diese Entscheidung hatte auf Louisiana Bezug. Das Gericht entschied nämlich dahin, es sei ein nach 1800 von den Engländern gekapertes, in Louisiana beheimatetes Schiff nicht als französisches, sondern als spanisches Schiff zu betrachten, denn Louisiana sei nicht auf Frankreich übergegangen. Da Spanien sich damals nicht im Kriege mit England befand, ordnete das Gericht die Freigabe an.

[17] PCIJ Series A 7 (1926), insbes. 29 f, 37 f.

4. Andererseits erwirbt der Zessionar mit sofortiger Wirkung das Gebiet der Substanz nach, d. h. die alleinige Verfügungsgewalt. Nach dem Inkrafttreten des Abtretungsvertrages also kann der Zessionar wirksam verfügen und ist dem Zedenten die Verfügungskraft nunmehr entzogen. Verfügt er trotzdem, so hat seine Verfügung nach dem Grundsatz *nemo plus iuris transferre potest quam ipse habet* keine rechtliche Wirkung.

Die Praxis bietet Beispiele für einen flüchtigen Durchgangserwerb ohne wirkliche Übernahme des Gebiets durch den Zessionar. Louisiana hat von 1800 bis 1803 zu Frankreich gehört, aber dieses hat das Gebiet von Spanien nicht übernommen. 1859 überließ Österreich die Lombardei an Frankreich, das diese alsbald an Sardinien weiterzedierte. Im Jahre 1866 geschah dasselbe mit Venetien, das erst über Frankreich an Italien gelangte.

V. 1. Bedenken gegen die völkerrechtliche Zulässigkeit von vertraglich vereinbarten Gebietsveränderungen ergeben sich dann, wenn sie *ohne oder gegen den Willen der Bevölkerung (Plebiszit)* erfolgen. Derartige Zessionsverträge stehen im Gegensatz zum Selbstbestimmungsrecht der Völker, das durch Art. 1 Ziff. 2 UN-Charta als leitendes Ordnungsprinzip der Staatengemeinschaft anerkannt wurde und das auch ein Mitwirkungsrecht der Bevölkerung bei einem Gebietswechsel mit umfaßt.

Die Wurzeln des Plebiszits gehen bereits bis in das 18. Jahrhundert zurück. So erfolgte die Eingliederung von Avignon und Comtat Vernaissin (1791) nach Frankreich auf Grund einer entsprechenden Willenskundgebung der betroffenen Bevölkerung.[18] Seit der Mitte des 19. Jahrhunderts sind Verträge nachweisbar, die Gebietsveränderungen von der Zustimmung der Bevölkerung abhängig machen.[19] Insbesondere *Napoleon III.* und *Cavour* waren Anhänger des Nationalitätenprinzips und haben in einer Reihe von Fällen Folgerungen daraus gezogen. 1860 wurde beispielsweise im Turiner Vertrag die darin vorgesehene Abtretung von Nizza und Savoyen an Frankreich einem Plebiszit unterbreitet. Um dieselbe Zeit vollzog sich die Einigung Italiens mit der Zustimmung der Bevölkerung, die sich in einer Reihe von Volksabstimmungen – 1859 in der Romagna, 1860 in Neapel, den Marken und Umbrien, 1870 im Kirchenstaat – für den Anschluß an das Königreich Italien entschied. Auch außerhalb Europas ist dieser Gedanke wirksam geworden.[20]

2. Im Ersten Weltkrieg machten sich die Alliierten den Grundsatz der Selbstbestimmung zu eigen und suchten die Neuordnung Europas darauf zu stützen.

Präsident *Wilson* gab dem Gedanken die programmatische Prägung. In seiner Adresse an den Kongreß vom 11. Februar 1918 fügte er seinem 14 Punkte-Programm einige Ergänzungen hinzu, von denen zwei die Verschiebungen der Grenzen zum Gegenstand hatten: „... peoples and provinces are not to be bartered about from sovereignty to sovereignty as if they were mere chattels and pawns in a game ...", so lautet das eine Prinzip, und das andere fügt hinzu, jede Gebietsveränderung solle fortan nur mehr im Interesse und zum Wohle der Bevölkerung, aber

[18] *Freudenthal*, Die Volksabstimmung bei Gebietsabtretungen und Eroberungen, 1891, 1 ff; *Thürer*, 16 f; *Wambaugh*, A Monograph on Plebiscites, 1920, 5.

[19] Im Prager Frieden von 1866 trat Österreich alle Rechte in Schleswig-Holstein an Preußen mit dem Vorbehalt ab, daß eine Volksabstimmung in Nordschleswig stattfinden solle. Wenn sich eine Mehrheit für die Wiedervereinigung mit Dänemark ergäbe, solle das Gebiet an Dänemark abgetreten werden (Art. 5). Diese Klausel wurde in einem Vertrag zwischen Deutschland und Österreich 1878 fallengelassen.

[20] Es ist hier der Friede von Lima zu nennen, der 1883 den sog. Salpeterkrieg zwischen Chile einerseits und Bolivien und Peru andererseits abschloß. Er bestimmte, daß in den von Chile besetzten Provinzen *Tacna und Arica* nach 10 Jahren eine Volksabstimmung stattfinden und das Gebiet je nachdem Chile oder Peru zufallen solle. Streitigkeiten über die Auslegung des Vertrages hatten zur Folge, daß die Parteien ihren Streit 1922 dem Präsidenten der USA als Schiedsrichter unterbreiteten. Dieser entschied, daß das Plebiszit stattfinden müsse und setzte die Bedingungen fest. Vgl. RIAA II, 921. Die Abstimmung wurde im Ergebnis nicht durchgeführt, vielmehr das Gebiet 1929 geteilt.

nicht zum Zwecke des Ausgleichs von Ansprüchen rivalisierender Staaten zulässig sein.[21] In seiner Rede vom 4. Juli 1918 forderte *Wilson*, daß alle Gebietsfragen auf Grund der freien Zustimmung der unmittelbar betroffenen Bevölkerung geregelt werden müßten.[22] Dieses Postulat ist durch den Notenwechsel zwischen der deutschen Reichsregierung und den USA zwischen dem 3. Oktober und 5. November 1918 zusammen mit den anderen *Wilson*-Punkten zur *lex contractus* für den abzuschließenden Friedensvertrag geworden.[23] Dementsprechend haben die Pariser Vorortverträge die Grenzen der Staaten denen des Volkstums anzupassen versucht und die Grenzziehung in einer Reihe von Fällen von dem Ergebnis von Volksabstimmungen abhängig gemacht.[24]

3. Der Gedanke, daß Gebietsabtretungen nur mit der Zustimmung der betroffenen Bevölkerung stattfinden dürfen, hat sich bis zu einem gewissen Grade auch nach dem Zweiten Weltkrieg durchzusetzen vermocht.

So wurde in der Frage des Status der Äußeren Mongolei am 20. Oktober 1945 ein zwischen China und der UdSSR vereinbartes Plebiszit abgehalten[25] mit dem Ergebnis, daß 97,8% der Stimmberechtigten für die Unabhängigkeit stimmten. Am 5. Januar 1946 erkannte daraufhin China die Unabhängigkeit der Äußeren Mongolei an. Weitere Anwendungsfälle sind die Volksabstimmung in Tenda und Briga am 12. Oktober 1947 (italienisch/französische Grenze), die auf der Basis von Art. 27 der französischen Verfassung von 1946 erfolgte, sowie im Saargebiet (23. Oktober 1955).[26] 1953 wurde die Bevölkerung der französischen Besitzungen in Indien befragt, bevor Frankreich diese Besitzungen an Indien abtrat. Auch diese Abstimmung fand auf der Grundlage der französischen Verfassung von 1946 statt. Außerhalb Europas sah der Indian Independence Act von 1947 in den Nordwestprovinzen und in Sylhet (Assam) Volksabstimmungen vor, auf Grund derer diese Gebiete an Pakistan fielen. Als Beispiele für Plebiszite unter der Kontrolle der Vereinten Nationen sind schließlich die Abstimmungen im britischen Togoland (1956)[27] und in britisch Kamerun (1959/1961)[28] zu nennen. Erstere erbrachte den Anschluß an Ghana, letztere führte dazu, daß sich der Nordteil an Nigeria und der südliche Teil von britisch Kamerun an die heutige Republik Kamerun anschloß.[29]

4. Das Plebiszit ist ein Aspekt des in Art. 1 Ziff. 2 und Art. 55 Abs. 1 UN-Charta umschriebenen Ziels der Vereinten Nationen, des Prinzips der Selbstbestimmung der Völker.[30] Wenn dennoch dem Plebiszit die Qualität eines allgemeinen Rechtsprinzips abgesprochen wird[31], so liegt dies zum einen daran, daß Unsicherheiten hinsichtlich seiner Anwendung (Teilnahmeberechtigte, Verfahren) bestehen und vor allem der Erwartungshorizont hinsichtlich der Legitimationswirkung des Plebiszits zu hoch angesetzt wird.

Grundsätzlich ist festzuhalten, daß das Ergebnis von Plebisziten, die auf Grund eines völkerrechtlichen Vertrages durchgeführt wurden, verbindlich ist. Ist ihre Grundlage das innerstaatliche Recht, erfolgen sie aber unter internationaler Kontrolle bzw. werden international angekündigt, so ergibt sich ihre Verbindlichkeit aus dem Estoppel-Prinzip. Geschah die Abstimmung schließlich unter der Kontrolle der Vereinten Nationen, so liegt dem stets eine Vereinbarung zu Grunde, die Bindungswirkung und Verfahren regelt.

21 *Kraus/Rödiger*, Urkunden zum Friedensvertrag von Versailles I, 1920, 3; vgl. dazu *Thürer*, 27 ff.

22 *Kraus/Rödiger* I (Anm. 21), 3.

23 *Kraus/Rödiger* I (Anm. 21), 4 ff.

24 Eupen und Malmedy, Saargebiet, Ostpreußen, Nordschleswig, Burgenland, Klagenfurt.

25 Vgl. dazu *Thürer*, 142 ff.

26 Hierbei handelte es sich allerdings formal nicht um eine Abstimmung über die Zugehörigkeit des Saargebiets, sondern über das Saar-Statut, vgl. dazu *Groß*, Die Entwicklung des öffentlichen Rechts – Betrachtungen –, DVBl. 70 (1955), 731 (733).

27 A/Res. 944 (X) vom 15. Dezember 1955.

28 A/Res. 1350 (XIII) vom 13. März 1959 und A/Res. 1473 (XIV) vom 12. Dezember 1959.

29 Weitere Beispiele bei *Shaw*, 105 ff.

30 *Verdross/Simma*, 757.

31 *Dahm* I, 613.

Im übrigen ist die Legitimationswirkung von Plebisziten begrenzt. Sie können vor allem keinen Gebietswechsel legitimieren, der im übrigen unter Verstoß gegen das Völkerrecht (z. B. Gewaltverbot) zustande gekommen ist. Nur insoweit dies angestrebt wird, entstehen die bereits angesprochenen Unsicherheiten über die Anwendung und Durchführung von Plebisziten.

Folgende Problembereiche wurden in der Praxis diskutiert: Welcher Personenkreis ist berechtigt, an dem Plebiszit teilzunehmen, nur die derzeitigen Bewohner, die dort Geborenen; wie sind Flüchtlinge, Vertriebene oder Deportierte zu behandeln?[32]
Eine weitere Frage ist, ob nicht vor Durchführung eines Plebiszits etwaige Besatzungstruppen zurückzuziehen sind.[33] Weitere Probleme ergaben sich hinsichtlich der Verfahrensgestaltung.[34]

Die Bedeutung von Plebisziten ist daher nicht positiv – im Sinne von Legitimation –, sondern negativ zu begreifen. Ein Gebietswechsel ohne Rücksicht auf den Willen der betroffenen Bevölkerung ist mit dem Völkerrecht unvereinbar.

5. Abschließend ist darauf hinzuweisen, daß das Plebiszit – zumindest dem Grundgedanken nach – eine gewisse Renaissance in den Vereinten Nationen erlebt. Die Anerkennung von Befreiungsbewegungen als authentische Repräsentanten bestimmter Völker[35] entspringt letztlich der gleichen Wurzel, auch wenn diese Praxis der Vereinten Nationen in ihrer Handhabung durchaus fragwürdig ist.

§ 59 Die Zuteilung von Gebiet durch internationale Organisationen (Adjudikation)

Schrifttum: wie vor § 58; ferner: *Miele*, L'aggiudicazione di territori nel diritto internazionale, 1940; *Jenks*, International Adjudication on a Basis Agreed Between the Parties, Festschrift Schätzel, 1960, 231 ff; *Munkman*, Adjudication and Adjustment – International Judicial Decision and the Settlement of Territorial and Boundary Disputes, BYIL 46 (1972-73), 1.

I. 1. Ein möglicher Rechtstitel für den Erwerb von Gebiet ist auch die sog. Adjudikation, die Zuweisung von Gebiet durch rechtsgestaltende Entscheidungen internationaler Gerichte oder sonstiger internationaler Instanzen.[1] Soweit dafür Raum ist, haben solche Gebietszuteilungen nach geltendem Recht ihre Grundlage in Schiedsverträgen, Friedensverträgen oder sonstigen internationalen Verträgen. Es handelt sich also um eine Form des derivativen Erwerbs von Gebiet.

Beispiele aus der internationalen Praxis sind etwa die Zuteilung von Skutari an Albanien durch die Großmächte 1913, die Grenzziehungen im Anschluß an die Volksabstimmungen nach dem Ersten Weltkrieg (z. B. die Aufteilung Oberschlesiens durch den Obersten Rat der Alliierten 1921), die Entscheidung des Völkerbundrats zugunsten des Verbleibens der Ålandinseln bei Finnland 1920 oder die Zuweisung des Mossulgebiets zum Irak durch den Völkerbundrat 1925.

---

[32] Vgl. dazu *Pomerance*, 4.

[33] Vgl. dazu *Pomerance*, 35.

[34] *Pomerance*, 32, weist darauf hin, daß z. B. bei dem Plebiszit in West-Irian auf eine individuelle Abstimmung verzichtet wurde.

[35] Richter *Ammoun* ging sogar soweit zu behaupten, der Wille von Befreiungsbewegungen sei höher zu bewerten als der Wille der Bevölkerung selbst, vgl. das Sondervotum im Gutachten des IGH zum *West Sahara* Fall, ICJ Reports 1975, 83 ff (100).

[1] Dazu etwa *Schätzel*, Die Annexion im Völkerrecht, 1920, 9; AVR 2 (1950), 11 f, 21 f; *Jellinek*, Der automatische Erwerb und Verlust der Staatsangehörigkeit durch völkerrechtliche Vorgänge, 1951, 82 f; *Wehberg*, Krieg und Eroberung im Wandel des Völkerrechts, 1953, 109 f.

Vor allem aber ist die Schiedsgerichtspraxis bedeutsam.[2] Oft haben internationale Schiedsgerichte Entscheidungen in Grenzstreitigkeiten zu treffen. Gelegentlich werden sie durch die Verträge nicht nur mit einer Entscheidung nach geltendem Recht betraut, sondern zu einer Festlegung der Grenze nach freiem Ermessen befugt. Wo das der Fall ist, sind in ihren Entscheidungen nicht Feststellungs-, sondern Gestaltungsurteile enthalten. Beispiele aus der Vergangenheit sind etwa die Wiener Schiedssprüche vom 2. November 1938[3] und 30. August 1940[4], in denen die Grenzen Ungarns gegenüber der Tschechoslowakei und Rumänien neu festgesetzt wurden. 1933 wurden auch die Grenzen zwischen Guatemala und Honduras im Wege eines rechtsgestaltenden Schiedsspruches bestimmt.[5] In diesem Falle sollte das Gericht die Grenze in erster Linie auf der Grundlage des Besitzstandes von 1821 ziehen, aber zu einer Abänderung auf Grund der Interessenlage befugt sein, wenn es ihm angemessen erschien („as it may deem equitable"). Ein anderes Beispiel bietet der Friedensvertrag von Buenos Aires zwischen Bolivien und Paraguay vom 21. Juli 1938.[6] Nach Art. 2 des Vertrages sollte die Grenze im Chaco-Gebiet von den Präsidenten von sechs im Vertrage genannten amerikanischen Staaten festgelegt werden „en su carácter de arbitros de equidad, quienes, actuando ex aequo et bono, dictarán su fallo arbitral ...".

2. Keine Gestaltungsurteile der genannten Art stellen die Urteile von Schiedsgerichten bzw. des IGH dar, die den Grenzverlauf auf der Basis des zwischen den Streitparteien geltenden Völkerrechts unter Einschluß von Billigkeitserwägungen (equity) bestimmen. Als Beispiele sind insoweit zu nennen die schiedsgerichtliche Entscheidung im Falle *Indo-Pakistan Western Boundary (Rann of Kutch)*[7], die Entscheidungen des IGH in bezug auf die *Seegrenzen zwischen benachbarten Staaten*[8] sowie das Urteil des IGH vom 22. Dezember 1986 im Falle der *Grenzstreitigkeit zwischen Burkina Faso und Mali.*[9] Die genannten Entscheidungen haben, da sie auf der Interpretation und Anwendung völkerrechtlicher Grundsätze beruhen, ausschließlich feststellenden Charakter, wenn es auch in der Praxis schwierig ist, zwischen einer Entscheidung unter Berücksichtigung von Billigkeitserwägungen und *ex aequo et bono* zu unterscheiden.[10]

II. Bisher gibt es nur eine Zuteilung von Gebiet, die jedenfalls mittelbar auf die Zustimmung der betroffenen Staaten zurückgeführt werden kann, wobei die mittelbare Zustimmung in der Unterwerfung unter die Entscheidungskompetenz einer internationalen Organisation oder eines internationalen Gerichts bzw. Schiedsgerichts liegt. Angesichts der Tatsache, daß Grenzstreitigkeiten in der Vergangenheit häufig Gründe für den Ausbruch kriegerischer Konflikte waren, stellt sich die Frage, ob nicht das internationale Instrumentarium zur Bewältigung von Grenzstreitigkeiten ausgebaut werden müßte.

---

[2] Zahlreiche Belege aus der Praxis der amerikanischen Staaten bei *Hackworth*, Digest I, 726. Über die Rechtsprechung des StIGH unter diesem Gesichtspunkt *Schwarzenberger* I, 311 f.

[3] Text in: *de Martens*, NRG 3ième Série, XXXVI, 662.

[4] Text in: *de Martens*, NRG 3ième Série, XXXVIII, 338.

[5] Vgl. RIAA II, 1307.

[6] Vgl. RIAA III, 1819 und den Schiedsspruch ebenda, 1822.

[7] RIAA XVII, 1 (11).

[8] *Nordsee Festlandsockelstreit*, ICJ Reports 1969, 3 (6); *Festlandsockelstreit Tunesien/Libyen*, ICJ Reports 1982, 18 (21); *Gulf of Maine*, ICJ Reports 1984, 246 (253); *Festlandsockelstreit Libyen/Malta*, ICJ Reports 1985, 13.

[9] ICJ Reports 1986, 554.

[10] In einigen der genannten Urteile wird auf diesen Unterschied ausdrücklich hingewiesen: Schiedsspruch im Fall *Rann of Kutch* (Anm. 7), 11 sowie Urteil des IGH in der *Grenzstreitigkeit Burkina Faso/Mali* (Anm. 9). In letzterem spricht die Kammer von „equity *infra legem*", wobei „equity" beschrieben wird als „method of interpretation of the law in force". Insofern ist es nicht zutreffend, wenn *Verdross/Simma*, 760 Anm. 1, die Entscheidung im Falle *Rann of Kutch* der Adjudikation zuordnen.

Im geltenden Recht, insbesondere auch im Rahmen der Vereinten Nationen, sind bisher nur überaus bescheidene Ansätze in dieser Richtung erkennbar. Als „Maßnahmen", zu denen der Sicherheitsrat durch Art. 39-41 UN-Charta ermächtigt ist, kommen an sich auch Gebietsverschiebungen in Betracht. Unter den Voraussetzungen des Art. 39 UN-Charta könnte der Sicherheitsrat einem Staat die Abtretung von Gebiet auferlegen, wenn es zur Erhaltung oder Wiederherstellung des internationalen Friedens notwendig ist, und diese Entscheidung wäre nach Art. 25 UN-Charta verbindlich. Auch können die Generalversammlung nach Art. 19, 11 und namentlich 14 („for the peaceful adjustment of any situation") und wiederum der Sicherheitsrat nach Art. 39 UN-Charta Empfehlungen aussprechen, die Gebietsveränderungen zum Gegenstand haben. Solche Empfehlungen aber sind nicht verbindlich. Ein weiterer Ausbau dieser Ansätze ist nicht zu erwarten.
Die Praxis ist eher rückläufig, so hat es vor allem das Seerechtsübereinkommen versäumt, einen entsprechenden Mechanismus zur Lösung der durch die Einrichtung der ausschließlichen Wirtschaftszonen und die Erweiterung der Festlandsockelbereiche ausgelösten Grenzkonflikte zu entwickeln. Letztlich verweist es im Verhältnis der Staaten zueinander auf das Instrumentarium der friedlichen Streitbeilegung. Vor allem die gemäß Annex II des Seerechtsübereinkommens vorgesehene Kommission für die Festlandsockelgrenzen hat hierauf keinen Einfluß, sie gibt lediglich Empfehlungen in bezug auf die seewärtige Ausdehnung des Festlandsockels (Abgrenzung Festlandsockel/Tiefseeboden).[11] Insofern bleibt bei Grenzkonflikten in der Tat lediglich der Rückgriff auf die Mittel der Streitbeilegung, wobei die in diesem Rahmen ergehenden Entscheidungen in der Regel feststellender Natur sein werden. Damit kommt dem Prinzip der Adjudikation wohl eher historische Bedeutung zu.

§ 60 Der Verlust des Gebiets

Schrifttum: *Menzel*, Dereliktion, in: *Strupp/Schlochauer* I, 346 ff; *Verzijl*, International Law in Historical Perspective II, 1969, 65 ff; *Crawford*, The Creation of States in International Law, 1979.

In der Regel findet der Erwerb von Gebiet auf der einen Seite seine Entsprechung in einem Gebietsverlust auf der anderen Seite. So ist es bei der Abtretung, der Teilannexion und der Ersitzung. Aber daneben gibt es noch *besondere Gründe*, die einen Gebietsverlust herbeiführen können.

1. Zunächst können *Naturereignisse* – Erdbeben, Abschwemmung von Land, die allmähliche Änderung eines Flußlaufs usw. – zu einer Verkleinerung des Staatsgebietes führen.

2. Sodann kann ein Staat Gebiet durch eine *Sezession* verlieren.
Ein Teil seines Gebiets macht sich selbständig. Dann tritt der Gebietsverlust ein, sobald die neue Staatsgewalt sich endgültig durchgesetzt hat.[1]
Denkbar ist auch – obwohl dieser Fall praktisch kaum mehr in Betracht kommen dürfte –, daß die Bevölkerung die herrschende Staatsgewalt abwirft, ohne doch eine neue völ-

[11] Vgl. dazu unten § 78.

[1] S. oben § 12. Eine neue Staatsgewalt hat sich durchgesetzt, wenn der frühere Souverän auf seine territoriale Souveränität verzichtet hat oder sich aus den Umständen ergibt, daß die Wiedereroberung des abgetrennten Gebietes aussichtslos ist.

kerrechtlich anerkannte Staatsgewalt ins Leben zu rufen.[2] Dann fällt das Gebiet in einen Zustand der Staatenlosigkeit zurück.

3. Möglich ist desgleichen die Aufgabe eines Gebiets (abgesehen von der Abtretung) mit dem Willen des Staates. Denkbar ist nämlich ein einseitiger Verzicht, die *Dereliktion*. Eine rechtswirksame Dereliktion setzt wie die Okkupation, zu der sie das Gegenstück bildet, ein Zusammentreffen von *zwei Momenten* voraus: Der bisherige Träger der Hoheitsgewalt gibt diese tatsächlich auf, und er tut dies mit dem *animus derelinquendi*, mit dem Willen, sich seiner Hoheitsgewalt zu entäußern.[3] Das Gebiet wird dann herrenlos und unterliegt der Okkupation, es sei denn, daß sich eine neue Staatsgewalt dort entwickelt.

Ein geschichtliches *Beispiel* für eine Dereliktion zwar nicht geradezu eigenen Gebietes, aber doch einer territorialen Hoheitsgewalt bietet die Niederlegung des Palästina-Mandats durch England 1948. Unter Umständen ist der Verzicht allerdings nur die äußere Form, in die sich die *Abtretung* kleidet, so wenn ein Staat auf seine Hoheitsgewalt zu Gunsten eines anderen Staates „verzichtet". In anderen Fällen wieder wirkt der Verzicht nur noch deklaratorisch, erkennt er nachträglich Gebietsveränderungen an, die schon vorher aus anderen Gründen erfolgt sind. So stellte der Verzicht der Türkei auf ihre Rechte in Ägypten im Lausanner Vertrag von 1923 als nachhinkender Verzicht nur die verspätete Anerkennung einer territorialen Veränderung dar, die sich schon mit dem Ersten Weltkrieg, spätestens aber mit der Erlangung der Unabhängigkeit durch Ägypten im Jahre 1922 durchgesetzt hatte.

[2] So war der StIGH in dem Rechtsstreit über die *Rechtsstellung von Ostgrönland* der Meinung, daß er eine frühere Okkupation Grönlands durch Norweger im Mittelalter nicht in Betracht ziehen dürfe. Denn die norwegischen Siedlungen seien in den Kämpfen mit den Eingeborenen zugrunde gegangen. Vgl. PCIJ Series A/B 53 (1933), 47.

[3] So auch der Schiedsspruch im *Clipperton-Island-*Fall (1931), RIAA II, 1105 ff. Der Schiedsrichter entnahm hier der Tatsache, daß Frankreich über längere Zeit seine Hoheitsgewalt nicht ausgeübt hatte, gleichwohl keinen Verzicht, da der Wille zur Aufgabe des Besitzes nicht nachweisbar sei.

10. KAPITEL

Der Umfang des Staatsgebietes

§ 61 Die drei Dimensionen des Staatsgebietes. Allgemeines

Schrifttum: *Boggs*, International Boundaries, 1940; *Reeves*, International Boundaries, AJIL 38 (1944), 533; *Hill*, Claims to Territory in International Law and Relations, 1945; *S. B. Jones*, Boundary Making, 1945; *Hall*, The International Frontier, AJIL 42 (1948), 42; *Dibelius*, Grenzen des Staates, 1949; *Bastid*, Les problèmes territoriaux dans la jurisprudence de la Cour Internationale de Justice, RdC 107 (1962 III), 360; *Weissberg*, Maps as Evidence in International Boundary Disputes: A Reappraisal, AJIL 57 (1963), 781; *Cukwurah*, The Settlement of Boundary Disputes in International Law, 1967; *Murty*, Evidence on Traditional Boundaries and Some Problems in its Interpretation, IJIL 8 (1968), 479; *de Visscher*, Problèmes de confins en droit international public, 1969; *Yakemtchouk*, Les frontières africaines, RGDIP 74 (1970), 27; *Bernstein*, Delimitation of International Boundaries, 1974; *Bardonnet*, Les frontières terrestres et la relativité de leur tracé, RdC 153 (1976 V), 9; *Sharma*, International Boundary Disputes and International Law, 1976; *Prescott*, Boundaries and Frontiers, 1978; *Brownlie*, African Boundaries: A Legal and Diplomatic Encyclopedia, 1979; *Catudal*, The Exclave Problem of Western Europe, 1979; *Société Française pour le Droit International* (Hrsg.), La frontière, 1980; *Day* (Hrsg.), Border and Territorial Disputes, 1982; *Institute of International Public Law and International Relations of Thessaloniki* (Hrsg.), National and International Boundaries, Thesaurus Acroasium XIV, 1985; *Sassenroth*, Der Verlauf der Elbegrenze zwischen der Bundesrepublik Deutschland und der DDR, AVR 24 (1986), 314; *Shaw*, Title to Territory in Africa, 1986; *McCarver*, Legal Principles for Determining Boundary Lines, Journal of the Missouri Bar 43 (1987), 147.

I.1. Das Staatsgebiet ist als derjenige Raum der Erde, der durch Grenzen gegenüber den Gebieten anderer Staaten bzw. den staatsfreien Räumen abgegrenzt ist, zu definieren. Dieses Gebiet ist nicht flächenhaft, sondern dreidimensional zu verstehen, denn es erfaßt neben Land- und Wasserflächen auch den beherrschbaren Raum unter der Erdoberfläche sowie den Luftraum über der Erde. Da Grenzen den Umfang der territorialen Souveränität eines Staates gegenüber anderen Staaten umschreiben, bedürfen sie grundsätzlich einer völkerrechtlichen Anerkennung. Dabei ist allerdings zwischen Grenzen gegenüber anderen Staaten und Grenzen gegenüber staatsfreien Räumen zu unterscheiden.

Grenzen gegenüber anderen Staaten können nicht einseitig verbindlich festgelegt werden, es bedarf dazu eines Grenzvertrages bzw. einer Anerkennung oder stillschweigenden Billigung des Grenzverlaufs.[1] Möglich ist eine Demarkation auch mit Hilfe völkergewohnheitsrechtlicher Kriterien. In dem *Indo-Pakistan Boundary (Rann of Kutch)*-Fall führte Richter *Bebler* aus, daß die Mehrzahl der Grenzen auf Völkergewohnheitsrecht beruhe.[2] Dies ist zweifelhaft. So beruht beispielsweise die weit überwiegende Mehrzahl

[1] Vgl. dazu die Ausführung in der abweichenden Meinung von Richter *Bebler* im Falle *Indo-Pakistan Western Boundary (Rann of Kutch)*, RIAA XVII, 1 (446 ff).

[2] RIAA XVII, 1 (446).

der Grenzen in Afrika auf Verträgen der ehemaligen Kolonialmächte. Obwohl diese Verträge meistens ethnische und geographische Gesichtspunkte nicht berücksichtigen, sind die Grenzen doch für die späteren Staatsgrenzen der afrikanischen Staaten bestimmend geblieben.[3]

Die Berücksichtigung der Kolonialgrenzen bzw. der kolonialen Verwaltungsgrenzen bei der Bestimmung der Staatsgrenzen von Staaten, die im Wege der Dekolonisierung die Souveränität erlangt haben, entspricht der *uti possidetis*-Doktrin.[4] Sie beruht auf dem Gedanken, daß der unabhängig gewordene Staat in bezug auf das unabhängig gewordene Gebiet Rechtsnachfolger des Kolonialherren geworden ist und damit in dessen Rechtsstellung eintritt.[5]

Die Grenzziehung gegenüber der Hohen See erfolgt einseitig durch den betreffenden Staat. Allerdings setzt das Völkerrecht Maximaldistanzen fest und enthält auch generelle Regelungen für die Bestimmung der Basislinien, von denen aus sich die Seegrenzen bemessen.[6]

Wesentliche Aufgabe einer vertraglichen Grenzziehung ist es, eine abschließende und bestandsfähige Regelung zu schaffen (*Grundsatz der Stabilität*).[7] Dieser Grundsatz ist als Auslegungskriterium für das Verständnis von Grenzverträgen herangezogen worden.[8] Für den Fall des Fehlens vertraglicher Vereinbarungen haben sich eine Reihe gewohnheitsrechtlicher Regeln für den Grenzverlauf herausgebildet.

2. Wo ein Fluß die Grenze zwischen zwei Staaten bildet, erhebt sich die Frage, wer die Gebietshoheit über den Wasserlauf hat.[9] Die ältere Auffassung ging dahin, daß ein Kondominium der angrenzenden Staaten bestehe.[10] Seit der Mitte des 18. Jahrhunderts ist der Gedanke der Teilung zum Durchbruch gelangt, und in den entsprechenden internationalen Verträgen, gefolgt von Judikatur und Lehre, wird seither der sog. *Thalweg* als Grenze angesehen.[11]

Darunter versteht man den Schiffahrtskanal, die schiffbare Wasserrinne des Flusses. Deren Mittellinie bildet die Grenze. Wo ein Fluß sich in mehrere Arme teilt oder mehrere Wasserrinnen bestehen, ist die Grenze die Mitte des Hauptschiffahrtskanals, d. h. des Flußkanals, durch den sich der größte Teil der Schiffahrt bewegt.

Die *ratio* dieser Regel ist in den Interessen der Schiffahrt zu finden. Wo nichts anderes bestimmt ist, wird man davon ausgehen dürfen, daß den Anliegerstaaten ein gleicher

---

[3] Vgl. dazu allgemein *Shaw*, 221 ff; illustrativ die Argumentation des IGH in dem Grenzdisput *Burkina Faso/Mali*, ICJ Reports 1986, 554.

[4] *Jiménez de Aréchaga*, Boundaries in Latin America: uti possidetis Doctrine, EPIL 6 (1983), 45 f.

[5] IGH, Urteil der Sonderkammer im Grenzdisput *Burkina Faso/Mali* vom 22. Dezember 1986, ICJ Reports 1986, 554.

[6] Vgl. dazu unten §67.

[7] So der IGH im Falle *Temple of Preah Vihear*, ICJ Reports 1962, 6 (34); ebenso das Rechtsgutachten des StIGH im Falle *Iraq-Turkey Boundary*, PCIJ Series B 12 (1925), 19.

[8] *Beagle Channel* Arbitration, ILM 17 (1978), 634, 665 ff.

[9] Über die nachträgliche Veränderung von Flußgrenzen vgl. *Bouchez*, The Fixing of Boundaries in International Boundary Rivers, ICLQ 12 (1963), 789 (799 ff); vgl. auch die Schiedssprüche im Fall *El Chamizal* (1911), AJIL 5 (1911), 785 und im *Boundary Dispute between Argentina and Chile* (1966), AJIL 61 (1967), 1071, sowie die Urteile des U.S. Supreme Court in den Fällen *Nebraska v. Iowa* (1892), 143 U.S. 359; *Louisiana v. Mississippi* (1906), 202 U.S. 1; *New Jersey v. Delaware* (1934), 291 U.S. 361 sowie AJIL 29 (1935), 331; *Arkansas v. Tennessee* (1918), 246 U.S. 158 sowie AJIL 12 (1918), 648 und *Arkansas v. Tennessee* (1940), 310 U.S. 563 sowie AJIL 35 (1941), 154. Zu den Grenzflüssen in Argentinien *De Las Carreras*, International River Boundaries in the Argentine Republic, International Relations 9 (1987), 56.

[10] Hinsichtlich des deutsch-luxemburgischen Grenzverlaufs vgl. *Rudolf*, Das deutsch-luxemburgische Kondominium, AVR 24 (1986), 301.

[11] Vgl. dazu *de Lapradelle*, La Frontière, 1928, 202 ff mwN; *Boggs*, 184; *Bouchez*, (Anm. 9), 793 f; *Rühland*, Grenzgewässer, in: *Strupp/Schlochauer* I, 705.

Anteil an der Schiffahrt gewährt werden soll. Diesseits der so gezogenen Grenze übt jeder Staat die volle Gebietshoheit über seinen Flußbereich aus. Er ist also – bei Fehlen entgegenstehender vertraglicher Verpflichtungen – nicht gehalten, die Schiffahrt des Nachbarstaates auf seinem Flußteil zu dulden; ebenso darf er den Fischfang oder die Ausnutzung der Wasserkraft seinen Staatsangehörigen vorbehalten.
Die Grenzziehung entlang des Thalwegs ist heute als Bestandteil des Völkergewohnheitsrechts anzusehen.[12] Allerdings können die Grenzstaaten eine andere Regelung vereinbaren, sie können etwa den Flußlauf der gemeinsamen Verwaltung unterstellen (Kondominium)[13] oder den Fluß einem der Grenzstaaten in vollem Umfang zuweisen.[14] Die Vereinbarung einer gemeinsamen Nutzungsordnung bleibt davon unberührt.[15] Bei nicht schiffbaren Flüssen verläuft die Grenze in der Mitte des Flusses.

3. Keine Regel des Völkergewohnheitsrechts existiert hinsichtlich der Aufteilung von Grenzseen[16], obwohl häufig eine Realteilung entlang der Mittellinie oder des Thalwegs vereinbart wird (Genfer See, Lago Maggiore). Auch ist der Verlauf der Landgrenze entlang Gebirgskämmen oder der Wasserscheide nicht als Bestandteil des Völkergewohnheitsrechts anzusehen.[17]

4. Besondere Probleme wirft der Nachweis des Grenzverlaufs auf, vor allem ist fraglich, welche Bedeutung Karten zukommt. Bezug genommen wird dabei gelegentlich auf die gegenüber Karten zurückhaltende Meinung von *Huber* in seinem Schiedsspruch vom 4. April 1928 über die Insel *Palmas.*[18] Insoweit ist aber eine differenzierende Betrachtung geboten. Soweit Karten integrale Bestandteile eines Vertrages über den Grenzverlauf sind, ist auf sie zurückzugreifen; etwas anderes gilt für nicht in einen Vertrag inkorporierte Karten[19], deren Beweiswert ist abgeschwächt.[20]

5. Wenn keine Grenzverträge bestehen bzw. wenn sie lückenhaft sind und die genannten Prinzipien des Völkergewohnheitsrechts nicht eingreifen, bestimmen sich die Staatsgrenzen nach dem dauernden und unbestrittenen Besitzstand (*Grundsatz der Effektivität*). Die Anerkennung dieses Grundsatzes wird durch die ständige völkerrechtliche Judikatur bestätigt.[21] Auszugehen ist dabei von dem Schiedsspruch im Falle der Insel *Palmas. Huber* führt dort aus:

---

[12] *Oppenheim/Lauterpacht* I, 532 f; *Rühland* (Anm. 11), 707; *Brownlie*, Principles, 172; *Wehser*, in: *Menzel/Ipsen*, 152 f.

[13] Dazu *Rudolf* (Anm. 10); nach einer Entscheidung des RGSt 9, 370 (377 f) verläuft dann aber dennoch die Grenze über die Mitte einer den Fluß überquerenden Brücke.

[14] Dies ist der Fall für die Elbe. Sie gehört im Grenzverlauf zur DDR in vollem Umfang zum Territorium der Bundesrepublik Deutschland, vgl. dazu *Sassenroth.*

[15] Vgl. dazu unten § 62.

[16] Vgl. dazu § 63.

[17] Schiedsspruch vom 23. September 1874 im Falle der *Alpe Cravairola* , vgl. *Lapradelle/Politis* III, 497 ff.

[18] RIAA II, 829.

[19] Diese Unterscheidung macht auch *Huber*, vgl. des weiteren das Urteil des IGH vom 20. Juni 1959 im Falle *Concerning Sovereignty over Certain Frontier Land*, ICJ Reports 1959, 209 (215) sowie sein Urteil vom 15. Juni 1962 im Falle *Concerning the Temple of Preah Vihear*, ICJ Reports 1962, 6 (21). Diese Rechtsprechung ist in der Literatur aufgegriffen worden, vgl. *Weissberg*, 803; *Sharma*, 298; *Cukwurah*, 216 ff; a. A. *Verdross/Simma*, 668.

[20] Vgl. aber das Urteil der Spezialkammer des IGH im Grenzdisput *Burkina Faso/Mali* vom 22. Dezember 1986, ICJ Reports 1986, 554, wo derartige Karten eine durchaus wesentliche Rolle spielten.

[21] Schiedssprüche in den Fällen *Alpe Cravairola*, vgl. *Lapradelle/Politis* III, 497; *Honduras Borders*, RIAA II, 1322; *Island of Palmas*, RIAA II, 829. Völkerrecht wurde in dem Urteil des Schweizerischen Bundesgerichts vom 2. Juli 1980 in dem *Nufenen*-Fall (Kanton Wallis g. Kanton Tessin) analog angewandt (BGE 106 I b 154); auszugsweise abgedruckt in SchwJIR 37 (1981), 229.

„If, however, no conventional line of sufficient topographical precision exists or if there are gaps in the frontiers otherwise established, or if a conventional line leaves room for doubt, or if, as e.g. in the case of an island situated in the high seas, the question arises whether a title is valid *erga omnes*, the actual continuous and peaceful display of State functions is in case of dispute the sound and natural criterium of territorial sovereignty."[22]
Außerdem kann eine Grenze auch konkludent durch widerspruchslose Hinnahme fremder Staatstätigkeit über längere Zeit (*acquiescence*) anerkannt werden.[23] In diesem Fall hat der begünstigte Staat das umstrittene Gebiet im Wege der Ersitzung erworben.[24] Entscheidend ist dabei sein Nachweis, daß seine Ausübung von Hoheitsrechten bis zum Ausbruch der Streitigkeiten, die zu dem Verfahren geführt haben, von dem anderen Staat hingenommen worden ist.[25]

6. Sonderprobleme wirft die Abgrenzung zu den staatsfreien Räumen (Hohe See, Weltraum, Tiefseeboden) auf. Es handelt sich hierbei um Grenzen, die – im Falle der Seegrenzen – primär (aber nicht ausschließlich) mit Hilfe von Entfernungskriterien fixiert werden.[26] Eine anerkannte Grenzziehung zwischen dem nationalen Luft- und dem internationalen Weltraum wurde bislang im Völkerrecht nicht entwickelt.[27]

7. Zum Staatsgebiet gehören damit das feste Land innerhalb der oben beschriebenen Grenzen (einschließlich Riffen, ständigen Hafenanlagen, trockenfallenden Erhebungen, Felsen, Inseln) sowie möglicherweise existierende Exklaven, die Inlandgewässer (Binnenseen, Binnenflüsse, Kanäle, Wassergebiete der Häfen), die Küstengewässer (maritime Eigengewässer, Archipelgewässer, Küstenmeer), der beherrschbare Raum unter der Erdoberfläche, der Meeresgrund unterhalb der Küstengewässer und der Luftraum über dem Landgebiet sowie den Inlandgewässern und Küstengewässern.

II. Jedes Staatsgebiet ist zunächst einmal Landgebiet. Es braucht kein geschlossenes Territorium zu bilden und schließt auch die überseeischen Besitzungen ein (z. B. die französischen Départements d'outre mer).

1. Auch wo das Gebiet eines Staates in mehrere räumlich getrennte Teile zerfällt, hat er nach Völkergewohnheitsrecht keinen Anspruch gegen andere Staaten auf die Gewährung eines erleichterten Verkehrs zwischen seinen Gebieten. Wenn keine Verträge bestehen, können z. B. die USA keine Ansprüche dieser Art gegenüber Kanada im Hinblick auf den Zugang zu Alaska geltend machen. Das Recht der friedlichen Durchfahrt durch die Küstengewässer hat kein Gegenstück auf dem Lande.

2. Andererseits hat jeder Staat ein Recht auf Teilnahme am allgemeinen internationalen Verkehr. Es sprechen gute Gründe dafür, daß einem von dem Landgebiet anderer Staaten umschlossenen Staat, also einem Binnenstaat[28], der Durchgangsverkehr zur Küste

---

22 RIAA II, 840.

23 Vgl. dazu in erster Linie das Urteil des IGH im Falle des *Temple of Preah Vihear*, ICJ Reports 1962, 6. Relevant kann auch das Schweigen gegenüber karthographischem Material sein, vgl. dazu die Urteile des IGH in den Fällen *Minquiers and Ecrehos*, ICJ Reports 1953, 47 (71) und *Sovereignty over Certain Frontier Land*, ICJ Reports 1959, 209 (227 f.).

24 Vgl. dazu § 56.

25 Urteil des IGH im Fall *Minquiers and Ecrehos*, ICJ Reports 1953, 59; vgl. dazu aus der Literatur *Mengel*, Der entscheidungsrelevante Zeitpunkt für die völkerrechtliche Beurteilung von Streitigkeiten territorialer Souveränität, GYIL 24 (1981), 92.

26 Vgl. dazu unten § 67.

27 Vgl. dazu unten § 69.

28 In diesem Sinne auch *Labrousse*, Des servitudes en droit international public, 1911, 282 ff, besonders im Hinblick auf das seit 1884 von der See ab-

und zu und von den großen Verkehrsstraßen auch auf dem Gebiet der benachbarten Staaten gewährt werden muß.[29] Die Dritte Seerechtskonferenz der Vereinten Nationen hat sich dieser Frage intensiv gewidmet. Die Binnenstaaten haben ihren Anspruch auf freien Zugang zum Meer (Transitrechte) auf dieser Konferenz unterschiedlich zu begründen versucht. So wurde die Transitfreiheit aus den maritimen Nutzungsrechten selbst hergeleitet[30], wobei sich die Anspruchsteller sowohl auf das Recht der Freiheit der See als auch auf den 'common heritage'-Grundsatz stützten. Vor allem letzterer – versteht man ihn im Sinne zwischenstaatlicher Solidarität[31] – ist für die Entwicklungsländer unter den Binnenstaaten eine wichtige Argumentationshilfe, da sie auf ihre durch die Transitkosten verringerte wirtschaftliche Konkurrenzfähigkeit verweisen können.[32] Letztlich blieben die Anstrengungen der Binnenstaaten auf der 3. UN-Seerechtskonferenz aber ohne Erfolg. Zwar schreibt Art. 125 Abs. 1 SRÜ vor, daß Binnenstaaten ein Zugangsrecht zum und vom Meer haben sollen („Land-locked States shall have the right of access to and from the sea for the purpose of exercising the rights provided for in this Convention including those relating to the freedom of the high seas and the common heritage of mankind"). Die Einzelheiten bedürfen aber noch einer vertraglichen Regelung zwischen Binnen- und Transitstaaten. Die Auslegung dieser Norm ist außerordentlich umstritten, sie wird teils lediglich als Verpflichtung zur Verhandlung, teils als Verpflichtung zum Vertragsschluß gelesen.[33] Als Ausdruck des geltenden Völkergewohnheitsrechts kann sie jedenfalls noch nicht angesehen werden.

3. Wo nur Teilgebiete eines Staates von dem Gebiet eines anderen Staates umschlossen sind, muß der letztere dem ersteren die Verbindung mit der *Exklave*[34] wenigstens insoweit gestatten, als dies zur Aufrechterhaltung der Ordnung und der Versorgung der Bürger in der Exklave notwendig ist. Die Abschneidung aller Verbindungen wäre ein Angriff auf die territoriale Unversehrtheit des Staates, dem die Exklave gehört.[35] Doch kann der Exklavenstaat nicht die Abtretung eines Korridors verlangen, und er hat die mit der Gewährung des Durchgangsverkehrs verbundenen Lasten und Kosten zu tragen.

---

geschnittene Bolivien (vgl. etwa S. 326). S. auch *Macartney* (Hrsg.), Survey of International Affairs, 1925 II, 425 f über die Streitigkeiten zwischen Chile, Peru und Bolivien über das Gebiet von *Tacna und Arica*. 1920 rief Bolivien den Völkerbund an, um einen Zugang zur See zu erreichen. Dazu *Dennis*, Tacna and Arica, 1931, und *Hill*, 96; dort (92 f) auch über das Streben Boliviens, über den Paraguay einen Zugang zur See zu gewinnen, eines der Motive des *Chaco*-Konflikts in den 20er Jahren. Seit 1975 standen Bolivien und Chile in Verhandlungen wegen der Abtretung eines Korridors an Bolivien, um ihm den Zugang zum Pazifik zu ermöglichen. Diese scheiterten im Sommer 1987, vgl. RGDIP 91 (1987), 1318 f.

[29] Vgl. zur Staatenpraxis das Memorandum des Generalsekretärs der Vereinten Nationen, UN Doc. A/Conf. 13/29 (1958).

[30] UN Doc. A/AC. 138/92 (Draft articles related to landlocked countries) sowie UN Doc. A/Conf. 62/C.2/L.29.

[31] Allgemein dazu *Wolfrum*, Die Internationalisierung staatsfreier Räume, 1984, 447 ff.

[32] Vgl. die sog. Kampala-Deklaration, UN Doc. A/Conf. 62/23 sowie die Untersuchungen von UNCTAD, Doc. TD/B/453/Add.1/Rev.1, TD/B/308.

[33] Vgl. dazu *Caflisch*, Land-locked States and their Access to and from the Sea, BYIL 49 (1978), 71 und *Alexander*, The 'Disadvantaged' States and the Law of the Sea, Marine Policy 5 (1981), 185.

[34] Zur Definition dieses Begriffes vgl. *Catudal*, 18. Zur Zeit existieren in Europa folgende Exklaven: Llivia (spanische Exklave im Département Pyrénées-Orientales), Büsingen (deutsche Exklave im Kanton Schaffhausen), Campione (italienische Exklave in der Schweiz), Breda, Tilburg, Baarle (belgische Exklaven in den Niederlanden).

[35] Dazu im einzelnen *Brintzinger*, Versuch über Exklaven und Enklaven, Festschrift Menzel, 1976, 487 ff sowie die Entscheidung des IGH vom 12. April 1960 in *Case Concerning Right of Passage over Indian Territory*, ICJ Reports 1960, 6. Hier wird zwischen einem Zugang für Zivilpersonen und militärischem Zugang unterschieden.

III. 1. Nicht zum Staatsgebiet gehören Treuhandgebiete und Protektorate, auch nicht Gebiete, auf denen ein Staat nur ein Besatzungs- und Verwaltungsrecht ausübt oder auf denen ihm Flotten- oder Luftstützpunkte oder sonstige Servituten eingeräumt sind. Doch bleibt es dem berechtigten Staat unbenommen, solche Gebiete für die Zwecke seines inländischen Rechts so zu behandeln, als gehörten sie zu seinem Gebiet.[36]

2. Auch Interessen- und Einflußzonen bilden keinen Teil des Staatsgebietes. Unter Interessenzonen im engeren Sinne verstand man herrenlose Gebiete, deren Okkupation ein Staat einem anderen überließ, eine Terminologie der Kolonialepoche, die heute nur noch geschichtliches Interesse beanspruchen kann.[37] Einflußzonen nennt man Gebiete eines Staates, für deren politische oder wirtschaftliche Durchdringung einem anderen Staat ein Vorzug gewährt wird.

Beispiele: Im Zuge ihrer durch den gemeinsamen Gegensatz zu Deutschland bestimmten Annäherung haben Großbritannien und Rußland im August 1907 einen Vertrag abgeschlossen, in dem sie ihre alten Gegensätze in Persien, Afghanistan und Tibet bereinigten.[38] Im Rahmen dieses Abkommens wurde Persien in eine nördliche russische und eine südliche britische Einflußzone geteilt, d. h. die Parteien verpflichteten sich, keine politischen oder wirtschaftlichen Konzessionen in der Zone des anderen Teils zu erstreben. In dem gleichen Vertrag überließ Rußland Großbritannien den Vortritt in Afghanistan, indem es erklärte, Afghanistan sei außerhalb der russischen Einflußzone gelegen. Weder Persien noch Afghanistan wurden dadurch zu Gebieten der an dem Vertrage beteiligten Staaten. Ein anderes Beispiel wäre das *Lansing-Ishii*-Abkommen vom 2. November 1917, in dem die „besonderen Interessen" Japans in China von den USA, aber unter Wahrung der territorialen Unabhängigkeit Chinas, anerkannt wurden.[39]

3. Erst recht nicht zum Hoheitsgebiet gehören Kriegs-, Staats- oder sonstige Schiffe und Flugzeuge[40] oder die Gebäude der diplomatischen oder konsularischen Missionen im Ausland, obwohl sie nicht der Jurisdiktion des Sitzstaates, sondern derjenigen des Entsendestaates unterstehen.[41] Insoweit fallen, wie bereits erwähnt[42], Gebietshoheit und territoriale Souveränität auseinander.

§ 62 Flüsse und Kanäle

Schrifttum: *van Eysinga*, Evolution du droit fluvial, 1920; *Lederle*, Das Recht internationaler Gewässer unter besonderer Berücksichtigung Europas, 1920; *Smith*, The Economic Uses of International Rivers, 1931; *Triepel*, Internationale Wasserläufe, 1931; *Winiarski*, Principes généraux du droit fluvial international, RdC 45 (1933 III), 79; *Jäger*, Das Recht der wirtschaftlichen Nutzung

[36] Vgl. etwa die Entscheidung amerikanischer Gerichte über die den USA von Großbritannien während des Zweiten Weltkriegs eingeräumten Stützpunkte, AJIL 42 (1948), 482; 43 (1949), 374; 44 (1950), 408.

[37] Ein Beispiel bietet der bei *de Martens*, NRG 3ième Série, I, 603 abgedruckte deutsch-französische Vertrag über die Grenzen zwischen der Kolonie Kamerun und französisch Kongo vom 15. März 1894. Darin werden Interessensphären abgesteckt, und die Vertragsstaaten übernehmen die Verpflichtung, in dem Bereich des anderen Teils keine politischen Aktionen und vor allem keine Hoheitsakte vorzunehmen (Art. 2); der erste Vertrag dieser Art ist das Deutsch-Britische Abkommen vom Mai 1885, British Foreign Service Papers 76, 772. Vgl. dazu *Lindley*, The Acquisition and Government of Backward Territory in International Law, 1926, 210; *Mzoigwe*, Spheres of Influence and the Doctrine of Hinterland in the Partition of Africa, Journal of African Studies 1976, 183.

[38] *De Martens*, NRG 3ième Série, I, 8.

[39] Dazu *Bemis*, A Diplomatic History of the United States, 1947, 687 ff.

[40] Oben § 47.

[41] Oben §§ 38, 45.

[42] Oben § 47.

mehrstaatlicher Gewässer, 1952; *Sauser-Hall*, L'utilisation industrielle des fleuves internationaux, RdC 83 (1953 II), 471; *Hartig*, Internationale Wasserwirtschaft und internationales Recht, 1955; *Austin*, Canadian – United States Practice and Theory Respecting the International Law of International Rivers: A Study of the History and Influence of the Harmon Doctrine, Canadian Bar Review 37 (1959), 393; *Batstone*, The Utilisation of the Nile Waters, ICLQ 8 (1959), 523; *Berber*, Rivers in International Law, 1959; *Andrassy*, L'utilisation des eaux des bassins fluviaux internationaux, RevEgypt 16 (1960), 23; *Baxter*, The Law of International Waterways, 1964; *Wolfrom*, L'utilisation à des fins autres que la navigation des eaux des fleuves, lacs et canaux internationaux, 1964; *Bourne*, The Right to Utilize the Waters of International Rivers, CanYBIL 3 (1965), 187; *Krakau*, Die Harmon Doktrin, 1966; *Garretson/Hayton/Olmstead* (Hrsg.), The Law of International Drainage Basins, 1967; *Teclaff*, The River Basin in History and Law, 1967; *Colliard*, Evolution et aspects actuels du régime juridique des fleuves internationaux, RdC 125 (1968 III), 343; *Wisdom*, The Law of Rivers and Watercourses, 2. Aufl. 1970; *Klein*, Aspects of River Pollution, 1975; *Caflisch*, La Suisse et la protection des eaux douces dans le cadre du droit international, 1976; *Basheer Hussain*, The Law of Interstate Rivers in India: Principles of Equitable Apportionment of River Waters, IJIL 17 (1977), 43; *Dupuy*, The Joint Management of International Hydrographic Basins and Positive International Law, in: OECD, Environmental Protection in Frontier Regions, 1979, 177; *Vitányi*, The International Regime of River Navigation, 1979; *Zacklin/Caflisch (Hrsg.)*, The Legal Regime of International Rivers and Lakes, 1981; *Lammers*, Pollution of International Watercourses, 1984; *Hoog*, Flüsse und Kanäle der Bundesrepublik Deutschland, AVR 25 (1987), 202.

I. Alle Flüsse gehören zu dem Gebiet des Staates, dessen Territorium sie jeweils durchfließen.[1]
Dennoch wird im Völkerrecht zwischen „internationalen", „nationalen" und „internationalisierten" Flüssen unterschieden. Nationale Flüsse verlaufen innerhalb des Territoriums nur eines Staates und unterliegen daher seiner ausschließlichen Regelungsbefugnis. Internationale Flüsse sind solche, die in das Meer münden und in ihrem schiffbaren Teil die Grenze zwischen mehreren Staaten bilden oder das Gebiet mehrerer Staaten durchfließen. Internationalisierte Flüsse schließlich sind solche, die einem durch Vertrag geschaffenen internationalen Regime unterliegen.

Der Rhein und die Donau, der Kongo und der St. Lorenz sind demzufolge internationale (sowie auch internationalisierte) Flüsse, nicht aber der Main oder der Neckar. Zu den nationalen Flüssen gehören nicht nur die Flüsse, die von der Quelle bis zur Mündung das Gebiet nur eines Staates durchfließen, wie etwa die großen Ströme der UdSSR und Chinas. Dazu zählen auch Flüsse, die beispielsweise das Gebiet mehrerer Staaten, aber in ihrem schiffbaren Teil nur das Gebiet eines Staates durchfließen, solche, die in ihrem schiffbaren Teil das Gebiet mehrerer Staaten durchströmen, aber nicht für die Handelsschiffahrt vom Meere aus zugänglich sind und nicht schiffbare Teile von Flüssen, die im übrigen zu den internationalen Flüssen gehören, wie etwa der Oberrhein.

Die Kennzeichnung eines Flusses als international enthält daher zunächst eine geographisch geprägte Aussage ohne unmittelbare völkerrechtliche Konsequenz.[2] Die sogenannten internationalen Flüsse sind nationales, nicht internationales Gebiet; jeder Uferstaat übt über den Teil des Stromes, der auf seinem Territorium verläuft, die uneingeschränkte Gebietshoheit aus. Jeder Staat darf die Ausnutzung der Wasserkraft oder der Fischerei auch auf den internationalen Flüssen sich selbst oder seinen Staatsangehörigen vorbehalten oder die Zulassung von Ausländern an Bedingungen knüpfen. Allerdings zeichnet sich, ausgehend von der Überlegung, daß eine effektive Nutzung der Flüsse eine Kooperation aller Flußanlieger voraussetzt, die Tendenz ab, die einzelstaatli-

---

[1] Über Grenzflüsse vgl. oben § 61.

[2] Aus diesem Grunde wendet sich *Berber* I, 319, gegen diese Begriffsbildung.

chen Rechte im Gemeinschaftsinteresse der Flußanlieger vertragsrechtlich zu begrenzen.[3]

II.1. Die zunehmende Nutzung der grenzüberschreitenden Süßwassersysteme erfordert eine intensivierte Zusammenarbeit zwischen den Staaten zur Abstimmung und Verteilung dieser Nutzungen. Neben diesen prozeduralen Aspekt tritt die Pflicht zur gegenseitigen Rücksichtnahme. Völkerrechtliche Regelungen der Nutzungsbeschränkung finden sich in einzelnen Verträgen, wie auch im Völkergewohnheitsrecht (Nachbarschaftsrecht, internationales Umweltschutzrecht).

Das internationale Flußrecht hat sich lange auf die Regelung der Schiffahrt konzentriert. Inzwischen werden aber auch andere Nutzungen von völkerrechtlichen Regelungen erfaßt bzw. es wird versucht, entsprechende völkerrechtliche Regeln zu entwickeln.[4] Die verschiedenen Nutzungen können theoretisch danach unterschieden werden, ob sie die Wassermenge, die Wasserqualität oder den Flußlauf beeinträchtigen.

2. An der Schiffahrt auf den internationalen Flüssen besteht ein gemeinsames Interesse nicht nur der Uferstaaten, sondern des internationalen Handels in seiner Gesamtheit. Es existiert daher eine Tendenz, sie als Straßen des internationalen Verkehrs der ausschließlichen Verfügungsgewalt der einzelnen Uferstaaten zu entziehen und der internationalen Schiffahrt zu öffnen. Auf einigen der genannten Flüsse, den sog. internationalisierten Flüssen, sind internationale Verkehrsordnungen auf der Grundlage völkerrechtlicher Verträge entstanden, von denen die wichtigsten[5] in ihren Grundzügen dargestellt werden sollen.

Der Gedanke, daß die großen Schiffahrtswege der Allgemeinheit offenstehen müssen, hat sich wohl in größerem Ausmaß erst unter dem Einfluß der freiheitlichen Ideen der französischen Revolution (Friedensschlüsse von Campo Formio 1797 und Lunéville 1801, Reichsdeputationshauptschluß 1803) durchsetzen können. Ihn übernahm aber auch die Restauration, als sie nach den napoleonischen Kriegen die wirtschaftliche Ordnung in Europa wiederherstellte.

Unter den großen multilateralen Verträgen des 19. Jahrhunderts ist hier vor allem die *Schlußakte des Wiener Kongresses* vom 9. Juni 1815 zu nennen.[6] Sie proklamierte in Art. 108 bis 117 den Grundsatz der freien Handelsschiffahrt auf den internationalen Flüssen für alle Nationen auf dem Boden der Gleichheit und stellte die Errichtung eines einheitlichen und unveränderlichen Schiffahrtsregimes für diese Flüsse in Aussicht. Die endgültige Ordnung blieb besonderen Vereinbarungen vorbehalten. Diese sind nur zum Teil zustande gekommen.[7]

---

[3] Vgl. unten § 70.

[4] Vgl. hierzu die Arbeiten der ILC über „The Law of the Non-navigational Uses of International Watercourses", bislang liegen Berichte des Sekretariats (ILC Yearbook 1974 II (Teil 2), 265), drei Berichte von *Schwebel* (ILC Yearbook 1979 II (Teil 1), 143; 1980 II (Teil 1), 159; 1982 II (Teil 1), 65), zwei Berichte von *Evensen* (ILC Yearbook 1983 II (Teil 1), 155; 1984 II (Teil 1), 101) sowie zwei Berichte von *McCaffrey* (A/CN.4/393; A/CN.4/399 Add. 1, 2) vor.

[5] Im übrigen vgl. *Baxter,* 96 ff; vgl. allgemein zu den mit der Schiffahrtsfreiheit zusammenhängenden Fragen auch *Vitányi,* The Regime of Navigation on International Waterways, Part I: The Beneficiaries of the Right of Navigation, NYIL 5 (1974), 111 und Part II: The Territorial Scope of the Regime of Free Navigation, NYIL 6 (1975), 3.

[6] *De Martens,* NRG 1ère Série, II, 379; vgl. dazu im einzelnen *Vitányi,* 47 ff.

[7] Seit dem Ende des 18. Jahrhunderts ist die Frage der Öffnung der *Schelde* zwischen den Europäischen Staaten streitig gewesen; vgl. dazu Näheres bei *Oppenheim/Lauterpacht* I, 466 und die dort angeführte Literatur sowie das Urteil des StIGH über die *Wasserableitung aus der Maas,* PCIJ Series A/B 70 (1937).

3. Die *Freiheit der Schiffahrt auf dem Rhein*[8] wurde schon im Pariser Frieden von 1814 vereinbart (Art. 5)[9]. Die Wiener Kongreßakte von 1815 enthielt als Anhang eine Schiffahrtsregelung für den Rhein. Ihre endgültige Regelung hat die Rheinschiffahrt jedoch erst später gefunden. Im Jahre 1831 wurde die *Mainzer Rheinschiffahrtsakte*, am 17. Oktober 1868 zwischen den deutschen Uferstaaten, Frankreich und den Niederlanden die *Mannheimer Revidierte Schiffahrtsakte* vereinbart.[10] Danach ist der Rhein von Basel bis zur Nordsee der Schiffahrt aller Nationen geöffnet, der Transport von Waren und Personen steht allen Uferstaaten offen. Die Parteien sind zur Gleichbehandlung der Schiffe und Ladungen verpflichtet. Die Erhebung von Schiffsabgaben ist verboten. Die Schiffahrt ist einer internationalen Kontrolle unterstellt, die von der internationalen *Zentralkommission für die Rheinschiffahrt* ausgeübt wird. Dieser stehen Rechtssetzungs- und Verwaltungszuständigkeiten für die Regelung der Rheinschiffahrt zu, und sie übt als letztinstanzliches Berufungsgericht in Rheinschiffahrtssachen eine internationale Gerichtsbarkeit aus. Dieses System wurde durch den *Versailler Vertrag* (Art. 354-362), vor allem durch eine neue Zusammensetzung der Zentralkommission, zum Nachteil Deutschlands geändert. Eine grundsätzliche Neuerung war darin enthalten, daß nunmehr auch drei Nichtuferstaaten (Großbritannien, Italien und Belgien) der Kommission angehörten. Nach der Machtübernahme durch den Nationalsozialismus erklärte die Reichsregierung in einer Note vom 14. November 1936[11] einseitig, daß sie durch die Bestimmungen des 12. Teils des Versailler Vertrages nicht mehr gebunden sei und die deutschen Flüsse als ausschließlich ihrer Souveränität unterstehend betrachte. Die darin liegende Aufkündigung der bisherigen Ordnung wurde von den übrigen Parteien des Versailler Vertrages hingenommen und mit deren stillschweigender Zustimmung geltendes Recht. Nach dem Zweiten Weltkrieg wurde die alte Ordnung mit gewissen Einschränkungen wiederhergestellt.[12] Es gilt nunmehr die *Revidierte Mannheimer Rheinschiffahrtsakte* von 1868 in der Fassung des Revisionsübereinkommens von 1963.[13] Mitglieder der Zentralen Rheinschiffahrtskommission sind die Schweiz, Belgien, die Bundesrepublik Deutschland, Frankreich, die Niederlande und Großbritannien.

Besondere Probleme ergeben sich aus der Zuständigkeit der EWG (Art. 84 EWGV) für diesen Verkehrsbereich und deren Auswirkung auf Nicht-EG-Staaten wie die Schweiz. Durch eine Änderung des Art. 2 Abs. 3 der Revidierten Mannheimer Akte von 1868 durch das Zusatzprotokoll Nr. 2 und das dazugehörige Zeichnungsprotokoll vom 17. Oktober 1979[14] ist der Transport von Waren und Personen auf dem Rhein den Schiffen aller EG-Mitgliedstaaten und der Schweiz erlaubt. Es ist umstritten, ob diese Änderung auch Österreich als einem Rheinuferstaat und den anderen Nicht-EG-Staaten, die Vertragsparteien des Versailler Friedensvertrages sind, gegenüber geltend gemacht werden kann. Ist das nicht der Fall, so wären diese Staaten von der Transportschiffahrt auf dem Rhein ausgeschlossen, soweit ihnen nicht aufgrund eines gesonderten Beschlusses der Vertragsstaaten die gleiche Behandlung zuteil würde.[15]

---

[8] Eine eingehende Darstellung der geschichtlichen Entwicklung bietet des Urteil BGHZ 18, 267. Vgl. auch *Guggenheim* I, 409 ff und die dort angeführte Literatur sowie *Kraus/Scheuner*, Rechtsfragen der Rheinschiffahrt, 1956.

[9] *Vitányi*, 47 ff.

[10] *De Martens*, NRG 1ère Série, XX, 355. Vgl. dazu *Hoog*, 209 ff.

[11] RGBl. 1936 II, 361.

[12] Vgl. auch das Gesetz über das gerichtliche Verfahren in Binnenschiffahrts- und Rheinschiffahrtssachen vom 27. September 1952 (BGBl. 1952 I, 641).

[13] BGBl. 1966 II, 560; inzwischen gibt es drei Zusatzprotokolle vom 25. Oktober 1972 (BGBl. 1974 II, 1385) und vom 17. Oktober 1979 (Nr. 2 und 3) (BGBl. 1980 II, 870 und 875).

[14] Vgl. Zusatzprotokoll Nr. 2 zur Revidierten Rheinschiffahrtsakte vom 17. Oktober 1979 sowie das Zeichnungsprotokoll hierzu (BGBl. 1980 II, 870).

[15] Vgl. dazu *Neuhold/Hummer/Schreuer* (Hrsg.), Österreichisches Handbuch des Völkerrechts I, 1983, 296 f.

Für den Rhein oberhalb von Basel gilt bis Neuhausen der den Rheinschiffahrtsakten nachgebildete *Schiffahrtsvertrag zwischen dem Großherzogtum Baden und der Schweiz* von 1879. Die Schiffahrt Schaffhausen - Untersee sowie auf dem Alten Rhein von der Mündung in den Bodensee bis Rheineck-Gaissau wurde anläßlich der Neugestaltung des Schiffahrtsrechts auf dem Bodensee 1973 neu geregelt. Am 1. Juni 1973 schlossen die Bundesrepublik Deutschland, Österreich und die Schweiz einen Vertrag über die Schiffahrt auf dem Bodensee. Diesem Vertrag gehören zwei zweiseitige Zusatzabkommen an, zum einen ein Vertrag zwischen Österreich und der Schweiz über die Schiffahrt auf dem Alten Rhein, zum anderen das Übereinkommen zwischen der Bundesrepublik Deutschland und der Schweiz über die Schiffahrt auf dem Untersee und dem Rhein bis Schaffhausen.[16] Danach ist die Schiffahrt für jedermann frei, doch bedürfen die Fahrzeuge der Zulassung durch den jeweiligen Vertragsstaat. Eine lediglich koordinierende und beratende Funktion steht der *internationalen Schiffahrtskommission für den Bodensee* zu.

Das Rheinregime gilt in beschränktem Umfang auch für die Nebenflüsse des Rheins, nicht allerdings in bezug auf die Schiffahrtsfreiheit.

4. Ein der Rhein-Schiffahrtsordnung entsprechendes Regime besteht auch für die *Mosel.* Seine Grundlage bildet der *Vertrag zwischen der Bundesrepublik Deutschland, Frankreich und Luxemburg über die Schiffbarmachung der Mosel* vom 27. Oktober 1956[17], der die Schiffbarmachung der Mosel vorsieht und diese im einzelnen regelt. Das 5. Kapitel des Vertrages enthält Bestimmungen über das Schiffahrtsregime und die *Mosel-Kommission*, die der Zentralkommission für die Rhein-Schiffahrt entspricht. Doch sind in ihr nur die drei am Vertrage beteiligten Staaten vertreten. Daneben besteht ein Abkommen zwischen der Bundesrepublik Deutschland und Luxemburg vom 14. September 1976 über die Unterhaltung, Erneuerung und den Betrieb des gemeinsamen Moselabschnitts.[18]

5. Zu den großen internationalen Strömen Europas gehört auch die *Donau.* Ihre bewegte Geschichte ist ein Spiegelbild der politischen Machtkämpfe, die sich von der Mitte des vergangenen Jahrhunderts bis in die Gegenwart im Donauraum abgespielt haben. Es sind drei Phasen zu unterscheiden:

a) Nach dem Krim-Krieg konnten die übrigen Großmächte dem Streben Rußlands nach der Herrschaft über die Donaumündung Einhalt gebieten und eine Internationalisierung der Schiffahrt auf der Unteren Donau (*See-Donau)* durchsetzen. Durch den *Pariser Frieden* von 1856 wurde die Schiffahrt auf der Donau den Flaggen aller Nationen auf dem Boden der Gleichberechtigung eröffnet, und die untere Donau bis zur Mündung einem internationalen Regime unterstellt, das später noch weiter flußaufwärts ausgedehnt wurde. Die Schiffahrt auf diesem Teil der Donau wurde einer internationalen Kommission, der *Europäischen Donau-Kommission*, unterstellt[19], in der auch die am Pa-

---

[16] Text in: BGBl. 1975 II, 1405, 1412; vgl. dazu *Hoog*, 216 f.

[17] BGBl. 1956 II, 1838.

[18] BGBl. 1976 II, 1971; vgl. dazu *Rudolf*, Das deutsch-luxemburgische Kondominium, AVR 24 (1986), 301 ff.

[19] Eine eingehende Darstellung der Entwicklung und der Zuständigkeiten der Kommission vermittelt das *Rechtsgutachten des StIGH über die Jurisdiktion der Europäischen Donau-Kommission zwischen Galatz und Braila*, PCIJ Series B 14 (1927). Für weitere Einzelheiten, insbesondere auch über die Neutralisierung und Demilitarisierung eines Teils der Donau in der zweiten Hälfte des vergangenen Jahrhunderts vgl. *Baxter*, 103 ff; *Wegener*, Die internationale Donau, 1951; *Gorove*, Law of Politics of the Danube, 1964; *Concetti*, Il regime internazionale della navigazione danubiana, 1970 sowie *Pichler*, Die Donaukommission und die Donaustaaten: Kooperation und Integration, 1973.

riser Vertrag beteiligten Nichtuferstaaten Mitglieder waren. Diese Kommission, eine mit eigener Rechtspersönlichkeit ausgestattete Körperschaft, übte eine weitgespannte internationale Rechtssetzung, Verwaltung und Gerichtsbarkeit aus.

b) Nach dem Ersten Weltkrieg konnte die Internationalisierung der Donau, bedingt durch den Zerfall Österreich-Ungarns bei anhaltender Schwächung Rußlands, bis zur oberen Donau ausgedehnt werden. In den *Pariser Vorortverträgen* wurde die Donau von Ulm bis zur Mündung für international erklärt. Der Europäischen Donau-Kommission wurden ihre bisherigen Zuständigkeiten belassen, und die Schiffahrt von Ulm bis Braila (dem Punkt, von dem an die Europäische Donau-Kommission zuständig war), d. h. die sog. *Binnen-Donau*, wurde der *Internationalen Donau-Kommission* unterstellt.[20] Ihre Befugnisse blieben aber hinter denen der Europäischen Donau-Kommission zurück. Die Kommission war im wesentlichen auf die Ausübung von Aufsichtsrechten beschränkt. Die Rechtsordnung des gesamten Donau-Systems wurde schließlich in der *Donau-Akte* vom 23. Juli 1921 zusammengefaßt.[21]

c) Schon vor dem Zweiten Weltkrieg machte Deutschland dem Internationalen Donau-Regime auf dem deutschen Teilstück durch eine Erklärung vom 14. November 1936 ein Ende. Nach dem Kriege fiel die Vormachtstellung für den Donau-Raum an die UdSSR. Der Grundsatz der freien Schiffahrt für alle wurde in den *Friedensverträgen von 1947* noch einmal bestätigt.[22] Doch entstanden zwischen den Großmächten Streitigkeiten über die Fortdauer des Internationalen Regimes. Eine Konferenz zur Regelung dieser Frage, die 1948 in Belgrad stattfand, führte zum Abschluß einer neuen *Konvention über die Ordnung der Schiffahrt auf der Donau* vom 18. August 1948, aber zunächst nur zwischen der UdSSR, der ukrainischen Sowjetrepublik, Rumänien, Bulgarien, Jugoslawien, Ungarn und der Tschechoslowakei.[23] Nach Erlangung seiner Souveränität wurde Österreich Mitglied, während die Bundesrepublik Deutschland zur Zeit (1987) nur einen Beobachterstatus innehat. Über ihren Beitritt wird allerdings verhandelt. In diesem Abkommen wird der Grundsatz der freien Schiffahrt für alle auf dem Boden der Gleichheit wiederholt (Art. 1). An die Stelle der bisherigen zwei Kommissionen tritt eine neue Donau-Kommission, in der nur noch die Parteien des Belgrader Vertrages repräsentiert sind. Die Befugnisse der neuen Kommission beschränken sich im wesentlichen auf Überwachungs-, Planungs- und Beratungsfunktionen (Art. 8).[24] Den Uferstaaten obliegt auch die Instandhaltung ihrer jeweiligen Stromabschnitte. Sonderstromverwaltungen gemäß eigener Abkommen bestehen für die untere Donau (ab Braila) sowie das Eiserne Tor. Die Donauschiffahrt mit Einschluß der Frachtaufteilung wird noch durch weitere bilaterale Abkommen zwischen den Donaustaaten geregelt (vgl. z. B. das Österreichisch-Sowjetische Abkommen über die Donauschiffahrt vom 14. Juni 1957[25]).

6. Die für die Schiffahrt auf Rhein und Donau anerkannten Grundsätze sind nach dem Ersten Weltkrieg teils in den Friedensverträgen, teils durch besondere Verträge auf eine Anzahl anderer Mittel- und Osteuropäischer Flüsse (Elbe[26], Oder[27], Memel, Njemen,

[20] Vertrag von Saint-Germain-en-Laye vom 10. September 1919, Art. 291 ff, in: *de Martens*, NRG 3ième Série, XI, 691 (820 ff) und im Staatsgesetzblatt für die Republik Österreich 1920, 995.

[21] RGBl. 1922 I, 287; LNTS 26, 173. Diese Konvention ist seit 1940 von den Donauanliegerstaaten nicht mehr angewendet worden, vgl. *Hoog*, 218 ff.

[22] Friedensvertrag mit Bulgarien, Art. 34, Rumänien, Art. 36, Ungarn, Art. 38.

[23] UNTS 33, 181.

[24] Die Kommission hat keine Befugnisse auf dem Gebiet der Exekutive und übt keine Gerichtsbarkeit aus. Sie darf aber ein einheitliches System für die Regeln der Schiffahrt errichten. Die Einzelbestimmungen werden von den Uferstaaten erlassen (Art. 8, 23).

[25] BGBl. (Österreich) 1958 I, 292.

[26] Dazu Elbschiffahrtsakte vom 22. Februar 1922, RGBl. 1923 II, 183; vgl. *Hoog*, 220 ff mwN.

[27] Über die internationale Ordnung der Oder-

Moldau, Weichsel mit Bug und Narew, Pruth, March und Theiß) ausgedehnt worden.[28] Dieses internationale Flußrecht ist auf den deutschen Flüssen seit 1936, auf anderen als eine Folge der politischen Umwälzungen nach dem Zweiten Weltkrieg zum Erliegen gekommen.

7. Im 19. Jahrhundert hat der Wettbewerb der Europäischen Kolonialmächte in Mittelafrika auf der Berliner Konferenz von 1885 zu einem Ausgleich der Interessen und zur Errichtung einer Internationalen Ordnung für das Kongo- und Niger-Becken geführt. Im Rahmen dieser Ordnung wurde auch die Schiffahrt auf den afrikanischen Flüssen geregelt. In Kapitel 4 der Berliner Kongo-Akte vom 26. Februar 1885[29] ist die *Schiffahrtsakte des Kongo* enthalten. Danach waren Schiffahrt, Handel- und Durchgangsverkehr auf dem Kongo, seinen Nebenflüssen und den afrikanischen Seen allen Nationen in gleicher Weise geöffnet. Für die Regelung der Schiffahrt, die Ausübung der Flußpolizei, die Organisation des Lotsendienstes und andere Zwecke war die Einsetzung einer Internationalen Kommission, der *Kongo-Kommission*, vorgesehen. In ihrer Struktur ähnelte sie der Europäischen Donau-Kommission. Die Kongo-Kommission ist jedoch nicht ins Leben getreten. Durch Kapitel 5 der Kongo-Akte wurde dieses System, allerdings ohne internationale Kommission, auf den Niger ausgedehnt.[30]
Wie die internationale Ordnung der Donau nach dem Zweiten Weltkrieg eingeschränkt worden ist, so hat nach dem Ersten Weltkrieg bereits eine Abschwächung des internationalen Regimes auch im afrikanischen Raum stattgefunden. Nach dem Kriege haben einige der Parteien der Kongo-Akte von 1885 am 10. September 1919 in St. Germain einen Vertrag geschlossen,[31] der das Regime der Kongo-Akte modifiziert hat.[32] Vor allem wurde der Grundsatz der Handelsfreiheit für alle Staaten fallengelassen und diese auf die Staatsangehörigen der an dem neuen Vertrag beteiligten Parteien und die Mitglieder des Völkerbundes beschränkt. Die Bedeutung der durch den Vertrag von St. Germain gewährten Handelsfreiheit hat der Ständige Internationale Gerichtshof in seinem Urteil im *Oscar Chinn*-Fall geprüft.[33] Die Mehrheit der Richter (6 zu 5) war in diesem Fall der Meinung, daß die Gewährung eines faktischen Flußhandelsmonopols zugunsten belgischer Privatgesellschaften unter Ausschaltung ausländischer Konkurrenz durch gewisse Maßnahmen der belgischen Kolonialverwaltung mit dem Grundsatz der Handelsfreiheit zu vereinbaren sei.

8. In Nordamerika ist lange Zeit die Schiffahrt auf dem Mississippi zwischen Großbritannien und Frankreich, später zwischen den USA und Spanien streitig gewesen.[34] Die Frage ist mit der Abtretung von Louisiana durch Frankreich an die USA im Jahre 1803 gegenstandslos geworden. Heute ist insbesondere der St. Lorenz-Strom, der Verbindungsweg zwischen den Großen Seen und dem Nordatlantik, ein internationaler Verkehrsweg von lebenswichtiger Bedeutung für die USA. Zu Beginn des 19. Jahrhunderts wurde den USA das Recht der Durchfahrt zum Atlantik, das von ihren Bürgern als ein ihnen zustehendes, natürliches Recht in Anspruch genommen worden war, von Großbri-

Schiffahrt durch den Versailler Vertrag vgl. das Urteil des StIGH, PCIJ Series A 23 (1929), 26 ff, das dem internationalen Regime eine weite Ausdehnung gab.

[28] Vgl. im einzelnen dazu *Oppenheim/Lauterpacht* I, 470 f sowie *Baxter*, 123 ff.

[29] *De Martens*, NRG 2ième Série, X, 414 (420 ff).

[30] Vgl. dazu *Maluwa*, The Origins and Development of International Fluvial Law in Africa: A Study of the International Legal Regimes of the Congo and Niger Rivers from 1885 to 1960, NILR 29 (1982), 368.

[31] *De Martens*, NRG 3ième Série, XIV, 12.

[32] Deutschland und seine Verbündeten mußten sich dem neuen Abkommen in den Friedensverträgen von vornherein unterwerfen, vgl. z. B. Versailler Vertrag Art. 126.

[33] PCIJ Series A/B 63 (1934), 22 ff.

[34] Vgl. dazu *Wheaton*, Elements of International Law, §§ 200-202 und *Moore*, Digest I, 623 ff.

tannien mit dem Argument streitig gemacht, solche Rechte könnten nur aufgrund völkerrechtlicher Verträge entstehen.[35] Die langwierigen Streitigkeiten haben im Zusammenhang mit der Bereinigung des Verhältnisses zwischen den beiden betroffenen Staaten im 19. Jahrhundert mit dem Abschluß einer Reihe von internationalen Verträgen geendet. Durch den Vertrag vom 11. Januar 1909 haben beide Staaten einander die Handelsschiffahrt auf allen Flüssen und Seen auf der Grenze gestattet und für die Regelung ihrer Streitigkeiten eine internationale Kommission eingesetzt.[36]

9. In Südamerika gibt es nur verhältnismäßig wenige Verträge über die Flußschiffahrt. Seit der Mitte des 19. Jahrhunderts haben jedoch zahlreiche südamerikanische Staaten ihre Flüsse durch einseitige Erklärungen und Gesetze der Handelsschiffahrt aller Nationen geöffnet.
Das in Europa entwickelte Flußrecht hat nur geringen Einfluß auf die Schiffahrt auf den Flüssen Asiens ausgeübt, was vor allem daran liegt, daß die bedeutenden Flüsse (Ganges, Brahmaputra, Indus etc.) in ihrem schiffbaren Teil nur ein Staatsgebiet durchfließen. Soweit die Schiffahrt unter fremder Flagge gestattet wurde, geschah dies einseitig oder durch bilateralen Vertrag.

Am 13. März 1843 wurde mit Erklärung des Generalgouverneurs von Indien die Schiffahrt auf dem Indus allen Staaten eröffnet. Ein Vertrag vom 16. Mai 1858 zwischen China und Rußland gestattete den Schiffen dieser beiden Staaten die freie Schiffahrt auf dem Amur und den anderen Grenzflüssen (bestätigt durch Vertrag vom 12. Februar 1881). Der Karun wurde 1888 durch die persische Gesetzgebung allgemein der Schiffahrt eröffnet. Für den Schatt-el Arab existierte ein entsprechender Vertrag zwischen Iran und Irak vom 4. Juli 1937 (gekündigt 1969).[37]

10. Allen diesen Verträgen und Verordnungen liegt der Gedanke einer, sei es engeren, sei es weiteren internationalen Verkehrsgemeinschaft zugrunde. Versuchen, diesen Gedanken völkerrechtlich zu verankern, ist allerdings bislang letztlich ein durchgreifender Erfolg versagt geblieben. Schon der *Versailler Vertrag* betrachtete die von ihm errichtete Flußschiffahrtsordnung nur als vorläufig; sie sollte durch ein allgemeines Abkommen über die internationalen Wasserstraßen ersetzt werden (Art. 338). Die Völkerbundssatzung kündigte in Art. 23 e eine weitgehende Liberalisierung des Verkehrs und der Handelsbeziehungen an. Im Jahre 1921 wurde unter Beteiligung von 40 Staaten – allerdings ohne die Mitwirkung der USA und der UdSSR – eine internationale Verkehrskonferenz in Barcelona abgehalten. Es kam zum Abschluß einer Reihe von Abkommen, namentlich des *Übereinkommens und Statuts über den Durchgangsverkehr*[38] sowie des *Übereinkommens und des Statuts über das Regime der Schiffahrtswege von internationaler Bedeutung* mit einem Zusatzprotokoll[39], alle vom 20. April 1921. Von diesen Verträgen sind vor allem die letztgenannten von besonderem Interesse. Durch sie werden die Schiffahrtswege von internationaler Bedeutung unter Einschluß der Seitenkanäle der Handelsschiffahrt der Vertragsparteien – nicht etwa aller Staaten[40] – auf dem Boden der Gleichberechtigung untereinander und mit den Staatsangehörigen des Uferstaates geöffnet. Der Uferstaat ist in erster Linie zu einem Unterlassen verpflichtet.

---

[35] Vgl. dazu *Wheaton*, Elements of International Law, §§ 203-205 und *Moore*, Digest I, 631 f.

[36] Vgl. dazu *Graham*, International Rivers and Lakes: The Canadian-American Regime, in: *Zacklin/Caflisch*, 3 ff; *Cohen*, The Régime of Boundary Waters – The Canadian-United States Experience, RdC 146 (1975 III), 219 sowie die Schiedsentscheidung im Falle *Lake Ontario (Gut Dam) Claims* vom 27. September 1968, ILM 8 (1969), 118 ff. Die Verträge finden sich bei *Baxter*, Documents of the St. Lawrence Seaway, 1960.

[37] Vgl. *Vitányi*, 98 ff mit weiteren Nachweisen.

[38] RGBl. 1924 II, 387; *de Martens*, NRG 3ième Série, XVIII, 690.

[39] *De Martens*, NRG 3ième Série, XVIII, 709, 734.

[40] So ausdrücklich Art. 3 des Statuts.

Er muß nämlich alle Maßnahmen unterlassen, die geeignet wären, die Schiffahrt zu stören. Auch hat er Gefahren und Hindernisse für die Schiffahrt aus dem Wege zu räumen (Art. 10 Barcelona-Statut). Darüber hinaus darf er sich nicht weigern, Arbeiten ausführen zu lassen, die ein anderer Uferstaat für erforderlich hält, wenn dieser bereit ist, die Kosten zu tragen (Art. 10 Abs. 3 Barcelona-Statut). Dies ist eine bemerkenswerte Verpflichtung, der gegenüber der verpflichtete Staat sich aber auf lebenswichtige Interessen zu berufen vermag. Abgaben dürfen nur für die Unterhaltung und Verbesserung der Schiffahrtswege und auch diese nur unter Vermeidung jeder Diskriminierung auferlegt werden (Art. 7 Barcelona-Statut). Im übrigen verbleibt dem Uferstaat die Hoheitsgewalt. Er darf sich auch das Recht der sog. *Kabotage*, d. h. des Transports zwischen verschiedenen Flußhäfen seines Gebietes, vorbehalten (Art. 5 Barcelona-Statut).
Eine weitergehende Internationalisierung der Schiffahrtswege, insbesondere eine Überwachung oder gar Verwaltung durch internationale Organe, sehen die Abkommen von Barcelona nicht vor. Versuche in dieser Richtung sind damals erfolglos geblieben. Darin und in der Beschränkung der Schiffahrtsfreiheit auf die Parteien bleibt das Barcelona-Statut hinter anderen Verträgen zurück; jedoch werden weitergehende Verpflichtungen durch das Statut nicht berührt.[41]

III. Eine zusammenfassende Betrachtung ergibt, daß zwar eine weltweite Tendenz zur Internationalisierung der sog. internationalen Flüsse besteht, entsprechende gewohnheitsrechtliche Regeln jedoch hieraus nicht herzuleiten sind. In den teils multilateralen, teils bilateralen Verträgen werden Freiheiten in recht unterschiedlichem Umfang gewährt. Teilweise sind die Flüsse allen Nationen (Rhein, Donau, Kongo), teils nur den am Vertrag beteiligten Staaten (Barcelona-Statut) und zum Teil nur den Uferstaaten (St. Lorenz) geöffnet. Auf einigen Strömen ist nur die Freiheit der Schiffahrt, also die Benutzung des Flusses als Verkehrsweg, auf anderen sind auch Handel und Kabotage gestattet. Einige von ihnen (Rhein, Donau, St. Lorenz) sind nicht nur internationale, sondern auch sog. internationalisierte Flüsse, d. h. sie unterstehen internationaler Kontrolle, ausgeübt durch internationale Organe in verschiedener Zusammensetzung und mit unterschiedlich abgestuften Zuständigkeiten. Während manche Staaten eine möglichst umfassende Internationalisierung anstreben, suchen andere, wie die UdSSR, die internationale Kontrolle in Schranken zu halten und auf die Uferstaaten, also regional zu beschränken (Belgrader Abkommen von 1948). Manche der internationalen Flüsse sind überhaupt nicht Gegenstand internationaler Verträge.
Angesichts dieser Mannigfaltigkeit wäre die Behauptung eines internationalen Gewohnheitsrechts nicht zu halten.[42] Weniger auf Gewohnheitsrecht als auf eine Art naturrechtlichen Anspruch haben die USA im 18. Jahrhundert ihr Recht auf freie Schiffahrt

---

[41] Über das Verhältnis der allgemeinen Ordnung des Barcelona-Statuts zu den besonderen Ordnungen aufgrund des Versailler Vertrages vgl. das Urteil des StIGH über die *Zuständigkeit der Internationalen Oder-Kommission*, PCIJ Series A 23 (1929), 18 ff.

[42] Ebenso *Oppenheim/Lauterpacht* I, 471 ff (474); *Quadri*, 762; *Ross*, 169; *Kraus/Scheuner*, (Anm. 8), 19; *Verdross/Simma*, 651; *Baxter*, 155 und *Brownlie*, Principles, 272. Anders z. B. *Fiore*, §§ 931, 961 f, der schiffbare internationale Flüsse als res communis omnium betrachtet und wohl auch *O'Connell* I, 568 f. Auch *Guggenheim* I, 405 versteht die Freiheit der Schiffahrt zwischen dem Meer und den landeinwärts gelegenen Flußhäfen als eine allgemeine völkerrechtliche Norm. – Im Sinne der staatlichen Hoheitsgewalt aber der Schiedsspruch des deutsch-venezolanischen Schiedsgerichts im *Faber*-Fall (1903), RIAA X, 438. In diesem Fall hat Deutschland das Recht zur Durchfahrt von Transporten auf den Flüssen Venezuelas – sogar unter Umladung von einem Flußlauf auf einen anderen – geltend gemacht, ohne damit durchdringen zu können. Zur Frage, ob die abgabenfreie Benutzung internationaler Flüsse als eine Regel des Völkergewohnheitsrechtes gelten kann, vgl. *Vitányi*, La relative gratuité de l'utilisation des voies d'eau internationales est-elle devenue une règle coutumière?, GYIL 26 (1983), 54.

auf dem Mississippi und im 19. Jahrhundert auf dem St. Lorenz-Strom zu stützen versucht.[43]

Auch ein allgemeiner Rechtsgrundsatz im Sinne des Art. 38 Abs. 1 c IGH-Statut liegt nicht vor. Vom Standpunkt rechtspolitischer Betrachtung sprechen allerdings gewichtige Gründe dafür, daß internationale Flüsse von größerer Bedeutung allen Flaggen geöffnet und im Rahmen einer überstaatlichen Verkehrsordnung einem internationalen Regime etwa unter Einschaltung der Vereinten Nationen oder ihrer Sonderorganisationen unterstellt werden sollten.

Wenn nach geltendem Recht schon keine allgemeine Rechtspflicht zur Öffnung der internationalen Flüsse besteht, so läßt sich eine solche Verpflichtung erst recht nicht für die nationalen Flüsse behaupten.[44] Eine derartige Pflicht kann sich allerdings aus internationalen Verträgen ergeben.[45] Zu nennen ist in diesem Zusammenhang das Zusatzprotokoll zu dem Statut über die Schiffahrtswege von internationaler Bedeutung von 1921.[46] Die Parteien des Zusatzprotokolls müssen einander die gleichen Freiheiten wie nach dem Statut auch auf anderen von Natur aus schiffbaren Wasserstraßen oder sogar – wenn sie sich dazu verpflichten – auf allen Wasserstraßen, also auch auf den ihrer Hoheitsgewalt unterstellten Kanälen, gewähren.

IV.1. In der Zwischenzeit haben sich allerdings die Probleme bis zu einem gewissen Grade verlagert. Stand bislang vor allem die Schiffahrt im Vordergrund, so ist nach dem Zweiten Weltkrieg die allgemeine Nutzung der Flüsse in den Mittelpunkt des Interesses gerückt.[47] Bereits 1911 verabschiedete das Institut de droit international eine Resolution über die „non-navigational uses" internationaler Flüsse[48] und befürwortete die Übertragung bestimmter zivilrechtlicher Prinzipien (Grundsatz der guten Nachbarschaft) auf das völkerrechtliche Flußrecht. Früher zweifelte niemand daran, daß – wie jeder Eigentümer mit seiner Sache verfahren – so auch jeder Staat die Wasserkraft seiner Flüsse, ob national oder international, nach Belieben ausnutzen dürfe (sog. Territorialitätstheorie). Dieser Standpunkt läßt sich in der Gegenwart nicht mehr aufrechterhalten.[49] In den letzten Jahrzehnten haben sich der Wasserbedarf in der Welt und die Ausnutzung des Wassers gewaltig gesteigert. Daraus ergeben sich vor allem in den wasserarmen Gebieten schwierige Probleme.

---

[43] Vgl. auch die bei *Moore*, Digest I, 642 mitgeteilte Äußerung des Außenministers *Marcy* (1853) über die angeblich Brasilien obliegende Pflicht, den Amazonas der Schiffahrt aller Nationen zu öffnen. Das Recht zur Benutzung der großen Verkehrswege bezeichnet *Wheaton*, Elements of International Law, §§ 193-195 – übereinstimmend mit einer auch sonst im Schrifttum des 19. Jahrhunderts verbreiteten Meinung – als ein „imperfect right". Bemerkenswert ist auch die Rede von *Truman* am 27. Oktober 1945: „We believe that all nations should have the freedom of the seas and equal rights to the navigation of boundary rivers and waterways and of rivers and waterways which pass through more than one country". Damit wurde wohl kein Rechtsprinzip, sondern mehr ein politisches Ideal proklamiert.

[44] Anders *Fiore*, § 983, der auch nationale Flüsse als res communis betrachtet, soweit sie schiffbar sind; weitere Nachweise bei *Vitányi*, 196 ff.

[45] Weitgehende Servituten zugunsten Frankreichs wurden z. B. Deutschland durch den Versailler Vertrag (Art. 321-327) auferlegt.

[46] *De Martens*, NRG 3ième Série, XVIII, 734.

[47] Vgl. dazu vor allem den Bericht des Generalsekretärs der Vereinten Nationen, UN Doc. E/2603 (1954) über die wirtschaftliche Seite dieses Problems und das Memorandum der Wirtschaftskommission für Europa E/ECE/136 (1952) über die rechtlichen Aspekte der hier behandelten Fragen.

[48] Annuaire de l'Institut de droit international 24 (1911), 347 ff.

[49] Bereits vor dem Ersten Weltkrieg unterschied *Politis* zwischen Nutzungen, die in die Substanz eingreifen (industrielle Nutzung und Nutzungen zu landwirtschaftlichen Zwecken) und solchen, die die Substanz unberührt lassen (Annuaire de l'Institut de droit international 24 (1911), 175); dieser Gedanke wurde in der Folgezeit von *Smith*, 136 ff und *Qadir*, ILA Report of the 47th Conference, Dubrovnik 1956, 232 aufgegriffen; stärker differenzierend *Andrassy*, Annuaire de l'Institut de droit international 48 (1959 I), 222 ff. Vgl. dazu auch *Wolfrom*, 22 ff.

Syrien und Jordanien etwa haben in den Vereinten Nationen mehrfach Klage über die von Israel getroffenen Maßnahmen zur Ableitung von Wasser aus dem Jordan und über die Senkung des Wasserspiegels des Sees Tiberias geführt.[50] Probleme hat auch die mit der Teilung Indiens verbundene Zerreißung des Bewässerungssystems im Pandschab geschaffen. Pakistan fühlt sich durch die Beschränkung des Wasserzuflusses aus den auf indischem Gebiet liegenden Kanälen des östlichen Pandschab bedroht.[51]

2. Diese Entwicklung läßt eine internationale Wasserplanung, eine Regelung des Gemeingebrauchs auf der Grundlage eines internationalen Wasserrechts, notwendig erscheinen. Der Ansatz für eine entsprechende Ordnung zeichnet sich in einer Reihe internationaler Verträge ab.

Seit dem vergangenen Jahrhundert sind eine Reihe von Wassernutzungsverträgen, in erster Linie zweiseitige Verträge, geschlossen worden, durch die den Staaten in der Ausnutzung der Wasserkraft ihrer Flüsse, vornehmlich ihrer Grenzflüsse, Beschränkungen auferlegt werden.[52] Sie beruhen auf der Überlegung, daß das Flußsystem, unter Umständen unter Einbeziehung des Grundwassers, als ökologische Einheit anzusehen sei (basin concept). Die Verträge der USA mit Kanada und Mexiko bieten besonders interessante Beispiele für diese Erscheinung.[53] An der Grenze von Kanada und den USA – eine der längsten Wassergrenzen der Welt – haben die USA sich als Anlieger des Oberlaufs der dort gelegenen Grenzflüsse lange Zeit auf den Standpunkt gestellt, daß jeder Staat die Wasserkraft seiner Flüsse nach Belieben ausnutzen dürfe (*Harmon*-Doktrin)[54], ihre Auffassung dabei aber später gemäßigt. Unter den Verträgen, die seit dem vergangenen Jahrhundert geschlossen worden sind, ist insbesondere der Vertrag vom 11. Januar 1909[55] zu erwähnen. In ihm ist die Errichtung einer – in der Folgezeit bewährten[56] – internationalen Kommission mit weitgehenden Zuständigkeiten für die Regelung der sich aus der Nutzung der Grenzflüsse und Seen ergebenden Fragen vorgesehen. Vor allem für die Errichtung von Anlagen und die Ableitung von Wasser, die eine Senkung des Wasserspiegels oder eine Änderung der Wasserläufe herbeiführen könnten, ist die Zustimmung der Kommission erforderlich (Art. 3 des Vertrages). Seit den 30er Jahren haben Kanada und die USA sich zu einer Zusammenarbeit und Planung für das ganze Seengebiet und das St. Lorenz-Becken zusammengefunden. Das Abkommen über die Nutzung des Wassers in den großen Seen und im St. Lorenz-Bekken vom 19. März 1941 hat eine umfassende Ordnung auf bilateraler Ebene errichtet, die die Rationierung der Wasserkraft und die Errichtung und Unterhaltung von Anlagen auf beiden Seiten der Grenze beinhaltet. Es erstreckt sich nicht nur auf einzelne Wasserläufe, sondern erfaßt auch das Flußgebiet in seiner Gesamtheit. Als internationales Organ für die gemeinsame Planung und Durchführung der Arbeiten im Strom- und Seengebiet und für die Regelung von Streitigkeiten ist eine internationale Kommission eingesetzt, die paritätisch zusammengesetzte *Great Lakes-St. Lawrence Basin Commission.*

Ähnliche Probleme bestehen an der Südgrenze der USA. Dort war die Ausnutzung der Wasserkraft der Grenzflüsse zwischen den USA und Mexiko seit dem *Frieden von Guadalupe Hidalgo* (1848) ein Streitobjekt zwischen den beiden Staaten und Gegenstand zahlreicher Verträge. Geregelt ist die Wassernutzung nunmehr durch einen Vertrag zwischen beiden Staaten vom 3. Februar 1944.[57] Wie die Verträge über das Seengebiet und das St.-Lorenz-Becken enthält auch dieser Vertrag eine umfassende Ordnung der Wassernutzung auf den Grenzflüssen, und auch hier besteht eine internationale Grenz- und Wasserkommission.

Von dem „river basin concept" geht auch der am 19. September 1960[58] zwischen Indien und Pakistan geschlossene Vertrag über die Nutzung des Indus aus. Als weiteres Beispiel sind Konvention und Statut über die Entwicklung des Einzugsgebiets des Tschad vom 22. Mai 1964[59] zu nen-

[50] Vgl. dazu UNYB 1951, 286 ff; 1953, 224 ff.
[51] Eingehend dazu *Berber*, 104 ff.
[52] *Vitányi*, 205 ff.
[53] Vgl. dazu *Berber*, 109 ff; *Smith*, 40 ff.
[54] Vgl. dazu *Krakau*, 7 ff mwN.
[55] *De Martens*, NRG 3ième Série, IV, 208; vgl. dazu auch *Hackworth*, Digest I, 1940, 616 ff.
[56] Vgl. dazu *Graham*, (Anm. 36), 5 ff mwN.
[57] UNTS 3, 313.
[58] UNTS 419, 125; vgl. dazu *Accariez*, Le régime juridique de l'Indus, in: *Zacklin/Caflisch*, 53 ff.
[59] Revue juridique et politique, indépendence et coopération 19 (1965), 308; dieses Vertragswerk erfaßt auch das Grundwasser.

nen sowie der Vertrag vom 23. April 1969 zwischen Argentinien, Bolivien, Brasilien, Paraguay und Uruguay über den Rio de la Plata.[60] Als eine multilaterale Rechtsquelle des Wassernutzungsrechts ist auch die von der 7. Interamerikanischen Konferenz in Montevideo am 24. Dezember 1933 verabschiedete Deklaration über die Verwendung internationaler Gewässer für industrielle und landwirtschaftliche Zwecke zu nennen.[61] Danach ist das Recht zur Ausnutzung der Wasserläufe durch die Pflicht zur Rücksichtnahme auf die gleichen Rechte der Nachbarn beschränkt. Die Staaten dürfen Wasserläufe nur mit Zustimmung der Nachbarstaaten verändern und müssen diese unterrichten, wenn sie den Bau von Anlagen planen. Streitigkeiten werden im Wege von Vermittlungs- und Schiedsverfahren geregelt.

Weniger weit geht das Genfer Abkommen über die Entwicklung der Wasserkraft, soweit diese mehrere Staaten betrifft, vom 9. Dezember 1923.[62] Dieser Vertrag läßt das Recht der Staaten zur Ausnutzung der Wasserkraft auf ihren Gebieten im Grundsatz unberührt, legt ihnen aber als ein ***pactum de negotiando*** die Verpflichtung zur Verhandlung auf, besonders dann, wenn die Nutzung der Wasserkraft anderen Staaten Schaden zufügen könnte (Art. 4).

Das „international river basin concept" geht weniger weit als das „drainage basin concept". Ersteres erfaßt lediglich das Oberflächenwasser, welches zum Einzugsbereich des betreffenden Flußlaufes gehört.[63]

Mit Resolution 2669 (XXV) vom 8. Dezember 1970 hat die Generalversammlung der Vereinten Nationen die International Law Commission aufgefordert, das Recht der Nutzung von Wasserläufen (außer durch die Schiffahrt) mit Blick auf seine Weiterentwicklung und Kodifizierung zu untersuchen. Die Reaktion auf die Anfrage an die Staaten, ob dem „drainage basin concept" gefolgt werden solle, war uneinheitlich.[64]

3. Angesichts der Tatsache, daß das Recht für die Nutzung von Wasserläufen (außer für die Schiffahrt) noch in der Entwicklung begriffen ist, lassen sich bislang lediglich einige noch verhältnismäßig allgemeine Prinzipien im Völkergewohnheitsrecht nachweisen. Soweit keine speziellen völkerrechtlichen Verträge bestehen, dürfen die Pflichten der Uferstaaten nicht zu weit ausgedehnt werden. Gewohnheitsrechtlich besteht z. B. keine Rechtspflicht der Staaten, ihr Flußsystem zu verbessern oder für die Errichtung einer Wassernutzungsordnung positiv tätig zu werden. Es ergeben sich jedoch Unterlassungspflichten aus dem allgemeinen Mißbrauchsverbot.[65] Zwar ginge es zu weit, wenn man ein allgemeines Verbot des Eingriffs in die natürlichen Verhältnisse, z. B. ein generelles Verbot der Ableitung von Wasserläufen, annehmen wollte (sog. Integritätstheorie), wohl aber sind die Staaten zu gut nachbarlicher Rücksichtnahme und Zusammenarbeit verpflichtet (Solidaritätstheorie).[66]

Auf Grenzflüssen und Flüssen, die das Gebiet mehrerer Staaten durchfließen, muß der Gemeingebrauch für alle gewährleistet bleiben. Ein Staat, durch dessen Gebiet der Oberlauf eines Flusses fließt, darf beispielsweise nicht durch die Ableitung des Flußlaufs, durch übermäßige Entnahme von Wasser oder die Herbeiführung von Überschwemmungen dem Nachbarstaat Schaden zufügen.[67] Vor der Errichtung von Anlagen, die

---

[60] ILM 8 (1969), 905.

[61] Abgedruckt als Anlage 8 in UN Doc. E/ECE/136.

[62] LNTS 36, 76.

[63] Zu den Schwierigkeiten einer Definition des Begriffs „international watercourse" vgl. *Bruhács*, The Problem of the Definition of an International Watercourse, in: *Bokor-Szegö* (Hrsg.), Questions of International Law, Bd. 3, 1986, 69.

[64] Vgl. dazu ILC Yearbook 1976 II (Teil 2), 157 ff; 1980 entschied die ILC, dem „drainage basin concept" zu folgen (ILC Yearbook 1980 II (Teil 1)), dies stieß jedoch auf Kritik (vgl. dazu die Ausführung des Sonderberichterstatters, ILC Yearbook 1984 II (Teil 2), 89 f).

[65] Ablehnend *Berber*, 195 ff, 210.

[66] So auch *Oppenheim/Lauterpacht* I, 474 ff. Vgl. aus der Rechtsprechung etwa das Bekenntnis zu dem „principio di solidarietà" in dem Urteil des italienischen Kassationshofs im Falle *Société énergie électrique c. Compagnia imprese elettriche liguri* (1939), Annual Digest 9 (1938-40), Case No. 47, 120.

[67] Vgl. dazu Art. 6-10 des ILC-Entwurfs (ILC Yearbook 1983 II (Teil 1), 169 ff; 1984 II (Teil 1), 110 ff).

wichtige Interessen anderer Anliegerstaaten berühren, muß er sie konsultieren, mit ihnen verhandeln, sich u. U. ihre Zustimmung sichern. Auch die übermäßige Verschmutzung des Wasserlaufs durch einen Anliegerstaat zum Schaden anderer Anliegerstaaten kann eine Verletzung des Völkerrechts sein. Es ist nur ein *civiliter uti* gestattet.[68]

Diese Probleme haben auch die Gerichte beschäftigt. Das Urteil des StIGH über die *Wasserableitung aus der Maas* (1937)[69] beruht allerdings auf einer Auslegung der Verträge zwischen den streitenden Staaten und enthält keinen Beitrag zur Klärung des allgemeinen Problems. Von besonderer Bedeutung ist in diesem Zusammenhang die schiedsgerichtliche Entscheidung im Falle *Lac Lanoux* (1957), in dem das Gericht die völkerrechtliche Pflicht des Oberliegerstaates (Frankreich) betonte, die Interessen des Unterliegers (Spanien) zu berücksichtigen.[70]
Relevant sind auch die Entscheidungen nationaler Gerichte, die über die Zuständigkeit der Gliedstaaten in Bundesstaaten bei der Ausbeutung der Wasserkraft auf ihren Gebieten entschieden. So hat der Staatsgerichtshof für das Deutsche Reich in seiner Entscheidung über die *Donau-Versinkung*[71] die Verpflichtung der deutschen Länder zur gegenseitigen Rücksichtnahme bei der Ausnutzung der Wasserkraft ihrer Flüsse – als eine dem Völkerrecht entsprechende Pflicht – mit Nachdruck betont. Ebenso hat das schweizerische Bundesgericht Eingriffe einzelner Kantone in den Gemeingebrauch des Wassers auf Kosten anderer Kantone für unzulässig erklärt.[72] Auch der Supreme Court der USA hat eine Reihe von Urteilen in Wasserstreitigkeiten erlassen, in denen er das Prinzip der Verteilung der Wasserkraft nach Grundsätzen der Billigkeit ('equitable apportionment') aufstellt.[73] Es läßt sich nicht übersehen, daß diese Entscheidungen innerstaatliches Recht, nicht Völkerrecht, zum Gegenstand hatten. Der Rechtsgedanke, den sie aussprechen, ist jedoch allgemeiner Natur.[74]

Dieser Grundgedanke hat seinen Niederschlag schließlich in einer Reihe von Staatenverträgen sowie einseitigen staatlichen Erklärungen gefunden.[75]
Die Bestimmung der Grenzen, die das Völkerrecht der Ausnutzung der Wasserkraft setzt, ist allerdings im Einzelfall schwierig. Es sind zahlreiche verschiedenartige Interes-

---

[68] Vgl. dazu Art. 6 des ILC-Entwurfs (ILC Yearbook 1983 II (Teil 1), 169 f). Danach hatte jeder Staat in seinem Territorium das Recht zu „reasonable and equitable participation". Ansatzpunkt dafür war, daß internationale Wasserläufe eine gemeinsame natürliche Ressource seien. Die Formulierung in Art. 6, ILC Yearbook 1984 II (Teil 1), 110 lautete: „To the extent that the use of the waters of an international watercourse within the territory of one watercourse State affects the use of the waters of the watercourse in the territory of another watercourse State, the watercourse States concerned shall share in the use of the waters of the watercourse in a reasonable and equitable manner in accordance with the articles of the present Convention and other agreements and arrangements entered into with regard to the management, administration or uses of the international watercourse."
Dieser Grundsatz findet sich bereits in Art. IV der *Helsinki-Regeln* über die Nutzung des Wassers von internationalen Flüssen von 1966 (ILA Report of the 52nd Conference, Helsinki 1966, 484 ff). Der gleiche Gedanke findet sich in Art. 7 (Fassung von 1984): „The waters of an international watercourse shall be developed, used and shared by watercourse States in a reasonable and equitable manner on the basis of good faith and good neighbourly relations with a view to attaining optimum utilization thereof consistent with adequate protection of the international watercourse and its components."

[69] PCIJ Series A/B 70 (1937).

[70] RIAA XII, 281.

[71] RGZ 116, Anhang Nr. 2, 18 (29 ff).

[72] BGE 4, 34.

[73] *Kansas v. Colorado* (1902), 185 U.S. 125; *Kansas v. Colorado* (1907), 206 U.S. 46; *State of North Dakota v. State of Minnesota* (1923), 263 U.S. 365; *Connecticut v. Massachusetts* (1931), 282 U.S. 660; *Washington v. Oregon* (1936), 297 U.S. 517; *Nebraska v. Wyoming et al.* (1945), 325 U.S. 589. In den beiden letztgenannten Fällen handelte es sich um einen Konflikt zwischen etablierten Nutzungen und geplanten Nutzungen von größerem wirtschaftlichen Wert, vgl. dazu *Berber*, 7. Kapitel, 177 ff sowie *Oppenheim/Lauterpacht* I, 475, Anm. 2.

[74] A. A. *Berber*, 168 ff.

[75] Vgl. dazu im einzelnen die Darstellung von Sonderberichterstatter *Schwebel*, ILC Yearbook 1982 II (Teil 1), 7 ff; seiner Ansicht nach ist der Anspruch jedes Staates auf einen gerechten Anteil an der Wassernutzung unbestreitbar und unbestritten (85).

sen, etwa die der Schiffahrt, der Industrie, der Landwirtschaft, des hauswirtschaftlichen Verbrauchs oder der Fischerei, zum Ausgleich zu bringen, und das Verhältnis dieser Interessen zueinander sowie ihre Bedeutung sind jeweils verschieden. Es ist der Versuch unternommen worden, hierfür Richtlinien zu entwickeln.[76] Letztlich wird sich eine Lösung aber nur im Wege der Vereinbarung erreichen lassen. Vorrangig ist daher die Pflicht des Oberliegers, bereits im Planungsstadium in Verhandlungen mit dem Unterlieger einzutreten. Diese Pflicht zur Verhandlung wird man bereits als Bestandteil geltenden Völkergewohnheitsrechts ansehen können.

V. Künstliche Kanäle unterstehen im allgemeinen der Hoheitsgewalt des Staates, zu dessen Gebiet sie gehören. Abweichungen von dieser Regel können sich aus Verträgen ergeben. So gibt es eine Alternative des Zusatzprotokolls zum Barcelona-Abkommen vom 20. April 1921, nach der sich die dadurch gebundenen Staaten verpflichten, alle Wasserstraßen unter Einschluß auch der Kanäle der Handelsschiffahrt der anderen Parteien zu öffnen und die in dem Hauptabkommen vorgesehene Regelung für Schiffahrtswege von internationaler Bedeutung auf deren Seitenkanäle auszudehnen.
Besondere Aufmerksamkeit haben stets wegen ihrer erheblichen wirtschaftlichen und strategischen Bedeutung die interozeanischen Kanäle wie der Suez- und der Panama-Kanal gefunden. Auf den ersten Blick liegt es nahe, sie mit den Meerengen zu vergleichen. Doch ergibt sich eine wesentlich andere Beurteilung daraus, daß es sich bei ihnen um künstlich geschaffene Seeverkehrswege handelt, die auf dem Territorium eines Staates verlaufen. Soweit für den Suezkanal bzw. den Panama-Kanal ein Sonderregime unter Einschränkung der Gebietshoheit von Ägypten bzw. Panama gilt, beruht dies auf speziellen völkerrechtlichen Verträgen.

1. Der *Suezkanal* wurde aufgrund einer von der türkisch-ägyptischen Regierung gewährten Konzession von einer französischen Gesellschaft gebaut und 1869 dem Verkehr übergeben. In den folgenden Jahrzehnten wurde er in den Machtkampf zwischen England und Frankreich um Ägypten hineingezogen, aber seine rasch wachsende Bedeutung für die internationale Schiffahrt führte noch im vergangenen Jahrhundert zu einer internationalen Regelung.
Bis in die Gegenwart gilt der *Vertrag von Konstantinopel* vom 29. Oktober 1888, damals geschlossen von Großbritannien, Frankreich, Deutschland, Österreich-Ungarn, Italien, den Niederlanden, Spanien, Rußland und der Türkei.[77] Durch diesen Vertrag wurde der Kanal nicht eigentlich internationalisiert, aber der internationalen Schiffahrt geöffnet und zu diesem Zwecke demilitarisiert und neutralisiert. Der Kanal ist im Frieden und im Kriege den Handels- und Kriegsschiffen aller Nationen ohne Unterschiede der Flagge geöffnet. Er darf nicht zu Kriegszwecken genutzt und nicht blockiert werden. Im Kanal, in den Zugangshäfen und in einem Umkreis von 3 Seemeilen um sie herum dürfen keine Kriegshandlungen vorgenommen werden. Kriegsschiffe müssen den Kanal in Kriegszeiten unverzüglich durchfahren. Sie dürfen sich in den Häfen von Port Said und Port Suez nicht länger als 24 Stunden aufhalten und nur ihren notwendigsten Bedarf an Vorräten decken. Kriegsschiffe feindlicher Kriegsländer dürfen den Kanal nur in einem Zwischenraum von mindestens 24 Stunden durchfahren. Die Verschiffung von

[76] Vgl. dazu die Entscheidung im Falle *Lac Lanoux*, RIAA XII, 281; Vorschläge des Unterausschusses über internationale Flüsse des Asian-African Legal Consultative Committee (1973), (ILC Yearbook 1974 II (Teil 2), 339); ILA, Report of the 47th Conference, Dubrovnik 1956, 241 ff; ILA, Report of the 48th Conference, New York 1958, 99 ff; ILA, Helsinki Rules, Report of the 52nd Conference, Helsinki 1966, 484 ff. Vgl. schließlich Art. 8 des ILC-Entwurfs (ILC Yearbook 1984 II (Teil 1), 111).

[77] *De Martens*, NRG 2ième Série, XV, 557.

Truppen und Kriegsmaterial ist im Kriege verboten. Ständige Befestigungen sind untersagt.
Für die Durchführung des Vertrages ist keine internationale Organisation vorgesehen, sondern Ägypten soll die dafür notwendigen Maßnahmen treffen (Art. 9). Auch soll der Vertrag die zur Verteidigung Ägyptens, zur Aufrechterhaltung der Ordnung und zur Sicherung der türkischen (später ägyptischen) Besitzungen auf der Ostseite des Roten Meeres erforderlichen Maßnahmen nicht behindern können (Art. 10). Andererseits sollen diese Maßnahmen die Benutzung des Kanals nicht ausschließen dürfen (Art. 11). Die einzige internationale Körperschaft, die der Vertrag vorsieht, ist die Gesamtheit der Vertreter der Signatarstaaten in Ägypten, die nach Art. 8 des Vertrages die Verhältnisse beobachten und die ägyptische Regierung auf Verstöße gegen diese Vertragsordnung hinweisen sollen. Im übrigen bleibt der Kanal türkisches bzw. ägyptisches Hoheitsgebiet (Art. 12, 13).

Der Bau und die Unterhaltung des Kanals wurden keinem Staat und keiner internationalen Behörde, sondern aufgrund einer Konzession einer privaten Aktiengesellschaft, der 1856 nach ägyptischem Recht errichteten Suezkanalgesellschaft, einer Gesellschaft mit internationalem Aktienkapital und internationalem Personal, anvertraut.[78] Ihr standen keine hoheitlichen Befugnisse zu, ihre Rechtsstellung ist nicht im Vertrag von Konstantinopel geregelt, sondern sie beruht auf ägyptischen Gesetzen von 1854 bzw. 1856 und einem Vertrag zwischen der ägyptischen Regierung und der Suezkanalgesellschaft von 1866.[79] Vor Ablauf der bis 1968 befristeten Konzession wurde die Gesellschaft durch ein ägyptisches Dekret vom 26. Juli 1956 verstaatlicht.[80] In dieser Maßnahme erblickten Großbritannien und Frankreich nicht nur eine Verletzung privater Rechte, sondern auch eine Gefährdung der Freiheit und Sicherheit des Kanals und eine Verletzung des Vertrages von Konstantinopel.[81] Ihr militärisches Einschreiten – in Verbindung mit einem Angriff israelischer Streitkräfte auf ägyptisches Gebiet – führte zu einer vorübergehenden Sperrung des Kanals. Es löste ein Eingreifen der Vereinten Nationen aus, das die beiden Mächte bewog, ihre Truppen zurückzuziehen.
Die Verteidigung des Suezkanals hat Großbritannien immer als seine besondere Aufgabe angesehen. Schon bei der Aufgabe seines Protektorats 1922 machte es einen entsprechenden Vorbehalt. Ebenfalls im Bündnisvertrag mit Ägypten vom 26. August 1936[82] wurden Großbritanniens besondere Interessen anerkannt[83] und ihm das Recht zur Verteidigung des Kanals, zur Stationierung von Truppen in seiner Nähe und zur Benutzung von Häfen, Flugplätzen und Wasserwegen zugestanden. Nach dem Zweiten Weltkrieg und der Ausschaltung Italiens als einer möglichen Bedrohung glaubte Ägypten, den Vertrag von 1936 vorzeitig kündigen zu dürfen (1951). Nach langwierigen Verhandlungen kam es zum Abschluß eines neuen Vertrages am 19. Oktober 1954,[84] der Großbritannien zur Räumung der Kanalzone verpflichtete, ihm aber auf 7 Jahre für den Fall eines Angriffs auf die Länder der Arabischen Liga oder die Türkei das Recht zur Wiederbenutzung der Stützpunkte und Häfen gewährte (Art. 4). Auch in diesem Vertrag wurde der Kanal als ein integraler Bestandteil Ägyptens bezeichnet, zugleich aber als eine Wasserstraße von internationaler Bedeutung (Art. 8). Beide Teile erklärten, den Vertrag von Konstantinopel als weiterhin verbindlich behandeln zu wollen. Jedoch hat Ägypten den Vertrag mit

---

[78] Über die Rechtsnatur dieser Gesellschaft und der ihr gewährten Konzession vgl. *Huang*, Some International and Legal Aspects of the Suez Canal Question, AJIL 51 (1957), 277, der den lediglich privatrechtlichen Charakter dieser Rechtsverhältnisse in Abrede stellt.

[79] Abgedruckt in EA 1956 II, 9175.

[80] Abgedruckt in EA 1956 II, 9184.

[81] Vgl. die Erklärung von Frankreich, Großbritannien und den USA vom 2. August 1956, abgedruckt in EA 1956 II, 9185. Dort (S. 9186) findet sich auch die Erklärung der Regierung der UdSSR vom 9. August 1956, die dieser Auffassung entschieden widerspricht. Vgl. über den Verlauf der Krise UNYB 1956, 19 ff.

[82] *De Martens*, NRG 3ième Série, XXXIII, 325.

[83] Die Rolle des Kanals wurde in Art. 8 Abs. 1 des Vertrages wie folgt beschrieben: „... the Suez Canal, whilst being an integral part of Egypt, is a universal means of communication as also an essential means of communication between different parts of the British Empire ..."

[84] Abgedruckt in EA 1955 I, 7252.

Großbritannien durch Dekret vom 1. Januar 1957 für mit dem Tage des britischen Angriffs erloschen erklärt, dabei aber nicht die Weitergeltung des Vertrages von Konstantinopel bestritten.[85] Der Konflikt zwischen Ägypten und Israel hat zu Eingriffen in die internationale Schiffahrt geführt. Ägypten hat wiederholt das Recht zum Anhalten, Durchsuchen und zur Wegnahme von Schiffen mit Kurs auf israelische Häfen nach den Regeln des Seekriegsrechts für sich in Anspruch genommen und sich auf die Art. 9 und 10 des Vertrages von Konstantinopel berufen.[86] Dieses Vorgehen von Ägypten wurde von Israel wiederholt vor die Vereinten Nationen gebracht und vom Sicherheitsrat diskutiert. Am 1. September 1951 faßte der Sicherheitsrat eine Entschließung[87], worin er erklärte, Ägypten sei seit dem Abschluß des Waffenstillstandes mit Israel von 1948 zu Eingriffen in die Kanalschiffahrt nicht mehr befugt. Seine Eingriffe wurden als Mißbrauch des Kriegsführungsrechts gekennzeichnet und Ägypten aufgefordert, solche Eingriffe zu unterlassen, mit Ausnahme derer, die zur Sicherung der Kanalschiffahrt und der Erfüllung internationaler Verträge erforderlich seien.

2. Seit der Mitte des 19. Jahrhunderts trat die Frage eines Kanals zwischen dem Pazifischen und Atlantischen Ozean – sei es durch den Isthmus von Panama oder über Nicaragua – in das Blickfeld der internationalen Betrachtung. An dieser Frage waren in erster Linie die großen Seefahrtsnationen, die USA und Großbritannien, interessiert. Um die Mitte des 19. Jahrhunderts standen beide Mächte in einem politischen Wettbewerb miteinander im karibischen Raum, während die lateinamerikanischen Staaten noch zu schwach waren, um ihre Interessen geltend zu machen. Die Verhandlungen führten schon vor dem Bau des Panamakanals – dieser wurde erst 1914 eröffnet – zu dem Abschluß des sogenannten *Clayton-Bulwer-Vertrages* vom 19. April 1850.[88] Darin einigten sich die USA und Großbritannien darüber, daß keiner der beiden Staaten die alleinige Kontrolle über den Kanal ausüben solle, und für den Kriegsfall wurde die Demilitarisierung und Neutralisierung des Kanals vereinbart. Seit Großbritannien in der zweiten Hälfte des 19. Jahrhunderts sich weitgehend aus Mittelamerika zurückgezogen hatte, war der von der Gleichberechtigung der beiden Staaten ausgehende Vertrag von 1850 überholt und wurde um die Jahrhundertwende durch neue Verträge ersetzt, in denen die dominierende Stellung der USA auch völkerrechtlich ihren Niederschlag fand. Am 18. November 1901 schlossen die USA und Großbritannien den *Hay-Pauncefote-Vertrag*.[89] Darin wurde unter Aufhebung des Vertrages von 1850 vereinbart, daß der Kanal unter der Leitung und Verantwortung der USA gebaut werden und die Regelung und Handhabung der Kanalverwaltung den USA zustehen sollte. Zugleich wurde der Kanal nach dem Muster des für den Suezkanal geltenden Systems neutralisiert. Er ist den Handels- und Kriegsschiffen der Staaten auf dem Boden der Gleichheit geöffnet.[90] Auch das Verbot der Blockade, der Feindseligkeiten, der Versorgung von Kriegsschiffen, der Verschiffung von Truppen und Kriegsmaterial, des Aufenthalts von Kriegsschiffen über eine gewisse Zeit hinaus im Kriege sind den Bestimmungen des Vertrages von Konstantinopel entsprechend gestaltet. Ein wesentlicher Unterschied ist jedoch darin enthalten, daß der Vertrag von 1901 (im Gegensatz zu dem Vertrag von 1850) die Befestigung des

[85] Vgl. auch die Note der ägyptischen Regierung an den Generalsekretär der Vereinten Nationen vom 24. April 1957 und ihre Erklärung vom gleichen Tage, abgedruckt in JIR 7 (1957), 408.

[86] Vgl. für den ägyptischen Standpunkt auch die Entscheidung des Prisengerichts von Alexandria, ILR 17 (1950), 440.

[87] S/2322.

[88] *De Martens*, NRG 1ère Série, XV, 187.

[89] *Berber*, Dokumente I, 1450; *de Martens*, NRG 2ième Série, XXX, 631.

[90] Im Jahre 1912 protestierte Großbritannien gegen den amerikanischen *Panama Canal Tolls Act*, der für die Durchfahrt durch den Kanal eine Abgabe vorsah, aber amerikanische Schiffe davon befreite, als eine Verletzung des *Hay-Pauncefote-Vertrages*.

Kanales nicht verbietet. Zudem dürfen die USA zur Aufrechterhaltung der Ordnung Militärpolizei im Kanalgebiet stationieren. Der Panama-Kanal ist also wie der Suezkanal neutralisiert, aber nicht im eigentlichen Sinne demilitarisiert.

So wie die Öffnung des Suezkanals hat auch die des Panama-Kanals dazu geführt, daß das vom Kanal durchschnittene Land im Interesse des internationalen Verkehrs wesentliche Beschränkungen seiner Hoheitsgewalt hat hinnehmen müssen. Die USA begünstigten im Jahre 1903 die Loslösung Panamas von Kolumbien und verpflichteten den mit ihrer Hilfe errichteten und von ihnen abhängigen Staat durch den *Hay-Varilla-Vertrag* vom 18. November 1903.[91] Darin übernahmen die USA die Garantie für die Unabhängigkeit der Republik Panama, die ihnen dafür neben anderen Rechten das dauernde Recht zum Bau und zur Verwaltung eines Kanals zwischen den Ozeanen zugestand und ihnen für alle Zeiten das Recht der Nutzung, Besetzung und Kontrolle einer 5 Meilen auf beiden Seiten des Kanals umfassenden Zone gewährte (Panama-Kanal-Zone). Der Kanal selbst und seine Eingänge wurden für ewig neutral erklärt und die Regelungen des *Hay-Pauncefote-Vertrages* übernommen. Eine zusätzliche Sicherung ihrer Stellung erreichten die USA durch den Abschluß des *Bryan-Chamorro-Vertrages* vom 5. August 1914 mit Nicaragua.[92] Darin wurde den USA das ausschließliche Recht zum Bau und zur Unterhaltung eines Kanals auch durch das Gebiet von Nicaragua gewährt und damit eine Entwertung des Panama-Kanals durch den Bau eines konkurrierenden Kanals durch das Gebiet von Nicaragua ohne Zustimmung der USA unmöglich gemacht.

Am 7. September 1977 haben die USA und Panama einen *Panama-Canal-Treaty* abgeschlossen, der – unter Aufhebung des *Hay-Varilla-Vertrages* vom 18. November 1903 – die Gebietshoheit Panamas in der Kanalzone wiederherstellt, während die frühere Gebietshoheit der USA durch einzelne bis Ende 1999 geltende Betriebs-, Benutzungs- und Verteidigungsrechte ersetzt wird. Durch den gleichzeitig auf unbeschränkte Dauer abgeschlossenen Vertrag über die dauernde Neutralität und den Betrieb des Kanals, der allen Staaten zum Beitritt offensteht, wurde auch Panama zur Neutralisierung des Kanals unter Garantie der beiden Vertragsstaaten verpflichtet.[93]

3. Der *Nord-Ostsee-* oder *Kieler Kanal* wurde von Deutschland zu strategischen Zwecken gebaut, um der deutschen Flotte den rascheren Verkehr zwischen Nord- und Ostsee zu ermöglichen. Der durch ausschließlich deutsches Gebiet führende Kanal unterstand zunächst der ausschließlichen Gebietshoheit des Deutschen Reiches. Durch Art. 380 bis 386 des *Versailler Vertrages* wurde Deutschland allerdings verpflichtet, den Kanal mit seinen Zugängen den Handels- und Kriegsschiffen aller mit Deutschland im Frieden lebenden Staaten offenzuhalten. Anders als die Türkei (Ägypten) nach dem Vertrag von Konstantinopel war Deutschland berechtigt, den Kanal in einem Kriege, in dem es selbst Partei war, zu schließen. In einem Kriege aber, in dem Deutschland neutral war, war der Kanal auch für die Kriegsschiffe der kriegführenden Staaten offenzuhalten. Bestimmungen, nach denen der Kanal selbst keine Kriegszone werden oder die

---

[91] *Berber*, Dokumente I, 1452; *de Martens*, NRG 2ième Série, XXXI, 599.

[92] AJIL 10 (1916), Supp., 258; vgl. aber die Entscheidung des Zentral-Amerikanischen Gerichtshofs im *Rechtsstreit zwischen Nicaragua und Costa Rica* 1916, AJIL 11 (1917), 181, in der die Unvereinbarkeit des Vertrages mit älteren Rechten Costa Ricas festgestellt wurde.

[93] AJIL 72 (1978), 238 ff. Eine vollständige Sammlung aller relevanten Dokumente hinsichtlich des Panama-Kanals findet sich in: Background Documents Relating to the Panama-Canal, prepared for the Committee of Foreign Relations, U.S. Senate by Congressional Research Service, Library of Congress, November 1977. Vgl. dazu auch *Perruchoud*, Le régime de neutralité du canal de Panama, 1983.

Durchfahrt von Kriegsschiffen jedenfalls begrenzt werden konnte, waren im Versailler Vertrag nicht enthalten, der Kanal war also neutralisiert, aber nicht demilitarisiert, wie der Suezkanal. Als Deutschland während des russisch-polnischen Krieges 1920/21 dem von einer französischen Gesellschaft gecharterten britischen Schiff „Wimbledon" mit für Polen bestimmter Munition an Bord die Durchfahrt durch den Kanal untersagte, riefen die alliierten und assoziierten Mächte den Ständigen Internationalen Gerichtshof an, dessen Urteil 1923 gegen Deutschland erging.[94]
Am 14. November 1936 kündigte Deutschland mit den übrigen Bestimmungen des Versailler Vertrages über die deutschen Schiffahrtswege auch die Bestimmungen über den Nord-Ostsee-Kanal.[95] Diese Kündigung wurde von den übrigen Parteien des Vertrages teils ohne Protest hingenommen, und soweit sie protestierten, haben sie ihren Widerspruch nicht wiederholt und keine Folgerungen aus ihrer entgegenstehenden Rechtsansicht gezogen.[96] Danach ist die deutsche Gebietshoheit über den Nord-Ostsee-Kanal heute keinen Beschränkungen mehr unterworfen.[97]

4. Schließlich steht es der Bundesrepublik Deutschland auch frei, den *Rhein-Main-Donau-Kanal* einem nationalen Regime zu unterstellen.[98]

Für den kanalisierten Main bis Bamberg gelten diejenigen Bestimmungen der Mannheimer Rheinschiffahrtsakte von 1868, die auf die Nebenflüsse des Rheins anwendbar sind. Daraus ergibt sich keine Verpflichtung zur Zulassung von Schiffen unter fremder Flagge; werden diese allerdings zugelassen, so haben sie Anspruch auf Abgabenfreiheit und Inländergleichbehandlung. Für den Bereich der Donau von Regensburg bis Passau ist zur Zeit die Donaukonvention von 1948 noch nicht anwendbar. Allerdings gewährt die Bundesrepublik Deutschland den Donauanliegerstaaten de facto die Schiffahrtsfreiheit. Der Kanalabschnitt von Bamberg bis Nürnberg unterliegt der Gebietshoheit der Bundesrepublik Deutschland. Die in Art. 331 und 353 Versailler Vertrag niedergelegten Verpflichtungen des Deutschen Reiches, einen Schiffahrtsweg Rhein-Donau zu internationalisieren, sind nach der Note des Deutschen Reichs vom 14. November 1936[99] wegen fehlenden bzw. nicht aufrechterhaltenen Protests der Vertragsstaaten gegenstandslos geworden.[100] Auch nach Völkergewohnheitsrecht ist die Bundesrepublik Deutschland nicht verpflichtet, den neuen Kanal der internationalen Schiffahrt allgemein zu öffnen.

---

[94] PCIJ Series A 1 (1923); gegenüber Deutschlands Hinweis auf seine Neutralitätspflichten berief sich die Mehrheit der Richter auf den Wortlaut des Art. 380 Versailler Vertrag und verwies auf die Parallele des Suez- und Panama-Kanals, die in Kriegszeiten auch von Kriegsschiffen der kriegführenden Staaten benutzt werden dürften.

[95] RGBl. 1936 II, 361.

[96] Vgl. dazu *Böhmert*, Kieler Kanal, in: *Strupp/Schlochauer* II, 220 ff; *von Münch*, Die gegenwärtige Situation der Ostsee und die Zusammenarbeit zwischen den Anliegerstaaten, AöR 103 (1978), 522 (538 ff).

[97] Zutreffend OLG Schleswig im *Ari*-Fall, Schleswig-Holsteinische Anzeigen 1955, 101; die Entscheidung ist auszugsweise abgedruckt in: JIR 7 (1957), 405 ff; vgl. dazu auch das in der Entscheidung erwähnte Gutachten von *Böhmert*, Zur völkerrechtlichen Lage des Kieler Kanals, Internationales Recht und Diplomatie 3 (1958), 170 ff; der gleichen Ansicht folgte der BGH im *Skantzos*-Fall, BGHSt 8, 59 (NJW 1955, 1365). Aus jüngster Zeit vgl. zu diesem Themenkomplex *Lampe*, Die völkerrechtliche Situation des Kieler Kanals gestern und heute, 1985.

[98] Vgl. dazu *Jaenicke*, Die neue Großschiffahrtsstraße Rhein-Main-Donau, 1973; *Vitányi*, Legal Problems in Connection with the Deep-draught Rhine-Main-Danube Navigable Waterway after the Additional Protocol to the Act of Mannheim, ZaöRV 41 (1981), 731; *Zemanek*, Die Schiffahrtsfreiheit auf der Donau und das künftige Regime der Rhein-Main-Donau-Großschiffahrtsstraße, ÖZöR, Supp. 4 (1976); *Kippels*, Der völkerrechtliche Status des zukünftigen Europa-Kanals und seine Auswirkungen auf das Rhein- und Donauregime, 1978; *Bazex*, Les problèmes juridiques soulevés par la liaison fluviale Rhin-Main-Danube, Annuaire de droit maritime et aérien 4 (1979), 179; *Simma/Fastenrath*, Die Rhein-Main-Donau-Verträge, Rechtliche Würdigung der vertraglichen Grundlagen des Rhein-Main-Donau-Kanals, DVBl. 1983, 8 ff; *Schlochauer*, Rechtsfragen grenzüberschreitender Wasserstraßen am Beispiel des Rhein-Main-Donau-Schiffahrtsweges, Festschrift Mosler, 1983, 839 ff.

[99] RGBl. 1936 II, 361.

[100] Im einzelnen *Jaenicke* (Anm. 98), 50 ff.

§63 Die Seen

Schrifttum: *Hoenninger*, Der Bodensee im Völkerrecht, 1906; *Doka*, Der Bodensee im internationalen Recht, 1927; *Selak*, The United States – Canadian Great Lakes Fisheries Convention, AJIL 50 (1956), 122; *Duléry*, L'affaire du lac Lanoux, RGDIP 62 (1958), 468; *Griffin*, The Use of Waters of International Drainage Basins under Customary International Law, AJIL 53 (1959), 50; *Myers*, Contemporary Practice of the United States Relating to International Law – Boundary Waters, AJIL 53 (1959), 906; *Gervais*, L'affaire du lac Lanoux, étude critique de la sentence arbitrale du Tribunal arbitral, AFDI 6 (1960), 372; *Huber*, Gebietshoheit und Grenzverlauf im Bodensee, SchwJIR 21 (1964), 192; *Berchtold*, Die Hoheitsgrenzen am Bodensee, JBl. 87 (1965), 401; *Brintzinger*, Hoheitsrechte am Bodensee, JIR 15 (1971), 448; *Kurz*, Die Hoheitsverhältnisse auf dem Bodensee und der neue Bodensee-Schiffahrtsvertrag, BayVBl. 1972, 313, 396; *Pondaven*, Les lacs-frontière, 1972; *Cohen*, The Regime of Boundary Waters – The Canadian-United States Experience, RdC 146 (1975 III), 219; *Graf Schelling*, Die Hoheitsverhältnisse am Bodensee unter besonderer Berücksichtigung der Schiffahrt, 1978; *Dipla*, Le tracé de la frontière sur les lacs internationaux, in: *Zacklin/Caflisch* (Hrsg.), The Legal Regime of International Rivers and Lakes, 1981, 247; *Graham*, International Rivers and Lakes: The Canadian-American Regime, ebenda, 3.

I. Seen und Binnenmeere, die vollständig von dem Gebiet eines einzigen Staates umgeben sind, wie z. B. der Aralsee oder das Steinhuder Meer, sind nationale Gewässer des betreffenden Staates. Zweifelhafter ist die Rechtslage dann, wenn ein See mehrere Staaten als Anlieger hat wie z. B. der Bodensee, der Genfer See, das Kaspische Meer. Für diesen Fall wurde gelegentlich die Ansicht vertreten, daß die Regeln über das offene Meer anwendbar seien, oder daß ein Kondominium der angrenzenden Staaten bestehe. Ebenso wird vertreten, es existiere ein Nebeneinander verschiedener Souveränitätsrechte.[1] In der Praxis sind beide Spielarten angewandt worden, sie beruhten jedoch auf entsprechenden völkerrechtlichen Verträgen. Die ganz überwiegende Praxis der Staaten geht jedoch dahin, daß solche Seen *unter den Uferstaaten als deren Inlandsgewässer geteilt sind* (Realteilung). In der Praxis häufig ist eine Teilung entlang der Mittellinie oder des Thalwegs. Eine allgemeine völkerrechtliche Regelung gibt es diesbezüglich nicht. Entscheidend sind völkerrechtliche Verträge zwischen den Uferstaaten.

II.1. Der Grenzverlauf im *Bodensee* ist teilweise umstritten. Es sind zu unterscheiden der Obersee, der vom Rhein durchquert wird, dessen Anlieger die Schweiz, die Bundesrepublik Deutschland und Österreich sind, der Untersee (östlicher Teil des Bodensees), dessen Anrainer nur die Schweiz und die Bundesrepublik Deutschland sind, und der Überlingersee, dessen einziger Anlieger die Bundesrepublik Deutschland ist. Letzterer gehört zur Bundesrepublik Deutschland. Die Grenze zwischen der Bundesrepublik Deutschland und der Schweiz auf dem Untersee bildet die Mittellinie gemäß einem Vertrag der Schweiz mit dem Großherzogtum Baden.[2] Nicht geregelt ist die Grenze auf dem Obersee. Über dessen Aufteilung existieren zwei Theorien: Nach der Realteilungstheorie ist der See zwischen den drei Anliegerstaaten aufgeteilt, wobei die Grenze der Mittellinie folgt. Nach der entgegengesetzten Kondominiumstheorie wird die Souveränität gemeinsam von allen drei Staaten über den ganzen See ausgeübt. Die Schweiz hat stets die Realteilungstheorie vertreten, wohingegen Österreich von einem Kondominium ausgeht.[3] Die Bundesrepublik Deutschland hat sich bislang auf keine der beiden

[1] Vgl. dazu *Pondaven*, 125-133.

[2] Vertrag vom 20./31. Oktober 1854 (Text in: *de Martens*, NRG 1ère Série, XX, 177); das gleiche gilt für den Konstanzer Trichter, Vertrag vom 28. April 1878 (Text in: *de Martens*, NRG 2ième Série, IV, 430).

[3] Nur die „Halde" bis zur 25-m-Tiefenlinie gehöre zum Staatsgebiet der Anrainer, vgl. dazu im einzelnen *Dipla*, 297-300.

Ansichten festgelegt. Allerdings liegt einem Urteil des Bayerischen Verwaltungsgerichtshofs vom 20. Februar 1963 im Falle der *Besteuerung von Vergnügungsfahrten auf dem Bodensee*[4] die Kondominiumstheorie zu Grunde, ohne daß das Gericht hierzu klar Stellung genommen hätte. Das Schweizerische Bundesgericht dagegen hat diese Auffassung in seinem Urteil vom 17. Juni 1975 im Falle *Bachmann gegen Kanton St. Gallen*[5] abgelehnt. Zwar haben die Anliegerstaaten inzwischen bestimmte Nutzungen des Sees geregelt, ohne die Souveränitätsfrage zu präjudizieren, einige Probleme bleiben aber ungelöst.[6]

2. Die Grenzziehung im Genfer See ist vertraglich geregelt, sie beruht auf der Mittellinie[7]; eine besondere Regelung hat die Schiffahrt erfahren.[8] Ebenfalls auf dem Prinzip der Mittellinie beruht die Grenzziehung in den italienisch-schweizerischen Seen.[9] Für die afrikanischen Seen gelten im wesentlichen noch die Verträge aus der Kolonialzeit. Lediglich die Anrainer des Tschad-Sees haben 1964 einen befristeten Vertrag über dessen gemeinsame Nutzung geschlossen. Die Grenzziehung in den amerikanisch-kanadischen Seen und deren Nutzung beruhen auf dem Rahmenvertrag von 1909[10], wobei sein Kernstück die Errichtung der International Joint Commission ist. Ihr kommen beratende, schiedsgerichtliche und Verwaltungskompetenzen zu.[11] Die Grenzziehung folgt dem Mittellinienprinzip; in der Nutzung seiner Gewässer ist jeder Anrainer grundsätzlich frei (*Harmon*-Doktrin).

III. Sein Seengebiet darf der Staat sich selbst und seinen Staatsangehörigen reservieren, z. B. Ausländern die Schiffahrt oder den Fischfang verbieten. Abweichungen können sich aus Verträgen ergeben.

1. Als ein Beispiel für die vertragliche Sicherung der *Schiffahrtsfreiheit* für Uferstaaten können die Abkommen zwischen den USA und Kanada über das nordamerikanische Seen- und Flußgebiet angeführt werden.[12] Ein weiteres Beispiel ist das italienisch-schweizerische Abkommen vom 22. Oktober 1923[13] über die Schiffahrt auf den Grenzseen sowie das Übereinkommen über die Schiffahrt auf dem Bodensee vom 1. Juni 1973.[14] Dabei wird die Schiffahrtsfreiheit in der Praxis stets ausschließlich zu Gunsten der Staatsangehörigen der Uferstaaten garantiert, nicht auch zu Gunsten dritter Staaten.[15]

2. Die Regelung des *Fischfangs* ist unterschiedlich ausgestaltet, vereinbart wurden eine gemeinsame Ausübung der Fischerei[16], deren Kontrolle durch eine Fischereikommission erfolgt[17], sowie die getrennte uferstaatliche Nutzung.

3. Auch die sonstige wirtschaftliche Nutzung der Grenzseen zur Bewässerung und zur Energiegewinnung hat teilweise eine vertragliche Regelung erfahren. Die Entwicklung

---

[4] Abgedruckt in AVR 12 (1964/65), 218 ff.
[5] BGE 101 Ia, 269.
[6] Zum Gewässerschutz und zur Abwasserbeseitigung vgl. *Schlögel*, Grenzüberschreitende interkommunale Zusammenarbeit, 1982, 154 ff.
[7] Vertrag vom 25. Februar 1953, Text: RGDIP 64 (1960), 442.
[8] Vertrag vom 7. Dezember 1976, Text: RGDIP 83 (1979), 273.
[9] Vgl. dazu im einzelnen *Rousseau* IV, 598 mwN.
[10] Text bei *Cohen*, 307-311.
[11] Vgl. im einzelnen *Graham*, 10-14.
[12] Vgl. dazu *Graham*, 7 f.
[13] Text in: *de Martens*, NRG 3ième Série, XVIII, 424.
[14] BGBl. 1975 II, 1405.
[15] *Rousseau* IV, 592.
[16] Vertrag über den Titicacasee vom 30. Juni 1955.
[17] Verträge zwischen Kanada und USA vom 11. April 1908 (Text in: *de Martens*, NRG 3ième Série, IV, 188; US Treaty Series No. 452) und 10. September 1954 (Text in: TIAS No. 3326; UNTS 238, 97).

von gewohnheitsrechtlichen Regelungen im Hinblick auf eine Abstimmung der verschiedenen, möglicherweise konkurrierenden Nutzungen der Anrainerstaaten geht von der schiedsgerichtlichen Entscheidung im Falle *Lac Lanoux*[18] aus.

Der Lac Lanoux, ein Bergsee in den französischen Pyrenäen, wird durch französische Zuflüsse gespeist. Sein Abfluß mündet auf französischer Seite in die Carol, die nach 25 km die spanische Grenze überquert und in die Lègre fließt. Frankreich plante, den Höhenunterschied des Sees zur Ariège, einem Nebenfluß der Garonne, zur Energiegewinnung zu nutzen, war allerdings bestrebt, die Wassermenge der Carol im Endeffekt nicht zu verringern. Es garantierte Spanien eine Wassermindestmenge der Carol und bot ihm Kontrollrechte an Ort und Stelle an. Dennoch machte die spanische Regierung geltend, daß das Projekt ihrer vorherigen Zustimmung bedürfe. Denn die natürlichen wasserwirtschaftlichen Gegebenheiten des Gebietes des Lac Lanoux würden gestört und die Wasserführung der Carol von französischem Willen abhängig gemacht. In seinem Urteil vom 16. November 1957 hat das Schiedsgericht den Grundsatz betont, daß zwar jeder Staat das Recht habe, stehende und fließende Gewässer auf seinem Staatsgebiet wirtschaftlich zu nutzen, und daß keine Pflicht zum Abschluß völkerrechtlicher Vereinbarungen mit Unterliegern oder Anliegern bestehe. Gleichzeitig wurde aber, ausgehend von der hydrographischen Kohärenz des Lac Lanoux-Systems, betont, daß Frankreich den Wasserabfluß der Carol nicht so verändern dürfe, daß dadurch die Interessen Spaniens erheblich beeinträchtigt würden. Dieser Grundsatz ist Bestandteil geltenden Völkergewohnheitsrechts.[19]

4. Ausgehend von dem Prinzip der hydrographischen Kohärenz sind zwischen den Anrainerstaaten von Grenzseen *Umweltschutzabkommen* abgeschlossen worden. Am weitesten geht in dieser Hinsicht das Übereinkommen vom 27. Oktober 1960 zwischen der Schweiz, Baden-Württemberg, Bayern und Österreich über den Schutz des Bodensees vor Verunreinigungen.[20] Dieses Übereinkommen schreibt den Anliegerstaaten innerstaatlich bestimmte Verhaltenspflichten vor (Schutz vor weiteren Verunreinigungen, Maßnahmen zur Wasserverbesserung), es statuiert die Pflicht zur Notifikation bei Wassernutzungen, „welche die Interessen eines anderen Anliegers an der Reinhaltung des Bodensees beeinträchtigen können", und zur zwischenstaatlichen Kooperation. Letztere vollzieht sich in der Gewässerschutzkommission für den Bodensee, der beratende Funktionen zukommen.[21]
Vergleichbar sind die zwischen Frankreich und der Schweiz getroffenen Vereinbarungen über den Schutz des Genfer Sees.[22] Der Umweltschutz auf den italienisch-schweizerischen Grenzseen (Lago Maggiore und Luganer See) beruht auf einer Konvention vom 20. April 1972.[23]

§ 64 Die Seehäfen

Schrifttum: *Laun*, Le régime international des ports, RdC 15 (1926 V), 1; *Bolte*, Die Rechte des Uferstaates in Seehäfen über ausländische Handelsschiffe, 1969; *Steinert*, Die international-rechtliche Stellung des Schiffes im fremden Küstenmeer im Frieden, 1970; *Lowe*, The Right of Entry into Maritime Ports in International Law, San Diego Law Review 14 (1977), 597.

I. 1. Die Ordnung der Häfen steht in unmittelbarem Zusammenhang mit dem Seehandel und der Ordnung des Meeres. Die Freiheit des Meeres, so könnte man meinen, setze

[18] RIAA XII, 281.
[19] Vgl. dazu im einzelnen § 62.
[20] BGBl. (Österreich) 1961, 1411.
[21] Art. 4 lit. c.
[22] Abkommen vom 16. November 1962, Text in: RGDIP 68 (1964), 302.
[23] RGDIP 79 (1975), 265.

voraus, daß die normalerweise dem Seehandel dienenden Häfen den Schiffen aller Nationen zugänglich seien.[1] Daher hielten sich die USA z. B. im Jahre 1857 für berechtigt, Japan zur Öffnung seiner Häfen zu zwingen. Jedoch gehören Seehäfen zu den maritimen Eigengewässern des betreffenden Küstenstaates und sind somit dessen Staatsgewalt in vollem Umfang unterworfen.[2] Insofern kann dieser nach seinem Ermessen darüber entscheiden, ob er seine Häfen und welche Häfen er der internationalen Schiffahrt öffnen will. Eine allgemeine Regel des Inhalts, daß ein Staat verpflichtet wäre, seine Häfen den Schiffen aller Nationen offen zu halten, besteht nicht. Auch das Genfer Seehafenstatut von 1923 legt den daran beteiligten Staaten eine solche Rechtspflicht nicht auf.[3] Verboten wird lediglich jede Diskriminierung zwischen Schiffen verschiedener Flagge.[4]

Möglich ist auch, bestimmten Schiffen, z. B. Reaktorschiffen, den Zugang zu Häfen zu verweigern. Aus diesem Grund hat die Bundesrepublik Deutschland mit einzelnen Staaten Abkommen über die Einlaufrechte der „Otto Hahn" geschlossen.[5] Ungewöhnlich – wenn auch nicht unzulässig – ist, daß das portugiesische Gesetz vom 1. März 1985[6] den Zugang von fremden Forschungsschiffen, die nicht in portugiesischen Seegebieten tätig geworden sind, zu portugiesischen Häfen von einer vorherigen Genehmigung abhängig macht.

Eine Ausnahme gilt aber für Schiffe in Seenot oder Schiffe, die durch höhere Gewalt, z. B. durch eine Meuterei, gezwungen werden, in einem fremden Hafen Zuflucht zu nehmen. Ihnen muß jeder Staat Zugang zu seinen Häfen gewähren.[7] Dieses Recht kann als eine Konkretisierung des die Völkerrechtsordnung beherrschenden Grundsatzes der Humanität angesehen werden. Es beruht aber vor allem auf der Einsicht, auf gegenseitige Hilfe angewiesen zu sein.[8] Problematisch ist allerdings, ob dieses Recht auch Schiffen zusteht, von denen eine erhebliche Gefahr ausgeht.

2. Selbst wenn keine allgemeine Rechtspflicht zur Öffnung der Häfen besteht, so stellt doch die Schließung der Häfen eine ungewöhnliche Maßnahme dar, mit der die internationale Schiffahrt nicht zu rechnen braucht. Daher erfordert die Rücksichtnahme auf die Interessen anderer Staaten, daß die internationale Schiffahrt von der Schließung rechtzeitig *benachrichtigt* wird. Läßt ein Staat diese Rücksicht außer acht, so ist er zum Ersatz des etwa daraus entstehenden Schadens verpflichtet.

Diese Frage hat die internationalen Gerichte in der Vergangenheit mehrfach beschäftigt. Ein Fall dieser Art war der *Portendick*-Fall von 1843, ein Rechtsstreit zwischen Großbritannien und

---

[1] *Guggenheim* I, 419 ff; a. A. *Ralston*, The Law and Procedure of International Tribunals, 1926, 305 f. Unter Berufung auf *Guggenheim* formulierte der Schiedsrichter im Falle *Saudi Arabia v. Aramco* (ILR 27 (1963), 117, 212): „According to a great principle of public international law, the ports of every State must be open to foreign merchant vessels and can only be closed when the vital interests of the State so require", kritisch dazu *Lowe*, 598.

[2] Eingehend dazu *Gidel*, Le droit international public de la mer II, 1932, 39 ff.

[3] *O'Connell/Shearer* II, 848.

[4] *Von Münch*, Freedom of Navigation and Trade Unions, GYIL 19 (1976), 128, 135.

[5] Vertrag mit den Niederlanden vom 28. Oktober 1968 (BGBl. 1969 II, 1121); Vertrag mit Liberia vom 27. Mai 1970 (BGBl. 1971 II, 953); Vertrag mit Portugal vom 29. Januar 1971 (BGBl. 1972 II, 57); Vertrag mit Argentinien vom 21. Mai 1971 (BGBl. 1972 II, 68) und Vertrag mit Brasilien vom 7. Juni 1972 (BGBl. 1974 II, 685). Ein vergleichbares Abkommen existiert zwischen den USA und Großbritannien hinsichtlich des Reaktorschiffes *Savannah*, abgedruckt bei *Lay/Churchill/Nordquist* (Hrsg.), New Directions in the Law of the Sea II, 1973, 654.

[6] Gesetzesdekret Nr. 52/85, Art. 22; abgedruckt in: Diário da República, I Série, No. 50 vom 1. März 1985.

[7] Dazu *Gidel* II (Anm. 2), 51 f: „Ce droit n'a jamais été mis en doute." Vgl. auch die Entscheidung des OLG Schleswig im *Ari*-Fall, Schleswig-Holsteinische Anzeigen 1955, 101; auszugsweise abgedruckt in: JIR 7 (1957), 405 ff.

[8] Vgl. dazu *Verdross/Simma*, 653; *O'Connell/Shearer* II, 854 f unter Hinweis auf die Praxis.

Frankreich, der daraus entstand, daß Frankreich den in den Händen von Aufständischen befindlichen Hafen von Portendick für die Schiffahrt sperrte, ohne für eine rechtzeitige Bekanntgabe der von ihm verhängten Blockade auf diplomatischem Wege zu sorgen. Daher wurde es durch einen Schiedsspruch des Königs von Preußen zum Ersatz des Schadens verurteilt, der einer Reihe von englischen Schiffen durch die vergebliche Reise dorthin zugefügt worden war.[9]

3. Doch ist wohl noch einen Schritt weiter zu gehen. Das Recht zur Schließung der Häfen ist nicht unbeschränkt. Im 19. Jahrhundert allerdings, als die angeführten Schiedssprüche ergingen, war das Recht der Staaten zur Schließung ihrer Häfen an sich unbestritten. Seither hat die Auffassung an Boden gewonnen, daß die Schließung zwar an sich nach dem Ermessen des Küstenstaates zulässig sei, aber wie jede andere Betätigung der Hoheitsgewalt dem *Mißbrauchsverbot* unterliege. Zwar haben die Staaten das Recht, ihre Häfen, namentlich im Kriege, aus Sicherheitserwägungen, aus gesundheitlichen oder sonstigen Gründen vorübergehend zu schließen. Die willkürliche Schließung aller, u. U. auch einzelner Häfen, auf die der internationale Verkehr sich eingestellt hat, ohne vernünftige Gründe zum Schaden von Handel und Schiffahrt stellt aber eine Verletzung des Völkerrechts dar.[10]

Probleme besonderer Art können sich im *Bürgerkrieg* ergeben, wenn die legitime Regierung die im Besitz von Aufständischen befindlichen Häfen zu sperren versucht. Solche Versuche, den Handel des Auslandes mit den Aufständischen zu verhindern, sind immer wieder – z. B. im 19. Jahrhundert im amerikanischen Bürgerkrieg und während des Aufstandes der lateinamerikanischen Staaten gegen Spanien, im 20. Jahrhundert im spanischen und chinesischen Bürgerkrieg – auf den Widerstand der neutralen, am Handel interessierten Mächte gestoßen und daran gescheitert. Die herrschende Ansicht geht dahin, daß die rechtmäßige Regierung zur Unterbindung des Seehandels mit den Aufständischen nur nach den allgemeinen Regeln des Seekriegsrechts, d. h. im Rahmen einer effektiven Blockade befugt sei.[11] Dem ist allerdings entgegenzuhalten, daß seit dem Ersten Weltkrieg das Erfordernis der effektiven Blockade weitgehend fallen gelassen wurde. Zudem ist das Blockaderecht nur anwendbar, wenn die Aufständischen als Kriegführende anerkannt sind.

---

[9] *Lapradelle/Politis* I, 512 ff. Im wesentlichen zustimmend die ‚Note doctrinale' von *Fauchille*, 532 f. Im Gegensatz dazu hat der Präsident von Chile in einem Streit zwischen Großbritannien und Argentinien über die Schließung des Hafens von Buenos Aires in seinem 1870 erlassenen Schiedsspruch eine Entschädigungspflicht auch für solche Schiffe verneint, die von der Blockade nichts wußten und nichts wissen konnten. Vgl. *Lapradelle/Politis* II, 637. Kritisch dazu die „Note doctrinale", 662 f und *Politis*, Le problème des limitations de la souveraineté et la théorie de l'abus des droits dans les rapports internationaux, RdC 6 (1925 I), 5, 98 f. Vgl. auch den Schiedsspruch der italienisch-venezolanischen Schiedskommission im Falle *Poggioli*, bei *Ralston* (Anm. 1), 305. Danach habe die Schließung des Hafens von Buena Vista im Ermessen der Regierung von Venezuela gestanden, und ein Schadensersatzanspruch ließe sich allein darauf nicht stützen.

[10] Den Mißbrauchsgedanken glauben auch *Fauchille, Politis* (Anm. 9), 34 f, 94 f und *Sibert* I, 783 heranziehen zu können. Ablehnend *Schwarzenberger* I, 198 f. Im Sinne einer Einschränkung der örtlichen Hoheitsgewalt auch die Vorschläge der internationalen Vereinigungen zu dieser Frage. Die Entwürfe des Institut de droit international von 1898, Art. 3 und 1928, Art. 3 – Tableau général des résolutions 89 und 102 – wollen die Schließung der Häfen nur ausnahmsweise und aus besonderen Gründen gestatten. So z. B. auch in eingehender Darstellung *Selea*, La notion de l'abus du droit dans le droit international, 1940, 108 f. Verboten sind doch wohl nur Mißbrauch und Willkür, so auch der Conseil d'Etat im Fall *Société Lucien Jonas et Cie* vom 20. Mai 1955. Hierbei ging es um die zeitlich unbegrenzte Schließung des Schiffsverkehrs zwischen Réunion und Madagaskar auf der einen und der Insel Mauritius auf der anderen Seite (zitiert bei *Rousseau* IV, 343).

[11] Vgl. z. B. die Entscheidung der amerikanisch-mexikanischen General Claims Commission im Falle der *Oriental Navigation Comp. v. United Mexican States* (1928), RIAA IV, 341 ff. Anders aber der Schiedsspruch der amerikanisch-venezolanischen Schiedskommission im Falle der *Orinoco Steamship Comp.* (1903), bei *Ralston* (Anm. 1), 97 und RIAA IX, 180 ff. Streitigkeiten darüber haben sich auch zwischen den USA und der national-chinesischen Regierung in Taiwan ergeben. Dazu *Woolsey*, Closure of Ports by the Chinese Nationalist Government, AJIL 44 (1950), 350 ff.

4. Wenn auch keine allgemeine Rechtspflicht zur Öffnung der Häfen für die internationale Schiffahrt nachweisbar ist, so können die Staaten sich doch durch Verträge dazu besonders verpflichten. Hier ist insbesondere das *Genfer Übereinkommen und Statut über die internationale Rechtsordnung der Seehäfen* vom 9. Dezember 1923 zu nennen.[12] Diese Verträge verpflichten die Parteien jedoch nicht eigentlich zur Öffnung ihrer Häfen, vielmehr wird nur eine diskriminierende Behandlung verboten. Die Vertragsstaaten sichern *einander* – also nicht etwa allen Nationen – bei der Benutzung ihrer Häfen und deren Einrichtungen unter der Bedingung der Gegenseitigkeit Inländerbehandlung und Meistbegünstigung zu.[13] Einschränkungen sollen nur aus schwerwiegenden Gründen zulässig sein, die Sicherheit und Lebensinteressen des Küstenstaates berühren. Aber auch dann ist, soweit möglich, für die Offenhaltung der Häfen zu sorgen.[14]

5. Eine Rechtspflicht zur Zulassung fremder *Kriegsschiffe* besteht dagegen nicht.[15] Andererseits ist ein Verbot des Anlaufens nicht zu vermuten. Doch darf der Küstenstaat das Anlaufen seiner Häfen verbieten oder an Bedingungen knüpfen. Allerdings können sich aus Verträgen (Bündnisverträge, Art. 42 UN-Charta) Ausnahmen von der Regel ergeben. Manche Staaten haben besondere Vorschriften für das Anlaufen ihrer Häfen durch fremde Kriegsschiffe erlassen. Jene sind zur Beachtung dieser Regeln verpflichtet.

6. Verweigert ein Hafenstaat entgegen seiner völkerrechtlichen Pflicht das Hafenzugangsrecht bzw. ist er außerstande, es zu gewähren, so macht er sich schadensersatzpflichtig. So wurde vom Verwaltungsgericht Rennes am 30. Juni 1976 im Falle der *Mary Poppins*[16] erkannt. Diesem Schiff war von französischen Gewerkschaftsangehörigen der Zugang zum Hafen St. Malo verwehrt worden. Es handelte sich um eine Protestaktion gegen die Aufnahme einer Fährverbindung zwischen St. Malo und Southampton durch eine deutsche Gesellschaft. Das Verwaltungsgericht argumentierte, Frankreich sei nach dem Recht der Europäischen Gemeinschaften und gemäß einem Schiffahrts- und Niederlassungsvertrag zwischen Frankreich und der Bundesrepublik Deutschland verpflichtet gewesen, den Hafenzugang sicherzustellen.

7. Die Abfertigungsmodalitäten in den Häfen richten sich in erster Linie nach der IMO-Konvention zur Erleichterung des Internationalen Seeverkehrs vom 9. April 1965.[17]

II. 1. Fremde Handelsschiffe und ihre Besatzungen sind wie Ausländer dem *Recht des Küstenstaates* unterworfen. Dieser darf Vorschriften für den Zugang und den Aufenthalt

---

[12] RGBl. 1928 II, 22.

[13] Statut Art. 2. Weitgehende Verpflichtungen dieser Art enthalten u. U. Freundschafts-, Handels- und Schiffahrtsverträge, so z. B. der Vertrag zwischen der Bundesrepublik Deutschland und den USA vom 29. Oktober 1954 (BGBl. 1956 II, 487) in Art. 20. Dort wird Inländerbehandlung und Behandlung auf der Grundlage der Meistbegünstigung zugesagt.

[14] Statut Art. 16. Die Vertragsstaaten sind aber in der Ausübung dieses Rechts einer schiedsgerichtlichen Kontrolle unterworfen.

[15] In diesem Sinne *Gidel* II (Anm. 2), 59 f. Auch das Genfer Seehafenstatut von 1923 nimmt in Art. 13 (2) Kriegs-, Polizei-, Aufsichts- und sonstige Staatsschiffe aus. Es gilt aber für Handelsschiffe im Staatseigentum. Aus der Rechtsprechung vgl. das Gutachten des StIGH, PCIJ Series A/B 43 (1931), über das *Recht polnischer Kriegsschiffe zum Anlaufen des Danziger Hafens*, das aber auf besondere Verträge gestützt ist. Ein wenig liberaler sind die Reglements des Institut de droit international von 1898, Art. 10 und 11 und 1928, Art. 12 und 13, Tableau général des résolutions 91 und 105. Danach müssen fremde Kriegsschiffe die Erlaubnis zum Anlaufen von Häfen erbitten. Der Küstenstaat darf die Erlaubnis nur aus vernünftigen Gründen verweigern, hat über deren Vorliegen aber selbst zu entscheiden. Eine Ausnahme von der allgemeinen Regel hat jedoch auch hier für Schiffe in Seenot zu gelten.

[16] Mitgeteilt bei *von Münch* (Anm. 4), 139.

[17] UNTS 591, 265; BGBl. 1967 II, 2434.

fremder Schiffe erlassen und diese gegebenenfalls auch zwangsweise durchsetzen. Da das Schiff dem Recht des Küstenstaates untersteht, darf es nicht Personen *Zuflucht* gewähren, die sich der örtlichen Jurisdiktion zu entziehen versuchen.[18] Auch Staatsangehörige des Flaggenstaates sind den örtlichen Behörden herauszugeben, wenn diese darauf bestehen. Wird die Herausgabe verweigert, so sind diese zur Gewaltanwendung berechtigt.[19]

2. Fremde Handelsschiffe genießen *keine Immunität.*[20] Soweit es nach dem Recht des Küstenstaats zulässig ist, sind fremde Schiffe wie ausländisches Eigentum auch sonst dem Zwang, vor allem dem Zugriff der Gläubiger des Schiffseigentümers, also auch der *Zwangsvollstreckung* und dem Arrest unterworfen. Dies gilt auch dann, wenn das Schiff im Begriff stand, das Gebiet des Küstenstaats zu verlassen.[21] Einschränkungen in bezug auf Vollstreckungsmaßnahmen können sich aus Verträgen oder dem Gesichtspunkt des Rechtsmißbrauchs ergeben.

III. Andererseits stehen das fremde Schiff, seine Besatzung und seine Ladung unter dem *Schutz* des Staates, in dessen Gebiet sie sich aufhalten. Dieser ist insbesondere nicht zur Wegnahme des Schiffes oder sonst zu Eingriffen in die Eigentumsordnung befugt. Wenn sich nichts anderes aus dem oben unter II 2 erörterten Gesichtspunkt ergibt, ist das Schiff nach Erledigung der erforderlichen Formalitäten zum *Verlassen des Hafens* befugt. Doch gibt es *Ausnahmen* von dieser Regel.

1. Eine solche kann sich einmal in *Notlagen* ergeben. Vielfach wird eine Ausnahme in Gestalt des sog. *Angarienrechts* (ius angariae, right of angary, droit d'angarie) angenommen. Darunter versteht man ein Notstandsrecht des Staates zur Wegnahme, möglicherweise auch Zerstörung fremder Schiffe in Fällen dringender Not.[22] Ein solches Recht steht, wenn überhaupt, aber doch wohl nur Kriegführenden zu, die das Recht gegenüber den in ihren Häfen liegenden Schiffen neutraler Staaten ausüben dürfen. Es schien vor dem Ersten Weltkrieg erloschen, ist aber in den

---

[18] Belege bei *Rousseau* IV, 347 f.

[19] Es ist aber mehrfach vorgekommen, daß Handelsschiffe die Herausgabe an Bord befindlicher Staatsangehöriger des Flaggenstaats an die örtlichen Behörden abgelehnt haben. Vgl. z. B. *Gidel* II (Anm. 2), 191 f über das Verhalten der deutschen Schiffe „Ernst Woermann" und „Bürgermeister" in englischen Häfen. Hier stimmte das Verhalten des Kapitäns, der die Herausgabe verweigerte, mit dem Völkerrecht nicht überein. Die Hafenbehörden wären daher zu gewaltsamem Vorgehen berechtigt gewesen.

[20] Im Gegensatz zu Kriegs- und Staatsschiffen. Dazu § 74. Ein Kriegs- oder sonstiges Staatsschiff, das die ihm obliegende Pflicht zur Beachtung des Rechts des Aufenthaltsstaates verletzt, kann nur dazu aufgefordert werden, das Hoheitsgebiet zu verlassen.

[21] Dazu *Gidel* II (Anm. 2), 107 f, 110. Natürlich ist ein Festhalten von Schiffen, insbesondere am Vorabend der Abreise, äußerst unerwünscht. Daher erklärten auch die Vorschläge des Institut de droit international von 1898, Art. 36 und von 1928, Art. 12 – Tableau général des résolutions 98, 112 – Beschränkungen für erwünscht („Il est désirable ..."), ohne damit aber eine Regel des geltenden Rechts fixieren zu wollen. Ebenso Anhang zur Schlußakte der Haager Konferenz Art. 9 (2). Vgl. auch das Urteil des Appellations-Gerichts São Paulo (Brasilien) im Falle der *Windhuk*, Annual Digest 9 (1938-40), Case No. 64, 167. – Die beiden Brüsseler Abkommen vom 10. Mai 1952, die die Ausübung der Gerichtsbarkeit gegenüber fremden Schiffen bei *Schiffszusammenstößen* einzuschränken versuchen, beanspruchen keine Geltung für Zusammenstöße in Häfen und sonstigen Inlandsgewässern. Eine wesentliche Einschränkung der Zwangsvollstreckung gegenüber fremden Handelsschiffen und der damit verbundenen Beeinträchtigung der internationalen Schiffahrt ist in dem Brüsseler Abkommen über den Arrest von Seeschiffen vom 10. Mai 1952 (BGBl. 1972 II, 655) enthalten. Danach soll der Arrest nur aufgrund von „maritime claims", d.h. nur aufgrund von Ansprüchen zulässig sein, die mit der Seefahrt im Zusammenhang stehen.

[22] Vgl. etwa den Schiedsspruch des Schiedsrichters *Borel* in dem Rechtsstreit zwischen Schweden und den USA im Falle *„Kronprins Gustaf Adolf"*, RIAA II, 1239. Darin wird das Wesen der Maßnahme in „the requisition and use of goods" gesehen und ihre Rechtfertigung gefunden in der „emergency which makes it necessary" (1257).

beiden Weltkriegen zu neuem Leben erwacht und von den Alliierten dazu benutzt worden, um ihrer Schiffsraumnot zu begegnen. Daß es dem Völkerrecht geradezu widerspreche, wird sich wohl nicht annehmen lassen.[23] Zweifelhaft ist aber, ob es auch den Neutralen zusteht[24] und in Friedenszeiten ausgeübt werden darf. Zweifelhaft ist außerdem, ob es auf Schiffe anwendbar ist, die gegen ihren Willen – z. B. als Prisen (etwa vor oder nach erfolglosem prisenrechtlichem Verfahren) – in den Hafen verbracht worden sind. Im allgemeinen ist den legitimen Bedürfnissen der Staaten durch die völkerrechtlich anerkannten Regeln des Enteignungsrechts genügend entsprochen.

2. Zum anderen findet, wie der Respekt vor fremdem Eigentum überhaupt, so auch die Achtung vor dem Eigentum an Schiff und Ladung ihre Grenze in der *öffentlichen Ordnung des Aufenthaltsstaates.*

Diese Fragen waren in der ersten Hälfte des vergangenen Jahrhunderts Gegenstand lebhafter Auseinandersetzungen zwischen Großbritannien und den USA. Damals waren Sklaverei und Sklavenhandel zwar in Großbritannien, aber (vor dem Bürgerkrieg) nicht in den USA verboten. Trotzdem wurden wiederholt Sklaven an Bord von amerikanischen Schiffen, die in Seenot oder unter dem Zwang einer Meuterei britische Häfen anliefen, von den britischen Behörden befreit.[25] Die allgemeine Frage, die sich hier stellt, geht dahin, ob die örtlichen Behörden Verhältnisse auf Schiffen in ihren Häfen hinnehmen müssen, ja verpflichtet sind, diese bei der Aufrechterhaltung von Zuständen zu unterstützen, die den Grundanschauungen des Hafenstaates von Recht und Moral widersprechen. Dies ist zu verneinen.

Auch sonst braucht der Hafenstaat nicht Verhältnisse an Bord des Schiffes zu dulden, die sich mit seiner Ordnung nicht vereinbaren lassen. Er braucht sich etwa die zwangsweise Festhaltung

---

[23] Die Beurteilung des Angarienrechts weist Schwankungen auf. Das Institut de droit international wollte es 1898 abgeschafft wissen (vgl. Tableau général des résolutions 99, Art. 39), erkannte es in seinem Manuel des lois de la guerre maritime von 1913 (Tableau général des résolutions 256, Art. 106) aber dann doch wieder an. Eine mittelbare Anerkennung läßt sich vielleicht dem Art. 19 der V. Haager Konvention von 1907 entnehmen, der die Wegnahme neutralen Eisenbahnmaterials im Kriege gestattet. In der Entscheidung des griechisch-bulgarischen Schiedsgerichts (Tribunaux arbitraux mixtes 7, 39), die an Vorgänge während des Balkankriegs anknüpfte, wird das Angarienrecht als ein allgemein anerkanntes Recht hingestellt (45). Auf Grund der Erfahrungen des Ersten Weltkrieges will der Harvard Entwurf für eine Convention on Rights and Duties of Neutral States in Naval and Aerial War – AJIL 33 (1939) Supp. – den Kriegführenden ein Recht zur Wegnahme von Schiffen und Fracht in neutralem Privateigentum nur in dringenden Fällen („in case of urgent necessity") gegen Entschädigung geben (Art. 21). Aber der Kommentar spricht von dem „ill-defined and much controverted right of angary", behandelt den Vorschlag als Anregung *de lege ferenda* und bezweifelt das Bestehen einer gewohnheitsrechtlichen Regel (361). Für ein solches Recht, das zur Ausfüllung gewisser Lücken des Enteignungsrechts nicht entbehrt werden könne, vgl. *Lauterpacht*, Angary and Requisition of Neutral Property, BYIL 27 (1950), 455 ff. – Vgl. auch den Schiedsspruch in dem Streit zwischen Norwegen und den USA über die *Ansprüche der norwegischen Reeder* (1922), RIAA I, 307. Hier wurden die USA zur Leistung von Schadensersatz auf Grund der Requisition von norwegischen Reedern bestellter, auf amerikanischen Werften gebauter Schiffe während des Ersten Weltkriegs verurteilt. Der Schiedsspruch stützt sich auf die allgemeinen Grundsätze des Enteignungsrechts, nicht auf ein besonderes Prinzip der Angarie. Zum ganzen näheres bei *Oppenheim/Lauterpacht* II, §§ 364-367 sowie *Grawitz*, L'angarie, RGDIP 58 (1954), 538 ff.

[24] In beiden Weltkriegen ist es auch von den Neutralen, im zweiten namentlich von den USA und anderen amerikanischen Staaten schon vor ihrem Eintritt in den Krieg ausgeübt worden. Für die Gesetzgebung der USA vgl. AJIL 35 (1941), Supp. 224. Dort auch die entsprechenden Empfehlungen des interamerikanischen Financial and Economic Advisory Committee von 1941 (198 f).

[25] Vgl. den in *Lapradelle/Politis* I, 686 ff abgedruckten Schiedsspruch des Oberschiedsrichters *Bates* in dem viel erörterten Fall der Brigg *The Creole*, der das Verhalten der britischen Behörden für völkerrechtswidrig erklärte. Er stützt sich dabei darauf, daß das Schiff Jamaica in Seenot angelaufen habe. Vgl. auch den bei *Gidel* II (Anm. 2), 93, erörterten Zwischenfall in der Angelegenheit der „*Maria-Luz*", eines peruanischen Schiffes, das 1872 einen japanischen Hafen anlaufen mußte. Dort erlaubten die japanischen Behörden an Bord befindlichen, offenbar in einem sklavenähnlichen Verhältnis stehenden chinesischen Kulis, das Schiff zu verlassen. Der Schiedsspruch des als Schiedsrichter angerufenen Kaisers von Rußland erging zu Gunsten von Japan. Dies ist bemerkenswert, da das Schiff den japanischen Hafen in Seenot hatte anlaufen müssen. Vgl. *Moore*, Arbitrations V, 5034.

oder Mißhandlung oder die grob unsoziale Behandlung von Personen an Bord nicht gefallen zu lassen, sondern ist zum Einschreiten befugt, wenn dies zur Aufrechterhaltung seiner Ordnung notwendig ist.

IV. 1. Das fremde Schiff und die *Personen*, die sich an Bord des Schiffes befinden, unterliegen nicht nur dem materiellen Recht, sondern auch der *Jurisdiktion* des Hafenstaates. Seine Behörden sind zur Vornahme von Hoheitsakten, z. B. zur Vornahme von Verhaftungen[26], Vernehmungen oder sonstigen Untersuchungen an Bord des Schiffes befugt. Doch üben die Staaten ihre Jurisdiktion gegenüber fremden Handelsschiffen und den an Bord befindlichen Personen mit einer gewissen *Zurückhaltung* aus. Sie pflegen sich nicht in Angelegenheiten zu mischen, die nur die *innere Ordnung des Schiffes* betreffen. Dazu gehören namentlich auch Rechtsstreitigkeiten aus dem Arbeitsverhältnis, Verstöße gegen die Schiffsdisziplin und Straftaten interner Natur. Delikte an Bord von Handelsschiffen pflegt der Küstenstaat nur dann zu verfolgen, wenn die Tat von oder gegen Personen begangen wird, die nicht zur Mannschaft gehören, wenn sie die Ruhe und Ordnung des Hafens berühren, oder wenn der Kapitän oder der Konsul des Flaggenstaates die örtlichen Behörden um ihr Einschreiten bittet.[27] Regeln dieser Art sind auch in vielen Handels- und Konsularverträgen enthalten.[28] Darin wird die Entscheidung arbeitsrechtlicher Streitigkeiten und die Ahndung von Disziplinwidrigkeiten vielfach den Konsuln des Flaggenstaates überlassen.

Der Begriff der Ruhe und Ordnung des Hafens ist dehnbar. Die internationale Praxis pflegt schwere Verbrechen an Bord fremder Handelsschiffe als *Störung der Ordnung* des Hafens auch dann zu verfolgen, wenn die äußere Ordnung nicht gestört worden ist, z. B. wenn die Tat nicht allgemein bekannt wird. In einigen Verträgen wird dieses Merkmal fallengelassen.[29]

2. Diese Regeln, in denen die Interessen des Flaggenstaates und des Aufenthaltsstaates zu einem vernünftigen Ausgleich gelangen, werden im allgemeinen befolgt. Über ihren rechtlichen Charakter herrscht jedoch Streit.[30] Nach einer in Frankreich[31], Italien und anderen Ländern vertretenen Rechtsauffassung sind Angelegenheiten an Bord von Handelsschiffen, die die Ordnung des Hafens nicht berühren, von vornherein nur der aus-

---

[26] Über das Recht zur Verhaftung von Personen an Bord von Handelsschiffen vgl. Anhang zur Schlußakte der Haager Kodifikations-Konferenz 1930, Art. 8 (2). – Nach dem Zweiten Weltkrieg legte Polen gegen die Verhaftung des deutschen Kommunisten *Eisler* an Bord eines in einem britischen Hafen liegenden polnischen Schiffs zum Zwecke der Auslieferung an die USA Protest ein. Doch berief sich die britische Regierung mit Recht auf ihre Jurisdiktion und bestritt fremden Handelsschiffen das Recht, Asyl zu gewähren. Vgl. BYIL 26 (1949), 468.

[27] Der „leading case" des amerikanischen Rechts ist die Entscheidung des Supreme Court der USA im *Wildenhus Case* (1887), 120 U.S. 1 (Zuständigkeit der örtlichen Behörden für die Verfolgung eines an Bord begangenen Mordes an einem Mitglied der Besatzung). Vgl. dazu im einzelnen *O'Connell/Shearer* II, 941 ff.

[28] Ein Beispiel bietet der Konsularvertrag zwischen der Bundesrepublik Deutschland und Großbritannien vom 30. Juli 1956 (Text in: BGBl. 1957 II, 284; 1976 II, 1848), Art. 32 (1) und (2).

[29] Auch der Harvard Entwurf über die Küstengewässer (AJIL 23 (1929), Supp.) verzichtet auf den Begriff. Nach Art. 18 hat der Küstenstaat keine Jurisdiktion bzgl. der inneren Angelegenheiten des Schiffes.

[30] Der Streit verliert viel von seiner Bedeutung, wenn man bedenkt, daß der Begriff der Ruhe und Ordnung des Hafens ein Wertbegriff ist, den der Küstenstaat nach seinem Ermessen auslegen und auch auf die Fälle der „moralischen" Störung des Hafenfriedens ausdehnen kann.

[31] Grundlegend der Avis des Conseil d'Etat von 1806 betreffend die amerikanischen Schiffe *Newton* und *Sally*, Bulletin des lois 1806, No. 126, 602. Darin wurde die Zuständigkeit der französischen Gerichte zur Aburteilung an Bord der in französischen Häfen liegenden Schiffe von Besatzungsmitgliedern gegeneinander begangener Straftaten verneint. Das Bestehen eines von dem angelsächsischen verschiedenen französischen Systems wird z. B. von *Gidel* II (Anm. 2), 86 f in Zweifel gezogen. Vgl. dazu auch *O'Connell/Shearer* II, 946 ff.

schließlichen Jurisdiktion des Flaggenstaates unterworfen. Nach angelsächsischer Rechtsauffassung dagegen, die den Gedanken der territorialen Hoheitsgewalt auch hier stärker betont, hat der Küstenstaat an sich die unbeschränkte Gerichtsbarkeit über die in seinen Häfen liegenden Schiffe, macht aber von dieser aus Gründen der Courtoisie nur einen beschränkten Gebrauch.

Daher haben die amerikanischen Gerichte in den 20er Jahren die Prohibitionsgesetzgebung der USA sogar auf die versiegelten Alkoholvorräte in amerikanischen Häfen liegender ausländischer Handelsschiffe angewandt.[32] Auch werden die zu Gunsten der Seeleute erlassenen Bestimmungen der amerikanischen Sozialgesetzgebung auf die Seeleute in amerikanischen Häfen liegender Handelsschiffe anderer Staaten angewandt, wenn man dies aus sozialpolitischen Gründen für angezeigt hält.[33]

Hieraus ergibt sich, daß der Küstenstaat die *volle Gerichtsbarkeit* auch über fremde Handelsschiffe ausüben darf. Denn der Grundsatz der territorialen Hoheitsgewalt auf dem Lande und über die inneren Gewässer ist ein so allgemeines und strenges Prinzip, daß Ausnahmen nur auf Grund gesicherten Gewohnheitsrechts anerkannt werden könnten. Hierfür fehlt ein Nachweis.[34]

V. Handelsschiffe in fremden Häfen sind aber *auch* dem Recht des *Flaggenstaates* unterworfen. Dieser darf die Schiffe und deren Mannschaften *in seinem Hoheitsbereich* seiner eigenen Gerichtsbarkeit unterwerfen, z. B. im Ausland an Bord seiner Schiffe begangene Straftaten bestrafen, als wären sie im Inland begangen.[35] Man muß insofern von einer konkurrierenden Gerichtsbarkeit des Hafen- und des Flaggenstaates sprechen, obwohl das Schiff während der Dauer seines Aufenthalts im fremden Hafen (abgesehen von dem Sonderfall der Konsulargerichtsbarkeit) allein der Hoheitsgewalt des Küstenstaates untersteht.[36]

VI. Eine Vorzugsstellung genießen *Schiffe in Seenot*, die sich wider Willen im Hafen befinden. Sie sind dem örtlichen Recht nur in beschränktem Maß unterworfen, brauchen z. B. keine Hafenabgaben zu zahlen, dürfen nicht wegen unerlaubter Einfuhr von Gütern bestraft werden, und es darf nicht die örtliche Jurisdiktion gegen sie auf Grund von Vorgängen vor dem Anlaufen des Hafens und ohne Zusammenhang mit dem Anlaufen ausgeübt werden.[37] Nach dem Anlaufen freilich hat das Schiff sich in die Ordnung des Hafenstaates zu fügen.

---

[32] Supreme Court der USA in *Cunard S.S. Comp. Ltd. v. Mellon* (1923), 262 U.S. 100. Eine abweichende Meinungsäußerung gab Chief Justice *Sutherland* ab, nach dessen Ansicht das Völkerrecht eine solche Einmischung der USA in die inneren Angelegenheiten fremder Schiffe verbietet. Dazu *O'Connell/Shearer* II, 942 f.

[33] Vgl. die Entscheidung des U.S. Supreme Courts in *Strathearn Steamship Co. Ltd. v. Dillon* (1920), 252 U.S. 348. Weitere Urteile anderer Gerichte z. B. in: Annual Digest 1 (1919-22) Supp., Case No. 62, 64, 65, 79; 9 (1938-40), Case No. 58, 59; 10 (1941-42), Case No. 41, 42. Anders allerdings das Urteil des U.S. Supreme Courts in *Lauritzen v. Larsen* (1953), 345 U.S. 571 (ILR 20 (1953), 197), wo die Anwendbarkeit des amerikanischen Arbeitsrechts auf einen dänischen Seemann mit eingehender Begründung verneint wird.

[34] So haben auch die Vorstellungen anderer Staaten gegen die Anwendung der amerikanischen Prohibitionsgesetzgebung auf fremde Handelsschiffe in den 20er Jahren nicht das Völkerrecht, sondern Billigkeitsgesichtspunkte in den Vordergrund gerückt. – Wie hier auch *Oppenheim/Lauterpacht* I, 503 („no rule of international law"); *Jessup*, 144 f, 472; *O'Connell/Shearer* II, 919, die darauf hinweisen, daß das internationale Recht die Regelung der Frage der Anwendbarkeit und Durchsetzung nationalen Rechts gegenüber fremden Handelsschiffen im Hafen dem nationalen Gesetzgeber überläßt. A. A. wohl *Colombos*, 264 ff.

[35] Vgl. die Sammlung der einschlägigen Gesetze in UN ST/LEG/SER.B/2 (Laws and Regulations on the Regime of the High Seas, vol. II, 1952).

[36] Dazu *Verdross*, Die Verfassung der Völkerrechtsgemeinschaft, 1926, 204 f, es habe der Küstenstaat die alleinige örtliche, und es hätten beide Staaten die konkurrierende sachliche Zuständigkeit.

[37] *O'Connell/Shearer* II, 853 ff.

Diese Regel ist allerdings eine Ausnahmeregel und als solche *eng zu interpretieren.* Es sind daher an das Merkmal der Not und der höheren Gewalt strenge Anforderungen zu stellen.[38] Auch scheint die internationale Praxis fremden Schiffen die vorzugsweise Behandlung dann zu verweigern, wenn das Schiff seine Notlage, z. B. durch ungenügende Ausrüstung oder durch sein Verhalten vor der Flucht in den Hafen selbst herbeigeführt hat. Ein Schiff z. B., das an der Grenze der Küstengewässer liegt, um Schmuggel zu treiben und dann in Seenot gerät, kann von dem Küstenstaat keine vorzugsweise Behandlung erwarten.

§ 65 Die inneren Gewässer

Schrifttum: *Mochot*, Le régime des baies et golfes en droit international, 1938; *Strohl*, The International Law of Bays, 1963; *Bouchez*, The Régime of Bays in International Law, 1964; *O'Connell/Shearer*, The International Law of the Sea I, 1982, 338 ff; *Dupuy*, La mer sous compétence nationale, Les eaux intérieures, in: *Dupuy/Vignes*, Le nouveau droit de la mer, 1985, 221 ff; *Degan*, Internal Waters, NYIL 33 (1986), 3.

I. 1. Zu den inneren Gewässern eines Staates zählen sämtliche Meeresgebiete zwischen seiner Küste und der Basislinie[1], von der aus die Ausdehnung der Küstenmeere bestimmt wird[2] (Buchten, Golfe, Fjorde, Flußmündungen, Deltas, Wattenmeer). Diese Gebiete sind Bestandteile des Staatsgebiets. Ebenso wie bei dem Küstenmeer[3] erstreckt sich die territoriale Souveränität des Küstenstaates sowohl auf die Gewässer selbst, deren Meeresboden und Untergrund sowie den Luftraum darüber. Anders als bei dem Küstenmeer unterliegt jedoch die küstenstaatliche territoriale Souveränität grundsätzlich keinen Einschränkungen, vor allem haben fremde Schiffe im Prinzip keinen Anspruch auf friedliche Durchfahrt.[4] Der Grund für die unterschiedliche Behandlung der inneren Gewässer und des Küstenmeeres ist darin zu sehen, daß die Verbindung dieser Gebiete zum Land stärker ausgeprägt ist als diejenige der Küstenmeere. Zudem ist die internationale Schiffahrt nicht darauf angewiesen, diese zu durchfahren; etwas anderes gilt allerdings, wenn die Häfen eines Küstenstaates angelaufen werden sollen.[5]

2. Die Benutzung der inneren Gewässer durch fremde Schiffe (Durchfahrt, Aufsuchen von Reeden, An- und Auslaufen von Häfen) erfolgt auf der Basis gesonderter Verträge.

---

[38] Vgl. z. B. das Urteil des Supreme Court von New Brunswick (Kanada), Annual Digest 9 (1938-40), Case No. 61, 164 und den Schiedsspruch der amerikanisch-mexikanischen Claims Commission im Falle *Kate A. Hoff* (USA) *v. United Mexican States* (1929), RIAA IV, 444, wo aber der amerikanische Schiedsrichter *Nielsen* nur eine Pflicht der Courtoisie annehmen will.

[1] Art. 5 Abs. 1 Genfer Übereinkommen über das Küstenmeer und die Anschlußzone vom 29. April 1958, in: UNTS 516, 205 (im folgenden Küstenmeerkonvention); Art. 8 Abs. 1 Seerechtsübereinkommen (SRÜ) vom 10. Dezember 1982 (UN Doc. A/Conf. 62/122, 7. Oktober 1982 mit Corr. 3, 23. November 1982, Corr. 8, 26. November 1982), in: The Law of the Sea – United Nations Convention on the Law of the Sea (United Nations Publication), 1983.

[2] Dies ist aber nicht zwingend; so haben die Niederlande in ihrem Territorial Sea (Demarcation) Act vom 9. Januar 1985 (Law of the Sea Bulletin Nr. 6 (1985), 16) die Außengrenzen der inneren Gewässer und die Basislinien für die Bemessung des Küstenmeeres unterschiedlich festgelegt. Erstere werden durch gerade Basislinien bestimmt, die landeinwärts der Niedrigwasserlinie liegen, von der aus sich die Küstenmeergrenzen bestimmen. Vgl. dazu *de Jong*, Extension of the Territorial Sea of the Kingdom of the Netherlands, NILR 30 (1983), 129; *Wolfrum*, Die Küstenmeergrenzen der Bundesrepublik Deutschland in Nord- und Ostsee, AVR 24 (1986), 247 (258 f).

[3] Vgl. dazu §§ 67, 68.

[4] Vgl. zu den Pflichten des Küstenstaates im Küstenmeer § 68.

[5] Vgl. dazu § 65.

Allgemein geregelt ist die Durchfahrt von inneren Gewässern, die durch das Ziehen von geraden Basislinien entstanden sind. Für sie gilt weiterhin das Recht fremder Schiffe auf friedliche Durchfahrt nach den Regeln für das Küstenmeer, wenn diese Gewässer vorher Teile des Küstenmeeres oder der Hohen See waren.[6]

II. 1. Ein besonderes Problem wirft in der Praxis die Einstufung von *Buchten* auf. Insoweit zu unterscheiden sind geographisch bestimmte Buchten und sog. *historische* Buchten.

2. In Art. 7 Abs. 2 Küstenmeerkonvention und in Art. 10 Abs. 2 SRÜ wird eine Bucht, deren Küsten einem einzigen Staat gehören, als ein deutlich erkennbarer Einschnitt definiert, dessen Länge in einem solchen Verhältnis zur Breite der Öffnung steht, daß er vom Land umschlossene Gewässer enthält und mehr als eine bloße Krümmung der Küste darstellt. Ein derartiger Einschnitt gilt jedoch nur dann als Bucht, wenn seine Fläche so groß oder größer ist als die eines Halbkreises, dessen Durchmesser die quer über die Öffnung des Einschnittes gezogene Linie ist. Gemäß den beiden genannten Vorschriften ist für Meßzwecke die Fläche eines Einschnitts die Fläche zwischen der Niedrigwasserlinie entlang der Küste des Einschnitts und der die Niedrigwassermarken seiner natürlichen Öffnungspunkte verbindenden Linie. Hat der Einschnitt durch Inseln mehrere Öffnungen, so ist der Durchmesser des zu schlagenden Halbkreises die Summe der über alle Öffnungen zu ziehenden Linie. Die Inselfläche innerhalb des Einschnitts zählt zur Wasserfläche. Nur wenn die Entfernung zwischen den Niedrigwassermarken der natürlichen Öffnungspunkte nicht mehr als 24 Seemeilen beträgt, kann eine Linie zwischen diesen beiden Niedrigwassermarken gezogen werden; die so eingeschlossenen Gewässer gelten als innere Gewässer. Die 24-Seemeilen-Regel ist als Bestandteil des Völkergewohnheitsrechts anzusehen.[7]

In der Vergangenheit wurden verschiedene Längen vorgeschlagen, die sich letztlich aber nicht durchzusetzen vermochten. So sah das Abkommen über die polizeiliche Regelung der Nordseefischerei von 1882 (Art. 2 Abs. 2) eine Distanz von 10 Seemeilen vor. Die ILC schlug 15 Seemeilen vor.[8] Die internationalen Gerichte haben in dieser Frage Zurückhaltung geübt. In dem Schiedsspruch des Ständigen Internationalen Schiedshofs im Fall der *Fischereirechte im Nordatlantik* (1910) wird den Parteien zwar die Annahme der Zehnseemeilenregelung als vernünftige Lösung empfohlen, aber gleichzeitig zum Ausdruck gebracht, daß sich eine dahingehende Regel des Völkerrechts nicht nachweisen ließe. Auch der IGH hat im *Fischereistreit zwischen Norwegen und Großbritannien* den gewohnheitsrechtlichen Charakter dieser Regel bezweifelt.[9]

Die von der Küstenmeerkonvention entwickelte und von dem Seerechtsübereinkommen übernommene 24-Seemeilen-Regel hat durch die Festsetzung der Küstenmeerbreite auf 12 Seemeilen an Plausibilität gewonnen. Insgesamt ist allerdings festzustellen, daß der Fragenkomplex der Buchten an Bedeutung verloren hat. Denn in der Staatenpraxis ist ein deutlicher Trend zu Basislinien festzustellen, deren Länge 24 Seemeilen überschreitet.[10] Insofern eröffnen sich die Küstenstaaten auf diesem Wege die Möglichkeit, neue „Buchten“ zu schaffen, die Teil der nationalen inneren Gewässer sind. Erleichtert wird dies über Art. 7 Abs. 6 Küstenmeerkonvention bzw. Art. 10 Abs. 6 SRÜ, wonach die be-

---

[6] Art. 5 Abs. 2 Küstenmeerkonvention, Art. 8 Abs. 2 SRÜ.

[7] *Verdross/Simma*, 674 f.

[8] ILC Yearbook 1956 II, 268 f.

[9] *Scott* I, 141 (Great Britain v. U.S.); ICJ Reports 1951, 116 (131). In diesem Sinne auch die Entscheidung des Staatsgerichtshofs für das Deutsche Reich im *Rechtsstreit zwischen Lübeck und Mecklenburg über die Hoheits- und Fischereirechte in der Lübecker Bucht.*

[10] Vgl. dazu unten § 67.

schriebene Buchtenregelung nicht gilt, wenn das System gerader Basislinien angewandt wird.

3. Die beschriebene Regelung gilt jedoch nicht für sog. *historische* Buchten. Sowohl die Küstenmeerkonvention wie auch das Seerechtsübereinkommen verzichten darauf, diesen Begriff zu konkretisieren. Unter historischen Buchten werden solche verstanden, deren Öffnung die sonst international anerkannte Höchstbreite überschreitet, die aber gleichwohl als Inlandsgewässer des sie umschließenden Staates anerkannt sind.[11] Damit eine historische Bucht zur Entstehung gelangt, muß eine entsprechende Praxis des Küstenstaates belegen, daß die Gewässer seiner alleinigen und uneingeschränkten Hoheitsgewalt unterstehen, und diese Praxis von anderen Staaten hingenommen (acquiescence) oder ausdrücklich anerkannt worden sein.[12]

Beispiele[13]: So werden etwa die Conception-Bay in Neu-Fundland[14] (Breite der Öffnungen 20 Seemeilen, Tiefe zwischen 40 und 50 Seemeilen), die Bucht von Chaleurs (Breite 36 Seemeilen, Tiefe etwa 100 Seemeilen) im St. Lorenz-Golf und die Miramichi-Bucht in Neu-Braunschweig (Breite des Eingangs 14 1/2 Seemeilen, Tiefe 20 Seemeilen) von Kanada, die Chesapeake-Bucht (12 zu 200 Seemeilen), die Delaware-Bucht (12 zu 40 Seemeilen), die Monterey-Bucht (19 zu 9 Seemeilen) und die Santa Monica-Bay (29 zu 10 Seemeilen)[15] von den USA beansprucht; dies ist von anderen Staaten im wesentlichen akzeptiert worden. Gelegentlich werden Ansprüche auf noch weitere Räume erhoben. Kanada glaubt, die Fischerei in der Hudson-Bay mit einer Breite von 600 Seemeilen und einer Tiefe von 1000 Seemeilen allein regeln zu dürfen[16], während Argentinien und Uruguay die La Plata-Mündung, ein Gebiet, das 5000 Quadratmeilen umfaßt, für sich beanspruchen wollen.[17] Die Sowjetunion betrachtet das Weiße Meer, den Golf von Riga und große Teile der finnischen Bucht als ihre Inlandsgewässer.[18] Thailand beansprucht die Bucht von Thailand mit einer Öffnung von 35 Seemeilen als historische Bucht[19], Widerspruch erfolgte dagegen nicht. Libyen beansprucht seit 1973 die Große Syrte als historische Bucht. Dieser Rechtsbehauptung sind insbesondere die USA entgegengetreten, was 1981 einen schweren Luftzwischenfall zur Folge hatte und 1986 erneut zu militärischen Auseinandersetzungen führte.[20]

4. Von der Berufung auf historische Buchten sind solche Ansprüche zu unterscheiden, die sich auf die Entdeckung und Okkupation küstennaher Gewässer stützen (ancient title). Da spätestens in der zweiten Hälfte des 18. Jahrhunderts das Prinzip der Meeresfrei-

---

[11] *O'Connell/Shearer* I, 416 ff; vgl. dazu Memorandum Concerning Historic Bays by the Secretariat of the UN, UN Doc. A/CONF. 13/1 vom 20. September 1957 und Juridical Regime of Historic Waters, Including Historic Bays, Study prepared by the Secretariat, UN Doc. A/CN. 4/143, in: ILC Yearbook 1962 II, 1 ff.

[12] So auch der US Supreme Court am 23. Juni 1975 im Falle *United States v. Alaska* unter Berufung auf seine frühere Entscheidung im Falle *United States v. Louisiana* (Louisiana Boundary Case 1969, AJIL 63 (1969), 832), AJIL 70 (1976), 140 ff.

[13] Über die früher von Großbritannien beanspruchten King's Chambers und den Moray Firth vgl. die Hinweise bei *Oppenheim/Lauterpacht* I, 508 Anm. 2 und 509, Anm. 1 sowie *O'Connell/Shearer* I, 364 ff.

[14] Dazu die Entscheidung des britischen Privy Council in *The Direct U.S. Cable Co., Ltd. v. The Anglo-American Telegraph Co., Ltd.* (1877), British House of Lords and Judicial Committee of the Privy Council, Appeal Cases 2, 294.

[15] Darüber die Entscheidung des Supreme Court of California in *The People v. Stralla and Adams* (1939), Annual Digest 9 (1938-40), Case No. 52, 133.

[16] Vgl. dazu *Oppenheim/Lauterpacht* I, 506.

[17] Vgl. die Ausführungen des Schiedsrichters *Drago* in seiner abweichenden Meinung zum Fall der *Fischereirechte im Nordatlantik* (Anm. 9), 195 ff (199).

[18] Vgl. die in den Laws and Regulations on the Regime of the High Seas (UN ST/LEG/SER.B/1, 116, 123, 125) aufgeführten Quellen.

[19] UN ST/LEG/SER.B/16, 34.

[20] *Francioni*, The Gulf of Sirte Incident (United States v. Libya) and International Law, ItalYBIL 5 (1980/81), 85 ff; *Blum*, The Gulf of Sidra, AJIL 80 (1986), 668 ff und *Haerr*, The Gulf of Sidra, San Diego Law Review 24 (1987), 751 ff.

heit zum Bestand des Völkergewohnheitsrechts zählte und damit die Okkupation von Teilen der Hohen See völkerrechtswidrig war, muß ein solcher originärer Erwerb von Seegebieten vor dieser Zeit stattgefunden haben, um völkerrechtlich zulässig zu sein.[21]

Beispiel: Der amerikanische Bundesstaat Massachusetts beanspruchte den Vineyard Sound und den Nantucket Sound als Inlandsgewässer und bezog sich auf einen von der britischen Kolonialmacht übergegangenen Erwerbstitel aus dem 17. Jahrhundert. Während der Anspruch hinsichtlich des Vineyard Sound anerkannt wurde, lehnte der U.S. Supreme Court den Anspruch in bezug auf den Nantucket Sound ab, hielt aber den Erwerb von Seegebieten durch Okkupation grundsätzlich für möglich.[22] Dabei legte das Gericht völkerrechtliche Normen zugrunde.

III. Die im vorstehenden dargelegten Regeln gelten nur dann, wenn die Ufer der Bucht nur *einem* Staat gehören. Wenn die Bucht oder das Binnenmeer *mehrere Anlieger* hat, ist sie nicht mehr die Domäne nur eines einzigen Staates, insofern sind die allgemeinen Regeln über das Küstenmeer und die offene See anwendbar. Das heißt: Jeder Staat hat dann sein eigenes Küstenmeer, und die Gewässer jenseits der Küstengewässer sind Hohe See bzw. gehören zur ausschließlichen Wirtschaftszone des Staates. Sind aber die einander gegenüberliegenden, zu dem Gebiet verschiedener Staaten gehörenden Küsten um weniger als die doppelte Ausdehnung der Küstenmeere voneinander entfernt, so wird die Grenze entsprechend den Regeln über die Abgrenzung des Küstenmeeres bestimmt.[23]

Auch für diese Gewässer aber kann sich auf Grund historischer und sonstiger Verhältnisse eine von der allgemeinen Norm abweichende Regel ergeben. So hat der zentralamerikanische Gerichtshof im Jahre 1917 dahin entschieden, es stehe die Bucht von Fonseca unter der gemeinsamen Hoheitsgewalt von Nicaragua, Honduras und El Salvador, und es seien ihre Gewässer Inlandsgewässer dieser drei Staaten.[24]

§ 66 Die Archipelgewässer

Schrifttum: *O'Connell*, Mid-Ocean Archipelagos in International Law, BYIL 45 (1971), 1; *Marston*, International Law and "Mid-Ocean" Archipelagos, Annales d'Etudes Internationales 4 (1973), 171; *Amerasinghe*, The Problem of Archipelagos in the International Law of the Sea, ICLQ 23 (1974), 539; *Platzöder/Vitzthum*, Wirtschaftszonen und Archipelstaaten, Verfassung und Recht in Übersee 7 (1974), 296; *Djalal*, Indonesia and the New Extents of Coastal State Sovereignty and Jurisdiction at Sea, Indonesia Quarterly 7 (1979), 83; *Rodgers*, Midocean Archipelagos and International Law, 1981; *Sturies*, Archipelgewässer, 1981; *O'Connell/ Shearer*, The International Law of the Sea I, 1982, 236; *Dupuy*, La mer sous compétence nationale, Les états archipels, in: *Dupuy/ Vignes*, Le nouveau droit de la mer, 1985, 237 ff; *Herman*, The Modern Concept of the Off-Lying Archipelago in International Law, CanYBIL 23 (1985), 172; *Rajan*, The Legal Regime of Archipelagos, GYIL 29 (1986), 137; *Smith*, Exclusive Economic Zone Claims, An Analysis and Primary Documents, 1986; *Larson*, Innocent, Transit, and Archipelagic Sea Lanes Passage, ODILA 18 (1987), 411.
Material: UN ST/LEG/SER.B/18.

---

[21] Zur Unterscheidung zwischen „historic title" und „ancient title" führt die 1962 vorgelegte Studie des Sekretariats (Anm. 11) aus: „A State could ... hardly claim an area of water on the basis of occupation unless it affirmed that the occupation took place before the freedom of the high seas became part of international law. In that case the State would claim acquisition of the area by an occupation which took place long ago. Strictly speaking, the State would, however, not assert an historic title but rather an ancient title based on occupation as an original mode of acquisition of territory. ..." (para. 71).

[22] *United States v. Maine* (Massachusetts Boundary Case), 106 S. Ct. 951 (1986), vgl. dazu *Ruderman*, The Doctrine of Ancient Title: Unknown Origins, Uncertain Future, San Diego Law Review 24 (1987), 769 ff mwN.

[23] Vgl. dazu § 67.

[24] AJIL 11 (1917), 674.

I. 1. Die Anerkennung eines besonderen völkerrechtlichen Regimes für die Gewässer zwischen Inseln, die zu einer Gruppe gehören, ist erst ein Ergebnis der 3. UN-Seerechtskonferenz (Art. 46-54 SRÜ[1]). Allerdings hat es bereits vorher in Praxis und Theorie Überlegungen gegeben, die versuchten, bei der Bestimmung der Küstenmeergrenzen von Inselstaaten deren geographischen Besonderheiten Rechnung zu tragen.

1846 erließ beispielsweise das United Kingdom of Hawaii ein Gesetz, in welchem den einzelnen Inseln des Archipels ein Küstenmeer von 3 Seemeilen seewärts der Niedrigwasserlinie entlang den Küsten zugeordnet wurde. Gleichzeitig beanspruchte aber Hawaii auch die Jurisdiktion über die „channels passing between the respective islands" sowie das Recht, diese „Kanäle" für fremde Schiffe zu schließen. Dieser Anspruch wurde in der Folgezeit mehrfach bestätigt[2], er wurde allerdings nach der Übertragung der Hoheitsrechte Hawaiis auf die USA (1898) nicht weiter verfolgt.[3] Ähnlich war der Ansatz in der Proklamation vom 11. Juni 1887 von König *Tupon I.* von Tonga.[4]
Schücking schlug erstmalig in seinem Entwurf für den von dem Völkerbund eingesetzten Expertenausschuß vor, bei Archipelen (definiert als Inseln, die eine Gesamtheit bildeten) das Küstenmeer von den äußeren Inseln aus zu bestimmen.[5] Die Haager Kodifikationskonferenz (1930) vermochte jedoch keine Einigung zu erzielen.[6]
François, Sonderberichterstatter der ILC zur Frage des Küstenmeerregimes, suchte die Problematik der Archipelstaaten mit Hilfe der geraden Basislinien zu lösen.[7] In seinen beiden Entwürfen[8] behandelt er Archipele und der Küste vorgelagerte Inselgruppen identisch. Er schlug eine gerade Basislinie von maximal 10 Seemeilen Länge vor; die hiervon eingeschlossenen Gewässer sollten als innere Gewässer gelten. Dies entsprach nicht den Vorstellungen der Mehrzahl der Staaten auf der Haager Kodifikationskonferenz (1930), die diese zwischeninsularen Gewässer als Küstenmeer eingestuft wissen wollten. Offenbar war *François* insoweit von der Entscheidung des IGH im *britisch-norwegischen Fischereistreit* beeinflußt, nach welcher Gewässer landwärts von geraden Basislinien als innere Gewässer anzusehen sind.[9] In der Folgezeit konzentrierte sich die ILC jedoch auf die Küstenarchipele[10] und gab 1956 die Behandlung der ozeanischen Archipele auf. Dies geschah, obwohl die Philippinen mit Verbalnote vom 7. März 1955 an den Generalsekretär der Vereinten Nationen ihre interinsularen Gewässer als innere Gewässer beansprucht und dies der ILC am 20. Januar 1956 mitgeteilt hatten.[11] Auch auf der 1. Seerechtskonferenz konnte die Problematik der ozeanischen Archipele nicht gelöst werden, obwohl entsprechende Staatenvorschläge vorlagen (Philippinen, Jugoslawien).[12] Letztlich scheiterte die Lösung an der Frage, wie bei solchen Inselgruppen die Grenzen zu ziehen seien.[13] Im Meeresbodenausschuß wurden die Forderungen der Archipelstaaten erneut vorgetragen, und zwar vorrangig von Fidschi, Indonesien, Mauritius und den Philippinen.[14] Von Bedeutung war zudem ein Vorschlag von Großbritannien[15].[16] Die Anstrengungen wurden auf der 3. UN-Seerechtskonferenz fortgesetzt.[17]

---

[1] Seerechtsübereinkommen der Vereinten Nationen vom 10. Dezember 1982, in: The Law of the Sea – United Nations Convention on the Law of the Sea (United Nations Publication), 1983 (im folgenden SRÜ).
[2] Vgl. dazu *O'Connell/Shearer* I, 250 f; *Sturies*, 29.
[3] *Sturies*, 32.
[4] UN ST/LEG/SER. B/18, 30.
[5] LoN Doc. C. 196. M. 70 (1927) V, 72.
[6] Vgl. dazu *O'Connell/Shearer* I, 238 f; *Sturies*, 49 f.
[7] Vgl. dazu unter § 67.
[8] ILC Yearbook 1952 II, 25, 36 f (Art. 10), ILC Yearbook 1953 II, 57, 69 f (Art. 10).
[9] ICJ Reports 1951, 116, wobei das Gericht ausdrücklich von Archipelen sprach (131). Die Entscheidungsbegründung wurde von den Verfechtern des Archipelkonzepts als Unterstützung ihres Ansatzes verstanden (vgl. dazu *Sturies*, 63 f).
[10] Vgl. Provisional Articles Concerning the Regime of the Territorial Sea, ILC Yearbook 1954 II, 152, 156.
[11] ILC Yearbook 1956 II, 69 f.
[12] A/Conf. 13/C. 1/L.59 und L.98; abgedruckt in: UNCLOS I, OR III, 227, 239.
[13] Vgl. dazu *O'Connell/Shearer* I, 244 ff; *Sturies*, 55 ff.
[14] UN Doc. A/AC. 138/SC. II/L. 15 vom 14. März 1973 sowie UN Doc. A/AC. 138/SC. II/L.48 vom 6. August 1973.
[15] UN Doc. A/AC.138/SC.II/L. 44 vom 2. August 1973.
[16] Weitere Vorschläge UN Doc. A/AC.138/79 vom 2. Juli 1973, UN Doc. A/AC. 138/SC.II/L.24 vom 3. Juli 1973, L. 27 vom 13. Juli 1973, L. 28, L. 29, L. 34 (alle vom 16. Juli 1973).
[17] Vgl. dazu *Sturies*, 112 ff.

2. Art. 46 SRÜ definiert den „Archipelstaat" nunmehr als einen Staat, der ganz durch einen oder mehrere Archipele und ggf. durch andere Inseln gebildet wird. Dabei wird mit dem Begriff „Archipel" eine Gruppe von Inseln einschließlich von Inselteilen bezeichnet, wobei die dazwischen liegenden Gewässer und andere natürliche Bestandteile untereinander so eng verbunden sein müssen, daß diese Inseln, Gewässer und Bestandteile eine echte geographische, wirtschaftliche und politische Einheit bilden. Ebenfalls ein Archipel liegt vor, wenn die in Frage stehende Inselgruppe historisch als eine solche Einheit angesehen wird. Damit werden Inselgruppen, die zu einem Festlandstaat gehören, wie die Kanarischen Inseln oder die Färöer Inseln, von der Anwendung des Archipelkonzepts ausgeschlossen.

3. Ein Archipelstaat hat das Recht, sog. „gerade Archipel-Basislinien" zu ziehen, d. h. die äußersten Punkte der äußersten Inseln und trockenfallenden Erhebungen des Archipels durch gerade Linien zu verbinden, vorausgesetzt, es werden damit die Hauptinseln erfaßt und das Verhältnis der Wasserfläche zur Landfläche (einschließlich der Atolle) in dem so umschriebenen Gebiet liegt zwischen 1 zu 1 und 9 zu 1 (Art. 47 Abs. 1). Staaten wie Australien, Irland, Island und Japan können demnach keine geraden Archipel-Basislinien ziehen, da bei ihnen das Wasser/Landverhältnis unter 1 zu 1 liegt. Bei den meisten pazifischen Inselstaaten hingegen liegt das Wasser/Landverhältnis über 9 zu 1, so daß auch diese Staaten das Archipelgewässerkonzept nicht anwenden können. Eine weitere Einschränkung liegt darin, daß die Länge der geraden Archipel-Basislinien auf grundsätzlich 100 Seemeilen begrenzt ist. Lediglich 3 % von ihnen dürfen diese Länge überschreiten und bis zu 125 Seemeilen betragen. Abweichend von den geraden Basislinien müssen die Archipel-Basislinien nur der generellen Form des Archipels folgen. Weitere Kriterien, die teilweise der Regelung über die geraden Basislinien im allgemeinen entsprechen, enthalten Art. 47 Abs. 4-7 SRÜ. Zugeschnitten ist das Archipelgewässerkonzept letztlich nur auf fünf Staaten, nämlich die Philippinen, Indonesien, Mauritius, Fidschi und die Bahamas.[18]
Bei den Gewässern, die von den Archipel-Basislinien umschlossen werden, handelt es sich um die Archipelgewässer. Über sie, den darunter liegenden Meeresboden, den Untergrund, die dort lagernden Bodenschätze sowie den darüber liegenden Luftraum übt der Archipelstaat die territoriale Souveränität aus.[19] Neben den Archipelgewässern verfügt der Archipelstaat auch über innere Gewässer, Küstenmeer, Anschlußzone, ausschließliche Wirtschaftszone und Festlandsockel. Abweichend vom Normalfall bemißt sich deren Breite von der Archipel-Basislinie. Insofern handelt es sich bei den Archipelgewässern um eine neue Rechtsform, die sich ihrem Status nach zwischen innere Gewässer und Küstenmeer schiebt.

4. Damit nicht völlig in Einklang steht, daß die Pflichten der Archipelstaaten in bezug auf die Archipelgewässer bis zu einem gewissen Grade stärker ausgebaut sind als die Pflichten der Küstenstaaten in bezug auf das Küstenmeer. Grundsätzlich genießen die Schiffe aller Staaten das Recht der friedlichen Durchfahrt entsprechend den Vorschriften über die Durchfahrt durch das Küstenmeer. Ein Archipelstaat kann aber Verkehrswege (sea lanes) und darüber liegende Flugstrecken (air routes) bestimmen, die für die ununterbrochene und zügige Durchfahrt fremder Schiffe durch seine Archipelgewässer und das angrenzende Küstenmeer sowie für den ununterbrochenen und zügigen Durchflug fremder Luftfahrzeuge durch den darüber liegenden Luftraum geeignet sind. In diesen Fällen gilt das Transitpassagerecht in Archipelgewässern, das ähnlich ausgestaltet ist

[18] *O'Connell/Shearer* I, 257 f.

[19] Art. 49 SRÜ.

wie die Transitpassage durch Meerengen. Da das Recht gem. Art. 53 Abs. 2 SRÜ für alle Schiffe und gemäß Art. 53 Abs. 3 „in the normal mode ... of ... transit" gilt, Unterseeboote also unterseeisch passieren können, bezieht es sich also auf die Passage über, auf und unter den bestimmten Seerouten. Die genannten Seerouten durchqueren die Archipelgewässer sowie das anschließende Küstenmeer (Art. 53 Abs. 4 SRÜ). Sie müssen alle internationalen Durchgangswege einschließen. Innerhalb einer solchen Verkehrsverbindung umfassen die Transitrouten für die Schiffahrt alle üblichen schiffbaren Fahrwasser; jedoch ist die Bereitstellung mehrerer ähnlich geeigneter Seewege zwischen denselben Eingangs- und Ausgangspunkten nicht erforderlich.

Die Transitrouten, soweit sie designiert werden, sind mit Axiallinien zwischen dem Eingangs- und Ausgangspunkt der Routen zu bezeichnen (Art. 53 Abs. 5 SRÜ). Schiffe und Luftfahrzeuge dürfen während der Durchfahrt bzw. des Durchflugs nicht um mehr als 25 Seemeilen auf jeder Seite abweichen und sich dabei den Küsten nicht um weniger als 10 % der Entfernung zwischen den nächstgelegenen Punkten auf Inseln am Rande der Transitroute nähern.

Ein Archipelstaat, der Transitrouten ausweist, kann in engen Kanälen Verkehrstrennungsgebiete einrichten. Er hat das Recht, einmal eingerichtete Transitrouten und Verkehrstrennungsgebiete wieder zu ändern. Insgesamt sollen die Transitrouten und Verkehrstrennungsvorschriften allgemein akzeptierten internationalen Regeln entsprechen. Sie sind der zuständigen internationalen Organisation (IMO) vorzulegen, diese kann nur im Einvernehmen mit dem jeweiligen Archipelstaat die Transitrouten und Verkehrstrennungsvorschriften annehmen. Erst danach kann der Archipelstaat die Maßnahmen einführen.[20] Das gleiche Verfahren gilt für die Änderung von Transitrouten und Verkehrstrennungsregelungen.[21]

Bestimmt der Archipelstaat keine Transitrouten, so kann das Recht der Transitpassage auf den üblicherweise benutzten internationalen Verkehrswegen und Flugstrecken ausgeübt werden (Art. 53 Abs. 12 SRÜ).

Im übrigen gelten die Regeln über die Transitpassage durch internationale Meerengen entsprechend für die Archipeltransitpassage.[22]

Die durch das Archipelgewässerkonzept erfolgte bedeutende „Landnahme zur See" verlangte die Berücksichtigung der Rechte unmittelbar angrenzender Nachbarstaaten. Der Fortbestand von nachbarlichen und anderen Rechten ist in Art. 51 SRÜ geregelt. Danach ist der Archipelstaat verpflichtet, bestehende Übereinkünfte mit anderen Staaten zu achten, traditionelle Fischereirechte[23] und andere legitime Aktivitäten der unmittelbaren Nachbarstaaten anzuerkennen und Rücksicht auf die vorhandenen, von anderen Staaten gelegten unterseeischen Kabel zu nehmen. Die betroffenen Staaten können eine entsprechende vertragliche Regelung verlangen. Der hier angesprochene Schutz von traditionellen Fischereirechten bezieht sich nur auf unmittelbare Nachbarstaaten. Es ist ihnen untersagt, diese Privilegien weiterzugeben bzw. andere Staaten oder deren Staatsangehörige daran teilhaben zu lassen.[24]

II. Die Entwicklung des Archipelgewässerkonzeptes ist, ebenso wie die Entwicklung der ausschließlichen Wirtschaftszone, Ausdruck dessen, daß sich die Küstenstaaten der wirtschaftlichen Nutzungsmöglichkeiten der küstennahen Meereszonen stärker bewußt geworden sind und diese für sich beanspruchen. Daß die 3. UN-Seerechtskonferenz

---

[20] Nicht ganz exakt die Beschreibung von *Sturies*, 129, der den Eindruck entstehen läßt, als bestünden weitreichendere Kompetenzen der IMO.

[21] *Sturies*, 130.

[22] Art. 54 verweist auf Art. 39, 40, 42 und 44 SRÜ.

[23] Vgl. dazu die einschränkende Interpretation von *Djalal*, 81 f.

[24] Art. 51 Abs. 1 S. 3 SRÜ.

bereit war, diesen Anspruch anzuerkennen, spiegelt ein gewandeltes Bewußtsein wider. Suchte man auf der 1. und 2. Seerechtskonferenz der Vereinten Nationen bei der Abgrenzung der nationalen und freien Meeresbereiche noch nach stark schematisierten Regelungen, so war man auf der 3. UN-Seerechtskonferenz geneigt, Sonderinteressen auf Grund von wirtschaftlichen, geographischen und historischen Gesichtspunkten entgegenzukommen. Dies ist besonders evident bei der Anerkennung des Archipelgewässerkonzepts, denn damit übernahm man den Gedanken einer Einheit von Land und Wasser, wie er von den Archipelstaaten auf der 1. und 2. Seerechtskonferenz der Vereinten Nationen vorgetragen worden war. Gleichzeitig erkannte man den auf dieser geographischen Situation fußenden wirtschaftlichen Interessen der Archipelstaaten eine besondere Schutzwürdigkeit zu. Ähnliche Überlegungen haben bislang bei der Ziehung von Landgrenzen keine Rolle gespielt, was belegt, daß die Ziehung von Seegrenzen im Verhältnis zur Hohen See anderen Gesetzen folgt als die Grenzziehung zwischen Staaten auf dem Lande. Im Grunde genommen war diese Trendwende aber bereits in der Entscheidung des IGH zum *Fischereistreit zwischen Großbritannien und Norwegen*[25] angelegt, denn auch hier wurde der geographischen Verzahnung von Land und See und den besonderen wirtschaftlichen Interessen Norwegens Rechnung getragen.

III. Es ist noch zu früh, von einer gewohnheitsrechtlichen Verfestigung des Archipelgewässerkonzeptes zu sprechen, obwohl es bereits zehn Staaten in ihre Nationale Gesetzgebung aufgenommen haben.[26] Die Regeln sind allerdings noch rudimentär. Lediglich die Gesetzgebung von Fidschi, Kiribati, Saint Vincent and Grenadines, den Solomon-Inseln, Tuvalu und Vanuatu spricht die Frage der Transitpassage durch die Archipelgewässer an und regelt sie im Einklang mit Art. 53 Abs. 3 SRÜ, wobei zweifelhaft ist, ob alle diese Staaten Archipelgewässer beanspruchen können.

§ 67 Die Ausdehnung des Küstenmeeres

Schrifttum: *Raestad*, La mer territoriale. Etudes historiques et juridiques, 1913; *ders.*, Le problème des eaux territoriales à la conference pour la codification du droit international, Revue de droit international 7 (1931), 107; *Schücking*, Der Kodifikationsversuch betreffend die Rechtsverhältnisse des Küstenmeeres und die Gründe seines Scheiterns, 1931; *Rörig*, Zur Rechtsgeschichte der Territorialgewässer: Reede, Strom und Küstengewässer, 1949; *Fitzmaurice*, Maritime Law (Territorial Waters, Internal Waters, The Norwegian Fisheries Case), BYIL 31 (1954) 371; *Nikolajew*, Problema territorialnych vod v meždunarodnom prave (Probleme der Küstengewässer im Völkerrecht), 1954; *Fitzmaurice*, Some Results of the Geneva Conference on the Law of the Sea, Part I: The Territorial Sea and Contiguous Zone, ICLQ 8 (1959), 73; *Kobayashi*, The Anglo-Norwegian Fisheries Case of 1951 and the Changing Law of the Territorial Sea, 1965; *Butler*, The Law of Soviet Territorial Waters - A Case Study of Maritime Legislation and Practice, 1967; *ders.*, The Legal Regime of Russian Territorial Waters, AJIL 62 (1968), 51; *Gihl*, The Baseline of the Territorial

[25] ICJ Reports 1951, 116.

[26] *Komoren* (Law No. 82-005, *Smith*, 103), *Fidschi* (Marine Spaces Act, 1977, Act No. 18 of December 1977 as amended by the Marine Spaces (Amendment) Act, 1978, Act No. 15 of 6 October 1978, Marine Spaces (Archipelagic Baselines and Exclusive Economic Zone) Order, 1981, *Smith*, 85); *Kiribati* (Marine Zones (Declaration) Act, 1983, *Smith*, 245); *Saint Vincent and Grenadines* (Marine Areas Act, 1983, *Smith*, 399); *Solomon-Inseln* (Delimitation of Marine Waters Act, Act No. 32, 14 August 1979, *Smith*, 413); *Tuvalu* (Marine Zones (Declaration) Ordinance, 1983, *Smith*, 459); *Vanuatu* (Maritime Zones Act No. 23 of 1981, *Smith*, 471); *Philippinen* (Constitution, UN ST/LEG/SER.B/18, 30); *Indonesien* (Government Act No. 4, UN Doc. 19/5/Add.1 (1960)).

Sea, Scandinavian Studies in Law II, 1968, 119; *Fattal*, Les conférences des Nations Unies et la convention sur la mer territoriale et la zone contiguë, 1968; *Nikolajew*, Territorialnoje more. Kodifikazia meždunarodno-pravovych norm po probleme territorialnych vod (Das Küstenmeer. Kodifikation völkerrechtlicher Normen zu Problemen der Küstengewässer), 1969; *Swarztrauber*, The Three-Mile Limit of Territorial Seas, 1972; *Marston*, Low-Tide Elevations and Straight Baselines, BYIL 46 (1972-73), 705; *Pharand*, The Law of the Sea of the Arctic with Special Reference to Canada, 1973; *Lagoni*, Künstliche Inseln und Anlagen im Meer, JIR 18 (1975), 241; *Ohaegbu*, The Breadth of Territorial Waters in the State Practice of Some African Countries, 1975; *Prescott*, The Political Geography of the Oceans, 1975; *Hodgson/Smith*, The Informal Negotiating Text (Committee II): A Geographical Perspective, ODILA 3 (1976), 230; *Papadakis*, The International Legal Regime of Artificial Islands, 1977; *Bowett*, The Legal Regime of Islands in International Law, 1979; *Symmons*, The Maritime Zones of Islands in International Law, 1979; *Sharma*, Delimitation of Maritime Boundaries between Adjacent and Opposite States - Clarification of Basic Community Policies, Festschrift Abendroth, 1982, 316; *O'Connell/Shearer*, The International Law of the Sea, Bd. 1, 1982, 124; Bd. 2 1984, 658; *Alexander*, Baseline Delimitations and Maritime Boundaries, VJIL 23 (1983), 503; *de Jong*, Extension of the Territorial Sea of the Kingdom of the Netherlands, NILR 30 (1983), 129; *Dupuy*, La mer sous compétence nationale, La mer territoriale, in: *Dupuy/Vignes*, Le nouveau droit de la mer, 1985, 224 ff; *Smith*, Exclusive Economic Zone Claims. An Analysis and Primary Documents, 1986; *Wolfrum*, Die Küstenmeergrenze der Bundesrepublik Deutschland in Nord- und Ostee, AVR 24 (1986), 247.
Material: UN ST/LEG/SER. B/1; 2; 6; 15; 16; 18 und 19; *Lay/Churchill/Nordquist/Welch/Simmonds* (Hrsg.), New Directions in the Law of the Sea, Documents, 11 Bde, 1973-1981; seit 1982 als Loseblattsammlung von *Simmonds* (Hrsg.) fortgesetzt.

I. Das Problem der Ausdehnung des Küstenmeeres umfaßt eine doppelte Frage, die der inneren (*Basislinien*) und der äußeren Grenze, wobei beide Aspekte, was häufig übersehen wird, eng zusammenhängen.

1. Die Bestimmung der Küstenmeergrenzen zählte lange Zeit zu den umstrittensten Fragen des Seevölkerrechts. Weder die International Law Commission noch die 1. und 2. Seerechtskonferenz der Vereinten Nationen konnten eine Einigung über die Küstenmeerbreite erzielen.[1] Dies gelang erst auf der 3. UN-Seerechtskonferenz. Die Bundesrepublik Deutschland hat bis 1970 (für die Nordsee) bzw. 1978 (für die Ostsee) gezögert, ihre Küstenmeergrenzen zu konkretisieren, und zwar sowohl hinsichtlich der Basislinien wie auch hinsichtlich der Außengrenzen. Die Festlegung der Basislinien und der exakten Außengrenzen des Küstenmeeres in der Nordsee erfolgte nur deshalb, weil der IGH im Festlandsockelstreit die Bundesrepublik Deutschland aufgefordert hatte, entsprechende Angaben vorzulegen.[2] Noch 1956 hat die Bundesrepublik Deutschland einen Hinweis auf die allgemeinen Regeln des Völkerrechts für ausreichend erachtet.[3]

2. Die *Basislinie*, d. h. die innere Grenze des Küstenmeeres, von der aus seine Außengrenze bestimmt wird, kann entweder auf geographische Kriterien[4] (normale Basislinie)

---

[1] Zur völkerrechtlichen Diskussion um die Küstenmeerbreite vgl. vor allem *O'Connell/Shearer* I, 151 ff.

[2] ICJ Reports, *North Sea Continental Shelf* Case, Pleadings, Oral Arguments, Documents 1968 II, 212, 391.

[3] Vgl. Note vom 9. Februar 1956 des Ständigen Beobachters bei den Vereinten Nationen, UN ST/LEG/SER. B/6, 17: „... There are no national laws and regulations in force which define the territorial sea. The practice as regards the territorial sea is determined by the rules of international law, which, according to article 25 of the Basic Law of the Federal Republic of Germany of 23 May 1949, are part of the Federal Law. They overrule national legislation and are immediately binding for everybody on the territory of the Federal Republic of Germany."

[4] Erstmalig relevant geworden ist die Frage der Basislinie im Falle *Soult v. L'Africaine*, Federal Cases 22 (1789-1800), Case No. 13179.

zurückgreifen, oder es kann sich bei ihr um eine festgesetzte Linie handeln (gerade Basislinie).

3. Art. 3 des Genfer Übereinkommens über das Küstenmeer und die Anschlußzone von 1958[5] (Küstenmeerkonvention) definiert ebenso wie der insoweit wortgleiche Art. 5 des Seerechtsübereinkommens (SRÜ)[6] die *normale Basislinie* als die „Niedrigwasserlinie entlang der Küste, wie sie in vom Küstenstaat amtlich anerkannten Seekarten großen Maßstabs eingetragen ist".
Diese Bezugnahme auf die Niedrigwasserlinie ist jüngeren Datums, sie wird erstmalig in der Fischereikonvention zwischen Großbritannien und Frankreich von 1839 erwähnt[7] und hat sich dann gegenüber anderen Begrenzungskriterien (höchster Wasserstand, Küste, Schiffbarkeit der See etc.) durchzusetzen vermocht.[8] Umstritten war allerdings die Definition des Begriffes „Niedrigwasser", da zweifelhaft ist, ob auf den normalen, den Höchst- oder Tiefstwasserstand bei Ebbe abzustellen ist.[9] Entscheidend sollte der Tiefstwasserstand (Springniedrigwasserlinie) sein[10], da sonst ein weiterer Bezugspunkt, nämlich die „trockenfallende Erhebung", Probleme aufwirft. Denn gemäß Art. 11 Küstenmeerkonvention (Art. 13 SRÜ) kann auch die Niedrigwasserlinie einer bestimmten „trockenfallenden Erhebung" die Basislinie für die Küstenmeerbegrenzung bilden, wenn es sich bei dieser Erhebung um natürlich entstandenes Land handelt, das bei Ebbe vom Wasser umgeben ist und über den Wasserspiegel hinausragt, jedoch bei Flut überspült wird. Unter diese Legaldefinition fallen auch Erhebungen, die nur bei Springniedrigwasser auftauchen. Insofern erscheint es angebracht, ganz generell die Springniedrigwasserlinie als Ausgangspunkt zu wählen.[11]

Die Frage, welche Tide maßgeblich ist, stellte sich hinsichtlich des Felsens Eddystone im Falle der Abgrenzung des *Festlandsockels im Ärmelkanal.*[12] Frankreich trug vor, der Felsen Eddystone, der mehr als 3 Seemeilen von der Küste von Devon entfernt liegt und der bei normaler Flut ca. 60 cm über die Wasserfläche herausragt, sei nicht als Basispunkt heranzuziehen, da er bei Höchstwasserstand vom Wasser bedeckt werde. Großbritannien erklärte, maßgeblich sei nicht der Höchstwasserstand, sondern die normale Flut. Das Schiedsgericht wich der Entscheidung dieser Frage aus, indem es dartat, Frankreich habe bei den Verhandlungen über die Durchführung der Londoner Fischereikonvention von 1964 stillschweigend eingewilligt, Eddystone als Basispunkt zu verwenden.

Eine ähnliche Rechtsfrage warf bereits der Fall der *Twee Gebroeders* auf, der im Jahre 1800 von Lord *Stowell* entschieden wurde.[13] Es ging dabei um die Rechtmäßigkeit der Kaperung des holländischen Schiffes ‚Twee Gebroeders', das in der östlichen Zufahrt der Ems drei Meilen von der Küste Ostfrieslands entfernt lag. Lord *Stowell* berechnete die Ausdehnung der neutralen Gewässer Ostfrieslands unter Einbeziehung einer mit der Küste verbundenen Sandbank.[14]

[5] UNTS 516, 205.

[6] The Law of the Sea – United Nations Convention on the Law of the Sea (United Nations Publication), 1983 (im folgenden SRÜ).

[7] British Foreign Service Papers 27, 983.

[8] Vgl. vor allem die Fischereikonvention für die Nordsee von 1882, British Foreign Service Papers 73, 39 und RGBl. 1884, 25; dazu *O'Connell/Shearer* I, 172 sowie die Argumentation des IGH im *Anglo-Norwegian Fisheries* Case, ICJ Reports 1951, 116 (128). Im innerstaatlichen Recht der Bundesrepublik Deutschland wird hinsichtlich des Geltungsbereichs des Wasserhaushaltsgesetzes in § 1 Ziff. 1a WHG dagegen interessanterweise auf die „Küstenlinie bei mittlerem Hochwasser" abgestellt.

[9] Vgl. zu der Diskussion *O'Connell/Shearer* I, 179 ff.

[10] A. A. *Rojahn*, in: *Menzel/Ipsen*, 390, der auf die Niedrigwasserlinie, d.h. die Linie des gewöhnlichen Ebbestandes, abstellt.

[11] Offenlassend *O'Connell/Shearer* I, 183.

[12] Schiedsgerichtliche Entscheidungen vom 30. Juni 1977 und vom 14. März 1978, ILM 18 (1979), 397.

[13] English Reports Reprint (1220-1865) 165, 422.

[14] Eine detaillierte Darstellung der Staatenpraxis findet sich bei *O'Connell/Shearer* I, 186 ff.

Trockenfallende Erhebungen können allerdings nicht unbegrenzt für die Bestimmung von Basislinien herangezogen werden. Das Seerecht spezifiziert nämlich, was noch zur Küste zu zählen ist. Dazu gehören trockene Erhebungen und trockenfallende Erhebungen, soweit letztere nicht mehr als die Küstenmeerbreite von dem Festland oder der entsprechenden Insel entfernt liegen.[15] Das Seerechtsübereinkommen hat diese Regelung übernommen (Art. 13) und lediglich um eine Sondervorschrift für Inseln ergänzt, die sich auf Atollen befinden oder von Riffen gesäumt sind (Art. 6). In diesem Fall wird die Basislinie durch die seewärtige Niedrigwasserlinie des Riffes gebildet, wie sie auf vom Küstenstaat amtlich anerkannten Seekarten angegeben ist.[16]

Zur Küste gehören des weiteren die äußeren ständigen Hafenanlagen, die einen Bestandteil des Hafensystems bilden[17], nicht dagegen off-shore Einrichtungen und künstliche Inseln. Letztere können daher auch nicht als Grundlage für die Berechnung von Basislinien herangezogen werden. Völlig ungeklärt ist bislang, wie die Basislinie bei Küsten mit vorgelagertem Eisgürtel zu bestimmen ist.

Sonderprobleme für die Ziehung von Basislinien tauchen in arktischen und antarktischen Gebieten auf, wenn ein der Küste vorgelagerter fester Eisschelf existiert. Da diese Eisflächen in ihrer Konsistenz weitgehend dem Landgebiet gleichen, bietet es sich an, ihre Außenkante als Basislinie zu wählen. Dabei ist allerdings zu berücksichtigen, daß auch diese Kante starken Veränderungen unterliegen kann. Eine völlig anerkannte Staatenpraxis hat sich bislang nicht herauszubilden vermocht.[18] Einen Fingerzeig in die angesprochene Richtung bildet jedoch die Regelung des Seerechtsübereinkommens für Deltas (Art. 7 Abs. 2).

4. In der Staatenpraxis deutet sich zunehmend ein Trend an, die innere Grenze des Küstenmeeres nicht durch normale, sondern mit Hilfe von *geraden Basislinien* zu bestimmen. Art. 4 der Küstenmeerkonvention bzw. der dem gleichen Zweck dienende Art. 7 SRÜ, die diese Methode vorsehen, gehen auf die Entscheidung des IGH im *britisch-norwegischen Fischereikonflikt* zurück.[19]

Dem *britisch-norwegischen Fischereistreit* lag folgender Sachverhalt zugrunde: 1935 erließ Norwegen neue Bestimmungen über sein Küstenmeer. Das entsprechende Dekret bestimmte die innere Grenze des Küstenmeeres, indem es die der Küste Norwegens vorgelagerten, vielfach weit auseinanderliegenden und auch vom Festland weit entfernten Inseln[20] durch gerade Linien miteinander verband und die von Norwegen beanspruchte 4-Meilen Zone von dort aus berechnete. Großbritannien hielt dieses Vorgehen für völkerrechtswidrig und brachte den Streit vor den IGH. Dieser entschied mit einer Mehrheit von 10 zu 2 Richtern zu Gunsten von Norwegen. Das Gericht war der Ansicht, es brauchten jedenfalls vor einer so zerklüfteten und von tausenden von Inseln gesäumten Küste wie derjenigen Norwegens die Küstenmeergrenzen nicht allen Einbuchtungen, sondern nur dem allgemeinen Küstenverlauf zu folgen, der mit Hilfe eines Systems von geraden Linien bestimmt werden könne (S. 129 f). Allerdings müßten die zwischen den Geraden und dem Festland liegenden Gewässer mit dem Festland so eng verbunden sein, daß man sie als Inlandsgewässer ansehen könne (S. 133).

Das System der geraden Basislinien ist als Bestandteil des Völkergewohnheitsrechts anzusehen, das die Genfer Küstenmeerkonvention sowie das Seerechtsübereinkommen kodifizieren.

---

15 Art. 10 und 11 Küstenmeerkonvention, vgl. dazu den U.S. Vorschlag auf der 1. Seerechtskonferenz, UN Doc. A/Conf. 13/C.1/L.115, L.116, abgedruckt in: UNCLOS I, OR III, 243.

16 *Hodgson/Smith*, 230.

17 Art. 8 Küstenmeerkonvention bzw. Art. 11 SRÜ.

18 Für die Verwendung der Schelfaußenkante *Nikolajew*, Problema territorialnych, 207.

19 ICJ Reports 1951, 116; während der Beratungen der ILC äußerte sich insbesondere *Lauterpacht* kritisch zum Konzept der geraden Basislinien, ILC Yearbook 1952 I, 173.

20 Die Geraden zwischen den Inseln umfassen Entfernungen von bis zu 400 Seemeilen.

Danach darf ein Küstenstaat gerade Basislinien ziehen, indem er entsprechende Punkte dort miteinander verbindet, wo die Küste tiefe Einbuchtungen und Einschnitte aufweist oder wo sich entlang der Küste in deren unmittelbarer Nähe eine Inselkette erstreckt. Voraussetzung für gerade Basislinien ist allerdings, daß sie nicht von dem generellen Küstenverlauf abweichen und daß die entsprechenden Wasserflächen zwischen der Küste und der Basislinie selbst mit dem Landgebiet so eng verbunden sind, daß sie dem Rechtssystem über die inneren Gewässer unterworfen werden können.[21] Trockenfallende Erhebungen dürfen grundsätzlich nicht Ausgangs- oder Endpunkt von geraden Basislinien sein, es sei denn, daß Leuchttürme oder ähnliche ständig über den Wasserspiegel herausragende Anlagen auf ihnen errichtet sind (Art. 4 Abs. 3 Küstenmeerkonvention). Hierin liegt eine Ausnahme von dem Grundsatz, daß nur natürliche, ständig trockene Erhebungen für die Bemessung von Küstengewässern relevant sein können, wenn sie weiter als die Küstenmeerbreite von dem Festland entfernt liegen. Die 3. UN-Seerechtskonferenz hat diese Ausnahme noch erweitert. Derartige trockenfallende Erhebungen können auch ohne entsprechende Anlagen zu einem Basispunkt erklärt werden, wenn der Verlauf von Basislinien von und zu diesen Punkten allgemeine internationale Anerkennung gefunden hat.[22]

Neu eingeführt gegenüber der Küstenmeerkonvention wurde durch Art. 7 Abs. 2 SRÜ eine Sondervorschrift für Deltas und Küsten, die natürlichen Veränderungen unterworfen sind. In diesem Fall können die entsprechenden Punkte entlang der äußersten seewärtigen Erstreckung der Niedrigwasserlinie gewählt werden. Auch bei einem späteren Rückgang der Niedrigwasserlinie bleiben die so gezogenen geraden Basislinien wirksam, bis sie vom Küstenstaat im Einklang mit dem Seerechtsübereinkommen geändert werden.

Sind die Voraussetzungen für die Festlegung gerader Basislinien erfüllt, so kann für die Bestimmung von deren Verlauf auf die wirtschaftlichen Interessen der betreffenden Region Rücksicht genommen werden, soweit diese Interessen durch längere Übung eindeutig erwiesen sind. Dieser Grundsatz, der sowohl in Art. 4 Abs. 4 Küstenmeerkonvention als auch in Art. 7 Abs. 5 SRÜ seinen Niederschlag gefunden hat, wurde ebenfalls bereits durch den IGH im *britisch-norwegischen Fischereistreit* entwickelt.[23] Dabei hat der IGH es deutlich werden lassen – was auch im Wortlaut der angesprochenen Vorschriften zum Ausdruck kommt –, daß wirtschaftliche Gesichtspunkte den Einsatz von geraden Basislinien nicht zu begründen vermögen; sie sind nur geeignet, den *Verlauf* der geraden Basislinien im Einzelfall zu bestimmen.[24] Schließlich enthalten sowohl die Küstenmeerkonvention als auch das Seerechtsübereinkommen eine wesentliche Einschränkung für die Anwendung von geraden Basislinien. Diese dürfen nämlich nicht so gezogen werden, daß sie das Küstenmeer eines anderen Staates von der Hohen See bzw. der ausschließlichen Wirtschaftszone abschneiden (Art. 4 Abs. 5 Küstenmeerkonvention bzw. Art. 7 Abs. 6 SRÜ).

Küstenmeerkonvention und Seerechtsübereinkommen gestatten es den Staaten, die verschiedenen Methoden, Basislinien zu ziehen, kombiniert einzusetzen.

Auch die praktische Umsetzung der Festlegung von Grenzlinien hat eine Regelung erfahren. Nach Art. 16 SRÜ (weniger präzise Art. 4 Abs. 6 Küstenmeerkonvention) sind die geraden Basislinien in Seekarten einzutragen, deren Maßstab für die Bestimmung

---

[21] Ein Vorschlag *Žoureks*, demzufolge es den Küstenstaaten freistehen sollte, gerade Basislinien anzuwenden, wurde während der Verhandlungen der ILC abgelehnt, ILC Yearbook 1955 I, 69, 78.

[22] Art. 7 Abs. 4 SRÜ; diese Formel geht auf einen Vorschlag Norwegens zurück.

[23] ICJ Reports 1951, 116 (128, 133 ff).

[24] *Fitzmaurice*, ILC Yearbook 1956 I, 186; *Wolfrum*, 252.

ihrer Lage ausreicht. Eine Publikation kann auch über die Bekanntgabe geographischer Daten erfolgen. Das Seerechtsübereinkommen weist insoweit dem Generalsekretär der Vereinten Nationen eine Depositar-Funktion zu. Bei ihm sollen die entsprechenden Seekarten oder Listen der geographischen Koordinaten hinterlegt werden (Art. 16 Abs. 2 SRÜ).

5. Inseln, die weiter als die Küstenmeerbreite von dem Festland entfernt liegen, haben unabhängig von ihrer Größe, der Art ihrer Nutzung und ihrer Bewohnbarkeit ein eigenes Küstenmeer. Sie werden definiert als natürlich entstandenes Land, das vom Wasser umgeben ist und bei Flut über den Wasserspiegel hinausragt (Art. 10 Abs. 1 Küstenmeerkonvention bzw. Art. 121 Abs. 1 SRÜ). Beträgt die Entfernung zwischen der Insel und der Küste nicht mehr als die doppelte Breite des Küstenmeeres, so sind die dazwischen liegenden Gewässer Küstengewässer. Gehören Küste und Insel verschiedenen Staaten, so ist die Grenze in der Mitte zu ziehen.

Es ist immer wieder vertreten worden, nur bewohnbaren und wirtschaftlich nutzbaren Inseln sei ein Küstenmeer zuzuerkennen. Diese Ansicht hat sich aber nicht durchzusetzen vermocht. Denn Art. 121 SRÜ billigt allen Inseln ein Küstenmeer zu. Ein Beispiel aus der Praxis war der viel erörterte Fall der *Anna.*[25] Der britische High Court of Admiralty entschied, daß die Wegnahme eines spanischen Schiffes im Kriege zwischen Großbritannien und Spanien in einer Entfernung von mehr als 3 Seemeilen von dem amerikanischen Festland, aber weniger als 3 Meilen von einigen in der Mississippi-Mündung liegenden unbewohnten Schlamminseln auf amerikanischem, d. h. neutralem Territorium, erfolgt sei, und ordnete die Freigabe an.

Inseln, die nicht bewohnbar oder nicht wirtschaftlich nutzbar sind, haben aber weder einen Festlandsockel noch eine ausschließliche Wirtschaftszone (Art. 121 Abs. 3 SRÜ).

Diesem Punkt kommt große praktische Bedeutung zu. So beansprucht Großbritannien die Insel Rockall (Fläche 624 qm), die 162 Seemeilen westlich von Großbritannien zwischen Irland und Island liegt, und stützt hierauf seine Ansprüche auf den die Insel umgebenden Festlandsockel. Ähnliche Bedeutung kommt dem Maro Riff in der Nähe von Hawaii, den Felsen St. Peter und St. Paul vor der brasilianischen und dem Felsen L'Esperance vor der neuseeländischen Küste zu.[26]

II. 1. Die äußere Grenze des Küstenmeeres wird durch eine Linie gebildet, auf der jeder Punkt vom nächstgelegenen Punkt der Basislinie um die Breite des Küstenmeeres entfernt ist.[27]
Für die Bestimmung dieser Außengrenze bieten sich technisch die *Methode der Parallellinien* und die *Zirkelmethode* an; letztere hat sich inzwischen durchgesetzt.[28] Nach der Zirkelmethode werden von jedem Punkt der Küste Kreisbögen geschlagen, deren Radius der Ausdehnung der Küstengewässer entspricht. Der Raum diesseits aller Kreisbögen gehört zum Küstenmeer. Bei einer geraden Küstenlinie ergibt eine unbegrenzte Anzahl von Kreisbögen wiederum eine gerade Linie.

Diese Methode wurde von den USA erstmalig auf der Haager Kodifikationskonferenz von 1930 vorgeschlagen.[29] Der IGH stand ihr in seiner Entscheidung des *britisch-norwegischen Fischereistreits* noch skeptisch gegenüber.[30] Der Methodenstreit hat jedoch seine Bedeutung inzwischen deshalb verloren, weil die Staaten das Recht haben, normale und gerade Basislinien zu kombinie-

---

[25] C. *Robinson's* Admiralty Reports (1799-1808) 5, 373; English Reports Reprint (1220-1865) 165, 809.

[26] Vgl. dazu *Hodgson/Smith*, 232.

[27] Art. 6 Küstenmeerkonvention, Art. 4 SRÜ.

[28] *O'Connell/Shearer* I, 231; anders noch *Dahm* I, 650.

[29] LoN Doc. C. 351 (b), M. 145 (b), 1930 V. 195.

[30] ICJ Reports 1951, 116 (129).

ren. Aus diesem Grund ist die Frage der Methode weder auf der 1. noch der 3. UN-Seerechtskonferenz erneut diskutiert worden.

2. Reeden, die Schiffen üblicherweise zum Laden, Entladen und Ankern dienen und die anderenfalls ganz oder teilweise außerhalb der äußeren Grenzen des Küstenmeeres gelegen wären, können in das Küstenmeer einbezogen werden.[31]

Bereits die ILC hatte sich mit diesem Problem beschäftigt, wobei vorgeschlagen wurde, Reeden als innere Gewässer anzusehen.[32] Diesem Vorschlag lag der Leitgedanke zugrunde, daß nur so eine volle Geltung des küstenstaatlichen Verwaltungsrechts sicherzustellen sei. Der Entwurf der ILC ist diesem Gedanken letztlich nicht gefolgt, sondern hat Reeden in das Küstenmeer einbezogen. In den Beratungen der 1. Seerechtskonferenz haben die Niederlande darauf hingewiesen, daß der spätere Art. 9 Küstenmeerkonvention auslegungsfähig sei. Es sei nicht eindeutig, ob die Reede und der Wassergürtel zwischen dieser und dem Küstenmeer in letzteres einbezogen würden oder ob nur die Reede allein der Hoheit der Küstenstaaten unterliegen solle.[33] Ihr Versuch, die weitergehende Interpretation festzuschreiben, scheiterte jedoch.[34] Die Entstehungsgeschichte von Art. 9 Küstenmeerkonvention – gleiches gilt für den identischen Art. 12 SRÜ – belegt, daß nur die Reeden selbst den Status des Küstenmeeres erhalten. Hat also die Reede keine Verbindung zu dem Küstenmeer, so bleibt der Wassergürtel zwischen ihr und dem Küstenmeer Hohe See bzw. Bestandteil der ausschließlichen Wirtschaftszone.

III. 1. Überaus umstritten war bis zum Abschluß der 3. UN-Seerechtskonferenz die Frage der seewärtigen *Küstengewässerbreite.* Solange ein Küstenmeer unter dem Gesichtspunkt der küstenstaatlichen Sicherheitsinteressen beansprucht wurde, lag es nahe, den von der Küste aus militärisch beherrschbaren Seeraum als Küstenmeer zu beanspruchen (Kanonenschußregel).[35]

Die hieraus hergeleiteten Konsequenzen waren aber zunächst durchaus unterschiedlich.[36] Erst 1793 wurde die Kanonenschußregel durch *Jefferson* in die 3 Seemeilen-Regel umgesetzt. Anlaß dazu war der Kriegsausbruch zwischen Großbritannien und Frankreich. *Jefferson* teilte den kriegführenden Mächten mit, daß ein Wassergürtel dieser Breite vor der amerikanischen Küste unter dem Schutz der USA stehe und daher als neutrales Gewässer anzusehen sei.[37] In seinem Schreiben wurde ausdrücklich auf die Kanonenschußregel verwiesen.[38] In der Folgezeit legten drei Urteile des High Court of Admiralty (Lord *Stowell*) die 3 Seemeilen-Regel zugrunde.[39] Später hat sich diese Küstengewässerbreite sowohl in Großbritannien als auch in den USA durchgesetzt und wurde auf die Bereiche Fischfang und Jurisdiktion übertragen.[40] Sie wurde allerdings nicht allgemein anerkannt. Zwar wurde sie von Deutschland[41], den Niederlanden, Belgien, Japan und mit Einschränkungen von Frankreich sowie einer Reihe anderer Staaten rezi-

---

[31] Art. 9 Küstenmeerkonvention, Art. 12 SRÜ.

[32] ILC Yearbook 1952 II, 35; 1953 II, 68; 1954 II, 5; 1954 I, 89.

[33] UN Doc. A/Conf. 13/C.1/L.67, abgedruckt in: UNCLOS I, OR III, 230 sowie die Stellungnahme A/Conf. 13/C.1/SR 46 para. 14, aaO, 142.

[34] Vgl. die Stellungnahme der USA, UN Doc. A/Conf. 13/C.1/SR.46 para. 21, aaO, 143 und die folgende Abstimmung.

[35] *Hugo Grotius,* De iure belli ac pacis II, c. III §§ 13, 14 sprach noch von einem Gebiet, das sich von den Küsten aus verteidigen lasse. Als erster legte *Bynkershoek,* De dominio maris (1702) c. 2 und Quaestionum iuris publici libri duo l.I, c. VIII die Reichweite eines Kanonenschusses zugrunde.

[36] Vgl. dazu *O'Connell/Shearer* I, 129 ff.

[37] *Moore,* Digest I, 702.

[38] Diese Regelung fand Eingang in den *Neutrality Act* der USA vom 5. Juni 1794 (U.S. Statutes at Large, 384).

[39] *The Twee Gebroeders* (1800), English Reports Reprint 165, 422; *The Vrouw Anna Catherina* (1803), English Reports Reprint 165, 681; *The Anna* (1805), English Reports Reprint 165, 809 (814).

[40] Vgl. dazu *O'Connell/Shearer* I, 133 ff.

[41] So z. B. RFH 26, 271 und vor allem die Entscheidung des Oberprisenhofs im Falle des schwedischen Schiffes *Elida,* DJZ 1916, 478. Darin wurde im Ersten Weltkrieg die Aufbringung des schwedischen Schiffes in einer Entfernung von mehr als 3, aber weniger als 4 Seemeilen vor der schwedischen Küste als dem Völkerrecht entsprechend bezeichnet.

piert. Schweden, Norwegen und Island aber beanspruchten Küstengewässer von 4 Seemeilen Breite.[42] Andere Staaten (Spanien, Portugal, Griechenland, Jugoslawien, Türkei) machten ein Küstenmeer von 6, das zaristische Rußland von 12 Seemeilen Breite geltend. Auf der Kodifikationskonferenz von 1930 ist man bei dem Versuch einer Regelung des Rechts der Küstengewässer an dieser Frage gescheitert. Das gleiche gilt für die Vorarbeiten der ILC[43] zu der 1. UN-Seerechtskonferenz sowie für die 1. und 2. UN-Seerechtskonferenz selbst. Auf der 1. UN-Seerechtskonferenz unterbreiteten die USA einen Kompromißvorschlag[44], wonach die Küstenmeerbreite 6 Seemeilen betragen und sich eine Fischereizone von weiteren 6 Seemeilen anschließen sollte. Aber auch dieser verfehlte die erforderliche Zweidrittelmehrheit knapp.
Trotzdem kann man bis zur 3. UN-Seerechtskonferenz nicht von einer völligen Anarchie in dieser Frage sprechen. So sehr auch die Ansichten der Staaten divergierten, ließen sich doch zwei Grenzen, eine Mindest- und eine Höchstgrenze, bestimmen, über die bei einer großen Mehrheit der Staaten Einigkeit herrschte. Danach betrug die Küstenmeerbreite mindestens 3 und höchstens 12 Seemeilen. Dies hat ebenfalls seinen Niederschlag in der Küstenmeerkonvention gefunden. Denn die Regelung für die Anschlußzone (Art. 24 Abs. 2) macht deutlich, daß nach dem Willen der Konferenzmehrheit die küstenstaatlichen Rechte nicht weiter als 12 Seemeilen von der Küste aus reichen sollten.

Der Grund für die Uneinigkeit über die Breite der Küstengewässer liegt in ihrer veränderten Bedeutung. Handelte es sich bei ihnen dem Ursprung nach zunächst um eine Sicherheitszone, so traten in der Folgezeit vor allem wirtschaftliche Interessen (zunächst im Bereich der Fischerei) in den Vordergrund. Die Ausdehnung des Küstenmeeres ist daher als der Versuch der Küstenstaaten zu werten, sich die ausschließliche Nutzung der küstennahen Gewässer zu sichern. Dies wird anhand der Entwicklung der Küstenmeerbreite nach 1958 deutlich. Zur Zeit beanspruchen ca. 100 Staaten Küstenmeere von 12 Seemeilen Breite, während 21 Staaten sogar Anspruch auf eine Breite zwischen 15 und 200 Seemeilen erheben.[45] Vor allem bei der Erklärung der letztgenannten großen Küstenmeere standen wirtschaftliche Überlegungen im Vordergrund.[46]

2. Art. 3 SRÜ begrenzt nunmehr die Küstenmeerbreite auf 12 Seemeilen. Daß eine derartige Einigung möglich war, liegt darin begründet, daß den wirtschaftlichen Interessen der Küstenstaaten durch die Einrichtung von Sonderzonen (ausschließliche Wirtschaftszone, Festlandsockel) Rechnung getragen wurde. Auch wenn seit der Verabschiedung des Seerechtsübereinkommens erst kurze Zeit vergangen und dieses noch nicht in Kraft getreten ist, kann man dennoch davon ausgehen, daß zumindest eine Tendenz besteht, die 12 Seemeilenbreite für das Küstenmeer als Völkergewohnheitsrecht anzusehen. Dafür spricht nicht nur die große Zahl der Staaten, die die 12-Seemeilengrenze inzwischen rezipiert haben, sondern vor allem, daß einige Staaten weitergehende Ansprüche nunmehr wieder zurückgenommen haben.[47] Dies erfolgte teilweise unter Berufung auf die neueren seerechtlichen Entwicklungen. Angesichts des Widerstands von über 20 Staaten kann aber zur Zeit noch nicht davon ausgegangen werden, daß sich diese Tendenz endgültig durchgesetzt hat.[48]

---

[42] Vgl. dazu die Entscheidung des IGH im *britisch-norwegischen Fischereistreit*, ICJ Reports 1951, 116.

[43] ILC Yearbook 1952 I, 155; 1956 I, 180.

[44] UN Doc. A/Conf. 13/C.1/L.159 sowie Rev. 1 und Rev. 2, abgedruckt in: UNCLOS I, OR III, 253.

[45] Law of the Sea Bulletin, No. 8 (November 1986), 25-28.

[46] Küstenmeere von 200 Seemeilen beanspruchen: Argentinien, Benin, Brasilien, Ecuador, El Salvador, Kongo, Liberia, Nicaragua, Panama, Peru, Sierra Leone, Somalia und Uruguay. Die Bundesrepublik Deutschland geht, abgesehen von Teilen des Nordseebereichs, von einer Breite von 3 Seemeilen aus, die Niederlande und die DDR beanspruchen ein Küstenmeer von 12, Dänemark von 3 Seemeilen. Vgl. dazu *Wolfrum*, 247 ff.

[47] Z. B. Gambia, Ghana, Guinea, Guinea-Bissau, Cape Verde, Madagascar und Senegal.

[48] *Wolfrum*, The Emerging Customary Law of Marine Zones: State Practice and the Convention on the Law of the Sea, NYIL 18 (1987), 121 ff.

IV. 1. Die Abgrenzung von Küstengewässern gegenüberliegender und benachbarter Staaten wird sowohl in der Küstenmeerkonvention als auch in dem Seerechtsübereinkommen nur rudimentär geregelt (Art. 12 Küstenmeerkonvention, Art. 15 SRÜ). Die praktische Bedeutung dieser Frage war unter der Geltung der Küstenmeerbreite von 3 Seemeilen eher gering. Mit wachsender Küstenmeerbreite kommt diesem Komplex nunmehr größere Relevanz zu, zumal – zumindest bei der Grenzziehung zwischen benachbarten Staaten – Präjudizien für die Abgrenzung von Wirtschaftszonen- und Festlandsockelbereichen geschaffen werden. Primär soll die Lösung zwischen den Staaten im Wege der Vereinbarung gefunden werden. Bei Fehlen einer Vereinbarung ist keiner der Staaten berechtigt, sein Küstenmeer über die Mittellinie hinaus auszudehnen, es sei denn, historische Rechtstitel oder andere besondere Umstände machen es erforderlich, die Küstenmeere der beiden Staaten abweichend gegeneinander abzugrenzen.
Das hier angesprochene *Mittellinienprinzip* geht ursprünglich auf *Pufendorf* zurück.[49] Es wurde in der Folgezeit von der Literatur aufgenommen und zum *Äquidistanzprinzip* modifiziert.[50] In dieser Form hat es auch Eingang in die Küstenmeerkonvention bzw. das Seerechtsübereinkommen gefunden.

2. Die Frage der Küstengewässerbegrenzung zwischen benachbarten Staaten ist mehrfach Gegenstand von internationalen schiedsgerichtlichen Entscheidungen geworden. Im *Grisbadarna*-Fall[51] (1909) war es Aufgabe des Ständigen Schiedshofs, die Grenze zwischen Norwegen und Schweden zu fixieren, und zwar entweder entsprechend einem Vertrag von 1661 oder entsprechend den Prinzipien des Völkerrechts. Das Schiedsgericht stellte fest, daß weder die Mittellinie noch das Prinzip des Thalwegs im 17. Jahrhundert anerkannt gewesen seien, und zog dann die Grenze nach der Methode der Senkrechten.
Eine jüngere schiedsgerichtliche Entscheidung bezieht sich auf die Grenzziehung im *Beagle-Kanal*.[52] Ausschlaggebend waren hier aber weniger allgemeine Abgrenzungskriterien als die Auslegung eines Vertrages zwischen Argentinien und Chile.

3. Probleme vergleichbarer Art haben sich nach der Erweiterung des niederländischen Küstenmeeres auf 12 Seemeilen für die deutsch-niederländische Grenze im Mündungsbereich der Ems ergeben.[53] Gerade dieser Fall belegt, daß entscheidend nicht so sehr die Frage ist, ob das Äquidistanzkriterium angewandt werden kann, sondern ob besondere Umstände eine andere Grenzziehung erfordern. Wann von besonderen Umständen gesprochen werden kann, ist bislang – für die Küstenmeergrenze – in der völkerrechtlichen Praxis und im Schrifttum wenig aufgearbeitet worden. Neben historischen Gesichtspunkten sind zweifelsohne auch wirtschaftliche Überlegungen heranzuziehen, wie dies schon bei der Bestimmung der geraden Basislinien erfolgt ist.

§ 68 Die Rechtsordnung des Küstenmeeres

Schrifttum: *Schücking*, Das Küstenmeer im internationalen Recht, 1897; *Niemeyer*, Allgemeines Völkerrecht des Küstenmeers, 1926; *Gidel*, Le droit international public de la mer, 3 Bde., 1932/34; *Baldoni*, Il Mare Territoriale nel Diritto Internazionale Commune, 1934; *Rörig*, Zur Rechtsge-

[49] De jure naturae et gentium, Band II, IV, 5, 8; als weitere Abgrenzungskriterien benennt *O'Connell/Shearer* II, 659 ff die gemeinsame Mittelzone, d.h. die Zone, in der sich die gegenüberliegenden Küstenmeere überlappen, und den Thalweg.

[50] *Boggs*, International Boundaries, 1940, 192.

[51] RIAA XI, 147.

[52] ILM 17 (1978), 632.

[53] Im einzelnen dazu *Wolfrum*, 258 ff.

schichte der Territorialgewässer: Reede, Strom und Küstengewässer, 1949; *Gutiérrez Olivos,* Mar Territorial y Derecho Moderno, 1955; *Ferron,* Le droit international de la mer, 2 Bde., 1958/60; *Slonim,* The Right of Innocent Passage and the 1958 Geneva Conference on the Law of the Sea, Columbia Journal of Transnational Law 5 (1955), 96 ff; *Alexander,* The Law of the Sea: Offshore Boundaries and Zones, 1967; *Alvarado Garaicoa,* Derecho Internacional Marítimo, 1970; *Azcárraga,* Derecho Internacional Marítimo, 1970; *Oudendijk,* Status and Extent of Adjacent Waters: A Historical Orientation, 1970; *Steinert,* Die internationalrechtliche Stellung des Schiffes im fremden Küstenmeer im Frieden, 1970; *Bustamente y Rivero,* Derecho de Mar, 1972; *Wille,* Die Verfolgung strafbarer Handlungen an Bord von Schiffen und Luftfahrzeugen, 1973; *Fernandez,* El Derecho de Mar y sus Problemas Actuales, 2. Aufl. 1974; *Dubner,* The Law of Territorial Waters, of Mid-Ocean Archipelagos and Archipelagic States, 1977; *O'Connell/Shearer,* The International Law of the Sea, 2 Bde. 1982/84, 60 ff, 260 ff; *Butler,* Innocent Passage and the 1982 Convention. The Influence of Soviet Law and Policy, AJIL 81 (1987), 331; *Larson,* Innocent, Transit, and Archipelagic Sea Lanes Passage, ODILA 18 (1987), 411.

I. Die Küstenmeere umfassen eine Zone, in der nationale und internationale Interessen sich kreuzen. Sie sind einerseits durch ihre natürliche Lage, durch wirtschaftliche und militärische Interessen mit dem Küstenland verbunden. Andererseits bilden sie den Rand der Hohen See, und es besteht ein internationales Interesse an ihnen. Denn sie sind die natürlichen Verbindungswege zwischen dem Land und der See und unentbehrliche Durchgangsstraßen für Handel und Schiffahrt aller Nationen. Vor allem in bezug auf den letzten Punkt ist zu berücksichtigen, daß der nicht transozeanische Schiffsverkehr im küstennahen Bereich verläuft, also die Küstenmeere verschiedener Staaten durchquert, ohne notwendigerweise alle entsprechenden Häfen anzulaufen. Diese Zwischenstellung zwischen Land und Hoher See macht die besondere Rechtsstellung des Küstenmeeres verständlich. In ihr kommt zum Ausdruck, daß das Völkerrecht die nationalen Sonderinteressen der Küstenstaaten an den küstennahen Gewässern anerkannt hat.

Das Küstenmeer, der darüber befindliche Luftraum und der darunter liegende Meeresboden und Meeresuntergrund unterfallen der territorialen Souveränität des Küstenstaates[1] (Art. 1 und 2 Küstenmeerkonvention[2] bzw. Art. 2 SRÜ[3]). Diese Qualifikation des Küstenmeeres beherrschte die Praxis des Völkerrechts bereits zu Beginn dieses Jahrhunderts und hat sich in der Folgezeit völlig durchgesetzt.[4]

Die Souveränität des Küstenstaates ist allerdings nach Maßgabe der genannten Übereinkommen und der anderen Regeln des Völkerrechts auszuüben (Art. 1 Abs. 2 Küstenmeerkonvention, Art. 2 Abs. 3 SRÜ).

II. Da das Küstenmeer Bestandteil des küstenstaatlichen Territoriums ist, steht dem betreffenden Küstenstaat grundsätzlich das Recht zu, die Gewässer ebenso wie den Meeresboden und dessen Untergrund wirtschaftlich zu nutzen bzw. die Nutzung zu kontrollieren und vor allem die Fischerei sich selbst und seinen Staatsangehörigen vorzubehalten.[5]

---

[1] Die früheren Differenzen über die rechtliche Einordnung des Küstenmeeres sind inzwischen obsolet geworden, vgl. zu den einzelnen Theorien *O'Connell/Shearer* I, 61 ff.

[2] Genfer Übereinkommen über das Küstenmeer und die Anschlußzone vom 29. April 1985, UNTS 516, 205 (im folgenden: Küstenmeerkonvention).

[3] Seerechtsübereinkommen (im folgenden: SRÜ) vom 10. Dezember 1982, in: The Law of the Sea – United Nations Convention on the Law of the Sea (United Nations Publication), 1983.

[4] So z. B. das XIII. Haager Abkommen (Neutralität im Seekrieg) von 1907, Art. 1. Nach dem Chicagoer Abkommen über die internationale Zivilluftfahrt vom 7. Dezember 1944 (wie schon nach dem älteren Abkommen von 1919) hat jeder Staat die uneingeschränkte Hoheitsgewalt über den Luftraum über seinem Gebiet, das nach Art. 2 des Abkommens auch die Küstengewässer umfaßt.

[5] *O'Connell/Shearer* I, 510 ff; *Colombos,* 113 ff.

Der Küstenstaat kann jedoch durch Verträge auch anderen Staaten und deren Staatsangehörigen die Fischerei in seinen Gewässern, manchmal verbunden mit dem Recht zum Betreten der Küste, gestatten. Solche Fischereirechte können ausschließliche oder konkurrierende Rechte sein. Servituten dieser Art haben lange Zeit an der amerikanischen Nordatlantikküste bestanden. So wurde Frankreich durch den Utrechter Frieden von 1713 und den Versailler Vertrag von 1783 das ausschließliche Fischereirecht an der Küste von Neufundland gewährt. Erst im Jahre 1904 gab Frankreich seine ausschließlichen Rechte in diesen Gegenden auf. Die Fischereirechte an den Küsten von Neufundland, im St.-Lorenz-Strom und in anderen Seegebieten vor der kanadischen Atlantikküste waren auch Gegenstand zahlreicher Verträge zwischen Großbritannien und den USA. Konkurrierende Fischereirechte wurden den USA an den Küsten durch den Friedensvertrag von 1783 und spätere Verträge von 1818, 1854 und 1871 gewährt.[6] Von lebenswichtiger Bedeutung für Japan und seit der Jahrhundertwende Gegenstand zahlreicher internationaler Abkommen waren die Fischereirechte an der russischen Küste der japanischen See, der See von Ochotsk und der Beringsee.

Fremde Staaten haben sich in dem Küstenmeer jeder Ausübung ihrer Hoheitsgewalt zu enthalten. In einem Kriege, in dem der Küstenstaat neutral ist, sind auch seine Küstengewässer neutrales Gebiet. Daher ist das Anhalten sowie die Durchsuchung und Wegnahme von Schiffen durch die Kriegführenden völkerrechtswidrig.[7]
Andererseits trägt der Küstenstaat die Verantwortung für das Küstenmeer. Im *Korfukanal*-Fall wurde eine Schadensersatzpflicht Albaniens gegenüber Großbritannien vom IGH darauf gestützt, daß in seinen Küstengewässern – möglicherweise von dritter Seite – Minen gelegt worden waren, was Albanien hätte verhindern müssen.[8]

III. 1. Die territoriale Souveränität des Küstenstaates in bezug auf das Küstenmeer wird vor allem durch das Recht aller Staaten auf friedliche und unschädliche Durchfahrt eingeschränkt (right of innocent passage).[9] Dem Recht auf friedliche Durchfahrt entspricht eine Verpflichtung des Küstenstaates zum *Dulden*.[10] Er darf die Durchfahrt nicht behindern und durchfahrende Schiffe nicht anhalten. Diese allgemeine Pflicht der Küstenstaaten wird durch Art. 24 Abs. 1 SRÜ näher präzisiert. Danach ist es dem Küstenstaat untersagt, wenn er im Einklang mit dem Seerechtsübereinkommen Regelungen für die Schiffahrt in dem Küstenmeer erläßt, Anforderungen an fremde Schiffe zu stellen, die die Freiheit der friedlichen Durchfahrt praktisch außer Kraft setzen. Außerdem ist es ihm untersagt, Schiffe bestimmter Staaten bzw. den Verkehr von oder zu bestimmten Staaten zu diskriminieren. Darüber hinaus darf der Küstenstaat keine Gebühren für die Durchfahrt erheben.[11] Dagegen ist die Erhebung von Abgaben für speziell geleistete Dienste – z. B. Lotsen-, Schlepp- oder Bergungsdienste – gestattet, soweit derartige Gebühren ohne Diskriminierung erhoben werden. Ausgeschlossen sind aber Abgaben für allgemeine Dienste, z. B. die Deckung der Kosten für die Verwaltung des Küstenmeeres, die Erhaltung von Bojen und Leuchttürmen, die Ausbaggerung der Schiffahrtswege usw.[12]

---

[6] Auf diese Fischereirechte bezog sich der Schiedsspruch des Ständigen Internationalen Schiedshofs über die *Fischereirechte im Nordatlantik* von 1910.

[7] Vgl. Art. 1 der XIII. Haager Konvention von 1907.

[8] ICJ Reports 1949, 4.

[9] Art. 14-23 Küstenmeerkonvention bzw. Art. 17-32 SRÜ.

[10] Weder die Küstenmeerkonvention noch das Seerechtsübereinkommen erwähnen den Überflug. Eine entsprechende Regelung im Sinne der Durchflugfreiheit erfolgt allerdings für den internationalen Linienverkehr in Art. 1 Chicagoer Abkommen über die internationale Zivilluftfahrt (BGBl. 1956 II, 442).

[11] Art. 18 Abs. 1 Küstenmeerkonvention, Art. 26 Abs. 1 SRÜ.

[12] Vgl. schon Art. 7 des Haager Entwurfs von 1930, abgedruckt in: AJIL 24 (1930), Supp., 239 ff (243); dazu *Reeves*, The Codification of the Law of Territorial Waters, AJIL 24 (1930), 486 ff.

2. Der Küstenstaat ist zum Dulden, nicht aber, wenn keine entsprechenden Verträge bestehen, zu positiver Tätigkeit, z. B. nicht zum Ausbaggern oder Beseitigen von Hindernissen oder auch nur zur Befeuerung der Küsten verpflichtet.[13] Er muß allerdings alle ihm bekannten Gefahren, die in seinem Küstenmeer für die Schiffahrt bestehen, in geeigneter Weise bekanntmachen.[14]

3. Dem Recht auf Durchfahrt sind im Völkerrecht bestimmte Grenzen gezogen:

a) Der Küstenstaat braucht nur die Durchfahrt, sei es ohne Anlaufen eines Hafens, sei es auf dem Wege zum Hafen oder nach dem Verlassen des Hafens, zu dulden (Art. 14 Abs. 2 Küstenmeerkonvention). Art. 18 SRÜ fügt noch das Anlaufen von Reeden hinzu. Das Recht zur Durchfahrt schließt jedoch nicht das Recht zu längerem Aufenthalt ein. Nur soweit das Ankern in den Küstengewässern den Regeln der normalen Schiffahrt entspricht, ist es durch das Recht zur Durchfahrt gedeckt. Ein Schiff, das die normale Zeit überschreitet, ist nicht mehr als durchfahrendes Schiff zu behandeln, sondern der vollen Jurisdiktion des Küstenstaates unterworfen. Das Völkerrecht läßt lediglich dann eine Ausnahme zu, wenn der Aufenthalt durch höhere Gewalt, z. B. durch Seenot oder eine Meuterei an Bord, erforderlich wird.[15]

b) Eine Sonderregelung für die Ausübung des Rechtes auf friedliche Durchfahrt gilt gemäß Art. 14 Abs. 5 und 6 Küstenmeerkonvention für Fischereifahrzeuge und Unterseeboote. Erstere müssen die Fischereivorschriften und Fangverbote der Küstenstaaten beachten, letztere müssen aufgetaucht fahren und ihre Flagge zeigen.[16]

c) Ebensowenig umfaßt das Recht der Durchfahrt das Recht, an der Küste Handel zu treiben. Ob und inwieweit er diesen gestattet, bleibt dem Ermessen des Küstenstaats überlassen. Dieser hat vor allem das Recht, die Küstenfrachtfahrt (Kabotage) seinen eigenen Staatsangehörigen vorzubehalten.[17]

d) Die wesentliche Einschränkung des Rechts auf Durchfahrt liegt darin, daß nur die friedliche und unschädliche Durchfahrt (innocent passage) gestattet ist. Sie hat zudem entsprechend den Artikeln der Konvention und den anderen Regeln des Völkerrechts zu erfolgen.[18] Nach der Formulierung von Art. 14 Abs. 4 Küstenmeerkonvention gilt eine Durchfahrt als „friedlich", solange sie nicht den Frieden, die Ordnung oder Sicherheit des Küstenstaates beeinträchtigt.[19]

Diese Formel geht bereits auf einen Vorschlag Großbritanniens auf der Haager Kodifikationskonferenz zurück.[20] Friedlich war die Durchfahrt danach, soweit sie nicht die Sicherheit, die gute Ordnung oder Einkünfte des Küstenstaates beeinträchtigte. Der Sonderberichterstatter der ILC griff diesen Gedanken in seinem ersten Bericht (1952) auf, wobei er den Gesichtspunkt hinzufügte, daß die Staaten verpflichtet seien, eine Nutzung ihrer Küstenmeere auszuschließen,

---

[13] Vgl. dazu *Schücking*, Memorandum, AJIL 20 (1926), Supp. 46 ff, 103. Ein multilaterales Abkommen, durch das dem Küstenstaat in dieser Hinsicht Verpflichtungen auferlegt sind, ist das Abkommen von Lissabon über Seezeichen vom 23. Oktober 1930 (LNTS 125, 96).

[14] Art. 15 Küstenmeerkonvention, Art. 24 Abs. 2 SRÜ.

[15] Vgl. Art. 14 Abs. 2 und 3 Küstenmeerkonvention bzw. Art. 18 SRÜ.

[16] Beide Vorschriften haben, wenn auch in teilweise veränderter Form, Eingang in das Seerechtsübereinkommen gefunden (vgl. Art. 19 Abs. 2 (i) und 20).

[17] Vgl. Gesetz über die Küstenschiffahrt vom 26. Juli 1957 (BGBl. 1957 II, 738).

[18] Art. 14 Abs. 4 Küstenmeerkonvention bzw. Art. 19 Abs. 1 SRÜ.

[19] Vgl. zu den Versuchen vor dem Zweiten Weltkrieg die Interessen der Küstenstaaten und der Staatengemeinschaft an einer möglichst freien Durchfahrtsregelung auszubalancieren *O'Connell/Shearer* I, 265 ff.

[20] LoN Doc. C. 351 (b). M 145 (b). 1930. V. 16, 62.

die den Interessen anderer Staaten zuwiderlaufe.[21] Auf der 1. Seerechtskonferenz war die Frage einer Definition des Begriffes „friedliche Durchfahrt" umstritten[22], und zwar unter folgenden Gesichtspunkten: Notwendigkeit, auf andere Regeln des Völkerrechts zu verweisen, und Bezugnahme nur auf die Durchfahrt oder auch auf schiffsinterne Vorgänge. Letztlich setzte sich ein Vorschlag der USA durch.

Der Ansatz der 3. UN-Seerechtskonferenz ist deutlich verschieden. Er wurde zunächst von dem Bemühen getragen, die den Küstenstaaten durch die verwandten unbestimmten Rechtsbegriffe eröffneten Entscheidungsspielräume wieder einzuschränken. Dazu bediente man sich einer Auflistung von Verhaltensweisen, die als störend für den Frieden, die gute Ordnung und die Sicherheit des Küstenstaates anzusehen sind.[23] Im einzelnen zählen hierzu: jede gegen die Souveränität, territoriale Integrität oder politische Unabhängigkeit des Küstenstaates gerichtete Gewaltanwendung bzw. mit der Charta der Vereinten Nationen unvereinbare Handlung sowie jede Androhung der Gewaltanwendung; jedes Manöver und jede Waffenübung; jede Gewinnung von Nachrichten zu Lasten der Verteidigung und Sicherheit des Küstenstaates; jede Form der Propaganda zu Lasten der Verteidigung oder Sicherheit des Küstenstaates; jedes Aussetzen, Landen oder Anbordnehmen von Flugzeugen und militärischem Gerät; jedes Anbordnehmen oder Löschen von Waren, Währung oder Personen, das gegen die Zoll-, Finanz-, Einwanderungs- oder Gesundheitsvorschriften des Küstenstaates verstößt; jede vorsätzliche und substantielle Umweltverschmutzung entgegen dem Seerechtsübereinkommen; jede Form des Fischfangs oder der wissenschaftlichen Forschung und jede Aktivität, die darauf abzielt, ein Nachrichtenübermittlungssystem oder die Arbeit anderer Installationen des Küstenstaates zu beeinträchtigen. Abgeschlossen wird dieser Katalog durch eine Generalklausel, die den ursprünglichen Ansatz, die Handlungsspielräume des Küstenstaates einzuschränken, wieder verläßt. Untersagt wird nämlich jede Handlung, die keinen unmittelbaren Bezug zur Durchfahrt hat.[24] Dieser Verbotskatalog entspricht dem Katalog von Rechtsetzungskompetenzen des Küstenstaates (vgl. Art. 21 SRÜ), der erheblich breiter gefächert ist als unter der Küstenmeerkonvention (vgl. Art. 16 Küstenmeerkonvention). Insgesamt muß festgehalten werden, daß das Seerechtsübereinkommen die küstenstaatliche Kontrolle über die Schiffahrt deutlich verstärkt hat.[25]
Ob diese Vorschriften bereits Bestandteil des Völkergewohnheitsrechts sind, erscheint derzeit eher zweifelhaft. Bislang haben zumindest vier Staaten eine dem Art. 19 SRÜ entsprechende Regelung in ihrem nationalen Recht aufgenommen.[26] Dies reicht als Beleg für die notwendige Staatenpraxis noch nicht aus.

4. Ein Schiff, das ein fremdes Küstenmeer durchfährt, bewegt sich auf dem Gebiet eines ausländischen Staates. Es muß daher dessen Gesetze beachten. Der Küstenstaat hat das

---

[21] ILC Yearbook 1952 II, 39, wobei auf die Entscheidung zum *Korfukanal*-Fall verwiesen wurde.

[22] Vgl. die verschiedenen Staatenvorschläge, UNCLOS I, OR III, 213-216.

[23] Vgl. dazu Art. 19 Abs. 2 SRÜ. Abs. 2(a) (k) (bis auf (i)) gehen auf einen Vorschlag von Malaysia, Marokko, Oman und Yemen zurück (A/Conf. 62/C.2/L.16, UNCLOS III, OR III, 192). Sie wurden erweitert und modifiziert durch einen Vorschlag von Fidschi (A(/Conf.62/C.2/L.19, UNCLOS III, OR III, 196) sowie einen Vorschlag von Bulgarien, DDR, Polen, UdSSR (A/Conf.62/ C.2/L.26, UNCLOS III, OR III, 203).

[24] Die Generalklausel wurde erstmals von Fidschi eingeführt (A/Conf.62/C.2/L.19, UNCLOS III, OR III, 196). Sie war zunächst noch abgemildert durch die Klausel, daß von dem Küstenstaat genehmigte Aktivitäten bzw. mit dem Seerechtsübereinkommen in Einklang stehende Aktivitäten dem Verbotskatalog nicht unterfallen sollten.

[25] *O'Connell/Shearer* I, 270.

[26] Antigua und Barbuda, Äquatorial-Guinea, St. Lucia (die Gesetze finden sich bei *Smith*, 61, 125 und 385) sowie Frankreich (Law of the Sea Bulletin No. 6 (Oktober 1985), 14).

Recht, die Durchfahrt durch seine Gewässer zu regeln, darf also die Vorschriften erlassen, die er zur Verhütung von Zusammenstößen, zum Schutze unterseeischer Kabel, im Interesse seiner Sicherheit, seiner Fischereirechte, aus gesundheitlichen oder anderen Gründen für erforderlich hält. Er darf die Einhaltung dieser Bestimmungen überwachen und übt gegenüber durchfahrenden Schiffen die Polizeigewalt aus. Doch hat er sich bei der Ausübung seiner Hoheitsrechte in Grenzen zu halten. Seine Vorschriften dürfen die Durchfahrt nicht praktisch verhindern. So ist der Küstenstaat zwar zu zeitweiliger Sperrung bestimmter Gewässer aus Sicherheitsgründen befugt, aber er hat solche Maßnahmen auf das Mindestmaß zu beschränken und insbesondere durch rechtzeitige Benachrichtigung dafür zu sorgen, daß der internationalen Schiffahrt kein Schaden entsteht. Auch muß er bei Beschränkungen dieser Art jede Diskriminierung vermeiden.[27]

Auch diese küstenstaatlichen Kompetenzen hat das Seerechtsübereinkommen fühlbar verstärkt. Hinzugetreten sind vor allem Kompetenzen in bezug auf den Umweltschutz, die Meeresforschung[28] und die Schiffssicherheit.[29] Umweltschutzgesetze dürfen sich allerdings nicht auf das Design, die Bauart, die Bemannung und die Ausrüstung von Schiffen beziehen, sofern sie nicht internationale Standards oder Regeln in Kraft setzen. Damit wird einem wesentlichen Bedürfnis der internationalen Schiffahrt Rechnung getragen, die, im Interesse ihrer Mobilität, darauf angewiesen ist, möglichst überall gleichartigen Anforderungen in bezug auf Bau, Ausrüstung und Bemannung zu begegnen.[30] Umstritten war auf der 3. UN-Seerechtskonferenz, ob die Durchfahrt bestimmter Schiffe (z. B. Großtanker) verweigert werden könnte. Entsprechende Vorschläge haben sich nicht durchzusetzen vermocht. Allerdings werden derartige Schiffe gezwungen, besondere internationale Sicherheitszertifikate zu führen.

Eine gewisse Einschränkung des Grundsatzes, daß der Küstenstaat die Durchfahrt durch sein Küstenmeer nicht behindern darf, sieht nunmehr das Seerechtsübereinkommen vor. Nach Art. 22 SRÜ hat der Küstenstaat das Recht, besondere Fahrwege oder Verkehrstrennungsregelungen in seinem Küstenmeer vorzuschreiben. Deren Benutzung kann er insbesondere für bestimmte Schiffstypen oder Schiffe mit gefährlichen Ladungen obligatorisch gestalten. In der Praxis sind bereits zahlreiche derartige Regelungen durch die IMO erfolgt (z. B. Ärmelkanal, Deutsche Bucht, westliche Ostsee etc.). Die Möglichkeit, das Fahrverhalten von Schiffen in dieser Weise zu regeln, ist — angesichts der weit verbreiteten Praxis — inzwischen gewohnheitsrechtlich anerkannt.

IV. Ob auch Kriegsschiffe ein Durchfahrtsrecht haben, war vor der 3. UN-Seerechtskonferenz lebhaft umstritten. Es erscheint angesichts der Staatenpraxis zweifelhaft, ob dieser Konflikt nunmehr wirklich beigelegt ist.

1. Die Kodifikationsvorschläge, die seit der Jahrhundertwende gemacht worden sind, stimmten in diesem Punkt nicht überein. Auch auf der Haager Konferenz konnte hierzu keine Einigung erzielt werden.[31] Das Urteil des IGH im *Korfukanal*-Fall[32] betrifft die Durchfahrt durch

---

[27] Vgl. Art. 16 Abs. 3 und Art. 17 Küstenmeerkonvention.

[28] Vgl. Art. 21 SRÜ.

[29] Vgl. Art. 22 SRÜ.

[30] *Wolfrum*, Der Umweltschutz auf Hoher See — Internationale wie nationale Maßnahmen und Bestrebungen, VRÜ 8 (1975), 201 ff.

[31] Die Vorschläge des Institut de droit international von 1894 dehnten das Durchfahrtsrecht auch auf Kriegsschiffe aus, ließen aber Ausnahmen zu; vgl. Tableau général des résolutions 122, Art. 5. Der Entwurf *Schückings* (abgedr. im Anhang zu *Gidel* III), Art. 12 und der des Sachverständigen-Ausschusses des Völkerbunds von 1926, Art. 7 und 12, die Vorschläge der ILA von 1926 — Report of the 34th Conference, Vienna 1926, 102 —, Art. 10 und des Institut de droit international von 1928 — Tableau général des résolutions 125, Art. 11 — gestatten dem Küstenstaat, die Durchfahrt zu regeln (also nicht geradezu zu verbieten). Nach dem Entwurf im Anhang der Schlußakte der Haager Konferenz von 1930 „wird" der Küstenstaat die

Meerengen und kann somit nicht für die Durchfahrt durch das Küstenmeer herangezogen werden.
Die ILC unterschied zwischen Kriegsschiffen und Handelsschiffen und gestand ersteren zunächst – wenn auch in eingeschränktem Umfang – ein Durchfahrtsrecht zu.[33] Der Vorschlag an die 1. Seerechtskonferenz ging von vorheriger Notifikation und Genehmigung aus.[34]

2. Die 1. Seerechtskonferenz diskutierte die Frage der Durchfahrtsrechte von Kriegsschiffen kontrovers. Letztlich enthält die Küstenmeerkonvention dazu keine ausdrückliche Regelung, da keiner der Vorschläge die erforderliche Mehrheit erreichte.[35] Erhalten blieb lediglich Art. 23 Küstenmeerkonvention, der besagt, daß Kriegsschiffe, die die Vorschriften über die Durchfahrt nicht beachten, von dem Küstenstaat aufgefordert werden können, das Küstenmeer zu verlassen.
Der Text der Küstenmeerkonvention hat zu unterschiedlichen Interpretationen geführt. So wurde unter Hinweis auf die Verwendung des Begriffes „Schiff" in Art. 14 Küstenmeerkonvention, der auch Kriegsschiffe mit umfasse, argumentiert, Kriegsschiffe hätten ein Recht auf friedliche Durchfahrt.[36] Die Gegenposition berief sich vor allem darauf, daß angesichts dessen, daß das Völkergewohnheitsrecht den Kriegsschiffen kein Durchfahrtsrecht zubillige, Art. 14 Küstenmeerkonvention restriktiv zu interpretieren sei.[37] Eine dritte Lehrmeinung vertrat den Standpunkt, daß die Küstenmeerkonvention die Frage der Durchfahrt von Kriegsschiffen nicht geregelt habe und sie somit dem Gewohnheitsrecht überlasse.[38]
Die UdSSR legte bei der Ratifikation einen Vorbehalt des Inhalts ein, daß der Küstenstaat für die Passage fremder Kriegsschiffe durch sein Küstenmeer die vorherige Genehmigung verlangen könne.[39] Dem wurde von seiten der USA, Großbritanniens, Australiens, Dänemarks, der Niederlande und Thailands formell widersprochen.[40]

3. Auf der 3. UN-Seerechtskonferenz schuf die veränderte Einstellung der UdSSR zu der Durchfahrt von Kriegsschiffen durch fremde Küstengewässer eine neue Situation. Die USA wie auch die UdSSR traten gleichermaßen für ein Recht auf eine friedliche Durchfahrt für Kriegsschiffe ein. Dennoch wurde dies nicht in völlig eindeutigen Formulierungen in dem Seerechtsübereinkommen festgeschrieben. Ebenso wie die Küstenmeerkonvention enthält nämlich auch das Seerechtsübereinkommen einen besonderen Abschnitt für Kriegsschiffe[41], der die Frage der Küstenmeerpassage nicht anspricht. Insofern muß man ebenso wie nach der Küstenmeerkonvention auf die für Schiffe allgemein geltenden Regeln zurückgreifen. Hier allerdings finden sich doch deutlichere Hinweise dafür, daß die Regeln über die friedliche Durchfahrt auch für Kriegsschiffe zu gelten haben. Denn das Erproben von Waffen, die Ausübung und Androhung von Gewalt, das Aussetzen und Anbordnehmen von Flugzeugen, die gemäß Art. 19 Abs. 2 SRÜ als unvereinbar mit der friedlichen Durchfahrt bezeichnet werden, können sich nur auf Kriegsschiffe beziehen.[42] Die Staatenpraxis ist aber offenbar bislang dennoch nicht bereit, diese Regelung zu

---

Durchfahrt in der Regel erlauben und keine vorherige Erlaubnis verlangen (Art. 12). Nach dem Entwurf der ILC von 1956, Art. 24 darf der Küstenstaat die Durchfahrt von einer vorhergehenden Erlaubnis oder Benachrichtigung abhängig machen, aber er soll die Erlaubnis normalerweise erteilen. Nach dem Harvard-Entwurf Art. 14 (vgl. den Kommentar) und 22 dagegen steht Kriegsschiffen schlechterdings kein Durchfahrtsrecht zu. Ebenso der Kommentar zu Art. 25 des Harvard-Entwurfs über die Neutralität im See- und Luftkrieg, AJIL 33 (1939), Supp. Nach Art. 25 ist der neutrale Küstenstaat allerdings nicht verpflichtet, die Durchfahrt zu untersagen. – Die im Schrifttum wohl h.M. will Kriegsschiffen die Durchfahrt gewähren, soweit es sich um internationale Verkehrswege handelt. Vgl. z. B. *Oppenheim/Lauterpacht I*, 494, 853; *Kelsen*, General Theory of Law and State, 1949, 211; *Churchill/Lowe*, 69 f; *O'Connell/Shearer* I, 274 ff (291); *Dupuy/Vignes*, 224 ff (229).

32 ICJ Reports 1949, 4.

33 ILC Yearbook 1954 I, 162.

34 ILC Yearbook 1956 II, 259 (Art. 24).

35 Vgl. dazu *O'Connell/Shearer* I, 290.

36 *Berber* I, 319; *Kelsen*, Principles, 327; *Pharand*, Innocent Passage in the Arctic, CanYBIL 6 (1968), 3 (11); *Fitzmaurice*, The Territorial Sea and the Contiguous Zone, ICLQ 8 (1959), 73 (98, 102 f).

37 *Tunkin*, The Geneva Conference on the Law of the Sea, International Affairs (Meždunarodnaja Žiznj, Moscow) Nr. 7, 47 (49); *Slonim*, 96 (115 ff).

38 *O'Connell/Shearer* I, 291.

39 UNTS 516, 227.

40 UNTS 516, 228.

41 Unterabschnitt C (Art. 29-32).

42 Bereits während der 3. UN-Seerechtskonferenz wurden die entsprechenden Vorschriften unter-

rezipieren. Denn eine Reihe von Staaten verlangt gemäß ihrer nationalen Gesetzgebung für eine Durchfahrt von fremden Kriegsschiffen durch ihre Küstengewässer eine vorherige Genehmigung[43] oder zumindest Notifikation.[44] Andere Staaten haben bei der Zeichnung entsprechende Erklärungen abgegeben.[45]

Angesichts dieser Entwicklung wird man zumindest zur Zeit nicht davon ausgehen können, daß ein Recht von Kriegsschiffen, fremde Küstenmeere zu durchfahren, Bestandteil geltenden Völkergewohnheitsrechts ist oder sich dieses in absehbarer Zeit entwickeln wird. Um einen solchen Prozeß auszulösen, hätte sich die Regelung des Seerechtsübereinkommens stärker von der Küstenmeerkonvention abheben müssen.

V. Einer besonderen Betrachtung bedarf im Hinblick auf durchfahrende Handelsschiffe[46] die Frage der *Gerichtsbarkeit.* Bei der Beurteilung dieser Frage ist zu bedenken, daß ein durchfahrendes Schiff zu dem Küstenstaat und seiner Rechtsordnung in wesentlich oberflächlicherer Beziehung steht als ein Schiff, das sich in dessen Häfen befindet. Daraus und aus dem internationalen Interesse an der freien Durchfahrt durch die Küstengewässer ergibt sich für den Küstenstaat die Verpflichtung, sich bei der Ausübung der Hoheitsgewalt gegenüber durchfahrenden Schiffen auf das Mindestmaß zu beschränken.

1. Zivilrechtliche Verfahren und Urteile oder sonstige Rechtstitel gegen Personen an Bord oder Verfahren und Urteile gegen das Schiff als solches gewähren den örtlichen Behörden kein Recht, die Durchfahrt zu stören. Nur Vorgänge, die mit der Durchfahrt selbst im Zusammenhang stehen, z. B. die Herbeiführung eines Zusammenstoßes in den Küstengewässern oder die Nichterfüllung von Verpflichtungen auf Grund von Lotsen- oder Schleppdiensten, können einem Vorgehen gegen das Schiff eine Grundlage bieten.[47]

2. Auch in der Ausübung der Strafgerichtsbarkeit ist der Küstenstaat gegenüber durchfahrenden Schiffen beschränkt, soweit es sich um Straftaten handelt, die an Bord begangen wurden.[48] Nur Straftaten, deren Folgen sich auch auf das Gebiet des Küstenstaats erstrecken oder die den Rechtsfrieden des Landes oder die Ordnung der Küstengewässer wirklich berühren, können Anlaß zum Einschreiten bieten. In anderen Fällen kann eine Strafverfolgung durch die örtlichen Behörden nur auf Bitten des Kapitäns oder des Konsuls des Flaggenstaates erfolgen. Weitergehende Untersuchungs- und Verfolgungsrechte hat der Küstenstaat in bezug auf die Unterdrückung des unerlaubten Handels mit Betäubungsmitteln. Die dogmatische Rechtfertigung für die Freistellung der Handelsschiffe von der Gerichtsbarkeit der Küstenstaaten ist nicht ganz unproblematisch. Da der Küstenstaat die territoriale Souveränität über das Küstenmeer ausübt, unterliegt

---

schiedlich interpretiert; vgl. dazu *Wolfrum,* Restricting the Use of the Sea to Peaceful Purposes: Demilitarization in Being?, GYIL 24 (1981), 200 (234 ff); *Rauch,* Military Uses of the Oceans, GYIL 28 (1985), 229 (242) und *O'Connell/Shearer* I, 292, der allerdings klarer als *Rauch* darauf hinweist, daß auch unter dem Seerechtsübereinkommen eine Interpretation angewandt werden muß, die seinerzeit für die Küstenmeerkonvention von der UdSSR abgelehnt wurde. Skeptischer noch ist *Pardo,* An Opportunity Lost, Law of the Sea, in: U.S. Policy Dilemma, Institute of Contemporary Studies (ICS) Press 1983, 13 (19).

[43] Antigua und Barbuda, Bangladesh, Burma, Malediven, Pakistan, Saint Vincent and Grenadines und Yemen (Texte der Gesetze in *Smith,* 61, 69, 85, 277, 357, 399).

[44] Guyana, Indien, Mauritius und Seychellen (Texte der Gesetze in *Smith,* 193, 213, 287, 407).

[45] Kap Verde, Iran, Rumänien, São Tomé e Príncipe (Law of the Sea Bulletin No. 5 (Juli 1985), 39 und 40).

[46] Über die Immunität von Kriegs- und Staatsschiffen vgl. § 74.

[47] Art. 20 Küstenmeerkonvention bzw. Art. 28 SRÜ; im gleichen Sinne das Brüsseler Abkommen über den Arrest von Seeschiffen vom 10. Mai 1952 (BGBl. 1972 II, 655).

[48] Art. 19 Abs. 1 Küstenmeerkonvention bzw. Art. 27 Abs. 1 SRÜ.

ein fremdes Handelsschiff grundsätzlich seiner Gebietshoheit. Es unterliegt aber gleichzeitig auch der Hoheitsgewalt des Flaggenstaates.[49] Es ist *Schückings* Verdienst, nachgewiesen zu haben, daß hier eine Konkurrenz von Rechtsordnungen vorliegt, die es zu lösen galt.[50] Dabei verzichtete er auf den Versuch, die Priorität einer der beiden konkurrierenden Rechtsordnungen festzustellen, und suchte eine pragmatische Lösung, die weitgehend den Bedürfnissen der ungehinderten Durchfahrt Rechnung trug. Berücksichtigt wurde gleichzeitig, daß das Verfolgungsinteresse des Küstenstaates an Straftaten ohne unmittelbaren Bezug zu ihm gering ist.

Straftaten an Bord eines durchfahrenden Schiffes, die sich ausschließlich gegen Personen an Bord des Schiffes richten, geben den Behörden des Küstenstaats kein Recht zum Einschreiten, es sei denn, sie werden darum gebeten. Erst recht nicht dürfen sie Personen an Bord wegen auf Hoher See begangener Taten oder zum Zwecke der Auslieferung an andere Staaten verhaften.[51] Etwas anderes gilt, wenn eine an Bord befindliche Person einen am Ufer stehenden Menschen erschießt oder die Durchfahrt zum Schmuggeln oder zu hochverräterischen Aktionen gegen den Küstenstaat ausnutzt, oder die Mannschaft sich strafbar macht, indem sie die für die Durchfahrt erlassenen Vorschriften des Küstenstaates verletzt.

Anders hatte sich zunächst die englische Praxis in der zweiten Hälfte des vergangenen Jahrhunderts entwickelt. Im *Franconia*-Fall (*The Queen v. Keyn*) hatte der Court of Crown Cases Reserved 1876 die Frage zu prüfen, ob die britischen Gerichte den Kapitän eines deutschen Schiffes aburteilen dürften, der in einer Entfernung von weniger als drei Seemeilen vor der Küste von Dover einen Zusammenstoß verschuldet und so den Tod eines Menschen herbeigeführt hatte. Diese Frage wurde von 7 der 13 Richter verneint, weil das englische Recht (nicht etwa das Völkerrecht) einer Verfolgung von Straftaten in den Küstengewässern keine Grundlage biete. Die allgemeine Regel des Völkerrechts, die dem Küstenstaat für Taten, deren Folgen nicht auf das Schiff beschränkt bleiben, ein Verfolgungsrecht einräumt, zog das Gericht nicht heran. In Reaktion auf das Urteil verfiel das englische Recht in das andere Extrem. Das Urteil veranlaßte das Parlament zum Erlaß des Territorial Waters Jurisdiction Act von 1878, der jede Strafverfolgung von Taten an Bord durchfahrender Schiffe erlaubte.[52]

3. Weniger weitgehend sind die Einschränkungen, die dem Küstenstaat in der Behandlung fremder Schiffe nach dem Verlassen seiner Häfen auferlegt sind. Solche Schiffe sind mit der Rechtsordnung des Küstenstaats in nähere Berührung gekommen, entsprechend größer ist das potentielle Verfolgungsinteresse des Küstenstaates. Ihnen gegenüber darf der Küstenstaat seine Gerichtsbarkeit in dem gleichen Umfang wie gegenüber Schiffen in seinen Häfen ausüben.[53] Im übrigen aber haben auch solche Schiffe ein Recht auf Durchfahrt durch die Küstengewässer. Ihre Rechtsstellung läßt sich also als eine Mittelstellung zwischen der Rechtsstellung der nur durchfahrenden Schiffe und der Schiffe in den Häfen und Inlandsgewässern bezeichnen.

4. Wenn der Küstenstaat sich während der Durchfahrt zurückhalten muß, so schließt das aber nicht aus, daß seine Gerichte und Behörden die an Bord durchfahrender Schiffe

---

[49] Die Hoheitsgewalt des Flaggenstaates über die seine Flagge führenden Schiffe beruht auf einer Verbindung ähnlich der der Staatsangehörigkeit. Dies kommt in Art. 5 Genfer Übereinkommen über die Hohe See vom 29. April 1958 (BGBl. 1972 II, 1091) zum Ausdruck. Dort wird von „Staatszugehörigkeit" (nationality) eines Schiffes gesprochen.

[50] Das Küstenmeer im internationalen Recht, 1897, 39 ff.

[51] Art. 19 Abs. 5 Küstenmeerkonvention; dieses Prinzip gilt grundsätzlich auch unter dem Seerechtsübereinkommen (Art. 27 Abs. 5), wird allerdings durch die neu eingeführten hafenstaatlichen Kompetenzen eingeschränkt.

[52] Vgl. dazu *O'Connell/Shearer* II, 739 ff.

[53] Vgl. Art. 19 Abs. 2 – Recht zur Festnahme und Untersuchung auch nach Verlassen der maritimen Eigengewässer – und Art. 20 Abs. 3 Küstenmeerkonvention, der Arrest und Zwangsvollstreckung gestattet. Identisch insoweit Art. 27 Abs. 2 und Art. 28 Abs. 3 SRÜ.

befindlichen Personen später ihrer Gerichtsbarkeit unterwerfen, wenn sie in den Hoheitsbereich des Küstenstaates gelangen. Dann steht z. B. der Verfolgung von Straftaten auf dem durchfahrenden Schiff, also von Inlandstaten, nichts mehr entgegen. Auch hier muß man die Ausübung der Hoheitsgewalt gegenüber dem durchfahrenden Schiff und den darauf befindlichen Personen während der Durchfahrt, und andererseits die Ausübung der Hoheitsgewalt im Inland auf Grund von Vorgängen an Bord, also örtliche und sachliche Zuständigkeit, unterscheiden.
Schiffe auf der Durchfahrt durch die Küstengewässer eines anderen Staates bleiben dem Recht und, sobald sie die Küstengewässer verlassen, auch der Hoheitsgewalt des Flaggenstaates unterworfen. Er darf das Schiff und die Personen darauf zum Gegenstand von Verfahren und Zwangsmaßregeln machen, sobald sie in seine Hoheitssphäre gelangen.

5. Ergreift ein Küstenstaat strafrechtliche Verfolgungsmaßnahmen gegen ein fremdes Handelsschiff, so ist auf Ersuchen des Kapitäns die Konsularbehörde des Flaggenstaates zu benachrichtigen.

6. Sonderregelungen gelten für Staatsschiffe, die nicht Handelszwecken dienen, und für Kriegsschiffe.[54]

§ 69 Der Luftraum

Schrifttum: *Fauchille,* Le domaine aérien et le régime juridique des aérostats, 1901; *Meyer,* Freiheit der Luft als Rechtsproblem, 1944; *Lissitzyn,* The Treatment of Aerial Intruders in Recent Practice and International Law, AJIL 47 (1953), 559; *Wright,* Legal Aspects of the U-2 Incident, AJIL 54 (1960), 836; *Cheng,* The Law of International Air Transport, 1962; *Johnson,* Rights in Air Space, 1965; *Berezowski,* Le développement progressif du droit aérien, RdC 128 (1969 III), 1; *Hailbronner,* Der Schutz der Luftgrenzen im Frieden, 1972; *Mateesco Matte,* Droit aérien-aéronautique, 3. Aufl. 1980; *ders.,* Treatise on Air-Aeronautical Law, 1981; *Bentzien,* Der unerlaubte Einflug von Luftfahrzeugen in fremdes Staatsgebiet in Friedenszeiten und seine Rechtsfolgen, 1982; *Ballarino,* Diritto aeronautico, 1983; *Müller,* Das Recht der Staaten auf Schutz ihrer Lufthoheit, Neue Justiz 38 (1984), 350.

I. In anderer Weise als auf dem Meer oder in den Küstengewässern stoßen nationale und internationale Interessen im Luftraum zusammen. Schon aus Sicherheitsgründen kann kein Staat darauf verzichten, den horizontal über seinem Staatsgebiet liegenden Luftraum unter Kontrolle zu halten. Andererseits ist der Luftraum unter einem doppelten Gesichtspunkt von *übernationaler* Bedeutung: Er ist zum einen der Durchgangsraum für einen sich immer mehr ausbreitenden internationalen Verkehr, der eine weitgehende Beschränkung der nationalen Gebietshoheit verlangt. Zum anderen sind Funkwellen ihrem Wesen nach nicht an nationale Grenzen gebunden.
In der letzten Zeit ist der nationale Luftraum außerdem unter dem Gesichtspunkt der grenzüberschreitenden Luftverschmutzung in das Interesse gerückt.[1]

II. 1. Als der Luftraum in das Blickfeld der rechtlichen Beurteilung trat, gingen die Meinungen über seine Zuordnung noch auseinander. Ehe die heute geltenden Verträge ge-

---

[54] Vgl. dazu § 74.

[1] Vgl. dazu unten § 70.

schlossen wurden, hatte die Rechtslehre verschiedene Theorien für den Luftraum entwickelt:

a) Die Lehre von der *Freiheit der Luft* (Luftfreiheitstheorie): Nach ihr ist der Luftraum wie das Meer zu behandeln. „The air ist free. States have over it, in time of peace and in time of war, only the right for their preservation", heißt es in Art. 1 des Entwurfs des Institut de droit international für die Regelung der drahtlosen Telegraphie von 1906.[2] Noch 1911 wurde dieser Gedanke unter dem Einfluß von *Fauchille*[3] in dem Entwurf des Institut de droit international für die rechtliche Behandlung von Flugzeugen (allerdings abgeschwächt) wiederholt.[4]

b) Den Gegensatz hierzu bildet die Lehre von der uneingeschränkten *Lufthoheit des Staates* (Lufthoheitstheorie).

2. Ein näheres Eingehen auf diese – oder vermittelnde Theorien – ist überflüssig. Das internationale Luftrecht – im wesentlichen Vertragsrecht – folgt, wenn auch mit wesentlichen Einschränkungen, der Lufthoheitstheorie. Nach Art. 1 des Pariser Luftrechtsabkommens vom 13. Oktober 1919 steht der Luftraum unter der „souveraineté complète et exclusive" des Territorialstaates. Diese Norm wurde durch die Konferenz zur Regelung der internationalen Zivilluftfahrt von Chicago bestätigt und ist seither in das universelle Völkergewohnheitsrecht eingegangen. Auf dieser Grundlage kamen am 7. Dezember 1944 fünf Abkommen zustande: die Schlußakte der Konferenz, ein Zwischenabkommen, das Abkommen über die internationale Zivilluftfahrt[5], das die Grundordnung des heute geltenden internationalen Luftrechts enthält, die Vereinbarung über den Durchflug im internationalen Fluglinienverkehr[6] und die Vereinbarung über die Beförderung im internationalen Fluglinienverkehr[7]. Das Abkommen über die internationale Zivilluftfahrt hat die älteren Verträge ersetzt. Zu diesen Abkommen tritt eine Anzahl weiterer Verträge, multilateraler wie bilateraler, hinzu. Unter den ersteren ist vor allem das Warschauer Abkommen zur Vereinheitlichung von Regeln über die Beförderung im internationalen Luftverkehr vom 12. Oktober 1929 zu nennen[8], das wichtige Fragen des Internationalen Privatrechts auf dem Gebiet des Luftverkehrs regelt.

III. 1. Art. 1 des Abkommens von Chicago über die internationale Zivilluftfahrt geht, wie schon angesprochen, von der staatlichen Hoheitsgewalt über den Luftraum aus: „Die Vertragsstaaten erkennen an, daß jeder Staat über seinem Hoheitsgebiet volle und ausschließliche Lufthoheit besitzt." Gemäß Art. 2 erfaßt dieses Gebiet auch das Küstenmeer. Der Küstenstaat übt also in bezug auf den Luftraum über dem Küstenmeer ebenfalls die „volle und ausschließliche" Hoheitsgewalt aus. Anders als bei Schiffen braucht er damit den Durchflug fremder Luftfahrzeuge nicht zu dulden.[9] Nicht zum nationalen Luftraum gehört der Luftraum über dem Festlandsockel oder der ausschließlichen Wirtschaftszone. Der Luftraum über den Archipelgewässern zählt allerdings dazu.[10]
Der Luftraum teilt das rechtliche Schicksal des Raumes darunter. Er kann daher nicht zum Gegenstand selbständiger Verfügungen werden, z. B. nicht für sich allein okkupiert, annektiert oder abgetreten werden.[11]

[2] Annuaire de l'Institut de droit international 21 (1906), 327.

[3] *Fauchille* I 2, 581 ff; *Fauchille* will nur gewisse Zugeständnisse im Interesse der Sicherheit des Bodenstaates machen.

[4] Annuaire de l'Institut de droit international 24 (1911), 346.

[5] BGBl. 1956 II, 412.

[6] BGBl. 1956 II, 442.

[7] UNTS 171, 388 (heute bedeutungslos).

[8] RGBl. 1933 II, 1040; seither mehrfach geändert.

[9] *De la Pradelle,* Les frontières de l'air, RdC 86 (1954 II), 121 (139), spricht von einer „inélégance juridique de cette disparité des régimes de passage".

[10] Vgl. dazu oben § 66.

[11] Der Luftraum nimmt an den Beschränkungen teil, denen sich ein Staat im Hinblick auf den dar-

2. Gemäß Art. 5 des Abkommens über die Zivilluftfahrt müssen die Vertragsstaaten Privatflugzeugen anderer Vertragsstaaten (nicht etwa aller Nationen) den Einflug gestatten. Dieses Recht gilt nicht für Staatsflugzeuge; zu diesen zählen die im Militär-, Zoll- und Polizeidienst verwendeten Luftfahrzeuge. Deren Einflug und Landung bedarf einer besonderen Genehmigung, sie unterfallen damit weiterhin dem kaum beschränkten Regelungsbereich des Bodenstaates.
In der Zivilluftfahrt differenziert dieses System in erster Linie zwischen dem *planmäßigen Linienverkehr* und der *sonstigen Zivilluftfahrt;* innerhalb dieser wird wiederum zwischen solcher, die Personen, Güter oder Post ohne Entgelt, und jener, die gegen Entgelt befördert, unterschieden. Charterflüge regelt das multilaterale Pariser Abkommen über die gewerblichen Rechte im nichtplanmäßigen Luftverkehr in Europa vom 30. April 1956.[12]
Herkömmlicherweise unterscheidet man fünf Grundfreiheiten für die Zivilluftfahrt, die den verschiedenen Arten in unterschiedlichem Umfang zustehen: das Recht des Überflugs; das Recht, in einem Gebiet zu nicht gewerblichen Zwecken zu landen (technische Landung); das Recht, Fluggäste, Fracht und Post aus dem Staat, in dem das Flugzeug registriert ist, in einen anderen Vertragsstaat zu befördern; das Recht, Fluggäste, Fracht und Post aufzunehmen; das Recht, Fluggäste, Fracht und Post aus dritten Staaten in einen Vertragsstaat oder umgekehrt zu befördern.[13]

3. Privatflugzeuge, die nicht im planmäßigen Linienverkehr eingesetzt sind, dürfen ohne besondere Erlaubnis einfliegen, ohne Aufenthalt durchfliegen oder zu nicht gewerblichen Zwecken landen (Art. 5 Abs. 1 Abkommen über die Zivilluftfahrt). Soweit solche Flugzeuge Fahrgäste, Fracht oder Post gegen Entgelt befördern, sind sie den Vorschriften oder Beschränkungen unterworfen, die der Bodenstaat vorschreibt (Art. 5 Abs. 2 Abkommen über die Zivilluftfahrt; Abkommen über kommerzielle Rechte im nichtplanmäßigen Luftverkehr in Europa). Weitere Einschränkungen können sich aus Sicherheitsgründen ergeben (Einhaltung bestimmter Strecken, Sperrgebiete etc.). Unter außergewöhnlichen Umständen oder während der Zeit eines Notstandes oder wenn die öffentliche Sicherheit dies erfordert, darf der Bodenstaat das Überfliegen seines Hoheitsgebietes oder eines Teilgebietes auch einseitig einschränken oder verbieten. Unzulässig ist allerdings eine Diskriminierung bestimmter Staaten. Möglich ist auch die Beschränkung der Frachtbeförderung unter Sicherheitsgesichtspunkten. Soweit fremde Flugzeuge landen dürfen, kann der Bodenstaat das Landen auf und den Abflug von bestimmten Zollflughäfen verlangen. Jeder Vertragsstaat darf den Luftfahrzeugen anderer Staaten die Kabotage, d. h. die Erlaubnis zur Beförderung zwischen Orten seines eigenen Territoriums, verweigern.

4. Nach dem Abkommen über den Durchflug im Internationalen Fluglinienverkehr (sog. Zweifreiheiten-Vertrag) haben Luftfahrzeuge die Freiheit des Überflugs ohne Landung und der Landung zu nichtgewerblichen Zwecken (technische Landung).[14] Die weiteren

unter liegenden Raum unterwirft. Bedenklich daher die Entscheidung des Obersten Gerichts von Panama vom 22. Februar 1939, Annual Digest 9 (1938-40), Case No. 45, 118, wonach der Luftraum über der Kanalzone nicht wie diese selbst der Hoheitsgewalt der USA, sondern Panamas unterstehen sollte.

[12] BGBl. 1959 II, 821.

[13] Vgl. *Mateesco Matte,* Treatise, 143, der im Hinblick auf die Staatenpraxis noch drei weitere Luftfreiheiten unterscheidet.

[14] Weitere drei Freiheiten enthielt das Beförderungsabkommen: das Recht zum Absetzen von Passagieren, Fracht und Post, wenn diese auf dem Gebiet des Staates aufgenommen werden, dem das Flugzeug gehört; das Recht zur Aufnahme von Fahrgästen, Fracht und Post, wenn diese zu dem Land befördert werden, dem das Flugzeug gehört,

drei Freiheiten werden durch eine große Zahl bilateraler Verträge eingeräumt, in denen die Routen, Frequenzen und Transportkapazitäten festgelegt werden.

IV. Der Bodenstaat darf zwar ein völkerrechtswidriges Eindringen von Flugzeugen in seinen Luftraum verhindern. Unter dem Gesichtspunkt der Verhältnismäßigkeit der Mittel darf ein unbewaffnetes Zivilflugzeug jedoch nicht abgeschossen werden.[15] Gemäß Art. 9(c) Abkommen über die Zivilluftfahrt kann ein Flugzeug nur zur Landung gezwungen werden.[16] Fraglich allerdings ist, ob dies auch gilt, wenn sich das betreffende Flugzeug über einem Sperrgebiet befindet.[17] Dies war der Fall bei dem am 1. September 1983 der von sowjetischen Militärmaschinen abgeschossenen südkoreanischen Verkehrsflugzeug mit 269 Passagieren an Bord. Auch in diesem Fall rechtfertigt aber der begangene Rechtsbruch nicht eine gewaltsame Aktion gegen Zivilpersonen.[18] Insoweit läßt sich eine Parallele zum modernen Kriegsrecht ziehen, das einen Angriff, der in seinen Folgen nicht zwischen Militär- und Zivilpersonen unterscheidet, verbietet.[19]
Etwas anderes gilt bei vorsätzlich rechtswidrigen Flügen von Militärflugzeugen zu Spionagezwecken, wie im Fall der amerikanischen U-2, die 1960 über sowjetischem Gebiet abgeschossen wurde.[20]

---

und das Recht der Aufnahme derselben auf dem Wege zu einem anderen Vertragsstaat oder zum Zwecke des Absetzens auf dem Wege von einem der am Vertrag beteiligten Staaten. U. a. die USA sind diesem Vertrag beigetreten, haben ihn aber bereits 1946 wieder gekündigt.

[15] Vgl. dazu *Hailbronner*, 48 ff; *Müller*, 350; *Bentzien*, 183.

[16] Die britische Regierung argumentierte im Falle *Aerial Incident*, ICJ Pleadings 1959, 357 ff (365), daß dies die einzige erlaubte Sanktion sei.

[17] Vgl. dazu Art. 36 des am 1. März 1983 in Kraft getretenen sowjetischen Gesetzes über die Staatsgrenze der UdSSR, wonach die sowjetischen Streitkräfte „... shall ... use weapons and combat equipment ... against violators of the USSR state boundary ... in the air ... in instances when the cessation of the violation or detention of the offenders can not be effectuated by other means" (englische Übersetzung in ILM 22 (1983), 1074). Eine Dokumentation der Behandlung dieses Falles im Sicherheitsrat der Vereinten Nationen und in der ICAO findet sich in ILM 22 (1983), 1109 ff, vgl. ferner AJIL 78 (1984), 244 ff und 213 zur Reaktion der USA.

[18] Am 10. Mai 1984 wurde das Chicagoer Abkommen über die internationale Zivilluftfahrt durch das Verbot ergänzt, Waffengewalt gegen Zivilflugzeuge anzuwenden (Art. 3 *bis*); diese Änderung ist von allen 107 Vertragsstaaten angenommen worden, bisher aber noch nicht in Kraft getreten. Vgl. dazu *Majid*, Treaty Amendment Inspired by Korean Plane Tragedy: Custom Clarified or Confused?, GYIL 29 (1986), 190.

[19] Vgl. dazu *Jahn*, Applying International Law to the Downing of Korean Air Lines Flight 007 on September 1, 1983, GYIL 27 (1984), 444 (453 ff).

[20] Vgl. dazu *Wright*, 836 ff; *Hailbronner*, 51 f; *Bentzien*, 80 ff (92).

11. KAPITEL

Die Grenzen staatlicher Gebietshoheit

§ 70 Einschränkungen der Gebietshoheit unter dem Gesichtspunkt des internationalen Umweltschutzrechts

Schrifttum: *Thalmann*, Grundprinzipien des modernen zwischenstaatlichen Nachbarrechts, 1951; *Bothe*, Umweltschutz als Aufgabe der Rechtswissenschaft – Völkerrecht und Rechtsvergleichung, ZaöRV 32 (1972), 483; *Rauschning*, Umweltschutz als Problem des Völkerrechts, EA 27 (1972), 567; *Randelzhofer/Simma*, Das Kernkraftwerk an der Grenze. Eine „ultra-hazardous activity" im Schnittpunkt von internationalem Nachbarrecht und Umweltschutz, Festschrift Berber, 1973, 389; *Barros/Johnston*, The International Law of Pollution, 1974; *Steiger*, Welt und Umwelt. Zur Fortbildung des internationalen Handlungssystems und des Völkerrechts, Festschrift Scupin, 1974, 343; *Teclaff/Utton* (Hrsg.), International Environmental Law, 1974; *Ballenegger*, La pollution en droit international, 1975; *Handl*, Territorial Sovereignty and the Problem of Transnational Pollution, AJIL 69 (1975), 50; *Kiss* (Hrsg.), The Protection of the Environment and International Law, Colloquium 1973, Hague Academy of International Law, 1975; *Wildhaber*, Die Öldestillerieanlage Sennwald und das Völkerrecht der grenzüberschreitenden Luftverschmutzung, SchwJIR 31 (1975), 97; *Klein*, Umweltschutz im völkerrechtlichen Nachbarrecht, 1976; *Johnson*, International Environmental Law, 1976; *Prieto/Nocedal* (Hrsg.), Legal Protection of the Environment in Developing Countries, 1976; *Rest*, Internationaler Umweltschutz und Haftung, 1978; *Barberis*, Los recursos naturales compartidos entre Estados y el derecho internacional, 1979; *Fröhler/Zehetner*, Rechtsschutzprobleme bei grenzüberschreitenden Umweltbeeinträchtigungen, 2 Bde., 1979/80; *Bothe*, Trends in Environmental Policy and Law, 1980; *Lang*, Haftung und Verantwortlichkeit im internationalen Umweltschutz, Festschrift Verdross, 1980, 517; *Kloepfer/Kohler*, Kernkraftwerk und Staatsgrenze, 1981; *Rauschning*, Allgemeine Völkerrechtsregeln zum Schutze gegen grenzüberschreitende Umweltbeeinträchtigungen, Festschrift Schlochauer, 1981, 557; *Siehr*, Grenzüberschreitender Umweltschutz. Europäische Erfahrungen mit einem weltweiten Problem, RabelsZ 45 (1981), 377; *Bothe*, Grenzüberschreitender Verwaltungsrechtsschutz gegen umweltbelastende Anlagen, Umwelt- und Planungsrecht 3 (1981), 1; *Kay/Jacobsen* (Hrsg.), Environmental Protection: The International Dimension, 1983; *Kiss*, The International Protection of the Environment, in: *Macdonald/Johnston* (Hrsg.), The Structure and Process of International Law, 1983, 1069; *Springer*, The International Law of Pollution, 1983; *Bothe/Prieur/Ress* (Hrsg.), Rechtsfragen grenzüberschreitender Umweltbelastungen, 1984; *Kloepfer*, Grenzüberschreitende Umweltbelastungen als Rechtsproblem, DVBl. 99 (1984), 245; *Wolfrum*, Die grenzüberschreitende Luftverschmutzung im Schnittpunkt von nationalem Recht und Völkerrecht, DVBl. 99 (1984), 493; *Dupuy* (Hrsg.), L'Avenir du droit international de l'environnement, Colloque 1984, Hague Academy of International Law, 1985; *Goldie*, Transfrontier Pollution – from Concepts of Liability to Administrative Conciliation, Syracuse Journal of International Law and Commerce 12 (1985), 185; *Ress* (Hrsg.), Grenzüberschreitende Verfahrensbeteiligung im Umweltrecht der Mitgliedstaaten der Europäischen Gemeinschaften, 1985; *Rest*, Internationaler Umweltschutz vor Verwaltungs-, Zivil- und Strafgerichten, ÖZöR 35 (1985), 225; *Dicke*, Grenzüberschreitende Umweltverschmutzung als völkerrechtliches Problem, in: *Haendcke/Merkel* (Hrsg.), Umweltschutz in beiden Teilen Deutschlands, 1986, 105; *Handl*, Binational Uses of Transboundary Air Resources: The International Entitlement Issue Reconsidered, NRJ 26 (1986), 405; *Kindt*, International Environmental Law and Policy: An Overview of Transboundary Pollution, San Diego Law Review 23 (1986), 583; *Lang*, Luft und Ozon –

Schutzobjekte des Völkerrechts, ZaöRV 46 (1986), 261; *Rest,* Luftverschmutzung und Haftung in Europa, 1986; *Kloepfer,* International-rechtliche Probleme grenznaher Kernkraftwerke, AVR 25 (1987), 277; *Pelzer,* The Impact of the Chernobyl Accident on International Nuclear Energy Law, AVR 25 (1987), 294; *Umbricht,* Grenzüberschreitende Umweltstörungen und Völkerrecht, VN 35 (1987), 19; *Utton/Teclaff* (Hrsg.), Transboundary Resources Law, 1987.

I. 1. Der Widerspruch zwischen der territorialen Abgrenzung der einzelstaatlichen Hoheitsbereiche einerseits und der Tatsache, daß sich wichtige Umweltmedien (Luft, Wasser) national weder schützen noch verwalten lassen andererseits, hat zur allmählichen Entwicklung eines internationalen Umweltrechts geführt, wobei diese noch keineswegs abgeschlossen ist. Das internationale Umweltrecht bedingt eine Einschränkung der nationalen Gebietshoheit auf verschiedenen Ebenen: Erstens, soweit es Umweltstandards setzt, erlegt es den einzelnen Staaten sowohl hinsichtlich der Gesetzgebung als auch in bezug auf die Verwaltung Folgepflichten auf. Zweitens, soweit insbesondere die Interessen von Nachbarstaaten bzw. die Rechte von deren Bürgern geschützt werden, verpflichtet es die Staaten bei der Planung und dem Bau von Anlagen zur Berücksichtigung der Belange des Nachbarstaates, wobei sich diese Pflicht auch in einer Verpflichtung zu Konsultationen vor der Verwirklichung potentiell gefährlicher Einzelprojekte niederschlägt. Drittens führen grenzüberschreitende Umweltschäden u. U. zu Schadensersatzpflichten. Der letztgenannte Gesichtspunkt stand lange Zeit im Vordergrund.[1] Er ist jedoch unter dem Eindruck der Erfahrung, daß Umweltschäden häufig kaum reparable Konsequenzen haben, nicht mehr der allein dominierende Gesichtspunkt des internationalen Umweltrechts. Maßgeblich für diese Wandlung ist primär eine geänderte Akzentuierung des internationalen Umweltschutzrechts. Während früher der Schutz der individuellen Interessen der Nachbarstaaten und ihrer Bürger im Vordergrund stand, werden nunmehr in einer ressourcenökonomischen/ökologischen Sicht die Erhaltung und Bewirtschaftung der Ressourcen, der Schutz der Biosphäre, der Ökosysteme, der Tier- und Pflanzenwelt zunehmend stärker betont. Damit beginnt sich das internationale Umweltrecht von seiner ursprünglichen Konzentration auf den Schutz nachbarstaatlicher Interessen zu lösen, indem es nunmehr außerdem den Schutz und die Verwaltung der natürlichen Ressourcen im Interesse der gesamten Staatengemeinschaft auf globaler oder regionaler Ebene anstrebt.[2]

Signifikant ist insoweit *The Dam's* Case[3], in dem der High Court von Australien die Gesetze des Commonwealth von Australien, mit denen Tasmanien der Bau eines ökologisch problematischen Staudamms untersagt wurde, für rechtmäßig erklärte. Es geschah dies unter Berufung auf die Konvention zum Schutz des Kultur- und Naturerbes der Welt vom 23. November 1972.[4]

---

[1] *Lester,* Pollution, in: *Garretson/Hayton/Olmstead* (Hrsg.), The Law of International Drainage Basins, 1967, 89 ff (94).

[2] *Handl,* 53 ff; *Kiss,* International Protection, 1080; *Lang,* Luft und Ozon, 261 ff; jeweils mwN.

[3] Vgl. dazu The Parliament of the Commonwealth of Australia, Basic Paper No. 18 (1983).

[4] BGBl. 1977 II, 215 (in Kraft seit 17. Dezember 1975; für die Bundesrepublik Deutschland seit dem 23. November 1976); die Konvention ist im Rahmen der UNESCO geschlossen worden. Ziel des Übereinkommens ist der Schutz des Kultur- und Naturerbes im Interesse der gesamten Menschheit. Hauptverantwortlich für die Ergreifung entsprechender Schutzmaßnahmen ist der Staat, auf dessen Gebiet sich das Kultur- bzw. Naturgut befindet. Daneben wird im Rahmen der UNESCO ein „Intergovernmental Committee for the Protection of the Cultural and Natural Heritage of Outstanding Universal Value" gebildet, welches schützenswerte Objekte auswählt und Empfehlungen für deren Schutz abgibt. Vgl. dazu *Goy,* The International Protection of the Cultural and Natural Heritage, NYIL 4 (1973), 117 ff; *Roucounas,* Aspects juridiques de la protection du "patrimoine mondial, culturel et naturel", Revue hellénique de droit international 25 (1972), 42 ff.

2. Das internationale Umweltrecht hat sich im Rahmen des internationalen Nachbarschaftsrechts zunächst punktuell, durch Gerichtsentscheidungen bzw. staatliche Einzelakte, entwickelt. Erst im Laufe der Zeit hat es seinen Niederschlag in völkerrechtlichen Verträgen, vor allem aber auch in Rechtsakten internationaler Organisationen gefunden. Bei den Gerichtsentscheidungen kommt besondere Bedeutung den *Trail-Smelter*-Schiedssprüchen vom 16. April 1938 und vom 11. März 1941 zu.[5]

Die *Trail Smelter* war eine Zink- und Bleiverhüttungsanlage, die im kanadischen Teil des Columbia-Tales in der Nähe der kanadisch-amerikanischen Grenze betrieben wurde. Von dieser Verhüttungsanlage gingen erhebliche Mengen von Schwefeldioxidgasen aus, die auf dem Gebiet des U.S.-Staates Washington zu beträchtlichen Schäden führten. Mit Vertrag vom 15. April 1935 wurde ein Schiedsgericht eingesetzt und diesem die Fragen zur Entscheidung vorgelegt, ob *Trail Smelter* Schäden in dem U.S.-Staat Washington verursacht habe, welcher Ersatz hierfür gegebenenfalls zu leisten sei, ob in Zukunft weitere Schädigungen zu unterlassen seien und welche Maßnahmen hierzu getroffen werden sollten. In seiner ersten Entscheidung stellte das Gericht eine Schädigung fest und bestimmte die Höhe der Schadensersatzleistung. Hinsichtlich der zukünftigen Luftverunreinigung entschied das Gericht, daß *Trail Smelter* keine weiteren Schäden im Staate Washington verursachen dürfe und zur Verhinderung solcher Schäden bestimmte, im einzelnen bezeichnete, vorbeugende Maßnahmen treffen müsse. Diese Unterlassungspflicht Kanadas leitete das Gericht allein aus allgemeinen Regeln des Völkerrechts her, ohne hierbei auch nur hilfsweise in irgendeiner Form auf den Vertrag von 1935 Bezug zu nehmen. Grundsätzlich ging das Gericht in seinen Überlegungen von einer, seiner Ansicht nach in Wissenschaft und Rechtsprechung anerkannten, Regel aus, wonach „... a State owes at all times a duty to protect other States against injurious acts by individuals from within its jurisdiction ...". Letztlich gelangte das Schiedsgericht zu folgendem Ergebnis: „... under the principles of international law, as well as of the law of the United States, no State has the right to use or permit the use of its territory in such a manner as to cause injury by fumes in or to the territory of another or the properties or persons therein, when the case is of serious consequence and the injury is established by clear and convincing evidence."[6]
In einem weiteren Fall der grenzüberschreitenden Luftverschmutzung, in dem einem deutschen Gartenrestaurationsinhaber an der Saar Schäden durch Rauch und Kohlestaub an seinem Grundstück entstanden waren, entschied das OLG Saarbrücken im Jahre 1957, daß die beklagte französische Steinkohlegrube Schadensersatz zu leisten habe.[7] Als vergleichbare Entscheidung kann weiterhin das Urteil des LG Freiburg vom 5. August 1975 im sog. *Lindau*-Fall genannt werden.[8] In diesem Rechtsstreit billigte das Gericht deutschen Landwirten in Südbaden, die durch bei der Produktion des Insektenbekämpfungsmittels Lindau, hergestellt von einem grenznahen französischen Chemiekonzern, anfallende giftige Rückstände geschädigt worden waren, einen Schadensersatzanspruch zu. In den beiden letztgenannten Fällen stützte sich das Gericht auf französisches Schadensersatzrecht.
Auf dem Gebiet der Wassernutzung ist in erster Linie der Schiedsspruch im Falle *Lac Lanoux*[9] zu nennen. Frankreich hatte beabsichtigt, den Fluß Fronti-Vivre, der den vollständig auf französischem Gebiet gelegenen See zum französisch-spanischen Grenzfluß Carol hin entwässert, zum Zwecke der Elektrizitätsgewinnung in das französische Arriège-Tal abzuleiten. Das genutzte Wasser sollte später dem Carol, und zwar oberhalb der Grenze, wieder zugeführt werden. Das Schiedsgericht gelangte zu der Auffassung, daß das französische Vorhaben nicht gegen Normen des Völkerrechts verstoße, da Spanien keine ernsthaften Schäden zu befürchten habe. Es stellte aber im gleichen Atemzug klar, daß Spanien einen Haftungsanspruch hätte gel-

---

[5] RIAA III, 1911 ff und 1938 ff, vgl. dazu *Handl*, 60 ff; *Read*, The Trail Smelter Dispute, CanYBIL 1 (1963), 213 ff; *Goldie*, 206 ff.

[6] RIAA III, 1965.

[7] NJW 11 (1958), 752; vgl. dazu *Goldie*, 212 ff mit weiteren Belegen aus der nationalen Gerichtspraxis.

[8] RIW/AWD 23 (1977), 718.

[9] RIAA XII, 281, vgl. dazu *Andrassy*, Nachbarrecht und Wassernutzung, Festschrift Verdross, 1960, 55 ff; *Handl*, 63 ff.

tend machen können, wenn das zurückgeleitete Wasser wesentlich verschmutzt worden wäre oder eine Temperaturerhöhung erfahren hätte. Ein Schadensersatzanspruch wurde beispielsweise im amerikanisch-kanadischen *Gut-Dam* Schiedsverfahren den beeinträchtigten amerikanischen Staatsangehörigen zugebilligt.[10] In diesem Fall waren durch den Bau eines Staudammes zwischen den kanadischen Adam-Inseln und den auf US-Gebiet inmitten des St.-Lorenz-Stromes liegenden Galop-Inseln Überflutungsschäden auf amerikanischer Seite entstanden. Neuere Belege dafür, daß eine völkerrechtliche Pflicht besteht, die Interessen der Nachbarstaaten zu berücksichtigen, finden sich in den Entscheidungen des Verwaltungsgerichts Straßburg vom 27. Juli 1983 sowie den niederländischen Entscheidungen im Falle der Rheinverschmutzung durch Chloride.[11]

Die wichtigsten Rechtsquellen des internationalen Umweltrechts sind allerdings inzwischen multilaterale völkerrechtliche Verträge[12] sowie rechtsverbindliche Beschlüsse und Empfehlungen internationaler Organisationen. Dabei haben die Vereinten Nationen, ihre Sonderorganisationen, ihre regionalen Wirtschaftsorganisationen sowie zahlreiche andere internationale Organisationen wichtige Aktivitäten im Umweltbereich entwikkelt. Sowohl die angesprochenen multilateralen Abkommen als auch die Beschlüsse dieser Organisationen beschäftigen sich in zunehmendem Maße nicht mit Fragen des grenzüberschreitenden Umweltschutzes, sondern mit dem Schutz und der Erhaltung bestimmter natürlicher Ressourcen oder bestimmter Umweltgüter im Interesse der gesamten Staatengemeinschaft.

II. 1. Bevor man sich mit der Frage im einzelnen auseinandersetzen kann, ob und in welchem Umfang eine grenzüberschreitende Umweltbelastung durch das Völkergewohnheitsrecht untersagt wird, muß man Klarheit über den Begriff „Umweltbelastung" und über die räumliche Reichweite dieses Konzeptes gewinnen.
Der Gegenstand wird am besten umschrieben durch die Definition, die in der Empfehlung der OECD C (77) 28[13] enthalten ist. Danach bedeutet Umweltbelastung (pollution) die unmittelbare oder mittelbare Zuführung von Stoffen oder Energie durch den Menschen in die Umwelt, aus der sich abträgliche Wirkungen, wie eine Gefährdung der menschlichen Gesundheit, eine Schädigung der lebenden Naturschätze und der Ökosysteme sowie von Sachwerten und eine Beeinträchtigung der Annehmlichkeiten oder sonstiger rechtmäßiger Nutzungen der Umwelt, ergeben. Diese Definition kann inzwischen in ihren Grundzügen als akzeptiert gelten, sie ist durch andere Völkerrechtsinstrumente aufgegriffen und weiter entwickelt worden. Als Beispiel ist Art. 1 Ziff. 4 des Seerechtsübereinkommens zu nennen, wonach alle rechtmäßigen Aktivitäten auf See und

---

[10] ILM 8 (1969), 118 ff.

[11] Das VG Straßburg gab einer Klage der Provinz Nordholland und neun weiterer niederländischer Wasserverbände und Organisationen gegen eine Verfügung des Präfekten des Departements Oberrhein statt, in der den elsässischen Kali-Bergwerken die Erlaubnis zur Ableitung flüssiger Rückstände in Rhein und Elsaß-Kanal verlängert wurde. In seiner Urteilsbegründung betont es, daß die Verwaltung vor Erteilung einer Erlaubnis nach den im Völkerrecht bestehenden Prinzipien grundsätzlich prüfen müsse, ob schwerwiegende Schädigungen auch außerhalb des französischen Staatsgebiets eintreten könnten. Vgl. hierzu *Beyerlin*, Klagebefugnis von Ausländern gegen grenzüberschreitende Umweltbelastungen, ZaöRV 44 (1984), 336 ff; *Rest*, Internationaler Umweltschutz vor Verwaltungs-, Zivil- und Strafgerichten – Der niederländisch-französische Rheinverschmutzungsprozeß, ÖZöR 35 (1985), 225 ff sowie *Chamblaut*, Le juge administratif français et le droit international de l'environnement, RGDIP 90 (1986), 597 ff.

[12] Eine Sammlung dieser Verträge findet sich in *Rüster/Simma*, International Protection of the Environment, 30 Bde, 1975-1982 sowie bei *Burhenne*, Internationales Umweltrecht, 1976 ff.

[13] Recommendation of the Council for the Implementation of a Regime of Equal Rights of Access and Non-discrimination in Relation to Transfrontier Pollution, ILM 16 (1977), 977 ff.

sonstige Nutzungen des Meeres geschützt sind.[14] Entscheidend an den genannten Definitionen ist, daß der Begriff „Umweltbelastung" nicht auf Fälle mit konkreter Schadensverursachung begrenzt ist.[15]
Grenzüberschreitend ist jede Umweltbelastung, deren Ausgangsort unter der Hoheitsgewalt eines Staates steht und die sich in dem Gebiet unter der Hoheitsgewalt eines anderen Staates auswirkt, und zwar in einer Entfernung, bei der es grundsätzlich unmöglich ist, zwischen den individuellen Verschmutzern oder Gruppen hiervon zu unterscheiden.[16]

2. Das Problem der grenzüberschreitenden Umweltverschmutzung kann theoretisch von drei verschiedenen Ansatzpunkten her behandelt werden. Man könnte sich auf den Standpunkt stellen[17], daß das Völkergewohnheitsrecht kein Verbot der grenzüberschreitenden Umweltverschmutzung enthält. Die Anerkennung dieses Ansatzes würde die Anerkennung der *Theorie der absoluten territorialen Souveränität*[18] bedeuten, wonach jeder Staat sein Territorium ohne Rücksicht auf nachbarliche Interessen nach freiem Belieben und ohne Beschränkungen nutzen darf. Die Gegenthese lautet, daß jede schädliche Einwirkung auf fremdes Staatsgebiet völkerrechtswidrig sei, *Theorie der absoluten territorialen Integrität*[19]. In der Staatenpraxis hat sich weder das Prinzip der absoluten territorialen Souveränität noch das der absoluten territorialen Integrität durchzusetzen vermocht. Bei beiden handelte es sich um Ausprägungen desselben Grundsatzes, nämlich daß jeder Staat seine Hoheitsgewalt auf seinem Gebiet grundsätzlich *frei* und *ungestört* ausüben darf. Beiden Theorien ist vorzuwerfen, daß sie von einer individualistischen und damit anarchischen Auffassung des Völkerrechts ausgehen, nach der ausschließlich die egoistischen Interessen der Staaten zur Richtschnur ihres Handelns erhoben werden, ohne Lösungen für Interessenkonflikte zwischen ihnen anzubieten. Es ist versucht worden, den hier angesprochenen Konflikt mit Hilfe des Mißbrauchsverbots zu lösen.[20] Zweifelhaft allerdings ist, ob das Mißbrauchsverbot überhaupt weit genug reicht und flexibel genug ist, um eine tragfähige Grundlage für die Bereinigung von Nutzungskonkurrenzen zwischen Nachbarstaaten sicherzustellen.[21] Da es von der grundsätzlichen Handlungsfreiheit der Staaten ausgeht, verstellt es zudem den Blick für die Tatsache, daß es sich bei den Umweltmedien um Güter handelt, die der Nutzung aller betroffenen Staaten offen stehen müssen, und insofern hier eine Nutzungskonkurrenz in bezug auf ein gemeinsames Gut vorliegt.
Beide Theorien verkennen die sich verstärkende faktische und rechtliche Einbindung jedes Staates in die Staatengemeinschaft. Sie sind vielmehr als sich ergänzende Gegenpole zu begreifen, wobei das Reziprozitätsprinzip das Bindeglied ist. Denn wer sein Staatsgebiet ohne Rücksicht auf seine Nachbarstaaten nutzt, verliert das Recht, sich gegen eine entsprechende Nutzung seiner Nachbarstaaten einschließlich der daraus resultierenden grenzüberschreitenden Einwirkungen zur Wehr zu setzen. Insofern muß ein Interessenausgleich zwischen den Staaten stattfinden. Diese Erkenntnis ist an sich nicht neu. Bereits zu Beginn der 20er Jahre hat *Fauchille* festgestellt, daß jeder Staat gehalten sei, die Interessen seiner Nachbarn in gebührender und gerechter Weise zu be-

---

[14] Vgl. auch Art. 1 Übereinkommen über weiträumige, grenzüberschreitende Luftverschmutzung vom 13. November 1979 (ILM 18 (1979), 1442; BGBl. 1982 II, 373).

[15] Zutreffend *Rauschning*, 559; *Kiss*, International Protection, 1072.

[16] Art. 1 Übereinkommen über weiträumige, grenzüberschreitende Luftverschmutzung (Anm. 14).

[17] Nachweise bei *Klein*, 119 f.

[18] Vgl. zur *Harmon Doktrin*, die von diesem Ansatz ausging, *Krakau*, Die Harmon Doktrin, 1966; *Ballenegger*, 56 f; *Barberis*, 16 ff.

[19] Vgl. dazu *Klein*, 120.

[20] Vgl. dazu ausführlich *Handl*, 55 ff.

[21] Skeptisch u. a. auch *Rauschning*, 561 f, *Kiss*, International Protection, 1073 f und *Handl*, 57.

rücksichtigen.[22] Auszugehen ist daher von der *Theorie der beschränkten territorialen Souveränität und Integrität.*[23] Hierauf basiert auch Prinzip 21 der Deklaration der Stockholmer Umweltschutzkonferenz von 1972.[24] Dieses ist nicht nur als ein Programmsatz zu lesen, sondern als eine Bestätigung existierenden Völkergewohnheitsrechts.[25] Von diesem Ansatz her ist der völkerrechtliche Grundsatz der guten Nachbarschaft[26] entwikkelt worden. Danach ist jeder Staat verpflichtet, eine Nutzung seines Staatsgebietes zu unterlassen oder zu verbieten, wenn sich hieraus *erhebliche* Schäden für das Gebiet des Nachbarstaates oder entsprechende Gefahren ergeben.[27]

3. Die Beschränkung auf erhebliche Schäden findet sich zwar nicht ausdrücklich in Prinzip 21 der Stockholmer Umwelterklärung, ergibt sich aber aus der hierin angelegten Interessenabwägung. Die der Stockholmer Umwelterklärung folgende Resolution der Generalversammlung der Vereinten Nationen 2995 (XXVII) vom 15. Dezember 1972 enthält als Ausdruck der Rechtsüberzeugung der UN-Mitglieder diese Einschränkung ausdrücklich. Es heißt dort: „Emphasizes that, in the exploration, exploitation and development of their natural resources, States must not produce significant harmful effects in zones situated outside their national jurisdiction...“. Bereits der Schiedsspruch in der *Trail Smelter*-Entscheidung hatte diese Einschränkung in der hier angesprochenen Fassung formuliert. Schließlich spricht auch die zwischenstaatliche Praxis deutlich dafür, die Völkerrechtsregel für bestehende grenzüberschreitende Umweltbelastungen auf das Verbot der Verursachung erheblicher Schäden zu begrenzen.[28] Für die völkerrechtliche Verantwortlichkeit kommt es demnach darauf an, wie man die erheblichen von den gewöhnlichen Schäden abgrenzt. Das Völkergewohnheitsrecht ist nicht geeignet, hier eine feste Entscheidungsgrundlage anzugeben. Im Einzelfall wird die Grenze unter Berücksichtigung des technischen Entwicklungsstands der jeweiligen Anlagen, des üblich gewordenen Verschmutzungsgrads bzw. des Grads der allgemeinen Schädigung durch Umwelteinflüsse zu bestimmen sein. Dabei ist die völkerrechtliche Verantwortlichkeit zunächst darauf gerichtet, die grenzüberschreitende Umweltverschmutzung derart abzubauen, daß erhebliche Schäden in dem anderen Staat nicht mehr entstehen. Eine Verletzung des Schädigungsverbots bzw. der Verpflichtung, die Schadensursachen zu mindern und zu begrenzen, kann nach allgemeinen Völkerrechtsregeln auch zur Schadensersatzverpflichtung führen.

---

[22] *Fauchille* I 1, 474 ff.

[23] Vgl. dazu *Rauschning*, 560.

[24] Text in ILM 11 (1972), 1416 (1420).

[25] Dafür sprechen die Formulierungen in A/Res.2995 (XXVII) sowie A/Res.2996, beide vom 15. Dezember 1972. Siehe auch Bulletin der Bundesregierung vom 6. Dezember 1983, Nr. 158, 1581 sowie BT Drs. 7/2702, 1, wo die Bundesregierung versichert, daß sie sich bei der Lösung internationaler Umweltprobleme von den Grundsätzen der Stockholmer Deklaration leiten lassen werde. Zur Stellung der europäischen Nachbarstaaten vgl. BT Sten. Ber. 7/128. Sitzung, 8617 B. Wesentlich ist in diesem Zusammenhang die Präambel des Übereinkommens über weiträumige, grenzüberschreitende Luftverschmutzung, dort heißt es: „... Considering the pertinent provisions of the Declaration of the United Nations Conference on the Human Environment, and in particular principle 21, which expresses the common conviction that States have, in accordance with the Charter of the United Nations and the principles of international law, the sovereign right to exploit their own resources pursuant to their own environmental policies, and the responsibility to ensure that activities within their jurisdiction or control do not cause damage to the environment of other States or of areas beyond the limits of national jurisdiction, ...“. Schließlich spricht für die gewohnheitsrechtliche Geltung dieses Grundsatzes, daß dieser mit dem in den Entscheidungen im Falle *Trail Smelter* (Anm. 5) und *Lac Lanoux* (Anm. 9) verfolgten Ansatz identisch ist; so auch *Kiss*, International Protection, 1074; *Wolfrum*, 495.

[26] *Wildhaber*, 102 ff; *Klein*, 115 ff; *Randelzhofer/Simma*, 397 ff; *van Lier*, Acid Rain and International Law, 1980, 103; *Fröhler/Zehetner*, 81 ff.

[27] Vgl. dazu *Rauschning*, 562 f; *Kiss*, International Protection, 1075 f, sowie eingehend *Handl*, Transboundary Air Resources, 413 ff.

[28] *Kiss*, International Protection, 1075 ff; *Rauschning*, 563 f.

Das Verbot einer grenzüberschreitenden Umweltschädigung erfaßt nicht nur Aktivitäten, die mit Sicherheit zu einem Schaden führen, sondern auch solche, bei denen ein grenzüberschreitender Schadenseintritt nur wahrscheinlich ist.[29]

4. Wie schon angesprochen, ist es über das Verbot einer grenzüberschreitenden erheblichen Umweltschädigung nicht möglich, einen effektiven internationalen Umweltschutz im eigentlichen Sinne zu betreiben. Denn unmittelbar geschützt werden hierdurch nur Individual- oder Staatsinteressen, nicht aber die Umweltgüter. Zudem wird lediglich eine erhebliche Schädigung ausgeschlossen, unberücksichtigt bleibt, daß auch eine unterhalb dieser Schwelle liegende Inanspruchnahme von Umweltgütern zu Einschränkungen auf Seiten eines anderen Staates führen kann. In diesen Situationen besteht zwar nicht die Möglichkeit eines Abwehranspruches, dennoch aber das Bedürfnis nach einer Koordination möglicherweise konkurrierender Nutzungen.[30] Diese Überlegungen haben vor allem in bezug auf die Nutzung internationaler Wasserläufe dazu geführt, die Umweltgüter als gemeinsame Ressource mehrerer oder aller Staaten anzusehen, die einer gemeinsamen Verwaltung bedürfen.

III. 1. Das Konzept, wonach die Umweltgüter eine *gemeinsame natürliche Ressource*[31] darstellen, geht von der Überlegung aus, daß die Aufnahme- und Transportkapazitäten von Luft und Wasser in bezug auf Schadstoffe und Energie nicht unbeschränkt sind und sich die verschiedenen Nutzungsarten des Wassers ausschließen können. Das heißt, eine bestimmte Nutzung eines Flußlaufes durch einen Oberlieger kann möglicherweise zum Ausschluß einer wirtschaftlichen Nutzung durch den Unterlieger führen.

Dieser Gesichtspunkt lag beispielsweise der Klage von drei niederländischen Großgärtnereien und der Stiftung Reinwater gegen die Mines de Potasse d'Alsace S.A. vor dem Rotterdamer Zivilgericht zu Grunde.[32] Das Gericht warf in seiner Urteilsbegründung der Beklagten u. a. vor, sie habe die Nutzungsinteressen der Unterlieger nicht hinreichend berücksichtigt. Die Berücksichtigung der Nutzungsinteressen des Flußunterliegers bewertet das Gericht als ein Gebot des Völkergewohnheitsrechts.

Das Konzept der gemeinsamen natürlichen Ressourcen hat seinen unmittelbaren Niederschlag in einer Reihe völkerrechtlicher Abkommen gefunden, insbesondere in bezug auf Flußläufe[33] und Wassereinzugsgebiete.[34] Es ist darüber hinaus die Basis einer Reihe von Verträgen zur gemeinsamen Entwicklung von Umweltstandards[35], zur institutionellen Überwachung von Flüssen und Seen gegen Umweltschäden[36] oder zum Schutz bestimmter Tier- und Pflanzenarten bzw. bestimmter Regionen.[37] Neben globalen Verträgen sind auch regionale Abkommen zu nennen, die vor allem den Schutz von Seegebieten anstreben. Insgesamt ist somit festzuhalten, daß das Konzept, wonach Umweltgüter als eine gemeinsame natürliche Ressource anzusehen sind, die Staaten dazu

[29] So auch *Wildhaber,* 119; *Rauschning,* 563 mit weiteren Nachweisen; *Dicke,* 114.

[30] Vgl. dazu eingehend *Handl,* Transboundary Air Resources, 405 ff.

[31] Skeptisch gegenüber diesem Konzept *Kloepfer,* 252, da er stark von der einzelstaatlichen Souveränität her argumentiert; positiv dagegen *Kiss,* International Protection, 1080 ff; *Barberis,* 21 ff; *Rauschning,* 568 f.

[32] Urteil vom 16. Dezember 1983, in niederländischer Sprache abgedruckt in (33) Ars Aequi, Juridisch Studentenblad 1984, 153 ff.

[33] Vgl. dazu oben § 62 IV 2.

[34] Vgl. dazu oben § 62 IV 2.

[35] Beispiele bei *Kiss,* International Protection, 1080.

[36] Beispiele bei *Kiss,* Survey of Current Developments in International Environmental Law, 1976, 75 f.

[37] Beispiele bei *Kiss,* International Protection, 1080.

inspiriert hat, Kooperationsformen zu entwickeln, die diesem Konzept gerecht werden. Dabei beschränkt sich die Kooperation teilweise nicht nur auf den Schutz, sondern bezieht auch die Verteilung der Nutzungen mit ein (Ressourcenallokation).
Für das internationale Wasserrecht hat sich vor allem für die Nutzung des Wassers als Substanz der Grundsatz der fairen Nutzungsaufteilung (principle of equitable utilization oder equitable apportionment) entwickelt. Die allgemein akzeptierte Formulierung findet sich in Art. IV der Helsinki-Regeln der International Law Association: „Each basin State is entitled, within its territory, to a reasonable and equitable share in the beneficial uses of the waters of an international drainage basin."[38] Dieses Prinzip ist allgemein als grundlegende Völkerrechtsregel im internationalen Wasserrecht anerkannt.
Von einer Expertengruppe ist im Rahmen von UNEP (United Nations Environment Programme)[39] der Versuch unternommen worden, diesen Grundsatz sowie die weiteren Folgerungen aus dem Konzept der gemeinsamen natürlichen Ressourcen festzuschreiben. Sie legte am 8. Februar 1978 „Draft Principles of Conduct in the Field of the Environment for the Guidance of States in the Conservation and Harmonious Utilization of Natural Resources Shared by Two or More States" vor, die 1979 von einer Regierungskonferenz im Rahmen des UNEP verabschiedet wurden.[40] Der Text dieser Richtlinie versteht sich als eine Weiterentwicklung der Stockholmer Umweltschutzerklärung, von der er Teile wiederholt. Sie enthält als wesentliche Verpflichtung der Staaten den die staatliche Gebietshoheit einschränkenden Grundsatz, daß grenzüberschreitende Umweltbelastungen, soweit wie möglich, zu reduzieren sind. Ein weiterer Grundsatz spricht den Nutzungsaspekt an. Die Staaten werden verpflichtet, mögliche negative Auswirkungen ihrer Aktivitäten auf die Nutzungsinteressen anderer Staaten zu berücksichtigen und in der Substanz auf dem geringstmöglichen Level zu halten. Dies gilt nicht nur für staatliche Aktivitäten, sondern soll auch bei der Genehmigung privater Vorhaben Anwendung finden. Bestätigt wird der Grundsatz der fairen Nutzungsaufteilung aus Art. IV der Helsinki-Regeln, der damit eine allgemeine, über die Wassernutzung hinausgehende Bedeutung erlangt. *Rauschning*[41] weist zu Recht darauf hin, daß dieser Grundsatz nicht auf die Wassernutzung beschränkt ist, sondern in gleicher Weise auf die Nutzung der Luft angewandt werden muß. Die Staaten sind also nicht nur gehalten, eine aktuelle grenzüberschreitende Umweltschädigung auszugleichen, sondern es besteht eine Verpflichtung, die Auswirkungen gegenwärtiger oder beabsichtigter Aktivitäten jeglicher Art auf die jenseits ihrer Grenzen gelegene Umwelt zu berücksichtigen. In der Planung sind geeignete Umweltschutzmaßnahmen vorzusehen, die bei der Planverwirklichung auch umgesetzt werden müssen. Das heißt, in der Planung müssen auch die potentiellen grenzüberschreitenden Wirkungen mitbedacht werden.
Diese Verpflichtung zieht eine Reihe von Verfahrenspflichten nach sich.

2. Teil der aus dem internationalen Umweltrecht fließenden staatlichen Pflichten ist die Verpflichtung zur zwischenstaatlichen Zusammenarbeit im Bereich des Umweltschutzes. Dieser Aspekt hat für den marinen Umweltschutz seinen speziellen Niederschlag in Art. 197-200 des Seerechtsübereinkommens von 1982 gefunden; die darin vorgesehenen Regelungen können allerdings nicht ohne weiteres verallgemeinert werden. Denn sie sind Ausdruck der gemeinschaftlichen Verwaltung der staatsfreien Räume durch die

---

[38] Vgl. dazu oben § 62 IV 3.

[39] UNEP wurde im Anschluß an die Stockholmer Umweltschutzkonferenz der Vereinten Nationen von 1972 von der Vollversammlung auf ihrer 27. Sitzung begründet (A/Res 2997 (XXVII)); vgl. zu Struktur und Aufgaben von UNEP *Dupuy,* United Nations Environment Programme, EPIL 5 (1983), 319 ff mit weiteren Nachweisen.

[40] Abgedruckt in Environmental Policy and Law 5 (1979), 66 ff; ILM 17 (1978), 1091 (1097 ff).

[41] *Rauschning,* 569 f.

Staaten, weswegen das Element der zwischenstaatlichen Kooperation ein verstärktes Gewicht erhält.

a) Inhalt der Verpflichtung der Zusammenarbeit ist vor allem das Gebot gegenseitiger Information[42] und Konsultation.

Die Information soll sämtliche Daten aufführen, welche sich auf nennenswerte Gefahren von grenzüberschreitenden Verschmutzungen erstrecken. Erfaßt werden davon nicht nur eingetretene Vorfälle, sondern auch geplante Aktivitäten. Insgesamt müssen die gelieferten Informationen detailliert genug sein, damit der Empfangsstaat die wahrscheinlichen Auswirkungen der beabsichtigten Aktivitäten und ihre Risiken abschätzen kann. Eine Pflicht zur Offenlegung von industriellen, wirtschaftlichen oder sicherheitspolitischen Geheimnissen besteht nicht.
Die Staatenpraxis belegt, daß Informationen in der Regel nicht verweigert werden.[43] Die Überzeugung, zur Information verpflichtet zu sein, hat sich auch in internationalen Verträgen niedergeschlagen. Sie hat eine besonders umfassende Ausgestaltung in der Nordischen Konvention über den Schutz der Umwelt von 1974[44] gefunden. Als weitere Beispiele sind zu nennen das Übereinkommen über die Flußkommission für den Niger und die Schiffahrt auf dem Nigerfluß von 1964[45] und die afrikanische Konvention über die Erhaltung der Natur und der Naturschätze von 1968.[46] Als Beispiele bilateraler Abkommen kann auf den amerikanisch-kanadischen Vertrag zur Wasserqualität der großen Seen von 1972[47] und auf den deutsch-niederländischen Vertrag über die Grenzgewässer von 1964[48] verwiesen werden. Seit dem Beginn der 80er Jahre ist es auch zwischen den USA und Mexiko zu mehreren bilateralen Abkommen auf dem Gebiet des grenzüberschreitenden Umweltschutzes gekommen, in denen umfangreiche Konsultations- und Informationspflichten enthalten sind.[49]

---

[42] Die Pflicht zur vorherigen Information über Vorhaben, die umweltbelastend oder umweltgefährdend sind, ist in vielen Deklarationen und Empfehlungen internationaler Organisationen ausgesprochen worden. Die vielleicht präziseste Formulierung findet sich in OECD-Empfehlung C (77) 28 (ILM 16 (1977), 977): „Der Ursprungsstaat (einer Umweltbelastung) soll, auf eigene Initiative oder auf Verlangen des betroffenen Staates, jenem die angemessenen Informationen in Angelegenheiten grenzüberschreitender Umweltbelastung oder bedeutender Gefahr einer solchen Belastung übermitteln und in Verhandlungen mit ihm eintreten." Weniger weitgehend noch Prinzip 20 der Stockholmer Umweltdeklaration, positiv dagegen A/Res. 2995 (XXVII) vom 15. Dezember 1972, A/Res.3129 (XXVIII) vom 13. Dezember 1973 sowie A/Res. 3281 (XXIX) vom 12. Dezember 1974.

[43] Vgl. dazu *Rauschning*, Report of the Committee on Legal Aspects of the Conservation of the Environment, ILA, Report of the 59th Conference, Belgrade 1980, 531 ff; Beispiele auch bei *Dicke*, 115 ff.

[44] ILM 13 (1974), 591, vgl. hierzu *Berg*, Zum Übereinkommen zwischen Dänemark, Finnland, Norwegen und Schweden über grenzüberschreitende Zusammenarbeit von Gemeinden der nordischen Staaten, ZaöRV 40 (1980), 600 ff.

[45] *Rüster/Simma* XI, 5648.

[46] *Rüster/Simma* V, 2037.

[47] ILM 11 (1972), 694; vgl. zur Zusammenarbeit zwischen den USA und Kanada *Sadler*, The Management of Canada-U.S. Boundary Waters: Retrospect and Prospect, NRJ 26 (1986), 359 ff sowie *LeMarquand*, Preconditions to Cooperation in Canada-United States Boundary Waters, NRJ 26 (1986), 221 ff und *Cooper*, The Management of International Environmental Disputes in the Context of Canada – United States Relations: A Survey and Evaluation of Techniques and Mechanisms, CanYBIL 24 (1986), 247 ff.

[48] UNTS 508, 26.

[49] Agreement of Cooperation regarding Pollution of the Marine Environment vom 24. Juli 1980 (ILM 20 (1981), 696); Agreement to Cooperate in the Solution of Environmental Problems in the Border Area vom 14. August 1983 (ILM 22 (1983), 1025), sowie die als Annexes zu diesem Übereinkommen ausgestalteten Spezialabkommen (Agreement of Cooperation for the Solution of the Border Sanitation Problem vom 18. Juli 1985 (Annex I); Agreement of Cooperation regarding Pollution of the Environment along the Inland International Boundary by Discharge of Hazardous Substances vom 18. Juli 1985 (Annex II); Agreement of Cooperation regarding the Transboundary Shipments of Hazardous Wastes and Hazardous Substances vom 12. November 1986 (Annex III) und Agreement of Cooperation regarding Transboundary Air Pollution Caused by Copper Smelters along their Common Border vom 29. Januar 1987 (Annex IV), abgedruckt in ILM 26 (1987), 16 ff); vgl. dazu auch *Sinclair*, The Environmental Cooperation Agreement between Mexico and the United States: a response to the pollution problems of the borderlands, Cornell International Law Journal 19 (1986), 87 ff.

Gesteigert werden die Informationspflichten bei eingetretenen Störfällen; das ergibt sich aus dem Gesichtspunkt der Schadensminderung. Diese Verpflichtung wird in völkerrechtlichen Verträgen vielfach angesprochen[50], besonders betont wird sie in Prinzip 9 der UNEP Rules on Shared Natural Resources.

b) Die Verpflichtung zu Konsultationen ist vor allem in bezug auf die Nutzung des Wassers in einem internationalen Wassereinzugsgebiet nachgewiesen worden[51], sie gilt aber allgemein. Denn die Konsultationsverpflichtung ist die logische Konsequenz der Tatsache, daß die Nutzung der Umweltmedien Luft und Wasser nicht von einem Staat, dem Verursacherstaat, für sich monopolisiert werden kann.

Die Konsultationspflicht richtet sich auf faire und gutnachbarliche Verhandlungen, nicht jedoch auf den Abschluß eines Vertrages. Der potentielle Verursacherstaat muß allerdings – insbesondere nach dem Stand seiner Planung – noch verhandlungsbereit, d. h. in der Lage sein, Einwände des Nachbarstaates zu berücksichtigen. Der Nachbarstaat kann jedoch aus der Konsultationspflicht kein Vetorecht herleiten, wie das Schiedsurteil im *Lac Lanoux*-Fall feststellt[52], noch hat er das Recht, auf die Rechtsordnung des Verursacherstaates Einfluß zu nehmen.

c) Zwei weitere Regeln gewinnen in jüngster Zeit zunehmend an Gestalt[53]: die Regel der Nichtdiskriminierung – bei der Verhütung und zur Wiedergutmachung – zwischen innerstaatlicher und grenzüberschreitender Verschmutzung und die Gleichbehandlung der beteiligten Parteien. Am systematischsten hat sich die OECD mit dieser Frage befaßt und sich in ihrer Empfehlung C (77) 28[54] vom 23. Mai 1977 für die Beachtung eines Regimes des gleichen Zugangs und der Nichtdiskriminierung eingesetzt. Danach sollen die Verursacherstaaten sicherstellen, daß jede Person, welche einer Schädigung durch grenzüberschreitende Umweltverschmutzung oder einer entsprechenden Gefährdung ausgesetzt ist, in dem Ursprungsstaat die gleiche Behandlung erfährt wie ein geschädigter oder gefährdeter Staatsangehöriger dieses Staates. Dieses Gebot schließt die prozedurale Gleichstellung im Verwaltungsverfahren und Verwaltungsprozeß ein. Die Begründung hierfür liegt in dem Gebot, bei der Genehmigung von Anlagen auch die ausländischen Umweltbelange einschließlich möglicherweise betroffener Individualrechte mit zu berücksichtigen. Das ist nicht möglich ohne die verfahrensrechtliche und prozeßrechtliche Gleichstellung von ausländischen Betroffenen oder Gefährdeten.[55]

Zu dieser Frage hat das Bundesverwaltungsgericht in seinem Urteil vom 17. Dezember 1986 Stellung genommen.[56] Es hat ausgeführt, die Beantwortung der Frage, ob ein Ausländer hinsichtlich seiner im Ausland belegenen Rechtsgüter im Sinne von § 42 Abs. 2 VwGO geltend machen könne, er sei durch eine atomrechtliche Genehmigung in seinen Rechten verletzt, hänge allein davon ab, ob bei dem Erlaß einer solchen Genehmigung Rechtsvorschriften beachtet werden müßten, die auch im Interesse des ausländischen Klägers ergangen seien. Dies wird von

---

[50] Amerikanisch-kanadischer Vertrag über die Wasserqualität der großen Seen, 1972 (Anm. 47); Abkommen zwischen der Bundesrepublik Deutschland und der Deutschen Demokratischen Republik über die Grundsätze der Schadensbekämpfung an der Grenze vom 20. September 1973, BGBl. 1974 II, 1237.

[51] *Bourne*, Procedure in the Development of International Drainage Basins: The Duty to Consult and to Negotiate, CanYBIL 10 (1972), 212 ff; illustrativ zu den praktischen Problemen einer grenzübergreifenden Planung *Springer*, 185 ff.

[52] RIAA XII, 281.

[53] *Umbricht*, 22 f.

[54] ILM 16 (1977), 977.

[55] So *Bothe*, 2 ff; *Wolfrum*, 500; *Weber*, Beteiligung und Rechtsschutz ausländischer Nachbarn im atomrechtlichen Genehmigungsverfahren, DVBl. 95 (1980), 330 ff; a.A. *Oppermann/Kilian*, Gleichstellung ausländischer Grenznachbarn im deutschen Umweltverfahren?, 1981, 133 ff; *Kloepfer*, Grenzüberschreitende Umweltbelastungen, 253.

[56] Az. 7 C 29.85; das Urteil ist auszugsweise abgedruckt in: EuGRZ 14 (1987), 116 mit einer Anmerkung von *Beyerlin*. Vgl. dazu *Rauschning*, Klagebefugnis von Auslandsbewohnern gegen eine inländische Atomanlagengenehmigung, AVR 25 (1987), 312 ff.

dem Gericht unter Hinweis auf das Völkerrecht für das Atomgesetz ausdrücklich bejaht. Der dagegen vorgetragene Einwand, eine derartige Gleichbehandlung setze eine Gegenseitigkeitsvereinbarung voraus, findet im Völkerrecht keine Stütze.[57]

IV. Neben diesen beiden Ansätzen bauen in jüngster Zeit Instrumente des internationalen Umweltschutzes auf dem Gedanken auf, daß Umweltschutz ein Anliegen der gesamten Menschheit sei. Dieser Ansatz löst den internationalen Umweltschutz von den Interessen unmittelbar betroffener Staaten. Die den Staaten von diesen Instrumenten auferlegten Einschränkungen sind demgemäß anderer Natur. Sie ergeben sich nicht aus dem Gebot der Rücksichtnahme auf andere Mitglieder der Staatengemeinschaft, sondern machen den Umweltschutz zu einer Pflicht aller Staaten im Interesse zukünftiger Generationen. Die Staaten verlieren damit letztlich ihren Status als nur durch das Gebot der Rücksichtnahme beschränkte Herrscher über die Umwelt und werden zu ihrem Treuhandverwalter. Auch dieser Ansatz ist bereits in der Stockholmer Umwelterklärung angelegt. In deren Prinzip 2 heißt es: „The natural resources of the earth, including the air, water, land, flora and fauna and especially representative samples of natural ecosystems, must be safeguarded for the benefit of present and future generations through careful planning or management, as appropriate". Dieser Ansatz wurde zunächst für den Umweltschutz in staatsfreien Räumen verwandt wie Hohe See[58], Weltraum[59] und Antarktis[60], hinzugetreten ist der Schutz der Ozonschicht.[61] Neuerdings findet dieser Gedanke auch Anwendung für den Schutz von Umweltgütern, die der nationalen Gebietshoheit unterliegen.[62] Das gemeinsame Charakteristikum der entsprechenden Abkommen ist es, daß die Vertragsstaaten sich verpflichten, bestimmte Umweltgüter zu schützen, deren Erhalt als wesentlich nicht nur für die betreffenden Staaten, sondern für die Staatengemeinschaft insgesamt und für zukünftige Generationen angesehen wird. Dieser Gedanke kommt vor allem in der Präambel zur UNESCO Konvention über den Schutz des Kultur-und Naturerbes der Welt vom 23. November 1972 zum Ausdruck.[63] Dort heißt es: „. . . daß Teile des Kultur- und Naturerbes von außergewöhnlicher Bedeutung sind und daher als Bestandteil des Welterbes der ganzen Menschheit erhalten werden müssen". Diese Konvention begründet die Pflicht der Staaten zu Erfassung, Schutz und Erhaltung von Bestand und Wertigkeit des in ihrem Hoheitsgebiet be-

---

[57] *Wolfrum,* 500, im Ergebnis auch das Bundesverwaltungsgericht; a. A. *Oppermann/Kilian,* (Anm. 55), 100.

[58] Vgl. dazu die Präambel des Übereinkommens über die Verhütung der Meeresverschmutzung durch das Einbringen von Abfällen und anderen Stoffen vom 29. Dezember 1972, BGBl. 1977 II, 181 (in Kraft seit 30. August 1975) sowie die Präambel des Internationalen Übereinkommens zur Verhütung der Meeresverschmutzung durch Schiffe vom 2. November 1973 (in Kraft seit 2. Oktober 1983), BGBl. 1982 II, 4; in der Fassung des Protokolls vom 17. Februar 1978 in: BGBl. 1984 II, 230.

[59] Weltraumvertrag vom 27. Januar 1967 (BGBl. 1969 II, 1967) sowie Übereinkommen zur Regelung der Aktivitäten von Staaten auf dem Mond und anderen Himmelskörpern vom 18. Dezember 1979, ILM 18 (1979), 1434.

[60] Antarktisvertrag vom 1. Dezember 1959, UNTS 402, 71 und BGBl. 1978 II, 1517; Übereinkommen über die Erhaltung der lebenden Meeresschätze der Antarktis vom 20. Mai 1980, BGBl. 1982 II, 420.

[61] Übereinkommen zum Schutze der Ozonschicht vom 22. März 1985, ILM 26 (1987), 1516; ergänzt durch das Protocol on Substances that Deplete the Ozone Layer vom 16. September 1987, ILM 26 (1987), 1541. Vgl. dazu *Lang,* 270 ff.

[62] Vgl. dazu u. a. folgende Verträge: Präambel des Übereinkommens zum Schutz und zur Entwicklung der Meeresumwelt im karibischen Raum vom 24. März 1983 (*Burhenne,* 983:23); Abkommen über eine Zusammenarbeit auf dem Gebiet des Schutzes und der Entwicklung der Meeres- und Küstenumwelt der West- und Zentralafrikanischen Region vom 23. Januar 1981 (*Burhenne,* 981:23); Übereinkommen über die Erhaltung der europäischen wildlebenden Tiere und Pflanzen und ihres natürlichen Lebensraums vom 19. September 1979 (*Burhenne,* 979:70); Übereinkommen zur Erhaltung der wandernden wildlebenden Tierarten vom 23. Juni 1979 (*Burhenne,* 979:55).

[63] BGBl. 1977 II, 215; vgl. dazu Anm. 4.

findlichen Kultur- und Naturerbes sowie die Verpflichtung, seine Weitergabe an künftige Generationen sicherzustellen.
Die Entwicklung des internationalen Umweltrechtes vom vorrangigen Schutz nachbarstaatlicher Interessen zum Schutz und zur Erhaltung der Umwelt für künftige Generationen ist insofern ein Beispiel für den Strukturwandel des Völkerrechts von einem Recht der Koexistenz der Staaten zu einem Recht der Koordination und Kooperation.

§ 71 Die Befreiung ausländischer Staaten von der inländischen Jurisdiktion (Staatenimmunität)

Schrifttum: *Niboyet,* Immunité de juridiction et incompétence d'attribution, Revue critique de droit international privé 39 (1950), 139; *Lauterpacht,* The Problem of Jurisdictional Immunities of Foreign States, BYIL 28 (1951), 220; *Castel,* Immunity of a Foreign State from Execution: French Practice, AJIL 46 (1952), 520; *Lalive,* L'immunité de juridiction des états et des organisations internationales, RdC 84 (1953 III), 205; *Schaumann-Habscheid,* Die Immunität ausländischer Staaten nach Völkerrecht und deutschen Zivilprozeßrecht, Berichte DGVR 8, 1968, 1, 159; *Dunbar,* Controversial Aspects of Sovereign Immunity in the Case Law of Some States, RdC 132 (1971 I), 197; *Sucharitkul,* Immunities of Foreign States Before National Authorities, RdC 149 (1976 I), 87; *Weber,* The Foreign Sovereign Immunities Act of 1976: Its Origin, Meaning and Effect, Yale Studies in World Public Order 3 (1976), 1; *Higgins,* Recent Developments in the Law of Sovereign Immunity in the United Kingdom, AJIL 71 (1977) 423; *Bird,* The State Immunity Act of 1978: An English Update, The International Lawyer 13 (1979), 619; *Boguslavsky,* Foreign State Immunity: Soviet Doctrine and Practice, NYIL 10 (1979), 167; *Enderlein,* The Immunity of State Property from Foreign Jurisdiction and Execution: Doctrine and Practice of the German Democratic Republic, NYIL 10 (1979), 111; *Przetacznik,* Sovereign Immunity of Foreign States and International Commercial Arbitration, Revue de droit international de sciences diplomatiques et politiques 57 (1979), 188, 291; *Adede,* The United Kingdom Abandons the Doctrine of Absolute Sovereign Immunity, Brooklyn Journal of International Law 6 (1980), 197; *Ress,* Entwicklungstendenzen der Immunität ausländischer Staaten, ZaöRV 40 (1980), 217; *Sinclair,* The Law of Sovereign Immunity: Recent Developments, RdC 167 (1980 II), 113; *Higgins,* Certain Unresolved Aspects of the Law of State Immunity, NILR 29 (1982), 265; *Sornarajah,* Problems in Applying the Restrictive Theory of Sovereign Immunity, ICLQ 31 (1982), 661; *von Schönfeld,* Die Staatenimmunität im amerikanischen und englischen Recht, 1983; *Badr,* State Immunity: an Analytical and Prognostic View, 1984; *Feldman,* The United States Foreign Immunities Act of 1976 in Perspective: A Founder's View, ICLQ 35 (1986), 302; *ders.,* Foreign Sovereign Immunity in the United States Courts 1976-1986, Vanderbilt Journal of Transnational Law 19 (1986), 19; *Riesenfeld,* Sovereign Immunity in Perspective, Vanderbilt Journal of Transnational Law 19 (1986), 1; *Trooboff,* Foreign State Immunity: Emerging Consensus on Principles, RdC 200 (1986 V), 235.
Material: United Nations, Codification Division of the Office of Legal Affairs, Materials on Jurisdictional Immunity of States and Their Property, in: UN ST/LEG/SER. B/20 (1982); Australian Law Reform Commission, Foreign State Immunity (Report No. 24, 1984; detailed analysis of proposed Australian legislation); Reference on Foreign State Immunity: Research Paper No. 1 (Select Bibliography and Documents); Research Paper No. 2 (Procedural Immunities and Submission to Jurisdiction); Research Paper No. 3 (Basic Principles of Foreign State Immunity: An Assessment of the Need for Australian Legislation); Research Paper No. 4 (The Content of Australian Legislation on Immunity from Jurisdiction); und Research Paper No. 5 (Enforcement of Judgments Against Foreign States).

I. Die internationale Ordnung beruht auf einem Nebeneinander souveräner und gleichberechtigter Staaten mit mehr oder weniger scharf gegeneinander abgegrenzten Hoheitsbereichen. Daraus folgt zum einen, daß – von gewissen Ausnahmen abgesehen –

kein Staat Hoheitsgewalt in dem Bereich eines anderen Staates ausüben darf.[1] Aber auch wo er in seinem eigenen Hoheitsbereich mit fremden Staaten und deren Organen in Berührung kommt, sind der Ausübung seiner Hoheitsgewalt Grenzen gezogen. Das glaubt man – allerdings nicht ganz überzeugend – aus dem Gleichheitsgedanken ableiten zu können. *Non enim una civitas potest facere legem super alteram, quia par in parem non habet imperium.*[2] Kein Staat sitzt über einen anderen Staat zu Gericht. Daher genießen die Staaten und ihre Repräsentanten in Verfahren vor den Behörden und Gerichten des Auslandes Immunität; sie dürfen nicht gegen ihren Willen in Verfahren verwickelt werden, und vor allem darf kein Zwang gegen sie ausgeübt werden. Das hat zur Folge, daß das Recht sich gegenüber den Staaten oft nicht durchsetzen kann. So werden nicht nur die örtlichen Interessen, sondern auch die Bedürfnisse der Rechtspflege der Rücksicht auf die staatliche Souveränität und dem Wunsch nach der Erhaltung guter Beziehungen zwischen den Staaten, also politischen Gesichtspunkten, untergeordnet. Darin liegt die rechtspolitische Problematik der Immunität. Sie muß umso lebhafter empfunden werden, je mehr der Staat seinen irrationalen Nimbus verliert, vor allem aber, je mehr er nicht mehr ausschließlich als Träger von Hoheitsrechten auftritt, sondern an normalen Handelsgeschäften teilhat.

II. Die Immunität (im weiteren Sinne des Wortes), die das Völkerrecht den Staaten und gewissen Organen der Staaten gewährt, ist von doppelter Art[3]:

1. Soweit der Staat sich in Ausübung seiner Hoheitsgewalt obrigkeitlich betätigt, ist diese Betätigung im allgemeinen ihrer Natur nach der Jurisdiktion anderer Staaten entzogen. Diese können sie jedenfalls nicht unmittelbar zum Gegenstand ihrer Beurteilung machen, nicht den fremden Staat auf Grund seines obrigkeitlichen Handelns, nicht den Repräsentanten auf Grund seines dienstlichen Verhaltens ihrer Gerichtsbarkeit unterwerfen. Denn insoweit handeln auch die Repräsentanten gleichsam nicht selbst, sondern es ist ihr Staat, der sich mittels seiner Organe betätigt. Ihre Befreiung von der Gerichtsbarkeit anderer Staaten ergibt sich insoweit aus der Natur, der sachlichen Qualität des in Frage stehenden Handelns. Es handelt sich um eine Freistellung ratione materiae, eine sachliche, *funktionelle Immunität.*

2. Aber das Recht geht noch einen Schritt weiter. Auch wenn ein Staat oder sein Repräsentant sich außerhalb der Hoheitssphäre betätigt, ein Staat z. B. Handel treibt oder ein Mitglied seiner diplomatischen Mission ein Verbrechen begeht, erhebt sich die Frage, ob der Staat und sein Vertreter nicht auch insoweit freigestellt werden müssen. Diese Frage wird jedenfalls im Hinblick auf die höchsten Repräsentanten des Staates bejaht.[4] Diese Befreiung wurde von manchen nationalen Rechten auch auf den fremden Staat selbst ausgedehnt, seine Tätigkeit z. B. auf den Gebieten des bürgerlichen oder des Handelsrechts von der örtlichen Jurisdiktion ausgenommen. Die Freistellung von der örtlichen Jurisdiktion ist in diesen Fällen in der persönlichen Qualität des in Anspruch genommenen Rechtssubjekts, des Staates und seiner Organe, begründet. Es handelt sich insoweit um eine Immunität ratione personae, ein *persönliches Vorrecht.* Der Unterschied zwischen diesen beiden Arten der Immunität ist im Hinblick auf den Staat selbst nur insoweit von Bedeutung, als – wie noch zu zeigen sein wird – eine völkerrecht-

[1] Vgl. dazu oben § 47.

[2] *Bartolus,* Tractatus represaliarum, 1354, Qu.I/3, § 10; vgl. dazu *Trooboff,* 252.

[3] Die hier vertretene Unterscheidung entspricht wohl im wesentlichen der von *Niboyet,* 139 ff vorgeschlagenen Unterscheidung zwischen „incompétence d'attribution" und „immunité de juridiction".

[4] Vgl. dazu im einzelnen oben § 29.

liche Verpflichtung zur Gewährung der Immunität nur in bezug auf das hoheitliche Handeln besteht. Wesentlich ist diese Unterscheidung jedoch für das Diplomatenrecht.[5]

III. Der Grundsatz der Freistellung des Staates von der Jurisdiktion anderer Staaten ist unbestritten.[6] Anerkannt ist inzwischen[7] auch, daß es sich hierbei um ein echtes Rechtsprinzip und nicht nur um ein solches der Courtoisie handelt.[8] Umstritten ist dagegen der Umfang dieser Rechtspflicht.[9]

IV. 1. Außer den souveränen Staaten pflegt die internationale Praxis auch Staaten mit beschränkter Hoheitsgewalt, z. B. den unter einem völkerrechtlichen Protektorat stehenden Staaten, durchweg die Immunität zu gewähren.[10] Doch handelt es sich hier um

---

[5] Vgl. dazu oben §§ 34, 35.

[6] *Badr,* 79 ff versucht allerdings, die Frage der Staatenimmunität auf die Frage nach der Jurisdiktion zu reduzieren. Seiner Meinung nach ist eine Berufung auf Immunität dann nicht möglich, wenn das betreffende Handeln vor den nationalen Gerichten des sich auf Immunität berufenden Staates angegriffen werden könnte. Damit würde sich die Immunität auf die „gerichtsfreien Hoheitsakte" reduzieren. Argumentationsgrundlage ist also eine strikte Gewaltentrennung. Dabei wird übersehen, daß diese strikte Gewaltentrennung nicht Bestandteil aller Rechtsordnungen ist und daß es der Grundsatz der souveränen Gleichheit der Staaten verbietet, die interne Kontrolle der Staatsgewalt zum Maßstab für die Handlungsbefugnis fremder Gerichte zu machen.

[7] In der älteren Rechtsprechung Großbritanniens und der USA wurde die Gewährung der Immunität häufig noch nicht als Erfüllung einer völkerrechtlichen Pflicht, sondern als ein Akt der „comity of nations" angesehen. Vgl. dazu u. a. High Court (Probate Division) in *The Arantzazu Mendi* (1938) Probate, Divorce and Admiralty Division of the English High Court of Justice, 233: „The act of the Crown in declining through its Courts to exercise the sovereign power of jurisdiction over property within its territorial limits when that property belongs to a foreign sovereign, is based on the theory of an international comity which induces a sovereign state to respect the independence of another sovereign state"; Supreme Court of New York, Appellate Division in *Hannes v. Kingdom of Roumania Monopolies Institute,* Annual Digest 9 (1938-40), Case No. 72, 198 (202): „... we must bear in mind ... that questions of immunity of foreign sovereign powers and their agents are ordinarily determined under international law as matters of comity involving, therefore, considerations of expediency in friendly, international intercourse, rather than the principles of municipal law"; modifizierend aber bereits der Supreme Court of New York in *Ulen & Co. v. Bank Gospodarstwa Krajowego,* Annual Digest 9 (1938-40), Case No. 74, 213 (215): „Theoretically ... the immunity of the domestic sovereign is a matter of right, while that of the foreign sovereign is a matter of favor granted voluntarily by the domestic government. But since the favor is reciprocal, the one immunity is, in practice, as obligatory upon the judicial branch as the other." Deutlicher Lord *Wright* im *Cristina*-Fall (1938), British House of Lords and Judicial Committee of the Privy Council, Appeal Cases, 485: „This is sometimes said to flow from international comity and courtesy, but may now more properly be regarded as a rule of international law, accepted among the community of nations" (zwei andere Mitglieder des House of Lords stimmten allerdings nicht überein). Ebenso *Hackworth,* Digest II, 393; vgl. zum *Cristina*-Fall und zum Fall *Arantzazu Mendi* auch *Dunbar,* 312 ff. Nicht selten wird die Gewährung der Immunität gleichzeitig als Ausdruck der Courtoisie und als Inhalt einer Rechtspflicht ohne klare Unterscheidung behandelt.

[8] Vgl. dazu die Kommentierung zu Art. 7 Draft articles on jurisdictional immunities of States and their property, ILC Yearbook 1982 II 2, 100.

[9] Vgl. dazu im einzelnen unten §§ 72, 73.

[10] Die Rechtsprechung der französischen Gerichte hat z. B. Marokko und Tunis in dieser Hinsicht immer als souveräne Staaten behandelt. Vgl. dazu die beiden Urteile bei *Sirey,* Recueil général des lois et des arrêts 1930 II, 153 mit Anm. *Rivière* sowie die dort und im Annual Digest 9 (1938-40), 243 angeführten Belege. Aus der Rechtsprechung der britischen Gerichte seien etwa die Urteile in den Fällen *Mighell v. Sultan of Johore* (1894) Queen's Bench Division of the English High Court of Justice 1, 149; *Statham v. Statham and His Highness of Gaekwar of Baroda* (1912) Probate, Divorce and Admiralty Division of the High Court of Justice, 92; *Duff Development Co., Ltd. v. Government of Kelantan* (1924) British House of Lords and Judicial Committee of the Privy Council, Appeal Cases, 797 angeführt. In diesen Fällen wurde den Beklagten auf Grund entsprechender Mitteilungen der zuständigen politischen Instanzen über deren internationalen Status die Befreiung von der britischen Gerichtsbarkeit zugestanden. Als Anzeichen für das Bestehen einer internationalen Rechtsüberzeugung sind Urteile dieser Art freilich nur mit Vorsicht verwendbar. In Fällen dieser Art geht auf Grund der Rücksichtnahme auf die Emp-

Rechtsgebilde sehr verschiedener Art, und es läßt sich daher wohl nichts Allgemeingültiges sagen. Es kommt auf den völkerrechtlichen Status im Einzelfall an.

2. Auch im Hinblick auf die Teileinheiten zusammengesetzter Staaten, die Gliedstaaten von Bundesstaaten, besteht nach der Rechtsprechung der nationalen Gerichte keine klare Linie.[11] Trotz aller daraus resultierenden Unsicherheiten wird man wohl davon ausgehen können, daß es entscheidend darauf ankommt, ob der betreffende Gliedstaat Völkerrechtssubjektivität besitzt.[12]

3. Es besteht keine völkerrechtliche Pflicht, anderen juristisch selbständigen Personen des öffentlichen Rechts, etwa Provinzen, Körperschaften oder Stiftungen als solchen die Immunität zu gewähren. Auch insoweit ist kein Raum für die Anwendung der Regel par in parem non habet iurisdictionem, weil keine Gleichheit besteht.[13] Das gilt aber nur,

---

findlichkeit nicht souveräner Staaten das nationale Recht leicht über die durch das Völkerrecht gezogenen Grenzen hinaus. Vgl. auch das in Annual Digest 9 (1938-40), Case No. 17, 35, abgedruckte Urteil des District Court New York in bezug auf die damals noch nicht voll souveränen Philippinen. Verweigert wurde die Befreiung z. B. in dem Urteil des britischen High Court of Admiralty im Falle *The Charkieh* (1873), 4 Adolphus and Ellis' English Queen's Bench Reports, 59 im Hinblick auf den Khediven von Ägypten, und vom Supreme Court Ceylon in *The Superintendent, Government Soap Factory, Bangalore v. Commissioner of Income Tax*, Annual Digest 10 (1941-42), Case No. 10, 38 im Hinblick auf den Staat Mysore.

11 Vor allem die französischen Gerichte haben den Gliedstaaten von Bundesstaaten die Immunität seit jeher verweigert. Vgl. u. a. Cour de cassation in *Etat de Céara (Brasilien) c. Dorr, Clunet* 60 (1933), 644 und Tribunal civil Seine in *Dame Dumont c. Etat d'Amazone, Dalloz*, Recueil hebdomadaire de jurisprudence 1949 I, 428 mit Anm. *Colliard*, sowie die in Annual Digest 9 (1938-40), 242 f mitgeteilten Belege. Andere nationale Gerichte waren entgegenkommender, vgl. Cour d'appel Brüssel in *Feldman c. Etat de Bahia*, Pasicrisie belge 1908 II, 55 f; für die USA Supreme Court New York in *Hahn H. Hassard v. The U.S. of Mexico* (1899), Miscellaneous Reports, New York 29, 511 (keine Gerichtsbarkeit für eine Klage gegen zwei Gliedstaaten von Mexiko); U.S. Supreme Court in *Principality of Monaco v. Mississippi* (1934), 292 U.S. 313; District Court New York und Circuit Court of Appeals in *Sullivan v. State of São Paulo*, beide in Annual Digest 10 (1941-42), Case No. 50, 178.

12 In seinem Urteil vom 29. Juli 1981, *Marine Steel Ltd. v. Government of the Marshall Islands*, ILR 64 (1983), 539, verneint der High Court von Neuseeland die Immunität der Marshall-Inseln mit der Begründung, diesen stünde als Treuhandgebiet keine Souveränität zu, vgl. ebenfalls die Entscheidung vom 15. März 1982, ILR 64 (1983), 562; entscheidend war auch für den italienischen Kassationshof die Souveränitätsfrage in seiner Entscheidung vom 6. Juni 1974 im Falle *Association of Italian Knights of the Order of Malta v. Piccoli*, ILR 65 (1984), 308. Er bejahte die Souveränitätsfrage und entsprechend auch die Immunität, ebenso die Entscheidung des Kassationshofs vom 3. Mai 1978 in dem Fall *Ministry of Finance v. Association of Italian Knights of the Order of Malta*, ILR 65 (1984), 320 und das Urteil vom 18. Dezember 1979 im Falle *Pontificia Opera di Assistenza v. INPS and Smith*, ILR 65 (1984), 333. Nach eingehender Erörterung der völkerrechtlichen Stellung der Bundesländer hat das Tribunal de grande instance de Paris in seinem Urteil vom 15. Januar 1969, Revue critique de droit international privé 59 (1970), 98 ff, die Völkerrechtssubjektivität von Hessen und damit auch dessen Berufung auf Immunität abgelehnt.

13 Vgl. auch RGZ 110, 315 (317): Zulässigkeit des Rechtswegs gegenüber einem ausländischen Kreisverband; RGZ 157, 389 (395): Zulässigkeit einer Klage gegen ein im Eigentum einer privatrechtlichen Reederei befindliches, von einem Staat für öffentliche Zwecke gechartertes Schiff; Preußischer Kompetenzkonfliktsgerichtshof, JW 1921, 1481 (1484): Zulässigkeit einer Klage gegen eine von dem polnischen Staat übernommene, aber rechtlich selbständige Darlehnskasse. Vgl. aber die Entscheidung der französischen Cour de cassation, *Clunet* 80 (1953), 654: Immunität der spanischen Staatsbank, einer selbständigen juristischen Person, zwar nicht im Hinblick auf die von ihr vorgenommenen „actes de commerce", wohl aber in bezug auf Operationen, deren Vornahme und Bedingungen der spanische Staat kraft seiner Hoheitsgewalt kontrolliere. Insoweit sei die Bank nur ein „agent de la puissance publique". Eine gewisse Parallele bietet die Entscheidung des britischen Court of Appeal im Falle *Krajina v. The Tass Agency*, Annual Digest 16 (1949), Case No. 37, 129; dort wird die britische Gerichtsbarkeit verneint, obwohl die Tassagentur nach sowjetischem Recht juristisch selbständig ist.

wenn diese Einheiten juristisch selbständig sind. Sind sie dagegen juristisch unselbständige Abteilungen ihres Staates, so nehmen sie teil an seiner Immunität.[14] Das kann zu formalistischen Unterscheidungen führen, die man aber doch aus Gründen der Rechtssicherheit und im Hinblick auf die mit dem Eingehen auf die tatsächlichen Verhältnisse – im Ausland – verbundenen Schwierigkeiten wird in Kauf nehmen müssen.

4. Nach richtiger Ansicht kann ein Staat im Ausland Befreiung von der örtlichen Jurisdiktion nicht beanspruchen, wenn er als Privatperson im Bereich des bürgerlichen Rechts oder des Handelsrechts auftritt. Deshalb besteht erst recht keine internationale Verpflichtung, rechtlich selbständigen Handelsgesellschaften, Banken, Versicherungsunternehmen und sonstigen Organisationen privatrechtlicher Art die Befreiung von der inländischen Gerichtsbarkeit zu gewähren, weil ein fremder Staat sie mehr oder weniger beherrscht, z. B. die Mehrheit der Aktien besitzt, die Direktoren ernennt oder die Geschäftsführung nach seinem eigenen Willen bestimmt.[15]

§ 72 Unbeschränkte oder beschränkte Staatenimmunität

Schrifttum: wie vor § 71.

I. Wenn das Prinzip der Staatenimmunität auch ganz überwiegend – und zwar als Rechtsprinzip – anerkannt ist, so bestehen doch Zweifel darüber, wieweit die Befreiung des fremden Staates von der inländischen Gerichtsbarkeit ausgedehnt werden soll. Zwar ist man sich im wesentlichen darüber einig, daß die Staaten nicht genötigt werden dürfen, auf Grund ihrer hoheitlichen Betätigung, z. B. auf Grund ihrer Gesetzgebung, ihrer Verwaltungsakte oder der Entscheidungen ihrer Gerichte, vor den Behörden und Gerichten eines fremden Staates Rede und Antwort zu stehen. Die Staaten bedienen sich aber zunehmend privatrechtlicher Formen bzw. werden privatrechtlich tätig. Beide Gesichtspunkte sind voneinander zu trennen.

Beispiele: Ein fremder Staat läßt auf einer inländischen Werft Kriegsschiffe bauen. Er nimmt Anleihen auf, liefert Waren an inländische Firmen bzw. beliefert diese, sei es direkt oder durch Einschaltung einer selbständigen (wenn auch staatlich kontrollierten) Handelsgesellschaft.

In diesen staatlichen Aktivitäten spiegelt sich das gewandelte Verhältnis von Staat und Wirtschaft wider. Der moderne Wohlfahrtsstaat hat wichtige Wirtschaftszweige verstaatlicht. Er tritt als Konkurrent im geschäftlichen Wettbewerb auf und bedient sich im internationalen Geschäftsverkehr derselben Rechtsformen wie der Privatmann. In der jüngsten Vergangenheit haben sich die Grenzen zwischen dem hoheitlichen Bereich und dem des privaten Wirtschaftslebens weiter verwischt. Das Wirtschaftsleben hat sich bis zu einem gewissen Grade verstaatlicht, der Staat sich privatisiert. Diese Tendenz tritt in verschiedenen Staaten mit unterschiedlicher Stärke hervor, am stärksten in solchen, die die bisher auf Privateigentum und Privatinitiative beruhende Wirtschaftsordnung durch eine sozialistische oder staatskapitalistische Ordnung ersetzt und eine Planwirtschaft eingeführt haben. In diesen Ländern sind Handel und Industrie zu öffentlichen Betätigungen geworden.

Vor diesem Hintergrund stellt sich die Frage, ob die Immunität noch auf den gesamten Bereich des vom Staat kontrollierten Wirtschaftslebens ausgedehnt werden kann. Dagegen bestehen Bedenken. Die Immunität als eine Durchbrechung der territorialen Ho-

[14] Vgl. dazu im einzelnen unter § 73.

[15] Vgl. dazu im einzelnen unter § 73.

heitsgewalt ist ihrem Wesen nach eine Ausnahmeregelung. Wenn sie uferlos angewandt wird, ergeben sich unter rechtsstaatlichen Gesichtspunkten Gefahren. Denn bei so weitgehender Ausdehnung der Immunität werden zahllose Rechtsverhältnisse der Kontrolle der Gerichte entzogen. Dies aber widerspricht der Tendenz, die im modernen Rechtsleben sonst überwiegt. Denn im allgemeinen ist der Staat heute dazu bereit, sich in seinem Hoheitsbereich der Herrschaft des Rechts und gerichtlicher Kontrolle zu unterwerfen. Im Widerspruch dazu droht eine Überspannung der staatlichen Immunität im Völkerrecht die Einzelnen in ihren geschäftlichen Beziehungen zu fremden Staaten rechtlos zu machen. Wenn sie ihr Recht durchsetzen wollen, so bleibt ihnen nur der Weg der diplomatischen Hilfe oder der Klage vor den Gerichten des Auslands. Das Risiko, das sich daraus für die Aufnahme geschäftlicher Beziehungen mit fremden Staaten ergibt, ist für den internationalen Handel nicht günstig und wirkt geradezu im Sinne einer Handelsbeschränkung. Auch vom Standpunkt des privaten Wettbewerbs aus bestehen Bedenken. Ein Staat, der am wirtschaftlichen Wettbewerb teilnimmt, sich aber im Unterschied zu seinen Konkurrenten der Haftung für sein geschäftliches Handeln entziehen kann, macht sich jedenfalls objektiv eines unlauteren Wettbewerbs schuldig und stört das Wirtschaftsgefüge in seiner Gesamtheit. Gegenüber diesen Bedenken haben die herkömmlichen Argumente zu Gunsten der staatlichen Immunität an Gewicht und Bedeutung verloren. Ihnen ist entgegenzuhalten, daß der Staat, der sich als Bankier, Unternehmer oder Geschäftsmann betätigt, mittelbar darin einwilligt, sich vor den Behörden und Gerichten anderer Staaten wie ein solcher behandeln zu lassen. Sein etwa abweichender Wille kommt als venire contra factum proprium nach Treu und Glauben nicht in Betracht.

Allerdings lassen sich die Gegenargumente nicht übersehen. Der moderne Staat ist nicht nur zu hoheitlicher Betätigung im engeren Sinne berufen, sondern als sozialer Wohlfahrtsstaat zur Fürsorge für die Allgemeinheit mit allen Mitteln verpflichtet. Art und Grenzen der hoheitlichen Betätigung bestimmt jeder Staat souverän. Wo er sich dafür entscheidet, seine Tätigkeit z. B. durch Inanspruchnahme eines Außenhandelsmonopols auf den normalerweise privatrechtlichen Bereich auszudehnen, dort gehört, so läßt sich argumentieren, auch dieser Bereich zu einer hoheitlichen und öffentlichrechtlichen Sphäre, und kein fremder Staat, kein fremdes Gericht darf ihn in der Erfüllung dieser Funktionen behindern. Unter rein praktischen Gesichtspunkten stellt sich die Frage, ob die Notwendigkeit der Unterscheidung die Gerichte nicht vor äußerst schwierige, ja unlösbare Aufgaben stellt. Auch in den Ländern, deren Recht beides unterscheidet, sind privates und öffentliches Recht nicht leicht auseinanderzuhalten. Im modernen Wohlfahrtsstaat schieben sich Privatrecht und öffentliches Recht ineinander, wird das bürgerliche Recht unter dem Einfluß sozialer und gemeinwirtschaftlicher Tendenzen mit öffentlichrechtlichen Elementen durchsetzt, während die öffentliche Verwaltung Rechtsformen und Methoden verwendet, die sich von denen des privaten Geschäftslebens nicht mehr prinzipiell unterscheiden. Welcher Maßstab ist zugrunde zu legen? Soll die Rechtsnatur des Geschäfts oder soll sein Zweck maßgebend sein? Ist z. B. ein Rechtsstreit auf Grund der Lieferung von Rüstungsgütern, aus dem Erwerb eines Gesandtschaftsgrundstücks oder auf Grund im Inland aufgenommener Staatsanleihen der Gerichtsbarkeit des Inlands entzogen? Nur zu oft werden die Gerichte mit der Zumutung solcher Unterscheidungen auch vor politische Probleme gestellt, denen sie ihrem Wesen nach nicht gerecht werden können.

II. Diese einander gegenüberstehenden Erwägungen machen verständlich, daß die hier aufgeworfene Frage von den Rechtsordnungen der verschiedenen Länder lange Zeit nicht einheitlich beantwortet wurde. Grundsätzlich sind zwei Ansätze zu unterscheiden.

1. Das *System der absoluten Immunität* (System der Einheitstheorie) gewährt dem fremden Staat volle und uneingeschränkte Befreiung von der Jurisdiktion anderer Staaten, nicht nur die funktionelle, sondern auch die persönliche Immunität in der privatrechtlichen und geschäftlichen Sphäre. Diesem System sind lange Zeit die USA und vor allem Großbritannien gefolgt.[1] Derzeit wird dieser Ansatz vor allem noch von den sozialistischen Staaten vertreten, wohingegen sich alle westlichen Industriestaaten der Doktrin der restriktiven Immunität angeschlossen haben.[2]

2. Das *System der restriktiven Immunität* (System der Unterscheidungstheorie) stellt auf die Art der staatlichen Betätigung ab. Es unterscheidet zwischen Handlungen iure imperii und iure gestionis, d. h. zwischen der öffentlichrechtlichen Betätigung des Staates in Ausübung seiner hoheitlichen Gewalt und seinem Auftreten als gleichberechtigter Partner des Einzelnen auf den Gebieten des bürgerlichen und des Handelsrechts, des privaten Verkehrs. Die Immunität bleibt als eine rein funktionelle Immunität auf die hoheitliche Sphäre beschränkt, die privatwirtschaftlichen Tätigkeiten werden dagegen nicht von der staatlichen Immunität erfaßt.

Zu dem gleichen Ergebnis gelangt man auch dadurch, daß man fremden Staaten eine an sich unbeschränkte Immunität zugesteht, aber die Teilnahme des fremden Staates am Handels- und Geschäftsverkehr als stillschweigende, freiwillige Unterwerfung unter die Jurisdiktion des Aufenthaltsstaates interpretiert.

Dieses System hat sich seit dem Ausgang des vergangenen Jahrhunderts zunächst in der Rechtsprechung italienischer[3], dann belgischer[4] Gerichte entwickelt. Es überwiegt auch in der Schweiz[5], Österreich[6] und seit den 20er Jahren in der französischen Rechtspre-

---

[1] Vgl. zu den frühen amerikanischen und britischen Entscheidungen *Trooboff*, 254-260 mwN.

[2] *Ress*, 233; dem folgen inzwischen auch die Entwicklungsländer, vgl. dazu *Badr*, 61 f.

[3] Den Anfang machten eine Reihe von Entscheidungen der damals noch selbständigen Kassationsgerichte von Neapel, Giurisprudenza italiana 1886 I, 1, 228, Florenz, Giurisprudenza italiana 1886 I, 1, 486 und Rom, Giurisprudenza italiana 1893 I, 1, 1213. Aus späterer Zeit vgl. die Entscheidung der Corte di cassazione Italiens in *Stato di Romania c. Trutta*, Rivista di diritto internazionale 18 (1926), 252 (Ankauf von Schuhen für die Armee als privatrechtlicher „atto di gestione"), sowie des gleichen Gerichts in *Rappresentanza commerciale dell'U.R.S.S. c. De Castro*, Rivista di diritto internazionale 27 (1935), 372. Vgl. weiterhin die Entscheidung der Corte di cassazione etwa in Foro italiano 1938 I, 1217; 1942 I, 11 und 1949 I, 460 sowie des Gerichts erster Instanz von Rom in Foro italiano 75 (1952) I, 796 und 76 (1953) I, 1548. Weitere Belege im Annual Digest 7 (1933-34) 178 f in der Note zum Fall 69 sowie die Entscheidung des Kassationshofs im Falle *Borga v. Russian Trade Delegation* vom 14. August 1953, ILR 22 (1955), 235; Entscheidung des erstinstanzlichen Gerichts von Rom vom 30. Januar 1955 im Falle *La Mercantile v. Kingdom of Greece*, ILR 22 (1955), 240; Kassationshof-Urteil im Falle *United States Government v. IRSA* vom 13. Mai 1963, ILR 65 (1984), 262; Kassationshof-Urteil im Falle *Consorzio Agrario della Tripolitania v. Federazione Italiana Consorzi Agrari and Cassa di Risparmio della Libia* vom 5. Dezember 1966, ILR 65 (1984), 265; Berufungsgericht Neapel im Falle *United States Government v. Bracale Bicchierai*, Urteil vom 18. November 1968, ILR 65 (1984), 273; Urteil des Kassationshofes im Falle *De Ritis v. United States* vom 25. November 1971, ILR 65 (1984), 283; zur Beurteilung von Wirtschaftsaktivitäten sozialistischer Staaten vgl. Urteile des Kassationshofs vom 14. November 1972 im Falle *Campione v. Peti-Nitrogenmuvek NV and Hungarian Republic*, ILR 65 (1984), 287 sowie vom 23. November 1974 im Falle *Luna v. Socialist Republic of Romania*, ILR 65 (1984), 313.

[4] Grundlegend der Kassationshof in *Société anonyme des chemins de fer liégeois-luxembourgeois c. Etat néerlandais*, Pasicrisie belge 1903 I, 294, vgl. dazu *Trooboff*, 261 f; ferner Cour d'appel Brüssel, Pasicrisie belge 1908 II, 55, Tribunal civil Antwerpen, Pasicrisie belge 1936 III, 37 (keine Gerichtsbarkeit „sur les gouvernements étrangers pour les actes ayant un caractère gouvernemental et politique, posés dans l'indépendance de leur souveraineté", somit auch nicht für Rechtsstreitigkeiten, die aus einem öffentlich-rechtlichen Dienstverhältnis entstehen); ferner die Entscheidung des Berufungsgerichts in *Szczesniak v. Backer and Others* vom 14. Juli 1955, ILR 65 (1984), 23.

[5] So etwa die Entscheidung des Bundesgerichts vom 13. März 1918 im Falle *Dreyfus*, BGE 44 I, 49 (Gerichtsbarkeit für Ansprüche auf Grund in der Schweiz gegebener Anleihen eines ausländischen

chung.[7] Schließlich folgt auch die deutsche Rechtsprechung[8] seit dem ausführlich begründeten Beschluß des Bundesverfassungsgerichts vom 30. April 1963 im Falle der *Iranischen Botschaft* (Heizungsfall) der Theorie von der restriktiven Immunität.[9]

Staates); 56 I, 237 (Gerichtsbarkeit jedenfalls im Hinblick auf Rechtsgeschäfte fremder Staaten, die im Inland abgeschlossen sind oder dort erfüllt werden sollen) sowie die Entscheidung vom 10. Februar 1960 im Fall *United Arab Republic v. Mrs. X* (Erfüllung mietvertraglicher Verpflichtungen – Miete von Botschaftsräumen), BGE 86 I, 23; vgl. im übrigen die bei *Müller/Wildhaber*, 294 ff dargestellte Judikatur. Zu Urteilen aus jüngster Zeit vgl. *Lalive*, Chronique de jurisprudence suisse, in: *Clunet* 114 (1987), 991 ff und die dazugehörige Note sur la jurisprudence suisse en matière d'immunité des Etats, 1000 ff.

[6] Grundlegend die Entscheidung des Obersten Gerichtshofs vom 10. Mai 1950 in *Hoffmann g. Dralle* (Sammlung Zivilsachen 23, 143); in seinem Urteil vom 10. Februar 1962 (*Abholen von Botschaftspost*-Fall) entschied der Oberste Gerichtshof, daß die Verursachung eines Verkehrsunfalls beim Abholen von Botschaftspost der privatrechtlichen Sphäre eines Staates zuzurechnen sei, Juristische Blätter 84 (1962), 43.

[7] Lange Zeit stand auch das französische Recht auf dem Boden des Systems der absoluten Immunität – grundlegend seinerzeit Cour de cassation, *Sirey*, Recueil général des lois et des arrêts 1849 I, 81 –, aber seit den zwanziger Jahren versagen die französischen Gerichte im allgemeinen die Immunität für den Fall, daß fremde Staaten – etwa durch ihre Handelsvertretung (Sowjetunion) – gewerbsmäßig Handelsgeschäfte im Inland betreiben, für die Rechtsstreitigkeiten, die daraus erwachsen. So entschied die Cour de Paris in *Société Le Gostorg et U.R.S.S. c. Association France-Export*, *Clunet* 54 (1927), 406 (408), im Sinne der Zulässigkeit von Klage und Vollstreckung gegen die sowjetischen Handelsdelegationen in Frankreich. Denn „... les manifestations d'une activité commerciale qui s'exerce dans tous les domaines ne peuvent apparaître que comme des actes de commerce auxquels le principe de la souveraineté des Etats demeure complètement étranger". Ebenso Cour de cassation, *Sirey*, Recueil général des lois et des arrêts 1930 I, 49 mit Anm. *Niboyet*. Im Sinne der Unterscheidung u. a. auch Cour de cassation, *Clunet* 56 (1929), 1042; Revue critique de droit international privé 32 (1937), 700 und 710; *Clunet* 80 (1953), 654; ferner Cour d'appel Aix bei *Sirey*, 1930 II, 153 (wo aber die Aufnahme öffentlicher Anleihen als Hoheitsakt gekennzeichnet wird); Tribunal commercial Marseille, *Clunet* 66 (1939), 72 und Cour d'appel Rouen, Revue critique de droit international privé 33 (1938), 93 (96 f) sowie Cour d'appel Bordeaux, Revue critique de droit international privé 33 (1938), 297 (fremder Staat als Erbe) mit Anm. *Batiffol*. Entgegengesetzt wieder Cour d'appel Poitiers, Revue critique de droit international privé 40 (1951), 660 mit kritischer Anm. *Loussouarn* („parfaitement anachronique") sowie Cour d'appel Bordeaux in *Robine c. Consul de Grande Bretagne*, Revue critique de droit international privé 40 (1951), 307 (310): „... il est artificiel en droit de distinguer, relativement à l'immunité de juridiction, entre un Etat étranger agissant comme souverain et un Etat étranger agissant, au contraire, comme le ferait une personne privée, c'est-à-dire selon que l'acte serait un acte de l'autorité publique ou un simple contrat de droit privé, ...". Über die weitere Entwicklung in der französischen Rechtsprechung vgl. *Castel*, 520 f sowie die Entscheidungen Cour d'appel de Paris vom 16. März 1960, vom 22. Februar 1966, Tribunal de grande instance de Paris vom 14. Mai 1970 (abgedruckt in: UN ST/LEG./SER. B/20, 255 f, 262 f, 267 f); weitere Entscheidungen Cour d'appel Montpellier vom 4. Juli 1968, Cour de cassation vom 7. Oktober 1969, Tribunal de grande instance Paris vom 29. November 1972, Cour de cassation vom 19. Mai 1976, 7. Dezember 1977, Tribunal de grande instance Paris vom 5. März 1979, Cour de cassation vom 19. März 1979, alle abgedruckt in ILR 65 (1984), 41 f, 44 f, 57 f, 63 f, 70 f, 78 f, 83 f.

[8] Vgl. aus den älteren Entscheidungen, die der Theorie der absoluten Immunität folgten, z. B. RGZ 62, 165; 102, 304 (306); 103, 274 (*Ice King*-Fall, hier findet sich bereits ein deutlicher Hinweis auf die Unterscheidungstheorie); 111, 375 (380); vgl. zur älteren Rechtsprechung auch *Münch*, Immunität fremder Staaten in der deutschen Rechtsprechung bis zu den Beschlüssen des Bundesverfassungsgerichts vom 30. Oktober 1962 und 30. April 1963, ZaöRV 24 (1964), 265 ff.

[9] BVerfGE 16, 27; für die Folgezeit sind u. a. folgende Urteile zu nennen: BGH vom 26. September 1969, WPM 1969, 1348 (Ungarischer Botschaftsfall); LG Stuttgart vom 21. September 1971, RIW/AWD 19 (1973), 104 (Bankkonten des spanischen Konsulats); OLG Koblenz vom 10. Oktober 1972, OLGZ 1975, 379 (Waffenhandelsfall); Kammergericht Berlin vom 16. Oktober 1973, NJW 27 (1974), 1627 (Verkauf eines Botschaftsgebäudes); OLG München vom 19. Dezember 1974, RIW/AWD 23 (1977), 49 (Maklergebühren für Ankauf von Konsulatsgrundstücken); LG Frankfurt vom 2. Dezember 1975, NJW 29 (1976), 1044 (Nigeria Zement); OLG Frankfurt vom 30. Juni 1977, RIW/AWD 23 (1977), 720 (Spanisches Tourismus-Büro); BVerfG vom 13. Dezember 1977, BVerfGE 46, 342 (Bankkonten der philippinischen Botschaft); LG Hamburg vom 26. März 1981, RIW/AWD 27 (1981), 72 (Bankkonten einer fremden Staatshandelsgesellschaft); BVerfG vom 12. April 1983, BVerfGE 64, 1 (Erlöse aus staatlichen Ölverkäufen durch die staatliche iranische Erdölgesellschaft NIOC).

Das Bundesverfassungsgericht verweist dabei auf die Rechtsprechungspraxis anderer Länder (insbesondere Italien, Belgien, Schweiz, Frankreich, Griechenland, Ägypten und Jordanien) sowie die verschiedenen Kodifikationsansätze und zieht hieraus die Schlußfolgerung, daß das Prinzip der absoluten Immunität nicht (mehr) Bestandteil geltenden Völkergewohnheitsrechts sei, die Staaten allerdings hinsichtlich von Hoheitsakten Anspruch auf Immunität hätten. Nach Ansicht des Gerichts entspricht also die restriktive Immunität dem Völkergewohnheitsrecht.[10]

Die Gerichte der USA folgten längere Zeit der Theorie der absoluten Immunität und kamen bei der Beurteilung dieser Frage in der Regel den Vorschlägen der Exekutive nach. Erst zu Beginn der 50er Jahre teilte das State Department dem Justizminister in dem sog. „Tate Letter" mit, daß es in dieser Frage nunmehr das Prinzip der restriktiven Immunität zugrundelegen werde.[11] Diese Auffassung haben sich die amerikanischen Gerichte in der Folgezeit zu eigen gemacht.[12] Außerordentlich lange haben vor allem die britischen Gerichte an der Theorie der absoluten Immunität (auch von Staatshandelsschiffen und staatlichen Wirtschaftsbetrieben) festgehalten.[13]

Ausgangspunkt für die Anwendung der Theorie der absoluten Immunität ist die Entscheidung im Falle *The Parlement Belge*[14] vom 25. März 1879. Es handelte sich hierbei um ein Schiff im Eigentum des belgischen Königs, das im Paketdienst zwischen Dover und Calais eingesetzt war. Dennoch wurde ihm Immunität zuerkannt. Hierauf stützte sich die Entscheidung des Court of Appeal vom 10. November 1919 im Falle *The Porto Alexandre.*[15] Die Rechtsprechung wurde von dem House of Lords im Falle *The Cristina*[16] bestätigt. In der Folgezeit mehrten sich jedoch kritische Stimmen[17], die u. a. in der Begründung von Richter *Scarman* und Lord *Denning* im Fall *Thai-Europe Tapioca Service Ltd. v. Government of Pakistan*[18] zum Ausdruck kommen. Erstmalig wurde die Theorie der restriktiven Immunität in der Entscheidung des Falles *The Philippine Admiral (Owners) v. Wallem Shipping (Hong Kong) Ltd.*[19] durch den Privy Council vom 5. November 1975 angewandt. Er folgte damit nicht mehr der *Porto Alexandre*-Entscheidung. Einer der Gründe dafür war die Zeichnung der Europaratskonvention über Staatenimmunität vom 16. Mai 1972[20] durch Großbritannien. Der nächste Markstein in der Entwicklung der englischen Spruchpraxis ist die Entscheidung des Berufungsgerichts im Falle *Trendtex Trading Corporation v. Central Bank of Nigeria* vom 13. Januar 1977[21]. In seiner Begründung stellte Lord *Denning* fest, daß nach Völkergewohnheitsrecht Staatenimmunität wirtschaftliche Aktivitäten nicht (mehr) erfasse und daß die entgegenstehende Entscheidung des Court of Appeal im Falle *Thai-*

---

[10] BVerfGE 16, 52.

[11] Abgedruckt in JIR 7 (1957), 403; vgl. dazu *Bishop,* New United States Policy Limiting Sovereign Immunity, AJIL 47 (1953), 93 ff. Die Vorschläge des State Department von 1952 bis zum Inkrafttreten des Foreign Sovereign Immunities Act sind in US Digest 1977, 1017 ff dokumentiert.

[12] Vgl. die Entscheidung des US Supreme Court vom 24. Mai 1976 im Fall *Alfred Dunhill of London Inc. v. Republic of Cuba,* ILM 15 (1976), 735 ff. Richter *White* formulierte die Gerichtsmeinung wie folgt: „In their commercial capacities, foreign governments do not exercise powers peculiar to sovereigns. Instead, they exercise only those powers that can also be exercised by private citizens. Subjecting them in connection with such acts to the same rules of law that apply to private citizens is unlikely to touch very sharply on 'unational nerves'." (746 f); eine Sammlung US-amerikanischer Gerichtsentscheidungen findet sich in ILR 63 (1982), 1 ff.

[13] *Sinclair,* 267, spricht von „consistency bordering on rigidity." Einen guten Überblick über die wichtigsten Entscheidungen englischer Gerichte gibt *Trooboff,* 257 ff.

[14] Probate, Divorce and Admiralty Division: Sir *R. Philimore,* in: British International Law Cases 3, 305 ff.

[15] British International Law Cases 3, 350 ff.

[16] British House of Lords and Judicial Committee of the Privy Council, Appeal Cases (1938), 485; Annual Digest 9 (1938-40), Case No. 86, 250.

[17] Vgl. dazu *Sinclair,* 273; *Badr,* 45, *Higgins,* Recent Developments, 423 ff.

[18] Entscheidung des Court of Appeal vom 15. Juli 1975, abgedruckt in: ILR 64 (1983), 81.

[19] ILR 64 (1983), 90.

[20] Text in ILM 11 (1972), 470.

[21] ILR 64 (1983), 111, vgl. auch die Entscheidung des LG Frankfurt vom 25. August 1976, auf die in dem englischen Urteil Bezug genommen wird (auszugsweise abgedruckt in ILR 65 (1984), 131 (138 f)).

Europe[22] konsequenterweise keine Bindung mehr entfalten könne. Wesentlich ist an dieser Begründung, daß die Wurzel der Staatenimmunität nicht im innerstaatlichen, sondern im Völkerrecht gesehen wird. Fortgeführt wird diese Rechtsprechung in der Entscheidung des Court of Appeal vom 1. Oktober 1979 im Falle *I° Congreso del Partido*[23] – bestätigt durch das House of Lords vom 16. Juli 1981.[24]

Das britische State Immunity Act (1978) folgt nun wie das US-amerikanische State Immunities Act (1976) der Theorie der restriktiven Immunität. Auf diese beiden sowie weitere inzwischen ergangene Gesetze wird noch einzugehen sein.

3. Einige Staaten halten, trotz der Entwicklung zu Gunsten der Theorie der restriktiven Staatenimmunität, an der absoluten Staatenimmunität fest. Hierzu zählen in erster Linie die Staaten des Ostblocks.[25] Der Grund dafür ist die Betonung der souveränen Gleichheit der Staaten, die, nach der Ansicht dieser Staaten, das Recht einschließt, selbst zu entscheiden, ob und welche staatlichen Aktivitäten ausländischer Jurisdiktion unterfallen sollen. Dabei machen die sozialistischen Staaten deutlich, daß nach ihrem Selbstverständnis wirtschaftliche Aktivitäten zum zentralen Aufgabenbereich des Staates zählen und nicht über die Unterscheidung zwischen acta iure imperii und acta iure gestionis aus dem von der Staatenimmunität geschützten Bereich ausgeklammert werden können. Allerdings sind diese Staaten offenbar in der Praxis bereit, Konzessionen zu machen. Um dem Gesichtspunkt der Reziprozität gerecht zu werden, enthalten bilaterale Handels- und Niederlassungsverträge zwischen Staaten, die von der absoluten Staatenimmunität ausgehen, und Staaten, die dem restriktiven Ansatz folgen, Klauseln, die eine Anerkennung der eingeschränkten Staatenimmunität beinhalten.[26]

4. Die Theorie von der restriktiven Staatenimmunität wurde, noch bevor sie Eingang in die nationalen Gesetze fand, in einzelne multilaterale Verträge aufgenommen. Die weitgehende Gleichstellung von Staatshandelsschiffen mit privaten Schiffen war schon im Brüsseler Abkommen vom 10. April 1926 (ergänzt durch ein Zusatzprotokoll vom 24. Mai 1934) vereinbart worden[27]; sie findet sich gleichfalls in Art. 21 Genfer Übereinkommen über das Küstenmeer und die Anschlußzone, 1958[28] sowie in Art. X Internationales Übereinkommen über die zivilrechtliche Haftung bei Ölverschmutzungsschäden, 1969.[29] Eine umfassende vertragliche Regelung findet sich in dem im Rahmen des Europarates entwickelten Europäischen Übereinkommen über die Staatenimmunität vom

---

[22] ILR 64 (1983), 81; vgl. dazu *Ress*, 240 ff sowie zum Problem der Bindungswirkung älterer Urteile *Schreuer*, The Applicability of Stare Decisis to International Law in English Courts, NILR 25 (1978), 234 ff.

[23] ILR 64 (1983), 227.

[24] ILR 64 (1983), 307, dabei konnte das House of Lords nicht das britische State Immunity Act von 1978 zu Grunde legen. Nach Ansicht von Lord *Wilberforce* (308) war weder dem amerikanischen Foreign Sovereign Immunities Act (1976) noch dem britischen State Immunity Act (1978) der genaue Gehalt der völkergewohnheitsrechtlichen Staatenimmunität zu entnehmen.

[25] Vgl. dazu u. a. Letter concerning the basic position of the German Democratic Republic on the topic of jurisdictional immunities of States and their property, transmitted by that Government to the Secretariat on 7 April 1981; Analysis of Polish domestic legislation and decisions of national tribunals regarding jurisdictional immunities of States and their property, transmitted by that Government to the Secretariat on 17 July 1979, UN ST/LEG/SER.B/ 20, 84, 90; dazu im einzelnen *Boguslavsky*, 167 ff und *Enderlein*, 111 ff sowie *Osakwe*, A Soviet Perspective on Foreign Sovereign Immunity: Law and Practice, VJIL 23 (1982/83), 13 ff.

[26] Vgl. die Verträge in UN ST/LEG/SER.B/20, 140 ff.

[27] RGBl. 1927 II, 483 und 1936 II, 303; dazu *Ress*, 227 ff und *Hoog*, Probleme der Immunität von Staatsschiffen, AVR 20 (1982), 314 ff.

[28] UNTS 516, 205.

[29] ILM 9 (1970), 45; BGBl. 1975 II, 301, 305.

16. Mai 1972 (in Kraft seit 11. Juni 1976).[30] Die Europaratskonvention über Staatenimmunität beinhaltet, um die tiefen Meinungsverschiedenheiten zwischen den Staaten, die noch der Theorie der absoluten Immunität folgten (u. a. Großbritannien, Schweden, Türkei und Zypern), und denen, die das Prinzip der restriktiven Immunität vertraten, zu überbrücken, einen komplizierten enumerativen Ansatz. Gemäß Art. 15 steht dem ausländischen Staat Immunität von der Gerichtsbarkeit eines anderen Vertragsstaates zu, wenn das Verfahren nicht von den in Art. 1 bis 14 geregelten Ausnahmefällen erfaßt wird. Bei diesen handelt es sich im wesentlichen um Fälle, in denen der fremde Staat sich – wie ein Privater – rein wirtschaftlich betätigt oder in denen von einer Unterwerfung unter die Gerichtsbarkeit eines anderen Vertragsstaates ausgegangen werden kann (z. B. im Falle von Klage und Widerklage; Einlassung zur Hauptsache; ausdrücklichem Verzicht auf die Immunität). Die Zwangsvollstreckung bzw. vorläufige Sicherungsmaßnahmen sind gemäß Art. 23 nur zulässig, wenn und soweit der fremde Staat im Einzelfall ausdrücklich in schriftlicher Form zugestimmt hat.
Wegen ihres restriktiven Regelungsgehalts ist die Konvention bisher nur von wenigen Staaten ratifiziert worden, hat aber Einfluß auf die nationale Gesetzgebung vor allem in den USA und Großbritannien gewonnen.[31]

III. 1. Inzwischen haben eine Reihe von Staaten nationale Gesetze erlassen, die alle – bei einigen Unterscheidungen im Detail – von der restriktiven Staatenimmunität ausgehen. Gemäß § 1605 (a) des amerikanischen Foreign Sovereign Immunities Act 1976[32] wird u. a. keine Immunität gewährt „... in any case ... in which the action is based upon a commercial activity carried on in the United States by the foreign state; or upon an act performed in the United States in connection with a commercial activity of the foreign state elsewhere; or upon an act outside the territory of the United States in connection with a commercial activity of the foreign state elsewhere and that act causes a direct effect in the United States". Die Entscheidung der Frage, ob es sich um eine „commercial activity" handelt, soll davon abhängen, ob eine Privatperson die betreffende Betätigung in gleicher Weise vornehmen könnte.[33] Trotz dieses scheinbar klaren Unterscheidungskriteriums ist die neuere Rechtsprechung amerikanischer Gerichte zur Staatenimmunität sehr uneinheitlich. Im Einzelfall erweist sich die Abgrenzung zwischen wirtschaftli-

---

[30] Council of Europe, No. 74 (1972), abgedruckt in ILM 11 (1972), 470; die Konvention ist bisher (Stand 1986) von Belgien, Großbritannien, den Niederlanden, Österreich, der Schweiz und Zypern ratifiziert worden; vgl. dazu *Ress*, 234.

[31] Vgl. zur Europaratskonvention über Staatenimmunität allgemein *Knierrim*, Sovereign Immunity from Judicial Enforcement: The Impact of the European Convention on State Immunity, Columbia Journal of Transnational Law 12 (1973), 130 ff; *Sinclair*, The European Convention on State Immunity, ICLQ 22 (1973), 254 ff; *Vallée*, A propos de la Convention européenne sur l'immunité des Etats, Revue trimestrielle de droit européen 9 (1973), 205 ff; *Wiederkehr*, La convention européenne sur l'immunité des Etats du 16 mai 1972, AFDI 20 (1974), 924 ff; *Krafft*, La convention européenne sur l'immunité des Etats et son protocole additionnel, SchwJIR 31 (1975), 11 ff.

[32] ILM 15 (1976), 1388 ff. Der Begriff „act" umfaßt auch hoheitliche Akte, um zu verhindern, daß durch entsprechende Formenwahl die Anwendung des Gesetzes umgangen wird. Vgl. dazu *Ress*, 255 f; zur Praxis unter diesem Gesetz vgl. *Brower/Bistline/Loomis*, The Foreign Sovereign Immunities Act of 1976 in Practice, AJIL 73 (1979), 200. Zur internationalen Zuständigkeit der US Gerichte für Klagen von Ausländern gegen ausländische Staaten nach dem Immunitätsgesetz vgl. die Entscheidung des U.S. Supreme Court vom 23. Mai 1983 im Fall *Verlinden B.V. v. Central Bank of Nigeria*, AJIL 77 (1983), 885 ff.

[33] So auch sec. 451 des Restatement (Third) of Foreign Relations Law of the United States (1987) des American Law Institute. In dem Restatement wird der Versuch unternommen, Völkerrechtsregeln niederzulegen, so wie sie von einem unabhängigen Gericht angewandt würden. Im Kommentar zu sec. 451 wird festgehalten, daß nunmehr nahezu alle nicht-kommunistischen Staaten der restriktiven Immunitätstheorie folgen.

chem und hoheitlichem Handeln als sehr problematisch.[34] Deswegen wird im Kongreß eine Änderung des Foreign Sovereign Immunities Act, 1976 beraten. Um zu mehr Rechtssicherheit zu gelangen, wurde vorgeschlagen, einen Katalog von spezifizierten Transaktionen wirtschaftlichen Charakters in das Gesetz aufzunehmen.[35]
Als weitere Gesetze in dieser Reihe sind zu nennen das britische State Immunity Act 1978[36], das State Immunity Act, 1979 von Singapur[37], das State Immunity Act, 1981 von Südafrika[38], die State Immunity Ordinance, 1981 von Pakistan[39], das State Immunity Act, 1982 von Kanada[40] sowie das Foreign States Immunities Act, 1985 von Australien.[41] Das britische Gesetz, das insbesondere den Gesetzen von Singapur, Südafrika, Pakistan und Australien zum Vorbild gedient hat, umschreibt die Ausnahmen von der Immunität weiter als das amerikanische Gesetz. Danach entfällt die Immunität in bezug auf „a commercial transaction entered into by the State" (d. h. die Rechtsform, in der sich eine wirtschaftliche Durchführungsmaßnahme vollzieht, ist irrelevant) sowie bezüglich aller vertraglichen Verpflichtungen, die ganz oder teilweise in Großbritannien zu erfüllen sind. Immunität wird in dem letztgenannten Fall dann wieder gewährt, wenn der Vertrag im Ausland geschlossen wurde und dort dem Verwaltungsrecht zuzuordnen ist.[42] Insgesamt geht damit das britische Recht in seinen Ausnahmen weiter als beispielsweise das Europäische Übereinkommen über die Staatenimmunität.

2. Die bisherige, stark durch die nationale Gesetzgebung geprägte Entwicklung hinsichtlich der Staatenimmunität birgt zwei Gefahren. Die nationale Gesetzgebung hat sich, auch wenn sie von einem identischen Grundsatz der restriktiven Staatenimmunität ausgeht, als wenig einheitlich erwiesen, so daß nun die entsprechenden Regelungen zu zersplittern drohen. Dies wird unter dem Gesichtspunkt der Reziprozität zwischen den einzelnen Staaten Probleme aufwerfen. Verstärkt wird diese Tatsache durch die nationale Judikatur, auch wenn durchaus Versuche zu erkennen sind, die einzelnen nationalen Ordnungen zu harmonisieren. Gleichzeitig ist zu befürchten, daß bei einer weiteren Nationalisierung der Regelungen zur Staatenimmunität das Bewußtsein über deren völkerrechtliche Wurzeln verloren geht. Insofern sind alle Versuche, zu einer möglichst universalen Regelung zu gelangen, zu begrüßen.[43]

---

[34] Vgl. aus der neueren amerikanischen Rechtsprechung die Entscheidungen in *Gibbons v. Udaras na Gaeltachta et al.* (549 F. Supp. 1094 (S.D.N.Y. 1982)); *Matter of Sedco, Inc.* (543 F. Supp. 561 (S.D. Texas 1982), aufgehoben und zurückverwiesen durch das Berufungsgericht, 767 F. 2d 1140 (5th Cir. 1985)); *MOL Inc. v. People's Republic of Bangladesh* (736 F. 2d 1326 (9th Cir. 1984), vom Supreme Court nicht zur Entscheidung angenommen, 105 S.Ct. 513 (1984)); *De Sanchez v. Banco Central of Nicaragua* (770 F. 2d 1385 (5th Cir. 1985)); *Friedar v. Government of Israel* (614 F. Supp. 395 (S.D.N.Y. 1985)); *Practical Concepts, Inc. v. Republic of Bolivia* (613 F. Supp. 863, bestätigt nach erneuter Verhandlung, 615 F. Supp. 92 (D.C. 1985), aufgehoben und zurückverwiesen durch das Berufungsgericht, 811 F. 2d 1543 (D.C. Cir. 1987)); vgl. zu diesen Fällen im einzelnen *Trooboff*, 281 ff. Zur Praxis der amerikanischen Gerichte vgl. außerdem *Schreuer*, Das US-Gesetz über die Immunität ausländischer Staaten in der Praxis der Gerichte, RIW/AWD 31 (1985), 173 ff.

[35] Dazu *Trooboff*, 309 f.

[36] UN ST/LEG/SER.B/20, 41.

[37] UN ST/LEG/SER.B/20, 28.

[38] UN ST/LEG/SER.B/20, 34; vgl. dazu *Erasmus*, Proceedings against Foreign States – the South African Foreign States Immunities Act, South African Yearbook of International Law 8 (1982), 92 ff.

[39] UN ST/LEG/SER.B/20, 20.

[40] UN ST/LEG/SER.B/20, 7.

[41] ILM 25 (1986), 715; vgl. dazu Australian Law Reform Commission, Foreign State Immunity, Report No. 24 und Research Papers No. 1-5, auf die der Kommissionsbericht Bezug nimmt. Vgl. auch *Crawford*, A Foreign State Immunities Act for Australia?, AusYBIL 8 (1983), 71 ff.

[42] Sec. 3 (1) (2); zu den hieraus resultierenden Problemen vgl. *Badr*, 94 ff; kritisch zu dem amerikanischen Gesetz Richter *Goldberg*, U.S. Court of Appeal, Fifth Circuit im Falle *Callejo v. Bancomer S.A.* vom 8. Juli 1985 (ILM 24 (1985), 1050 (1052)). Er bezeichnet die vagen Formulierungen als „... financial boon for the private bar but a constant bane of the federal judiciary".

[43] Entwürfe liegen vor von der ILA (ILM 22

3. Da die gesamte Problematik der Staatenimmunität einem fortschreitenden Entwicklungsprozeß unterliegt, lassen sich allgemein anerkannte Regeln nur unter Vorbehalt herauskristallisieren. Es scheint Einigkeit darüber zu herrschen, daß acta iure imperii nur solche Tätigkeiten umfassen können, die allein der souveräne Staat vornehmen kann. Die Auswirkungen auf Privatpersonen basieren zu diesem Fall nicht auf einem zwischen den Parteien ausgehandelten Leistungsverhältnis, sondern auf der Ausübung staatlicher Hoheitsgewalt. Weiterhin scheint Übereinstimmung darüber zu bestehen, daß ein Staat nicht allein deswegen Immunität beanspruchen kann, weil das in Frage stehende Handeln einem öffentlichen Zweck dient. Und schließlich scheint sich eine Regel herauszubilden, die es den nationalen Gerichten erlaubt, einem fremden Staat die Immunität zumindest dann zu versagen, wenn er mit Privatpersonen in Geschäftsbeziehungen tritt, um einen wirtschaftlichen Gewinn zu erzielen.[44]

§ 73 Die Tragweite der Staatenimmunität im einzelnen

Schrifttum: wie vor § 71; ferner: *Bleckmann,* Zwangsvollstreckung gegen einen fremden Staat, NJW 1978, 1092; *Crawford,* International Law and Foreign Sovereigns: Distinguishing Immune Transactions, BYIL 54 (1983), 75; *Albert,* Völkerrechtliche Immunität ausländischer Staaten gegen Gerichtszwang, 1984; *Steinberger,* Zur Rechtsprechung des Bundesverfassungsgerichts zu Fragen der Immunität fremder Staaten, in: Festschrift Carstens, 2. Bd. 1984, 889; *Damian,* Staatenimmunität und Gerichtszwang, 1985; *Synvet,* Quelques réflexions sur l'immunité d'exécution de l'Etat étranger, *Clunet* 112 (1985), 865.

I. 1. Jeder Versuch, die derzeitigen völkerrechtlichen Grenzen der staatlichen Immunität aufzuzeigen, ist mit dem Problem konfrontiert, daß die bereits angesprochenen nationalen Gesetze und infolgedessen die darauf beruhenden gerichtlichen Entscheidungen in Einzelfragen durchaus differieren. Dies gilt naturgemäß in verstärktem Umfang im Verhältnis zu denjenigen nationalen Gerichten, wie den französischen, deutschen und italienischen Gerichten, die auf der Basis von Völkergewohnheitsrecht entscheiden. Dennoch haben sich inzwischen in der Kasuistik – wie z. B. bei der Behandlung von Botschaftskonten – Gemeinsamkeiten herausgebildet; insoweit kann von der Existenz völkergewohnheitsrechtlicher Regeln ausgegangen werden.

2. Bei der Beurteilung von behördlichen Maßnahmen ist zu unterscheiden zwischen dem Erkenntnis- und dem Vollstreckungsverfahren. Gegen Maßnahmen im Vollstreckungsverfahren ist ein Staat in der Regel weitgehender geschützt als gegenüber Maßnahmen des Erkenntnisverfahrens.

II. 1. Immunität steht gewohnheitsrechtlich grundsätzlich nur souveränen Staaten oder ihnen gleichgestellten Völkerrechtssubjekten wie dem Heiligen Stuhl und dem souverä-

---

(1983), 287) (stark an dem britischen Vorbild orientiert) und von der OAS (ILM 22 (1983), 292) sowie von der ILC, die sich seit 1978 mit Fragen der Staatenimmunität befaßt; vgl. die Berichte des Sonderberichterstatters *Sucharitkul,* Preliminary Report, ILC Yearbook 1979 II 1, 227; 2nd Report, ILC Yearbook 1980 II 1, 199; 3rd Report, ILC Yearbook 1981 II 1, 125; 4th Report, ILC Yearbook 1982 II 1, 199; 5th Report, ILC Yearbook 1983 II 1, 25; 6th Report, ILC Yearbook 1984 II 1, 5; 7th Report, ILC Yearbook 1985 II 1, 21; 8th Report, UN Doc. A/CN.4./396 and Corr. 1, sowie den Bericht der ILC an die Generalversammlung über die Arbeit auf der 38. Sitzung (1986), UN Doc. A/41/10, 5 ff. Die von der ILC im ersten Durchgang angenommenen „Draft Articles on Jurisdictional Immunities of States and Their Property" sind abgedruckt in: ILM 26 (1987), 625 ff.

[44] Vgl. dazu die sorgfältige Analyse *Trooboffs,* insb. 317 f.

nen Malteserorden[1] zu. Die Immunität internationaler Organisationen ergibt sich in der Regel kraft vertraglicher Vereinbarung, sei es aus dem Gründungsabkommen selbst oder dem Sitzabkommen oder aus nationalen Gesetzen.[2] Unabhängig davon haben internationale Organisationen – jedenfalls gegenüber ihren Mitgliedern – aber auch Anspruch auf Immunität kraft Völkergewohnheitsrechts.[3] Dies entspricht ihrer Anerkennung als völkerrechtliche Handlungseinheiten neben den Staaten.

Zu berücksichtigen ist, spricht man von Staatenimmunität, daß Staaten durch das Medium ihrer Organe handeln.[4] Geschützt wird die Funktionsfähigkeit staatlichen Handelns nach außen. Damit ist ein Komplex angesprochen, der vor nationalen Gerichten immer wieder kontrovers diskutiert wurde, nämlich die Frage, wann von einem derartigen, der Immunität unterfallenden Organhandeln zu sprechen ist. Nach den Gesetzen zur Staatenimmunität zählen zu den Organen eines Staates dessen eigentliche politische Organe sowie – mit Einschränkungen – selbständige Dienststellen, soweit die eingeleiteten Verfahren sich auf von diesen ausgeübte hoheitliche Funktionen beziehen.[5] Zentralbanken haben u. a. nach britischem Recht generell Anspruch auf Immunitätsschutz. Dazu im einzelnen: In der Praxis wurden als Dienststellen (agencies), deren Handeln einem Staat zuzurechnen ist, anerkannt: die Luftwaffe[6], Zentralbanken[7], Zivilluftfahrtbehörden[8], Industrieentwicklungsorganisationen[9], staatliche Presseorgane[10], staatliche Fluggesellschaften[11], Kulturinstitute[12]; unterschiedlich behandelt wurden Staatshandels-

---

[1] Vgl. dazu die Angaben in § 71, Anm. 11.

[2] Vgl. z. B. Art. 3, 4 des Gesetzes zu dem Übereinkommen vom 13. Februar 1946 über die Vorrechte und Immunitäten der Vereinten Nationen (BGBl. 1980 II, 941), die die Bundesregierung zur Gewährung von Vorrechten und Immunitäten auch für andere internationale Organisationen im Einzelfall ermächtigen.

[3] So *Seidl-Hohenveldern*, Das Recht der Internationalen Organisationen einschließlich der Supranationalen Gemeinschaften, 4. Aufl. 1984, 283 mwN.

[4] Vgl. oben §§ 12, 28.

[5] U.K. State Immunity Act 1978 (UN ST/LEG/SER.B/20, 41), sec. 14; Singapore State Immunity Act 1979 (UN ST/LEG/SER.B/20, 28), sec. 16; Pakistan State Immunity Ordinance 1981 (UN ST/LEG/SER.B/20, 20), sec. 15; etwas enger South Africa Foreign Sovereign Immunity Act 1981 (UN ST/LEG/SER.B/20, 34), sec. 1; weniger detailliert Canada State Immunity Act, 1982 (UN ST/LEG/SER.B/20, 7), sec. 1; Australian Foreign States Immunities Act 1985 (ILM 25 (1986), 715), sec. 3; etwas weiter als das britische Recht U.S. Foreign Sovereign Immunities Act, 1976 (UN ST/LEG/SER.B/20, 55), § 1603.

[6] U.S. District Court of New Jersey, in *Behring International Inc. v. Imperial Iranian Air Force*, ILR 63 (1982), 261.

[7] U.S. District Court, Southern District, New York vom 21. April 1980 in *Verlinden B.V. v. Central Bank of Nigeria*, ILR 63 (1982), 390; detailliert dazu Court of Appeal in *Trendtex Trading Corporation v. Central Bank of Nigeria* vom 13. Januar 1977, ILR 64 (1983), 111 (115 ff), (133 f), (137 ff), (147 ff); Court of Appeal of Amsterdam vom 23. Oktober 1963, in *NV Exploitatie-Maatschappij Bengkalis v. Bank Indonesia*, ILR 65 (1984), 348 (350 ff); vgl. dazu auch *Gramlich*, Staatliche Immunität für Zentralbanken?, RabelsZ 45 (1981), 545 ff.

[8] U.S. District Court, District of Columbia, vom 19. Oktober 1978, in *Upton v. The Empire of Iran*, ILR 63 (1982), 211; dies gilt auch für eine staatliche Eisenbahnbehörde, Schweizerisches Bundesgericht vom 22. Juni 1966 in *Italian Republic, Italian Ministry of Transport and Italian State Railways v. Beta Holding SA*, ILR 65 (1984), 394.

[9] U.S. District Court, District of Columbia, vom 29. Juni 1981 in *Gilson v. Republic of Ireland*, ILR 63 (1982), 613.

[10] U.S. District Court, Southern District, New York vom 23. Januar 1978 in *Yessenin – Volpin v. Novosti Press Agency, Tass et al.*, ILR 63 (1982), 127; High Court of Calcutta vom 11. September 1964 in *Royal Nepal Airline Corporation v. Monorama Meher Singh Legha*, ILR 64 (1983), 430 (462 f) bzgl. des Rechtsstatus der Tass-Agentur.

[11] High Court of Calcutta vom 11. September 1964 in *Royal Nepal Airline Corporation v. Monorama Meher Singh Legha*, ILR 64 (1983), 430 (447); New York Supreme Court, Appellate Division, vom 21. September 1978 in *Argentine Airlines v. Ross*, ILR 63 (1982), 195; das gleiche gilt für staatliche Schiffahrtslinien, vgl. U.S. Court of Appeals, Fourth Circuit vom 7. Juli 1981 in *Williams v. Shipping Corporation of India*, ILR 63 (1982), 639.

[12] Italienischer Kassationshof vom 15. Februar 1979 in *Danish Cultural Institute and Kroch v. Hansen*, ILR 65 (1984), 325.

gesellschaften und Staatsunternehmen[13], abgelehnt wurde die Immunität für Handelsdelegationen eines Staates.[14] Im Hinblick auf die Immunität von Staatsunternehmen herrschen trotz Zugrundelegung der inzwischen allgemein anerkannten Theorie der restriktiven Immunität noch manche Unklarheiten. Bis vor kurzem wurde in der deutschen Rechtsprechung die Auffassung vertreten, daß Staatsunternehmen, die eine eigene Rechtspersönlichkeit besaßen, keine Immunität zu gewähren sei.[15] Erst in jüngster Zeit hat das OLG Frankfurt in seiner Entscheidung vom 4. Mai 1982 dargelegt, daß ausländische Staatsunternehmen Immunität beanspruchen könnten, soweit sie hoheitlich handelten. Das Bundesverfassungsgericht hat diese Frage in seiner Entscheidung vom 12. April 1983 offengelassen.[16] Auch das schweizerische Bundesgericht hatte für lange Zeit allen Staatsunternehmen mit eigener Rechtspersönlichkeit die Immunität versagt, ließ diese Frage in einer neueren Entscheidung aber nunmehr offen.[17] Die unterschiedliche Behandlung von staatlichen Unternehmen insbesondere im britischen und amerikanischen Recht beruht auf zwei Gründen. Zum einen faßt das amerikanische Recht den Begriff „agency" weiter als das britische Recht.[18] Das Foreign Sovereign Immunities Act von 1976 stellt nämlich nicht in erster Linie auf die Rechtsform eines Staatsunternehmens ab, sondern erfaßt unter dem Begriff „agency or instrumentality of a foreign state" auch rechtlich selbständige Einheiten, soweit sie als Organe des fremden Staates

---

[13] House of Lords vom 6. Juli 1978 in *C. Czarnikow Ltd. v. Centrala Handlu Zagranicznego Rolimpex*, ILR 64 (1983), 195, nach dessen Ansicht es sich bei der Beklagten um eine weitgehend selbständige, nicht mit dem Staat gleichzusetzende Einrichtung handelt; deshalb konnte das polnische Staatshandelsunternehmen Rolimpex sich auf „force majeure" als leistungsbefreiendes Erfüllungshindernis berufen, nachdem die polnische Regierung wegen schlechter heimischer Ernteerträge ein Exportverbot für Zucker erlassen hatte; anders U.S. District Court, Southern District, New York, vom 20. Dezember 1979 in *Geveke and Company International Inc. v. Kompania Di Awa I Elektrisidat Di Korson*, ILR 63 (1982), 333 bezüglich einer Elektrizitätsgesellschaft im Staatseigentum; U.S. District Court (Delaware) vom 27. September 1973 in *Outboard Marine Corporation v. Pezetel*, ILR 63 (1982), 199; U.S. District Court, Southern District, New York vom 26. September 1979 in *Corporación Venezolana de Fomento v. Vintero Sales Corp.*, ILR 63 (1982), 299; nach einem Urteil des LG Bremen vom 21. Dezember 1959 im Falle *Charkow* ist zu berücksichtigen, daß bei sozialistischen Staaten Handel und Wirtschaft staatliche Funktionen sind und insofern die staatlichen sowjetischen Schiffahrtsgesellschaften auch nicht Privatunternehmen gleichgestellt werden können, sondern als Teil des Verwaltungsapparats anzusehen sind.

[14] Supreme Court of Pakistan vom 8. Juli 1981 in *Qureshi v. Union of Soviet Socialist Republics*, ILR 64 (1983), 585 (591 f); so auch bezüglich eines Außenhandelsinstituts das LG Hamburg vom 26. März 1981, RIW/AWD 27 (1981), 712, sowie eines Tourismusbüros das OLG Frankfurt vom 30. Juni 1977, RIW/AWD 23 (1977), 720.

[15] Vgl. dazu das BGH-Urteil vom 7. Juni 1955, BGHZ 18, 1 (9); Urteil des LG Frankfurt vom 2. Dezember 1975, NJW 29 (1976), 1044 sowie den Beschluß des OLG Frankfurt vom 11. Mai 1981, NJW 34 (1981), 2650, in dem das Gericht ausführt: „Wirtschaftliche Unternehmen eines ausländischen Staates, denen dieser die Stellung einer selbständigen juristischen Person verliehen hat, genießen, wie in der deutschen Rechtsprechung und Rechtslehre seit jeher anerkannt ist, ... keine Immunität."; dazu *Gramlich*, Staatliche Immunität und Zugriff auf iranische Konten in der Bundesrepublik, NJW 34 (1981), 2618 ff und *Albert*, 63 f.

[16] OLG Frankfurt vom 4. Mai 1982, RIW/AWD 28 (1982), 439 (440/41); das BVerfG hat die vom OLG Frankfurt zu überprüfende Pfändung von Konten der staatlichen iranischen Erdölgesellschaft NIOC im Ergebnis für rechtmäßig gehalten, da jedenfalls die gepfändeten Guthaben nicht hoheitlichen Zwecken dienten, BVerfGE 64, 1 (23 ff). Vgl. zu dieser Entscheidung *Esser*, Zur Immunität rechtlich selbständiger Staatsunternehmen, RIW/AWD 30 (1984), 577 ff.

[17] Zur älteren Praxis vgl. *Lalive*, Swiss Law and Practice in Relation to Measures of Execution against the Property of Foreign States, NYIL 10 (1979), 153 ff; die Frage wird offengelassen in der Entscheidung vom 15. November 1978, BGE 104 I a, 367 (373).

[18] § 1603 (b) U.S. Foreign Sovereign Immunities Act, 1976, lautet: „An 'agency or instrumentality of a foreign state' means any entity: (1) which is a separate legal person, corporate or otherwise, and (2) which is an organ of a foreign state or political subdivision thereof, or a majority of whose shares or other ownership interest is owned by a foreign state or political subdivision thereof ...".

handeln oder sich mehrheitlich in seinem Besitz befinden. Dagegen schließt das britische State Immunity Act von 1978 rechtlich selbständige Einrichtungen zunächst von der Immunität aus und gewährt sie ausnahmsweise nur insoweit, wie diese hoheitlich handeln.[19] Zum anderen neigen offenbar die britischen Gerichte dazu, diese Frage aus der Sicht des Gerichtsstaates zu beurteilen, wohingegen amerikanische, wie auch deutsche und schweizerische Gerichte, eher auf die Rechtslage des beklagten Staates abstellen.[20] Letzteres steht bis zu einem gewissen Grade im Widerspruch zu dem Prüfungsansatz bei der Frage, ob eine wirtschaftliche Aktivität vorliegt.

2. Die Problematik, ob eine wirtschaftliche Aktivität oder eine solche hoheitlicher Natur vorliegt, hat die Praxis seit der Durchsetzung der restriktiven Immunitätstheorie intensiv beschäftigt. Die Kasuistik hat allerdings nur bedingt zu einem einheitlichen Prüfungsansatz geführt. Die in diesem Punkt unterschiedlichen nationalen Gesetze werden zu einer weiteren Zersplitterung der Rechtsansichten führen, vor allem wird praktisch eine Vergleichbarkeit der Urteile aus den Staaten mit unterschiedlichen nationalen Regelungen zur Staatenimmunität verhindert. Einige gemeinsame Grundzüge lassen sich aber dennoch herausarbeiten.

Alle bisher vorliegenden nationalen Gesetze wie auch die Europäische Konvention über Staatenimmunität vom 16. Mai 1972 definieren die Unterscheidung zwischen acta iure imperii und acta iure gestionis nach ***objektiven*** Kriterien. Beispielsweise bestimmt Art. 7 der Europäischen Konvention über Staatenimmunität, daß ein Staat keine Immunität beanspruchen könne, wenn er sich wie eine Privatperson im industriellen, wirtschaftlichen oder finanziellen Bereich betätigt. Der Begriff „acta iure imperii" wird zweimal, nämlich in Art. 24 und Art. 27 verwandt. Besonders klar ist insoweit die Formulierung von § 1603 (d) U.S. Foreign Sovereign Immunities Act, 1976, der besagt: „... the commercial character of an activity shall be determined by reference to the nature of the course of conduct or particular transaction or act, rather than by reference to its purpose." Das U.K. State Immunity Act, 1978 (sec.3), das Singapore State Immunity Act, 1978 (sec. 5), die State Immunity Ordinance von Pakistan, 1981 (sec. 5) und das Sovereign Immunity Act von Südafrika, 1981 (sec. 4) sind insoweit weniger klar. Danach wird „commercial transaction" definiert als: „... any contract for the supply of goods or services; any loan or other transaction for the provision of finance...; any other transaction or activity (whether of a commercial, industrial, financial, professional or other similar character) into which a State enters or in which it engages otherwise than in the exercise of sovereign authority...". Zwar wird durch den Verweis auf Verträge etc. ein objektives Kriterium angelegt, dies ist aber nicht allein entscheidend, wie die Bezugnahme auf „otherwise than in the exercise of sovereign authority" zeigt.[21] Eindeutig hingegen ist wieder die Formulierung von sec. 2 des kanadischen State Immunity Act, 1982.

---

[19] Vgl. § 1603 (a), (b) Foreign Sovereign Immunities Act, 1976, und Sec. 14 (2), State Immunity Act, 1978; letztere Bestimmung entspricht Art. 27 der Europäischen Konvention über Staatenimmunität von 1972.

[20] Zu den gesetzlichen Regelungen und der Praxis in den Staaten Belgien, Bundesrepublik Deutschland, Deutsche Demokratische Republik, Großbritannien, Indien, Italien, Japan, Jugoslawien, Niederlande, Nigeria, Österreich, Schweiz, Thailand, UdSSR und USA vgl. die entsprechenden Aufsätze in: NYIL 10 (1979), 35 ff; zur Praxis vor amerikanischen und englischen Gerichten vgl. insbesondere *von Schönfeld*, 61 ff; vgl. zur Frage der Immunität von Staatsunternehmen insbesondere *Fischer/von Hoffmann*, Staatsunternehmen im Völkerrecht und im Internationalen Privatrecht, Berichte DGVR 25 (1984), 7 ff (22 ff), 35 ff (47 ff) mwN und *Kincaid*, Sovereign Immunity of Foreign State-owned Corporations, JWTL 10 (1976), 110 ff.

[21] Vgl. dazu *Sucharitkul*, Sonderberichterstatter der ILC, in seinem 4. Bericht, UN Doc. A/CN.4/357 para. 86, ILC Yearbook 1982 II 1, 199 ff (221); anders *Badr*, 95; zur Problematik der Definition der „wirtschaftlichen Betätigung" im englischen und amerikanischen Recht vgl. *von Schönfeld*, 72 ff, 100 ff.

Schon vor Inkrafttreten des U.K. State Immunity Act, 1978, hatte Lord *Denning* im Falle *I° Congreso del Partido*[22] den Begriff der wirtschaftlichen Aktivitäten objektiv zu bestimmen versucht; dieser Ansatz entspricht dem Grunde nach herrschender Meinung.[23]

Das Bundesverfassungsgericht hat seine Meinung in dem *Iranischen Botschaftsfall*, der vor allem auf die englische Rechtsprechung Einfluß ausgeübt hat, damit begründet, daß, stellte man auf den Zweck der staatlichen Betätigung ab, praktisch das gesamte staatliche Handeln von der Staatenimmunität erfaßt werde, denn letztlich diene der weitaus größte Teil des staatlichen Handelns hoheitlichen Zwecken.[24] Maßgebend für die Unterscheidung zwischen Akten iure imperii und iure gestionis könne daher nur die Natur der staatlichen Handlung oder des entstandenen Rechtsverhältnisses sein. Es komme deshalb darauf an, ob der ausländische Staat in Ausübung der ihm zustehenden Hoheitsgewalt, also öffentlich-rechtlich, oder wie eine Privatperson, also privatrechtlich, tätig geworden sei.

Einen Kompromiß stellt dagegen der 1983 vorläufig von der ILC angenommene Art. 3 dar. Danach soll zwar auch in erster Linie die Natur der Aktivität maßgeblich sein, allerdings ist der Zweck mit zu berücksichtigen, wenn dieser nach der Praxis des handelnden Staates für die Bestimmung ihres nicht-kommerziellen Charakters von Bedeutung ist.[25]

Dabei ist Maßstab für diese Entscheidung nach ganz herrschender Meinung das nationale Recht des Staates, in dem der Rechtsstreit verhandelt wird (lex fori).[26]

Das Bundesverfassungsgericht hat dazu ausgeführt, der Rückgriff auf die *lex fori* wirke zwar der Rechtseinheit entgegen, doch seien ihm auch wieder völkerrechtliche Schranken gezogen. Nicht vom hoheitlichen Bereich und damit von der Immunität auszunehmen sind Handlungen, „die nach der von den Staaten überwiegend vertretenen Auffassung zum Bereich der Staatsgewalt im engeren und eigentlichen Sinn gehören".[27] Zu diesem Kernbereich rechnet das Gericht die Betätigung der auswärtigen und militärischen Gewalt, die Gesetzgebung, die Ausübung der Polizeigewalt und die Rechtspflege.[28]

Dieses Regel-Ausnahmeverhältnis ist nicht unproblematisch. Einerseits ist dem Gericht zwar zuzustimmen, daß es einen Kernbereich von Aktivitäten geben muß, der als hoheitlich und damit als der Immunität unterfallend anzusehen ist. Andererseits wird eine Einigung hierüber nicht zu erzielen sein. Denn nach dem Selbstverständnis der sozialistischen Staaten gehört auch und gerade die wirtschaftliche Betätigung des Staates zu dem Kernbereich seiner Hoheitsfunktionen.

---

[22] ILR 64 (1983), 227 (234), vgl. dazu auch die Entscheidung des House of Lords vom 16. Juli 1981, ILR 64 (1983), 307 ff.

[23] Vgl. dazu die Ausführungen des Supreme Court of Pakistan in seinem Urteil vom 8. Juli 1981 im Falle *Qureshi v. Union of Soviet Socialist Republics*, ILR 64 (1983), 585 (619 ff) und ILM 20 (1981), 1060 (1081 ff); französischer Kassationshof vom 14. März 1984 im Falle *EURODIF Corporation v. Islamic Republic of Iran*, ILM 23 (1984), 1062 (1065); BVerfGE 16, 27 (61 ff); BGH WPM 1969, 940/1, 1348; LG Frankfurt, Urteil vom 2. Dezember 1975 im Falle der *Zentralbank von Nigeria*, NJW 29 (1976), 1044 ff; BVerfG im *Botschaftskonten*-Fall vom 13. Dezember 1977, BVerfGE 46, 342 (393 f); OLG Frankfurt vom 4. Mai 1982, RIW/AWD 28 (1982), 439, bestätigt durch das BVerfG am 12. April 1983, BVerfGE 64, 1; so auch schon der Court of Appeal (per Lord *Denning)* im Urteil vom 13. Januar 1977 im Fall *Trendtex Trading Corporation v. Central Bank of Nigeria*, ILR 64 (1983), 111 (132), unter Bezugnahme auf die deutsche Rechtsprechung. So auch das Restatement (Third) of Foreign Relations Law of the United States (1987), sec. 451.

[24] BVerfGE 16, 61 f, Beispiele für die frühere Rechtsauffassung bei *Ress*, 257 f, Anm. 115.

[25] Report of the ILC on the work of its thirty-fifth session, UN Doc. A/38/10, 29 (40).

[26] BVerfGE 16, 27 (62); BGH WPM 1969, 940/1, 1348; OLG Frankfurt vom 30. Juni 1977, RIW/AWD 23 (1977), 720; BVerfG vom 13. Dezember 1977, BVerfGE 46, 342 (393); OLG Frankfurt vom 4. Mai 1982, RIW/AWD 28 (1982), 439; BVerfG vom 12. April 1983, BVerfGE 64, 1 (42); ebenso die Rechtsprechung der italienischen Gerichte, vgl. Urteil des Kassationshofs vom 13. Mai 1963 im Fall *United States Government v. IRSA*, ILR 65 (1984), 262, sowie des Hohen Rates der Niederlande vom 26. Oktober 1973 im Falle *Société Européenne d'Etudes et d'Entreprises v. Yugoslavia*, ILM 14 (1975), 71 ff; kritisch dazu *Schaumann/Habscheid*, 21, 123 f; *Ress*, 258 f; *Verdross/Simma*, 769.

[27] BVerfGE 16, 63.

[28] BVerfGE 16, 63; 46, 342 (394); BGH vom 26. September 1978 im Fall *Church of Scientology*, NJW 32 (1979), 1101 (1102).

Insofern haben in den Staaten ohne nationales Gesetz zur Staatenimmunität bzw. ohne Aufzählung bestimmter Geschäftstypen, wie sie das britische Staatenimmunitätsgesetz enthält, die Gerichte einen weiten Ermessensspielraum.

Problematisch ist zudem, ob die umstrittene Forderung einen Bezug zu dem Staat haben muß, in dem der Rechtsstreit entschieden wird.[29] § 1605 (a) (2) des U.S. Foreign Sovereign Immunities Act, 1976, nennt drei mögliche Formen der Anknüpfung: „commercial activity carried on in the United States; commercial activity carried on outside of the United States with acts performed in the United States in connection with that activity" und „commercial activity carried on outside of the United States that has direct effects in the United States".[30] Entsprechende Einschränkungen enthalten die übrigen Gesetze wie auch die Europäische Konvention über Staatenimmunität.

III. 1. Die Immunität ist verzichtbar. Auch soweit der Staat nach den allgemeinen Regeln des Völkerrechts von der Jurisdiktion anderer Staaten befreit ist – also auch im Hinblick auf sein hoheitliches Handeln und sein öffentliches Vermögen –, kann er sich ihr doch freiwillig unterwerfen. Dies folgt aus dem Grundsatz, daß es sich bei der Staatenimmunität um eine Freistellung des fremden Staates von der örtlichen Gerichtsbarkeit, nicht aber von der rechtlichen Verantwortlichkeit handelt.[31] Verzichtet er auf die Freistellung, so sind die örtlichen Gerichte befugt, ein Verfahren gegen ihn durchzuführen. Es geht also um die Frage der Zuständigkeit örtlicher Gerichte. Davon ist die Frage zu unterscheiden, nach welchen rechtlichen Gesichtspunkten die Gerichte – ist ihre Zuständigkeit aufgrund eines Verzichts erst einmal gegeben – das Handeln des fremden Staates beurteilen.[32] Die Unterwerfung kann ausdrücklich, aber auch mittelbar durch schlüssiges Verhalten erfolgen, das nach Treu und Glauben vom Standpunkt einer vernünftigen Beurteilung aus als Unterwerfung unter die fremde Hoheitsgewalt ausgelegt werden muß.

2. Ein ausdrücklicher Verzicht kann durch einen völkerrechtlichen Vertrag, durch privatrechtlichen Vertrag oder durch eine entsprechende Erklärung vor Gericht erfolgen.[33]

3. Unbestritten ist ferner, daß eine konnexe Widerklage gegen einen klagenden[34] Staat zulässig ist, d. h. eine solche, die mit dem Klagegrund selbst sachlich verbunden ist.[35] Weiterhin ist allgemein anerkannt, daß ein fremder Staat, der auf dem Territorium des Gerichtsstaates Grundeigentum besitzt, gegenüber dinglichen Klagen keine Immunität besitzt.[36] Deshalb ist in diesen Fällen eine Unterwerfungserklärung nicht erforderlich.

[29] Verneinend in einem obiter dictum LG Frankfurt, Urteil vom 2. Dezember 1975 im Fall der *Zentralbank von Nigeria*, NJW 29 (1976), 1044 ff (1045); offengelassen in BVerfGE 64, 1 (18 f).

[30] Vgl. dazu U.S. Court of Appeals, Fifth Circuit vom 8. Juli 1985 im Falle *William F. Callejo v. Bancomer, S.A.*, ILM 24 (1985), 1050 (1053), sowie U.S. Court of Appeals, District of Columbia Circuit vom 22. November 1982 in *Gregory Allen Persinger v. Islamic Republic of Iran*, ILM 22 (1983), 419 (423/424).

[31] Vgl. dazu *Brownlie*, Principles, 333 und *Trooboff*, 254 f.

[32] Siehe im einzelnen unten § 75.

[33] Draft Article 8 der ILC, ILC Yearbook 1982 II 2, 107 ff (Kommentar); Art. 2 der Europäischen Konvention über Staatenimmunität von 1972.

[34] Der Ausdruck „Klage" ist hier als pars pro toto im weitesten, alle Anträge, Gesuche usw. umfassenden Sinne verstanden, durch die ein Verfahren in Gang gesetzt werden soll. Auch die Intervention in einem von anderen Parteien eingeleiteten Verfahren gehört dazu.

[35] Draft Article 10 der ILC, ILC Yearbook 1983 II 2, 22 ff (Kommentar); Art. 1 (2) der Europäischen Konvention über Staatenimmunität von 1972.

[36] Vgl. Art. 9 der Europäischen Konvention über Staatenimmunität von 1972; vgl. auch § 1605 (4) des U.S. Foreign Sovereign Immunities Act, 1976; Sec. 6 (1) des U.K. State Immunity Act, 1978 sowie die entsprechenden Bestimmungen in den in § 72 aufgeführten Immunitätsgesetzen Kanadas, Singapurs, Pakistans, Südafrikas und Australiens; Draft Article 15 der ILC, ILC Yearbook 1983 II 2, 22, 36 ff (Kommentar).

4. Der klagende Staat übernimmt mit Erhebung einer Klage die Verpflichtungen, die sich daraus nach dem Recht des Gerichtsstaats ergeben.

So muß er sich den Regeln des Verfahrens und der Autorität des Gerichts unterwerfen. Er ist zur Zahlung der Kosten und gegebenenfalls zur Sicherheitsleistung verpflichtet. Auch kann der Staat, dessen Gerichte angerufen werden, besondere Vorschriften für das Verfahren gerade in solchen Fällen, z. B. für die Bezeichnung und die Vertretung fremder Staaten im Verfahren vor seinen Gerichten, erlassen.

Wenn ein Staat im Ausland klagt, erlaubt er damit dem fremden Staat, seinen Anspruch in jeder Richtung, also unter Einschluß aller sich etwa erhebenden Vorfragen zu prüfen und gegebenenfalls die Klage aus jedem Grunde abzuweisen, der sich mit dem Recht des angerufenen Staates vereinbaren läßt. Wollte ein Staat Klage erheben, aber nur eine Teilprüfung des Anspruchs erlauben, so verstieße er gegen Treu und Glauben. Der klagende Staat kann auch nichts dagegen einwenden, wenn die Gegenpartei sich aller Angriffs- und Verteidigungsmittel und Rechtsbehelfe bedient, die das Recht ihres Staates ihr bietet. So darf sie die vorgesehenen Rechtsmittel einlegen und auch – wie bereits angesprochen – Widerklage erheben.

Auch der Passivrolle im Verfahren, der Stellung des Beklagten oder Antragsgegners, kann der fremde Staat sich freiwillig unterwerfen. Wenn er einverstanden ist, darf sogar die Zwangsvollstreckung in sein öffentliches Vermögen erfolgen.

Die Frage, ob der fremde Staat seine Immunität habe freiwillig aufgeben wollen, ist jedesmal sorgfältig zu prüfen. Vom Standpunkt des Völkerrechts aus bedarf es der freiwilligen Unterwerfung nur dann, wenn das Verfahren die *hoheitliche* Betätigung des fremden Staates zum Gegenstand hat oder wenn Zwangsmaßnahmen oder sonstige Verfahren im Hinblick auf sein *öffentliches* Vermögen beabsichtigt sind. Eine so weitgehende Selbstentäußerung der Staatsgewalt ist aber nicht zu vermuten. An die Annahme einer Unterwerfung dieser Art sind daher strenge Anforderungen zu stellen. So läßt sich aus der Unterwerfung unter das Erkenntnisverfahren noch nicht auf eine solche unter Zwangs- und Vollstreckungsmaßnahmen schließen. Neben ausdrücklichen Unterwerfungserklärungen kommen sonst nur Handlungen in Betracht, aus denen der Unterwerfungswille eindeutig hervorgeht.

In erster Linie ist das Verhalten des fremden Staates im Verfahren bedeutsam. Sein bloßes Ausbleiben läßt sich ohne das Hinzutreten ganz besonderer Umstände nicht als Verzicht auf seine Immunität – in der öffentlich-rechtlichen Sphäre – interpretieren, ebenfalls nicht sein Auftreten nur zu dem Zweck, seine Befreiung von der Gerichtsbarkeit geltend zu machen.[37] Anders ist es dann, wenn der beklagte Staat zur Sache verhandelt und Einwendungen erhebt, die ein Eingehen auf die Sache enthalten.[38] Darin ist in der Regel eine Unterwerfung unter die Gerichtsbarkeit durch schlüssiges Handeln zu sehen. Ein späterer Widerruf der Unterwerfung würde dann ein unzulässiges venire contra factum proprium sein.

Die Zustimmung zu der Unterwerfung unter Verfahren und Zwangsmaßnahmen kann auch außerhalb des Verfahrens und im voraus erteilt werden mit der Wirkung, daß der fremde Staat sich dann später nicht mehr auf seine Immunität zu berufen vermag. Es sind hier verschiedene Möglichkeiten auseinanderzuhalten:

Ein Staat kann sich einem Verfahren oder Zwangsmaßnahmen – auch im Hinblick auf seine öffentlich-rechtliche Betätigung und sein öffentliches Vermögen – durch interna-

[37] So auch Draft Article 9 der ILC, ILC Yearbook 1982 II 2, 109 f (Kommentar).

[38] Dies hat z. B. seinen Niederschlag in Art. 3 der Europäischen Konvention über Staatenimmunität gefunden.

tionalen Vertrag unterwerfen. Tut er das, so stellt die Ausübung der Jurisdiktion im Rahmen des Vertrages keine Verletzung des Völkerrechts dar.

Eine Unterwerfung unter die Jurisdiktion anderer Staaten kann schließlich auch durch einseitige Willenserklärung erfolgen. Wenn ein Staat z. B. Gesetze erläßt, durch die seine Staatsschiffe auch im Hinblick auf eine mögliche Rechtsverfolgung im Ausland privaten Handelsschiffen gleichgestellt werden, so kann er sich später nicht auf seine Hoheitsgewalt zurückziehen, etwa geltend machen, daß die Schiffe hoheitlichen Aufgaben dienten und daher der ausländischen Gerichtsbarkeit nicht unterlägen. Dasselbe hat etwa zu gelten, wenn er einer staatlichen Dienststelle, die mit dem Ausland verkehrt, – z. B. durch deren Satzung – einen privatrechtlichen Charakter verleiht, dann aber gleichwohl die Freistellung von der Gerichtsbarkeit des fremden Staates durchzusetzen versucht. In Fällen dieser Art machen andere Staaten sich jedenfalls keiner Verletzung des Völkerrechts schuldig, wenn sie den einseitigen Erklärungen des betroffenen Staates eine Unterwerfung unter die Jurisdiktion des Auslands entnehmen.

IV. Aus einer Unterwerfung unter die Gerichtsbarkeit folgt allerdings noch nicht ohne weiteres, daß sich der Staat auch der *Zwangsvollstreckung* unterwirft.[39] Diese allgemeine Aussage ist jedoch einschränkend zu verstehen.

Die neuere Judikatur hält nämlich – auch ohne eigene Unterwerfungserklärung – die Vollstreckung in das Vermögen des Staates für zulässig, das nicht-hoheitlichen Zwekken dient.[40] Als Begründung wird genannt, daß sich die Befugnis der Vollstreckung aus der gerichtlichen Zuständigkeit ergebe und keine die Vollstreckung ausschließende Norm des Völkergewohnheitsrechts nachweisbar sei. Die Frage, welches Vermögen nun hoheitlichen bzw. nicht-hoheitlichen Zwecken dient, entscheidet sich – anders als im Erkenntnisverfahren – nicht nach objektiven Kriterien, sondern nach der Zweckbestimmung des Vermögens.[41] In seinem vielbeachteten Beschluß vom 13. Dezember 1977 (*Botschaftskonten*-Fall) hat das Bundesverfassungsgericht diese Meinung im einzelnen begründet.[42] Es hat ausgeführt, daß bei Maßnahmen der Sicherung oder Zwangsvollstreckung gegen einen fremden Staat nicht auf die zur Wahrnehmung amtlicher Funk-

---

[39] Vgl. Art. 23 der Europäischen Konvention über Staatenimmunität, demzufolge der fremde Staat der Durchführung von Vollstreckungs- oder Sicherungsverfahren ausdrücklich zustimmen muß; vgl. auch *Crawford*, Execution of Judgments and Foreign Sovereign Immunity, AJIL 75 (1981), 820 ff; zur Trennung zwischen Erkenntnis- und Vollstreckungsverfahren im anglo-amerikanischen Recht vgl. *von Schönfeld*, 37, 127 ff.

[40] Umfangreiche Nachweise neuerer Entscheidungen italienischer, schweizerischer, belgischer, niederländischer, österreichischer, französischer, griechischer, amerikanischer und deutscher Gerichte finden sich in BVerfGE 46, 342 (368 ff); ein Überblick über Entscheidungen nationaler Gerichte verschiedener Länder zur Frage der Zulässigkeit von gerichtlichem Zwang gegen fremde Staaten findet sich auch bei *Albert*, 127 ff und bei *Damian*, 116 ff.

[41] Das BVerfG führt dazu im *Botschaftskonten*-Fall aus: „Es besteht eine gefestigte, allgemeine, von Rechtsüberzeugung getragene Übung der Staaten, wonach es dem Gerichtsstaat verwehrt ist, die Zwangsvollstreckung aus gerichtlichen Titeln gegen den fremden Staat in Vermögensgegenstände des fremden Staates, die im Inland belegen sind oder sich dort befinden und hoheitlichen Zwecken des fremden Staates dienen, ohne dessen Zustimmung zu betreiben", BVerfGE 46, 342 (392); Sec. 13 (4) des U.K. State Immunity Act, 1978, spricht von „property which is ... in use or intended for use for commercial purposes"; einschränkender formuliert ist § 1610 (a) (2) des U.S. Foreign Sovereign Immunities Act, 1976, wonach die Immunität von der Vollstreckung nur dann nicht besteht, wenn „the property is or was used for the commercial activity upon which the claim is based, ..."; vgl. dazu das BVerfG, nach dessen Auffassung dieses zusätzliche Konnexitätserfordernis nicht völkerrechtlich geboten ist, BVerfGE 64, 1 (40 f); dieser Ansicht folgt jetzt auch der französische Kassationshof im Fall *Sonatrach c. Migeon*, ILM 26 (1987), 998, soweit Guthaben von Staatsunternehmen betroffen sind, die einem wirtschaftlichen Zweck dienen.

[42] BVerfGE 46, 342 (388); 64, 1 (40); im Ergebnis folgend das House of Lords vom 12. April 1984 in *Alcom Ltd. v. Republic of Colombia*, ILM 23 (1984), 719 (723 ff).

tionen dienenden Gegenstände zugegriffen werden darf. Infolgedessen unterlägen Forderungen aus einem laufenden, allgemeinen Bankkonto der Botschaft eines fremden Staates, das im Gerichtsstaat bestehe und zur Deckung der Ausgaben und Kosten der Botschaft bestimmt sei, nicht der Zwangsvollstreckung. Bereits das Ansinnen gegenüber dem Entsendestaat, das „Bestehen oder die früheren, gegenwärtigen oder künftigen Verwendungszwecke von Guthaben auf einem solchen Konto näher darzulegen", stelle „eine völkerrechtswidrige Einmischung in die ausschließlichen Angelegenheiten des Entsendestaates" dar.[43]

Die gleichen Rechtsgrundsätze sind bei der Frage nach der Zulässigkeit vorläufiger Sicherungsverfahren in bezug auf das Vermögen fremder Staaten anzuwenden. In seiner Entscheidung vom 12. April 1983, in der es um die Rechtmäßigkeit eines Arrestbefehls und Pfändungsbeschlusses hinsichtlich Konten der staatlichen iranischen Ölgesellschaft NIOC ging, kam das BVerfG zu dem Ergebnis, daß Arrest und Pfändung zulässig seien, da die Gelder allenfalls mittelbar hoheitlichen Zwecken dienten. Das Gericht betonte, daß die Qualifikation des Bestimmungszweckes des in Frage stehenden Vermögensgegenstandes keine ausschließliche Angelegenheit des fremden Staates sei, sondern vom Gerichtsstaat in anderer Weise vorgenommen werden könne.[44]

§ 74 Die Immunität ausländischer Kriegsschiffe und Streitkräfte

Schrifttum: *Baldoni*, Les navires de guerre dans les eaux territoriales étrangères, RdC 65 (1938 III), 185; *King*, Jurisdiction over Friendly Foreign Armed Forces, AJIL 36 (1942), 539; *Brinton*, The Egyptian Mixed Courts and Foreign Armed Forces, AJIL 40 (1946), 737; *King*, Further Developments Concerning Jurisdiction over Friendly Armed Forces, AJIL 40 (1946), 257; *Miele*, L'immunità giurisdizionale degli organi stranieri, 1947; *Barton*, Foreign Armed Forces: Immunity from Supervisory Jurisdiction, BYIL 26 (1949), 380; *ders.*, Foreign Armed Forces: Immunity from Criminal Jurisdiction, BYIL 27 (1950), 186; *Baxter*, Constitutional Forms and Some Legal Problems of International Military Command, BYIL 29 (1952), 325; *Barton*, Foreign Armed Forces: Qualified Jurisdictional Immunity, BYIL 31 (1954), 341; *Freeman*, Responsibility of States for Unlawful Acts of their Armed Forces, RdC 88 (1955 II), 263; *Rouse/Baldwin*, The Exercise of Criminal Jurisdiction under the NATO Status of Forces Agreement, AJIL 51 (1957), 29; *Baxter*, Criminal Jurisdiction in the NATO Status of Forces Agreement, ICLQ 7 (1958), 72; *Danse*, Le statut pénal de l'OTAN, Revue de droit pénal militaire 1963, 77; *Ehlert*, Implementation by the United States and France of the Criminal Jurisdictional Provisions of the NATO SOF Agreement, Revue de droit pénal militaire 1963, 365; *Stambuk*, American Military Forces Abroad, 1963; *Vitányi*, L'immunité des navires d'état, NTIR 10 (1963), 33, 156; *Lazareff*, Le statut des forces de l'OTAN et son applica-

---

[43] BVerfGE 46, 394 ff (400); kritisch dazu *Schreuer*, Some Recent Developments in the Law of State Immunity, Comparative Law Yearbook 2 (1978), 215 (233); der U.S. District Court, District of Columbia hat am 18. November 1980 im Falle *Birch Shipping Corp. v. Embassy of the United Republic of Tanzania* die Vollstreckung eines Schiedsspruchs in ein derartiges Botschaftskonto zugelassen, ILR 63 (1982), 524; auch das Distriktgericht Amsterdam sah in der Entscheidung vom 18. Mai 1978 im Fall *Kingdom of Morocco v. Stichting Revalidatie Centrum „de Trappenberg"* in dem Einwand Marokkos, ein gepfändetes Bankguthaben sei für öffentliche Zwecke bestimmt, keinen zwingenden Grund für die Aufhebung der Pfändung, NYIL 10 (1979), 444 f.

[44] BVerfGE 64, 1 (43 f); das Vorbringen der NIOC, die Guthaben dienten öffentlichen Zwekken, weil sie zur Überweisung auf ein der Deckung des Haushalts des Iran dienendes Konto bei dessen Zentralbank bestimmt seien, wurde deshalb vom Gericht nicht akzeptiert; zu dem gleichen Ergebnis gelangte bereits das Berufungsgericht Den Haag in seiner Entscheidung vom 28. November 1968 im Fall *N.V. Cabolent v. National Iranian Oil Company*, ILM 9 (1970), 152 (161 f), auf die sich das BVerfG bezieht.

tion en France, 1964; *Neubauer,* Die Rechtsstellung ausländischer NATO-Streitkräfte in der Bundesrepublik Deutschland, AVR 12 (1964/65), 34; *Stanger,* Criminal Jurisdiction over Visiting Armed Forces, 1965; *Draper,* Civilians and the NATO Status of Forces Agreement, 1966; *Berg,* Das sowjetische U-Boot 137 in schwedischen Hoheitsgewässern – Fragen der Immunität fremder Kriegsschiffe, ZaöRV 42 (1982), 295; *Geck,* Warships, in: EPIL 4 (1982), 346; *Mössner,* Spionage und Immunität von Kriegsschiffen, NJW 35 (1982), 1196; *Delupis,* Foreign Warships and Immunity for Espionage, AJIL 78 (1984), 53.

I. 1. Eine Berührung und Überschneidung staatlicher Hoheitsgewalten ergibt sich auch dann, wenn sich Streitkräfte eines Staates auf dem Gebiet eines anderen Staates befinden, ein Kriegsschiff einen fremden Hafen anläuft, ein Staat den Truppen eines anderen Staates den Durchmarsch durch sein Territorium gestattet oder eine Abordnung seiner Truppen zur Teilnahme an Feierlichkeiten im Ausland entsendet. Etwa bis zum Ersten Weltkrieg stellten Fälle dieser Art, abgesehen vom Fall des Kriegsschiffsbesuchs, verhältnismäßig seltene Ausnahmen dar. Seither ist aber nicht nur der vorübergehende Aufenthalt, sondern die dauernde Anwesenheit fremder Streitkräfte über lange Zeiträume in Krieg und Frieden zu einer regelmäßigen Erscheinung des internationalen Lebens geworden.

Nach der Beendigung eines für den einen Teil siegreichen Krieges etwa bleiben Besatzungstruppen auf dem Gebiet des ehemaligen Gegners zurück, um die Erfüllung der Friedensbedingungen sicherzustellen, wie es nach dem deutsch-französischen Krieg von 1870-71 und nach den beiden Weltkriegen der Fall war. Während eines Krieges operieren fremde Truppen auf dem Gebiet eines Verbündeten, oder sie halten sich dort zum Zweck militärischer Operationen bereit, sei es unter eigenem, sei es unter fremdem oder kombiniertem Kommando, ein Vorgang, für den wiederum beide Weltkriege zahlreiche Beispiele bieten. Ein neuartiges Problem ergab sich während des Zweiten Weltkrieges daraus, daß die Armeen von Staaten, deren Gebiet vom Feind besetzt war, auf das Gebiet verbündeter Staaten auswichen und dort als Exilarmeen weiterbestanden.[1] Nach dem Zweiten Weltkrieg haben zahlreiche Staaten im Rahmen regionaler Sicherheitssysteme und besonderer Bündnisverträge in die Stationierung ausländischer Streitkräfte auf ihrem Gebiet eingewilligt. Völlig neue Probleme ergeben sich schließlich aus der Aufstellung nationaler Truppenkontingente unter internationalem Kommando oder der Aufstellung internationaler Verbände.

Durch diese Entwicklung ist die Frage der Rechtsstellung fremder ausländischer Streitkräfte in ihrem Aufenthaltsstaat zu einer völkerrechtlichen Frage von Bedeutung geworden. Dabei gilt es, die Hoheitsgewalt des Aufenthaltsstaates und diejenige des Staates, der die Truppen entsandt hat, gegeneinander abzugrenzen.

2. Grundsätzlich beruht die Stationierung von Truppen auf fremdem Gebiet oder ihr Durchmarsch auf Verträgen, die auch die Frage der Jurisdiktion für den Einzelfall regeln. Dennoch bleiben die allgemein dazu entwickelten Prinzipien von Bedeutung.

3. Bei der Frage der Abgrenzung der Hoheitsgewalt von Aufenthalts- und Entsendestaat stehen sich zwei völkerrechtliche Prinzipien gegenüber, deren Anwendung zu unterschiedlichen Ergebnissen führt. Geht man von dem Territorialitätsprinzip aus, so müßten die Truppen uneingeschränkt der Gebietshoheit des Aufenthaltsstaates unterstehen, wendet man dagegen das Personalitätsprinzip an, so unterliegen sie ausschließlich der Personalhoheit des Entsendestaates. Gegen ersteres spricht die Praktikabilität, gegen letzteres, daß dann die Gefahr einer Aushöhlung der Gebietshoheit des Aufenthaltsstaa-

---

[1] Besondere Probleme ergaben sich im Ersten Weltkrieg für die auf der Seite der Entente kämpfenden polnischen und tschechischen, im Zweiten Weltkrieg für die tschechoslowakischen Truppen.

tes gegeben ist. Schon diese Überlegungen lassen vermuten, daß sich die Frage weder im Sinne des reinen Territorialitätsprinzips, noch des uneingeschränkten Personalitätsprinzips beantworten läßt.[2]

II. 1. Seit jeher ist der Besuch von *Kriegsschiffen* im Ausland ein alltäglicher Vorgang. Insoweit haben sich im Völkerrecht Regeln für die Abgrenzung der Gebietshoheit des Aufenthaltsstaates gegenüber der Hoheitsgewalt des Flaggenstaates entwickelt. Nur die wenigsten davon beruhen auf Verträgen, das Hauptgewicht liegt daher auf dem Völkergewohnheitsrecht.

Gemäß Art. 8 Abs. 2 Genfer Übereinkommen über die Hohe See von 1958[3] fällt unter den Begriff „Kriegsschiff" ein zu den Seestreitkräften eines Staates gehörendes Schiff, das die äußeren Kennzeichen der Kriegsschiffe seiner Staatszugehörigkeit trägt. Der kommandierende Offizier muß im Staatsdienst stehen, sein Name muß in der Rangliste der Seestreitkräfte enthalten und die Besatzung muß den Regeln der militärischen Disziplin unterworfen sein. Diese Definition ist mit geringen Änderungen in das Seerechtsübereinkommen (Art. 29) übernommen worden. Es ist davon auszugehen, daß sie Völkergewohnheitsrecht entspricht.[4] Die einzige weitere vertragliche Regelung für Kriegsschiffe findet sich in Art. 23 Genfer Übereinkommen über das Küstenmeer und die Anschlußzone von 1958[5], wonach Kriegsschiffe, die Vorschriften des Küstenstaates über die Durchfahrt durch das Küstenmeer nicht beachten und einer entsprechenden Aufforderung, sich diesen Vorschriften zu fügen, nicht folgen, aufgefordert werden können, das Küstenmeer zu verlassen.[6] Abgesehen von den beiden genannten Regeln gibt es im allgemeinen Friedensvölkerrecht keine vertraglichen Regelungen der Rechtsstellung und Immunität von Kriegsschiffen. Es ist jedoch nahezu unumstritten und von

---

[2] Im Schrifttum stimmen die Ansichten nicht überein. Bald wird mehr der Vorrang der territorialen Hoheitsgewalt – so bei *Oppenheim/Lauterpacht* I, 847 ff –, bald der personalen Souveränität über die Truppe und der militärische Gesichtspunkt betont. Vgl. z. B. die Arbeiten einerseits von *Barton*, andererseits von *King*. Auch die Rechtsprechung nationaler Gerichte geht bald von der Autonomie der Truppe, bald von der Zuständigkeit der örtlichen Hoheitsgewalt als dem Grundprinzip aus. Im ersteren Sinne z. B. das Urteil des Obersten Gerichts von Panama im Falle *The Republic of Panama v. Wilbert L. Schwartzfiger*, Annual Digest 4 (1927-28), Case No. 114, 180, im letzteren eine Reihe von Entscheidungen britischer Gerichte, die jede Einschränkung der örtlichen Jurisdiktion auf eine Erlaubnis des Aufenthaltsstaates zurückführen und sie nur in den Grenzen dieser Erlaubnis zulassen wollen. So z. B. Lord *Wright* für das House of Lords im Fall *In re Amand* (No. 2) (1943) British House of Lords and Judicial Committee of the Privy Council, 149: „This jurisdiction is only possible so far as it is authorized by the British legislation and can only be exercised in accordance with the statutory provisions referred to and subject to the conditions and safeguards specified by statute." Vgl. auch das in Annual Digest 10 (1941-42), Case No. 31, 123, veröffentlichte Urteil eines tschechoslowakischen Militärgerichts in London. Das Gericht hält sich hier nicht für befugt, einen tschechischen Offizier in England zu bestrafen, wenn ihm die Erlaubnis dazu nicht ausdrücklich durch die Gesetzgebung des Gastlandes eingeräumt sei. Dafür, daß jede Gewährung der Immunität in einem Verzicht des Aufenthaltsstaates auf die ihm an sich zustehende Gerichtsbarkeit seine Grundlage habe, vgl. auch das Urteil des gemischten Kassationshofes von Ägypten, Annual Digest 11 (1919-42) Supp., Case No. 88, 170 mit der Anmerkung der Herausgeber, und des Obersten Gerichts der Philippinen, ILR 20 (1953), 148. – Angesichts dieser und anderer Entscheidungen von Gerichten vieler Länder der Welt erscheint folgende Aussage des Bundesfinanzhofes unhaltbar, BFHE 54, 244: „Nach den anerkannten Regeln des Völkerrechts sind fremde Truppenkörper exterritorial, einerlei, ob der Aufenthalt auf der Bewilligung des Aufenthaltsstaats beruht oder nicht."

[3] BGBl. 1972 II, 1091; UNTS 450, 11, 169.

[4] *Geck*, 347, will dies nur für die Definition nach Art. 8 Abs. 2 Genfer Übereinkommen über die Hohe See, nicht aber für Art. 29 Seerechtsübereinkommen (Text in:.The Law of the Sea – United Nations Convention on the Law of the Sea (United Nations Publication), 1983) gelten lassen.

[5] UNTS 516, 205.

[6] Vgl. dazu § 68.

der Völkerrechtslehre seit langem anerkannt, daß Kriegsschiffe grundsätzlich von der Hoheitsgewalt des Küstenstaates ausgenommen sind und insoweit Immunität genießen.[7]

Dieser Grundsatz ist von nationalen Gerichten bestätigt worden. Der Präzedenzfall ist *The Schooner Exchange v. McFaddon* (1812), der von dem Supreme Court der USA entschieden wurde. Ein amerikanisches Handelsschiff war 1810 von den Franzosen aufgebracht und in ein Kriegsschiff umgewandelt worden. Als es später den Hafen von Philadelphia anlief, klagten die ehemaligen Eigentümer auf Herausgabe, die der Supreme Court jedoch mit dem Hinweis ablehnte, daß Kriegsschiffe von der Jurisdiktion des Aufenthaltsstaates ausgenommen seien.[8] In der Entscheidung wurde das geltende Recht im folgenden Satz zusammengefaßt: „Der Gerichtshof hält es für eine Regel des öffentlichen Rechts, daß staatliche Kriegsschiffe, die in den ihnen offen stehenden Häfen einer befreundeten Macht einlaufen, als mit der Zustimmung dieser Macht von deren Gerichtsbarkeit ausgenommen zu betrachten sind." Ein weiterer Fall ist *Chung Chi Cheung v. The King* (1939), in dem das House of Lords feststellte, daß die lokalen Gerichte grundsätzlich nicht befugt seien, über an Bord eines Staatsschiffes begangene Straftaten zu urteilen.[9]

Das Institut de droit international hat sich auf seinen Sitzungen in Den Haag 1898[10] und in Stockholm 1928[11] mit der Rechtsstellung von Schiffen und deren Besatzung in fremden Häfen beschäftigt und in zwei Resolutionen u. a. auch den Grundsatz der Immunität von Kriegsschiffen näher ausgeführt.

Anerkannt ist, daß Kriegsschiffe, die sich im Küstenmeer oder in den Eigengewässern eines fremden Staates befinden, die Gesetze des Aufenthaltsstaates zu beachten haben. Ein Kriegsschiff ist also *nicht* etwa extraterritorial, *nicht* ein schwimmender Gebietsteil des Flaggenstaates.[12] Es befindet sich im Ausland und untersteht, nicht anders als z. B. das Gebäude einer Mission, dem Recht des Aufenthaltsstaates. Andererseits bleibt das Kriegsschiff auch im Ausland der Hoheitsgewalt des Flaggenstaates unterstellt. Es ist von der Gerichtsbarkeit und Zwangsgewalt des Aufenthaltsstaates befreit. Das Kriegsschiff selbst ist z. B. nicht Gegenstand einer Zwangsvollstreckung, eines Arrestes oder eines Verfahrens *in rem.* Vertreter der örtlichen Behörden dürfen das Kriegsschiff nicht ohne die Zustimmung des Kommandanten betreten, dort keine Hoheitsakte, auch keine Zollkontrolle vornehmen, und sie müssen sich der Ausübung der Jurisdiktion nicht nur gegenüber den Mitgliedern der Mannschaft, sondern auch gegenüber anderen Personen an Bord des Schiffes enthalten.[13] Die Immunität des in fremden Hoheitsgewässern befindlichen Kriegsschiffes umfaßt auch dessen Kommandanten und die Besatzung. Sie können nicht für die von dem Schiff begangenen Verletzungen zur Rechenschaft gezogen werden, wenn sie sich von Bord begeben.[14]

Am 27. Oktober 1981 lief das sowjetische U-Boot 137 in den schwedischen Eigengewässern innerhalb eines militärischen Sperrgebietes bei Karlskrona auf Grund. Die schwedischen Behör-

---

[7] *Colombos,* 208 ff (213); *Geck,* 349; *Oppenheim/Lauterpacht* I, 853 ff; *O'Connell/Shearer* II, 736 f; *Berg,* 310, mwN.

[8] *Moore,* Digest II, 575 ff; die Entscheidung ist vollständig abgedruckt in: *Simmonds* (Hrsg.), Cases on the Law of the Sea I, 1976, 137 ff.

[9] Auszugsweise in *Hackworth,* Digest II, 410 ff sowie in British International Law Cases 3, 96 ff.

[10] Institut de droit international, Tableau général des résolutions (1873-1956), 89 ff.

[11] Institut de droit international, Tableau général des résolutions (1873-1956), 102 ff.

[12] Vgl. dazu ausdrücklich den Privy Council im Falle *Chung Chi Cheung v. The King* (Anm. 9), anders *Oppenheim/Lauterpacht* I, 461, 853.

[13] Unzulässig ist z. B. die Verfügung des Aufenthaltsstaates über eine an Bord eines fremden Kriegsschiffs festgehaltene Person; so der Supreme Court von Südafrika in *Ex parte Sulman,* Annual Digest 10 (1941-42), Case No. 64, 247. Wenn aber jemand eine Straftat an Bord eines Kriegsschiffes begeht und später an Land festgenommen wird, so steht der Ausübung der örtlichen Gerichtsbarkeit nichts mehr im Wege. Denn die Straftat ist im Inland begangen; so die Entscheidung im Falle *Chung Chi Cheung* (Anm. 9): Ein an Bord eines chinesischen Kriegsschiffs in den Gewässern von Hong Kong begangener Mord wurde als auf britischem Boden begangen betrachtet.

[14] *Berg,* 313; *Colombos,* 221 f.

den waren zuvor nicht informiert worden. Da die schwedische Regierung vor der Bergung des Schiffes auf einer Befragung des Kommandanten bestand, einigte sie sich mit der sowjetischen Regierung in einer bilateralen Übereinkunft darauf, ihn an Bord eines schwedischen Schiffes in Begleitung von zwei Repräsentanten der sowjetischen Botschaft zu vernehmen. In dieser Übereinkunft wurde dem Kommandanten und den ihn begleitenden Offizieren persönliche Immunität zugesichert; ein Festhalten der Besatzungsmitglieder gegen ihren Willen wurde ausgeschlossen. Der schwedische Generalstaatsanwalt lehnte eine anfangs erwogene Anklage des Kommandanten wegen Spionage unter Hinweis auf die im Völkerrecht bestehende Immunität der Besatzung ab. Am 5. November 1981 wurde das U-Boot nach einem offiziellen Protest der schwedischen Regierung wieder freigegeben.[15]

Für das Verhalten der Besatzung an Land hat das Institut de droit international differenzierte Regeln entwickelt, die in der Praxis angewandt wurden.[16] Begehen Mitglieder der Mannschaft Straftaten an Land, so dürfen die örtlichen Behörden sie festnehmen und aburteilen[17], müssen aber dem Kommandanten Mitteilung machen. Dieser darf die Auslieferung nicht verlangen. Wenn das Mannschaftsmitglied vor der Festnahme auf das Schiff zurückkehrt, so ist es nunmehr der Strafgewalt des Flaggenstaats unterworfen, der den Aufenthaltsstaat seinerseits benachrichtigen muß. Wenn der Kommandant das Besatzungsmitglied den örtlichen Behörden vorbehaltlos übergibt, steht der Anwendung des örtlichen Rechts nichts mehr entgegen. Eine Sonderregel wurde für Straftaten, die Mitglieder der Besatzung an Land in Ausübung ihres Dienstes („en service commandé") begehen, aufgestellt. Danach durften sie von den örtlichen Behörden zwar festgenommen werden, waren aber dem Kommandanten auf dessen Verlangen auszuliefern.[18] Dies kann – angesichts der Einschränkungen, die die Staatenimmunität im allgemeinen erfahren hat – nicht mehr angenommen werden.

Unzweifelhaft ist, daß die Mitglieder der Mannschaft auf Grund ihrer privaten Rechtsgeschäfte der örtlichen Gerichtsbarkeit unterworfen sind.

2. Diese Immunitätsregeln gelten für alle im Staatsdienst befindlichen Schiffe wie Truppentransporter, Versorgungsschiffe, Tender etc., soweit sie nicht Handelszwecken dienen.[19]

III. Während früher die Immunität von Kriegs- und Staatsschiffen mit deren Extraterritorialität oder mit der Fiktion begründet wurde, daß es sich bei ihnen um ein Stück schwimmendes Staatsgebiet handele[20], wird sie nunmehr aus der Staatenimmunität hergeleitet.[21] Entscheidend für ihre Immunität sind also die von ihnen ausgeübten Hoheitsfunktionen. Weniger weit geht der Schutz von Kriegsschiffen, sieht man den tragenden Grund ihrer Immunität in einem entsprechenden Verzicht des Küstenstaates.[22] Denn dann muß die Immunität entfallen, wenn die Einfahrt des Kriegsschiffes in die fremden Hoheitsgewässer nicht genehmigt oder sogar verboten ist. Dagegen spricht je-

---

[15] Vgl. dazu *Berg*, 295 ff; *Mössner*, 1196 ff; *Delupis*, 53 ff.

[16] Vgl. die Entscheidungen des ägyptischen Kassationsgerichts, Annual Digest 11 (1919-42), Supp., Case No. 86, 165; 87, 169; 12 (1943-45), Case No. 33, 115; 34, 120; 38, 141.

[17] Vgl. z. B. die französische Cour de cassation, in: *Sirey*, Recueil général des lois et des arrêts 1868 I, 351: französische Gerichtsbarkeit für Straftaten von Mitgliedern der Mannschaft eines britischen Kriegsschiffs im Hafen von Saigon; siehe auch die Entscheidung japanischer Gerichte, ILR 19 (1952), 221: Zuständigkeit für die Aburteilung eines von Mitgliedern eines britischen Kriegsschiffes an Land begangenen Raubüberfalls auf einen Taxifahrer, da die Tat nicht im Dienst begangen sei. *Gidel* II, 295 hält die Zuständigkeit der örtlichen Behörden für die Aburteilung außerhalb des Dienstes an Land begangener Straftaten von Mitgliedern der Mannschaft für „une règle sur laquelle tout le monde est d'accord".

[18] So *Oppenheim/Lauterpacht* I, 855 f; *Dahm* I, 381.

[19] Vgl. dazu Art. 32 Seerechtsübereinkommen.

[20] Z. B. *Schücking*, Das Küstenmeer im internationalen Rechte, 1897, 66 f; a.A. der Privy Council im Falle *Chung Chi Cheung v. The King* (Anm. 9); *O'Connell/Shearer* II, 735 ff.

[21] *Geck*, 349; *Steinert*, Die internationalrechtliche Stellung des Schiffes im fremden Küstenmeer im Frieden, 1970, 234.

[22] So der Supreme Court im Falle *Schooner Exchange v. McFadden* (1812), (Anm. 8).

doch, daß zumindest die Einfahrt in fremde Küstenmeere auch Kriegsschiffen gestattet ist.[23] Damit läßt es sich nicht vereinbaren, wenn die Immunität von Kriegsschiffen von einer vorherigen Einwilligung des Küstenstaates abhängig gemacht wird. Ebensowenig ist es unter diesen Gesichtspunkten möglich, zwischen Kriegsschiffen in fremden Eigengewässern und in fremden Küstenmeeren zu unterscheiden, da die Immunität in beiden Zonen nicht auf unterschiedliche Rechtsgründe gestützt werden kann.[24]

IV. Entsprechende allgemeine Regeln können für *andere Streitkräfte* nicht mit gleicher Sicherheit aufgestellt werden. Der gesamte Fragenkomplex ist aber seit dem Ersten Weltkrieg wiederholt Gegenstand internationaler Verträge und der nationalen Gesetzgebung geworden. Verträge und Gesetze stimmen darin überein, daß durch sie der Gebietshoheit zu Gunsten der fremden Truppe gewisse Beschränkungen auferlegt werden. Im einzelnen aber weichen die Regelungen voneinander ab; sie sind aus jeweils verschiedenen politischen und militärischen Lagen entstanden und schon deshalb als Zeugnisse einer allgemeinen internationalen Rechtsüberzeugung nur mit Vorsicht verwendbar.

1. Während des Ersten Weltkrieges wurde eine Reihe von Verträgen zwischen den gegen Deutschland verbündeten Staaten geschlossen. Durch sie wurden die auf französischem und belgischem Boden stehenden alliierten Verbände dem Personalitätsprinzip unterstellt. Jeder Staat übte die Militärgerichtsbarkeit über seine eigenen Streitkräfte aus.[25] Eine andere Auffassung wurde schon damals insbesondere von Großbritannien vertreten, das die territoriale Zuständigkeit des Aufenthaltsstaates stärker betonte. Diese Auffassung hat zwischen den beiden Weltkriegen in dem für die Commonwealth-Truppen geltenden Visiting Forces (British Commonwealth) Act von 1933[26] Ausdruck gefunden, dessen Vorschriften nach Ausbruch des Zweiten Weltkrieges durch den Allied Forces Act von 1940 und den Maritime Forces Act von 1941[27] auf die Streitkräfte der verbündeten Staaten ausgedehnt wurden. Nach diesen Gesetzen, den auf ihnen beruhenden Orders in Council und entsprechenden Verträgen mit den verbündeten Staaten durften die auf dem Gebiet von Großbritannien befindlichen Streitkräfte Militärgerichte und -behörden zum Zwecke der Aufrechterhaltung der Disziplin und Ordnung errichten. In diesen Angelegenheiten übten sie also ihre eigene Gerichtsbarkeit aus; ihnen war eine gewisse Vollstreckungsbefugnis gewährt, und die Rechtshilfe des Aufenthaltsstaates stand ihnen zur Verfügung. Im übrigen aber blieb die britische Jurisdiktion unberührt. Straftaten gegen die britischen Gesetze, die nicht nur gegen die innere Disziplin der fremden Armee verstießen, blieben, auch wenn im Dienste begangen, der britischen Gerichtsbarkeit unterworfen. Allerdings konnte dieser Standpunkt gegenüber dem stärksten Verbündeten nicht durchgesetzt werden. Wie schon im Ersten Weltkrieg bestanden die USA nach ihrem Eintritt in den Krieg auf der vollen Befreiung ihrer Streitkräfte von der örtlichen Hoheitsgewalt. In einem Notenaustausch vom 27. Juli 1942 mußte Großbritannien sich verpflichten, den amerikanischen Militärbehörden die ausschließliche Jurisdiktion über ihre auf seinem Gebiet stationierten Verbände einzuräumen, eine Verpflichtung, die in dem United States of America (Visiting Forces) Act von 1942[28] eingelöst wurde.

---

[23] Vgl. dazu oben § 68.

[24] Dies wird von *Berg*, 315 ff, verkannt, da er nicht hinreichend berücksichtigt, daß auch Kriegsschiffe das Recht auf friedliche und unschädliche Durchfahrt durch fremde Küstengewässer besitzen.

[25] *Barton*, BYIL 26 (1949), 387 ff; 27 (1950), 187 ff.

[26] Einzelheiten bei *Barton*, BYIL 26 (1949), 397 ff.

[27] Vgl. dazu *Barton*, BYIL 27 (1950), 208 ff.

[28] *Barton* (BYIL 27 (1950), 210) nennt dieses Gesetz „... an enactment unique in British history". Die gleiche Rechtsstellung wurde den Streitkräften der USA von den Dominions und anderen Ländern gewährt. Weniger eindeutig war ihre Rechtsstellung offenbar in Kanada. Vgl. dazu die teilweise weit auseinandergehende Ansicht der Richter des kanadischen Supreme Court in *Reference Re Exemption of United States Forces from Canadian Criminal Law*, Annual Digest 12 (1943-45), Case No. 36, 124. Offenbar sind die USA ihrerseits nicht immer bereit gewesen, die von ihnen beanspruchte absolute Jurisdiktion über die eigenen Streitkräfte auch anderen Staaten zuzugestehen; vgl. dazu *Barton*, BYIL 27 (1950), 215 f.

Viel weitergehende Zugeständnisse als das Gesetz von 1933 macht das britische Visiting Forces Act von 1952[29] den Streitkräften der verbündeten Staaten. Diesen wird das Recht zur Ausübung ihrer eigenen Jurisdiktion auf britischem Boden gewährt, und zwar sind sie zur Bestrafung von Taten berechtigt, die ihre Mitglieder im Dienst oder gegen die Interessen der eigenen Armee oder des eigenen Staates begehen. Lediglich wenn der Entsendestaat solche Taten seinerseits nicht verfolgt, haben die britischen Gerichte eine – subsidiäre – Zuständigkeit. Todesstrafen dürfen demnach nicht vollstreckt werden, wenn sie nicht auch nach englischem Recht hätten verhängt werden können.

2. Die nach dem Zweiten Weltkrieg im Rahmen der regionalen Bündnissysteme geschlossenen Verträge suchen die Interessen des Entsendestaates an einer möglichst uneingeschränkten Jurisdiktion über seine Truppen mit dem Respekt vor der örtlichen Hoheitsgewalt in Einklang zu bringen. Ein Beispiel für einen solchen Kompromiß bietet der Londoner Vertrag zwischen den Vertragsstaaten des Nordatlantikpaktes über die Rechtsstellung ihrer Truppen vom 19. Juni 1951.[30] Auch dieser Vertrag geht davon aus, daß die fremde Truppe dem örtlichen Recht untersteht. Aber die Jurisdiktion ist geteilt. Nach Art. 7 des Vertrages nämlich üben Entsende- und Aufenthaltsstaat eine konkurrierende Gerichtsbarkeit aus, wobei aber jeweils einer von ihnen der Vorrang gebührt. Der dafür maßgebende Gesichtspunkt ist einerseits das Rechtsgut, das die Straftat verletzt, und andererseits sind es die Umstände, unter denen der Täter die Straftat begangen hat. Der Entsendestaat ist danach in erster Linie zuständig für die Verfolgung von Taten, die sich ausschließlich gegen ihn oder die Mitglieder seiner Streitkräfte richten, sowie für Taten, die der Täter in Erfüllung seiner Dienstpflicht begeht, während der Aufenthaltsstaat primär für alle anderen Straftaten zuständig ist. Nur wenn die Tat die Strafgesetze ausschließlich des einen oder des anderen der beiden Staaten verletzt, übt dieser allein die Gerichtsbarkeit aus. Auch im Bereich des Zivilrechts wird unterschieden je nachdem, ob das etwa zum Schadensersatz verpflichtende Handeln im Dienst erfolgte oder nicht. Im ersteren Fall ist dem Verletzten das unmittelbare Vorgehen gegen die Angehörigen des fremden Truppenverbandes versagt; er muß seine Rechte vielmehr gegenüber seinem eigenen Staat geltend machen, dem der Entsendestaat dann einen gewissen Ausgleich gewährt. Wird aber jemand durch außerdienstliches Handeln verletzt, so steht der Ausübung der Gerichtsbarkeit durch den Aufenthaltsstaat nichts im Wege (Art. 8).

Dem Natotruppenvertrag ähnliche Regeln gelten auch unter den Staaten des Ostblocks. Das Abkommen zwischen der UdSSR und Polen über die Rechtsstellung der sowjetischen Truppen in Polen vom 17. Dezember 1956[31] z. B. enthält dieselben Prinzipien wie der Natovertrag: Unterwerfung der sowjetischen Truppen unter das örtliche Recht; konkurrierende Gerichtsbarkeit; Vorrang der sowjetischen Gerichtsbarkeit für Straftaten ausschließlich gegen die Interessen und Angehörigen der sowjetischen Truppen sowie für Straftaten im Dienst, der polnischen dagegen für alle anderen Taten; Unterscheidung zwischen dienstlichem und außerdienstlichem Handeln auch im Hinblick auf Schadensersatzansprüche, nämlich im ersten Falle Entscheidung durch eine gemischte Kommission, während im zweiten die polnischen Gerichte zuständig sind. Gleichartige Stationierungsverträge hat die UdSSR auch mit den anderen Staaten geschlossen, in denen sich sowjetische Truppen befinden, etwa mit der Deutschen Demokratischen Republik (12. März 1957), Rumänien (15. April 1957), Ungarn (27. Mai 1957) und der Tschechoslowakei (16. Oktober 1968). Die Vorrechte und Immunitäten der im Warschauer Vertrag vom 14. Mai 1955[32] und im Statut vom 17. März 1969 aufgeführten militärischen Organe der Vereinten

---

[29] Das Gesetz galt zunächst nur für die Streitkräfte der darin aufgezählten Commonwealth-Länder, kann aber durch Orders in Council auf die Verbände anderer Staaten ausgedehnt werden.

[30] Text in AöR 78 (1952/53), 474; AVR 12 (1964/65), 53; vgl. dazu *Barton*, BYIL 31 (1954), 363 ff und zur Frage der Strafgerichtsbarkeit *Baxter*, Criminal Jurisdiction, 74 ff. Entsprechende Regeln finden sich in anderen Verträgen, z. B. in dem Administrative Agreement zwischen den USA und Japan vom 28. Februar 1952 – TIAS No. 2492 – mit Protokoll vom 29. September 1953 – TIAS No. 2848. Der in diesem Abkommen ausgesprochene Grundsatz der konkurrierenden Gerichtsbarkeit überwiegt auch sonst in den bilateralen Verträgen der USA; Einzelheiten bei *Rouse/Baldwin*, 32 f.

[31] Text in EA 12 (1957 I), 9572.

[32] UNTS 219, 3 ff.

Streitkräfte sind im einzelnen in der Konvention über die Rechtsfähigkeit, die Privilegien und Immunitäten des Stabes und der anderen Führungsorgane der Vereinten Streitkräfte vom 24. April 1973 geregelt; sie entsprechen denjenigen ausländischer Diplomaten.[33]

3. Das Problem der Stationierung fremder Streitkräfte ist insbesondere auch für die Bundesrepublik Deutschland bedeutsam. Die Stationierung auf dem Gebiet der Bundesrepublik Deutschland hatte zunächst ihre rechtliche Grundlage in dem Vertrag über die Beziehungen zwischen der Bundesrepublik Deutschland und den Drei Mächten vom 26. Mai 1952 in der Fassung vom 23. Oktober 1954[34], Art. 4 und 5. Ihre Rechtsstellung im einzelnen regelt der Vertrag über die Rechte und Pflichten ausländischer Streitkräfte und ihrer Mitglieder in der Bundesrepublik Deutschland vom gleichen Tage[35], der sog. Truppenvertrag.
Mit Wirkung vom 1. Juli 1963 ist die Rechtsstellung der auf dem Gebiet der Bundesrepublik Deutschland stationierten Streitkräfte, und zwar auf der Basis des Londoner Vertrages zwischen den Vertragsstaaten des Nordatlantikpaktes über die Rechtsstellung ihrer Truppen vom 19. Juni 1951[36], durch das NATO-Truppenstatut und elf Zusatzvereinbarungen neu geregelt worden. Die vorherigen Vereinbarungen sind gleichzeitig außer Kraft getreten.[37]
Das Statut regelt die Rechtsstellung der Streitkräfte eines Mitgliedstaates des Nordatlantikvertrages, die im Interesse der gemeinsamen Verteidigung im Hoheitsgebiet eines anderen Mitgliedstaates Dienst tun. Die Zusatzvereinbarungen betreffen die Rechtsstellung lediglich der in der Bundesrepublik Deutschland stationierten ausländischen NATO-Streitkräfte (Belgien, Frankreich, Kanada, Niederlande, Großbritannien, USA). Der räumliche Geltungsbereich des Vertragswerks ist das Gebiet der Bundesrepublik Deutschland (ausschließlich Berlin), der persönliche Geltungsbereich umfaßt die Streitkräfte als Organe des Entsendestaates und die Truppenangehörigen als einzelne. Die Abkommen sind auf unbestimmte Zeit geschlossen, ihre Kündigung ist möglich.
Sowohl das Truppenstatut als auch die Zusatzabkommen statuieren, daß die Streitkräfte die Rechtsordnung der Bundesrepublik Deutschland zu beachten haben. Sie werden befreit von den Vorschriften über Bau, Ausführung und Ausrüstung von Kraftfahrzeugen, nicht jedoch von Devisenvorschriften. Das Truppenstatut besagt nicht ausdrücklich, daß die Streitkräfte als Organe des Entsendestaates von der deutschen Jurisdiktion befreit sind, folgt aber dieser Regel weitgehend.
Über Ansprüche der Bundesrepublik Deutschland gegen einen Entsendestaat wegen Truppenschäden wird durch einen einvernehmlich bestellten Schiedsrichter entschieden. Ansprüche Dritter aus unerlaubter Handlung der Streitkräfte werden gem. Art. VIII gegen den Aufenthaltsstaat (nicht den Entsendestaat) vor dessen Gerichten geltend gemacht. Es handelt sich hier um einen Fall der Prozeßstandschaft. Archive, Dokumente, erkennbare Dienstpostsendungen und das Eigentum der Truppe unterliegen nicht der Untersuchung oder Beschlagnahme. Nicht völlig frei sind dagegen Ein- und Ausfuhr; vor allem erfolgt keine allgemeine Freistellung von den Zollvorschriften. Die Militärbehörden des Entsendestaates haben das Recht der Straf- und Disziplinargerichtsbarkeit über ihre Truppenangehörigen, sie üben auf ihren Liegenschaften die Polizeigewalt aus.
Die Mitglieder der Streitkräfte und ihre Angehörigen sind grundsätzlich dem Recht der Bundesrepublik Deutschland unterworfen, sie sind allerdings von den ausländerrechtlichen Vorschriften befreit. Die Strafgerichtsbarkeit ist zwischen dem Entsendestaat und der Bundesrepublik Deutschland geteilt, wobei das Truppenstatut zwischen ausschließlicher und konkurrierender Strafgerichtsbarkeit unterscheidet. Der Entsendestaat besitzt die ausschließliche Strafgerichts-

---

[33] Vgl. dazu im einzelnen *Meissner*, Warsaw Treaty Organization, in: EPIL 6 (1983), 359 ff mwN; zur Stationierung sowjetischer Truppen in der DDR vgl. auch *Seiffert*, Zu den völkerrechtlichen Grundlagen der Stationierung sowjetischer Truppen in der DDR, Deutschland Archiv 15 (1982 I), 473 ff; Text der Konvention in: GBl. der DDR 1973 II, 62 ff.

[34] BGBl. 1955 II, 305.

[35] BGBl. 1955 II, 253; UNTS 334, 3.

[36] S. oben Anm. 30.

[37] Zu den Einzelheiten der Neuregelung vgl. *Neubauer*, 40 ff. Zur Ausgestaltung der Strafgerichtsbarkeit in bezug auf die in der Bundesrepublik Deutschland stationierten niederländischen Truppen vgl. auch das Memorandum zu einem entsprechenden niederländischen Gesetzentwurf (Wet militaire strafrechtspraak) in: NYIL 18 (1987), 287 f.

barkeit über die Handlungen, die nach dem Recht des Entsendestaates, aber nicht nach dem Recht der Bundesrepublik Deutschland strafbar sind. Ist die Tat nur nach dem Recht der Bundesrepublik Deutschland strafbar, so besitzt diese die ausschließliche Strafgerichtsbarkeit. Konkurrierende Gerichtsbarkeit besteht, wenn die Tat nach dem Recht beider Staaten strafbar ist. Der Vorrang kommt dem Entsendestaat bei der Verfolgung von Taten zu, die in Ausübung des Dienstes begangen wurden oder sich nur gegen Interessen des Entsendestaates oder gegen andere Angehörige der Streitkräfte richteten. In allen anderen Fällen hat theoretisch die Bundesrepublik Deutschland als Aufenthaltsstaat den Vorrang bzgl. der Strafgerichtsbarkeit. Beide Staaten können generell auf die Ausübung ihres Vorrechts verzichten. Dies ist von seiten der Bundesrepublik Deutschland unter Vorbehalt der Rücknahme geschehen.
Nach Ansicht des Bundesgerichtshofs[38] läßt dieser Verzicht die deutsche Gerichtsbarkeit jedoch dem Grunde nach unangetastet. Mit ihm entstehe nicht eine ausschließliche Gerichtsbarkeit des Entsendestaates, es liege vielmehr nach wie vor ein Fall der konkurrierenden Gerichtsbarkeit vor, bei dem die Bundesrepublik Deutschland auf deren Ausübung verzichtet habe. Auch die bloße Unterlassung der Rücknahme des Verzichts könne keinen endgültigen Ausschluß der deutschen Gerichtsbarkeit bewirken. Werde ein Angehöriger einer Stationierungsstreitkraft aus dieser entlassen, so unterstehe er nicht mehr dem Militärrecht des Entsendestaates. Damit entfalle die Grundlage für die Einschränkung der inländischen zugunsten der ausländischen Gerichtsbarkeit. Da unter diesen Umständen eine konkurrierende Gerichtsbarkeit nicht mehr bestehe, unterliege die Gerichtsbarkeit des Aufenthaltsstaates keinerlei Beschränkungen mehr.
Mitglieder ausländischer Streitkräfte unterstehen grundsätzlich der deutschen Zivilgerichtsbarkeit. Dies gilt für das Erkenntnisverfahren uneingeschränkt, für das Vollstreckungsverfahren jedoch mit Ausnahmen.

V. Trotz der heterogenen internationalen Praxis lassen sich ihr gewisse allgemeine Regeln entnehmen, die dort anwendbar sind, wo keine Verträge bestehen. Sie können etwa dahin zusammengefaßt werden:

1. Ausländische Streitkräfte und ihre Anlagen sind so wenig wie Kriegsschiffe oder Missionsgebäude extraterritorial. Sie befinden sich im Inland und unterstehen dem örtlichen Recht. Geschlossene Truppenverbände werden jedoch nach Völkergewohnheitsrecht als nationale Organe des Entsendestaates behandelt, sie genießen insofern Immunität von der Ausübung der Gebietshoheit durch den Empfangsstaat. Diese Immunität ergibt sich aus dem Grundsatz der Staatenimmunität.[39]

2. Der Staat, der fremde Truppenverbände zuläßt, erlaubt ihnen damit die Ausübung der Hoheitsgewalt auf seinem Gebiet, gewährt ihnen die nötige Bewegungsfreiheit und verpflichtet sich u. U. stillschweigend zur Unterbringung und zur Versorgung mit den Leistungen und Diensten, deren die Truppen zur Erfüllung ihrer Funktionen bedürfen.

3. Ein Staat, der fremden Streitkräften Gastrecht gewährt, befreit sie damit in bestimmten Beziehungen von dem materiellen Recht des Aufenthaltsstaates, z. B. von gewissen Steuer- und Zollpflichten[40], Paßvorschriften, den Bestimmungen des inländischen Rechts über die Einwanderung, die Registrierung von Ausländern oder die Einfuhr und Benutzung von Waffen.[41]

---

[38] Urteil vom 8. August 1978, BGHSt 28, 96 (98 f).
[39] *Oppenheim/Lauterpacht* I, 846 ff.
[40] Vgl. aber *Hackworth*, Digest II, 407 f über die Besteuerung militärischer Transporte befreundeter Staaten im Ersten Weltkrieg durch die Behörden der USA.
[41] Ausdrückliche Bestimmungen dieser Art enthalten z. B. der Truppenvertrag vom 23. Oktober 1954, Art. 25, 29, 32-35 (Anm. 35) und das Abkommen zwischen den Parteien des Nordatlantik-Vertrages vom 19. Juni 1951, Art. 10 (Anm. 30).

4. Was den Umfang der Immunität anbetrifft, so ist auf die Regeln für Kriegsschiffe zurückzugreifen. Sie können einerseits auf andere Rüstungsgüter, vor allem Militärflugzeuge, andererseits auf die von der Truppe benutzten Räumlichkeiten, ihre Kasernen, Unterkünfte und Lager und ihre militärischen Anlagen, Flugplätze usw. ausgedehnt werden. Das Betreten solcher Anlagen ist ohne die Zustimmung des verantwortlichen Offiziers nicht gestattet, und den örtlichen Behörden ist die Ausübung hoheitlicher Funktionen in solchen Räumen verboten. Zudem ist der fremde Truppenverband berechtigt, seine Räume, Anlagen und Fahrzeuge zu schützen und die Maßnahmen zu treffen, die zur Aufrechterhaltung der Ordnung und Sicherheit erforderlich sind.
Fremde Kriegsschiffe und Truppen dürfen die ihnen gewährte Rechtsstellung nicht mißbrauchen, es ist ihnen z. B. untersagt, verfolgten Personen Zuflucht zu gewähren. Insoweit sind die für das diplomatische Asyl geltenden Regeln entsprechend anzuwenden.[42] Wird das Vorrecht in dieser oder auf andere Weise, z. B. durch das rechtswidrige Festhalten von Personen mißbraucht, so ist der Aufenthaltsstaat (von dringenden Notlagen abgesehen) zwar nicht zu gewaltsamem Einschreiten berechtigt, er kann aber verlangen, daß das Kriegsschiff oder die Truppe sein Territorium verläßt.

5. Auch die für die Mannschaft fremder Kriegsschiffe geltenden Regeln des Völkergewohnheitsrechts können auf andere militärische Verbände entsprechend angewandt werden. Danach besteht ein Unterschied je nachdem, ob der fragliche Vorgang sich im Dienst oder außerhalb des Dienstes abgespielt hat. Im Zweifel unterliegt das dienstliche Verhalten der Gerichtsbarkeit des Staates, der die Truppe entsendet[43], das außerdienstliche Handeln außerhalb der privilegierten Räumlichkeiten der örtlichen Jurisdiktion. Dort überwiegt das Interesse des Entsende-, hier das des Aufenthaltsstaates. Andererseits hat der Aufenthaltsstaat auf die Schlagkraft der Truppe und die Bedürfnisse des Dienstes Rücksicht zu nehmen. Diese Unterscheidung wird nicht nur durch die Analogie zum Recht der Kriegsschiffe nahegelegt, es spricht dafür auch die Erwägung, daß das moderne Immunitätsrecht auch sonst auf die – sei es hoheitliche, sei es private – Natur des in Frage stehenden Aktes abstellt.[44]

6. Auch auf diese Immunität kann der Entsendestaat verzichten[45], und sie erlischt mit dem Ausscheiden aus dem militärischen Dienst. Wenn ein fremder Soldat oder Seemann z. B. an Bord eines Kriegsschiffs oder in der Kaserne eine Straftat begeht, so stehen der Strafverfolgung nach seinem Ausscheiden aus dem Dienst keine Bedenken entgegen, es sei denn, er hat in Ausübung seines Dienstes gehandelt. Wo das der Fall ist, bleibt sein Handeln als das seines Staates der Gerichtsbarkeit anderer Staaten entzogen.

VI. Die Regeln, die im Vorstehenden dargestellt wurden, gelten für die rechtlichen Beziehungen zwischen verschiedenen Staaten, deren Streitkräfte – ob unter eigenem

---

[42] Vgl. oben § 38. Ein Zufluchtsrecht für politisch Verfolgte auf Kriegsschiffen ist in manchen Verträgen zwischen amerikanischen Staaten, z. B. der Havanna-Konvention über das Asylrecht vom 20. Februar 1928, *Hudson* IV, 2412 ff und dem Montevideo-Abkommen über politisches Asyl vom 26. Dezember 1933, *Hudson* IV, 607 ff gewährt. Dieser Gedanke findet einen geschichtlichen Anknüpfungspunkt in der Behandlung, die vor allem Großbritannien während des 19. Jahrhunderts entlaufenen Sklaven zuteil werden ließ. Es galt als Regel, daß an Bord britischer Kriegsschiffe entflohene Sklaven, auch in den Hoheitsgewässern anderer Staaten, die Freiheit erlangten, vgl. dazu *Colombos,* 228 f, 367 f mwN.

[43] Doch wird man den örtlichen Behörden das Recht zur vorläufigen Festnahme und Sicherstellung der Beweismittel nicht absprechen können.

[44] Vgl. dazu § 72.

[45] Ein stillschweigender Verzicht der Militärbehörden des Entsendestaats auf die Immunität wird z. B. in dem in Annual Digest 12 (1943-45), Case No. 41, 152, abgedruckten Urteil des gemischten Kassationsgerichts in Ägypten angenommen.

oder fremdem oder kombiniertem Befehl – ihre nationale Identität auch im Ausland bewahren. Andere Probleme ergeben sich dann, wenn ein internationaler Truppenverband aufgestellt wird, der nicht mehr aus nationalen Kontingenten der einzelnen Staaten besteht. In Fällen solcher Art müssen Verträge den völkerrechtlichen Status solcher Streitkräfte, ihre Befugnisse auf dem Gebiet der einzelnen Staaten und insbesondere auch die Frage regeln, welcher Jurisdiktion Truppen dieser Art unterstehen.
Besondere Rechtsfragen wirft der Status der Friedenstruppen der Vereinten Nationen auf. Diese setzen sich in der Regel aus nationalen Kontingenten in Bataillonsstärke zusammen. Über die Zusammensetzung im einzelnen entscheidet der Generalsekretär der Vereinten Nationen überwiegend nach politischen Gesichtspunkten oder unter dem Aspekt regionaler Ausgewogenheit, wobei er der Zustimmung aller beteiligten Staaten bedarf. Er ernennt außerdem den Oberkommandierenden, der das Kommando unter seiner sowie unter der Autorität des Organs der Vereinten Nationen (Vollversammlung oder Sicherheitsrat) ausübt, welches den Einsatz der Friedenstruppe beschlossen hat.
Die Friedenstruppen sind als Hilfsorgane der sie einsetzenden Hauptorgane der Vereinten Nationen anzusehen. Sie genießen daher die diesen gemäß Art. 105 UN-Charta zustehenden Vorrechte und Immunitäten im Hoheitsgebiet derjenigen Staaten, in denen sie operieren. Ist der Aufenthaltsstaat Vertragspartei des Übereinkommens über die Vorrechte und Immunitäten der Vereinten Nationen vom 13. Februar 1946[46], so finden dessen Bestimmungen auch auf die Friedenstruppen Anwendung. Ist er dagegen nicht Vertragspartei des Übereinkommens oder weisen dessen Bestimmungen Lücken auf, so werden besondere Abkommen, die sog. „special status of forces agreements" (SOFAs) zwischen den Vereinten Nationen und dem Aufenthaltsstaat geschlossen, in denen die Vorrechte und Immunitäten der Truppen ausdrücklich festgelegt werden.[47] Danach müssen die Angehörigen der Friedenstruppen zwar die Rechtsordnung des Aufenthaltsstaates respektieren, unterstehen aber hinsichtlich der Strafgerichtsbarkeit der ausschließlichen Jurisdiktion des Entsendestaates. Auch im Hinblick auf die Zivilgerichtsbarkeit sind sie der Jurisdiktion des Aufenthaltsstaates nur insoweit unterworfen, als es um Vorkommnisse außerhalb des Dienstes geht.
Die in diesen Sonderabkommen enthaltenen Bestimmungen haben sich allmählich zu Grundprinzipien hinsichtlich des Status und der Funktionen von Friedenstruppen entwickelt; auf sie kann daher auch bei der Aufstellung neuer Friedenstruppen zurückgegriffen werden, solange ein entsprechendes Abkommen noch nicht geschlossen worden ist oder gänzlich fehlt.

§ 75 Die Achtung fremder Hoheitsakte

Schrifttum: *Zander,* The Act of State Doctrine, AJIL 53 (1959), 826; *Domke,* Indonesian Nationalization Measures before Foreign Courts, AJIL 54 (1960), 305; *van Panhuys,* In the Borderland between the Act of State Doctrine and Questions of Jurisdictional Immunities, ICLQ 13 (1964), 1193; *Bayer,* Die Enteignungen auf Kuba vor den Gerichten der Vereinigten Staaten, ZaöRV 25 (1965), 30; *Behrens,* Rechtsfragen im chilenischen Kupferstreit, RabelsZ 37 (1973), 394; *Meessen,* Die Verstaatlichung des Kupferbergbaus in Chile vor deutschen Gerichten, RIW/AWD 19 (1973), 177; *Petersmann,* Die Nationalisierung der chilenischen Kupferindustrie als Problem des internationa-

[46] Text in BGBl. 1980 II, 943; UNTS 1, 15.

[47] Sonderabkommen dieser Art sind z. B. mit Ägypten (im Hinblick auf UNEF), dem Kongo (im Hinblick auf ONUC) und mit Zypern (im Hinblick auf UNFICYP) geschlossen worden; vgl. dazu im einzelnen *Sommereyns,* United Nations Forces, in: EPIL 4 (1982), 253 ff mwN.

len Wirtschaftsrechts, Wirtschaftsrecht 2 (1973), 274; *Wuppermann*, Internationale Enteignung im Brennpunkt nationaler richterlicher Nachprüfung, RIW/AWD 19 (1973), 505; *Fickel*, Enteignungsrecht und Internationales Privatrecht, RIW/AWD 20 (1974), 69; *Seidl-Hohenveldern*, Die Verstaatlichung von Kupferbergbaubetrieben in Chile, RIW/AWD 20 (1974), 421; *Wehser*, Völkerrechtswidrige Verstaatlichung der Kupferminen in Chile?, JZ 1974, 117; *Folz*, Die Geltungskraft fremder Hoheitsäußerungen, 1975; *Seidl-Hohenveldern*, Chilean Copper Nationalization Cases before German Courts, AJIL 69 (1975), 110; *Mann*, Nochmals zur völkerrechtswidrigen Enteignung vor deutschen Gerichten, in: Festschrift Duden, 1977, 287; *Weil*, Le contrôle par les tribunaux nationaux de la licéité internationale des actes des Etats étrangers, AFDI 23 (1977), 9; *Canenbley* (Hrsg.), Enforcing Antitrust against Foreign Enterprises, 1981; *Meng*, Neuere Entwicklungen im Streit um die Jurisdiktionshoheit der Staaten im Bereich der Wettbewerbsbeschränkungen, ZaöRV 41 (1981), 469; *Singer*, The Act of State Doctrine of the United Kingdom: An Analysis, with Comparisons of United States Practice, AJIL 75 (1981), 283; *Maier*, Extraterritorial Jurisdiction at a Crossroads: An Intersection between Public and Private International Law, AJIL 76 (1982), 280; *Castel*, The Extraterritorial Effects of Antitrust Laws, RdC 179 (1983 I), 9; *Gerber*, The Extraterritorial Application of the German Antitrust Laws, AJIL 77 (1983), 756; *Mann*, Staatliche Aufklärungsansprüche und Völkerrecht, Festschrift Mosler, 1983, 529; *Stiefel/Petzinger*, Deutsche Parallelprozesse zur Abwehr amerikanischer Beweiserhebungsverfahren?, RIW/AWD 29 (1983), 242; *Meng*, Völkerrechtliche Zulässigkeit und Grenzen wirtschaftsverwaltungsrechtlicher Hoheitsakte mit Auslandswirkung, ZaöRV 44 (1984), 675; *Angulo/Wing*, Proposed Amendments to the Foreign Sovereign Immunities Act of 1976 and the Act of State Doctrine, Denver Journal of International Law and Policy 14 (1986), 299; *Maier*, Extraterritorial Discovery: Cooperation, Coercion and the Hague Evidence Convention, Vanderbilt Journal of Transnational Law 19 (1986), 239; *Mann*, Foreign Affairs in English Courts, 1986; *Fox*, Extraterritoriality, Antitrust, and the New Restatement: Is „Reasonableness" the Answer?, New York University Journal of International Law and Politics 19 (1987), 565; *Garvey*, American Retreat from Extraterritorial Antitrust Enforcement, Consequences of New Legislative Policies for an International Competitive Economy, RabelsZ 51 (1987), 401; *Herdegen*, Die Achtung fremder Hoheitsakte als Schranke nationaler Strafgewalt, ZaöRV 47 (1987), 221.

I. Wie bereits ausgeführt, ist hinsichtlich der staatlichen Gebietshoheit zu unterscheiden zwischen dem räumlichen Wirkungsbereich von Rechtsnormen und dem Bereich, in dem die staatlichen Organe die Rechtnormen durchsetzen können. Letzterer ist räumlich enger, nämlich auf das Territorium des handelnden Staates beschränkt (Territorialitätsprinzip). Völkerrechtlich zulässig ist es, Lebenssachverhalte, die sich auf fremdem Staatsgebiet vollzogen haben, zum Gegenstand nationaler Regelungen zu machen. Zulässig ist es grundsätzlich auch, Hoheitsakte zu erlassen, die Wirkungen über die Grenzen des Staatsgebiets hinaus entfalten.[1]

Beispiele: Ein Staat enteignet oder besteuert Auslandsvermögen seiner Staatsangehörigen. Ein Gericht erläßt ein Urteil, das im Ausland vollstreckt werden muß. Ein Staat bürgert jemanden ein, der nunmehr auch gegenüber dem Ausland als Staatsangehöriger des einbürgernden Staates auftritt. War der Eingebürgerte vorher Staatsangehöriger eines anderen Staates, so hat die Einbürgerung möglicherweise zur Folge, daß der Eingebürgerte die Staatsangehörigkeit jenes anderen Staates verliert. Ein Staat übernimmt einen Ausländer in seinen Staats- oder Wehrdienst, der seine Staatsangehörigkeit damit verliert. Ein Staat verleiht einer Person das Recht zur Führung bestimmter Titel oder zur Ausübung eines bestimmten Berufs. Der Erlaubnisträger macht davon im Ausland Gebrauch. Eine Behörde stellt in Registern, Bescheinigungen oder dgl. bestimmte Tatsachen fest, auf die sich jemand im Ausland beruft.

In Fällen dieser Art, die sich mit der Zunahme des internationalen Verkehrs und der Intensivierung der internationalen Beziehungen nach Art und Zahl vermehren, wird häufig die Frage gestellt, ob und wieweit die Hoheitsakte eines Staates extraterritoriale Gel-

[1] Oben § 47 III.

tungskraft haben.[2] Dies ist jedoch nicht der sachgerechte Ansatzpunkt. Da es den Staaten durch das Völkerrecht nicht grundsätzlich verwehrt ist, innerstaatliche Hoheitsakte zu erlassen und zu vollziehen, die Auslandswirkung haben[3], stellt sich nämlich die Frage, inwieweit der potentielle Wirkungsstaat, d. h. der Staat, auf dessen Territorium sich solche Akte auswirken, *verpflichtet* ist, die Geltung einer fremden Hoheitsäußerung hinzunehmen, d. h. inwieweit diesbezüglich seine Gebietshoheit eingeschränkt ist.

II. 1. Eindeutig ist die Rechtslage in bezug auf Hoheitsakte, die im Wege des Zwanges vollstreckt oder sonst im Verwaltungswege durchgesetzt werden müssen. Der Staat selbst, von dem der Hoheitsakt ausgeht, kann nicht im Ausland vollstrecken, für den ausländischen Staat wiederum besteht keine Rechtspflicht zur Rechtshilfe. Dies gilt nicht nur für Vollstreckungsmaßnahmen im engeren Sinne, sondern auch für Zustellungen, Beurkundungen etc.[4] Das Völkerrecht verbietet allerdings eine derartige Rechtshilfe auch nicht, sondern stellt sie den Staaten frei.[5] In der Praxis wird dieser Komplex zunehmend durch Rechtshilfeabkommen geregelt.[6] Es gibt jedoch z. B. keine allgemeine Regel des Inhalts, daß die Staaten etwa verpflichtet wären, die Steuern anderer Staaten bei den auf ihrem Gebiet ansässigen Ausländern beizutreiben oder Gerichtsurteile oder militärische Gestellungsbefehle fremder Staaten auf ihrem Gebiet zu vollstrecken. Eine Verpflichtung dazu kann sich nur aus Verträgen ergeben. Vollstreckt ein Staat im Rahmen der internationalen Zusammenarbeit einen fremden Hoheitsakt auch ohne vertragliche Grundlage, so handelt er nicht in der Erfüllung einer völkerrechtlichen Pflicht, sondern aufgrund zwischenstaatlicher *Courtoisie.*

2. Nun gibt es aber Hoheitsakte, die keiner Vollstreckung bedürfen, sondern eine unmittelbar feststellende oder gestaltende Rechtswirkung haben.

Ein Enteignungsdekret läßt das Eigentum unmittelbar übergehen; die Einbürgerung läßt die Staatsangehörigkeit des einbürgernden Staates entstehen; das Ehescheidungsurteil beendigt die Ehe.

Auch bei solchen Hoheitsakten muß man sich fragen, ob die mit ihnen verbundene oder beabsichtigte Feststellungs- und Gestaltungswirkung, die ihnen der fremde Staat nach eigenem Recht beimißt, von anderen Staaten zu respektieren ist, wenn sie bei der rechtlichen Beurteilung eines Sachverhalts mit Auslandsbezug als Vorfrage erheblich wird. Diese Frage wird als das Problem der *extraterritorialen Wirkung* fremder Hoheitsakte bezeichnet.[7] In gewissem Umfang erkennen die Staaten eine solche Wirkung fremder Hoheitsakte an. So pflegen sie die Ein- und Ausbürgerungen, die Eheschließungen und -scheidungen, die Volljährigkeitserklärungen und Entmündigungen, die Akte der freiwilligen Gerichtsbarkeit, die Ausweise und Bescheinigungen anderer Staaten – sei es auf Grund allgemeiner Bestimmungen, sei es auf Grund besonderer Entscheidungen im Einzelfall – bei sich gelten zu lassen. Insofern ist die Behauptung, das Recht oder jedenfalls das öffentliche Recht der Staaten wirke nur in territorialer Begrenzung, in dieser Allgemeinheit nicht richtig.

---

[2] *Dahm* I, 262.

[3] Zu den völkerrechtlichen Grenzen im Sinne des Prinzips der „sinnvollen Anknüpfung" vgl. oben § 47 III 3.

[4] Vgl. zu den Schranken der Vollzugsgewalt von Staaten § 47 III 4.

[5] So das Bundesverfassungsgericht in dem Beschluß vom 22. März 1983 über den deutsch-österreichischen Rechtshilfevertrag vom 11. September 1970, BVerfGE 63, 343 (361).

[6] Vgl. dazu *Geiger,* Legal Assistance between States in Administrative Matters; Legal Assistance between States in Civil Matters; Legal Assistance between States in Criminal Matters, in: EPIL 9 (1986), 235, 241, 248.

[7] *Geiger,* Grundgesetz und Völkerrecht, 1985, 328.

Damit ist jedoch die aufgeworfene Frage nicht im eigentlichen Sinn beantwortet. Entscheidend ist, ob für einen Staat und seine Organe eine völkerrechtliche *Verpflichtung* besteht, die Hoheitsakte fremder Staaten in seinem Gebiet als rechtswirksam zu behandeln, z. B. auch dann, wenn sie der Rechtsüberzeugung des Forums oder gar dem Völkerrecht widersprechen. Eine Überprüfung ausländischer Hoheitsakte, so könnte man auf den ersten Blick meinen, verstoße gegen die Regel, daß die Staaten nicht übereinander zu Gericht sitzen dürfen. Diese Sichtweise läßt unberücksichtigt, daß eine Rechtspflicht zur Anerkennung ausländischer Hoheitsakte eine Einschränkung der Gebietshoheit auf seiten des Wirkungsstaates darstellen würde. Wären ausländische Hoheitsakte schlechthin verbindlich, so könnte jeder Staat durch seine Gesetzgebung und die Vornahme sonstiger Hoheitsakte über seine Grenzen hinaus regieren und in den Hoheitsbereich anderer Staaten eingreifen. Dies widerspräche der territorialen Arbeitsteilung, die zwischen den Staaten besteht.

Allerdings gibt es Ausnahmen von dieser Regel. Sie können sich aus Verträgen, aber auch aus allgemeinen Rechtssätzen ergeben. Da z. B. jeder Staat über seine eigene Staatsangehörigkeit nach seinem Ermessen entscheidet, sind seine Entscheidungen auf diesem Gebiet im allgemeinen auch im Ausland verbindlich; ebenso haben andere Staaten die Registrierung eines Schiffes oder Luftfahrzeugs zu respektieren.

3. Festzuhalten ist, daß einerseits die Pflicht zur *pauschalen Anerkennung* fremder Hoheitsakte die Gebietshoheit des potentiellen Wirkungsstaates einschränken würde. Andererseits würde aber die *pauschale Nichtanerkennung* fremder Hoheitsakte die Zuständigkeit anderer Staaten zur Normierung ihrer inneren Angelegenheiten in Frage stellen (Verstoß gegen das Gebot der Nichteinmischung in die inneren Angelegenheiten eines anderen Staates).

Die Lösung der aufgezeigten völkerrechtlichen Probleme muß versuchen, den beiden angesprochenen Prinzipien – Schutz der Handlungsfähigkeit des normierenden Staates und Schutz der Gebietshoheit des potentiellen Wirkungsstaates – gerecht zu werden. Dies geschieht in der Weise, daß darauf abgestellt wird, wessen Rechtsordnung – die des normierenden oder die des potentiellen Wirkungsstaates – eine nähere Beziehung zu dem in Frage stehenden Lebenssachverhalt aufweist. Zur Entscheidung dieses Problems lassen sich – trotz weiterbestehender Unsicherheiten im Einzelfall – einige Grundregeln formulieren. Es wird zwischen mittelbarer und unmittelbarer Auslandswirkung unterschieden, d. h. danach, ob der betreffende Hoheitsakt seine Rechtswirkung zunächst im Normierungsstaat oder von vornherein auch im Ausland entfalten sollte.[8] *Geiger* will darauf abstellen, ob es sich bei der Kompetenz des normierenden Staates zur Vornahme eines bestimmten Hoheitsaktes nach Völkerrecht um eine *ausschließliche* Kompetenz handelt oder ob diese mit der Kompetenz anderer Staaten *konkurriert.* Letzteres liegt seiner Meinung nach vor, wenn die Kompetenzen anderer Staaten ebenfalls eine sinnvolle Anknüpfung an den geregelten Sachverhalt aufzuweisen haben.[9]

Ein im Ergebnis wesentlicher Unterschied besteht zwischen diesen beiden Ansätzen nicht. Denn von einer sog. ausschließlichen Kompetenz des normierenden Staates wird man in der Regel ausgehen können, wenn der Hoheitsakt darauf abzielt, Wirkungen nur im Territorium des normierenden Staates zu entfalten.

III. 1. In den Fällen, in denen der Hoheitsakt *nur mittelbare Wirkung* im Ausland hat, d. h. die ausschließliche Kompetenz bei dem normierenden Staat liegt, spricht der erste

---

[8] *Verdross/Simma*, 636.

[9] Vgl. dazu *Geiger* (Anm. 7), 329 ff; *Verdross/Simma*, 636, nennt beide Kriterien nebeneinander.

Anschein dafür, daß fremde Staaten die Rechtswirksamkeit der durch den Staat in seinem eigenen Hoheitsbereich herbeigeführten Rechtsveränderungen hinnehmen müssen. So ist grundsätzlich von der Wirksamkeit einer im Heimatstaat vorgenommenen Eheschließung oder Ehescheidung auszugehen. Ein entsprechender Hoheitsakt darf im Prinzip in anderen Staaten nicht in Frage gestellt werden. Dasselbe gilt für die Übertragung eines öffentlichen Amtes an einen Staatsangehörigen des normierenden Staates oder die Enteignung im Inland belegenen Vermögens.

2. a) Hierzu gibt es allerdings Ausnahmen, nämlich wenn der betreffende ausländische Hoheitsakt gegen das Völkerrecht oder gegen den inländischen *ordre public*[10] verstößt. Ebenso kann nachgeprüft werden, ob der Akt dem Recht des ihn erlassenden Staates entspricht.[11]

Beispiele: Wenn etwa in einem Staate A die Rechtswirksamkeit einer von einem Staate B vorgenommenen Einbürgerung zur Erörterung steht – etwa deshalb, weil die Fortdauer der Staatsangehörigkeit von A davon abhängig ist –, so sind die Behörden von A auch zu einer Prüfung der Frage befugt, ob die Einbürgerung dem Recht des Staates B entspricht, also rechtswirksam ist. Eine derartige Prüfung beeinträchtigt die Souveränität von B nicht. Keine Verletzung des Völkerrechts liegt auch dann vor, wenn ein Staat die Vollstreckung ausländischer Urteile in seinem Hoheitsbereich davon abhängig macht, ob das fremde Gericht nach dem Recht seines Staates zuständig war oder das Urteil und das Verfahren dem Recht des fremden Staates entsprachen.
Im Ausland abgeschlossene Rechtsgeschäfte sind gem. § 138 BGB nichtig, wenn sie gegen ausländische Verbotsgesetze verstoßen und diese mittelbar auch deutsche Interessen schützen, oder aber die Umgehung dieser Verbotsgesetze den allgemein zu achtenden Interessen aller Völker zuwiderlaufen würde.[12]

b) Eine weitere Ausnahme von der Pflicht der Respektierung eines fremden Hoheitsaktes ist dann anzunehmen, wenn diese Anerkennung gegen den inländischen *ordre public* verstieße. Kein Staat braucht die wesentlichen Grundsätze seiner eigenen Rechtsordnung gegenüber dem fremden Hoheitsakt zurücktreten zu lassen. Mit dieser Frage hatte sich das Hanseatische Oberlandesgericht Bremen in seinem Urteil vom 21. August 1959 im *Bremer Tabakfall*[13] zu beschäftigen. Es hat abgelehnt, die Nationalisierung im holländischen Eigentum stehender Tabakplantagen durch Indonesien als derart schweren Verstoß gegen die guten Sitten oder gegen den Zweck eines deutschen Gesetzes zu

---

[10] Dabei kann der *ordre public* auch als „Einbruchstelle" der nationalen Grundrechte in die Prüfung der Rechtmäßigkeit ausländischer Hoheitsakte verstanden werden, vgl. dazu die Entscheidung des Bundesverfassungsgerichts vom 4. Mai 1971, BVerfGE 31, 58 (86); *Verdross/Simma*, 637, Anm. 12.

[11] Dazu *Fedozzi*, De l'efficacité extraterritoriale des lois et des actes de droit public, RdC 27 (1929 II), 141 (200 f). Vgl. etwa RGSt 52, 308 (Nachprüfung eines von einem österreichischen Ministerium erlassenen Ausfuhrverbots auf seine Vereinbarkeit mit dem österreichischen Recht); Supreme Court der USA in *Shapleigh v. Mier*, Annual Digest 8 (1935-37), Case No. 14, 31 (Überprüfung eines mexikanischen Enteignungsdekrets durch den Supreme Court auf seine Vereinbarkeit mit der Verfassung von Mexiko); High Court of Justice im Fall *In re Amand* (No. 1), British International Law Cases 1, 463 (Nachprüfung von Einziehungsdekreten der niederländischen Exilregierung auf ihre Vereinbarkeit mit dem niederländischen Recht). – Das schließt natürlich nicht aus, daß der betreffende Staat von einer Nachprüfung absieht und den ausländischen Hoheitsakt, die von der ausländischen Behörde ausgestellte Bescheinigung usw., als verbindlich behandelt.

[12] Mit dem mittelbaren Schutz lebenswichtiger deutscher Interessen begründete der Bundesgerichtshof die Nichtigkeit eines Vertrages, der die Embargobestimmungen der USA gegenüber dem Ostblock mißachtete (BGHZ 34, 169 (177)). Auf die Interessen aller Völker an der Erhaltung nationaler Kulturwerte an Ort und Stelle stützte der Bundesgerichtshof die Sittenwidrigkeit eines Vertrages, der gegen ein nigerianisches Verbotsgesetz zum Schutze von Kulturgütern verstieß (BGHZ 59, 82 (85)). Dagegen verneinte der Bundesgerichtshof die Nichtigkeit eines Fluchthilfevertrages, auch wenn dieser gegen die Gesetze der DDR verstieße (BGHZ 69, 295 (298)).

[13] Wortlaut des Urteils in AVR 9 (1961/62), 318.

werten.[14] Die gleiche Frage hat das Landgericht Hamburg in seiner Entscheidung vom 22. Januar 1973 zum *Chile Kupfer*-Fall[15] beschäftigt.

Das Gericht hatte über einen Antrag der in Chile enteigneten Kupferbergbaufirma Sociedad Minera El Teniente S.A. (SMETSA) auf Sequestration einer in Hamburg gelöschten Kupferladung zu entscheiden, die aus der verstaatlichten Mine stammte. SMETSA behauptete, nach wie vor Eigentümerin des dort geförderten Kupfers zu sein, da die Verstaatlichung gegen das Völkerrecht verstoße. Das Gericht bejahte zwar die Völkerrechtswidrigkeit der Enteignung, lehnte den Antrag aber dennoch ab, weil der deutsche ordre public nicht verletzt sei; es fehle an einer engen Beziehung des Geschehens zu deutschen Interessen.

c) Schließlich kann die Respektierung eines ausländischen Hoheitsaktes verweigert werden, wenn dieser gegen Völkerrecht verstoßen hat. Infolgedessen verletzt ein Gericht keineswegs das Völkerrecht, wenn es ausländischen Enteignungsdekreten wegen ihrer Völkerrechtswidrigkeit die Anerkennung im Inland versagt. Allerdings macht die staatliche Praxis von der Möglichkeit, einem fremden Hoheitsakt aus diesem Grund die Beachtung zu versagen, nur zurückhaltend Gebrauch.

3. Insgesamt ist festzustellen, daß auf nationaler Ebene Grundsätze entwickelt worden sind, die die richterliche Überprüfung ausländischer Hoheitsakte, insbesondere von Enteignungsmaßnahmen, einschränken. Zu dem bereits angesprochenen *Chile Kupfer*-Fall vertrat beispielsweise das Landgericht Hamburg die Auffassung, daß nach dem Recht der Bundesrepublik Deutschland die Völkerrechtswidrigkeit der Enteignungsmaßnahme allein nicht ausreiche, um der Enteignung die Anerkennung im Inland zu versagen.

4. Eine generelle Einschränkung der richterlichen Überprüfung ausländischer Hoheitsakte beinhaltete die in der angelsächsischen Rechtsprechung entwickelte „Act of State"-Doktrin.[16] Danach durften die Gerichte die Gültigkeit eines fremden Hoheitsaktes grundsätzlich nicht auf seine Übereinstimmung mit dem Völkerrecht überprüfen, wenn dieser Hoheitsakt in Ausübung ausschließlicher Zuständigkeit im öffentlichen Interesse ergangen war.[17]

Beispiele: In dem Fall *Oetjen v. Central Leather Co.*, über den der Supreme Court der USA zu entscheiden hatte, verlangte der Kläger die Herausgabe ihm früher gehörender Häute, die die

---

[14] Anders das Tribunal de grande instance Paris vom 29. November 1972 im Falle *Corporación del Cobre c. Société Braden Copper Corporation et Société Le groupement d'importation des métaux:* „... attendu qu'aucun effet de droit n'est reconnue en France à une dépossession opérée par un Etat étranger sans qu'une indemnité équitable soit fixée ...", RGDIP 77 (1973), 1240 (1241).

[15] RIW/AWD 19 (1973), 163 und RabelsZ 37 (1973), 579; vgl. dazu *Behrens*, 394 ff; *Petersmann*, 284 ff; *Meessen*, 177 ff; *Seidl-Hohenveldern*, Verstaatlichung von Kupferbergbaubetrieben, 421 ff; *Wehser*, 117 ff.

[16] Zu ihrer Entwicklung vgl. *Folz*, 19 ff, der die Entstehung dieser Doktrin bereits in der englischen Judikatur des 17. Jahrhunderts nachweisen will. Kritisch dazu mit überzeugenden Gründen *Mann*, Foreign Affairs, 165 f.

[17] Die Doktrin wurde im Falle *Underhill v. Hernández* durch den Supreme Court der USA in der Entscheidung vom 1897 formuliert: „Jeder souveräne Staat ist verpflichtet, die Unabhängigkeit eines jeden anderen souveränen Staates anzuerkennen, und die Gerichte des Landes werden nicht zu Gericht sitzen über Hoheitsakte eines anderen Staates, die innerhalb dessen Staatsgebiets vorgenommen wurden. Die Abhilfe für Beschwerden wegen derartiger Akte muß mit Mitteln erreicht werden, deren sich souveräne Staaten im Verkehr untereinander bedienen", 168 U.S. 250, 252 (1897). Das Prinzip wurde von dem Supreme Court in den Fällen *Oetjen v. Central Leather Co.* (246 U.S. 297 (1918)) und *Ricaud v. American Metal Co.* (246 U.S. 304 (1918)) bestätigt und fand von hier Eingang auch in die englische Rechtsprechung, vgl. *Luther v. Sagor & Co.* (King's Bench Division of the English High Court of Justice 3 (1921), 532) und *Princess Paley Olga v. Weisz* (King's Bench Division of the English High Court of Justice 1 (1929), 718), äußerst kritisch zur amerikanischen und britischen Rechtsprechung *Mann*, Foreign Affairs, 167 ff.

mexikanische Regierung *Villa* angeblich rechtswidrig konfisziert und dann an die Beklagte veräußert hatte. Die Klage wurde abgewiesen mit der Begründung, daß das amerikanische Gericht die Rechtmäßigkeit der Konfiskation, eines auf mexikanischem Gebiet vorgenommenen Hoheitsakts der damaligen mexikanischen Regierung, nicht nachprüfen dürfe. Das gleiche Problem ergab sich in einem englischen Fall, *Luther v. Sagor & Co.* Hier war die Klägerin Eigentümerin in Rußland belegener Holzfabriken gewesen, die 1918 von der damals de facto anerkannten Sowjetregierung enteignet worden waren. Von ihr hatte die Beklagte einen Teil des vormals der Klägerin gehörenden Holzes gekauft und nach England eingeführt. Auf die von der Klägerin angestrengte Eigentumsherausgabeklage sah das Gericht sich wiederum außerstande, die Rechtmäßigkeit der in Rußland vorgenommenen Enteignung zu prüfen. Derselbe Grundsatz wurde vom U.S. Court of Appeal New York im Falle *Salimoff & Co. v. Standard Oil*[18] sogar auf die Hoheitsakte einer nicht anerkannten Regierung ausgedehnt. Dieser Fall entsprach genau dem Fall *Luther v. Sagor & Co.*, nur daß die Entscheidung hier nicht Holz, sondern Öl zum Gegenstand hatte.

Diese Grundsätze wurden auch dann angewandt, wenn die durch den ausländischen Hoheitsakt betroffenen Personen nicht Ausländer waren. In dem viel erörterten Fall *Underhill v. Hernandez*, in dem der Supreme Court der USA den ausländischen Hoheitsakt nicht für nachprüfbar hielt, war der Betroffene beispielsweise ein Amerikaner. Ebenso war es im Falle *American Banana Co. v. United Fruit Co.*[19], in dem die Klägerin, eine amerikanische Firma, Schadensersatzansprüche auf die Wegnahme ihr gehörender Pflanzungen durch die costaricanischen Behörden zu stützen versuchte. Wie das *Salimoff*-Urteil vertrat auch diese Entscheidung den Standpunkt, daß nicht nur der fremde Hoheitsakt, wenn im Hoheitsbereich des fremden Staates vorgenommen, nicht überprüft werden dürfe, sondern daß das amerikanische Gericht darüber hinaus den durch die territoriale Souveränität des fremden Staates gedeckten Akt geradezu als materiell rechtmäßig ansehen müsse, einerlei, ob der Betroffene ein Inländer oder Ausländer sei[20] – eine Überspitzung der territorialen Hoheitsgewalt.

Besonders bekannt geworden ist in diesem Zusammenhang das Urteil des U.S. Supreme Court vom 23. März 1964 im Fall *Banco Nacional de Cuba v. Sabbatino*[21], in dem es das Gericht unter Berufung auf die „Act of State"-Doktrin ablehnte, die Völkerrechtskonformität kubanischer Verstaatlichungsmaßnahmen zu überprüfen. Das Gericht räumte ein, daß diese Doktrin weder als Regel des Völkerrechts[22] noch als zwingendes Gebot des amerikanischen Verfassungsrechts[23] zu betrachten sei. Sie müsse vielmehr als freiwillige richterliche Selbstbeschränkung, als Zurückhaltung der richterlichen vor der auswärtigen Gewalt, verstanden werden.[24] Im übrigen sei die Frage, unter welchen Voraussetzungen ausländisches Eigentum verstaatlicht werden dürfe, äußerst umstritten.

Die Entscheidung des Supreme Court im Falle *Banco Nacional de Cuba v. Sabbatino* wurde außerordentlich kritisch aufgenommen. Es wurde gerügt, daß damit der amerikanischen Regierung eine Möglichkeit genommen wurde, auf ausländische Regierun-

[18] 262 N.Y. 220 (1933).

[19] 213 U.S. 347 (1909).

[20] „The very meaning of sovereignty is that the decree of the sovereign makes law", heißt es in dem Urteil.

[21] 376 U.S. 398 (1964).

[22] 376 U.S. 421, 423 („international law does not require application of the doctrine").

[23] Allerdings beruht die „Act of State"-Doktrin nach Ansicht des Supreme Court im *Sabbatino*-Fall auch auf verfassungsrechtlichen Überlegungen („constitutional underpinnings"); er führt dazu aus: „... It arises out of the basic relationship between branches of government in a system of separation of powers" (376 U.S. 423); vgl. dazu *Castel*, 55 ff.

[24] Im Fall *Mannington Mills Inc. v. Congoleum Corp.*, 595 F. 2d 1287 (1292) (3d Cir. 1979) beschrieb das Gericht die „Act of State"-Doktrin so: „The doctrine is a policy of judicial abstention from inquiry into the validity of an act by a foreign government. The premise upon which it rests is that an act by the sovereign power of a foreign State or by its authorized agent in its own territory and within the scope and authority of the office cannot be questioned or made the subject of legal proceedings in our courts. Similar to, and thought to be derived from the concept of sovereign immunity, the act of State doctrine has a distinguishing characteristic in that it can be invoked as a defense by a private litigant."

gen im Sinne völkerrechtskonformen Handelns einzuwirken. Als Reaktion auf diese Entscheidung wurde amerikanischen Gerichten durch ein Gesetz (das sog. *Hickenlooper* Amendment zum Foreign Assistance Act)[25] verboten, die Überprüfung ausländischer Eigentumsentziehungen, gestützt auf die „Act of State"-Doktrin, abzulehnen, es sei denn, der U.S. Präsident verfüge aus außenpolitischer Rücksichtnahme das Gegenteil.[26] Die Bedeutung dieses Gesetzes ist jedoch gering geblieben.[27]

In einer zweiten Entscheidung zu diesem Komplex hat der U.S. Supreme Court argumentiert, daß die Prüfung eines ausländischen Hoheitsaktes dann stattfinden könne, wenn die Regierung im Rahmen ihrer Kompetenzen feststelle, daß sich ein solcher Vorgang auf die amerikanische Außenpolitik nicht negativ auswirke.[28] Eine weitere Einschränkung der „Act of State"-Doktrin nahm der Supreme Court vor, als er entschied, diese sei lediglich auf Hoheitsakte anwendbar.[29] Insofern ist auch in bezug auf die Achtung fremder Hoheitsakte – wie bei der Frage der Staatenimmunität – die Unterscheidung zwischen hoheitlichem Handeln und der rein wirtschaftlichen Betätigung eines fremden Staates von erheblicher Bedeutung.[30]

Insgesamt hat aber die weitere Rechtsprechung der amerikanischen Gerichte nicht dazu beigetragen, Klarheit über die Grundlagen und den Anwendungsbereich der „Act of State"-Doktrin zu vermitteln.[31]

So ist beispielsweise unklar, inwieweit die „Act of State"-Doktrin auf Hoheitsakte einer ehemaligen Regierung anwendbar ist. Während der U.S. Court of Appeals, 2d Circuit, in zwei älteren Entscheidungen[32] die Überprüfung von Akten ehemaliger Regierungen ablehnte, führte er in einer Entscheidung vom 26. November 1986, in der es um den Zugriff auf in den USA befindliches Vermögen des ehemaligen philippinischen Präsidenten *Marcos* ging, in einem obiter dictum aus, daß eine Prüfung angesichts des veränderten politischen Interesses in dem fremden Staat zulässig sein könnte. Dies gelte insbesondere, wenn die neue Regierung die amerikanischen Gerichte ersuche, die Akte der früheren Regierung zu überprüfen.[33]

Ungeklärt ist außerdem, ob die „Act of State"-Doktrin in Fällen anwendbar ist, in denen Staatsorganen schwere Menschenrechtsverletzungen wie Folter, Verschleppung, Mord etc. im Amt vorgeworfen werden. Während ein Berufungsgericht im Fall *Filartiga v. Pen-Irala* die Anwendbarkeit verneinte, weil solche Handlungen auch nach dem Recht des fremden Staates strafbar seien und deshalb die Verantwortlichkeit des Staatsbediensteten nicht entfallen könne[34], wies das Bezirksgericht von Hawaii Schadensersatzklagen ehemaliger Gefangener gegen den früheren philippinischen Präsidenten *Marcos* unter Hinweis auf die „Act of State"-Doktrin ab.[35]

---

[25] Vgl. zur Entstehung dieses Gesetzes *Mooney*, Foreign Seizures; Sabbatino and the Act of State Doctrine, 1967, 106 ff; *Hollweg*, The Sabbatino Amendment: Congressional Modification of the American Act of State Doctrine, ZaöRV 29 (1969), 316 ff; *Folz*, 137 ff.

[26] AJIL 59 (1965), 98 und 366 ff.

[27] Vgl. dazu *Mann*, Foreign Affairs, 172 mwN.

[28] *First National City Bank of New York v. Banco Nacional de Cuba*, 406 U.S. 759 (1972), vgl. dazu *Folz*, 150 ff mwN.

[29] *Alfred Dunhill of London Inc. v. Republic of Cuba*, 425 U.S. 682 (1976).

[30] Vgl. dazu oben §72.

[31] Vgl. dazu *Mann*, Foreign Affairs, 173 f mwN.

[32] Vgl. *Bernstein v. Van Heygen Frères, S.A.*, 163 F. 2d 246 (2d Cir. 1947) and *Banco de España v. Federal Reserve Bank of New York*, 114 F 2d 438 (2d Cir. 1940). Das Gericht sah sich im *Bernstein*-Fall außerstande, Enteignungen jüdischer Eigentümer durch die nationalsozialistische Regierung Deutschlands auf ihre Rechtmäßigkeit zu überprüfen; diese Rechtsauffassung veranlaßte das amerikanische Außenministerium, im sog. „*Bernstein* letter" von 1954 mitzuteilen, daß es seiner Politik entspreche, „to relieve American courts from any restraint upon the exercise of their jurisdiction to pass upon the validity of the acts of Nazi officials", vgl. dazu *Mann*, Foreign Affairs, 168 f.

[33] *Republic of the Philippines v. Marcos*, 808 F. 2d 344 (2d Cir. 1986), zusammengefaßt in AJIL 81 (1987), 47.

[34] 630 F. 2d 876 (2d Cir. 1980).

[35] Die Entscheidungen sind im Berufungsverfahren anhängig; kritisch zu den Urteilen *Haron*, Alien Tort Claims Act, VJIL 27 (1987), 433 ff; er lehnt die Anwendbarkeit der „Act of State"-Doktrin in Fällen schwerer Menschenrechtsverletzungen ab.

Weiterhin ist z. B. zweifelhaft, ob die „Act of State"-Doktrin im Antitrust-Verfahren auch auf Akte einer fremden Regierung angewandt werden soll, die aufgrund von Bestechungsgeldern ausländischer Konkurrenten US-amerikanischer Firmen vorgenommen worden sind. So wies ein Berufungsgericht in dem Fall *Clayo Petroleum Corp. v. Occidental Petroleum Corp.*[36] die Schadensersatzklage der Klägerin ab, die auf eine Verletzung der Wettbewerbsgesetze durch den Einsatz von Bestechungsgeldern gestützt war. Die Beklagte hatte dem Ölminister der Vereinigten Arabischen Emirate Gelder gezahlt und daraufhin eine Erdölkonzession erhalten, die angeblich zuvor der Klägerin versprochen worden war. Das Gericht begründete sein Urteil damit, daß es sich bei der Vergabe von Erdölkonzessionen um eine souveräne Entscheidung eines fremden Staates über die Art der Ausbeutung seiner Ressourcen handele und ihm deshalb eine Überprüfung der Motive dieses Staates nicht möglich sei.[37]

Die „Act of State"-Doktrin hat in ihrer strikten Form keine Aufnahme in die kontinental-europäische Rechtsprechung gefunden.[38] Die französischen Gerichte haben zwar nicht immer, aber doch vielfach den Hoheitsakten anderer Staaten die rechtliche Wirkung nicht nur im Hinblick auf Personen und Vermögen in Frankreich, sondern schlechthin abgesprochen, wenn sie zum französischen ordre public im Widerspruch standen; so haben sie z. B. Eigentumsklagen von Personen stattgegeben, deren Eigentum nach entschädigungsloser Enteignung in der Sowjetunion später nach Frankreich gelangte.[39]

---

[36] Court of Appeals, 712 F. 2d 404 (9th Cir. 1983); bereits im Fall *Hunt v. Mobil Oil Corp.*, Court of Appeals, 550 F. 2d 68 (2d Cir. 1977), hatte das Gericht ausgeführt, daß die „Act of State"-Doktrin nicht nur die Überprüfung der Wirksamkeit fremder Hoheitsakte, sondern auch der Motive für das fremde staatliche Handeln verhindere.

[37] Zur Frage der Anwendbarkeit der amerikanischen Wettbewerbsgesetze auf Bestechungsfälle im Ausland vgl. *Gevurtz*, Using the Antitrust Laws to Combat Overseas Bribery by Foreign Companies: A Step to Even the Odds in International Trade, VJIL 27 (1987), 211 ff; er kritisiert das *Clayo*-Urteil und hält die „Act of State"-Doktrin in Bestechungsfällen für unanwendbar.

[38] *Mann*, Foreign Affairs, 175 f.

[39] Vgl. z. B. Tribunal civil Seine bei *Clunet* 51 (1924), 133 und im Hinblick auf die zur Zeit der Enteignung in der Sowjetunion befindlichen Schiffe der enteigneten privaten Reederei „Ropit" Tribunal de commerce Marseille, *Clunet* 52 (1925), 391; Cour d'Aix bei *Sirey*, Recueil général des lois et des arrêts 1926 II, 1; Cour de cassation bei *Sirey*, Recueil général des lois et des arrêts 1929 I, 217 mit zustimmender Anmerkung *Audinet*. Vgl. auch Cour de Bordeaux bei *Sirey*, Recueil général des lois et des arrêts 1928 II, 161 mit Anm. *Niboyet:* „Il n'est pas douteux que l'on ne peut pas, sur le territoire français, donner effet à de pareilles mesures, qui sont plutôt des spoliations que des expropriations, et qui heurtent absolument la base même de nos idées sur la propriété et, disons-le, sur l'honnêteté publique." Im Sinne der Überprüfbarkeit auch innerstaatlicher Enteignungsmaßnahmen fremder Staaten mit dem ordre public des Forums vgl. auch *Mezger* in der Anm. zu der Entscheidung des Tribunal de commerce Seine, Revue critique de droit international privé 45 (1956), 647 (653). Im Falle *De Keller c. Maison de la Pensée française, Clunet* 82 (1955), 118 (mit Anm. *Sialelli*) mußte das Tribunal civil Seine über die Klage der Erben eines nach der Revolution in der Sowjetunion enteigneten Russen auf Rückgabe diesem vormals gehörender Picasso-Bilder entscheiden, die die Regierung der UdSSR in Frankreich hatte ausstellen lassen. Auch hier glaubte das Gericht, die Rechtswirksamkeit der Enteignung unter dem Gesichtspunkt der Vereinbarkeit mit dem französischen ordre public nachprüfen zu müssen, obwohl die enteigneten Bilder sich zur Zeit der Enteignung in der Sowjetunion befanden. Doch zog das Gericht insbesondere auch die Länge der seit der Enteignung vergangenen Zeit in Betracht und lehnte es ab, die damalige Enteignung jetzt noch als mit dem ordre public unvereinbar gelten zu lassen.
Die französische Rechtsprechung war in dieser Frage nicht immer einhellig. Anders z. B. Cour de Paris, *Sirey*, Recueil général des lois et des arrêts 1928 II, 165 („il ne saurait appartenir à un gouvernement étranger de s'immiscer dans les dispositions législatives valablement prises sur son territoire par un gouvernement investi du droit de légiférer en son pays"). Noch weitergehend Cour de Poitiers, *Clunet* 65 (1938), 288: grundsätzliche Unüberprüfbarkeit ausländischer Hoheitsakte. Im Sinne der Überprüfbarkeit aber Cour de cassation vom 17. November 1969, Bulletin Civil 1969 I, No. 343: „... Aucun effet de droit ne peut être reconnu en France à une dépossession opérée par un Etat étranger sans qu'aucune indemnité soit préalablement fixée"; ebenso im Falle *Sonatrach c. Lunz*, Cour de cassation vom 14. März 1984, Semaine juridique 58 (1984), No. 20 217.

Auch deutsche[40] und belgische[41] Gerichte lehnen eine Überprüfung ausländischer Hoheitsakte nicht grundsätzlich ab.[42]

IV. Rechtspolitisch ist anzumerken, daß die Zurückhaltung staatlicher Gerichte bei der Überprüfung fremder Hoheitsakte nicht befriedigend ist. Es läge hierin ein Mittel, Völkerrecht durchzusetzen und somit dessen Effektivität zu stärken.[43]

1. Das Prinzip der Achtung fremder Hoheitsakte gilt nicht, wenn der potentielle Wirkungsstaat ebenfalls eine entsprechende Regelungskompetenz hat[44] und diese von ihm auch wahrgenommen wurde. Dieser Konfliktfall tritt insbesondere dann ein, wenn auf der Grundlage einer Regelung, die an Auslandssachverhalte anknüpft (Wirkungs- oder Personalitätsprinzip)[45], im normierenden Staat Vollzugsmaßnahmen ergriffen werden, die sich faktisch im Ausland auswirken und im Widerspruch zum dortigen Recht stehen. Das Problem ist bislang vor allem in bezug auf die USA entstanden, denn diese nehmen nicht nur im Kartellrecht, sondern auch im Anlegerschutz, im Steuerrecht und im sog. Feindhandelsrecht unter Betonung der extraterritorialen Wirkung des amerikanischen Rechts die Jurisdiktion über Ausländer im Ausland in Anspruch und stellen diese Personen vor den Konflikt, entweder gegen amerikanisches oder ihr nationales Recht zu verstoßen.[46]

---

[40] Neben den bereits genannten Entscheidungen vgl. Urteil des LG Braunschweig vom 29. Januar 1971 im Fall *Officina Meccanica Gorlese g. Burgsmüller*, ILR 70 (1986), 428 (434).

[41] Vgl. z. B. Tribunal civil, Brüssel vom 11. Februar 1969, ILR 69 (1985), 7.

[42] In seiner Entscheidung von 1951 betreffend den Tanker *Rose Mary* im Fall *Anglo-Iranian Oil Co., Ltd. v. Jaffrate and Others (The Rose Mary)*, ILR 20 (1953), 316, hat der Supreme Court von Aden einer Klage der Anglo-Iranian Oil Co. auf Herausgabe in Persien enteigneten und von den Beklagten geladenen Öls stattgegeben. Den wesentlichen Unterschied gegenüber dem Fall *Luther v. Sagor & Co.* glaubte der Richter darin zu finden, daß die Opfer der Enteignungsmaßnahmen im Falle der Anglo-Iranian Oil Co. Ausländer seien. Wo das der Fall sei, so meinte das Gericht, dürfe es dem Hoheitsakt die rechtliche Wirkung versagen. Dagegen wurden die persischen Nationalisierungsdekrete in den in ILR 20 (1953), 305 ff abgedruckten Entscheidungen japanischer Gerichte als rechtswirksam angesehen, in erster Linie deshalb, weil eine Entschädigung vorgesehen und der japanische ordre public daher nicht verletzt sei. – Im Gegensatz zu dem Urteil des Supreme Court von Aden hat sich die Chancery Division des britischen High Court of Justice in ihrem Urteil in *Re Helbert Wagg & Co., Ltd.*, All English Reports 1956, 129, abgedruckt in British International Law Cases 7, 251 ff, unter eingehender Prüfung der Präzedenzfälle im Sinne der Allgemeinverbindlichkeit des in *Luther v. Sagor & Co.* angewandten Prinzips ausgesprochen. Vgl. AVR 6 (1956/57), 490 mit Anm. *Bülck* und JIR 7 (1957), 368 mit Anm. *Seidl-Hohenveldern* und die dort angeführten Belege.

[43] So schon *Verdross/Simma*, 778.

[44] *Mann*, Staatliche Aufklärungsansprüche, 531 f.

[45] Vgl. dazu oben § 47 III 3.

[46] Vgl. dazu die Darstellung dieser Situation bei *Meng*, Streit um die Jurisdiktionshoheit, 474 f; *Lowe*, The Problems of Extraterritorial Jurisdiction: Economic Sovereignty and the Search for a Solution, ICLQ 34 (1985), 724 ff; zur amerikanischen Praxis der Interessenabwägung in solchen Konfliktfällen vgl. § 40 des Restatement (Second) of Foreign Relations Law, 1965: „Limitations on Exercise of Enforcement Jurisdiction. Where two states have jurisdiction to prescribe and enforce rules of law and the rules they may prescribe require inconsistent conduct upon the part of a person, each state is required by international law to consider, in good faith, moderating the exercise of its enforcement jurisdiction, in the light of such factors as (a) vital national interests of each of the states, (b) the extent and the nature of the hardship that inconsistent enforcement actions would impose upon the person, (c) the extent to which the required conduct is to take place in the territory of the other state, (d) the nationality of the person, and (e) the extent to which enforcement by action of either state can reasonably be expected to achieve compliance with the rule prescribed but that state." Kritisch zu § 40 des Restatements *Metzger*, The Restatement of the Foreign Relations Law of the United States: Bases and Conflicts of Jurisdiction, New York University Law Review 41 (1966), 7 ff (18): „... The writer can testify, from personal experience in the Treasury cases, that no one in the U.S. Government (including the lawyers of the principal departments involved) considered that 'legal principles' existed in this area of conflict where each state had a valid jurisdictional base; they were correct then as well as now"; ebenfalls kritisch äußert sich *Maier*, Ex-

Illustrativ ist in dieser Hinsicht der Fall *Westinghouse*.[47] 1976 klagte *Westinghouse* vor dem District Court Illinois gegen 17 amerikanische und 12 ausländische Unternehmen auf Schadensersatz wegen Verletzung des Antitrust-Rechts der USA durch die Bildung eines Urankartells. Im Rahmen des vorprozessualen Beweiserhebungsverfahrens ergingen Anordnungen verschiedener amerikanischer Gerichte an die verdächtigten Firmen, mit denen die Vorlage bestimmter Dokumente und die Aussagen leitender Angestellter verlangt wurden. Demgegenüber beriefen sich britische Zeugen auf ein Aussageverweigerungsrecht, eine kanadische Firma lehnte die Vorlage von Dokumenten ab und verwies auf ein gesetzliches Verbot.[48]

Häufig kollidiert ein derartiges Verlangen mit strafrechtlichen Vorschriften zum Schutz von Geschäftsgeheimnissen[49], aber schon in den 50er und 60er Jahren haben einige Staaten spezielle Gesetze in Abwehr der Antitrust-Verfahren der USA geschaffen[50], welche die Herausgabe von Informationen und Dokumenten zum Zwecke solcher Verfahren unter Strafe verboten. Zu weiteren Abwehrgesetzen dieser Art kam es 1964, nachdem die USA ein Kontrollverfahren gegen internationale Schiffahrts-Linienkonferenzen eingeleitet hatten[51], andere Gesetze traten nach dem *Westinghouse*-Verfahren hinzu.[52] Am weitestgehenden ist das britische Gesetz.[53]

2. In der Lehre wird teilweise die Auffassung vertreten, daß in solchen Konfliktfällen dem Territorialitätsprinzip der Vorrang gebühre.[54] Dem ist aber entgegenzuhalten, daß dann Abwehrgesetze die Anwendung des Wirkungsprinzips leerlaufen lassen könnten.[55]

---

traterritorial Jurisdiction, 280 ff (295, 300 f) zu § 40: „... Whether to enforce a rule is treated as a political, not a legal, issue", und zu § 403 (Limitations on Jurisdiction to Prescribe) des Restatement of the Foreign Relations Law of the United States (Revised): Tentative Draft No. 2 (1981), abgedruckt in AJIL 75 (1981), 987 ff. Auf die Schwierigkeit, die rechtlichen Fragen von den zugrundeliegenden politischen Interessenkollisionen zu trennen, verweist auch *Fox*, 565 ff (596 ff); sie untersucht anhand des neuen Restatement (Third) of Foreign Relations Law von 1987 das sog. „Reasonableness"-Kriterium.

[47] Es handelt sich eigentlich um mehrere Fälle vor verschiedenen Gerichten; der gesamte Sachverhalt ist in 617 F. 2d 1248 (7th Cir. 1980) wiedergegeben.

[48] Vgl. die Schilderung des Falles bei *Meng*, Streit um die Jurisdiktionshoheit, 476 ff.

[49] So im Fall *U.S. v. Vetco Inc.*, 644 F. 2d 1324 (9th Cir. 1981). Das Gericht stellt fest, die schweizerische Strafdrohung sei keine Sperre für die Androhung von Erzwingungsanordnungen und Beugestrafen, vgl. dazu *Mann*, Staatliche Aufklärungsansprüche, 541 f; ähnlich im Fall *U.S. v. Toyota Motor Corporation*, 561 F. Supp. 354 (C.D. Cal. 1983) und im Fall *Marc Rich*, 707 F. 2d 663 (2d Cir. 1983); vgl. auch das Urteil des LG Kiel vom 30. Juni 1982 im *Krupp*-Fall, RIW/AWD 29 (1983), 206 f, mit dem der beklagten Bank unter Hinweis auf das aus einem privatrechtlichen Bankvertrag folgende Bankgeheimnis die Erfüllung des Auskunftsverlangens einer amerikanischen Grand Jury verboten wurde; zu diesem Urteil *Stiefel/Petzinger*, 242 ff; das Urteil ist in englischer Sprache abgedruckt in ILM 22 (1983), 740 ff.

[50] Nachweise bei *Meessen*, Völkerrechtliche Grundsätze des internationalen Kartellrechts, 1975, 194 ff; *Meng*, Wirtschaftsverwaltungsrechtliche Hoheitsakte, 758 ff.

[51] Abgedruckt bei *Lowe*, Extraterritorial Jurisdiction, 1983, 79 ff; vgl. dazu auch *Castel*, 79 ff.

[52] Z. B. Australien: Foreign Antitrust Judgments (Restriction of Enforcement) Act 1979 as amended 1981; Kanada: Bill for a Foreign Proceedings and Judgments Act 1980; Neuseeland: Evidence Amendment Act 1980; Großbritannien: Protection of Trading Interests Act, 1980 (alle abgedruckt bei *Lowe* (Anm. 51), 83 ff, 110 ff, 124 ff, 186 ff). Vgl. weitere Nachweise bei *Mann*, Staatliche Aufklärungsansprüche, 543.

[53] Vgl. dazu *Meng*, Streit um die Jurisdiktionshoheit, 493 ff; *Castel*, 80 ff; um Wettbewerbsklagen vor amerikanischen Gerichten zu verhindern, erließen britische Gerichte sog. ‚Antisuit Injunctions', vgl. dazu *Hartley*, Comity and the Use of Antisuit Injunctions in International Litigation, in: AJCL 35 (1987), 487 ff.

[54] *Akehurst*, Jurisdiction in International Law, BYIL 46 (1972/73), 145 (230); *Wengler* II, 944 ff; *Jacobs*, Extraterritorial Application of Competition Laws: An English View, The International Lawyer 13 (1979), 645 ff (663); *Jennings*, Extraterritorial Jurisdiction and the United States Antitrust Laws, BYIL 33 (1957), 147 ff (151); *Hermanns*, Völkerrechtliche Grenzen für die Anwendung kartellrechtlicher Verbotsnormen, 1969, 48, 74 f; *Hailbronner*, Rechtswirkungen des EG-Südafrikakodex, RIW/AWD 28 (1982), 111 ff (115).

[55] Vgl. dazu *Scheuner*, in: ILA, Report of the 54th Conference, The Hague 1970, 163 f; der grundsätzliche Vorrang des Territorialitätsprinzips wird auch abgelehnt von *Brownlie*, Principles, 309 f; *Meessen* (Anm. 50), 182 ff; *Bär*, Kartellrecht und internationales Privatrecht, 1965, 351 f; *Rehbinder*, Extraterritoriale Wirkungen des deutschen Kartellrechts, 1965, 376 f und *Meng*, Wirtschaftsverwaltungsrechtliche Hoheitsakte, 763.

Das Völkerrecht bietet bislang nur allgemeine Kriterien, um diesen Konflikt zu lösen. In solchen Fällen gilt das Prinzip der gegenseitigen Rücksichtnahme, da das Völkerrecht keine Hierarchie der Anknüpfungsarten normiert.[56] Nicht zulässig ist die Hoheitsausübung über Sachverhalte mit Auslandswirkung jedenfalls, soweit der Weg der Rechtshilfe offensteht.[57] Schließlich darf die Hoheitsausübung insgesamt nicht gegen Menschenrechte oder den fremdenrechtlichen Mindeststandard verstoßen.[58] Dazu gehört auch das Verbot, Personen dazu zu zwingen, der Rechtsordnung ihres Heimatstaates zuwider zu handeln.[59]

3. Neben der Anwendung dieser allgemeinen Grundsätze gibt es auf bilateraler und multilateraler Ebene Versuche, die Jurisdiktionskonflikte im Wege von Übereinkünften oder Absprachen zwischen den beteiligten Staaten zu entschärfen.
Auf bilateraler Ebene haben z. B. die USA und Kanada am 9. März 1984 eine bereits 1959 getroffene und 1969 erweiterte Absprache zur Notifizierung, Konsultation und Zusammenarbeit im Hinblick auf die Anwendung nationaler Wettbewerbsgesetze erneuert.[60] Diese Absprache ist rechtlich nicht verbindlich, sondern verleiht lediglich der Verständigung beider Staaten auf die von ihnen verfolgte Politik in dieser Frage Ausdruck. Daneben haben die USA im Jahre 1976 mit der Bundesrepublik Deutschland[61] und 1982 mit Australien[62] rechtsverbindliche Übereinkommen zur Zusammenarbeit in Wettbewerbsangelegenheiten geschlossen. Darin verpflichten sich die Vertragspartner,

---

[56] Vgl. dazu Art. 7 der ILA-Resolution von 1972 (Extra-Territorial Application of Anti-Trust Legislation), abgedruckt in: ILA, Report of the 55th Conference, New York 1972, xix, in den das Rücksichtnahmegebot folgendermaßen Eingang gefunden hat: „In the event of there being concurrent jurisdiction of two or more States so as to create a conflict with respect to the conduct of any person: (a) no State shall require conduct within the territory of another State which is contrary to the law of the latter, and (b) each State shall, in applying its own law to conduct in another State, pay due respect to the major interests and economic policies of such other State." Zum amerikanischen Antitrust-Recht gibt es gegenwärtig eine Gesetzesvorlage, die diese Grundsätze beinhaltet (Foreign Trade Antitrust Improvement Act of 1987). Die Frage der Zuständigkeit amerikanischer Gerichte in Wettbewerbsverfahren mit Auslandsberührung soll von einer Abwägung ausländischer und nationaler Interessen abhängig gemacht werden. Vgl. dazu im einzelnen *Garvey*, 427 ff.

[57] Vgl. dazu U.S. Supreme Court, Proceedings in *Société Nationale Industrielle Aérospatiale et al. v. United States, District Court for the District of Iowa* (Briefs of France, Federal Republic of Germany, Switzerland, United Kingdom), ILM 25 (1986), 1519 ff; 1539 ff; 1550 ff und 1557 ff; das Urteil vom 14. Januar 1987 ist abgedruckt in ILM 26 (1987), 1021 ff. Darin hält die Mehrheit der Richter das Haager Übereinkommen über die Beweisaufnahme im Ausland allerdings nicht für zwingend anwendbar, sondern stellt seine Anwendung in das Ermessen des Prozeßgerichts. Vgl. dazu eine kritische Anm. von *Heck*, NJW 40 (1987), 2128 f, und *Heidenberger*, Die Supreme Court-Entscheidung zum Haager Beweisübereinkommen, RIW/AWD 33 (1987), 666 ff. Im *Krupp*-Fall (Anm. 49) stellte aber die amerikanische Regierung nach Erlaß des deutschen Urteils einen Rechtshilfeantrag an die deutsche Regierung, dem innerhalb kurzer Zeit entsprochen wurde, vgl. dazu *Meng*, Wirtschaftsverwaltungsrechtliche Hoheitsakte, 695 f.

[58] *Meng*, Wirtschaftsverwaltungsrechtliche Hoheitsakte, 763; *Verdross/Simma*, 786.

[59] Weitere Kriterien erörtert *Meng*, Wirtschaftsverwaltungsrechtliche Hoheitsakte, 766 ff; *Castel*, 106 ff.

[60] Memorandum of Understanding as to Notification, Consultation and Cooperation with respect to the Application of National Antitrust Laws vom 9. März 1984, ILM 23 (1984), 275.

[61] Abkommen über die Zusammenarbeit in bezug auf restriktive Geschäftspraktiken vom 23. Juni 1976, BGBl. 1976 II, 1711 und ILM 15 (1976), 1282; vgl. dazu *Canenbley*, 85.

[62] Agreement between the Government of the United States of America and the Government of Australia Relating to Cooperation on Antitrust Matters vom 29. Juni 1982, ILM 21 (1982), 702.

einander in möglichen Konfliktfällen vor der Einleitung von Untersuchungsverfahren zu unterrichten und gegebenenfalls in Beratungen einzutreten sowie benötigte Informationen, Dokumente etc. weiterzugeben.
Auf multilateraler Ebene gibt es bisher keine rechtsverbindlichen Abkommen, sondern lediglich Empfehlungen der OECD und der Vereinten Nationen zur Zusammenarbeit auf dem Gebiet der restriktiven Geschäftspraktiken.[63]

[63] OECD Recommendations C (67) 52 vom 5. Oktober 1967, C (73) 99 vom 3. Juli 1973 und C (79) 154 vom 25. September 1979 sowie GA Res. 35/63 vom 5. Dezember 1980, UN Doc. TD/RBP/CONF/10 (2. Mai 1980); vgl. dazu *Castel*, 100 ff; der von der UNCTAD ausgearbeitete Verhaltenskodex gegen wettbewerbsbeschränkende Geschäftspraktiken wurde auf einer vom 4. bis 15. November 1985 in Genf abgehaltenen Konferenz der Vereinten Nationen überprüft, wobei sich die Staaten aber nicht auf gemeinsame Lösungen einigen konnten. Eine weitere Überprüfungskonferenz ist für 1990 vorgesehen; vgl. dazu *Dikke*, UNCTAD: Verhaltenskodex gegen wettbewerbsbeschränkende Geschäftspraktiken. – Erste Überprüfungskonferenz ohne Ergebnis, Vereinte Nationen 35 (1987), 104 f.

12. KAPITEL

Meereszonen, in denen die Küstenstaaten funktional begrenzte Hoheitsrechte ausüben

§ 76 Einleitung

Schrifttum: *Rhee,* Sea Boundary Delimitation Between States Before World War II, AJIL 76 (1982), 555; *Brown,* The Areas Within National Jurisdiction, 1984; *Wolfrum,* Die Internationalisierung staatsfreier Räume, 1984; *Beauchamp,* The Management Function of Ocean Boundaries, San Diego Law Review 23 (1986), 611; *Blake* (Hrsg.), Maritime Boundaries and Ocean Resources, 1987.

I. Die Inanspruchnahme von Fischerei-, Umweltschutz- und ausschließlichen Wirtschaftszonen durch die Küstenstaaten sowie die Entwicklung eines Festlandsockelregimes sind ein Phänomen jüngeren Datums. Hierin spiegelt sich eine gewisse Abkehr von dem territorialitätsbezogenen Denken, das zu der Bildung von inneren Gewässern, Archipelgewässern und dem Küstenmeer geführt hat.[1] Der Unterschied zwischen einer räumlichen Umgrenzung staatlicher Kompetenzen und ihrer funktionalen Bestimmung liegt darin, daß die staatlichen Kompetenzen nur im ersten Fall absolut im Sinne von allumfassend sind (Gebietshoheit), nicht jedoch im zweiten Fall. Wenn dennoch der Küstenstaat in der Wirtschaftszone „souveräne Rechte" ausübt, so besagt dies, daß der Küstenstaat für den Bereich der wirtschaftlichen Nutzung die Tätigkeit anderer Staaten auszuschließen vermag. Die Entwicklung derartiger funktionaler Zonen entspricht wirtschaftlichen Bedürfnissen. Sobald beispielsweise die Ausbeutung der Kohlenwasserstoffvorkommen in Festlandsockelbereichen jenseits der Küstenmeergrenzen technisch und wirtschaftlich möglich wurde, stellte sich die Frage nach einem Schutz der Investitionen, der effektiv nur durch die Zuerkennung von Monopolrechten (Bohr- und Förderlizenzen) für den einzelnen Unternehmer verwirklicht werden kann. Die Verteilung derartiger Monopolrechte und deren Gewährleistung verlangte die Einschaltung von Organen, die die anerkannte Kompetenz haben, Hoheitsbefugnisse erga omnes auszuüben. Die 3. UN-Seerechtskonferenz hat entschieden, diese Funktion den jeweiligen Küstenstaaten zu überlassen (*nationaler Ansatz*). Sie trug damit den Wünschen der Küstenstaaten Rechnung, die die ausschließliche wirtschaftliche Nutzung der küstennahen Meereszonen forderten. In diese Richtung zielt auch die Entwicklung der Staatenpraxis. Erstmalig für den Tiefseeboden soll versucht werden, eine internationale Organisation mit den bislang nur von Staaten ausgeübten Funktionen zu betrauen (*streng internationaler Ansatz*), die die Vorbedingung für eine effektive Verwaltung und Nutzung von Naturschätzen sind. Aber auch wenn der nationale Ansatz für die Verwaltung der küstennahen natürlichen Ressourcen praktisch nicht mehr zur Diskussion gestellt werden konnte, so ist doch darauf hinzuweisen, daß sowohl auf der 1. Genfer Seerechtskonfe-

[1] *Beauchamp,* 614 ff, spricht von „spatial" und „functional zones".

renz für den Festlandsockel als auch auf der 3. UN-Seerechtskonferenz für Festlandsockel und Wirtschaftszone stärker international geprägte Lösungsansätze vertreten wurden.[2] Vorrangig ist für die 3. UN-Seerechtskonferenz der Entwurf von Malta zu nennen[3], internationale Elemente enthielt aber auch der Vorschlag der USA zur Errichtung einer Treuhandzone.[4]
Keiner dieser beiden Lösungsansätze hat sich letztlich durchzusetzen vermocht. Gewisse – allerdings nur rudimentäre – Anklänge finden sich noch in den Vorschriften über die Verteilung der Fischressourcen in der ausschließlichen Wirtschaftszone und vor allem in der Abgabepflicht des Küstenstaates für wirtschaftliche Aktivitäten im Bereich des äußeren Festlandsockels (Art. 82 SRÜ).

II. Obwohl den in der Praxis von den Küstenstaaten beanspruchten Meereszonen gemeinsam ist, daß der Küstenstaat in ihnen nur funktional begrenzte Rechte ausübt, unterscheiden sie sich doch untereinander. Während der Küstenstaat in der Anschlußzone, der Fischereizone und der Umweltschutzzone nur ganz begrenzte Rechte beansprucht, wird ihm über den Festlandsockel und stärker noch in der ausschließlichen Wirtschaftszone ein ganzes Bündel von Rechten zuerkannt. Auch wenn die Summe dieser Rechte noch nicht den Rechten entspricht, die unter der Gebietshoheit zusammengefaßt werden, so ist doch nicht zu verkennen, daß eine starke Bündelung von Rechten von der rein funktionalen Umschreibung staatlicher Kompetenzen weg und wieder zu einer allumfassenden Zuständigkeit in einem abgegrenzten Gebiet hinführt. Im Extremfall mag es jeweils zweifelhaft sein, festzustellen, ob die Küstenstaaten schon die – wenn auch eingeschränkte – Gebietshoheit ausüben oder lediglich eine Summe funktionaler Rechte beanspruchen.

III. Die funktionale Ausrichtung der nationalen Meereszonen hat Bedeutung für ihre räumliche Abgrenzung. Wenn der dominierende Gesichtspunkt für die Errichtung einer Zone die von einem Staat in ihr auszuübende Funktion sein soll, so wäre es konsequent, die räumliche Ausdehnung dieser Zone an den Erfordernissen der wahrzunehmenden Funktion auszurichten. Dies ist jedoch nicht stets der Fall, was darauf hindeutet, daß die Einrichtung von Meereszonen doch noch stark vom Denken in den Kategorien der Gebietshoheit geprägt wird. Wie noch zu zeigen sein wird, ist beispielsweise die äußere Grenze der ausschließlichen Wirtschaftszone eher willkürlich. Etwas anderes gilt allerdings für die Bestimmung der äußeren Festlandsockelgrenze gem. Art. 76 Abs. 4 SRÜ, durch die im Prinzip eine geologisch vorgegebene Einheit der wirtschaftlichen Nutzung durch den Küstenstaat überlassen wird. Weiterhin ergibt sich aus der unterschiedlichen Zielsetzung der verschiedenen Zonen, daß deren Grenzen theoretisch nicht identisch zu sein bräuchten. Der Trend geht allerdings in die gegensätzliche Richtung, wie die Entscheidung der Sonderkammer des IGH im *Golf von Maine*-Fall beweist.[5] Ein Beispiel für das Auseinanderfallen verschiedener Meereszonengrenzen bietet der Vertrag zwischen Australien und Papua Neu-Guinea „Concerning Sovereignty and Maritime Boundaries in the Area between the Two Countries Including the Area Known as Torres Strait, and Related Matters" vom 18. Dezember 1978.[6] Der Vertrag entwickelt

[2] Vgl. dazu unten § 78.

[3] UN Doc. A/AC.138/53.

[4] UN Doc. A/AC.138/25; vgl. dazu *Jennings*, The United States Draft Treaty on the International Seabed Area, ICLQ 20 (1971), 444; *Knight*, The Draft United Nations Convention on the International Seabed Area, San Diego Law Review 8 (1971), 459; *Swing*, Who Will Own the Oceans?, Foreign Affairs 54 (1975/76), 527; *Wolfrum*, 363 ff mwN.

[5] ICJ Reports 1984, 245 ff.

[6] Abgedruckt in ILM 18 (1979), 291; vgl. dazu *Burmester*, The Torres Strait Treaty: Ocean Boundary Delimitation by Agreement, AJIL 76 (1982), 321 ff.

unterschiedliche Regelungen für Fischereifragen, Schiffahrt, wirtschaftliche Nutzung und die Behandlung von Einwohnern des betreffenden Gebietes. Geschaffen werden unterschiedliche Grenzen für die Fischereizone, den Festlandsockel und die Zone, in der der Küstenstaat Jurisdiktion gegenüber Schiffen, Anlagen und Personen ausübt sowie eine Schutzzone und ein System der Zusammenarbeit bezüglich der Fischerei. Es ist jedoch zu befürchten, daß derartige Lösungen, wie sie zwischen Australien und Papua Neu-Guinea entwickelt wurden, eher Einzelfälle bleiben werden.[7] Dies gilt nicht nur für die unterschiedliche zonale Begrenzung, sondern auch für die vereinbarte Kooperation in dem betroffenen Gebiet. Etwas anderes mag für Fälle gelten, wo sich Lagerstätten im Festlandsockel über die Grenzen erstrecken.[8]

§ 77 Die Anschlußzone

Schrifttum: *Jessup,* The Anti-Smuggling Act of 1935, AJIL 31 (1937), 101; *Fitzmaurice,* Some Results of the Geneva Conference on the Law of the Sea, Part I: The Territorial Sea and Contiguous Zone, ICLQ 8 (1959), 73; *Böhmert,* Hovering Acts, in: *Strupp/Schlochauer,* I, 796; *Leanza,* Fenomeni di contiguatà aerea nel diritto internazionale, 1961; *Colombos,* Internationales Seerecht, 1963, 76; *Swarztrauber,* The Three-Mile Limit of Territorial Seas, 1972, 135; *Lowe,* The Development of the Concept of the Contiguous Zone, BYIL 52 (1981), 109; *O'Connell/Shearer,* The International Law of the Sea II, 1984, 1034.

I. 1. Traditionell haben die Staaten jenseits der Grenzen des Küstenmeeres für sich in Anspruch genommen, bestimmte Hoheitsrechte auszuüben, um die Verletzung oder Beeinträchtigung nationaler Interessen schon im Vorfeld abzuwehren. Diese Praxis hat zu der gewohnheitsrechtlichen und vertraglichen Anerkennung einer sog. Anschlußzone geführt. Hieraus ergibt sich ein eigentümliches Gefälle für die Ausübung staatlicher Hoheitsgewalt: Diese entfaltet sich uneingeschränkt auf dem Lande und in dem Bereich der inneren Gewässer, sie ist in dem Bereich des Küstenmeeres im Interesse der internationalen Schiffahrt eingeschränkt und verflüchtigt sich zu einer begrenzten Polizeigewalt in der Anschlußzone.

2. Den sozusagen klassischen Anwendungsfall dieses Prinzips bildete die Abwehr der Schmuggelei: Die Gesetzgebung hierzu reicht bereits in das 18. Jahrhundert zurück, als die britischen und später auch die amerikanischen Behörden es für notwendig erachteten, den Schmuggel bereits im Vorfeld vor ihren Küstenmeeren zu bekämpfen. Die Handhabe hierzu gaben ihnen die Hovering Acts[1], Gesetze, auf Grund derer man die am Rande des Küstenmeeres auf Hoher See liegenden und von dort mit dem Lande verkehrenden Schmuggelschiffe anhalten und aufbringen konnte. Während Großbritannien diese Gesetzgebung mit dem Customs Consolidation Act von 1876[2] aufgegeben hat, haben die USA den Kampf gegen den Schmuggel immer weiter auf die Hohe See hinaus ausgedehnt. Nach dem Anti-Smuggling Act von 1935[3] gibt es außer dem Küstenmeer und dem eigentlichen Zollgebiet noch eine weitere Zone, in der die Gesetzgebung der USA zwangsweise durchgesetzt werden kann. Danach darf nämlich der Präsident ein Gebiet zur „customs enforcement area" erklären, wenn die Anwesenheit von Schiffen außerhalb des eigentlichen Zollgebiets die Gefahr der verbotenen Ein- und Ausfuhr begründet. Die

[7] So folgte beispielsweise die Festlandsockelgrenze zwischen Jan Mayen und Island der vorher vereinbarten Wirtschaftszonengrenze, vgl. dazu *Churchill,* Maritime Delimitation in the Jan Mayen Area, Marine Policy 9 (1985), 17 ff.

[8] Vgl. unten § 78.

[1] Dazu *Gidel* III, 379 f; *Colombos,* 104; *Böhmert,* 796 ff; *O'Connell/Shearer* II, 1034 ff.

[2] *Colombos,* 105.

[3] U.S. Code (1946 ed.) Title 19, §§ 1701-1709, vgl. dazu *Jessup,* 101 ff.

Erklärung hat zur Folge, daß die amerikanischen Behörden dort gegen verdächtige Schiffe vorgehen dürfen, als ob sie sich in dem Küstenmeer befänden. Die Ausdehnung dieses Gebiets ist nicht eindeutig festgelegt. Es darf sich nicht über mehr als 100 Seemeilen von dem Ort erstrekken, an dem sich die Schiffe nach der Erklärung des Präsidenten befinden, und die Entfernung von 50 Seemeilen von der äußeren Grenze der Zollgewässer der USA nicht überschreiten.[4]
Dieser Ansatz hat auch Eingang in völkerrechtliche Verträge gefunden.[5] Maßgeblich war hierfür die Prohibitionsgesetzgebung der USA auf der Grundlage des Volstead Act von 1919. Die Streitigkeiten, die sich daraus ergaben, daß die USA auf der Hohen See Schiffe aufbrachten, haben zum Abschluß sog. liquor treaties zwischen den USA und anderen Staaten geführt, in denen diese sich mit den amerikanischen Maßnahmen einverstanden erklärten.
In den gleichen Zeitraum fällt auch das Abkommen zur Bekämpfung des Alkoholschmuggels von Helsingfors vom 19. August 1925[6] zwischen den Ostseestaaten, in dem die Vertragsstaaten sich das Recht zur Anwendung ihrer Gesetzgebung gegenüber Schmuggelschiffen bis zu einer Entfernung von 12 Seemeilen von der Küste gestatteten.

3. Auf der Basis der vorliegenden Staatenpraxis ist zu folgern, daß die Ausübung von steuer- und zollrechtlichen sowie gesundheitspolizeilichen bzw. sanitären Maßnahmen und gegebenenfalls deren strafrechtliche Durchsetzung zumindest bis zu einer Entfernung von 12 Seemeilen von der Küste Völkergewohnheitsrecht entspricht.[7]
Dabei ist anerkannt, daß die Anschlußzone Bestandteil der Hohen See bleibt.

II.1. Art. 24 des Genfer Übereinkommens über das Küstenmeer und die Anschlußzone von 1958[8] stellt insofern eine Kodifikation von geltendem Gewohnheitsrecht dar. Diese Bestimmung sieht das Recht des Küstenstaates vor, in einer an sein Küstenmeer angrenzenden Zone Kontrollen auszuüben, um dadurch Verstöße gegen seine Zoll-, Steuer-, Einreise- und Gesundheitsvorschriften auf seinem Hoheitsgebiet oder in seinem Küstenmeer zu verhindern sowie Zuwiderhandlungen gegen diese Vorschriften zu ahnden. Die Anschlußzone darf sich nicht weiter als zwölf Seemeilen über die Basislinie hinaus erstrecken. Liegen die Küsten zweier Staaten einander gegenüber oder grenzen sie aneinander, so ist mangels gegenteiliger Vereinbarung zwischen diesen beiden Staaten keiner von ihnen berechtigt, seine Anschlußzone über die Mittellinie hinaus auszudehnen.[9]
Art. 24 Küstenmeerkonvention wirft ein Auslegungsproblem auf. Sein Abs. 1 (a) ist präventiv formuliert und wendet sich in erster Linie an einlaufende Schiffe, Abs. 1 (b) hingegen bezieht sich auf auslaufende Schiffe. Er ist teilweise dahingehend ausgelegt worden, daß die küstenstaatlichen Gesetze auch in der Anschlußzone gelten würden und dort begangene Verstöße deshalb vom Küstenstaat verfolgt werden könnten. In beiden Fällen ist Gegenstand der Verfolgung aber ein Rechtsverstoß gegen Vorschriften, die für das Hoheitsgebiet bzw. das Küstenmeer gelten. Der Geltungsbereich der genannten Vorschriften kann nicht auf die Anschlußzone selbst erstreckt werden.[10]

---

[4] Dazu eingehend das Urteil des District Court of New York in *'The Reidun'* (1936), Annual Digest 8 (1935-37), Case No. 81, 212.

[5] UN ST/LEG/SER.B/1, 137 ff.

[6] RGBl. 1926 II, 220.

[7] Zweifelnd *Colombos*, 82; so aber *O'Connell/Shearer* II, 1034 ff; *Verdross/Simma*, 694 f.

[8] UNTS 516, 205 (im folgenden Küstenmeerkonvention).

[9] Vgl. zur Entstehungsgeschichte ILC Yearbook 1953 II, 60, Art. 4; ILC Yearbook 1953 I, 165; ILC Yearbook 1956 II, 5, 88; UNCLOS I, OR III, 126.

[10] So aber die Entscheidungen des Tribunale Palermo in *Re Soiza Jons* vom 18. Dezember 1956, Rivista di diritto internazionale 41 (1958), 596 und des italienischen Kassationshofs in Strafsachen in *Re Martinez* vom 25. November 1959, Rivista di diritto internazionale 45 (1962), 256, englische Fassung in ILR 28 (1963), 170. Beide Gerichte gehen davon aus, daß Art. 24 Küstenmeerkonvention nicht lediglich Gewohnheitsrecht kodifiziere, da es dem Küstenstaat nach allgemeinem Völkergewohnheitsrecht nicht verboten sei, Verstöße gegen seine Zollgesetze auch dann zu ahnden, wenn sie in der Anschlußzone begangen worden seien.

2. Die 3. UN-Seerechtskonferenz ließ das Konzept der Anschlußzone weitgehend unverändert. Denn nach Art. 33 des Seerechtsübereinkommens (SRÜ) hat der Küstenstaat in der Anschlußzone das Recht, die erforderliche Kontrolle auszuüben, um Verstöße gegen seine Zoll-, Steuer-, Einwanderungs- und Gesundheitsvorschriften in seinem Hoheitsgebiet oder Küstenmeer zu verhindern und um Verstöße gegen diese Vorschriften, die in seinem Hoheitsgebiet oder Küstenmeer begangen worden sind, zu ahnden. Eine Erweiterung des Anschlußzonenkonzepts erfolgt durch Art. 303 SRÜ. Danach hat der Küstenstaat das Recht, zur Überwachung des Verkehrs mit historischen und archäologischen Gegenständen zu unterstellen, daß ihre Entfernung von dem Meeresboden der Anschlußzone, soweit sie ohne seine Einwilligung erfolgt, zu einer Verletzung der in Art. 33 SRÜ genannten Vorschriften führen würde. Eine Veränderung hat das Anschlußzonenkonzept insoweit erfahren, als die Zone jetzt bis auf 24 Seemeilen ausgedehnt werden kann. Eine Regelung für die Grenzziehung zu benachbarten oder gegenüberliegenden Staaten fehlt, erscheint aber auch überflüssig, da insoweit auf Art. 74 bzw. 86 SRÜ zurückgegriffen werden kann.

III. Nicht unter das Konzept der Anschlußzone gemäß Art. 24 Küstenmeerkonvention bzw. Art. 33 SRÜ fallen Sicherheitszonen, wie sie gelegentlich von einzelnen Staaten in Anspruch genommen worden sind oder noch immer genommen werden. Das Hauptbeispiel ist die *Erklärung von Panama* (1939)[11], mit der die amerikanischen Staaten zu Beginn des Zweiten Weltkrieges versuchten, ihre Neutralität zu bewahren und kriegerische Auseinandersetzungen in möglichst weiter Entfernung von ihren Küsten zu halten. In dieser Erklärung heißt es u. a., daß die amerikanischen Republiken als eine Maßnahme des kontinentalen Selbstschutzes ein Recht darauf hätten, daß in den an den amerikanischen Kontinent angrenzenden Gewässern, die sie für ihre Beziehungen als erstrangig wichtig und von unmittelbarem Nutzen betrachteten, keinerlei feindselige Handlungen von irgendeiner nicht amerikanischen kriegführenden Nation durchgeführt würden. Die Gewässer, die hierin einbegriffen werden sollten, hatten eine Breite zwischen 50 und 350 Seemeilen. Sowohl die deutsche Reichsregierung als auch die britische Regierung hielten die Erklärung dieser Zone für völkerrechtswidrig, ohne daß allerdings im eigentlichen Sinne dagegen protestiert wurde. In gewisser Weise vergleichbar war die Kontrolle von Kuba anlaufenden Schiffen im Rahmen der Kuba-Krise (1962)[12] durch die USA und die Errichtung von Sperrgebieten durch Frankreich für die Durchführung von Kernwaffenversuchen.[13] Die USA, Kanada und Frankreich haben außerdem über ihr Küstenmeer hinausreichende Flugsicherungszonen (air defense identification zones) proklamiert[14] mit dem Ziel, die im Interesse der nationalen Sicherheit erforderliche frühzeitige Identifizierung, Ortsbestimmung und Kontrolle einfliegender Flugzeuge zu ermöglichen.

Soweit mit der Errichtung derartiger Zonen in Anspruch genommen wird, Zwangsmaßnahmen gegen Schiffe auf Hoher See oder gegen Flugzeuge über der Hohen See zu ergreifen, widerspricht dies geltendem Völkerrecht. Denn das geltende Regime für die Hohe See läßt Zwangsmaßnahmen gegen Schiffe nur in Ausnahmefällen zu, in denen eine konkrete Notwehr- und Notstandssituation gegeben ist.[15]

---

[11] Text in AJIL 34 (1940), Supp., 9.

[12] Vgl. dazu *O'Connell/Shearer* II, 807 f.

[13] Dazu die Entscheidungen des IGH in den *Nuclear Test* Cases, ICJ Reports 1973, 99 ff, 135 ff sowie 1974, 253 ff, 457 ff; *O'Connell/Shearer* II, 809 ff.

[14] *Leanza,* 13 ff; *Hailbronner,* Der Schutz der Luftgrenze im Frieden, 1972, 73 ff.

[15] Vgl. dazu im einzelnen Teilband I 2.

§ 78 Der Festlandsockel

Schrifttum: wie vor § 76; ferner: *Gidel*, La Plataforma Continental ante el Derecho Internacional, 1951; *Azcárraga y de Bustamante*, La Plataforma Submarina y el Derecho Internacional, 1952; *Mouton*, The Continental Shelf, 1952; *Anninos*, The Continental Shelf and Public International Law, 1953; *Scelle*, Plateau continental et droit international, RGDIP 59 (1955), 5; *Auguste*, The Continental Shelf: Practice and Policy of the Latin-American States, 1960; *Vásquez Rocha*, La Teoría, Jurídica sobre la Plataforma Continental, 1963; *Slouka*, International Custom and the Continental Shelf, 1968; *Vallée*, Le Plateau continental dans le droit positif actuel, 1971; *Klemm*, Die seewärtige Grenze des Festlandsockels, 1976; *Karl*, Islands and the Delimitation of the Continental Shelf: A Framework for Analysis, AJIL 71 (1977), 642; *Rüster*, Die Rechtsordnung des Festlandsockels, 1977; *Adede*, Toward the Formulation of the Rule of Delimitation of Sea Boundaries Between States with Adjacent or Opposite Coastlines, VJIL 19 (1979), 207; *Blecher*, Equitable Delimitation of Continental Shelf, AJIL 73 (1979), 60; *O'Connell/Shearer*, The International Law of the Sea I, 1982, 467; *Pazarči*, La délimitation du plateau continental et les îles, 1982; *Soons*, Marine Scientific Research and the Law of the Sea, 1982; *Gündling*, Die 200 Seemeilen-Wirtschaftszone, 1983; *Rao*, The New Law of Maritime Zones, 1983; *Brown*, The Areas Within National Jurisdiction, 1984; *Charney*, Ocean Boundaries Between Nations: A Theory for Progress, AJIL 78 (1984), 582; *Hutchinson*, The Concept of Natural Prolongation in the Jurisprudence Concerning Delimitation of Continental Shelf Areas, BYIL 55 (1984), 133; *Jewett*, The Evolution of the Legal Regime of the Continental Shelf, CanYBIL 22 (1984), 153; 23 (1985), 201; *Manner*, Settlement of Sea-Boundary Delimitation Disputes According to the Provisions of the 1982 Law of the Sea Convention, in: Essays in International Law in Honour of Judge Manfred Lachs, 1984, 625; *Iatropoulos*, Continental Shelf: The Legal Concept and Disputes Concerning the Delimitation of the Boundaries Thereof, in: National and International Boundaries, 1985, 697; *Marsh*, The Boundary Provisions of the United Nations Convention on the Law of the Sea, in: National and International Boundaries, 1985, 229; *McMillan*, The Extent of the Continental Shelf, Marine Policy 9 (1985), 148; *Langeraar*, Maritime Delimitation: The Equiratio – A New Approach, Marine Policy 10 (1986), 3; *Walz/Leggette*, United States Jurisdiction over the 200-Mile Maritime Zone, San Diego Law Review 23 (1986), 545.
Material: UN ST/LEG/SER.B/1; 8; 15; 16; 18 und 19.

I. 1. Geomorphologisch sind zu unterscheiden Festlandsockel (continental shelf), Kontinentalabfall (continental slope) und Kontinentalanstieg (continental rise). Festlandsokkel, Kontinentalabfall und Kontinentalanstieg bilden zusammen den Kontinentalrand (continental margin). Unter dem Festlandsockel versteht man im morphologischen Sinne den sich an die Küste anschließenden flachen Meeresgrund bis zu dem sog. Hangknick, wo der sanfte Abfall des Schelfs (Neigungswinkel im Durchschnitt 0,1%) in die steilere Neigung des Kontinentalabfalls übergeht. Die Durchschnittsbreite dieses Festlandsockels liegt bei 70 km, die durchschnittliche Wassertiefe bei 132 m. Benutzt man die 200-m-Tiefenlinie als Außengrenze, so umfaßt dieser Festlandsockel ca. 7,6% des gesamten vom Meer bedeckten Gebietes (ca. 5% der Erdoberfläche).
Die Außengrenzen des Kontinentalabfalls liegen zwischen 1000 und 4000 m Wassertiefe. Geht man von einem Mittelwert (2000 m Wassertiefe) aus, so umfaßt der Kontinentalabfall ca. 8,5% des gesamten ozeanischen Wassergebietes.
Der Berührungspunkt zwischen Kontinentalanstieg und Tiefseeboden liegt bei 3000-5000 m Wassertiefe. Die Breite kann bis zu 1000 km betragen. Insgesamt umfaßt dieser Bereich ca. 10% des Unterwassergebiets.
Der Kontinentalrand erhält seine wirtschaftliche Bedeutung in erster Linie durch Kohlenwasserstoffvorkommen.

2. Erstmalig mit dem Vertrag zwischen Großbritannien und Venezuela vom 26. Februar 1942[1] wurden nationale Ansprüche auf den Meeresboden jenseits des Küstenmeeres geltend gemacht. Den eigentlichen Anstoß zu der Entwicklung dieses Konzeptes haben aber die USA gegeben. Am 28. September 1945 erließ Präsident *Truman* eine Proklamation über die Politik der USA im Hinblick auf die natürlichen Ressourcen des Meeresbodens und des Meeresuntergrundes in dem Bereich des Festlandsockels:

„Having concern for the urgency of conserving and prudently utilizing its natural resources, the Government of the United States regards the natural resources of the subsoil and sea bed of the continental shelf beneath the high seas but contiguous to the coasts of the United States as appertaining to the United States, subject to its jurisdiction and control."[2]

In der Proklamation wird weiterhin ausgeführt, daß, wo der Schelf sich bis an die Küsten anderer Staaten erstrecke oder auch Nachbarstaaten teil daran hätten, die Grenzen in beiderseitigem Einvernehmen nach den Grundsätzen der Billigkeit zu bestimmen seien. Der Charakter der Gewässer über dem Schelf als hohe See werde dadurch nicht berührt.

Ausgelöst wurde diese amerikanische Proklamation dadurch, daß es inzwischen technisch möglich geworden war, in dem Festlandsockel nach Öl zu bohren. Die Proklamation selbst definierte die äußere Grenze des angesprochenen Gebietes nicht, eine beigefügte Pressemitteilung gab allerdings an, daß die Außengrenze bei 100 Faden (ca. 185 m) liegen solle. Begründet wurde das amerikanische Vorgehen u. a. damit, daß der Festlandsockel die natürliche Fortsetzung des Landes unter Wasser sei.

Dem amerikanischen Beispiel sind Proklamationen zahlreicher anderer Staaten, vor allem aus der mittel- und südamerikanischen Region gefolgt[3], in denen zum Teil über die von den USA geltend gemachten Rechte weit hinausgehende Ansprüche vorgebracht wurden.[4] Während die USA nur die Jurisdiktion und Kontrolle über die natürlichen Ressourcen beanspruchten, proklamierten andere Staaten die Souveränität über den Festlandsockel oder erstreckten ihre Ansprüche, unabhängig von der Wassertiefe, auf 200 Seemeilen. Trotz dieser Divergenzen in wesentlichen Teilbereichen lag zu Beginn der 50er Jahre, als sich die ILC erstmalig mit dem Festlandsockelregime beschäftigte, schon eine Staatenpraxis vor, auf der sie aufbauen konnte. Bereits damals konnte man

---

[1] LNTS 205, 122; der Vertrag spricht allerdings nicht von Schelf, sondern von unterseeischen Gebieten (submarine areas) des Golfs von Paria.

[2] UN ST/LEG/SER.B/1, 38 (39). Zur juristischen Diskussion dieser Proklamation vgl. *O'Connell/Shearer* I, 471 f.

[3] Vgl. die Übersichten bei *Klemm*, 32 ff; *Rüster*, 146 ff.

[4] Decree No. 14, 708, Concerning National Jurisdiction over Epicontinental Sea and the Argentine Continental Shelf (11. 10. 1946), UN ST/LEG/SER.B/1, 4; Presidential Declaration Concerning Continental Shelf (23. 6. 1947), UN ST/LEG/SER.B/1, 6 (Chile); Decree-Law No. 803, Concerning Continental and Insular Shelf (2. 11. 1949), UN ST/LEG/SER.B/1, 9 (Costa Rica); Congressional Decree No. 102, Amending the Political Constitution (7. 3. 1950), UN ST/LEG/SER.B/1, 11 (Honduras); Presidential Declaration with Respect to Continental Shelf (29. 10. 1945), UN ST/LEG/SER.B/1, 13 (Mexiko); Political Constitution, Art. 5 (1. 11. 1950), UN ST/LEG/SER.B/1, 15 (Nicaragua); Constitution, Art. 209 (1. 3. 1946), UN ST/LEG/SER.B/1, 15 (Panama); Presidential Decree No. 781, Concerning Submerged Continental and Insular Shelf (1. 8. 1947), UN ST/LEG/SER.B/1, 16 (Peru); Decree Concerning the Limits of the Territorial Sea (6. 11. 1950), UN ST/LEG/SER.B/8, 9 (Ecuador); während Argentinien praktisch seine Küstengewässer erweiterte, beanspruchten andere Staaten lediglich Vorzugs- und Kontrollrechte hinsichtlich der Ausbeutung der Ressourcen, vgl. dazu *Hjertonsson*, The New Law of the Sea. Influence of the Latin American States on Recent Development of the Law of the Sea, 1973, 22 f. Diese Tendenzen haben im Verlauf der 3. UN-Seerechtskonferenz lawinenartig zugenommen, vgl. UN ST/LEG/SER.B/19.

davon ausgehen, daß das Recht des Küstenstaates, den Meeresboden im Anschluß an das Küstenmeer wirtschaftlich auszubeuten, gewohnheitsrechtlich anerkannt war.[5]
Die erste Genfer Seerechtskonferenz von 1958 verabschiedete die Konvention über den Festlandsockel[6], die am 10. Juni 1964 in Kraft trat. Es wird überwiegend angenommen[7], daß die Festlandsockelkonvention in den wesentlichen Bereichen Gewohnheitsrecht kodifiziert.[8] Auch das Seerechtsübereinkommen[9] unterscheidet sich insoweit – abgesehen von der Frage der Ausdehnung – nicht von der Festlandsockelkonvention.
Die schnelle Entwicklung des Festlandsockelregimes ist Ausdruck wirtschaftlicher und technischer Realitäten. Erst als eine wirtschaftliche Ausbeutung des Festlandsockels technisch möglich wurde, entstand das politische Bedürfnis, die dadurch bedingten Investitionen auch juristisch zu sichern. Dies war unter dem Regime der Hohen See, das nur eine begrenzte Koordination der verschiedenen nationalen Aktivitäten erlaubt, ausgeschlossen.[10] Eine wirtschaftliche Nutzung des Festlandsockels wie die Förderung von Erdöl und Erdgas setzt die Zuweisung von ausschließlichen Nutzungsrechten an den jeweiligen Unternehmer und die Sicherung dieser Rechtsposition gegenüber möglichen Konkurrenten voraus. Dies ist nur zu gewährleisten, wenn eine zentrale Instanz mit entsprechenden Rechtsetzungs- und Vollzugskompetenzen betraut wird. Als eine solche können nur einzelne Staaten oder eine internationale Organisation fungieren. Für den Festlandsockel hat sich die völkerrechtliche Entwicklung für die Wahrnehmung dieser Kompetenzen durch die Staaten entschieden, erst in bezug auf die Nutzung des Meeresbodens wurde der Versuch unternommen, entsprechende Kompetenzen einem Staatengemeinschaftsorgan anzuvertrauen.[11]

3. Die Grundprinzipien des Festlandsockelregimes umschreibt Art. 2 Festlandsockelkonvention (Art. 77 SRÜ). Danach hat der Küstenstaat souveräne Rechte[12] zum Zwecke der Erforschung des Festlandsockels und der Ausbeutung seiner natürlichen Ressourcen. Diese Rechte sind, wie es in der Konvention ausdrücklich heißt, ausschließlich, d. h., niemand darf ohne ausdrückliche Zustimmung des Küstenstaates den Festlandsockel erforschen, seine Ressourcen ausbeuten oder Ansprüche auf ihn geltend machen, auch wenn der Küstenstaat selbst die Ausbeutung oder Erforschung unterläßt (Art. 2 Abs. 2 Festlandsockelkonvention, Art. 77 Abs. 2 SRÜ). Die Rechte des Küstenstaates an dem Festlandsockel hängen weder von einer Besitzergreifung noch von einer entsprechenden Er-

---

5 Die erste Festlandsockelproklamation, die dem von der ILC gewählten Ansatz – „souveräne Rechte über den Meeresboden und seinen Untergrund zur Nutzung der natürlichen Ressourcen" – folgte, war die Proklamation Australiens (Commonwealth of Australia Gazette 1953, No. 59, 2683). Vgl. dazu *O'Connell*, Sedentary Fisheries and the Australian Continental Shelf, AJIL 49 (1955), 185; *Goldie*, Australia's Continental Shelf: Legislation and Proclamations, ICLQ 3 (1954), 535; negativ noch die Entscheidung im Falle *Petroleum Development (Qatar) Ltd. v. Ruler of Qatar*, ILR 18 (1951), 161 sowie in *Petroleum Development (Trucial Coast) Ltd. v. Sheikh of Abu Dhabi*, ILR 18 (1951), 144 (155); vgl. auch *Jewett*, 176 ff.

6 UNTS 499, 311 (im folgenden Festlandsockelkonvention).

7 *Rüster*, 236; *Klemm*, 200 mwN.

8 In diesem Sinne ist vor allem die Entscheidung des IGH in den *North Sea Continental Shelf* Cases, ICJ Reports 1969, 3 (39, 53) zu verstehen; so auch die Sondervoten sowie die abweichenden Voten der Richter *Padilla Nervo*, 97; *Tanaka*, 172, 174, 179; *Ammoun*, 105; *Lachs*, 228; *Bustamante y Rivero*, 58; *Koretsky*, 155; *Morelli*, 198; *Sørensen*, 246.

9 Text in: The Law of the Sea – United Nations Convention on the Law of the Sea (United Nations Publication), 1983 (im folgenden SRÜ).

10 So hat beispielsweise 1918 das Department of State das Ersuchen eines U.S.-Bürgers um eine Genehmigung zur Ausbeutung von Ölvorkommen im Golf von Mexiko 40 Meilen von der Küste entfernt, dahin beschieden, die USA habe „... no jurisdiction over the ocean bottom of the Golfe of Mexico beyond territorial waters of the coast" (*Hackworth*, Digest II, 679 f).

11 *O'Connell/Shearer* I, 467 ff weist zutreffend darauf hin, daß für die Schaffung neuer Meereszonen stets technisch-wirtschaftliche Entwicklungen und Bedürfnisse ausschlaggebend waren.

12 Vgl. dazu *O'Connell/Shearer* I, 476 ff.

klärung ab. Die Ressourcen des Festlandsockels umfassen Mineralien und sonstige anorganische Bodenschätze des Meeresbodens und seines Untergrundes sowie seßhafte Lebewesen. Unter letzteren werden solche verstanden, die während des Stadiums, in dem sie gefischt werden können, entweder unbeweglich auf oder unter dem Meeresboden verbleiben oder sich nicht ohne ständige körperliche Berührung mit dem Meeresboden fortbewegen können.

4. Durch das Festlandsockelregime wird das Staatsgebiet des Küstenstaates *nicht* erweitert, sondern dem Küstenstaat wird lediglich – allerdings in erheblichem Umfang – das Monopol der wirtschaftlichen Nutzung dieses Unterwasserbereichs eingeräumt.[13] Dies ist nicht unumstritten. Verschiedene Gesichtspunkte könnten dafür herangezogen werden, um den Festlandsockel dem Staatsgebiet gleichzustellen. So hat der IGH in seiner Entscheidung in den *North Sea Continental Shelf* Cases darauf hingewiesen, daß der Festlandsockel eines Staates „a natural prolongation of its land territory“ darstelle und daß die küstenstaatlichen Rechte „*ipso facto* and *ab initio*, by virtue of its sovereignty over the land, ...“[14] existierten. Das heißt, der IGH hat eine Verbindung zwischen den küstenstaatlichen Rechten am Festlandsockel und der Territorialhoheit hergestellt, wobei übrigens die Begriffe „Souveränität“ und „souveräne Rechte“ gleichgesetzt werden.[15] In seiner Entscheidung im *Aegean Sea Continental Shelf* Case wird hingegen die Unterscheidung zwischen „territorial rights“ und „rights relating to territory“ schärfer gezogen.[16]
Auf der 3. UN-Seerechtskonferenz ist versucht worden, den Rechtsstatus eindeutiger in traditionellen Kategorien zu fixieren.[17] Es setzte sich jedoch der Trend durch, die Formulierung des IGH zu übernehmen[18], die ihrerseits auslegungsfähig ist.[19] Am stärksten gegen die Ansicht, daß es sich bei dem Festlandsockel um einen Teil des Staatsgebietes handele, spricht, daß die Rechte des Küstenstaates funktional begrenzt sind. Dies ist mit dem Prinzip der territorialen Souveränität schwerlich zu vereinbaren.
Eine wirklich praktische Bedeutung kommt dieser Kontroverse nicht zu. Das Festlandsockelregime ist zu begreifen als der Versuch, einen Ausgleich zwischen den Belangen der Küstenstaaten und Drittstaaten herzustellen, wobei ersteren die wirtschaftliche Nutzung dieses Gebietes und deren Kontrolle zugewiesen wird. Daß der Status des Gebietes selbst nicht verändert wurde, hat seinen Grund darin, daß man glaubte, nur so den Kommunikationsfreiheiten, wie z. B. der Schiffahrtsfreiheit, in vollem Umfange gerecht zu werden. Dem entspricht es, daß die Festlandsockelkonvention die küstenstaatlichen Rechte in einigen Punkten begrenzt.

5. Art. 3 Festlandsockelkonvention bestimmt, daß die Rechte des Küstenstaates an dem Festlandsockel weder die Rechtsstellung der darüber befindlichen Gewässer als Hohe See noch die Rechtsstellung des Luftraums über diesen Gewässern berühren (Art. 78

[13] Nach *O'Connell/Shearer* I, 480 sind die Rechte des Küstenstaates in bezug auf den Festlandsockel allumfassend; wenn dennoch nicht das Wort Souveränität benutzt wird, so beruht dies ihrer Meinung nach darauf, daß man glaubte, nur so die Freiheit des Meeres über dem Sockel sichern zu können.

[14] ICJ Reports 1969, 22; zum Konzept der „natural prolongation“ in der Rechtsprechung des IGH vgl. *Hutchinson*, 133 ff.

[15] Dagegen Richter *Ammoun*, ICJ Reports 1969, 118.

[16] ICJ Reports 1978, 3 (36).

[17] Vgl. die Vorschläge Nicaraguas, UN Doc. A/Conf. 62/C.2/L.17 und Griechenlands, UN Doc. A/Conf. 62/C.2/L.22, abgedruckt in: *Platzöder* (Hrsg.), The Third United Nations Conference on the Law of the Sea, Documents of the Caracas Session 1974, 102 und 113.

[18] UN Doc. A/Conf. 62/L.4, abgedruckt bei *Platzöder* (Anm. 17), 7.

[19] Für die Gleichstellung von Staatsgebiet und Festlandsockel vgl. *Rao*, 110 ff mwN.

SRÜ). Die Ausübung der wirtschaftlichen Nutzungsrechte durch den Küstenstaat darf nicht zu einer ungerechtfertigten Einschränkung der Schiffahrtsfreiheit sowie anderer garantierter Freiheiten führen.[20] Ferner darf der Küstenstaat das Legen und die Unterhaltung von Unterwasserkabeln und -rohrleitungen auf dem Festlandsockel nicht behindern (Art. 4 Festlandsockelkonvention, Art. 79 SRÜ), wobei aber wiederum die wirtschaftlichen Nutzungsrechte des Küstenstaates nicht beeinträchtigt werden dürfen.[21] Es handelt sich hier um die typische Formulierung für einen wechselseitigen schonenden Interessenausgleich.

6. Die Rechte des Küstenstaates an der Erforschung und Nutzung der Festlandsockelressourcen umfassen auch die Meeresforschung sowie die Errichtung von Installationen und Anlagen. Insoweit sind substantielle Unterschiede zwischen der Festlandsockelkonvention und dem Seerechtsübereinkommen festzustellen.

a) Art.5 Abs. 1 und 8 Festlandsockelkonvention unterscheiden zwischen wissenschaftlicher Erforschung der Ressourcen und der ausschließlich wissenschaftlichen Forschung über die physischen und biologischen Merkmale des Festlandsockels (Grundlagenforschung).[22] Erstere unterliegt – als Vorbereitung einer wirtschaftlichen Nutzung des Festlandsockels – der uneingeschränkten Hoheitsgewalt des Küstenstaates, letztere ist theoretisch frei. Alle an Ort und Stelle über den Festlandsockel durchzuführenden Forschungsarbeiten sind zwar genehmigungspflichtig, der Küstenstaat wird aber Projekten der Grundlagenforschung in der Regel seine Zustimmung nicht versagen, wenn das Ersuchen dazu von einer kompetenten Stelle vorgelegt wird, der Küstenstaat an den Forschungen teilnehmen kann und die Forschungsergebnisse auf jeden Fall veröffentlicht werden.[23]

Die Regelungen des Seerechtsübereinkommens werden nicht nur von dem Wunsch getragen, dem Küstenstaat die wirtschaftliche Nutzung des Festlandsockels zu garantieren, sondern darüber hinaus werden die Aspekte der Forschungskooperation und der Publizität der Ergebnisse betont.[24] Grundsätzlich unterscheidet auch Art. 246 SRÜ zwischen Grundlagenforschung und wirtschaftlich unmittelbar relevanter Forschung[25], wobei Forschungsarbeiten im Festlandsockelbereich stets der Genehmigung des Küstenstaates bedürfen. Diese Genehmigungspflicht sichert dem Küstenstaat wie unter der

---

[20] Insoweit unterscheiden sich Art. 5 Abs. 1 Festlandsockelkonvention und Art. 78 Abs. 2 SRÜ, denn Art. 5 nannte ausdrücklich neben der Schiffahrt den Fischfang und die grundlegende ozeanographische oder andere wissenschaftliche Forschung, deren Ergebnisse zur Veröffentlichung bestimmt sind. Der Grund für diese Änderung ist in der restriktiven Behandlung der Meeresforschung und der Aufhebung der Fischereifreiheit durch das Wirtschaftszonenregime zu suchen.

[21] Art. 79 SRÜ ist mit Art. 4 Festlandsockelkonvention inhaltlich nicht identisch. Wesentlich ist vor allem, daß der Verlauf von Pipelines im Einvernehmen mit dem Küstenstaat bestimmt werden muß und daß Kabel und Pipelines zur Ver- und Entsorgung von off-shore-Installationen der Hoheitsgewalt des Küstenstaates unterfallen. Letzteres entspricht dem Ansatz des Festlandsockelregimes, nämlich die wirtschaftliche Nutzung in vollem Umfang dem Küstenstaat zu überlassen.

[22] Vgl. zu dieser Unterscheidung *Caflisch/Piccard*, The Legal Régime of Marine Scientific Research and the Third United Nations Conference on the Law of the Sea, ZaöRV 38 (1978), 848 (852 f); *Wolfrum*, Der Schutz der Meeresforschung im Völkerrecht, GYIL 19 (1976), 99 (103 ff).

[23] Vgl. dazu *Soons*, 72 ff.

[24] Die Behandlung des Komplexes Meeresforschung war bis in die Schlußphase der Verhandlungen auf der 3. UN-Seerechtskonferenz kontrovers; vgl. dazu vor allem *Soons*, 154 ff; *Gündling*, 231 ff; zur Auslegung der Vorschriften vgl. ferner *Caflisch/Piccard* (Anm. 22), 885 ff.

[25] Was als wirtschaftlich relevante Forschung anzusehen ist, definiert Art. 246 Abs. 5 SRÜ: Vorhaben, die sich unmittelbar auf die Erforschung und Ausbeutung der lebenden und nicht lebenden Ressourcen beziehen, Bohrarbeiten auf dem Festlandsokkel, die Verwendung von Sprengstoffen oder die Zuführung von Schadstoffen in die Meeresumwelt sowie der Bau oder Betrieb von künstlichen Inseln oder Anlagen.

Festlandsockelkonvention seine Kontrollmöglichkeiten. Während die wirtschaftlich relevante wissenschaftliche Forschung der vollständigen Hoheitsgewalt des Küstenstaates unterworfen ist, wird der Küstenstaat der Durchführung von Grundlagenforschung unter „normalen Umständen" seine Zustimmung erteilen, wenn sie zu ausschließlich friedlichen Zwecken und zur Vermehrung der wissenschaftlichen Kenntnisse der Meeresumwelt zum Wohle der ganzen Menschheit erfolgt (Art. 246 Abs. 3 SRÜ).
Ob diese Unterscheidung zwischen Grundlagenforschung und wirtschaftlich relevanter Forschung von der Staatenpraxis wirklich aufgenommen werden wird, erscheint zumindest zweifelhaft. Bereits vor Beginn der 3. UN-Seerechtskonferenz zeichnete sich in der Staatenpraxis ein Trend ab, die küstenstaatlichen Kontroll-und Einspruchsrechte weit auszulegen. Einige Staaten gaben praktisch keinerlei Genehmigung mehr zur Durchführung von fremden Forschungsarbeiten auf ihrem Festlandsockel bzw. zögerten diese administrativ hinaus. Dieser Praxis versucht allerdings Art. 252 SRÜ einen Riegel vorzuschieben, denn eine beantragte Genehmigung gilt unter bestimmten Voraussetzungen nach Ablauf von vier Monaten als erteilt, wenn der betreffende Küstenstaat auf einen Antrag nicht reagiert. Hierin liegt ohne Zweifel eine Verbesserung der Situation für die wissenschaftliche Forschung.[26] Wenn dennoch eher davon auszugehen ist, daß die Erforschung der Festlandsockelbereiche durch fremde Staaten von den Küstenstaaten restriktiv behandelt werden wird, so liegt dies daran, daß Streitigkeiten über Anwendung und Auslegung von Art. 246 SRÜ nicht der Gerichtsbarkeit des Seegerichtshofs unterfallen. Insofern sind die den Küstenstaaten auferlegten Pflichten nicht ohne weiteres durchsetzbar.[27]

b) Wie bereits angesprochen, kontrollieren die Küstenstaaten auch die Errichtung und den Betrieb von Anlagen und Installationen, die der Erforschung und Nutzung des Festlandsockels dienen (Art. 5 Abs. 2-7 Festlandsockelkonvention). Art. 5 Abs. 2 Festlandsockelkonvention spricht lediglich davon, daß der Küstenstaat berechtigt sei, auf dem Festlandsockel die zu seiner Erforschung und zur Ausbeutung seiner Naturschätze erforderlichen Anlagen und sonstigen Vorrichtungen zu erstellen, zu unterhalten und zu betreiben. Art. 60 SRÜ, auf den Art. 80 SRÜ verweist, spricht hingegen von einem „ausschließlichen" Recht der Küstenstaaten. Auch der Kreis der Anlagen wurde präzisiert und erweitert. Denn hierunter sollen nunmehr fallen: künstliche Inseln, Anlagen und Bauwerke für die in Art. 56 SRÜ vorgesehenen und andere wirtschaftliche Zwecke sowie Anlagen und Bauwerke, welche die Ausübung der Rechte des Küstenstaates in der Zone beeinträchtigen können.[28]
Die Bezeichnung dieses Rechts als „ausschließlich" besagt, daß kein anderer Staat die genannten künstlichen Inseln, Installationen oder Anlagen errichten kann, es sei denn, er hat die Genehmigung des Küstenstaates. Mit der Formel „zu bauen und den Bau, den Betrieb und die Nutzung zu genehmigen und zu regeln" geht Art. 60 Abs. 1 SRÜ über Art. 5 Abs. 2 Festlandsockelkonvention hinaus, der lediglich von „zu erstellen, zu unterhalten und zu betreiben" spricht. Art. 60 SRÜ stellt damit klar, daß die Errichtung der genannten künstlichen Inseln, Installationen und Anlagen durch Drittstaaten nicht nur der Genehmigung des Küstenstaates unterliegt, sondern daß der Küstenstaat auch vorschreiben kann, wo und wie die Errichtung zu geschehen hat und welche Operationen und Nutzungen wo und wie durchgeführt werden dürfen.
Die im Festlandsockelbereich errichteten künstlichen Inseln, Installationen und Anlagen unterliegen der Rechtsordnung des Küstenstaates. Art. 60 Abs. 2 SRÜ betont, daß es sich

[26] Zur Entwicklung dieser Vorschrift vgl. *Soons*, 196 ff.

[27] Zur neueren Staatenpraxis vgl. unten §81.

[28] Zur Entstehungsgeschichte dieser Vorschrift vgl. *Gündling*, 213 ff; zur neueren Staatenpraxis vgl. unten §81.

um eine ausschließliche Zuständigkeit (exclusive jurisdiction) handelt. Dies schließt eine konkurrierende Zuständigkeit anderer Staaten aus. Die wichtigsten Rechtsgebiete werden genannt (Zoll-, Abgaben-, Gesundheits-, Sicherheits- und Einwanderungswesen). Die Aufzählung ist jedoch nur beispielhaft. Es gilt auch das Zivil-, Straf- und Arbeitsrecht des Küstenstaates. Offen bleibt sowohl nach der Festlandsockelkonvention als auch nach dem Seerechtsübereinkommen der Rechtsstatus der künstlichen Inseln (Insel oder Schiff). Eine entsprechende Regelung war aber auch entbehrlich, da Art. 60 Abs. 8 SRÜ feststellt, daß sie nicht über ein eigenes Küstenmeer verfügen.
Der Küstenstaat kann um künstliche Inseln, Installationen und Anlagen Sicherheitszonen von maximal 500 Metern Breite errichten (Art. 5 Abs. 2, 3 Festlandsockelkonvention). Die entsprechenden Vorschriften von Art. 60 Abs. 4-6 SRÜ haben diesen Grundsatz übernommen, wenngleich ihre Regelung detaillierter ausgefallen ist. Die in den Sicherheitszonen ergriffenen Maßnahmen müssen die Sicherheit sowohl der künstlichen Inseln, Installationen und Anlagen als auch die Sicherheit der Schiffahrt garantieren. Letzteres ist im Vergleich zur Festlandsockelkonvention eine Neuerung, wie überhaupt die Ausgestaltung von Art. 60 SRÜ von einer gewissen Rücksichtnahme auf die Schiffahrt getragen wird. Es wird in Art. 60 Abs. 4-6 SRÜ der Versuch unternommen, zwischen der wirtschaftlichen Nutzung des Festlandsockels und den Bedürfnissen der Schiffahrt einen Ausgleich zu schaffen.
Welche künstlichen Inseln, Installationen und Anlagen nun konkret der Hoheitsgewalt der Küstenstaaten unterliegen sollen, war auf der 3. UN-Seerechtskonferenz lebhaft umstritten.[29] Art. 60 Abs. 1 SRÜ versucht, zwischen den beiden Extrempositionen – alle künstlichen Inseln, Installationen und Anlagen oder nur die künstlichen Inseln, Installationen und Anlagen, die der wirtschaftlichen Nutzung des Festlandsockels dienen – zu vermitteln. Erfaßt werden nunmehr *alle* künstlichen Inseln sowie die Installationen und Anlagen, die der wirtschaftlichen Nutzung des Festlandsockels dienen bzw. diese beeinträchtigen könnten. Hinzu kommen gem. Art. 81 SRÜ alle Bohranlagen, gleichgültig, zu welchem Zweck die Bohrungen bestimmt sind. Auf eine nähere Definition der Begriffe „künstliche Inseln, Installationen und Anlagen" hat das Seerechtsübereinkommen verzichtet, obwohl entsprechende Vorschläge im Laufe der Verhandlungen unterbreitet worden sind.[30] Wegen der unterschiedlichen Behandlung von künstlichen Inseln einerseits und Installationen und Anlagen andererseits ist dies nicht unproblematisch. Denn es besteht die Gefahr, daß durch eine zu weite Auslegung des Begriffes „künstliche Insel" diese, die küstenstaatlichen Befugnisse einschränkende Unterscheidung aufgehoben wird.[31]

II. 1. Problematisch ist die räumliche, seewärtige Abgrenzung des Festlandsockels im völkerrechtlichen Sinn. Die Veränderungen, die Art. 1 Festlandsockelkonvention, der die Außengrenzen des Festlandsockels für das Genfer Seerecht umschrieb, durch das Seerechtsübereinkommen erfahren hat, lassen erneut deutlich werden, wie sehr dieses Regime von technischen Entwicklungen abhängig ist.

2. Nach Art. 1 Festlandsockelkonvention bezeichnet der Ausdruck „Festlandsockel" den Meeresgrund und den Meeresuntergrund der an die Küste angrenzenden Unter-

[29] Vgl. dazu *Gündling*, 223 ff.

[30] UN Doc. A/AC.138/SC.II/L.28 (Vorschlag Maltas), A/AC.138/SC.II/L.35 (Vorschlag der USA), abgedruckt bei *Oda*, The International Law of the Ocean Development, Basic Documents II, 1975, 266 ff und 284 ff.

[31] Ein Sonderproblem werfen militärische Anlagen auf. Sie sind in Art. 60 SRÜ nicht ausdrücklich geregelt, sind aber u. U. unter Art. 60 Abs. 1 c SRÜ zu subsumieren. Vgl. dazu *Wolfrum*, Restricting the Use of the Sea to Peaceful Purposes: Demilitarization in Being?, GYIL 24 (1981), 200 (240) mit Nachweisen aus der Staatenpraxis sowie *Gündling*, 227 f.

wasserzonen außerhalb des Küstenmeeres bis zu einer Tiefe von 200 Metern oder darüber hinaus, soweit die Tiefe des darüber befindlichen Wassers die Ausbeutung der Ressourcen dieser Zonen gestattet. Diese Definition ließ also die seewärtige Grenze des Festlandsockels jenseits der 200-Meter-Tiefenlinie offen. Theoretisch konnte die fortschreitende technische Entwicklung den gesamten geographischen Kontinentalrand in den Anwendungsbereich des Festlandsockelregimes einbeziehen, sah man nicht in dem Kriterium „angrenzend" eine Einschränkung.[32]
Dieser Meinungsstreit hat durch die Entwicklungen auf der 3. UN-Seerechtskonferenz an Bedeutung verloren.

3. Gemäß Art. 76 SRÜ[33] umfaßt der Festlandsockel *im Normalfall* den Meeresboden und den Meeresuntergrund der Unterwassergebiete, die sich jenseits des Küstenmeeres über die gesamte natürliche Verlängerung des Landgebietes bis zum äußeren Saum des Kontinentalrandes oder bis zu einer Entfernung von 200 Seemeilen von den Basislinien für die Bemessung des Küstenmeeres erstrecken. Letzteres gilt auch, wenn der Kontinentalrand weniger als 200 Seemeilen von den Basislinien entfernt liegt.
Der Begriff des Kontinentalrandes (continental margin) wird in Art. 76 Abs. 3 SRÜ näher umschrieben. Er erfaßt die geographischen Gebietseinheiten Festlandsockel, Kontinentalabhang (continental slope) und Kontinentalanstieg (continental rise). Nicht zum Kontinentalrand gehören der Tiefseeboden und sein Untergrund sowie die ozeanischen Gebirge. Wenn sich der Kontinentalrand über 200 Seemeilen von den Basislinien hinaus erstreckt, kommt es nun entscheidend darauf an, wie dieser Kontinentalrand bestimmt wird. Hierfür eröffnet Art. 76 Abs. 4 SRÜ dem Küstenstaat eine Wahlmöglichkeit, und zwar kann er sich dabei auf die Sedimentdicke beziehen oder die Außengrenze durch eine Linie bis zu 60 Seemeilen Entfernung vom Fuß des Kontinentalabhangs (Punkt des stärksten Gefällwechsels) bestimmen.
Auf keinen Fall darf der Festlandsockelanspruch über 350 Seemeilen, gemessen von der Basislinie, oder 100 Seemeilen jenseits der 2500-Meter-Tiefenlinie (eine die Tiefenpunkte von 2500 Meter verbindende Linie) erstreckt werden.
Entscheidend an dieser komplizierten Regelung ist zweierlei: Zum einen wird der normale Festlandsockel auf 200 Seemeilen, gemessen von der Basislinie, begrenzt. Geht ein küstenstaatlicher Anspruch über diese Grenze hinaus (sog. outer continental shelf), so muß der Küstenstaat dartun, daß der Kontinentalrand jenseits dieser Linie liegt. Unter diesem Gesichtspunkt begegnen die Ansprüche einiger lateinamerikanischer Staaten Bedenken.[34] Zum anderen enthält Art. 76 SRÜ, im Gegensatz zu Art. 1 Festlandsockelkonvention, eine definitive Außengrenze für die Festlandsockelbereiche.
Bei der Ziehung der Festlandsockelaußengrenzen wird nach Art. 76 Abs. 8 in Verbindung mit Annex II SRÜ eine Kommission beratend tätig. Die auf der Grundlage der Empfehlungen dieser Kommission festgelegte Außengrenze ist endgültig und bindend, anderen Staaten steht insoweit kein Einspruchsrecht zu, auch die Einschaltung von internationalen Mechanismen der Streitbeilegung scheidet aus.

[32] So vor allem *Oda*, International Control of Sea Resources, 1963, 167; die gegenteiligen Meinungen schildert im einzelnen *Rüster*, 283 ff, der allerdings zu dem Ergebnis gelangt, daß unter Art. 1 Festlandsockelkonvention eine völlige Aufteilung des Kontinentalrandes möglich sei (294 ff). *Klemm*, 194 f, versteht die Vorschrift dahin, daß sie keine seewärtige Grenzziehung enthalte.

[33] Zu dieser Vorschrift, ihrer Entstehungsgeschichte und den Problemen ihrer Anwendung vgl. *Brown*, I.4 2 ff; *McMillan*, 148; *Marsh*, 244 ff.

[34] Ecuador, Proklamation vom 19. September 1985, Law of the Sea Bulletin, No. 7 (1986), 109; Chile, Proklamation vom 12. September 1985, Law of the Sea Bulletin, No. 7 (1986), 107; a. A. *Ramakrishna/Bowen/Archer*, Outer Limits of Continental Shelf: A legal analysis of Chilean and Ecuadorian island claims and US response, Marine Policy 11 (1987), 58, die diese Ansprüche für mit dem Seerechtsübereinkommen vereinbar halten. Die USA haben in beiden Fällen gegen die Grenzziehung protestiert.

Der gemäß Art. 76 SRÜ definierte Festlandsockel steht auch Inseln, nicht aber unbewohnten Felsen zu (Art. 121 SRÜ).[35]

4. Für die Nutzung des äußeren Festlandsockels (outer continental shelf), d. h. den Sockelbereich, der jenseits der 200-Seemeilen-Entfernungslinie liegt, gelten gemäß Art. 82 SRÜ Sonderregelungen. Der Küstenstaat muß von den gezogenen Nutzungen Abgaben an die Meeresbodenbehörde entrichten[36]; diese verteilt die Zahlungen oder Sachleistungen auf der Grundlage angemessener Verteilungskriterien an die Vertragsstaaten. Dabei sind die Interessen und Bedürfnisse der Entwicklungsstaaten besonders zu berücksichtigen (Art. 82 Abs. 4 SRÜ). Außerdem sind die Rechte des Küstenstaates in bezug auf die Meeresforschung beschränkt (Art. 246 Abs. 6 SRÜ).

III. Ebenso problematisch wie die seewärtige Begrenzung des Festlandsockels ist die Grenzziehung zwischen gegenüberliegenden und benachbarten Staaten.[37]

1. Nach Art. 6 Abs. 1 Festlandsockelkonvention[38] hat sie in erster Linie auf dem Vertragswege zu erfolgen. Kommt eine solche Einigung nicht zustande und rechtfertigen nicht besondere Umstände eine andere Grenzziehung, so wird die Grenze zwischen gegenüberliegenden Staaten durch die *Mittellinie* gebildet (Abs. 1). Die Abgrenzung zwischen benachbarten Staaten erfolgt – wiederum von der Ausnahme besonderer Umstände abgesehen – nach dem Prinzip der *Äquidistanz* (Abs. 2).

2. Das Seerechtsübereinkommen wählte, unter dem Eindruck der Entscheidung des IGH in dem Streit um die *Abgrenzung des Festlandsockels in der Nordsee*[39] einen anderen Ansatz. Aufgegeben wurde die Unterscheidung zwischen benachbarten und gegenüberliegenden Staaten; vielmehr wurde für beide Gruppen eine einheitliche Formel geschaffen. Danach erfolgt die Abgrenzung des Festlandsockels zwischen Staaten mit gegenüberliegenden oder aneinandergrenzenden Küsten durch Vertrag auf der Basis des Völkerrechts entsprechend Art. 38 IGH-Statut, wobei das Ergebnis der Billigkeit (equitable solution) entsprechen soll (Art. 83 SRÜ). Kann eine derartige Lösung nicht binnen angemessener Zeit im Vertragswege gefunden werden, so werden die Parteien auf das Streitbeilegungssystem in Teil XV des Seerechtsübereinkommens verwiesen.[40]
Bis zur endgültigen Grenzziehung sollen die Parteien sich auf eine vorläufige Abgrenzung der Gebiete einigen.[41]
Die Formulierung des Art. 83 SRÜ, die erst 1981 von dem Konferenzpräsidenten eingeführt wurde[42], verzichtet also darauf, auf die Prinzipien der Mittel- oder Äquidistanzlinie zu verweisen, und benennt als einzige Maßstäbe die „Billigkeit" und das Völkerrecht. Der IGH hat 1982 im *Festlandsockelstreit Tunesien/Libyen* zu Recht darauf hingewiesen, daß nunmehr jegliche Richtlinie für eine Begrenzung des Festlandsockels im Verhältnis zu Nachbarstaaten bzw. zwischen gegenüberliegenden Staaten fehle.[43]
Man wird sich angesichts der Entscheidungspraxis des IGH allerdings die Frage vorlegen müssen, ob das alleinige Abstellen auf Billigkeit (equitable solution) nicht ein Gebot der

[35] *Karl*, 642 ff; *Pazarči*, 78 ff.
[36] Vgl. dazu *O'Connell/Shearer* I, 507.
[37] Zu dieser Problematik vgl. insbesondere *Charney*, 582 (587 ff).
[38] Zur Entstehungsgeschichte dieser Vorschrift vgl. *Rüster*, 364 ff.
[39] ICJ Reports 1969, 3.
[40] Zur Entstehungsgeschichte dieser Vorschrift, die bis zuletzt umstritten war, vgl. *Oxman*, The Third United Nations Conference on the Law of the Sea: The Tenth Session (1981), AJIL 76 (1982), 1 (14).
[41] Vgl. dazu im einzelnen *Lagoni*, Interim Measures Pending Maritime Delimitation Agreements, AJIL 78 (1984), 345.
[42] UN Doc. A/Conf. 62/L.78; kritisch *Oxman* (Anm. 40), 15.
[43] ICJ Reports 1982, 18 (49).

Realität war. Denn keine der im folgenden zu behandelnden gerichtlichen oder schiedsgerichtlichen Entscheidungen hat sich wesentlich auf das Äquidistanz- oder das Mittellinienprinzip gestützt.

3. Die wegweisende Entscheidung für die Abgrenzung von Festlandsockelbereichen benachbarter Staaten ist das Urteil des IGH vom 20. Februar 1969 in den *North Sea Continental Shelf* Cases zwischen der Bundesrepublik Deutschland und den Niederlanden sowie Dänemark.[44]

a) Die Bundesrepublik Deutschland führte in ihren Schriftsätzen und vor Gericht u. a. aus, daß die Nordseeanliegerstaaten ungeachtet der angewandten Abgrenzungsmethode Anspruch auf einen „just and equitable share" des Festlandsockels hätten, daß das Äquidistanzprinzip keine gewohnheitsrechtliche Geltung erlangt habe und nur im Normalfall Anwendung finden könne, wenn hierdurch ein „just and equitable apportionment of the continental shelf among the States concerned" erreicht werde. In der Nordsee liege dagegen eine besondere Situation vor, da hier zwischen zahlreichen Anliegerstaaten ein gemeinsamer Festlandsockel aufgeteilt werden müsse.[45]
Dem hielten Dänemark und die Niederlande entgegen, daß dem angesprochenen Grundsatz des „just and equitable apportionment" jeglicher Rechtscharakter fehle und daß seine Anerkennung zu einer von den Parteien nicht gewünschten „ex aequo et bono"-Entscheidung führen würde (Art. 38 Abs. 2 IGH-Statut). Ferner verneinten sie das Vorliegen besonderer Umstände und bestanden auf der Anwendung des Äquidistanzprinzips.[46]

Der IGH lehnte den Anspruch der Bundesrepublik Deutschland auf einen billigen und gerechten Anteil an dem Festlandsockel als unvereinbar mit dem Festlandsockelprinzip ab. Da es sich bei dem Festlandsockel um eine natürliche Verlängerung der Landgebiete unter Wasser handele, stehe jedem Küstenstaat ein a priori feststehender Anteil zu, den es lediglich abzugrenzen gelte.[47]
Des weiteren verneinte das Gericht die Anwendung der Äquidistanzmethode unter verschiedenen Gesichtspunkten. Unter anderem verwies der IGH darauf, daß sie nicht Bestandteil geltenden Gewohnheitsrechts sei[48] und im vorliegenden Fall wegen der besonderen geographischen Gestaltung der Küsten zu unbilligen Ergebnissen führe.[49] Folgende drei Rechtsregeln stellte das Gericht auf: Die Vertragsverhandlungen müßten sinnvoll und mit dem Ziel geführt werden, ein Abkommen zu erreichen, ohne daß dabei eine Partei kompromißlos auf ihrer Position beharre; bei den Verhandlungen seien Billigkeitsgesichtspunkte zu berücksichtigen; der jeweilige Schelfanteil müsse die natürliche Verlängerung des Küstenstaates sein und dürfe nicht die natürliche Verlängerung eines Nachbarstaates mit umfassen.[50]
Die Abgrenzung des Festlandsockelbereichs erfolgte schließlich durch Vertrag vom 30. Oktober 1970.[51]

b) Dem Urteil des IGH in den *North Sea Continental Shelf* Cases von 1969 schloß sich das Urteil im britisch-französischen Schiedsverfahren über die ***Abgrenzung des Festland-***

[44] ICJ Reports 1969, 3; vgl. dazu *Jewett*, 179 ff.
[45] ICJ Pleadings 1968 I, *North Sea Continental Shelf* Cases, 29 (36).
[46] ICJ Pleadings 1968 I, *North Sea Continental Shelf* Cases, 205 ff, 219, 221 (Dänemark); 358 ff, 373, 375 (Niederlande); Erwiderung der Bundesrepublik Deutschland, sie erstrebe keine „ex aequo et bono" Entscheidung, aaO, 395.
[47] ICJ Reports 1969, 22.
[48] ICJ Reports 1969, 32 ff.
[49] ICJ Reports 1969, 49; a. A. *Morelli* in seiner abweichenden Meinung, 215.
[50] ICJ Reports 1969, 47.
[51] Vgl. dazu *v. Schenck*, Die vertragliche Abgrenzung des Festlandsockels unter der Nordsee zwischen der Bundesrepublik Deutschland, Dänemark und den Niederlanden nach dem Urteil des Internationalen Gerichtshofes vom 20. Februar 1969, JIR 15 (1971), 370; *Auburn*, The North Sea Continental Shelf Boundary Settlement, AVR 16 (1974/75), 28.

sockels vom 30. Juni 1977[52] weitgehend an. Auch letzteres stellte fest, die Äquidistanzregel sei kein immanenter Bestandteil der Festlandsockeldoktrin und somit nicht gewohnheitsrechtlich zwingend anwendbar, sondern lediglich eine unter mehreren verschiedenen gleichwertigen Abgrenzungsmethoden. Grundprinzip gewohnheitsrechtlicher Abgrenzung sei vielmehr eine vertragliche Grenzziehung im Einklang mit Billigkeitsgesichtspunkten. Das Schiedsgericht übernahm auch die Auffassung des IGH, wonach eine gerechte und billige Abgrenzung nicht mit der Zuteilung eines gerechten und billigen Schelfanteils gleichzusetzen sei: Maßgeblich sei vielmehr, daß der Festlandsockel jedes Staates nicht auf die entsprechenden Schelfgebiete des Nachbarstaates übergreife. Im übrigen folgte das Schiedsgericht in der Beurteilung des Kriteriums der *,proximity'*, das nicht identisch sei mit dem der *,adjacency'*, im wesentlichen der Auffassung der Parteien und des IGH, wonach *,proximity'* zwar nicht als Grundlage für die Entstehung von Rechten am Festlandsockel angesehen werden könne, gegebenenfalls aber als Test oder Methode der Abgrenzung heranzuziehen sei. Eine größere Bedeutung maß das Schiedsgericht schließlich der Unterscheidung von Abgrenzungen zwischen angrenzenden und gegenüberliegenden Staaten zu. Im vorliegenden Fall waren sich die Parteien allerdings einig, daß die Küsten als gegenüberliegend anzusehen seien.[53]

c) Die Aufgabe des IGH im *Festlandsockelstreit Tunesien/Libyen*, in dem das Sachurteil am 24. Februar 1982 erging[54], war weiter gefaßt als in dem Streit über die Abgrenzung des Festlandsockels in der Nordsee. Aufgabe des Gerichts war es nämlich, die Prinzipien und Regeln des Völkerrechts für die Abgrenzung herauszuarbeiten, wobei das Gericht seine Entscheidung nach Billigkeitsgesichtspunkten (equitable principles) und unter Berücksichtigung der das Gebiet kennzeichnenden Umstände treffen sollte. Zu berücksichtigen waren auch die Tendenzen auf der 3. UN-Seerechtskonferenz. Das Gericht wurde ferner ersucht, die praktische Methode für die Anwendung dieser Prinzipien und die Regeln in dieser besonderen Lage klarzustellen, um es den Experten beider Länder zu ermöglichen, diese Gebiete ohne Schwierigkeiten abzugrenzen.[55] Ausgangspunkt auch dieser Entscheidung bildete der Begriff des Festlandsockels als natürliche Fortsetzung des Landgebietes; allerdings führte der IGH, insoweit seine Entscheidung von 1969 präzisierend, aus, daß die natürlichen Gegebenheiten nicht allein ausschlaggebend für eine Abgrenzung seien. Wesentliche Bedeutung komme Billigkeitserwägungen – und zwar Billigkeit im Einzelfall[56] – zu, auch wenn die Feststellung der natürlichen Fortsetzung und die Erwägung von Billigkeitsgesichtspunkten nicht auf gleicher Ebene angesiedelt seien.[57] Hinsichtlich des Billigkeitsgrundsatzes hob der IGH hervor, dieser sei ein unmittelbarer Ausdruck der Gerechtigkeitsidee und direkt als Recht anwendbar. Bei der Anwendung von Grundsätzen der Billigkeit als Teil des Völkerrechts sei der Gerichtshof gehalten, die verschiedenen, von ihm als erheblich erachteten Gesichtspunkte gegeneinander abzuwägen, um ein billiges Ergebnis zu erzielen. Dafür bestünden zwar keine festen Regeln, aber dennoch sei dies weder ein Vorgang der Ermessensausübung oder der Vermittlung noch eine Ausübung verteilender Gerechtigkeit.

---

[52] ILM 18 (1979), 397.

[53] Vgl. zu diesem Schiedsspruch u. a. *Rüster*, Das britisch-französische Schiedsverfahren über die Abgrenzung des Festlandsockels: Die Entscheidungen vom 30. Juni 1977 und vom 14. März 1978, ZaöRV 40 (1980), 803; *Colson*, The United Kingdom-France Continental Shelf Arbitration, AJIL 72 (1978), 95; *Quéneudec*, L'affaire de la délimitation du plateau continental entre la France et le Royaume-Uni, RGDIP 83 (1979), 53; *Zoller*, L'affaire de la délimitation du plateau continental entre la République Française et le Royaume-Uni de Grande Bretagne et d'Irlande du Nord – Décision du 30 juin 1977, AFDI 23 (1977), 359.

[54] ICJ Reports 1982, 18, vgl. dazu *Jewett*, 185 ff.

[55] ICJ Reports 1982, 38.

[56] ICJ Reports 1982, 58 ff.

[57] ICJ Reports 1982, 47.

Als erhebliche Gesichtspunkte (relevant circumstances) zog das Gericht in Betracht: geographische und geomorphologische Faktoren, den Schnittpunkt der Landgrenze mit der Küste, von Tunesien beanspruchte historische Rechte sowie einige bestimmte wirtschaftliche Gesichtspunkte.[58] Eine gewisse Rolle spielte eine von beiden Parteien stillschweigend bei der Konzessionsvergabe beachtete faktische Linie. Für die Feststellung der Verhältnismäßigkeit der Abgrenzung als einer Funktion der Billigkeit berücksichtigte der IGH auch solche Meereszonen, die nicht zum Festlandsockel gehörend an sich außerhalb des abzugrenzenden Gebietes lagen, um so vergleichbare Verhältnisse zu erreichen.[59] Generelle wirtschaftliche Erwägungen (Stand der industriellen Entwicklung, Rohstoffarmut etc.) wies das Gericht als für die Entscheidung irrelevant zurück[60].[61]

d) Die dem IGH in dem Rechtsstreit über den Verlauf der *Seegrenze im Gebiet des Golfes von Maine*[62] unterbreitete Frage lautete wie folgt:

> „welches ist der Verlauf der Seegrenze, die sowohl Festlandsockel als auch Fischereizone von Kanada und den Vereinigten Staaten teilt..."

Dabei war der räumliche Rahmen für die Grenzziehung näher umschrieben (Ausgangs-, Endpunkt etc.).

Während Kanada einen Grenzverlauf entsprechend einer modifizierten Äquidistanzlinie gem. Art. 2 Festlandsockelkonvention vorschlug, forderten die USA die Festlegung der Seegrenze entsprechend den Grundsätzen der Billigkeit sowie unter Berücksichtigung der Besonderheiten des betreffenden Gebietes. Dabei wurden die Gesichtspunkte „Billigkeit" und „Besonderheiten des Gebietes" näher präzisiert. Die anzuwendenden Grundsätze der Billigkeit sollten einschließen: das Prinzip, daß die Grenzziehung das Verhältnis zwischen den betreffenden Küsten der Parteien und auch den Seegebieten vor diesen Küsten berücksichtigen soll, einschließlich gegenseitiger Nicht-Beeinträchtigung, ihrer Proportionalität sowie ihrer natürlichen Verlängerung in geographischem Sinn oder ihrer küstenseitigen Ausdehnung; das Prinzip, daß die Grenzziehung die Erhaltung und Bewirtschaftung natürlicher Ressourcen in dem Gebiet fördern soll; das Prinzip, daß die Grenzziehung das Konfliktpotential zwischen den Parteien auf ein Minimum reduzieren soll. Unter dem Stichwort „Besonderheiten des betreffenden Gebietes" wünschten die USA die Berücksichtigung des Küstenverlaufs (Ausdehnung der Küste von Maine und New Hampshire, die starke Richtungsänderung des kanadischen Küstenverlaufs, das Vorspringen von Neu-Schottland, die konkave Form der Küste, die besonderen Umweltbedingungen, die ökologische Dreiteilung des Gebietes etc.). Unter wirtschaftlichen Gesichtspunkten wurde von seiten der USA betont, daß der Fischfang ausschließlich durch amerikanische Fischer entwickelt worden sei.

Generell kann man sagen, daß sich die USA auf Argumente beriefen, die dem Vortrag der Bundesrepublik Deutschland im Rechtsstreit um den Festlandsockel in der Nordsee entsprachen. Der wesentliche Unterschied lag allerdings darin, daß Kanada und die USA Vertragsparteien der Festlandsockelkonvention sind.
Dennoch verneinte das Gericht eine Anwendung von Art. 6 Festlandsockelkonvention, da es hier nicht nur über eine Festlandsockel-, sondern auch über eine Seegrenze (Fischereizone) zu entscheiden habe.
Folgende Grundsätze wurden von dem Gericht im Anschluß an die Entscheidung im Rechtsstreit über den Festlandsockel in der Nordsee hervorgehoben: Kein Staat habe

---

[58] ICJ Reports 1982, 64 ff.

[59] ICJ Reports 1982, 75.

[60] ICJ Reports 1982, 77.

[61] Vgl. zu diesem Urteil u. a. *Ben Achour,* L'affaire du plateau continental tuniso-libyen (Analyse empirique), *Clunet* 110 (1983), 247; *Zoller,* Recherche sur les méthodes de délimitation du plateau continental: à propos de l'affaire Tunisie-Libye, RGDIP 86 (1982), 645.

[62] Das Urteil erging am 12. Oktober 1984 (ICJ Reports 1984, 246) durch eine Kammer des IGH gem. Art. 26 Abs. 2 IGH-Statut; vgl. dazu *Jewett,* 188 ff.

das Recht, einseitig eine Seegrenze zu seinen Nachbarn zu ziehen; die Betonung der konsensualen Grenzziehung durch das Seerechtsübereinkommen wird insoweit bereits als Ausdruck geltenden Völkerrechts gewertet. Außerdem betont das Gericht die Bedeutung von Billigkeitserwägungen.
Die Grenzziehung selbst stellt den Versuch dar, vor allem unter Berücksichtigung der Küstenlängen und des stark wechselnden Küstenverlaufs eine der Billigkeit im Einzelfall entsprechende Lösung zu entwickeln. Die Entscheidung ist teilweise auf erhebliche Kritik gestoßen.[63]

e) Der *Rechtsstreit zwischen Libyen und Malta über die Festlandsockelabgrenzung*, der am 3. Juni 1985 entschieden wurde[64], gab dem IGH die Gelegenheit, sich mit der Frage des Grenzverlaufs bei gegenüberliegenden Küsten zu beschäftigen.

Libyen beantragte eine Entscheidung unter Anwendung von Billigkeitsgrundsätzen und unter Berücksichtigung der Besonderheiten des Gebietes. Es verwies vor allem darauf, es sei dem Grundsatz Rechnung zu tragen, daß jeder Staat nur den zu seinem Territorium gehörenden Festlandsockel beanspruchen könne.[65] Malta hingegen wiederholte praktisch die Formulierung von Art. 83 Abs. 1 SRÜ, berief sich aber zusätzlich auch auf das Mittellinienprinzip.[66] Die Grenzziehung selbst oblag in diesem Fall nicht dem Gericht.[67]

Das Gericht konnte sich in seiner Entscheidung ebenfalls nicht auf Art. 6 Festlandsockelkonvention stützen, da Libyen dieser nicht beigetreten ist. Folglich war Völkergewohnheitsrecht anzuwenden. Der IGH hob aber hervor, dies bedeute nicht, daß deshalb das Seerechtsübereinkommen irrelevant sei. Einige der Vorschriften des Seerechtsübereinkommens stellten vielmehr eine Kodifikation von Gewohnheitsrecht dar.[68] Besondere Bedeutung kam unter diesen Umständen der Frage zu, was unter „natürlicher Verlängerung des Landgebiets" (Art. 76 Abs. 1 SRÜ) zu verstehen ist und welche Bedeutung diesem Grundsatz bei der Abgrenzung gem. Art. 83 SRÜ zukommt, zumal Art. 76 Abs. 10 SRÜ darauf hindeutet, daß die Abgrenzung ausschließlich über Art. 83 SRÜ zu erfolgen hat. Der IGH stellte hierzu fest, daß, da der Festlandsockel bis zu einer Entfernung von 200 Seemeilen von der Basislinie in jedem Fall zu dem jeweiligen Küstenstaat gehöre, sich hieraus kein Kriterium für die seitliche Abgrenzung oder Abgrenzung zur Gegenküste ergebe. Entscheidungserheblich waren letztlich ausschließlich Billigkeitserwägungen: genereller Küstenverlauf, das Verhältnis der Küstenlängen zueinander sowie die Vermeidung von einem extremen Mißverhältnis der Faktoren Küstenlänge/Schelfgebiet im Verhältnis der beiden Staaten zueinander.[69]

4. Inzwischen ist – teilweise im Gefolge der angesprochenen Entscheidungen – eine Reihe von Festlandsockelabgrenzungsverträgen geschlossen worden. Sie beruhen teilweise noch auf dem Mittellinien- oder dem Äquidistanzprinzip[70], tragen aber auch den besonderen geographischen Umständen Rechnung. Angesichts der Ablehnung des Mittellinien- und Äquidistanzprinzips durch die völkerrechtliche Judikatur und Art. 83 SRÜ können diese Verträge nicht mehr als Beleg für eine gewohnheitsrechtliche Geltung dieser beiden Prinzipien herangezogen werden.[71]

---

[63] Vgl. zu dem Urteil *Cooper*, Delimitation of the Maritime Boundary in the Gulf of Maine Area, ODILA 16 (1986), 59; *Legault/Hankey*, From Sea to Seabed: The Single Maritime Boundary in the Gulf of Maine Case, AJIL 79 (1985), 961; *Clain*, Gulf of Maine – A Disappointing First in the Delimitation of a Single Maritime Boundary, VJIL 25 (1985), 521.

[64] ICJ Reports 1985, 13.

[65] ICJ Reports 1985, 18.

[66] ICJ Reports 1985, 19.

[67] ICJ Reports 1985, 24.

[68] ICJ Reports 1985, 29 f.

[69] ICJ Reports 1985, 46 ff.

[70] Eine Darstellung bis 1977 findet sich bei *Rüster*, 399 ff; zur Staatenpraxis seit 1969 vgl. auch *Brown*, I. 9 2 ff.

[71] A. A. noch *Rüster*, 401.

In einer Vielzahl von Problemfällen steht jedoch noch eine Lösung aus; Beispielsfälle sind der griechisch-türkische Konflikt über die Festlandsockelabgrenzung in der Ägäis und der norwegisch-sowjetische Konflikt über die Festlandsockelabgrenzung in der Barentsee. Norwegen beruft sich in diesem Fall primär auf das Äquidistanzprinzip, wohingegen die UdSSR „besondere Umstände" geltend macht. Das umstrittene Gebiet umfaßt ca. 155 000 Quadratmeilen.
Auch der Streit um die Abgrenzung des Festlandsockels rund um das Rockall Plateau hat sich ausgeweitet. Nachdem Großbritannien 1974 etwa 52 000 Quadratmeilen des Festlandsockels im Rockall-Gebiet für sich beanspruchte, kam es zunächst zu Differenzen mit Irland. In den vergangenen Jahren haben auch Dänemark und Island Ansprüche auf Teile des Festlandsockels geltend gemacht, die sich mit denen Großbritanniens und Irlands überlappen.[72]

5. Keine Regelung in der Festlandsockelkonvention bzw. in dem Seerechtsübereinkommen hat die Nutzung von Vorkommen gefunden, die sich über die aneinandergrenzenden Festlandsockelbereiche zweier Staaten erstrecken. Diese Problematik wurde allerdings von dem IGH in seinem Urteil in den *North Sea Continental Shelf* Cases kurz angesprochen, wobei das Gericht darauf hinwies, daß es eine Überlegung im Rahmen der Billigkeitserwägungen sein könne, die einheitliche Verwaltung einer Lagerstätte sicherzustellen.[73] In der Staatenpraxis wird für grenzüberschreitende Lagerstätten teilweise eine gemeinsame Ausbeutung durch die benachbarten Küstenstaaten vorgesehen.[74] Diese Kooperation kann unterschiedlich intensiv sein (gleichzeitige Ausbeutung, wobei die jeweiligen Anteile festgelegt werden, gemeinsame Ausbeutung vor Grenzziehung, Ausbeutung durch ein gemeinsames Unternehmen für die Nachbarstaaten und die Vereinbarung eines Systems mit kondominialen Zügen).[75] Auf jeden Fall können die aus grenzüberschreitenden Lagerstätten erwachsenden Probleme nur vertraglich gelöst werden.
Eine Sonderregelung enthält allerdings Art. 142 SRÜ für Vorkommen, die sowohl im internationalen Tiefseeboden als auch im nationalen Festlandsockelbereich liegen. Hier wird ein Verfahren zum Interessenausgleich vorgesehen, das als Ausdruck des internationalen Nachbarrechts auch für die Nutzung von Vorkommen anwendbar ist, die zwei verschiedenen nationalen Festlandsockelbereichen angehören.

IV. Umstritten ist, ob die Kompetenzen der Europäischen Gemeinschaften sich auch auf den Festlandsockel beziehen. Eine derartige Kompetenz läßt sich nicht aus Art. 227 EWG-Vertrag herleiten, da dieser sich auf die Hoheitsgebiete der Vertragsstaaten be-

---

[72] Zur Entwicklung und zu den Einzelheiten dieses Streits vgl. *Symmons*, Legal Aspects of the Anglo-Irish Dispute over Rockall, Northern Ireland Legal Quarterly 26 (1975), 65; *ders.*, The Rockall Dispute Deepens: An Analysis of Recent Danish and Islandic Actions, ICLQ 35 (1986), 344 ff.

[73] ICJ Reports 1969, 51.

[74] Vgl. dazu *Onorato*, Apportionment of an International Common Petroleum Deposit, ICLQ 17 (1968), 85 und ICLQ 26 (1977), 324; *Horigan*, Unitization of Petroleum Reservoirs Extending Across Sub-Sea Boundary Lines of Bordering States in the North Sea, NRL 7 (1974), 67; *Lagoni*, Oil and Gas Deposits Across National Frontiers, AJIL 73 (1979), 215 ff; *Valencia/Miyoshi*, Southeast Asian Seas: Joint Development of Hydrocarbons in Overlapping Claim Areas?, ODILA 16 (1986), 211; zu den grenzüberschreitenden Ressourcen im Golf von Mexiko vgl. *Utton/McHugh*, On an Institutional Arrangement for Developing Oil and Gas in the Gulf of Mexico, NRJ 26 (1986), 717 ff; *Székely*, The International Law of Submarine Transboundary Hydrocarbon Resources: Legal Limits to Behavior and Experiences in the Gulf of Mexico, NRJ 26 (1986), 733 ff, sowie das mexikanische Federal Act Relating to the Sea vom 20. Dezember 1985, NRJ 26 (1986), 819. Vgl. auch *Valencia*, Taming Troubled Waters: Joint Development of Oil and Mineral Resources in Overlapping Claim Areas, San Diego Law Review 23 (1986), 661.

[75] *Lagoni*, 243, deutet an, daß sich völkergewohnheitsrechtlich eine Kooperationspflicht der Nachbarstaaten entwickelt.

zieht, zu denen der Festlandsockel nicht gehört.[76] Allerdings sind die Kompetenzen der Europäischen Gemeinschaften, ebenso wie die der Staaten, nicht im Sinne von Art. 227 EWG-Vertrag räumlich begrenzt. Die Rechtsordnung der Europäischen Gemeinschaften vermag auch Sachverhalte außerhalb des von Art. 227 EWG-Vertrag umschriebenen Raumes zu erfassen. Dies ergibt sich aus Art. 84 Abs. 2 EWG-Vertrag, der eine Gemeinschaftskompetenz für Vorschriften über Seeschiffahrt und Luftfahrt vorsieht, sowie aus Art. 102 der Beitrittsakte, in der die Gemeinschaft ermächtigt wird, Fischereiregelungen zu treffen, um den Schutz der Fischbestände und der biologischen Schätze des Meeres zu sichern; auch für die Fischereipolitik, die nach Art. 38 Abs. 1 EWG-Vertrag zur Agrarpolitik zählt, reicht die Regelungsgewalt der Europäischen Gemeinschaften über Art. 227 EWG-Vertrag hinaus, wie der EuGH bereits mehrfach festgestellt hat.[77] Allerdings reicht die Regelungskompetenz der Europäischen Gemeinschaften nur soweit, wie ihr eine entsprechende Sachkompetenz zusteht.
Bislang haben die Europäischen Gemeinschaften es vermieden, in ihrem Sekundärrecht ausdrücklich den Festlandsockel mit einzubeziehen.[78]

§ 79 Die Fischereizone

Schrifttum: *Gotlieb,* The Canadian Contribution to the Concept of a Fishing Zone in International Law, CanYBIL 2 (1964), 55; *Morin,* La zone de pêche exclusive du Canada, CanYBIL 2 (1964), 77; *Oda,* International Law Relating to Living Marine Resources, RdC 127 (1969 II), 371; *Rojahn,* Die Ansprüche der lateinamerikanischen Staaten auf Fischereivorrechte jenseits der Zwölfmeilenzone, 1972; *Katz,* Issues Arising in the Icelandic Fisheries Case, ICLQ 22 (1973), 83; *Churchill,* The Fisheries Jurisdiction Cases: The Contribution of the International Court of Justice to the Debate on Coastal States' Fisheries Rights, ICLQ 24 (1975), 82; *Langavant/Pirotte,* L'affaire des pêcheries islandaises. L'arrêt de la Cour Internationale de Justice du 25 juillet 1974, RGDIP 80 (1976), 55; *Holt,* Marine Fisheries, Ocean Yearbook 1 (1978), 38; *Oda,* Fisheries under the United Nations Convention on the Law of the Sea, AJIL 77 (1983), 739; *Burke,* The Law of the Sea Convention Provisions on Conditions of Access to Fisheries Subject to National Jurisdiction, Oregon Law Review 63 (1984), 73; *Garcia/Gulland/Miles,* The New Law of the Sea and the Access to Surplus Fish Resources: Bio-economic Reality and Scientific Cooperation, Marine Policy 10 (1986), 192.

I. 1. Die Frage einer Anerkennung von ausschließlichen Fischereirechten ist historisch eng mit der Entstehung des Küstenmeeres verknüpft. *Grotius*[1] zum Beispiel forderte, daß die Fischerei ebenso wie die Schiffahrt frei sein solle, während sein Opponent

---

[76] So aber das Memorandum der Kommission vom 18. September 1970, SEC (70), 3095, 7; a. A. *Wenger,* La C.E.E. et le plateau continental, RMC 14 (1971), 184 (188); *Daillier,* Les Communautés européennes et le droit de la mer, RGDIP 83 (1979), 417 (452); vgl. allgemein zur Problematik der Erstreckung von EG-Kompetenzen auf die Meereszonen und den Festlandsockel *Vignes,* The EEC and the Law of the Sea, in: *Churchill/Simmonds/Welch* (Hrsg.), New Directions in the Law of the Sea III, 1973, 335; *H. P. Ipsen,* EWG über See. Zur seerechtlichen Orientierung des europäischen Gemeinschaftsrechts, Festschrift Stödter, 1979, 167; *Bernhard,* Der Festlandsockel im Recht der Europäischen Gemeinschaften, 1982; *Vitzthum,* Die EG und das Internationale Seerecht, AöR 111 (1986), 33.

[77] Vgl. dazu unten § 79.

[78] Vgl. *Jenisch,* Zur Anwendung des Europäischen Rechts in den Meereszonen der EG-Staaten, GYIL 22 (1979), 239; *Bernhard,* (Anm. 76), 40 ff.

[1] Mare liberum sive de jure quod Batavis competit ad Indicana Commercia dissertatio, 1608, Kap. V; er bezeichnet die Bestrebung, Abgaben von ausländischen Fischern zu erheben, als barbarisch und unmenschlich. Zur Begründung dieser These verwies *Grotius* darauf, daß die Fischbestände unerschöpflich seien.

Welwood[2] sich, indem er zwischen erschöpflichen und unerschöpflichen Ressourcen unterschied, für Fischereimonopole aussprach. Ungefähr zu Beginn des 18. Jahrhunderts war diese wesentliche Unterscheidung anerkannt mit der Folge, daß die Fischerei nicht als gemeinsame und freie Nutzung der See angesehen wurde. Bei der küstenstaatlichen Monopolisierung von Fischereirechten wurden allerdings historische Fangrechte berücksichtigt.[3] Eine erste vertragliche Aufteilung von Fischfangrechten erfolgte im europäischen Raum durch die Fischereikonvention zwischen Frankreich und Großbritannien von 1839[4] und die Fischereikonvention für die Nordsee von 1882.[5] Diese Abkommen wiesen die Fischereirechte innerhalb einer drei Seemeilen breiten Zone dem jeweiligen Küstenstaat zu, während die Fischerei in dem übrigen Bereich frei blieb.

2. Bereits im 19. Jahrhundert wurde erkannt, daß die Fischbestände durchaus erschöpflich sind. Damit stellte sich automatisch die Frage nach ihrem Schutz, aber auch nach ihrer Verteilung. Es ist nämlich zu berücksichtigen, daß dem Prinzip der Fischereifreiheit bei Erschöpflichkeit der Fischereiressourcen ein mittelbarer Verteilungseffekt innewohnt. Es begünstigt die wirtschaftlich und technisch effizient arbeitenden Fischer gegenüber weniger modern ausgerüsteten Einheiten[6] sowie die mobilen Fernfangflotten, die nach Ausschöpfung eines geographisch begrenzten Bestandes andere Fischgründe aufsuchen können, gegenüber den an bestimmte Regionen gebundenen Küstenfangflotten. Diese beiden Gesichtspunkte – Erhaltung der Fischbestände im Interesse der Welternährung und Schutz der Küstenfischerei – wurden seit Beginn des 20. Jahrhunderts diskutiert; sie bestimmten vor allem die völkerrechtliche Entwicklung nach dem Zweiten Weltkrieg. Dabei sind zwei unterschiedliche Lösungsansätze mit ihnen verknüpft. Wird ausschließlich die Erhaltung der Fischbestände angestrebt, so bietet sich eine internationale Lösung an, d. h. die Entwicklung von international vereinbarten Schutzmaßnahmen. Steht allerdings stärker der Verteilungsaspekt im Vordergrund, so kommen eher nationale Maßnahmen in Betracht, wie die Einräumung von Vorzugsfangrechten, die Errichtung von Fischereizonen etc. Dieser Trend hat sich letztlich durchzusetzen vermocht, denn durch die Einrichtung ausschließlicher Wirtschaftszonen[7] wurden über 90% der Weltfischbestände nationaler Verfügungsgewalt überlassen. Im wesentlichen drei Gründe sind für diese Entwicklung maßgeblich gewesen. Alle Versuche, den Fischbestandsschutz international zu gewährleisten, haben sich letztlich als erfolglos erwiesen. Sie scheiterten daran, daß die damit befaßten Fischereiorganisationen stets nur für ihre Mitglieder verbindliche Normen setzen konnten und keine Verpflichtung der Nutzer bestand, diesen Organisationen beizutreten.[8] Außerdem war die Funktion dieser Organisationen auf den Bestandsschutz beschränkt; Einfluß auf die Verteilung – z. B. zu Gunsten der Küstenstaaten – nahmen sie nur in Ausnahmefällen.[9] Wesentlich für die Wahl des nationalen Ansatzes war aber auch die Entstehung von neuen Staaten im Dekolonisierungsprozeß nach dem Zweiten Weltkrieg und deren Tendenz – im Rahmen der Gewinnung einer auch wirtschaftlichen Unabhängigkeit –, Naturschätze der nationalen Verfügungsgewalt zu unterstellen.

---

[2] De dominio maris juribusque ad dominium praecipue spectantibus assertio brevis et methodica, 1615.

[3] *O'Connell/Shearer* I, 511 f.

[4] British Foreign Service Papers 27, 983; *de Martens*, NRG, 1ère Série, XVI, 954.

[5] British Foreign Service Papers 73, 39 und RGBl. 1884, 25.

[6] *Gulland*, World Fisheries and Fish Stocks, Marine Policy 1 (1977), 185.

[7] Vgl. dazu § 81.

[8] *Wolfrum*, Die Internationalisierung staatsfreier Räume, 1984, 211 ff.

[9] Vgl. z. B. IATTC (Inter-American Tropical Tuna Commission).

3. Obwohl es bereits vor dem Zweiten Weltkrieg einzelne Staaten gab, die Fischereizonen beanspruchten[10], hat sich die Konzeption der ausschließlichen Fischereizone erst nach 1945 verbreitet, entwickelt und durchgesetzt. Den Beginn dieser Entwicklung markiert – wie auch bei der Entstehung des Festlandsockelregimes – die Proklamation von Präsident *Truman* vom 28. September 1945.[11] Danach wurde die Schaffung von Fischereischutzzonen unter der Kontrolle der USA angekündigt. Diesem Beispiel folgte eine Reihe weiterer Staaten, wobei die Ausgestaltung der beanspruchten Fischereizonen wesentliche Unterschiede aufwies. Mexiko (1945) und Argentinien (1946) beispielsweise beanspruchten Rechte über den Festlandsockel und die darüber liegenden Gewässer (epicontinental sea), während Chile und Peru (beide 1947) Hoheitsrechte in einer 200 Seemeilen breiten Zone proklamierten. Im europäischen Raum beanspruchte Island (1948) das Recht, innerhalb seiner Schelfgrenzen Fischereischutzzonen zu errichten, in denen der Fischfang isländischen Vorschriften und Kontrollen unterworfen war.

Anders als das Festlandsockelkonzept konnte sich der Gedanke einer ausschließlichen Fischereizone zunächst – auch auf den beiden Genfer Seerechtskonferenzen (1958/60) – nicht durchsetzen. Noch 1955 war die ILC im Rahmen der Diskussion über die Küstenmeerbreite der Ansicht, daß Fischereigrenzen über 12 Seemeilen hinaus völkerrechtswidrig seien und daß auch Fischereigrenzen bis zu 12 Seemeilen von den Staaten nicht anerkannt zu werden brauchten.[12]

Auch auf der 1. Genfer Seerechtskonferenz (1958) kam keine Einigung zustande, obwohl ein amerikanischer Vorschlag, der ein 6 Seemeilen breites Küstenmeer und eine ebenso breite Fischereizone vorsah, große Zustimmung erfahren hatte. Auf der 2. Seerechtskonferenz (1960) scheiterte ein derartiger Vorschlag mit nur einer Stimme an der erforderlichen Zweidrittelmehrheit.[13] Die 1. Seerechtskonferenz verabschiedete statt dessen die Konvention über die Fischerei und die Erhaltung der lebenden Schätze der Hohen See[14], die am 20. März 1966 in Kraft trat. Diese Konvention folgt noch dem angesprochenen internationalen Ansatz, obwohl sie einige Elemente zum Schutze küstenstaatlicher Interessen enthält. Ihr Art. 6 bescheinigt dem Küstenstaat, daß er ein besonderes Interesse daran habe, „die Ergiebigkeit der lebenden Meeresschätze in jeder an sein Küstenmeer angrenzenden Zone der Hohen See zu erhalten". Ihm wird jedoch verwehrt, einseitig Maßnahmen zur Erhaltung zu treffen. Er muß vielmehr mit anderen betroffenen Staaten Verhandlungen aufnehmen, um einvernehmlich mit ihnen die erforderlichen Maßnahmen zu ergreifen (Art. 6 Abs. 3 Fischereikonvention). Allerdings darf auch kein Staat Erhaltungsmaßnahmen ergreifen, die den von dem Küstenstaat getroffenen Regelungen entgegenstehen (Art. 6 Abs. 4 Fischereikonvention). Kommen die Verhandlungen zwischen dem Küstenstaat und den anderen Staaten nicht binnen sechs Monaten zu einem Ergebnis, so kann der Küstenstaat zur Erhaltung der Ergiebigkeit der lebenden Meeresschätze von sich aus geeignete Maßnahmen zur Erhaltung jedes Bestandes an Fischen oder sonstigen Meeresschätzen in jeder an sein Küstenmeer angrenzenden Zone der Hohen See treffen (Art. 7 Abs. 1 Fischereikonvention). Jedoch gelten die küstenstaatlichen Maßnahmen nur dann gegenüber anderen Staaten, wenn die vorhandenen Kenntnisse über die Fischerei die Anwendung von Erhaltungsmaßnahmen dringend erforderlich machen, die Maßnahmen ihrerseits auf entsprechenden wissenschaftlichen Erkenntnissen beruhen und sie ausländische Fischer weder rechtlich noch tatsächlich benachteiligen. Damit wurde den Küstenstaaten die Möglichkeit genommen, über

[10] *Rojahn*, 145; so z. B. Brasilien (1938, 12 sm); Kolumbien (1923, 12 sm) und Libanon (1921, 6 sm); vgl. die Übersicht in: UN Doc. A/Conf. 13/C.1/L.11/Rev. 1, Corr. 1 und 2.

[11] UN ST/LEG/SER.B/1, 112.

[12] Vgl. Report of the International Law Commission, ILC Yearbook 1955 II, 19 (35).

[13] UNCLOS II, OR, 30.

[14] UNTS 559, 285 (im folgenden Fischereikonvention).

ihre nationalen Erhaltungsmaßnahmen eine Bewirtschaftung der Fischbestände im Sinne ihrer Verteilung durchzuführen.
Die Fischereikonvention stellt einen Kompromiß dar, der wegen der Nichtanerkennung küstenstaatlicher Sondernutzungsrechte weder die Befürworter einer ausschließlichen Fischereizone noch wegen der Anerkennung küstenstaatlicher Sonderinteressen die traditionellen Fischfangnationen befriedigen konnte. Die Rezeption der Fischereikonvention war demzufolge enttäuschend, durch ihre Anerkennung der küstenstaatlichen Sonderinteressen beschleunigte sie allerdings den Trend zur Erklärung weiterer Fischereizonen.[15] Dabei war die rechtliche Einordnung dieser Zonen umstritten. Gelegentlich wurde versucht, die Fischereizone als Anschlußzone zu rechtfertigen[16], es überwogen aber die Stimmen, die die 12-Seemeilen-Fischereizone als völkergewohnheitsrechtlich anerkannt ansahen.[17]

4. Die erste Ausdehnung einer Fischereizone über das Küstenmeer hinaus führte zu dem sog. Kabeljau-Krieg zwischen Island und Großbritannien (1959)[18], in dem britische Marineeinheiten versuchten, britische Fischer vor dem Zugriff durch isländische Fischereischutzboote zu schützen. Letztlich erkannte Großbritannien die isländische Fischereischutzzone von 12 Seemeilen an, vereinbarte aber einen stufenweisen Abbau britischer Fischereiaktivitäten.
Von Bedeutung für die Entwicklung des Systems der Fischereizonen waren schließlich die Urteile des IGH vom 25. Juli 1974 in den *Fischereistreitigkeiten* zwischen Großbritannien bzw. der Bundesrepublik Deutschland und Island.[19] Das Gericht führte in den Urteilen aus, daß die Konzeption der ausschließlichen Fischereizone sich im Völkergewohnheitsrecht durchgesetzt habe und daß nach geltendem Recht die Breite der Fischereizone 12 Seemeilen betrage. Jenseits dieser Grenze stünden dem Küstenstaat nur präferentielle[20] Rechte zu, die mit historischen Rechten anderer Staaten konkurrierten. In dem Urteilstenor sprach das Gericht allerdings nicht aus, daß Island mit seinem Anspruch auf eine 50 Seemeilen breite Fischereizone gegen geltendes allgemeines Völkerrecht verstoßen habe. Es beschränkte sich vielmehr darauf, festzustellen, daß es seine Fischereiregelung Großbritannien und der Bundesrepublik Deutschland nicht entgegenhalten könne.[21] Eine besondere Bedeutung erhält der Urteilsspruch zusätzlich dadurch, daß sechs der zehn die Entscheidung tragenden Richter betonten, daß das Völkerrecht eine Ausdehnung der Fischereizone über die Zwölf-Seemeilengrenze hinaus nicht ver-

[15] Vgl. dazu *O'Connell/Shearer* I, 532; *Rojahn*, 146 ff. Die Staaten, die eine Fischereizone von 12 Seemeilen beanspruchten, waren: Island (1958); Norwegen, Senegal (1961); Marokko, Tunesien (1962); Dänemark für Grönland und die Färöer, Uruguay, Südafrika, Algerien (1963); Irland, Großbritannien, Kanada (1964); Sierra Leone, Jugoslawien, Korea (1965); Neuseeland, Portugal, USA, Mexiko (1966); Monaco, Frankreich, Elfenbeinküste, Dominikanische Republik, Australien (1967); Benin, Schweden (1968); Polen (1970); Finnland (1975). In diesem Kontext ist auch die Europäische Fischereikonvention vom 9. März 1964 (BGBl. 1969 II, 1897) zu erwähnen. Sie erkennt für den Bereich des Nordatlantik und der Nordsee ein ausschließliches Recht der Küstenstaaten an, in einer 6-Seemeilen-Zone zu fischen. In der Zone zwischen 6 und 12 Seemeilen sollen nur der Küstenstaat und Staaten mit traditionellen Fischereiaktivitäten in diesem Gebiet fischen. Bis Ende 1971 gab es nur vier Staaten, die Fischereizonen über 12 Seemeilen Breite beanspruchten: Ghana (112), Nicaragua (200), Malediven (100), Gambia (24 – 2 Jahre später auf 50 erweitert). Der Trend zu erweiterten Fischereizonen (200 Seemeilen) setzte 1975 ein. Er wurde ausgelöst durch den Informal Single Negotiating Text der 3. UN-Seerechtskonferenz.

[16] Vgl. Statement of the Legal Adviser to the State Department, 18 February 1970, ILM 9 (1970), 434 (436).

[17] *Rojahn*, 149; *Oda*, Living Marine Resources, 387 ff, jeweils mwN.

[18] Vgl. dazu im einzelnen RGDIP 63 (1959), 120, 536; RGDIP 64 (1960), 384; RGDIP 65 (1961), 614, 693.

[19] ICJ Reports 1974, 3 und 175.

[20] Vgl. dazu *O'Connell/Shearer* I, 529 f, kritisch *Churchill*, 104.

[21] ICJ Reports 1974, 34 und 205.

biete.[22] Zur Begründung dessen wurde auf die Praxis der lateinamerikanischen und asiatischen Staaten sowie auf die Vorschläge im Rahmen der 3. UN-Seerechtskonferenz verwiesen.[23]

Das Urteil mag in seiner Begründung dogmatisch unbefriedigend sein, es entspricht aber der Staatenpraxis, die eine Tendenz zu erweiterten Fischereizonen aufweist. Dabei stehen diese nicht mehr, und hierin liegt eine deutliche Abkehr von den Vorstellungen der Fischereikonvention, im Dienste eines Bestands- bzw. Artenschutzes. Entscheidend sind statt dessen die küstenstaatlichen Sonderfangrechte, die der IGH in seinem Urteil bereits anerkannt hat. Die Aussage des Gerichts, eine Fischereizone von 12 Seemeilen Breite entspreche Völkergewohnheitsrecht, war nur kurzfristig von Bedeutung. Sie wurde von den Ansprüchen auf eine Fischereizone von bis zu 200 Seemeilen und vor allem von den Ansprüchen auf eine ausschließliche Wirtschaftszone überrollt.

II. Für den Bereich der Europäischen Gemeinschaft nimmt diese die Fischereikompetenzen wahr.

1970 wurden die ersten Entscheidungen zu einer EG-Fischereipolitik getroffen; sie beruhten auf folgenden Grundsätzen: Zugangsfreiheit zu den nationalen Fischereigründen[24], Aufbau einer Marktorganisation für Fisch[25] und Koordination der nationalen Strukturpolitiken in bezug auf die Fischereiwirtschaft.[26] Durch den Beitritt von Dänemark, Großbritannien und Irland zu den Europäischen Gemeinschaften wurde diese Fischereipolitik zunächst – vorgesehen bis 1982 – modifiziert.[27] Die in der Beitrittsakte von 1972 enthaltenen Regelungen sahen eine vorübergehende Abweichung von dem Prinzip des freien Zugangs zu den Gewässern anderer Länder vor. Die weltweite Einrichtung von Fischereizonen führte jedoch dazu, daß sich die Integration in bezug auf die Fischereipolitik beschleunigte.

Im sog. *Kramer-Urteil* vom 14. Juli 1976 hat der Europäische Gerichtshof entgegen der Auffassung Großbritanniens bestätigt, daß sich die sachliche Regelungsbefugnis der Gemeinschaft – über das Hoheitsgebiet der Mitgliedstaaten hinaus – auch auf die Fischerei auf Hoher See erstrecke.[28]

Mit Wirkung vom 1. Januar 1977 beanspruchten die Mitgliedstaaten Fischereizonen von 200 Seemeilen Breite in der Nordsee und im Nordatlantik.[29] Die Regelungen der Europäischen Gemeinschaften beruhen auf folgenden Prämissen: Alle Gewässer innerhalb der 200-Seemeilen-Zone stehen grundsätzlich allen Fischern aus den Gemeinschaften offen, lediglich im Bereich einer 12-Seemeilen-Zone kann ein Küstenstaat unter bestimmten Voraussetzungen den Fischfang heimischen Fischern vorbehalten. Die Fangmenge wird durch Gesamtfangquoten, die von dem Ministerrat festgesetzt werden, limitiert. Diese Gesamtfangmenge wird in nationale Quoten aufgeteilt.[30]

---

[22] Joint separate opinion der Richter *Forster, Bengzon, Jiménez de Aréchaga, Nagendra Singh, Ruda,* 45 ff, 217 ff; separate opinion des Richters *de Castro,* 72 ff, 225 ff.

[23] Zu dem Urteil vgl. *Churchill,* 82; *Wengler,* Der Internationale Gerichtshof entscheidet im Fischereistreit gegen Island, NJW 27 (1974), 2169; *Katz,* 83; *Langavant/Pirotte,* 55.

[24] Verordnung 2141/70 (Amtsblatt 1970, L. 236/1), ersetzt durch Verordnung 101/76 (Amtsblatt 1976, L. 20/19).

[25] Verordnung 2142/70 (Amtsblatt 1970, L.236/5), ersetzt durch Verordnung 100/76 (Amtsblatt 1976, L.20/1) und Verordnung 3796/81 (Amtsblatt 1981, L.379/1).

[26] Verordnung 2141/70 (Amtsblatt 1970, L.236/1).

[27] Vgl. Beitrittsakte von 1972, Art. 100 f.

[28] Urteil des EuGH vom 14. Juli 1976, Slg. 1976, 1279 (1311); vgl. hinsichtlich einer ausführlichen Würdigung des *Kramer*-Urteils *H. P. Ipsen,* EWG über See, Zur seerechtlichen Orientierung des Europäischen Gemeinschaftsrechts, Festschrift Stödter, 1979, 167 (181 ff).

[29] Beschluß des Rates vom 13. und 20./21. Dezember 1976 (Amtsblatt 1981, C.105/1).

[30] Verordnung 170/83 und Verordnung 172/83 (Amtsblatt 1983, L.24/30), Verordnung 171/83 (Amtsblatt 1983, L.24/14), modifiziert durch Verordnung 2931/83 (Amtsblatt 1983, L.288/1).

§ 80 Die Umweltschutzzone

Schrifttum: *Henkin*, Arctic Anti-Pollution: Does Canada Make – or Break – International Law, AJIL 65 (1971), 131; *Pharand*, The Law of the Arctic; With Special Reference to Canada, 1973; *Ehmer*, Der Grundsatz der Freiheit der Meere und das Verbot der Meeresverschmutzung, 1974; *Wolfrum*, Die Beschränkungen für die Freiheit der Schiffahrt durch das kanadische „Arctic Waters Pollution Prevention Act" sowie durch die internationalen Übereinkommen zum Schutze der Meeresumwelt, in: *Bernhardt/Rudolf* (Hrsg.), Die Schiffahrtsfreiheit im gegenwärtigen Völkerrecht, 1975, 143; *ders.*, Der Umweltschutz auf Hoher See – internationale wie nationale Maßnahmen und Bestrebungen, VRÜ 8 (1975), 201; *Gündling*, Die 200-Seemeilen-Wirtschaftszone, 1983.

I. 1. Die Ineffektivität internationaler Maßnahmen zur Verhütung und Bekämpfung der Meeresverschmutzung hat einzelne Staaten zu Beginn der 70er Jahre veranlaßt, auch zum Zwecke des Umweltschutzes Hoheitsrechte im küstennahen Bereich der Hohen See zu beanspruchen und einseitig Maßnahmen zum Schutze der marinen Umwelt zu ergreifen. Die Zahl der Beispielsfälle ist allerdings gering geblieben, eine konsolidierte Staatenpraxis hat sich, anders als bei den Fischereizonen und dem Festlandsockel, nicht entwickelt.

2.a) Das bekannteste Beispiel einer derartigen Umweltschutzzone, in der der Küstenstaat ausschließliche Regelungs- und Rechtsdurchsetzungsbefugnisse beansprucht, ist das kanadische Arctic Waters Pollution Prevention Act von 1970.[1] Den Hintergrund dieses Gesetzes bildeten vor allem die Ölvorkommen Alaskas und der Beginn ihrer Nutzung. Kanada befürchtete, daß das Rohöl auf dem Schiffswege durch die Nordwest-Passage transportiert werden würde. In dem Vorspruch zu dem Gesetz heißt es, Kanada müsse dafür sorgen, daß die Schätze der kanadischen Arktis nur so entwickelt und ausgebeutet und die arktischen Gewässer Kanadas nur so befahren würden, daß Kanadas Verantwortung für das Wohlergehen der Eskimos und der anderen Bewohner der kanadischen Arktis und für die Erhaltung des besonderen ökologischen Gleichgewichts in der kanadischen Arktis Rechnung getragen werde. Das kanadische Gesetz schützt Teile des Atlantiks und des Nordpolarmeeres vor der kanadischen Ostküste, und zwar in einem Gebiet, das durch den 60. Grad nördlicher Breite, den 141. Grad westlicher Länge und eine Linie, die seewärts in einer Entfernung von 100 Seemeilen von dem nächsten Punkt auf kanadischem Land entfernt liegt, begrenzt wird. Das Gesetz verbietet allgemein das Einleiten von schädlichen Abfallstoffen jeder Art von Schiffen und vom Land aus. Es sieht Maßnahmen bei Schiffskollisionen und Havarien vor und regelt die Fragen der Schadensersatzpflicht. Besondere Bedeutung kommt der Einführung präventiver Maßnahmen zu, durch die das Entstehen einer Ölverschmutzung verhindert werden soll. Das Gesetz gibt dem Governor in Council die Möglichkeit, jedes Gebiet der arktischen Gewässer zur Schiffssicherheitszone zu erklären. Für diese Sicherheitszonen kann er Vorschriften erlassen über Bauweise und Ausrüstung von Schiffen, ferner über Besatzung und Ladung, und er kann Schiffen die Durchfahrt durch die Sicherheitszone verbieten, wenn sie den Anforderungen nicht entsprechen.

b) Im Jahre 1971 hat die UdSSR vergleichbare Vorschriften erlassen. Die Vorschriften über die Verwaltung des nördlichen Seewegs, verabschiedet vom Ministerrat der UdSSR am 16. September 1971[2], sollen die Sicherheit der arktischen Schiffahrt gewährleisten und die Verschmutzung

---

[1] UN ST/LEG/SER.B/16, 183; ILM 9 (1970), 543, vgl. dazu kritisch *Wolfrum*, Beschränkungen für die Freiheit der Schiffahrt, 143 ff; *Ehmer*, 120 ff; *Gündling*, 28 ff; *Henkin*, 131 ff; verteidigt wird das Vorgehen von Kanada vor allem von *Pharand*, 224 ff; *Morin*, Le progrès technique, la pollution et l'évolution récente du droit de la mer au Canada, particulièrement à l'égard de l'Arctique, CanYBIL 8 (1970), 158 (206 ff); *Beesly*, Rights and Responsibilities of Arctic Coastal States: The Canadian View, JMLC 3 (1971-72), 1; *Klotz*, Are Ocean Polluters Subject to Universal Jurisdiction – Canada Breaks the Ice, The International Lawyer 6 (1972), 706.

[2] ILM 11 (1972), 645, vgl. dazu *Butler*, Pollution Control and the Soviet Arctic, ICLQ 21 (1972), sowie *Dehner*, Creeping Jurisdiction in the Arctic: Has the Soviet Union Joined Canada?, Harvard ILJ 13 (1972), 271.

der Meeresumwelt und der Nordküste der UdSSR verhüten. Den für den nördlichen Seeweg zuständigen Verwaltungsbehörden wird u. a. die Befugnis eingeräumt, Regeln für die Navigation auszuarbeiten, meteorologische Bedingungen aufzustellen und andere Erfordernisse für die Ausrüstung und Versorgung der Schiffe festzulegen. Sie können außerdem Anforderungen an den Zustand der Schiffe festlegen, um sicherzustellen, daß die den nördlichen Seeweg befahrenden Schiffe den strengen Bedingungen der Schiffahrt im Eis genügen. Zur Durchsetzung ihrer Kompetenzen kann die Verwaltung die Schiffe inspizieren und gegebenenfalls ihre Durchfahrt verhindern.

c) Vergleichbar mit dem sowjetischen Vorgehen ist die Gesetzgebung von Massachusetts[3]; ähnliche Regelungen sah auch Ghana vor, das sich die Errichtung einer an seine Küstengewässer angrenzenden Schutzzone vorbehielt.[4] Honduras nahm eine Schutz- und Überwachungszone von 200 Seemeilen in Anspruch, ohne das Ausmaß seiner Kompetenzen zu fixieren.[5]

3. Das kanadische und sowjetische Vorgehen hat in der völkerrechtlichen Literatur eine intensive Diskussion ausgelöst und ist dabei überwiegend auf Ablehnung gestoßen[6]; die USA haben gegen das kanadische Gesetz protestiert.[7] Es läßt sich weder aus dem Gesichtspunkt der Selbstverteidigung noch unter dem System der Anschlußzone rechtfertigen.[8]

II. Kanada hat erfolglos versucht, das Konzept der Umweltschutzzone in dem Seerechtsübereinkommen zu verankern.[9] Dieser Ansatz verlor im Verlaufe der Konferenzberatungen ohnehin an Bedeutung, da das Wirtschaftszonenkonzept den Küstenstaaten Umweltschutzkompetenzen einräumte. Diese beinhalten in der Regel allerdings nicht das Recht, Einfluß auf Konstruktion, Ausstattung und Bemannung von Schiffen zu nehmen. Sonderregelungen gelten jedoch für Eisgebiete; insoweit ist die 3. UN-Seerechtskonferenz dem Anliegen Kanadas entgegengekommen.[10]

§ 81 Die ausschließliche Wirtschaftszone

Schrifttum: *Castañeda,* The Concept of Patrimonial Sea in International Law, IJIL 12 (1972), 535; *Nelson,* The Patrimonial Sea, ICLQ 22 (1973), 668; *Aguilar,* The Patrimonial Sea or Economic Zone Concept, San Diego Law Review 11 (1974), 579; *Alexander/Hodgson,* The Impact of the 200-Mile Economic Zone on the Law of the Sea, San Diego Law Review 12 (1975), 569; *Quéneudec,* La zone économique, RGDIP 79 (1975), 321; *Brown,* The Exclusive Economic Zone: Criteria and Machinery for the Resolution of International Conflicts between Different Users of the EEZ, Maritime Policy and Management 4 (1977), 325; *Fleischer,* The Right to a 200-Mile Exclusive Economic Zone or a Special Fishery Zone, San Diego Law Review 14 (1977), 548; *Hollick,* The Origins of 200-Mile Offshore Zones, AJIL 71 (1977), 494; *Scerni,* La zone économique exclusive: Son importance, sa nature juridique et les problèmes principaux y relatifs, in: Thesaurus Acroasium 7, (1977), 157; *Vitzthum,* Neue Weltwirtschaftsordnung und neue Weltmeeresordnung. Innere Widersprüche bei zwei Ansätzen zu sektoralen Weltordnungen, EA 33 (1978), 455; *Extavour,* The Exclusive Economic Zone, A Study of the Evolution and Progressive Development of the Interna-

---

[3] An Act Relative to the Territorial Waters of the Commonwealth and Extending the Authority of the Director of the Division of Marine Fisheries, VRÜ 6 (1973), 242.

[4] The Territorial Waters and Continental Shelf Act 1963, UN ST/LEG/SER.B/15, 85.

[5] Congressional Decree No. 25 vom 17. Januar 1951, UN ST/LEG/SER.B/6, 22.

[6] Vgl. Anm. 1 und 2.

[7] ILM 9 (1970), 605 ff mit Antwort Kanadas.

[8] *Wolfrum,* Beschränkungen für die Freiheit der Schiffahrt, 150 f; *Gündling,* 28 ff.

[9] UN Doc. A/AC.138/SC.III/L.28, 37, 37/Add.1.

[10] Vgl. dazu § 81.

tional Law of the Sea, 1979; *O'Connell/Shearer*, The International Law of the Sea, 2 Bände, 1982/84, 553 ff, 727 ff, 984 ff, 1027 ff; *Gündling*, Die 200 Seemeilen-Wirtschaftszone, 1983; *Del Vecchio*, Zona economica esclusiva e Stati costieri, 1984; *Juda*, The Exclusive Economic Zone: Compatibility of National Claims and the UN Convention on the Law of the Sea, ODILA 16 (1986), 1; *Smith*, Exclusive Economic Zone Claims, An Analysis and Primary Documents, 1986; *Attard*, The Exclusive Economic Zone in International Law, 1987; *Wolfrum*, The Emerging Customary Law of Marine Zones: State Practice and the Convention the Law of the Sea, NYIL 18 (1987), 121.

I. 1. Die Entwicklung des Wirtschaftszonenkonzeptes wurde vor allem von den Entwicklungsländern ausgelöst.[1] Die Motive für die Erklärung einer ausschließlichen Wirtschaftszone waren im einzelnen durchaus unterschiedlicher Natur[2], sie lassen sich jedoch auf einige gemeinsame Grundüberlegungen zurückführen. Vorbereitet wurde die Entwicklung des Wirtschaftszonenkonzepts durch die (nationale) Inanspruchnahme des Festlandsockels und von Fischereizonen, die durch die Proklamationen von Präsident *Truman* ausgelöst worden waren.[3] Beide Konzepte vermochten die küstenstaatlichen Interessen nicht zu erfüllen, insbesondere dann nicht, wenn sie – wie die lateinamerikanischen Staaten an der Westküste Südamerikas – über keine nennenswerten Festlandsockel verfügten. Die ersten Erklärungen, mit denen ausschließliche Wirtschaftszonen beansprucht wurden, stammten dann auch von Argentinien, Chile, Peru und Ecuador.[4] Die Ausdehnung dieser Zonen auf 200 Seemeilen war zunächst darauf zurückzuführen, daß Anchovis-Schwärme 187 Seemeilen vor der peruanischen Küste entdeckt wurden.[5] Diese Breitenforderung hat sich jedoch in der Folgezeit verselbständigt, obwohl die unterschiedlichen wirtschaftlichen Interessen die Beanspruchung verschieden breiter Zonen nahegelegt hätten. Durchaus ein tragendes Moment für die Ansprüche der lateinamerikanischen Staaten war, daß sie auf diese Weise einen Ausgleich für den schmalen geographischen Festlandsockel (teilweise nur 9 Seemeilen) erstrebten. Die weltweite Rezeption dieses Regimes innerhalb kürzester Zeit[6] sowie seine Ausgestaltung erklärten sich jedoch aus einem anderen Gesichtspunkt. Vor allem die Entwicklungsländer erstrebten den Zugriff auf die küstennahen lebenden und nicht lebenden Ressourcen, um so – im Sinne der Forderung nach einer Neuen Weltwirtschaftsordnung – ihre wirtschaftliche Unabhängigkeit zu erlangen.[7] Maßgeblich war hierfür die Forderung nach der ständigen Souveränität über die natürlichen Ressourcen. Dabei war der Einfluß dieses Grundsatzes auf das Wirtschaftszonenkonzept doppelter Natur: zum einen hinsichtlich der Ausdehnung der Wirtschaftszonen, zum anderen bezüglich des Gehalts der beanspruchten Nutzungsrechte. Nach Resolution 3016 (XXVII) vom 18. November 1972 und 3171 (XXVIII) vom 17. Dezember 1973 der Vollversammlung der Vereinten Nationen haben die Staaten ein Recht auf alle natürlichen Ressourcen des ihrer Jurisdiktion unterstehenden Meeresbodens, seines Untergrunds und der darüber liegenden Gewässer.

---

1 Zur Entstehungsgeschichte vgl. *Nelson*, 669 ff; *Castañeda*, 535; *Extavour*, 171 ff; *Aguilar*, 582 ff; *Attard*, 1 ff, 32 ff.

2 *Hollick*, 494 ff.

3 Vgl. dazu § 78 und § 79.

4 Decree No. 14, 708, Concerning National Jurisdiction over Epicontinental Sea and the Argentine Continental Shelf, of 11 October 1946, UN ST/LEG/SER.B/1,4; Presidential Declaration Concerning Continental Shelf of 23 June 1947, UN ST/LEG/SER.B/1, 6 (Chile); Presidential Decree No. 781, Concerning Submerged Continental and Insular Shelf of 1 August 1947, UN ST/LEG/SER.B/1, 16 (Peru); Decree Concerning the Limits of the Territorial Sea, of 6 November 1950 and a Legislative Decree of 6 March 1951, UN ST/LEG/SER.B/8, 9; vgl. dazu *Hjertonsson*, The New Law of the Sea. Influence of the Latin American States on Recent Developments of the Law of the Sea, 1973, 22 f; *Hollick*, 495 ff.

5 *Hollick*, 499.

6 Vgl. dazu die Angaben bei *Smith*, 29 ff.

7 *Extavour*, 143 ff, 177; *Quéneudec*, 322 f.

2. Die Entwicklung des Wirtschaftszonenkonzepts beruhte aber nicht nur auf einem einseitigen nationalen Vorgehen, sondern es kam zu seerechtspolitischen Gemeinschaftsinitiativen, die vor allem den Gang der Verhandlungen auf der 3. UN-Seerechtskonferenz bestimmten.

a) Mit der Erklärung von Santiago (1952) unternahmen die Staaten Chile, Ecuador und Peru einen ersten Versuch, ihre Seerechtspolitiken zu harmonisieren.[8] Die drei Staaten erklärten die traditionelle Breite des Küstenmeeres und der Anschlußzone für unzureichend, um die Erhaltung, Entwicklung und Nutzung der dem Küstenstaat zustehenden Ressourcen zu gewährleisten. Jeder von ihnen besitze die „alleinige Souveränität und Jurisdiktion über das an die Küste angrenzende Meeresgebiet, das sich auf nicht weniger als 200 Seemeilen erstreckt". Sie erklärten ferner, daß ihre alleinige Jurisdiktion und Souveränität über die besagte Zone die „alleinige Souveränität und Jurisdiktion über den Meeresboden und den Untergrund" einschließe. Nicht berührt werden sollte die Freiheit der Schiffahrt.

b) Dieser Grundsatz wurde in den Erklärungen von Montevideo (8. Mai 1970)[9] und von Lima (8. August 1970)[10] erneut betont. Vor allem in der letzteren klingen die Forderungen nach einer Neuen Weltwirtschaftsordnung deutlich an.

c) Das zunächst in Lateinamerika initiierte Wirtschaftszonenkonzept erhielt die Unterstützung von afrikanischen Staaten. Hier vor allem bekam es seine eigenständigen Konturen, die es von dem Küstenmeer, aber auch von einem bloßen Präferenzsystem der Küstenstaaten in bezug auf bestimmte Meereszonen unterscheiden. Diese Entwicklung fand vor allem in dem Asian-African Legal Consultative Committee statt.[11]

d) Neben den Beratungen in dem Asian-African Legal Consultative Committee wurden in den Jahren 1972-74 afrikanische Regionalkonferenzen durchgeführt, die sich mit dem Wirtschaftszonenkonzept beschäftigten. Besonders auffallend ist dabei die Erklärung von Jaunde vom 30. Juni 1972.[12] Denn in ihr wird zwar das Recht der afrikanischen Staaten betont, die Grenzen ihrer Jurisdiktion im küstennahen Meer selbst zu bestimmen, gleichzeitig wird aber auch hervorgehoben, daß alle Staaten, einschließlich der Binnenstaaten, das Recht hätten, die lebenden Ressourcen dieser Wirtschaftszonen auszubeuten. Diese Forderung hat die 3. UN-Seerechtskonferenz letztlich nicht erfüllt.

e) Die Grundsätze von Jaunde wurden ein Jahr später in einer Deklaration der OAU (Erklärung von Addis Abeba vom 24. Mai 1973) bestätigt und präzisiert.[13]

f) Am 7. Juni 1972 legte schließlich eine Konferenz karibischer Staaten eine Deklaration zu Fragen des Seerechts vor (Deklaration von Santo Domingo)[14], in der u. a. das System des Patrimonialmeeres verfochten wurde. Hierin wird betont, daß die Völker Amerikas auf die natürlichen Ressourcen als Lebensgrundlage angewiesen seien und das Recht hätten, diese Ressourcen zu erhalten, zu schützen und zu entwickeln. Die Präambel dieser Erklärung weist vor allem darauf hin, daß die wirtschaftliche und soziale Entwicklung aller Völker und die Gewährleistung gleicher Möglichkeiten für alle Menschen wesentliche Bedingungen für den Frieden seien.

3. Mit dem Wirtschaftszonenkonzept beschäftigte sich bereits der Meeresbodenausschuß (Committee on the Peaceful Uses of the Sea-Bed and the Ocean Floor beyond the Limits of National Jurisdiction), dem die Vorbereitung der 3. UN-Seerechtskonferenz oblag.

Die ersten Vorschläge wurden bereits 1971 eingebracht. Als solche sind zu nennen die Vorschläge von Kenia[15], Kanada[16], Australien[17], Mexiko[18] und Venezuela.[19] Dabei bezog sich der Vorschlag Mexikos nur auf die Jurisdiktionsrechte bezüglich der Fischerei, während der Vor-

[8] Text in: *Oda*, The International Law of the Ocean Development I, 1972, 345 f.
[9] *Oda* (Anm. 8), 347.
[10] *Oda* (Anm. 8), 349.
[11] Vgl. dazu die Ausführungen von *Gündling*, 39 ff; *Attard*, 20 ff.
[12] UN Doc. A/AC.138/79.
[13] UN Doc. A/AC.138/89.
[14] UN Doc. A/AC.138/80.
[15] UN Doc. A/AC.138/SC.II/SR.8.
[16] UN Doc. A/AC.138/SC.II/SR.9.
[17] UN Doc. A/AC.138/SC.II/SR.15.
[18] UN Doc. A/AC.138/SC.II/SR.11.
[19] UN Doc. A/AC.138/SC.II/SR.15.

schlag Venezuelas die küstenstaatliche Jurisdiktion in bezug auf alle natürlichen Ressourcen forderte.

In der Folgezeit fand das Wirtschaftszonenkonzept weitere Zustimmung. Insgesamt wurden 1972/73 dreizehn Vorschläge unterbreitet, die sich in der Art ihrer Ausformulierung, aber auch in ihrem Ansatz deutlich unterschieden.[20]

Fast alle Vorschläge gingen übereinstimmend davon aus, daß die Breite der Wirtschaftszonen 200 Seemeilen nicht überschreiten sollte. Insofern ist die für die Ausdehnung der Wirtschaftszone wesentliche Vorentscheidung bereits 1972/73 gefallen.

Weniger einheitlich war der Ansatz hinsichtlich der Natur der küstenstaatlichen Rechte, obwohl die meisten Vorschläge die Formel „souveräne Rechte über die Meeresschätze" bzw. „Souveränität über die Meeresschätze" verwandten. Lediglich der Vorschlag Brasiliens ging von einer Ausdehnung des Küstenmeeres auf 200 Seemeilen aus. Nach dem Vorschlag von Uganda und Sambia sollten die Nutzungsrechte nicht dem Küstenstaat, sondern den Staaten der Region zustehen.

Kritiker des Wirtschaftszonenkonzepts waren zunächst Japan, die UdSSR, Großbritannien und die USA. Die von ihnen vorgelegten Alternativen kamen aber den Befürwortern dieses Konzeptes entgegen.[21]

Den entscheidenden Durchbruch erzielte das Wirtschaftszonenkonzept bereits auf der ersten Sitzung der 3. UN-Seerechtskonferenz, die substantiellen Fragen gewidmet war (Caracas 1974). Etwa 100 Staaten sprachen sich positiv für das neue Regime aus, darunter auch die USA und die UdSSR.[22] Damit verschob sich die Diskussion auf die Frage der Ausgestaltung des Wirtschaftszonenregimes.[23]

4. Die Einrichtung von ausschließlichen Wirtschaftszonen führt zu einer wesentlichen Umverteilung der Meeresgebiete und zu einer deutlichen Verringerung des internationalen Seegebietes. Ob damit allerdings eine gerechtere Verteilung der Meeresressourcen verbunden ist, vor allem eine Verbesserung der wirtschaftlichen Ausgangslage für die Entwicklungsländer, ist zumindest fraglich. Denn zu denjenigen, die als wesentliche Gewinner des Wirtschaftszonenregimes anzusehen sind, gehören Staaten wie die USA (Ausdehnung der Wirtschaftszone von 3.107.000 Quadratseemeilen), Frankreich (2.100.000 Quadratseemeilen), Neuseeland (1.792.800 Quadratseemeilen) und die UdSSR (1.309.500 Quadratseemeilen). Als Entwicklungsland in dieser Gruppe ist lediglich Indonesien mit einer Wirtschaftszone von 1.577.300 Quadratseemeilen zu nennen.[24] Die Binnenstaaten bleiben von dieser Verteilung praktisch ausgeschlossen.

II. 1. Nach Art. 56 Abs. 1 a Seerechtsübereinkommen[25] hat der Küstenstaat souveräne Rechte (sovereign rights) zum Zwecke der Erforschung und Ausbeutung, Erhaltung und Bewirtschaftung der lebenden und nicht lebenden Ressourcen des Meeresbodens, des Meeresuntergrundes und der darüber liegenden Gewässer.[26] Zwei Gründe waren aus-

---

[20] Kenia: UN Doc. A/AC.138/SC.II/L.10; Kolumbien, Mexiko, Venezuela L. 21; Island L. 23; Brasilien L. 25; Ecuador, Panama, Peru L. 27; Malta L. 28; China L. 34; Australien, Norwegen L. 36; Argentinien L. 37; Afghanistan, Österreich, Belgien, Bolivien, Nepal, Singapur L. 39; Algerien, Elfenbeinküste, Ghana, Kamerun, Kenia, Liberia, Madagaskar, Mauritius, Senegal, Sierra Leone, Somalia, Sudan, Tansania, Tunesien L. 40; Uganda, Sambia L. 41; Pakistan L. 52.

[21] Vgl. dazu im einzelnen *Gündling,* 58 ff; *Attard,* 26 ff.

[22] *Stevenson/Oxman,* The Third United Nations Conference on the Law of the Sea: The 1974 Caracas Session, AJIL 69 (1975), 1 (16).

[23] Vgl. dazu im einzelnen *Gündling,* 64 ff.

[24] Zahlen bei *Smith,* 13 f, 32; vgl. auch *Vitzthum,* 462 und *Alexander/Hodgson,* 574 f.

[25] Text in: The Law of the Sea – United Nations Convention on the Law of the Sea (United Nations Publication), 1983 (im folgenden SRÜ).

[26] Kritisch zu dieser Formel *Quéneudec,* 328 f, und *Scerni,* 157 ff. Sie weisen beide darauf hin, daß die Verwendung des Begriffs „souverän" in diesem Kontext nicht adäquat sei, da Souveränität prinzipiell uneingeschränkt sei, wohingegen die küstenstaatlichen Nutzungsrechte deutlichen Einschränkungen unterlägen.

schlaggebend dafür, daß diese Formel verwandt wurde: zum einen das Vorbild von Art. 2 Festlandsockelkonvention[27], der von „souveränen Rechten" des Küstenstaates spricht, zum anderen die von der Vollversammlung der Vereinten Nationen verabschiedete Deklaration über die permanente Souveränität über natürliche Ressourcen vom 14. Dezember 1962, die mit Resolution A/3016 (XXVII) vom 18. Dezember 1972 auch auf die Ressourcen des Meeresbodens erstreckt wurde.

Anders als Art. 77 Abs. 2 SRÜ enthält das Wirtschaftszonenregime keine Definition dessen, was unter souveränen Rechten zu verstehen ist, obwohl entsprechende Vorschläge der 3. UN-Seerechtskonferenz vorlagen.[28] Aus dem Wortlaut und einem Vergleich mit Art. 77 Abs. 2 SRÜ ergibt sich aber folgende Interpretation: In der Wirtschaftszone übt der Küstenstaat keine volle Souveränität aus, diese ist vielmehr funktional begrenzt. Ihm stehen Hoheitsrechte in bezug auf die Erforschung, Ausbeutung, Erhaltung und Nutzung der lebenden und nicht lebenden Ressourcen zu. Diese Hoheitsrechte sind ausschließlich. Kein anderer Staat hat das Recht, neben dem oder statt des Küstenstaates tätig zu werden, solange nicht eine Genehmigung des letzteren vorliegt. In der Durchführung, Regelung und Kontrolle dieser Tätigkeiten ist der Küstenstaat prinzipiell frei.[29] Die küstenstaatlichen Rechte umfassen Regelungskompetenzen (u. a. für die Fischerei, die Nutzung der nicht lebenden Ressourcen, den Umweltschutz, die Meeresforschung etc.) und auch entsprechende Kontroll- und Durchsetzungsbefugnisse. Das Ausmaß von Kontroll- und Durchsetzungsmaßnahmen gegenüber Schiffen unter fremder Flagge wird in Art. 73 SRÜ näher konkretisiert.

2. Einen wesentlichen Komplex im Wirtschaftszonenregime stellen die Regelungen über die *Fischerei* dar.[30] Nach diesen Bestimmungen liegt die Kompetenz für die Erhaltung und Bewirtschaftung der Fischbestände ausschließlich bei dem jeweiligen Küstenstaat. In diesem Bereich folgt also das Seerechtsübereinkommen einem strikt nationalen Ansatz.[31] Nur zwei Einschränkungen von geringer praktischer Relevanz sind vorgesehen. Gemäß Art. 61 Abs. 2 SRÜ soll der Küstenstaat, soweit angebracht (as appropriate), mit den regionalen, subregionalen oder weltweiten Fischereiorganisationen zusammenarbeiten, um den Schutz der Fischressourcen gegen Überfischung sicherzustellen. Bei der Bestimmung des „maximum sustainable yield", das heißt der Fangmenge, die den Bestand nicht gefährdet[32], soll der Küstenstaat zudem allgemein empfohlene subregionale, regionale oder weltweite Minimumstandards berücksichtigen. Diese Minimumstan-

---

[27] UNTS 499, 311.

[28] UN Doc. A/AC.138/SC.II/L. 40, Vorschlag von 14 afrikanischen Staaten (vgl. Anm. 20).

[29] *Gündling*, 119; *Rojahn*, 200 sm-Wirtschaftszone, Meeresfreiheit und Hochseefischerei – Völkerrechtliche Entwicklungslinien, GYIL 19 (1976), 73 (80).

[30] Art. 61-72 SRÜ.

[31] Theoretisch lassen sich vier Ansätze unterscheiden: Der „strikt nationale Ansatz", nach dem die Küstenstaaten die alleinige Kompetenz zum Erlaß und zur Durchführung von Erhaltungsmaßnahmen haben, der „funktional nationale Ansatz", demzufolge die Küstenstaaten an allgemeine, international vereinbarte Mindeststandards gebunden sind, der „funktional internationale Ansatz", nach dem Erhaltungsmaßnahmen auf internationaler Ebene getroffen werden, den Küstenstaaten aber die Durchsetzung obliegt, und schließlich der „strikt internationale Ansatz", der Regelung und Durchsetzung internationalen Organisationen überläßt. Vgl. dazu *Wolfrum*, Die Fischerei auf Hoher See, ZaöRV 38 (1978), 659 (664).

[32] Dieser Begriff bezeichnet die optimale Ausnutzungsgrenze eines Fischbestandes und besagt, daß jährliche Fänge bis zu dieser Grenze den höchsten gleichbleibenden jährlichen Fangertrag ohne Gefährdung der Reproduktion des Bestandes zu sichern vermögen. Vgl. dazu *Jaenicke*, Die Fischereifreiheit auf der Hohen See, Entwicklung bis zur 3. Seerechtskonferenz in Caracas, in: *Bernhardt/Rudolf* (Hrsg.), Die Schiffahrtsfreiheit im gegenwärtigen Völkerrecht, Berichte DGVR 15, 1975, 163; *Mirvahabi*, Conservation and Management of Fisheries in the Exclusive Economic Zone, JMLC 9 (1977-78), 225 (242); *Wolfrum*, (Anm. 31), 662.

dards sind aber nur einer von vielen Faktoren, die der Küstenstaat in Rechnung zu stellen hat (ökologische und ökonomische Faktoren, wirtschaftliche Bedürfnisse der Küstenfischerei, Bedürfnisse der Entwicklungsländer, Fischereimethoden, wechselseitige Abhängigkeit der Fischbestände). Es hat vergebliche Versuche auf der 3. UN-Seerechtskonferenz gegeben, die küstenstaatlichen Kompetenzen bei der Formulierung der Erhaltungsmaßnahmen einzuschränken, und zwar entweder durch eine Kooperationspflicht mit den internationalen Fischereiorganisationen oder durch eine Verpflichtung der Küstenstaaten, internationale Mindeststandards bei der Formulierung des nationalen Rechts zu berücksichtigen.[33] Ebensowenig gelang die Einführung eines Diskriminierungsverbots.[34]

Gemäß Art. 62 SRÜ steht die Nutzung der Fischereiressourcen in erster Linie den Küstenstaaten zu. Insofern ist Art. 62 SRÜ als eine Konkretisierung von Art. 56 SRÜ (Grundsatz der souveränen Rechte des Küstenstaates) zu sehen. Allerdings enthält Art. 62 SRÜ einige Einschränkungen zu Lasten der Küstenstaaten, deren praktische Bedeutung jedoch gering bleiben wird. Dem Küstenstaat wird ein Recht auf den Fischfang nur im Rahmen seiner Fangkapazitäten[35] zuerkannt, die Fischressourcen, die er nicht selbst nutzen kann (surplus), muß er hingegen anderen Staaten – im Wege einer völkerrechtlichen Vereinbarung – eröffnen. Allerdings gibt Art. 62 Abs. 2 SRÜ anderen Staaten keinen entsprechenden Rechtsanspruch[36], es handelt sich hier lediglich um ein *pactum de negotiando.* Für diese Auslegung des Art. 62 Abs. 2 SRÜ spricht neben seinem Wortlaut die Tatsache, daß die Ausübung küstenstaatlicher Kompetenzen in bezug auf die Bestimmung des Überschusses und seine Verteilung ausdrücklich nicht der bindenden Gerichtsbarkeit des Seegerichtshofs unterfällt.[37] Abgesehen davon hat der Küstenstaat bei der Verteilung des Überschusses ein Auswahlermessen, das jedoch zu Gunsten bestimmter Staaten eingeschränkt wird (Binnen- und geographisch benachteiligte Staaten, Entwicklungsländer der Region oder Subregion, Staaten, die traditionell in dem Gebiet der Wirtschaftszone gefischt oder Fischereiforschung betrieben haben).[38] Allerdings haben auch diese Staaten keinen Rechtsanspruch auf eine bevorzugte Behandlung. Ihr Interesse muß lediglich von dem Küstenstaat erwogen werden.

Art. 62 SRÜ gibt schließlich den Küstenstaaten das Recht, die Bedingungen festzulegen, unter denen die Fischer aus Drittstaaten den Fischfang in der Wirtschaftszone ausüben können. Die Bedingungen ergeben sich zunächst aus den Erhaltungs- und Bewirtschaftungsvorschriften, die der Küstenstaat gemäß Art. 61 SRÜ erläßt, ferner aus den sonstigen vom Küstenstaat getroffenen Regelungen (Art. 62 Abs. 4 SRÜ). Worauf sich diese Regelungen beziehen können, wird in einem nicht abschließenden Katalog (Art. 62 Abs. 4 lit. a-k SRÜ) festgeschrieben.[39]

---

[33] Vgl. dazu die Vorschläge der UdSSR, Bulgariens, der Deutschen Demokratischen Republik und Polens, UN Doc. A/Conf. 62/C.2/L.38 Corr. 1; der USA, L.47; der Mitgliedstaaten der EG (mit Ausnahme Großbritanniens), L. 40 Add. 1.

[34] Vgl. dazu die Vorschläge der sozialistischen Staaten, UN Doc. A/Conf. 62/C.2/L.38 Corr. 1, Art. 13 und der USA, L.47, Art. 12; *Gündling,* 126, vertritt dennoch eine Bindung der Küstenstaaten an das Willkürverbot. Dies dürfte nur insoweit zutreffen, als das Streitbeilegungssystem greift (vgl. Art. 297 Abs. 2 b SRÜ).

[35] Problematisch ist, was unter dem Begriff „capacity to harvest" zu verstehen ist: Zählen hierzu nur die echten Eigenkapazitäten oder auch die Kapazitäten von joint ventures zwischen dem Küstenstaat und fremden Unternehmen? Man wird wohl von letzterem auszugehen haben, a. A. *Gündling,* 135 f.

[36] A. A. *Gündling,* 137 f.

[37] Art. 297 SRÜ unterscheidet insoweit zwischen Eingriffen des Küstenstaates in die Freiheit der Schiffahrt und zwischen der Ausübung seiner souveränen Rechte.

[38] Vgl. zur Sonderbehandlung dieser Staaten Art. 70 SRÜ; zur Entwicklung dieser Vorschrift vgl. *Fleischer,* 552 ff.

[39] Vgl. dazu *Gündling,* 140 ff; *Attard,* 172 ff.

3. Sonderregelungen werden in dem Bereich der Fischerei für folgende Bestände oder Arten vorgesehen: Bestände innerhalb der Wirtschaftszonen mehrerer Staaten sowie Bestände in einer Wirtschaftszone und der Hohen See[40], weitschwimmende Arten[41], Wale[42], Meeressäugetiere[43], anadrome[44] und katadrome Arten[45] sowie seßhafte Lebewesen.[46]

a) Bestände (the same stock or stocks of associated species) in verschiedenen Wirtschaftszonen oder in der Wirtschaftszone eines Staates und in den angrenzenden Gewässern der Hohen See sollen durch die betroffenen Staaten und die Nutzer einvernehmlich verwaltet werden. Die in Art. 63 SRÜ enthaltene Aufforderung zur Kooperation ist jedoch nur schwach ausgestaltet.[47]

b) Zu den weitschwimmenden Fischarten zählen vor allem Thunfische.[48] Auf Grund ihrer biologischen Merkmale liegt es nahe, daß ihre Verwaltung nicht durch einzelne Staaten, sondern durch internationale Organisationen erfolgt. Dem trägt Art. 64 SRÜ bis zu einem gewissen Grade Rechnung. Nach seinem Wortlaut ist der Bestandsschutz primär Aufgabe vertraglicher Vereinbarungen; den Küstenstaaten verbleiben aber Kompetenzen in bezug auf die Nutzung und zur Regelung des Bestandsschutzes, wenn die Vereinbarungen nicht zustandekommen.[49] In der Praxis wirft die Regelung des Thunfischfangs Probleme auf, die schon zu Konflikten zwischen den USA und einzelnen Küstenstaaten geführt haben.[50] Inzwischen sind die USA dazu übergegangen, entsprechende Fangverträge abzuschließen.

c) Art. 65 erlaubt den Staaten eine stärkere als die im Seerechtsübereinkommen (Teil V) vorgesehene Beschränkung des Fanges von Meeressäugetieren und fordert sie zu einer entsprechenden Kooperation auf. Für Wale – die am stärksten bedrohten Meeressäugetiere – ist eine Kooperation durch eine geeignete internationale Organisation vorgesehen. Hierin liegt ein Verweis auf die Internationale Walfangkommission (IWC).[51] Problematisch ist allerdings, daß die Wale gemäß Annex I des Seerechtsübereinkommens wie weitschwimmende Fischarten behandelt werden und somit auch der Regelung des Art. 64 unterfallen. Gemäß Art. 64 ist eine zwingende Kooperation zu ihrem Schutz nicht vorgeschrieben. Zudem schließt Art 64 einen Fang von Walen zu leichteren Bedingungen als denjenigen, die in der Internationalen Walfangkonvention vorgesehen sind, nicht aus.[52] Deswegen sind die Regelungen des Seerechtsübereinkommens zum Schutz der Wale insgesamt unbefriedigend.

d) Der Bestandsschutz und die Nutzung von anadromen Arten (Lachs, Stör, Stint etc.) wirft deshalb besondere Probleme auf, weil sie die längste Zeit ihres Lebens im Meer verbringen, zum Laichen aber in ihre Heimatflüsse zurückkehren müssen. Art. 66 SRÜ schafft für diese Spezies ein besonderes, vor allem von Kanada und den USA gefordertes Regime, das ihre Verwaltung dem Ursprungsstaat überträgt.[53] Ihr Fang ist nur in der Wirtschaftszone zulässig.

e) Katadrome Fischarten verbringen den größten Teil ihres Lebenszyklus im Süßwasser, kehren aber zum Laichen und Sterben in das Meer zurück. Der bekannteste Vertreter dieser Spezies ist der europäische Flußaal, dessen Wanderbewegungen bis heute nicht völlig erforscht sind. Er beginnt sein Leben in der Sargasso-See, erreicht mit dem Golfstrom den europäischen Kontinent, in dessen Flüssen er etwa 6-7 Jahre verbringt, und wandert dann zurück zu seinem Ursprungsort. Der Fang der katadromen Arten wird auf die Wirtschaftszone beschränkt (Art. 67 SRÜ).[54]

---

40 Art. 63 SRÜ.

41 Art. 64 SRÜ.

42 Art. 64, 65 SRÜ.

43 Art. 65 SRÜ.

44 Art. 66 SRÜ.

45 Art. 67 SRÜ.

46 Art. 68 SRÜ.

47 Vgl. dazu *Gündling*, 150; *Attard*, 183.

48 Vgl. im einzelnen Annex I.

49 *Wolfrum*, (Anm. 31), 699 f; *Burke*, Highly Migratory Species in the New Law of the Sea, ODILA 14 (1984), 273 (284); wohl auch *Attard*, 186; a. A. *Gündling*, 157 f.

50 *Tsamenyi*, The South Pacific States, the USA and Sovereignty over Highly Migratory Species, Marine Policy 10 (1986), 29; *ders.*, The *Jeanette Diana* Dispute, ODILA 16 (1986), 353.

51 *Wolfrum* (Anm. 31), 702.

52 Vgl. dazu im einzelnen *Gündling*, 165 ff; *Attard*, 189 ff.

53 Vgl. dazu *Copes*, The Law of the Sea and Management of Anadromous Fish Stocks, ODILA 4 (1977), 233 ff; *Gündling*, 172 ff; *Attard*, 187 ff.

54 *Gündling*, 179 ff.

f) Auf die am Meeresboden seßhaften Lebewesen findet das Regime der Wirtschaftszone keine Anwendung. Sie unterfallen dem Festlandsockelregime (Art. 68).

4. Die souveränen Rechte, die dem Küstenstaat in der Wirtschaftszone zustehen, umfassen auch die nicht lebenden Ressourcen. Dabei handelt es sich um die nicht lebenden Ressourcen des Wassers (beispielsweise zur Energiegewinnung) sowie auch um die nicht lebenden Ressourcen des Meeresbodens. Im Vordergrund stehen dabei die Kohlenwasserstoff- sowie Mineralvorkommen im offshore-Bereich (Erze, Schlämme, Erden, Phosphatknollen, Kobaltkrusten etc.). Allerdings enthält dieser Teil des Seerechtsübereinkommens zur Wirtschaftszone keine eigenständige Regelung, sondern verweist auf die Regeln zum Festlandsockel.[55]

5. Die Rechte des Küstenstaates in bezug auf die wissenschaftliche Meeresforschung finden sich nicht in Teil V des Seerechtsübereinkommens, sondern in einem gesonderten, der Meeresforschung gewidmeten Teil XIII. Die für die Wirtschaftszone geltenden Regelungen sind identisch für den Festlandsockel.[56]

6.a) Nach Art. 56 SRÜ hat der Küstenstaat in der Wirtschaftszone Jurisdiktion hinsichtlich des Schutzes und der Erhaltung der Meeresumwelt. Die Kompetenzen des Küstenstaates ergeben sich im einzelnen aus Teil XII des Seerechtsübereinkommens, in dem die 3. UN-Seerechtskonferenz das marine Umweltrecht umfassend geregelt hat.
Diese Regelungen zum marinen Umweltschutz folgen nicht einem zonalen, sondern einem quellenbezogenen Ansatz, d. h. sie richten sich an den Verschmutzungsquellen aus. Die verschiedenen Meereszonen sind allerdings relevant für die Verteilung der Regelungs- und vor allem der Durchsetzungskompetenzen.
Folgende Verschmutzungsquellen werden von dem Seerechtsübereinkommen unterschieden: die Verschmutzung vom Land aus, durch Meeresbodenaktivitäten (von künstlichen Inseln oder Installationen aus) im Festlandsockelbereich, durch Bergbauaktivitäten im Tiefseebereich, durch Abfallbeseitigung (dumping), durch Schiffe und die Verschmutzung durch und aus der Atmosphäre.
Welche Rechtsetzungs- und Durchsetzungskompetenzen der Küstenstaat in der Wirtschaftszone hat, ist je nach den einzelnen Verschmutzungsquellen unterschiedlich.

b) Verschmutzungen[57] durch Aktivitäten auf dem Meeresboden unter küstenstaatlicher Jurisdiktion werden von dem betreffenden Küstenstaat selbst kontrolliert. Der Küstenstaat ist verpflichtet, Gesetze und Verordnungen zu erlassen, um die Verschmutzung durch Meeresbodenaktivitäten zu reduzieren und zu kontrollieren. Diese Kompetenz des Küstenstaates, die sich auf den Meeresboden und den äußeren Festlandsockel i. S. des Art. 76 SRÜ bezieht, entspricht der Kompetenz, alle wirtschaftlichen Aktivitäten in diesem Bereich zu regulieren. Die Umweltschutzkompetenzen sind damit ein notwendiger Annex der wirtschaftlichen Nutzungsrechte.
Der Verschmutzung durch Meeresbodenaktivitäten gleichgestellt ist die Verschmutzung durch künstliche Inseln, Installationen und Anlagen unter der Jurisdiktion des Küstenstaates gemäß Art. 60 und 80 SRÜ.
Es werden jedoch nicht nur die Küstenstaaten im Interesse des Umweltschutzes verpflichtet. Gemäß Art. 208 Abs. 2 SRÜ haben alle Staaten die notwendigen Maßnahmen zur Verhütung, Verminderung oder Kontrolle von Umweltverschmutzungen zu ergreifen.

---

[55] Dazu oben § 78.

[56] Dazu oben § 78.

[57] Eine Legaldefinition des Begriffes „Verschmutzung" gibt Art. 1 Ziff. 4 SRÜ.

Welche Gesetze der Küstenstaat erläßt bzw. welche Maßnahmen er ergreift, steht ihm nicht völlig frei; sie sollen nicht weniger effektiv sein als entsprechende internationale Regeln, Standards und empfohlene Praktiken und Verfahren. Derartige Regeln sollen insbesondere im Rahmen internationaler Organisationen oder diplomatischer Konferenzen erarbeitet werden.
Die Durchsetzung des anwendbaren Umweltrechts in der ausschließlichen Wirtschaftszone obliegt gem. Art. 214 SRÜ ausschließlich dem betreffenden Küstenstaat.

c) Auch die Abfallbeseitigung in der ausschließlichen Wirtschaftszone wird durch den betreffenden Küstenstaat geregelt (Art. 210 SRÜ).[58] Der Küstenstaat unterliegt jedoch bei der Regelung des Dumping in der ausschließlichen Wirtschaftszone einer Reihe von Bindungen. Er hat Gesetze und Verordnungen zu erlassen und sonstige Maßnahmen zu ergreifen, durch die das Dumping verhütet, reduziert und kontrolliert wird, und muß außerdem sicherstellen, daß die Abfallbeseitigung nur mit Genehmigung seiner zuständigen Behörden erfolgt. Die Gesetze und Verordnungen des Küstenstaates müssen genauso effektiv sein wie globale Regeln und Standards. Derartige Regeln sollen durch internationale Organisationen oder diplomatische Konferenzen erarbeitet werden. Genehmigt ein Küstenstaat die Abfallbeseitigung in seiner ausschließlichen Wirtschaftszone, so sind die Belange anderer Staaten zu berücksichtigen, die wegen ihrer geographischen Lage möglicherweise negativ betroffen werden könnten.
Die Durchsetzung des auf die Abfallbeseitigung in der ausschließlichen Wirtschaftszone anwendbaren Umweltrechts obliegt wiederum dem betreffenden Küstenstaat (Art. 216 SRÜ).

d) Außerordentlich umstritten waren die entsprechenden küstenstaatlichen Kompetenzen in bezug auf die Schiffahrt. Die Schiffahrtsnationen befürchteten, daß eine Anerkennung küstenstaatlicher Umweltschutzkompetenzen gegenüber der Schiffahrt deren traditionelle Freiheit einschränken würde. Aus diesem Grunde sind die Rechtsetzungsbefugnisse der Küstenstaaten für diesen Komplex stärker eingeschränkt als bei den anderen Verschmutzungsarten. Gemäß Art. 211 Abs. 1 SRÜ erstellen die Staaten internationale Regeln und Standards für die Verhütung, Reduzierung und Kontrolle der Meeresverschmutzung durch Schiffe und fördern außerdem die Annahme von Verkehrsregeln zur Verminderung von Unfallgefahren. Die Flaggenstaaten erlassen weiterhin Vorschriften für ihre Schiffe, wobei die Vorschriften zumindest die gleiche Wirksamkeit haben müssen wie allgemein anerkannte internationale Regeln und Standards. Dieser Terminus „allgemein anerkannte internationale Regeln und Standards" besagt, daß eine Bindung für den Flaggenstaat selbst dann eintritt, wenn er diese Regeln nicht ausdrücklich vertraglich akzeptiert hat.[59] Falls ein Küstenstaat für seine ausschließliche Wirtschaftszone Gesetze und Verordnungen erläßt, müssen diese mit den angesprochenen allgemeinen internationalen Regeln und Standards übereinstimmen. Der Küstenstaat ist also im Bereich der Meeresverschmutzung durch Schiffe strikt an internationale Vorschriften gebunden. Während die Regelung des Umweltschutzes in bezug auf wirtschaftliche Aktivitäten und die Abfallbeseitigung in der ausschließlichen Wirtschaftszone primär *national* erfolgt, vollzieht sich die Regelung des Umweltschutzes bezüglich der Schiffahrt dagegen auf *internationaler* Ebene.

---

[58] Eine Legaldefinition des Begriffes „Dumping" enthält Art. 1 Ziff. 5 SRÜ.

[59] *Gündling*, 261; er übersieht allerdings, daß der an die Flaggenstaaten gerichtete Appell sanktionslos ist, wohingegen die Bezugnahme auf „generally accepted international rules and standards" (Art. 211 Abs. 5 SRÜ) gegenüber den Küstenstaaten als zwingende Kompetenzbeschränkung wirkt, da andere Regeln von diesen nicht durchgesetzt werden dürfen. Vgl. dazu *Wolfrum*, Die Internationalisierung staatsfreier Räume, 1984, 639 ff.

Unter bestimmten Voraussetzungen kann ein Küstenstaat in seiner ausschließlichen Wirtschaftszone Sondergebiete (special areas) ausweisen (Art. 211 Abs. 6 SRÜ). In diesen Gebieten, die wegen ihrer ozeanographischen und ökologischen Bedingungen, ihrer Nutzung oder des Schutzes ihrer Ressourcen und der besonderen Art des Verkehrs spezielle Maßnahmen erfordern, kann der Küstenstaat besondere Vorschriften erlassen, wobei diese den von der zuständigen internationalen Organisation (IMO) für Sondergebiete vorgesehenen Regeln und Standards entsprechen müssen. Darüber hinaus kann er in bezug auf Einleitungen von Schadstoffen oder navigatorische Praktiken zusätzliche Verhaltenspflichten für Schiffe normieren. Dabei sind jedoch eine Reihe von Bedingungen und ein kompliziertes Verfahren unter Einbeziehung der zuständigen internationalen Organisation einzuhalten.[60]
Den begrenzten Rechtsetzungsbefugnissen des Küstenstaates entsprechen eingeschränkte Durchsetzungsbefugnisse. Die primäre Verantwortung für die Durchsetzung liegt weiterhin bei den Flaggenstaaten (Art. 217 SRÜ). Der Küstenstaat hat gemäß Art. 220 SRÜ folgende Kompetenzen: Er kann, wenn ein Schiff freiwillig einen seiner Häfen oder seiner offshore-Terminals angelaufen hat, jede Verletzung nationaler Gesetze oder internationaler Regeln und Standards, die in seiner Wirtschaftszone begangen wurde, verfolgen. In der Wirtschaftszone selbst richten sich die Durchsetzungsbefugnisse nach der Schwere der Verletzung bzw. der Gefährdung seiner Interessen.[61]
Durchsetzungsmaßnahmen gegenüber fremden Schiffen unterliegen einer Reihe von Sicherungen (sog. Safeguards). Sie dürfen nicht die Sicherheit der Schiffahrt gefährden (Art. 225 SRÜ), fremde Schiffe dürfen nicht länger als erforderlich zum Zwecke von Untersuchungen festgehalten werden, die Überprüfung darf sich nur auf die Durchsicht der Schiffspapiere beschränken, und ein Schiff ist nach angemessener Sicherheitsleistung freizugeben (Art. 226 SRÜ). Eine Diskriminierung fremder Schiffe wird untersagt (Art. 227 SRÜ). Für Verstöße in der ausschließlichen Wirtschaftszone dürfen nur Geldstrafen verhängt werden (Art. 230 SRÜ); rechtswidrige Maßnahmen seitens des Küstenstaats verpflichten zum Schadensersatz (Art. 232 SRÜ).

7. Die Kommunikationsfreiheiten bleiben in der ausschließlichen Wirtschaftszone aufrechterhalten. Gemäß Art. 58 SRÜ genießen alle Staaten die in Art. 87 SRÜ genannte Freiheit der Schiffahrt und des Überflugs sowie die Freiheit, unterseeische Kabel und Rohrleitungen zu verlegen. Offen ist allen Staaten zudem die sonstige, mit diesen Freiheiten zusammenhängende völkerrechtlich zulässige Nutzung des Meeres, soweit sie mit den anderen Bestimmungen des Übereinkommens vereinbar ist.
Der Verweis auf die „sonstigen völkerrechtlich zulässigen Nutzungen" enthält einen Formelkompromiß, dessen Gehalt unter Zugrundelegung nur des Wortlauts unklar bleibt. Gewünscht wurde diese Formel von den Schiffahrtsnationen, um militärische Aktivitäten rechtfertigen zu können.[62]
Der Verweis auf Art. 87 SRÜ besagt zunächst, daß die für die Freiheiten auf Hoher See geltenden Einschränkungen entsprechend für die Freiheiten in der ausschließlichen Wirtschaftszone gelten. Das heißt, alle Staaten haben die Freiheiten der Hohen See in der ausschließlichen Wirtschaftszone unter gebührender Berücksichtigung des Interesses auszuüben, das andere Staaten an der Ausübung der in Art. 87 SRÜ genannten Freiheiten haben; außerdem sind die Rechte zu beachten, die hinsichtlich der Meeresbodennutzung bestehen. Art. 58 Abs. 1 SRÜ verlangt also einen schonenden Interessenausgleich.

60 Vgl. *Gündling*, 261 f.
61 Vgl. dazu im einzelnen Art. 220 Abs. 3-6 SRÜ.
62 *Extavour*, 239.

Daneben enthält Art. 58 SRÜ weitere Klauseln, aus denen sich drei zusätzliche Schranken für die Drittstaaten eingeräumten Freiheiten ergeben.
Zunächst erfolgt die Ausübung der Kommunikationsfreiheiten vorbehaltlich der relevanten Bestimmungen der Konvention. Diese Klausel ist, wie Art. 58 Abs. 3 SRÜ belegt, nicht dazu angelegt, Konflikte zwischen der wirtschaftlichen Nutzung durch den Küstenstaat und den Kommunikationsfreiheiten zu lösen. Sie enthält vielmehr nur einen Verweis auf die Schranken dieser Kommunikationsfreiheiten, wie sie das Seerechtsübereinkommen selbst zieht (z. B. Art. 60 Abs. 6).[63]
Gemäß Art. 58 Abs. 2 SRÜ gelten die Art. 88 bis 115 SRÜ und die sonstigen einschlägigen Regeln des Völkerrechts für die ausschließliche Wirtschaftszone, sofern sie nicht mit den Regelungen für die Wirtschaftszone unvereinbar sind. Auch diese Klausel enthält einen Formelkompromiß, dessen Aussagegehalt unklar ist; vor allem könnten sich hieraus Probleme hinsichtlich der Ausübung der Strafgerichtsbarkeit bei Schiffszusammenstößen (Art. 97 SRÜ) ergeben.[64] Eine Auslegung von Art. 58 Abs. 2 SRÜ hat jedoch zu berücksichtigen, daß die Rechte des Küstenstaates funktional auf die wirtschaftliche Ausbeutung der Ressourcen beschränkt sind. Dies schließt nicht die Ausübung der Strafgerichtsbarkeit bei Schiffszusammenstößen ein.[65]
Schließlich haben die Drittstaaten bei Ausübung ihrer Kommunikationsfreiheiten die Rechte und Pflichten des Küstenstaates in der Wirtschaftszone gebührend zu berücksichtigen (Art. 58 Abs. 3 SRÜ). Damit wird nicht eine Priorität der küstenstaatlichen Nutzungsrechte festgelegt, sondern diese Vorschrift umschreibt lediglich das Gebot des schonenden Interessenausgleichs. Den gleichen Verpflichtungen unterliegt der Küstenstaat bei Ausübung seiner Rechte, wie Art. 56 Abs. 2 SRÜ belegt.

III. Wirtschaftszonenregime und Festlandsockelregime bestehen unabhängig voneinander, auch wenn sie, was die Nutzung nicht lebender Ressourcen des Meeresbodens betrifft, den gleichen Lebenssachverhalt erfassen. Diese *Dualität* von Wirtschaftszone und Festlandsockel ist zumindest theoretisch deshalb nicht ganz unproblematisch, weil die beiden Systeme nicht völlig aufeinander abgestimmt sind. Ein wesentlicher Unterschied ist darin zu sehen, daß die Rechte des Küstenstaates an dem Festlandsockel ihm eo ipso zustehen (Art. 77 Abs. 3 SRÜ), wohingegen die Rechte in der Wirtschaftszone von einer entsprechenden Proklamation abhängig sind.[66] Die Verbindung des Küstenstaates zu seinem Festlandsockel ist somit enger als die Verbindung zu der Wirtschaftszone. Insoweit wirkt die These von der „natural prolongation"[67] nach. Praktische Konsequenzen sollten sich hieraus aber nicht ergeben. Eher problematisch ist die Einordnung von Sonderregelungen, die das Festlandsockelregime für die Kommunikationsfreiheiten bereit hält (z. B. Art. 79 SRÜ).[68]

IV. Umstritten war auf der 3. UN-Seerechtskonferenz zunächst die rechtliche Einordnung der ausschließlichen Wirtschaftszone.[69] Es sind Versuche unternommen worden, die Gewässer der Wirtschaftszone der Hohen See zuzuordnen.[70] Letztlich hat sich aber der Ansatz der Entwicklungsländer durchzusetzen vermocht, wonach die Wirtschaftszone als eine Zone *sui generis* anzusehen ist. Dies kommt sowohl in Art. 55 SRÜ wie auch in Art. 86 SRÜ, der den Bereich der Hohen See definiert, deutlich zum Ausdruck.

---

[63] So *Gündling*, 273 ff; weiter *Extavour*, 236.
[64] Vgl. dazu *Extavour*, 241.
[65] So auch *Gündling*, 275 ff (277).
[66] So auch *Fleischer*, 552.
[67] Vgl. oben § 78.
[68] Vgl. dazu im einzelnen *Gündling*, 204 ff; *Attard*, 136 ff.
[69] *Quéneudec*, 342 ff; *Scerni*, 157 ff.
[70] Vgl. dazu *Gündling*, 296; *Attard*, 61 ff.

V. Über die seewärtige Begrenzung der ausschließlichen Wirtschaftszone bei 200 Seemeilen, gemessen von den Basislinien, bestand bereits frühzeitig Einigkeit. Je nach Breite des Küstenmeeres beträgt danach die Wirtschaftszonenbreite zwischen 188 und 197 Seemeilen. Die Abgrenzung der ausschließlichen Wirtschaftszonen zwischen benachbarten und gegenüberliegenden Staaten ist in Art. 74 SRÜ angesprochen, sie entspricht der Regelung zur Festlandsockelabgrenzung in Art. 83 SRÜ.[71]

VI. Eine Wirtschaftszone in Anspruch nehmen können alle Küstenstaaten; für Inseln gilt allerdings die gleiche Regelung wie bezüglich des Festlandsockels (Art. 121 Abs. 3 SRÜ).

VII. Die Entwicklung des Wirtschaftszonenregimes ist seit Beginn der 3. UN-Seerechtskonferenz nachhaltig in der Staatenpraxis rezipiert worden. Etwa 70 Staaten beanspruchen nunmehr ausschließliche Wirtschaftszonen.[72] Da jedoch eine größere Anzahl dieser Proklamationen vor Verabschiedung des Seerechtsübereinkommens gemacht wurde, ist die Ausgestaltung der nationalen Wirtschaftszonengesetze im einzelnen durchaus unterschiedlich.[73] Einige der wesentlichen Grundzüge des Wirtschaftszonenkonzepts, so wie es im Seerechtsübereinkommen ausgestaltet ist, werden allerdings in der nationalen Gesetzgebung berücksichtigt. Dazu gehören die Anerkennung, daß es sich bei der ausschließlichen Wirtschaftszone um eine Zone *sui generis* handelt, in der dem jeweiligen Küstenstaat lediglich funktional begrenzte Hoheitsrechte in bezug auf die wirtschaftliche Nutzung der lebenden und nicht lebenden Ressourcen zustehen[74], und ihre seewärtige Ausdehnung auf 200 Seemeilen, gemessen von der Basislinie.
Deshalb kann man davon ausgehen, daß das Wirtschaftszonenkonzept in seinen Grundzügen bereits geltendem Völkergewohnheitsrecht entspricht und Art. 55, 56 Abs. 1 a und 57 SRÜ lediglich kodifikatorische Bedeutung haben.[75]
Als problematisch erweisen sich allerdings die nationalen Regelungen zur Fischerei. Nur wenige der Gesetze nehmen auf die Verteilung des Überschusses im Sinne von Art. 62 SRÜ Bezug.[76] Auch die nationale Behandlung der weitschwimmenden Fischarten entspricht nicht in vollem Umfang Art. 64 SRÜ. Dies hat bereits zu einem zwischenstaatlichen Konflikt geführt, als die USA versuchten, ihre Lesart des Art. 64 SRÜ durchzusetzen, wonach der Küstenstaat keinerlei Kompetenzen in bezug auf die Verwaltung von Thunfischbeständen hat.[77] Die Differenzierung zwischen künstlichen Inseln und sonstigen Installationen spiegelt sich ebenfalls nicht in vollem Umfang in der nationalen Ge-

[71] Vgl. dazu § 78.

[72] Vgl. dazu die Angaben bei *Smith*, 26 ff sowie die Textsammlung, 61 ff.

[73] Vgl. dazu *Juda*, 1 ff; *Attard*, 277 ff; *Wolfrum*, Marine Zones, 132 ff.

[74] Vgl. dazu *Juda*, 7 ff; *Attard*, 307 ff; *Wolfrum*, Marine Zones, 143 f.

[75] Diese Aussage soll nicht darüber hinwegtäuschen, daß die 3. UN-Seerechtskonferenz mit ihren einzelnen Verhandlungstexten zur Entwicklung der angesprochenen Staatenpraxis maßgeblich beigetragen hat. Insoweit ist die 3. UN-Seerechtskonferenz ein Beispiel dafür, wie Verhandlungen über die Weiterentwicklung von Völkerrecht ein – in bezug auf die Staatenpraxis – vorauseilendes Element innewohnen kann und sie damit diesen Einfluß auf die Gewohnheitsrechtsbildung gewinnen können.

[76] Kap Verde, Decree No. 126/77, 31. Dezember 1977 (Art. 8); Komoren, Ordinance No. 76-038/CE, 15. Juni 1976 (Art. 9); Cook Inseln, Act No. 16, 14. November 1977 (Art. 9 ff); Kuba, Decree Law No. 2, 24. Februar 1977 (Art. 4); Elfenbeinküste, Law No. 77-926, 17. November 1977 (Art. 5); Fidschi, Marine Spaces Act 1977, 1. Dezember 1981 (Art. 13 ff); Neuseeland, Territorial Sea and Exclusive Economic Zone Act 1977, 1. April 1978 (Art. 12 ff); Spanien, Law No. 15/1978, 20. Februar 1978 (Art. 3); Togo, Ordinance No. 24, 16. August 1977 (Art. 4); Tonga, Territorial Sea and Exclusive Economic Zone Act, Act. No. 30, 25. Juni 1979 (Art. 11 ff); abgedruckt bei *Smith*, 61 ff.

[77] Presidential Proclamation No. 5030, 10. März 1983. Vgl. dazu *Tsamenyi* (Anm. 50), 353 ff.

setzgebung wider.[78] Erstere unterfallen nach dem Seerechtsübereinkommen der küstenstaatlichen Jurisdiktion unabhängig von ihrer Funktion, während dies für letztere nur insoweit gilt, wie sie wirtschaftlichen Zwecken dienen. Weiterhin ist festzustellen, daß auch die differenzierten Rechte und Pflichten des Küstenstaates in bezug auf die wissenschaftliche Meeresforschung nicht entsprechend Art. 246 SRÜ ihren Niederschlag in der nationalen Gesetzgebung gefunden haben. Die meisten Wirtschaftszonengesetze bzw. die entsprechenden Proklamationen, die die Meeresforschung regeln, beanspruchen eine uneingeschränkte küstenstaatliche Jurisdiktion in diesem Bereich.[79] Eine Ausnahme bildet hier die Proklamation der USA.[80] Dagegen wird den Kommunikationsfreiheiten – soweit es sich um die Schiffahrt handelt – durchaus im Sinne von Art. 58 SRÜ Rechnung getragen. Auffallend allerdings ist, daß nur ca. die Hälfte der existierenden Wirtschaftszonengesetze die Schiffahrtsfreiheit erwähnt.

Auch wenn das Wirtschaftszonenkonzept bereits in seinen Grundzügen Bestandteil geltenden Gewohnheitsrechts ist, so gilt dies nicht für die Detailregelungen, wie sie Teil V des Seerechtsübereinkommens enthält.

Welche Gestalt das gewohnheitsrechtliche Wirtschaftszonenkonzept in der Zukunft annehmen wird, wird stark von der nationalen Gesetzgebung und der Reaktion anderer Staaten darauf abhängen. Ob sich die sehr differenzierten Regelungen des Seerechtsübereinkommens durchsetzen werden, ist noch nicht abzusehen. Dies erscheint aber eher unwahrscheinlich, da der entsprechende Konflikt nicht der verbindlichen Gerichtsbarkeit des Seegerichtshofs unterfällt.

---

[78] Burma, Territorial Sea and Maritime Zones Law, 1977 (No. 3 of 1977), 9. April 1977 (Art. 18); Guyana, Maritime Boundaries Act, 1977, Act No. 10, 30. Juni 1977 (Art. 16); Indien, Maritime Zones Act, 1976, 28. Mai 1976 (Art. 7); Malediven, Law No. 30/76, 5. Dezember 1976 (Art. 2); Mauritius, Maritime Zones Act 1977, Act No. 13 of 1977, 1. August 1977 (Art. 7); Pakistan, Territorial Waters and Maritime Zones Act, 1976, 31. Dezember 1976 (Art. 6); Seychellen, Maritime Zones Act, 1977, 1. August 1977 (Art. 7); Sri Lanka, Maritime Zones Law, No. 22 of 1976, 15. Januar 1977 (Art. 5); Vanuatu, Maritime Zones Act No. 23 of 1981, 6. Oktober 1982 (Art. 10); Gesetze abgedruckt bei *Smith,* 61 ff.

[79] So z. B. Italien, Dekret 504-494.24 vom 11. März 1986.

[80] In einer Erklärung des Weißen Hauses zur Wirtschaftszonen-Proklamation des amerikanischen Präsidenten vom 10. März 1983 heißt es:
„The President has decided not to assert jurisdiction over marine scientific research in the U.S. EEZ. This is consistent with the U.S. interest in promoting maximum freedom for such research. The Department of State will take steps to facilitate access by U.S. scientists to foreign EEZ's under reasonable conditions", vgl. ILM 22 (1983), 461 (462).
Korrekt insoweit auch der Mexican Federal Act Relating to the Sea vom 8. Januar 1986, abgedruckt in: The Law of the Sea, National Legislation on the Exclusive Economic Zone, the Economic Zone and the Exclusive Fishery Zone, 1986, 193.

Personenregister

Sachregister

www.ingramcontent.com/pod-product-compliance
Lightning Source LLC
LaVergne TN
LVHW080749300926
849162LV00008BA/1777